Paolo Pialorsi

Microsoft SharePoint 2010 – Das Entwicklerbuch

Paolo Pialorsi

Microsoft SharePoint 2010 – Das Entwicklerbuch

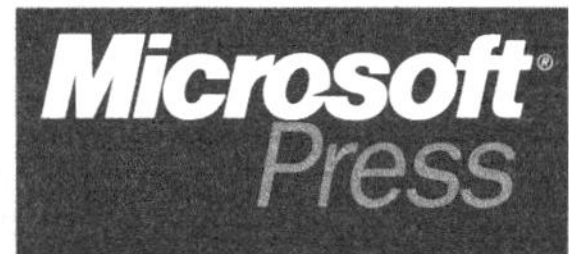

Dieses Buch ist die deutsche Übersetzung von:
Paolo Pialorsi: *Microsoft SharePoint 2010 Developer Reference*
Microsoft Press, Redmond, Washington 98052-6399
Copyright 2011 by Microsoft Corporation

Kommentare und Fragen können Sie gerne an uns richten:
Microsoft Press Deutschland
Konrad-Zuse-Straße 1
85716 Unterschleißheim
E-Mail: *mspressde@oreilly.de*

15 14 13 12 11 10 9 8 7 6 5 4 3 2 1
13 12 11

ISBN Buch: 978-3-86645-545-0, PDF-E-Book: 978-3-86645-751-5

Übersetzung: Michael Ringel, Bonn; Detlef Johannis, Kempten
Korrektorat: Claudia Mantel-Rehbach, Entraching
Fachlektorat: Detlef Johannis, Kempten; Michael Ringel, Bonn
Satz: Günter Jürgensmeier, München
Umschlaggestaltung: Hommer Design GmbH, Haar (www.HommerDesign.com)
Layout und Gesamtherstellung: Kösel, Krugzell (www.KoeselBuch.de)

Für meine Familie: Paola, Andrea und Marta.
Danke, meine Lieben!

Inhaltsverzeichnis

Einführung

Microsoft SharePoint ist eines der umfangreichsten Produktivitätsframeworks, die während der letzten zehn Jahre veröffentlicht wurden. Microsoft SharePoint 2010 ist lediglich der letzte Schritt innerhalb einer fabelhaften Reise (die 2001 begann) in der Welt von Unternehmensproduktivität, Zusammenarbeit, Wissenstransfer, Suchtechnologien und sozialen Netzwerken.

Aus der Sicht eines Entwicklers ist SharePoint einfach ein umfangreicher Satz aus Tools, Klassen, Bibliotheken, Steuerelementen und so weiter, mit denen eigene Lösungen erstellt werden, die optimale Zusammenarbeit im Unternehmen möglich machen.

Microsoft SharePoint 2010 – Das Entwicklerbuch ist eine logisch aufgebaute Referenz, die Ihnen die Unterstützung liefert, die Sie brauchen, um konkrete SharePoint-Lösungen zu entwickeln und dabei die Hauptbibliotheken und -tools zu nutzen, die das Produkt zur Verfügung stellt. Dieses Buch deckt alle wichtigen Themen zur Entwicklung von SharePoint-Lösungen ab. Es richtet sich dabei sowohl an Einsteiger als auch fortgeschrittene Programmierer, die ihr Wissen über SharePoint erweitern wollen.

Neben den Erklärungen zu den jeweiligen Themen enthält jedes Kapitel verständliche Beispiele und Beispielprojekte, die Sie herunterladen und selbst erforschen können.

Wer dieses Buch lesen sollte

Dieses Buch hilft .NET-Entwicklern, die Architektur und Kernthemen von SharePoint 2010 zu verstehen. Es begleitet sie bei der Entwicklung von Internet-, Intranet- und Extranetsites sowie von eigenen Lösungen und Erweiterungen der von Microsoft bereitgestellten Basisplattform.

Die meisten Leser haben wahrscheinlich noch keine Erfahrung mit SharePoint 2010, aber dieses Buch eignet sich auch für Entwickler, die bisher nur mit Vorgängerversionen von SharePoint vertraut sind und sich in die neuesten Features einarbeiten wollen.

Wer dieses Buch nicht lesen sollte

Dieses Buch richtet sich nicht an IT-Experten, die Informationen über Bereitstellung, Konfiguration und Wartung einer SharePoint-Farm suchen. Genauso wenig beschäftigt es sich mit Marketingfragen wie dem Site-Branding oder öffentlich zugänglichen Internetsites.

Erforderliche Vorkenntnisse

Dieses Buch setzt voraus, dass Sie zumindest grundlegende Kenntnisse zur .NET-Entwicklung und Konzepten der objektorientierten Programmierung besitzen. Um SharePoint-Lösungen zu entwickeln, müssen Sie außerdem mit ASP.NET und verwandten Technologien wie SOAP und Webdiensten vertraut sein. Sie können SharePoint zwar mit den meisten .NET-Sprachplattformen erweitern und anpassen, aber dieses Buch enthält nur Beispiele in C#. Sollten Sie mit dieser Sprache nicht vertraut sein, ist es unter Umständen sinnvoll, wenn Sie vorher das Buch *Microsoft Visual C# 2010 Step by Step* (Microsoft Press, 2010) von John Sharp lesen.

Da sich dieses Buch besonders auf Webentwicklung und serverseitige Technologien konzentriert, wird vorausgesetzt, dass Sie grundlegende Kenntnisse zu Webplattformen, Anwendungsservern und skalierbaren Softwarearchitekturen haben. Einige der Themen, die in diesem Buch behandelt werden, setzen solides Wissen zu .NET Framework 3.x, besonders der Windows Communication Foundation voraus.

Aufbau dieses Buchs

Dieses Buch ist in sieben Abschnitte untergliedert, die sich auf jeweils einen Aspekt oder eine Technologie in SharePoint 2010 konzentrieren.

Teil I, »Überblick«, bietet einen kurzen Überblick über SharePoint 2010 und seine Datenbasis. Er konzentriert sich dabei auf die Nutzung der Technologie im Auslieferungszustand, ohne Erweiterungen durch eigenen Code.

Teil II, »Programmieren mit Microsoft SharePoint 2010«, konzentriert sich auf die Kernbibliotheken zum Entwickeln von Lösungen, einerseits auf der Serverseite mithilfe des SharePoint-Serverobjektmodells oder des neuen LINQ to SharePoint, andererseits auf der Clientseite mithilfe der unterschiedlichen Varianten des neuen SharePoint-Clientobjektmodells, der REST-API und der SOAP-Dienste. Dieser Teil enthält viele Beispiele und Codeausschnitte, die Sie als Ausgangsbasis für eigene Lösungen nutzen können.

Teil III, »Entwickeln von Webparts«, beschreibt, wie Sie Webparts entwickeln, angefangen bei einfachen Szenarien über zunehmend komplexe Lösungen bis hin zu praxisnahen Beispielen.

Teil IV, »Erweitern von Microsoft SharePoint 2010«, beschäftigt sich mit den Details der verschiedenen Techniken und Erweiterbarkeitsschnittstellen, die zum Anpassen und Erweitern der nativen SharePoint-Umgebung zur Verfügung stehen. Acht Kapitel voller realistischer Beispiele helfen Ihnen, SharePoint als Unternehmensproduktivitätsframework zu meistern.

Teil V, »Entwickeln von Workflows«, behandelt die Entwicklung von Workflows. Den Anfang macht eine kurze Einführung in die Windows Workflow Foundation und die Workflowarchitektur von SharePoint. Es folgen Workflows, die mit Microsoft SharePoint Designer 2010 entworfen oder mit Microsoft Visual Studio 2010 entwickelt werden. Der Teil endet mit fortgeschrittenen Themen, darunter Workflowformulare, benutzerdefinierte Aktivitäten und Workflowkommunikation.

Teil VI, »Sicherheitsinfrastruktur«, untersucht die Sicherheitsinfrastruktur von SharePoint. Dabei wird erst die Architektur mit Themen wie Authentifizierung, Autorisierung und dem neuen forderungsbasierten Ansatz behandelt, anschließend folgen Details zur Codezugriffssicherheit und der neuen Bereitstellungsmöglichkeit der Sandkastenlösungen.

Teil VII, »Enterprisefeatures«, behandelt mehrere nützliche Fähigkeiten, die von der SharePoint 2010-Umgebung für die Entwicklung von Lösungen in Enterpriseumgebungen zur Verfügung gestellt werden. Er konzentriert sich dabei auf die Programmierung der Suchmaschine und auf den Zugriff auf externe Daten über die neuen Business Connectivity Services.

Der optimale Einstiegspunkt in dieses Buch

Die unterschiedlichen Teile von *Microsoft SharePoint 2010 – Das Entwicklerbuch* behandeln viele Technologien aus dem Umfeld von SharePoint. Abhängig von Ihren Anforderungen und den Vorkenntnissen zur SharePoint-Plattform werden Sie sich auf bestimmte Bereiche dieses Buchs konzentrieren wollen. Die folgende Tabelle hilft Ihnen, den optimalen Einstiegspunkt zu finden.

Sie sind ...	Gehen Sie folgendermaßen vor
Einsteiger im Bereich der SharePoint-Entwicklung oder ein ASP.NET-Entwickler	Konzentrieren Sie sich auf die Teile I, II, III und IV oder lesen Sie das gesamte Buch von Anfang bis Ende durch.
mit älteren Versionen von SharePoint vertraut	Überfliegen Sie Teil I, Kapitel 3 von Teil II und Teil III, sofern Sie sich mit den Neuerungen bei den Kernkonzepten vertraut machen müssen. Lesen Sie dann die Abschnitte zu neuen clientseitigen Technologien in Teil II und Teil IV bis Teil VII komplett.
in erster Linie daran interessiert, Workflows zu entwickeln	Lesen Sie Teil II und Teil V.

Die meisten Kapitel dieses Buchs enthalten Codebeispiele, mit denen Sie die behandelten Konzepte ausprobieren können. Laden Sie sich unbedingt die Beispielanwendungen auf Ihr System herunter und installieren Sie sie, selbst wenn Sie nur ausgewählte Teile des Buchs durcharbeiten.

Verwendete Konventionen

Dieses Buch verwendet folgende Konventionen, um die Informationen übersichtlich zu präsentieren:

- Sie können zu diesem Buch Beispiele in der Programmiersprache C# herunterladen. Beachten Sie, dass der gedruckte Text gewöhnlich nur Codeausschnitte enthält, nicht die vollständigen Beispiele. Daher sollten Sie für eigene Experimente die heruntergeladenen, vollständigen Beispieldateien als Ausgangsbasis verwenden, nicht die Codeausschnitte aus dem Text.
- Textkästen mit Überschriften wie »Hinweis« liefern zusätzliche Informationen oder alternative Vorgehensweisen zu einem beschriebenen Verfahren.
- Variablen, Typen, Schlüsselwörter und Codesyntax im Fließtext (außerhalb von Listings) erscheinen in *kursiver Schrift*.
- Ein Schrägstrich zwischen Menüelementen (zum Beispiel *Datei/Öffnen*) bedeutet, dass Sie den ersten Menüpunkt, dann den zweiten und so weiter auswählen sollen.

Systemvoraussetzungen

Sie brauchen folgende Hardware und Software, um die Codebeispiele in diesem Buch auszuführen:

- Betriebssystem: Windows 7, Windows Server 2008 mit Service Pack 2 oder Windows Server 2008 R2
- Visual Studio 2010 Professional Edition oder höher
- 64-Bit-Version von Microsoft SQL Server 2008 Express Edition oder höher (2008 oder R2), mit SQL Server Management Studio 2008 Express oder höher (in Visual Studio enthalten, bei den Express-Editionen ist ein separater Download nötig)
- Computer mit mindestens vier 64-Bit-Prozessorkernen
- Mindestens 4 GByte RAM (6 GByte empfohlen, wenn mehrere Dienste auf demselben Server ausgeführt werden)
- Zusätzlich 2 GByte RAM, wenn ein virtueller Computer benutzt wird
- 80 GByte freier Festplattenplatz
- Festplattenlaufwerk mit 5400 RPM
- DVD-Laufwerk (wenn Visual Studio von DVD installiert wird)
- Internetverbindung zum Herunterladen von Software und Codebeispielen

Abhängig von Ihrer Windows-Konfiguration benötigen Sie unter Umständen Rechte eines lokalen Administrators, um Visual Studio 2010 und SQL Server 2008 zu installieren oder zu konfigurieren.

Bevor Sie die Codebeispiele zu diesem Buch ausführen können, müssen Sie eine SharePoint 2010-Farm installieren, eine Webanwendung erstellen und eine Standardwebsitesammlung anlegen. Die meisten Codebeispiele arbeiten sowohl mit Microsoft SharePoint Foundation 2010 als auch Microsoft SharePoint Server 2010. Einige Themen behandeln allerdings explizit die Server-Edition des Produkts. Sie werden in diesen Fällen im Text auf diese Voraussetzung aufmerksam gemacht.

Empfohlene SharePoint-Version

Wir empfehlen, für die Entwicklung eine *englische* SharePoint-Version zu verwenden. Die Codebeispiele, die Sie auf der Webseite zu diesem Buch herunterladen können, sind auf diese Version abgestimmt. Aus diesem Grund zeigen auch viele Abbildungen der laufenden Beispielprogramme die englische Sprachversion.

Im Artikel »Einrichten der Entwicklungsumgebung für SharePoint 2010 unter Windows Vista, Windows 7 und Windows Server 2008« unter *http://msdn.microsoft.com/de-de/library/ee554869.aspx* ist beschrieben, wie Sie eine Entwicklungsumgebung einrichten können.

Sofern Sie ein Hyper-V-System zur Verfügung haben, können Sie ein fertig vorkonfiguriertes System unter *http://www.microsoft.com/download/en/details.aspx?displaylang=en&id=21099* herunterladen.

Codebeispiele

Die meisten Kapitel in diesem Buch enthalten Übungen, in denen Sie die im Text behandelten Themen interaktiv ausprobieren können. Alle Beispielprojekte stehen als Download auf den Websites von O'Reilly Media und Microsoft Press bereit:

http://oreilly.com/catalog/9780735639034/
http://www.microsoft-press.de/support.asp?s110=545

Klicken Sie auf dieser Seite auf den Link *Companion Content* und folgen Sie den Anweisungen, um die ZIP-Datei mit den Codebeispielen herunterzuladen..

HINWEIS Neben den Codebeispielen müssen Sie Visual Studio 2010, SQL Server 2008 R2 und SharePoint 2010 auf Ihrem Computer installieren. Installieren Sie die neuesten Service Packs für alle Produkte.

Installieren der Codebeispiele

Gehen Sie folgendermaßen vor, um die Codebeispiele auf Ihrem Computer zu installieren, damit Sie die Übungen in diesem Buch durcharbeiten können:

1. Entpacken Sie die ZIP-Datei mit den Codebeispielen, die Sie von der Webseite des Buchs heruntergeladen haben. (Geben Sie dabei einen Verzeichnisnamen an und lassen Sie das Verzeichnis bei Bedarf anlegen.)
2. Lesen Sie den angezeigten Lizenzvertrag durch. Wählen Sie die Option *Annehmen* aus, wenn Sie den Bedingungen zustimmen, und klicken Sie auf *Weiter*.

HINWEIS Falls der Lizenzvertrag nicht angezeigt wird, können Sie ihn auf der Webseite abrufen, von der Sie die ZIP-Datei mit den Codebeispielen heruntergeladen haben.

Verwenden der Codebeispiele

Die ZIP-Datei mit den Codebeispielen enthält zu jedem Kapitel, das Codebeispiele verwendet, eine weitere ZIP-Datei. Entpacken Sie die jeweilige Kapiteldatei im Stammverzeichnis Ihrer Festplatte oder in einem Ordner mit kurzem Namen, damit Sie keine allzu langen Dateipfade eintippen müssen. Unter Umständen treten sogar Probleme mit den Pack- und Bereitstellungstools von Visual Studio 2010 auf, falls Ihre Dateipfade länger als 255 Zeichen sind.

Die Codebeispiele zu Kapitel 25, »Business Connectivity Services«, umfassen eine Beispieldatenbank für Microsoft SQL Server 2008 R2. Stellen Sie diese Datenbank aus der Datei *SampleCRM.bak* wieder her, die in der Datei *Ch-25-BCS.zip* innerhalb der ZIP-Datei mit den Codebeispielen enthalten ist.

Weitere Details und Beispiele zur SharePoint 2010-Entwicklung enthält die Website des Autors unter *http://www.sharepoint-reference.com*. Hier finden Sie auch einen Blog zu SharePoint 2010 und Microsoft Office 365.

Errata und Support

Wir haben uns sehr um die Richtigkeit der in diesem Buch sowie in den Begleitdaten enthaltenen Informationen bemüht. Mit Anmerkungen, Fragen oder Verbesserungsvorschlägen können Sie sich an Microsoft Press wenden:

Per E-Mail:

mspressde@oreilly.de

Per Post:

Microsoft Press
Betrifft: *Microsoft SharePoint 2010 – Das Entwicklerbuch*
Konrad-Zuse-Straße 1
85716 Unterschleißheim

Supportinformationen zu diesem Buch und den Begleitdateien finden Sie auf der Supportwebsite von Microsoft Press unter *http://www.microsoft-press.de/support.asp?s110=545*.

Falls Sie einen Fehler finden, können Sie ihn auch auf unserer Microsoft Press-Website bei *Oreilly.com* angeben (in englischer Sprache):

1. Gehen Sie auf *http://oreilly.com/catalog/9780735639034*.
2. Auf der Katalogseite des Buchs finden Sie unter der Abbildung des Buchs eine Liste mit Links.
3. Klicken Sie auf *View/Submit Errata*.

Auf unserer englischen Katalogseite finden Sie weitere Informationen und Angebote für Ihr Buch. Falls Sie zusätzliche Hilfe brauchen, können Sie eine E-Mail an unseren Microsoft Press Book Support unter *tkinput@microsoft.com* senden.

Beachten Sie, dass unter den oben angegebenen Adressen kein Support für Microsoft-Software geleistet wird.

Bleiben Sie am Ball

Falls Sie News, Updates usw. von Microsoft Press erhalten möchten, wir sind auf Twitter: *http://twitter.com/mspress_de*.

Danksagungen

Dieses Buch ist ein bedeutender Meilenstein in meinem Leben. Ich habe viele Jahre daran gearbeitet, diesen Traum zu verwirklichen. Ein Buch ist aber immer das Ergebnis der Zusammenarbeit vieler Leute. Leider erscheint nur der Name des Autors auf dem Umschlag. Diese Danksagung wird der Bedeutung all der Leute, die am Projekt mitgeholfen haben, nur teilweise gerecht.

Zuerst möchte ich Microsoft Press, O'Reilly und allen Verlagsmitarbeitern danken, die zu diesem Buchprojekt beigetragen haben. Vor allem danke ich Ben Ryan und Russell Jones, die mir – wieder einmal – ihr Vertrauen geschenkt und die Möglichkeit gegeben haben, eine Idee umzusetzen, an die ich seit Langem geglaubt habe. Russell hatte von Anfang an und für über ein Jahr großen Einfluss auf das Buch. Er half mir, auf Kurs zu bleiben, hat alle meine Fragen beantwortet, mich motiviert, als ich den Terminen hinterher hing, und hat alle meine Entwürfe verbessert.

Außerdem möchte ich allen Leuten bei Microsoft danken, die mir während der letzten Jahre halfen, SharePoint zu studieren und zu erforschen: Roberto D'Angelo, Luca Bandinelli, Carmelo Ferrara, Antonio Gazzeri und Davide Colombo.

Ich danke Giuseppe Marchi für seine sorgfältige Prüfung und dafür, dass er so viel Energie investiert hat, das gesamte Buch so schnell zu lektorieren. Giuseppe, Sie haben großartige Arbeit geleistet. Vielen Dank!

Meinen Kollegen bei DevLeap gebührt besonderer Dank, weil ich das letzte Jahr über sehr mit dem Schreiben dieses Buchs beschäftigt war. Ich weiß, dass die dafür aufgewendete Zeit durch meine Kollegen wiedergutgemacht wurde.

Ich habe dieses Buch über SharePoint 2010 geschrieben, weil ich vor ungefähr neun Jahren bei den frühen Versionen damit begann, SharePoint zu nutzen und Programme dafür zu entwickeln. Meine große Leidenschaft für das Produkt begann allerdings vor 7 Jahren, als einer meiner Kunden mir die Möglichkeit gab, die native Umgebung umfassend anzupassen. Im Verlauf dieses Projekts lernte ich eine Menge über SharePoint. Daher möchte ich Mauro Oliani für diese Gelegenheit danken.

Es gibt einen Menschen, der ein zuverlässiger und stetiger Anlaufpunkt in meinem Leben ist: Giovanni Librando. Wieder einmal hat Giovanni mir geholfen, zur rechten Zeit die richtigen Entscheidungen zu treffen. Giovanni, ich fühle mich geehrt, Sie als Freund und Mentor zu haben.

Ich danke meinen Eltern und meiner Familie für ihre Unterstützung und Nähe während des letzten Jahrs und dafür, dass sie mir über meine gesamte Berufslaufbahn hinweg ihr Vertrauen geschenkt haben.

Und schließlich möchte ich den wichtigsten Menschen in meinem Leben für ihre Unterstützung, ihre Geduld und ihr Verständnis während des letzten Jahrs danken: meiner Frau Paola, meinem Sohn Andrea und meiner Tochter Marta. Es war ein schwieriges und sehr geschäftiges Jahr. Sie haben mich großartig unterstützt, und meine Dankbarkeit für diese Unterstützung wird niemals enden!

Teil I

Überblick

In diesem Teil:

Kapitel 1

Grundlagen von Microsoft SharePoint 2010

In diesem Kapitel:

Dieses Kapitel stellt den Aufbau von Microsoft SharePoint 2010 vor und erklärt, was es Entwicklern von Unternehmenslösungen bietet. Zuerst konzentriert sich das Kapitel auf die Architektur von SharePoint und die umfangreichen Fähigkeiten, die von der Plattform zur Verfügung gestellt werden. Anschließend erhalten Sie einen Überblick über die verschiedenen SharePoint-Editionen. Zuletzt erforschen Sie die verfügbaren Entwicklungstools. Sofern Sie SharePoint 2010 bereits kennen und damit vertraut sind, können Sie dieses Kapitel überspringen; wenn Sie SharePoint dagegen noch gar nicht besitzen oder mit SharePoint 2007 arbeiten, sollten Sie weiterlesen.

Was ist SharePoint?

Microsoft definiert SharePoint oft als Plattform für die Zusammenarbeit in Unternehmen, aber ich bezeichne es lieber als umfangreiches Framework zum Entwickeln von Lösungen für die Unternehmenszusammenarbeit. Aus Sicht des Entwicklers ist SharePoint im Grunde nur eine umfangreiche Sammlung von Tools, Klassen, Bibliotheken, Steuerelementen und so weiter, mit denen er eigene Lösungen programmiert, die die Zusammenarbeit im Unternehmen erleichtern.

Viele Leute betrachten SharePoint als »schlüsselfertige« Plattform zum Erstellen von Websites, gewöhnlich für Intranet- oder Extranetszenarien. Das ist richtig, aber nicht die ganze Wahrheit. SharePoint *ist* eine Plattform zum Erstellen von Websites, und natürlich kann es Intranet- und Extranetsites aufbauen. Aber es ist mehr als das: Sie können damit beliebige Weblösungen erstellen, beispielsweise Internetveröffentlichungssites, und dabei auf einen genau definierten und einsatzbereiten Satz von Tools zurückgreifen, der auf einer sicheren, skalierbaren und einfach wartbaren Architektur aufsetzt. Sie können sich SharePoint als Übermenge von ASP.NET vorstellen, deren umfangreiche Dienste die Entwicklung von Zusammenarbeitslösungen beschleunigen.

Sie sollten SharePoint als Verbindungspunkt zwischen Benutzern, Kunden und sonstigen Nutzern Ihrer Website und der darin eingesetzten Anwendungen verwenden. Das grundlegende Konzept von SharePoint besteht darin, Inhalt, Anwendungen und Daten gemeinsam zu nutzen, um die Zusammenarbeit zu verbessern und eine einzigartig gute Benutzerfreundlichkeit zu erreichen.

SharePoint selbst ist im Wesentlichen ein Container für Listen. Jede Liste besteht aus Elementen. Eine Liste kann aus einfachen Elementen mit benutzerdefinierten Metadateneigenschaften, den sogenannten »Feldern« bestehen. Listen können auch Bibliotheken mit Dokumenten sein, die einen bestimmten Typ eines Elements darstellen, nämlich Dokumentdateien. Immer wenn Sie eine SharePoint-Lösung entwickeln, verwalten Sie Listen und Elemente. In Kapitel 2, »Datenbasis«, erfahren Sie mehr über die Architektur der Datenverwaltung in SharePoint 2010.

Zentrale Funktionen

Microsoft untergliedert die Features und Dienste von SharePoint 2010 in sechs Hauptkategorien: Sites, Communities, Content, Search, Insights und Composites. Abbildung 1.1 zeigt diese Features mit ihren wichtigsten Merkmalen.

Die folgenden Abschnitte beschreiben die sechs Hauptkategorien und ihre Aufgaben genauer.

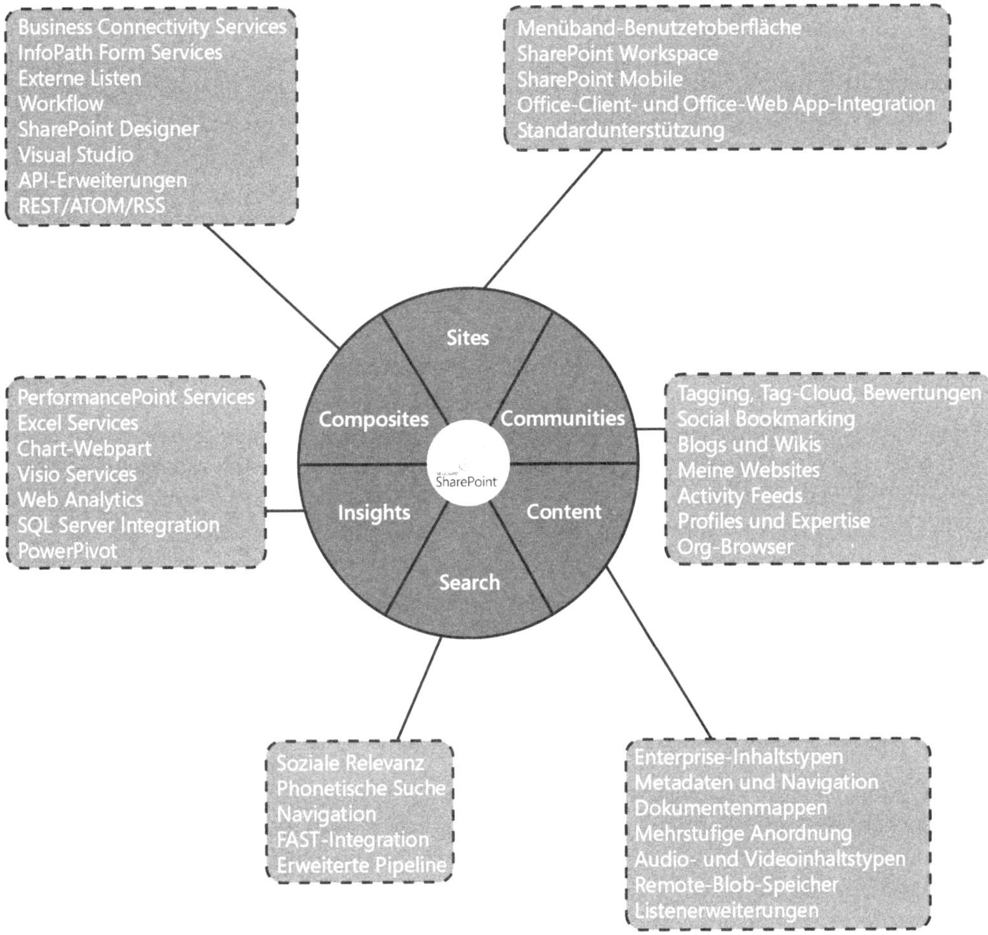

Abbildung 1.1 Die nativen Features der Microsoft SharePoint 2010-Plattform

Sites

Die Kategorie Sites umfasst die wichtigsten und für Benutzer sichtbarsten Features von SharePoint, darunter das Basismodul zum Erstellen von Websites, die Features zum Editieren von Sites und die Theming- und Branding-Fähigkeiten. Außerdem enthält diese Gruppe die Benutzeroberflächenelemente von SharePoint 2010, zu denen Menübänder, Dialoge, Webparts, Silverlight-Unterstützung und so weiter gehören; sie alle stehen browserunabhängig zur Verfügung, damit möglichst viele Benutzer und Plattformen darauf Zugriff haben. Auf derselben Ebene finden Sie die Barrierefreiheitsfunktionen (für WCAG 2.0), die SharePoint 2010 anbietet.

Ein weiteres großartiges Feature aus der Kategorie Sites ist Microsoft SharePoint Workspace 2010 mit der Fähigkeit, Offlineinhalt mit Microsoft Office zu verwalten.

Und schließlich umfasst diese Kategorie auch noch die Zusammenarbeitsfeatures von SharePoint, die Ihnen helfen, Intranet-, Extranet- und Internetlösungen zu erstellen. Webfeatures wie CMS gehören in diese Untergruppe.

Communities

Die Kategorie Communities enthält Features wie soziale Netzwerke, gemeinsame Nutzung von Informationen, Tagging und Bewertung von Inhalt sowie Fähigkeiten zum Sammeln von Benutzerfeedback. Außerdem gehören das Bloggingmodul, Feeds, Benachrichtigungen, Wikiseiten und andere Features, die den Transfer informellen Wissens fördern, in diese Kategorie.

Features für die Benutzerprofilerstellung und Wissenstransfer über Unternehmensnetzwerke hinweg fallen ebenfalls in diese Kategorie. Um Wissenstransfer zu ermöglichen, stellt SharePoint die vertraute Online-/Offlineunterstützung sowie Unterstützung für mobile Geräte und Integration mit vorhandenen sozialen Anwendungen und Netzwerken bereit.

Content

Für die Inhaltsverwaltung stellt SharePoint 2010 ein Modul bereit, das Elementlisten speichert und enge Integration mit der Microsoft Office-Plattform ermöglicht. Die Fähigkeit des Moduls, Elemente zu speichern, die benutzerdefinierte Metadaten enthalten und Tagging- und Bewertungsunterstützung integriert haben, ermöglicht schnelle Suche und verzögerungsfreien Zugriff auf Inhaltssammlungen.

Für den Enterprisemarkt stellt SharePoint 2010 Verwaltungsfunktionen für Aufzeichnungen, Aufbewahrungspflichten, Taxonomien und Folksonomien sowie Dokumentsätze zur Verfügung, außerdem die Fähigkeit, Richtlinien und Regeln für die Inhaltsfreigabe über mehrere Serverfarmen hinweg festzulegen.

SharePoint 2010 bietet auch Unterstützung für Multimediainhalt, beispielsweise Audio, Video und Streams. Sie können mit SharePoint daher enterprisefähige Multimedialösungen entwickeln.

Search

Seit ihrer Einführung ist die Suchmaschine eines der herausragenden Features von SharePoint. Daher bildet das Suchfeature in SharePoint 2010 eine eigene Kategorie. In der neuesten Produktversion hat Microsoft ein verbessertes und zielgenaueres Relevanzmodul eingeführt, das die Nutzung und den bisherigen Verlauf auswertet.

Diese aktualisierte Suchmaschine bietet bessere Unterstützung für mehrsprachigen Inhalt und phonetische Unterstützung für Enterpriseszenarien. Die Features für die soziale Relevanz machen es möglich, Synergien bei der Nutzung der Communityfeatures zu verwirklichen. Und die neue Bereitstellungsarchitektur von SharePoint unterstützt große Systeme mit umfangreichem Inhalt und Suchumfang.

Dank all dieser Fähigkeiten ist SharePoint 2010 eine robuste Plattform zum Entwickeln von Suchanwendungen.

Insights

Dem grundlegendem Ansatz des Produkts folgend, stellt SharePoint 2010 native Integration und Unterstützung für andere Microsoft-Produkte und -Dienste zur Verfügung, zum Beispiel Performance Point Services, Excel Services, Access Services, Visio Services, PowerPivot oder Microsoft SQL Server Reporting Services.

SharePoint 2010 ist die geeignete Technologie, um Inhalt und Anwendungen gemeinsam zu nutzen, damit Endbenutzer über eine einzigartige Clientschnittstelle auf viele unterschiedliche Inhaltstypen und Anwendungen Zugriff erhalten. Das Grundkonzept besteht darin, Ihnen die Werkzeuge zur Verfügung zu stellen, um einen Satz Unternehmensportale zu erstellen, mit denen Sie Informationen und Dienste verfügbar machen, die für die tägliche Arbeit und den Informationstransfer von Bedeutung sind.

Composites

Die letzte Kategorie von SharePoint enthält Features zum Erstellen benutzerdefinierter Lösungen, für die Integration externer Software, die Konnektivität zu externen Daten und die Bereitstellung von Lösungen.

Hier finden Sie Features wie Business Connectivity Services, die nützlich sind, um über die Standardbenutzeroberfläche von SharePoint auf externe Daten in ERPs, DBMS oder SOAP-Diensten zuzugreifen. Ein weiteres Feature der Kategorie Composites ist das offene Workflowmodul, das sich für beliebige benutzerdefinierte Prozessverwaltungs- und Dokumentgenehmigungslösungen eignet. Außerdem definiert diese Kategorie Server- und Client-APIs zum Entwickeln von Softwarelösungen, die sich in SharePoint 2010 integrieren, sowie die native Integration von SharePoint mit Entwicklungstools wie SharePoint Designer 2010 und Microsoft Visual Studio 2010.

Diese letzte Gruppe von Fähigkeiten ist das Kernthema dieses Buchs, weil der SharePoint-Entwickler sie nutzt, um eigene SharePoint-Lösungen zu erstellen.

Grundlegende Konzepte in SharePoint

Damit Sie besser verstehen, was SharePoint eigentlich ist und wie Sie seine Features am besten nutzen, gibt dieser Abschnitt einen kurzen Überblick über das Produkt und stellt einige seiner nützlichsten Features und Fähigkeiten vor.

SharePoint-Zentraladministration

Das Zielpublikum für dieses Buch sind SharePoint-Entwickler, und nicht IT-Administratoren. Daher beschäftigt es sich nicht mit administrativen Aufgaben und enthält keine Anleitungen, wie Sie eine neue SharePoint-Installation bereitstellen. Sobald Sie allerdings eine SharePoint-Serverfarm installieren, bekommen Sie eine Verwaltungskonsole namens *SharePoint-Zentraladministration* (SharePoint Central Administration, SPCA) zur Verfügung gestellt, in der Sie die gesamte Farm verwalten.

WEITERE INFORMATIONEN Wie Sie eine SharePoint-Farm bereitstellen und verwalten, ist im Buch *Microsoft SharePoint 2010 für Administratoren – Das Handbuch* von Wojciech Micka (Microsoft Press 2011, ISBN: 978-3-86645-136-0) ausführlich beschrieben.

Die SharePoint-Zentraladministration ist eine Website des SharePoint-Moduls, in der Sie eine SharePoint-Serverfarm verwalten und überwachen. Wenn Sie eine neue Farm bereitstellen, übernimmt ein Server die Rolle als Host der SharePoint-Zentraladministration. In der SharePoint-Zentraladministration können Sie Server und ihre Rollen konfigurieren, die Farmtopologie definieren und neue Webanwendungen sowie Websitesammlungen erstellen.

Weil die SharePoint-Zentraladministration selbst eine SharePoint-Website ist, können Sie alle Techniken, die in diesem Buch beschrieben werden, dazu nutzen, um diese Site anzupassen. Sie können also Lösungen entwickeln, die die Verwaltungsschnittstelle von SharePoint erweitern.

Die Hauptbereiche der SharePoint-Zentraladministration sind:

- **Anwendungsverwaltung** Hier verwalten Sie vorhandene Webanwendungen und erstellen neue Webanwendungen, Websitesammlungen und Inhaltsdatenbanken. Über diese Themen erfahren Sie weiter unten in diesem Kapitel sowie in Kapitel 2 mehr.

- **Überwachung** In diesem Bereich haben Sie Zugriff auf Tools zum Überwachen der Farm, dem Analysieren von Problemen und dem Beseitigen von Fehlern.
- **Sicherheit** Hier verwalten Sie administrative Konten und Dienstkonten der Farm.
- **Allgemeine Anwendungseinstellungen** In diesem Bereich verwalten Sie allgemeine Einstellungen wie Websiteverzeichnis, Suchmaschine, Inhaltsbereitstellungsfeatures oder InfoPath-Formulardienste.
- **Systemeinstellungen** In diesem Bereich verwalten Sie die Server der Farm, die Farmtopologie, Dienste auf Servern und Features zur Anpassung der Farm.
- **Sichern und Wiederherstellen** Hier erhalten Sie Zugriff auf alle Tools zum Verwalten und Ausführen von Datensicherung und Notfallwiederherstellung.
- **Upgrade und Migration** Hier verwalten Sie Upgrades und Updates.
- **Konfigurations-Assistent** Dieser Bereich enthält einen Assistenten, mit dem Sie die Farm von Grund auf neu konfigurieren können.

Abbildung 1.2 zeigt die Homepage der SharePoint-Zentraladministration.

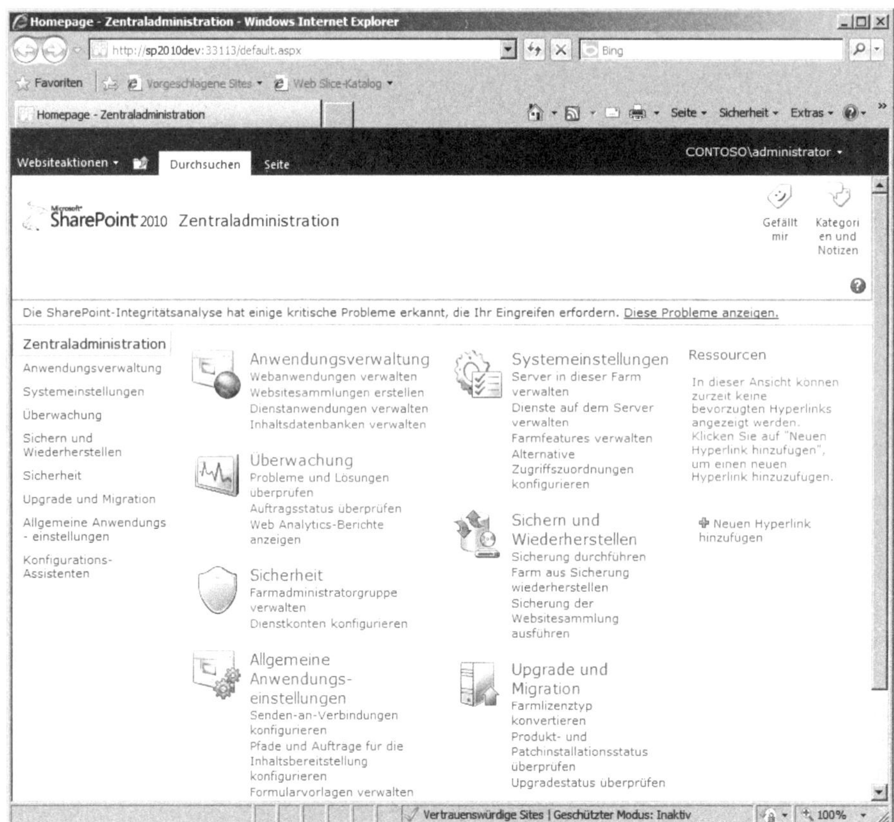

Abbildung 1.2 Die Homepage der SharePoint-Zentraladministration

Beachten Sie die Statuszeile oben auf dieser Seite. Sie weist auf einige Probleme in der aktuellen Konfiguration der Farm hin, die von der *SharePoint-Integritätsanalyse* erkannt wurden. Die *SharePoint-Integritätsanalyse* ist ein sehr nützliches Tool, das den Status der Farm überwacht und dabei hilft, die Farm in optimalem Zustand zu halten.

Websitesammlungen und Websites

Ein grundlegendes Konzept von SharePoint ist die Websitesammlung (site collection). Eine Websitesammlung ist ein logischer Container, der einen Satz Websites enthält, die in einer Webanwendung gehostet werden. Immer wenn Sie mit SharePoint arbeiten und eine Website veröffentlichen wollen, sei es in einer Internet-, Intranet- oder Extranetlösung, haben Sie es mit mindestens einer Webanwendung zu tun, die eine Websitesammlung mit mindestens einer Website enthält. Dadurch, dass Websites zu Websitesammlungen zusammengefasst werden, können sich die Sites Inhalte, administrative Einstellungen, Sicherheitsregeln und optional auch Benutzer und Gruppen teilen.

Um eine neue Websitesammlung zu erstellen, brauchen Sie eine übergeordnete Webanwendung, die Sie auf der Homepage der SharePoint-Zentraladministration mit der Verknüpfung *Webanwendungen verwalten* anlegen. Sobald Sie eine Webanwendung haben, können Sie eine neue Websitesammlung erstellen, indem Sie auf der Homepage der SharePoint-Zentraladministration auf *Websitesammlungen erstellen* klicken. Daraufhin öffnet sich ein Dialogfeld, in dem Sie den Titel, eine Beschreibung und eine URL relativ zur übergeordneten Webanwendung eingeben.

Jede Websitesammlung wird von einem Websitesammlungsadministrator verwaltet, also einem Benutzer, der autorisiert ist, die gesamte Websitesammlung inklusive der darin enthaltenen Websites zu verwalten. Jede Websitesammlung muss mindestens einen Websitesammlungsadministrator haben, es können aber auch mehrere sein. Wenn Sie daher eine neue Websitesammlung erstellen, müssen Sie einen primären Websitesammlungsadministrator bestimmen. Bei Bedarf können Sie auch einen sekundären Websitesammlungsadministrator angeben. Ein Websitesammlungsadministrator hat das Recht, alle Websites innerhalb einer Websitesammlung zu erstellen, zu aktualisieren oder zu löschen. Der Administrator hat auch uneingeschränkte Rechte, den Inhalt innerhalb dieser Websites zu verwalten.

Wenn Sie eine Websitesammlung erstellen, sollten Sie eine passende Websitevorlage als Ausgangspunkt wählen. Sie können dabei eine der vordefinierten Vorlagen wählen, die in SharePoint enthalten sind. In der Standardeinstellung erstellt die Vorlage eine neue Websitesammlung mit mindestens einer Website im Stamm der Websitesammlung. Vorlagen sind in funktionelle Gruppen unterteilt. Die folgende Liste beschreibt die Gruppen, die in SharePoint Server 2010 Enterprise sowie Microsoft Office-Webanwendungen zur Verfügung stehen:

- **Zusammenarbeit** Diese Sites wurden so entworfen, dass sie die Zusammenarbeit erleichtern. In der Kategorie *Zusammenarbeit* finden Sie folgende Vorlagen: *Teamwebsite*, *Leere Website*, *Dokumentarbeitsbereich*, *Blog*, *Gruppenarbeitssite* und *Visio-Prozessrepository*.
- **Besprechungen** Dies sind Vorlagen für Sites aus dem Bereich Besprechungen und Besprechungsverwaltung. Zur Auswahl stehen folgende Vorlagen: *Standard-Besprechungsarbeitsbereich*, *Leerer Besprechungsarbeitsbereich*, *Entscheidung-Besprechungsarbeitsbereich*, *Sozialer Besprechungsarbeitsbereich* und *Mehrseitiger Besprechungsarbeitsbereich*.
- **Enterprise** Hier finden Sie Vorlagen für Unternehmen aus den Bereichen Dokumentverwaltung, Richtlinien und so weiter. Zur Auswahl stehen *Dokumentcenter*, *Datenarchiv*, *PowerPoint-Übertragungswebsite*, *Business Intelligence Center*, *Unternehmenssuchcenter*, *Mein Websitehost*, *Basissuchcenter* und *FAST Search-Center*.
- **Veröffentlichen** Diese Gruppe umfasst Sites für die Webveröffentlichung. Verfügbare Vorlagen sind *Veröffentlichungsportal* und *Unternehmenswiki*.
- **Benutzerdefiniert** Hier können Sie Ihre eigenen Websitevorlagen entwickeln. Außerdem listet diese Gruppe alle verfügbaren benutzerdefinierten Vorlagen auf.

Abbildung 1.3 zeigt die Homepage einer Websitesammlung, die mit der Vorlage *Teamwebsite* erstellt wurde.

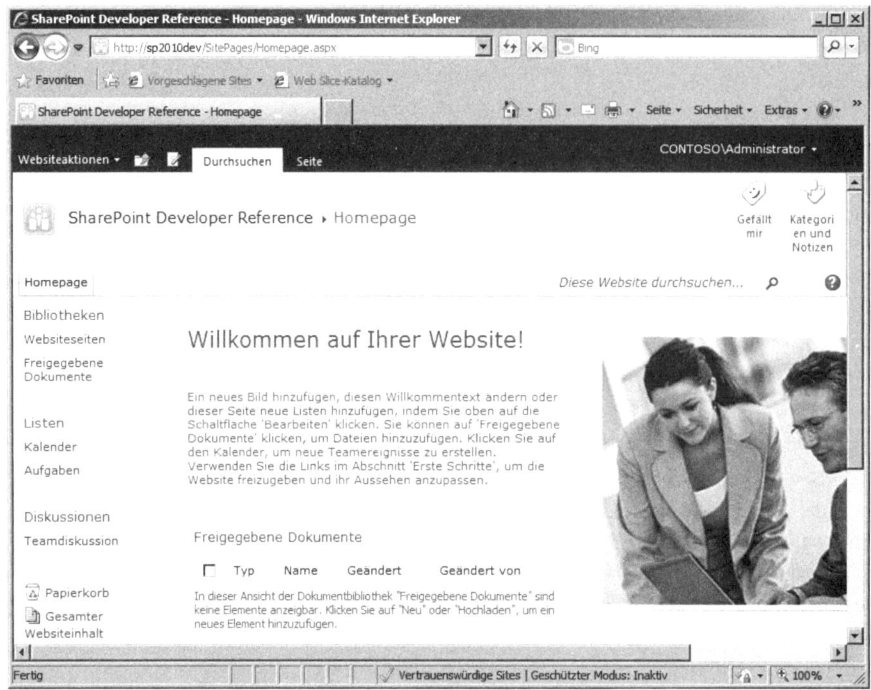

Abbildung 1.3 Die Homepage einer Websitesammlung mit der Vorlage *Teamwebsite*

Listen, Bibliotheken, Elemente und Dokumente

Jede SharePoint-Website besteht aus Listen (lists) mit Elementen (items). Wenn es sich dabei um einfache Elemente handelt, werden sie einfach als Listen und Listenelemente bezeichnet. Solche einfachen Elemente sind keine Dokumente oder Dateien, sondern bestehen nur aus benutzerdefinierten Metadateneigenschaften. Handelt es sich bei den Elementen dagegen um Dateien, werden sie als Dokumentbibliotheken (document libraries) oder kurz Bibliotheken bezeichnet.

Jede Websitevorlage enthält einige vordefinierte Listen, die automatisch angelegt werden, sobald Sie eine Website auf Basis der Vorlage erstellen. Zum Beispiel stellt eine Teamwebsite Listen für gemeinsame Dokumente, Websiteseiten, Kalenderereignisse, Aufgaben und einen Diskussionsbereich zur Verfügung.

Sie können sich den Inhalt dieser Listen ansehen oder, sofern Sie ausreichende Berechtigungen haben, neue Listen mit Inhalt erstellen beziehungsweise neue Dateien hochladen (bei Bibliotheken). Abbildung 1.4 zeigt, wie die Benutzeroberfläche von SharePoint 2010 den Inhalt einer Dokumentbibliothek auflistet.

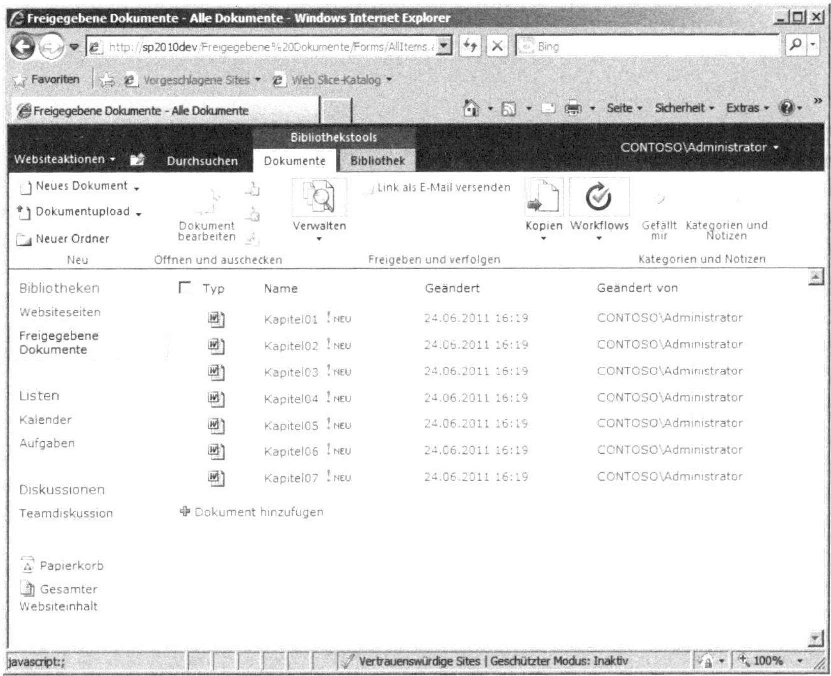

Abbildung 1.4 Die Standardbenutzeroberfläche von SharePoint zum Auflisten des Inhalts einer Dokumentbibliothek

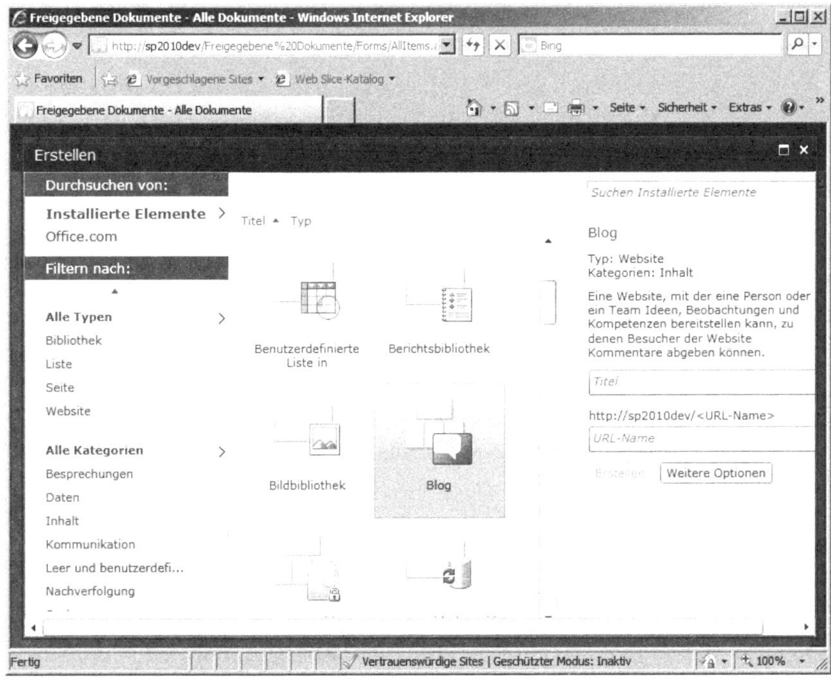

Abbildung 1.5 Die Silverlight-Benutzeroberfläche zum Erstellen einer neuen Liste in einer SharePoint-Website

Beachten Sie auch das Menübandmenü (ribbon menu) in Abbildung 1.4. Dies ist ein neues Feature in SharePoint 2010, das dank einer Office-ähnlichen Benutzeroberfläche bessere Unterstützung für die Endbenutzer bietet.

Sie erstellen eine neue Liste, indem Sie einfach in der linken oberen Ecke des Bildschirms auf *Websiteaktionen* klicken und dann *Weitere Optionen* wählen. Wie in Abbildung 1.5 zu sehen, können Sie daraufhin auswählen, welche Art von Inhalt Sie erstellen möchten.

HINWEIS Welche Benutzeroberfläche SharePoint anzeigt, hängt vom verwendeten Browser ab. Wenn Ihr Browser Silverlight unterstützt, basiert die Benutzeroberfläche auf einem Silverlight-Steuerelement (wie in Abbildung 1.5), andernfalls besteht die Benutzeroberfläche aus Standard-HTML.

Webparts und Webpartseiten

Webparts sind eines der wichtigsten Features von SharePoint. Sie können in SharePoint sogar Seiten aus konfigurierbaren Bausteinen zusammensetzen, die von Endbenutzern aktiviert, verschoben oder ausgeblendet werden können. Dieses Feature soll es den Benutzern ermöglichen, ihre eigenen Seiten zu definieren, indem sie Inhalte aus einem Satz verfügbarer Webparts auswählen und ihn individuell anpassen. Eine Seite, die aus Webparts besteht, wird als Webpartseite (web part page) bezeichnet.

Eine typische SharePoint-Lösung enthält einige benutzerdefinierte Listen und Dokumentbibliotheken sowie einige Webparts, die in benutzerdefinierten Webpartseiten konfiguriert sind, um die in den Listen gespeicherten Daten anzuzeigen und zu verwalten.

Architekturüberblick

In diesem Abschnitt sehen wir uns die Architektur von SharePoint aus der Sicht des Entwicklers an. Abbildung 1.6 zeigt die Architektur von SharePoint von den Basiselementen bis zu den wichtigsten Enterprisefeatures.

Das Betriebssystem bildet den Unterbau für SharePoint 2010. Seit SharePoint 2010 wird für eine Produktivumgebung mindestens Microsoft Windows Server 2008 oder Microsoft Windows Server 2008 R2 benötigt. Sie können die SharePoint-Plattform auch auf einem Computer mit Microsoft Windows 7 oder Microsoft Windows Vista SP1/SP2 installieren, aber nur für Entwicklungszwecke. Weil SharePoint 2010 nur als 64-Bit-Version zur Verfügung steht, brauchen Sie für eine Bereitstellungsumgebung auf jeden Fall ein 64-Bit-Betriebssystem.

WEITERE INFORMATIONEN Details zu den Software- und Hardwarevoraussetzungen für SharePoint 2010 finden Sie im Dokument »Hardware- und Softwareanforderungen (SharePoint Server 2010)« auf MSDN Online unter *http://technet.microsoft.com/de-de/library/cc262485.aspx*.

Neben dem Betriebssystem benötigt SharePoint 2010 einen Datenbankserver, dies kann Microsoft SQL Server 2005 SP3 oder Microsoft SQL Server 2008 (optional R2) sein. Welche Edition von SQL Server Sie verwenden, können Sie anhand Ihrer Anforderungen entscheiden, es muss aber eine 64-Bit-Version des Produkts sein. SharePoint speichert in der SQL Server-Datenbank die Konfiguration der SharePoint-Serverfarmen und den Inhalt der bereitgestellten Websites.

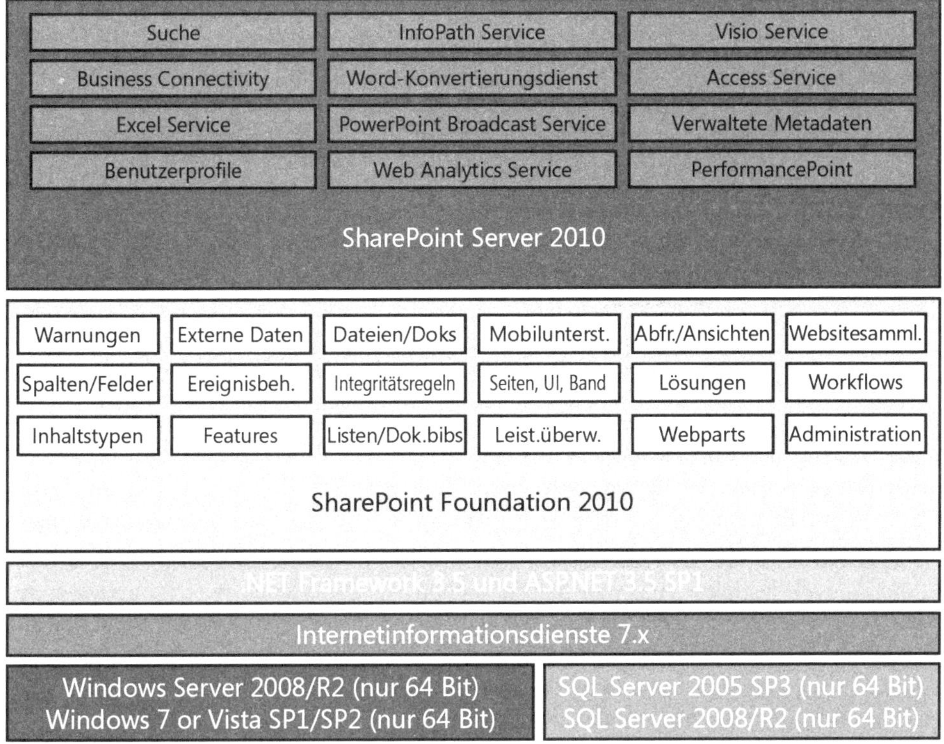

Abbildung 1.6 Die Architektur von Microsoft SharePoint 2010

Über Betriebssystem und Datenbank befindet sich ein Anwendungsserver, nämlich Internetinformationsdienste 7.x (Internet Information Services, IIS 7). Die Version IIS 7 wird benötigt, um die Webanwendungen zu hosten und Endpunkte für die Infrastrukturdienste von SharePoint zu veröffentlichen, wobei der Windows-Prozessaktivierungsdienst (Windows Process Activation Service, WAS) von IIS 7 genutzt wird.

WEITERE INFORMATIONEN Über WAS erfahren Sie mehr auf der Seite »Hosten in WAS (Windows Process Activation Service)« auf MSDN Online unter *http://msdn.microsoft.com/de-de/library/ms734677.aspx*.

Weil SharePoint 2010 auf dem Microsoft .NET Framework 3.5 aufbaut und Microsoft ASP.NET 3.5 SP1 erweitert, wird auch das .NET Framework 3.5 SP1 als Teil der Infrastruktur benötigt. Zu dem Zeitpunkt, als dieses Buch geschrieben wurde (Februar 2011), bot SharePoint 2010 noch keine Unterstützung für Microsoft .NET Framework 4.0.

Über dieser Basis befinden sich die Grundbausteine von SharePoint, die sogenannte Microsoft SharePoint Foundation 2010. Dies ist eine kostenlose Plattform, mit der einfache SharePoint-Lösungen entwickelt werden können. Wie Abbildung 1.2 zeigt, enthält SharePoint Foundation dennoch einen beeindruckenden Funktionsumfang, auf den Entwickler zurückgreifen können, um die Anforderungen einfacher Portale zu erfüllen.

An der Spitze der Architektur befindet sich die Plattform Microsoft SharePoint Server 2010 mit seinen leistungsfähigen Enterprisediensten, zum Beispiel Excel Services, Word-Konvertierungsdienst oder Suchmaschine.

Logische und physische Architektur

Wenn Sie eine SharePoint-Umgebung bereitstellen, stellen Sie eigentlich eine logische Architektur bereit, die sogenannte »SharePoint-Farm«. Eine SharePoint-Farm besteht aus einer Gruppe von Servern, die unterschiedliche Rollen übernehmen und verschiedene Dienste zur Verfügung stellen. Zusammen bilden sie eine Serverfarm, die sich zum Hosten einer vollständigen SharePoint-Bereitstellung eignet. Die wichtigsten Serverrollen in einer SharePoint-Farm sind:

- **Frontend-Webserver** Diese Server veröffentlichen Websites, die auch als Webanwendungen bezeichnet werden.
- **Anwendungsserver** Diese Server hosten Backenddienste, zum Beispiel den Suchindexdienst oder den Crawler-Dienst.
- **Datenbankserver** Diese Server speichern Konfigurations- und Inhaltsdaten für die gesamte SharePoint-Farm.

Die kleinste Farm, die Sie aufbauen können, besteht aus einem einzigen Server. Dieser Typ wird oft als »einschichtige Bereitstellung« (single-tier deployment) bezeichnet. Es wird allerdings dringend davon abgeraten, ein solches System aufzubauen, sofern es sich nicht um eine reine Test- oder Entwicklungsumgebung handelt.

Um Skalierbarkeit und Ausfallsicherheit zu gewährleisten, sollten Sie mindestens zwei Frontend-Webserver sowie einen Backend-Datenbankserver bereitstellen. Diese Topologie wird meist als »zweischichtige Bereitstellung« (two-tier deployment) bezeichnet. Wenn Sie die Bereitstellung vergrößern und mehr Benutzer und Sites unterstützen müssen, können Sie eine dreischichtige Bereitstellung aufbauen, indem Sie einige dedizierte Anwendungsserver hinzufügen.

Unabhängig von der gewählten Bereitstellungstopologie nutzt SharePoint eine Microsoft SQL Server-Datenbank, um Konfigurationen und Inhalt der Farm zu speichern. Dazu erstellt es eine Hauptkonfigurationsdatenbank für die gesamte Farm, sobald Sie eine neue Farm bereitstellen. Diese Datenbank bekommt normalerweise den Namen *SharePoint_Config* oder *SharePoint_Config_<EindeutigeID>*. Sofern Sie den automatischen Setupprozess verwenden, wird diese Datenbank für Sie erstellt, wenn Sie die Farm zum ersten Mal bereitstellen. Zusätzlich legt der SharePoint-Bereitstellungs- und Konfigurationsassistent einen Satz Satellitendatenbankdateien für die bereitgestellten Hauptdienste an. Beispielsweise erstellt er eine Datenbank, die den Inhalt der Website für die SharePoint-Zentraladministration speichert.

Jede SharePoint-Farm setzt sich aus Diensten zusammen, die alle Infrastrukturdienste zur Verfügung stellen, die in der SharePoint-Umgebung gebraucht werden. Die wichtigsten Dienstarten sind Webanwendungsdienste, die den Einstiegspunkt für im Web veröffentlichte Lösungen bilden. Jede Webanwendung enthält mindestens eine Websitesammlung sowie eine Inhaltsdatenbank. Sie können innerhalb derselben Webanwendung aber auch mehrere Websitesammlungen bereitstellen, und mehrere Inhaltsdatenbanken für dieselbe Webanwendung. Eine Inhaltsdatenbank ist eine Datenbankdatei, die Inhalt für eine oder mehrere Websitesammlungen speichert. Bei SharePoint kann der Inhalt aus Elementen, Dokumenten, Dokumentversionen, Seiten, Bildern und so weiter bestehen. Daher kann die Datenbank einer Websitesammlung schnell sehr groß werden.

In SharePoint 2010 wurden die Serverrollen und die konfigurierbaren Dienste so verbessert, dass sie eine flexible Skalierung besser unterstützen. Sie können nun sogar unterschiedliche Rollen auf dedizierte Server verteilen und sogar Hardwareredundanz ermöglichen.

Abbildung 1.7 zeigt den Aufbau einer SharePoint-Farm mit zwei Frontend-Webservern, die beide dieselben Webanwendungen veröffentlichen und dabei Netzwerklastenausgleich nutzen. Die erste Webanwendung (Webanwendung 1) besteht aus zwei Websitesammlungen (Websitesammlung 1 und 2), die auf dieselbe Inhaltsdatenbank (Inhalt 1) zurückgreifen. Die zweite Webanwendung (Webanwendung 2) enthält eine dritte Websitesammlung (Websitesammlung 3) und speichert ihren Inhalt in einer dedizierten Inhaltsdatenbank (Inhalt 2). Alle Websitesammlungen enthalten eine oder mehrere Websites.

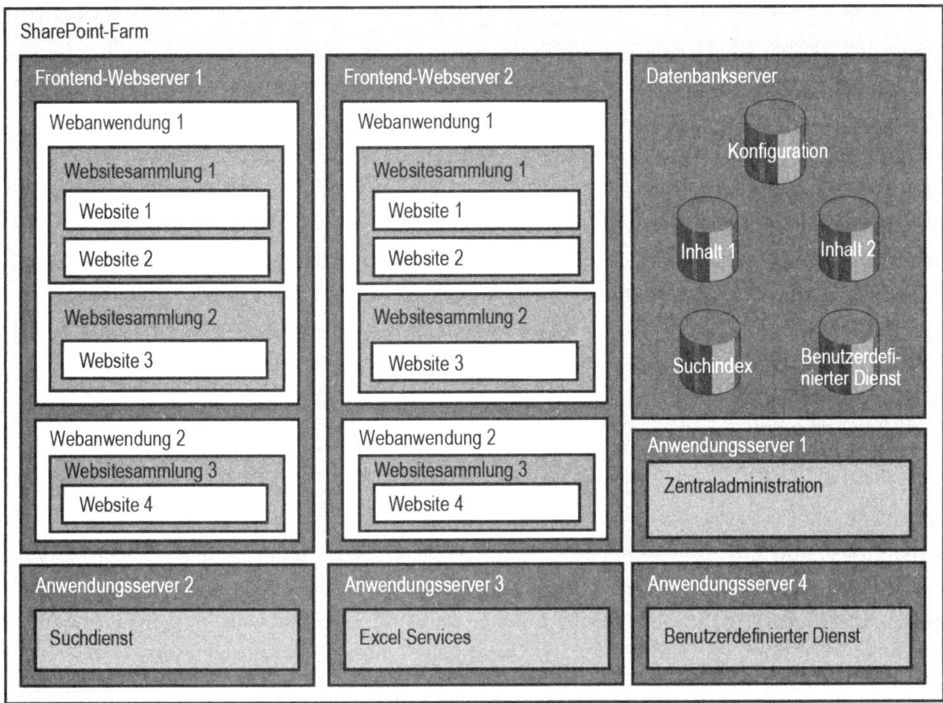

Abbildung 1.7 Vereinfachtes Schema einer SharePoint-Beispielfarm mit dreischichtiger Topologie

Im Backend laufen vier Anwendungsserver, die SharePoint-Zentraladministration, Suchdienste, Excel Services und einen benutzerdefinierten Dienst hosten.

Alle Daten werden in einem Backend-Datenbankserver gespeichert, der für die unterschiedlichen Aufgaben jeweils eigene Datenbankdateien verwaltet.

HINWEIS Der Aufbau in Abbildung 1.7 ist stark vereinfacht. Er entspricht nicht unbedingt einem tatsächlichen Szenario, und viele Details wurden ausgespart.

Dienstanwendungen

Eine Dienstanwendung ist ein Softwaredienst, der in einer SharePoint-Farm läuft. Dienstanwendungen haben die Aufgabe, Ressourcen und Fähigkeiten für mehrere Sites und Server innerhalb derselben Farm oder sogar über mehrere Farmen hinweg zur Verfügung zu stellen. Das Konzept der Dienstanwendungen ist ein großartiges neues Feature in SharePoint Foundation 2010, das in den Vorgängerversionen des Produkts fehlte. Microsoft Office SharePoint 2007 implementierte das Konzept der Anbieter für gemeinsame Dienste (Shared Service Providers, SSPs), aber ein SSP war nicht so erweiterbar und skalierbar wie Dienstanwendungen.

Das Konzept einer Dienstanwendung wird klarer, wenn wir einige Beispiele betrachten. Die Suchmaschine in SharePoint 2010 basiert auf einer Dienstanwendung. Sie können daher auf unterschiedlichen Servern derselben Farm dieselbe Suchmaschine nutzen. Das ist noch nicht weiter überraschend, aber Sie können denselben Suchdienst auch über mehrere Farmen hinweg nutzen. In sehr großen Bereitstellungen können Sie beispielsweise für die Suche eine dedizierte Farm einrichten, die überhaupt keine Frontend-Webserver enthält und nur eine große Menge von Abfrage- und Indexservern zur Verfügung stellt. Dann können Sie von vielen anderen SharePoint 2010-Farmen aus auf diese Farm zugreifen und so den gemeinsamen Suchdienst nutzen.

Ein anderes Beispiel ist Excel Services. Wenn Sie eine Farm haben, die Excel Services intensiv für Berechnungen und die Berichterstellung zu externen Daten nutzt, können Sie Excel Services auf zwei oder mehr dedizierten Servern der Farm bereitstellen und von allen anderen Servern darauf zugreifen.

Diese Konfigurationen sind möglich, weil die Architektur von Dienstanwendungen so aufgebaut ist, dass sie flexibel skaliert werden können. Somit kann jede Dienstanwendung, die auf einem Server der Farm läuft, so entwickelt werden, dass sie Skalierbarkeit unterstützt, und dann auf mehreren Servern installiert werden. Eine Farm verwendet einen Proxy, um auf eine Dienstanwendung zuzugreifen, die lokal oder von einer fremden Farm veröffentlicht wird. Wenn ein Frontend-Webserver auf eine Dienstanwendung zugreift, wertet er den tatsächlichen Standort des Dienstes nicht aus, sondern beschränkt sich darauf, den Dienst einfach zu nutzen. Das ist möglich, weil jede SharePoint Foundation 2010-Farm eine native Dienstanwendung bestehend aus Anwendungserkennungs- (application discovery) und Lastenausgleichsdienst (load balancer) hat. Sie wickelt Diensterkennung und Lastausgleich für Dienste ab, die auf mehreren Anwendungsservern gleichzeitig bereitgestellt sind.

Hinter den Kulissen kommuniziert jeder Dienstanwendungsproxy standardmäßig über einen sicheren WCF-Kanal (Windows Communication Foundation) mit der Backend-Dienstanwendung. In Kapitel 15, »Entwickeln von Dienstanwendungen«, erfahren Sie, wie Sie eigene Dienstanwendungen entwickeln.

Die Rolle der Datenbanken

Jede SharePoint-Farm enthält mindestens einen Backend-Datenbankserver. Wie bereits weiter oben in diesem Kapitel erwähnt, speichert der Backend-SQL Server die gesamte Konfiguration der Farm sowie den Inhalt aller Websitesammlungen und die Daten vieler Dienstanwendungen. Zum Beispiel speichert der Suchdienst vom Crawler indizierten Inhalt, Eigenschaften für Crawler-Daten und Konfigurationseigenschaften in unterschiedlichen dedizierten Datenbankdateien. Der Word-Konvertierungsdienst verwendet ebenfalls eine dedizierte Datenbankdatei. Dazu kommen eventuell noch weitere Datenbanken.

WICHTIG Sie können zwar theoretisch eine SharePoint-Datenbank in Microsoft SQL Server Management Studio öffnen und sich so die Datenbanken einer SharePoint-Farm ansehen, davon wird aber dringend abgeraten. Außerdem sollten Sie Ihre Softwarelösungen nicht auf bestimmten Datenstrukturen der SharePoint-Datenbanken aufbauen. Sie sollten den Inhalt dieser Datenbanken nicht direkt abfragen oder verändern. Falls Sie Inhalte lesen oder ändern müssen, sollten Sie die verschiedenen Bibliotheken und Objektmodelle nutzen, die weiter hinten in diesem Buch beschrieben werden.

Konzentrieren wir uns nun auf Seiten und Inhalt. Wie Sie wissen, können Sie jedes Mal, wenn Sie in der SharePoint-Zentraladministration eine neue Websitesammlung anlegen, eine Websitevorlage auswählen. Die Websitevorlage umfasst Konfiguration, Layout und Inhaltsdateien, die ein Websitemodell definieren. Sie können eigene Websitevorlagen erstellen (dies wird in Kapitel 14, »Websitevorlagen«, beschrieben) oder eine der in SharePoint enthaltenen Websitevorlagen verwenden. In allen Fällen beginnt SharePoint mit einem Satz Dateien, die im Dateisystem aller Frontend-Webserver gespeichert sind, und erstellt dann einige Datensätze in der Inhaltsdatenbank, die die neu angelegte Websitesammlung hosten. Wenn Sie nun, sobald die Websitesammlung erstellt ist, eine Seite im Webbrowser aufrufen, stellt das SharePoint-Modul fest, ob die Seite, die Sie angefordert haben, vollständig im Dateisystem liegt, ob ein Teil des angepassten Inhalts aus der Inhaltsdatenbank ausgelesen und mit dem Seitenmodell des Dateisystems zusammengeführt werden muss oder ob der Seiteninhalt sogar vollständig in der Inhaltsdatenbank gespeichert ist.

Da Sie eine Backend-Inhaltsdatenbank zur Verfügung haben, können Sie mehrere Frontend-Webserver bereitstellen, die auf denselben Inhalt zugreifen. Das verbessert die horizontale Skalierbarkeit. Indem Sie grundlegende Seitenmodelle im Dateisystem speichern, verbessert sich gleichzeitig die Leistung, weil es im Allgemeinen schneller geht, eine Seite aus dem Dateisystem zu laden (sofern sie nicht angepasst wurde), als sie von einem externen Datenbankserver abzurufen. Im Abschnitt »SharePoint für Entwickler« weiter unten in diesem Kapitel wird beschrieben, wie SharePoint zwischen Dateisystem- und Datenbank-Inhaltsquellen unterscheidet.

SharePoint-Editionen

SharePoint 2010 wird in unterschiedlichen Editionen angeboten. Dieses Buch richtet sich zwar an Entwickler (und nicht an Verkaufs- oder Marketingmitarbeiter), aber auch sie sollten die Hauptunterschiede zwischen den verschiedenen Editionen des Produkts kennen. Dieser Abschnitt vermittelt die Grundlagen, die Sie brauchen, um eine geeignete SharePoint-Edition für Ihre Projekte auszuwählen.

WEITERE INFORMATIONEN Einen vollständigen Vergleich der SharePoint-Editionen finden Sie auf der Seite »Editionen im Vergleich« unter *http://sharepoint.microsoft.com/de-de/buy/Seiten/Editions-Comparison.aspx.*

SharePoint Foundation

Microsoft SharePoint Foundation 2010 ist die einfachste Edition des Produkts. Sie ist kostenlos – sofern Sie sie auf einem lizenzierten Exemplar von Microsoft Windows Server 2008 ausführen – und bietet die grundlegenden Features zum Erstellen einfacher Dokumentspeicherungs- und Zusammenarbeitslösungen. Wie Abbildung 1.6 weiter oben in diesem Kapitel zeigt, können Sie mit dieser Version benutzerdefinierte Lösungen erstellen, indem Sie Microsoft Visual Studio 2010 und SharePoint Designer 2010 einsetzen. In der Standardeinstellung bietet diese Edition folgende Kernfähigkeiten: Barrierefreiheit, Browserunabhängigkeit, grundlegende Suchfunktionen, fertige Webparts, Silverlight-Unterstützung, neue Benutzeroberflächenfeatures auf Basis von Dialogen und Menübändern, Blogs und Wikis sowie das Workflowmodul.

Die Foundation-Edition unterstützt außerdem die grundlegende Infrastruktur der Business Connectivity Services, allerdings ohne clientseitige beziehungsweise Office-Fähigkeiten. Natürlich finden Sie darin auch die Funktionen der SharePoint-Zentraladministration und alle Farmverwaltungstools und -dienste wie zum Beispiel die *SharePoint-Integritätsanalyse*. Wenn Sie wollen, können Sie sogar eine mehrschichtige Farm ausschließlich mit SharePoint Foundation bereitstellen.

Ein weiteres grundlegendes Feature von SharePoint Foundation ist die Möglichkeit, ein Upgrade von Vorgängerversionen von Microsoft SharePoint auszuführen.

Und schließlich stellt SharePoint Foundation alle Features für die benutzerdefinierte Entwicklung zur Verfügung, darunter das Webparts-Programmiermodell, das Serverobjektmodell, das Clientobjektmodell, Ereignisempfänger oder forderungsbasierte Sicherheit.

Sie sollten diese Edition von SharePoint verwenden, wenn Sie benutzerdefinierte Lösungen entwickeln, die keine fortgeschrittenen Features wie Dokumentverwaltungstools oder Benutzerprofile benötigen. Wenn Sie SharePoint lediglich als webbasierte »Sammelstelle« zum Speichern von Inhalt wie Dokumenten, Kontakten oder Aufgaben benötigen, erfüllt diese Edition Ihre Anforderungen am besten.

SharePoint Server Standard

Die Microsoft SharePoint Server 2010 Standard Edition baut auf SharePoint Foundation auf und erweitert sie um einige Features, die nützlich sind, um Unternehmenslösungen zu erstellen. Diese Edition bietet Fähigkeiten für die Erfüllung rechtlicher Vorschriften, beispielsweise Datensatzverwaltung, Aufbewahrungspflichten und Dokumentrichtlinien. Außerdem unterstützt sie Dokumentensätze, die es Ihnen ermöglichen, zusammengehörige Inhalte so zu verwalten, als wären sie ein einziges Objekt. Diese Edition unterstützt Dokument-IDs, die SharePoint-Websiteinhalt eine eindeutige Protokollnummer zuweisen. Sie können in dieser Edition Inhalt abhängig vom Publikum abrufen, wobei profilbasierte Zielgruppen ausgewertet werden.

Diese Edition eignet sich am besten, wenn Sie eine Content-Management-System-Lösung brauchen, die Features wie Inhaltsveröffentlichung, Inhaltsgenehmigung, Seitenlayouts oder Unterstützung für Webstandards (XHTML, WCAG 2.0 und so weiter) bietet.

Außerdem unterstützt diese Edition Tags und metadatenabhängige Sucheingrenzung, Suche nach Personen und andere soziale Features. Als Unternehmenstool bietet sie auch Features zum Verwalten von Personen, Profilen und privaten Sites.

Sie sollten diese Edition des Produkts einsetzen, wenn Sie Unternehmenslösungen entwickeln, die Features und Fähigkeiten nutzen, die in diesem Abschnitt erwähnt wurden. Das beschränkt sich nicht auf Fähigkeiten von SharePoint selbst, sondern der gesamten Lösung.

SharePoint Server Enterprise

Microsoft SharePoint Server 2010 Enterprise Edition ist für umfangreiche Unternehmenslösungen und Organisationen des Enterprisebereichs vorgesehen. Es erweitert die Fähigkeiten von SharePoint Server Standard dadurch, dass es Unterstützung für Dashboards, Key Performance Indicators (KPIs) und Business-Intelligence-Features bietet. Es verbessert die Suchfähigkeiten durch Kontextsuche, Ergebniseingrenzung durch Tiefensuche, Möglichkeiten zur extremen Skalierung der Suche, umfangreiche Webindizierung und viele weitere Features. Außerdem bietet es Unterstützung für Excel Services, Visio Services, InfoPath Forms Services und Access Services.

Wenn Sie Unternehmensanalyselösungen oder komplexe suchbasierte Lösungen entwickeln, sollten Sie diese Edition des Produkts wählen.

SharePoint for Internet Sites

Ab SharePoint 2010 wurde die Produktfamilie durch zwei neue Editionen ergänzt: Microsoft SharePoint Server 2010 for Internet Sites Standard und Enterprise.

Diese Editionen sind für Webveröffentlichungssites vorgesehen. Sie wurden entwickelt, um Systeme mit öffentlichem Internetzugriff durch beliebig viele Benutzer zu unterstützen, die anonym oder authentifiziert aus dem Internet auf die Website zugreifen. In Standard Edition und Enterprise Edition stehen dieselben Features für Internetsites zur Verfügung wie in den entsprechenden normalen Editionen.

Die Standard Edition for Internet Sites ist für die Veröffentlichung einer einzelnen Domänenwebsite lizenziert, die Enterprise Edition for Internet Sites kann mehrere Domänen veröffentlichen.

SharePoint Online

Microsoft SharePoint Online ist die cloudbasierte SharePoint-Variante, die auf dem SaaS-Prinzip (Software as a Service) aus Microsoft Office 365 aufbaut. Mit dieser Edition können Sie SharePoint-Lösungen erstellen, ohne eine SharePoint-Farm direkt in Ihrem Unternehmen einrichten zu müssen. Stattdessen haben Sie Ihre Farm in der Cloud, sodass Sie die Vorteile einer externen Lösung ohne Verwaltungskosten genießen. Als Entwickler können Sie sich ganz auf Daten, Prozesse, Ideen und Inhalte konzentrieren, die Sie anderen zur Verfügung stellen wollen.

Als dieses Buch geschrieben wurde (Februar 2011), basierte die offizielle SharePoint Online-Version auf Microsoft Office SharePoint Server 2007. Ein Upgrade auf SharePoint 2010 ist für den Zeitpunkt vorgesehen, an dem Microsoft Office 365 veröffentlicht wird.

SharePoint für Entwickler

SharePoint bietet Entwicklern zahlreiche Features und Fähigkeiten zum Erstellen benutzerdefinierter Weblösungen. Dieser Abschnitt bietet einen Überblick über diese Features und Dienste, damit Sie die in den restlichen Kapiteln behandelten Themen besser einordnen können.

ASP.NET-Integration

Als Entwickler fragen Sie sich möglicherweise, wie sich SharePoint 2010 in ASP.NET integriert, um Anforderungen zu bedienen und seine fortgeschrittenen Features auf der Basis der nativen ASP.NET-Infrastruktur anzubieten.

In IIS 7 können Anwendungspools in zwei unterschiedlichen Modi laufen: im integrierten oder im klassischen Modus. Der klassische Modus funktioniert wie ältere Versionen von IIS (IIS 6), er greift auf den ISAPI-Filter *Aspnet_isapi.dll* zurück. Der integrierte Modus stellt eine einheitliche Pipeline für die Verarbeitung von Anforderungen zur Verfügung, die auf verwaltete (.NET) oder unverwaltete (Nicht-.NET) Ressourcen zugreifen. Jede Anforderung wird von einem Modul bedient, das in der Anwendungskonfiguration registriert ist.

SharePoint 2010 stellt in der Assembly *Microsoft.SharePoint.dll* den Namespace *Microsoft.SharePoint.ApplicationRuntime* bereit. Dieser Namespace enthält einen Satz Klassen, die das Standardverhalten von ASP.NET nutzen und/oder überschreiben, während der integrierte Modus von IIS 7 aktiv ist. Die zentrale Klasse, die SharePoint-Anforderungen verarbeitet, heißt *SPRequestModule*. Sie wird in der *Web.config*-Datei jeder SharePoint-Website konfiguriert, genauer im Abschnitt *system.webServer/modules*. Diese Klasse registriert mehrere Anwendungsereignisse, die Anforderungen, Authentifizierung, Fehler und so weiter verarbeiten. Eine grundlegende Aufgabe dieses Moduls besteht darin, den Anbieter für den virtuellen Pfad (*SPVirtualPathProvider*) zu registrieren, der Anforderungen auflöst, indem er feststellt, ob der angeforderte Inhalt aus der Inhaltsdatenbank oder dem Dateisystem abgerufen werden soll. Ein Anbieter für den virtuellen Pfad ist eine Klasse, die der ASP.NET-Pipeline Inhalt zur Verfügung stellt, indem sie ihn aus einem virtuellen Dateisystem ausliest.

Serverseitige Technologien

SharePoint stellt Entwicklern umfangreiche serverseitige Tools zur Verfügung. Erstens können Sie das SharePoint-Serverobjektmodell nutzen, das Ihnen erlaubt, über zahlreiche Bibliotheken und Klassen auf SharePoint zuzugreifen. Mithilfe dieser Klassen können Sie die in SharePoint gespeicherten Daten lesen und verwalten. Allgemeiner gesagt können Sie über das Serverobjektmodell alles tun, was SharePoint tun kann, weil auch SharePoint selbst mit diesem Objektmodell arbeitet. Sie können das Serverobjektmodell nur auf einem SharePoint-Server verwenden, weil einige seiner Abhängigkeiten nur auf einem SharePoint-Server vorhanden sind. Über dieses Tool erfahren Sie mehr in Kapitel 3, »Serverobjektmodell«.

Auf der Serverseite können Sie seit SharePoint 2010 auch das LINQ-Programmiermodell nutzen. Dabei können Sie mithilfe von LINQ-to-SharePoint-Anbietern SharePoint-Daten über ein vollständig typisiertes Programmiermodell abfragen und verwalten, genauso wie mithilfe von LINQ to SQL beim Verwalten von Daten, die in Microsoft SQL Server gespeichert sind. Kapitel 4, »LINQ to SharePoint«, beschreibt diesen neuen LINQ-Abfrageanbieter genauer.

Clientseitige Technologien

Wenn Sie eine Clientlösung entwickeln, die auf SharePoint 2010 zugreift, stehen Ihnen gleich mehrere clientseitige Technologien zur Verfügung, die speziell für diesen Zweck entwickelt wurden. Zum Beispiel bietet das SharePoint-Clientobjektmodell die Möglichkeit, von einem Client aus über einen Satz Klassen auf SharePoint zuzugreifen. Diese Klassen ähneln dem Serverobjektmodell, funktionieren aber auf jedem Client, der .NET, Silverlight oder ECMAScript unterstützt. Das Clientobjektmodell steht in drei unterschiedlichen Varianten zur Verfügung: .NET-verwaltet, Silverlight und ECMAScript. Die Versionen des Clientobjektmodells bieten auf allen drei Plattformen praktisch denselben Funktionsumfang. Sie können auch SOAP-Dienste nutzen, die von SharePoint veröffentlicht werden. Und schließlich können Sie mit der REST-API auf SharePoint-Daten zugreifen und sie verwalten, wobei Sie über ein neues Protokoll namens OData Daten über einen HTTP/XML-Kommunikationskanal abfragen und ändern; OData ist unter *www.odata.org* dokumentiert.

Alle diese clientseitigen Technologien werden in Kapitel 5, »Clientseitige Technologien«, ausführlich beschrieben.

Webparts und Benutzeroberfläche

Für Entwickler ebenfalls von besonderem Interesse ist der Bereich der Benutzeroberfläche (User Interface, UI). Viele SharePoint-Entwickler verbringen ihre Zeit damit, Webparts, Webpartseiten und Benutzeroberflächenanpassungen zu entwickeln. SharePoint 2010 stellt nicht nur ein umfangreiches Objektmodell zum Erstellen benutzerdefinierter Webparts zur Verfügung, sondern auch einen Satz von Tools für die Benutzeroberflächenanpassung, die den Umgang mit AJAX, Dialogen, Menüband und anderen Elementen erleichtern. Über die Entwicklung von Webparts erfahren Sie mehr in Kapitel 6, »Grundlagen von Webparts«, und Kapitel 7, »Fortgeschrittene Webparts«, während Kapitel 8, »SharePoint-Features und -Lösungen«, und Kapitel 9, »Erweitern der Benutzeroberfläche«, die Anpassung der Benutzeroberfläche behandeln.

Bereitstellen von Daten

Wenn Sie mit SharePoint arbeiten, müssen Sie Pakete definieren, um Datenstrukturen automatisch bereitzustellen. Generell müssen Sie bei der Arbeit in SharePoint neue Listen und Inhaltstypen entwerfen, also wiederverwendbare, typisierte Definitionen von Metadatenmodellen. Wenn Sie Ihre Modelle allerdings mithilfe des Webbrowsers definieren, haben Sie keinen abstrakten Modellierungsansatz zur Verfügung; alles, was Sie tun, muss in die Produktivumgebung migriert und dort erneut ausgeführt werden.

Glücklicherweise stehen Tools und Techniken zur Verfügung, mit denen Sie eine Datenstruktur, die ein Modell für die Sites der Kunden nachbildet, modellieren (optional auf Basis benutzerdefinierter Inhalte und Felder) und bereitstellen können. Diese Tools unterstützen außerdem das Bereitstellen aktualisierter

Versionen der Lösung zu einem späteren Zeitpunkt. Zu diesem Thema erfahren Sie mehr im Abschnitt »Features, Lösungsbereitstellung und Sandkastenlösungen« weiter unten in diesem Kapitel. Wie Sie benutzerdefinierte Datenmodelle für die automatisierte Bereitstellung definieren, wird in Kapitel 10, »Bereitstellen von Daten«, ausführlich erklärt.

Ereignisempfänger und Workflows

Sie können in SharePoint diverse Ereignisempfänger definieren, um Benutzeraktionen und/oder Ereignisse abzufangen und als Reaktion kurze Codestücke auszuführen. Das ist ein nützliches Feature, wenn Sie simple Prozessverarbeitungslösungen implementieren wollen. Kapitel 12, »Ereignisempfänger«, beschäftigt sich ausführlich mit diesem Thema.

Auch wenn Sie komplexe und langwierige Geschäftsprozesse definieren, die auf Ereignisse der Benutzeroberfläche reagieren und Interaktionen mit Endbenutzern ausführen, können Sie Workflows definieren. Diese Funktion verdient es, ausführlich erklärt zu werden, daher konzentrieren sich gleich fünf Kapitel in Teil V, »Entwickeln von Workflows«, auf dieses Thema.

Features, Lösungsbereitstellung und Sandkastenlösungen

SharePoint 2010 stellt als vollständige Entwicklungsplattform auch Dienste und Funktionen für die Bereitstellung zur Verfügung, die Sie nutzen können, um Lösungen bereitzustellen und während der Lebensdauer des Projekts zu aktualisieren. Insbesondere bietet SharePoint die Möglichkeit, Bereitstellungspakete, die sogenannten WSPs (Windows SharePoint Services Solution Packages), zu erstellen. Mithilfe dieser Pakete können Sie die Setup- und Wartungsaufgaben in einer gesamten Serverfarm automatisieren. Außerdem können Sie solche Lösungen in einer Sandkastenumgebung bereitstellen. Die Pakete bestehen aus Features, also Gruppen aus Erweiterungen, die Sie mit speziellen Tools entwickeln, installieren, aktivieren und verwalten. In Kapitel 8 erfahren Sie, wie Sie Standardpakete erstellen und bereitstellen, und Kapitel 23, »Codezugriffssicherheit und Sandkastenlösungen«, beschreibt, wie Sie Sandkastenlösungen nutzen.

Sicherheitsinfrastruktur

Die Sicherheitsinfrastruktur von SharePoint ist ein weiteres Thema, das sich sowohl auf die Softwareentwicklung als auch die Architektur von Lösungen auswirkt. Um robuste und sichere Lösungen zu entwickeln, sollte der Entwickler gut mit den Authentifizierungs- und Autorisierungsrichtlinien von SharePoint vertraut sein. Bei SharePoint 2010 ist der zentrale Sicherheitsaspekt der forderungsbasierte Ansatz. Der Buchteil VI, »Sicherheitsinfrastruktur«, enthält drei Kapitel, die sich ausschließlich auf Sicherheitsfragen konzentrieren.

Business Connectivity Services

Business Connectivity Services ist ein weiteres Feature, das beim Entwickeln von Lösungen oft nützlich ist. Aus dem Abschnitt über das Feature »Composites« wissen Sie, dass es die Nutzung externer Daten innerhalb von SharePoint unterstützt. In Kapitel 25, »Business Connectivity Services«, erfahren Sie, wie Sie dieses neue Modul nutzen.

Windows PowerShell-Unterstützung

Die letzte für Entwickler interessante Fähigkeit ist die Möglichkeit, administrative Aufgaben in SharePoint 2010 mithilfe der neuen Microsoft Windows PowerShell auszuführen und zu automatisieren. Windows PowerShell ist eine neue aufgabenbasierte Befehlszeilenshell und Skriptsprache, die speziell für Systemadministration und Entwickler entworfen wurde. Sie führt Befehle und Skripts aus, die von Entwicklern oder Systemadministratoren geschrieben werden. Dafür reichen grundlegende Programmierkenntnisse aus. Was die Windows PowerShell zu einem so leistungsfähigen Werkzeug macht, ist ihr Erweiterbarkeitsmodell in Kombination mit der Fähigkeit, benutzerdefinierten Code auszuführen. Beispielsweise installiert SharePoint 2010 Bibliotheken, die die Standardbefehle von Windows PowerShell erweitern und einige neue Anweisungen zur Verfügung stellen, die das Verwalten einer SharePoint-Farm erleichtern. Sie können in der Windows PowerShell-Konsole Websitesammlungen anlegen, Features konfigurieren, Pakete installieren und generell alles tun, was ein SharePoint-Systemadministrator auch über die normale webbasierte Administrationsoberfläche der SharePoint-Zentraladministration tun kann – und vieles mehr.

WEITERE INFORMATIONEN Über Windows PowerShell erfahren Sie mehr im Dokument, »Windows PowerShell«, das in MSDN Online unter *http://msdn.microsoft.com/en-us/library/dd835506.aspx* zur Verfügung steht.

Entwicklertools

Microsoft stellt SharePoint-Entwicklern etliche Tools zur Verfügung, die ihre Arbeit erleichtern und den Aufwand zum Entwickeln benutzerdefinierter Lösungen verringern. Dieser Abschnitt stellt diese Tools kurz vor und beschreibt, in welchen Fällen sie nützlich sind.

Microsoft SharePoint Designer 2010

SharePoint Designer 2010 ist ein kostenloses Tool, das Sie von der Microsoft-Website unter *http://sharepoint.microsoft.com/en-us/product/related-technologies/pages/sharepoint-designer.aspx* herunterladen können. SharePoint Designer 2010 ist ein RAD-Tool (Rapid Application Development), mit dem Sie SharePoint-Lösungen entwickeln, ohne Code zu programmieren. Es ist für fortgeschrittene Benutzer gedacht, die damit Lösungen entwerfen und zusammenstellen, ohne irgendwelchen Code zu programmieren.

SharePoint Designer 2010 bietet folgende Möglichkeiten:

- Anpassen von Seiten, Seitenlayouts, Webparts, Webpartseiten, Layouts und Designs
- Erstellen und Verwalten von Listen und Dokumentbibliotheken
- Entwerfen einfacher Workflows oder Importieren von Workflows, die mit Microsoft Visio 2010 entwickelt wurden
- Verwalten von Inhaltstypen und Websitespalten, um typisierte Inhaltslisten zu modellieren
- Modellieren und Registrieren externer Datenquellen mit dem Business Data Connectivity-Modul
- Anlegen von Seiten mit Listendaten, die an externe Datenquellen gebunden sind
- Verwalten von Benutzern und Gruppen
- Verwalten von Dateien und Objekten in der Zielsite

Abbildung 1.8 zeigt die Hauptseite von SharePoint Designer 2010, nachdem eine Verbindung zu einer SharePoint-Website hergestellt ist. Wie Sie sehen, enthält er eine benutzerfreundliche Oberfläche, die sich an Microsoft Office 2010 orientiert.

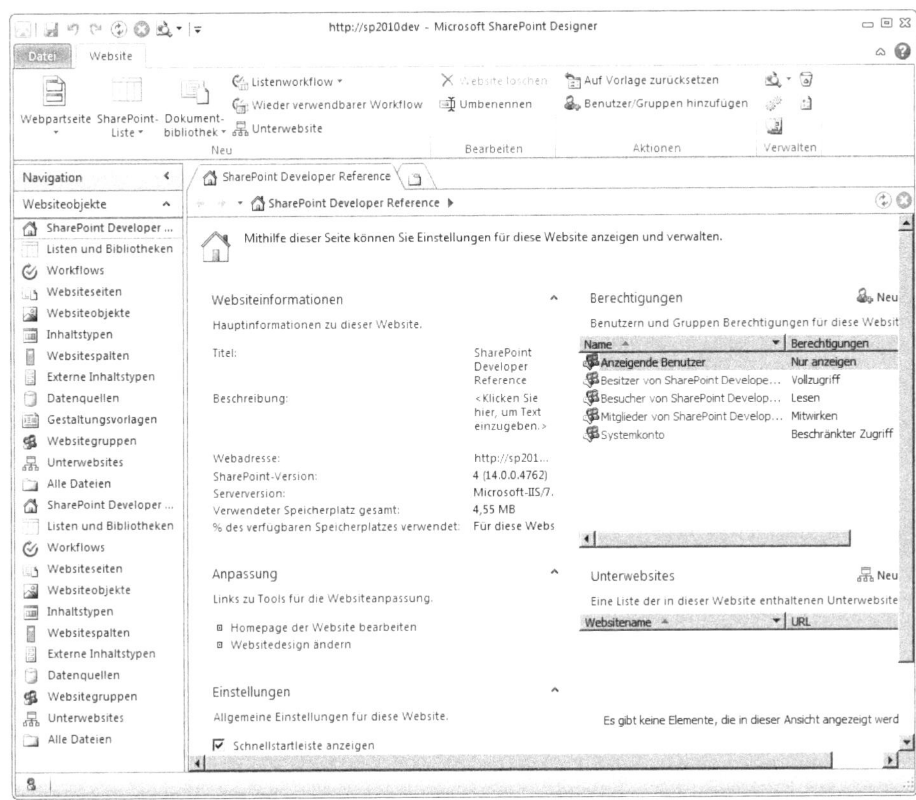

Abbildung 1.8 Die Hauptseite von SharePoint Designer 2010

Als Entwickler setzen Sie dieses Tool vor allem ein, um Prototypen von Lösungen zu erstellen, Business Data Connectivity-Modelle zu entwerfen (siehe Kapitel 25), Layouts anzupassen und mit Designs, Masterseiten, XSLTs und Webpartseiten umzugehen.

Dieses Buch behandelt den SharePoint Designer 2010 nur am Rande, weil es sich an Entwickler richtet, die SharePoint-Lösungen erstellen, indem sie eigenen Code programmieren. Eine ausführliche Beschreibung von SharePoint Designer 2010 enthält das Buch *Microsoft SharePoint Designer 2010 Step by Step* von Penelope Coventry (Microsoft Press 2010, ISBN 978-0-7356-2733-8).

Microsoft Visual Studio 2010

Visual Studio 2010 hat einen Satz von Erweiterungen integriert, mit denen Sie codebasierte SharePoint 2010-Lösungen entwickeln können. Wenn Sie Visual Studio 2010 installieren, haben Sie die Möglichkeit, die Option *Microsoft Visual Studio 2010 SharePoint-Entwicklertools* zu aktivieren, woraufhin Projekt- und Elementvorlagen installiert werden, die Sie direkt für Ihre eigenen SharePoint-Lösungen nutzen können. Außerdem werden einige Bereitstellungstools installiert, die nützlich sind, um eine SharePoint-Lösung zu verpacken, bereitzustellen und zu aktualisieren. Kapitel 8 beschreibt genauer, wie Sie mit diesen Bereitstellungstool arbeiten.

HINWEIS Wenn Sie mit Visual Studio 2010 Ihre SharePoint 2010-Lösungen entwickeln wollen, müssen Sie es unter einem administrativen Konto ausführen. Das ist nötig, weil Sie einige umfangreiche Berechtigungen brauchen, um den SharePoint-Server beim Bereitstellen von Lösungen zu verwalten, und weil Sie beim Debuggen von Code eine Verbindung zum IIS-Arbeitsprozess herstellen müssen. Ich empfehle, dass Sie Ihren Desktop als Standardbenutzer ausführen, aber Visual Studio 2010 mit dem Befehl *Als Administrator ausführen* starten.

Abbildung 1.9 zeigt das Dialogfeld *Neues Projekt* in Visual Studio 2010 mit den Projektvorlagen, die von den SharePoint-Erweiterungen installiert wurden.

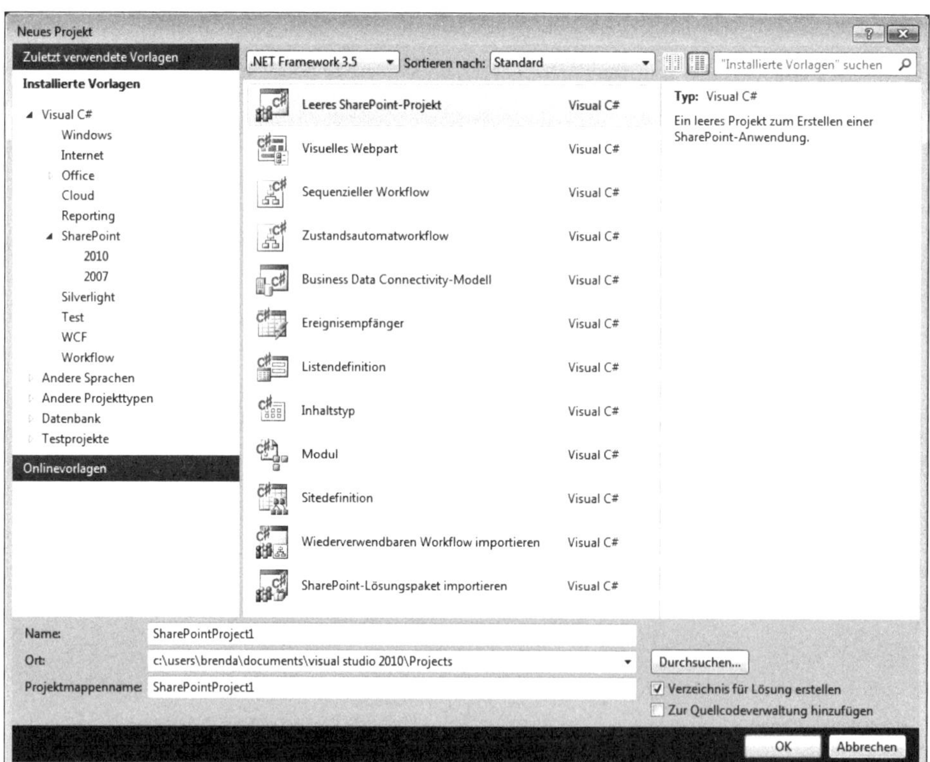

Abbildung 1.9 Das Dialogfeld *Neues Projekt* in Visual Studio 2010

Es stehen folgende Projektvorlagen zur Verfügung:

- **Leeres SharePoint-Projekt** Dies ist ein leeres Projekt, mit dem Sie eine neue SharePoint-Implementierung beginnen. Es bindet nur Verweise auf die wichtigsten Bibliotheken von SharePoint ein und bietet Unterstützung für die automatische Bereitstellung.
- **Visuelles Webpart** Dies ist ein Projekt, mit dem Sie ein Webpart entwickeln, das eine grafische Benutzeroberfläche besitzt. Über visuelle Webparts erfahren Sie in Kapitel 6 mehr.
- **Sequenzieller Workflow** Dieser Projekttyp ist für die Entwicklung eines sequenziellen Workflows gedacht. Die verfügbaren Workflowmodelle werden in Kapitel 16, »Die Architektur von SharePoint-Workflows«, detailliert beschrieben.
- **Zustandsautomatworkflow** Dieser Projekttyp eignet sich zum Entwickeln eines Zustandsautomatworkflows. Dieser Workflowtyp wird in Kapitel 16 genau erklärt.
- **Business Data Connectivity-Modell** Mit dieser Projektvorlage entwickeln Sie benutzerdefinierte Entitätsmodelle, um SharePoint mit beliebigen externen Datenquellen zu verbinden.
- **Ereignisempfänger** Mit dieser Vorlage fügen Sie einen Ereignisempfänger hinzu.
- **Listendefinition** Dieser Projekttyp dient dazu, eine neue Listendefinition bereitzustellen.
- **Inhaltstyp** Diese Vorlage erstellt ein Projekt, mit dem Sie einen neuen Inhaltstyp bereitstellen.
- **Modul** Mit dieser Projektvorlage stellen Sie Inhalt, zum Beispiel Bilder, Seiten oder Webparts, in einer SharePoint-Website bereit.
- **Sitedefinition** Ein solches Projekt definiert eine gesamte Websitevorlage, von der Sie später mehrere Websiteinstanzen anlegen.
- **Wiederverwendbaren Workflow importieren** Diese Projektvorlage ist nützlich, um Workflows zu importieren, die Sie mit SharePoint Designer 2010 entworfen haben und in Visual Studio 2010 erweitern oder verbessern wollen.
- **SharePoint-Lösungspaket importieren** Importiert ein altes Lösungspaket oder das eines anderen Herstellers (WSP).

Unabhängig davon, mit welcher Projektvorlage Sie beginnen, können Sie beliebige Erweiterungstypen entwickeln, weil diese Modelle lediglich eine vorkonfigurierte Umgebung bereitstellen. Viele Entwickler beginnen mit der Vorlage *Leeres SharePoint-Projekt* und fügen dann die benötigten Elemente hinzu.

Die SharePoint-Entwicklertools von Microsoft Visual Studio 2010 stellen außerdem umfangreiche Elementvorlagen bereit, die nützlich sind, um verschiedene Inhaltstypen zu erstellen. Unter anderem werden folgende Elemente angeboten:

- **Visuelles Webpart** Definiert ein benutzerdefiniertes Webpart mit grafischer Benutzeroberfläche.
- **Webpart** Definiert ein benutzerdefiniertes Webpart, das nur aus Programmcode besteht.
- **Sequenzieller Workflow** Deklariert einen sequenziellen Workflow.
- **Zustandsautomatworkflow** Deklariert einen Zustandsautomatworkflow.
- **Business Data Connectivity-Modell** Definiert ein Modell, um SharePoint mit benutzerdefinierten externen Datenquellen zu verbinden.
- **Anwendungsseite** Erstellt eine benutzerdefinierte administrative Webseite.
- **Ereignisempfänger** Definiert einen Ereignisempfänger, der Ereignisse von Websites, Listen, Elementen oder Workflows behandelt.
- **Modul** Unterstützt die Bereitstellung beliebiger Elemente (Bild, Datei, Seite und so weiter) mithilfe eines Bereitstellungspakets (WSP).

- **Inhaltstyp** Ermöglicht es, einen neuen Inhaltstyp zu definieren.
- **Listendefinition** Definiert eine Liste von Grund auf neu.
- **Listendefinition von Inhaltstyp** Ist nützlich, um eine benutzerdefinierte Listendefinition auf Basis eines benutzerdefinierten Inhaltstyps zu definieren.
- **Listeninstanz** Erstellt eine Instanz einer bestimmten Listendefinition. Diese Vorlage verwenden Sie im Allgemeinen zusammen mit einem Listendefinitionselement.
- **Leeres Element** Unterstützt das Bereitstellen beliebiger Features mithilfe eines Bereitstellungspakets (WSP).
- **Benutzersteuerelement** Installiert ein benutzerdefiniertes Benutzersteuerelement, das Benutzeroberflächenelemente anhand einer *.ascx*-Datei definiert.

SharePoint Server-Explorer

Ein weiteres interessantes Feature von Visual Studio 2010 ist der SharePoint Server-Explorer, eine neue Erweiterung für den Server-Explorer in Visual Studio 2010, die mit SharePoint-Servern kommuniziert. Mithilfe dieser Erweiterung können Sie beliebig viele SharePoint-Server registrieren und ihre Topologie sowie Konfiguration über die gewohnte Strukturansicht durchgehen, die Sie beispielsweise aus den Server-Explorer-Fenstern von Visual Studio kennen.

Wie in Abbildung 1.10 gezeigt, können Sie im SharePoint Server-Explorer folgende Elemente anzeigen und verwalten:

- Sites und Untersites
- Inhaltstypen
- Features
- Listenvorlagen
- Listen und Dokumentbibliotheken
- Workflows

Und weil der SharePoint Server-Explorer auf einem erweiterbaren Objektmodell aufbaut, können Sie ihn durch neue Funktionen erweitern, indem Sie in Visual Studio 2010 entsprechende Lösungen entwickeln. Viele benutzerdefinierte Erweiterungen stehen bereits als kostenlose Downloads zur Verfügung.

Projektmappen-Explorer und Feature-Designer

Eine letzte Gruppe von Tools, die in Visual Studio 2010 zur Verfügung stehen, umfasst den Projektmappen-Explorer und den Feature-Designer. Mit diesen Tools können Sie SharePoint-Pakete (WSP) und -Features in einer grafischen Benutzeroberfläche entwerfen und verwalten. Sie sind besonders bei der automatisierten Bereitstellung von SharePoint-Lösungen nützlich. Über diese Tools erfahren Sie in Kapitel 8 mehr.

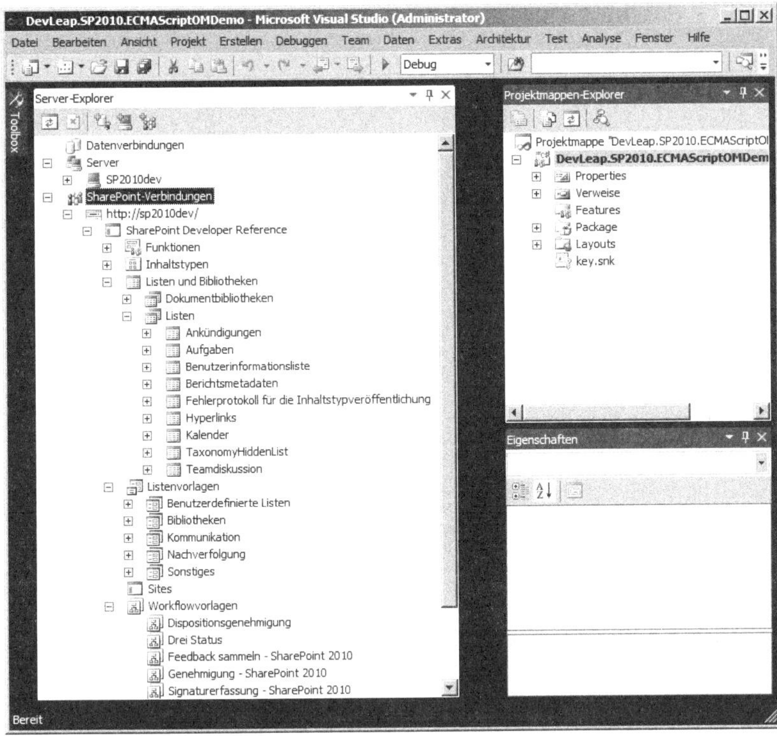

Abbildung 1.10 Die Benutzeroberfläche des SharePoint Server-Explorers in Visual Studio 2010

Zusammenfassung

Dieses Kapitel hat erklärt, was SharePoint ist, welche wichtigen Fähigkeiten es besitzt und wie diese Fähigkeiten aus Sicht eines Entwicklers genutzt werden. Sie haben die Produktarchitektur kennengelernt und einen kurzen Vergleich der verschiedenen SharePoint-Editionen gesehen, damit Sie die Edition auswählen können, die Ihre Anforderung am besten erfüllt. Zuletzt haben Sie die wichtigsten Tools kennengelernt, die für die Entwicklung von SharePoint-Lösungen zur Verfügung stehen.

Kapitel 2

Datenbasis

In diesem Kapitel:

Ab diesem Kapitel arbeiten Sie unmittelbar mit Microsoft SharePoint 2010 und seinen grundlegenden Features: den Datenverwaltungsfunktionen. Kapitel 1, »Grundlagen von Microsoft SharePoint 2010«, hat beschrieben, dass die Basis von SharePoint sich darauf konzentriert, Listen aus Elementen zu verwalten, wofür umfangreiche Hilfsfunktionen zur Verfügung stehen. Dieses Kapitel stellt die unterschiedlichen Arten von Daten und Funktionen vor, die SharePoint bereitstellt, um SharePoint-Lösungen zu erstellen. Während sich dieses Kapitel auf Themen zu Standardfeatures konzentriert, zeigen spätere Kapitel, wie Sie die native Umgebung erweitern und anpassen. Sofern Sie die Datenverwaltungsfunktionen und -features von SharePoint bereits kennen, können Sie dieses Einführungskapitel wahrscheinlich überspringen. Sie sollten aber weiterlesen, wenn Sie sich genauer über Listen, Bibliotheken, Spalten, Inhaltstypen und so weiter informieren wollen.

Listen aus Elementen und Inhalten

Dieser Abschnitt beschäftigt sich mit den allgemeinen Verwaltungsaufgaben, die benötigt werden, um Listen und Inhalte zu verwalten. Für die Beispiele in diesem Kapitel brauchen Sie eine neue Websitesammlung. Kapitel 1 hat beschrieben, wie Sie eine neue Websitesammlung anlegen. Jede SharePoint-Farm, die als eigenständig konfiguriert ist, hat bereits eine Standardwebanwendung, die in der IIS-Standardsite veröffentlicht wird. Diese Standardwebanwendung hostet auch die Standardwebsitesammlung. Das bedeutet, dass Sie bereits eine Website zur Verfügung haben, an der Sie die Aufgaben ausprobieren können, die auf den folgenden Seiten beschrieben werden.

Je nachdem, welche Websitevorlage Sie auswählen, wenn Sie die erste Website anlegen, haben Sie vordefinierte Listeninstanzen und Inhalte. Im nächsten Abschnitt erfahren Sie, wie Sie eine Liste erstellen, die unabhängig von der Websitevorlage ist, die Sie als Ausgangsbasis verwendet haben. Bevor Sie eine neue Listeninstanz erstellen, müssen Sie sich am SharePoint-Portal allerdings als Benutzer anmelden, der ausreichende Rechte zum Erstellen von Listen besitzt.

Eine SharePoint-Website hat mindestens vier Ebenen vorkonfigurierter Rechte, die den folgenden vier Benutzergruppen entsprechen:

- **Anzeigende Benutzer** Benutzer, die reine Anzeigerechte für den Inhalt der Website besitzen.
- **Besucher** Benutzer dieser Gruppe können den Inhalt der Website lesen.
- **Mitglieder** Benutzer dieser Gruppe können (in der Standardeinstellung) am Inhalt der Website und den Elementen in den Listen »mitwirken« (hinzufügen, ändern, löschen). Sie können aber nicht die grundlegende Struktur der Website verändern, also keine neuen Listeninstanzen anlegen oder die Definition vorhandener Listen ändern.
- **Besitzer** Die Benutzer dieser Gruppe haben Vollzugriff sowohl auf den Inhalt als auch die Struktur der Website. Sie können also Elemente ändern, neue Listen anlegen und die Definition vorhandener Listen ändern.

In Kapitel 1 haben Sie außerdem erfahren, dass die Gruppe der Websitesammlungsadministratoren Benutzer umfasst, deren Aufgabe es ist, die gesamte Websitesammlung zu verwalten. Die Berechtigungen für die gerade aufgelisteten Benutzergruppen ergeben sich aus folgenden Berechtigungsstufen:

- **Nur anzeigen** Der Benutzer kann Seiten, Listenelemente und Dokumente anzeigen. Dokumenttypen mit serverseitigen Dateihandlern kann sich der Benutzer im Browser ansehen, aber nicht herunterladen.
- **Beschränkter Zugriff** Der Benutzer kann bestimmte Listen, Dokumentbibliotheken, Listenelemente, Ordner oder Dokumente ansehen, sofern ihm die benötigten Berechtigungen zugewiesen wurden. Kann nicht direkt von einem Endbenutzer zugewiesen werden.

- **Lesen** Der Benutzer kann sich Seiten und Listenelemente ansehen und Dokumente herunterladen.
- **Mitwirken** Der Benutzer kann Listenelemente und Dokumente anzeigen, hinzufügen, ändern und löschen.
- **Entwerfen** Der Benutzer kann Elemente anzeigen, hinzufügen, ändern, löschen, genehmigen und anpassen.
- **Vollzugriff** Der Benutzer hat Vollzugriff.

Teil VI, »Sicherheitsinfrastruktur«, dieses Buchs enthält eine ausführliche Beschreibung der Sicherheits- und Berechtigungsarchitektur von SharePoint 2010.

Erstellen einer neuen Liste

Sofern Sie als Benutzer mit ausreichenden Rechten an einer Website angemeldet sind, können Sie neue Listeninstanzen anlegen. Wie Sie aus Kapitel 1 wissen, erstellen Sie eine neue Liste, indem Sie im Menü *Websiteaktionen* der aktuellen Website die Verknüpfung *Weitere Optionen* wählen. Daraufhin öffnet sich ein Silverlight-Steuerelement, in dem Sie den Listentyp auswählen, den Sie als Vorlage für Ihre neue Liste hernehmen wollen.

HINWEIS Es gibt auch eine einfachere, reine HTML-Benutzeroberfläche für Benutzer, die keinen Silverlight-fähigen Webbrowser haben.

Nehmen wir an, Sie wollen eine Liste mit Kontakten anlegen. Wie Sie in Abbildung 2.1 sehen, gibt es eine Standardvorlage zum Erstellen einer solchen Liste.

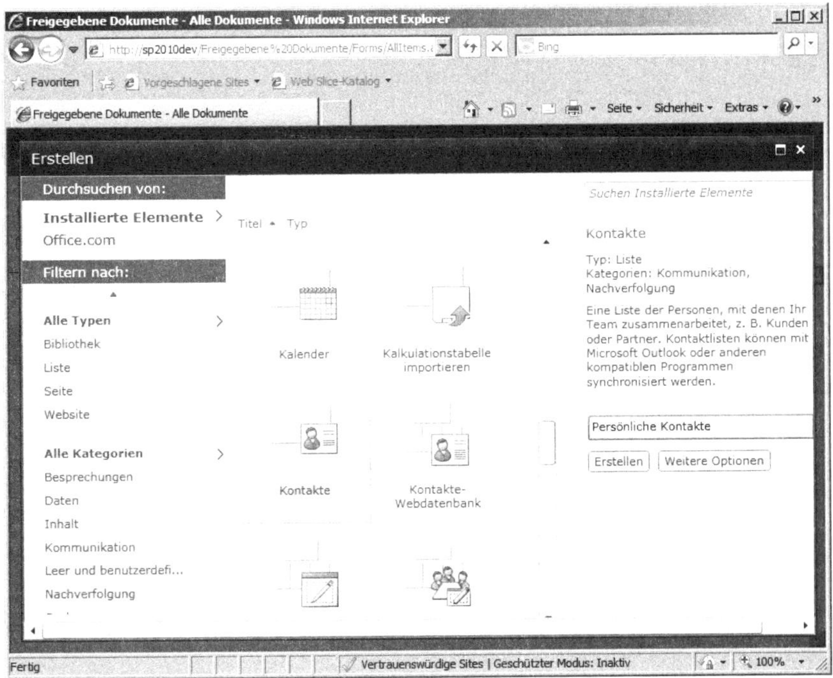

Abbildung 2.1 Die Silverlight-Benutzeroberfläche zum Erstellen einer neuen Listeninstanz

Als Ergebnis wird eine neue Liste mit einem Satz vordefinierter Spalten (Metadaten) für jedes Kontaktelement erstellt.

Sobald Sie eine Listeninstanz erstellt haben, können Sie alle Features und Fähigkeiten nutzen, die die Datenbasis von SharePoint 2010 zur Verfügung stellt. Die wichtigsten Features und Fähigkeiten einer Listeninstanz sind:

- **Spalten** Sie können einen Satz benutzerdefinierter Spalten definieren, die die Metadaten jedes Elements in der Liste beschreiben.
- **Ordner** Wie Dateisystemordner können sie verwendet werden, um Daten in Unterordner zu verteilen. Mithilfe von Ordnern können Sie auch benutzerdefinierte Berechtigungen definieren und die Datensichtbarkeit festlegen.
- **Inhaltstypen** Dies sind Modelle von Daten, in denen unterschiedliche Elementarten innerhalb einer bestimmten Listeninstanz gespeichert werden können. Beispielsweise haben Sie oft unterschiedliche Typen von Kontakten, etwa Kunden, Lieferanten, Angestellte und so weiter. Sie können einige gemeinsame Spalten haben und auch andere, die es sonst bei keinem anderen Typ gibt. Inhaltstypen werden in Kapitel 10, »Bereitstellen von Daten«, genauer beschrieben.
- **Ansichten** Jede Liste kann in verschiedenen Ansichten dargestellt werden. Sie können mithilfe einer Ansicht Elemente anhand eines bestimmten Feldwerts oder Inhaltstyps zu Gruppen zusammenfassen, Elemente filtern oder die Ergebnisse auflisten.
- **Berechtigungen** Jede Liste kann einen individuellen Berechtigungssatz haben, der sich von den Standardberechtigungen unterscheidet, die auf die Website angewendet werden.
- **Versionsverwaltung** Die Liste verfolgt Änderungen und Versionen ihrer Elemente.
- **Workflows** Dies sind Geschäftsprozesse, die ausgeführt werden, sobald ein Element erstellt oder geändert wird.
- **Inhaltsgenehmigung** Mit dem Modul für die Inhaltsgenehmigung können Sie die Bereitstellung von Inhalt verbessern, indem Sie Genehmigungsregeln und -prozesse hinzufügen.
- **Warnungen** Eine Warnungsinfrastruktur, über die Sie Personen auf neue, geänderte oder gelöschte Inhalte aufmerksam machen können.
- **RSS-Feeds** Stellt die Fähigkeit zur Verfügung, einen Feed in einem beliebigen Feed-Aggregator zu abonnieren und zu überwachen.
- **Offlinefähigkeiten** Sie haben die Möglichkeit, Daten mithilfe von Tools wie Outlook oder SharePoint Workspace offline zu speichern.
- **Office-Integration** Bietet die Möglichkeit, Listeninhalte mit Excel, Access und anderen Office-Anwendungen zu integrieren.
- **E-Mail-fähige Bibliotheken** Sie können eine Dokumentbibliothek so konfigurieren, dass sie automatisch E-Mails empfängt und die Nachrichten samt eventueller Anhänge als Dokument in der Zielbibliothek speichert.

Sie profitieren von diesen Features sogar, wenn Sie noch gar keinen Code geschrieben haben.

Standardlistenvorlagen

Die umfangreichste Edition von SharePoint 2010 stellt fast 50 Listenvorlagen direkt zur Verfügung. Tabelle 2.1 listet die wichtigsten davon auf.

Tabelle 2.1 Wichtige Listenvorlagen in SharePoint

Vorlagenname	Beschreibung
Ankündigungen	Eine Liste zum Veröffentlichen von Nachrichtenelementen und Informationen.
Aufgaben	Eine Liste der Aufgaben, die erledigt werden müssen, zusammen mit Terminen, Anmerkungen und Fertigstellungsstatus.
Benutzerdefinierte Liste	Verwendet ein »leeres« Listenmodell, sodass Sie beliebige Listentypen anlegen können, indem Sie die gewünschten Spalten und Ansichten definieren.
Bildbibliothek	Eine Liste zum Freigeben von Bildern. Dieser Listentyp bietet Funktionen zum Hochladen von Bildern, einer Vorschau, dem Abspielen einer Diashow und dem Erstellen verkleinerter Vorschaubilder.
Datenverbindungsbibliothek	Eine Liste zum Freigeben von Verbindungen zu externen Datenquellen, zum Beispiel Datenbanken, Webdiensten, OLAP-Cubes und so weiter.
Dokumentbibliothek	Eine Liste zum Freigeben von Dokumenten und Dateien.
Externe Liste	Eine Liste, die das Lesen und Verwalten von Daten aus externen Datenquellen über Business Connectivity Services unterstützt. Zu diesem Thema finden Sie mehr in Kapitel 25, »Business Connectivity Services«.
Folienbibliothek	Eine Liste zum Freigeben von Diashows, die mit Microsoft PowerPoint erstellt wurden. Stellt Funktionen zur Verwaltung von Folien zur Verfügung.
Formularbibliothek	Eine Liste zum Freigeben von XML-Geschäftsformularen, wie sie beispielsweise mit Microsoft InfoPath erstellt werden.
Hyperlinks	Eine Liste, die Links auf Sites und Ressourcen speichert.
Kalender	Ein Kalender, in dem Benutzer Meetings und Ereignisse eintragen und Termine festlegen können. Sie können eine Kalenderliste mit Microsoft Outlook synchronisieren.
Kontakte	Eine Liste von Personen mit ihren Adressen. Sie können eine Kontaktliste mit Microsoft Outlook synchronisieren.
Objektbibliothek	Eine Liste zum Freigeben von Multimediaobjekten, beispielsweise Bildern, Audio- und Videodateien.
Umfrage	Eine Liste, in der Fragen gestellt und mit der Umfragen durchgeführt werden können. Dieser Typ stellt Funktionen zum Anzeigen einer grafischen Zusammenfassung der Antworten bereit.

Wie Tabelle 2.1 zeigt, stehen viele unterschiedliche Listen zur Auswahl. Sie können jede Liste außerdem so anpassen, dass sie Ihre jeweiligen Anforderungen erfüllt.

Benutzerdefinierte Listenvorlagen

Sollte keine der vordefinierten Listenvorlagen Ihre Anforderungen erfüllen, können Sie eine Instanz der Vorlage *Benutzerdefinierte Liste* anlegen und ihre Spalten und Ansichten von Hand definieren. Natürlich können Sie für jede Liste, die Sie erstellen, benutzerdefinierte Ansichten und Spalten definieren, aber wenn Sie mit Instanzen der Vorlage *Benutzerdefinierte Liste* arbeiten (dies sind leere Listen mit nur wenigen Feldern, die SharePoint unbedingt benötigt), müssen Sie die Spalten immer anpassen, indem Sie Ihre eigenen Felder hinzufügen.

In der Standardeinstellung hat eine benutzerdefinierte Liste nur drei öffentliche und sichtbare Felder:

- **Titel** Ein obligatorisches Feld, das den Titel für alle Elemente in der Liste festlegt. Es ist nützlich, wenn die Listenelemente angezeigt werden und der Benutzer auf das Kontextmenü zugreift, das SharePoint für jedes einzelne Element in einer Liste öffnet.

- **Erstellt von** Ein automatisch berechnetes Feld, das Informationen über den Benutzer speichert, der das aktuelle Element erstellt hat.
- **Geändert von** Ein weiteres automatisch berechnetes Feld, das Informationen über den Benutzer speichert, der das aktuelle Element zuletzt geändert hat.

Diese Felder gehören zum Basiselement (*Item*), von dem alle SharePoint-Listenelemente abgeleitet sind.

Nehmen wir an, Sie wollen eine Liste verfügbarer Produkte erstellen. Falls Sie für diesen Zweck eine benutzerdefinierte Liste erstellen, müssen Sie etliche Spalten hinzufügen. Zum Beispiel brauchen Sie Spalten wie *ProduktID* für die Artikelnummer, *Beschreibung*, *Preis* und so weiter.

Wechseln Sie dazu, nachdem Sie die Listeninstanz angelegt haben, auf die Seite *Einstellungen für 'Liste'*, indem Sie auf der Menüband-Registerkarte *Liste* auf *Listeneinstellungen* klicken (Abbildung 2.2).

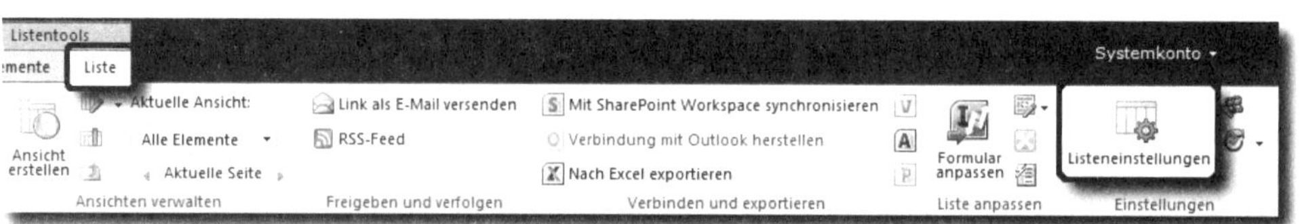

Abbildung 2.2 Die Menüband-Registerkarte *Liste* einer Liste mit dem Befehl *Listeneinstellungen* (hervorgehoben)

Der Befehl *Listeneinstellungen* öffnet eine Seite, in der Sie die Einstellungen der aktuellen Liste konfigurieren. Auf dieser Seite können Sie beispielsweise Darstellungsoptionen anpassen, indem Sie den Titel und die Beschreibung der Liste ändern, Einstellungen zur Versionsverwaltung für Elemente aktivieren und konfigurieren, Gültigkeitsregeln definieren, Workflows verwalten, erweiterte Einstellungen konfigurieren und so weiter. Auf der Seite *Erweiterte Einstellungen* können Sie folgende Parameter konfigurieren:

- **Inhaltstypen** Legt fest, ob Inhaltstypen in der Liste verwaltet werden dürfen. Sie können mithilfe von Inhaltstypen Modelle für Datenelementvorlagen definieren. In der Standardeinstellung speichert eine Liste Elemente, die einen bestimmten Inhaltstyp haben, mit einem Standardsatz von Feldern, dessen Aufbau davon abhängt, welches Listenmodell Sie konfigurieren. Beispielsweise enthält eine Aufgabenliste Elemente vom Typ *Aufgabe*, ein Kalender Elemente vom Typ *Ereignis* und so weiter. Wie Sie weiter unten in diesem Kapitel sehen werden, können Sie aber auch mehrere Inhaltstypen definieren, um die Metadaten besser zu definieren und zu verwalten. So haben Sie beispielsweise die Möglichkeit, Konzepte wie Kunde, Angestellter, Bestellung und so weiter zu definieren, jeweils mit ihren individuellen Feldern.
- **Berechtigungen auf Elementebene** Legt fest, welche Elemente die Benutzer lesen, erstellen und bearbeiten dürfen. Diese Einstellung gibt es nur in Listen aus Elementen, nicht in Dokumentbibliotheken.
- **Anlagen** Steuert, ob Listenelemente Dateianhänge haben dürfen oder nicht. Auch diese Einstellung gibt es nur in Listen aus Elementen, nicht in Dokumentbibliotheken.
- **Ordner** Definiert, ob der Befehl *Neuer Ordner* im Menüband verfügbar ist.
- **Suchen** Legt fest, ob Elemente der Liste in Suchergebnisse aufgenommen werden. Benutzer, die nicht die Berechtigung haben, die Elemente der Liste anzusehen, bekommen sie niemals in ihren Suchergebnissen aufgeführt, ganz unabhängig von dieser Einstellung.
- **Verfügbarkeit des Offlineclients** Legt fest, ob die Elemente in der Liste auf Offlineclients heruntergeladen werden können.

- **Datenblatt** Aktiviert die Datenblattansicht, in der Sie die Daten der Liste gesammelt bearbeiten können.
- **Dialoge** Steuert, ob die Formulare zum Erstellen, Bearbeiten und Anzeigen der Elemente in einem Dialog geöffnet oder direkt eingebettet werden.

Auf die Liste der verfügbaren Konfigurationsparameter und -befehle folgt eine Auflistung der Spalten. Hier können Sie die Spalten der aktuellen Liste verwalten (Abbildung 2.3).

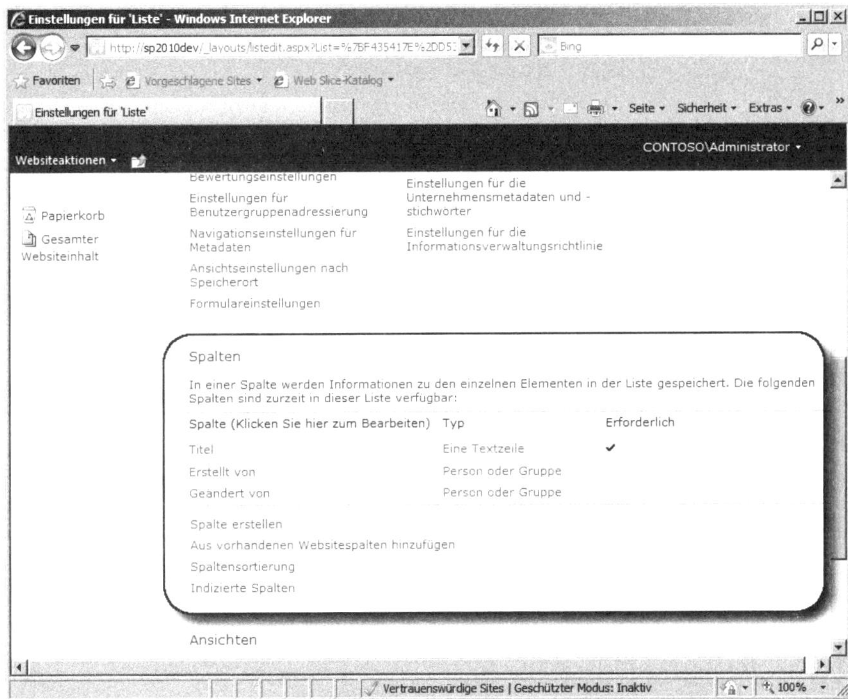

Abbildung 2.3 Der Abschnitt *Spalten* auf der Seite *Einstellungen für 'Liste'*

Sie haben auf dieser Seite die Möglichkeit, neue benutzerdefinierte Spalten zu erstellen oder eine vorhandene Websitespalte hinzuzufügen (mehr dazu im Abschnitt »Websitespalten« weiter unten in diesem Kapitel).

Außerdem können Sie auf dieser Seite die Reihenfolge der Spalten ändern. Das ist nützlich, wenn Sie sehr viele Spalten haben und sie anders anordnen möchten. Und schließlich können Sie auf dieser Seite benutzerdefinierte Indizes festlegen, was sinnvoll ist, wenn Sie beim Durchsuchen des Listeninhalts indizierte Spalten als Kriterien heranziehen wollen.

Wenn Sie auf *Spalte erstellen* klicken, öffnet sich eine SharePoint-Verwaltungsseite, in der Sie Informationen über den Typ der Spalte eingeben, die Sie neu anlegen wollen. Abbildung 2.4 zeigt die Seite *Spalte erstellen*.

Auf dieser Seite legen Sie den Namen der neuen benutzerdefinierten Spalte und den Feldtyp fest, geben eine kurze Beschreibung ein und stellen bei Bedarf andere Gültigkeitsregeln und Einschränkungen ein. Sie können beispielsweise steuern, ob die neue Spalte erforderlich oder optional ist, ob sie einen Standardwert hat, ob sie einen Wert enthalten muss, der in der gesamten Listeninstanz nur einmal vorkommt, und so weiter.

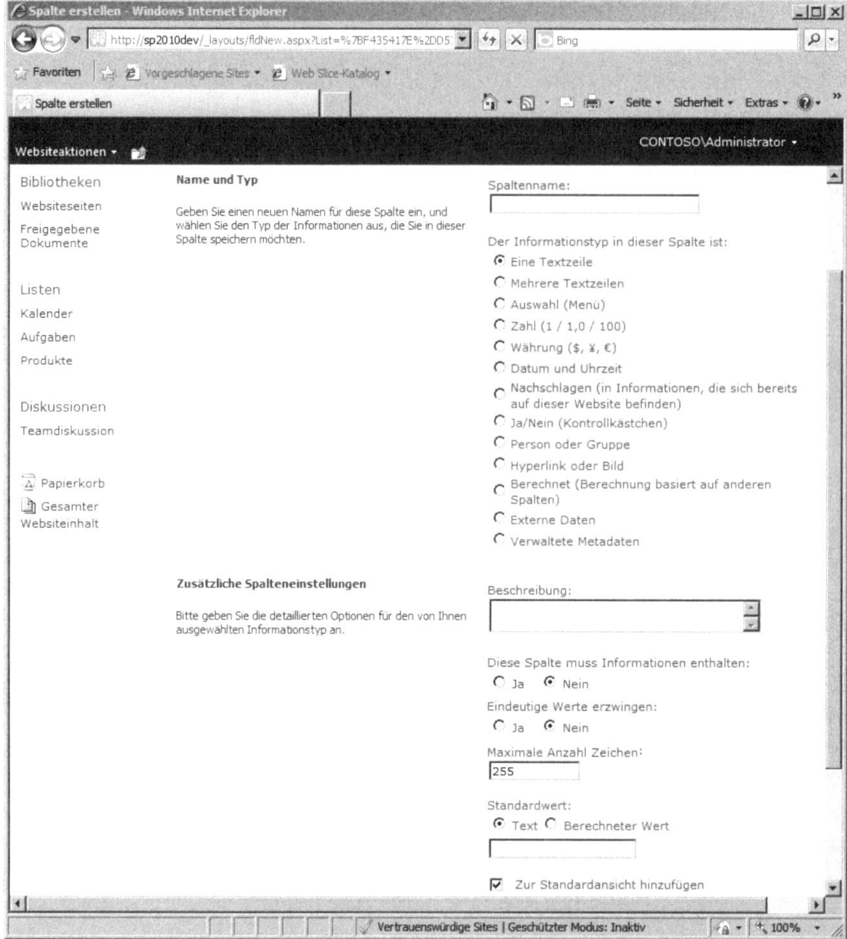

Abbildung 2.4 Auf der Seite *Spalte erstellen* wird eine neue Spalte für eine Liste definiert

Wie Abbildung 2.4 zeigt, stehen Ihnen etliche Datentypen zur Auswahl, wenn Sie eine neue Spalte erstellen.

In der Standardeinstellung werden folgende Feldtypen angeboten:

- **Eine Textzeile** Eine einzelne Textzeile.
- **Mehrere Textzeilen** Ein Textfeld mit mehreren Spalten und Zeilen.
- **Auswahl (Menü)** Ein Feld mit einem vordefinierten Satz der verfügbaren Werte. Sie können festlegen, ob nur ein Wert oder mehrere Werte ausgewählt werden können und ob das Feld als Dropdownmenü, als Optionsfeldliste oder als Liste mit Kontrollkästchen angezeigt wird.
- **Zahl (1/1,0/100)** Definiert eine Zahlenspalte, die Nachkommastellen sowie einen Mindest- und Höchstwert enthalten kann.
- **Währung ($, ¥, €)** Ein Feld für einen Geldbetrag, das sich ganz ähnlich wie das Zahlenfeld verhält. Sie können das bevorzugte Währungsformat auswählen.
- **Datum und Uhrzeit** Definiert ein Datums- und Uhrzeitfeld, das Sie so konfigurieren können, dass es reine Datumswerte oder Datums- und Uhrzeitwerte verwaltet.

- **Nachschlagen (in Informationen, die sich bereits auf dieser Website befinden)** Ruft seine Werte aus einer externen Liste innerhalb derselben Website ab.
- **Ja/Nein (Kontrollkästchen)** Definiert eine Spalte mit einem booleschen Wert.
- **Person oder Gruppe** Ein spezieller Feldtyp, der nach einem Benutzer oder einer Gruppe sucht, die in der aktuellen Website vorhanden sind.
- **Hyperlink oder Bild** Dieser Spaltentyp speichert eine externe URL. Dabei kann es sich entweder um eine Seiten-URL oder eine Bild-URL handeln. Bei einer Bild-URL können Sie diesen Feldtyp so konfigurieren, dass das aus der URL abgerufene Bild direkt angezeigt wird.
- **Berechnet (Berechnung basiert auf anderen Spalten)** Definiert eine Formel, die ihr Ergebnis aus den Werten anderer Felder in der aktuellen Liste berechnet und es anzeigt.
- **Externe Daten** Ein spezieller Feldtyp, der Werte über die Business Connectivity Services abruft. Dazu erfahren Sie in Kapitel 25 mehr.
- **Verwaltete Metadaten** Dieses Feld greift auf den Dienst für verwaltete Metadaten zurück.

Sofern keine dieser Optionen Ihre Anforderungen erfüllt, können Sie auch eigene Feldtypen definieren. Wie das geht, ist in Kapitel 11, »Entwickeln benutzerdefinierter Felder«, beschrieben.

Ansichten

Neben Listen und Spalten können Sie auch benutzerdefinierte Ansichten für eine Liste erstellen. Jede Liste hat mindestens eine Standardansicht, die die Felder aller Elemente anhand vordefinierter Sortier- und Filterkriterien anzeigt. Jeder Benutzer, der über ausreichende Berechtigungen verfügt, kann individuelle Ansichten einer Liste entwickeln. Sofern es die Berechtigungen erlauben, kann er auch eine neue freigegebene Ansicht für die Zielliste erstellen. Betrachten wir als Beispiel wieder die Produktliste aus dem vorherigen Abschnitt mit benutzerdefinierten Feldern wie *ProduktID*, *Beschreibung* und *Preis*. Abbildung 2.5 zeigt die Standardansicht für diese Liste.

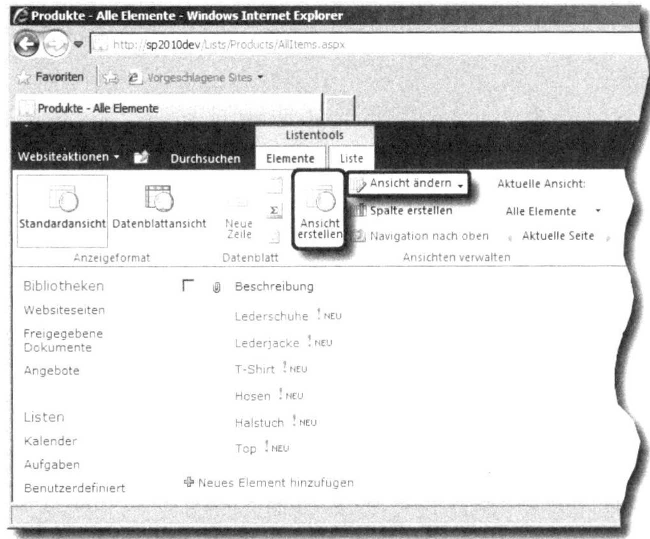

Abbildung 2.5 Die Standardansicht von SharePoint für eine benutzerdefinierte Liste mit Produkten

Mit dem Befehl *Ansicht ändern* (in Abbildung 2.5 hervorgehoben) können Sie die aktuelle Ansicht anpassen. Stattdessen können Sie auch auf *Ansicht erstellen* klicken (ebenfalls in Abbildung 2.5 hervorgehoben), um eine ganz neue Ansicht zusammenzustellen.

Abbildung 2.6 Die Seite *Ansicht erstellen*, auf der Sie in SharePoint eine neue Listenansicht definieren

Wenn Sie eine neue Ansicht erstellen, öffnet sich eine Seite, in der Sie das gewünschte Ansichtsformat auswählen. Dabei stehen sechs vordefinierte Formate zur Auswahl:

- **Standardansicht** Der klassische Stil für Ansichten. Sie können Felder auswählen, Sortier- und Filterregeln, Gruppierung, Seitenumbruch und so weiter festlegen. Das Ergebnis ist eine Webseite.
- **Kalenderansicht** Diese Ansicht zeigt Daten in Kalenderform an (Tag, Woche oder Monat). Sie ist nützlich, wenn es sich um Datumswerte handelt.
- **Access-Ansicht** Diese Ansicht startet Microsoft Access, damit der Benutzer Formulare und Berichte aus den Daten der Liste erstellen kann.
- **Datenblattansicht** Zeigt Daten in einem bearbeitbaren Tabellenformat an (wie in Excel). Das ist nützlich, um große Datenmengen auf einmal zu bearbeiten.

- **Balkendiagrammansicht** Erstellt eine Ansicht, die Daten als Balkendiagramm (Gantt-Diagramm) anzeigt. Sie ist vor allem nützlich, um die Aufgaben eines Projekts anzuzeigen.
- **Benutzerdefinierte Ansicht in SharePoint Designer** Diese Option startet Microsoft SharePoint Designer 2010, wo Sie eine Ansicht entwerfen können, indem Sie die umfangreichen Fähigkeiten von SharePoint Designer 2010 nutzen.

Wählen Sie für dieses Beispiel einfach die Vorlage *Standardansicht*. Nun öffnet sich eine Konfigurationsseite, auf der Sie die Anzeigekriterien für die neue Ansicht festlegen (Abbildung 2.6).

Hier haben Sie die Möglichkeit, viele Optionen der Ansicht zu konfigurieren, zum Beispiel:

- **Spalten** Hier wählen Sie die Spalten aus, die in der Ansicht aufgeführt werden, und legen ihre Reihenfolge fest.
- **Sortieren** In diesem Abschnitt definieren Sie bis zu zwei Spalten, die zum Sortieren der Daten ausgewertet werden.
- **Filter** Hier können Sie die angezeigten Elemente filtern. Aus Leistungsgründen wird empfohlen, indizierte Spalten für die Filterung zu verwenden.
- **Inlinebearbeitung** Hier stellen Sie ein, ob zu jeder Zeile eine *Bearbeiten*-Schaltfläche angezeigt wird, mit der die Elemente direkt bearbeitet werden können.
- **Tabellenansicht** Sie können auswählen, ob neben jeder Zeile ein Kontrollkästchen angezeigt wird.
- **Gruppieren nach** Hier wählen Sie bis zu zwei Spalten aus, die zum Gruppieren der Daten ausgewertet werden.
- **Gesamt** Hier definieren Sie Summenzeilen für die verschiedenen sichtbaren Spalten.
- **Formatvorlage** Steuert, auf welche Weise die Listenansicht dargestellt wird.
- **Ordner** Sie können auswählen, ob die Elemente in einer Ordnerstruktur oder alle auf einmal angezeigt werden.
- **Eintragsgrenze** In diesem Abschnitt legen Sie fest, wie viele Daten höchstens zurückgegeben werden. Das ist nützlich, wenn Sie mit sehr langen Listen arbeiten.
- **Mobil** Hier können Sie Einstellungen konfigurieren, die dafür sorgen, dass die Ansicht auf mobilen Geräten übersichtlicher dargestellt wird.

In der Liste mit den Produkten können Sie die Produkte beispielsweise anhand ihres Preises sortieren, die billigsten zuerst. Abbildung 2.7 zeigt die Ausgabe der benutzerdefinierten Ansicht.

Benutzerdefinierte Ansichten sind nützlich, um Daten, die in umfangreichen benutzerdefinierten Elementlisten gespeichert sind, anzuzeigen und zu verwalten.

Erstellen einer Dokumentbibliothek

Eine Dokumentbibliothek ist eine spezielle Art von Liste, die statt generischer Elemente Dateien (zum Beispiel Dokumente) speichert. Jede Datei entspricht einem einzelnen Listenelement, das mit umfangreichen Metadatenfeldern verknüpft sein kann. Sie erstellen eine Dokumentbibliothek, indem Sie auf der Seite *Erstellen* (siehe Abbildung 2.1 weiter oben in diesem Kapitel) die Listenvorlage *Dokumentbibliothek* auswählen. Außerdem steht dafür ein Eintrag im Menü *Websiteaktionen* zur Verfügung.

Nehmen wir an, Sie wollen eine Liste mit Angeboten erstellen, die zu jeder Angebotsdatei einige benutzerdefinierte Metadaten enthält, beispielsweise laufende Nummer, Kunde und Angebotsdatum. Öffnen Sie zuerst das Menü *Websiteaktionen* und klicken Sie auf *Neue Dokumentbibliothek*, um die Bibliothek anzulegen. Daraufhin öffnet sich das Silverlight-Steuerelement aus Abbildung 2.8.

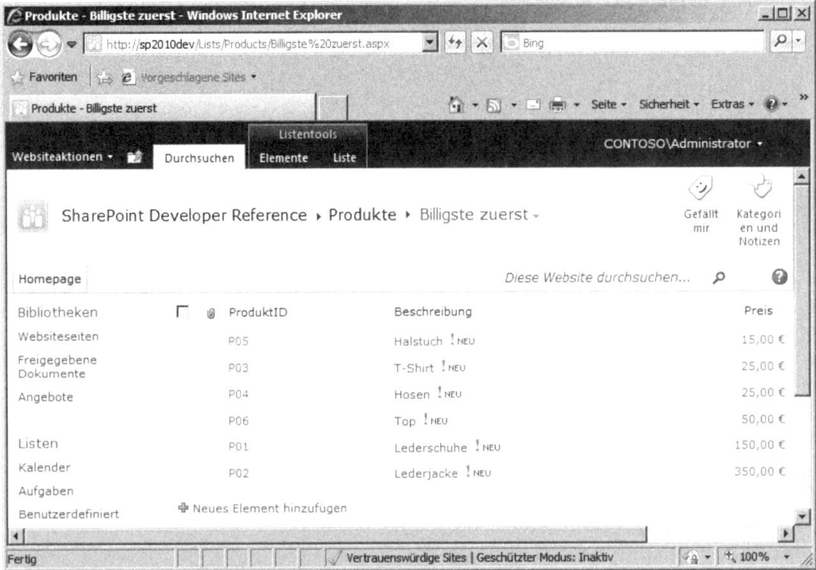

Abbildung 2.7 Die Ausgabe einer benutzerdefinierten Ansicht für eine Produktliste

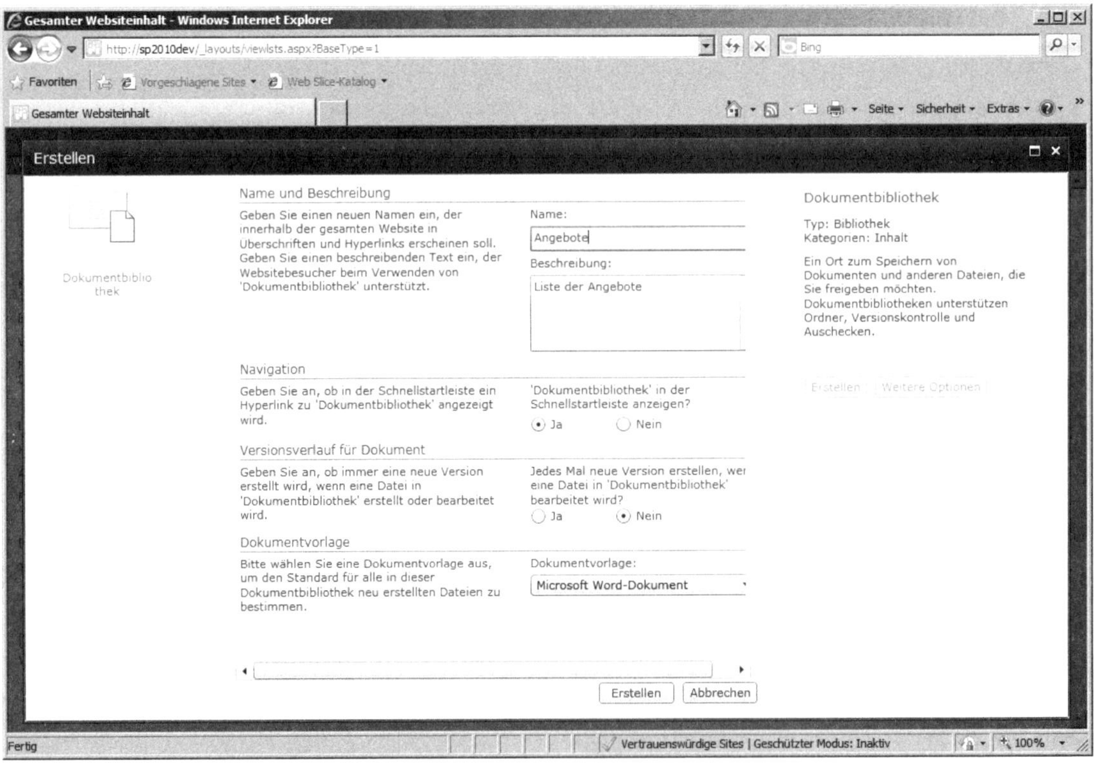

Abbildung 2.8 Das Silverlight-Steuerelement zum Erstellen einer neuen Dokumentbibliothek

Geben Sie in diesem Steuerelement den Titel der Bibliothek und eine Beschreibung ein, legen Sie fest, ob eine Verknüpfung zu dieser Bibliothek in der SharePoint-Schnellstartleiste angezeigt werden soll (die sich üblicherweise am linken Rand der Seite befindet), ob Sie einen Versionsverlauf für Dateien aktivieren wollen und welche Dokumentvorlage für neue Dokumente verwendet wird, die in der Bibliothek erstellt werden.

Sobald Sie die Bibliothek erstellt haben, können Sie über eine Benutzeroberfläche darauf zugreifen, die im Prinzip genauso aussieht wie beim Verwalten einer Liste mit simplen Elementen. Eine Dokumentbibliothek bietet aber einige zusätzliche Funktionen und Befehle. So gibt es statt des Menübands *Elemente* das Menüband *Dokumente*, dessen Befehle speziell auf die Verwaltung von Dateien und Dokumenten zugeschnitten sind. Und statt des Menübands *Liste* zum Verwalten der Liste gibt es das Menüband *Bibliothek*. Abbildung 2.9 zeigt, welche Befehle in diesem neuen Menüband zur Verfügung stehen.

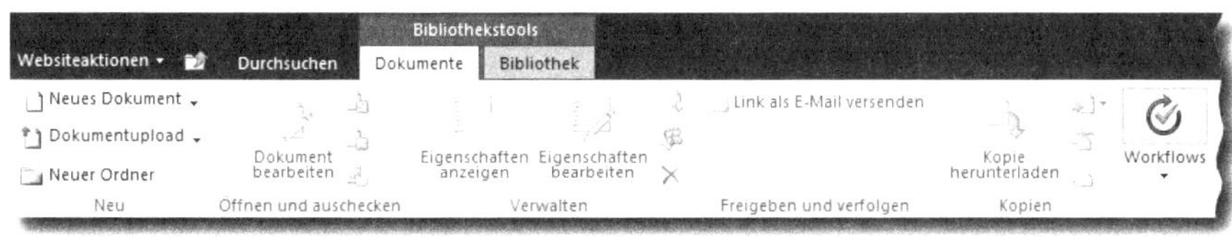

Abbildung 2.9 Das Menüband *Dokumente* einer Dokumentbibliothek

Die wichtigsten Befehle auf diesem Menüband sind:

- **Neues Dokument** Mit diesem Befehl erstellen Sie ein neues Dokument, das auf Basis einer Dokumentvorlage angelegt wird.
- **Dokumentupload** Mit diesem Befehl laden Sie ein einzelnes Dokument oder eine Gruppe von Dokumenten hoch.
- **Neuer Ordner** Legt einen neuen Ordner an, in dem Sie Dokumente organisieren und sortieren können.
- **Dokument bearbeiten** Dieser Befehl öffnet das ausgewählte Dokument im zugehörigen Bearbeitungsprogramm. Haben Sie zum Beispiel eine *.doc*/*.docx*-Datei ausgewählt, wird sie in Microsoft Word geöffnet.
- **Auschecken** Sperrt das Dokument für andere Benutzer, damit Sie darauf exklusiven Zugriff im Lese- und Schreibmodus haben.
- **Einchecken** Hebt die Sperre der Datei wieder auf, bestätigt alle Änderungen und erstellt eine neue Version der Datei (sofern die Dateiversionsverwaltung aktiviert ist).
- **Auschecken verwerfen** Hebt die Sperre der Datei wieder auf und verwirft alle Änderungen.
- **Eigenschaften anzeigen** Zeigt die Metadateneigenschaften der ausgewählten Datei an.
- **Eigenschaften bearbeiten** Mit diesem Befehl können Sie die Metadateneigenschaften der ausgewählten Datei bearbeiten.
- **Dokument löschen** Löscht die ausgewählten Dateien.
- **Kopie herunterladen** Lädt eine Kopie der ausgewählten Datei herunter.
- **Senden an** Sendet die ausgewählte Datei an ein bestimmtes Ziel.

Bei einer Dokumentbibliothek können Sie wie in einer normalen Liste Einstellungen konfigurieren und benutzerdefinierte Spalten sowie benutzerdefinierte Ansichten definieren. Allerdings haben Sie bei einer Dokumentbibliothek zusätzlich die Möglichkeit, eine Dokumentvorlage auszuwählen, die beim Erstellen neuer Dokumente verwendet wird. Wählen Sie dazu im Menüband *Bibliothek* den Befehl *Bibliothekeinstellungen* aus. Daraufhin öffnet sich die Seite *Einstellungen für 'Dokumentbibliothek'*. Klicken Sie auf *Erweiterte Einstellungen*, um eine Seite zu öffnen, auf der Sie etliche wichtige Optionen konfigurieren können (Abbildung 2.10).

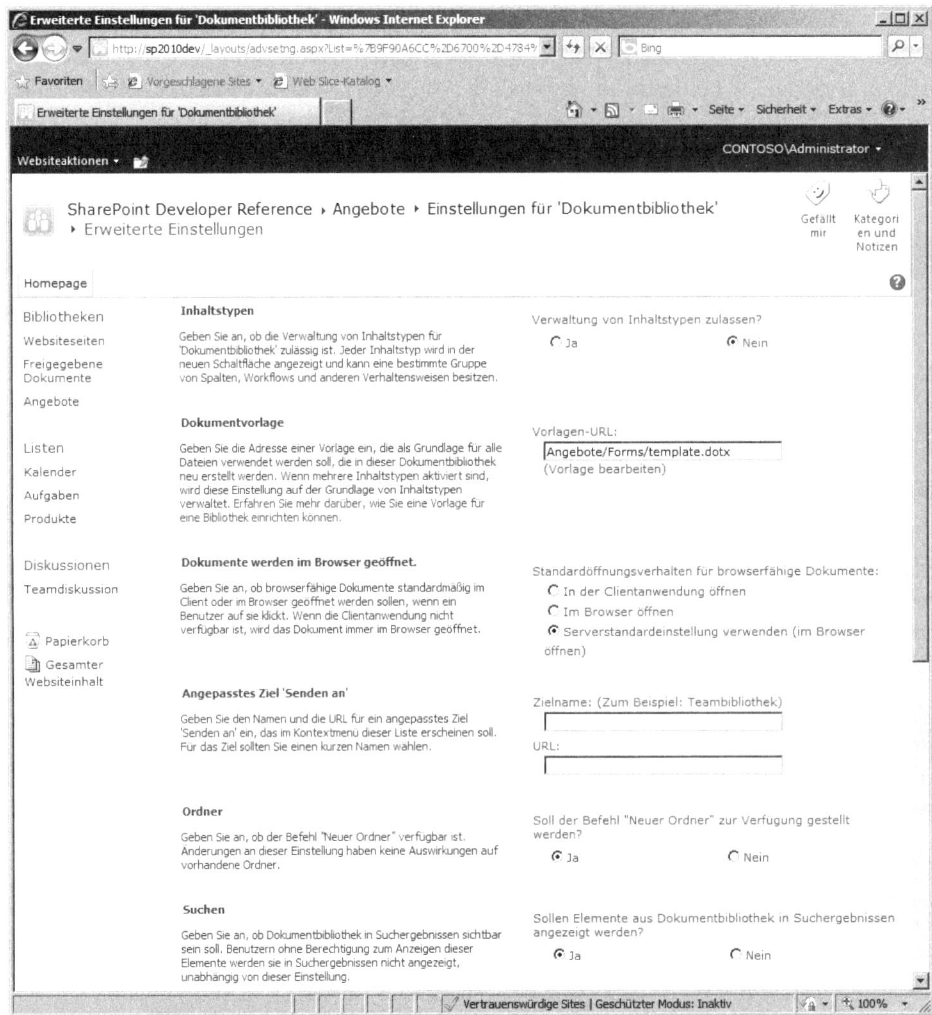

Abbildung 2.10 Die Seite *Einstellungen für 'Dokumentbibliothek'*

Einige dieser Optionen sind dieselben wie bei gewöhnlichen Listen, andere gibt es nur bei Dokumentbibliotheken. Die folgenden Einstellungen beziehen sich speziell auf Dokumentbibliotheken:

- **Dokumentvorlage** Hier tragen Sie die relative URL eines Dokuments ein, das als Vorlage für alle Dateien verwendet wird, die Benutzer neu in der Dokumentbibliothek anlegen.
- **Dokumente werden im Browser geöffnet** In diesem Abschnitt wählen Sie aus, wie sich SharePoint beim Öffnen von browserfähigen Dokumenten verhält, also von Dokumenten, die innerhalb des Browsers geöffnet werden können. Zur Auswahl stehen *In der Clientanwendung öffnen*, um die Datei auf der Clientseite innerhalb der passenden Clientanwendung zu öffnen, *Im Browser öffnen*, um die

Datei im Browser zu öffnen, und *Serverstandardeinstellung verwenden*, wobei die Standardeinstellung vom Farmadministrator festgelegt wird.

- **Angepasstes Ziel 'Senden an'** Mit dieser Option fügen Sie ein benutzerdefiniertes Ziel zum Menü *Senden an* hinzu.
- **Websiteobjektbibliothek** Legt fest, ob die Bibliothek die Standardobjektbibliothek zum Speichern von Bildern, Videos und anderen Dateien ist, wenn Benutzer Inhalte in ihre Blogs oder Wikiseiten hochladen.

Websitespalten

In den letzten Abschnitten haben Sie benutzerdefinierte Listen und Spalten definiert, indem Sie sie einfach auf der Listenebene konfiguriert haben. Es gibt aber Fälle, in denen Sie denselben Spaltentyp in mehreren Listeninstanzen definieren müssen. Nehmen Sie als Beispiel eine hypothetische »Protokollnummer«, die Sie gleich in mehreren Dokumentbibliotheken verwenden wollen. Es wäre schön, wenn Sie das Konzept einer »Protokollnummer«-Spalte nur ein einziges Mal definieren müssten und dann in vielen Bibliotheken nutzen könnten. Wenn ein einheitliches Konzept zum Beschreiben von Metadaten vorhanden ist, wird es außerdem einfacher, Suchabfragen zu formulieren, und die Qualität der Suchergebnisse wird besser. Sie könnten beispielsweise eine Abfrage definieren, die alle Dokumente abruft, bei denen das Feld der Protokollnummer einen Wert aus einem bestimmten Bereich enthält, unabhängig davon, in welcher Bibliothek sie gespeichert sind. Sicherlich fallen Ihnen viele weitere Beispiele ein.

SharePoint bietet das Konzept einer »Websitespalte«, damit Sie Metadatendefinitionen über mehrere Listen und Bibliotheken hinweg nutzen können. Eine Websitespalte (site column) ist die formelle Definition eines Feldtyps (eines Metadatentyps), der auf Websiteebene freigegeben wird. Die Definitionen von Websitespalten sind hierarchisch organisiert. Sie können also eine Websitespalte in der Stammwebsite einer Websitesammlung definieren und dann in allen Websites der Sammlung verwenden.

Sie definieren eine neue Websitespalte, indem Sie über das Menü *Websiteaktionen* die Seite *Websiteeinstellungen* aufrufen (Abbildung 2.11). Im Abschnitt *Galerien* finden Sie die Verknüpfung *Websitespalten*, die Sie auf die Seite führt, in der Sie vorhandene Websitespalten verwalten oder neue erstellen.

Die Seite *Websitespalten* listet alle vorhandenen Websitespalten auf, untergliedert nach verschiedenen Gruppen. Klicken Sie oben auf der Seite auf die Schaltfläche *Erstellen*, um eine neue Websitespalte zu definieren. Die Seite zum Erstellen einer neuen Websitespalte ähnelt der zum Erstellen einer Spalte auf Listenebene (siehe Abbildung 2.4 weiter oben in diesem Kapitel), enthält aber zusätzlich Einstellungen, die die Gruppierung der Spalten steuern. Das macht es einfacher, sie auf der Seite *Galerie* zu finden.

Sobald Sie eine Websitespalte definiert haben, können Sie in allen Listen oder Bibliotheken darauf verweisen, indem Sie auf der Seite *Einstellungen für 'Liste'* den Befehl *Aus vorhandenen Websitespalten hinzufügen* wählen (siehe Abbildung 2.3 weiter oben in diesem Kapitel). Sie können mithilfe einer Websitespalte auch einen benutzerdefinierten Inhaltstyp definieren, der nächste Abschnitt erklärt das genauer.

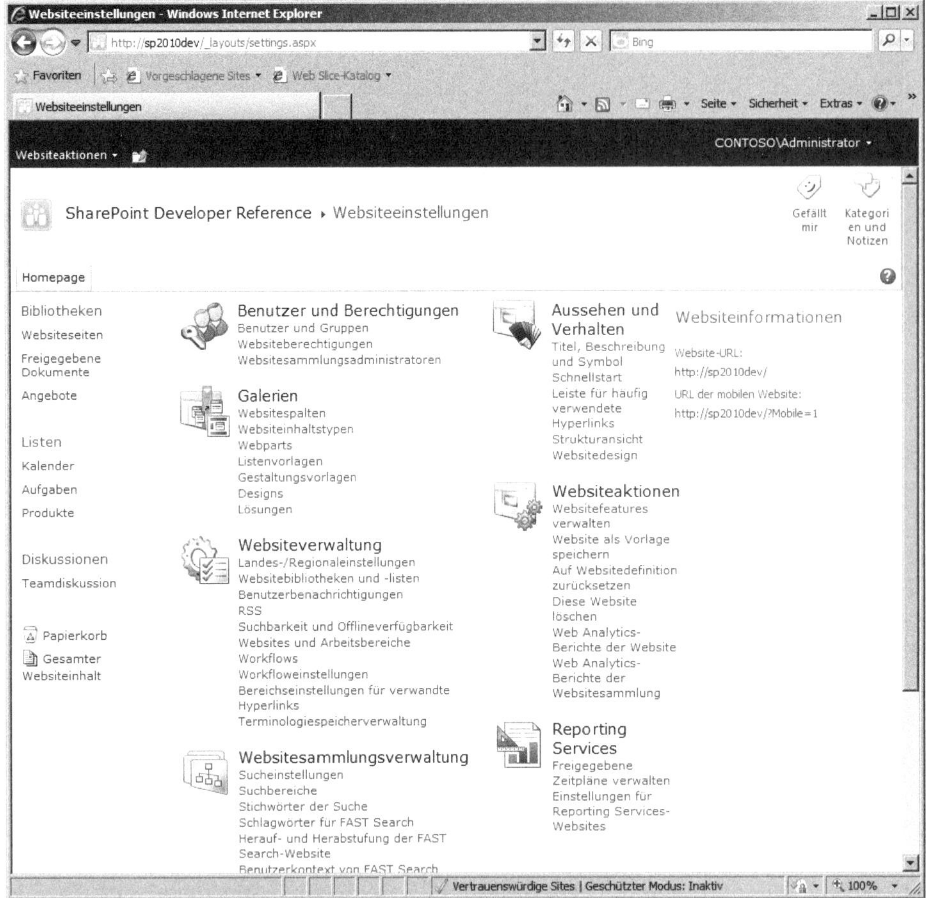

Abbildung 2.11 Die Seite *Websiteeinstellungen* einer Websitesammlung

Inhaltstypen

Ein Inhaltstyp (content type) ist die formelle Definition einer Daten- oder Elementvorlage. Jedes Mal, wenn Sie ein neues Element in einer Liste oder ein neues Dokument in einer Bibliothek erstellen, legen Sie eine Instanz eines Inhaltstyps an. Alle Listen und Bibliotheken nutzen das Konzept des »Inhaltstyps« als Modell für die Daten, die Sie darin speichern. In der Standardeinstellung hat jede Liste oder Bibliothek intern einen Standardinhaltstyp vordefiniert. Wenn Sie beispielsweise eine Liste vom Typ *Kontakte* erstellen und ein neues Element hinzufügen, umfasst dieses Element einen Satz von Spalten, die im Inhaltstyp *Kontakt* definiert sind, einem Standardinhaltstyp von SharePoint. Und wenn Sie eine Liste vom Typ *Dokumentbibliothek* erstellen, wie im letzten Abschnitt, nimmt diese Bibliothek in der Standardeinstellung Elemente mit dem Inhaltstyp *Dokument* auf.

Ein Inhaltstyp basiert auf Websitespaltenverweisen in Kombination mit einigen optionalen Informationen über Formulare, Darstellungsvorlagen, einer spezifischen Dokumentvorlage (nur für Dokumentelemente) und einer benutzerdefinierten XML-Konfiguration.

Wie Sie in Kapitel 10, »Bereitstellen von Daten«, sehen werden, sind Inhaltstypen hierarchisch organisiert und nutzen die Vererbung. Ausgangspunkt ist der Inhaltstyp *System*, der im Wesentlichen eine simple

Basisklasse für alle anderen Inhaltstypen bildet. Abbildung 2.12 zeigt die hierarchische Vererbungsstruktur der nativen Inhaltstypen.

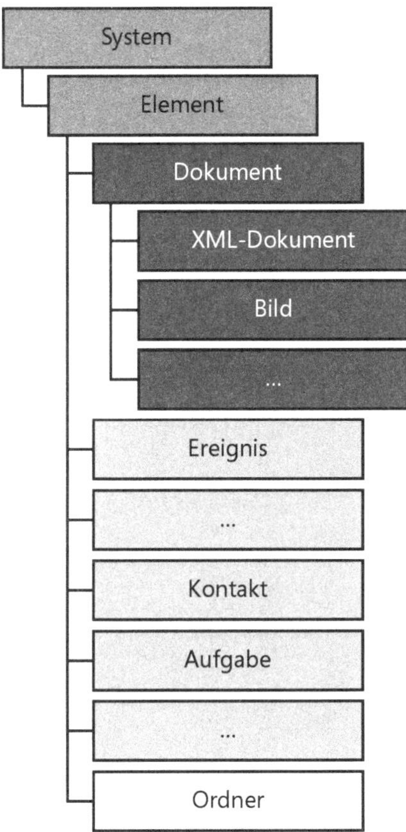

Abbildung 2.12 Die Vererbungshierarchie der Inhaltstypen in SharePoint

Abbildung 2.12 zeigt, dass sich vom Inhaltstyp *System* der Inhaltstyp *Element* ableitet, der seinerseits direkt oder indirekt die Basisklasse für alle anderen Inhaltstypen ist. Zum Beispiel ist der Inhaltstyp *Kontakt*, den Sie in der Liste der Kontakte verwenden, von *Element* abgeleitet. Genauso der Inhaltstyp *Dokument*. Und der Inhaltstyp *Bild*, der Standardinhaltstyp für eine Bildbibliothek, ist vom Inhaltstyp *Dokument* abgeleitet.

Sie können vorhandene Inhaltstypen verwalten und benutzerdefinierte Inhaltstypen definieren, indem Sie auf der Seite *Websiteeinstellungen* im Abschnitt *Galerien* auf *Websiteinhaltstypen* klicken. Klicken Sie oben auf der Seite auf die Schaltfläche *Erstellen*, um einen neuen Inhaltstyp zu erstellen. Daraufhin öffnet sich eine Seite, in der Sie einige Einstellungen festlegen, etwa den Namen, eine Beschreibung, die logische Gruppe und den übergeordneten Inhaltstyp für Ihren neuen Inhaltstyp. Sobald Sie den neuen Inhaltstyp erstellt haben, werden Sie auf die Seite für die Verwaltung des Inhaltstyps geleitet (Abbildung 2.13).

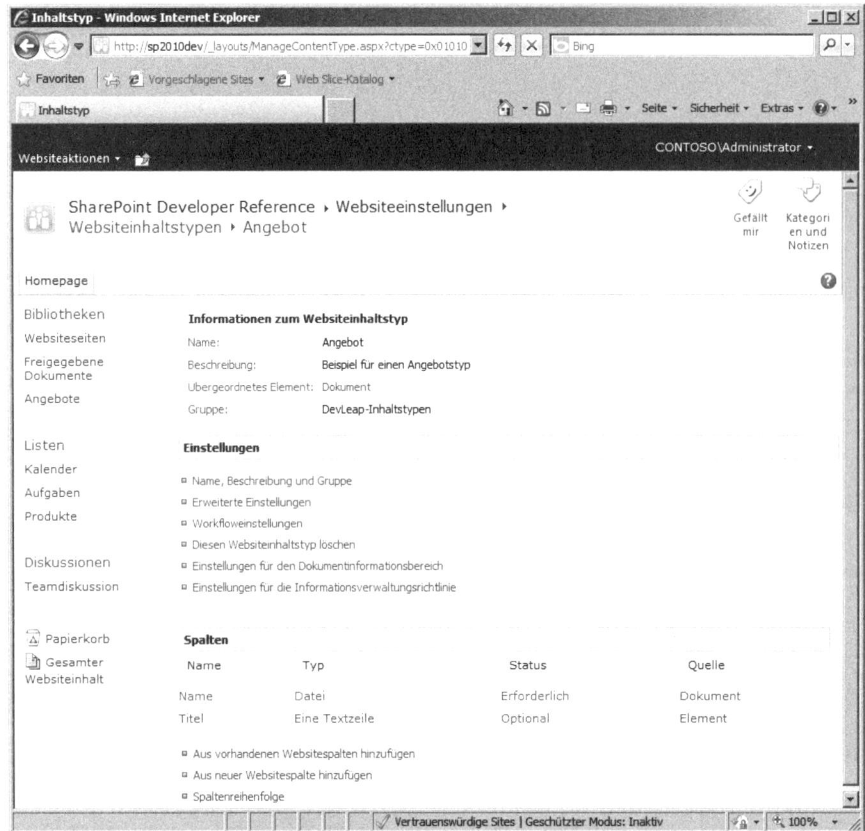

Abbildung 2.13 Die Seite zum Verwalten einer Inhaltstypkonfiguration

Auf dieser Seite können Sie alle Einstellungen des Inhaltstyps konfigurieren, indem Sie allgemeine Informationen über den Inhaltstyp einstellen, eine benutzerdefinierte Dokumentvorlage auswählen (falls ein Inhaltstyp von Dokument abgeleitet wird), Workflows verwalten, Benutzeroberflächenelemente für die Bearbeitung im Office-Client festlegen (auch als Dokumentinformationsbereich bezeichnet, sofern Sie mit einem Dokument arbeiten) und Informationsverwaltungsrichtlinien konfigurieren. Sie können auch einen Inhaltstyp konfigurieren, der eine bestimmte Gruppe von Websitespalten benutzt. Das gibt Ihnen die Möglichkeit, dieselben Feldtypen in mehreren Inhaltstypen einzusetzen.

Nachdem Sie Ihre benutzerdefinierten Inhaltstypen definiert haben, können Sie sie Listen oder Bibliotheken zuordnen. Das geschieht auf der Seite *Erweiterte Einstellungen* der Liste oder Bibliothek. Um Inhalt in einer SharePoint-Website zu entwerfen, definieren Sie also zuerst die Websitespalten, erstellen dann die Inhaltstypen, die diese Spalten verwenden, und legen schließlich die Listen oder Bibliotheken an, die die Inhaltstypen benutzen. Wenn Sie in dieser Reihenfolge vorgehen, erhalten Sie einen einheitlichen Satz von Datenelementen (Inhaltstypen), die sich dieselben Datenfelder (Websitespalten) teilen, die in benutzerdefinierten Datenspeichern (Listen und Bibliotheken) abgelegt sind.

Websites

Der letzte Typ eines Datenrepositorys, das Sie definieren können, ist die Website. Im Allgemeinen setzen Sie eine Website als Ort ein, um Sammlungen von Listen und Bibliotheken aufzunehmen, die vom selben Zielpublikum genutzt werden oder dieselbe Funktion erfüllen. Sie können beispielsweise für jede Abteilung Ihres Unternehmens (Vertrieb, Personalabteilung, IT und so weiter) jeweils eine Website einrichten. Websites werden in Websitesammlungen gespeichert. Damit Sie eine neue Website erstellen können, brauchen Sie daher eine Websitesammlung.

Haben Sie eine Websitesammlung, umfasst sie bereits eine Stammwebsite. Eine neue Website erstellen Sie mit dem Befehl *Neue Website* des Menüs *Websiteaktionen*. Sie bekommen daraufhin eine umfangreiche Liste von Websitevorlagen angeboten. Die wichtigsten sind:

- **Teamwebsite** Eine Website für ein Team, dessen Mitglieder Dokumente, einen Kalender, Ankündigungen und Aufgaben gemeinsam nutzen.
- **Leere Website** Eine leere Website, die beliebig angepasst werden kann.
- **Dokumentarbeitsbereich** Eine Website für ein Team, das an einem Dokument arbeitet. Sie stellt eine Dokumentbibliothek zum Speichern des Ergebnisdokuments, der Anlagen und aller zugehöriger Dateien bereit. Außerdem enthält sie Listen der Aufgaben und nützlicher Links.
- **Standard-Besprechungsarbeitsbereich** Eine Website zum Verwalten einer Besprechung. Stellt Listen für Tagesordnung, Teilnehmer und Dokumente bereit.
- **Leerer Besprechungsarbeitsbereich** Eine leere Website zum Verwalten einer Besprechung. Sie kann anschließend angepasst werden.
- **Entscheidung-Besprechungsarbeitsbereich** Diese Website ist speziell darauf zugeschnitten, die bei einer Besprechung getroffenen Entscheidungen zu verfolgen. Stellt Listen für Agenda, Teilnehmer, Dokumente und Besprechungsentscheidungen bereit.
- **Sozialer Besprechungsarbeitsbereich** Eine Website zum Verwalten einer sozialen Zusammenkunft. Stellt Listen zum Speichern von Teilnehmern, Wegbeschreibungen, Bildern und anderen in diesem Zusammenhang wichtigen Inhalten bereit.
- **Blog** Eine Website zum Veröffentlichen eines Blogs.
- **Gruppenarbeitssite** Eine Website für Gruppen, die die Weitergabe von Ideen, Dokumenten, Aufgaben, Hyperlinks, Telefonnotizen und ähnlichen Elementen unterstützt.
- **Dokumentcenter** Eine Website, in der Dokumente eines Großunternehmens zentral verwaltet werden.
- **Datenarchiv** Eine Website zum Verwalten von Dokumentarchiven in einem Großunternehmen. Sie stellt konfigurierbare Routingtabellen zur Verfügung, mit denen Dateien anhand benutzerdefinierter Unternehmensregeln an bestimmte Ziele geleitet werden.
- **Unternehmenssuchcenter** Eine Website, die die Suche nach Dokumenten oder Personen in einem Großunternehmen unterstützt.
- **Basissuchcenter** Eine Website, die grundlegende Suchfunktionen zur Verfügung stellt.

Diese Websitevorlagen werden am häufigsten genutzt. Abhängig davon, welche SharePoint-Edition Sie installiert haben, stehen unter Umständen auch noch weitere zur Verfügung.

Zusammenfassung

Dieses Kapitel hat den Aufbau der SharePoint-Datenbasis beschrieben. Sie haben erfahren, wie Sie Listen aus Elementen, Websitespalten, Inhaltstypen und Websites oder Arbeitsbereichen anlegen. Mithilfe der Informationen aus diesem Kapitel sind Sie in der Lage, einfache Datenverwaltungslösungen zu entwickeln, die SharePoint 2010 als Datenrepository einsetzen. Im weiteren Verlauf dieses Buchs werden Sie allerdings sehen, warum Sie SharePoint nicht als Ersatz für ein Datenbankmanagementsystem missbrauchen sollten. SharePoint ist vielmehr eine perfekte *Ergänzung* zu einer relationalen Datenbank. In Kapitel 10 erfahren Sie, wie Sie Datenstrukturen mithilfe von Programmcode bereitstellen, statt sie, wie in diesem Kapitel gezeigt, einfach über die Webbrowseroberfläche zu definieren.

Teil II

Programmieren mit Microsoft SharePoint 2010

In diesem Teil:

Kapitel 3

Serverobjektmodell

In diesem Kapitel:

Aus Kapitel 1, »Grundlagen von Microsoft SharePoint 2010«, wissen Sie, dass Microsoft SharePoint 2010 direkt auf Microsoft .NET und Microsoft ASP.NET aufsetzt. Eines der wichtigsten Tools, die Sie beim Entwickeln von Lösungen mit dem SharePoint-Modul einsetzen, ist daher das .NET-Objektmodell, das von der SharePoint-Infrastruktur zur Verfügung gestellt wird. Dieses Serverobjektmodell umfasst etliche Namespaces und Klassen, die in mehrere .NET-Assemblys untergliedert sind. Sie verweisen auf diese Assemblys, um sie in beliebigen .NET-Lösungen zu nutzen, die auf einem SharePoint-Server laufen.

Die Lösung muss auf einem SharePoint-Server laufen, weil das Serverobjektmodell nur auf diesem System zur Verfügung steht. Das Objektmodell hat nämlich einige Abhängigkeiten, die nur auf den Servern in einer SharePoint-Farm erfüllt werden.

Wenn Sie eine Softwarelösung schreiben, die auf SharePoint zugreift, aber nicht selbst auf einem SharePoint-Server läuft, können Sie das Clientobjektmodell oder die SharePoint-SOAP-Dienste nutzen. Mehr dazu finden Sie in Kapitel 5, »Clientseitige Technologien«.

Ein wichtiges Merkmal des Serverobjektmodells ist, dass Sie damit von Ihrem Programmcode aus alles tun können, was Sie auch in der Benutzeroberfläche von SharePoint erledigen können (und etliches mehr), sei es im Browser, über die Befehlszeilentools oder in der Windows PowerShell.

Dieses Kapitel erklärt, wie Sie die wichtigsten Klassen des Serverobjektmodells nutzen. Dazu untersuchen wir die wichtigsten Member dieser Klassen. Eine vollständige Referenz des gesamten Objektmodells finden Sie nicht in diesem Kapitel, weil es Tausende von Typen enthält – selbst ein mehrbändiges Werk würde dafür nicht ausreichen.

WEITERE INFORMATIONEN Eine vollständige Referenz aller Typen im SharePoint-Serverobjektmodell finden Sie in MSDN Online unter *http://msdn.microsoft.com/de-de/library/ff462061.aspx*.

Weil sich dieses Kapitel nicht mit der Benutzeroberfläche beschäftigt, arbeiten die Codebeispiele vor allem in einer Konsolenanwendung. Sie werden das Serverobjektmodell innerhalb von SharePoint-Webparts in Kapitel 6, »Grundlagen von Webparts«, und Kapitel 7, »Fortgeschrittene Webparts«, sowie vielen anderen Kapiteln in Aktion erleben.

Testumgebung

Um die Codebeispiele zu diesem Kapitel zu testen, müssen Sie in Microsoft Visual Studio 2010 ein neues Konsolenprojekt in der Standardkonfiguration anlegen. Ändern Sie dann das Zielframework auf der Registerkarte *Anwendung* des Projekts von *.NET Framework 4.0 Client Profile* auf *.NET Framework 3.5*. Sie sollten außerdem die Zielplattform auf der Registerkarte *Erstellen* des Projekts von *x86* auf *x64* oder *Any CPU* ändern, weil Microsoft SharePoint 2010 nur auf 64-Bit-Computern läuft. Die Konfiguration *x86* wird nicht unterstützt.

WEITERE INFORMATIONEN Wie Sie Ihre SharePoint-Entwicklungsumgebung einrichten, ist im MSDN Online-Artikel »Gewusst wie: Festlegen des richtigen Zielframeworks und der CPU« unter *http://msdn.microsoft.com/de-de/library/ff407621.aspx* genau beschrieben.

Und schließlich brauchen Sie Verweise auf einige Assemblys des SharePoint-Serverobjektmodells. Auf jeden Fall müssen Sie auf *Microsoft.SharePoint.dll* verweisen, die zentrale Assembly für das Serverobjektmodell. Sie liegt zusammen mit vielen der anderen Assemblys im Ordner *<SharePoint14_Root>\ISAPI*.

HINWEIS Die Bezeichnung *<SharePoint14_Root>* ist der SharePoint-Stammordner, normalerweise *C:\Program Files\Common Files\Microsoft Shared\Web Server Extensions\14*.

Objekthierarchie

Alle zentralen Typen des Serverobjektmodells sind in Namespaces definiert, die mit *Microsoft.SharePoint.** oder *Microsoft.Office.** beginnen. Sie haben im Allgemeinen einen Namen, der mit *SP* beginnt, was für »SharePoint« steht. Zwei Beispiele: Der Typ, der einen Benutzer repräsentiert, heißt *SPUser* und liegt im Namespace *Microsoft.SharePoint*. Und der Typ, der eine Website repräsentiert, ist im selben Namespace definiert und heißt *SPWeb*. Abbildung 3.1 zeigt die wichtigsten Klassen und die hierarchische Anordnung der Objekte innerhalb des Serverobjektmodells.

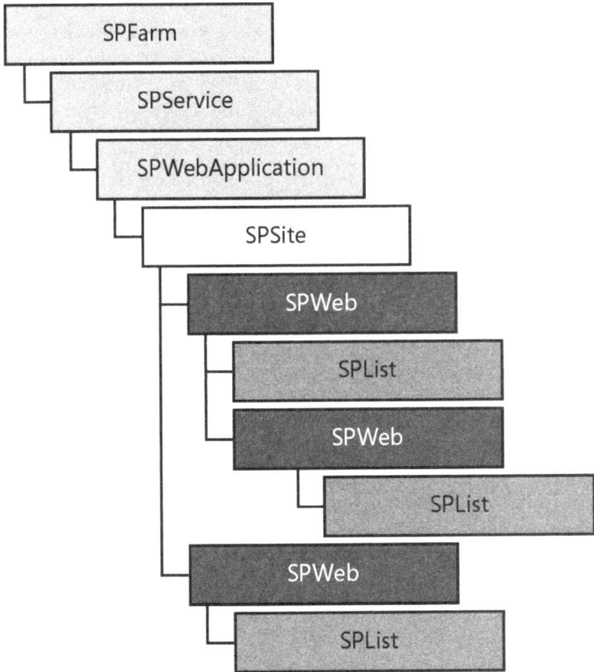

Abbildung 3.1 Die Hierarchie der Objekte im SharePoint-Serverobjektmodell

Dieser Abschnitt beschreibt die zentralen Typen des Serverobjektmodells, stellt kurz ihre wichtigsten Member vor und zeigt einige knappe Codebeispiele. In späteren Abschnitten erfahren Sie anhand einiger Beispiele, wie Sie diese Typen in Ihren eigenen Lösungen nutzen.

SPFarm, SPServer, SPService und *SPWebApplication*

Die erste, zentrale Klasse des Serverobjektmodells ist *SPFarm*. Sie steht für eine komplette SharePoint-Serverfarm. Diese Klasse gehört zum Namespace *Microsoft.SharePoint.Administration*. Sie können mithilfe dieser Klasse eine ganz neue Farm anlegen oder eine Verbindung zu einer vorhandenen Farm aufbauen. Wenn Sie eine neue Farm anlegen wollen, müssen Sie eine der vielen Überladungen der öffentlichen statischen Methode *Create* aufrufen. Eine Verbindung zu einer vorhandenen Farm (das dürfte der übliche Fall sein) stellen Sie her, indem Sie einen SQL Server-Verbindungsstring und das geheime Kennwort der Farm an die öffentliche statische Methode *Open* übergeben, die folgende Signatur hat:

```
public static SPFarm Open(SqlConnectionStringBuilder connectionString, SecureString passphrase)
```

Der Verbindungsstring verweist auf die Farmkonfigurationsdatenbank, die definiert wird, wenn Sie die Farm im SharePoint 2010-Konfigurationsassistenten einrichten. Sie finden ihn auch in der Systemregistrierung unter *HKLM\Software\Microsoft\Shared Tools\Web Server Extensions\14.0\Secure\ConfigDB\dsn*. Stattdessen können Sie mithilfe der statischen Eigenschaft *SPFarm.Local* auch direkt eine Verbindung zur lokalen Farm herstellen.

WICHTIG In der Standardeinstellung läuft das SharePoint-Serverobjektmodell unter dem Konto des aktuellen Benutzers. Wenn Sie daher eine Instanz irgendeines *SP**-Typs anlegen, ohne dabei explizite Anmeldeinformationen zu übergeben, wird Ihr Code unter dem Konto des Benutzers ausgeführt, der den Prozess oder die Webanforderung gestartet hat (wenn Sie das Serverobjektmodell aus einer Webseite heraus aufrufen).

Sobald Sie eine Instanz von *SPFarm* haben, können Sie alle Server und Dienste aufrufen und verwalten, die zu dieser Farm gehören. Beispielsweise können Sie die Auflistung *Servers* durchgehen, um alle Hardwareserver der Farm als Objekte des Typs *SPServer* aufzulisten. Die Eigenschaft *Services* ist vom Typ *SPServiceCollection* und enthält die unterschiedlichen Arten von Diensten; sie alle sind von der gemeinsamen Basisklasse *SPService* abgeleitet. Sie können alle Windows-Dienste untersuchen, die als Objekte vom Typ *SPWindowsService* vorliegen, oder auf die Webdienste zugreifen, die Instanzen des Typs *SPWebService* sind. Jeder Webdienst besteht aus mindestens einer Webanwendung vom Typ *SPWebApplication*. Listing 3.1 zeigt ein Codebeispiel, das alle diese Objektarten in der lokalen Farm durchgeht und auflistet.

Listing 3.1 Auflisten der Objekte in der lokalen Farm

```
SPFarm farm = SPFarm.Local;

Console.WriteLine("Server der Farm");
foreach (SPServer server in farm.Servers) {
    Console.WriteLine("Servername: {0}", server.Name);
    Console.WriteLine("Serveradresse: {0}", server.Address);
    Console.WriteLine("Serverrolle: {0}", server.Role);
}

foreach (SPService service in farm.Services) {
    Console.WriteLine("--------------------------------------");

    if (service is SPWindowsService) {
        Console.WriteLine("Windows-Dienst: {0}", service.DisplayName);
        Console.WriteLine("Typ: {0}", service.TypeName);
        Console.WriteLine("Instanzen: {0}", service.Instances.Count);
    }
    else if (service is SPWebService) {
        Console.WriteLine("Webdienst: {0}", service.DisplayName);
        Console.WriteLine("Typ: {0}", service.TypeName);
        Console.WriteLine("Instanzen: {0}", service.Instances.Count);

        SPWebService webService = service as SPWebService;
```

```
            if (webService != null) {
                foreach (SPWebApplication webApplication in webService.WebApplications) {
                    Console.WriteLine("Webanwendung: {0}",
                        webApplication.DisplayName);

                    Console.WriteLine("Inhaltsdatenbanken");
                    foreach (SPContentDatabase db in webApplication.ContentDatabases) {
                        Console.WriteLine("Inhaltsdatenbank: {0}", db.Name);
                        Console.WriteLine("Verbindungszeichenfolge: {0}",
                           db.DatabaseConnectionString);
                    }
                }
            }
        }
        else {
            Console.WriteLine("Allgemeiner Dienstname: {0}", service.DisplayName);
            Console.WriteLine("Typname: {0}", service.TypeName);
            Console.WriteLine("Instanzen: {0}", service.Instances.Count);
        }
    }
```

Der fett hervorgehobene Code in Listing 3.1 enthält die interessantesten Typen und Eigenschaften. In der Praxis werden Sie die Konfiguration einer Farm wohl nicht täglich bearbeiten, Sie sollten aber wissen, dass dies mit dem Serverobjektmodell möglich ist. Manchmal ist es außerdem nützlich, wenn Sie die Topologie Ihrer Farm vom Stammknoten (*SPFarm*) ausgehend durchlaufen, um die Websitesammlungen und Websites genauer zu untersuchen.

SPSite und *SPWeb*

SPSite und *SPWeb* sind zentrale Typen im Serverobjektmodell. Sie stehen für eine Websitesammlung beziehungsweise eine Website. Wie Sie weiter unten in diesem Kapitel sehen, bilden diese Klassen die Basis für viele häufig benötigte Operationen in Ihren Lösungen. Jedes Mal, wenn Sie auf den Inhalt einer SharePoint-Website zugreifen, müssen Sie einen Verweis auf das übergeordnete *SPSite*-Objekt abrufen und dann die gewünschte *SPWeb*-Instanz öffnen. Auf eine *SPSite*-Instanz greifen Sie zu, indem Sie sie mithilfe eines der verfügbaren Konstruktoren anlegen oder indem Sie über ihre übergeordnete *SPWebApplication*-Instanz einen Verweis darauf abrufen. Es stehen folgende Konstruktoren zur Verfügung, um eine *SPSite*-Instanz anzulegen:

```
public SPSite(Guid id);
public SPSite(string requestUrl);
public SPSite(Guid id, SPUrlZone zone);
public SPSite(Guid id, SPUserToken userToken);
public SPSite(string requestUrl, SPUserToken userToken);
public SPSite(Guid id, SPUrlZone zone, SPUserToken userToken);
```

Mit dem passenden Konstruktor können Sie auf eine Websitesammlung verweisen, indem Sie ihre eindeutige ID (GUID) angeben oder die URL einer Ressource verwenden, die von der Websitesammlung veröffentlicht wird. Einige der sechs Überladungen des Konstruktors ermöglichen es, beim Zugriff auf die Website eine bestimmte Zone zu verwenden, die als Member der Enumeration *SPUrlZone* angegeben wird. Diese Enumeration ist so definiert:

```
public enum SPUrlZone {
    Default,
    Intranet,
    Internet,
    Custom,
    Extranet
}
```

Diese Werte entsprechen den Zonen, die Sie in den SharePoint-Verwaltungstools verwenden. Anderen *SPSite*-Konstruktoren übergeben Sie eine *SPUserToken*-Instanz. Die Klasse *SPUserToken* steht für das Token eines gültigen SharePoint-Benutzers. Wenn Sie eine *SPSite*-Instanz mit einem solchen Token anlegen, können Sie die Identität des Benutzers annehmen, dem dieses Token gehört, statt das Konto des aktuellen Benutzers zu verwenden. Sie können eine *SPUserToken*-Instanz aus einem vorher exportierten Bytearray importieren oder aus einem generischen *System.Security.Principal.IIdentity* eine neue erstellen. Diese Überladungen des Konstruktors verwenden Sie beispielsweise, um Code unter einem anderen Benutzerkonto auszuführen, das üblicherweise höhere Privilegien hat.

WEITERE INFORMATIONEN Praktisch jede Klasseninstanz im SharePoint-Serverobjektmodell, angefangen von *SPSite* über *SPWeb* und *SPList* bis zu *SPListItem* (siehe Abbildung 3.1), hat eine eindeutige Kennung in der Eigenschaft *ID*. Dies kann eine GUID oder ein *Integer* sein. Sie sollten sich daran gewöhnen, dass Ihnen eine ID zur Verfügung steht, um eindeutig auf ein Objekt zu verweisen. Sie können im Allgemeinen zwar auch URLs oder Titel verwenden, um auf Elemente zu verweisen, aber wenn Sie die eindeutige *ID* benutzen, schalten Sie eine potenzielle Fehlerquelle aus.

Listing 3.2 zeigt einen Codeausschnitt, der alle *SPSite*- und *SPWeb*-Instanzen in einem Satz aus *SPWebApplication*-Objekten durchgeht.

Listing 3.2 Auflisten der *SPSite*- und *SPWeb*- Objekte in einem *SPWebApplication*-Objekt

```
foreach (SPWebApplication webApplication in webService.WebApplications) {
    Console.WriteLine("Webanwendung: {0}", webApplication.DisplayName);

    foreach (SPSite site in webApplication.Sites) {
        using (site) {
            Console.WriteLine("Websitesammlung: {0}", site.Url);

            foreach (SPWeb web in site.AllWebs) {
                using (web) {
                    Console.WriteLine("Website: {0}", web.Title);
                }
            }
        }
    }
}
```

Das Beispiel in Listing 3.3 zeigt, wie Sie einen Verweis auf ein *SPSite*-Objekt über seine öffentliche URL abrufen.

Listing 3.3 Abrufen eines Verweises auf ein *SPSite*-Objekt mithilfe seiner öffentlichen URL

```
using (SPSite site = new SPSite("http://devbook.sp2010.local/")) {
    Console.WriteLine("URL der aktuellen Website: {0}", site.Url);

    SPWeb web = site.RootWeb;
    Console.WriteLine("Titel der Stammwebsite: {0}", web.Title);
}
```

Sobald Sie einen Verweis auf eine *SPSite*-Instanz haben, können Sie auf die einzelnen Websites der Sammlung zugreifen oder die Konfiguration der Websitesammlung selbst bearbeiten. Tabelle 3.1 führt die wichtigsten Member des Typs *SPSite* mit kurzen Beschreibungen auf.

Tabelle 3.1 Wichtige Member des Typs *SPSite*

Membername	Beschreibung
AllowUnsafeUpdates	Diese Eigenschaft legt fest, ob Aktualisierungen über HTTP GET oder ohne Überprüfung der mit POST übermittelten Daten akzeptiert werden. Wenn diese Eigenschaft den Wert *true* hat, verschlechtert sich die Sicherheit der Website. Weitere Details zu diesem Thema finden Sie im Abschnitt »Empfohlene Vorgehensweisen« weiter unten in diesem Kapitel.
AllWebs	Eine Auflistungseigenschaft, die Verweise auf alle Websites der aktuellen Websitesammlung enthält.
CheckForPermissions	Diese Methode prüft die Berechtigungen für einen angegebenen Rechtesatz und löst eine Ausnahme aus, falls die Überprüfung negativ verläuft.
Delete	Diese Methode (sie hat einige Überladungen) löscht die aktuelle Websitesammlung aus der übergeordneten Webanwendung.
DoesUserHavePermissions	Arbeitet ähnlich wie *CheckForPermissions*, gibt aber ein *Boolean*-Ergebnis zurück, statt eine Ausnahme auszulösen, wenn die Überprüfung fehlschlägt.
EventReceivers	Diese Auflistungseigenschaft enthält Verweise auf die Ereignisempfänger, die für die aktuelle Websitesammlung konfiguriert sind. Weitere Informationen zu Ereignisempfängern enthält Kapitel 12, »Ereignisempfänger«.
Features	Eine Auflistungseigenschaft, mit der Sie die Features der aktuellen Websitesammlung durchgehen können. Weitere Informationen über Features finden Sie in Kapitel 8, »SharePoint-Features und -Lösungen«.
GetCustomListTemplates	Diese Methode gibt die Liste der benutzerdefinierten Listenvorlagen für eine bestimmte Website in der aktuellen Websitesammlung zurück.
GetCustomWebTemplates	Diese Methode gibt die Liste der benutzerdefinierten Websitevorlagen zurück, die für eine bestimmte Gebietsschema-ID in der aktuellen Websitesammlung zur Verfügung stehen.
GetEffectiveRightsForAcl	Diese Methode gibt die effektiven Rechte des aktuellen Benutzers für die angegebene Ziel-ACL (Access Control List) zurück.
GetRecycleBinItems	Gibt den aktuellen Inhalt des Papierkorbs zurück.
GetRecycleBinStatistics	Liefert Größe und Anzahl der Elemente im Papierkorb.
ID	Schreibgeschützte Eigenschaft mit der Kennung der aktuellen Websitesammlung.
IISAllowsAnonymous	Schreibgeschützte *Boolean*-Eigenschaft, die angibt, ob für die Webanwendung, in der die aktuelle Websitesammlung liegt, anonymer Zugriff in IIS konfiguriert ist. ▶

Membername	Beschreibung
Impersonating	Schreibgeschützte *Boolean*-Eigenschaft, die *true* enthält, wenn die aktuelle Instanz von *SPSite* mithilfe eines *SPUserToken*-Objekts unter einer anderen Identität angelegt wurde.
OpenWeb	Diese Methode (sie hat Überladungen) gibt die *SPWeb*-Instanz einer bestimmten Website aus der aktuellen Websitesammlung zurück.
ReadLocked	Diese Eigenschaft bestimmt den *ReadLocked*-Status der aktuellen Websitesammlung. Wenn sie den Wert *true* hat, kann nicht über das Objektmodell oder RPC auf die Website zugegriffen werden, und auf alle Webbrowseranforderungen wird der Statuscode HTTP 403 (FORBIDDEN) zurückgegeben. Sie können diesen Wert nur ändern, wenn Sie die Rechte eines globalen Administrators haben. Mithilfe dieser Eigenschaft können Sie zum Beispiel den Dienst für einen Kunden unterbrechen, der seine Rechnung nicht gezahlt hat. In einem solchen Fall sollten Sie zuerst die Eigenschaft *LockIssue* ändern, bevor Sie die Eigenschaft *ReadLocked* auf *true* setzen.
ReadOnly	Eine Eigenschaft, die festlegt, ob der Inhalt der aktuellen Websitesammlung schreibgeschützt ist. Wenn Sie diese Eigenschaft auf *true* setzen, wird auch der Eigenschaft *WriteLocked* der Wert *true* zugewiesen.
RecycleBin	Mit dieser Auflistungseigenschaft können Sie alle Elemente auflisten, die momentan im Papierkorb der aktuellen Websitesammlung liegen.
RootWeb	Diese Eigenschaft gibt einen Verweis auf die Stammwebsite der aktuellen Websitesammlung zurück.
Solutions	Eine Auflistungseigenschaft mit allen Sandkastenlösungen, die mit der aktuellen Websitesammlung verknüpft sind. Einzelheiten über Sandkastenlösungen finden Sie in Kapitel 23, »Codezugriffssicherheit und Sandkastenlösungen«.
Url	Schreibgeschützte Eigenschaft mit der vollständigen URL der Stammwebsite der aktuellen Websitesammlung.
WorkflowManager	Über diese schreibgeschützte Eigenschaft erhalten Sie Zugriff auf das Objekt, mit dem Workflowvorlagen und Instanzen in der aktuellen Websitesammlung verwaltet werden. Details über Workflows finden Sie in Teil 5, »Entwickeln von Workflows«.
WriteLocked	Eine *Boolean*-Eigenschaft, die *ReadLocked* ähnelt, aber nur den Schreibzugriff betrifft.
Zone	Gibt die Zone zurück, mit der die aktuelle *SPSite*-Instanz angelegt wurde.

Sie brauchen ein *SPSite*-Objekt, um Zugriff auf eine *SPWeb*-Instanz zu erhalten. Die Klasse *SPWeb* hat nicht einmal einen öffentlichen Konstruktor. Um einen Verweis auf eine Website zu erhalten, müssen Sie den Weg über ihre übergeordnete *SPSite*-Instanz gehen. Zugriff auf die aktuelle Website bekommen Sie allerdings auch über die Typen *SPControl* und *SPContext*, dies wird weiter unten in diesem Abschnitt gezeigt. Die Klasse *SPSite* stellt für diesen Zweck die Methode *OpenWeb* (siehe Tabelle 3.1) zur Verfügung. Listing 3.4 zeigt, wie Sie über die übergeordnete Websitesammlung auf eine bestimmte Website zugreifen.

Listing 3.4 Abrufen eines Verweises auf ein *SPWeb*-Objekt über die übergeordnete *SPSite*-Instanz

```
using (SPSite site = new SPSite("http://devbook.sp2010.local/")) {
    Console.WriteLine("URL der aktuellen Website: {0}", site.Url);

    using (SPWeb web = site.OpenWeb("SampleSubSite")) {
        Console.WriteLine(web.Title);
    }
}
```

Listing 3.4 ruft die Methode *SPSite.OpenWeb* auf, die folgende Überladungen zur Verfügung stellt:

```
public SPWeb OpenWeb();
public SPWeb OpenWeb(Guid gWebId);
public SPWeb OpenWeb(string strUrl);
public SPWeb OpenWeb(string strUrl, bool requireExactUrl);
```

Die erste Überladung öffnet die Website auf der niedrigsten Ebene, wie von der URL definiert, die dem Konstruktor der aktuellen Websitesammlung übergeben wurde. Wenn Sie die *SPSite*-Instanz beispielsweise mit der Stammwebsite-URL erstellt haben, erhalten Sie einen Verweis auf die Stammwebsite. Haben Sie beim Anlegen der *SPSite*-Instanz dagegen die URL einer untergeordneten Website übergeben, erhalten Sie einen Verweis auf diese Website. Die zweite Überladung öffnet die Website mit der angegebenen ID. Und die beiden letzten Überladungen bekommen die relative URL der Website übergeben. Bei der letzten Überladung muss diese URL exakt sein, falls im Parameter *requireExactUrl* der Wert *true* übergeben wird.

Sie können einen *SPWeb*-Verweis verwenden, um den Inhalt der Website auszuwerten oder einfach ihre Konfiguration zu lesen oder zu ändern. Wie Sie Websiteinhalt verwalten, wird weiter unten in diesem Kapitel erklärt. Tabelle 3.2 führt die wichtigsten Member des Typs *SPWeb* auf.

Tabelle 3.2 Wichtige Member des Typs *SPWeb*

Membername	Beschreibung
AllowUnsafeUpdates	Diese Eigenschaft legt fest, ob Aktualisierungen über HTTP GET oder ohne Überprüfung der mit POST übermittelten Daten akzeptiert werden. Wenn diese Eigenschaft den Wert *true* hat, verschlechtert sich die Sicherheit der Website. Weitere Details zu diesem Thema finden Sie im Abschnitt »Empfohlene Vorgehensweisen« weiter unten in diesem Kapitel.
AllUsers	Eine Auflistungseigenschaft mit Verweisen auf alle Benutzer, die Mitglieder der Website sind oder sie als authentifizierte Mitglieder einer Domänengruppe in der Website besucht haben. Genauere Informationen über Benutzer und Gruppen finden Sie in Kapitel 21, »Authentifizierungs- und Autorisierungsinfrastruktur«.
CheckPermissions	Prüft, ob der aktuelle Benutzer einen bestimmten Berechtigungssatz besitzt. Löst eine Ausnahme aus, wenn dies nicht der Fall ist.
ContentTypes	Auflistungseigenschaft mit allen Inhaltstypen in der Website.
Delete	Diese Methode löscht die aktuelle Website.
EventReceivers	Auflistungseigenschaft mit Verweisen auf alle Ereignisempfänger der Website. Weitere Informationen finden Sie in Kapitel 12 »Ereignisempfänger«.
Features	Auflistungseigenschaft mit allen Features, die mit der aktuellen Website verknüpft sind. Weitere Informationen finden Sie in Kapitel 8.
Fields	Auflistungseigenschaft mit allen Websitespalten der Website.
Files	Auflistungseigenschaft mit Verweisen auf alle Dateien im Stammverzeichnis der Website.
Folders	Auflistungseigenschaft mit Verweisen auf alle Ordner der obersten Ebene in der Website.
GetFile	Diese Methode gibt eine Datei zurück, die über ihre GUID oder URL angegeben wird.
GetFolder	Diese Methode gibt einen Ordner zurück, der anhand seiner GUID oder URL angegeben wird.
GetRecycleBinItems	Eine Methode, die den aktuellen Inhalt des Papierkorbs abruft.
GetSiteData	Diese Methode fragt Listenelemente über mehrere Listen und mehrere *SPWeb*-Instanzen innerhalb einer Websitesammlung ab. Sie gibt ein ADO.NET-*System.Data.DataTable*-Objekt zurück. ▶

Membername	Beschreibung
GetUserEffectivePermissions	Diese Methode gibt die effektiven Berechtigungen für einen angegebenen Benutzernamen zurück.
Groups	Auflistungseigenschaft mit allen Gruppen der Website. Weitere Informationen über Benutzer und Gruppen finden Sie in Kapitel 21.
ID	Schreibgeschützte Eigenschaft mit der ID der aktuellen Website.
Lists	Auflistungseigenschaft mit allen Listen der Website.
RecycleBin	Auflistungseigenschaft mit allen Elementen, die sich momentan im Papierkorb der aktuellen Website befinden.
Site	Eigenschaft mit einem Verweis auf die übergeordnete Websitesammlung.
SiteUsers	Auflistungseigenschaft mit Verweisen auf alle Benutzer der aktuellen Websitesammlung. Weitere Informationen über Benutzer und Gruppen finden Sie in Kapitel 21.
Title	Diese Eigenschaft legt den Titel der Website fest.
Update	Diese Methode speichert alle Änderungen, die auf die Website angewendet wurden, in der Datenbank ab.
Users	Auflistungseigenschaft mit Verweisen auf alle Benutzer, denen in der aktuellen Website explizit Berechtigungen zugewiesen wurden. Weitere Informationen über Benutzer und Gruppen finden Sie in Kapitel 21.

Eines der interessantesten Member dieses Typs ist die Methode *Update*. Wenn Sie mit dem Serverobjektmodell arbeiten, greifen Sie auf eine im Arbeitsspeicher liegende Abbildung des tatsächlichen SharePoint-Objekts zu. Änderungen, die Sie vornehmen, werden daher erst in die Datenbank eingetragen, wenn Sie durch Aufruf der Methode *Update* explizit anfordern, dass das Objekt seinen Zustand speichert. Wenn Sie eine im Arbeitsspeicher liegende *SPWeb*-Instanz ändern, ohne die Methode *Update* aufzurufen, gehen Ihre Änderungen verloren. Dieses Verhalten zeigen viele Typen des Serverobjektmodells.

Listing 3.5 zeigt ein Beispiel, das die Eigenschaft *Title* der aktuellen Website ändert und dann die Methode *Update* aufruft, um die Änderung wirksam zu machen.

Listing 3.5 Ändern der Eigenschaft *Title* einer *SPWeb*-Instanz

```
using (SPSite site = new SPSite("http://devbook.sp2010.local/")) {
    Console.WriteLine("URL der aktuellen Website: {0}", site.Url);

    using (SPWeb web = site.OpenWeb("SampleSubSite")) {
        web.Title = web.Title + " - Changed by code!";
        web.Update();
    }
}
```

SPList und *SPListItem*

Es kommt häufig vor, dass Sie ein *SPSite*-Objekt und eine seiner untergeordneten *SPWeb*-Instanzen öffnen, um Zugriff auf den Inhalt einer oder mehrerer Listen zu erhalten. Das Serverobjektmodell stellt zwei Typen zur Verfügung, die für Listen und Listenelemente in SharePoint stehen: *SPList* und *SPListItem*. Der Typ *SPList* steht für eine einzelne Liste, also eine Liste mit Elementen oder eine Dokumentbibliothek. *SPListItem* definiert einen Verweis auf ein bestimmtes Element einer Liste. Im Allgemeinen öffnen Sie die Liste, um Elemente zu extrahieren, und arbeiten dann mit diesen Elementen. Listing 3.6 zeigt, wie Sie einen Verweis auf eine Liste abrufen und ihre Elemente durchgehen.

Listing 3.6 Auflisten der Elemente in einer *SPList*-Instanz eines *SPWeb*-Objekts

```
using (SPSite site = new SPSite("http://devbook.sp2010.local/")) {
    Console.WriteLine("URL der aktuellen Website: {0}", site.Url);

    using (SPWeb web = site.OpenWeb()) {
        SPList list = web.Lists["DevLeap Customers"];

        foreach (SPListItem item in list.Items) {
            Console.WriteLine(item.Title);
        }
    }
}
```

Tabelle 3.3 Wichtige Member des Typs *SPList*

Membername	Beschreibung
AddItem	Diese Methode legt ein neues Element in der aktuellen Liste an.
BreakRoleInheritance	Eine Methode, die die Vererbung von Rollenzuweisungen für die aktuelle Liste unterbricht und Rollenzuweisungen aus der übergeordneten Website kopiert.
CheckPermissions	Prüft, ob der aktuelle Benutzer über einen bestimmten Berechtigungssatz verfügt. Löst eine Ausnahme aus, wenn das nicht der Fall ist.
ContentTypes	Auflistungseigenschaft mit allen Inhaltstypen in der Liste.
Delete	Löscht die aktuelle Liste.
DoesUserHavePermissions	Prüft, ob der aktuelle Benutzer eine bestimmte Berechtigung hat. Gibt einen *Boolean*-Wert als Ergebnis zurück.
EventReceivers	Auflistungseigenschaft mit allen Ereignisempfängern der Website. Weitere Informationen über Ereignisempfänger finden Sie in Kapitel 12.
Fields	Auflistungseigenschaft mit allen Feldern oder Websitespalten in der aktuellen Liste.
Folders	Auflistungseigenschaft mit allen Ordnern in der aktuellen Liste.
GetItemById	Diese Methode ruft ein Element anhand seiner eindeutigen numerischen ID ab.
GetItems	Methode mit mehreren Überladungen. Sie ruft eine Untermenge der Elemente ab. Der Abschnitt »Listen und Elemente« weiter unten in diesem Kapitel beschreibt diese Methode genauer.
Hidden	Eigenschaft, die festlegt, ob die aktuelle Liste angezeigt oder ausgeblendet wird.
ID	Schreibgeschützte Eigenschaft, die die Kennung der aktuellen Liste enthält.
ItemCount	Schreibgeschützte *Int32*-Eigenschaft, die angibt, wie viele Elemente (inklusive Ordner) die aktuelle Liste enthält.
Items	Auflistungseigenschaft mit den Elementen der aktuellen Liste.
RootFolder	Schreibgeschützte Eigenschaft, die den Stammordner der Liste zurückgibt.
SchemaXml	Schreibgeschützte *String*-Eigenschaft, die das Listenschema der aktuellen Liste in XML mithilfe von CAML-Code beschreibt (siehe dazu den Hinweiskasten im Anschluss an diese Tabelle).
Title	Eigenschaft mit dem Titel der Liste.
Update	Speichert alle Änderungen der Liste in der Datenbank.

HINWEIS CAML steht für »Collaborative Application Markup Language«. Es ist eine XML-basierte Abfragesprache, die nützlich ist, um SharePoint-Daten zu filtern, zu sortieren und zu gruppieren. Die Sprachreferenz für CAML finden Sie in MSDN unter *http://msdn.microsoft.com/de-de/library/ms467521(office.14).aspx.*

Der Code in Listing 3.6 extrahiert das *SPList*-Objekt über den Indexer *Lists* der aktuellen *SPWeb*-Instanz, der den Titel der Liste als Schlüssel verwendet. Anschließend geht er den Inhalt der Auflistungseigenschaft *Items* der Listeninstanz durch. Der Typ *SPList* stellt zahlreiche Member zur Verfügung, Tabelle 3.3 führt die wichtigsten auf.

Genauso wie der Typ *SPWeb* stellt auch *SPList* die Methode *Update* zur Verfügung, die alle Änderungen abspeichert, die bisher nur auf das Objekt im Arbeitsspeicher angewendet wurden. Sie können mit dem Serverobjektmodell den Inhalt vorhandener Listen durchgehen oder ganz neue Listen erstellen und mit neuen Elementen füllen. Unabhängig davon, ob Sie neue Elemente erstellen oder vorhandene abrufen, müssen Sie die einzelnen Elemente als *SPListItem*-Instanzen verwalten. Tabelle 3.4 zeigt die wichtigsten Member des Typs *SPListItem*.

Tabelle 3.4 Wichtige Member des Typs *SPListItem*

Membername	Beschreibung
Attachments	Auflistungseigenschaft mit allen Anlagen des aktuellen Elements.
BreakRoleInheritance	Eine Methode, die die Vererbung von Rollenzuweisungen für das aktuelle Element unterbricht und Rollenzuweisungen aus der übergeordneten Liste kopiert.
CheckPermissions	Prüft, ob der aktuelle Benutzer einen bestimmten Berechtigungssatz besitzt. Löst eine Ausnahme aus, wenn dies nicht der Fall ist.
ContentType	Schreibgeschützte Eigenschaft, die einen Verweis auf den Inhaltstyp zurückgibt, der mit dem aktuellen Element verknüpft ist.
ContentTypeId	Schreibgeschützte Eigenschaft mit der Kennung des Inhaltstyps, der mit dem aktuellen Element verknüpft ist.
Copy	Statische Methode, die ein Element von einem Ort in einen anderen Ort auf demselben Server kopiert. Die Methode hat mehrere Überladungen.
CopyFrom	Überschreibt das aktuelle Element durch ein Quellelement auf demselben Server, das anhand seiner URL angegeben wird.
CopyTo	Überschreibt das Zielelement, das anhand seiner URL angegeben wird, auf demselben Server durch das aktuelle Element.
Delete	Löscht das aktuelle Element.
DoesUserHavePermissions	Prüft, ob der aktuelle Benutzer eine bestimmte Berechtigung hat. Gibt einen *Boolean*-Wert als Ergebnis zurück.
File	Schreibgeschützte Eigenschaft, die einen Verweis auf eine Datei zurückgibt, die dem aktuellen Element zugeordnet ist, sofern das Element in einer Dokumentbibliothek liegt.
Folder	Schreibgeschützte Eigenschaft. Gibt einen Verweis auf den Ordner zurück, der mit dem aktuellen Element verknüpft ist, sofern das Element ein Ordnerelement ist.
ID	Schreibgeschützte Eigenschaft, die die Kennung des aktuellen Elements angibt.
Recycle	Löscht das aktuelle Element und legt es in den Papierkorb.
SystemUpdate	Speichert alle Änderungen, die auf das aktuelle Element angewendet wurden, ohne die Felder *Geändert* und *Geändert von* sowie optional die Elementversion zu aktualisieren. ▶

Membername	Beschreibung
Title	Ruft den Elementtitel ab.
Update	Speichert alle anstehenden Änderungen, die auf das aktuelle Element angewendet wurden.
UpdateOverwriteVersion	Speichert alle Änderungen, die auf das aktuelle Element angewendet wurden, ohne eine neue Version des Elements zu erzeugen.
Url	Schreibgeschützte Eigenschaft, die die URL des aktuellen Elements relativ zur Website zurückgibt.
Versions	Auflistungseigenschaft mit dem Versionsverlauf des aktuellen Elements.
Workflows	Auflistungseigenschaft mit den Workflows, die für das aktuelle Element ausgeführt werden.
Xml	Schreibgeschützte Eigenschaft, die das aktuelle Element als XML-Fragment im XMLDATA-Format (*<z:row/>*) zurückgibt.

Der Abschnitt »Listen und Elemente« weiter unten in diesem Kapitel beschreibt, wie Sie einige dieser Member in Ihren Lösungen nutzen.

SPDocumentLibrary und *SPFile*

Wenn Sie eine *SPList*-Instanz benutzen, die für eine Dokumentbibliothek steht, können Sie diese Instanz in den Typ *SPDocumentLibrary* konvertieren. Dieser Typ steht für eine Dokumentbibliothek. Er ist dem normalen *SPList* sehr ähnlich, hat aber zusätzlich einige spezifischere Member für die Dateiverarbeitung. Zum Beispiel stellt *SPDocumentLibrary* eine Auflistungseigenschaft zur Verfügung, mit der Sie alle momentan ausgecheckten Dateien auflisten können. Wenn Sie die Dateien in einer Dokumentbibliothek durchgehen wollen, können Sie auf die *SPListItem*-Elemente der Liste zugreifen und ihre Eigenschaft *File* abrufen, die den Typ *SPFile* hat. Listing 3.7 zeigt, wie Sie die Dateien einer Dokumentbibliothek durchgehen und ihre Namen und Größe (in der Einheit Byte) anzeigen.

Listing 3.7 Auflisten der Dateien in einem *SPDocumentLibrary*-Objekt einer *SPWeb*-Instanz

```
using (SPSite site = new SPSite("http://devbook.sp2010.local/")) {

    Console.WriteLine("URL der aktuellen Website: {0}", site.Url);

    using (SPWeb web = site.OpenWeb()) {      // Freigegebene Dokumente
        SPDocumentLibrary docLibrary = web.Lists["Shared Documents"] as
          SPDocumentLibrary;

        foreach (SPListItem item in docLibrary.Items) {
            Console.WriteLine("{0} - {1}",
                item.File.Name,
                item.File.Length);
        }
    }
}
```

Die Klasse *SPFile* stellt zahlreiche Member zur Verfügung, Tabelle 3.5 führt die wichtigsten auf.

Tabelle 3.5 Wichtige Member des Typs *SPFile*

Membername	Beschreibung
Approve	Genehmigt eine Datei, deren Inhalt zur Genehmigung eingereicht wurde.
CheckedOutByUser	Diese schreibgeschützte Eigenschaft gibt einen Verweis auf das *SPUser*-Objekt des Benutzers zurück, der die Datei ausgecheckt hat.
CheckIn	Checkt die aktuelle Datei ein.
CheckOut	Checkt die aktuelle Datei aus.
CheckOutType	Schreibgeschützte Eigenschaft, die den Auscheckstatustyp der aktuellen Datei zurückgibt. Mögliche Werte sind in der Enumeration *SPCheckOutType* definiert: *Online*, *Offline* und *None*.
CopyTo	Kopiert die aktuelle Datei in eine angegebene Ziel-URL innerhalb derselben Website, wobei das Ziel überschrieben wird, falls es bereits vorhanden ist. Es gibt zwei Überladungen.
Delete	Löscht die aktuelle Datei.
Deny	Verweigert die Genehmigung für eine Datei, die zur Genehmigung des Inhalts vorgelegt wurde.
Length	Schreibgeschützte Eigenschaft, die die Größe der aktuellen Datei in der Einheit Byte (*long*) zurückgibt. Wenn es sich bei der Datei um eine Seite handelt, zieht die Eigenschaft die Größe aller Webparts ab, die in der Seite benutzt werden.
Lock	Sperrt die aktuelle Datei, sodass andere Benutzer sie nicht verändern können.
LockedByUser	Schreibgeschützte Eigenschaft, die einen Verweis auf das *SPUser*-Objekt des Benutzers zurückgibt, der die Datei gesperrt hat.
MoveTo	Verschiebt die aktuelle Datei an die angegebene Ziel-URL innerhalb derselben Website, wobei das Ziel überschrieben wird, falls es bereits vorhanden ist. Es gibt vier Überladungen.
Name	Schreibgeschützte Eigenschaft, die den Dateinamen zurückgibt.
OpenBinary	Liest den Inhalt der Datei in ein *Byte*-Array ein. Es gibt zwei Überladungen.
OpenBinaryStream	Liest den Inhalt der Datei als *Stream* ein. Es gibt drei Überladungen.
Publish	Reicht die Datei für die Genehmigung des Inhalts ein.
Recycle	Löscht die aktuelle Datei und legt sie in den Papierkorb.
SaveBinary	Speichert den Inhalt der aktuellen Datei mit einem *Stream* oder einem *Byte*-Array. Es gibt sieben Überladungen.
Title	Ruft den Dateititel ab.
UndoCheckOut	Macht den aktuellen Auscheckvorgang für eine Datei rückgängig.
Update	Speichert alle Änderungen, die auf die aktuelle Datei angewendet wurden.
Url	Schreibgeschützte Eigenschaft, die die URL des aktuellen Elements relativ zur Website zurückgibt.
Versions	Auflistungseigenschaft mit dem Versionsverlauf für das aktuelle Element.

Im Abschnitt »Dokumentbibliotheken und Dateien« weiter unten in diesem Kapitel wird demonstriert, wie Sie mit einigen dieser Member Dateien verwalten, die in SharePoint gespeichert sind.

SPGroup, *SPUser* und andere Sicherheitstypen

Eine weitere Gruppe nützlicher Typen bei der Entwicklung von Lösungen sind die Klassen *SPGroup* und *SPUser*. Sie bilden eine Gruppe beziehungsweise einen SharePoint-Benutzer ab. Beide sind von *SPPrincipal* abgeleitet, das seinerseits letztlich von *SPMember* abgeleitet ist. Einem *SPPrincipal*-Objekt werden die für die Sicherheit wichtigen Berechtigungen mithilfe der Klasse *SPRoleAssignment* zugewiesen. Sie können daher Berechtigungen einheitlich für Benutzer oder Gruppen konfigurieren, indem Sie dieselben Klassen und dieselbe Syntax verwenden. Ein *SPRoleAssignment*-Objekt verknüpft ein *SPPrincipal*- mit einem *SPRoleDefinition*-Objekt. Der Typ *SPRoleDefinition* definiert eine SharePoint-Berechtigungsebene. In Teil VI, »Sicherheitsinfrastruktur«, dieses Buchs erfahren Sie, wie die SharePoint-Sicherheit intern funktioniert. Vorerst reicht es, wenn Sie einen allgemeinen Überblick über diese Typen bekommen. Listing 3.8 zeigt beispielsweise, wie Sie die Rollenzuweisungen und Rollendefinitionen auflisten.

Listing 3.8 Auflisten von Rollenzuweisungen und -definitionen für eine *SPWeb*-Instanz

```
using (SPSite site = new SPSite("http://devbook.sp2010.local/")) {
    Console.WriteLine("URL der aktuellen Website: {0}", site.Url);

    using (SPWeb web = site.OpenWeb()) {
        foreach (SPRoleAssignment ra in web.RoleAssignments) {
            Console.WriteLine("=> Mitglied: {0}", ra.Member.Name);

            foreach (SPRoleDefinition rd in ra.RoleDefinitionBindings) {
                Console.WriteLine("Berechtigungen: {0}", rd.BasePermissions);
            }
        }
    }
}
```

Wenn Sie ein *SPUser*-Objekt mit einer benutzerdefinierten *SPRoleAssignment*-Instanz auswerten wollen, dürfte Tabelle 3.6 mit einer Liste der wichtigsten Member des Typs *SPUser* nützlich sein.

Tabelle 3.6 Wichtige Member des Typs *SPUser*

Membername	Beschreibung
Alerts	Auflistungseigenschaft mit allen Benachrichtigungen, die vom Benutzer konfiguriert wurden.
Email	Ermittelt oder ändert die E-Mail-Adresse des Benutzers.
Groups	Auflistungseigenschaft mit allen Gruppen, bei denen der Benutzer Mitglied ist.
ID	Schreibgeschützte Eigenschaft, die die Benutzerkennung zurückgibt (über *SPPrincipal* von *SPMember* geerbt).
IsSiteAdmin	Schreibgeschützte Eigenschaft, die *true* zurückgibt, wenn der aktuelle Benutzer ein Websitesammlungsadministrator ist.
LoginName	Schreibgeschützte Eigenschaft, die den Anmeldenamen des Benutzers zurückgibt.
Name	Eigenschaft zum Abrufen oder Ändern des Anzeigenamens des Benutzers.
RawSid	Schreibgeschützte Eigenschaft, die die binäre Sicherheits-ID (Security ID, SID) des Benutzers liefert, sofern es sich um einen Windows-Benutzer handelt.
Sid	Schreibgeschützte Eigenschaft, die die Sicherheits-ID (Security ID, SID) des Benutzers liefert, sofern es sich um einen Windows-Benutzer handelt. ▶

Membername	Beschreibung
Update	Diese Methode speichert alle Änderungen, die auf den aktuellen Benutzer angewendet wurden.
UserToken	Schreibgeschützte Eigenschaft, die einen Verweis auf das *SPUserToken*-Objekt des aktuellen Authentifizierungsprozesses liefert. Sie können damit eine *SPSite*-Instanz anlegen, um die Identität des Benutzers anzunehmen; dies wurde bereits am Anfang dieses Kapitels gezeigt.
Xml	Schreibgeschützte Eigenschaft, die den aktuellen Benutzer als XML-Fragment liefert.

Tabelle 3.7 führt die wichtigsten Member von *SPGroup* auf.

Tabelle 3.7 Wichtige Member des Typs *SPGroup*

Membername	Beschreibung
AddUser	Diese Methode fügt ein *SPUser*-Objekt zum aktuellen *SPGroup*-Objekt hinzu.
Description	Eigenschaft zum Lesen oder Ändern der Beschreibung der Gruppe.
ID	Schreibgeschützte Eigenschaft, die die Gruppenmitglied-ID liefert (über *SPPrincipal* von *SPMember* geerbt).
Name	Eigenschaft zum Abrufen oder Ändern des Anzeigenamens der Gruppe.
RemoveUser	Diese Methode löscht ein *SPUser*-Objekt aus der aktuellen *SPGroup*-Instanz.
Update	Diese Methode speichert alle Änderungen, die auf die aktuelle Gruppe angewendet wurden.
Users	Diese Eigenschaft enthält alle Benutzer, die zur aktuellen Gruppe gehören.
Xml	Schreibgeschützte Eigenschaft, die die aktuelle Gruppe als XML-Fragment liefert.

Mithilfe dieser Klassen können Sie im Programmcode Autorisierungsprüfungen ausführen oder die Verwaltung von Benutzern und Gruppen automatisieren. Sie können beispielsweise innerhalb einer benutzerdefinierten Workflowaktivität, die Sie mithilfe dieser Klassen schreiben, einen Benutzer zu einer Gruppe hinzufügen. Im Abschnitt »Gruppen und Benutzer« weiter unten in diesem Kapitel finden Sie ein Codebeispiel.

SPControl und *SPContext*

Die letzte Gruppe von Typen, die das Serverobjektmodell von SharePoint bereitstellt, umfasst einige Infrastrukturklassen wie *SPControl* und *SPContext*. Der Typ *SPControl* ist im Namespace *Microsoft.SharePoint.WebControls* definiert. Er ist die Basisklasse für viele SharePoint-Serversteuerelemente und hilft bei der Entwicklung von Websteuerelementen oder Webparts. In den Kapiteln 6 und 7 finden Sie ausführliche Beispiele. Neben seiner Rolle als Basisklasse stellt *SPControl* einige statische Methoden zur Verfügung. Die nützlichsten davon liefern einen Verweis auf die aktuelle *SPSite-*, *SPWeb-* oder *SPWebApplication*-Instanz. Diese Methoden haben folgende Signaturen:

```
public static SPModule GetContextModule(HttpContext context);
public static SPSite GetContextSite(HttpContext context);
public static SPWeb GetContextWeb(HttpContext context);
public static SPWebApplication GetContextWebApplication(HttpContext context);
```

Alle diese Methoden haben nur einen einzigen Parameter, und zwar einen Parameter des Typs *HttpContext.*

Stattdessen können Sie einen Verweis auf die aktuelle *SPSite-* und *SPWeb*-Instanz auch mithilfe der Klasse *SPContext* abrufen, deren statische Eigenschaft *Current* auf den aktuellen SharePoint-Kontext verweist. Das aktuelle *SPContext*-Objekt verschafft Ihnen direkten Zugriff auf viele nützliche Informationen zur aktuellen Anforderung. Tabelle 3.8 listet die wichtigsten Member auf.

Tabelle 3.8 Wichtige Member des Typs *SPContext*

Membername	Beschreibung
ContextPageInfo	Schreibgeschützte Eigenschaft mit Informationen über das aktuelle Listenelement (Berechtigungen, Listen-ID, Listenelement-ID und so weiter) der aktuellen Anforderung.
File	Schreibgeschützte Eigenschaft, die einen Verweis auf das *SPFile*-Objekt zurückgibt (sofern vorhanden), das dem in der aktuellen Anforderung verwendeten *SPListItem*-Objekt entspricht.
IsDesignTime	Schreibgeschützte *Boolean*-Eigenschaft. Prüft, ob die aktuelle Anforderung während des Entwurfs ausgeführt wird.
IsPopUI	Schreibgeschützte *Boolean*-Eigenschaft, die prüft, ob die aktuelle Anforderung einen Popupdialog betrifft.
Item	Diese schreibgeschützte Eigenschaft gibt entweder einen Verweis auf das *SPListItem*-Objekt, das von der angegebenen Liste und Element-ID identifiziert wird, zurück oder einen Verweis auf das *SPItem*-Objekt, das beim Erstellen des Kontextes festgelegt wurde.
ItemId	Schreibgeschützte Eigenschaft. Gibt die ID (*Int32*) des Listenelements zurück, das dem aktuellen Kontext zugeordnet ist.
List	Schreibgeschützte Eigenschaft, die einen Verweis auf das *SPList*-Objekt zurückgibt, das dem aktuellen Kontext zugeordnet ist.
ListId	Schreibgeschützte Eigenschaft, die die ID (GUID) der Liste zurückgibt, die dem aktuellen Kontext zugeordnet ist.
ListItem	Schreibgeschützte Eigenschaft, die einen Verweis auf das *SPListItem*-Objekt zurückgibt, das dem aktuellen Kontext zugeordnet ist.
RegionalSettings	Schreibgeschützte Eigenschaft, die die Regions- und Spracheinstellungen des aktuellen Anforderungskontextes zurückgibt.
ResetItem	Diese Methode erzwingt die Aktualisierung des aktuellen Elements. Intern liest sie das im Arbeitsspeicher zwischengespeicherte Element neu aus der Inhaltsdatenbank.
Site	Schreibgeschützte Eigenschaft, die einen Verweis auf das *SPSite*-Objekt für die Websitesammlung des aktuellen Anforderungskontextes zurückgibt.
Web	Schreibgeschützte Eigenschaft, die einen Verweis auf das *SPWeb*-Objekt für die Website des aktuellen Anforderungskontextes zurückgibt.

Empfohlene Vorgehensweisen

Sie nutzen die im vorherigen Abschnitt beschriebenen Typen (und viele weitere) in den weiteren Kapiteln dieses Buchs und natürlich in Ihren SharePoint-Lösungen. Daher ist es besonders wichtig, dass Sie diese Typen richtig einsetzen. Dieser Abschnitt führt einige Konzepte ein und beschreibt empfohlene Vorgehensweisen, die Ihnen dabei helfen, das Serverobjektmodell sinnvoll zu nutzen.

Freigeben von Ressourcen

Der erste und wichtigste Hinweis ist, dass Sie Ressourcen richtig freigeben müssen, wenn Sie mit Objekten des Serverobjektmodells arbeiten. Das .NET Framework hat ein Konzept für die »nicht-deterministische« Freigabe der zugewiesenen verwalteten Objekte. Die Kernkomponente dabei ist der Garbage Collector, der von der Common Language Runtime bereitgestellt wird. Immer wenn Sie eine Instanz eines verwalteten Typs angelegt haben und diese Instanz nicht mehr benutzt wird, gibt der Garbage Collector automatisch den zugewiesenen Arbeitsspeicher frei. Allerdings ist nicht genau vorhersagbar (nichtdeterministisch), wann der Garbage Collector den Speicher freigibt. Wenn das verwaltete Objekt Verweise auf unverwaltete Ressourcen enthält, beispielsweise Fensterhandles, Dateien, Streams, Datenbankverbindungen, Sockets und so weiter, werden diese unverwalteten Ressourcen erst dann freigegeben, wenn der Garbage Collector den entsprechenden Arbeitsspeicher freigibt. Falls die unverwalteten Ressourcen knapp sind, besonders wichtig sind, physische Ressourcen sperren oder sehr viel unverwalteten Arbeitsspeicher belegen, ist es besser, sie so bald wie möglich freizugeben, statt auf den .NET-Garbage Collector zu warten. Für diesen Zweck stellt die .NET Framework-Infrastruktur die Schnittstelle *IDisposable* zur Verfügung, deren Methode *Dispose* Sie aufrufen sollten, um unverwaltete Ressourcen explizit freizugeben. Die Schnittstelle *IDisposable* ist folgendermaßen definiert:

```
public interface IDisposable {
    void Dispose();
}
```

Es gibt viele Muster, um *IDisposable* zu implementieren; allerdings würde es das Thema dieses Buchs sprengen, die Einzelheiten der Implementierung zu beschreiben.

WEITERE INFORMATIONEN Wenn Sie sich tiefer in die Interna von Common Language Runtime und Garbage Collector einarbeiten wollen, empfehle ich Ihnen das Buch *CLR via C#* von Jeffrey Richter (Microsoft Press 2010, ISBN 978-0-7356-2704-8).

Vorerst genügt es zu wissen, dass Sie immer, wenn ein .NET-Typ die Schnittstelle *IDisposable* implementiert, die Methode *Dispose* aufrufen sollten, sobald Sie das Objekt nicht mehr benötigen. Der Aufruf von *Dispose* gibt unverwaltete Ressourcen deterministisch frei.

Beim Aufruf von *Dispose* sollten Sie eine Standardtechnik nutzen, häufig werden folgende angewendet: Verwenden Sie das Schlüsselwort *using*, verwenden Sie einen *try/finally*-Codeblock oder rufen Sie die Methode *Dispose* direkt auf. Listing 3.9 zeigt einen Codeausschnitt, der das Schlüsselwort *using* verwendet.

Listing 3.9 Verwenden des Schlüsselworts *using* beim Arbeiten mit einer *SPSite*-Instanz, um sicherzustellen, dass unverwaltete Ressourcen sofort freigegeben werden

```
using (SPSite site = new SPSite("http://devbook.sp2010.local/")) {
    // Mit dem SPSite-Objekt arbeiten
}
```

Der Compiler konvertiert das Schlüsselwort *using* in einen *try/finally*-Codeblock, der wie in Listing 3.10 aussieht.

Listing 3.10 Verwenden eines *try/finally*-Blocks beim Arbeiten mit einer *SPSite*-Instanz, um sicherzustellen, dass unverwaltete Ressourcen sofort freigegeben werden

```
SPSite site = null;
try {
    site = new SPSite("http://devbook.sp2010.local/");
    // Mit dem SPSite-Objekt arbeiten
}
finally {
```

```
    if (site != null)
        site.Dispose();
}
```

Falls Sie Ausnahmen abfangen müssen, die bei der Arbeit mit solchen Objekten eventuell auftreten, können Sie den *using*- beziehungsweise den *try/finally*-Block in einen weiteren *try/catch*-Block einbetten, wie in Listing 3.11 gezeigt.

Listing 3.11 Einbetten des *using*-Blocks in einen externen *try/catch*-Block, damit Ausnahmen abgefangen werden können, die beim Arbeiten mit der *SPSite*-Instanz auftreten

```
try {
    using (SPSite site = new SPSite("http://devbook.sp2010.local/")) {
        // Mit dem SPSite-Objekt arbeiten
    }
}
catch (SPException ex) {
    // Ausnahme bearbeiten
}
```

Wenn Sie Ihren Code auf diese Weise schreiben, stellen Sie sicher, dass alle unverwalteten Ressourcen sofort freigegeben werden, wenn sie nicht mehr gebraucht werden. Außerdem sorgen Sie dafür, dass Ausnahmen effizient abgefangen werden.

Sie sollten diese Technik sogar anwenden, wenn Sie Objekte aus dem SharePoint-Serverobjektmodell verwenden. Zum Beispiel implementieren die beiden Typen *SPSite* und *SPWeb* die Schnittstelle *IDisposable*, und beide reservieren unverwalteten Arbeitsspeicher. Falls Sie *SPSite*- und *SPWeb*-Instanzen nicht richtig freigeben, treten wahrscheinlich Speicherlecks, Abstürze und häufige Neustarts des Anwendungspools auf, weil viel (und unnötiger) Arbeitsspeicher verbraucht wird.

Sie müssen andererseits aufpassen, dass Sie solche Typen nur freigeben, wenn Sie sie auch selbst angelegt haben. Listing 3.12 demonstriert beispielsweise einen Fall, in dem Sie die *SPSite*-Instanz *nicht* freigeben sollten.

Listing 3.12 *Falsche* Objektfreigabe mit dem Schlüsselwort *using*

```
try {
    using (SPSite site = SPControl.GetContextSite(HttpContext.Current)) {
        // Mit dem SPSite-Objekt arbeiten
    }
}
catch (SPException ex) {
    // Ausnahme bearbeiten
}
```

In Listing 3.12 wird die *SPSite*-Instanz mithilfe von *SPControl* aus dem Anforderungskontext abgerufen. Daher haben nicht Sie diese Instanz erstellt, sie wurde vom internen SharePoint Foundation-Code angelegt. Es ist deshalb auch nicht Ihre Aufgabe, die Instanz wieder zu beseitigen. Dasselbe Prinzip gilt für *SPSite*- oder *SPWeb*-Verweise, die aus dem aktuellen *SPContext*-Objekt abgerufen werden. Dagegen zeigt Listing 3.13, wie Sie den Code in diesem Fall richtig schreiben.

Listing 3.13 Richtiger Umgang mit Objekten, die nicht explizit freigegeben werden müssen

```
try {
    SPSite site = SPControl.GetContextSite(HttpContext.Current);
    // Mit dem SPSite-Objekt arbeiten
}
catch (SPException ex) {
    // Ausnahme bearbeiten
}
```

In Fällen, wo Sie innerhalb desselben Codeausschnitts sowohl *SPSite*- als auch *SPWeb*-Instanzen anlegen, sollten Sie verschachtelte *using*-Konstrukte verwenden. Diese Technik sehen Sie in vielen Beispielen dieses Kapitels (etwa in Listing 3.8).

Wenn Sie eine Auflistung aus *SPWeb*-Elementen durchgehen, während Sie zum Beispiel die Eigenschaft *AllWebs* eines *SPSite*-Objekts auswerten, müssen Sie jede einzelne *SPWeb*-Instanz wieder freigeben. Listing 3.14 zeigt diesen Fall.

Listing 3.14 Freigeben von Objekten beim Durchgehen von Auflistungen

```
try {
    using (SPSite site = new SPSite("http://devbook.sp2010.local/")) {
        // Mit dem SPSite-Objekt arbeiten
        foreach (SPWeb web in site.AllWebs) {
            using (web) {
                // Mit dem SPWeb-Objekt arbeiten
            }
        }
    }
}
catch (SPException ex) {
    // Ausnahme bearbeiten
}
```

Außerdem gibt es Typen, die intern Instanzen von *SPSite* oder *SPWeb* anlegen, die Sie explizit freigeben müssen. Beispielsweise verwenden die Klassen *SPWebPartManager* und *SPLimitedWebPartManager* intern eine *SPWeb*-Instanz, die freigegeben werden muss. Alle diese Typen implementieren *IDisposable*, daher sollten Sie dieselbe Vorgehensweise wählen wie bei den Typen *SPSite* und *SPWeb*.

Mit dem kostenlosen SharePoint Dispose Checker Tool (Download unter *http://code.msdn.microsoft.com/SPDisposeCheck*) können Sie prüfen, ob Ihr Code diese Programmierregeln richtig implementiert.

Behandeln von Ausnahmen

Die Ausnahmebehandlung, also das Abfangen von Fehlerbedingungen im Programmcode, ist ein interessantes Problemfeld bei jeder Softwareentwicklung. Das SharePoint-Serverobjektmodell stellt die Basisklasse *SPException* zur Verfügung, die eine Standardausnahme abbildet, wie sie vom SharePoint-Serverobjektmodell ausgelöst wird. Von diesem Typ sind praktisch alle spezifischen SharePoint-Ausnahmen abgeleitet.

Sie sollten einige Empfehlungen beachten, wenn Sie Ausnahmen behandeln. Erstens sollten Sie nur Ausnahmen abfangen und behandeln, die Sie erwarten und auf die Sie sinnvoll reagieren können. Anders ausgedrückt: Fangen Sie nicht einfach alle Ausnahmen in einem *catch all*-Block oder einem leeren *catch*-Block ab. Wenn dann nämlich eine Ausnahme auftritt, die Sie nicht erwartet haben, wandert sie weiter durch die Codeebenen nach oben, bis sie in einem Codeabschnitt landet, der sie bearbeiten kann. Ist die Ausnahme im gesamten Softwarestapel der aktuellen Anforderung unbekannt, ist es am besten, die Software abstürzen zu lassen. Natürlich sollten Sie den Endbenutzer informieren und unter Umständen den technischen Support benachrichtigen. Genau das tut SharePoint in der Standardeinstellung, wenn eine unbehandelte Ausnahme auftritt. Abbildung 3.2 zeigt die Standardfehlermeldung, die SharePoint anzeigt, wenn ein unerwarteter Fehler auftritt.

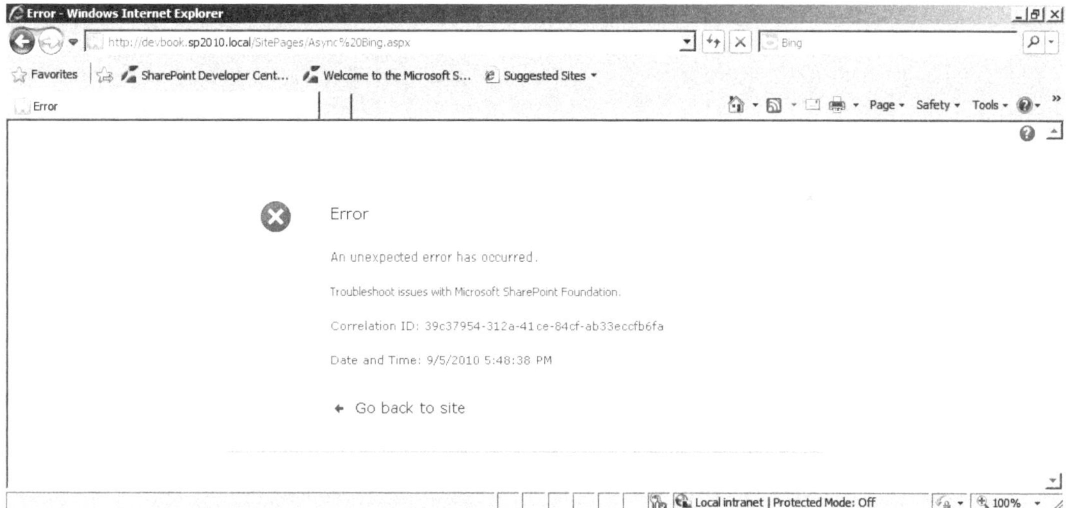

Abbildung 3.2 Die Standardmeldung, die SharePoint 2010 anzeigt, wenn ein unerwarteter Fehler auftritt

Die Correlation-ID (GUID) im Meldungsfeld identifiziert den aktuellen Anforderungskontext, den Sie anschließend verwenden können, um im SharePoint-Protokoll nach der Ausnahme zu suchen.

WEITERE INFORMATIONEN Das Microsoft SharePoint 2010-Protokoll liegt standardmäßig im Ordner *<SharePoint14_Root>\LOGS*. Sie können das Protokoll von Hand in einem beliebigen Texteditor durchsuchen. Das Protokoll ist aber auch zum kostenlosen ULS Viewer kompatibel, den Sie von *http://archive.msdn.microsoft.com/ULSViewer* herunterladen können.

Suchen Sie nach einer Zeile mit dem Eintragstyp *Unexpected*, bei der die Correlation-ID aus dem Fehlerdialog am Ende der Zeile steht. Hier finden Sie Details und die Stapelüberwachung der unbehandelten Ausnahme.

Falls Sie das Standardmeldungsfeld verhindern und unerwartete Ausnahmen lieber mit eigenem Code abfangen wollen, empfiehlt es sich, die Ausnahme selbst zu protokollieren und Details dazu aufzuzeichnen. Lesen Sie dazu das Dokument »Developing Applications for SharePoint 2010« aus der *SharePoint Guidance*, Sie finden es in MSDN unter *http://msdn.microsoft.com/en-us/library/ff650022.aspx*. Die Dokumente in der *SharePoint Guidance* stellen Dokumente und Klassen vor, die sehr nützlich sind, wenn Sie Unternehmenslösungen auf Basis von SharePoint 2010 entwickeln. Eine Gruppe von Typen stellt Funktionen für die Ausnahmeprotokollierung mithilfe eines Diensterkennungs-Musters zur Verfügung, das den Ort des Protokollierungsmoduls über ein Dependency-Injection-Muster ermittelt. Listing 3.15 zeigt, wie Sie eine unerwartete Ausnahme abfangen, indem Sie diese Bibliothek nutzen.

Listing 3.15 Nutzen der Protokollierungstypen aus der *SharePoint 2010 Guidance*

```
try {
    using (SPSite site = new SPSite("http://devbook.sp2010.local/")) {
        // Mit dem SPSite-Objekt arbeiten
        foreach (SPWeb web in site.AllWebs) {
            using (web) {
                // Mit dem SPWeb-Objekt arbeiten
            }
        }
    }
}
catch (SPException ex) {
    // Ausnahme bearbeiten
    ILogger logger = SharePointServiceLocator.Current.GetInstance<ILogger>();
    logger.LogToOperations(ex);
}
```

Listing 3.15 zeigt, wie der Typ *SharePointServiceLocator* das momentan konfigurierte Protokollierungsmodul, das die Schnittstelle *ILogger* implementiert, auflöst und einen Verweis darauf zurückgibt. Daraufhin können Sie die Ausnahme mit der Methode *LogToOperations* protokollieren.

Transaktionen

Viele Anwendungen arbeiten in einer transaktionalen Umgebung, wenn sie Daten verändern. Das SharePoint-Datenmodul und das SharePoint-Serverobjektmodell sind allerdings nicht transaktional, daher reichen ihre Funktionen nicht aus, um ein transaktionales System aufzubauen. Man muss sogar ganz deutlich sagen: SharePoint ist *kein Datenbanksystem*! Die Daten, die Sie in SharePoint-Listen speichern, sollten nicht unverzichtbar sein, und sie sollten keine transaktionale Umgebung erfordern. Wenn Sie irgendeine Art transaktionales Verhalten brauchen, um Informationen in SharePoint zu speichern, brauchen Sie ein System, das Aktionen auf irgendeine Weise rückgängig machen kann. Sie können beispielsweise einen Windows Workflow Foundation 3.x-Workflow einsetzen, der eine *CompensatableSequence*-Aktivität nutzt. Im Folgenden sehen wir uns genauer an, was das konkret bedeutet.

WEITERE INFORMATIONEN Details über die Windows Workflow Foundation finden Sie in Teil V, »Entwickeln von Workflows«, dieses Buchs.

Wenn Sie die Methode *Update* eines Objekts aus dem Serverobjektmodell (zum Beispiel einer *SPListItem*-Instanz) aufrufen, aktualisiert SharePoint die entsprechenden Daten in der Inhaltsdatenbank. Wenn Sie mehrere Elemente verändern und entweder alle oder gar keines ändern wollen, müssen Sie die Änderungen selbst nachverfolgen (sofern Sie die ursprünglichen Werte wiederherstellen wollen, falls der Prozess fehlschlägt). SharePoint bietet dafür keine direkte Unterstützung. Dasselbe gilt, wenn Sie einige Daten in SharePoint und andere Daten über einen Manager für externe Ressourcen ändern, etwa ein Datenbankmanagementsystem (Database Management System, DBMS). Wenn Sie zuerst die SharePoint-Inhaltsdatenbank ändern und dann die DBMS-Aktualisierung fehlschlägt, müssen Sie die ursprünglichen Inhalte auf der SharePoint-Seite mithilfe selbstgeschriebenen Codes wiederherstellen.

Auf den ersten Blick sieht es vielleicht aus, als wäre dieses Verhalten ein ernstes Problem. Wenn Sie aber Transaktionsunterstützung brauchen, um die in SharePoint gespeicherten Daten zu verwalten, sollten Sie sich fragen, ob SharePoint wirklich der richtige Ort ist, um diese Daten zu speichern. Die Antwort lautet natürlich »Nein«. In solch kritischen Fällen müssen Sie stattdessen ein transaktionales DBMS einsetzen. Sie können SharePoint aber nutzen, um den Endbenutzern solche Daten zu präsentieren, wobei Sie auf die Business Connectivity Services und externe Listen zurückgreifen.

WEITERE INFORMATIONEN Details über Business Connectivity Services finden Sie in Kapitel 25, »Business Connectivity Services«.

AllowUnsafeUpdates und *FormDigest*

Im Bereich der Sicherheit gibt es ein weiteres Thema, mit dem Sie sich beschäftigen sollten: Um Probleme durch Cross-Site-Scripting zu verhindern, wendet SharePoint immer eine Sicherheitsprüfung an, wenn Sie im Rahmen von HTTP-Anforderungen Daten über das Serverobjektmodell verändern. In der Standardeinstellung verwenden SharePoint-Webformulare ein Formulardigest-Steuerelement, um die Sicherheit zu erzwingen. Das Formulardigest ist ein verborgenes Feld, das von SharePoint-Webformularen mit *POST* übermittelt und von der Sicherheitsinfrastruktur auf dem Server überprüft wird. Wenn Sie während einer HTTP-*GET*-Anforderung mithilfe des Serverobjektmodells Änderungen an Objekten vornehmen, fehlt dieses Eingabefeld, daher löst SharePoint in der Standardeinstellung eine Ausnahme aus, die zum Beispiel folgenden Inhalt hat:

```
Microsoft.SharePoint.SPException: Die Sicherheitsüberprüfung für diese Seite ist ungültig.
```

Auch wenn Sie eine HTTP-*POST*-Anforderung mit einem fehlenden oder ungültigen Formulardigest-Wert senden, erhalten Sie diesen Fehler. Dieses Verhalten tritt nur bei HTTP-Anforderungen auf. Wenn Sie daher in einer Klassenbibliothek oder einem Batch-Tool, das außerhalb der ASP.NET-Pipeline läuft, auf das Serverobjektmodell zurückgreifen, findet die Sicherheitsprüfung nicht statt. Der Überprüfungsprozess wertet die Variable *HttpContext.Current* aus. Ist sie *null*, wird die Digest-Überprüfung übersprungen.

Wenn Sie eine Webseite, die auf HTTP-*GET*-Anforderungen reagiert, oder eine benutzerdefinierte Webformularseite entwickeln, die nicht vom Typ *WebPartPage* abgeleitet wird und kein Formulardigest-Steuerelement verwendet, müssen Sie SharePoint daher anweisen, die Digest-Überprüfung zu überspringen, sonst funktioniert Ihr Code nicht.

Sie weisen SharePoint an, die Überprüfung zu überspringen, indem Sie die *Boolean*-Eigenschaft *AllowUnsafeUpdates* des aktuellen *SPSite*- oder *SPWeb*-Objekts auf *true* setzen. Listing 3.16 zeigt ein Beispiel.

Listing 3.16 Überspringen der Sicherheitsprüfung mit der Eigenschaft *AllowUnsafeUpdates* des Typs *SPWeb*

```
SPWeb web = SPContext.Current.Web
SPList list = web.Lists["DevLeap Customers"];

try {
    web.AllowUnsafeUpdates = true;

    list.Title = list.Title + " - Geändert!";
    list.Update();
}
finally {
    web.AllowUnsafeUpdates = false;
}
```

Der Code in Listing 3.16 arbeitet mit einer *SPWeb*-Instanz, die vom aktuellen *SPContext*-Objekt geliefert wird. Er setzt die Eigenschaft *AllowUnsafeUpdates* auf *true*, bevor er eine Eigenschaft der *SPList*-Instanz ändert, und setzt *AllowUnsafeUpdates* dann wieder auf *false* (den Standardwert) zurück, nachdem er die Methode *SPList.Update* aufgerufen hat. Um sicherzustellen, dass die Eigenschaft *AllowUnsafeUpdates* immer auf den ursprünglichen Wert zurückgesetzt wird, verwendet der Code einen *try/finally*-Codeblock.

Wenn Sie dagegen eine benutzerdefinierte ASPX-Seite entwickeln und die von SharePoint bereitgestellte Sicherheitsumgebung ausdrücklich nutzen *wollen*, stehen mehrere Möglichkeiten zur Auswahl: Sie können Ihre Seite von *WebPartPage* ableiten oder von Hand ein *FormDigest*-Steuerelement darin einbetten. Im ersten Fall brauchen Sie lediglich *Microsoft.SharePoint.WebPartPages.WebPartPage* als Basisklasse zu verwenden, die intern ein *FormDigest*-Steuerelement einfügt. Dann rufen Sie in Ihrem Code die Hilfsmethode *SPUtility.ValidateFormDigest* auf, um den Digest zu prüfen, wenn Sie die Seite mit *POST* an den Server senden. Im zweiten Fall müssen Sie ein *Microsoft.SharePoint.WebControls.FormDigest*-Steuerelement in Ihre Seite einbetten und wiederum die Methode *SPUtility.ValidateFormDigest* aufrufen, um den Digest zu überprüfen.

In einer benutzerdefinierten ASPX-Seite können Sie die Sicherheitsprüfung natürlich auch einfach deaktivieren, indem Sie der Eigenschaft *AllowUnsafeUpdates* den Wert *true* zuweisen. Das wäre aber unsicher und somit nicht empfehlenswert.

Praxisbeispiele

Dieser Abschnitt stellt einige konkrete Beispiele aus Praxislösungen vor, die demonstrieren, wie Sie mit den Typen des SharePoint-Serverobjektmodells arbeiten. Die Beispiele sind in mehrere Gruppen untergliedert, die sich am bearbeiteten Objekt und dem Ziel orientieren. Sie können die Beispiele in diesem Abschnitt als Ausgangspunkt für die Entwicklung eigener SharePoint-Lösungen nutzen.

Erstellen einer neuen Websitesammlung

Das erste Beispiel zeigt, wie Sie im Programmcode eine neue Websitesammlung erstellen (Listing 3.17).

Listing 3.17 Erstellen einer neuen Websitesammlung.

```
using (SPSite rootSite = new SPSite("http://devbook.sp2010.local/")) {
    SPWebApplication webApplication = rootSite.WebApplication;

    using (SPSite newSiteCollection = webApplication.Sites.Add(
        "sites/CreatedByCode", // Website-URL
        "Created by Code", // Titel der Websitesammlung
        "Sample Site Collection Created by Code", // Beschreibung der Websitesammlung
        1033, // LCID
        "STS#0", // Websitevorlage
        "SP2010DEV\\PaoloPi", // Anmeldename des Besitzers
        "Paolo Pialorsi", // Anzeigename des Besitzers
        "paolo@devleap.com", // E-Mail des Besitzers
        "SP2010DEV\\MarcoR", //  Anmeldename des sekundären Kontakts
        "Marco Russo", // Anzeigename des sekundären Kontakts
        "marco@devleap.com", // E-Mail des sekundären Kontakts
```

```
        "SP2010DEV\\SHAREPOINT", // Name des Datenbankservers für die Inhaltsdatenbank
        "WSS_Content_CreatedByCode", // Name der Inhaltsdatenbank
        null, // Anmeldename für die Datenbank
        null // Kennwort für die Datenbank
        )) {
            Console.WriteLine("Websitesammlung erstellt: {0}",
                newSiteCollection.Url);
    }
}
```

Listing 3.17 ruft die Methode *Add* des Typs *SPSiteCollection* auf, das entsprechende Objekt erhalten Sie aus der Eigenschaft *SPWebApplication.Sites*. Die Methode hat etliche Überladungen, der Codeausschnitt verwendet eine mit sehr umfangreicher Signatur, die folgendermaßen definiert ist:

```
public SPSite Add(
    string siteUrl,
    string title,
    string description,
    uint nLCID,
    string webTemplate,
    string ownerLogin,
    string ownerName,
    string ownerEmail,
    string secondaryContactLogin,
    string secondaryContactName,
    string secondaryContactEmail,
    string databaseServer,
    string databaseName,
    string userName,
    string password
)
```

Dieses Beispiel zeigt, dass Sie alle Details der Websitesammlung, bis hin zum Namen der verwendeten Websitevorlage, festlegen und sogar eine dedizierte Inhaltsdatenbank zuweisen können. Tabelle 3.9 listet einige der am häufigsten verwendeten Werte für die Websitevorlage auf.

Tabelle 3.9 Häufig verwendete Namen für Websitevorlagen, die beim Erstellen einer neuen Websitesammlung in SharePoint zur Verfügung stehen

Name der Websitevorlage	Beschreibung
STS#0	Teamwebsite
STS#1	Leere Website
STS#2	Dokumentarbeitsbereich
MPS#0	Standard-Besprechungsarbeitsbereich
MPS#1	Leerer Besprechungsarbeitsbereich
MPS#2	Entscheidung-Besprechungsarbeitsbereich
MPS#3	Sozialer Besprechungsarbeitsbereich
MPS#4	Mehrseitiger Besprechungsarbeitsbereich

In Listing 3.17 wird vorausgesetzt, dass die Websitesammlung (*http://devbook.sp2010.local/*) Ihnen erlaubt, unter dem verwalteten Pfad *Sites* der übergeordneten Webanwendung eine neue Websitesammlung anzulegen. Falls Sie eine ganz neue Stammwebsitesammlung erstellen, können Sie einen Verweis auf die *SPWebApplication*-Instanz über ein *SPFarm*-Objekt abrufen.

Erstellen einer neuen Website

Nachdem Sie eine Websitesammlung haben, werden Sie früher oder später einige Websites darin erstellen. Listing 3.18 enthält einen Codeausschnitt, der dafür die Methode *SPWebCollection.Add* aufruft. Auch diese Methode hat mehrere Überladungen. Der Code in Listing 3.18 verwendet die Überladung mit folgender Signatur:

```
public SPWeb Add(
    string strWebUrl,
    string strTitle,
    string strDescription,
    uint nLCID,
    string strWebTemplate,
    bool useUniquePermissions,
    bool bConvertIfThere
)
```

Listing 3.18 Erstellen einer neuen Website

```
using (SPSite site = new SPSite("http://devbook.sp2010.local/sites/CreatedByCode/")) {
    using (SPWeb newWeb = site.AllWebs.Add(
        "MyBlog", // Website-URL
        "Blog Created By Code", // Titel der Website
        "Blogging Site Created By Code", // Beschreibung der Website
        1033, // LCID
        "BLOG#0", // Name der Websitevorlage
        true,  // Eigene Berechtigungen verwenden
        false // Vorhandenen Ordner konvertieren
        )) {
            Console.WriteLine("URL der neuen Website: {0}", newWeb.Url);
    }
}
```

Beim Erstellen einer Website haben Sie die Möglichkeit, den Namen einer Websitevorlage anzugeben. Tabelle 3.10 listet einige der verfügbaren Werte für diesen Parameter auf.

Beachten Sie den *Boolean*-Parameter *useUniquePermissions*, der in Listing 3.18 benutzt wird. Sie legen damit fest, ob die neue Website ihre Berechtigungen von der übergeordneten Websitesammlung erbt oder eigene Berechtigungen erhält. Auch der Parameter *bConvertIfThere* ist interessant: Hat er den Wert *true*, konvertiert SharePoint einen vorhandenen Ordner in die untergeordnete Website. Ist er *false*, löst SharePoint eine Ausnahme aus, falls bereits ein Ordner mit der URL vorhanden ist, die für die neue Website verwendet werden soll.

Natürlich können Sie nur dann eine neue Website innerhalb einer vorhandenen Websitesammlung erstellen, wenn Sie mit einem Benutzerkonto, das über ausreichende Berechtigungen verfügt, auf das Serverobjektmodell zugreifen.

Tabelle 3.10 Namen von Websitevorlagen, die in SharePoint oft zum Erstellen neuer Websites verwendet werden

Name der Websitevorlage	Beschreibung
STS#0	Teamwebsite
STS#1	Leere Website
STS#2	Dokumentarbeitsbereich
MPS#0	Standard-Besprechungsarbeitsbereich
MPS#1	Leerer Besprechungsarbeitsbereich
MPS#2	Entscheidung-Besprechungsarbeitsbereich
MPS#3	Sozialer Besprechungsarbeitsbereich
MPS#4	Mehrseitiger Besprechungsarbeitsbereich
WIKI#0	Wiki
BLOG#0	Blog

Listen und Elemente

Dieser Abschnitt enthält einige Beispiele zum Verwalten von Listen und Listenelementen.

Erstellen einer neuen Liste

Wie Sie eine neue Liste mit Elementen erstellen, zeigt der Beispielcode in Listing 3.19, der eine neue Liste mit Kontakten anlegt.

Listing 3.19 Erstellen einer neuen Liste mit Kontakten in einer Website und Konfigurieren der Listeneigenschaften

```
using (SPSite site = new SPSite("http://devbook.sp2010.local/sites/CreatedByCode/")) {
    using (SPWeb web = site.OpenWeb()) {
        Guid newListId = web.Lists.Add(
            "Contacts", // Titel der Liste
            "Kontakte der Firma", // Beschreibung der Liste
            SPListTemplateType.Contacts // Vorlagentyp der Liste
            );

        SPList newList = web.Lists[newListId];
        newList.OnQuickLaunch = true;
        newList.ReadSecurity = 1;  // Alle Benutzer haben Lesezugriff auf alle Elemente
        newList.WriteSecurity = 2; // Benutzer können nur Elemente ändern, die
                                   // sie selbst erstellt haben
        newList.Update();

        Console.WriteLine("Liste erstellt: {0}", newList.Title);
    }
}
```

Listing 3.19 verwendet die Methode *SPListCollection.Add*, und zwar eine bestimmte Überladung, in der die Listenvorlage als Enumerationswert angegeben wird. Die verwendete *Add*-Methode hat folgende Signatur:

```
public virtual Guid Add(
    string title,
    string description,
    SPListTemplateType templateType
)
```

Die Enumeration *SPListTemplateType* definiert über 50 Vorlagen, die praktisch alle wichtigen Listen abdecken. Wollen Sie eine Liste aus einer benutzerdefinierten Vorlage erstellen, können Sie die Eigenschaft *ListTemplates* der aktuellen *SPWeb*-Instanz durchsuchen, die gewünschte *SPListTemplate*-Instanz auswählen und dann stattdessen die folgende Überladung der Methode *SPListCollection.Add* verwenden:

```
public virtual Guid Add(
    string title,
    string description,
    SPListTemplate template
)
```

Alle Überladungen der Methode *SPListCollection.Add* geben einen *Guid*-Wert zurück, der die *ID* der gerade erstellten Liste enthält. Um die neu erstellte Liste zu konfigurieren, müssen Sie mithilfe dieser *ID* einen Verweis darauf abrufen. Listing 3.19 nutzt das *SPList*-Objekt, um die Liste so zu konfigurieren, dass sie in der Schnellstartleiste erscheint. Der Code konfiguriert die Standardberechtigungen auf Elementebene so, dass alle Benutzer alle Elemente lesen, aber nur die Elemente ändern dürfen, die sie selbst erstellt haben. Abbildung 3.3 zeigt das Ergebnis dieser Berechtigungskonfiguration.

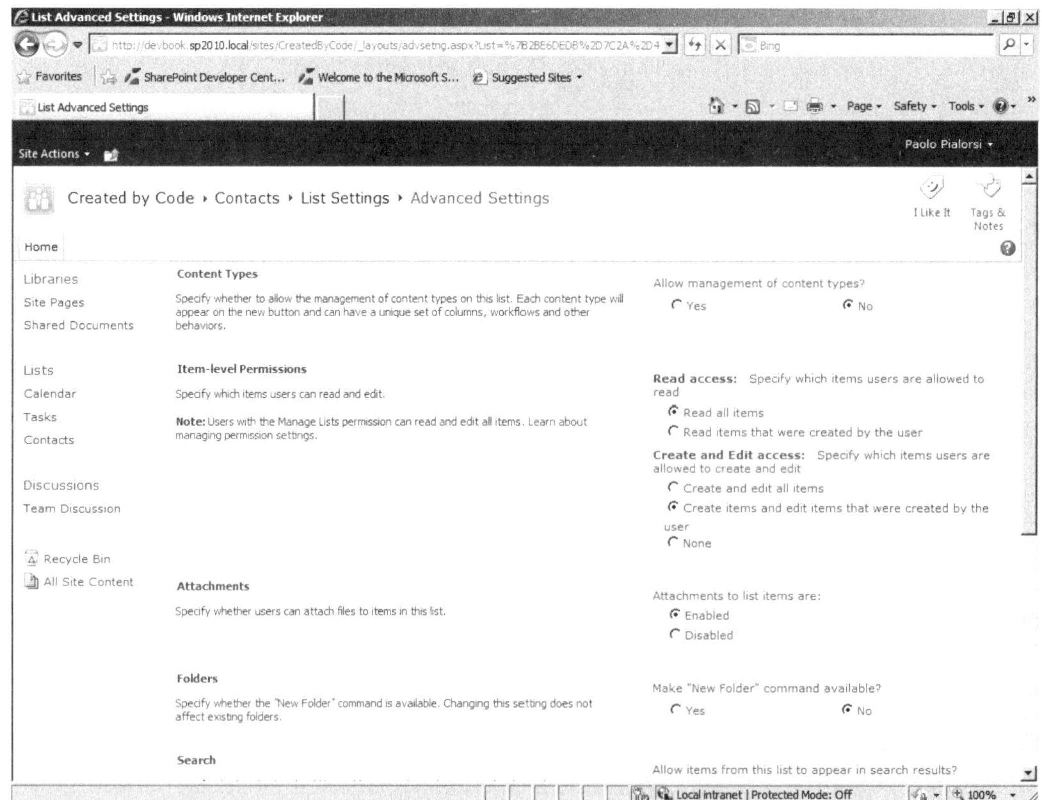

Abbildung 3.3 Berechtigungen auf Elementebene, die der Code in Listing 3.19 eingestellt hat

Vergessen Sie nicht, dass Sie sofort, nachdem Sie ein Objekt des Serverobjektmodells konfiguriert haben, die Methode *Update* aufrufen müssen, um die Änderungen zu übernehmen.

Erstellen eines neuen Listenelements

Ist die Liste fertig, können Sie sie mit neuen Elementen füllen. Der Code in Listing 3.20 fügt ein neues Kontaktelement zur Liste hinzu, die in Listing 3.19 erstellt wurde.

Listing 3.20 Eine Liste mit neuen Elementen füllen

```
using (SPSite site = new SPSite("http://devbook.sp2010.local/sites/CreatedByCode/")) {
    using (SPWeb web = site.OpenWeb()) {
        try {
            SPList list = web.Lists["Contacts"]; // Kontakte

            try {
                SPListItem newItem = list.Items.Add();
                newItem["Last Name"] = "Pialorsi"; // Nachname
                newItem["First Name"] = "Paolo"; // Vorname
                newItem["E-mail Address"] = "paolo@devleap.it"; // E-Mail-Adresse
                newItem.Update();
            }
            catch (ArgumentException) {
                Console.WriteLine("Ungültiger Feldname!");
            }
        }
        catch (ArgumentException) {
            Console.WriteLine("Ungültiger Listentitel!");
        }
    }
}
```

Auch hier rufen Sie die Methode *Add* der entsprechenden Auflistung auf, in diesem Fall einer *SPListItem-Collection*. Die Methode gibt eine neue *SPListItem*-Instanz zurück, die Sie anschließend konfigurieren und in die Inhaltsdatenbank schreiben können. Die Methode *Add* legt einfach ein neues Element an, das bezüglich Felder, Inhaltstyp und so weiter genauso wie die zugehörige Zielliste konfiguriert ist. Trotz des Namens fügt die Methode *Add* das Element nicht wirklich in die Liste ein, bei der neuen *SPListItem*-Instanz hat *ID* den Wert 0. Erst nachdem Sie das Element zum ersten Mal mit der Methode *Update* aktualisiert haben, wird es in die Liste eingefügt und bekommt eine eindeutige ID zugewiesen. Der Code in Listing 3.20 konfiguriert drei Felder des Zielelements. Dabei werden die Felder, denen Werte zugewiesen werden, über die Eigenschaft *DisplayName* identifiziert. (Wenn Sie mit einer lokalisierten Version von SharePoint arbeiten, verwenden Sie als Anzeigenamen gegebenenfalls die entsprechend lokalisierten Bezeichnungen, in einer deutschen Version beispielsweise *Nachname* statt *Last Name*). Sie können dem Indexer eines *SPListItem*-Objekts wahlweise *DisplayName*, *Name*, den *StaticName* des Felds, die eindeutige *ID* des Felds (nützlich, wenn Sie mit vorbereiteten Websitespalten arbeiten) oder die Position (Index) des Felds innerhalb der *Fields*-Auflistung des aktuellen Elements übergeben.

WEITERE INFORMATIONEN Zu Themen wie Websitespalten, *DisplayName*, *Name*, *StaticName* und so weiter finden Sie in Kapitel 2, »Datenbasis«, und Kapitel 10, »Bereitstellen von Daten«, mehr Details.

Der Beispielcode fängt Ausnahmen vom Typ *ArgumentException* ab, um für den Fall vorzubauen, dass Sie einen ungültigen Listentitel oder Feldnamen übergeben. Im Allgemeinen sollten Sie Listentitel oder Feldnamen nicht in den Quellcode schreiben, sondern mit vorbereitetem Inhalt und den darin definierten *ID*-Werten arbeiten. Wenn Sie die IDs verwenden, ist es praktisch ausgeschlossen, dass während der Laufzeit ungültige Werte auftauchen (sofern Sie keinen Tippfehler beim Eingeben des Codes gemacht haben), aber derartige Probleme dürften sich beim Testen zeigen, lange bevor die Anwendung jemals eine Produktivumgebung erreicht.

Ändern eines vorhandenen Listenelements

Die Metadaten eines vorhandenen Elements zu ändern ist eine weitere Aufgabe, die Sie öfters erledigen müssen. Dabei gehen Sie ähnlich vor wie beim Erstellen eines neuen Listenelements, der einzige Unterschied besteht darin, dass Sie die Liste abfragen, um einen Verweis auf das Element zu erhalten, das Sie aktualisieren wollen. Das Beispiel in Listing 3.21 ruft das Element, das geändert werden soll, anhand seiner eindeutigen ID ab, wozu es die Methode *SPList.GetItemById* aufruft.

Listing 3.21 Ändern eines vorhandenen Elements in einer Liste

```
using (SPSite site = new SPSite("http://devbook.sp2010.local/sites/CreatedByCode/")) {
    using (SPWeb web = site.OpenWeb()) {
        try {
            SPList list = web.Lists["Contacts"]; // Kontakte
            SPListItem itemToChange = list.GetItemById(1);

            itemToChange["Last Name"] += " - Geändert!";
            itemToChange.Update();
        }
        catch (ArgumentException) {
            Console.WriteLine("Ungültiger Listentitel oder Listenelement-ID!");
        }
    }
}
```

Die Methode *SPList.GetItemById* ruft das vollständige Element mit allen Spalten der Metadaten ab. Wenn Sie nur wenige Spalten ändern wollen, ist es am besten, wenn Sie auch nur diese Spalten abrufen. Dazu verwenden Sie die Methode *SPList.GetItemByIdSelectedFields*, die nur die angegebenen Spalten liefert. Im Beispiel aus Listing 3.21 würde sich die hervorgehobene Zeile folgendermaßen ändern:

```
SPListItem itemToChange = list.GetItemByIdSelectedFields(1, "Last Name");
```

Sie können der Methode *SPList.GetItemByIdSelectedFields* auch eine Liste der Felder, die sie aus der Inhaltsdatenbank abrufen soll, als Array mit *String*-Elementen übergeben.

Wenn Sie die *ID* des Elements, das Sie ändern wollen, nicht wissen, können Sie das Abfragemodul von SharePoint 2010 nutzen. Auf dieses Thema kommen wir weiter unten in diesem Kapitel zurück.

Konflikte

Jeder serverseitige Code sollte im Prinzip in der Lage sein, beliebig viele Benutzer zu bedienen, daher besteht die Möglichkeit, dass ein Konflikt auftritt, wenn Daten in einem Backend-DBMS geändert werden. Konfliktsituationen können auch auftreten, wenn Sie mit Daten arbeiten, die in SharePoint gespeichert sind. Aufgrund der Architektur von SharePoint als webbasiertes Produkt mit (hoffentlich) vielen gleichzeitigen Benutzern ist es daher sehr wahrscheinlich, dass Konflikte auftreten, während Sie die SharePoint-Elemente verwalten. Glücklicherweise hat das SharePoint-Team ein Standardmuster zum Abfangen solcher Konflikte entwickelt. Das Beispiel in Listing 3.22 ändert eine *SPListItem*-Instanz in zwei parallelen Sitzungen.

Listing 3.22 Abfangen von Konfliktsituationen bei der Verwaltung von *SPListItem*-Objekten

```
using (SPSite site = new SPSite("http://devbook.sp2010.local/sites/CreatedByCode/")) {
    using (SPWeb web = site.OpenWeb()) {
        try {
            SPList list = web.Lists["Contacts"]; // Kontakte
            SPListItem itemToChange = list.GetItemById(1);

            itemToChange["Last Name"] += " - Geändert!";

            // Vor der Aktualisierung. Gleichzeitigen Zugriff simulieren.
            ChangeListItemConcurrently();

            itemToChange.Update();
        }
        catch (SPException ex) {
            Console.WriteLine(ex.Message);
        }
    }
}
```

Wenn der Code in Listing 3.22 die Methode *Update* aufruft, um die Änderungen zu speichern, wird eine Konfliktausnahme ausgelöst, weil *ChangeListItemConcurrently* dieses Element bereits geändert hat. Die Ausnahme hat den Typ *Microsoft.SharePoint.SPException* und enthält folgende Fehlermeldung:

```
Konflikt beim Speichern. Die von Ihnen vorgenommenen Änderungen stehen im Konflikt mit gleichzeitig von
einem anderen Benutzer durchgeführten Änderungen. Damit Ihre Änderungen wirksam werden, klicken Sie im
Webbrowser auf die Schaltfläche "Zurück", aktualisieren die Seite und übermitteln Ihre Änderungen erneut.
```

Die Fehlermeldung ist auf eine Webanwendung abgestimmt (»... klicken Sie auf die Schaltfläche "Zurück" Ihres Browsers ...«). Die Ausnahme selbst kann aber in jeder beliebigen Softwarelösung auftreten, die sogar auf einem SharePoint-Server laufen kann. Um diese Ausnahme zu behandeln, müssen Sie das *SPListItem*-Objekt noch einmal aus der Inhaltsdatenbank laden und dann erneut Ihre Änderungen anwenden, genau wie ein Webbenutzer es in seinem Webbrowser tun würde.

Löschen eines vorhandenen Listenelements

Neben dem Einfügen und Ändern von Elementen kommt es auch häufig vor, dass Sie ein *SPListItem*-Objekt löschen müssen. Das Vorgehen, um ein Element zu löschen, ist simpel und schnell, wie Listing 3.23 beweist.

Sie brauchen lediglich die *SPListItem*-Instanz für das Element abzurufen, das Sie löschen wollen, und dann die Methode *Delete* (um das Element endgültig zu löschen) oder *Recycle* (um das Element in den Papierkorb zu verschieben) aufzurufen.

Listing 3.23 Löschen einer *SPListItem*-Instanz

```
using (SPSite site = new SPSite("http://devbook.sp2010.local/sites/CreatedByCode/")) {
    using (SPWeb web = site.OpenWeb()) {
        SPList list = web.Lists["Contacts"]; // Kontakte
        SPListItem itemToDelete = list.GetItemById(1);

        itemToDelete.Delete();
    }
}
```

Abfragen von Listenelementen

Wie bereits erwähnt, ist es relativ ungewöhnlich, ein *SPListItem*-Objekt anhand seines *ID*-Werts abzurufen, jedenfalls solange Sie keine benutzerdefinierte ASPX-Seite haben, die *ListID* und *ListItemID* als *QueryString*-Parameter übergeben bekommt. Meist rufen Sie Elemente aus Listen mithilfe einer Abfrage ab, die die Metadaten der Elemente nutzt, die Sie benötigen. Nehmen wir als Beispiel wieder die Liste mit Kontakten, die wir schon in vorherigen Beispielen betrachtet haben. Sie wollen nun alle Kontakte abrufen, deren E-Mail-Adresse »@devleap.com« enthält. Das Serverobjektmodell stellt eine Klasse namens *SPQuery* zur Verfügung, über die Sie eine CAML-Abfrage für eine *SPList*-Instanz ausführen können, um die Elemente als Abfrageergebnis zu erhalten. Listing 3.24 zeigt ein Beispiel.

TIPP Falls Sie ungern CAML-Abfragen schreiben, können Sie ein kostenloses Tool von U2U unter der Adresse *http://www.u2u.net/res/Tools/CamlQueryBuilder.aspx* herunterladen. Das Tool wurde ursprünglich für SharePoint 2003 entwickelt und später für SharePoint 2007 aktualisiert. Es funktioniert aber auch mit SharePoint 2010.

Listing 3.24 Abfragen einer *SPList*-Instanz mithilfe eines *SPQuery*-Objekts

```
using (SPSite site = new SPSite("http://devbook.sp2010.local/sites/CreatedByCode/")) {
    using (SPWeb web = site.OpenWeb()) {
        SPList list = web.Lists["Contacts"]; // Kontakte

        SPQuery query = new SPQuery();

        // Abzurufende Spalten definieren.
        query.ViewFields = "<FieldRef Name=\"Title\" />
           <FieldRef Name=\"FirstName\" /><FieldRef Name=\"Email\" />";

        // Erzwingen, dass nur die ausgewählten Spalten abgerufen werden.
        query.ViewFieldsOnly = true;

        // Die Abfrage definieren.
        query.Query = "<Where><Contains><FieldRef Name=\"Email\" />
        <Value Type=\"Text\">@devleap.com</Value></Contains></Where>";

        // Höchstzahl der Ergebnisse pro Seite begrenzen (wie bei SELECT TOP).
        query.RowLimit = 10;

        // Elemente abfragen.
        SPListItemCollection items = list.GetItems(query);
```

```
            foreach (SPListItem item in items) {
                Console.WriteLine("{0} {1} - {2}",
                    item["First Name"],
                    item["Last Name"],
                    item["E-mail Address"]);
            }
        }
    }
```

Listing 3.24 konfiguriert einige Eigenschaften des Typs *SPQuery*, die wichtigste ist *Query*, die den CAML-Code enthält. Es gibt aber noch andere Eigenschaften, die für die Leistung von noch größerer Bedeutung sind, zum Beispiel die Eigenschaft *ViewFields*. Sie steuert, dass nur die explizit ausgewählten Spalten zurückgegeben werden und der Server somit keine unnötigen Spalten liefern muss. Das obige Beispiel setzt die Eigenschaft *ViewFieldsOnly* auf den Wert *true*. Ebenfalls wichtig ist die Eigenschaft *RowLimit*, die den Umbruch der Datenergebnisse steuert, um sie zum Beispiel seitenweise auszugeben. Listing 3.25 zeigt, wie Sie die Eigenschaft *RowLimit* mit *SPQuery.ListItemCollectionPosition* kombinieren, um die Ergebnisse in Blöcken aus fünf Elementen pro Seite umzubrechen.

Listing 3.25 Abfragen einer *SPList*-Instanz mithilfe eines *SPQuery*-Objekts und seitenweises Umbrechen der Ergebnisse

```
using (SPSite site = new SPSite("http://devbook.sp2010.local/sites/CreatedByCode/")) {
    using (SPWeb web = site.OpenWeb()) {
        SPList list = web.Lists["Contacts"]; // Kontakte

        SPQuery query = new SPQuery();

        // Abzurufende Spalten definieren.
        query.ViewFields = "<FieldRef Name=\"Title\" />
           <FieldRef Name=\"FirstName\" /><FieldRef Name=\"Email\" />";

        // Erzwingen, dass nur die ausgewählten Spalten abgerufen werden.
        query.ViewFieldsOnly = true;

        // Die Abfrage definieren.
        query.Query = "<Where><Contains><FieldRef Name=\"Email\" />
        <Value Type=\"Text\">@domain.com</Value></Contains></Where>";

        // Höchstzahl der Ergebnisse pro Seite begrenzen (wie bei SELECT TOP).
        query.RowLimit = 5;

        Int32 pageIndex = 1;
        Int32 itemIndex = 1;

        do {
            Console.WriteLine("Aktuelle Seite: {0}", pageIndex);

            // Elemente abfragen.
            SPListItemCollection items = list.GetItems(query);
            foreach (SPListItem item in items) {
```

```
                Console.WriteLine("{0} - {1} {2} - {3}",
                    itemIndex,
                    item["First Name"],
                    item["Last Name"],
                    item["E-mail Address"]);
                itemIndex++;
            }
            // Aktuelle Position festlegen, damit SPQuery das
            // erste Element der nächsten Seite einstellen kann.
            query.ListItemCollectionPosition =
                items.ListItemCollectionPosition;
            pageIndex++;
        } while (query.ListItemCollectionPosition != null);
    }
}
```

Wenn Sie den Code aus Listing 3.25 für eine Liste mit Kontakten ausführen, erhalten Sie beispielsweise folgende Konsolenausgabe:

```
Aktuelle Seite: 1
1 - First Name 001 Last Name 001 - email_001@domain.com
2 - First Name 002 Last Name 002 - email_002@domain.com
3 - First Name 003 Last Name 003 - email_003@domain.com
4 - First Name 004 Last Name 004 - email_004@domain.com
5 - First Name 005 Last Name 005 - email_005@domain.com
Aktuelle Seite: 2
6 - First Name 006 Last Name 006 - email_006@domain.com
7 - First Name 007 Last Name 007 - email_007@domain.com
---
```

Die Eigenschaft *ListItemCollectionPosition* hat den Typ *SPListItemCollectionPosition*. Sie stellt die Eigenschaft *PagingInfo* zur Verfügung, die den Typ *String* hat und folgende Daten enthält:

```
Paged=TRUE&p_ID=8
```

Der Wert *p_ID* ist die eindeutige Kennung des letzten abgerufenen Elements. Das ermöglicht es SharePoint, die Startposition für die nächste Seite auszuwählen.

Der Typ *SPQuery* stellt viele weitere Eigenschaften bereit, für die meisten Aufgaben dürften die hier vorgestellten aber ausreichen.

Dokumentbibliotheken und Dateien

Dokumentbibliotheken und Dateien nehmen in vielen SharePoint-Lösungen eine zentrale Rolle ein. In diesem Abschnitt erfahren Sie, wie Sie Dokumentbibliotheken anlegen und Dokumente hochladen, herunterladen, ändern und verwalten.

Erstellen einer neuen Dokumentbibliothek

Wenn Sie eine neue Dokumentbibliothek erstellen, geben Sie in Ihrem Code für *SPListTemplateType* den Wert *DocumentLibrary* an, ein Beispiel haben Sie bereits weiter oben in Listing 3.19 gesehen. Allerdings müssen Sie beim Anlegen einer Dokumentbibliothek auch oft angeben, welche Dokumentvorlage für neue Dokumente verwendet werden soll. Der Code in Listing 3.26 erstellt eine Bibliothek mit Rechnungen (Invoices), für die eine Excel-Tabelle als Dokumentvorlage dient.

Listing 3.26 Erstellen einer neuen *SPDocumentLibrary*-Instanz mit einer Dokumentvorlage

```
using (SPSite site = new SPSite("http://devbook.sp2010.local/sites/CreatedByCode/")) {
    using (SPWeb web = site.OpenWeb()) {
        // SPListTemplate listTemplate = web.ListTemplates["Dokumentbibliothek"];
        SPListTemplate listTemplate = web.ListTemplates["Document Library"];
        SPDocTemplate docTemplate =
            (from SPDocTemplate dt in web.DocTemplates
                where dt.Type == 122
                select dt).FirstOrDefault();

        Guid newListId = web.Lists.Add(
            "Invoices", // Titel der Liste
            "Excel-Rechnungen", // Beschreibung der Liste
            listTemplate, // Listenvorlage
            docTemplate // Dokumentvorlage (hier Excel)
            );

        SPDocumentLibrary newLibrary = web.Lists[newListId] as SPDocumentLibrary;
        newLibrary.OnQuickLaunch = true;
        newLibrary.EnableVersioning = true;
        newLibrary.Update();
    }
}
```

Wenn Sie den Code in Listing 3.26 ausführen, legt er eine neue Dokumentbibliothek an, auf die Sie mit einer Instanz des Typs *SPDocumentLibrary* verweisen können. Beachten Sie die LINQ-to-Objects-Abfrage, mit der das *SPDocTemplate*-Element für eine Excel-Tabelle ermittelt wird. Tabelle 3.11 listet alle verfügbaren Dokumentvorlagen mit ihren *DocTemplateID*-Kennungen auf.

Tabelle 3.11 In SharePoint verfügbare Dokumentvorlagen

DocTemplateID	Beschreibung
100	Die Dokumentbibliothek verwendet keine Vorlagen
101	Ein leeres Microsoft Word 97- bis -2003-Dokument
103	Ein leeres Microsoft Excel 97- bis -2003-Dokument
104	Ein leeres Microsoft PowerPoint 97- bis -2003-Dokument
121	Ein leeres Microsoft Word-Dokument
122	Ein leeres Microsoft Excel-Dokument
123	Ein leeres Microsoft PowerPoint-Dokument
111	Ein einfaches Microsoft OneNote 2010-Notizbuch
102	Ein leeres Microsoft SharePoint Designer-HTML-Dokument
105	Eine einfache, leere ASPX-Seite
106	Ein leeres Microsoft Webpartseiten-ASPX-Dokument
1000	Ein leeres Microsoft InfoPath-Formular, vorbereitet für den Entwurf

Hochladen eines neuen Dokuments

Sobald Sie eine Bibliothek angelegt haben, ist es ganz einfach, neuen Inhalt hochzuladen. Wie Sie aus Tabelle 3.3 weiter oben in diesem Kapitel wissen, hat jede *SPList*-Instanz eine Eigenschaft namens *RootFolder* und eine Auflistungseigenschaft namens *Folders*. Sie können auf ein beliebiges *SPFolder*-Objekt verweisen, um den Inhalt des Ordners abzurufen oder neuen Inhalt hochzuladen. Sie laden Inhalt hoch, indem Sie die Methode *Add* der Eigenschaft *Files* aufrufen, die den Typ *SPFileCollection* hat. Der Codeausschnitt in Listing 3.27 lädt eine Excel-Rechnungsdatei in den Stammordner der Bibliothek hoch, die in Listing 3.26 erstellt wurde.

Listing 3.27 Hochladen eines neuen Dokuments in eine *SPDocumentLibrary*-Instanz

```
using (SPSite site = new SPSite("http://devbook.sp2010.local/sites/CreatedByCode/")) {
    using (SPWeb web = site.OpenWeb()) {
        SPDocumentLibrary library = web.Lists["Invoices"] as SPDocumentLibrary;

        using (FileStream fs = new FileStream(@"..\..\DemoInvoice.xlsx",
            FileMode.Open, FileAccess.Read, FileShare.Read)) {
            SPFile fileUploaded = library.RootFolder.Files.Add(
                "DemoInvoice.xlsx", fs, true);
            Console.WriteLine("Hochgeladene Datei: {0}", fileUploaded.Url);
        }
    }
}
```

Die Methode *Add* hat 20 Überladungen. Der Code im letzten Beispiel verwendet die, der die Ziel-URL der Datei, der Inhalt der Datei als Argument vom Typ *System.IO.Stream* und ein boolescher Wert übergeben werden, bei dem *true* bedeutet, dass SharePoint eine eventuell schon vorhandene Datei überschreiben soll. Es würde zu viel Platz kosten, hier sämtliche Überladungen zu beschreiben, sinnvoller ist es, sie anhand ihrer Funktion zu untergliedern. Alle Überladungen bekommen als erstes Argument die Ziel-URL der Datei übergeben. Aber eine Gruppe von Überladungen erhält die Datei als *System.IO.Stream*-Objekt, während die andere ein *System.Byte[]*-Array als Eingabe übernimmt. Außerdem gibt es eine Gruppe, die mit einem *HashTable*-Objekt arbeitet, also einer Eigenschaftensammlung für die Metadaten einer Datei. Diese Gruppe von Methoden ist nützlich, wenn Sie eine Datei zusammen mit ihren Metadaten in einer einzigen Transaktion hochladen wollen. Und schließlich gibt es einige Überladungen, die einen Parameter vom Typ *SPFileCollectionAddParameters* haben. Hier können Sie einige Optionen übergeben, um zu steuern, wie Virenprüfung, Einchecken und so weiter durchgeführt werden.

Herunterladen eines Dokuments

Das Herunterladen von Dokumenten aus Dokumentbibliotheken ist natürlich eine häufige Aufgabe. Jede *SPListItem*-Instanz in einer Dokumentbibliothek verfügt über die Eigenschaft *File*, die den Typ *SPFile* hat. Über diese Eigenschaft können Sie auf den Inhalt der Datei zugreifen, entweder als *System.IO.Stream* oder als Array aus Bytes (*System.Byte[]*). Listing 3.28 demonstriert, wie die Datei heruntergeladen wird, die im vorherigen Beispiel hochgeladen wurde.

Listing 3.28 Herunterladen eines Dokuments aus einer *SPDocumentLibrary*-Instanz

```
using (SPSite site = new SPSite("http://devbook.sp2010.local/sites/CreatedByCode/")) {
    using (SPWeb web = site.OpenWeb()) {
        SPDocumentLibrary library = web.Lists["Invoices"] as SPDocumentLibrary;

        SPFile fileToDownload = web.GetFile(library.RootFolder.Url +
           "/DemoInvoice.xlsx");

        Int32 bufferLength = 4096;
        Int32 readLength = bufferLength;
        Byte[] buffer = new Byte[bufferLength];

        Stream inStream = fileToDownload.OpenBinaryStream();

        using (FileStream outStream = new FileStream(
            @"..\..\DemoInvoiceDownload.xlsx",
            FileMode.OpenOrCreate, FileAccess.Write, FileShare.None)) {
            while (readLength == buffer.Length) {
                readLength = inStream.Read(buffer, 0, bufferLength);
                outStream.Write(buffer, 0, readLength);
                if (readLength < bufferLength) break;
            }
        }
    }
}
```

Die wesentlichen Stellen in Listing 3.28 sind die Aufrufe der Methode *SPWeb.GetFile*, mit der sehr schnell eine *SPFile*-Instanz für die angegebene Datei-URL abgerufen wird, und der Methode *OpenBinaryStream* aus der Klasse *SPFile*. Der übrige Code dient dazu, die Streams zu verwalten und Bytes auf der Festplatte zu speichern.

Einchecken und Auschecken von Dokumenten

Weitere wichtige Aufgaben beim Verwalten von Dokumenten sind das Auschecken und Einchecken. Wie Tabelle 3.5 gezeigt hat, stellt die Klasse *SPFile* mehrere Methoden bereit, um diese Aufgaben auszuführen. Listing 3.29 zeigt einen Codeausschnitt, der eine Datei auscheckt und danach wieder eincheckt, wobei er einen Kommentar hinzufügt.

Listing 3.29 Auschecken und Einchecken eines Dokuments

```
using (SPSite site = new SPSite("http://devbook.sp2010.local/sites/CreatedByCode/")) {
    using (SPWeb web = site.OpenWeb()) {
        SPDocumentLibrary library = web.Lists["Invoices"] as SPDocumentLibrary;

        SPFile file = web.GetFile(library.RootFolder.Url + "/DemoInvoice.xlsx");

        if (file.CheckOutType == SPFile.SPCheckOutType.None) {
            // Datei auschecken, sofern sie noch nicht ausgecheckt ist.
            file.CheckOut();
        }
```

```
        else {
            // Andernfalls mit einem Kommentar einchecken.
            file.CheckIn("Datei für Demonstrationszwecke eingecheckt",
                SPCheckinType.MajorCheckIn);
        }
    }
}
```

Wenn Sie ein Dokument auschecken, sollten Sie zuerst die Eigenschaft *CheckOutType* prüfen. Sie hat den Typ *SPFile.SPCheckOutType*, eine Enumeration mit folgenden Werten:

- ***None*** Die Datei ist nicht ausgecheckt.
- ***Offline*** Die Datei ist zum Bearbeiten auf der Clientseite ausgecheckt.
- ***Online*** Die Datei ist zum Bearbeiten auf der Serverseite ausgecheckt.

Wenn *CheckOutType* den Wert *None* hat, können Sie die Methode *CheckOut* aufrufen, wobei Sie optional die Art des gewünschten Auscheckvorgangs (*Offline* oder *Online*) angeben können. Andernfalls können Sie die Datei einchecken, indem Sie die Methode *CheckIn* aufrufen und dabei einen Kommentar sowie optional ein Argument des Typs *SPCheckinType* übergeben, für das folgende Werte zur Auswahl stehen:

- ***MajorCheckIn*** Das Einchecken erhöht die Hauptversion der Datei.
- ***MinorCheckIn*** Das Einchecken erhöht die Nebenversion der Datei.
- ***OverwriteCheckIn*** Das Einchecken überschreibt die aktuelle Dateiversion.

Schließlich steht noch die Methode *UndoCheckOut* zur Verfügung, die ein Auschecken rückgängig macht, ohne das vorhandene gespeicherte Exemplar der Datei zu verändern.

Kopieren und Verschieben von Dateien

In Workflows und Ereignisempfängern müssen Sie häufig eine Datei aus einem Ordner in einen anderen kopieren oder eine Datei aus einer Bibliothek in eine andere verschieben.

WEITERE INFORMATIONEN Über SharePoint-Workflows erfahren Sie mehr in Teil V, »Entwickeln von Workflows«, dieses Buchs. Weitere Informationen über Ereignisempfänger enthält Kapitel 12, »Ereignisempfänger«.

Diese Aktionen werden vom SharePoint-Serverobjektmodell umfassend unterstützt. Das Beispiel in Listing 3.30 kopiert oder verschiebt eine Datei, je nachdem, welches Argument übergeben wird.

Listing 3.30 Kopieren und Verschieben eines Dokuments von einem Ort an einen anderen

```
using (SPSite site = new SPSite("http://devbook.sp2010.local/sites/CreatedByCode/")) {
    using (SPWeb web = site.OpenWeb()) {
        SPDocumentLibrary sourceLibrary =
           web.Lists["Invoices"] as SPDocumentLibrary;
        SPDocumentLibrary destinationLibrary =
           web.Lists["Invoices History"] as SPDocumentLibrary;

        SPFile file = web.GetFile(sourceLibrary.RootFolder.Url +
           "/DemoInvoice.xlsx");
```

```
        if (move) {
            // Datei wird verschoben.
            file.MoveTo(destinationLibrary.RootFolder.Url +
                "/DemoInvoice_Moved.xlsx", true);
        }
        else {
            // Datei wird kopiert.
            file.CopyTo(destinationLibrary.RootFolder.Url +
                "/DemoInvoice_Copied.xlsx", true);
        }
    }
}
```

Listing 3.30 setzt voraus, dass zwei Bibliotheken namens *Invoices* und *Invoices History* vorhanden sind und Sie Dateien zwischen diesen beiden Bibliotheken kopieren oder verschieben. Sowohl beim Verschieben als auch beim Kopieren der Datei übergeben Sie der jeweiligen Methode ein *Boolean*-Argument, das festlegt, ob eine Datei, die eventuell schon im Zielordner vorhanden ist, überschrieben wird. Beachten Sie, dass beide Methoden nur innerhalb derselben Website funktionieren.

Verwalten von Dokumentversionen

Wenn Sie mit Dateien arbeiten, müssen Sie oft Versionen verwalten, um Änderungen während des Lebenszyklus einer Datei nachzuverfolgen und ältere Versionen eines Dokuments abzurufen. Listing 3.31 zeigt, wie Sie die vorletzte Version eines Dokuments extrahieren.

Listing 3.31 demonstriert, wie einfach SharePoint solche Aufgaben macht. Für jede verfügbare Version eines Dokuments gibt es eine *SPFile*-Instanz, die Sie genauso benutzen können wie die aktuelle Version des Dokuments.

Listing 3.31 Verwalten von Dateiversionen

```
using (SPSite site = new SPSite("http://devbook.sp2010.local/sites/CreatedByCode/")) {
    using (SPWeb web = site.OpenWeb()) {
        SPDocumentLibrary library = web.Lists["Invoices"] as SPDocumentLibrary;

        SPFile file = web.GetFile(library.RootFolder.Url + "/DemoInvoice.xlsx");

        Console.WriteLine("Verfügbare Versionen:");
        foreach (SPFileVersion v in file.Versions) {
            Console.WriteLine("Version: {0} - URL: {1}", v.VersionLabel, v.Url);
        }

        SPFile fileOfSecondLastVersion =
            file.Versions[file.Versions.Count - 1].File;

        Console.WriteLine(fileOfSecondLastVersion.Name);
    }
}
```

Gruppen und Benutzer

Diese Aufgabenkategorie beschäftigt sich mit der Verwaltung von Benutzern und Gruppen. In diesem Abschnitt erfahren Sie, wie Sie einen Benutzer anlegen und verwalten, die Mitgliedschaft von Benutzern in Gruppen festlegen und benutzerdefinierte Berechtigungsstufen definieren, um Benutzern oder Gruppen ausgewählte Berechtigungen zuzuweisen.

Anlegen eines neuen Benutzers

Wie üblich besteht der erste Schritt darin, ein neues Element anzulegen. Wie Sie wissen, wird ein Benutzer in SharePoint als *SPUser*-Objekt abgebildet. Jede *SPWeb*-Instanz stellt mehrere Auflistungen der Benutzer bereit (*AllUsers, SiteUsers, Users*), Tabelle 3.2 weiter oben in diesem Kapitel hat sie beschrieben. Listing 3.32 zeigt, wie Sie einen neuen Active Directory-Benutzer zur Liste *SiteUsers* einer Website hinzufügen.

Listing 3.32 Hinzufügen eines neuen Benutzers zur Auflistung *SiteUsers* einer Website

```
using (SPSite site = new SPSite("http://devbook.sp2010.local/")) {
    using (SPWeb web = site.OpenWeb()) {
        web.SiteUsers.Add("SP2010DEV\\TestUser", "test@devleap.com",
          "Test User", null);

        SPUser userAdded = web.SiteUsers["SP2010DEV\\TestUser"];
        Console.WriteLine(userAdded.Xml);
    }
}
```

Der Methode *SPUserCollection.Add* übergeben Sie den Anmeldenamen des Benutzers, die E-Mail-Adresse, den Anzeigenamen und ein optionales Argument mit Textanmerkungen zum Benutzer. Wenn Sie versuchen, einen bereits vorhandenen Benutzer hinzuzufügen, ignoriert die Infrastruktur den Vorgang, damit keine Duplikate entstehen. Brauchen Sie lediglich eine gültige *SPUser*-Instanz, die einem Anmeldenamen zugeordnet ist, wobei Ihnen egal ist, ob dieser Benutzer tatsächlich vorhanden ist, können Sie die Methode *SPWeb.EnsureUser* aufrufen. Diese Methode fügt den Benutzer hinzu, sofern er noch nicht in der Website definiert ist, oder verwendet den vorhandenen Benutzer, falls schon einer mit dem angegebenen Namen vorhanden ist. Listing 3.33 zeigt ein entsprechend angepasstes Beispiel.

Listing 3.33 Geändertes Verfahren, um einen neuen Benutzer zu einer Website hinzuzufügen

```
using (SPSite site = new SPSite("http://devbook.sp2010.local/")) {
    using (SPWeb web = site.OpenWeb()) {
        SPUser userAdded = web.EnsureUser("SP2010DEV\\AnotherTestUser");
        Console.WriteLine(userAdded.Xml);    }
}
```

Hier gibt die Methode *EnsureUser* direkt das *SPUser*-Objekt zurück, mit dem Sie arbeiten wollen.

Verwalten der Gruppenmitgliedschaft

Einen Benutzer zu löschen und seine Eigenschaften zu verwalten, sind wirklich simple Vorgänge, daher geht dieses Kapitel nicht weiter darauf ein. Interessanter ist die Frage, wie Sie einen Benutzer zu einer bestimmten SharePoint-Gruppe hinzufügen. Für diese Aufgabe stehen viele Techniken zur Auswahl, hier zeige ich Ihnen, wie Sie dafür die Auflistung *Groups* der aktuellen *SPWeb*-Instanz verwenden.

Listing 3.34 Hinzufügen eines Benutzers zu einer Websitegruppe

```
using (SPSite site = new SPSite("http://devbook.sp2010.local/")) {
    using (SPWeb web = site.OpenWeb()) {
        SPUser user = web.EnsureUser("SP2010DEV\\AnotherTestUser");

        web.Groups[web.Title + " Members"].AddUser(user);
    }
}
```

Das Beispiel ist leicht zu verstehen: Die letzte Zeile ruft die Methode *AddUser* eines *SPGroup*-Objekts auf, das über den Gruppennamen abgerufen wird. Über die Auflistung *SPWeb.Groups* können Sie auch SharePoint-Gruppen hinzufügen, ändern oder löschen. Allerdings sollten Sie besonders vorsichtig sein, wenn Sie solche Aktionen im Programmcode ausführen.

Verwalten von Benutzer- und Gruppenberechtigungen

Im Abschnitt »*SPGroup*, *SPUser* und andere Sicherheitstypen« weiter oben in diesem Kapitel wurde bereits erwähnt, dass die Klassen für Benutzer und Gruppen intern von *SPPrincipal* abgeleitet sind, dem Basistyp zum Zuweisen von Berechtigungen. In SharePoint 2010 basieren Berechtigungen auf sogenannten Berechtigungsstufen. Eine Berechtigungsstufe besteht aus einem Satz von Einzelberechtigungen wie *Verzeichnisse durchsuchen*, *Seiten anzeigen*, *Elemente anzeigen*, *Elemente hinzufügen* und so weiter. Eine vollständige und ausführliche Liste aller verfügbaren Berechtigungen und vordefinierten Berechtigungsstufen finden Sie in Kapitel 21, »Authentifizierungs- und Autorisierungsinfrastruktur«. Vorerst genügt es, wenn Sie wissen, dass Sie benutzerdefinierte Berechtigungsstufen definieren können, und zwar entweder im Browser oder über das Serverobjektmodell. Außerdem können Sie eine Berechtigungsstufe an ein *SPPrincipal*-Objekt (eine *SPUser*- oder *SPGroup*-Instanz) zuweisen. Listing 3.35 zeigt einen Codeausschnitt, der eine neue Berechtigungsstufe definiert (eine Kombination aus den Berechtigungen *Seiten anzeigen*, *Verzeichnisse durchsuchen* und *Persönliche Webparts aktualisieren*) und sie einem bestimmten *SPUser*-Objekt zuweist.

Listing 3.35 Erstellen einer neuen Berechtigungsstufe, die einem Benutzer zugewiesen wird

```
using (SPSite site = new SPSite("http://devbook.sp2010.local/")) {
    using (SPWeb web = site.OpenWeb()) {
        SPUser user = web.EnsureUser("SP2010DEV\\AnotherTestUser");

        SPRoleDefinition newRoleDefinition = new SPRoleDefinition();
        newRoleDefinition.Name = "Benutzerdefinierte Berechtigungsstufe";
        newRoleDefinition.Description = "Seiten ansehen, Verzeichnisse durchsuchen, " +
           "Persönliche Webparts aktualisieren";
```

```
        newRoleDefinition.BasePermissions = SPBasePermissions.ViewPages |
           SPBasePermissions.BrowseDirectories |
           SPBasePermissions.UpdatePersonalWebParts;
        web.RoleDefinitions.Add(newRoleDefinition);

        SPPrincipal principal = user;
        SPRoleAssignment newRoleAssignment = new SPRoleAssignment(principal);
        newRoleAssignment.RoleDefinitionBindings.Add(
           web.RoleDefinitions["Benutzerdefinierte Berechtigungsstufe"]);
        web.RoleAssignments.Add(newRoleAssignment);
    }
}
```

Der Code in Listing 3.35 ruft zuerst einen Verweis auf ein *SPUser*-Objekt ab und erstellt dann die neue Berechtigungsstufe als Instanz von *SPRoleDefinition*. Der Berechtigungsstufe weist er einige ausgewählte Berechtigungen zu, indem er sie in Form einer Bitmaske übergibt. Zuletzt verknüpft er mithilfe einer neuen *SPRoleAssignment*-Instanz das *SPPrincipal*-Objekt, das für den Benutzer steht, mit der Berechtigungsstufe.

Zusammenfassung

Dieses Kapitel bot einen Überblick über das SharePoint-Serverobjektmodell. Es hat zuerst den allgemeinen Aufbau der SharePoint-Objekthierarchie und dann die wichtigsten Typen beschrieben. Der letzte Teil des Kapitels hat grundlegende Typen für alltägliche Aufgaben vorgestellt, mit denen Sie häufig benötigte Aktionen ausführen. Außerdem konnten Sie einige Empfehlungen lesen, wie Sie besseren und effizienteren Code schreiben. Viele der folgenden Kapitel bauen auf diesen Grundlagen auf.

Kapitel 4

LINQ to SharePoint

In diesem Kapitel:

Eines der wesentlichsten neuen Features von Microsoft SharePoint 2010 ist die Unterstützung für LINQ auf der Serverseite. Dies ist eine nützliche Alternative zum herkömmlichen Objektmodell, das Sie in Kapitel 3, »Serverobjektmodell«, kennengelernt haben. Dieses Kapitel beginnt mit einem knappen Überblick über LINQ für den Fall, dass Sie noch nicht damit vertraut sind. Anschließend erfahren Sie, wie Sie damit arbeiten und welche Rolle LINQ to SharePoint als Implementierung eines LINQ-Abfrageanbieters spielt, um Elemente in SharePoint-Listen mithilfe des LINQ-Datenzugriffsmodells abzufragen und zu verwalten. Sofern Sie sich bereits mit LINQ auskennen, können Sie den nächsten Abschnitt überspringen und direkt im Abschnitt »Grundlagen von LINQ to SharePoint« weiterlesen.

WEITERE INFORMATIONEN Über LINQ erfahren Sie mehr im Buch *Programming Microsoft LINQ in .NET 4.0* von Paolo Pialorsi und Marco Russo (Microsoft Press 2010, ISBN 978-0-7356-4057-3). Denken Sie daran, dass SharePoint auf dem Microsoft .NET Framework 3.5 aufsetzt, nicht auf der Version .NET 4.0. Dennoch eignet sich das Buch, um sich auch in LINQ to SharePoint einzuarbeiten.

Überblick über LINQ

LINQ steht für »Language Integrated Query« (dt. »in die Programmiersprache integrierte Abfrage«). Es handelt sich dabei um ein Programmiermodell, das Abfragen als zentrales Konzept in alle Microsoft .NET-Sprachen einführt. Vollständige Unterstützung für LINQ erfordert allerdings einige Erweiterungen an der verwendeten Sprache. Diese Erweiterungen steigern die Produktivität des Entwicklers, weil sie eine kürzere, aussagekräftigere und verständlichere Syntax für die Bearbeitung von Daten ermöglichen.

LINQ stellt ein Verfahren bereit, das die Implementierung aller Arten von Datenzugriff vereinfacht und vereinheitlicht. LINQ zwingt Sie nicht, eine bestimmte Architektur einzusetzen, vielmehr ermöglicht es die Implementierung mehrerer vorhandener Architekturen für den Datenzugriff, zum Beispiel:

- RAD/Prototyp
- Client/Server
- N-Tier
- Smart Client

Die Architektur von LINQ baut auf dem Konzept einer Gruppe von LINQ-Anbietern auf, die jeweils einen anderen Datenquellentyp bedienen. Abbildung 4.1 zeigt ein Schema der wichtigsten LINQ-Anbieter, die im .NET Framework 3.5/4.0 zur Verfügung stehen. In .NET Framework 3.5/4.0 und Visual Studio 2010 stellt LINQ viele fertige Anbieter bereit, die sich eignen, um auf mehrere unterschiedliche Datenquellentypen zuzugreifen:

- **LINQ to Objects** Für Abfragen von Daten und Objekthierarchien, die im Arbeitsspeicher vorliegen.
- **LINQ to SQL** Wurde speziell entwickelt, um Daten abzufragen und zu verwalten, die in einer Microsoft SQL Server-Datenbank gespeichert sind. Dabei wird ein schlanker, vereinfachter O/RM (Object-Relational Mapper) eingesetzt, der Entitäten in einer 1:1-Beziehung Tabellen zuordnet.
- **LINQ to Entities** Der zentrale O/RM, den Microsoft für den Entwurf von Lösungen auf Basis des Domänenmodells zur Verfügung stellt. Er bietet eine erhebliche Abstraktion gegenüber dem zugrunde liegenden Speicherverfahren.
- **LINQ to DataSet** Diese Implementierung ist für herkömmliche ADO.NET-*DataSet*- und *DataTable*-Typen vorgesehen. Sie wird vor allem bereitgestellt, um Abwärtskompatibilität zu gewährleisten.
- **LINQ to XML** Dies ist eine LINQ-Implementierung für XML-Inhalt. Sie ist nützlich, um XML-Knoten abzufragen, zu verwalten und aufzulisten.

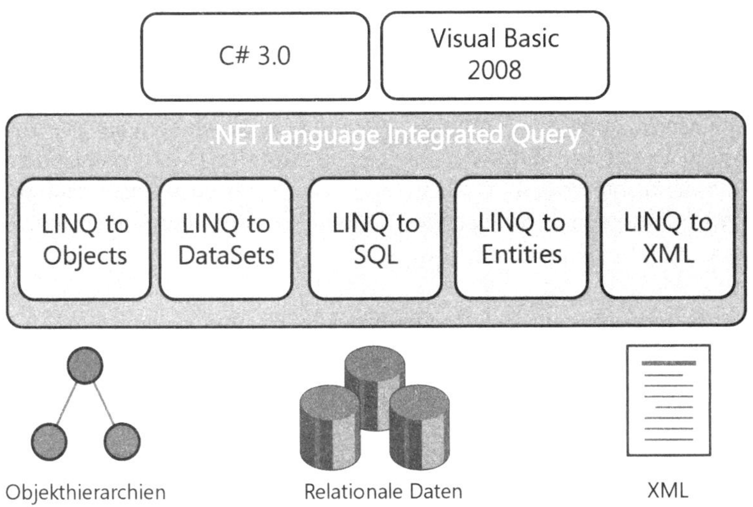

Abbildung 4.1 Grafische Darstellung der wichtigsten LINQ-Anbieter aus .NET Framework 4.0

LINQ hat vermutlich Auswirkungen darauf, wie Anwendungen programmiert werden. Es ändert aber nicht die Architektur der Anwendungen, weil sein Ziel darin besteht, einen Satz von Tools bereitzustellen, die die Implementierung erleichtern, indem sie sich an unterschiedliche Architekturen ankoppeln.

Das Ziel von LINQ

Die Daten, die ein modernes Programm verwaltet, können aus vielen unterschiedlichen Datenquellen stammen, zum Beispiel aus einem Array, einer Objekthierarchie, einem XML-Dokument, einer Datenbank, einer Textdatei, einem Registrierungsschlüssel, einer E-Mail-Nachricht, einem SOAP-Nachrichteninhalt (Simple Object Access Protocol) oder einer Microsoft Office Excel-Datei. Die Liste ließe sich fast endlos fortsetzen.

Jede Datenquelle hat ihr eigenes spezielles Datenzugriffsmodell. Wenn Sie eine Datenbank abfragen, verwenden Sie üblicherweise SQL. Dagegen navigieren Sie in XML-Daten mit dem Document Object Model (DOM) oder mit XPath/XQuery. Sie gehen in einer Schleife ein Array durch und entwickeln Algorithmen, um eine Objekthierarchie zu durchlaufen. Sie rufen bestimmte Programmierschnittstellen (Application Programming Interface, APIs) auf, um auf andere Datenquellen zuzugreifen, etwa eine Excel-Datei, eine E-Mail-Nachricht oder die Windows-Registrierung. Kurz gesagt: Sie nutzen unterschiedliche Programmiermodelle, um auf unterschiedliche Datenquellen zuzugreifen.

Es wurde schon oft versucht, die Datenzugriffstechniken in einem Modell zu vereinheitlichen. Zum Beispiel können Sie mit ODBC-Anbietern (Open Database Connectivity) eine Excel-Datei auf dieselbe Weise abfragen wie ein WMI-Repository (Windows Management Instrumentation). Bei ODBC verwenden Sie eine SQL-ähnliche Sprache, um auf Daten zuzugreifen, die in einem relationalen Modell zur Verfügung gestellt werden.

Manchmal lassen sich Daten aber sinnvoller in einem hierarchischen oder Netzwerkmodell darstellen als in einem relationalen Modell. Und wenn ein Datenmodell nicht an eine bestimmte Sprache gebunden ist, müssen Sie wahrscheinlich unterschiedliche Typsysteme verwalten. All diese Unterschiede tragen zu einer gewissen Unverträglichkeit zwischen Daten und Code bei.

LINQ versucht diese Probleme zu beseitigen, indem es eine einheitliche Methode zur Verfügung stellt, um auf Daten zuzugreifen und sie zu verwalten. Dabei zwingt es die Entwickler nicht, ein »Einheitsgrößen«-Modell einzusetzen. LINQ nutzt die gemeinsamen Fähigkeiten in der Funktionsweise unterschiedlicher Datenmodelle, es macht nicht einfach die unterschiedlichen Strukturen platt. Anders ausgedrückt: Mithilfe von LINQ behalten Sie vorhandene heterogene Datenstrukturen bei, wie beispielsweise Klassen oder Tabellen, aber erhalten eine einheitliche Syntax, um all diese Datentypen abzufragen, ganz unabhängig davon, in welcher Form sie letztlich gespeichert sind. Betrachten Sie als Beispiel die Unterschiede zwischen einer Hierarchie aus Arbeitsspeicherobjekten und relationalen Tabellen mit sorgfältig definierten Beziehungen. Mit LINQ können Sie für beide Modelle dieselbe Abfragesyntax verwenden.

Hier eine einfache LINQ-Abfrage für eine typische Softwarelösung, die die Namen aller Kunden in Italien zurückgibt.

```
var query =
    from   c in Customers
    where  c.Country == "Italy"
    select c.CompanyName;
```

Das Ergebnis dieser Abfrage ist eine Liste mit Zeichenfolgen. Diese Werte können Sie in C# mit einer *foreach*-Schleife auflisten:

```
foreach ( string name in query ) { s
    Console.WriteLine( name );
}
```

Sowohl die Abfragedefinition als auch die *foreach*-Schleife sind normale C# 3.0-Anweisungen, aber was ist *Customers*? An diesem Punkt fragen Sie sich vielleicht, was für Daten wir eigentlich abfragen. Ist diese Abfrage eine neue Form von Embedded SQL? Ganz und gar nicht. Sie können dieselbe Abfrage (und die *foreach*-Schleife) mit LINQ to SQL für eine SQL-Datenbank ausführen, mit LINQ to Entities für das DBMS eines anderen Herstellers, mit LINQ to DataSet für ein *DataSet*-Objekt, mit LINQ to Objects für ein Array aus Objekten im Arbeitsspeicher, für einen Remotedienst oder für viele andere Arten von Daten, für die spezielle LINQ-Anbieter zur Verfügung stehen.

Customers könnte eine Auflistung aus Objekten sein, wie im folgenden Beispiel:

```
Customer[] Customers;
```

Customers könnte aber auch eine Entitätsklasse sein, die eine Tabelle in einer relationalen Datenbank beschreibt:

```
DataContext db = new DataContext( ConnectionString );
Table<Customer> Customers = db.GetTable<Customer>();
```

Oder *Customers* ist eine Entitätsklasse, die ein konzeptuelles Modell beschreibt, das auf eine relationale Datenbank abgebildet wird:

```
NorthwindModel dataModel = new NorthwindModel();
ObjectSet<Customer> Customers = dataModel.Customers;
```

Und in SharePoint 2010 könnte *Customers* eine Entitätsklasse sein, die eine Auflistung aus *SPListItem*-Objekten beschreibt, die aus der *SPList*-Instanz einer Kundenliste stammt, die in SharePoint gespeichert ist:

```
MySiteContext sp = new MySiteContext ( siteUri );
EntityList<Customer> Customers = sp.GetList<Customer>("Customers");
```

Diese Beispiele machen deutlich, dass das Hauptziel von LINQ darin besteht, ein einheitliches Abfrage- und Programmiermodell zur Verfügung zu stellen, das vollständig in die Programmiersprachen integriert ist und eine Abstraktionsschicht zwischen Code und zugrunde liegender Infrastruktur einzieht.

Hinter den Kulissen von LINQ

Die Beispiele im letzten Abschnitt demonstrieren, dass eine LINQ-Abfrage beliebige Datenquellen auswerten kann, sofern dafür ein LINQ-Anbieter verfügbar ist. Da stellt sich die Frage, was hinter den Kulissen von LINQ vorgeht, damit diese Abstraktion funktioniert.

Nehmen wir an, Sie schreiben folgenden Code, in dem Sie LINQ benutzen:

```
Customer[] Customers = GetCustomers();
var query =
    from   c in Customers
    where  c.Country == "Italy"
    select c;
```

Aus dieser Abfrage generiert der Compiler folgenden Code:

```
Customer[] Customers = GetCustomers();
IEnumerable<Customer> query =
        Customers
        .Where( c => c.Country == "Italy" );
```

Wird die Abfrage komplexer, wie im folgenden Code (ab hier lasse ich die Deklaration von *Customers* weg)

```
var query =
    from    c in Customers
    where   c.Country == "Italy"
    orderby c.Name
    select  new { c.Name, c.City };
```

dann wird auch der generierte Code komplexer:

```
IEnumerable<Customer> query =
        Customers
        .Where( c => c.Country == "Italy" )
        .OrderBy( c => c.Name )
        .Select( c => new { c.Name, c.City } );
```

Der Code ruft Instanzmember des Objekts auf, das jeweils vom vorherigen Aufruf zurückgegeben wurde, im Einzelnen sieht das so aus: Er ruft *Where* für *Customers* auf, dann *OrderBy* für das Objekt, das von *Where* zurückgegeben wird, und schließlich *Select* für das Objekt, das von *OrderBy* zurückgegeben wurde. Dieses Verhalten wird durch sogenannte Erweiterungsmethoden in der Hostsprache (in diesem Fall C#) gesteuert. Die Implementierung der Methoden *Where*, *OrderBy* und *Select*, die in der Beispielabfrage aufgerufen werden, hängt vom Typ des Objekts *Customers* und von den Namespaces ab, die in den verwendeten *using*-Anweisungen angegeben sind. Erweiterungsmethoden sind ein zentrales Syntaxfeature für LINQ, sie sorgen dafür, dass für unterschiedliche Datenquellen dieselbe Syntax verwendet werden kann.

Das Basiskonzept von LINQ ist, dass Abfragen auf Objekte wirken, die entweder die Schnittstelle *IEnumerable<T>* implementieren, wenn es sich um Daten im Arbeitsspeicher handelt, oder die Schnittstelle *IQueryable<T>*, wenn die Daten aus einem externen Speicher abgerufen werden. Die Schnittstelle *IEnumerable<T>* ist folgendermaßen definiert:

```
public interface IEnumerable<T> : IEnumerable {
    IEnumerator<T> GetEnumerator();
}
```

Und hier die Definition der Schnittstelle *IQueryable<T>* mit ihrer Basisschnittstelle *IQueryable*:

```
public interface IQueryable<T> : IEnumerable<T>, IQueryable, IEnumerable {
}
public interface IQueryable : IEnumerable {
    Type ElementType { get; }
    Expression Expression { get; }
    IQueryProvider Provider { get; }
}
```

Immer wenn Sie die Ergebnisse einer Abfrage auswerten, zum Beispiel in einer *foreach*-Anweisung, ruft der Compiler die Methode *GetEnumerator* der Schnittstelle *IEnumerable<T>* auf. Zu diesem Zeitpunkt wird die Abfrage letztlich ausgeführt.

Wenn das Zielobjekt Ihrer Abfrage nur die Schnittstelle *IEnumerable<T>* implementiert, greifen die Erweiterungsmethoden für diesen Typ auf die Objekte im Arbeitsspeicher zu. LINQ to Objects und LINQ to XML arbeiten auf diese Weise.

Implementiert das Zielobjekt der Abfrage dagegen *IQueryable<T>*, bilden die Erweiterungsmethoden einen Ausdrucksbaum, der die Abfrage auf anbieterunabhängige Weise beschreibt. Der Ausdrucksbaum wird dann von der *IQueryable*-Implementierung des Zielobjekts der Abfrage verarbeitet, wobei sie auf das *IQueryProvider*-Objekt zugreift, das von der Eigenschaft *IQueryable.Provider* bereitgestellt wird. Der Abfrageanbieter wertet den Ausdrucksbaum mithilfe eines Ausdrucksbaum-Besuchers (expression tree visitor) aus und stellt eine Abfragesyntax für das konkrete Speicherverfahren zusammen. Beispielsweise generiert der Abfrageanbieter bei einem LINQ-to-SQL-Abfragemodul eine T-SQL-Abfrage, die der LINQ-Abfrage entspricht, die Sie in Ihrem .NET-Code definiert haben. Und wenn LINQ to SharePoint benutzt wird, generiert der Abfrageanbieter eine CAML-Abfrage, die für das *SPList*-Zielobjekt in der Standardabfragesyntax des Serverobjektmodells ausgeführt wird.

HINWEIS CAML steht für »Collaborative Application Markup Language«. Es ist eine XML-basierte Abfragesprache, die nützlich ist, um SharePoint-Daten zu filtern, zu sortieren und zu gruppieren.

Grundlagen von LINQ to SharePoint

Nachdem Sie nun wissen, wie LINQ prinzipiell funktioniert, können wir uns auf LINQ to SharePoint konzentrieren. Es handelt sich dabei um einen LINQ-Abfrageanbieter, der auf SharePoint-Daten zugreift. Abbildung 4.2 zeigt den Aufbau des Datenzugriffsmodells von SharePoint 2010. Sie erkennen darin, welche Rolle LINQ to SharePoint im Vergleich zu anderen Datenzugriffstechniken spielt, die in SharePoint 2010 zur Verfügung stehen.

Das Kernfeature von LINQ to SharePoint ist, dass es SharePoint-Daten in vollständig typisierter Form abfragen kann, indem es eine einheitliche Abfragesprache (LINQ) einsetzt und typisierte Entitäten ausliest.

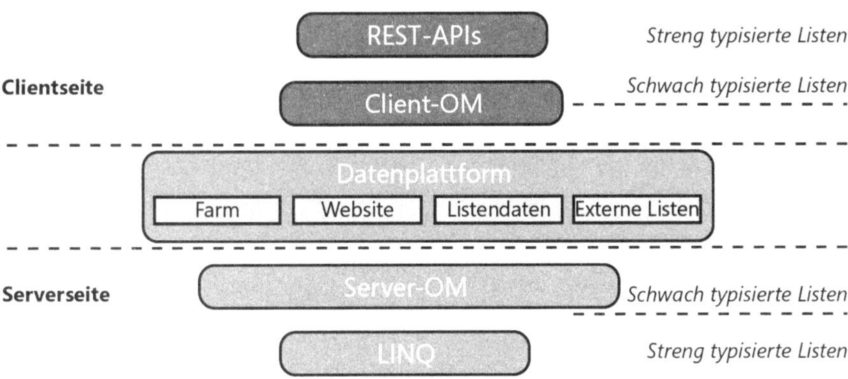

Abbildung 4.2 Das Datenzugriffsmodell von SharePoint 2010 und die Rolle von LINQ to SharePoint

Modellieren mit *SPMetal.exe*

Die erste und wichtigste Aufgabe beim Entwickeln von Lösungen, die LINQ to SharePoint nutzen, besteht darin, Modelle der typisierten Entitäten zu entwerfen. Sie können das von Hand erledigen, aber im Allgemeinen ist es sinnvoller, das spezielle Tool *SPMetal.exe* dafür zu verwenden, das Entitäten automatisch generieren kann. Sie finden das Dienstprogramm *SPMetal.exe* im Ordner *<SharePoint14_Root>\bin*. Tabelle 4.1 listet die vielen Parameter des Befehlszeilentools *SPMetal.exe* auf.

Tabelle 4.1 Parameter von *SPMetal.exe*

Argument	Beschreibung
/web:<URL>	Gibt die absolute URL der Zielwebsite an. Die Hostadresse kann *local* lauten, dann stellt das Tool die Verbindung zum Server über das Serverobjektmodell her.
/useremoteapi	Legt fest, ob die Website-URL eine Remoteadresse ist. Sie sollten diesen Parameter im Allgemeinen nicht angeben, falls irgendeine der Listen in der Website Lookupfelder enthält. Sekundäre Lookups werden vom Clientobjektmodell nicht unterstützt.
/user:<Name>	Gibt den Benutzernamen (oder die Domäne) für die Anmeldung an.
/password:<Kennwort>	Gibt das Anmeldekennwort an.
/parameters:<Datei>	Verweist auf eine XML-Datei mit Parametern für die Codegenerierung.
/code:<Datei>	Gibt den Ausgabeort für den generierten Code an (Standardeinstellung: Konsole).
/language:<Sprache>	Legt die Programmiersprache des Quellcodes fest. Gültige Werte sind *csharp* und *vb* (Standardeinstellung: wird aus der Namenserweiterung der Quellcodedatei abgeleitet).
/namespace:<Namespace>	Gibt einen Namespace an, der für automatisch generierten Code verwendet wird (Standardeinstellung: kein Namespace).
/serialization:<Typ>	Gibt einen Serialisierungstyp an. Gültige Werte sind *none* und *unidirectional* (Standardeinstellung: *none*). Die Serialisierung von Entitäten wird im Abschnitt »Unverbundene Entitäten« weiter unten in diesem Kapitel genauer behandelt.

In der Standardeinstellung gibt *SPMetal.exe* den automatisch generierten Code in die Konsole aus. Das ist außer für Tests nicht sonderlich sinnvoll, daher sollten Sie im Allgemeinen mit dem Argument */code* festlegen, dass das Tool stattdessen eine Codedatei generieren soll. Anschließend müssen Sie mit dem Argument */web* die URL der Zielwebsite angeben und das Tool anweisen, das Clientobjektmodell zu benutzen (*/useremoteapi*), sofern es sich um eine Remotewebsite handelt. Üblicherweise wird mit dem Argument */namespace* ein Namespace angegeben. Hier eine typische Befehlszeile für den Aufruf des Tools:

```
spmetal.exe /web:http://devbook.sp2010.local/ /code:devbook.cs /namespace:DevLeap.SP2010.Linq2SP
```

Wenn Sie *SPMetal.exe* ausführen, stellen Sie fest, dass es in der Standardeinstellung ein vollständiges Modell für die Zielwebsite erstellt und dabei für praktisch jeden unterstützten Inhaltstyp eine Klasse und für jede Listeninstanz (außer verborgenen Listen) eine Liste definiert. Zusätzlich erstellt das Tool eine Klasse namens *[Websitename]DataContext*, wobei *[Websitename]* für den Namen der Zielwebsite steht (ohne Leerzeichen, falls der Websitename Leerzeichen enthält). Diese Klasse bildet den Einstiegspunkt für die Nutzung von LINQ to SharePoint, sie ist von der Basisklasse *Microsoft.SharePoint.Linq.DataContext* abgeleitet. Oft brauchen Sie nicht jeden einzelnen Inhaltstyp und jede Listeninstanz der Zielwebsite zu modellieren. Meist dürfte es reichen, wenn Sie sich auf einige benutzerdefinierte Datenstrukturen beschränken, die Sie mit LINQ to SharePoint abfragen und verwalten wollen. Für diesen Zweck verwenden Sie das Befehlszeilenargument */parameters*. Sie können *SPMetal.exe* damit eine XML-Datei übergeben, die das Tool anweist, was es ignorieren und was es in das automatisch generierte Modell aufnehmen soll. Listing 4.1 zeigt ein Beispiel für eine XML-Parameterdatei, die alle üblichen Standardinhalte einer Teamwebsite ausschließt und nur die anderen Inhaltstypen und Listen übrig lässt.

Listing 4.1 XML-Parameterdatei für *SPMetal.exe*

```
<?xml version="1.0" encoding="utf-8"?>
<Web AccessModifier="Internal"
    xmlns="http://schemas.microsoft.com/SharePoint/2009/spmetal">
  <ExcludeList Name="Announcements"/>
  <ExcludeList Name="Calendar"/>
  <ExcludeList Name="Customized Reports"/>
  <ExcludeList Name="Form Templates"/>
  <ExcludeList Name="Links"/>
  <ExcludeList Name="Shared Documents"/>
  <ExcludeList Name="Site Assets"/>
  <ExcludeList Name="Site Pages"/>
  <ExcludeList Name="Style Library"/>
  <ExcludeList Name="Tasks"/>
  <ExcludeList Name="Team Discussion"/>
</Web>
```

Listing 4.1 zeigt, dass die XML-Datei auf einem benutzerdefinierten XML-Namespace basiert. Tabelle 4.2 beschreibt, welche Elemente Ihnen zur Verfügung stehen, um eine solche Datei zu definieren.

Tabelle 4.2 Verfügbare Elemente zum Definieren einer XML-Parameterdatei

Elementname	Beschreibung
Web	Das Stammelement des Schemas. Dieses Tag definiert den Namen der generierten *DataContext*-Klasse und konfiguriert das Klassenattribut. Außerdem definiert es die Zugriffsmodifizierer für die automatisch generierten Typen. In der Standardeinstellung verwendet *SPMetal.exe* den Zugriffsmodifizierer *public*.
List	Weist *SPMetal.exe* an, die angegebene Listendefinition mit aufzunehmen. Dies ist nützlich, um verborgene Listen zu modellieren. Sie können dabei den Namen der Liste im automatisch generierten Code überschreiben. Sie müssen in diesem Tag den Listennamen mit dem Attribut *Name* angeben.
ExcludeList	Schließt die Generierung der angegebenen Zielliste im Code aus. Sie müssen in diesem Tag den Listennamen mit dem Attribut *Name* angeben.
ExcludeOtherLists	Weist *SPMetal.exe* an, keine Listendefinitionen zu generieren, sofern sie nicht explizit mit einem *List*-Element eingeschlossen wurden.
IncludeHiddenLists	Legt fest, dass *SPMetal.exe* Listendefinitionen für verborgene Listen generiert. Sie dürfen dieses Element nicht zusammen mit *ExcludeOtherLists* verwenden.
ContentType	Zwingt *SPMetal.exe*, den Code für einen bestimmten Inhaltstyp, der mit *Name* angegeben wird, mit einem bestimmten Attribut zu generieren. Sie können mit diesem Tag beispielsweise einen verborgenen Inhaltstyp einschließen. Dieses Element kann in *Web*- oder *List*-Elemente eingebettet werden.
Column	Weist *SPMetal.exe* an, eine Eigenschaft für ein Feld (Websitespalte) zu generieren, das es in der Standardeinstellung nicht modelliert. Zum Beispiel können Sie auf diese Weise ein verborgenes Feld einschließen. Sie müssen in diesem Feld das Attribut *Name* angeben und darin den Namen des Felds festlegen, das mit aufgenommen werden soll.
ExcludeColumn	Schließt ein Feld aus der Codegenerierung aus. Sie müssen in diesem Element das Attribut *Name* angeben und darin den Namen des Felds festlegen, das ausgeschlossen werden soll.
ExcludeOtherColumns	Legt fest, dass die Codegenerierung für alle Spalten verhindert wird, die nicht explizit durch ein *Column*-Element aufgenommen werden.
IncludeHiddenColumns	Weist *SPMetal.exe* an, Code für verborgene Spalten zu generieren. Dieses Element darf nicht zusammen mit *ExcludeOtherColumns* verwendet werden.
ExcludeContentType	Verhindert, dass Code für den Inhaltstyp generiert wird, der im Attribut *Name* angegeben ist. Dieses Element kann in *Web*- und *List*-Elemente eingebettet werden.
ExcludeOtherContentTypes	Verhindert, dass *SPMetal.exe* Code für Inhaltstypen generiert, die nicht explizit durch ein *ContentType*-Element aufgenommen werden.
IncludeHiddenContentTypes	Weist *SPMetal.exe* an, zusätzlich Code für alle verborgenen Inhaltstypen zu generieren. Dieses Element darf nicht zusammen mit dem Element *ExcludeOtherContentTypes* verwendet werden.

Nehmen wir an, Sie haben eine Website mit mehreren benutzerdefinierten Listen: eine Standarddokumentbibliothek namens *Invoices* (Rechnungen) und eine Kontaktliste namens *DevLeap Contacts*, in der jeder Eintrag vom Typ *DevLeap Customer* (Kunde) oder *DevLeap Supplier* (Lieferant) sein kann. Beide Typen basieren auf dem Inhaltstyp *DevLeap Contact*.

HINWEIS Wie Sie diese Inhaltstypen und Listen bereitstellen, geht aus den Codebeispielen in Kapitel 10, »Bereitstellen von Daten«, hervor.

Listing 4.2 zeigt eine weitere XML-Parameterdatei, die diese benutzerdefinierten Inhaltstypen und Listen einschließt, aber alle anderen Inhaltstypen und Listen ausschließt.

Listing 4.2 XML-Parameterdatei für *SPMetal.exe*

```
<?xml version="1.0" encoding="utf-8"?>
<Web AccessModifier="Internal" xmlns="http://schemas.microsoft.com/SharePoint/2009/spmetal">
  <List Name="DevLeap Contacts">
    <ContentType Name="DevLeapContact" Class="DevLeapContact" />
    <ContentType Name="DevLeapCustomer" Class="DevLeapCustomer" />
    <ContentType Name="DevLeapSupplier" Class="DevLeapSupplier" />
  </List>
  <List Name="Invoices" />
  <ExcludeOtherLists />
</Web>
```

Wenn Sie *SPMetal.exe* mit dieser Datei ausführen, wird automatisch Code für mehrere Klassen generiert. Den Anfang macht die Klasse *DevbookDataContext*, die Einstiegspunkte für den Zugriff auf die Inhaltslisten der Zielwebsite enthält. Listing 4.3 zeigt die Definition dieser von *DataContext* abgeleiteten Klasse.

Listing 4.3 Die Klasse *DevbookDataContext*, die automatisch aus der XML-Parameterdatei aus Listing 4.2 generiert wird

```
internal partial class DevbookDataContext : Microsoft.SharePoint.Linq.DataContext {

    #region Extensibility Method Definitions
    partial void OnCreated();
    #endregion

    public DevbookDataContext(string requestUrl) :
            base(requestUrl) {
        this.OnCreated();
    }

    [Microsoft.SharePoint.Linq.ListAttribute(Name="DevLeap Contacts")]
    public Microsoft.SharePoint.Linq.EntityList<DevLeapContact> DevLeapContacts {
        get {
            return this.GetList<DevLeapContact>("DevLeap Contacts");
        }
    }

    [Microsoft.SharePoint.Linq.ListAttribute(Name="Invoices")]
    public Microsoft.SharePoint.Linq.EntityList<Document> Invoices {
        get {
            return this.GetList<Document>("Invoices");
        }
    }
}
```

Die Klasse hat einen Konstruktor, der als einziges Argument die URL der Zielwebsite übergeben bekommt. Intern ruft er die partielle Methode *OnCreated* auf, in der Sie die Kontextinitialisierung anpassen können. Darauf folgen mehrere öffentliche Eigenschaften, die den beiden modellierten Listen entsprechen (*Invoices* und *DevLeap Contacts*). Interessanterweise sind beide Eigenschaften mit dem Attribut *ListAttribute* versehen, in dem der Name der zugrunde liegenden SharePoint-Liste angegeben ist. Beide Eigenschaften sind vom Typ *EntityList<T>*, das ist der Typ, mit dem LINQ to SharePoint eine Auflistung aus typisierten Elementen darstellt.

Intern rufen diese Eigenschaften die Methode *DataContext.GetList<T>* auf. Falls Sie bereits Erfahrung mit LINQ to SQL gesammelt haben, werden Sie viele Ähnlichkeiten zwischen LINQ to SharePoint und LINQ to SQL feststellen. Die Liste *Invoices* besteht aus mehreren *Document*-Instanzen, wobei *Document* eine automatisch von *SPMetal.exe* generierte, typisierte Entität ist, die ein SharePoint-Dokument konzeptionell abbildet. Die Liste *DevLeapContacts* umfasst Elemente des Typs *DevLeapContact*, dies ist die typisierte Entität für den Basisinhaltstyp *DevLeapContact*.

Schließlich ist am Typ *DataContext* noch bemerkenswert, dass er *IDisposable* implementiert, weil er intern einige Typen benutzt, die auf unverwaltete Ressourcen zugreifen, zum Beispiel die Typen *SPSite* und *SPWeb*. Daher sollten Sie immer die Methode *Dispose* aufrufen, wenn Sie eine Instanz angelegt haben.

WEITERE INFORMATIONEN Im Abschnitt »Freigeben von Ressourcen« von Kapitel 3 wird ausführlich beschrieben, warum Sie unverwaltete Ressourcen freigeben müssen.

Abbildung 4.3 zeigt das Klassendiagramm der generierten Typen.

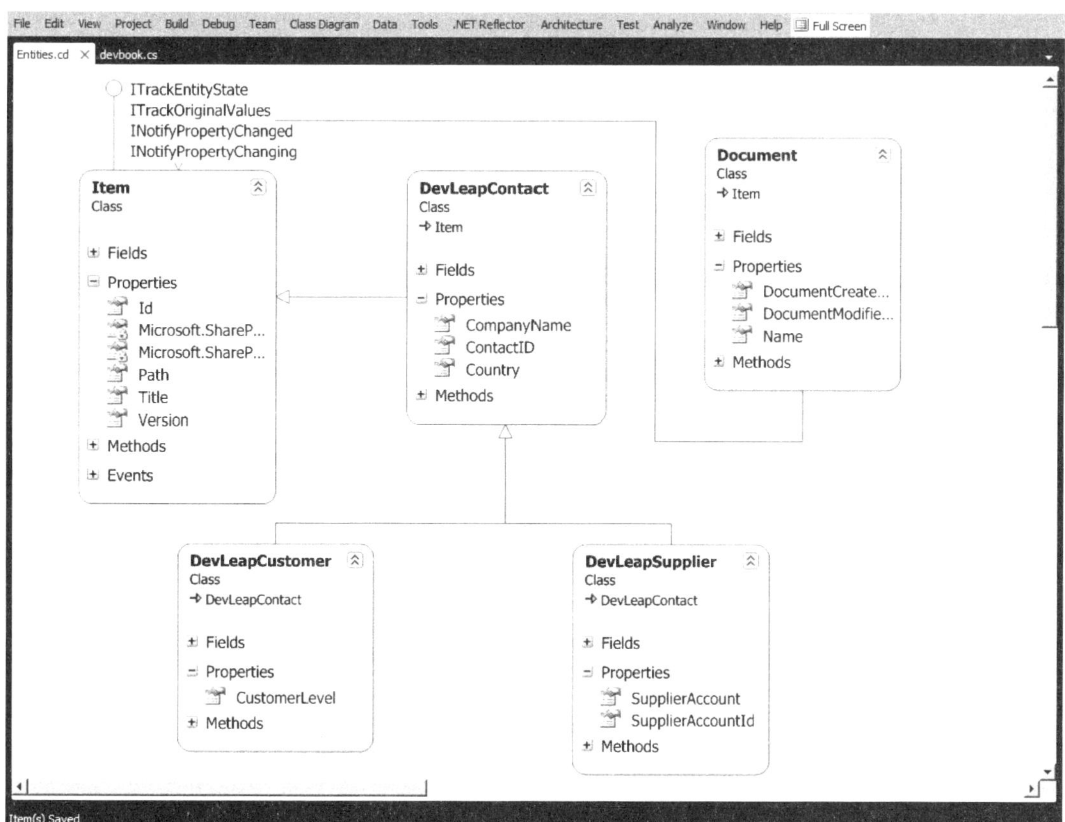

Abbildung 4.3 Klassendiagramm für typisierte Entitäten, die von *SPMetal.exe* generiert wurden

Wie in Abbildung 4.3 zu sehen, hat das Tool die Basisklasse *Item* generiert, die intern einige Infrastrukturschnittstellen für die Datenverwaltungsverfolgung (*ITrackEntityState, ITrackOriginalValues*) und die Datenbindung (*INotifyPropertyChanged, INotifyPropertyChanging*) implementiert, außerdem einige Eigenschaften für die stets benötigten Daten aller SharePoint-Listeneinträge (*Id, Path, Title* und *Version*).

Die Entität *Document* ist von *Item* abgeleitet und fügt einige dokumentspezifische Eigenschaften hinzu (*DocumentCreatedBy, DocumentModifiedBy* und *Name*). Der interessanteste Teil des Modells ist die Definition der Entitäten, die den benutzerdefinierten Inhaltstypen entsprechen. *SPMetal.exe* hat dafür die Klasse *DevLeapContact* modelliert, die von *Item* abgeleitet ist und ihrerseits die Basisklasse für die Typen *DevLeapCustomer* und *DevLeapSupplier* bildet. Das ist keine triviale Aufgabe. *SPMetal.exe* modelliert die Inhaltstypen und Listen von SharePoint und bildet sie auf ein objektorientiertes Modell aus Entitäten ab, das umfassende Vererbungsunterstützung bietet.

WICHTIG Weil Sie typisierte Entitäten brauchen, um die Inhaltstypen zu modellieren, die in der SharePoint-Zielwebsite definiert sind, ist es sinnvoll, LINQ to SharePoint nur für Websites einzusetzen, die eine genau definierte und stabile Struktur haben. Wie Sie Datenstrukturen in SharePoint richtig bereitstellen, ist in Kapitel 10 erklärt. Bei Websites, deren Struktur sich häufig ändert, ist der Einsatz von LINQ to SharePoint nicht empfehlenswert, weil Sie dann bei jeder Änderung auch das Typenmodell aktualisieren müssten. Stattdessen sollten Sie für den Zugriff und die Abfrage von Websites, die sich häufig ändern, das normale Serverobjektmodell nutzen und auf einen typisierten Ansatz verzichten.

Listing 4.4 zeigt einen Ausschnitt des Codes, der für den Basistyp *Item* generiert wird.

Listing 4.4 Der automatisch generierte Code für den Typ *Item*

```
/// <summary>
/// Neuen Listeneintrag erstellen.
/// </summary>
[Microsoft.SharePoint.Linq.ContentTypeAttribute(Name="Item", Id="0x01")]
[Microsoft.SharePoint.Linq.DerivedEntityClassAttribute(Type=typeof(DevLeapContact))]
[Microsoft.SharePoint.Linq.DerivedEntityClassAttribute(Type=typeof(Document))]
internal partial class Item : Microsoft.SharePoint.Linq.ITrackEntityState,
Microsoft.SharePoint.Linq.ITrackOriginalValues,
System.ComponentModel.INotifyPropertyChanged,
System.ComponentModel.INotifyPropertyChanging {

    // Code aus Platzgründen gekürzt ...

    #region Extensibility Method Definition
    partial void OnLoaded();
    partial void OnValidate();
    partial void OnCreated();
    #endregion

    Microsoft.SharePoint.Linq.EntityState
    Microsoft.SharePoint.Linq.ITrackEntityState.EntityState {
        get {
            return this._entityState;
        }
```

```
        set {
                if ((value != this._entityState)) {
                        this._entityState = value;
                }
        }
}

System.Collections.Generic.IDictionary<string, object>
Microsoft.SharePoint.Linq.ITrackOriginalValues.OriginalValues {
        get {
                if ((null == this._originalValues)) {
                        this._originalValues = new
                          System.Collections.Generic.Dictionary<string,
                          object>();
                }
                return this._originalValues;
        }
}

public Item() {
        this.OnCreated();
}

[Microsoft.SharePoint.Linq.ColumnAttribute(Name="ID", Storage="_id",
   ReadOnly=true, FieldType="Counter")]
public System.Nullable<int> Id {
        get {
                return this._id;
        }
        set {
                if ((value != this._id)) {
                        this.OnPropertyChanging("Id", this._id);
                        this._id = value;
                        this.OnPropertyChanged("Id");
                }
        }
}

// Code aus Platzgründen gekürzt ...

[Microsoft.SharePoint.Linq.ColumnAttribute(Name="Title", Storage="_title",
   Required=true, FieldType="Text")]
public virtual string Title {
        get {
                return this._title;
        }
        set {
                if ((value != this._title)) {
                        this.OnPropertyChanging("Title", this._title);
```

```
                        this._title = value;
                        this.OnPropertyChanged("Title");
                    }
                }
            }

    // Code aus Platzgründen gekürzt ...

}
```

Beachten Sie die Attributergänzungen für die Klassen. Sie werden speziell für LINQ to SharePoint generiert, um dem Modul die Inhaltstyp-ID (*ID=0x01*) zur Klasse *Item* mitzuteilen und anzugeben, welche Typen von dieser Basisklasse abgeleitet werden. Sie sehen, dass die Basisklasse *Item* und somit alle typisierten Entitäten in diesem Modell die Eigenschaft *EntityState* haben, die für die Implementierung der Schnittstelle *ITrackEntityState* benötigt wird, sowie die Eigenschaft *OriginalValues* vom Typ *Dictionary* für die Implementierung der Schnittstelle *ITrackOriginalValues*. Wie diese Eigenschaften genutzt werden, um den Zustand der Entitäten und Änderungen zu verfolgen, ist im Abschnitt »Verwalten von Daten« weiter unten in diesem Kapitel beschrieben. Daneben stellt die Entität zwei öffentliche Eigenschaften zur Verfügung, die für den Zugriff auf die Eigenschaften *ID* und *Title* des aktuellen Elements nützlich sind. Diese Eigenschaften sind mit dem Attribut *ColumnAttribute* markiert, in dem das zugrunde liegende Speicherfeld und die entsprechende SharePoint-Spalte angegeben sind. Und schließlich definiert die Klasse drei partielle Methoden, die Sie implementieren können, um das Verhalten des Typs beim Laden (*OnLoaded*), Überprüfen (*OnValidate*) und Erstellen (*OnCreated*) einer Typinstanz anzupassen.

Ausgehend von diesem Basistyp leitet das Tool Klassen für alle spezialisierten Entitäten ab, die den verschiedenen Inhaltstypen entsprechen. Listing 4.5 enthält einen Ausschnitt aus der Definition der Typen *DevLeapContact*, *DevLeapCustomer* und *DevLeapSupplier*.

Listing 4.5 Der automatisch generierte Code für die benutzerdefinierten *DevLeap**-Typen

```
[Microsoft.SharePoint.Linq.ContentTypeAttribute(Name="DevLeapContact",
    Id="0x0100A60F69C4B1304FBDA6C4B4A25939979F")]
[Microsoft.SharePoint.Linq.DerivedEntityClassAttribute(
   Type=typeof(DevLeapCustomer))]
[Microsoft.SharePoint.Linq.DerivedEntityClassAttribute(
   Type=typeof(DevLeapSupplier))]
internal partial class DevLeapContact : Item {
    private string _contactID;
    private string _companyName;
    private System.Nullable<Country> _country;

    #region Extensibility Method Definitions
    partial void OnLoaded();
    partial void OnValidate();
    partial void OnCreated();
    #endregion

    public DevLeapContact() {
            this.OnCreated();
    }
```

```
    [Microsoft.SharePoint.Linq.ColumnAttribute(Name="DevLeapContactID",
      Storage="_contactID", Required=true, FieldType="Text")]
    public string ContactID {
        // Code aus Platzgründen gekürzt ...
    }

    [Microsoft.SharePoint.Linq.ColumnAttribute(Name="DevLeapCompanyName",
      Storage="_companyName", FieldType="Text")]
    public string CompanyName {
        // Code aus Platzgründen gekürzt ...
    }

    [Microsoft.SharePoint.Linq.ColumnAttribute(Name="DevLeapCountry",
      Storage="_country", FieldType="Choice")]
    public System.Nullable<Country> Country {
        // Code aus Platzgründen gekürzt ...
    }
}

[Microsoft.SharePoint.Linq.ContentTypeAttribute(Name="DevLeapCustomer",
   Id="0x0100A60F69C4B1304FBDA6C4B4A25939979F01")]
internal partial class DevLeapCustomer : DevLeapContact {
    private System.Nullable<CustomerLevel> _customerLevel;

    #region Extensibility Method Definitions
    partial void OnLoaded();
    partial void OnValidate();
    partial void OnCreated();
    #endregion

    public DevLeapCustomer() {
            this.OnCreated();
    }

    [Microsoft.SharePoint.Linq.ColumnAttribute(Name="DevLeapCustomerLevel",
      Storage="_customerLevel", Required=true, FieldType="Choice")]
    public System.Nullable<CustomerLevel> CustomerLevel {
        // Code aus Platzgründen gekürzt ...
    }
}

[Microsoft.SharePoint.Linq.ContentTypeAttribute(Name="DevLeapSupplier",
   Id="0x0100A60F69C4B1304FBDA6C4B4A25939979F02")]
internal partial class DevLeapSupplier : DevLeapContact {
    // Code aus Platzgründen gekürzt ...
}
```

```
internal enum Country : int {
    None = 0,
    Invalid = 1,
    [Microsoft.SharePoint.Linq.ChoiceAttribute(Value="Italy")]
    Italy = 2,
    [Microsoft.SharePoint.Linq.ChoiceAttribute(Value="USA")]
    USA = 4,
    [Microsoft.SharePoint.Linq.ChoiceAttribute(Value="Germany")]
    Germany = 8,
    [Microsoft.SharePoint.Linq.ChoiceAttribute(Value="France")]
    France = 16,
}

internal enum CustomerLevel : int {
    None = 0,
    Invalid = 1,
    [Microsoft.SharePoint.Linq.ChoiceAttribute(Value="Level A")]
    LevelA = 2,
    [Microsoft.SharePoint.Linq.ChoiceAttribute(Value="Level B")]
    LevelB = 4,
    [Microsoft.SharePoint.Linq.ChoiceAttribute(Value="Level C")]
    LevelC = 8,
}
```

Listing 4.5 zeigt, dass die Klassen eng mit den ursprünglichen SharePoint-Typen verknüpft sind, weil jede Klasse auf ihren Inhaltstyp anhand seiner ID verweist, genauso wie der Basistyp *Item* in Listing 4.4. Und wenn Sie auf der SharePoint-Seite ein *Choice*-Feld haben (zum Beispiel *DevLeapContact.Country* und *DevLeapCustomer.CustomerLevel*), generiert das Tool einen *enum*-Typ, sodass Sie streng typisierten Zugriff auf die Auswahlwerte erhalten.

Natürlich könnten Sie all diesen Code mit demselben Ergebnis auch von Hand schreiben, davon wird aber abgeraten.

Abfragen von Daten

Sie wissen nun, wie Sie Ihre Daten mit *SPMetal.exe* modellieren und wie dieses Modell aussieht. Nun können Sie damit beginnen, Inhalt aus der Website abzufragen. Das Kernfeature dieses neuen Abfrageanbieters ist die Fähigkeit, mithilfe von LINQ-Abfragen auf den SharePoint-Inhalt zuzugreifen. Listing 4.6 enthält beispielsweise eine Abfrage, die die Titel aller Dokumente in der Liste *Invoices* ermittelt, die von einem bestimmten Benutzer erstellt wurden.

HINWEIS Um den Beispielcode aus diesem und den folgenden Abschnitten ausführen zu können, brauchen Sie einen Verweis auf die Assembly *Microsoft.SharePoint.Linq.dll*, die im Ordner *<SharePoint14_Root>\ISAPI* jedes SharePoint-Servers vorhanden ist. Außerdem sollten Sie in Ihrem Code *using*-Anweisungen für die Namespaces *Microsoft.SharePoint.Linq* und *System.Linq* deklarieren.

Listing 4.6 Eine LINQ-to-SharePoint-Abfrage für die Suche nach allen Dokumenten aus der Liste *Invoices*, die von einem bestimmten Benutzer erstellt wurden

```
using (DevbookDataContext spContext = new
    DevbookDataContext("http://devbook.sp2010.local/")) {
    var query = from i in spContext.Invoices
                where i.DocumentCreatedBy == @"SP2010DEV\PaoloPi"
                select i.Title;

    foreach (var i in query) {
            Console.WriteLine(i);
    }
}
```

Der Code in Listing 4.6 legt eine neue Instanz der Klasse *DevbookDataContext* an, wobei er die URL der Zielwebsite übergibt. Dies kann die URL einer beliebigen SharePoint-Website sein, deren Datenstruktur kompatibel zu der Website ist, für die Sie das Modell generiert haben. Damit unverwaltete Ressourcen schnell wieder freigegeben werden, verwendet der Code das Schlüsselwort *using*. Anschließend fragt er die Auflistung *Invoices* aus dem aktuellen Kontext ab, genauso wie bei jeder anderen LINQ-Abfrage. Hinter den Kulissen stellt das Abfragemodul eine CAML-Abfrage zusammen und sendet sie mithilfe einer *SPQuery*-Instanz an die Liste *Invoices*, wobei es die Methode *SPList.GetItems* aufruft. Sie können sich die automatisch generierte CAML-Abfrage ansehen, indem Sie der Eigenschaft *Log* der *DataContext*-Instanz ein *TextWriter*-Objekt zuweisen, zum Beispiel *Console.Out*, wenn Sie mit einer Konsolenanwendung arbeiten. Hier die Syntax:

```
spContext.Log = Console.Out;
```

Und so sieht der CAML-Code aus, der für die Abfrage in Listing 4.6 generiert wurde:

```
<View>
  <Query>
    <Where>
      <And>
        <BeginsWith><FieldRef Name="ContentTypeId" />
          <Value Type="ContentTypeId">0x0101</Value>
        </BeginsWith>
        <Eq>
          <FieldRef Name="Created_x0020_By" /><Value Type="Text">SP2010DEV\PaoloPi</Value>
        </Eq>
      </And>
    </Where>
  </Query>
  <ViewFields>
    <FieldRef Name="Title" />
  </ViewFields>
  <RowLimit Paged="TRUE">2147483647</RowLimit>
</View>
```

Sie können mit dem LINQ-to-SharePoint-Abfragemodul viele unterschiedliche Abfragearten definieren, mit Partitionierung (*where*), Projektion (*select*) und unter bestimmten Voraussetzungen auch mit Beziehungen (*join*). Nehmen wir an, die Dokumentliste *Invoices* hat ein Lookupfeld, dem Sie ein *DevLeapContact* aus der benutzerdefinierten Liste *DevLeap Contacts* übergeben können. Wenn Sie das Modell mit *SPMetal.exe* aktualisieren, sobald Sie ein solches Lookupfeld zur Liste *Invoices* hinzugefügt haben, stellen

Sie fest, dass die Klasse, die der Eigenschaft *Invoices* von *DataContext* zugeordnet ist, der benutzerdefinierte Typ *InvoicesDocument* geworden ist, der vom ursprünglichen Typ *Document* abgeleitet ist (Listing 4.7).

Listing 4.7 Die Definition des Typs *InvoicesDocument*

```
[Microsoft.SharePoint.Linq.ContentTypeAttribute(
   Name="Document", Id="0x0101", List="Invoices")]
internal partial class InvoicesDocument : Document {
    private Microsoft.SharePoint.Linq.EntityRef<DevLeapContact> _devLeapContact;

    // Code aus Platzgründen gekürzt ...

    public InvoicesDocument() {
            this._devLeapContact = new
               Microsoft.SharePoint.Linq.EntityRef<DevLeapContact>();
            this._devLeapContact.OnSync += new System.EventHandler
             <Microsoft.SharePoint.Linq.AssociationChangedEventArgs
               <DevLeapContact>> (this.OnDevLeapContactSync);
            this._devLeapContact.OnChanged += new System.EventHandler(
              this.OnDevLeapContactChanged);
            this._devLeapContact.OnChanging += new System.EventHandler(
              this.OnDevLeapContactChanging);
            this.OnCreated();
    }

    [Microsoft.SharePoint.Linq.AssociationAttribute(
        Name="DevLeap_x0020_Contact", Storage="_devLeapContact",
        MultivalueType=Microsoft.SharePoint.Linq.AssociationType.Single,
        List="DevLeap Contacts")]
    public DevLeapContact DevLeapContact {
            get {
                     return this._devLeapContact.GetEntity();
            }
            set {
                     this._devLeapContact.SetEntity(value);
            }
    }

    private void OnDevLeapContactChanging(object sender, System.EventArgs e) {
            this.OnPropertyChanging("DevLeapContact", this._devLeapContact.Clone());
    }

    private void OnDevLeapContactChanged(object sender, System.EventArgs e) {
            this.OnPropertyChanged("DevLeapContact");
    }
```

```
        private void OnDevLeapContactSync(object sender,
          Microsoft.SharePoint.Linq.AssociationChangedEventArgs<DevLeapContact> e) {
              if ((Microsoft.SharePoint.Linq.AssociationChangedState.Added ==
                 e.State)) {
                      e.Item.InvoicesDocument.Add(this);
              }
              else {
                      e.Item.InvoicesDocument.Remove(this);
              }
        }
    }
```

Dieser neue Typ hat eine Eigenschaft namens *DevLeapContact*, vom gleichnamigen Typ *DevLeapContact*, die intern mit einem privaten Speicherfeld vom Typ *EntityRef<DevLeapContact>* arbeitet. Außerdem legt der Typkonstruktor automatisch eine Instanz dieses Felds an und registriert einige Ereignishandler, um die Synchronisierung der Verknüpfung zwischen *InvoicesDocument* und dem zugehörigen *DevLeapContact* zu verwalten.

Auf der anderen Seite wurde der Typ *DevLeapContact* ebenfalls geändert. Er hat nun eine öffentliche Eigenschaft vom Typ *Microsoft.SharePoint.Linq.EntitySet<InvoicesDocument>*, die einen Verweis auf alle Rechnungen (invoices) des aktuellen Kontakts enthält.

Jetzt kommt der geniale Punkt: Sie können eine LINQ-Abfrage definieren, die diese Entitäten verknüpft. Und Sie können die Entitäten verzögert laden, wenn Sie die zugehörigen Elemente dynamisch durchsuchen. Listing 4.8 zeigt eine Beispielabfrage mit einer *join*-Syntax.

Listing 4.8 Eine LINQ-to-SharePoint-Abfrage, die Kontakte und Rechnungen mit *join* verknüpft

```
using (DevbookDataContext spContext = new
   DevbookDataContext("http://devbook.sp2010.local/")) {

    var query = from c in spContext.DevLeapContacts
                join i in spContext.Invoices on c.Id equals i.DevLeapContact.Id
                select new { c.ContactID, c.Title, InvoiceTitle = i.Title };

    // Abfrageergebnisse weiterverarbeiten ...
}
```

Die Ausgabe dieser Abfrage ist ein Satz neuer anonymer Typen, die *ID* und *Title* des Kontakts sowie *Title* der Rechnung liefern. Dabei wird folgende CAML-Abfrage an SharePoint gesendet:

```
<View>
  <Query>
    <Where>
      <And>
        <BeginsWith>
          <FieldRef Name="ContentTypeId" />
          <Value Type="ContentTypeId">0x010100</Value>
        </BeginsWith>
```

```
        <BeginsWith>
          <FieldRef Name="DevLeap_x0020_ContactContentTypeId" />
          <Value Type="Lookup">0x0100A60F69C4B1304FBDA6C4B4A25939979F</Value>
        </BeginsWith>
      </And>
    </Where>
    <OrderBy Override="TRUE" />
  </Query>
  <ViewFields>
    <FieldRef Name="DevLeap_x0020_ContactDevLeapContactID" />
    <FieldRef Name="DevLeap_x0020_ContactTitle" />
    <FieldRef Name="Title" />
  </ViewFields>
  <ProjectedFields>
    <Field Name="DevLeap_x0020_ContactDevLeapContactID" Type="Lookup"
        List="DevLeap_x0020_Contact" ShowField="DevLeapContactID" />
    <Field Name="DevLeap_x0020_ContactTitle" Type="Lookup"
        List="DevLeap_x0020_Contact" ShowField="Title" />
    <Field Name="DevLeap_x0020_ContactContentTypeId" Type="Lookup"
        List="DevLeap_x0020_Contact" ShowField="ContentTypeId" />
  </ProjectedFields>
  <Joins>
    <Join Type="INNER" ListAlias="DevLeap_x0020_Contact">
      <!--List Name: DevLeap Contacts-->
      <Eq>
        <FieldRef Name="DevLeap_x0020_Contact" RefType="ID" />
        <FieldRef List="DevLeap_x0020_Contact" Name="ID" />
      </Eq>
    </Join>
  </Joins>
  <RowLimit Paged="TRUE">2147483647</RowLimit>
</View>
```

Beachten Sie die Elemente *ProjectedFields* und *Joins* im CAML-Code. Listing 4.9 zeigt das verzögerte Laden in Aktion.

Listing 4.9 Eine LINQ-to-SharePoint-Abfrage, die das verzögerte Laden nutzt

```
using (DevbookDataContext spContext = new
   DevbookDataContext("http://devbook.sp2010.local/")) {

    var query = from c in spContext.DevLeapContacts
                select c;

    foreach (var c in query) {
        Console.WriteLine(c.Title);
        foreach (var i in c.InvoicesDocument) {
            Console.WriteLine(i.Title);
        }
    }
}
```

Die erste LINQ-Abfrage aus Listing 4.9 wird in CAML konvertiert und innerhalb des ersten, äußeren *foreach*-Blocks an SharePoint übermittelt. Wenn anschließend der innere *foreach*-Block die Auflistung *InvoicesDocument* des aktuellen Kontakts durchgeht, führt das LINQ-to-SharePoint-Modul automatisch eine CAML-Abfrage aus, um alle Rechnungen abzurufen, die zum aktuellen Kontakt gehören. Das ist das Standardverhalten, Sie können es ändern, indem Sie der Eigenschaft *DeferredLoadingEnabled* des *DataContext*-Objekts den Wert *false* zuweisen:

```
spContext.DeferredLoadingEnabled = false;
```

Sofern Sie mit LINQ vertraut sind, verwenden Sie wahrscheinlich hierarchisch gruppierte Abfragen, bei denen Sie die *join into*-Klausel (auch als Gruppenverknüpfung bezeichnet) nutzen. Auf diese Weise brauchen Sie keine separate Abfrage auszuführen, um die Rechnungen für jeden einzelnen Kontakt abzurufen. Der LINQ-to-SharePoint-Abfrageanbieter weist aber einige Einschränkungen auf, die dadurch verursacht werden, dass er hinter den Kulissen CAML-Abfragen ausführt. Zum Beispiel können Sie mit CAML nicht mehrere Listen auf einmal abfragen, sodass es nicht möglich ist, eine Gruppenverknüpfung auszuführen. Listing 4.10 zeigt einen Codeausschnitt, der eine nicht unterstützte Gruppenverknüpfungsabfrage deklariert.

Listing 4.10 Eine nicht unterstützte LINQ-to-SharePoint-Abfragesyntax

```
using (DevbookDataContext spContext = new
   DevbookDataContext("http://devbook.sp2010.local/")) {

    var query = from c in spContext.DevLeapContacts
                join i in spContext.Invoices on c.Id equals i.DevLeapContact.Id
                into invoices
                select new { c.Id, c.Title, Invoiced = invoices };
}
```

Wenn Sie versuchen, eine solche Abfrage auszuführen, löst der LINQ-to-SharePoint-Abfrageanbieter eine Ausnahme aus, die etwa so aussieht:

```
Unbehandelte Ausnahme: System.InvalidOperationException: Die Abfrage verwendet nicht unterstützte Elemente, z.B. Verweise auf mehrere Listen, oder die Projektion einer vollständigen Entität mithilfe von 'EntityRef/EntitySet'.
```

LINQ to SharePoint unterstützt auch keine Multi-Fetch-Abfragen, die Abfragen über mehrere Listen ausführen oder Klauseln für andere Felder als *Lookup*-Felder miteinander verknüpfen. Sie können auch keine Abfragen über mehrere Websites definieren oder Abfragen, die auf unterschiedliche *DataContext*-Instanzen zugreifen. Und schließlich ist es nicht möglich, mathematische Funktionen zu nutzen, weil CAML sie nicht unterstützt. Allgemein gesagt unterstützt LINQ to SharePoint keine Abfragen, die sich nicht in CAML-Syntax umsetzen lassen.

WEITERE INFORMATIONEN Eine vollständige Liste der nicht unterstützten Syntax und Befehle finden Sie in MSDN Online unter *http://msdn.microsoft.com/de-de/library/ee536585.aspx*.

Verwalten von Daten

Der letzte Abschnitt hat gezeigt, dass LINQ to SharePoint eine bequeme Syntax zum Ausführen von CAML-Abfragen mit einem vollständig typisierten Ansatz bietet. Auch wenn das für Ihre Anforderungen ausreicht, sollten Sie wissen, dass LINQ to SharePoint Ihnen Zugriff auf Daten über eine Art SharePoint-spezifischen O/RM bietet, das heißt, dass Sie auch Daten über LINQ to SharePoint und seinen vollständig typisierten Ansatz verwalten (einfügen, aktualisieren, löschen) können.

Für den Einstieg hier ein kurzes Beispiel. Der Code in Listing 4.11 fragt einen bestimmten Kontakt in der Liste *DevLeap Contacts* ab, wobei er eine LINQ-to-SharePoint-Abfrage ausführt, und ändert dann die Eigenschaft *Country* des zurückgegebenen Elements.

Listing 4.11 Ändern einer Entität mit LINQ to SharePoint

```
using (DevbookDataContext spContext = new DevbookDataContext(
    "http://devbook.sp2010.local/")) {

    var contact = (from c in spContext.DevLeapContacts
                   where c.ContactID == "PP001"
                   select c).FirstOrDefault();

    // Wurde der Kontakt gefunden?
    if (contact != null) {
        contact.Country = Country.USA;
        spContext.SubmitChanges();
    }
}
```

Wie Listing 4.11 demonstriert, ist der Ablauf sowohl simpel als auch intuitiv. Sie brauchen lediglich das Objekt abzurufen, seine Eigenschaften zu ändern und schließlich die Änderungen zu bestätigen, indem Sie die Methode *SubmitChanges* des *DataContext*-Objekts aufrufen. Sie können *SubmitChanges* als Gegenstück zur Methode *Update* im normalen Serverobjektmodell sehen. Immer wenn Sie eine Instanz einer Entität ändern, die ein Element in einer SharePoint-Liste abbildet, ändern Sie die Arbeitsspeicherkopie dieser Daten, nicht die SharePoint-Inhaltsdatenbank. Das ist dasselbe Prinzip wie beim Serverobjektmodell. Hinter den Kulissen zeichnet das LINQ-to-SharePoint-Modul die Änderungen auf, daher können Sie sie in der tatsächlichen Inhaltsdatenbank speichern, indem Sie die Methode *DataContext.SubmitChanges* aufrufen.

Intern stellt die Basisklasse *DataContext* eine Objektverfolgung (die interne Klasse *EntityTracker*) zur Verfügung, die alle Änderungen verfolgt, die Sie an den Arbeitsspeicherkopien der typisierten Entitäten vornehmen. Wie Sie bereits im vorherigen Abschnitt gesehen haben, implementiert die Basisklasse *Item*, von der alle LINQ-to-SharePoint-Entitäten abgeleitet sind, die Schnittstelle *ITrackEntityState*. Diese Schnittstelle definiert die Eigenschaft *EntityState*, die einen der folgenden Werte haben kann:

- ***Unchanged*** Die Entität wurde nicht verändert.
- ***ToBeInserted*** Die Entität ist neu und wird in die übergeordnete Liste eingefügt, sobald Sie *SubmitChanges* aufrufen.
- ***ToBeUpdated*** Die Entität wurde geändert und wird in der Inhaltsdatenbank aktualisiert, sobald Sie *SubmitChanges* aufrufen.

- ***ToBeDeleted*** Die Entität wurde gelöscht und wird endgültig aus der Inhaltsdatenbank entfernt, sobald Sie *SubmitChanges* aufrufen.
- ***ToBeRecycled*** Die Entität wurde gelöscht und wird in den Papierkorb verschoben, sobald Sie *SubmitChanges* aufrufen.
- ***Deleted*** Die Entität wurde gelöscht oder in den Papierkorb verschoben.

Wenn Sie beispielsweise die Eigenschaft *EntityState* des Kontakts in Listing 4.11 prüfen, stellen Sie fest, dass die Entität den Status *Unchanged* hat, unmittelbar nachdem sie abgerufen wurde. Sobald Sie aber die Eigenschaft *Country* geändert haben, wechselt der Status auf *ToBeUpdated*. Und nachdem Sie die Methode *SubmitChanges* aufgerufen haben, wird der Status wieder auf *Unchanged* zurückgesetzt, weil die Entität mit der Inhaltsdatenbank synchronisiert wurde.

Diese Nachverfolgung wird standardmäßig völlig transparent zur Verfügung gestellt, wenn Sie eine *DataContext*-Instanz anlegen und modellierte Entitäten abrufen. Beachten Sie, dass die Nachverfolgung nicht bei anonymen Typen funktioniert, die Sie über LINQ-Abfragen mit benutzerdefinierter Projektion abrufen. Dieses Verhalten wirkt sich aber auf Leistung und Ressourcenverbrauch aus. Wenn Sie daher keine Daten verwalten müssen (weil Sie zum Beispiel Inhalt nur lesen und anzeigen wollen), können Sie den Entitätsnachverfolgungsdienst deaktivieren, indem Sie die Eigenschaft *ObjectTrackingEnabled* der Klasse *DataContext* auf den Wert *false* setzen:

```
spContext.ObjectTrackingEnabled = false;
```

Auf den nächsten Seiten sehen Sie anhand konkreter Beispiele, wie Sie Daten verwalten und das LINQ-to-SharePoint-Nachverfolgungsmodul nutzen. Ein Beispiel, wie Sie ein Element aktualisieren, hat bereits Listing 4.11 vorgestellt, daher gehe ich nicht mehr auf diese Operation ein.

Einfügen eines neuen Elements

Um ein neues Element in eine Liste einzufügen, legen Sie zuerst die Elementinstanz an, genauso wie bei jedem anderen .NET-Objekt. Anschließend konfigurieren Sie seine Eigenschaften, und schließlich fügen Sie das neue Element zu seiner übergeordneten Liste hinzu und speichern die Änderungen in der Inhaltsdatenbank. Der Code in Listing 4.12 zeigt diesen Ablauf.

Listing 4.12 Einfügen eines neuen Elements in eine Liste mithilfe von LINQ to SharePoint

```
using (DevbookDataContext spContext = new
    DevbookDataContext("http://devbook.sp2010.local/")) {
     DevLeapCustomer newCustomer = new DevLeapCustomer {
         Title = "Andrea Pialorsi",
         ContactID = "AP001",
         CompanyName = "DevLeap",
         Country = Country.Italy,
         CustomerLevel = CustomerLevel.LevelA,
     };

     spContext.DevLeapContacts.InsertOnSubmit(newCustomer);
     spContext.SubmitChanges();
}
```

Die entscheidende Stelle in diesem Beispiel ist neben dem Aufruf der Methode *SubmitChanges*, die Sie bereits kennen, der Aufruf der Methode *InsertOnSubmit* der Klasse *EntityList<T>*, die der Eigenschaft *DevLeapContacts* des *DataContext*-Objekts zugrunde liegt. Sie übergeben der Methode *InsertOnSubmit* ein Element, das in die Zielliste eingefügt wird, sobald Sie *SubmitChanges* aufrufen. Die an die Methode übergebene Entität nimmt den Status *ToBeInserted* an. Beachten Sie, dass die Methode *InsertOnSubmit* vollständig typisiert ist, wie durch den generischen Typ *T* der Klasse *EntityList<T>* definiert. Daher können Sie die Methode in Listing 4.12 aufrufen, indem Sie ihr ein Objekt vom Typ *DevLeapContact* oder einem davon abgeleiteten Typ übergeben, etwa *DevLeapCustomer* oder *DevLeapSupplier*.

Die Klasse *EntityList<T>* stellt auch die Methode *InsertAllOnSubmit* zur Verfügung, mit der Sie statt einer einzelnen Entität eine ganze Gruppe von Entitäten einfügen können. Dieser Methode übergeben Sie ein Argument vom Typ *IEnumerable<T>*, also eine Auflistung der Elemente, die eingefügt werden sollen.

Löschen eines vorhandenen Elements

Ein Element zu löschen funktioniert ganz ähnlich wie das Einfügen eines neuen Elements. Die Klasse *EntityList<T>* stellt die Methoden *DeleteOnSubmit* sowie *DeleteAllOnSubmit* zur Verfügung, die ähnlich wie die Methoden aus dem vorherigen Abschnitt arbeiten. *DeleteOnSubmit* hat einen einzelnen Parameter, in dem Sie das Element übergeben, das gelöscht werden soll. Der Methode *DeleteAllOnSubmit* übergeben Sie eine Auflistung vom Typ *IEnumerable<T>* mit den Elementen, die gelöscht werden sollen. Beide Methoden löschen die Zielelemente dauerhaft aus der Inhaltsdatenbank, sobald Sie die Aktion durch den Aufruf von *SubmitChanges* bestätigen. SharePoint stellt auch einen Papierkorb zur Verfügung, daher enthält die Klasse *EntityList<T>* einige Methoden, die Elemente nicht dauerhaft löschen, sondern stattdessen in den Papierkorb verschieben. Diese Methoden heißen *RecycleOnSubmit* und *RecycleAllOnSubmit*. Listing 4.13 zeigt einen Codeausschnitt, der ein Element löscht beziehungsweise in den Papierkorb verschiebt.

Listing 4.13 Löschen eines Elements aus einer Liste mithilfe von LINQ to SharePoint

```
using (DevbookDataContext spContext = new DevbookDataContext(
    "http://devbook.sp2010.local/")) {
    var contact = (from c in spContext.DevLeapContacts
                   where c.ContactID == "AP001"
                   select c).FirstOrDefault();

    // Wurde der Kontakt gefunden?
    if (contact != null) {
        if (recycle) {
            spContext.DevLeapContacts.RecycleOnSubmit(contact);
        }
        else {
            spContext.DevLeapContacts.DeleteOnSubmit(contact);
        }
        spContext.SubmitChanges();
    }
}
```

Fortgeschrittene Themen

Dieser Abschnitt behandelt fortgeschrittene Themen zu LINQ to SharePoint. Dies sind unter anderem das Verwalten von Konflikten, das Arbeiten mit den Identitätsverwaltungsdiensten, das Verarbeiten verbindungsloser Entitäten, die Unterstützung von Versionen und das Erweitern des Entitätsmodells.

Behandeln von Konflikten

Bei einer Infrastruktur zur Datenverwaltung, die auch ohne ständige Verbindung zum Quellrepository funktioniert, ist es unvermeidlich, dass Konflikte auftreten. Jedes Mal, wenn Sie irgendwelche Daten einfügen, aktualisieren oder löschen, arbeiten Sie mit einer Arbeitsspeicherkopie des Inhalts. Daher besteht keine Garantie, dass Ihre Änderungen vom Backendspeicher tatsächlich übernommen werden, wenn Sie *SubmitChanges* aufrufen. Wenn Sie beispielsweise auf ein Element einer Liste zugreifen und seine Eigenschaften ändern, kann es sein, dass jemand anders dasselbe Element gleichzeitig ändert. Sobald Sie dann versuchen, Ihre Änderungen in das Backendrepository zu speichern, wird eine Ausnahme wegen des Konflikts ausgelöst.

Glücklicherweise bietet LINQ to SharePoint eine durchdachte und vollständige Unterstützung für solche Konflikte. Die Methode *SubmitChanges* hat drei Überladungen:

```
public void SubmitChanges();
public void SubmitChanges(ConflictMode failureMode);
public void SubmitChanges(ConflictMode failureMode, bool systemUpdate);
```

Die erste Überladung dürfte Ihnen bereits vertraut sein (sie wurde in vielen der bisherigen Codelistings verwendet). Die zweite und dritte Überladung haben einen Parameter vom Typ *ConflictMode*; dies ist ein *enum*, der folgendermaßen definiert ist:

```
public enum ConflictMode {
    ContinueOnConflict,
    FailOnFirstConflict
}
```

Die verfügbaren Werte haben folgende Bedeutung:

- ***ContinueOnConflict*** Falls ein Konflikt auftritt, überspringt die *DataContext*-Instanz die betroffenen Elemente, fährt aber mit dem Speichern der Änderungen aller Elemente fort, bei denen keine Konflikte auftreten. Wenn beim Ausführen der Methode *SubmitChanges* Konflikte aufgetreten sind, löst sie eine Ausnahme des Typs *ChangeConflictException* aus, damit Sie die Konflikte anschließend untersuchen und über das weitere Vorgehen entscheiden können.
- ***FailOnFirstConflict*** Die Methode *SubmitChanges* bricht die Verarbeitung ab, sobald irgendein Konflikt auftritt. Auch bei dieser Variante wird eine Ausnahme des Typs *ChangeConflictException* ausgelöst, damit Sie den Konflikt untersuchen und über das weitere Vorgehen entscheiden können. Alle Veränderungen, die vor dem ersten Konflikt verarbeitet wurden, bleiben in der Inhaltsdatenbank gespeichert.

HINWEIS Die dritte Überladung hat zusätzlich den *Boolean*-Parameter *systemUpdate*, der nicht direkt mit der Behandlung von Konflikten zu tun hat. Er ermöglicht es Ihnen, die Inhaltsdatenbank zu aktualisieren, ohne die Versionsnummern der geänderten Elemente hochzuzählen. In der Standardeinstellung verwendet die parameterlose *SubmitChanges*-Überladung für *ConflictMode* den Wert *FailOnFirstConflict* und für *systemUpdate* den Wert *false*.

Wenn Sie Änderungen an die Inhaltsdatenbank übergeben und dabei ein Konflikt auftritt, können Sie eine *ChangeConflictException*-Ausnahme abfangen, deren Beschreibung sich am typischen Webeinsatz von SharePoint orientiert. Hier als Beispiel die Eigenschaft *Message* einer Ausnahme, die bei einem Konflikt ausgelöst wird:

```
Die von Ihnen vorgenommenen Änderungen stehen im Konflikt zu gleichzeitig von einem anderen Benutzer durch-
geführten Änderungen. Wenn Sie wollen, dass Ihre Änderungen wirksam werden, klicken Sie auf die
Schaltfläche "Zurück" Ihres Browsers, aktualisieren Sie die Seite, und senden Sie Ihre Änderungen erneut
ab.
```

Um Konflikte zu lösen, können Sie die Eigenschaft *ChangeConflicts* der *DataContext*-Instanz untersuchen. Diese Eigenschaft enthält eine Auflistung mit Objekten des Typs *ObjectChangeConflict*, die Sie durchgehen können, um alle Elemente zu untersuchen, die einen Konflikt ausgelöst haben. Jede *ObjectChangeConflict*-Instanz hat eine Eigenschaft namens *Object*, sie ist vom Typ *System.Object* und verweist auf das aktuelle Konfliktelement. Sie können diese Eigenschaft in eine Instanz der tatsächlichen Zielentität konvertieren. Außerdem können Sie untersuchen, welche Member des aktuellen Elements den Konflikt verursachen, indem Sie die Eigenschaft *MemberConflicts* jeder *ObjectChangeConflict*-Instanz durchgehen. Jedes Element der Auflistung *MemberConflicts* hat den Typ *MemberChangeConflict*, es liefert detaillierte Informationen über den Memberkonflikt. Sie erfahren unter anderem den Namen und den Typ des Members, den ursprünglichen Wert des Members, als Sie die Entität aus der SharePoint-Inhaltsdatenbank abgerufen hatten, den aktuellen Wert im Arbeitsspeicher und den aktuellen Wert in der Inhaltsdatenbank.

Auf Basis dieser Informationen versuchen Sie, Konflikte zu beseitigen, indem Sie die Methode *Resolve* aufrufen. Sie hat sowohl in *ObjectChangeConflict* als auch *MemberChangeConflict* mehrere Überladungen. Sie entscheiden mit der Methode *Resolve* sozusagen, welche Werte Vorrang haben, die des aktuellen Benutzers oder die in der Inhaltsdatenbank (von anderen gleichzeitig aktiven Benutzern).

Hier die Überladungen für die Methode *Resolve* der Klasse *ObjectChangeConflict*:

```
public void Resolve();
public void Resolve(RefreshMode refreshMode);
public void Resolve(RefreshMode refreshMode, bool autoResolveDeletes);
```

Der Parameter *RefreshMode* ist bei diesen Methodenüberladungen der interessantere, weil Sie damit festlegen, wie die Konflikte aufgelöst werden. *RefreshMode* ist ein *enum*-Typ, der folgendermaßen definiert ist:

```
public enum RefreshMode {
    KeepChanges,
    KeepCurrentValues,
    OverwriteCurrentValues
}
```

Das Verhalten der Methode *ObjectChangeConflict.Resolve* hängt davon ab, welchen *RefreshMode*-Wert Sie übergeben:

- ***KeepChanges*** Übernimmt die aktuellen Änderungen des Benutzers, sofern welche gemacht wurden, andernfalls lädt sie erneut die Werte aus der Inhaltsdatenbank. Dies ist eine Synchronisierung mit der Inhaltsdatenbank, ohne dass die Änderungen des Benutzers verloren gehen.
- ***KeepCurrentValues*** Räumt den aktuellen Werten des Benutzers Vorrang gegenüber den aktuellen Werten in der Datenbank ein.
- ***OverwriteCurrentValues*** Übernimmt für alle Eigenschaften die neuesten Werte aus der Inhaltsdatenbank (die Werte des anderen gleichzeitig aktiven Benutzers haben Vorrang).

Die erste Überladung von *ObjectChangeConflict.Resolve* verwendet für *RefreshMode* intern den Wert *KeepChanges*. Die dritte Überladung hat einen *Boolean*-Parameter namens *autoResolveDeletes*. Wenn Sie darin *false* übergeben, löst das Entitätsnachverfolgungsmodul eine *InvalidOperationException* aus, falls das Zielelement gelöscht wurde.

Tabelle 4.3 enthält eine Matrix der möglichen Werte, die das Verhalten der Methode *ObjectChangeConflict.Resolve* verständlich macht.

Tabelle 4.3 Verhalten der Methode *ObjectChangeConflict.Resolve*

RefreshMode	Ursprüngliche Werte	Aktuelle Werte	Datenbankwerte	Endgültige Werte
KeepChanges	Country = Italy Company = A	Country = USA Company = A	Country = Germany Company = B	Country = USA Company = B
KeepCurrentValues	Country = Italy Company = A	Country = USA Company = A	Country = Germany Company = B	Country = USA Company = A
OverwriteCurrentValues	Country = Italy Company = A	Country = USA Company = A	Country = Germany Company = B	Country = Germany Company = B

Die Methode *MemberChangeConflict.Resolve* arbeitet praktisch genauso wie ihr Gegenstück in der Klasse *ObjectChangeConflict*. Sie ändert allerdings nur jeweils ein Member, nicht die gesamte Entität. Die Methode hat folgende Überladungen:

```
public void Resolve(RefreshMode refreshMode);
public void Resolve(object value);
```

Die erste Überladung funktioniert genauso wie in *ObjectChangeConflict*, wirkt sich aber nur auf das aktuelle Member aus. In der zweiten Überladung können Sie einen benutzerdefinierten Wert übergeben, der zwangsweise in die Inhaltsdatenbank geschrieben wird. Auf diese Weise können Sie also den endgültigen Wert des Members nach Belieben festlegen, Sie können sogar einen neuen Wert angeben, der sich vom aktuellen, ursprünglichen oder Datenbankwert unterscheidet.

Schließlich gibt es noch die Methode *ResolveAll* der Klasse *ChangeConflictCollection*. Sie ist nützlich, wenn Sie alle Konflikte auf einen Schlag auflösen wollen, indem Sie bei allen Konflikten dieselbe Auflösungslogik anwenden.

Listing 4.14 zeigt ein vollständiges Codebeispiel, wie Sie Konflikte mit LINQ to SharePoint verwalten.

Listing 4.14 Verwalten von Konflikten mit LINQ to SharePoint

```
using (DevbookDataContext spContext = new
   DevbookDataContext("http://devbook.sp2010.local/")) {
    var contacts = from c in spContext.DevLeapContacts
                   where c.Country == Country.Italy
                   select c;

    String conflictingItemID = contacts.FirstOrDefault().ContactID;

    foreach (var item in contacts) {
        item.CompanyName += String.Format(" - geändert am {0}", DateTime.Now);
    }
```

```
// Vor dem Speichern der Änderungen simuliert der Code einen Konflikt,
// indem er einen der Einträge über einen anderen DataContext ändert.
using (DevbookDataContext spContextOther =
    new DevbookDataContext("http://devbook.sp2010.local/")) {
    var conflictingItem = (from c in spContextOther.DevLeapContacts
                           where c.ContactID == conflictingItemID
                           select c).FirstOrDefault();

    conflictingItem.Country = Country.USA;
    spContextOther.SubmitChanges();
}
try {
    spContext.SubmitChanges(ConflictMode.ContinueOnConflict)
}
catch (ChangeConflictException ex) {
    Console.WriteLine(ex.Message);

    // Konflikteinträge durchgehen.
    foreach (var conflict in spContext.ChangeConflicts) {
        // Prüfen, ob der Eintrag von jemand anders gelöscht wurde.
        if (conflict.IsDeleted) {
            Console.WriteLine("Das Element wurde gelöscht, daher können " +
                "Ihre Änderungen leider nicht angewendet werden!");
        }
        else {
            // Typisierten Verweis auf den Konflikteintrag abrufen.
            DevLeapContact contact = conflict.Object as DevLeapContact;

            // Wenn der Eintrag vom Typ DevLeapContact ist.
            if (contact != null) {
                Console.WriteLine("Kontakt mit ID {0} verursacht Konflikt!",
                    contact.ContactID);

                // Konfliktmember durchgehen.
                foreach (var member in conflict.MemberConflicts) {
                    Console.WriteLine("Member {0} verursacht Konflikt.\n\t" +
                    "Aktueller Wert: {1}\n\tOriginalwert: " +
                    "{2}\n\tDatenbankwert: {3}",
                        member.Member.Name,
                        member.CurrentValue,
                        member.OriginalValue,
                        member.DatabaseValue);
                }
                Console.WriteLine("Treffen Sie Ihre Wahl: Datenbankwert " +
                  "überschreiben (Y) oder aktuelle Werte verwerfen (N)?");
                String choice = Console.ReadLine().ToLower();
```

```
                    switch (choice) {
                        case "y":
                        case "yes":
                            conflict.Resolve(RefreshMode.KeepChanges, true);
                            break;
                        case "n":
                        case "no":
                            conflict.Resolve(RefreshMode.OverwriteCurrentValues,
                              true);
                            break;
                        default:
                            break;
                    }
                }
            }
        }
        spContext.SubmitChanges();
    }
}
```

Listing 4.14 verwendet mehrere *DataContext*-Instanzen, um einen Konflikt zu simulieren. Der Code fragt den Endbenutzer über die Textoberfläche, wie er den generierten Konflikt lösen möchte. Außerdem demonstriert er, dass LINQ to SharePoint umfangreiche Fähigkeiten bietet, um Konflikte zu beseitigen. Es wird dadurch zu einer ausgereiften Technologie, die sich bestens für Unternehmenslösungen eignet.

Identitätsverwaltung und Aktualisierung

Das Fundament jedes O/RM-Frameworks ist ein Modul, das im Allgemeinen als Identitätsverwaltungsdienst bezeichnet wird. Es verhindert, dass mehrere Instanzen derselben Entität im Arbeitsspeicher vorliegen. Auch LINQ to SharePoint stellt einen solchen Dienst bereit. Sehen Sie sich dazu den Beispielcode aus Listing 4.15 an.

Listing 4.15 Verhalten des Identitätsverwaltungsdienstes

```
using (DevbookDataContext spContext = new DevbookDataContext(
    "http://devbook.sp2010.local/")) {

    var contacts = from c in spContext.DevLeapContacts
                   where c.CompanyName.Contains("DevLeap")
                   select c;

    // Eigenschaft Country des ersten Kontakts ändern.
    contacts.FirstOrDefault().Country = Country.USA;

    // Alle abgerufenen Kontakte anzeigen.
    foreach (var c in contacts) {
        Console.WriteLine("Kunde mit ID {0} hat Länderwert {1}",
            c.ContactID, c.Country);
    }
```

```
        Console.WriteLine("------------------");

        // Dieselben Kontakte mit einer anderen LINQ-Abfrage abrufen.
        var otherContacts = from c in spContext.DevLeapContacts
                            where c.CompanyName.Contains("DevLeap")
                            select c;

        // Alle neu abgerufenen Kontakte anzeigen.
        foreach (var c in otherContacts) {
            Console.WriteLine("Kunde mit ID {0} hat Länderwert {1}",
                c.ContactID, c.Country);
        }

        // Prüfen, ob die ersten 2 Kontaktinstanzen derselbe Kontakt sind.
        Console.WriteLine("Haben die Kontakte denselben Hashcode? {0}",
            contacts.FirstOrDefault().GetHashCode() ==
                otherContacts.FirstOrDefault().GetHashCode());
    }
```

Der Code ruft aus der Liste *DevLeap Contacts* die Kontakte ab, bei denen die Eigenschaft *CompanyName* den Wert *"DevLeap"* enthält, und ändert die Eigenschaft *Country* des ersten Kontakts auf *"USA"*. Eine zweite LINQ-Abfrage ruft dieselbe Kontaktliste ab, um zu prüfen, ob das Ergebnis aus der Inhaltsdatenbank oder den vorhandenen Arbeitsspeicherinstanzen stammt. Um das zu ermitteln, gibt der Code den *Country*-Wert aller abgerufenen Kontakte aus und vergleicht die Hashwerte der ersten beiden Instanzen der abgerufenen Kontakte.

Der Code aus Listing 4.15 gibt diesen Text im Konsolenfenster aus:

```
Kunde mit ID PP001 hat Länderwert USA
Kunde mit ID AP001 hat Länderwert Italy
------------------
Kunde mit ID PP001 hat Länderwert USA
Kunde mit ID AP001 hat Länderwert Italy
Haben die Kontakte denselben Hashcode? True
```

Wie erwartet sind die Entitäten also dieselben. Anders ausgedrückt: Die geänderte Kontaktinstanz hat Vorrang gegenüber der Instanz, die aus der Inhaltsdatenbank abgerufen wurde. Hinter den Kulissen führt LINQ to SharePoint tatsächlich zwei Abfragen der Inhaltsdatenbank aus. Weil die in der zweiten Abfrage angeforderten Entitäten aber bereits im Arbeitsspeicher vorliegen, ignoriert der Identitätsverwaltungsdienst die Daten aus der Inhaltsdatenbank und verwendet stattdessen die Daten aus den vorhandenen Arbeitsspeicherinstanzen. Sie fragen sich vielleicht, warum er überhaupt die Datenbankabfrage ausführt, statt gleich direkt die Arbeitsspeicherdaten zu verwenden und die Datenbank zu schonen. Der Grund ist, dass das Modul die Ergebnisse aus der Datenbank mit den vorhandenen Arbeitsspeicherentitäten *zusammenführt*. Wenn es in der Datenbank mehr Elemente gibt als im Arbeitsspeicher, führt das Modul die neuen aus der Datenbank mit denen zusammen, die bereits im Arbeitsspeicher vorliegen. Das ist ein sehr sinnvolles Verhalten, weil es verhindert, dass Daten und Instanzen dupliziert werden. Sie sollten aber auf jeden Fall wissen, was im Hintergrund tatsächlich vorgeht.

Angesichts dieses Verhaltens fragen Sie sich wahrscheinlich, wie Sie eine Entität aus der Inhaltsdatenbank aktualisieren können, also eine vorhandene Arbeitsspeicherinstanz ignorieren. Für diese Aufgaben können Sie einfach eine unterschiedliche *DataContext*-Instanz verwenden, sofern es keine zwingenden

Gründe gibt, dieselbe *DataContext*-Instanz zu behalten. Ist Letzteres der Fall, können Sie die Methode *Refresh* der Klasse *DataContext* aufrufen, die folgende Überladungen hat:

```
public void Refresh(RefreshMode mode, IEnumerable entities);
public void Refresh(RefreshMode mode, params object[] entities);
public void Refresh(RefreshMode mode, object entity);
```

Alle diese Überladungen haben einen Parameter vom Typ *RefreshMode*, den Sie bereits im vorherigen Abschnitt, »Behandeln von Konflikten«, kennengelernt haben. Je nachdem, welchen Wert Sie im Parameter *RefreshMode* übergeben, lädt die Methode *Refresh* die Daten entweder neu aus der Inhaltsdatenbank (*OverwriteCurrentValues*) oder führt Ihre geänderten Werte mit denen aus der Inhaltsdatenbank zusammen (*KeepChanges*). Der Wert *KeepCurrentValues* ist bei der Methode *Refresh* nur sehr selten nützlich, weil er lediglich erzwingt, dass die Entitäten die Werte aus dem Arbeitsspeicher benutzen.

Unverbundene Entitäten

In Softwarelösungen mit verteilter Architektur ist es manchmal nötig, eine Entität zu serialisieren, über das Netzwerk an eine Remotewebsite oder einen Verbraucher zu übertragen und später wieder zurückzuholen, damit sie dauerhaft gespeichert werden kann. Wenn Ihre Daten in SharePoint gespeichert sind, ist LINQ to SharePoint eine interessante Lösung, um in einem solchen verbindungslosen Szenario zu arbeiten. Wenn Sie mit *SPMetal.exe* das Entitätsmodell generieren und dabei das Befehlszeilenargument */serialization:unidirectional* angeben, markiert das Tool alle generierten Entitäten mit dem Attribut *DataContract* des Serialisierungsmoduls aus der .NET 3.x Runtime. Daraufhin sind Ihre Entitäten serialisierbar und können als Inhalt einer Windows Communication Foundation-Nachricht genutzt werden.

WEITERE INFORMATIONEN Wenn Sie sich genauer über die Windows Communication Foundation informieren wollen, sollten Sie das Buch *Windows Communication Foundation 4 Step by Step* von John Sharp (Microsoft Press 2010, ISBN 978-0-7356-2336-1) lesen.

Listing 4.16 zeigt einen Codeausschnitt, der eine LINQ-to-SharePoint-Entität serialisiert.

Listing 4.16 Serialisieren einer LINQ-to-SharePoint-*DevLeapContact*-Entität

```
using (DevbookDataContext spContext = new DevbookDataContext(
    "http://devbook.sp2010.local/")) {

    spContext.DeferredLoadingEnabled = false;

    var contact = (from c in spContext.DevLeapContacts
                   where c.ContactID == "PP001"
                   select c).FirstOrDefault();

    // Wurde der Kontakt gefunden?
    if (contact != null) {
        // Eine DataContractSerializer-Instanz vorbereiten.
        DataContractSerializer dcs = new
           DataContractSerializer(typeof(DevLeapContact),
            new Type[] { typeof(DevLeapCustomer), typeof(DevLeapSupplier) });
```

```
        // Den Objektbaum serialisieren.
        using (XmlWriter xw = XmlWriter.Create(Console.Out)) {
            dcs.WriteObject(xw, contact);
            xw.Flush();
        }
    }
}
```

Beachten Sie die Zeile, die *DeferredLoadingEnabled* deaktiviert. Damit werden Zirkelbezüge während der Serialisierung der Entität verhindert. Listing 4.17 zeigt den XML-Code, der vom *DataContractSerializer*-Modul generiert wird.

Listing 4.17 XML-Code zum Serialisieren einer *DevLeapContact*-Entität mit *DataContractSerializer*

```
<?xml version="1.0"?>
<DevLeapContact xmlns:i="http://www.w3.org/2001/XMLSchema-instance"
  i:type="DevLeapCustomer"
  xmlns="http://schemas.datacontract.org/2004/07/DevLeap.SP2010.Linq2SP">
    <_entityState>Unchanged</_entityState>
    <_id>1</_id>
    <_originalValues xmlns:d2p1=
      "http://schemas.microsoft.com/2003/10/Serialization/Arrays" i:nil="true" />
    <_path>/Lists/DevLeap Contacts</_path>
    <_title>Paolo Pialorsi</_title>
    <_version>19</_version>
    <_companyName>DevLeap</_companyName>
    <_contactID>PP001</_contactID>
    <_country>Italy</_country>
    <_invoicesDocument xmlns:d2p1=
      "http://schemas.datacontract.org/2004/07/Microsoft.SharePoint.Linq">
        <d2p1:Loaded>true</d2p1:Loaded>
        <d2p1:entities />
    </_invoicesDocument>
    <_customerLevel>LevelB</_customerLevel>
</DevLeapContact>
```

Der XML-Stream enthält die privaten Basisfelder der Entität, ihre ursprünglichen Werte und den Entitätsstatus. Der generierte XML-Code ist somit keine Ideallösung für eine plattformübergreifende Interoperabilitätslösung, kann aber eingesetzt werden, um WCF-Verbraucher mit WCF-Diensten zu verbinden (von .NET zu .NET).

Wenn der Verbraucher Änderungen an den empfangenen serialisierten Entitäten vornimmt und sie zurück an den Server sendet, können Sie auf der Dienstseite die Methode *Attach* der Klasse *EntityList<T>* aufrufen, um die Entität wieder mit der *DataContext*-Instanz zu verknüpfen und die Inhaltsdatenbank zu aktualisieren. Hier die Signatur dieser Methode:

```
public void Attach(TEntity entity);
```

Sie übergeben der Methode einfach die Entität, die Sie wieder mit dem *DataContext*-Nachverfolgungsmodul verknüpfen wollen.

HINWEIS Dieses Serialisierungsverhalten mag zwar wie eine großartige Gelegenheit aussehen, um Unternehmenslösungen mit SharePoint als Backendspeicher zu entwerfen, Sie müssen sich aber darüber im Klaren sein, dass Sie SharePoint nicht als Persistenzspeicher nutzen sollten, wenn Sie Tausende von Elementen haben, die Datensätzen entsprechen. Es ist eindeutig besser, ein externes DBMS mit maßgeschneidertem Schema, Indizes und gespeicherten Prozeduren zu verwenden. Wenn Sie Ihre externen Inhalte als normale SharePoint-Liste anzeigen müssen, können Sie stattdessen auf die Business Connectivity Services zurückgreifen, die in Kapitel 25, »Business Connectivity Services«, beschrieben werden. Bei Software mit verteilter Architektur sollten Sie eine persistenzunabhängige Datenzugriffsschicht einplanen, die ignoriert, wie, wo und was die Persistenz ist.

Modellerweiterungen und Versionsverwaltung

Das letzte Thema in diesem Kapitel ist die Verwaltung von Modellerweiterungen und die Versionsverwaltung der Entitäten. Sehen wir uns zuerst einige Beispiele an. Nehmen wir an, Sie haben ein genau definiertes LINQ-to-SharePoint-Modell wie das, das am Anfang dieses Kapitels erstellt wurde. Nach einiger Zeit ändert ein fortgeschrittener Benutzer das von Ihnen entworfene Datenschema, indem er eine benutzerdefinierte Spalte – etwa für die Adresse – zum Inhaltstyp *DevLeapCustomer* hinzufügt. Damit Sie auf diese neue Eigenschaft Zugriff haben, müssen Sie das Modell mit *SPMetal.exe* aktualisieren, wobei auch die Entitätsdefinition erneuert wird. Es ist aber nicht immer möglich, das Entitätsmodell zu aktualisieren und neue Versionen aller bereitgestellten Assemblys einzuspielen.

Betrachten Sie nun eine andere Situation, in der Sie einen Inhaltstyp haben, der einen benutzerdefinierten Feldtyp nutzt, und Sie diesen Inhaltstyp mit LINQ to SharePoint nutzen möchten. Dummerweise unterstützt *SPMetal.exe* keine benutzerdefinierten Feldtypen. Sie müssen den Code zum Lesen und Schreiben des benutzerdefinierten Feldtyps daher getrennt verwalten.

WEITERE INFORMATIONEN Kapitel 11, »Entwickeln benutzerdefinierter Felder«, beschreibt die Entwicklung und Verwendung benutzerdefinierter Feldtypen genauer.

Um auch in solchen Situationen LINQ to SharePoint einsetzen zu können, können Sie für Entitäten, die Sie erweitern oder aktualisieren wollen, die Schnittstelle *ICustomMapping* implementieren. Diese Schnittstelle wurde speziell dafür entworfen, die Erweiterung von LINQ-to-SharePoint-Entitäten zu erleichtern. Sie ist folgendermaßen definiert:

```
public interface ICustomMapping {
    void MapFrom(object listItem);
    void MapTo(object listItem);
    void Resolve(RefreshMode mode, object originalListItem, object databaseListItem);
}
```

Die Methoden *MapFrom* und *MapTo* haben einen Parameter vom Typ *Object*, der intern eine *SPListItem*-Instanz ist, die dem nativen SharePoint-Element hinter der aktuellen Entität entspricht. Mit der Methode *MapFrom* lesen Sie untypisierte Werte aus der unkonvertierten *SPListItem*-Instanz und konfigurieren eine Eigenschaft (oder tun irgendetwas anderes) in der Entität. Die Methode *MapTo* schreibt diese Eigenschaften zurück in das zugrunde liegende *SPListItem*-Objekt. Die Methode *Resolve* löst Konflikte auf, ähnlich wie die bereits vorgestellten Methoden von *ObjectChangeConflict* und *MemberChangeConflict*. In diesem Fall ist es die Aufgabe der Projektentwickler, das Verhalten beim Auftreten eines Konflikts festzulegen. Listing 4.18 zeigt einen benutzerdefinierten Entitätstyp, der mit *SPMetal.exe* erstellt wurde und über die Schnittstelle *ICustomMapping* erweitert wird.

Listing 4.18 Implementieren der Schnittstelle *ICustomMapping*

```
internal partial class DevLeapCustomer : ICustomMapping {

    private String _address;
    public String Address {
        get { return (this._ address); }
        set { this._ address = value; }
    }

    [CustomMapping(Columns = new String[] { "*" })]
    public void MapFrom(object listItem) {
        SPListItem item = listItem as SPListItem;
        if (item != null) {
            this.Address = item["address"].ToString();
        }
    }

    public void MapTo(object listItem) {
        SPListItem item = listItem as SPListItem;
        if (item != null) {
            item["address "] = this.Address;
        }
    }

    public void Resolve(RefreshMode mode, object originalListItem,
      object databaseListItem) {
        // Code aus Platzgründen gekürzt
    }
}
```

Beachten Sie das Attribut *CustomMapping*, mit dem die Methode *MapFrom* markiert ist. Dieses Attribut identifiziert neue Spalten, die mit der Methode *MapFrom* abgebildet werden. Sie müssen ihm ein Array mit den *InternalName*-Werten der unterstützten Spalten übergeben. In diesem Beispiel nimmt das Attribut *CustomMapping* beliebige neue Spalten an (»*«), damit neue Versionen sinnvoll erstellt werden können.

Zusammenfassung

In diesem Kapitel haben Sie erfahren, wie Sie mithilfe von LINQ to SharePoint ein Modell der SharePoint-Daten als Satz von typisierten Entitäten erstellen, dieses Entitätsmodell abfragen und Daten verwalten, die von den LINQ-Abfragen zurückgeliefert werden. Zuletzt haben Sie sich in einige fortgeschrittene Themen eingearbeitet, darunter die Verwaltung von Konflikten, Identitätsverwaltung, Serialisierung und Versionsverwaltung von Entitäten.

Kapitel 5

Clientseitige Technologien

In diesem Kapitel:

Ein weiteres leistungsfähiges neues Feature von Microsoft SharePoint 2010 sind die umfangreichen Bibliotheken und Tools, die es für die Entwicklung clientseitiger Lösungen zur Verfügung stellt. Vor SharePoint 2010 waren die einzigen eingebauten Methoden, um zwischen SharePoint und einer Verbraucheranwendung zu kommunizieren, die Verwendung von WebDAV oder SharePoint-ASMX-Webdiensten. Diese beiden Kommunikationstechniken wiesen aber erhebliche Einschränkungen auf und waren nicht gerade einfach zu benutzen. Mit dem Erfolg von Web 2.0 und dem Bedarf an einer dynamischen Webbenutzeroberfläche ist es unverzichtbar geworden, die herkömmlichen Ansätze hinter sich zu lassen. In diesem Kapitel erfahren Sie, wie Sie die neuen clientseitigen Technologien nutzen, die SharePoint 2010 für die Implementierung von Web-2.0-Lösungen sowie clientseitige Lösungen bereitstellt, die auf SharePoint 2010-Daten zugreifen.

Architekturüberblick

Ich beginne mit einem Architekturüberblick der verfügbaren Technologien. Abbildung 5.1 zeigt die Architektur des neuen Datenzugriffsmodells von SharePoint 2010, wie Sie es bereits aus dem vorherigen Kapitel 4, »LINQ to SharePoint«, kennen.

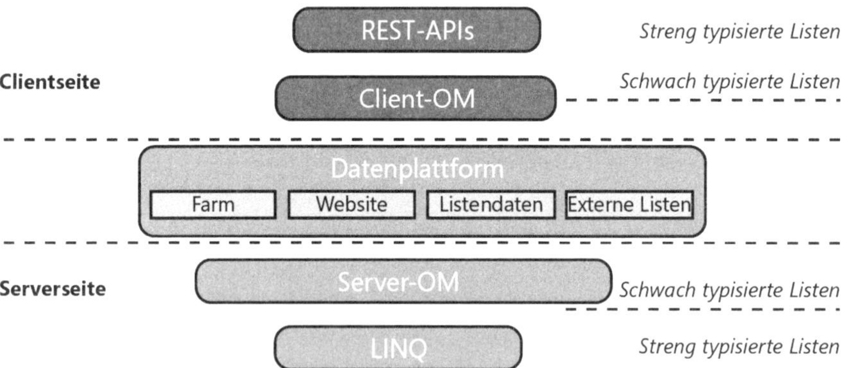

Abbildung 5.1 Die Architektur des SharePoint 2010-Datenzugriffsmodells und die Rolle des Clientobjektmodells

Wenn Sie mit einem streng typisierten Verfahren auf SharePoint-Daten zugreifen müssen, können Sie die REST-API nutzen, die das sogenannte »Open Data Protocol« verwendet (auch als OData bezeichnet). Wenn Sie dagegen lediglich über schwach typisierte Entitäten auf Daten zugreifen wollen, können Sie das SharePoint-Clientobjektmodell nutzen.

WEITERE INFORMATIONEN Über das Open Data Protocol erfahren Sie mehr auf der offiziellen Website zu diesem Protokoll unter *http://www.odata.org/*.

Unabhängig davon, ob Sie einen streng typisierten oder schwach typisierten Ansatz bevorzugen, arbeiten hinter den Kulissen dieselben Datenbasiselemente, die auch das Serverobjektmodell und LINQ to SharePoint unterstützen.

Das SharePoint-Clientobjektmodell

Das SharePoint-Clientobjektmodell ist ein Satz von Bibliotheken und Klassen, mit denen Sie über ein bestimmtes Objektmodell auf SharePoint-Daten zugreifen. Dieses Objektmodell können Sie als Teilmenge des SharePoint-Serverobjektmodells betrachten.

HINWEIS Das Clientobjektmodell kann als Paket für x86- oder x64-Plattformen heruntergeladen und weitergegeben werden. Sie finden das Paket auf der Microsoft-Website unter *http://www.microsoft.com/downloads/en/details.aspx?FamilyID=b4579045-b183-4ed4-bf61-dc2f0deabe47.*

Abbildung 5.2 zeigt die Gesamtarchitektur des Clientobjektmodells.

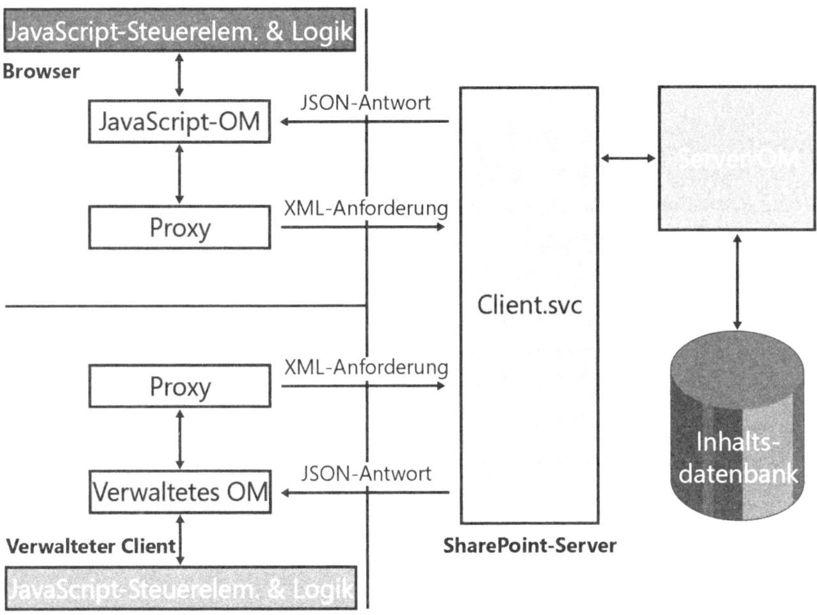

Abbildung 5.2 Die Architektur des Clientobjektmodells von SharePoint 2010

Der größte Vorteil des Clientobjektmodells ist, dass es mehrere Plattformen unterstützt. Sie können es in jeder verwalteten .NET-Anwendung einsetzen, sogar in einer Silverlight-Lösung oder irgendeiner Lösung, die ECMAScript-Code ausführen kann. Hinter den Kulissen greifen alle diese Plattformen auf einen neuen WCF-Dienst namens *Client.svc* zu, der im Ordner */_vti_bin/* der aktuellen Website veröffentlicht wird. Der Dienst nimmt XML-Anforderungen entgegen und liefert JSON-Antworten (JavaScript Object Notation) zurück. Die folgenden Abschnitte stellen diese unterschiedlichen Varianten des Clientobjektmodells genauer vor.

Das verwaltete Clientobjektmodell

Das verwaltete Clientobjektmodell (managed client object model) baut auf einem Satz verwalteter .NET-Assemblys auf, die im Ordner *<SharePoint14_Root>\ISAPI* liegen. Diese Assemblys sind *Microsoft.SharePoint.Client.dll* und *Microsoft.SharePoint.Client.Runtime.dll.* Sie können in jedem 32-Bit- oder 64-Bit-.NET-3.5-Projekt darauf verweisen.

Sobald Sie einen Verweis auf diese Assemblys haben, müssen Sie zuerst eine Instanz der Klasse *ClientContext* aus dem Namespace *Microsoft.SharePoint.Client* anlegen. Diese Klasse steht für den Clientkontext, in dem Sie arbeiten. Sie agiert außerdem als der Proxy für den SharePoint-Server, auf den Sie zugreifen. Sie können sich die Klasse *ClientContext* als clientseitige Version der Klasse *SPContext* vorstellen. Sie hat mehrere Konstruktoren, denen Sie die URL der Zielwebsite als Argument vom Typ *String* oder *System.Uri* übergeben. Wenn Sie einen gültigen Verweis auf die *ClientContext*-Instanz haben, können Sie auf ihre Eigenschaften *Site* und *Web* zugreifen. Sie enthalten Verweise auf die Websitesammlung beziehungsweise die Website, mit der Sie arbeiten. In Listing 5.1 sehen Sie einen Codeausschnitt, der den Inhalt einer Kontaktliste aus der aktuellen Website abfragt.

HINWEIS Wie Sie diese Inhaltstypen und Listen bereitstellen, erklären die Codebeispiele in Kapitel 10, »Bereitstellen von Daten«.

Listing 5.1 Inhalt einer Kontaktliste abfragen

```
// Aktuellen ClientContext öffnen.
ClientContext ctx = new ClientContext("http://devbook.sp2010.local/");

// Verweis auf die aktuelle Websitesammlung vorbereiten.
Site site = ctx.Site;
ctx.Load(site);

// Verweis auf die aktuelle Website vorbereiten.
Web web = site.RootWeb;
ctx.Load(web);

// Verweis auf die Liste "DevLeap Contacts" vorbereiten.
List list = web.Lists.GetByTitle("DevLeap Contacts");
ctx.Load(list);

// Vorbereitete Befehle für den Ziel-ClientContext ausführen.
ctx.ExecuteQuery();

// Titel der gerade abgerufenen Liste anzeigen.
Console.WriteLine(list.Title);

// Abfrage für alle Einträge der Liste vorbereiten.
CamlQuery query = new CamlQuery();
query.ViewXml = "<View/>";
ListItemCollection allContacts = list.GetItems(query);
ctx.Load(allContacts);

// Vorbereiteten Befehl für den Ziel-ClientContext ausführen.
ctx.ExecuteQuery();

// Ergebnisse auflisten.
Console.WriteLine("\nKontakte");
foreach (ListItem listItem in allContacts) {
```

```
        Console.WriteLine("Id: {0} - Voller Name: {1} - Firma: {2} - Land: {3}",
            listItem["DevLeapContactID"],
            listItem["Title"],
            listItem["DevLeapCompanyName"],
            listItem["DevLeapCountry"]
            );
    }
```

Jedes Mal, wenn Sie auf ein Objekt zugreifen wollen, müssen Sie zuerst eine Anforderung für dieses Objekt hinzufügen, indem Sie die Methode *Load<T>* der Klasse *ClientContext* aufrufen. Sie können beliebig viele Objekte laden. Viele clientseitige Objekte haben einen Typnamen, der dem des Gegenstücks im Serverobjektmodell gleicht, allerdings fehlt auf der Clientseite das Präfix *SP*. So werden aus *SPWeb* oder *SPSite* auf der Serverseite also *Web* beziehungsweise *Site* auf der Clientseite. Sobald alles vorbereitet ist, um eine Abfrage an SharePoint zu senden, rufen Sie die Methode *ExecuteQuery* der *ClientContext*-Instanz auf. Dabei ist interessant, mit welcher Syntax in Listing 5.1 die Elemente der Zielliste abgefragt werden. Dieses Beispiel verwendet eine Instanz der Klasse *CamlQuery*, die an die Methode *GetItems* der *List*-Instanz übergeben wird, die für die entsprechende Liste auf dem Client steht.

Das Clientobjektmodell stellt zwar nur eine Untermenge der Klassen und Methoden des Serverobjektmodells zur Verfügung, das Objektmodell ist aber umfangreich und deckt viele Typen ab. Aus diesem Grund werden hier nicht alle Typen beschrieben. Stattdessen konzentriert sich dieser Abschnitt auf den praktischen Einsatz. Weiter unten in diesem Kapitel folgen außerdem konkrete Praxisbeispiele.

HINWEIS Eine Referenz aller Typen und Member des verwalteten Clientobjektmodells finden Sie auf MSDN Online unter *http://msdn.microsoft.com/de-de/library/ee536622.aspx.*

Ein wichtiger Punkt ist die Authentifizierung gegenüber dem SharePoint-Server. In der Standardeinstellung arbeitet das Clientobjektmodell mit integrierter Windows-Authentifizierung. Es gibt aber Fälle, in denen Sie eine formularbasierte Authentifizierung (Forms-Based Authentication, FBA) oder einen benutzerdefinierten Authentifizierungsmechanismus einsetzen. Die Klasse *ClientContext*, beziehungsweise ihre Basisklasse *ClientRuntimeContext*, stellt die Eigenschaften *AuthenticationMode* und *FormsAuthenticationLoginInfo* zur Verfügung, mit denen Sie FBA-Anmeldeinformationen konfigurieren können. Das nächste Codebeispiel zeigt, wie Sie den Startcode in Listing 5.1 ändern sollten:

```
ClientContext ctx = new ClientContext("http://devbook.sp2010.local/");
ctx.AuthenticationMode = ClientAuthenticationMode.FormsAuthentication;
FormsAuthenticationLoginInfo loginInfo = new FormsAuthenticationLoginInfo {
    LoginName = "Benutzername",
    Password = "IhrKennwort",
};
ctx.FormsAuthenticationLoginInfo = loginInfo;
```

HINWEIS Das Verhalten des SharePoint-Clientobjektmodells ändert sich unter Umständen, wenn Sie es innerhalb einer öffentlichen Website mit einer anonymen Benutzersitzung verwenden. Es gibt sogar Methoden (zum Beispiel *List.GetItems*), die standardmäßig nicht von einem anonymen Benutzer aufgerufen werden können. Natürlich können Sie die Standardberechtigungen so ändern, dass auch anonyme Benutzer solche Methoden ausführen dürfen.

Außerdem ist wichtig, dass das Datenabrufmodul des Clientobjektmodells nicht alle Eigenschaften der geladenen Elemente abruft. Das soll die Leistung steigern und den Netzwerkverkehr verringern. Wenn Sie beispielsweise wie in Listing 5.1 die Elemente einer Liste abfragen und versuchen, auf die Eigenschaft *DisplayName* eines Elements zuzugreifen, wird eine Ausnahme des Typs *PropertyOrFieldNotInitializedException* ausgelöst. Sie enthält folgende Beschreibung:

```
Unbehandelte Ausnahme: Microsoft.SharePoint.Client.PropertyOrFieldNotInitializedException: Die Eigenschaft oder das Feld wurde nicht initialisiert. Es ist keine Anforderung erfolgt, oder die Anforderung wurde nicht ausgeführt. Ggf. muss eine ausdrückliche Anforderung erfolgen.
```

Tabelle 5.1 listet die Eigenschaften auf, die nicht automatisch abgerufen werden. Wenn Sie sie brauchen, müssen Sie sie explizit bei den clientseitigen Typen anfordern.

HINWEIS Einzelheiten zu den Datenabrufrichtlinien finden Sie in MSDN Online unter *http://msdn.microsoft.com/de-de/library/ee539350.aspx.*

Tabelle 5.1 Eigenschaften, die im Clientobjektmodell nicht automatisch abgerufen werden

Typ	Standardmäßig nicht verfügbare Eigenschaften
Folder	*ContentTypeOrder, UniqueContentTypeOrder*
List	*BrowserFileHandling, DataSource, EffectiveBasePermissions, HasUniqueRoleAssignments, IsSiteAssetsLibrary, OnQuickLaunch, RoleAssignments, SchemaXml, ValidationFormula, ValidationMessage*
ListItem	*DisplayName, EffectiveBasePermissions, HasUniqueRoleAssignments, RoleAssignments*
SecurableObject	*HasUniqueRoleAssignments, RoleAssignments*
Site	*Usage*
Web	*EffectiveBasePermissions, HasUniqueRoleAssignments, RoleAssignments*

Listing 5.2 zeigt, wie Sie die *ClientContext*-Instanz anweisen, zu jeder *ListItem*-Instanz die Eigenschaften *DisplayName* und *RoleAssignments* abzurufen.

Listing 5.2 Inhalt einer Kontaktliste mit zusätzlichen Eigenschaften abfragen

```
// Ergebnisse auflisten.
foreach (ListItem listItem in allContacts) {
    ctx.Load(listItem,
        item => item.DisplayName,
        item => item.RoleAssignments);

    ctx.ExecuteQuery();

    Console.WriteLine("Id: {0} - Voller Name: {1} - Firma: {2} - Land: {3}",
        listItem["DevLeapContactID"],
        listItem["Title"],
        listItem["DevLeapCompanyName"],
        listItem["DevLeapCountry"]
        );

    Console.WriteLine(listItem.DisplayName);
}
```

Das Codebeispiel ruft die Methode *ClientContext.Load<T>* auf und übergibt ihr ein Array mit Ausdrücken des Typs *Expression<Func<T, Object>>*. Die Methode hat folgende Signatur:

```
public void Load<T>(
    T clientObject,
    params Expression<Func<T, Object>>[] retrievals)
where T : ClientObject
```

Die Ausdrücke legen fest, welche Eigenschaften vom Server abgerufen werden. In Listing 5.2 sind sie als Lambdaausdrücke definiert. Der Codeausschnitt in Listing 5.2 verursacht allerdings hohe Serverlast. Jedes Element in der Kontaktliste fragt einzeln den Server ab, um die eigenen zusätzlichen Eigenschaften abzurufen. Es ist besser, die *ClientContext*-Instanz anzuweisen, alle Eigenschaften auf einmal zu holen. Glücklicherweise stellt das Clientobjektmodell im Typ *ClientObjectQueryableExtension* eine Erweiterungsmethode namens *IncludeWithDefaultProperties* zur Verfügung, die dem *ClientContext*-Objekt mitteilt, welche Eigenschaften es standardmäßig abrufen soll, wenn es eine Objektliste abfragt. Listing 5.3 zeigt eine überarbeitete Version des Codes aus Listing 5.2.

Listing 5.3 Inhalt einer Kontaktliste abfragen, wobei zusätzliche Eigenschaften in die Standardliste der Eigenschaften aufgenommen werden

```
// Abfrage für alle Einträge der Liste vorbereiten.
CamlQuery query = CamlQuery.CreateAllItemsQuery();
ListItemCollection allContacts = list.GetItems(query);
ctx.Load(allContacts);

// Angeben, welche zusätzlichen Eigenschaften mit abgerufen werden sollen.
ctx.Load(allContacts,
    items => items.IncludeWithDefaultProperties(
        item => item.DisplayName,
        item => item.RoleAssignments));

// Vorbereiteten Befehl für den Ziel-ClientContext ausführen.
ctx.ExecuteQuery();
```

Wollen Sie gezielt auswählen, welche Felder aus der Zielliste geholt werden, können Sie über die CAML-Abfragedefinition festlegen, welche *ViewFields*-Objekte abgerufen werden sollen. Listing 5.4 zeigt die Syntax.

Listing 5.4 Inhalt einer Kontaktliste abfragen, wobei die Ausgabefelder durch Projektion ausgewählt werden

```
// Abfrage für alle Einträge der Liste vorbereiten.
CamlQuery query = new CamlQuery();
query.ViewXml = "<View><ViewFields><FieldRef Name='DevLeapContactID'/>" +
"<FieldRef Name='Title'/><FieldRef Name='DevLeapCountry'/></ViewFields></View>"; ListItemCollection
allContacts = list.GetItems(query);
ctx.Load(allContacts);

// Vorbereiteten Befehl für den Ziel-ClientContext ausführen.
ctx.ExecuteQuery();
```

Wenn Sie in einer Abfrage allerdings versuchen, auf ein Feld zuzugreifen, das nicht explizit deklariert wurde, erhalten Sie eine *PropertyOrFieldNotInitializedException*-Ausnahme wie in den vorherigen Beispielen.

Eine weitere Technik, eine Untermenge der Felder in einer Abfrage durch Projektion auszuwählen, besteht darin, die Erweiterungsmethode *Include* zu verwenden. Sie ist ebenfalls im Typ *ClientObjectQueryableExtension* definiert. Listing 5.5 zeigt ein Beispiel, das dasselbe Ergebnis wie in Listing 5.4 liefert, aber ohne CAML auskommt.

Listing 5.5 Inhalt einer Kontaktliste abfragen, wobei die Ausgabefelder durch Projektion, aber ohne Verwendung von CAML ausgewählt werden

```
// Abfrage für alle Einträge der Liste vorbereiten.
CamlQuery query = CamlQuery.CreateAllItemsQuery();
ListItemCollection allContacts = list.GetItems(query);

// Festlegen, welche Spalten in die Ausgabe aufgenommen werden.
ctx.Load(allContacts,
    items => items.Include(
        item => item["DevLeapContactID"],
        item => item["Title"],
        item => item["DevLeapCountry"]
        ));

// Vorbereiteten Befehl für den Ziel-ClientContext ausführen.
ctx.ExecuteQuery();
```

Sie übergeben der Methode *Include* ein Array mit Argumenten des Typs *Expression<Func<TSource, object>>* und legen auf diese Weise fest, welche Spalten in das Ergebnis aufgenommen werden. In Listing 5.5 sind diese Ausdrücke in Form einiger Lambdaausdrücke definiert.

Wie bei benutzerdefinierten Projektionsregeln können Sie auch CAML einsetzen, um benutzerdefinierte Filter (zum Beispiel Datenpartitionierung) für die abgerufenen Daten zu definieren. Sie können mit einer *<Where />*-CAML-Klausel beispielsweise nur Kontakte abrufen, bei denen im Feld *DevLeapCountry* der Wert »Italy« steht. Ein großartiges Feature des Clientobjektmodells ist aber die Unterstützung für LINQ-Abfragen. Wenn Sie mit dem Clientobjektmodell arbeiten, können Sie sogar LINQ-Abfragen an eine *LoadQuery<T>*-Methode übergeben, die diese Abfragen in Abfragen für den SharePoint-Server konvertiert.

WICHTIG Wenn Sie LINQ-Abfragen mit dem Clientobjektmodell definieren, verwenden Sie LINQ to Objects, nicht den benutzerdefinierten LINQ-to-SharePoint-Abfrageanbieter, der in Kapitel 4 beschrieben wurde. Das bedeutet, dass Ihnen nicht alle Infrastrukturdienste des LINQ-to-SharePoint-Abfrageanbieters zur Verfügung stehen.

Listing 5.6 zeigt einen Codeausschnitt, der mithilfe von LINQ to Objects und dem Clientobjektmodell alle Kontakte aus Italien abfragt.

Listing 5.6 Inhalt einer Kontaktliste mithilfe einer LINQ-Abfrage abrufen

```
// Abfrage für alle Einträge der Liste vorbereiten.
CamlQuery query = CamlQuery.CreateAllItemsQuery();
ListItemCollection allContacts = list.GetItems(query);

var linqQuery =
    from c in allContacts
    where (String)c["DevLeapCountry"] == "Italy"
    select c;

ctx.LoadQuery(linqQuery);

// Vorbereiteten Befehl für den Ziel-ClientContext ausführen.
ctx.ExecuteQuery();
```

Die wesentliche Stelle in Listing 5.6 ist der Aufruf der Methode *LoadQuery<T>*, für die zwei Überladungen definiert sind:

```
public IEnumerable<T> LoadQuery<T>(ClientObjectCollection<T> clientObjects)
    where T : ClientObject;
public IEnumerable<T> LoadQuery<T>(IQueryable<T> clientObjects)
    where T : ClientObject;
```

Ähnlich wie die Methode *Load<T>* arbeitet auch *LoadQuery<T>* nur mit einem Typ, der von *ClientObject* abgleitet ist. Deswegen können Sie die Methode *LoadQuery<T>* nicht benutzen, um benutzerdefinierte anonyme Typen abzurufen, indem Sie nur eine Projektion für eine Untermenge der verfügbaren Felder eines Elements definieren. Der Hauptunterschied zwischen *Load<T>* und *LoadQuery<T>* besteht darin, dass *Load<T>* Daten in die Clientobjekte lädt, die vom SharePoint-Server abgerufen wurden, während *LoadQuery<T>* ein *IEnumerable<T>*-Objekt zurückgibt, das für eine unabhängige Auflistung von Elementen steht. Dieses Verhalten bedeutete, dass Objektinstanzen, die mit *Load<T>* zugewiesen werden, vom Garbage Collector freigegeben werden, sobald die Lebensdauer der *ClientContext*-Instanz abläuft. Dagegen ist die Lebensdauer der Objekte, die von *LoadQuery<T>* zurückgegeben werden, unabhängig von der *ClientContext*-Instanz.

Der Typ *ClientObject* ist eine abstrakte Basisklasse, die im Clientobjektmodell definiert ist, um beliebige Objekte zu beschreiben, die auf einem Remoteclient abgerufen werden. Das Clientobjektmodell stellt außerdem die abstrakte Basisklasse *ClientValueObject* zur Verfügung, die für eine clientseitige Version eines serverseitigen Eigenschaftswerts steht. Zum Beispiel ist *ListItem* eine von *ClientObject* abgeleitete Klasse, während die Klasse der Eigenschaft *ContentTypeId* eines *ListItem*-Objekts von *ClientValueObject* abgeleitet ist. Und eine Eigenschaft wie *Title* einer *List*-Instanz ist ein skalarer Wert, der sich wie ein herkömmlicher .NET-Typ verhält.

Der Hauptunterschied zwischen einer Klasse, die von *ClientObject* abgeleitet ist, und einer, die von *ClientValueObject* abstammt, liegt in ihrem Verhalten, wenn sie innerhalb einer Abfrage oder eines Methodenaufrufs benutzt werden. Sie können ein Objekt einer von *ClientValueObject* abgeleiteten Klasse überhaupt nicht als Methodenparameter oder innerhalb einer Abfrage einsetzen, sofern Sie es nicht vom Server abgerufen haben. Es ist aber möglich, auf ein Objekt, dessen Klasse von *ClientObject* abgeleitet ist, in einem anderem Methodenaufruf oder einer Abfragedefinition zu verweisen, sogar wenn Sie es nicht vorher vom Server abgerufen haben; es wird in diesem Fall vom Clientobjektmodell richtig aufgelöst.

Listing 5.7 zeigt eine Abfrage mithilfe von Objekten, deren Klassen von *ClientObject* abgeleitet sind, beispielsweise den Eigenschaften *Web* und *Lists*.

Listing 5.7 Verwenden eines Objekts, dessen Klasse von *ClientObject* abgeleitet ist, in einem direkten Methodenaufruf

```
// Aktuellen ClientContext öffnen.
ClientContext ctx = new ClientContext("http://devbook.sp2010.local/");

// Verweis auf die Zielliste vorbereiten. Wir können direkt auf die Eigenschaft
// ctx.Web.Lists verweisen, weil sowohl Web als auch Lists Typen haben, die von
// ClientObject abgeleitet sind.
List list = ctx.Web.Lists.GetByTitle("DevLeap Contacts");

// Titel der Liste abrufen.
ctx.Load(list,
    l => l.Title);

// Abfrage ausführen.
ctx.ExecuteQuery();

// Ergebnis anzeigen.
Console.WriteLine(list.Title);
```

Das Codebeispiel funktioniert, weil die Eigenschaften, deren Klassen von *ClientObject* abgeleitet sind, vom Clientobjektmodell verarbeitet werden. Versuchen Sie dagegen, auf einige Eigenschaften der *Web*-Instanz des aktuellen *ClientContext*-Objekts zuzugreifen, erhalten Sie eine Ausnahme. Zum Beispiel schlägt die folgende Anweisung fehl, sofern Sie nicht explizit die Eigenschaft *Title* der aktuellen Website laden:

```
Console.WriteLine(ctx.Web.Title);
```

Listing 5.8 zeigt einen Codeausschnitt, der die falsche Verwendung eines Objekts demonstriert, dessen Klasse von *ClientValueObject* abgeleitet wurde.

Listing 5.8 Falsche Verwendung eines Objekts, dessen Klasse von *ClientValueObject* abgeleitet wurde

```
// Aktuellen ClientContext öffnen.
ClientContext ctx = new ClientContext("http://devbook.sp2010.local/");

// Verweis auf die Zielliste vorbereiten.
// Hier erhalten Sie beim Zugriff auf die Eigenschaft Title der aktuellen
// Website eine PropertyOrFieldNotInitializedException.
List list = ctx.Web.Lists.GetByTitle(ctx.Web.Title);
// Titel der Liste abrufen.
ctx.Load(list,
    l => l.Title);
// Abfrage ausführen.
ctx.ExecuteQuery();

// Ergebnis anzeigen.
Console.WriteLine(list.Title);
```

In diesem Fall löst der Code eine Ausnahme des Typs *PropertyOrFieldNotInitializedException* aus, weil Sie das Objekt, dessen Klasse von *ClientValueObject* abgeleitet wurde, explizit laden müssen, bevor Sie es benutzen können. Listing 5.9 zeigt, wie ein funktionierendes Codebeispiel aussieht.

Listing 5.9 Richtige Verwendung eines Objekts, dessen Klasse von *ClientValueObject* abgeleitet ist. Sein Wert wird geladen, bevor darauf verwiesen wird.

```
// Aktuellen ClientContext öffnen.
ClientContext ctx = new ClientContext("http://devbook.sp2010.local/");

// Titel der Website abrufen.
Web web = ctx.Web;
ctx.Load(web,
    w => w.Title);

// Erste Abfrage ausführen.
ctx.ExecuteQuery();

// Verweis auf die Zielliste vorbereiten.
List list = ctx.Web.Lists.GetByTitle(web.Title);

// Titel der Liste abrufen.
ctx.Load(list,
    l => l.Title);

// Zweite Abfrage ausführen.
ctx.ExecuteQuery();

// Ergebnis anzeigen.
Console.WriteLine(list.Title);
```

Der Code in Listing 5.9 lädt die Eigenschaft *Title* des aktuellen *Web*-Objekts, bevor er im nachfolgenden Aufruf der Methode *GetByTitle* darauf zugreift.

Sie können auch die von *ClientObject* geerbte Methode *IsPropertyAvailable* verwenden, um zu prüfen, ob in einer aktuellen *ClientObject*-Instanz eine bestimmte skalare Eigenschaft vorhanden ist.

WARNUNG Falls die gesuchte Eigenschaft im Elementschema vorhanden ist, aber auf der Clientseite fehlt, können Sie mit der Methode *Retrieve* explizit alle skalaren Eigenschaften einer *ClientObject*-Instanz oder lediglich ausgewählte skalare Eigenschaften abrufen. Die Methode *Retrieve* ist auf MSDN Online allerdings mit der Markierung »für interne Nutzung reserviert« versehen, unter Umständen kann es daher passieren, dass Ihr Code in Zukunft nicht mehr funktioniert.

Das Silverlight-Clientobjektmodell

Das Silverlight-Clientobjektmodell verhält sich ganz ähnlich wie das verwaltete Clientobjektmodell. Sie finden es im Ordner *<SharePoint14_Root>\TEMPLATE\LAYOUTS\ClientBin* und können es in allen Silverlight 3.0-Lösungen (oder höher) nutzen, indem Sie auf die Assemblys *Microsoft.SharePoint.Client.Silverlight.dll* und *Microsoft.SharePoint.Client.Silverlight.Runtime.dll* verweisen.

HINWEIS Über die Entwicklung mit Microsoft Silverlight erfahren Sie mehr im Buch *Microsoft Silverlight 4 Step by Step* von Laurence Moroney (Microsoft Press 2010, ISBN 978-0-7356-3887-7).

Das Silverlight-Clientobjektmodell ist immer dann nützlich, wenn Sie eine Silverlight-Lösung entwickeln, die auf Daten zugreift, die in einer SharePoint-Website gespeichert sind. Beispielsweise können Sie damit eine spezielle Benutzeroberfläche für die Dateneingabe oder eine angepasste Datendarstellung implementieren, die Sie im Silverlight-Webpart hosten.

HINWEIS Über das Silverlight-Webpart erfahren Sie mehr in Kapitel 6, »Grundlagen von Webparts«, und Kapitel 7, »Fortgeschrittene Webparts«.

Nehmen wir an, Sie wollen die Kontakte der Beispielliste aus den vorherigen Beispielen mithilfe eines benutzerdefinierten Silverlight-Steuerelements anzeigen. Dazu erstellen Sie zuerst eine Silverlight-Anwendung. In der Softwarelösung müssen Sie Verweise auf die Assemblys des Silverlight-Clientobjektmodells einfügen. Nehmen wir nun an, Sie wollen die Kontakte in einem *ListBox*-Steuerelement anzeigen, das für die Darstellung auf ein benutzerdefiniertes *ItemTemplate*-Objekt zurückgreift. Listing 5.10 zeigt den XAML-Code der wichtigen Steuerelemente dieser Beispielanwendung.

Listing 5.10 XAML-Code für die wesentlichen Steuerelemente der Silverlight-Beispielanwendung

```
<UserControl x:Class="DevLeap.SilverlightClientOMDemo.MainPage"
    xmlns="http://schemas.microsoft.com/winfx/2006/xaml/presentation"
    xmlns:x="http://schemas.microsoft.com/winfx/2006/xaml"
    xmlns:d="http://schemas.microsoft.com/expression/blend/2008"
    xmlns:mc="http://schemas.openxmlformats.org/markup-compatibility/2006"
    xmlns:custom="clr-namespace:DevLeap.SilverlightClientOMDemo"
    mc:Ignorable="d"
    d:DesignHeight="300" d:DesignWidth="600">
    <UserControl.Resources>
        <custom:ListItemFieldConverter x:Key="ListItemFieldConverter" />
    </UserControl.Resources>

    <Grid x:Name="LayoutRoot" Background="LightGreen">
        <ListBox x:Name="AllContactsList">
            <ListBox.ItemTemplate>
                <DataTemplate>
                    <StackPanel Orientation="Vertical">
                        <TextBlock Text="{Binding Converter=
                          {StaticResource ListItemFieldConverter},
                          ConverterParameter='DevLeapContactID', Mode=OneWay}" />
```

```
                    <TextBlock Text="{Binding Converter=
                      {StaticResource ListItemFieldConverter},
                      ConverterParameter='Title', Mode=OneWay}" />
                    <TextBlock Text="{Binding Converter=
                      {StaticResource ListItemFieldConverter},
                      ConverterParameter='DevLeapCountry', Mode=OneWay}" />
                    <TextBlock Text="{Binding Converter=
                      {StaticResource ListItemFieldConverter},
                      ConverterParameter='DevLeapCompanyName', Mode=OneWay}" />
                </StackPanel>
            </DataTemplate>
        </ListBox.ItemTemplate>
    </ListBox>
</Grid>

</UserControl>
```

Der eigentliche XAML-Code aus Listing 5.10 ist nicht sonderlich interessant, er definiert lediglich ein *Grid*-Steuerelement mit einem eingebetteten *ListBox*-Steuerelement und jeweils einem *DataTemplate*-Objekt zum Anzeigen eines Elements aus der Kontaktliste. Der Code hinter dem Benutzersteuerelement ist schon interessanter, da er das Silverlight-Clientobjektmodell nutzt. Listing 5.11 zeigt den Code hinter dem Benutzersteuerelement.

Listing 5.11 Der Code hinter dem XAML-Benutzersteuerelement für die Silverlight-Beispielanwendung

```
using System;
using System.Collections.Generic;
using System.Linq;
using System.Net;
using System.Windows;
using System.Windows.Controls;
using System.Windows.Documents;
using System.Windows.Input;
using System.Windows.Media;
using System.Windows.Media.Animation;
using System.Windows.Shapes;
using Microsoft.SharePoint.Client;

namespace DevLeap.SilverlightClientOMDemo {
    public partial class MainPage : UserControl {
        public MainPage() {
            InitializeComponent();
            loadDevLeapContacts();
        }

        private ListItemCollection allContacts;

        private void loadDevLeapContacts() {
            // Aktuellen ClientContext öffnen.
            ClientContext ctx = ClientContext.Current;
```

```
            // Verweis auf die Liste "DevLeap Contacts" vorbereiten.
            List list = ctx.Web.Lists.GetByTitle("DevLeap Contacts");

            // Abfrage für alle Einträge der Liste vorbereiten.
            CamlQuery query = CamlQuery.CreateAllItemsQuery();
            allContacts = list.GetItems(query);
            ctx.Load(allContacts);

            // Vorbereiteten Befehl für den Ziel-ClientContext ausführen.
            ctx.ExecuteQueryAsync(onQuerySucceeded, onQueryFailed);
        }

        private void onQuerySucceeded(object sender,
            ClientRequestSucceededEventArgs args) {
            this.Dispatcher.BeginInvoke(new updateUI(refreshGrid));
        }

        private void onQueryFailed(object sender,
            ClientRequestFailedEventArgs args) {
            this.Dispatcher.BeginInvoke(new showExceptionUI(
                showException), args.Exception);
        }

        private delegate void updateUI();

        private void refreshGrid() {
            this.AllContactsList.ItemsSource = allContacts;
        }

        private delegate void showExceptionUI(Exception ex);

        private void showException(Exception ex) {
            MessageBox.Show(String.Format("Ausnahme aufgetreten: {0}", ex.Message));
        }
    }
}
```

Die Syntax ist praktisch dieselbe wie beim verwalteten Clientobjektmodell. Ein kleiner, aber wichtiger Unterschied ist, auf welche Weise der Code einen Verweis auf die *ClientContext*-Instanz abruft. Weil das Silverlight-Steuerelement innerhalb einer Website gehostet werden muss, kann die Silverlight-Version von *ClientContext* mithilfe des Standardkonstruktors angelegt werden, dem die URI der Zielwebsite übergeben wird. Sie können stattdessen aber auch kürzer auf den aktuellen Websitekontext verweisen, indem Sie den statischen Einstiegspunkt *ClientContext.Current* verwenden. Das ist eine nützliche Abkürzung, weil das Silverlight-Steuerelement oft in genau der Website gehostet wird, auf die es zugreift. Außerdem verwendet die Eigenschaft *ClientContext.Current* intern einen benutzerdefinierten Silverlight-Initialisierungsparameter namens *MS.SP.url*. Er enthält die aktuelle Kontext-URL, die der Silverlight-Umgebung beim Start übergeben wurde. Wenn Sie Ihr Steuerelement mit dem Silverlight-Webpart hosten, bekommt das Steuerelement diesen Initialisierungsparameter sowie einige andere Werte automatisch zur Verfügung gestellt. Fügen Sie das Steuerelement dagegen direkt in eine Seite ein, ohne ein Silverlight-Webpart zu verwenden, hat die Eigenschaft *ClientContext.Current* den Wert *null*, sofern Sie den Initialisierungsparameter *MS.SP.url* nicht selbst bereitstellen.

HINWEIS Das Silverlight-Webpart stellt folgende Initialisierungsparameter automatisch bereit: *MS.SP.url*, *MS.SP.formDigest*, *MS.SP.formDigestTimeoutSeconds*, *MS.SP.requestToken* und *MS.SP.viaUrl*.

Ein weiterer grundlegender Unterschied zwischen diesem Beispiel und dem, das mit dem verwalteten Clientobjektmodell arbeitet, besteht in der Verwendung eines asynchronen Programmiermodells. Das ist keine Spielerei, sondern unbedingt notwendig, weil Sie in Silverlight in den Grenzen eines asynchronen Programmiermusters arbeiten. Wenn Sie Silverlight nutzen und versuchen, blockierenden Code aus dem Haupt-Benutzeroberflächenthread auszuführen, erhalten Sie eine Ausnahme vom Typ *InvalidOperationException*, die folgende Meldung enthält:

```
Die aufgerufene Methode oder Eigenschaft blockiert ggf. den Benutzeroberflächenthread und ist nicht
zulässig. Verwenden Sie einen Hintergrundthread, um die Methode oder Eigenschaft aufzurufen, z. B. die
Methode 'System.Threading.ThreadPool.QueueUserWorkItem'.
```

Das Silverlight-Clientobjektmodell stellt zusätzlich ein synchrones Muster zur Verfügung, das sich der Methode *ExecuteQuery* bedient, die Sie bereits aus dem verwalteten Clientobjektmodell kennen. Sie können diese Methode aber nur in Threads aufrufen, die keine Änderungen an der Benutzeroberfläche vornehmen.

Das Beispiel in Listing 5.11 bindet das *ListItemCollection*-Objekt, das vom Server abgerufen wurde, direkt an das *ListBox*-Steuerelement. Wie Sie aber wahrscheinlich wissen, werden die Felder jedes *ListItem*-Objekts aus SharePoint in einer benannten Auflistung gespeichert, und die XAML-Bindungssyntax unterstützt keine benannten Auflistungen. Dennoch bindet das Beispiel in Listing 5.10 die Felder mithilfe von Markupcode. Das ist möglich, weil der XAML-Code auf einen benutzerdefinierten Konverter verweist, der als Ressource des Benutzersteuerelements registriert ist. In XAML (zum Beispiel in Silverlight und WPF) ist ein Konverter ein Typ, der die Eingabe, die an ein Steuerelement gebunden ist, in eine Ausgabe konvertiert, sodass das Ergebnis der Konvertierung angezeigt wird. Im XAML-Beispielcode aus Listing 5.10 wandelt der Konverter den Namen des Felds eines *ListItem*-Objekts in den entsprechenden Feldwert um. Listing 5.12 zeigt den Quellcode des benutzerdefinierten Konverters. Sofern Sie keinen benutzerdefinierten Konverter einsetzen wollen, können Sie die *ListItem*-Instanzen in einen selbst entwickelten Typ einbetten.

Listing 5.12 Ein benutzerdefinierter Konverter, der ein benanntes Feld in seinen Wert umwandelt

```
namespace DevLeap.SilverlightClientOMDemo {
    public class ListItemFieldConverter : IValueConverter {
        public object Convert(object value, Type targetType, object parameter,
            System.Globalization.CultureInfo culture) {

            // Falls das Quellelement NULL ist, einfach abbrechen.
            if (value == null)
                return value;

            // Falls der Feldname leer oder NULL ist, einfach abbrechen.
            String fieldName = parameter as String;
            if (String.IsNullOrEmpty(fieldName))
                return null;
```

```
            // Quellelement in ListItem konvertieren.
            ListItem item = value as ListItem;
            if (item != null) {
                // Feld zurückgeben.
                return (item[fieldName]);
            }
            else
                return (null);
        }

        public object ConvertBack(object value, Type targetType, object parameter,
            System.Globalization.CultureInfo culture) {
            // Die andere Konvertierungsrichtung wird nicht unterstützt.
            throw new NotImplementedException();
        }
    }
}
```

In einer echten Unternehmenslösung wäre der Konverter vollständiger und ausgefeilter, die Beispielimplementierung aus Listing 5.12 konzentriert sich auf die wesentlichen Elemente.

Abgesehen von Bindungsregeln und asynchroner Programmierung hat das Silverlight-Clientobjektmodell dieselben Fähigkeiten wie das verwaltete Clientobjektmodell, daher gelten auch dieselben Empfehlungen.

Das ECMAScript-Clientobjektmodell

Als drittes Clientobjektmodell stellt SharePoint eines für die ECMAScript-Welt zur Verfügung. Es besteht aus mehreren *.js*-Dateien, die für ECMAScript-fähige (JavaScript, JScript) Plattformen entwickelt wurden. Die zentralen *.js*-Dateien sind:

- *SP.js*
- *SP.Core.js*
- *SP.Ribbon.js*
- *SP.Runtime.js*

Diese Dateien liegen im Verzeichnis *<SharePoint14_Root>\TEMPLATE\LAYOUTS* bereit. Sie werden automatisch auf den Client (Webbrowser) heruntergeladen, wenn ein Benutzer eine SharePoint-Seite aufruft. Die Standard-Masterseiten von SharePoint definieren sogar das Steuerelement *ScriptManager*, das automatisch auf diese *.js*-Dateien verweist. Sie können die Verweise aber auch selbst innerhalb einer benutzerdefinierten ASPX-Seite einfügen. Zu jeder Datei gibt es auch eine Debugversion, deren Dateiname auf *.debug.js* statt auf *.js* endet. Zum Beispiel steht für die Datei *SP.js* auch eine Debugversion namens *SP.debug.js* zur Verfügung. An Browsern unterstützen die Skripts unter anderem Microsoft Internet Explorer 7 und höher, Firefox 3.5 und höher sowie Safari 4.0 und höher.

WICHTIG Aus Sicherheitsgründen können Sie das ECMAScript-Clientobjektmodell nur in einer Seite benutzen, wenn diese Seite einen Formulardigest enthält. Native SharePoint-Seiten enthalten natürlich das Steuerelement *SharePoint:FormDigest*. Wenn Sie das Clientobjektmodell innerhalb einer benutzerdefinierten ASPX-Seite verwenden, müssen Sie das *FormDigest*-Steuerelement selbst einbetten.

In der Praxis wird es wahrscheinlich vorkommen, dass Sie das ECMAScript-Clientobjektmodell in einer benutzerdefinierten SharePoint-Seite einsetzen. In diesem Fall legen Sie ein leeres SharePoint-Projekt an und fügen beispielsweise eine Anwendungsseite hinzu. Damit auf die Skripts verwiesen wird, können Sie das Steuerelement *SharePoint:ScriptLink* verwenden, das folgende Parameter hat:

- ***LoadAfterUI*** Lädt das Skript nach dem Code der Benutzeroberfläche.
- ***Localizable*** Gibt an, ob die aktuelle Seite lokalisiert werden kann.
- ***Name*** Der relative Pfad der *.js*-Datei, die in die Seite aufgenommen werden soll.

Anschließend definieren Sie einen Skriptblock, der auf das Objektmodell zugreift. Während die Syntax beim verwalteten und beim Silverlight-Clientobjektmodell fast identisch ist, weicht das ECMAScript-Clientobjektmodell von dieser Syntax ab. Die verwendeten Datentypen sind in den beiden Varianten nicht dieselben, und auch die Membernamen unterscheiden sich. Um beispielsweise auf die Eigenschaft *Title* eines Elements zuzugreifen, müssen Sie die Methode *get_title()* aufrufen. Außerdem wird bei manchen Parametern zwischen Groß- und Kleinschreibung unterschieden, und es gibt weitere Unterschiede. Listing 5.13 zeigt ein Beispiel für eine Anwendungsseite, die über das ECMAScript-Clientobjektmodell eine *List*-Instanz abruft und ihre Eigenschaft *Title* anzeigt.

Listing 5.13 Eine SharePoint-Anwendungsseite, die das ECMAScript-Clientobjektmodell nutzt

```
<%@ Assembly Name="$SharePoint.Project.AssemblyFullName$" %>
<%@ Import Namespace="Microsoft.SharePoint.ApplicationPages" %>
<%@ Register Tagprefix="SharePoint" Namespace="Microsoft.SharePoint.WebControls"
  Assembly="Microsoft.SharePoint, Version=14.0.0.0, Culture=neutral,
  PublicKeyToken=71e9bce111e9429c" %>
<%@ Register Tagprefix="Utilities" Namespace="Microsoft.SharePoint.Utilities"
  Assembly="Microsoft.SharePoint, Version=14.0.0.0, Culture=neutral,
  PublicKeyToken=71e9bce111e9429c" %>
<%@ Register Tagprefix="asp" Namespace="System.Web.UI"
  Assembly="System.Web.Extensions, Version=3.5.0.0, Culture=neutral,
  PublicKeyToken=31bf3856ad364e35" %>
<%@ Import Namespace="Microsoft.SharePoint" %>
<%@ Assembly Name="Microsoft.Web.CommandUI, Version=14.0.0.0, Culture=neutral,
  PublicKeyToken=71e9bce111e9429c" %>
<%@ Page Language="C#" AutoEventWireup="true"
  CodeBehind="ShowECMAScriptInAction.aspx.cs" Inherits=
  "DevLeap.SP2010.ECMAScriptOMDemo.Layouts.DevLeap.SP2010.ECMAScriptOMDemo.
  ShowECMAScriptInAction" DynamicMasterPageFile="~masterurl/default.master" %>

<asp:Content ID="PageHead" ContentPlaceHolderID="PlaceHolderAdditionalPageHead"
  runat="server">
<SharePoint:ScriptLink ID="SPScriptLink" runat="server" LoadAfterUI="true"
  Localizable="false" Name="SP.js" />
<script language="javascript" type="text/javascript">
    var clientContext;
    var web;
    var oContactsList;

    function onQuerySucceeded(sender, args) {
        alert('Titel der Liste: ' + this.oContactsList.get_title());
    }
```

```
    function onQueryFailed(sender, args) {
        alert('Anforderung fehlgeschlagen ' + args.get_message() + '\n' +
            args.get_stackTrace());
    }

    function retrieveContacts() {
        this.clientContext = new SP.ClientContext.get_current();
        this.web = this.clientContext.get_web();
        this.oContactsList = this.web.get_lists().getByTitle("DevLeap Contacts");
        this.clientContext.load(this.oContactsList);
        this.clientContext.executeQueryAsync(
            Function.createDelegate(this, this.onQuerySucceeded),
            Function.createDelegate(this, this.onQueryFailed));
    }
</script>
</asp:Content>

<asp:Content ID="Main" ContentPlaceHolderID="PlaceHolderMain" runat="server">
<input type="button" onclick="retrieveContacts()"
  value="Anklicken, um die Liste zu erhalten!" />
</asp:Content>

<asp:Content ID="PageTitle" ContentPlaceHolderID="PlaceHolderPageTitle"
  runat="server">
ECMAScript Object Model Demo Page
</asp:Content>

<asp:Content ID="PageTitleInTitleArea"
  ContentPlaceHolderID="PlaceHolderPageTitleInTitleArea" runat="server" >
  ECMAScript Object Model Demo Page
</asp:Content>
```

Die Methode *retrieveContacts* bildet den Kern des Beispiels aus Listing 5.13. Daran sehen Sie, dass sich die Syntax nicht radikal von den anderen Clientobjektmodellen unterscheidet. Einen Verweis auf eine *SP.ClientContext*-Instanz erhalten Sie entweder mit der Methode *get_current()* oder mithilfe eines Konstruktors, dem Sie die Server-relative URL der Zielwebsite übergeben. Letztere Syntax ist nützlich, wenn Sie mit Daten aus einer Zielwebsite arbeiten, die an einem anderen Ort gespeichert ist als die eigene Website. Die einzigen grundlegenden Unterschiede liegen in der Syntax, weil für alle Eigenschaftsaccessoren die Präfixe *get_* und *set_* vewendet werden, und darin, dass ein asynchrones Muster angewendet wird, um die Abfrage beim SharePoint-Server auszuführen. Das gerade gezeigte Beispiel ist allerdings nicht sonderlich aufregend. Listing 5.14 ist wesentlich interessanter und leistungsfähiger, denn es kombiniert jQuery mit dem ECMAScript-Clientobjektmodell.

Listing 5.14 Eine SharePoint-Anwendungsseite, die jQuery mit dem ECMAScript-Clientobjektmodell kombiniert

```
<%@ Assembly Name="$SharePoint.Project.AssemblyFullName$" %>
<%@ Import Namespace="Microsoft.SharePoint.ApplicationPages" %>
<%@ Register TagPrefix="SharePoint" Namespace="Microsoft.SharePoint.WebControls"
Assembly="Microsoft.SharePoint, Version=14.0.0.0, Culture=neutral, PublicKeyToken=71e9bce111e9429c" %>
<%@ Register TagPrefix="Utilities" Namespace="Microsoft.SharePoint.Utilities"
Assembly="Microsoft.SharePoint, Version=14.0.0.0, Culture=neutral, PublicKeyToken=71e9bce111e9429c" %>
<%@ Register TagPrefix="asp" Namespace="System.Web.UI" Assembly="System.Web.Extensions, Version=3.5.0.0,
Culture=neutral, PublicKeyToken=31bf3856ad364e35" %>
<%@ Import Namespace="Microsoft.SharePoint" %>
<%@ Assembly Name="Microsoft.Web.CommandUI, Version=14.0.0.0, Culture=neutral,
PublicKeyToken=71e9bce111e9429c" %>
<%@ Page Language="C#" AutoEventWireup="true" CodeBehind="UseJQueryWithECMAScript.aspx.cs"
Inherits="DevLeap.SP2010.ECMAScriptOMDemo.Layouts.DevLeap.SP2010.ECMAScriptOMDemo.UseJQueryWithECMAScrip
t" DynamicMasterPageFile="~masterurl/default.master" %>

<asp:Content ID="PageHead" ContentPlaceHolderID="PlaceHolderAdditionalPageHead" runat="server">
    <SharePoint:ScriptLink ID="SPScriptLink" runat="server" LoadAfterUI="true" Localizable="false"
Name="SP.js" />
    <script type="text/javascript" src="/_layouts/DevLeap.SP2010.ECMAScriptOMDemo/js/jquery-
1.5.min.js"></script>
    <script type="text/javascript" src="/_layouts/DevLeap.SP2010.ECMAScriptOMDemo/js/jquery-ui-
1.8.5.custom.min.js"></script>
    <link href="/_layouts/DevLeap.SP2010.ECMAScriptOMDemo/css/redmond/jquery-ui-1.8.5.custom.css"
rel="Stylesheet" type="text/css" />
<style type="text/css">
        #listOfContacts .ui-selecting {
            background: #FECA40;
        }
        #listOfContacts .ui-selected {
            background: #F39814;
            color: white;
        }
        #listOfContacts {
            list-style-type: none;
            margin: 0;
            padding: 0;
            width: 60%;
        }
        #listOfContacts li {
            margin: 3px;
            padding: 0.4em;
            font-size: 1em;
            height: 15px;
            width: 600px;
        }
    </style>
```

```
<script language="javascript" type="text/javascript">

    var clientContext;
    var web;
    var oContactsList;
    var listItems;

    _spBodyOnLoadFunctionNames.push("InitData");

    function onQuerySucceeded(sender, args) {
        dataBindList();
    }

    function onQueryFailed(sender, args) {
        alert('Anforderung fehlgeschlagen ' + args.get_message() + '\n' +
           args.get_stackTrace());
    }

    function InitData() {
        this.clientContext = new SP.ClientContext.get_current();
        this.web = this.clientContext.get_web();
        this.oContactsList = this.web.get_lists().getByTitle("DevLeap Contacts");

        var camlQuery = new SP.CamlQuery();
        var q = '<View><RowLimit>100</RowLimit></View>';
        camlQuery.set_viewXml(q);
        this.listItems = this.oContactsList.getItems(camlQuery);
        this.clientContext.load(this.listItems);

        this.clientContext.executeQueryAsync(
            Function.createDelegate(this, this.onQuerySucceeded),
            Function.createDelegate(this, this.onQueryFailed));
    }

    function dataBindList() {
        var listItemsEnumerator = this.listItems.getEnumerator();

        //Alle Elemente der Liste durchgehen.
        while (listItemsEnumerator.moveNext()) {
            var item = listItemsEnumerator.get_current();

            var id = item.get_id();
            var title = item.get_item("Title");
            var contactId = item.get_item("DevLeapContactID");
            var companyName = item.get_item("DevLeapCompanyName");
            var country = item.get_item("DevLeapCountry");
```

```
                $("#listOfContacts").append('<li class="ui-widget-content"
                  id="item_' + id + '">Titel: ' + title +  ' - Kontakt-ID: ' +
                  contactId + ' - Firmenname: ' + companyName + ' - Land: ' +
                  country + '</li>');
            }

            $("#listOfContacts").selectable();
        }
    </script>
</asp:Content>
<asp:Content ID="Main" ContentPlaceHolderID="PlaceHolderMain" runat="server">
    <div id="listOfContactsContainer">
        <ol id="listOfContacts"></ol>
    </div>
</asp:Content>
<asp:Content ID="PageTitle" ContentPlaceHolderID="PlaceHolderPageTitle"
  runat="server">
    Demoseite für jQuery and ECMAScript-Objektmodell
</asp:Content>

<asp:Content ID="PageTitleInTitleArea"
  ContentPlaceHolderID="PlaceHolderPageTitleInTitleArea" runat="server">
    Demoseite für jQuery and ECMAScript-Objektmodell
</asp:Content>
```

Das Beispiel nutzt jQuery 1.5, das zum Zeitpunkt, als dieses Buch geschrieben wurde (Februar 2011), die neueste Version war. Es verwendet außerdem eine benutzerdefinierte jQuery-Benutzeroberfläche (namens Redmond). Damit das Beispiel nicht unnötig komplex wird, bindet es die *.js*-Datei der jQuery-Welt sowie CSS und Bilder des Benutzeroberflächendesigns ein. In einer echten Unternehmenslösung sollten Sie diese Elemente aus einem öffentlichen CDN (Content Delivery Network) abrufen oder sie im Websitestamm veröffentlichen. Die Beispielseite aus Listing 5.14 lädt die schon vorher benutzte Kontaktliste und zeigt sie in einer benutzerdefinierten Liste an, in der die Benutzer die gewünschte Reihenfolge auswählen können. Die zentralen Methoden sind *InitData*, die Daten konfiguriert und mit dem Herunterladen beginnt, sowie *dataBindList*, die die abgerufenen Elemente anzeigt.

Um im Codebeispiel die Funktion *InitData* auszuführen, wird sofort beim Laden der Seite mit folgender Syntax eine Methode aufgerufen:

```
_spBodyOnLoadFunctionNames.push("InitData");
```

Diese Methode wird von der ECMAScript-Infrastruktur für SharePoint zur Verfügung gestellt, sie kann in jeder beliebigen Seite implementiert werden. Anschließend bereitet die Funktion *InitData* die Abfragen vor, lädt sie und führt sie asynchron aus, damit die Benutzeroberfläche flüssig läuft, obwohl gleichzeitig Daten heruntergeladen werden. Die hier benutzte Syntax unterscheidet sich kaum von den vorherigen Beispielen. Sobald die Daten verfügbar sind, erledigt die Methode *dataBindList* die eigentliche Arbeit, indem sie mithilfe von jQuery die Listeneinträge durchgeht und sie an dynamische HTML-Inhalte bindet. Abbildung 5.3 zeigt die Ausgabe einer Anwendungsseite, die mit jQuery und ECMAScript implementiert ist.

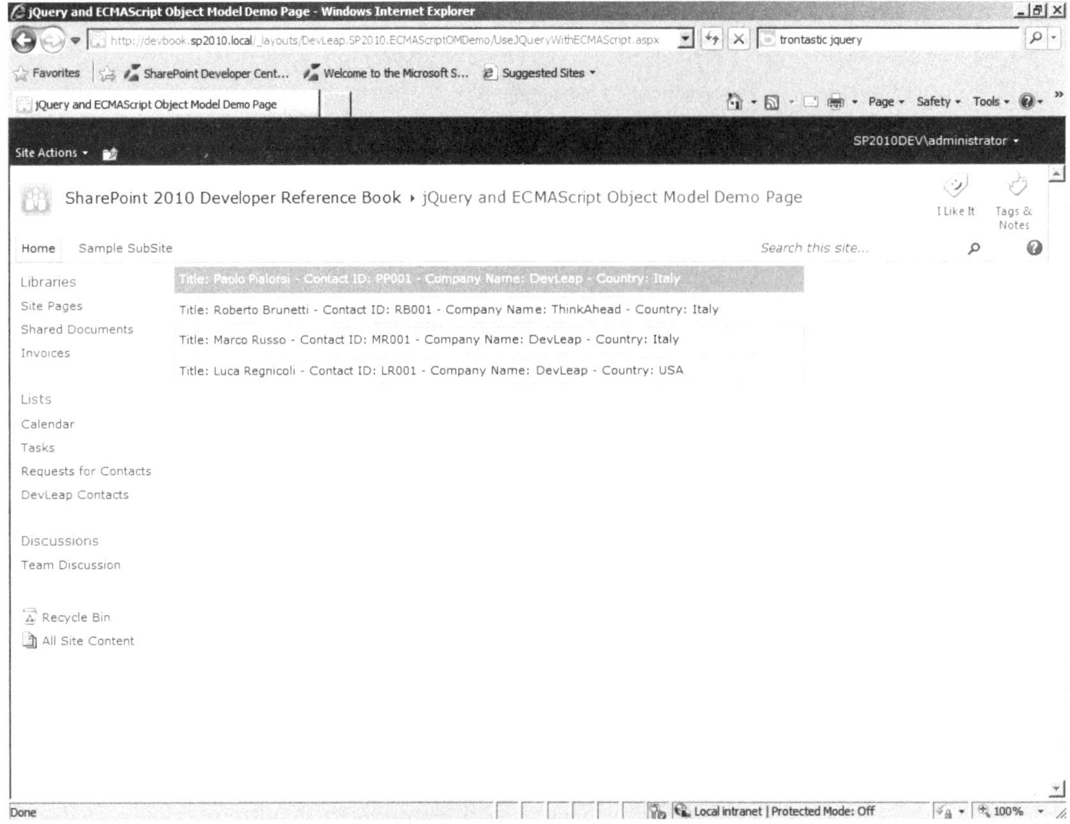

Abbildung 5.3 Beispiel für eine SharePoint-Seite, die jQuery und das ECMAScript-Clientobjektmodell nutzt

Sie sollten das ECMAScript-Clientobjektmodell in Erwägung ziehen, wenn Sie SharePoint-Daten aus einer JavaScript-fähigen Umgebung heraus dynamisch laden oder sogar ändern wollen, unter Umständen in Kombination mit jQuery oder bei der Entwicklung benutzerdefinierter Menübänder. Über dieses Thema erfahren Sie mehr in Kapitel 9, »Erweitern der Benutzeroberfläche«.

Beispiele für den Einsatz der Clientobjektmodelle

In diesem Abschnitt finden Sie mehrere einfache Beispiele, die das Clientobjektmodell in der verwalteten Version und später auch in der Silverlight-Version nutzen.

Listen und Einträge

Die folgenden Abschnitte enthalten etliche Beispiele zum Verwalten von Listen und Listeneinträgen.

Erstellen einer neuen Liste

Wenn Sie über das Clientobjektmodell neue Inhalte anlegen, verwenden Sie einige Typen, die speziell für diesen Zweck entworfen wurden. Aus Sicht des Clients muss beim Anlegen eines neuen *List-*, *ListItem-* oder sonstigen Objekts eine entsprechende Anforderung an den Server übermittelt werden, der dann die Aktion ausführt. Beispielsweise gibt es zum Anlegen einer neuen Liste eine Klasse namens *ListCreationInformation*, die beschreibt, mit welcher Anforderung eine neue Listeninstanz erstellt wird. Listing 5.15 zeigt einen Codeausschnitt, der mithilfe dieses Typs eine neue Kontaktliste anlegt.

Listing 5.15 Erstellen einer neuen Listeninstanz über das Clientobjektmodell

```
ClientContext ctx = new ClientContext("http://devbook.sp2010.local/");

ListCreationInformation lci = new ListCreationInformation();
lci.Title = "Contacts COM";
lci.Description = "Vom Clientobjektmodell erstellte Kontakte";
lci.TemplateType = (Int32)ListTemplateType.Contacts;
lci.QuickLaunchOption = QuickLaunchOptions.On;

List newList = ctx.Web.Lists.Add(lci);
ctx.ExecuteQuery();
```

Listing 5.15 demonstriert, wie Sie in der *ListCreationInformation*-Instanz die Haupteigenschaften der erstellten Liste festlegen, darunter *Title*, *Description* und *QuickLaunchOption*. Vor allem definiert das Objekt die Eigenschaft *TemplateType*, die steuert, welches Basismodell zum Erstellen der Listeninstanz verwendet wird. Wenn Sie eine neue Listeninstanz auf Basis einer benutzerdefinierten Listendefinition anlegen wollen, können Sie mit der Eigenschaft *ListCreationInformation.TemplateFeatureId* auf die GUID des Features verweisen, das die Listendefinition zur Verfügung stellt.

WEITERE INFORMATIONEN Einzelheiten über die Datenbereitstellung finden Sie in Kapitel 10.

Wenn Sie versuchen, eine Liste anzulegen, deren Titel bereits vorhanden ist, wird eine Ausnahme des Typs *Microsoft.SharePoint.Client.ServerException* mit der folgenden Fehlermeldung ausgelöst:

```
Unbehandelte Ausnahme: Microsoft.SharePoint.Client.ServerException: Eine Liste, Umfrage, Diskussionsrunde
oder Dokumentbibliothek mit dem angegebenen Titel ist bereits auf dieser Website vorhanden. Wählen Sie
einen anderen Titel aus.
```

Die *List*-Instanz, die Sie von der Methode *Add* der Eigenschaft *Lists* als Ergebnis zurückerhalten, ist eine vollständig funktionierende Instanz, mit der Sie Elemente hinzufügen oder Eigenschaften konfigurieren können.

Erstellen und Ändern eines Listenelements

Sobald Sie eine Listeninstanz erstellt haben, müssen Sie neue Einträge zur Liste hinzufügen. Listing 5.16 demonstriert, wie Sie einen Kontakt zur neu erstellten Kontaktliste hinzufügen.

Listing 5.16 Erstellen eines neuen Listenelements über das Clientobjektmodell

```
ClientContext ctx = new ClientContext("http://devbook.sp2010.local/");

List contactsList = ctx.Web.Lists.GetByTitle("Contacts COM");

ListItem item = contactsList.AddItem(new ListItemCreationInformation());
item["Title"] = "Paolo Pialorsi";
item["Email"] = "paolo@devleap.com";
item["Company"] = "DevLeap";
item.Update();

ctx.ExecuteQuery();
```

Listing 5.16 zeigt, wie Sie ein *ListItem*-Objekt zur *List*-Instanz hinzufügen, indem Sie den Typ *ListItem-CreationInformation* benutzen, der einfach eine Erstellungsaufgabe für ein neues *ListItem*-Objekt definiert. Das Ergebnis der Methode *AddItem* ist eine *ListItem*-Instanz, mit der Sie Felder des Elements konfigurieren. Abschließend rufen Sie dann die Methode *Update* auf, um die neuen Werte der Felder zu bestätigen. Wie beim Clientobjektmodell üblich, müssen Sie allerdings den Server darüber informieren, was Sie vorhaben. Sie müssen also die Methode *ExecuteQuery* der *ClientContext*-Instanz aufrufen.

Beim Ändern eines *ListItem*-Objekts gehen Sie ähnlich vor wie beim Erstellen eines neuen Elements. Der einzige Unterschied ist, dass Sie das Element aus dem Speicher abrufen müssen. Sie können dazu die Elemente durchgehen, die von einem *CamlQuery*-Objekt zurückgegeben werden (das wurde weiter oben in Listing 5.14 gezeigt), oder ein bestimmtes Element über seine *ID* mit der Methode *GetItemById* des Typs *List* abrufen. Listing 5.17 zeigt, wie Sie das Element ändern, das in Listing 5.16 erstellt wurde.

Listing 5.17 Ändern eines Listenelements über das Clientobjektmodell

```
ClientContext ctx = new ClientContext("http://devbook.sp2010.local/");

List contactsList = ctx.Web.Lists.GetByTitle("Contacts COM");
ListItem itemToUpdate = contactsList.GetItemById(1);

itemToUpdate["Company"] = "DevLeap - Geändert!";
itemToUpdate.Update();

ctx.ExecuteQuery();
```

Konflikte und Ausnahmebehandlung

Falls das Element, das Sie aktualisieren, von jemand anders geändert wurde, während Sie daran arbeiten, löst das Clientobjektmodell eine Serverausnahme mit der folgenden Meldung aus, sobald Sie *ExecuteQuery* aufrufen:

```
Unbehandelte Ausnahme: Microsoft.SharePoint.Client.ServerException: Versionskonflikt.
```

Sie haben nun die Möglichkeit, das Element zu aktualisieren und die neue Instanz durch Ihre Änderung zu überschreiben oder Ihre Änderungen einfach zu verwerfen. Wenn Sie allerdings ein Element innerhalb eines einzigen *ExecuteQuery*-Aufrufs (wie dem in Listing 5.17) aktualisieren, ist es unwahrscheinlich, dass eine Konfliktausnahme auftritt.

Ein anderes Problem bei der Arbeit mit Listen und Einträgen kann auftauchen, wenn das Element, das Sie bearbeiten wollen, überhaupt nicht vorhanden ist. Aufgrund der Architektur des Clientobjektmodells müssen Sie den Server abfragen, um festzustellen, ob es das gesuchte Element gibt. Dazu können Sie beispielsweise einen *try* ... *catch*-Codeblock verwenden, um die Ausnahme abzufangen, die ausgelöst wird, wenn ein Element fehlt. In diesem Fall handelt es sich um eine *ServerException* mit der folgenden Fehlermeldung:

```
Unbehandelte Ausnahme: Microsoft.SharePoint.Client.ServerException: Das Element ist nicht vorhanden.
Möglicherweise wurde es von einem anderen Benutzer gelöscht.
```

Wollen Sie sich auf der Clientseite eine andere Möglichkeit offenhalten, können Sie das fehlende Element ganz neu anlegen oder ein anderes Element abrufen. Dasselbe Problem tritt auf, wenn Sie nach einer Liste suchen, die nicht vorhanden ist. In diesem Fall müssen Sie folgende Ausnahme abfangen:

```
Unbehandelte Ausnahme: Microsoft.SharePoint.Client.ServerException: Die Liste 'Contacts COM' ist in der
Website mit der URL 'http://devbook.sp2010.local' nicht vorhanden.
```

Unabhängig davon, auf welche Weise Sie die Ausnahme behandeln wollen, müssen Sie wahrscheinlich den Server nach neuen Daten abfragen oder die fehlende Liste erstellen. Der Code in Listing 5.18 demonstriert ein Szenario mit einer fehlenden Liste, wie es gerade beschrieben wurde.

Listing 5.18 Abrufen oder Erstellen einer Liste, falls sie fehlt, und Hinzufügen eines Elements

```
ClientContext ctx = new ClientContext("http://devbook.sp2010.local/");
List contactsList = null;

try {
    contactsList = ctx.Web.Lists.GetByTitle("Contacts COM");
    ctx.Load(contactsList);
    ctx.ExecuteQuery();
}
catch (ServerException) {
    ListCreationInformation lci = new ListCreationInformation();
    lci.Title = "Contacts COM";
    lci.Description = "Vom Clientobjektmodell erstellte Kontakte";
    lci.TemplateType = (Int32)ListTemplateType.Contacts;
    lci.QuickLaunchOption = QuickLaunchOptions.On;
    contactsList = ctx.Web.Lists.Add(lci);
    ctx.ExecuteQuery();
}
finally {
    ListItem item = contactsList.AddItem(new ListItemCreationInformation());
    item["Title"] = "Paolo Pialorsi";
    item["Email"] = "paolo@devleap.com";
    item["Company"] = "DevLeap";
    item.Update();

    ctx.ExecuteQuery();
}
```

Der hervorgehobene Code in Listing 5.18 zeigt die drei Aufrufe der Methode *ExecuteQuery*. Schlimmstenfalls muss der Code alle *try ... catch ... finally*-Blöcke ausführen und den Server dreimal über *ExecuteQuery* aufrufen. Das drückt die Leistung und belastet den Server. Glücklicherweise stellt das Clientobjektmodell eine Klasse namens *ExceptionHandlingScope* zur Verfügung, die speziell für solche Situationen entworfen wurde und vermeidet, dass Sie mehrere Abfragen an den Server schicken.

Listing 5.19 demonstriert, wie Sie den Typ *ExceptionHandlingScope* einsetzen.

Listing 5.19 Verwenden des Typs *ExceptionHandlingScope*

```
ClientContext ctx = new ClientContext("http://devbook.sp2010.local/");

ExceptionHandlingScope scope = new ExceptionHandlingScope(ctx);

using (scope.StartScope()) {
    using (scope.StartTry()) {
        // Versuchen, etwas auf der Serverseite auszuführen.
    }
    using (scope.StartCatch()) {
        // Etwas anderes tun, falls auf der Serverseite ein Fehler auftritt.
    }
    using (scope.StartFinally()) {
        // Diesen Code unabhängig vom Ergebnis der vorherigen Codeblöcke ausführen.
    }
}

// Jetzt nur ein einziges Mal den Server aufrufen.
ctx.ExecuteQuery();
```

Hinter den Kulissen sammelt die *ExceptionHandlingScope*-Instanz die Aktivitäten (intern als *ClientAction* bezeichnet), die in den drei Situationen (*try*, *catch*, *finally*) jeweils auf dem Server ausgeführt werden sollen. Der Server beginnt die Ausführung des Codes innerhalb des *StartTry*-Blocks. Nur für den Fall, dass dabei ein Fehler auftritt, führt er den Code aus dem *StartCatch*-Block aus. Und zuletzt führt er auf jeden Fall den Code im *StartFinally*-Block aus, unabhängig davon, ob Ausnahmen im *StartTry*-Block aufgetreten sind oder nicht. Dabei wird aber nur eine einzige Anforderung an den Server gesendet, und es kommt nur eine einzige Antwort zurück. Listing 5.20 zeigt ein vollständiges Beispiel.

Listing 5.20 Der vollständige Code zum Abrufen oder Erstellen einer Liste, falls sie noch nicht vorhanden ist, und zum Hinzufügen eines Elements

```
ClientContext ctx = new ClientContext("http://devbook.sp2010.local/");
ExceptionHandlingScope scope = new ExceptionHandlingScope(ctx);
List contactsList;

using (scope.StartScope()) {
    using (scope.StartTry()) {
        // Versuchen, auf die Zielliste zu verweisen.
        contactsList = ctx.Web.Lists.GetByTitle("Contacts COM");
    }
```

```
    using (scope.StartCatch()) {
        // Erstellen der Liste, falls es sie noch nicht gibt.
        ListCreationInformation lci = new ListCreationInformation();
        lci.Title = "Contacts COM";
        lci.Description = "Vom Clientobjektmodell erstellte Kontakte";
        lci.TemplateType = (Int32)ListTemplateType.Contacts;
        lci.QuickLaunchOption = QuickLaunchOptions.On;

        contactsList = ctx.Web.Lists.Add(lci);
    }
    using (scope.StartFinally()) {
        // ListItem-Objekt hinzufügen, unabhängig davon, ob die Liste gerade erst
        // erstellt wurde oder schon vorhanden war.
        contactsList = ctx.Web.Lists.GetByTitle("Contacts COM");


        ListItem item = contactsList.AddItem(new ListItemCreationInformation());
        item["Title"] = "Paolo Pialorsi";
        item["Email"] = "paolo@devleap.com";
        item["Company"] = "DevLeap";
        item.Update();
    }
}

// Jetzt nur ein einziges Mal den Server aufrufen.
ctx.ExecuteQuery();
```

Löschen eines vorhandenen Listenelements

Neben dem Erstellen neuer Elemente ist es auch wichtig, wie Sie vorhandene Elemente aus einer Liste löschen. Listing 5.21 zeigt einen Codeausschnitt, der diese Operation demonstriert.

Listing 5.21 Löschen einer *ListItem*-Instanz

```
ClientContext ctx = new ClientContext("http://devbook.sp2010.local/");

List contactsList = ctx.Web.Lists.GetByTitle("Contacts COM");
ListItem itemToDelete = contactsList.GetItemById(1);

itemToDelete.DeleteObject();

ctx.ExecuteQuery();
```

Die Syntax ist sehr ähnlich wie beim Ändern eines Elements. Der einzige Unterschied besteht darin, dass die Methode *DeleteObject* aufgerufen wird.

Listenelemente seitenweise abfragen

In Unternehmenslösungen müssen Sie oft die Elemente einer Liste abfragen. Gleich ab Listing 5.1 habe ich Ihnen viele Wege gezeigt, wie Sie eine Liste abfragen. Eine solide Lösung muss aber berücksichtigen, dass eine Liste durchaus mehrere Tausend Elemente enthalten kann. Es ist nicht praktikabel, solche Elemente in einem einzigen Abfrageblock abzurufen. Sie sollten sich daher die Paginierungsfähigkeiten des SharePoint-Abfragemoduls zunutze machen. Listing 5.22 zeigt einen Codeausschnitt, der Abfrageergebnisse effizient seitenweise abruft.

Listing 5.22 Abfrageergebnisse effizient seitenweise abrufen

```
ClientContext ctx = new ClientContext("http://devbook.sp2010.local/");

List contactsList = ctx.Web.Lists.GetByTitle("Contacts COM");
ListItemCollectionPosition itemPosition = null;
Int32 currentPage = 0;

do {
    CamlQuery query = new CamlQuery();
    query.ListItemCollectionPosition = itemPosition;
    query.ViewXml = "<View><RowLimit>10</RowLimit></View>";
    ListItemCollection pageOfContacts = contactsList.GetItems(query);
    ctx.Load(pageOfContacts);
    ctx.ExecuteQuery();

    itemPosition = pageOfContacts.ListItemCollectionPosition;
    currentPage++;
    Console.WriteLine("Seite: {0}", currentPage);

    foreach (ListItem item in pageOfContacts) {
        Console.WriteLine("Kontakt: {0}", item["Title"]);
    }
    Console.WriteLine();
} while (itemPosition != null);
```

Um Daten seitenweise zu erhalten, müssen Sie zuerst der CAML-Abfrage mit einem *<RowLimit/>*-Element die gewünschte Seitelänge mitteilen. Dieses Beispiel hat Platz für zehn Elemente pro Seite. Anschließend deklarieren Sie eine Variable des Typs *ListItemCollectionPosition*, die einen Seitenkontext für die laufende *CamlQuery*-Instanz definiert. Jedes Mal, wenn Sie die Abfrage ausführen, indem Sie die Methode *GetItems* der *List*-Instanz aufrufen, müssen Sie der Eigenschaft *ListItemCollectionPosition* der Abfrage die Position zuweisen, damit SharePoint weiß, welche Seite Sie möchten. Den Wert für jede Seite erhalten Sie aus der Eigenschaft *ListItemCollectionPosition* der Klasse *ListItemCollection* zurück. Haben Sie die letzte Seite abgerufen, hat diese Eigenschaft den Wert *null*, sodass Sie wissen, wenn Sie alle Daten erhalten haben.

Dokumentbibliotheken und Dateien

Dieser Abschnitt stellt einige Szenarien und Beispiele dafür vor, wie Sie Dokumentbibliotheken und Dateien verwalten.

Erstellen einer neuen Dokumentbibliothek

Neben Standardlisten müssen Sie auch oft eine benutzerdefinierte Dokumentbibliothek anlegen. Der Codeausschnitt aus Listing 5.23 zeigt, wie das geht.

Listing 5.23 Erstellen einer benutzerdefinierten Dokumentbibliothek

```
ClientContext ctx = new ClientContext("http://devbook.sp2010.local/");

ListCreationInformation lci = new ListCreationInformation();
lci.Title = "Custom Documents";
lci.Description = "Vom Clientobjektmodell erstellte benutzerdefinierte Dokumente";
lci.TemplateType = (Int32)ListTemplateType.DocumentLibrary;
lci.QuickLaunchOption = QuickLaunchOptions.On;
List newList = ctx.Web.Lists.Add(lci);

ctx.ExecuteQuery();
```

Der einzige Unterschied zwischen den Listings 5.23 und 5.15 ist der Wert für *ListTemplateType*. Bei einer Dokumentbibliothek können Sie stattdessen auch die Eigenschaft *DocumentTemplateType* verwenden, um eine benutzerdefinierte Dokumentvorlage auszuwählen.

Hochladen eines neuen Dokuments

Sobald Sie eine Dokumentbibliothek erstellt haben, wollen Sie wahrscheinlich eine Datei hochladen. Listing 5.24 zeigt, wie Sie dabei vorgehen.

Listing 5.24 Hochladen einer Datei in eine Dokumentbibliothek

```
ClientContext ctx = new ClientContext("http://devbook.sp2010.local/");

List targetList= ctx.Web.Lists.GetByTitle("Custom Documents");

FileCreationInformation fci = new FileCreationInformation();
fci.Content = System.IO.File.ReadAllBytes(@"..\..\SampleFile.txt");
fci.Url = "SampleFile.txt";
fci.Overwrite = true;

File fileToUpload = targetList.RootFolder.Files.Add(fci);
ctx.Load(fileToUpload);

ctx.ExecuteQuery();
```

Die Schlüsselstelle in Listing 5.24 ist die Erstellung einer Instanz des Typs *FileCreationInformation*. Außerdem ist es wichtig, dass die *FileCreationInformation*-Instanz einen relativen Wert für die Eigenschaft *Url* der Datei zugewiesen bekommt, die hochgeladen werden soll. Anschließend stellt sie die Datei in den richtigen Ordner, nämlich in den Ordner, in dem die *FileCreationInformation*-Instanz hinzugefügt wird. Um eine Datei hochzuladen, können Sie die statische Methode *SaveBinaryDirect* der Klasse *File* aufrufen.

Um Probleme beim Hochladen von Dateien zu vermeiden, sollten Sie die Maximalgröße für den Dateiupload überprüfen. Bei Bedarf haben Sie die Möglichkeit, das Größenlimit für hochgeladene Dateien zu erhöhen.

Herunterladen eines Dokuments

Eine Datei herunterzuladen ist eine der einfachsten Aufgaben. Listing 5.25 zeigt ein Beispiel.

Listing 5.25 Herunterladen einer Datei aus einer Dokumentbibliothek

```
ClientContext ctx = new ClientContext("http://devbook.sp2010.local/");

List targetList = ctx.Web.Lists.GetByTitle("Custom Documents");
ctx.Load(targetList, lst => lst.RootFolder);
ctx.ExecuteQuery();

String fileToDownload = (targetList.RootFolder.ServerRelativeUrl + "/SampleFile.txt");
FileInformation fileInfo = File.OpenBinaryDirect(ctx, fileToDownload);

using (System.IO.StreamReader sr = new System.IO.StreamReader(fileInfo.Stream)) {
    String content = sr.ReadToEnd();
    Console.WriteLine(content);
}
```

Im interessantesten Abschnitt von Listing 5.25 wird ein *Stream*-Objekt aus dem *FileInformation*-Objekt abgerufen, um direkt auf die Datei zugreifen zu können. Die *FileInformation*-Instanz erhalten Sie, indem Sie die statische Methode *OpenBinaryDirect* der Klasse *File* aufrufen.

Einchecken und Auschecken von Dokumenten

Ähnlich wie das Hoch- und Herunterladen einer Datei funktioniert auch das Ein- und Auschecken eines Dokuments. Sie rufen dazu die Methoden *File.CheckIn* und *File.CheckOut* auf. Es empfiehlt sich, vorher die Eigenschaft *CheckOutType* der aktuellen *File*-Instanz zu überprüfen, um festzustellen, ob die Datei ein- oder ausgecheckt ist. Listing 5.26 zeigt ein Beispiel.

Listing 5.26 Einchecken und Auschecken einer Datei in einer Dokumentbibliothek

```
ClientContext ctx = new ClientContext("http://devbook.sp2010.local/");

List targetList = ctx.Web.Lists.GetByTitle("Custom Documents");
ctx.Load(targetList, lst => lst.RootFolder);
ctx.ExecuteQuery();

String fileToRetrieve = (targetList.RootFolder.ServerRelativeUrl + "/SampleFile.txt");
File file = ctx.Web.GetFileByServerRelativeUrl(fileToRetrieve);
ctx.Load(file);
ctx.ExecuteQuery();
if (file.CheckOutType == CheckOutType.None) {
    file.CheckOut();
}
else {
    file.CheckIn("Checkout beendet!", CheckinType.MajorCheckIn);
}

ctx.ExecuteQuery();
```

Genau wie beim Serverobjektmodell können Sie beim Aufruf der Methode *CheckIn* die Version (Nebenversion, Hauptversion, Überschreiben) des Dokuments angeben, das Sie einchecken wollen.

Kopieren und Verschieben von Dateien

Die letzten Operationen im Zusammenhang mit Dokumentbibliotheken sind das Kopieren und Verschieben einer Datei. Wie in den letzten Beispielen brauchen Sie zuerst einen Verweis auf die bearbeitete *File*-Instanz. Sobald Sie diesen Verweis haben, rufen Sie die Methode *MoveTo* oder *CopyTo* auf, je nachdem, ob Sie die Datei verschieben oder kopieren wollen. Listing 5.27 demonstriert beide Operationen.

Listing 5.27 Kopieren und Verschieben einer Datei zwischen Dokumentbibliotheken

```
ClientContext ctx = new ClientContext("http://devbook.sp2010.local/");

List targetList = ctx.Web.Lists.GetByTitle("Custom Documents");
ctx.Load(targetList, lst => lst.RootFolder);
ctx.ExecuteQuery();

String fileToRetrieve = (targetList.RootFolder.ServerRelativeUrl + "/SampleFile.txt");
File file = ctx.Web.GetFileByServerRelativeUrl(fileToRetrieve);

file.CopyTo("Shared Documents/SampleFileCopy.txt", true);
file.MoveTo("Shared Documents/SampleFileMoved.txt", MoveOperations.Overwrite);

ctx.ExecuteQuery();
```

Beiden Methoden übergeben Sie neben der relativen URL der Zieldatei noch weitere Argumente. Die Methode *CopyTo* hat einen *Boolean*-Parameter, der festlegt, ob die Datei ein eventuell schon vorhandenes Zielelement überschreiben soll. Die Methode *MoveTo* benutzt für dieselbe Aufgabe eine Enumeration. Beide Methoden kopieren oder verschieben nicht nur den Binärinhalt der Datei, sondern auch alle ihre Feldwerte (Metadaten).

SOAP-Dienste

Im letzten Abschnitt haben Sie erfahren, wie Sie das SharePoint-Clientobjektmodell für die Entwicklung mit .NET 3.5 oder höher, Silverlight 3.0 oder höher und ECMAScript einsetzen. Aber wenn Sie SharePoint mit der Lösung eines anderen Herstellers integrieren wollen, die beispielsweise mit einer älteren Version des .NET Frameworks oder anderen Technologien wie Java, PHP oder Python entwickelt wurde, können Sie nicht auf das Clientobjektmodell zurückgreifen. Glücklicherweise stellt SharePoint mehrere SOAP-Dienste zur Verfügung, die von Anwendungen anderer Hersteller aufgerufen werden können.

Diese Dienste sind meist in das Webdienstemodul von ASP.NET eingebaut und basieren auf einem Satz von *.asmx*-Dateien, allerdings stehen in SharePoint 2010 auch einige wenige WCF-Dienste für externe Verbraucher zur Verfügung. Sie werden unter dem virtuellen Verzeichnis */_vti_bin/* jeder Website veröffentlicht, die dem Ordner *<SharePoint14_Root>\ISAPI* zugeordnet ist. Es gibt über 25 Dienste in SharePoint Foundation 2010 und weitere fünf in SharePoint Server 2010. Tabelle 5.2 listet die wichtigsten Dienste auf.

Tabelle 5.2 Wichtige SOAP-Dienste, die von SharePoint 2010 veröffentlicht werden

Dienstname	Beschreibung
Alerts.asmx	Auflisten und Löschen von Warnungsabonnements für Benutzer.
Authentication.asmx	Stellt eine Operation zum Anmelden an einer SharePoint-Website bereit, die mit FBA arbeitet. Die Operation *Login* gibt ein Cookie zurück, das bei allen nachfolgenden Aufrufen anderer Dienste benutzt wird.
Lists.asmx	Erlaubt Operationen mit Listen, Inhaltstypen, Listenelementen und Dateien. Zum Beispiel stellt dieser Dienst Operationen zum Einchecken und Auschecken einer Datei in einer Dokumentbibliothek oder zum Abfragen von Listendaten mit CAML-Abfragen zur Verfügung.
SiteData.asmx	Ermöglicht das Lesen von Websites, Listen und Elementen. *SiteData.asmx* ist für externe Suchmaschinen gedacht, die den Inhalt einer SharePoint-Website indizieren wollen.
Sites.asmx	Erlaubt das Erstellen, Löschen, Lesen, Exportieren und Importieren von SharePoint-Websites.
Webs.asmx	Stellt Operationen zum Verwalten von Inhaltstypen, Websitespalten und Features einer SharePoint-Website zur Verfügung
Search.asmx	Ermöglicht es, die Suchmaschine von SharePoint Server abzufragen.

Um diese Dienste zu nutzen, brauchen Sie lediglich einen Verweis darauf zu definieren, wofür Sie ihre WSDL-Vertragsdefinition (Web Service Definition Language) verwenden. Wenn Sie mit Visual Studio in .NET arbeiten, haben Sie mehrere Möglichkeiten zur Auswahl, anhand seiner WSDL-Datei auf einen Dienst zu verweisen. Sie können einen neuen »Dienstverweis« in einem Projekt erstellen, in diesem Fall nutzen Sie den WCF-Clientstack, um den Dienst aufzurufen. Stattdessen können Sie auch einen »Webverweis« definieren, der den Dienst über den ASP.NET ASMX-Webdienstclientstack aufruft.

Bei der ersten Methode klicken Sie mit der rechten Maustaste auf das Projekt, in dem Sie auf den Dienst zugreifen wollen, und wählen im Kontextmenü den Befehl *Dienstverweis hinzufügen*. Wenn Sie den Dienst dagegen über den ASP.NET ASMX-Webdienstclientstack nutzen wollen, müssen Sie ebenfalls den Befehl *Dienstverweis hinzufügen* wählen, aber dann in den erweiterten Dienstverweiseinstellungen auf die Schaltfläche *Webverweis hinzufügen* klicken und einen herkömmlichen Dienstverweis hinzufügen.

Listing 5.28 zeigt einen Codeausschnitt, der mithilfe dieser Dienste den Inhalt der Liste *DevLeap Contacts* auflistet.

Listing 5.28 Inhalt einer Website mit dem Dienst *Lists.asmx* auflisten

```
String targetListName = "DevLeap Contacts";
String baseUrl = "http://devbook.sp2010.local/_vti_bin/";

Lists wsLists = new Lists();
wsLists.Url = baseUrl + "Lists.asmx";
wsLists.Credentials = System.Net.CredentialCache.DefaultCredentials;

XElement listMetadata = XElement.Load(new XmlNodeReader(wsLists.GetList(targetListName)));

Guid targetListId = new Guid(listMetadata.Attribute("ID").Value);
```

```
XmlNode listItemsXmlNode = wsLists.GetListItems(
    targetListId.ToString(), // ID der Zielliste
    String.Empty, // ID der Ansicht oder String.Empty für Standardansicht
    null, // CAML-Abfrage oder null
    null, // ViewFields oder null
    "200", // RowLimit als String
    null, // Abfrageoptionen
    null // ID der Website oder null für Stammwebsite
    );

XElement listItemsXml = XElement.Load(new XmlNodeReader(listItemsXmlNode));

var xmlItems = from x in listItemsXml.Descendants("{#RowsetSchema}row")
               select x;

foreach (XElement xmlItem in xmlItems) {
        Console.WriteLine("{0} - {1}",
            xmlItem.Attribute("ows_ID").Value,
            xmlItem.Attribute("ows_Title").Value);
}
```

Dieses Beispiel ruft die Operation *GetList* des Dienstes *Lists.asmx* auf, um die Konfiguration der Zielliste zu ermitteln, die abgefragt werden soll. Dann lädt es die Elemente der Liste über die Operation *GetListItems*, wobei es eine Standardabfrage für die Standardansicht der Liste angibt.

Wie in diesem Beispiel gezeigt, verweisen Sie die Dienste auf die gewünschte SharePoint-Website, indem Sie der Eigenschaft *Url* des Proxyobjekts die richtige Adresse zuweisen. Wenn Sie den Dienst *Lists.asmx* mit dem *Url*-Wert *http://devbook.sp2010.local/_vti_bin/Lists.asmx* aufrufen, dann gibt der SOAP-Dienst Listen der Website mit der URL *http://devbook.sp2010.local/* zurück. Und wenn Sie den Wert *http://devbook.sp2010.local/SubSite/_vti_bin/Lists.asmx* verwenden, gibt der SOAP-Dienst Ihnen Zugriff auf die Listen der Untersite mit der URL *http://devbook.sp2010.local/SubSite/*.

Wie Sie sehen, liefern beide aufgerufene Operationen (*Lists.GetList* und *Lists.GetListItems*) ihr Ergebnis in Form von XML zurück, weshalb sie mit Klassen aus LINQ to XML gelesen und ausgewertet werden. Wenn Sie mit den SOAP-Diensten von SharePoint arbeiten, müssen Sie sich daran gewöhnen, unterschiedliche Ergebnistypen zu verwalten, weil es häufig vorkommt, dass XML-Ergebnisse auf unterschiedliche Arten übergeben werden (*XmlNode*, *String*, Arrays aus benutzerdefinierten Typen und so weiter).

Ich könnte unzählige Beispiele bringen, die demonstrieren, wie Sie die verschiedenen SOAP-Dienste nutzen, die SharePoint zur Verfügung stellt. Seit SharePoint 2010 hat sich das Clientobjektmodell aber zu einer der bevorzugten Kommunikationstechnologien für SharePoint entwickelt, daher verschwende ich keine Zeit mehr auf die Details der SOAP-Dienste.

Die REST-API

Die letzte clientseitige API, die Sie in diesem Kapitel kennenlernen, ist die REST-API, ein weiteres neues Feature von SharePoint 2010.

HINWEIS REST steht für »Representational State Transfer«. Es verwirklicht das Konzept, über das Internet auf Daten zuzugreifen, wobei in einer klaren und eindeutigen Syntax auf Ressourcen verwiesen wird. Ein Beispiel: Wenn Sie einen Browser öffnen und die URL *http://www.microsoft.com/* aufrufen, identifizieren Sie die Website von Microsoft anhand ihrer URL, und ein Microsoft-Webserver gibt die Inhalte zurück, die Sie angefordert haben. Wenn Sie *http://www.w3.org/* besuchen, verwenden Sie eine andere URL, die eine andere Ressource identifiziert, und erhalten stattdessen deren Inhalt. Eine REST-API ist eine API, die Befehle und Anweisungen nach einem ähnlichen Konzept darstellt.

Wie Sie in diesem Abschnitt sehen werden, haben Sie die Möglichkeit, auf eine Ressource, die von einer SharePoint-Website veröffentlicht wird, über eine eindeutige URL zu verweisen, die dieses Element darstellt. Einzelheiten über REST finden Sie im Dokument, das das Konzept von REST im Jahr 2000 eingeführt hat. Sie finden es unter *http://www.ics.uci.edu/~fielding/pubs/dissertation/rest_arch_style.htm.*

SharePoint 2010 veröffentlicht einen WCF-Dienst, der Daten über ein REST-Protokoll zur Verfügung stellt. Dieser Dienst überwacht die virtuelle URL */_vti_bin/ListData.svc* jeder SharePoint-Website und kann jederzeit von anderen Herstellern genutzt werden, um die in SharePoint gespeicherten Daten zu lesen und bei Bedarf auch zu ändern. Wollen Sie diesen Dienst nutzen, müssen Sie zusätzlich zum Setup Ihrer SharePoint-Frontend-Webserver das ADO.NET Data Services Update für .NET Framework 3.5 SP1 installieren.

Wenn Sie Ihren Browser starten und die URL des REST-Dienstes aufrufen, erhalten Sie eine XML-Liste der verfügbaren Inhalte in der SharePoint-Zielwebsite zurück. Abbildung 5.4 zeigt ein Beispiel für die Ausgabe des Browsers, wenn Sie den REST-Dienst für eine Beispielwebsite dieses Buchs (*http://devbook.sp2010.local/_vti_bin/ListData.svc*) abfragen.

WEITERE INFORMATIONEN Wie Sie einen Entwicklungscomputer für SharePoint 2010 einrichten können, ist in MSDN Online unter *http://msdn.microsoft.com/de-de/library/ee554869.aspx* beschrieben.

HINWEIS Damit die Darstellung des Listeninhalts in Internet Explorer als XML angezeigt wird, müssen Sie zuerst die Option *Feedleseanzeige einschalten* deaktivieren. Wählen Sie dazu den Menübefehl *Extras/Internetoptionen*, klicken Sie auf der Registerkarte *Inhalte* im Abschnitt *Feeds und Web Slices* auf *Einstellungen* und deaktivieren Sie das Kontrollkästchen *Feedleseanzeige einschalten.*

Wie in Abbildung 5.4 zu sehen, ist das Ergebnis eine Auflistung von Elementen, jedes mit seiner relativen URL (Attribut *href*), die den in der aktuellen Website enthaltenen Listen zugeordnet sind. Wenn Sie auf die URL des REST-Dienstes zugreifen wollen, müssen Sie diese relativen URLs an die Dienst-URL anhängen, dann erhalten Sie Zugriff auf den Inhalt der entsprechenden Liste. Nehmen wir an, Sie fordern die folgende URL an:

```
http://devbook.sp2010.local/_vti_bin/ListData.svc/DevLeapContacts
```

In der Standardeinstellung zeigt der Browser eine Liste der Elemente in Form eines Feeds an, weil die XML-Ausgabe im Format »Atom Syndication« (*http://www.w3.org/2005/Atom*) aufgebaut ist. Nehmen wir nun an, Sie fordern stattdessen diese URL an:

```
http://devbook.sp2010.local/_vti_bin/ListData.svc/DevLeapContacts(1)
```

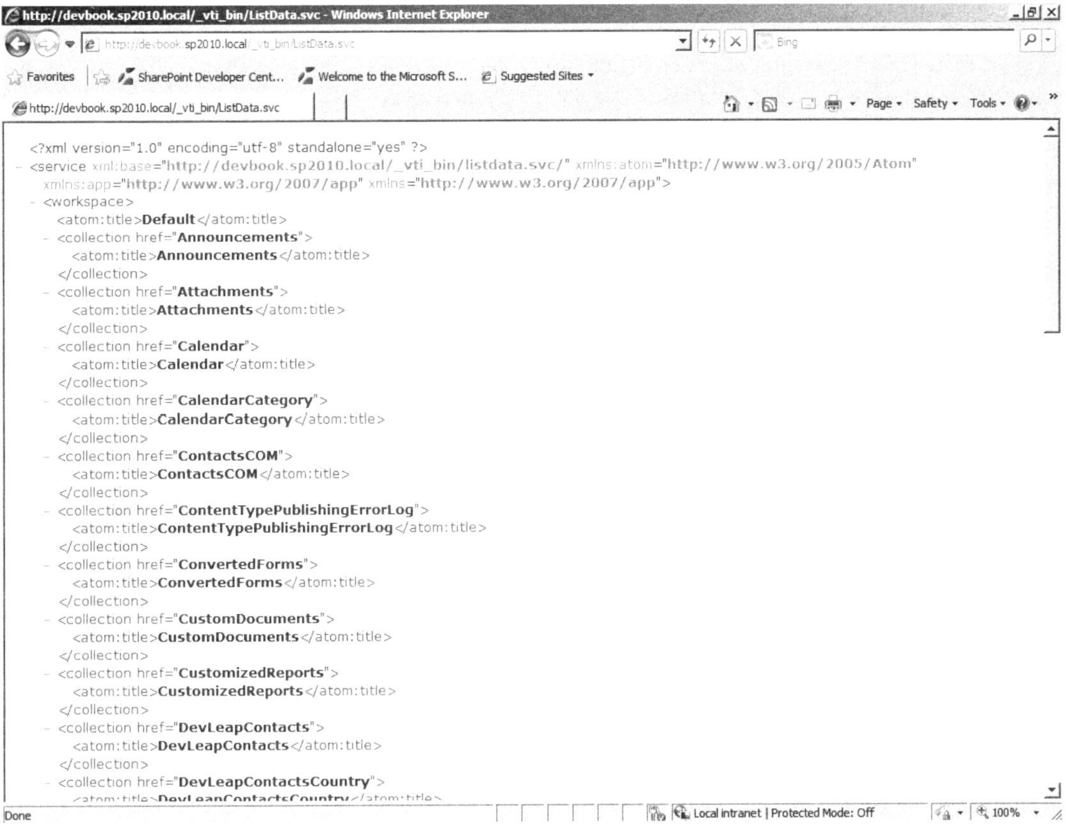

Abbildung 5.4 Ergebnis beim Abfragen von *ListData.svc* einer Beispielwebsite

Diesmal gibt der REST-Dienst die XML-Darstellung des Kontakts mit der ID 1 zurück. Wenn Sie den Wert des Felds *CompanyName* für das Element mit der ID 1 brauchen, fordern Sie folgende URL an:

```
http://devbook.sp2010.local/_vti_bin/ListData.svc/DevLeapContacts(1)/CompanyName
```

Auch bei dieser letzten Abfrage ist das Ergebnis noch in ein XML-Element verpackt. Wollen Sie allerdings nur den Rohwert auslesen, können Sie der URL den Befehl */$value* anhängen, dann gibt der REST-Dienst lediglich den Textwert des Felds *CompanyName* zurück:

```
http://devbook.sp2010.local/_vti_bin/ListData.svc/DevLeapContacts(1)/CompanyName/$value
```

Generell ist die URL-Zuordnung nach folgender Regel aufgebaut:

```
http://siteurl/_vti_bin/ListData.svc/{Entitätsname}[({ID})]/[{Eigenschaft}]/[{$Befehl}]
```

Das ist eine sehr nützliche Schnittstelle, wenn Sie Daten über eine URL-basierte Syntax abfragen wollen. Sie kann von beliebigen Geräten genutzt werden, solange sie nur in der Lage sind, auf HTTP zuzugreifen und XML zu lesen (also praktisch alle modernen Geräte). Mit derselben URL-Syntax können Sie Abfragen schreiben, um Daten zu partitionieren (filtern), zu sortieren, seitenweise abzurufen und so weiter. Die folgende Liste beschreibt die wichtigsten Schlüsselwörter, die als Parameter im Abfragestring zur Verfügung stehen:

- ***$filter={Prädikat}*** Daten filtern.
- ***$expand={Entität}*** Zugehörige Objekte mit aufnehmen.

- ***$orderby={Eigenschaft}*** Ergebnisse sortieren.
- ***$skip=n*** Die ersten n Ergebnisse überspringen (nützlich für seitenweises Abrufen).
- ***$top=n*** Die ersten n Ergebnisse abrufen (ebenfalls nützlich für seitenweises Abrufen).
- ***$metadata*** Die Metadaten abrufen, die die veröffentlichten Entitäten beschreiben.

Die verwendete Syntax basiert auf einem offenen Standard, der von Microsoft unter dem Namen »Microsoft Open Specification Promise« vorgeschlagen wurde. Er wird auch als »Open Data Protocol« (oder kurz OData) bezeichnet.

WEITERE INFORMATIONEN Einzelheiten zu Microsoft Open Specification Promise (OSP) finden Sie unter *http://www.microsoft.com/interop/osp/default.mspx*. Über das Open Data Protocol können Sie sich unter *http://www.odata.org/* informieren.

Abfragen von Daten mit .NET und LINQ

Der letzte Abschnitt hat gezeigt, wie Sie die SharePoint-REST-API von beliebigen HTTP-Clients aus nutzen, beispielsweise mit der Klasse *WebClient* aus *System.Net*. Es wäre allerdings recht mühsam, von Hand alle URLs für alle möglichen Abfragen zusammenzustellen und dann die Antworten in ihrem XML-Format (Atom) auszuwerten. Glücklicherweise unterstützen Microsoft Visual Studio und Microsoft .NET Dienste, die zu der OData-Spezifikation kompatibel sind. Wenn Sie in einem Microsoft Visual Studio 2010-.NET-Projekt einen Dienstverweis auf den Dienst *ListData.svc* hinzufügen, erkennt die Umgebung den Dienst als OData-Dienst und stellt eine abstrakte Schnittstelle für den Zugriff auf die veröffentlichten Ressourcen zur Verfügung.

Jeder OData-Dienst stellt einen Satz von Metadaten bereit, die Sie abrufen, indem Sie den URL-Parameter *$metadata* angeben. Das Tool *Dienstverweis hinzufügen* kann diese Metadaten auswerten und daraus typisierte Klassen für alle veröffentlichten Ressourcen generieren. Abbildung 5.5 zeigt, wie Sie im Dialogfeld *Dienstverweis hinzufügen* einen Verweis auf einen OData-kompatiblen Dienst hinzufügen. Denken Sie daran, dass Sie den Verweis jedes Mal aktualisieren müssen, wenn Sie das Schema Ihrer Daten in SharePoint ändern.

Sobald Sie einen Dienstverweis auf einen OData-Dienst erstellt haben, können Sie eine Instanz einer Klasse namens *<Dienstname>DataContext* erstellen, die den Proxy für den Dienst bildet. Diese Klasse ist von *System.Data.Services.Client.DataServiceContext* abgeleitet. Wenn Sie einen SharePoint-REST-Dienst nutzen, hat die Proxyklasse einen Namen wie *<Websitetitel>DataContext*, wobei *<Websitetitel>* für den Titel der Zielwebsite (ohne Leerzeichen) steht. Beim bereits oben verwendeten Beispiel trägt die Website den Titel »SharePoint 2010 Developer Reference Book«, daher hat die Klasse den langen, aber aussagekräftigen und selbsterklärenden Namen *SharePoint2010DeveloperReferenceBookDataContext*.

Mit den Instanzen dieser Klasse können Sie auf die Listenelemente der Website zugreifen und sie genauso abfragen, als wären sie Auflistungen typisierter Entitäten. Jede Liste entspricht einer Auflistungseigenschaft der Proxyklasse. Und jeder Inhaltstyp entspricht einem Entitätstyp. Wieder ein Beispiel aus der Website zu diesem Buch: Die SharePoint-Liste *DevLeap Contacts* ist der Auflistungseigenschaft *DevLeapContacts* der Proxyklasse zugeordnet. Diese Auflistung enthält typisierte Instanzen von Kontaktelementen. Listing 5.29 zeigt ein Beispiel, wie die Kontakte über den REST-Proxy abgefragt werden.

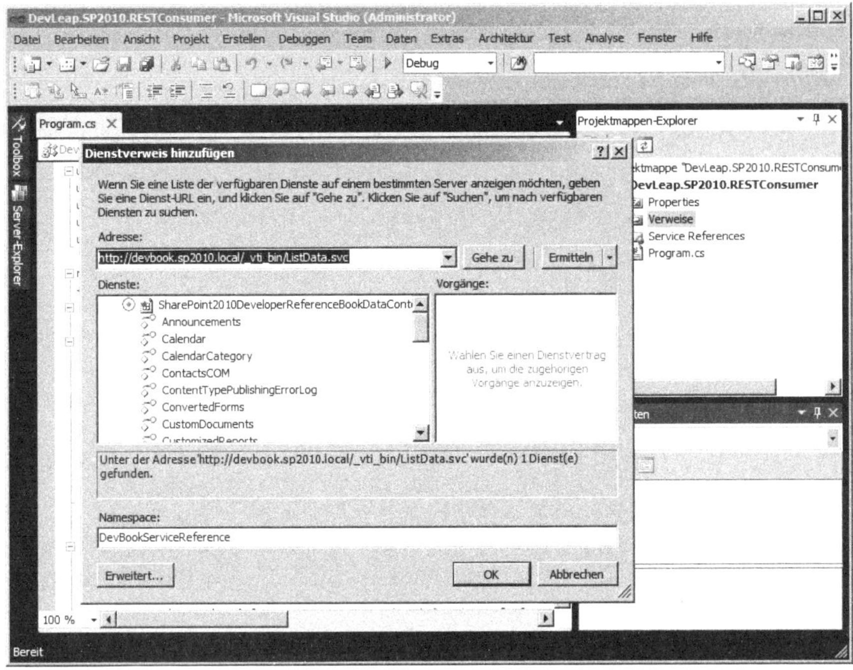

Abbildung 5.5 Hinzufügen eines Verweises auf einen OData-kompatiblen Dienst im Dialogfeld *Dienstverweis hinzufügen*

Listing 5.29 Abfragen von Kontakten mit dem REST-Proxy

```
SharePoint2010DeveloperReferenceBookDataContext dc =
    new SharePoint2010DeveloperReferenceBookDataContext(
        new Uri("http://devbook.sp2010.local/_vti_bin/ListData.svc"));
dc.Credentials = System.Net.CredentialCache.DefaultCredentials;

foreach (var item in dc.DevLeapContacts) {
    Console.WriteLine(item);
}
```

Listing 5.29 zeigt, dass die Klasse *DataContext* einen Konstruktor bereitstellt, der einen Parameter vom Typ *System.Uri* hat. In diesem Parameter übergeben Sie die URL von *ListData.svc*. Wenn Sie eine Authentifizierung beim Remotedienst durchführen müssen, können Sie die Eigenschaft *Credentials* der Klasse *DataContext* benutzen. Dieser Eigenschaft weisen Sie einen Typ zu, der *System.Net.ICredential* implementiert, beispielsweise *System.Net.CredentialCache.DefaultCredentials*, das die Systemanmeldeinformationen der aktuellen Anwendung verwendet. Dann brauchen Sie lediglich den Inhalt der gewünschten Auflistungen abzufragen, um auf die entsprechenden Elemente zuzugreifen.

Der automatisch generierte Code unterstützt auch LINQ-Abfragen. Daher können Sie eine Abfrage für die Auflistungen der Elemente schreiben, die von der Klasse *DataContext* veröffentlicht werden. Listing 5.30 zeigt ein Beispiel. Die LINQ-Abfrage ist in diesem Fall keine LINQ-to-Objects-Abfrage, die im Arbeitsspeicher arbeitet, sondern eine Abfrage, die von einem Abfrageanbieter verwaltet wird, der die LINQ-Abfrage in eine REST-Abfrage (OData-Stil) umsetzt.

WEITERE INFORMATIONEN Einzelheiten über LINQ finden Sie im Buch *Programming Microsoft LINQ in .NET 4.0* von Paolo Pialorsi und Marco Russo (Microsoft Press 2010, ISBN 978-0-7356-4057-3).

Listing 5.30 Abfragen von Kontakten mit einer LINQ-Abfrage

```
SharePoint2010DeveloperReferenceBookDataContext dc =
    new SharePoint2010DeveloperReferenceBookDataContext(
        new Uri("http://devbook.sp2010.local/_vti_bin/ListData.svc"));
dc.Credentials = System.Net.CredentialCache.DefaultCredentials;

var query = from c in dc.DevLeapContacts
            where c.ContentType == "DevLeapCustomer"
            select new {
                c.ContactID,
                c.Title,
                c.CompanyName,
                c.CustomerLevelValue
            };

foreach (var item in query) {
    Console.WriteLine(item);
}
```

Wenn Sie sich die Eigenschaft *DevLeapContacts* der Klasse *DataContext* ansehen, stellen Sie fest, dass sie den Typ *System.Data.Services.Client.DataServiceQuery<DevLeapContactsItem>* hat. Die Klasse *DataServiceQuery<T>* implementiert die Schnittstelle *IQueryable<T>* der LINQ-Infrastruktur, sie stellt den Proxy für den OData-LINQ-Abfrageanbieter dar (auch als WCF Data Services-Clientbibliothek bezeichnet).

WEITERE INFORMATIONEN Unter *http://msdn.microsoft.com/en-us/library/cc668792.aspx* können Sie sich genauer über die WCF Data Services informieren.

Wenn Sie die Codeausführung im Debugger verfolgen und die Variable *query* beobachten, stellen Sie fest, dass sie intern die Abfrage als REST-Anforderung darstellt. Das sieht beispielsweise so aus:

```
http://devbook.sp2010.local/_vti_bin/ListData.svc/DevLeapContacts()?$filter=ContentType
  eq 'DevLeapCustomer'&$select=ContactID,Title,CompanyName,CustomerLevelValue
```

Wenn Sie diese URL kopieren und in die Adressleiste des Browsers einfügen, erhalten Sie exakt die Ergebnisse der Abfrage, angezeigt im XML-Format.

Wenn Sie Daten einer SharePoint-Website abfragen, dabei aber ignorieren wollen, dass es sich um eine SharePoint-Website handelt, ist REST die Methode der Wahl, weil Sie eine typisierte Auflistung der Elemente haben. Diese Auflistung können Sie sogar mit LINQ abfragen, und sie abstrahiert das zugrunde liegende Repository. Natürlich gibt es bei diesem Ansatz auch einige Einschränkungen. Beispielsweise können Sie nicht alle denkbaren Abfragen schreiben, und es gibt einige Schlüsselwörter und Operatoren (*join*, *average*, *First*, *FirstOrDefault* und so weiter), die bis jetzt nicht von der WCF Data Services-Clientbibliothek unterstützt werden. Wenn Sie versuchen, einen nicht unterstützten Abfragebefehl aufzurufen, erhalten Sie eine Ausnahme wie die folgende:

```
Unbehandelte Ausnahme: System.NotSupportedException: Die Methode 'Join' wird nicht unterstützt.
```

HINWEIS Die vollständige Liste der nicht unterstützten Schlüsselwörter und Methoden finden Sie in MSDN Online unter *http://msdn.microsoft.com/de-de/library/ee622463.aspx.*

Listing 5.31 zeigt einen Codeausschnitt mit einer nicht unterstützten Abfragesyntax.

Listing 5.31 Eine nicht unterstützte Abfragesyntax

```
// Diese Abfrage funktioniert nicht, weil join nicht unterstützt wird.
var query = from c in dc.DevLeapContacts
            where c.ContentType == "DevLeapCustomer"
            join i in dc.Invoices on c.Id equals i.InvoiceCustomerLookupId
            select new { c.ContactID, c.Title, c.CompanyName, i.Name };
```

Es gibt aber bereits zahlreiche nützliche Befehle und Schlüsselwörter, die unterstützt werden. Zum Beispiel können Sie Ergebnisse seitenweise abrufen, indem Sie *Skip* und *Take* einsetzen. Sie können auch sortieren und andere Operationen ausführen. Listing 5.32 demonstriert, wie Sie eine Liste mit Elementen seitenweise abrufen.

Listing 5.32 Seitenweises Abrufen in einer LINQ-Abfrage

```
// Zweite Seite abrufen, sie soll 10 Elemente enthalten.
var query = (from c in dc.ContactsCOM
            select c).Skip(10).Take(10);
```

Die URL-Anforderung für die Abfrage aus Listing 5.32 lautet:

`http://devbook.sp2010.local/_vti_bin/ListData.svc/ContactsCOM()?$skip=10&$top=10`

Sie verwendet die Parameter *$skip* und *$top*, die im vorherigen Abschnitt beschrieben wurden.

Verwalten von Daten

Die Möglichkeit, SharePoint-Daten über die REST-API abzufragen, ist sehr interessant und reicht oft bereits aus, um Einsteiger für diese neue API zu begeistern. Aber das ist noch lange nicht alles, was sie zu bieten hat. Aus Sicht der OData-Spezifikation können Sie mit der REST-API auch Daten verwalten (einfügen, ändern, löschen), und das über einen vollständig typisierten Ansatz, sogar wenn Sie auf der Clientseite arbeiten.

Die Klasse *DataContext* stellt einen Identitätsverwaltungsdienst zur Verfügung, mit dem Sie Entitäten genauso bearbeiten können, als wären sie Entitäten eines typischen O/RM wie LINQ to SQL, LINQ to Entities oder LINQ to SharePoint.

Immer wenn Sie eine Entität abrufen, und keinen benutzerdefinierten anonymen Typ, der auf einer benutzerdefinierten Projektion basiert, können Sie seine Eigenschaften verwalten und den SharePoint-Quellserver über Ihre Änderungen informieren, indem Sie sie in einem Blockauftrag übergeben. Listing 5.33 zeigt einen Codeausschnitt, der die Eigenschaft eines vorhandenen Elements ändert.

Listing 5.33 Ändern eines bereits vorhandenen Elements

```
SharePoint2010DeveloperReferenceBookDataContext dc =
    new SharePoint2010DeveloperReferenceBookDataContext(
        new Uri("http://devbook.sp2010.local/_vti_bin/ListData.svc"));
dc.Credentials = System.Net.CredentialCache.DefaultCredentials;

DevLeapContactsItem item = (from c in dc.DevLeapContacts
                            where c.ID == 1
                            select c).First();

item.CompanyName += " - Geändert!";
dc.UpdateObject(item);

dc.SaveChanges();
```

Unmittelbar nachdem Sie die Entität aktualisiert haben, müssen Sie von Hand die Methode *UpdateObject* der Klasse *DataContext* aufrufen, um sie darüber zu informieren, dass Sie Änderungen vorgenommen haben. Das ist nötig, weil die Proxyklasse *DataContext* intern nicht automatisch die Änderungen an den Objekten verfolgt. Sie können viele Entitäten auf einmal ändern und dann, sobald Sie fertig sind, einfach die Methode *SaveChanges* der Klasse *DataContext* aufrufen, um Ihre Änderungen zurück an den Server zu senden.

Wenn Sie ein neues Element zu einer Zielliste hinzufügen wollen, können Sie die Universalmethode *AddObject* der Klasse *DataContext* verwenden. Diese Methode hat folgende Signatur:

```
public void AddObject(string entitySetName, object entity);
```

Sie können auch eine vollständig typisierte Methode namens *AddTo<Listenname>* aufrufen. Sie bildet einen Wrapper um die untypisierte Methode *AddObject* und wird automatisch von den Tools generiert, die den Dienstverweis erzeugen. Als Beispiel hier die Deklaration der Methode *AddToDevLeapContacts*:

```
public void AddToDevLeapContacts(DevLeapContactsItem devLeapContactsItem) {
    base.AddObject("DevLeapContacts", devLeapContactsItem);
}
```

Listing 5.34 enthält einen Codeausschnitt, der ein Element zur Kontaktliste aus dem Beispiel hinzufügt:

Listing 5.34 Hinzufügen eines neuen Elements zu einer Liste

```
SharePoint2010DeveloperReferenceBookDataContext dc =
    new SharePoint2010DeveloperReferenceBookDataContext(
        new Uri("http://devbook.sp2010.local/_vti_bin/ListData.svc"));
dc.Credentials = System.Net.CredentialCache.DefaultCredentials;

DevLeapContactsItem item = new DevLeapContactsItem {
    Title = "Sample Customer",
    ContactID = "CC001",
    ContentType = "DevLeapCustomer",
    CompanyName = "Beispielfirma",
```

```
        CountryValue = "Germany",
        CustomerLevelValue = "Level A"
    };

    dc.AddToDevLeapContacts(item);

    dc.SaveChanges();
```

Der Beispielcode legt eine neue Instanz eines Typs an, der zu der Zielliste kompatibel ist. Dann trägt er Werte in die Eigenschaften des Elements ein (beispielsweise für die Felder) und fügt es zur Zielliste hinzu, indem er die Methode *AddTo<Listenname>* aufruft. Zuletzt ruft er die Methode *SaveChanges* von *DataContext* auf, um die Änderungen auf der Serverseite zu bestätigen. Beachten Sie, dass die Zielliste zwei Arten von Inhaltstypen akzeptiert, daher weist das Beispiel der Eigenschaft *ContentType* des Elements einen Wert zu, der SharePoint über den richtigen Inhaltstyp informiert, der auf der Serverseite benutzt werden soll.

Die letzte Aufgabe, die Sie beim Verwalten von Daten häufig ausführen, ist das Löschen von Entitäten. Die Klasse *DataContext* stellt die Methode *DeleteObject* zur Verfügung. Wenn Sie ihr eine Entität übergeben, wird sie beim nächsten Aufruf von *SaveChanges* als gelöscht markiert. Um ein Element zu löschen, brauchen Sie also lediglich *SaveChanges* aufzurufen. Listing 5.35 demonstriert diese Operation.

Listing 5.35 Löschen eines Elements aus einer Liste

```
SharePoint2010DeveloperReferenceBookDataContext dc =
    new SharePoint2010DeveloperReferenceBookDataContext(
        new Uri("http://devbook.sp2010.local/_vti_bin/ListData.svc"));
dc.Credentials = System.Net.CredentialCache.DefaultCredentials;

DevLeapContactsItem item = (from c in dc.DevLeapContacts
                            where c.ContactID == "CC001"
                            select c).First();

dc.DeleteObject(item);

dc.SaveChanges();
```

Die WCF Data Services-Clientbibliothek bietet auch vollständige Unterstützung für die Verarbeitung von Konflikten, die beim Verwalten von Daten unter Umständen auftreten. Es würde allerdings das Thema dieses Kapitels (und des Buchs) sprengen, die WCF Data Services-Clientbibliothek ausführlich zu beschreiben, daher gehe ich nicht weiter auf diese Einzelheiten ein. Sie sollten aber wissen, welches Potenzial diese API für die Verwaltung von SharePoint-Daten und externen Daten im Allgemeinen bietet, wenn Sie einen OData-Anbieter zur Verfügung haben.

Zusammenfassung

In diesem Kapitel haben Sie erfahren, welche clientseitige Technologien SharePoint 2010 zur Verfügung stellt, damit Sie Daten von einem Remoteverbraucher aus abfragen und verwalten können. Sie haben dabei gelernt, wie Sie das Clientobjektmodell in seinen unterschiedlichen Varianten nutzen, beispielsweise das verwaltete Clientobjektmodell, das Silverlight-Clientobjektmodell und das ECMAScript-Clientobjektmodell. Außerdem haben Sie gesehen, dass es einige SOAP-Dienste gibt, die vor allem auf dem ASP.NET-ASMX-Webdienstemodul aufbauen. Sie sind nützlich, wenn Sie von beliebigen Verbrauchern anderer Hersteller aus, die einen SOAP-Aufruf ausführen können, auf Daten einer SharePoint-Website zugreifen und sie verwalten wollen. Und schließlich haben Sie erfahren, was die REST-API ist und wie Sie damit Daten abfragen (sogar mit LINQ-Abfragen) und verwalten. Sie verfügen jetzt über das Grundwissen, um SharePoint-Clientlösungen zu entwickeln, und kennen die verfügbaren Tools und Technologien.

Teil III

Entwickeln von Webparts

In diesem Teil:

Kapitel 6

Grundlagen von Webparts

In diesem Kapitel:

Wenn Sie einen Microsoft SharePoint 2010-Entwickler bitten, eines der wichtigsten Features zu nennen, antwortet er wahrscheinlich: »Natürlich Webparts«. Aber was sind Webparts? Es sind im Grunde nur anpassbare Bereiche, die innerhalb einer SharePoint-Webseite gehostet werden. Webparts wurden bereits vor vielen Jahren in Microsoft SharePoint Team Services 2001 eingeführt. In den nachfolgenden Versionen des Produkts wurde das Konzept der Webparts verfeinert und hat sich weit verbreitet. In Microsoft .NET 2.0 verschob sich die Infrastruktur für Webparts von SharePoint in die offizielle ASP.NET-Webentwicklungsplattform, sodass die Verwendung von Webparts in vielen unterschiedlichen ASP.NET-Anwendungen umfassend unterstützt wurde. Aus Sicht des Endbenutzers ist ein Webpart lediglich ein Abschnitt einer Webseite, den der Benutzer selbst über die Webbrowseroberfläche anpassen kann. Aus Sicht des Entwicklers ist ein Webpart eine Klasse, die Code zum Darstellen ihres Inhalts im Browser und zum Verarbeiten einer benutzerdefinierten Konfiguration, des Layouts, der Anordnung und so weiter, innerhalb der SharePoint- und/oder ASP.NET-Umgebung definiert. Der Benutzer kann Webparts selbstständig in Seiten (den sogenannten Webpartseiten) hinzufügen und entfernen, indem er sie aus einer Servergalerie oder einer öffentlichen Onlinegalerie auswählt.

Wichtiger aus Sicht des Entwicklers ist, dass Webparts in vielen unterschiedlichen Seiten und Websites wiederverwendet werden können. Das vereinfacht die Entwicklung benutzerdefinierter Lösungen, die Bereitstellung und die Wartung. Viele SharePoint-Lösungen basieren auf benutzerdefinierten Webparts, die in Webpartseiten benutzt werden.

Dieses Kapitel erklärt, wie Webparts funktionieren und wie Sie eigene Webparts entwickeln. Kapitel 7, »Fortgeschrittene Webparts«, setzt das Thema fort und beschreibt fortgeschrittene Techniken bei der Webpartentwicklung.

Architektur von Webparts

Ein Webpart ist ein benutzerdefiniertes ASP.NET-Steuerelement, das von der Basisklasse *WebPart* aus dem Namespace *System.Web.UI.WebControls.WebParts* abgeleitet ist. Damit ein Webpart in einer Seite uneingeschränkt genutzt werden kann, müssen Sie ein *WebPartZone*-Steuerelement definieren, einen Container für mehrere Webparts. Das Steuerelement *WebPartZone* stellt ein gemeinsames Darstellungsmuster für alle enthaltenen Webparts zur Verfügung. Ein anderes zentrales Steuerelement in der Architektur von Webparts ist *WebPartManager*, das alle Aufgaben im Zusammenhang mit der Lebensdauerverwaltung von Webparts übernimmt, beispielsweise das Laden/Entladen und Serialisieren/Deserialisieren ihres Zustands innerhalb der aktuellen Seite und das Zusammenfassen von Webparts zu Webpartzonen. SharePoint hat eigene *WebPartZone*-Steuerelemente, mit denen Sie die Möglichkeit erhalten, SharePoint-spezifische Darstellungszonen zu definieren. Einige Beispiele sind die Klasse *WebPartZone* für die Standarddarstellung von Webparts und die Klasse *EditorZone* für die Darstellung von Webparts zum Editieren anderer Webparts (mehr zu diesen Editorwebparts weiter unten in diesem Kapitel). Außerdem wurde für das Steuerelement *WebPartManager* in SharePoint eine angepasste Implementierung namens *SPWebPartManager* erstellt; sie verarbeitet bestimmte Aktionen, die nur in SharePoint zur Verfügung stehen. Um diese Steuerelemente nutzen zu können, stellt SharePoint auch noch den benutzerdefinierten Seitentyp *WebPartPage* aus dem Namespace *Microsoft.SharePoint.WebPartPages* zur Verfügung. Er enthält eine vorkonfigurierte und eindeutige Instanz eines *SPWebPartManager*-Steuerelements und die Hauptwebpartzonen, die nützlich sind, um eine Seite darzustellen, die sich auf Webparts aufbaut. Abbildung 6.1 zeigt, wie eine solche Seite aufgebaut ist.

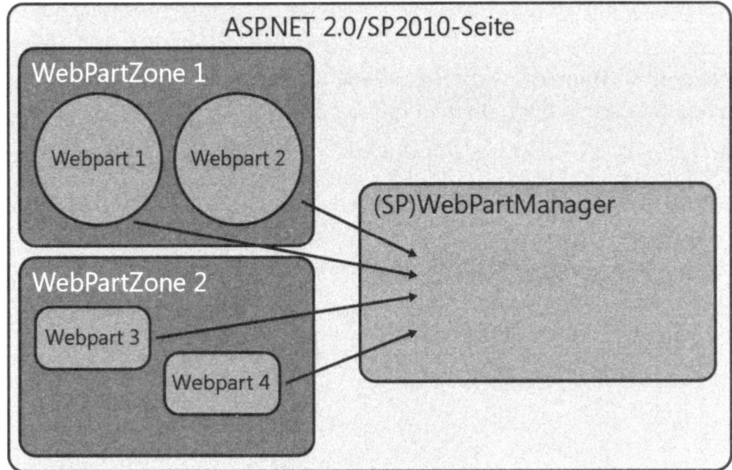

Abbildung 6.1 Architektur einer *WebPartPage* in SharePoint und ASP.NET

In Ihren Lösungen arbeiten Sie in erster Linie mit Webparts. Mit Webpartzonen und *WebPartManager* werden Sie nur selten direkt zu tun haben.

Ein »Hallo, Welt«-Webpart

Jetzt ist es an der Zeit, dass Sie Ihr erstes Webpart entwickeln. Microsoft Visual Studio 2010 stellt einige Projektvorlagen und Dienstprogramme bereit, die Ihnen helfen, benutzerdefinierte Webparts schnell zu entwickeln. Nehmen wir an, Sie brauchen ein »Hallo, Welt«-Webpart, das den aktuellen Benutzer einfach begrüßt, und seinen Namen und die aktuelle Zeit im Browser ausgibt. Sie beginnen damit, dass Sie ein neues Projekt vom Typ *SharePoint/2010/Leeres SharePoint-Projekt* anlegen. Diese Projektvorlage enthält nur einige Assemblyverweise. Sie ist nützlich, um beliebige SharePoint-Lösungen mit einer vordefinierten Bereitstellungskonfiguration zu entwickeln. Wenn Sie ein neues SharePoint-Projekt anlegen, fordert Visual Studio die URL der Website an, in der es die Lösung bereitstellt. Außerdem geben Sie an, welche Art von Bereitstellung Sie erstellen (Farmlösung oder Sandkastenlösung). Wählen Sie in diesem Beispiel die Option *Als Farmlösung bereitstellen*. Über die Bereitstellung erfahren Sie weiter unten in diesem Kapitel im Abschnitt »Bereitstellen von Webparts« mehr, und Kapitel 8, »SharePoint-Features und -Lösungen«, befasst sich ausführlich mit dem Thema. Vorerst sollten Sie sich auf das Webpart selbst konzentrieren.

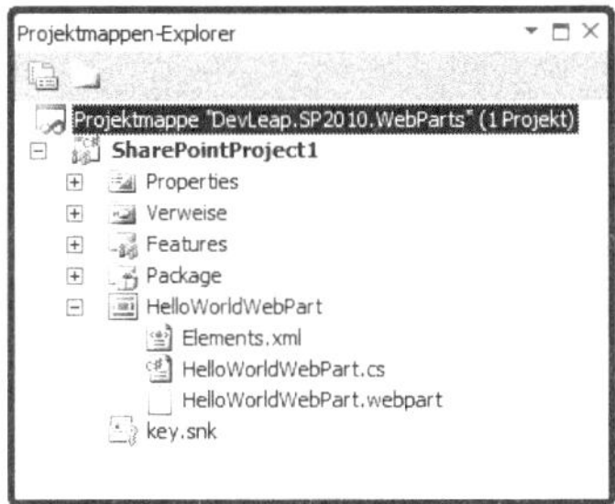

Abbildung 6.2 Inhalt des Projekts mit dem Beispielwebpart

Um Ihr Beispielwebpart zu entwickeln, müssen Sie ein neues Dateielement vom Typ *Webpart* zum Projekt hinzufügen. Nennen Sie das neue Element *HelloWorldWebPart*. Daraufhin wird eine neue Klassendatei hinzugefügt, zusammen mit einem Satz von Konfigurationsdateien, die ich später beschreibe. Abbildung 6.2 zeigt den Inhalt des Projekts, nachdem Sie das Webpartelement hinzugefügt haben.

Listing 6.1 zeigt den Inhalt der Datei *HelloWorldWebPart.cs*, unmittelbar nachdem Sie das Webpartelement zum Projekt hinzugefügt haben.

Listing 6.1 Die anfängliche Klassendatei für das »Hallo, Welt«-Webpart

```
using System;
using System.ComponentModel;
using System.Web;
using System.Web.UI;
using System.Web.UI.WebControls;
using System.Web.UI.WebControls.WebParts;
using Microsoft.SharePoint;
using Microsoft.SharePoint.WebControls;

namespace DevLeap.SP2010.WebParts.HelloWorldWebPart {
    [ToolboxItemAttribute(false)]
    public class HelloWorldWebPart : WebPart  {
        protected override void CreateChildControls()
        {
        }
    }
}
```

In diesem Code fällt als Erstes auf, dass die Klasse von der Basisklasse *WebPart* abgeleitet ist, wie bereits im vorherigen Abschnitt erwähnt. Die wichtigste Stelle im Beispielcode ist aber die Überschreibung der Methode *CreateChildControls*. Wie bei jedem anderen benutzerdefinierten ASP.NET-Steuerelement sollten Sie hier die Struktur des Websteuerelements erzeugen, die festlegt, wie das Webpart dargestellt wird. Listing 6.2 fügt einige Instanzen von *LiteralControl* hinzu, um die Begrüßungsmeldung in einem *H1*-Tag und die aktuelle Zeit in einem *DIV*-Element anzuzeigen.

Listing 6.2 Der Code für das »Hallo, Welt«-Webpart

```
using System;
using System.ComponentModel;
using System.Web;
using System.Web.UI;
using System.Web.UI.WebControls;
using System.Web.UI.WebControls.WebParts;
using Microsoft.SharePoint;
using Microsoft.SharePoint.WebControls;

namespace DevLeap.SP2010.WebParts.HelloWorldWebPart {
    [ToolboxItemAttribute(false)]
    public class HelloWorldWebPart : WebPart  {
        protected override void CreateChildControls()
```

```
        {
            SPWeb currentWeb = SPControl.GetContextWeb(HttpContext.Current);
            String currentUserName = currentWeb.CurrentUser.LoginName;

            // "Willkommen"
            this.Controls.Add(new LiteralControl(String.Format(
                "<h1>Welcome {0}!</h1>", currentUserName)));
            // "Aktuelle Zeit"
            this.Controls.Add(new LiteralControl(String.Format(
                "<div>Current DateTime: {0}</div>", DateTime.Now)));
        }
    }
}
```

Am Anfang der Methode *CreateChildControls* fordert der Code die aktuelle *SPWeb*-Instanz von der Klasse *SPControl* an. Dabei verwendet er die aktuelle *HttpContext*-Instanz, damit er den Anmeldenamen (*LoginName*) des aktuellen Benutzers abrufen kann.

WEITERE INFORMATIONEN Einzelheiten über die Klassen *SPWeb* und *SPControl* finden Sie in Kapitel 3, »Serverobjektmodell«.

Wie Sie in diesem einführenden Beispiel sehen, muss ein guter Webpartentwickler zuerst einmal ein guter ASP.NET-Entwickler sein. Und ein ASP.NET-Entwickler wird keine Probleme haben, Webparts zu entwickeln.

Abbildung 6.3 zeigt die Ausgabe des »Hallo, Welt«-Webparts, wenn es in die Homepage einer Webanwendung mit forderungsbasierter Authentifizierung eingefügt wurde.

WEITERE INFORMATIONEN Einzelheiten über die forderungsbasierte Authentifizierung finden Sie in Kapitel 22, »Forderungsbasierte Authentifizierung und Identitätsverbunde«.

HINWEIS Eine andere Möglichkeit, ein Webpart zu implementieren, besteht darin, es von der Klasse *WebPart* aus dem Namespace *Microsoft.SharePoint.WebPartPages* abzuleiten. Diese Klasse ist intern allerdings von der ASP.NET-Basisklasse *WebPart* abgeleitet, die in erster Linie die Abwärtskompatibilität zu älteren Versionen von Microsoft SharePoint sicherstellen soll. Wenn Sie Ihre Webparts von der SharePoint-Basisklasse *WebPart* ableiten, funktionieren sie nur in SharePoint-Websites, nicht in Standard-ASP.NET-Websites. Verwenden Sie dagegen die benutzerdefinierte SharePoint-Basisklasse, können Sie einige zusätzliche Funktionen nutzen, die in der Infrastruktur für Standardwebparts nicht zur Verfügung stehen. Wir haben allerdings die Erfahrung gemacht, dass diese zusätzlichen Fähigkeiten nicht wirklich nützlich sind. Dennoch zählen wir am Ende dieses Kapitels die wenigen Vorteile dieser Art von Webparts auf.

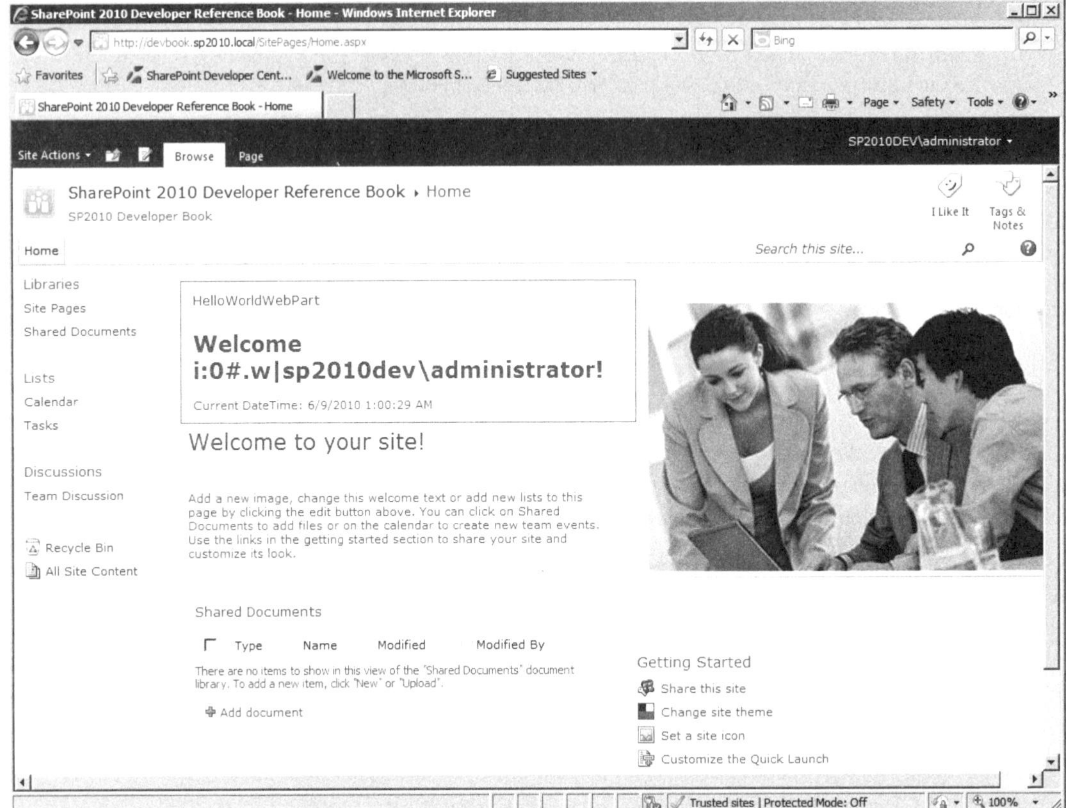

Abbildung 6.3 Die Ausgabe von *HelloWorldWebPart* innerhalb einer SharePoint 2010-Website mit forderungsbasierter Authentifizierung

Bereitstellen von Webparts

Um das Beispielwebpart bereitzustellen, gehen Sie (wie bei jeder Webpartimplementierung) folgendermaßen vor:

- Erstellen Sie aus der Klasse eine .NET-Assembly vom Typ DLL.
- Machen Sie die Assembly für die Webanwendung verfügbar, indem Sie sie in den GAC, den lokalen *bin*-Ordner der Webanwendung oder den Lösungskatalog der aktuellen Websitesammlung legen.

> **HINWEIS** GAC steht für Globally Assembly Cache, ein zentrales, gemeinsam genutztes Repository vertrauenswürdiger und digital signierter .NET-Assemblys. Einzelheiten über die .NET-Entwicklung und Bereitstellung finden Sie im Buch *Applied Microsoft .NET Framework Programming* von Jeffrey Richter (Microsoft Press 2002, ISBN 978-0-7356-1422-2).

- Autorisieren Sie das Webpart für die Ausführung innerhalb der aktuellen SharePoint-Umgebung.
- Laden Sie das Webpart in den Webpartkatalog der aktuellen Website, damit es den Endbenutzern zur Verfügung steht.

Visual Studio 2010 macht es einfach, all diese Bereitstellungsschritte auszuführen. Wählen Sie einfach den Menübefehl *Erstellen/<Lösung> bereitstellen*, dann wird das Webpart automatisch auf der Website bereitgestellt, die Sie beim Anlegen des Projekts konfiguriert haben.

Sehen wir uns an, wie diese Schritte im Detail aussehen. Das Erstellen der .NET-Assembly ist trivial, daher gehe ich nicht weiter darauf ein. Sie müssen aber darauf achten, dass Sie jedem Objekt, das Sie in den GAC legen wollen, einen starken Namen (Name, Version, Kultur und Token des öffentlichen Schlüssels) zuweisen müssen. Glücklicherweise erledigt Visual Studio 2010 das für Sie, indem es automatisch Signaturschlüssel zum Projekt hinzufügt. Auch die Assembly in den GAC oder den *bin*-Ordner der Webanwendung zu legen ist für einen .NET-Entwickler simpel. Wollen Sie dagegen die Assembly im Lösungskatalog der aktuellen Websitesammlung installieren, müssen Sie sich mit Sandkastenlösungen auskennen, daher gehe ich darauf später in Kapitel 8 genauer ein.

Um das Webpart so zu autorisieren, dass es innerhalb der SharePoint-Umgebung ausgeführt werden darf, müssen Sie ein spezielles Konfigurationselement in die *Web.config*-Datei der aktuellen Webanwendung einfügen und damit das Webpart zu einem »sicheren Steuerelement« (*SafeControl*) erklären. Am Ende von Kapitel 7 erfahren Sie mehr über *SafeControl*. Listing 6.3 zeigt einen Ausschnitt der benutzerdefinierten Konfiguration, die Sie anwenden müssen.

Listing 6.3 Die benutzerdefinierte Konfiguration bewirkt, dass das »Hallo, Welt«-Webpart als sicher für SharePoint erklärt wird

```
<?xml version="1.0" encoding="UTF-8" standalone="yes"?>
<configuration>
  <SharePoint>
    <!-- Aus Platzgründen entfernt -->
    <SafeControls>
      <!-- Hier stehen viele andere SafeControl-Elemente -->
      <SafeControl Assembly="DevLeap.SP2010.WebParts, Version=1.0.0.0,
      Culture=neutral, PublicKeyToken=cba640f292988abf"
      Namespace="DevLeap.SP2010.WebParts.HelloWorldWebPart" TypeName="*" Safe="True"
      SafeAgainstScript="False" />
    </SafeControls>
    <!-- Aus Platzgründen entfernt -->
</configuration>
```

Sie müssen die Webpartdefinition zur aktuellen Websitesammlung hinzufügen, um das Webpart im Webpartkatalog verfügbar zu machen. Diese Definition ist eine *.webpart*-Datei, die Visual Studio 2010 automatisch generiert, sobald Sie ein Webpartelement zum Projekt hinzufügen. Listing 6.4 zeigt den Standardinhalt dieser Datei in unserem Beispiel.

Listing 6.4 Die *.webpart*-Datei zum Bereitstellen des »Hallo, Welt«-Webparts

```
<?xml version="1.0" encoding="utf-8"?>
<webParts>
  <webPart xmlns="http://schemas.microsoft.com/WebPart/v3">
    <metaData>
      <type name="DevLeap.SP2010.WebParts.HelloWorldWebPart.HelloWorldWebPart,
        $SharePoint.Project.AssemblyFullName$" />
      <importErrorMessage>$Resources:core,ImportErrorMessage;</importErrorMessage>
    </metaData>
```

```
      <data>
        <properties>
          <property name="Title" type="string">HelloWorldWebPart</property>
          <property name="Description" type="string">My WebPart</property>
        </properties>
      </data>
    </webPart>
  </webParts>
```

Die wesentliche Stelle in der *.webpart*-Datei ist die Deklaration des Typs (eines .NET-Typs), der dem aktuellen Webpart zugeordnet ist. Beachten Sie, dass eine *.webpart*-Datei viele Webparts deklarieren kann, auch wenn Visual Studio 2010 standardmäßig für jede Webpartdefinition eine eigene *.webpart*-Datei anlegt. Der Typname unseres »Hallo, Welt«-Webparts ist als vollständiger Name (Namespace + Klassenname) deklariert, ergänzt durch den Namen der Assembly, in dem es enthalten ist. In diesem Codebeispiel ist der Assemblyname mit einem Alias definiert *($SharePoint.Project.AssemblyFullName$)*, den Visual Studio 2010 während des Bereitstellungsprozesses automatisch durch den tatsächlichen Assemblynamen ersetzt.

Außerdem deklariert die *.webpart*-Datei die Standardwerte für einige Eigenschaften des Webparts. Sie sehen beispielsweise, dass die Eigenschaften *Title* und *Description* des Webparts als benutzerdefinierte *property*-Elemente innerhalb eines übergeordneten *properties*-Elements definiert sind.

Sie können die Werte dieser Eigenschaften ändern und einige andere Eigenschaften definieren, indem Sie die *.webpart*-Datei in Visual Studio editieren. Tabelle 6.1 listet die nützlichsten Eigenschaften auf, die Sie definieren können.

Tabelle 6.1 Wichtige konfigurierbare Eigenschaften in einer *.webpart*-Datei

Eigenschaftsname	Beschreibung
Title	Legt den Titel des Webparts fest. Der Endbenutzer bekommt den Titel im Webpartkatalog angezeigt und wenn er ein Webpart in eine Seite einfügt. Außerdem wird dies der Standardtitel eines neu eingefügten Webparts.
Description	Eine Beschreibung des aktuellen Webparts. Sie wird dem Endbenutzer im Webpartkatalog angezeigt und wenn er ein Webpart in eine Seite einfügt.
TitleIconImageUrl	Gibt die URL für ein Bild an, mit dem das Webpart in seiner Titelzeile dargestellt wird. Der Standardwert ist eine leere Zeichenfolge ("").
CatalogIconImageUrl	Gibt die URL für ein Bild an, mit dem das Webpart im Webpartkatalog dargestellt wird. Der Standardwert ist eine leere Zeichenfolge ("").
ChromeType	Legt den Typ des Rahmens um das Webpart fest. Diese Eigenschaft kann folgende Werte annehmen (der Standardwert ist *Default)*: ▪ *Default* Das Verhalten der übergeordneten Webpartzone wird übernommen. ▪ *TitleAndBorder* Eine Titelzeile mit einem Rand. ▪ *None* Kein Rand und keine Titelzeile. ▪ *TitleOnly* Eine Titelzeile ohne Rand. ▪ *BorderOnly* Ein Rand ohne Titelzeile.
ChromeState	Legt fest, ob das Webpart im Modus *Minimized* oder *Normal* angezeigt wird.
AllowClose	Steuert, ob das Webpart von einem Endbenutzer geschlossen werden kann.
AllowConnect	Steuert, ob das Webpart von einem Endbenutzer mit einem anderen verbunden werden darf. ▶

Eigenschaftsname	Beschreibung
AllowEdit	Steuert, ob das Webpart von einem Endbenutzer bearbeitet werden kann.
AllowHide	Steuert, ob das Webpart von einem Endbenutzer verborgen werden darf.
AllowMinimize	Steuert, ob das Webpart von einem Endbenutzer minimiert werden kann.
AllowZoneChange	Steuert, ob das Webpart von einem Endbenutzer zwischen unterschiedlichen Webpartzonen verschoben werden darf.
ExportMode	Legt fest, ob die Konfiguration des aktuellen Webparts zur Wiederverwendung in einer anderen Website exportiert werden kann.

Listing 6.5 demonstriert, wie ich die *.webpart*-Datei für das »Hallo, Welt«-Beispielwebpart angepasst habe.

Listing 6.5 Die *.webpart*-Datei zum Bereitstellen des konfigurierten »Hallo, Welt«-Webparts

```
<?xml version="1.0" encoding="utf-8"?>
<webParts>
  <webPart xmlns="http://schemas.microsoft.com/WebPart/v3">
    <metaData>
      <type name="DevLeap.SP2010.WebParts.HelloWorldWebPart.HelloWorldWebPart,
          $SharePoint.Project.AssemblyFullName$" />
      <importErrorMessage>$Resources:core,ImportErrorMessage;</importErrorMessage>
    </metaData>
    <data>
      <properties>
        <property name="Title" type="string">HelloWorldWebPart</property>
        <property name="Description" type="string">
          Custom WebPart to welcome end user</property>
        <property name="CatalogIconImageUrl"
          type="string">/_layouts/images/ICTXT.GIF</property>
        <property name="AllowEdit" type="bool">true</property>
        <property name="ChromeType" type="chrometype">TitleAndBorder</property>
      </properties>
    </data>
  </webPart>
</webParts>
```

Abbildung 6.4 zeigt, wie dieses angepasste »Hallo, Welt«-Webpart dargestellt wird. Beachten Sie die benutzerdefinierte Kategorie, das Symbol im Webpartkatalog, die angepasste Beschreibung und die Randdarstellung (*TitleAndBorder*).

Wie Sie im Abschnitt »Konfigurierbare Webparts« weiter unten in diesem Kapitel sehen, können Webparts auch benutzerdefinierte Eigenschaften haben, die der Entwickler definiert und die von Websitebesitzern oder -mitgliedern verändert werden dürfen, sofern sie über ausreichende Berechtigungen verfügen. Solche Eigenschaften können Sie bei der Bereitstellung der Webparts mit Standardwerten konfigurieren, genau wie die gerade vorgestellten Standardwebparteigenschaften.

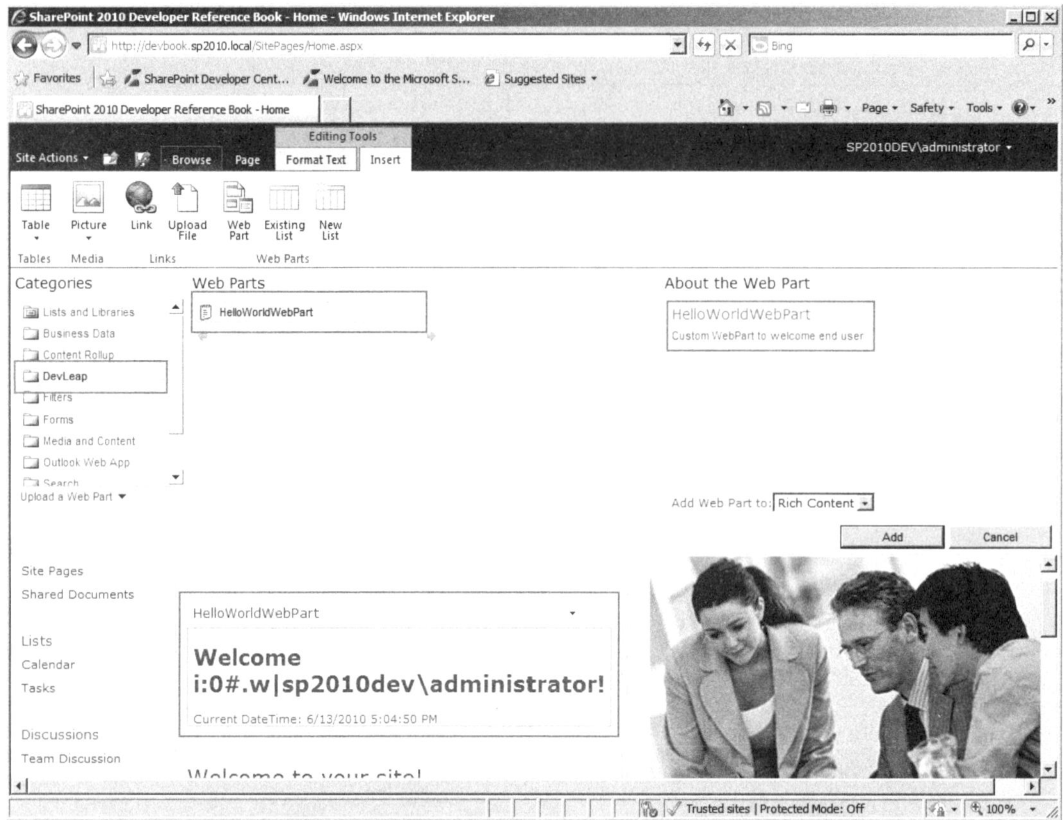

Abbildung 6.4 Das angepasste Steuerelement *HelloWorldWebPart* in einer SharePoint 2010-Website

Webparts in Unternehmenslösungen

Sie haben im letzten Abschnitt am Beispiel des »Hallo, Welt«-Webparts gesehen, wie Sie ein ganz simples Webpart definieren und bereitstellen. Natürlich sind Webparts in der Praxis etwas komplexer, sie umfassen mehr Steuerelemente und ihr Verhalten ist aufwendiger zu definieren. In diesem Abschnitt lernen Sie zwei Arten von Webparts kennen: klassische Webparts, die aus eigenem Code erstellt werden, und visuelle Webparts, die im grafischen Designer von Visual Studio 2010 entworfen werden.

Klassische Webparts

Ein klassisches Webpart (classic web part) ist ein Steuerelement, das aus mehreren ASP.NET-Steuerelementen besteht. Es tritt mit dem Endbenutzer über Ereignisse und Steuerelementverhalten in Interaktion. In diesem Abschnitt erstellen Sie ein Webpart für die Dateneingabe, das Daten vom Endbenutzer entgegennimmt und in eine SharePoint-Zielliste einfügt. Der Kern dieses Webparts nutzt das SharePoint-Serverobjektmodell, um die Elemente in die Zielliste einzufügen. Die Benutzeroberfläche wird aus ASP.NET-Serversteuerelementen aufgebaut.

Nehmen wir an, Sie haben in Ihrer SharePoint-Website eine Zielliste mit Kontaktanfragen (*Requests for Contacts*) und wollen die Anfragen der Benutzer mit Ihrem benutzerdefinierten Webpart eingeben lassen. Abbildung 6.5 zeigt das fertige Webpart.

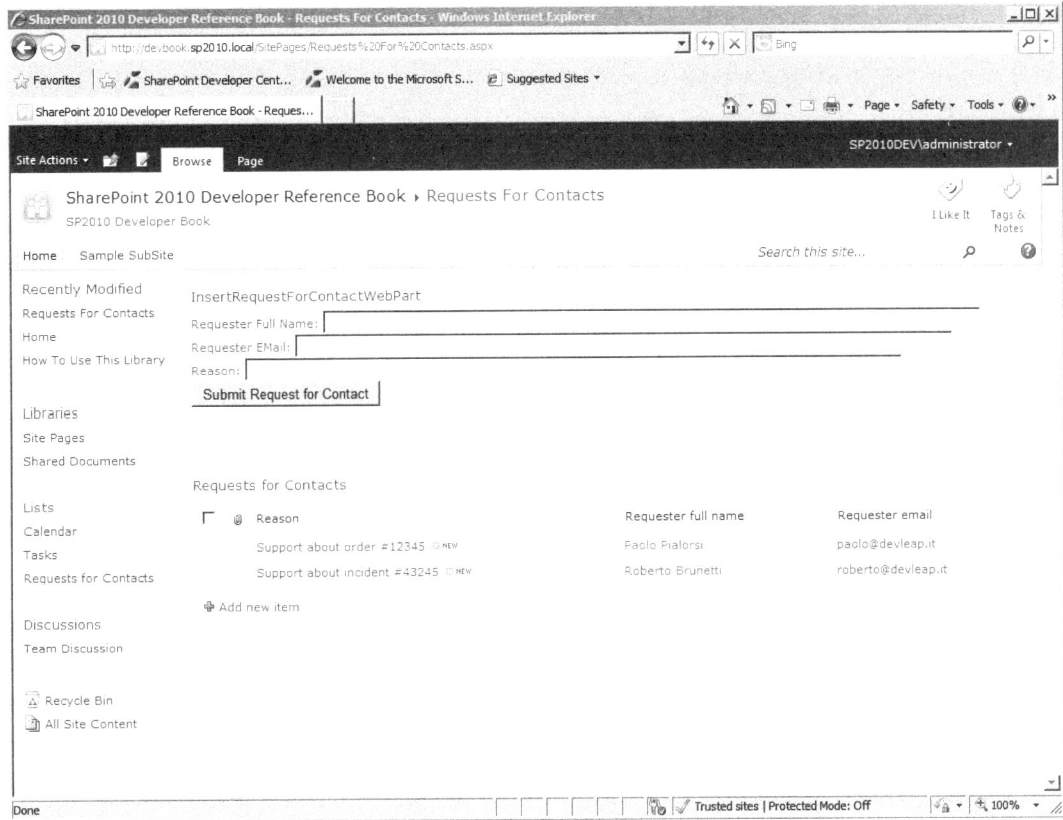

Abbildung 6.5 Das Webpart *InsertRequestForContactWebPart* in einer SharePoint 2010-Website

Nennen Sie das Webpart *InsertRequestForContactWebPart* und legen Sie in Visual Studio 2010 ein SharePoint-Projekt dafür an. Wählen Sie die Option *Farmlösung* als Projekttyp. Das Webpart stellt einige Felder zur Verfügung (Grund für die Kontaktanforderung, vollständiger Name und E-Mail des Benutzers), in denen die Anfrage beschrieben wird. Diese Felder werden auf die Zielliste *Requests for Contacts* abgebildet, die Sie von Hand in der aktuellen Website definiert haben.

HINWEIS In Kapitel 10, »Bereitstellen von Daten«, erfahren Sie, wie Sie vom Programmcode aus Datenstrukturen wie die Liste *Requests for Contacts* definieren und bereitstellen. In einer Unternehmenslösung müssen Sie wahrscheinlich die Liste und die darin eingesetzten Webparts innerhalb einer gemeinsamen SharePoint-Lösung definieren, die sie dann »auf einen Schlag« bereitstellen.

Intern umfasst das Webpart mehrere ASP.NET-Steuerelemente für die Eingabefelder. Es arbeitet mit dem SharePoint-Serverobjektmodell (siehe Kapitel 3), um das neue Element in die Liste einzufügen. Listing 6.6 zeigt die vollständige Implementierung des Webparts.

Listing 6.6 Vollständige Implementierung des Webparts *InsertRequestForContactWebPart*

```
namespace DevLeap.SP2010.WebParts.InsertRequestForContactWebPart {
    [ToolboxItemAttribute(false)]
    public class InsertRequestForContactWebPart : WebPart {
        protected TextBox RequesterFullName;
        protected TextBox RequesterEMail;
        protected TextBox Reason;
        protected Button SubmitRequestForContact;
        protected Label ErrorMessage;

        protected override void CreateChildControls() {
            this.RequesterFullName = new TextBox();
            this.RequesterFullName.Columns = 100;
            this.RequesterFullName.MaxLength = 255;
            this.Controls.Add(new LiteralControl("<div>Requester Full Name: "));
            this.Controls.Add(this.RequesterFullName);
            this.Controls.Add(new LiteralControl("</div>"));

            this.RequesterEMail = new TextBox();
            this.RequesterEMail.Columns = 100;
            this.RequesterEMail.MaxLength = 100;
            // "E-Mail des Anfragers"
            this.Controls.Add(new LiteralControl("<div>Requester EMail: "));
            this.Controls.Add(this.RequesterEMail);
            this.Controls.Add(new LiteralControl("</div>"));

            this.Reason = new TextBox();
            this.Reason.Columns = 100;
            this.Reason.MaxLength = 255;
            // "Grund"
            this.Controls.Add(new LiteralControl("<div>Reason: "));
            this.Controls.Add(this.Reason);
            this.Controls.Add(new LiteralControl("</div>"));

            this.SubmitRequestForContact = new Button();
            // "Kontaktanfrage absenden"
            this.SubmitRequestForContact.Text = "Submit Request for Contact";
            this.Controls.Add(new LiteralControl("<div>"));
            this.Controls.Add(this.SubmitRequestForContact);
            this.SubmitRequestForContact.Click +=
                new EventHandler(SubmitRequestForContact_Click);
            this.Controls.Add(new LiteralControl("</div>"));

            this.ErrorMessage = new Label();
            this.ErrorMessage.ForeColor = System.Drawing.Color.Red;
            this.Controls.Add(new LiteralControl("<div>"));
            this.Controls.Add(this.ErrorMessage);
            this.Controls.Add(new LiteralControl("</div>"));
        }
```

```
        void SubmitRequestForContact_Click(object sender, EventArgs e) {
            SPWeb web = SPControl.GetContextWeb(HttpContext.Current);

            try {
                SPList targetList = web.Lists["Requests for Contacts"];
                SPListItem newItem = targetList.Items.Add();
                newItem["Reason"] = this.Reason .Text;
                newItem["Requester full name"] = this.RequesterFullName.Text;
                newItem["Requester email"] = this.RequesterEMail.Text;
                newItem.Update();
            }
            catch (IndexOutOfRangeException) {
                this.ErrorMessage.Text =
                   "Kann Liste \"Requests for Contacts\" nicht finden";
            }
        }
    }
}
```

Der in Listing 6.6 hervorgehobene Code deklariert die *protected*-Variablen, in denen die ASP.NET-Serversteuerelemente gespeichert werden. In der Überschreibung der Methode *CreateChildControls* sehen Sie, wie Instanzen dieser Steuerelemente angelegt werden. Wichtig ist die Bindung zwischen dem serverseitigen *Click*-Ereignis der Schaltfläche *SubmitRequestForContact* und der Methode *SubmitRequestForContact_Click*. In diesem Ereignishandler legen Sie eine neue Instanz von *SPListItem* an, die für eine einzelne Kontaktanfrage steht. Dann stellen Sie die Felder dieses Elements zusammen und übergeben es schließlich an die *SPList*-Instanz.

Anhand dieses zweiten Beispiels können Sie sich vorstellen, dass Sie praktisch beliebige Webparts entwickeln können, indem Sie etwas ASP.NET-Code, benutzerdefinierte Steuerelemente und ein paar Zeilen .NET-Code kombinieren. Beispielsweise können Sie ein Webpart entwickeln, mit dem Endbenutzer auf eine Backend-Datenbank zugreifen, oder eines, das mit dem externen SOAP-Dienst eines anderen Herstellers kommuniziert. Vergessen Sie aber nicht, dass SharePoint eine robuste und sichere Umgebung ist und daher alle Anpassungen oder Lösungen genehmigt und autorisiert werden müssen, damit sie einwandfrei funktionieren. In Kapitel 7 gehe ich im Abschnitt »Bereitstellung, Sicherheit und Versionsverwaltung« darauf ein, welche Sicherheitsaspekte Sie beim Entwickeln und Bereitstellen benutzerdefinierter SharePoint-Webparts beachten müssen, damit sie sich in die Sicherheitsinfrastruktur von SharePoint einfügen.

Visuelle Webparts

In Listing 6.6 habe ich alle ASP.NET-Serversteuerelemente, aus denen sich das Webpart zusammensetzt, mit benutzerdefiniertem .NET-Code definiert. Es ist aber manchmal recht mühsam, ein Webpart vollständig im Code zu entwickeln, weil Sie oft Benutzeroberflächenattribute wie CSS-Stile, Steuerelementanordnung und -ausrichtung festlegen müssen. Außerdem gibt es Fälle, in denen Sie viele Steuerelemente in einem einzigen Webpart erstellen müssen; den gesamten Code dafür zu schreiben und zu pflegen ist eine schwierige Aufgabe. Eine mögliche Lösung, die vor SharePoint 2010 angewendet wurde, besteht darin, ein benutzerdefiniertes ASCX-Steuerelement zu definieren und es mit der Methode *LoadControl* der ASP.NET-Infrastruktur dynamisch in ein Webpart zu laden.

Seit SharePoint 2010 und Visual Studio 2010 gibt es nun eine einfache Lösung für dieses Problem. In Visual Studio 2010 steht eine Elementvorlage namens *Visuelles Webpart* (visual web part) zur Verfügung. Sie definiert ein Webpart, das ein benutzerdefiniertes ASCX-Steuerelement lädt. Ein solches Webpart tut genau das, was viele Entwickler in älteren SharePoint-Versionen von Hand erledigen mussten: dynamisch die Methode *LoadControl* eines externen ASCX-Steuerelements aufrufen. Listing 6.7 zeigt die Kernimplementierung eines visuellen Webparts namens *VisualInsertRequestForContactWebPart*.

Listing 6.7 Grundlegende Implementierung des Webparts *VisualInsertRequestForContactWebPart*

```
namespace DevLeap.SP2010.WebParts.VisualInsertRequestForContactWebPart {
    [ToolboxItemAttribute(false)]
    public class VisualInsertRequestForContactWebPart : WebPart {
        // Visual Studio kann diesen Pfad automatisch aktualisieren,
        // wenn Sie das Projektelement des visuellen Webparts ändern.
        private const string _ascxPath =
           @"~/_CONTROLTEMPLATES/DevLeap.SP2010.WebParts/
           VisualInsertRequestForContactWebPart/
           VisualInsertRequestForContactWebPartUserControl.ascx";

        protected override void CreateChildControls() {
            Control control = Page.LoadControl(_ascxPath);
            Controls.Add(control);
        }
    }
}
```

Neben dem hervorgehobenen Code, in dem das ASCX-Steuerelement dynamisch geladen wird, fügen Sie Ereignishandler und benutzerdefinierte Prozeduren in den Quellcode des Webparts ein. Die übrigen Einstellungen zur Struktur der Steuerelemente bleiben in der ASCX-Datei, die Sie in Listing 6.8 sehen.

Listing 6.8 Die ASCX-Datei für das Webpart *VisualInsertRequestForContactWebPart*

```
<%@ Assembly Name="$SharePoint.Project.AssemblyFullName$" %>
<%@ Assembly Name="Microsoft.Web.CommandUI, Version=14.0.0.0, Culture=neutral,
  PublicKeyToken=71e9bce111e9429c" %>
<%@ Register Tagprefix="SharePoint" Namespace="Microsoft.SharePoint.WebControls"
  Assembly="Microsoft.SharePoint, Version=14.0.0.0, Culture=neutral,
  PublicKeyToken=71e9bce111e9429c" %>
<%@ Register Tagprefix="Utilities" Namespace="Microsoft.SharePoint.Utilities"
  Assembly="Microsoft.SharePoint, Version=14.0.0.0, Culture=neutral,
  PublicKeyToken=71e9bce111e9429c" %>
<%@ Register Tagprefix="asp" Namespace="System.Web.UI"
  Assembly="System.Web.Extensions, Version=3.5.0.0, Culture=neutral,
  PublicKeyToken=31bf3856ad364e35" %>
<%@ Import Namespace="Microsoft.SharePoint" %>
<%@ Register Tagprefix="WebPartPages" Namespace="Microsoft.SharePoint.WebPartPages"
  Assembly="Microsoft.SharePoint, Version=14.0.0.0, Culture=neutral,
  PublicKeyToken=71e9bce111e9429c" %>
```

```
<%@ Control Language="C#" AutoEventWireup="true"
  CodeBehind="VisualInsertRequestForContactWebPartUserControl.ascx.cs"
  Inherits="DevLeap.SP2010.WebParts.VisualInsertRequestForContactWebPart.
    VisualInsertRequestForContactWebPartUserControl" %>
<p>
    Requester full name:
    <asp:TextBox ID="RequesterFullName" runat="server" Columns="100"
        MaxLength="255"></asp:TextBox>
</p>
<p>
    Requester email:
    <asp:TextBox ID="RequesterEMail" runat="server" Columns="100"
        MaxLength="100"></asp:TextBox>
</p>
<p>
    Reason:
    <asp:TextBox ID="Reason" runat="server" Columns="100"
        MaxLength="255"></asp:TextBox>
</p>
<asp:Button ID="SubmitRequestForContact" runat="server"
    onclick="SubmitRequestForContact_Click" Text="Submit Request for Contact" />
<br /><br />
<asp:Label ID="ErrorMessage" runat="server" ForeColor="Red" Visible="False" />
```

Natürlich hat eine ASCX-Datei gegenüber normalem .NET-Code den Vorteil, dass Sie den ASCX-Code im Visual Studio 2010-Designer entwerfen können (Abbildung 6.6).

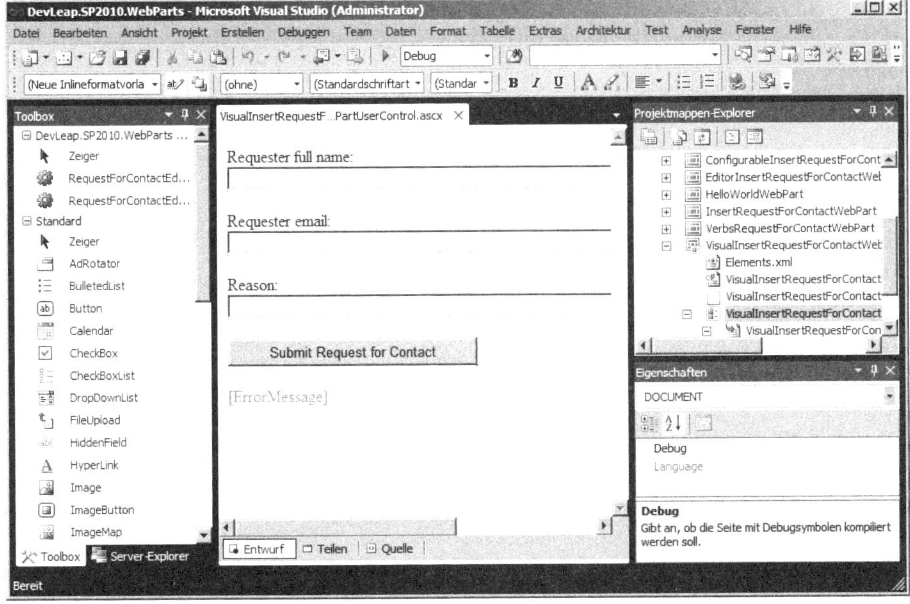

Abbildung 6.6 Der visuelle Designer der ASCX-Datei für *VisualInsertRequestForContactWebPart* in Visual Studio 2010

Auf den ersten Blick mag es aussehen, als wären visuelle Webparts die bessere und einfachere Lösung, besonders im Vergleich mit Standardwebparts. Es gibt aber einige Nebenwirkungen und Einschränkungen zu beachten, wenn Sie ein visuelles Webpart einsetzen. Zum Beispiel kann ein visuelles Webpart nicht als Sandkastenlösung bereitgestellt werden (mehr dazu in Kapitel 7), wodurch diese Lösung unter Umständen nicht so sicher ist, wie gefordert wird. Außerdem setzt ein visuelles Webpart voraus, dass die ASCX-Datei im freigegebenen Ordner *<SharePoint14_Root>\TEMPLATE\CONTROLTEMPLATES* bereitgestellt wird. Die Layoutelemente stehen somit allen Websites einer Farm zur Verfügung. Es gibt Fälle, in denen es flexibler ist, das Layout eines Webparts für jede Website beziehungsweise jeden Kunden individuell über XSLT verwalten und anpassen zu lassen. In Kapitel 7 gehe ich im Abschnitt »XSLT-Rendering« genauer auf dieses Thema ein.

HINWEIS Die Bezeichnung *<SharePoint14_Root>* ist der SharePoint-Stammordner, normalerweise *C:\Program Files\Common Files\Microsoft Shared\Web Server Extensions\14.*

Konfigurierbare Webparts

In den letzten Beispielen haben Sie neue Elemente in eine vordefinierte Zielliste eingefügt. In SharePoint-Unternehmenslösungen können Webparts dagegen von autorisierten Benutzern konfiguriert werden. In diesem Abschnitt erfahren Sie, wie Sie konfigurierbare Webparts entwickeln und eine benutzerfreundliche Oberfläche für ihre Konfiguration bereitstellen.

Konfigurierbare Parameter

Wenn Sie konfigurierbare Webparts erstellen, besteht der erste Schritt darin festzulegen, welche Eigenschaften geändert werden können. Dazu brauchen Sie lediglich in der Klassendefinition des Webparts eine öffentliche Eigenschaft zu deklarieren und sie mit dem Attribut *WebBrowsableAttribute* sowie optional dem Attribut *PersonalizableAttribute* zu versehen. Listing 6.9 zeigt ein Webpart, das eine konfigurierbare Eigenschaft deklariert.

Listing 6.9 Ein Webpart, das eine konfigurierbare Eigenschaft zur Verfügung stellt

```
namespace DevLeap.SP2010.WebParts.ConfigurableInsertRequestForContactWebPart {
    [ToolboxItemAttribute(false)]
    public class ConfigurableInsertRequestForContactWebPart : WebPart {

        [WebBrowsable(true)]
        [Personalizable(PersonalizationScope.Shared)]
        public String TargetListTitle { get; set; }

        //
        // Code für CreateChildControls weggelassen ...
        //

        void SubmitRequestForContact_Click(object sender, EventArgs e) {
            SPWeb web = SPControl.GetContextWeb(HttpContext.Current);
```

```
            try {
                SPList targetList = web.Lists[this.TargetListTitle];

                SPListItem newItem = targetList.Items.Add();
                newItem["Reason"] = this.Reason.Text;
                newItem["Requester full name"] = this.RequesterFullName.Text;
                newItem["Requester email"] = this.RequesterEMail.Text;
                newItem.Update();
            }
            catch (IndexOutOfRangeException) {
                this.ErrorMessage.Text =
                   "Kann Liste \"Requests for Contacts\" nicht finden";
            }
        }
    }
}
```

Die Klasse *WebBrowsableAttribute* weist die Webpartsinfrastruktur an, die Eigenschaft im Konfigurationsfenster des Webparts verfügbar zu machen. Dieses Attribut hat den Parameter *Browsable* vom Typ *boolean*, in dem der Wert *true* übergeben wird, wenn Sie das Attribut über seinen Standardkonstruktor deklarieren. *PersonalizableAttribute* legt fest, dass die Eigenschaft angepasst werden kann, und legt den Umfang der Konfigurationsmöglichkeiten fest. Sie übergeben ihm entweder den Gültigkeitsbereich *User*, wenn die Eigenschaft für jeden Benutzer individuell angepasst werden kann, oder *Shared*, wenn die Änderungen an der Eigenschaft für alle Benutzer gelten.

Es gibt noch einige weitere Attribute, mit denen Sie die konfigurierbare Eigenschaft detaillierter definieren und so die Benutzerfreundlichkeit verbessern können. Zum Beispiel können Sie eine benutzerdefinierte Kategorie für die Eigenschaft definieren, indem Sie sie mit dem Attribut *CategoryAttribute* versehen. Die Bezeichnung der Eigenschaft legen Sie mit dem Attribut *WebDisplayNameAttribute* fest, und den Text des Tooltips, das der Endbenutzer angezeigt bekommt, steuern Sie mit dem Attribut *WebDescriptionAttribute*. Mit dem Attribut *DefaultValueAttribute* können Sie einen Standardwert für die Eigenschaft festlegen. Listing 6.10 zeigt eine vollständige Definition für die Eigenschaft *TargetListTitle*.

Listing 6.10 Ein Webpart, das eine konfigurierbare Eigenschaft mit allen nützlichen Attributen zur Verfügung stellt

```
[WebBrowsable(true)]
[Personalizable(PersonalizationScope.Shared)]
[WebDescription("Title of the Target list")]
[WebDisplayName("Target list")]
[Category("Data Foundation")]
public String TargetListTitle { get; set; }
```

Abbildung 6.7 zeigt die Benutzeroberfläche, die der Benutzer für eine konfigurierbare Eigenschaft angezeigt bekommt.

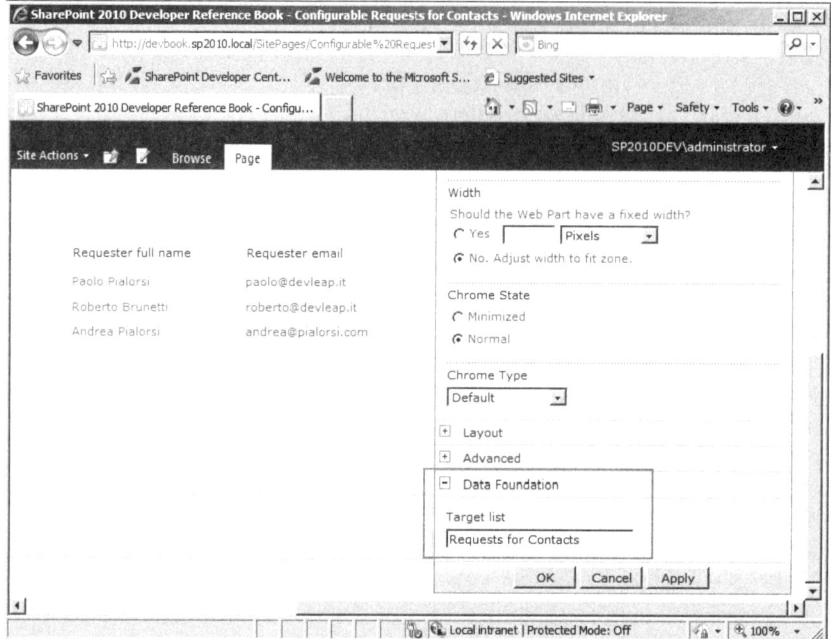

Abbildung 6.7 Der Konfigurationsabschnitt des Beispielwebparts

Der Editorbereich für das Webpart in Abbildung 6.7 wird von der SharePoint-Infrastruktur zur Verfügung gestellt. Er ist mit einigen SharePoint-spezifischen Klassen implementiert, den sogenannten Toolparts, die Sie mit eigenem Code anpassen können. Standardmäßig stellt SharePoint die Klasse *WebPartToolPart*, die die Benutzeroberfläche zum Bearbeiten der Standardeigenschaften eines Webparts (Titel, Rahmentyp, Größe und so weiter) zur Verfügung stellt, und die Klasse *CustomPropertyToolPart* bereit, die es automatisch ermöglicht, benutzerdefinierte Eigenschaften zu editieren.

Tabelle 6.2 schlüsselt auf, wie sich die Klasse *CustomPropertyToolPart* normalerweise verhält, wenn sie benutzerdefinierte Eigenschaften darstellt.

Tabelle 6.2 Standardverhalten der Klasse *CustomPropertyToolPart* beim Darstellen von benutzerdefinierten Eigenschaften

Typ der benutzerdefinierten Eigenschaft	Verhalten
Boolean	Zeigt ein Kontrollkästchen an.
Enum	Zeigt eine Dropdownliste an.
Integer	Zeigt ein Textfeld an.
String	Zeigt ein Textfeld an.
DateTime	Zeigt ein Textfeld an.

Benutzerdefinierte Toolpartklassen implementieren Sie, indem Sie eine Klasse von der abstrakten Basisklasse *ToolPart* aus dem Namespace *Microsoft.SharePoint.WebPartPages* ableiten. Damit ein benutzerdefiniertes Toolpart in SharePoint verfügbar ist, müssen Sie Ihre Webpartklasse allerdings von der abstrakten Basisklasse *Microsoft.SharePoint.WebPartPages.WebPart* ableiten, die von SharePoint zur Verfügung gestellt wird, und nicht von der abstrakten ASP.NET-Basisklasse *System.Web.UI.WebControls.WebParts.WebPart*. Überschreiben Sie dazu die Methode *GetToolParts* und geben Sie eine Auflistung der Toolparts zurück. Eine solche Anpassung funktioniert wegen der Abhängigkeit von der Assembly *Microsoft.SharePoint.dll* nur in SharePoint. Es wird aber nicht empfohlen, ein Webpart von *Microsoft.SharePoint.WebPartPages.WebPart* abzuleiten. Sie sollten immer ASP.NET-Webparts implementieren, die von *System.Web.UI.WebControls.WebParts.WebPart* abgeleitet sind, sofern Sie nicht unbedingt eine der wenigen Funktionen brauchen, die nur in SharePoint-Webparts zur Verfügung stehen. Auf dieses Thema konzentriert sich der Abschnitt »Die SharePoint-spezifische Klasse *WebPart*« am Ende dieses Kapitels.

EditorParts

Listing 6.10 definiert eine Eigenschaft, die erfordert, dass der Endbenutzer das Webpart von Hand konfiguriert, indem er den Namen der Zielliste eintippt. Sie haben das Standardverhalten von SharePoint und des vordefinierten *CustomPropertyToolPart* bereits genutzt. Aber obwohl es natürlich möglich ist, ein solches Webpart zu veröffentlichen, ist es sicherlich kein benutzerfreundlicher und fehlertoleranter Ansatz. Eine bessere Lösung wäre, eine Dropdownliste mit allen Listen anzuzeigen, die in der aktuellen Website vorhanden sind. Auf diese Weise werden Tippfehler und zeitaufwendiges Debuggen vermieden. Um die Benutzeroberfläche für die Konfiguration von Webparts anzupassen, erstellen Sie benutzerdefinierte Klassen, die sogenannten EditorParts aus der Webpartinfrastruktur von ASP.NET. EditorParts sind Steuerelemente, die in einer bestimmten *WebPartZone*, der *EditorZone* gehostet werden. Sie sind Standardwebparts sehr ähnlich, sind allerdings nicht von der Klasse *WebPart*, sondern von der Basisklasse *EditorPart* abgeleitet. Diese Basisklasse verknüpft das EditorPart mit dem momentan bearbeiteten Webpart. Um ein Webpart mit einem benutzerdefinierten EditorPart bereitzustellen, müssen Sie die Implementierung der Schnittstelle *IWebEditable* aus der Basisklasse des Webparts überschreiben. Listing 6.11 zeigt die Definition dieser Schnittstelle.

Listing 6.11 Die Definition der Schnittstelle *IWebEditable*

```
public interface IWebEditable {
    EditorPartCollection CreateEditorParts();
    object WebBrowsableObject { get; }
}
```

Die Schnittstelle deklariert die Methode *CreateEditorParts*, die eine Auflistung mit EditorParts zurückgibt, mit denen die Webparts ergänzt werden. Außerdem definiert die Schnittstelle eine öffentliche schreibgeschützte Eigenschaft, die einen Verweis auf das konfigurierbare Objekt liefert, das von den EditorParts bearbeitet wird. Üblicherweise gibt die Eigenschaft *WebBrowsableObject* die aktuelle Webpartinstanz (*this*) zurück. Listing 6.12 enthält die neue Implementierung des benutzerdefinierten Webparts.

Listing 6.12 Das neue benutzerdefinierte Webpart implementiert die Schnittstelle *IWebEditable*

```
namespace DevLeap.SP2010.WebParts.EditorInsertRequestForContactWebPart {
    [ToolboxItemAttribute(false)]
    public class EditorInsertRequestForContactWebPart : WebPart {

        [WebBrowsable(false)]
        [Personalizable(PersonalizationScope.Shared)]
        public Guid TargetListID { get; set; }

        //
        // Code für CreateChildControls weggelassen ...
        //

        void SubmitRequestForContact_Click(object sender, EventArgs e) {
            SPWeb web = SPControl.GetContextWeb(HttpContext.Current);

            try {
                SPList targetList = web.Lists[this.TargetListID];
                SPListItem newItem = targetList.Items.Add();
                newItem["Reason"] = this.Reason.Text;
                newItem["Requester full name"] = this.RequesterFullName.Text;
                newItem["Requester email"] = this.RequesterEMail.Text;
                newItem.Update();
            }
            catch (IndexOutOfRangeException) {
                this.ErrorMessage.Text =
                    "Kann Liste \"Requests for Contacts\" nicht finden";
            }
        }

        public override EditorPartCollection CreateEditorParts() {
            RequestForContactEditorPart editorPart =
                new RequestForContactEditorPart();
            editorPart.ID = this.ID + "_RequestForContactEditorPart";

            EditorPartCollection editorParts =
              new EditorPartCollection(base.CreateEditorParts(),
              new EditorPart[] { editorPart });
            return editorParts;
        }

        public override object WebBrowsableObject {
            get { return(this); }
        }
    }
}
```

In Listing 6.12 habe ich die *String*-Eigenschaft *TargetListTitle* durch die Eigenschaft *TargetListID* vom Typ *Guid* ersetzt, damit sie die eindeutige ID der Zielliste aufnimmt. Anhand dieser ID suche ich im Ereignishandler *SubmitRequestForContact_Click* nach der Listeninstanz. Das Attribut *WebBrowsable* der Eigenschaft habe ich deaktiviert, damit sie nicht in der Standardeigenschaftstabelle des Webpart-Editors angezeigt wird. Diese Eigenschaft wird mit dem benutzerdefinierten EditorPart verwaltet.

HINWEIS Wenn Sie das Attribut *WebBrowsable* einer Eigenschaft, die auch über ein benutzerdefiniertes EditorPart konfiguriert werden kann, nicht deaktivieren, können Ihre Endbenutzer die Eigenschaft sowohl im benutzerdefinierten EditorPart als auch in der Standardeigenschaftstabelle bearbeiten, die von der SharePoint-Klasse *CustomPropertyToolPart* zur Verfügung gestellt wird. Das ist natürlich verwirrend für die Endbenutzer und sollte vermieden werden.

Anschließend habe ich die Methode *CreateEditorParts* so überschrieben, dass sie die Implementierung der Basisklassenmethode aufruft und ein benutzerdefiniertes EditorPart namens *RequestForContactEditorPart* zur Auflistung der verfügbaren EditorParts für das aktuelle Webpart hinzufügt. Schließlich habe ich eine benutzerdefinierte ID für die EditorPart-Instanz definiert, die sich aus der eindeutigen ID des aktuellen Webparts ableitet. So wird auch die EditorPart-ID eindeutig.

EditorPart ist eine abstrakte Basisklasse. Sie stellt einige virtuelle oder abstrakte Methoden und Eigenschaften bereit, die nützlich sind, um die Bearbeitung des Zielwebparts zu verwalten. Zum Beispiel haben alle Klassen, die von *EditorPart* abgeleitet sind, die Eigenschaft *WebPartToEdit*. Sie verweist auf die Webpartinstanz, die das EditorPart momentan bearbeitet. Mit den abstrakten Methoden *ApplyChanges* und *SyncChanges* sichern Sie Änderungen am bearbeiteten Webpart beziehungsweise laden seine aktuelle Konfiguration.

Listing 6.13 zeigt die Implementierung der Klasse *RequestForContactEditorPart*.

Listing 6.13 Die Implementierung der Klasse *RequestForContactEditorPart*

```
public class RequestForContactEditorPart : EditorPart {
    protected DropDownList targetLists;

    protected override void CreateChildControls() {
        this.targetLists = new DropDownList();

        SPWeb web = SPControl.GetContextWeb(HttpContext.Current);
        foreach (SPList list in web.Lists) {
            this.targetLists.Items.Add(new ListItem(list.Title, list.ID.ToString()));
        }

        this.Title = "Request for Contact EditorPart";
        // "Zielliste auswählen"
        this.Controls.Add(new LiteralControl("Select the target List:<br>"));
        this.Controls.Add(this.targetLists);
        this.Controls.Add(new LiteralControl("<br> <br>"));
    }

    public override bool ApplyChanges() {
        EnsureChildControls();
```

```
        EditorInsertRequestForContactWebPart wp =
            this.WebPartToEdit as EditorInsertRequestForContactWebPart;
        if (wp != null) {
            wp.TargetListID = new Guid(this.targetLists.SelectedValue);
        }
        return (true);
    }

    public override void SyncChanges() {
        EnsureChildControls();

        EditorInsertRequestForContactWebPart wp =
            this.WebPartToEdit as EditorInsertRequestForContactWebPart;
        if (wp != null) {
            ListItem selectedItem =
                this.targetLists.Items.FindByValue(wp.TargetListID.ToString());
            if (selectedItem != null) {
                this.targetLists.ClearSelection();
                selectedItem.Selected = true;
            }
        }
    }
}
```

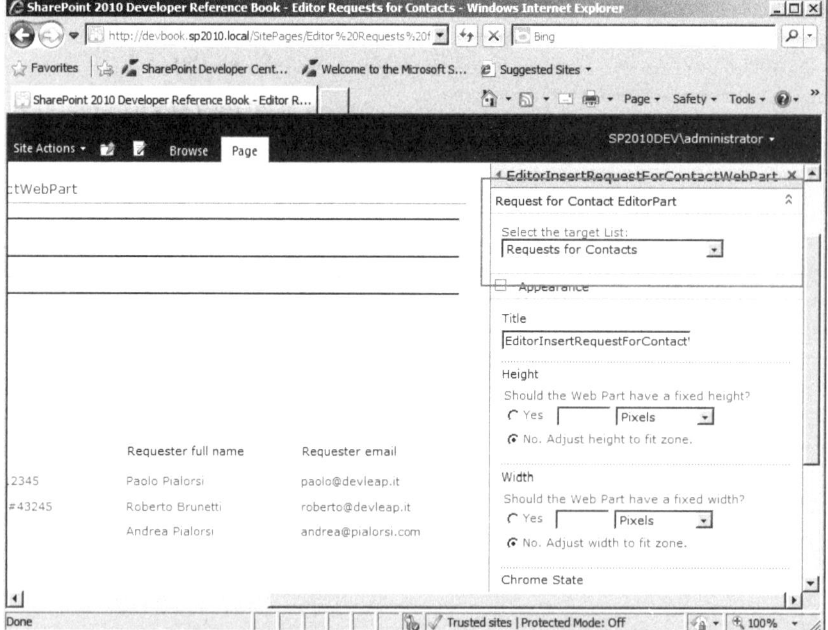

Abbildung 6.8 Der Konfigurationsabschnitt des Beispielwebparts, nachdem ein EditorPart erstellt wurde

Wie jedes andere Webpart muss auch ein EditorPart die Hierarchie seiner untergeordneten Steuerelemente anlegen, um seinen Inhalt anzuzeigen. In Listing 6.13 erstelle ich in der Überschreibung der Methode *CreateChildControls* eine Dropdownliste und binde sie an die Auflistung der Listen in der aktuellen Website.

Dann speichere ich in der Überschreibung der Methode *ApplyChanges* die momentan ausgewählte Listen-ID in der Eigenschaft *TargetListID* der aktuellen Webpartinstanz. Und in der Methode *SyncChanges* wähle ich in der Dropdownliste automatisch den Eintrag mit der ID aus, die dem Wert der aktuellen Eigenschaft *TargetListID* entspricht. Abbildung 6.8 zeigt die Darstellung des benutzerdefinierten EditorParts.

Eine SharePoint-Unternehmenslösung stellt üblicherweise für alle ihre Webparts umfangreiche Konfigurationsparameter zur Verfügung, die über benutzerdefinierte EditorParts konfiguriert und angepasst werden können.

Verarbeiten der Anzeigemodi

Beim Entwickeln von Webparts ist es früher oder später nötig, die Darstellung eines benutzerdefinierten Webparts abhängig vom Status der Seite zu ändern, in die es eingebettet ist. Eine Seite, die Webparts hostet, kann im Anzeigemodus (display mode) dargestellt werden, wenn der Endbenutzer die Website ansieht, im Entwurfsmodus (design mode), wenn der Benutzer das Seitenlayout anpasst, oder im Bearbeitungsmodus (edit mode), wenn der Endbenutzer die Seite oder ihre Steuerelemente bearbeitet.

Um den Anzeigemodus einer Seite zu ermitteln und ein Webpart passend darzustellen, müssen Sie die Eigenschaft *DisplayMode* von *WebPartManager* (*SPWebPartManager* in SharePoint) auslesen. Listing 6.14 zeigt ein Beispielwebpart, das seine Darstellung an den aktuellen Wert von *DisplayMode* anpasst.

Listing 6.14 Ein Webpart zeigt seinen Inhalt relativ zum Anzeigemodus der aktuellen Seite an

```
protected override void CreateChildControls() {
    if (this.WebPartManager.DisplayMode == WebPartManager.BrowseDisplayMode) {
        // Anzeigemodus
        // Standardinhalt anzeigen
    }
    else if (this.WebPartManager.DisplayMode == WebPartManager.DesignDisplayMode) {
        // Entwurfsmodus
        // "Bitte schalten Sie in den Anzeigemodus, um dieses Webpart zu benutzen."
        this.Controls.Add(new LiteralControl("<div>
          Please move to Display mode to use this Web Part.</div>"));
    }
    else if (this.WebPartManager.DisplayMode == WebPartManager.EditDisplayMode) {
        // Bearbeitungsmodus
        // "Bitte schalten Sie in den Anzeigemodus, um dieses Webpart zu benutzen, oder
        //  konfigurieren Sie hier im Bearbeitungsmodus seine Eigenschaften."
        this.Controls.Add(new LiteralControl("<div>
          Please move to Display mode to use this Web Part or configure its
          properties, since you are in Edit mode.</div>"));
    }
}
```

Alle von *WebPart* abgeleiteten Klassen haben eine Eigenschaft, die auf die aktuelle *WebPartManager*-Instanz verweist. Über diese Eigenschaft haben Sie Zugriff auf *DisplayMode* und viele andere Kontexteigenschaften. Sie können auch *WebPartManager* nutzen, um Ereignisse zu abonnieren, die bei Änderungen an *DisplayMode* ausgelöst werden. Zum Beispiel gibt es die Ereignisse *DisplayModeChanging* und *DisplayModeChanged*, mit denen Sie den Status von *DisplayMode* überwachen können.

Benutzerdefinierte Webpartverben

Eine weitere nützliche Anpassungsmöglichkeit für Webparts ist die Definition benutzerdefinierter Webpartverben. Webpartverben sind Menüelemente, die im Kontextmenü eines Webparts angezeigt werden (Abbildung 6.9).

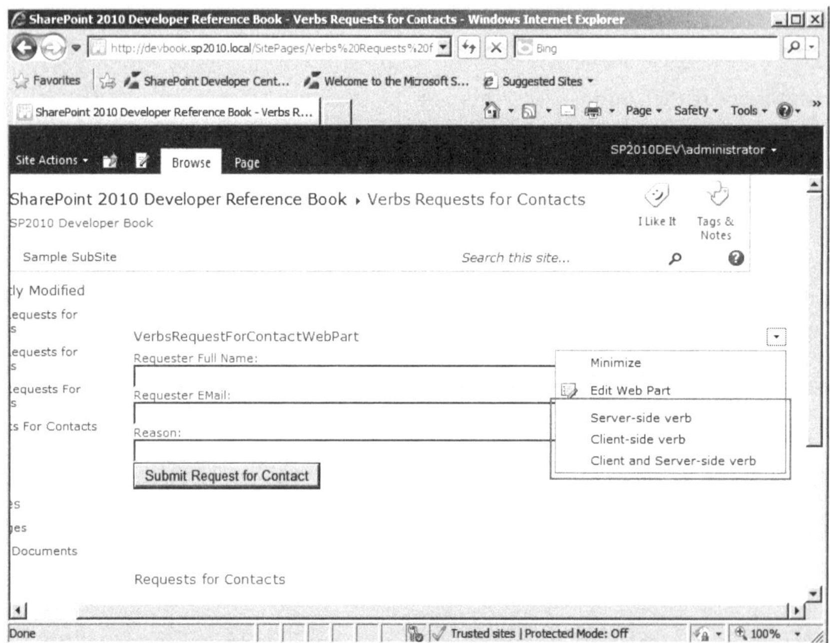

Abbildung 6.9 Benutzerdefinierte Verben in einem Webpart

Um benutzerdefinierte Verben zu konfigurieren, überschreiben Sie die schreibgeschützte Eigenschaft *Verbs* aus der Basisklasse *WebPart*. Diese Eigenschaft gibt eine Auflistung des Typs *WebPartVerbCollection* zurück und kann benutzt werden, um das Kontextmenü des Webparts völlig neu zu gestalten. Verben sind Objekte vom Typ *WebPartVerb*, es gibt drei unterschiedliche Arten:

- **Serverseitig** Verben, die ein POST brauchen, um ihre Aufgabe zu erfüllen. Sie arbeiten auf der Serverseite.
- **Clientseitig** Verben, die ihre Aufgabe mit JavaScript ausführen. Sie arbeiten auf der Clientseite.
- **Client- und serverseitig** Verben, die zuerst clientseitiges JavaScript ausführen, gefolgt von serverseitigem Code, sofern der clientseitige Code die Anforderung nicht abbricht.

Listing 6.15 zeigt einen Ausschnitt aus dem Beispielwebpart, das all drei Arten benutzerdefinierter Verben unterstützt.

Listing 6.15 Ein Webpart mit benutzerdefinierten Verben

```
public override WebPartVerbCollection Verbs {
    get {
        WebPartVerb serverSideVerb = new WebPartVerb("serverSiteVerbId",
           handleServerSideVerb);
        serverSideVerb.Text = "Server-side verb";
        // "Clientseitiges Verb ausgewählt"
        WebPartVerb clientSideVerb = new WebPartVerb("clientSideVerbId",
           "javascript:alert('Client-side Verb selected');");
        clientSideVerb.Text = "Client-side verb";

        WebPartVerb clientAndServerSideVerb = new
            WebPartVerb("clientAndServerSideVerbId",
            handleServerSideVerb, "javascript:alert('Client-side Verb selected');");
        // "Client- und serverseitiges Verb"
        clientAndServerSideVerb.Text = "Client and Server-side verb";

        WebPartVerbCollection newVerbs = new WebPartVerbCollection(
            new WebPartVerb[] {
                serverSideVerb, clientSideVerb, clientAndServerSideVerb,
            }
            );
        return (new WebPartVerbCollection(base.Verbs, newVerbs));
    }
}

protected void handleServerSideVerb(Object source, WebPartEventArgs args) {
    EnsureChildControls();

    // "Sie haben ein serverseitiges Ereignis ausgelöst!"
    this.GenericMessage.Text = "You raised a server-side event!";
}
```

Dieser Beispielcode enthält die Implementierung der Eigenschaft *Verbs*, in der die Verben von Hand definiert und konfiguriert werden. Danach werden sie zur Auflistung der Webpartverben hinzugefügt.

Im Allgemeinen werden benutzerdefinierte Verben in Intranet- oder Extranetlösungen definiert, um besondere Funktionen wie das Aktualisieren des Inhalts oder das Öffnen eines Popupfensters zu unterstützen. In CMS-Lösungen werden sie dagegen nur selten eingesetzt, weil das Kontextmenü darin normalerweise deaktiviert ist.

Die SharePoint-spezifische Klasse *WebPart*

Wie Sie am Anfang dieses Kapitels erfahren haben, besteht in SharePoint die Möglichkeit, Webparts von einer SharePoint-spezifischen Basisklasse abzuleiten, statt die ASP.NET-Standardklasse zu verwenden. Die so entstandenen Webparts sind nahtlos in die ASP.NET-Webpartsinfrastruktur integriert, weil die SharePoint-Klasse *WebPart* intern von ihrem ASP.NET-Gegenstück abgeleitet ist. Diese Webparts können aber nur in SharePoint benutzt werden. Sie bieten einige zusätzliche Funktionen, die es unter ganz bestimmten Umständen sinnvoll machen, solche SharePoint-spezifischen Webparts zu implementieren. Der zusätzliche Funktionsumfang bietet folgende Vorteile:

- **Unterstützung für SharePoint-Toolparts** Sie haben bereits gesehen, was ein Toolpart ist und was Sie damit machen können.
- **Ersatztoken für Pfad/Code** Sie können damit Token (Platzhalter) in den ausgelieferten HTML-Code eines SharePoint-Webparts einarbeiten. Die SharePoint-Infrastruktur ersetzt sie dann durch die tatsächlichen Werte. Es gibt Token für den aktuellen Benutzernamen, die LCID der Website und so weiter.
- **Seitenübergreifende Verbindungen und Verbindungen zwischen Webparts, die außerhalb einer Webpartzone liegen** Webparts können miteinander verknüpft werden, um Master-Detail-Lösungen zu entwickeln (siehe Kapitel 7). SharePoint-spezifische Webparts unterstützen seitenübergreifende Verbindungen, während ASP.NET-Standardwebparts nur Verbindungen innerhalb derselben Seite beherrschen. SharePoint-Webparts können auch miteinander verbunden werden, wenn sie sich außerhalb einer Webpartzone befinden.
- **Clientseitige Verbindungen** Dies sind Verbindungen zwischen SharePoint-spezifischen Webparts, die durch clientseitigen Code (JavaScript) implementiert werden.
- **Zwischenspeichern von Daten** Es gibt eine Infrastruktur für die Zwischenspeicherung von Daten, die es erlaubt, Webpartsdaten in der Inhaltsdatenbank abzulegen.

Zusammenfassung

In diesem Kapitel haben Sie erfahren, was Webparts sind, auf welcher Architektur sie aufbauen und wie sie so entwickelt und bereitgestellt werden, dass ihr Aussehen und Verhalten nach Belieben angepasst werden können. Insbesondere haben Sie gesehen, wie Sie konfigurierbare und anpassbare Webparts erstellen, die dem Endbenutzer eigene EditorParts, Toolparts und benutzerdefinierte Verben zur Verfügung stellen. In Kapitel 7 lernen Sie fortgeschrittene Techniken kennen, beispielsweise Webpartverbindungen, Unterstützung für AJAX und Silverlight, asynchrone Programmierung, XSLT-Rendering, Webpartsicherheit, Bereitstellung und Versionsverwaltung.

Kapitel 7

Fortgeschrittene Webparts

In diesem Kapitel:

In Kapitel 6, »Grundlagen von Webparts«, haben Sie erfahren, was ein Webpart ist und wie Sie einfache Webpartlösungen entwickeln. Dieses Kapitel steigt tiefer in das Thema Webpartentwicklung ein. Wenn Sie es durchgelesen haben, werden Sie in der Lage sein, leistungsfähige Projekte zu entwickeln.

Verbindungsfähige Webparts

Ein Webpart gilt als verbindungsfähig (connectable), wenn es mit einem anderen Webpart in einer Anbieter-/Verbraucherbeziehung verknüpft werden kann. Solche Webparts sind nützlich, um Filter und Master-Detail-Seiten zu erstellen. In einer Master-Detail-Seite zeigt ein Webpart, der Anbieter (provider), eine Liste mit Elementen oder ein einzelnes Masterelement an, und andere Webparts, die Verbraucher (consumers), zeigen Inhalte an, die sich auf das aktuell im Anbieter ausgewählte Element beziehen. Hinter den Kulissen teilen sich Anbieter und Verbraucher einige Daten, wobei sie einem gemeinsamen Kommunikationsvertrag folgen. Als konkretes Beispiel entwickeln Sie in diesem Abschnitt ein Anbieterwebpart, das eine auswählbare Liste mit Produktkategorien anzeigt, sowie ein Verbraucherwebpart, das die Produkte aus der momentan ausgewählten Kategorie anzeigt.

HINWEIS Es gibt zwei Arten verbindungsfähiger Webparts: solche, die nur auf der Microsoft-ASP.NET-Umgebung basieren, und solche, die auf Microsoft SharePoint-Webparts basieren. Wie Sie aus Kapitel 6 wissen, erhalten Sie Zugriff auf einige zusätzliche Funktionen, wenn Sie SharePoint-Webparts statt ASP.NET-Webparts entwickeln. Allerdings laufen die Steuerelemente dann ausschließlich unter SharePoint. Dieser Abschnitt beschäftigt sich nur mit ASP.NET-Webparts, weil es SharePoint-Webparts meiner Ansicht nach nur gibt, um Abwärtskompatibilität zu gewährleisten und einige recht exotische Szenarien zu verwirklichen.

Um die Lösung mit verbindungsfähigen Webparts zu entwickeln, müssen Sie zuerst eine Datenquelle definieren. Damit das Beispiel nicht zu kompliziert wird, verwendet es als Datenquelle eine XML-Datei, die sowohl Kategorien als auch Produkte enthält. Auf diese Weise brauchen Sie keinen Zugriff auf ein DBMS, um das Beispiel zu erstellen. Listing 7.1 zeigt die XML-Datei, die im Beispiel als Datenquelle dient.

Listing 7.1 Die XML-Datei, die als Datenquelle für die verbindungsfähigen Webparts dient

```
<?xml version="1.0" encoding="utf-8" ?>
<store>
  <categories>
    <category id="FOOD" description="Food" />
    <category id="BEV" description="Beverages" />
    <category id="APPAREL" description="Shoes and Dresses" />
    <category id="UTILS" description="Utilities and Tools" />
  </categories>
  <products>
    <product code="P01" description="Meat" categoryId="FOOD" price="15.00" />
    <product code="P02" description="Filet" categoryId="FOOD" price="18.00" />
    <product code="P03" description="Biscuits" categoryId="FOOD" price="4.00" />
    <product code="P04" description="Olive Oil" categoryId="FOOD" price="35.00" />
    <product code="P05" description="Chips" categoryId="FOOD" price="3.00" />
    <product code="P06" description="Water" categoryId="BEV" price="0.50" />
    <product code="P07" description="Red Wine" categoryId="BEV" price="7.00" />
    <product code="P08" description="White Wine" categoryId="BEV" price="9.00" />
```

```
    <product code="P09" description="Beer" categoryId="BEV" price="3.50" />
    <product code="P10" description="Weiss Bier" categoryId="BEV" price="4.00" />
    <product code="P11" description="Cap" categoryId="APPAREL" price="45.00" />
    <product code="P12" description="T-Shirt" categoryId="APPAREL" price="12.00" />
    <product code="P13" description="Coat" categoryId="APPAREL" price="210.00" />
    <product code="P14" description="Screwdriver" categoryId="UTILS" price="7.00" />
    <product code="P15" description="Hairdryer" categoryId="UTILS" price="31.00" />
  </products>
</store>
```

Das Anbieterwebpart, in dem der Benutzer die Kategorie auswählt, zeigt eine Tabelle mit allen Produktkategorien sowie eine Schaltfläche, mit der der Benutzer eine bestimmte Kategorie wählt. Das Verbraucherwebpart zeigt eine Tabelle mit den Produkten an, die anhand der ausgewählten Kategorie gefiltert wird. Abgesehen von der Verbindung zwischen den beiden Webparts dürfte ihre Implementierung trivial sein, nachdem Sie Kapitel 6 gelesen haben. Diese Beschreibung konzentriert sich daher auf den Code, der die Verbindung herstellt. Anbieter und Verbraucher müssen einen gemeinsamen *Kommunikationsvertrag* (communication contract) verwenden. Dieser Vertrag ist eine Schnittstelle, die der Anbieter implementiert und auf die der Verbraucher zugreift. Dank der durchdachten Architektur für verbindungsfähige ASP.NET-Webparts können Sie diese Schnittstelle ganz nach Belieben definieren, es gibt keinerlei Einschränkungen bezüglich ihrer Eigenschaften, Methoden und Signatur. Eine typische Schnittstelle zum Verbinden von Webparts definiert nur Eigenschaften, die auf die Daten abgebildet werden, auf die Anbieter und Verbraucher gemeinsam zugreifen. Listing 7.2 zeigt die Schnittstelle, die in diesem Beispiel definiert wird.

Listing 7.2 Der Kommunikationsvertrag zwischen Anbieter- und Verbraucherwebparts

```
public interface ICategoriesProvider {
    String CategoryId { get; }
}
```

Um die Verbindung verfügbar zu machen, müssen Sie die Schnittstelle in einem benutzerdefinierten Typ implementieren und im Anbieterwebpart eine öffentliche Methode definieren, die eine Instanz dieses Typs zurückgibt. Damit SharePoint und ASP.NET wissen, dass die Methode als Verbindungsanbieter dient, fügen Sie ihr das Attribut *ConnectionProviderAttribute* hinzu. Listing 7.3 enthält einen Ausschnitt aus der Implementierung des Anbieterwebparts.

Listing 7.3 Ausschnitt aus dem Anbieterwebpart

```
public class CategoriesWebPart : WebPart, ICategoriesProvider {

    [WebBrowsable(true)]
    [Personalizable(true)]
    public String XmlDataSourceUri { get; set; }

    protected GridView gridCategories;
```

```
    protected override void CreateChildControls() {
        // ... Code weggelassen ...
    }
    public String CategoryId {
        get {
                if (this.gridCategories.SelectedIndex >= 0) {
                    return (this.gridCategories.SelectedDataKey.Value as String);
                }
                else {
                    return (String.Empty);
                }
        }
    }

    [ConnectionProvider("Category")]
    public ICategoriesProvider GetCategoryProvider() {
        return (this);
    }

    // ... Code weggelassen ...
}
```

Wie Sie in Listing 7.3 sehen, wird die Schnittstelle im Allgemeinen direkt im Anbieterwebpart implementiert. Sie gibt in der Methode, die mit dem Attribut *ConnectionProvider* markiert ist, eine Instanz des Webparts zurück. Die Methode *GetCategoryProvider* liefert einfach *this* zurück (die Instanz des aktuellen Webparts). Sie ist als *ConnectionProvider* markiert, wobei ein Name für die bereitgestellten Daten angegeben wird. Diesen Namen bekommt der Endbenutzer angezeigt, wenn die Webparts verbunden werden.

Listing 7.4 zeigt die andere Seite dieser Verbindung, das Verbraucherwebpart.

Listing 7.4 Ausschnitt aus dem Verbraucherwebpart

```
public class ProductsWebPart : WebPart {

    [WebBrowsable(true)]
    [Personalizable(true)]
    public String XmlDataSourceUri { get; set; }

    protected ICategoriesProvider _provider;
    protected GridView gridProducts;
    protected String categoryId;

    [ConnectionConsumer("Products of Category")]
    public void SetCategoryProvider(ICategoriesProvider categoriesProvider) {
        this._provider = categoriesProvider;
    }

    protected override void OnPreRender(EventArgs e) {
        if (this._provider != null) {
            this.categoryId = this._provider.CategoryId;
```

```
            if (!String.IsNullOrEmpty(this.categoryId)) {
                this.EnsureChildControls();
                // ... Code weggelassen ...
            }
            else {
                // "Bitte wählen Sie eine Produktkategorie"
                this.Controls.Add(new LiteralControl(
                   "Please select a Product Category"));
            }
        }
        else {
            // "Bitte verbinden Sie dieses Webpart mit einem Kategorien-Datenanbieter"
            this.Controls.Add(new LiteralControl(
               "Please connect this Web Part to a Categories Data Provider"));
        }
            base.OnPreRender(e);
    }

    protected override void CreateChildControls() {
  // ... Code weggelassen ...
    }
}
```

Das Verbraucherwebpart nutzt die Daten, die vom Anbieterwebpart zur Verfügung gestellt werden, über die öffentliche Methode *SetCategoryProvider*. Sie ist mit dem Attribut *ConnectionConsumerAttribute* versehen.

Hinter den Kulissen ordnet SharePoint die Anbietermethode, die mit *ConnectionProvider* markiert ist, der Verbrauchermethode zu, die mit *ConnectionConsumer* markiert ist. Dann ruft es die erste Anbietermethode auf, um einen Verweis auf die Anbieterinstanz zu erhalten, und dann die Verbrauchermethode, um diesen Verweis einzutragen. Auf diese Weise kann der Verbraucher in seinem *OnPreRender*-Ereignishandler prüfen, ob ein Verweis auf einen bestimmten Datenanbieter vorhanden ist. Ist das der Fall, fordert er bei ihm die momentan ausgewählte Produktkategorie an.

Abbildung 7.1 zeigt, wie diese verbundenen Webparts in einer gemeinsamen Webpartseite aussehen.

HINWEIS Es ist sinnvoller, den Datenanbieter in der Methode *OnPreRender* des Verbraucherwebparts abzufragen, als dies beispielsweise in der Methode *CreateChildControls* zu tun. In der Phase, in der die Methode *CreateChildControls* ausgeführt wird, ist das Anbieterwebpart normalerweise noch gar nicht in der Lage, das momentan ausgewählte Element zu liefern. Dagegen ist die aktuelle Auswahl verfügbar, wenn *OnPreRender* ausgeführt wird.

Abbildung 7.2 zeigt die Konfigurationsoberfläche, die SharePoint zur Verfügung stellt, um mehrere Webparts miteinander zu verbinden.

Beachten Sie in Abbildung 7.2, wie der Menüpunkt *Send Category To* (Kategorie senden an) in das Element *ProductsWebPart* eingebettet ist. Das Wort »Category« ist im Konstruktor von *ConnectionProviderAttribute* in Listing 7.3 definiert.

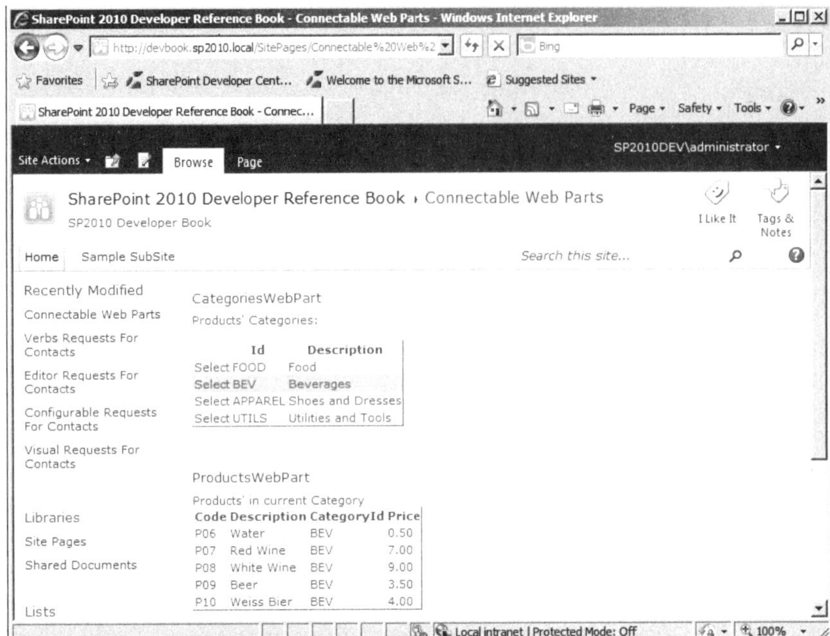

Abbildung 7.1 Verbundene Webparts innerhalb einer SharePoint 2010-Webpartseite

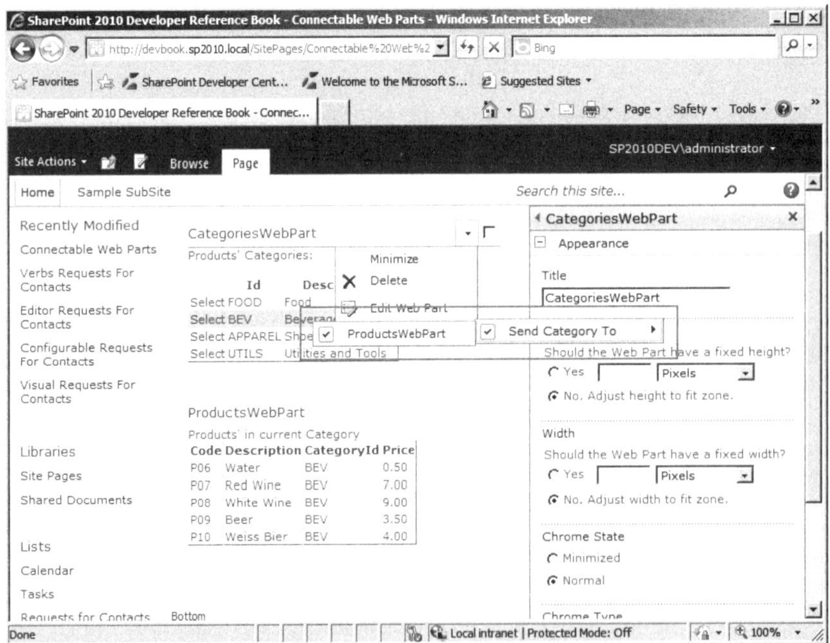

Abbildung 7.2 Die native SharePoint-Oberfläche zum Verknüpfen mehrerer verbindungsfähiger Webparts

Tabelle 7.1 listet die konfigurierbaren Eigenschaften von *ConnectionProviderAttribute* und *ConnectionConsumerAttribute* auf. Einige davon können Sie nur über die Konstruktoren dieser Attribute konfigurieren.

Tabelle 7.1 Die konfigurierbaren Eigenschaften von *ConnectionProviderAttribute* und *ConnectionConsumerAttribute*

Eigenschaftsname	Beschreibung
AllowsMultipleConnections	Gibt in beiden Attributen an, ob der Verbindungspunkt mehrere Verbindungen erlaubt.
ConnectionPointType	Der Typ des Verbindungspunkts zwischen Anbieter und Verbraucher. Im Allgemeinen wird er automatisch zugewiesen, er kann aber auch als benutzerdefinierter Typ erstellt und zugewiesen werden.
DisplayName	Der Anzeigename der Verbindung, der in der Browseroberfläche zum Verbinden von Webparts benutzt wird.
ID	Die eindeutige ID eines Verbindungsanbieters. Der Anbieter kann damit mehrere eindeutige Verbindungen veröffentlichen, und der Verbraucher kann seinen Zielanbieter angeben.

Wie Sie aus den Eigenschaften in Tabelle 7.1 erkennen, können Sie ein Anbieterwebpart definieren, das seine Daten mehreren Verbrauchern zur Verfügung stellt. Das ist beispielsweise nützlich, wenn Sie ein Kennzahlen-Cockpit (dashboard, oft in Business-Intelligence-Lösungen zu finden) entwickeln. Dort haben Sie oft ein Anbieterwebpart, das die momentan ausgewählte Geschäftseinheit, das gewählte Produkt oder ein anderes überwachtes Element liefert. Mehrere Verbraucherwebparts zeigen dann detaillierte Informationen über das ausgewählte Element an.

Microsoft SharePoint stellt selbst mehrere native Schnittstellen bereit, die den Verbindungsverträgen der Webparts entsprechen. Tabelle 7.2 listet diese Schnittstellen auf. Sie gelten allerdings als obsolet, Sie sollten sie daher nur nutzen, wenn Sie in Ihren Webparts Abwärtskompatibilität sicherstellen müssen.

Tabelle 7.2 Native verbindungsfähige Schnittstellen in SharePoint

Schnittstellen	Beschreibung
ICellProvider *ICellConsumer*	Vertrag zum Anbieten/Verbrauchen eines einzelnen Werts, beispielsweise eines Felds oder einer Zelle.
IRowProvider *IRowConsumer*	Vertrag zum Anbieten/Verbrauchen einer einzelnen oder mehrerer Zeilen.
IListProvider *IListConsumer*	Vertrag zum Anbieten/Verbrauchen einer gesamten Elementliste.
IFilterProvider *IFilterConsumer*	Vertrag zum Anbieten/Verbrauchen eines Filters in einer Master-Detail-Darstellung.
IParametersInProvider *IParametersInConsumer*	Vertrag zum Anbieten/Verbrauchen von Parametern für ein Webpart. In diesem Fall übergibt der Verbraucher die Werte der Parameter an den Anbieter.
IParametersOutProvider *IParametersOutConsumer*	Vertrag zum Anbieten/Verbrauchen von Parametern für ein Webpart. In diesem Fall übergibt der Anbieter die Werte der Parameter an den Verbraucher.

WEITERE INFORMATIONEN Gelegentlich haben Sie den Fall, dass Sie ein Anbieterwebpart auf Basis einer bestimmten Anbietervertragsschnittstelle mit einem Verbraucherwebpart verbinden wollen, das diesen Vertrag nicht direkt nutzen kann, aber auf eine andere Schnittstelle zugreifen kann. Die Infrastruktur der verbindungsfähigen Webparts ermöglicht Ihnen, Schnittstellenumsetzer (interface transformers) zu definieren, mit denen Sie inkompatible Schnittstellen miteinander verbinden können. Dieses Buch behandelt dieses Thema nicht, Sie sollten aber wissen, dass es diese Möglichkeit gibt.

AJAX

Sicherlich wissen Sie, dass AJAX (Asynchronous JavaScript and XML) eine Technik definiert, bei der eine Webseite dynamisch auf Programmereignisse oder Benutzereingaben reagiert, sodass Sie Teile einer Webseite laden oder ersetzen können, indem Sie im Hintergrund über XML und asynchrone HTTP-Anforderungen mit dem Webserver kommunizieren. Auf diese Weise brauchen Sie nicht die gesamte Seite neu zu laden.

In Vorgängerversionen von SharePoint mussten Sie die *Web.config*-Datei Ihrer Webanwendung von Hand ändern und einige Infrastruktursteuerelemente in die Seite aufnehmen, um AJAX-Unterstützung in SharePoint-Seiten und -Webparts zu aktivieren. SharePoint 2010 bietet dagegen native Unterstützung für ASP.NET-AJAX. Um ein AJAX-fähiges Webpart zu bekommen, brauchen Sie lediglich die nativen ASP.NET-Steuerelemente einzusetzen, damit alles nahtlos funktioniert.

Sehen wir uns ein einfaches Beispiel an: Sie definieren ein Webpart auf Basis des ASP.NET-Steuerelements *UpdatePanel* und laden seinen Inhalt dynamisch mit AJAX. Listing 7.4 zeigt den Code für ein Webpart zum Anzeigen von Produkten. Es lädt die XML-Datei mit den Produkten und Kategorien, die bereits im vorherigen Abschnitt verwendet wurde. Dieses Beispielwebpart nutzt ein Strukturansichtsteuerelement (*TreeView*), das die Kategorien und Produkte sortiert nach Kategoriegruppen anzeigt. Wenn Sie eine Kategorie aufklappen, verarbeitet die ASP.NET-AJAX-Bibliothek die Strukturdarstellung im Hintergrund.

Listing 7.4 Ein AJAX-fähiges Webpart zeigt eine Strukturansicht der Kategorien und Produkte an

```
public class AjaxTreeProductsWebPart : WebPart {

    protected UpdatePanel ajaxPanel;
    protected TreeView treeProducts;
    private IEnumerable<CategoryItem> categoriesWithProducts;

    [WebBrowsable(true)]
    [Personalizable(true)]
    public String XmlDataSourceUri { get; set; }

    protected override void CreateChildControls() {
        if (!String.IsNullOrEmpty(this.XmlDataSourceUri)) {
            // ... Code weggelassen ...
            this.treeProducts = new TreeView();

            foreach (var c in categoriesWithProducts) {
                treeProducts.Nodes.Add(new TreeNode(c.Description, c.Id)
                    { PopulateOnDemand = true });
            }

            this.treeProducts.ExpandDepth = 0;
            this.treeProducts.TreeNodePopulate += new
              TreeNodeEventHandler(treeProducts_TreeNodePopulate);
            this.ajaxPanel = new UpdatePanel();
            this.ajaxPanel.ContentTemplateContainer.Controls.Add(this.treeProducts);

            this.Controls.Add(this.ajaxPanel);
        }
```

```
        else {
            // "Bitte konfigurieren Sie die Datenquellen-URI für das Webpart"
            this.Controls.Add(new LiteralControl(
               "Please configure the Web Part data source URI"));
        }
    }

    void treeProducts_TreeNodePopulate(object sender, TreeNodeEventArgs e) {
        EnsureChildControls();

        foreach (var p in categoriesWithProducts.First(c => c.Id ==
            e.Node.Value).Products) {
            e.Node.ChildNodes.Add(new TreeNode(p.Description, p.Code));
        }
    }
    // ... Code weggelassen ...
}
```

Neben dem Code, der das *TreeView*-Steuerelement verwaltet, ist der interessanteste Teil in Listing 7.4 derjenige, der zeigt, wie ein *UpdatePanel*-Steuerelement als einziges untergeordnetes Steuerelement des Webparts definiert wird. Alle anderen Steuerelemente (in diesem Beispiel die *TreeView*-Instanz) sind innerhalb der *UpdatePanel*-Instanz definiert.

Das *UpdatePanel*-Steuerelement ist einfach zu nutzen, aber nicht sonderlich effizient und auch schlecht skalierbar. Jedes Mal, wenn Sie den Server über AJAX asynchron aufrufen, muss auf der Serverseite die Webseite, die das *UpdatePanel*-Steuerelement einbettet, von Grund auf neu gerendert werden. Auf der Clientseite holt sich der JavaScript-Code für das *UpdatePanel*-Steuerelement im Hintergrund den Bereich der Seite, der aktualisiert werden muss, und ignoriert den Rest der Seite. In einer professionellen Lösung wäre es besser, Low-Level-AJAX-Ereignisse und -Code zu verwenden, um den Aktualisierungsvorgang effizienter zu gestalten.

Verbindungsfähige Webparts mit AJAX

Im letzten Abschnitt haben Sie erfahren, wie Sie mehrere verbundene Webparts entwickeln. In dieser Version muss aber jedes Mal, wenn der Benutzer im Anbieterwebpart ein anderes Element auswählt, eine vollständige Seite neu geladen werden, um die zugehörigen Produkte anzuzeigen.

Sie können die Reaktionsgeschwindigkeit und Benutzerfreundlichkeit solcher Seiten mithilfe von AJAX-Code verbessern. Dazu müssen Sie sowohl die Anbieter- als auch die Verbraucherwebparts für AJAX aktivieren. Das könnte simpel sein, wenn Sie die Steuerelemente beider Webparts in eine *UpdatePanel*-Steuerelementinstanz einbetten. Leider reicht das nicht für eine vollständige Lösung. Wenn Sie ein *UpdatePanel*-Steuerelement hinzufügen, aktivieren Sie AJAX lediglich in einem einzelnen Webpart, Sie müssen aber das Neuladen des Verbraucherwebparts mit dem Ereignis *SelectedIndexChanged* des *GridView*-Steuerelements im Anbieterwebpart verknüpfen. Dazu müssen Sie im Verbraucherwebpart einen benutzerdefinierten Trigger definieren, der mit diesem Ereignis verknüpft wird. Listing 7.5 definiert eine neue öffentliche Schnittstelle, die einen »Hook« (Einhängpunkt) für ein ASP.NET-Steuerelement und ein Ereignis definiert, das vom Steuerelement veröffentlicht wird.

Listing 7.5 Eine Schnittstelle, die einen Hook für ein ASP.NET-Steuerelement mit einem veröffentlichten Ereignis definiert

```
public interface IAjaxTriggerControlProvider {
    String TriggerControlID { get; }
    String TriggerEventName { get; }
}
```

Diese Schnittstelle wird in der Schnittstelle des Verbindungsvertrags implementiert, damit die AJAX-Verbindung zwischen Anbieter und Verbraucher bekannt gemacht wird. Listing 7.6 zeigt die fertige Schnittstellendefinition für *IAjaxCategoriesProvider*, den Kommunikationsvertrag zwischen den beiden verbindungsfähigen Webparts.

Listing 7.6 Die Verbindungsschnittstelle mit dem Kommunikationsvertrag

```
public interface IAjaxCategoriesProvider : IAjaxTriggerControlProvider {
    String CategoryId { get; }
}
```

Und schließlich muss *AjaxCategoriesWebPart*, das AJAX-fähige Webpart, das die Kategorien liefert, so implementiert werden, dass es die ID der *GridView*-Instanz als Wert für *TriggerControlID* zurückgibt. Außerdem gibt es die Zeichenfolge *"SelectedIndexChanged"* als Wert für *TriggerEventName* zurück. Listing 7.7 zeigt den entsprechenden Codeausschnitt.

Listing 7.7 Ausschnitt aus dem neuen *AjaxCategoriesWebPart* mit AJAX-Unterstützung für verbindungsfähige Webparts

```
public class AjaxCategoriesWebPart : WebPart, IAjaxCategoriesProvider {
    [WebBrowsable(true)]
    [Personalizable(true)]
    public String XmlDataSourceUri { get; set; }

    protected UpdatePanel ajaxPanel;
    protected GridView gridCategories;

    protected override void CreateChildControls() {
        // ... Code weggelassen ...
    }

    public String CategoryId {
        get {
            // ... Code weggelassen ...
        }
    }

    public string TriggerControlID {
        get { return(this.gridCategories.ID); }
    }

    public string TriggerEventName {
        get { return("SelectedIndexChanged"); }
    }
```

```
    [ConnectionProvider("Category")]
    public IAjaxCategoriesProvider GetCategoryProvider() {
        return (this);
    }
    // ... Code weggelassen ...
}
```

AjaxProductsWebPart, das AJAX-fähige Verbraucherwebpart, wird so implementiert, dass es die neue Schnittstelle *IAjaxTriggerControlProvider* verwendet. Listing 7.8 zeigt den entsprechenden Code.

Listing 7.8 Ausschnitt aus der Implementierung von *AjaxProductsWebPart* mit AJAX-Unterstützung für verbindungsfähige Webparts

```
public class AjaxProductsWebPart : WebPart {
    [WebBrowsable(true)]
    [Personalizable(true)]
    public String XmlDataSourceUri { get; set; }

    protected IAjaxCategoriesProvider _provider;
    protected UpdatePanel ajaxPanel;
    protected GridView gridProducts;
    protected String categoryId;

    [ConnectionConsumer("Products of Category")]
    public void SetCategoryProvider(IAjaxCategoriesProvider categoriesProvider) {
        this._provider = categoriesProvider;
    }

    protected override void OnPreRender(EventArgs e) {
        if (this._provider != null) {
            this.EnsureChildControls();

            this.categoryId = this._provider.CategoryId;

            this.ajaxPanel.Triggers.Add(new AsyncPostBackTrigger {
                ControlID = this._provider.TriggerControlID,
                EventName = this._provider.TriggerEventName
            });

            // ... Code weggelassen ...
        }
        else {
            // ... Code weggelassen ...
        }
        base.OnPreRender(e);
    }
    protected override void CreateChildControls() {
        if (!String.IsNullOrEmpty(this.XmlDataSourceUri)) {
            this.ajaxPanel = new UpdatePanel();
            this.gridProducts = new GridView();
            this.gridProducts.ShowHeader = true;
```

```
            this.gridProducts.AutoGenerateColumns = true;
            this.ajaxPanel.ContentTemplateContainer.Controls.Add(this.gridProducts);
            this.Controls.Add(this.ajaxPanel);
        }
        else {
            // "Bitte konfigurieren Sie die Datenquellen-URI für das Webpart"
            this.Controls.Add(new LiteralControl("Please configure the Web Part data source URI"));
        }
    }
    // ... Code weggelassen ...
}
```

Der in Listing 7.8 hervorgehobene Code erstellt das *UpdatePanel*-Steuerelement innerhalb der Methode *CreateChildControls*. Der interessanteste Abschnitt in Listing 7.8 ist aber die Implementierung der Methode *OnPreRender*, die einen benutzerdefinierten AJAX-Trigger vom Typ *AsyncPostBackTrigger* definiert, um das *UpdatePanel*-Steuerelement des Verbraucherwebparts mit dem Triggerereignis des Anbieters zu verknüpfen.

Das ist eine komplexe, aber intelligente Lösung, mit der Sie AJAX-Ereignisse zwischen verbindungsfähigen Webparts auslösen können.

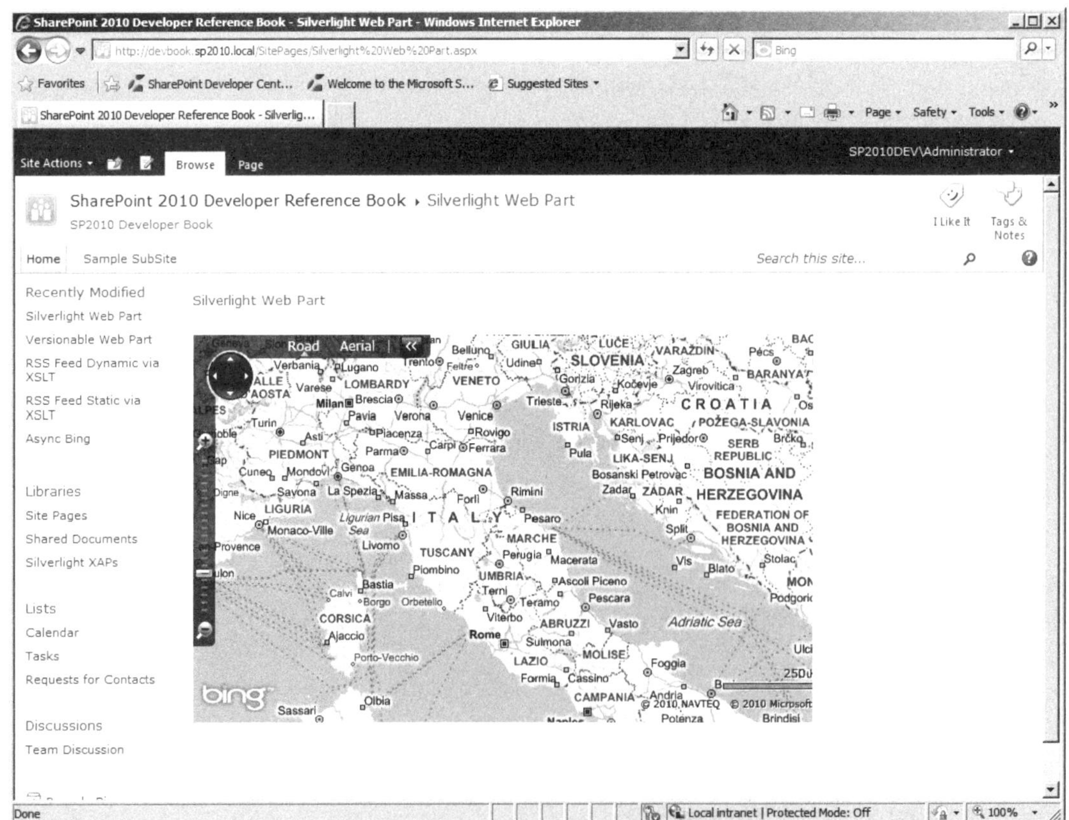

Abbildung 7.3 Eine Silverlight-Anwendung, die in das native Silverlight-Webpart von SharePoint 2010 eingebettet ist

Silverlight- und externe Anwendungen

Eine sehr nützliche Erweiterung in SharePoint 2010 ist seine native Unterstützung für Microsoft Silverlight. Sie betten eine Silverlight-Anwendung in eine SharePoint-Webseite ein, indem Sie einfach eine Silverlight-Webpartinstanz in eine Webpartseite oder Wikiseite einfügen und den Pfad der *.xap*-Datei angeben, die angezeigt werden soll. Das ist eine deutliche Verbesserung, die es Ihnen erlaubt, mit geringem Aufwand und Grundkenntnissen zu XAML benutzerfreundliche Oberflächen zu erstellen.

Aus Kapitel 5, »Clientseitige Technologien«, wissen Sie, dass es auch ein Silverlight-spezifisches Clientobjektmodell gibt, das von einem Silverlight-Client aus auf eine Backend-SharePoint-Serverfarm zugreift. Abbildung 7.3 zeigt eine Silverlight-Anwendung (Bing Maps), die in eine SharePoint-Wikiseite eingebettet ist.

Leider ist das Silverlight-Webpart eine versiegelte Klasse, sodass Sie keine Klasse davon ableiten und ihr Verhalten anpassen können. Wenn Sie allerdings eine Silverlight-Anwendung mit einigen geänderten Verhaltensweisen entwickeln wollen oder ein Silverlight 4.0-Steuerelement hosten müssen, was vom nativen Silverlight-Webpart in der Standardeinstellung nicht unterstützt wird, können Sie einfach ein benutzerdefiniertes Webpart definieren und den Code schreiben, mit dem Sie Silverlight im Browser hosten (Listing 7.9).

Listing 7.9 HTML-Code zum Einbetten einer Silverlight-Anwendung in einem Webbrowser

```
<object data="data:application/x-silverlight-2" type="application/x-silverlight-2" Height="650px"
Width="800px" id="player">
    <param name="source" value="CustomApplication.xap">
    <param name="onError" value="onSilverlightError">
    <param name="background" value="transparent">
    <param name="windowless" value="true">
    <param name="minRuntimeVersion" value="4.0.50303">
    <param name="autoUpgrade" value="true">
    <a href="http://go.microsoft.com/fwlink/?LinkID=149156&v=4.0.50303.0" style="text-decoration: none">
        <img src="http://go.microsoft.com/fwlink/?LinkId=108181" alt="Get Microsoft
          Silverlight" style="border-style: none">
    </a>
</object>
```

Die Architektur des Silverlight-Webparts basiert auf einer neuen Umgebung, die SharePoint Foundation zum Hosten von Anwendungen zur Verfügung stellt, die keine SharePoint-Anwendungen sind. Vergessen Sie aber nicht, dass es beim Hosten von Nicht-SharePoint-Anwendungen einige Einschränkungen und Nebenwirkungen gibt. Erstens dürfen Sie die Sicherheit der SharePoint-Umgebung nicht vernachlässigen. Eine Nicht-SharePoint-Anwendung kann auf die Daten zugreifen, die SharePoint veröffentlicht. Das ist ein Aspekt, den Sie sorgfältig durchdenken müssen. Sie können dafür einige typische Szenarien skizzieren, zum Beispiel:

- Eine SharePoint-Website hostet eine Nicht-SharePoint-Anwendung, die in derselben Domäne veröffentlicht wird.
- Eine SharePoint-Website hostet eine Nicht-SharePoint-Anwendung, die in einer anderen Domäne veröffentlicht wird und nicht auf die Daten der SharePoint-Website zugreift.
- Eine SharePoint-Website hostet eine Nicht-SharePoint-Anwendung, die in einer anderen Domäne veröffentlicht wird und auf die Daten der SharePoint-Website zugreift.

Im ersten Szenario können Sie die SharePoint-Daten über das verwaltete Clientobjektmodell lesen und schreiben (mehr dazu in Kapitel 5, »Clientseitige Technologien«), sofern die Nicht-SharePoint-Anwendung auf .NET oder Silverlight aufbaut. In diesem Fall erfolgt der Zugriff auf die Daten automatisch im Sicherheitskontext des aktuellen Benutzers.

Im zweiten Szenario brauchen Sie sich keine Sorgen wegen der Sicherheit zu machen, weil die Nicht-SharePoint-Anwendung überhaupt nicht auf die SharePoint-Daten zugreift.

Das letzte Szenario ist am komplexesten, was die Sicherheit betrifft. Es ist allerdings auch am häufigsten, weil Sie damit komplette Anwendungen in vielen SharePoint-Websites gemeinsam nutzen können, indem Sie die Anwendung in einer anderen Domäne veröffentlichen, auf die alle anderen Domänen gemeinsam zugreifen.

Für Silverlight-Anwendungen stellt SharePoint 2010 das Silverlight Cross-Domain Data Access-Modul zur Verfügung. Sie definieren damit einen anwendungsspezifischen Prinzipal, um die SharePoint-Daten für jede Anwendung beziehungsweise jede Domäne individuell zu schützen. Ein *Anwendungsprinzipal* (application principal) ist ein spezielles *SPUser*-Objekt, mit dem einer externen Silverlight-Anwendung ausgewählte Berechtigungen zugewiesen werden. Wenn ein Benutzer ein Webpart hinzufügt, das beispielsweise eine Silverlight-Anwendung hostet, erhält die externe Anwendung einen Satz von Berechtigungen, der sich aus der Schnittmenge aus den Berechtigungen ergibt, die dem Anwendungsprinzipal gewährt wurden, und den Berechtigungen des Benutzers, der die Seite öffnet, in der das Webpart gehostet wird.

Generell kann eine Nicht-SharePoint-Anwendung, die in einem benutzerdefinierten Webpart gehostet wird (das betrifft nicht nur Silverlight, sondern beliebige externe Anwendungen), eine neue EAP-Umgebung (External Application Provider) nutzen. Ein EAP ist eine XML-Konfiguration, die auf der Ebene von *SPWebService* definiert wird und für jeden *SPWebService* eindeutig ist. Aus Sicherheitsgründen darf ein EAP nur von einem Farmadministrator bereitgestellt werden, und dies muss vom Programmcode aus geschehen.

Der EAP deklariert die Identität der externen Anwendung und gibt den zugehörigen Anwendungsprinzipal sowie Informationen über das Webpart, das die externe Anwendung hostet, und alle anderen Eigenschaften an, die zum Registrieren der externen Anwendung benötigt werden. Bei Bedarf können Sie Ihren eigenen EAP, ein benutzerdefiniertes Webpart, das die externe Anwendung hostet, und natürlich die externe Anwendung selbst definieren.

WEITERE INFORMATIONEN Dieses Buch beschreibt nicht im Einzelnen, wie Sie einen EAP und ein benutzerdefiniertes Webpart erstellen, um eine externe Anwendung zu hosten, weil das den Rahmen dieses Buchs sprengen würde. Das offizielle SharePoint SDK enthält einen Abschnitt, der genau erklärt, wie Sie einen EAP definieren und ein Webpart, das von der Basisklasse *ClientApplicationWebPartBase* abgeleitet ist, implementieren, um eine externe Nicht-SharePoint-Anwendung zu hosten.

Asynchrone Programmierung

Beim Entwickeln komplexer Webparts ist es oft nützlich, die ASP.NET-Infrastruktur für asynchrones Seitenrendering einzusetzen. Seit Version 1.*x* unterstützt das ASP.NET-Modul die Definition asynchroner Handler, um Skalierbarkeit und Effizienz von Webanwendungen zu verbessern.

Skalierbarkeit, Leistung und Threads

Damit Sie dieses Thema besser verstehen, sollten wir uns einige grundlegende Konzepte genauer ansehen. Erstens einmal muss klargestellt werden, dass »skalierbar« nicht »schnell« bedeutet. Eine skalierbare Softwarelösung bietet immer eine ähnliche Leistung (die durchaus gering sein kann), unabhängig davon, wie viele Benutzer gleichzeitig eine Verbindung aufbauen. Wenn die Lösung mehr Benutzer unterstützen muss, brauchen Sie lediglich Hardware hinzuzufügen, aber keine einzige Codezeile zu verändern.

Wie viele andere Servertechnologien verarbeitet ASP.NET Anforderungen in der Reihenfolge, in der sie eintreffen. Dazu greift es auf einen beschränkten Pool mit Threads zurück. Jede eintreffende Anforderung wird in eine Warteschlange gestellt. Sobald ein Thread aus dem Pool frei ist, nimmt er die älteste Anforderung aus der Warteschlange und verarbeitet sie. Sind alle Threads im Pool damit beschäftigt, Anforderungen zu bedienen, wird die Warteschlange mit jeder neuen Anforderung länger. Sobald ein Thread seine Arbeit an einer Anforderung beendet, prüft er, ob eine neue Anforderung in der Warteschlange ansteht. Ist das der Fall, löscht er sie aus der Warteschlange und beginnt mit ihrer Verarbeitung. Wie viele Anforderungen in der Warteschlange auf ihre Verarbeitung warten, ist ein wichtiger Indikator für die Auslastung eines Servers. Administratoren können die Größe des Threadpools konfigurieren. Es empfiehlt sich aber nicht, die Zahl der Threads zu weit zu erhöhen, weil die Leistung bei einer bestimmten Warteschlangenlänge, wenn zu viele Threads parallel arbeiten, schlechter ist als bei einem kleineren Pool.

Stattdessen sollten Sie die Effizienz der Threads steigern, indem Sie Arbeitsthreads so schnell wie möglich freigeben, damit sie sofort die nächste Anforderung bearbeiten können. Müssen Arbeitsthreads synchron auf eine externe Ressource warten, beispielsweise auf die Ausführung einer DBMS-Abfrage, eine SOAP-Dienstanforderung oder etwas anderes, wofür eine externe CPU zuständig ist, ist der Arbeitsthread im Leerlauf, aber nicht frei. Sind zu viele Arbeitsthreads im Leerlauf, aber nicht frei, wächst die Warteschlange weiter, was die Leistung drückt und die Skalierbarkeit verschlechtert.

In vielen Fällen ist es sinnvoller, einen Thread, der sich im Leerlauf befindet, gleich freizugeben, damit er andere Anforderungen aus der Warteschlange verarbeiten kann. Dazu verschieben Sie die Wartezeit wegen externer Ressourcen in E/A-Threads und legen den Arbeitsthread sofort zurück in den Pool, sobald Sie den Aufruf an das externe System beziehungsweise die Ressource eingeleitet haben. ASP.NET hat ein Standardverfahren für solche Situationen. Dabei werden asynchrone Handler und Seiten genutzt. Sie sollten sich mit diesen Fähigkeiten vertraut machen und sie nutzen, um die Skalierbarkeit und Reaktion Ihrer Anwendungen zu verbessern.

Sie haben schon mehrmals in diesem Buch gesehen, dass SharePoint vor allem ein Framework ist, das auf ASP.NET aufbaut. Daher können Sie die nativen asynchronen Programmiertechniken auch in SharePoint-Lösungen nutzen, sogar bei der Entwicklung von Webparts. Nehmen wir an, Sie haben ein Webpart, das eine externe Ressource wie die Bing-Suchmaschine abfragt. Sie wissen, dass Bing über einen bestimmten SOAP-Dienst erreichbar ist, der jeder registrierten Softwareanwendung ermöglicht, Websites, Nachrichtenmeldungen, Fotos und andere Quellen zu suchen und abzufragen. In diesem Abschnitt erfahren Sie, wie Sie ein Webpart entwickeln, das mit Bing nach den neuesten Nachrichtenmeldungen zu einem bestimmten Thema sucht, das der Endbenutzer in der Benutzeroberfläche des Webparts eingibt.

Abbildung 7.4 zeigt, wie das Beispielwebpart aussieht, und Listing 7.9 enthält den Quellcode.

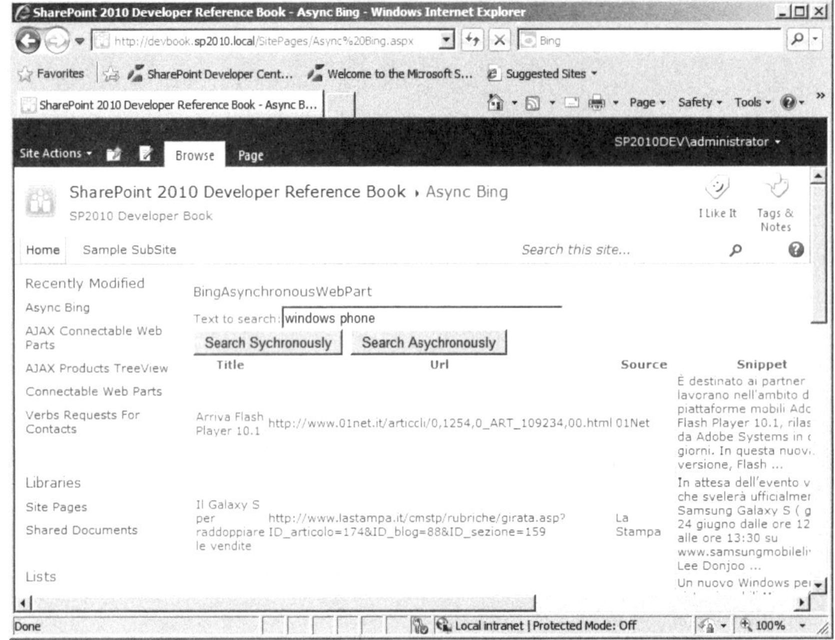

Abbildung 7.4 Die Benutzeroberfläche eines Webparts, das bei Bing nach Nachrichten über ein bestimmtes Thema sucht

Listing 7.9 Auszug aus dem Quellcode des Beispielwebparts *BingAsynchronousWebPart*

```
public class BingAsynchronousWebPart : WebPart {

    // ... Code weggelassen ...

    private void ensureBingSearchClient() {
        if (this.bing == null || this.bing.State != CommunicationState.Opened) {
            this.bing = new LiveSearchPortTypeClient(new BasicHttpBinding(),
                new EndpointAddress(this.BingSearchServiceUri));
            this.bing.Open();
        }
    }

    IAsyncResult BeginSearch(Object sender, EventArgs e,
       AsyncCallback cb, Object state) {
        ensureBingSearchClient();
```

```
        SearchRequest request = new SearchRequest {
            AppId = this.AppID,
            Query = this.searchText.Text,
            UILanguage = "en-US",
            Options = new SearchOption[] { SearchOption.DisableLocationDetection },
            Sources = new SourceType[] { SourceType.News }
        };

        return (bing.BeginSearch(request, cb, state));
    }

    void EndSearch(IAsyncResult asyncResult) {
        SearchResponse response = bing.EndSearch(asyncResult);

        if (response.News != null && response.News.Results != null) {
            this.searchResults.DataSource = response.News.Results;
            this.searchResults.DataBind();
        }
    }

    void TimeoutSearch(IAsyncResult asyncResult) {
        // "Zeitlimit abgelaufen!"
        this.Controls.Add(new LiteralControl("<br/>Timeout expired!"));
    }

    void searchCommandAsynchronously_Click(object sender, EventArgs e) {
        this.Page.RegisterAsyncTask(new PageAsyncTask(BeginSearch,
           EndSearch, TimeoutSearch, null));
        // "In der Zwischenzeit kann ich etwas anderes tun ..."
        this.Controls.Add(new LiteralControl(
            String.Format("<br/>{0} - In the mean time I can do something else ...",
            DateTime.Now)));
    }
}
```

Das Webpart kann sowohl synchron als auch asynchron arbeiten.

HINWEIS Hier beschäftigen wir uns ausschließlich mit der asynchronen Version. Die synchrone Version dient nur zum Vergleich.

Der Ereignishandler *searchCommandAsynchronously_Click*, der das Ereignis *Click* der Schaltfläche *Search Asynchronously* (Asynchron suchen) verarbeitet, registriert einfach eine *PageAsyncTask*-Instanz auf Ebene der aktuellen Seite. Diese Funktion wird von ASP.NET zur Verfügung gestellt. Sie können darüber asynchrone Aufgaben in einer Liste auf Seitenebene registrieren. Die zugrunde liegende ASP.NET-Infrastruktur garantiert, dass alle diese Aufgaben ausgeführt werden, bevor sie das Rendering der Seitenanforderung abschließt. Benötigt eine Aufgabe sehr lange, wird der Arbeitsthread, dem die aktuelle Seitenanforderung zugewiesen ist, an den Pool der Arbeitsthreads zurückgegeben, damit er in der Zwischenzeit andere Anforderungen bedienen kann. Sobald die *PageAsyncTask*-Aufgabe abgeschlossen ist oder ihr Zeitlimit überschritten ist, legt die ASP.NET-Infrastruktur die Fertigstellung der Anforderung in die

Warteschlange. Sie wird somit verarbeitet, sobald ein Arbeitsthread aus dem Pool der Arbeitsthreads frei wird.

Die Klasse *PageAsyncTask* braucht eine *Begin**-Methode, um die asynchrone Aufgabe zu starten, eine *End**-Methode, um die Aufgabe abzuschließen, und eine *Timeout**-Methode, die eine Überschreitung des Zeitlimits verarbeitet. Die Signaturen dieser Methoden entsprechen dem allgemeinen Entwurfsmuster für asynchrone .NET-Programmierung. Daher können alle .NET-Bibliotheken, sogar die benutzerdefinierten, asynchron benutzt werden, sofern sie neben den synchronen Versionen auch einen Satz asynchroner Methoden definieren.

Während das Webpart den Bing-Suchdienst im Hintergrund abfragt, wird der Arbeitsthread an den Pool zurückgegeben, damit er andere Anforderungen bedient. Das verkürzt die Ausführungszeit der Lösung. *PageAsyncTask* ist nur eine von drei Möglichkeiten, asynchrone Aufrufe in ASP.NET zu verwalten. Eine vollständige Beschreibung aller dieser Techniken würde den Rahmen dieses Buchs sprengen.

HINWEIS In den Vorgängerversionen von SharePoint gab es eine andere Technik für die Entwicklung asynchroner SharePoint-Webparts, die von *Microsoft.SharePoint.WebPartPages.WebPart* abgeleitet wurden. Sie basierte auf der Methode *RegisterWorkItemCallback*. Diese Technik ist inzwischen allerdings obsolet, Sie sollten stattdessen die asynchrone ASP.NET-Infrastruktur nutzen.

XSLT-Rendering

Bei der Entwicklung von Webparts erfordern die Benutzeroberfläche und die Ausgabe des (X)HTML-Codes erheblichen Aufwand. Ein Webpart muss transparent in eine vorhandene Seite (Webpartseite oder Wikiseite) eingebettet werden und sich dabei in das komplexe und benutzerfreundliche Layout der übergeordneten Website einfügen, die Teil einer öffentlichen CMS-Lösung sein kann. Dennoch wurde bisher die Ausgabe von Webparts in ihrer *CreateChildControls*-Methode beziehungsweise bei visuellen Webparts im ASCX-Code des Steuerelements definiert. Sie können aber nicht immer vorhersagen, wo das Webpart gehostet wird. Und deshalb ist es unmöglich, für *jede* denkbare Ausgabe ein passendes Layout vorzusehen.

Natürlich können Sie versuchen, unterschiedliche Layoutanforderungen zu erfüllen, indem Sie einfach mit Cascading Style Sheets (CSS) arbeiten. Es gibt aber meist keine Universallösung, die in allen Fällen gut passt. Mit diesem Problem war auch Microsoft selbst konfrontiert, als es SharePoint entwickelte. Sehen Sie sich beispielsweise an, auf welche Weise Webparts wie *SearchCoreResults* oder *XsltListViewWebPart* ihre Ausgabe rendern. Diese nativen Webparts übernehmen eine XSLT-Transformation als Argument und wenden sie auf ein XML-Dokument an, das den tatsächlichen Inhalt ihrer Ausgabe bildet.

In professionellen SharePoint-Lösungen, die nicht nur in Intranet- oder Extranetwebsites, sondern auch im öffentlichen Internet laufen, müssen Sie Webparts entwickeln, die denselben Grundprinzipien folgen. In diesem Abschnitt erfahren Sie, wie Sie ein Webpart erstellen, das seine Ausgabe mit einer konfigurierbaren XSLT-Transformation generiert, die aus einer Dokumentbibliothek der aktuellen Website geladen wird. Als Beispiel dient ein Webpart zum Anzeigen von RSS-Feeds (SharePoint stellt allerdings schon ein solches Webpart zur Verfügung).

Listing 7.10 enthält einen Ausschnitt aus dem Quellcode dieses Webparts mit dem Namen *RSSFeedViewerWebPart*. Der hervorgehobene Code lädt die externe XML-Quelle. (In einer Unternehmenslösung könnte das die Ausgabe einer Abfrage von SharePoint-Daten sein.) Dann transformiert er die Ausgabe mithilfe einer Instanz der Klasse *XslCompiledTransform* aus dem Namespace *System.Xml.Xsl*. Die Ausgabe der

XSLT-Transformation wird in einem *LiteralControl*-Objekt zur Auflistung der Steuerelemente im aktuellen Webpart hinzugefügt.

Listing 7.10 Quellcode für das Beispielwebpart *RSSFeedViewerWebPart*

```
public class RSSFeedViewerWebPart : WebPart {
    [WebBrowsable(true)]
    [Personalizable(true)]
    public String RSSFeedUri { get; set; }

    [WebBrowsable(true)]
    [Personalizable(true)]
    public String XsltUri { get; set; }

    protected override void CreateChildControls() {
        if (this.WebPartManager.DisplayMode == WebPartManager.BrowseDisplayMode) {
            if (!String.IsNullOrEmpty(this.RSSFeedUri) &&
            !String.IsNullOrEmpty(this.XsltUri)) {
                XslCompiledTransform xslt = new XslCompiledTransform();
                SPFile xsltFile = SPContext.Current.Web.GetFile(this.XsltUri);
                if (xsltFile != null) {
                  xslt.Load(new XmlTextReader(xsltFile.OpenBinaryStream()));
                  // xslt.Load(this.XsltUri);
                  XmlReader xml = XmlReader.Create(
                      this.RSSFeedUri, new XmlReaderSettings {
                      CloseInput = true,
                      ValidationType = System.Xml.ValidationType.None,
                      XmlResolver = new XmlUrlResolver()});

                  using (xml) {
                      StringWriter writer = new StringWriter();
                      xslt.Transform(xml, null, writer);

                      this.Controls.Add(new LiteralControl(writer.ToString()));
                  }
                }
                else {
                  // "Bitte geben Sie die URI einer gültigen XSLT-Datei in
                  // der aktuellen Website an."
                  this.Controls.Add(new LiteralControl(
                    "Please provide a valid XSLT file URI in the current site."));
                }
            }
        }
        else {
            // "Bitte konfigurieren Sie das Webpart."
            this.Controls.Add(new LiteralControl(
                "Please configure the Web Part."));
        }
    }
```

```
        else {
            // "Dieses Webpart rendert seine Ausgabe nur im Anzeigemodus."
            this.Controls.Add(new LiteralControl(
                "This Web Part renders its output only in browsing mode."));
        }
    }
}
```

Abbildung 7.5 zeigt, wie die Ausgabe in einem Browser aussieht. An diesem Beispiel gibt es nichts besonders Bemerkenswertes, die Ausgabe ist völlig statisch. Dynamisches Verhalten können Sie nur auf der Clientseite auf Browserebene implementieren, indem Sie JavaScript/JQuery-Code in den generierten (X)HTML-Code einbetten. Listing 7.11 zeigt den XSLT-Code, der in diesem Beispiel benutzt wird.

HINWEIS Es würde den Rahmen dieses Buchs sprengen, die Grundlagen von XSLT und die Entwicklung von XSLT-Transformationen zu erklären. Wenn Sie sich genauer über XSLT informieren wollen, sollten Sie im Web suchen und unter Umständen an einem kostenlosen Onlinekurs bei der W3C School teilnehmen.

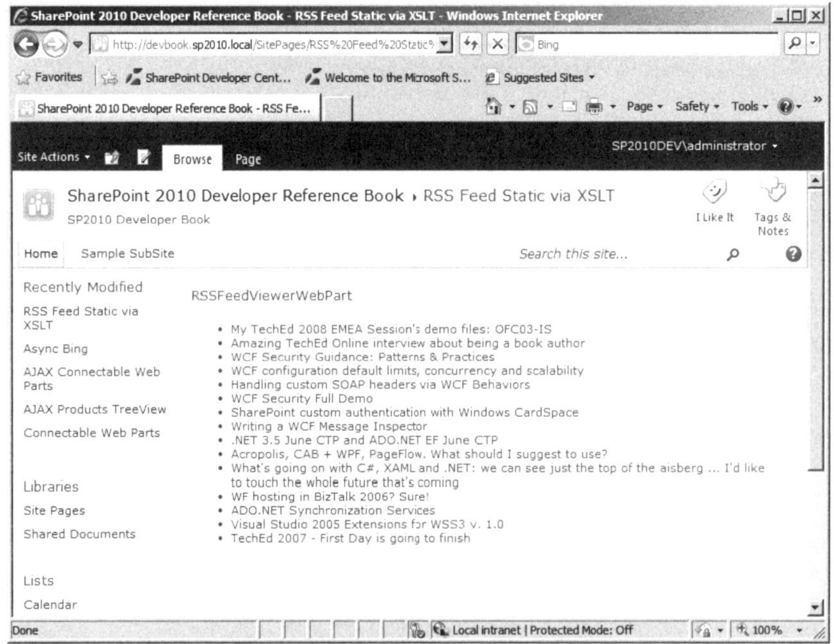

Abbildung 7.5 Darstellung des Beispielwebparts *RSSFeedViewerWebPart* im Browser

Listing 7.11 Der XSLT-Code zum Transformieren des RSS in *RSSFeedViewerWebPart*

```
<?xml version="1.0" encoding="utf-8"?>
<xsl:stylesheet version="1.0" xmlns:xsl="http://www.w3.org/1999/XSL/Transform"
    xmlns:msxsl="urn:schemas-microsoft-com:xslt" exclude-result-prefixes="msxsl">
    <xsl:output method="xml" indent="yes"/>
    <xsl:template match="/">
      <ul>
        <xsl:for-each select="rss/channel/item">
          <li>
            <a href="{link}" target="_blank">
              <xsl:value-of select="title"/>
            </a>
          </li>
        </xsl:for-each>
      </ul>
    </xsl:template>
</xsl:stylesheet>
```

Wenn Sie die Ausgabe eines Webparts mit XSLT rendern, hat das einen großen Vorteil, der sich in einer Fähigkeit der ASP.NET-Seiteninfrastruktur bemerkbar macht: Sie erhalten die Fähigkeit, ASPX/ASCX-Code während der Laufzeit dynamisch zu laden, indem Sie die Methode *ParseControl* der Klasse *Page* aufrufen.

Wenn Sie den Code aus Listing 7.9 nur ein wenig ändern, indem Sie statt der reinen HTML-Tags einige ASP.NET-Tags hinzufügen (mit *asp:* als Namespacepräfix), wird die Ausgabe der XSLT-Transformation zu einem Bestandteil des ASPX-Codes. Listing 7.12 zeigt den geänderten XSLT-Code.

Listing 7.12 Der neue XSLT-Code zum Transformieren des RSS im Beispielwebpart

```
<?xml version="1.0" encoding="utf-8"?>
<xsl:stylesheet version="1.0" xmlns:xsl="http://www.w3.org/1999/XSL/Transform"
    xmlns:asp="http://schemas.microsoft.com/AspNet/WebControls"
    xmlns:msxsl="urn:schemas-microsoft-com:xslt"
    exclude-result-prefixes="asp msxsl">
    <xsl:output method="xml" indent="yes"/>

    <xsl:template match="/">
      <asp:RadioButtonList ID="postsList" runat="server">
        <xsl:for-each select="rss/channel/item">
          <asp:ListItem Text="{title}" Value="{link}" />
        </xsl:for-each>
      </asp:RadioButtonList>
      <asp:Button ID="selectItemCommand" runat="server" Text="Select!" />
    </xsl:template>

</xsl:stylesheet>
```

Abbildung 7.6 zeigt das Ergebnis dieser neuen XSLT-Transformation. Die XSLT-Transformation ist aber nicht der einzige Unterschied zwischen den beiden letzten Beispielen: Auch der C#-Quellcode des Webparts hat sich leicht verändert. Listing 7.13 zeigt die geänderte Implementierung im Steuerelement *RSSFeedDynamicViewerWebPart*.

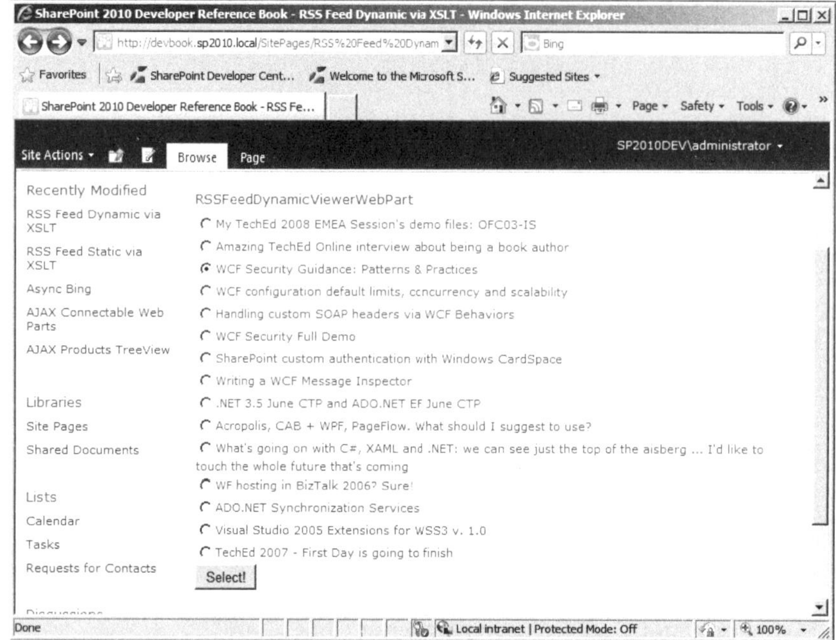

Abbildung 7.6 Darstellung des Beispielwebparts *RSSFeedViewerWebPart* mit dynamischem ASPX-Code innerhalb des XSLT-Codes

Listing 7.13 Auszug aus dem Quellcode des Steuerelements *RSSFeedDynamicViewerWebPart*

```
public class RSSFeedDynamicViewerWebPart : WebPart {
    [WebBrowsable(true)]
    [Personalizable(true)]
    public String RSSFeedUri { get; set; }

    [WebBrowsable(true)]
    [Personalizable(true)]
    public String XsltUri { get; set; }

    protected IButtonControl selectItemCommand;
    protected ListControl postsList;

    protected override void CreateChildControls() {
        if (this.WebPartManager.DisplayMode == WebPartManager.BrowseDisplayMode) {
            if (!String.IsNullOrEmpty(this.RSSFeedUri) &&
            !String.IsNullOrEmpty(this.XsltUri)) {
                XslCompiledTransform xslt = new XslCompiledTransform();
                SPFile xsltFile = SPContext.Current.Web.GetFile(this.XsltUri);
```

```
          if (xsltFile != null) {
            xslt.Load(new XmlTextReader(xsltFile.OpenBinaryStream()));

            XmlReader xml = XmlReader.Create(this.RSSFeedUri,
                new XmlReaderSettings {
                CloseInput = true,
                ValidationType = System.Xml.ValidationType.None,
                XmlResolver = new XmlUrlResolver()
            });

            using (xml) {
                StringWriter writer = new StringWriter();
                xslt.Transform(xml, null, writer);

                Control parsedControl =
                    this.Page.ParseControl(writer.ToString());
                this.Controls.Add(parsedControl);

                this.selectItemCommand =
                    this.FindControl("selectItemCommand") as IButtonControl;
                this.postsList = this.FindControl("postsList") as ListControl;

                if (this.selectItemCommand != null) {
                    this.selectItemCommand.Click +=
                        new EventHandler(selectItemCommand_Click);
                }
            }
          }
          else {
            // "Bitte geben Sie die URI einer gültigen XSLT-Datei in
            // der aktuellen Website an."
            this.Controls.Add(new LiteralControl(
              "Please provide a valid XSLT file URI in the current site."));
        }
      }
      else {
          // "Bitte konfigurieren Sie das Webpart."
          this.Controls.Add(new LiteralControl(
                          "Please configure the Web Part."));
      }
    }
    else {
        // "Dieses Webpart rendert seine Ausgabe nur im Anzeigemodus."
        this.Controls.Add(new LiteralControl(
                        "This Web Part renders its output only in
                         browsing mode."));
    }
}
```

```
    void selectItemCommand_Click(object sender, EventArgs e) {
        if (this.postsList != null) {
            if (this.postsList.SelectedValue != null) {
                this.Page.Response.Redirect(this.postsList.SelectedValue);
            }
        }
    }
}
```

Der hervorgehobene Code wurde so geändert, dass er die Ausgabe der XSLT-Transformation auswertet und als hierarchische Struktur aus ASP.NET-Steuerelementen verarbeitet, nicht als Block mit statischem (X)HTML-Code. Wie Sie bereits gesehen haben, findet die entscheidende Phase in der Methode *ParseControl* der ASP.NET-Seitenklasse statt. Dies ist keine reine SharePoint-Fähigkeit, sondern wird von ASP.NET zur Verfügung gestellt.

Die Methode *ParseControl* hat einen Eingabeparameter vom Typ *String*, der vom ASP.NET-Rendermodul ausgewertet wird. Das Ergebnis ist eine Baumstruktur aus Steuerelementen, die direkt zur Steuerelementauflistung des aktuellen Webparts hinzugefügt werden können. Wenn Sie eine Namens- und Typkonvention für Steuerelemente definieren, die Sie mit XSLT erzeugen, kann der Code auch die in XSLT erstellten Steuerelemente finden, sodass Sie Ereignishandler damit verknüpfen können. Dieses Beispiel erstellt zwei ASP.NET-Steuerelemente mit den IDs *postsList* und *selectItemCommand*. Das Steuerelement *postsList* muss sich in etwa wie ein *ListControl*-Steuerelement verhalten, es kann also beispielsweise vom Typ *RadioButtonList*, *CheckBoxList*, *DropDownList*, *ListBox* oder *BulletedList* sein. Das Steuerelement *selectItemCommand* muss sich wie ein *IButtonControl*-Steuerelement verhalten, daher ist es ein Steuerelement, das einen *Click*-Ereignishandler zur Verfügung stellt (*Button*, *ImageButton* oder *LinkButton*). Der Code in Listing 7.11 sucht nach solchen Steuerelementen und verknüpft einen Ereignishandler mit dem *Click*-Ereignis des *IButtonControl*-Steuerelements, um den Browser des Benutzers zum momentan ausgewählten Eintrag der *ListControl*-Instanz umzuleiten.

Diese Technik ist so leistungsfähig, weil Sie damit ein ganz neues Layout für Webparts definieren, aber trotzdem die Geschäftslogik und das Verhalten beibehalten können. Da sie außerdem dem ausgegebenen (X)HTML-Code keine konkreten Einschränkungen auferlegt, ist sie oft die beste Wahl für SharePoint-Internetlösungen.

Bereitstellung, Sicherheit und Versionsverwaltung

Das letzte Thema dieses Kapitels ist ein kurzer Überblick über die Bereitstellung von Webparts, wobei wir auch auf einige Sicherheitsaspekte und die Versionsverwaltung eingehen. Kapitel 8, »SharePoint-Features und -Lösungen«, beschreibt die Bereitstellung von SharePoint-Lösungen genauer. Sicherheit ist ein wesentlicher Bestandteil jeder Bereitstellung. In Kapitel 23, »Codezugriffssicherheit und Sandkastenlösungen«, erfahren Sie mehr zur Sicherheit bei der Bereitstellung von Lösungen, wobei der Fokus auf Sicherheitsfeatures liegt, die speziell für Webparts wichtig sind.

Bereitstellung und Versionsverwaltung

In SharePoint 2010 haben Sie bei der Bereitstellung eines Webparts drei Orte zur Auswahl:

- **Lösungskatalog** Ein neues Feature von SharePoint 2010. Sie können damit Webparts in einer Sandkastenumgebung bereitstellen (mehr dazu in Kapitel 23).
- ***bin*-Verzeichnis der hostenden Webanwendung** Bei einer solchen Bereitstellung stellen Sie ein Webpart lokal für eine bestimmte Webanwendung zur Verfügung, mit lokaler Wartung und Konfiguration und einem eingeschränkten Satz von Berechtigungen.
- **Globaler Assemblycache (Global Assembly Cache, GAC)** Codebibliotheken und Webparts werden hier bereitgestellt, damit sie von allen Webanwendungen der Serverfarm gemeinsam genutzt werden können. Im GAC installierter Code gilt auf dem hostenden Server als voll vertrauenswürdig.

Unabhängig davon, welchen Bereitstellungsort Sie wählen, wird ein Webpart über eine *.webpart*-Datei bereitgestellt, die entweder in einer SharePoint-Lösung enthalten ist oder durch einen autorisierten Benutzer von Hand bereitgestellt wird. Zur Bereitstellung gehört aber nicht nur die Neuinstallation, sondern auch ein Upgrade von einer Version auf eine andere.

Wenn Sie ein Upgrade für ein Webpart durchführen, ist es sinnvoll, Upgrades nur in Form von Assemblys mit starkem Namen bereitzustellen. Bei einer Assembly mit starkem Namen (strongly-named assembly) kann .NET ihre Signatur prüfen, während sie geladen wird. Das verhindert eine Manipulation. Außerdem gibt der starke Name die Assemblyversion eindeutig an, sodass Upgradepfade besser unterstützt werden.

HINWEIS Die CLR prüft die digitale Signatur einer Assembly mit starkem Namen jedes Mal, wenn sie eine solche Assembly lädt, die im *bin*-Verzeichnis der hostenden Anwendung bereitgestellt ist. Dagegen wird die Signatur einer Assembly, die im GAC bereitgestellt wurde, nur geprüft, wenn sie zum GAC hinzugefügt wird. Das mag seltsam klingen, aber nur Administratoren (lokal oder Domäne) können Assemblys zum GAC hinzufügen. Wenn ein Administrator eine Assembly in den GAC einfügt und diese Assembly eine gültige Signatur hat, kann nur noch ein anderer Benutzer mit Administratorrechten diese Binärdatei ändern (manipulieren). Sofern sich Ihre Administratoren also nicht als Hacker betätigen, sollte das kein Problem sein!

Sofern Sie bei Ihrem Upgrade nur internen Code ändern, aber keine öffentlichen Eigenschaften des Webparts, und Sie die Assemblyversion nicht ändern, können Sie die Assembly einfach am Bereitstellungsort austauschen. Damit sind Sie auch schon fertig. Haben Sie dagegen etwas an den öffentlichen Eigenschaften des Webparts verändert, müssen Sie die älteren Versionen Ihres Webparts an die neueste Version anpassen. Enthält eine Webpartseite oder Wikiseite eine ältere Instanz Ihres Webparts, wird sofort, wenn jemand die Seite öffnet, das Webpart geladen, worauf die SharePoint-Infrastruktur nach seiner Assembly und seinem Typ sucht. Wenn Sie nun das alte Webpart durch eine neue Version ersetzt haben, findet SharePoint die alte Assembly nicht und das Laden des Typs schlägt fehl. Auch wenn Sie einige Eigenschaften geändert haben, weil Sie beispielsweise eine Eigenschaft umbenannt oder entfernt haben, passt die Serialisierung des alten Webparts nicht zum neuen Typ.

Sie lösen das Problem mit der Assemblyversion, indem Sie die native .NET-Infrastruktur zum Umleiten der Assemblybindung nutzen. Fügen Sie einige XML-Zeilen in die *Web.config*-Datei der Webanwendung ein, damit die .NET-CLR statt der alten Assemblyversion die neue lädt. Listing 7.14 zeigt ein Beispiel für die Umleitung der Assemblybindung.

Listing 7.14 Ausschnitt aus einer *Web.config*-Datei mit einer Anweisung zum Umleiten der Assemblybindung

```
<runtime>
  <assemblyBinding xmlns="urn:schemas-microsoft-com:asm.v1">
    <dependentAssembly>
      <assemblyIdentity name="DevLeap.SP2010.VersionableWebPart"
        publicKeyToken="6acae404adfa82c3" culture="neutral" />
      <bindingRedirect oldVersion="1.0.0.0" newVersion="2.0.0.0" />
    </dependentAssembly>
  </assemblyBinding>
</runtime>
```

Dieses kurze XML-Stück legt fest, dass die CLR immer, wenn sie die Assembly mit dem Namen *DevLeap.SP2010.VersionableWebPart*, dem *PublicKeyToken*-Wert *6acae404adfa82c3*, einer neutralen Kultur und der Version 1.0.0.0 (*oldVersion*) zu laden versucht, stattdessen die Version 2.0.0.0 (*newVersion*) derselben Assembly laden soll. Natürlich muss die neue Assembly im *bin*-Ordner der Webanwendung oder im GAC bereitliegen.

Nicht so einfach ist es, Eigenschaften von einer Webpartversion in eine andere zu übertragen. Wenn Sie ein altes natives SharePoint-Webpart in ein ASP.NET-Webpart portieren, können Sie die Methode *AfterDeserialize* überschreiben, um Eigenschaften aus der alten Version in die neue zu übertragen. Diese Methode wird aufgerufen, sobald SharePoint zum ersten Mal eine Seite lädt, die eine ältere Version Ihres Webparts enthält. Bei nachfolgenden Ladevorgängen wurde das Webpart bereits aktualisiert, daher wird die Methode *AfterDeserialize* nicht mehr aufgerufen.

Wenn Sie ein Upgrade Ihrer ASP.NET-Webparts durchführen, können Sie diese Methode aber nicht nutzen. Für Versionsverwaltungsaufgaben in ASP.NET-Webparts gibt es stattdessen die spezielle Schnittstelle *IVersioningPersonalizable* aus dem Namespace *System.Web.UI.WebControls.WebParts*. Listing 7.15 zeigt die Signatur dieser Schnittstelle.

Listing 7.15 Die Schnittstelle *IVersioningPersonalizable* für die Versionsverwaltung von Webparts

```
namespace System.Web.UI.WebControls.WebParts {
    public interface IVersioningPersonalizable {
        void Load(IDictionary unknownProperties);
    }
}
```

Load ist die einzige Methode, die in dieser Schnittstelle definiert ist. Sie bekommt eine Liste aller unbekannten Eigenschaften übergeben, die deserialisiert werden sollen, bei denen die Webpartumgebung aber nicht weiß, wo sie ihre Werte speichern soll. Implementieren Sie diese Schnittstelle, um Anpassungen zu übernehmen, während das Framework die Webparts lädt.

Betrachten Sie als Beispiel das simple Webpart aus Listing 7.16, es hat eine anpassbare Eigenschaft.

Listing 7.16 Ein ganz einfaches Webpart zur Demonstration, wie die Versionsverwaltung für Webparts funktioniert

```
namespace DevLeap.SP2010.VersionableWebPart.CustomWebPart {
    [ToolboxItemAttribute(false)]
    public class CustomWebPart : WebPart {

        [WebBrowsable(true)]
        [Personalizable(true)]
        public String TextToRender { get; set; }

        protected override void CreateChildControls() {
            this.Controls.Add(new LiteralControl(this.TextToRender));
        }
    }
}
```

Dieses Webpart wird in einer Assembly mit dem folgenden starken Namen bereitgestellt:

`DevLeap.SP2010.VersionableWebPart, Version=1.0.0.0, Culture=neutral, PublicKeyToken=6acae404adfa82c3`

Nehmen wir nun an, Sie erstellen eine neue Version dieses Webparts, ändern die Assemblyversion, benennen die öffentliche Eigenschaft *TextToRender* in *TextToRenderTimes* um und fügen die neue Eigenschaft *RepeatTimes* hinzu. Zuerst müssen Sie eine entsprechende Bindungsumleitung in der Datei *Web.config* definieren. Dann installieren Sie die neue Assembly im GAC. Und zuletzt implementieren Sie die Versionsverwaltungsschnittstelle *IVersioningPersonalizable*.

Listing 7.17 zeigt ein Beispiel für ein neues Webpart, das unbekannte Eigenschaften transparent migriert.

Listing 7.17 Version 2 des einfachen Webparts aus Listing 7.16

```
namespace DevLeap.SP2010.VersionableWebPart.CustomWebPart {

    [ToolboxItemAttribute(false)]
    public class CustomWebPart : WebPart, IVersioningPersonalizable {

        [WebBrowsable(true)]
        [Personalizable(true)]
        public String TextToRenderTimes { get; set; }

        [WebBrowsable(true)]
        [Personalizable(true)]
        public Int32 RepeatTimes { get; set; }

        protected override void CreateChildControls() {
            for (Int32 c = 0; c < this.RepeatTimes; c++) {
                this.Controls.Add(new LiteralControl(this.TextToRenderTimes));
            }
        }
```

```
        void IVersioningPersonalizable.Load(IDictionary unknownProperties) {
            foreach (DictionaryEntry entry in unknownProperties) {
                if (entry.Key.ToString() == "TextToRender") {
                    this.RepeatTimes = 1;
                    this.TextToRenderTimes = entry.Value.ToString();
                }
            }
        }
    }
}
```

Die Methode *Load* der Schnittstelle *IVersioningPersonalizable* bekommt ein Wörterbuch mit allen nicht gefundenen Eigenschaften übergeben. Diese Eigenschaften müssen Sie nun zuordnen oder in entsprechende neue Eigenschaften migrieren, sofern welche vorhanden sind.

Sichere Steuerelemente und Schutz vor Cross-Site-Scripting

Jedes Webpart wird im Kontext des aktuellen Benutzers ausgeführt. Die Sicherheit der SharePoint-Daten wird daher durch die Berechtigungen des aktuellen Benutzers gesteuert. Die Datensicherheit von SharePoint ist aber nicht immer der beste Maßstab für eine sichere Lösung. Zum Beispiel könnte ein böswilliger Benutzer, der autorisiert ist, benutzerdefinierte Webparts zu einer Seite hinzuzufügen, ein Webpart einfügen, das den Clientbrowser oder sogar die Serverumgebung gefährdet, in der die SharePoint-Lösung gehostet wird. Stellen Sie sich vor, was passiert, wenn ein Benutzer ein benutzerdefiniertes Webpart hochlädt, das aufgrund eines Fehlers oder sogar absichtlich sehr viele CPU-Ressourcen (möglicherweise 100%) verbraucht. Jeder SharePoint-Frontendserver, der dieses Webpart lädt und ausführt, wird lahmgelegt oder zumindest deutlich gebremst. Um solche Probleme zu vermeiden, stellt SharePoint mehrere Maßnahmen bereit: *Sandkastenlösungen* (sandboxed solutions) und *sichere Steuerelemente* (safe controls). Sandkastenlösungen sind eines der interessantesten neuen Features von SharePoint 2010 für Entwickler. Sie verdienen ein eigenes Kapitel (Kapitel 23), in dem sie ausführlich beschrieben werden.

SharePoint lädt und führt nur autorisierte Webparts aus, die in der Liste der sicheren Steuerelemente aufgeführt sind. Diese Liste befindet sich in der Datei *Web.config* der aktuellen Webanwendung. Wenn Sie eine Webpartlösung auf Farmebene bereitstellen, ist die Webpartklasse in der *Web.config*-Datei der Website, in der das Steuerelement bereitgestellt wird, als *SafeControl* markiert. Sobald Sie versuchen, eine Seite zu laden, die ein Webpart oder ein Steuerelement enthält, das nicht als *SafeControl* markiert ist, schlägt der Ladevorgang fehl. Die SharePoint-Umgebung läuft trotzdem stabil und sicher weiter. Listing 7.18 enthält ein Beispiel für die *SafeControl*-Deklaration eines Webparts, das weiter oben in diesem Kapitel definiert wurde.

Listing 7.18 *SafeControl*-Deklaration für ein Steuerelement

```
<SafeControl Assembly="DevLeap.SP2010.AdvancedWebParts, Version=1.0.0.0,
  Culture=neutral, PublicKeyToken=420cb6d9461e6c7c"
  Namespace="DevLeap.SP2010.AdvancedWebParts.RSSFeedDynamicViewerWebPart"
  TypeName="*" Safe="True" SafeAgainstScript="False" />
```

Beachten Sie, dass das *SafeControl*-Tag anhand der Assembly auf das sichere Webpart verweist. Dabei sind der starke Name der Assembly, der Namespace und der Typname angegeben. Außerdem definiert das *SafeControl*-Tag das Attribut *SafeAgainstScript* mit einem *Boolean*-Wert, über den Sie ein neues SharePoint 2010-Feature konfigurieren können: den Schutz vor Cross-Site-Scripting.

Ab SharePoint 2010 dürfen die Konfigurationseigenschaften von Webparts nur durch Benutzer geändert werden, die mindestens die Berechtigung *Entwerfen* innehaben. Ein Websiteteilnehmer mit der Berechtigungsstufe *Mitwirken* kann also keine Webparteigenschaften mehr konfigurieren oder anpassen, obwohl das in älteren Versionen möglich war. Sie fragen sich vielleicht, warum Microsoft dieses Verhalten geändert hat. Die Antwort ist einfach: aus Sicherheitsgründen.

In SharePoint 2010 ist das Clientobjektmodell über JavaScript sogar im Webbrowser verfügbar. Stellen Sie sich vor, was passiert, wenn ein böswilliger Benutzer eine Webparteigenschaft mit JavaScript-Code konfiguriert, der das Clientobjektmodell aufruft und Daten auf dem Server löscht oder ändert. Sobald diese benutzerdefinierte Eigenschaft verwendet wird, um die Ausgabe des Webparts (zum Beispiel die Eigenschaft *Title*) anzuzeigen, wird der Code ausgeführt. Natürlich läuft das Clientobjektmodell im Kontext des aktuellen Benutzers, daher kann der eingeschleuste JavaScript-Code nur das tun, was dem aktuellen Benutzer ohnehin möglich ist. Aber was passiert, wenn diese Seite von einem Websitesammlungsadministrator geöffnet wird? Der gerade beschriebene Fall ist eine neue Art von Cross-Site-Scripting (XSS), die durch den Schutzmechanismus direkt blockiert wird. Dieses neue Schutzfeature wirkt nicht nur auf neue Webparts, sondern auch auf alle, die bereits früher entwickelt wurden.

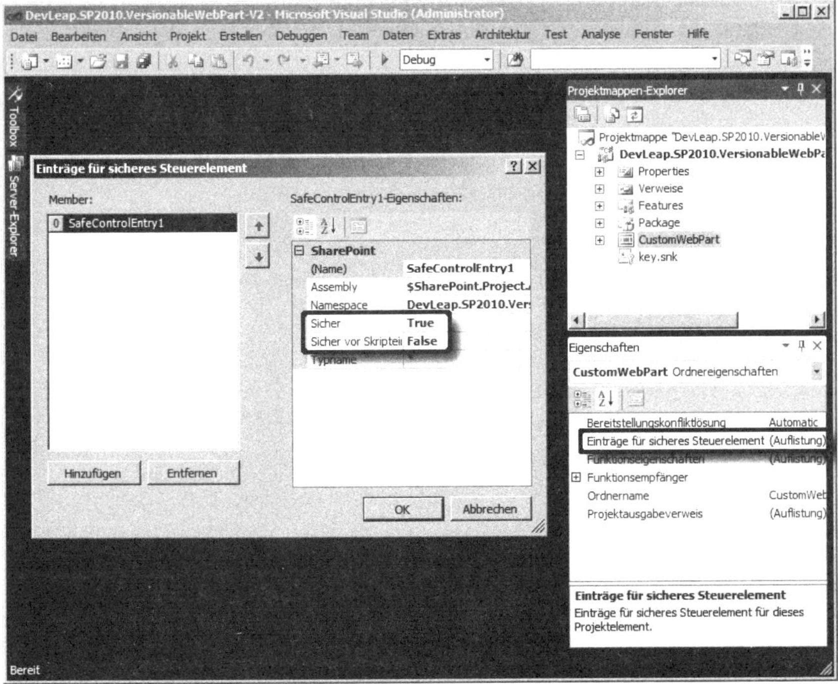

Abbildung 7.7 Konfigurieren der Sicherheitseinstellungen für Webparts in Visual Studio 2010

Falls Sie das Risiko eingehen und es sogar Websiteteilnehmern erlauben möchten, ein Webpart zu konfigurieren, können Sie das Attribut *SafeAgainstScript* in der *SafeControl*-Deklaration des Webparts ändern. Abbildung 7.7 zeigt die Benutzeroberfläche im Microsoft Visual Studio 2010, in der Sie diese Eigenschaft ändern.

Der Wert *True* weist SharePoint an, sogar Benutzer mit der Berechtigungsstufe *Mitwirken* das Bearbeiten und Konfigurieren zu erlauben. Es gibt außerdem das neue Attribut *RequiresDesignerPermissionAttribute*, mit dem Sie eine Eigenschaft markieren können und damit festlegen, dass sie nur von Benutzern mit der Berechtigung *Entwerfen* oder höher konfiguriert werden darf. Dieses Attribut überschreibt alle Konfigurationen aus der Datei *Web.config*. Wenn Sie daher ein Steuerelement als *SafeAgainstScript* deklarieren, aber zusätzlich eine Eigenschaft mit *RequiresDesignerPermissionAttribute* markieren, kann ein Benutzer mit der Berechtigungsstufe *Mitwirken* diese Eigenschaft trotzdem nicht konfigurieren. Er braucht mindestens die Berechtigungsstufe *Entwerfen*, ganz unabhängig von der Konfiguration in *Web.config*.

Zusammenfassung

Dieses Kapitel hat Ihnen gezeigt, wie Sie verbindungsfähige Webparts entwickeln, die AJAX nutzen. Außerdem haben Sie gelernt, welche native Silverlight-Unterstützung SharePoint zur Verfügung stellt und was das EAP-Framework (External Application Provider) ist, auf dem die Silverlight-Unterstützung aufbaut. Sie haben erfahren, wie Sie die Skalierbarkeit von Webparts mithilfe der asynchronen Programmierung in ASP.NET verbessern. Außerdem hat das Kapitel beschrieben, wie Sie Webparts mit einem XSLT-basierten Layout entwickeln, das (X)HTML-Code oder (besser) dynamisches ASPX-Markup ausgibt, das von der ASP.NET-Umgebung ausgewertet werden kann. Und schließlich haben Sie gesehen, wie Sie Webparts bereitstellen, die Versionsverwaltung und Sicherheit unterstützen.

Teil IV

Erweitern von Microsoft SharePoint 2010

In diesem Teil:

Kapitel 8

SharePoint-Features und -Lösungen

In diesem Kapitel:

Seit der Version 2007 ist eine der interessantesten Fähigkeiten von Microsoft SharePoint das Modul zum Verwalten benutzerdefinierter Features, kombiniert mit der Möglichkeit, sie über die Installation von Lösungspaketen bereitzustellen. Dieses Kapitel ist das erste in Teil IV, »Erweitern von Microsoft SharePoint 2010«, dieses Buchs. Es stellt die unterschiedlichen Arten von Features vor, die Sie definieren können, und erklärt, wie Sie SharePoint-Lösungen verpacken. Viele der in diesem Kapitel vorgestellten Features werden in anderen Kapiteln dieses Buchteils genauer erläutert. Daher besteht das Ziel hier erst einmal darin, alle verfügbaren Features kurz zu beschreiben, einen Überblick zu geben, aber die Details für die Erklärungen in den folgenden Kapiteln aufzuheben.

Features und Lösungen

Ein *Feature* ist eine Anpassung oder Erweiterung der nativen Umgebung, die in verschiedenen Gültigkeitsbereichen installiert und aktiviert werden kann, um Lösungen modular und granular bereitzustellen. Ein Feature wird beispielsweise genutzt, um benutzerdefinierte Datenstrukturen wie Websitespalten, Inhaltstypen oder Listendefinitionen bereitzustellen, oder um ein Standardsteuerelement der Benutzeroberfläche zu ersetzen, etwa das Suchfeld (das in der rechten oberen Ecke des SharePoint-Standardlayouts erscheint) durch ein eigenes Suchsteuerelement. Ein anderes Beispiel für ein Feature ist die automatisierte Bereitstellung von Seiten und Webparts. Die Liste der Beispiele ließe sich noch lange fortsetzen. Weiter unten in diesem Abschnitt finden Sie eine ausführlichere Liste der Standardfeatures, die SharePoint zur Verfügung stellt.

Allgemein gesagt: Mit Features entwickeln Sie Anpassungen und Erweiterungen, für deren Bereitstellung, Upgrades und Verwaltung Sie auf eine native Umgebung zurückgreifen. Das SharePoint-Featuremodul unterstützt automatisierte Bereitstellung, automatische Verwaltung mehrerer Frontend-Webserver mit Lastenausgleich zum Vermeiden von Konsistenzproblemen und automatisierte Upgrades zum Vermeiden von Versionsproblemen. Immer wenn Sie ein Feature entwickeln, erstellt SharePoint zumindest eine XML-Datei namens *Feature.xml*, das sogenannte *Featuremanifest*, und speichert es auf allen Frontend-Webservern der Farm in einem Unterordner des Verzeichnisses *<SharePoint14_Root>\TEMPLATE\FEATURES*.

HINWEIS Die Bezeichnung *<SharePoint14_Root>* ist der SharePoint-Stammordner, normalerweise *C:\Program Files\Common Files\Microsoft Shared\Web Server Extensions\14*.

Jedes Feature hat seinen eigenen Ordner, dessen Name aus dem enthaltenen Feature gebildet wird. Daher können sich zwei Features in einer Farm nicht denselben Ordner oder denselben Namen teilen. Jeder Featureordner enthält alle Dateien, die erforderlich sind, um es zu implementieren; dazu gehört auch die Featuremanifestdatei.

Sie stellen ein Feature bereit, indem Sie es installieren (das heißt, Sie kopieren den Featureordner auf jeden Frontend-Webserver), den Anwendungspool wiederverwenden und es dann aktivieren. Sobald Sie ein Feature bereitgestellt haben, können Sie es für Wartungs- und Upgradezwecke aktualisieren. Sie können ein Feature sogar deaktivieren und deinstallieren.

Jedes Feature hat einen Aktivierungsbereich (scope), für den folgende Werte zur Auswahl stehen:

- ***Farm*** Das Feature steht in der gesamten SharePoint-Farm zur Verfügung.
- ***WebApplication*** Das Feature steht in einer einzelnen Webanwendung und allen darin enthaltenen Websitesammlungen zur Verfügung.

- ***Site*** Das Feature steht in einer einzelnen Websitesammlung und allen ihren Websites zur Verfügung.
- ***Web*** Das Feature steht in einer einzelnen Website zur Verfügung.

Sie können einen festen Satz von Standardfeatures bereitstellen, die im Abschnitt »Elementtypen für Features« weiter unten in diesem Kapitel beschrieben sind. Unabhängig davon, welchen Featuretyp Sie implementieren wollen, ist der Aufbau der Featuremanifestdatei bei allen Featuretypen gleich (Listing 8.1).

Listing 8.1 Aufbau der SharePoint-Featuremanifestdatei

```
<Feature xmlns="http://schemas.microsoft.com/sharepoint/"
    ActivateOnDefault = "TRUE" | "FALSE"
    AlwaysForceInstall = "TRUE" | "FALSE"
    AutoActivateInCentralAdmin = "TRUE" | "FALSE"
    Creator = "Text"
    DefaultResourceFile =  "Text"
    Description = "Text"
    Hidden = "TRUE" | "FALSE"
    Id = "Text"
    ImageUrl = "Text"
    ImageUrlAltText = "Text"
    ReceiverAssembly = "Text"
    ReceiverClass = "Text"
    RequireResources = "TRUE" | "FALSE"
    Scope = "Text"
    SolutionId = "Text"
    Title = "Text"
    UIVersion = "Text"
    Version = "Text" >
    <ActivationDependencies>
        <ActivationDependency FeatureId = "Text" />
    </ActivationDependencies>
    <ElementManifests>
        <ElementManifest Location = "Text" />
        <ElementFile Location = "Text" />
    </ElementManifests>
    <Properties>
        <Property Key = "Text" Value = "Text" />
    </Properties>
    <UpgradeActions ReceiverAssembly = "Text" ReceiverClass = "Text">
        <AddContentTypeField />
        <ApplyElementManifests />
        <CustomUpgradeAction />
        <MapFile />
        <VersionRange />
    </UpgradeActions>
</Feature>
```

Das *Feature*-Element aus Listing 8.1 gehört zum Namespace *http://schemas.microsoft.com/sharepoint/*. Es umfasst mehrere Attribute und einige optionale untergeordnete Elemente. Tabelle 8.1 listet alle verfügbaren Attribute mit kurzen Beschreibungen auf.

Tabelle 8.1 Vom *Feature*-Element unterstützte Attribute

Attributname	Beschreibung
ActivateOnDefault	Ein optionales *Boolean*-Attribut mit dem Standardwert *True*. Es gilt nur für Features mit den Gültigkeitsbereichen *Farm* und *WebApplication*. Es steuert, ob das Feature während der Installation standardmäßig aktiviert wird. Wenn dieses Attribut bei Features mit dem Gültigkeitsbereich *WebApplication* auf *True* gesetzt ist, werden die Features auch aktiviert, wenn eine neue Webanwendung erstellt wird.
AlwaysForceInstall	Ein optionales *Boolean*-Attribut mit dem Standardwert *False*. Wenn es den Wert *True* hat, erzwingt es die Installation des Features, sogar wenn es bereits installiert ist.
AutoActivateInCentralAdmin	Ein optionales *Boolean*-Attribut mit dem Standardwert *False*. Es legt fest, ob das Feature standardmäßig in der administrativen Website aktiviert wird, die die SharePoint-Zentraladministration hostet. Gilt nicht für Features mit dem Gültigkeitsbereich *Farm*.
Creator	Eine optionale Beschreibung des Erstellers des Features.
DefaultResourceFile	Ein optionaler Text mit dem Namen einer gemeinsamen Ressourcendatei, die normalerweise mit anderen Features, die vom selben Ersteller stammen, gemeinsam genutzt wird. In der Standardeinstellung sucht SharePoint Ressourcen in einer Datei im Pfad *<SharePoint14_Root>\TEMPLATE\FEATURES\<Featurename>\Resources*, mit einem Dateinamen wie *Resources.<Kultur>.resx* (wobei *<Kultur>* einer der Standardkulturnamen ist, die von der IETF definiert wurden, zum Beispiel *en-US*, *de-DE*, *fr-FR* und so weiter). Wenn Sie allerdings einen Namen wie *MySharedResources* angeben, verwendet SharePoint diesen Namen und sucht im freigegebenen Pfad *<SharePoint14_Root>\Resources* nach einer Datei namens *MySharedResources.<Kultur>.resx*.
Description	Ein optionaler Text, der das Feature in der Verwaltungsoberfläche des Features beschreibt. Sie können hier eine Ressourcenzeichenfolge im Format *$Resources:<Ressourcenname>* angeben. Ist die Featurebeschreibung beispielsweise ein Ressourcenelement mit dem Schlüsselwert *FeatureDescription*, lautet der entsprechende Wert *$Resources:FeatureDescription*.
Hidden	Ein optionales *Boolean*-Attribut mit dem Standardwert *False*. Hat es den Wert *True*, wird das Feature in der Benutzeroberfläche verborgen und kann nur über Befehlszeilentools oder mithilfe des Objektmodells aktiviert oder deaktiviert werden.
Id	Ein erforderliches Attribut vom Typ *Text*. Es muss eine ID (GUID) enthalten, die das Feature eindeutig identifiziert.
ImageUrl	Optionaler Text, der die Website-relative URL eines Bilds angibt, mit dem das Feature in der Benutzeroberfläche dargestellt wird.
ImageUrlAltText	Optionaler Text, der einen alternativen Text für das Bild enthält, mit dem das Feature in der Benutzeroberfläche dargestellt wird (siehe *ImageUrl*). Sie können hier eine Ressourcenzeichenfolge angeben, genauso wie beim Attribut *Description*.
ReceiverAssembly	Optionaler Text, der den starken Namen einer Assembly angibt, die SharePoint im globalen Assemblycache (Global Assembly Cache, GAC) sucht. Sie enthält eine Empfängerklasse, die die Ereignisse des Features verarbeitet.
ReceiverClass	Optionaler Text, der den vollständigen Klassennamen einer Empfängerklasse angibt, die die Ereignisse des Features verarbeitet. SharePoint sucht in der Assembly, die in *ReceiverAssembly* angegeben ist, nach dem Namen der Empfängerklasse.
RequireResources	Ein optionales *Boolean*-Attribut mit dem Standardwert *False*. Es steuert, ob SharePoint das Feature nur dann in der Benutzeroberfläche sichtbar macht, wenn Ressourcen dafür in der Sprache der aktuellen Website oder Websitesammlung vorhanden sind. Dieses Attribut hat keine Auswirkung auf die Fähigkeit, das Feature über die Befehlszeile oder das Objektmodell zu aktivieren und zu verwalten. ▶

Attributname	Beschreibung
Scope	Ein erforderliches Textattribut. Es definiert den Gültigkeitsbereich, in dem das Feature aktiviert werden kann. Mögliche Werte sind *Farm*, *WebApplication*, *Site* und *Web*.
SolutionId	Optionaler Text, der die ID der Lösung angibt, zu der dieses Feature gehört.
Title	Optionaler Text, der den Titel des Features angibt. Er wird in der Verwaltungsoberfläche des Features angezeigt. Der Text darf höchstens 255 Zeichen lang sein. Sie können ihn als Ressourcenzeichenfolge definieren, wie beim Attribut *Description* beschrieben.
UIVersion	Optionaler Text, der angibt, welche Benutzeroberflächenversion das Feature unterstützt. Mögliche Werte sind *3* (für Windows SharePoint Services 3.0) und *4* (für Microsoft SharePoint Foundation 2010).
Version	Optionaler Text, der die Version des Features angibt. Die Versionsnummer kann aus höchstens vier Zahlen bestehen, die durch Punkte voneinander getrennt sind, zum Beispiel *1.0.0.0* oder *1.0.0.1*.

Das *Feature*-Tag in einem Featuremanifest kann außerdem einige untergeordnete Elemente enthalten, zum Beispiel:

- ***ActivationDependencies*** Gibt eine Liste der Features an, von denen die Aktivierung des aktuellen Features abhängt.
- ***ElementManifests*** Verweist auf Elementmanifeste oder Elementdateien, die zusammen das Feature bilden.
- ***Properties*** Standardwerte für die Eigenschaften des Features. Sie werden als Tupel aus Schlüsseln und Werten angegeben. Diese Eigenschaften sind beispielsweise nützlich, um Ereignisempfänger bereitzustellen. Zu diesem Thema finden Sie mehr in Kapitel 12, »Ereignisempfänger«.
- ***UpgradeActions*** Gibt benutzerdefinierte Aktionen an, die beim Upgrade des Features ausgeführt werden sollen.

Die wichtigsten untergeordneten Elemente deklarieren Elemente, aus denen sich das Feature zusammensetzt. Diese Elemente sind null oder mehr *ElementManifest*-Tags, die mit XML-Dateien definiert werden, und null oder mehr *ElementFile*-Tags, die Dateien angeben, in denen das Feature implementiert ist. Beide Tags haben das Attribut *Location*, das die Zieldatei als Pfad relativ zum Ordner des Features angibt. Listing 8.2 zeigt ein Featuremanifest, das ein Webpart bereitstellt.

Listing 8.2 Eine Featuremanifestdatei, die ein Webpart bereitstellt

```
<Feature xmlns="http://schemas.microsoft.com/sharepoint/"
  Title="DevLeap Sample Web Part"
  Description="Dieses Feature stellt ein Beispielwebpart bereit."
  Id="c46c270e-e722-4aa0-82ba-b66c8dd61f4e" Scope="Site"
  Version="1.0.0.0">
  <ElementManifests>
    <ElementManifest Location="SampleWebPart\Elements.xml" />
    <ElementFile Location="SampleWebPart\SampleWebPart.webpart" />
  </ElementManifests>
</Feature>
```

Das Featuremanifest in diesem Beispiel definiert neben *Title* und *Description* nur die Attribute *Scope* und *Id* für das Feature. Auf das Webpart verweist das *ElementManifest*-Tag, die Datei befindet sich im relativen Ordner *SampleWebPart\Elements.xml*. Beim Bereitstellen von Webparts brauchen Sie außerdem eine *.webpart*-Datei, auf die das *ElementFile*-Tag des Featuremanifests verweist.

Tabelle 8.1 hat gezeigt, wie Sie eine mehrsprachige Benutzeroberfläche unterstützen. Sie definieren dazu mehrere Ressourcendateien für das Feature und ersetzen die Textwerte durch die entsprechenden Ressourcenschlüssel. Listing 8.3 zeigt dasselbe Featuremanifest wie in Listing 8.2, aber diesmal mit Ressourcenzeichenfolgen statt expliziter Werte.

Listing 8.3 Ein Featuremanifest, das mehrere Sprachen unterstützt

```
<Feature xmlns="http://schemas.microsoft.com/sharepoint/" Version="1.0.0.0"
Title="$Resources:FeatureTitle" Description="$Resources:FeatureDescription" Id="c46c270e-e722-4aa0-82ba-
b66c8dd61f4e" Scope="Site">
  <ElementManifests>
    <ElementManifest Location="SampleWebPart\Elements.xml" />
    <ElementFile Location="SampleWebPart\SampleWebPart.webpart" />
    <ElementFile Location="Resources\Resources.resx" />
    <ElementFile Location="Resources\Resources.it-IT.resx" />
  </ElementManifests>
</Feature>
```

Das Featuremanifest deklariert die Eigenschaften *Title* und *Description* als Ressourcen. Außerdem verweist es auf Ressourcendateien für die invariante Standardkultur (*Resources.resx*) und die italienische Kultur (*Resources.it-IT.resx*) für die Featurebereitstellung. Diese Dateien sind Standard-*.resx*-Dateien, die Sie von Hand oder mit den Tools in Visual Studio 2010 erstellen können.

Elementtypen für Features

Listing 8.2 und Listing 8.3 haben gezeigt, dass die wichtigste Information in jeder Featuremanifestdatei die Liste mit Elementmanifestdateien ist. Diese Dateien sind nach demselben XML-Schema wie das Featuremanifest aufgebaut (*http://schemas.microsoft.com/sharepoint/*) und verwenden einen vordefinierten Satz von Tags, die jeweils einem bestimmten Featuretyp entsprechen. Das vollständige Schema für diese XML-Dateien ist im Dokument *wss.xsd* aus dem Ordner *<SharePoint14_Root>\TEMPLATE\XML* definiert. Tabelle 8.2 beschreibt die wichtigsten Elemente, die in SharePoint 2010 zur Verfügung stehen.

Tabelle 8.2 Wichtige Standardtypen für bereitgestellte Features

Name des Featureelements	Beschreibung
ContentTypeBinding	Stellt einen Inhaltstyp in einer Liste bereit, die in einer Websitevorlage definiert ist (siehe *onet.xml* in Kapitel 14, »Websitevorlagen«). Kann für den Gültigkeitsbereich *Site* gelten.
ContentType	Definiert einen Inhaltstyp, der in Listen oder Bibliotheken verwendet werden kann. Inhaltstypen werden in Kapitel 10, »Bereitstellen von Daten«, beschrieben. Kann für den Gültigkeitsbereich *Site* gelten.
Control	Dient zum Anpassen der Konfiguration eines vorhandenen Delegierungssteuerelements oder zum Deklarieren eines neuen Delegierungssteuerelements, um die SharePoint-Standardsteuerelemente zu überschreiben. Delegierungssteuerelemente werden in Kapitel 9, »Erweitern der Benutzeroberfläche«, behandelt. Kann für die Gültigkeitsbereiche *Farm*, *WebApplication*, *Site* und *Web* gelten.
CustomAction	Definiert eine Erweiterung der Standardbenutzeroberfläche. Sie können mit *CustomAction* beispielsweise eine neue Schaltfläche in einer Menübandleiste definieren, ein neues Menüelement in einem Standardmenü oder einen neuen Link auf einer Websiteeinstellungen-Seite. Benutzerdefinierte Aktionen werden in Kapitel 9 beschrieben. Kann für die Gültigkeitsbereiche *Farm*, *WebApplication*, *Site* und *Web* gelten. ▶

Name des Featureelements	Beschreibung
CustomActionGroup	Fasst benutzerdefinierte Aktionen zu Gruppen zusammen. Gruppen benutzerdefinierter Aktionen werden in Kapitel 9 beschrieben. Kann für die Gültigkeitsbereiche *Farm*, *WebApplication*, *Site* und *Web* gelten.
DocumentConverter	Deklariert einen Dokumentkonverter, der ein Dokument aus Typ X in Typ Y konvertiert. Es erfordert einen gewissen Entwicklungsaufwand, den Konverter zu implementieren. Kann für den Gültigkeitsbereich *WebApplication* gelten.
FeatureSiteTemplateAssociation	Ermöglicht es, ein Feature mit einer bestimmten Websitevorlagendefinition zu verknüpfen, um das Feature zusammen mit der Websitedefinition bereitzustellen, wenn Sie eine neue Website mit dieser Definition erstellen. Kann für die Gültigkeitsbereiche *Farm*, *WebApplication* und *Site* gelten.
Field	Deklariert eine Websitespaltendefinition. Websitespalten werden in Kapitel 10 behandelt. Kann für den Gültigkeitsbereich *Site* gelten.
HideCustomAction	Verbirgt eine vorhandene benutzerdefinierte Aktion, die von einer anderen benutzerdefinierten Aktion definiert wird oder standardmäßig in SharePoint implementiert ist. Benutzerdefinierte Aktionen werden in Kapitel 9 beschrieben. Kann für die Gültigkeitsbereiche *Farm*, *WebApplication*, *Site* und *Web* gelten.
ListInstance	Stellt eine Instanz einer Listendefinition zusammen mit einer spezifischen Konfiguration bereit. Kann für die Gültigkeitsbereiche *Site* und *Web* gelten.
ListTemplate	Definiert eine Listenvorlage für die Bereitstellung der Definitionen benutzerdefinierter Listen. Listenvorlagen werden in Kapitel 10 beschrieben. Kann für den Gültigkeitsbereich *Web* gelten.
Module	Ermöglicht die Bereitstellung benutzerdefinierter Seiten oder Dateien in einer Website. Sie können mit *Module* auch konfigurierte Webparts, *ListView*-Webparts für vorhandene oder bereitgestellte Listen, NavBar-Links oder benutzerdefinierte Masterseiten bereitstellen und Eigenschaften des Zielfeatures konfigurieren. Module werden in Kapitel 9 und Kapitel 14 beschrieben. Kann für die Gültigkeitsbereiche *Site* und *Web* gelten.
PropertyBag	Weist Eigenschaften und Metadaten mithilfe von Features an Elemente (Datei, Ordner, Listenelement, Web) zu. Kann für den Gültigkeitsbereich *Web* gelten.
Receivers	Definiert einen benutzerdefinierten Ereignisempfänger. Ereignisempfänger werden in Kapitel 12 beschrieben. Kann für den Gültigkeitsbereich *Web* gelten.
WebTemplate	Ermöglicht die Bereitstellung einer Websitevorlage, sogar mit einer Sandkastenlösung, damit sie Websiteinstanzen auf Basis dieser Vorlage anlegen kann. Websitevorlagen werden in Kapitel 14 behandelt. Kann für den Gültigkeitsbereich *Site* gelten.
Workflow	Stellt eine Workflowdefinition in einer Zielwebsite bereit. Workflows werden in Teil V, »Entwickeln von Workflows«, dieses Buchs behandelt. Kann für den Gültigkeitsbereich *Site* gelten.
WorkflowActions	Definiert benutzerdefinierte Workflowaktionen für SharePoint Designer 2010, wie in Kapitel 17, »Workflows mit SharePoint Designer 2010«, beschrieben. Kann für den Gültigkeitsbereich *Farm* gelten.
WorkflowAssociation	Verknüpft einen Workflow mit seinem Ziel. Kann für die Gültigkeitsbereiche *Site* und *Web* gelten.

Listing 8.4 zeigt ein Beispiel für eine Elementmanifestdatei. Sie deklariert das Webpart, auf das das Feature in Listing 8.3 verweist.

Listing 8.4 Diese Elementmanifestdatei definiert das Webpart, das in Listing 8.3 bereitgestellt wird

```
<?xml version="1.0" encoding="utf-8"?>
<Elements xmlns="http://schemas.microsoft.com/sharepoint/" >
  <Module Name="SampleWebPart" List="113" Url="_catalogs/wp">
    <File Path="SampleWebPart\SampleWebPart.webpart" Url="SampleWebPart.webpart"
      Type="GhostableInLibrary">
      <Property Name="Group" Value="DevLeap Web Parts" />
    </File>
  </Module>
</Elements>
```

Bereitstellen von Features und Lösungen

Sie stellen ein Feature bereit, indem Sie den Ordner des Features in den Pfad *<SharePoint14_Root>\TEMPLATE\FEATURES* aller Server kopieren, auf denen das Feature zur Verfügung stehen soll. Sobald das erledigt ist, können Sie das Feature mit dem Befehlszeilentool *Stsadm.exe* installieren und später aktivieren. Die Syntax zum Installieren und Aktivieren eines Features mit *Stsadm.exe* lautet:

```
STSADM.EXE -o installfeature
           {-filename <relativer Pfad zu Feature.xml aus dem Systemfeatureverzeichnis> |
            -name <Featureordner>}
           [-force]
STSADM.EXE -o activatefeature
           {-filename <relativer Pfad zu Feature.xml> |
            -name <Featureordner> |
            -id <Feature-ID>}
           [-url <URL>]
           [-force]
```

HINWEIS Das Befehlszeilentool *Stsadm.exe* liegt im Ordner *<SharePoint14_Root>\BIN*.

Um das Feature *SampleWebPart* zwangsweise zu installieren und zu aktivieren, geben Sie die folgenden Befehle ein:

```
STSADM.EXE -o installfeature -name SampleWebPart -force
STSADM.EXE -o activatefeature -name SampleWebPart –force -url http://server/site/subsite
```

Wollen Sie ein vorher aktiviertes Feature wieder deaktivieren, verwenden Sie folgende Syntax:

```
STSADM.EXE -o deactivatefeature
           {-filename <relativer Pfad zu Feature.xml> |
            -name <Featureordner> |
            -id <Feature-ID>}
           [-url <URL>]
           [-force]
```

Hier wieder ein Beispiel, in dem das Feature *SampleWebPart* deaktiviert wird:

```
STSADM.EXE -o deactivatefeature -name SampleWebPart –force -url http://server/site/subsite
```

Sie können ein inaktives Feature auch mit dem folgenden *Stsadm.exe*-Befehl deinstallieren:

```
STSADM.EXE -o uninstallfeature
          {-filename <relativer Pfad zu Feature.xml> |
           -name <Featureordner> |
           -id <Feature-ID>}
          [-force]
```

Beim Beispielfeature *SampleWebPart* sieht der vollständige Befehl so aus:

```
STSADM.EXE -o uninstallfeature -name SampleWebPart –force
```

Wenn Sie lieber ein Windows PowerShell-Skript verwenden, seit SharePoint 2010 die bevorzugte Methode zum Starten, lauten die Befehle zum Installieren und Aktivieren eines Features:

```
Install-SPFeature FeatureFolderName
Enable-SPFeature FeatureFolderName -Url http://server/site/subsite
```

WEITERE INFORMATIONEN Eine vollständige Referenz aller verfügbaren Windows PowerShell-Cmdlets zum Verwalten von Features und Lösungen finden Sie auf Microsoft TechNet unter *http://technet.microsoft.com/de-de/library/ee906565.aspx*.

Die nächsten Befehle deaktivieren beziehungsweise deinstallieren ein Feature:

```
Disable-SPFeature FeatureFolderName -Url http://server/site/subsite
Uninstall-SPFeature FeatureFolderName
```

All diese Cmdlets unterstützen eine Vielzahl von Parametern, die Beispiele zeigen nur einen kleinen Teil davon.

Und schließlich können Sie ein Feature auch noch ganz einfach in der Benutzeroberfläche des Webbrowsers aktivieren und deaktivieren, wenn Sie Features im Remotezugriff verwalten wollen oder die Featureverwaltung an andere Benutzer delegieren, die keinen direkten Zugriff auf die Serverfarm haben. Bei dieser Technik öffnen Sie die Seite *Websiteeinstellungen* der Zielwebsite und wählen in der Gruppe *Websiteaktionen* die Verknüpfung *Websitefeatures verwalten* aus. Hier verwalten Sie die Features auf Websiteebene. Wenn Sie dagegen Features der gesamten Websitesammlung verwalten wollen, müssen Sie in der Gruppe *Websitesammlungsverwaltung* auf *Websitesammlungsfeatures* klicken. Beide Links führen Sie zu einer Featureverwaltungsseite, auf der Sie die Features aktivieren oder deaktivieren können.

Abbildung 8.1 zeigt die Featureverwaltungsseite für die gesamte Websitesammlung. Sofern Ihre Features mehrere Sprachen unterstützen, enthält diese Seite passende Namen und Beschreibungen, je nachdem, welche Sprache für die aktuelle Website und den aktuellen Benutzer konfiguriert ist.

Abbildung 8.1 zeigt eine Liste der Features, die auf dieser Seite angeboten werden. Sie können jeweils auf die Schaltfläche *Aktivieren* oder *Deaktivieren* klicken, um das jeweilige Feature zu steuern.

Sie brauchen ausreichende Rechte, um die Aktionen auszuführen, unabhängig davon, ob Sie das Tool *Stsadm.exe*, ein Windows PowerShell-Skript oder die Webbenutzeroberfläche verwenden. Benutzer können ein Feature auf Websiteebene nur dann aktivieren/deaktivieren, wenn sie mindestens Besitzer der Website sind. Um ein Feature für die gesamte Websitesammlung zu verwalten, brauchen Sie das Konto eines Websitesammlungsadministrators. Und wenn Sie ein Feature mit dem Gültigkeitsbereich *WebApplication* oder *Farm* verwalten wollen, müssen Sie ein Farmadministrator sein.

In den bisherigen Beispielen haben Sie die Featureordner von Hand auf sämtliche Server kopiert. Das ist aber keine sinnvolle Technik, weil sich dabei schnell Fehler einschleichen. Stattdessen sollten Sie ein Lösungspaket verwenden, eine neue Fähigkeit, die seit der SharePoint-Version 2007 zur Verfügung steht.

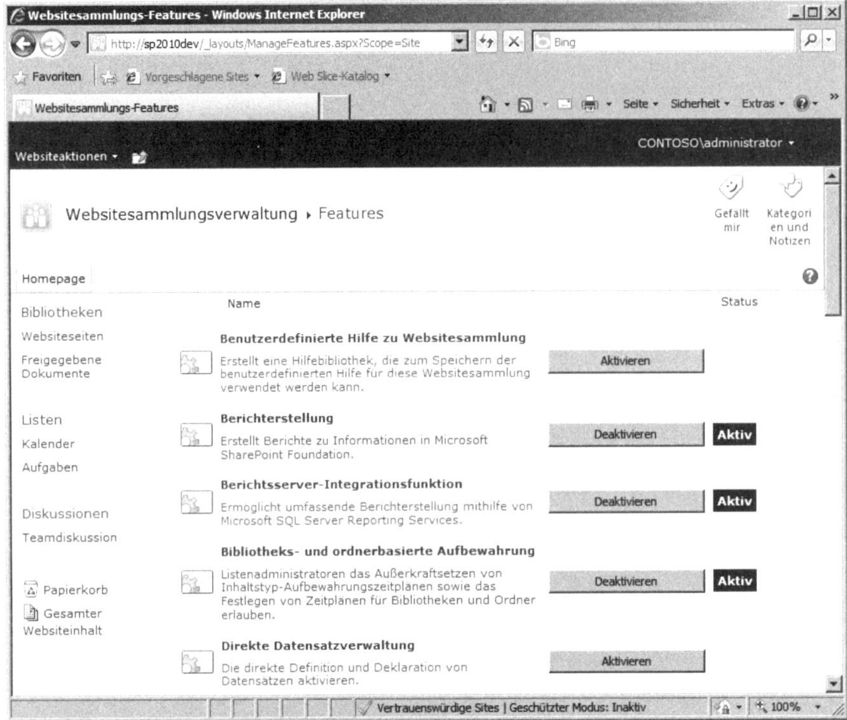

Abbildung 8.1 Seite zum Verwalten von Features der Websitesammlung

Ein Lösungspaket (solution package) ist eine komprimierte Datei (CAB-Datei) mit der Erweiterung *.wsp*, was für »Windows SharePoint Services Solution Package« steht. Es automatisiert die Vorgänge zum Installieren von Features und Anpassungen. Mit einer *.wsp*-Datei stellen Sie ein oder mehrere Features bereit und kopieren die Dateien und Ordner automatisch aus einer zentralen Verwaltungskonsole auf alle Frontendserver. Eine *.wsp*-Datei enthält eine lösungsspezifische Manifestdatei, das sogenannte Lösungsmanifest. Dies ist wieder eine XML-Datei, die Informationen mithilfe mehrerer Attribute und untergeordneter Elemente festlegt.

Listing 8.5 zeigt ein Beispiel für eine solche XML-Datei, die den Aufbau eines Lösungsmanifests demonstriert.

Listing 8.5 Aufbau der Lösungsmanifestdatei

```
<Solution
    Description = "Text"
    DeploymentServerType = "ApplicationServer" | "WebFrontEnd"
    ResetWebServer = "TRUE" | "FALSE"
    ResetWebServerModeOnUpgrade = "Recycle" | "StartStop"
    SharePointProductVersion = "Text"
    SolutionId = "Text"
    Title = "Text" >
    <ActivationDependencies />
    <ApplicationResourceFiles />
    <Assemblies />
```

```
    <CodeAccessSecurity />
    <DwpFiles />
    <FeatureManifests />
    <Resources />
    <SiteDefinitionManifests />
    <RootFiles />
    <TemplateFiles />
</Solution>
```

Das Element *Solution* liegt im selben Namespace wie das Element *Feature*, nämlich *http://schemas.microsoft.com/sharepoint/*. Tabelle 8.3 beschreibt die verfügbaren Attribute für das Element *Solution*.

Tabelle 8.3 Vom Element *Feature* unterstützte Attribute

Attributname	Beschreibung
Description	Optionaler Text, der die Lösung kurz beschreibt.
DeploymentServer-Type	Gibt an, ob die Lösung auf einem Frontendserver oder einem Anwendungsserver installiert wird. Mögliche Werte sind *ApplicationServer* und *WebFrontEnd*.
ResetWebServer	Ein optionales *Boolean*-Attribut mit dem Standardwert *False*. Wenn es den Wert *True* hat und das Paket auf einem Frontendserver installiert wird, wird der Webserver während der Bereitstellung der Lösung zurückgesetzt.
ResetWebServer-ModeOnUpgrade	Gibt an, auf welche Weise der Webserver zurückgesetzt wird. Mögliche Werte sind *Recycle*, damit der Anwendungspool vollständig erneuert wird, und *StartStop*, damit der Server beendet und neu gestartet wird. *ResetWebServerModeOnUpgrade* hat nur Auswirkungen, wenn *ResetWebServer* den Wert *True* hat.
SharePointProduct-Version	Die Version von SharePoint Foundation, auf der die aktuelle Lösung installiert wird.
SolutionId	Die ID der Lösung.
Title	Gibt den Titel der Lösung an.

Außerdem kann das *Solution*-Tag in einem Lösungsmanifest untergeordnete Elemente enthalten. Das sind zum Beispiel:

- ***ActivationDependencies*** Enthält eine Liste mit Lösungen, von denen die Aktivierung der aktuellen Lösungen abhängt.
- ***ApplicationResourceFiles*** Verweist auf die Anwendungsressourcendateien, die in die Lösung aufgenommen werden müssen. Dies können lokale oder globale Ressourcendateien sein.
- ***Assemblies*** Verweist auf .NET-Assemblys, die in die Lösungsbereitstellung mit aufgenommen werden müssen. Die Assemblys werden mit ihrem starken Namen angegeben. Sie werden beim Bereitstellen der Lösung auf alle Frontendserver kopiert.
- ***CodeAccessSecurity*** Legt die Codezugriffssicherheitsrichtlinien fest. Mit diesem Thema beschäftigt sich Teil VI, »Sicherheitsinfrastruktur«, dieses Buchs, und dort besonders Kapitel 23, »Codezugriffssicherheit und Sandkastenlösungen«.
- ***DwpFiles*** Eine Liste mit Webpartbereitstellungsdateien (*.dwp*).
- ***FeatureManifests*** Eine Liste mit Featuremanifesten, die in die Lösungsbereitstellung mit aufgenommen werden.
- ***Resources*** Gibt an, welche Ressourcen in die Lösung aufgenommen werden.

- ***SiteDefinitionManifests*** Enthält die Websitedefinitionen in der Lösung. Zu diesem Thema erfahren Sie mehr in Kapitel 14.
- ***RootFiles*** Eine Liste mit Dateien, die in die Lösung aufgenommen und auf allen Servern der Farm bereitgestellt werden. Der Pfad dieser Dateien wird relativ zum SharePoint-Stammordner *<SharePoint14_Root>* angegeben.
- ***TemplateFiles*** Eine Liste der Dateien, die in die Lösung aufgenommen und auf allen Servern der Farm bereitgestellt werden. Der Pfad dieser Dateien wird relativ zum Ordner *<SharePoint14_Root>\TEMPLATE* angegeben.

Sie können eine *.wsp*-Datei auch mit dem Befehlszeilentool *Stsadm.exe* bereitstellen. Die Syntax dafür lautet:

```
STSADM.EXE –o addsolution –filename <Dateipfad>.wsp
```

Oder Sie verwenden ein Windows PowerShell-Skript:

```
Add-SPSolution <Datei>.wsp
```

Nachdem Sie eine Lösung installiert haben, ist es notwendig, sie bereitzustellen, um sie aktivieren, deaktivieren oder aktualisieren zu können. Dazu rufen Sie das Befehlszeilentool *Stsadm.exe* folgendermaßen auf:

```
STSADM.EXE -o deploysolution
           -name <Lösungsname>
          [-url <URL des virtuellen Servers>]
          [-allcontenturls]
          [-time <Zeitpunkt der Bereitstellung>]
          [-immediate]
          [-local]
          [-allowgacdeployment]
          [-allowcaspolicies]
          [-lcid <Sprache>]
          [-force]
```

In der Windows PowerShell stellen Sie eine Lösung mit dem folgenden Cmdlet-Aufruf auf allen Webanwendungen der Farm bereit:

```
Install-SPSolution –Identity <Datei>.wsp –GACDeployment -AllWebApplications
```

Sobald Sie eine Lösung zur Farm hinzugefügt haben, haben Sie auch die Möglichkeit, sie über den Webbrowser in der SharePoint-Zentraladministration bereitzustellen. Öffnen Sie dazu die Seite *Systemeinstellungen* und klicken Sie in der Gruppe *Farmverwaltung* auf *Farmlösungen verwalten*.

Unabhängig davon, über welche Schnittstelle Sie eine Lösung bereitstellen, können Sie die Bereitstellung nachts ausführen lassen. Auf diese Weise umgehen Sie Probleme oder Ausfälle während der lebhaftesten Zeiten tagsüber. Das gilt natürlich nur, wenn Ihre Farm nicht rund um die Uhr gebraucht wird. Wird die Farm ohne Unterbrechung gebraucht, sollten Sie einige Frontendserver für Netzwerklastausgleich konfigurieren, damit Sie Lösungen nacheinander auf jedem Server einzeln bereitstellen oder aktualisieren können, ohne dass der Dienst unterbrochen wird.

Genauso wie Sie eine Lösung installieren und bereitstellen, können Sie sie auch zurückziehen und entfernen. Um eine Lösung zurückzuziehen (retract), können Sie wiederum die SharePoint-Zentraladministration, ein Windows PowerShell-Skript oder das Befehlszeilentool *Stsadm.exe* einsetzen.

Komplexer ist allerdings die Frage, wie Sie unterschiedliche Versionen einer Lösung verwalten. Haben Sie eine Lösung erst einmal bereitgestellt, können Sie ein Upgrade über einen normalen, unterstützten Upgradepfad ausführen. Im nächsten Abschnitt finden Sie einige nützliche Informationen über das Upgrade von Lösungen.

Mit SharePoint 2010 können Sie stabilere Websites erstellen, indem Sie Lösungen in einer Sandkastenumgebung bereitstellen. Eine Sandkastenlösung (sandboxed solution) ist eine *.wsp*-Datei, die auf Ebene der Websitesammlung bereitgestellt wird, und zwar von einem Websitesammlungsadministrator, es ist kein Konto eines Farmadministrators erforderlich. Hat eine Sandkastenlösung einen Fehler, der sie instabil, unsicher oder zu belastend für die Hardware Ihrer Farm macht, kann die Umgebung sie deaktivieren, sodass die Websitesammlung funktionsfähig bleibt und ihre normale Reaktionsgeschwindigkeit behält. Kapitel 23 beschreibt in allen Einzelheiten, wie Sandkastenlösungen in einer eingeschränkten Umgebung arbeiten. Sie können dabei den Ressourcenverbrauch überwachen und unsichere Lösungen blockieren, wenn sie beispielsweise zu hohe Last erzeugen oder zu viele unbehandelte Ausnahmen auslösen.

Erstellen von Paketen in Visual Studio 2010

Microsoft Visual Studio 2010 stellt einige neue Tools zur Verfügung, die Entwicklern bei der Installation von SharePoint 2010-Lösungen helfen. Immer wenn Sie in Visual Studio 2010 ein SharePoint 2010-Projekt anlegen, haben Sie die Möglichkeit, die Projektbereitstellung mit dem Paket-Explorer (package explorer) und dem Paket-Designer (package designer) zu verwalten. Mit diesen Tools können Sie den Inhalt des Pakets, das beim Erstellen Ihrer Lösung zusammengestellt wird, in einer grafischen Benutzeroberfläche verwalten. Abbildung 8.2 zeigt die Oberfläche dieser Tools bei einem Webpartprojekt.

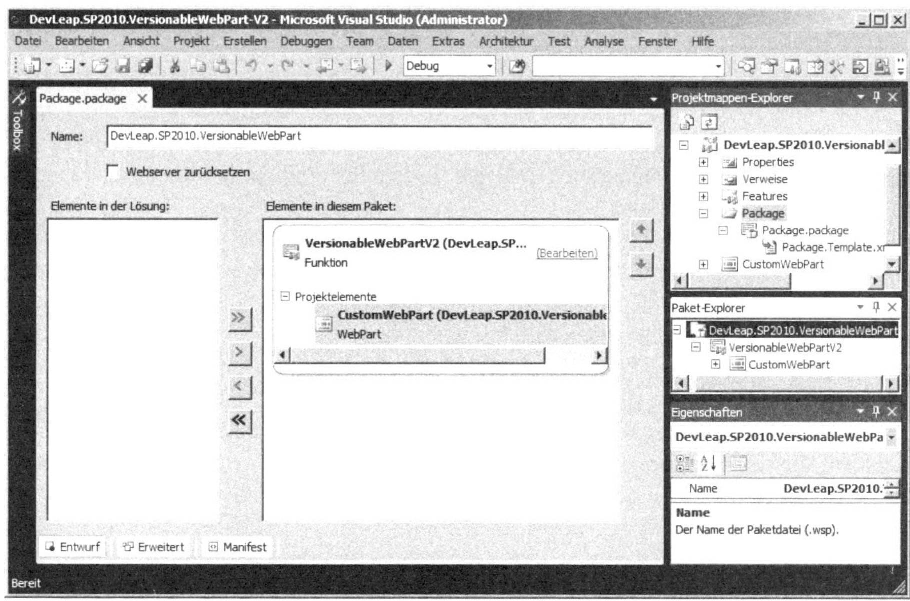

Abbildung 8.2 Der Paket-Explorer in Visual Studio 2010

Die Oberfläche enthält eine Strukturansicht, in der Sie den Aufbau des Pakets sehen, und ein Bearbeitungsfenster. Im Bearbeitungsfenster konfigurieren Sie den Namen des Pakets, welche Features es enthält (ausgewählt aus dem Gesamtsatz verfügbarer Features in der aktuellen Visual Studio-Projektmappe) und in welcher Reihenfolge diese Features installiert werden. Unten im Editorfenster sind drei Registerkarten (*Entwurf*, *Erweitert* und *Manifest*), mit denen Sie die Anzeige des Bearbeitungsfensters umschalten. Abbildung 8.2 zeigt das Bearbeitungsfenster in der Entwurfsansicht. In der erweiterten Ansicht haben Sie die Möglichkeit, weitere .NET-Assemblys (DLLs) hinzuzufügen, die vom aktuellen Paket bereitgestellt werden. Und in der Manifestansicht sehen Sie den automatisch generierten XML-Code des Manifests. Bei Bedarf können Sie hier die XML-Vorlage anpassen, mit der die Ausgabe generiert wird. Auf diese Weise können Sie benutzerdefinierte Tags oder Attribute hinzufügen, die in der Standardeinstellung nicht definiert sind. Sie können das XML-Manifest auch komplett von Hand schreiben und den automatisch generierten Code ersetzen.

Sie haben die Möglichkeit, die Konfiguration jedes Features zu konfigurieren, das im Paket enthalten ist. Sie konfigurieren ein Feature, indem Sie im Projektmappen-Explorer von Visual Studio doppelt auf seinen Eintrag klicken oder im Paket-Explorer auf den Befehl *Bearbeiten* eines bestimmten Features klicken. Im Feature-Editor definieren Sie die Informationen, die später zu diesem Feature angezeigt werden, zum Beispiel seinen Titel und seine Beschreibung, und stellen die Konfigurations- und Verhaltensparameter wie Gültigkeitsbereich des Features, enthaltene Elemente und Abhängigkeiten für die Aktivierung des Features ein. (In der deutschen Version von Visual Studio 2010 wird statt »Feature« bisweilen die Bezeichnung »Funktion« verwendet.) Mit einer Abhängigkeit für die Featureaktivierung definieren Sie, in welcher Reihenfolge mehrere Features bereitgestellt werden. Auf diese Weise verhindern Sie beispielsweise, dass ein bestimmtes Feature vor einem anderen bereitgestellt wird. Wie im Paket-Explorer haben Sie die Möglichkeit, in die Manifestansicht umzuschalten und sich anzusehen, wie der XML-Code zur Beschreibung des aktuellen Features aussieht. Sie können den XML-Code auch durch eine andere Vorlage ändern oder völlig neu schreiben.

Wenn Sie im Projektmappen-Explorer mit der rechten Maustaste auf ein Featureelement klicken, können Sie benutzerdefinierte Ressourcendateien erstellen und Ereignisempfänger für Features hinzufügen (mehr dazu im Abschnitt »Featureempfänger« weiter unten in diesem Kapitel).

Sobald Sie ein Paket definiert haben, klicken Sie mit der rechten Maustaste auf das Visual Studio-Projekt, in dem es enthalten ist, und stellen die *.wsp*-Datei bereit, indem Sie den Befehl *Bereitstellen* wählen. In der Standardeinstellung stellt Visual Studio das Paket auf dem Server bereit, den Sie beim Erstellen des Projekts ausgewählt haben. Sie können das Paket auch erstellen, indem Sie einfach den Menübefehl *Paket* wählen. Dieser Befehl ist nützlich, wenn Sie die *.wsp*-Datei in einer externen Umgebung bereitstellen und sie aus Ihrer Entwicklungsumgebung in die Zielumgebung kopieren müssen. Schließlich können Sie eine Lösung vom SharePoint-Server zurückziehen, auf dem sie vorher bereitgestellt wurde. Wählen Sie dazu den Menübefehl *Zurückziehen*. Wenn Sie eine Lösung auf einem Server bereitstellen, auf dem sie schon vorher bereitgestellt wurde (weil Sie beispielsweise Bugs korrigiert haben und die Lösung erneut testen wollen), zieht der Bereitstellungsprozess von Visual Studio 2010 die alte Version automatisch zurück und installiert die neue. Dabei deaktiviert sie das Feature, bevor es zurückgezogen wird, und aktiviert es während der Bereitstellung wieder. Aus Sicht von SharePoint wäre es besser, ein Upgrade der Lösungen durchzuführen, wie im nächsten Abschnitt dieses Kapitels beschrieben. Visual Studio wählt den simpleren Weg, indem es sie zurückzieht und dann neu bereitstellt.

Upgrades für Lösungen und Features

Bei der Arbeit mit Projekten ist es oft notwendig, den Code im Verlauf der Produktlebensdauer zu aktualisieren und anzupassen. SharePoint 2010 stellt umfangreiche Fähigkeiten bereit, die Sie beim Upgrade von Lösungen und Features unterstützen. Gegenüber der Vorgängerversion von SharePoint haben Sie nun die Möglichkeit, ein Upgrade für eine Lösung durchzuführen, indem Sie eine *.wsp*-Bereitstellung von einer älteren auf die neue Version aktualisieren. Mit *Stsadm.exe* führen Sie folgendermaßen ein Upgrade einer Lösung durch:

```
STSADM.EXE -o upgradesolution
           -name <Lösungsname>
           [-filename <Upgradedateiname>]
           [-time <Zeit des Upgrades>]
           [-immediate]
           [-local]
           [-allowgacdeployment]
           [-allowcaspolicies]
           [-lcid <Sprache>]
```

Beim *SampleWebPart*-Bereitstellungspaket, das weiter oben in diesem Kapitel als Beispiel diente, lautet der entsprechende Befehl also:

```
STSADM.EXE -o upgradesolution -name SampleWebPart.wsp –allowGacDeployment
```

Wie üblich können Sie auch ein Windows PowerShell-Cmdlet verwenden:

```
Update-SPSolution -Identity file.wsp -LiteralPath c:\file_v2.wsp -GACDeployment
```

SharePoint aktualisiert die *.wsp*-Datei, die in der Konfigurationsdatenbank gespeichert ist, und synchronisiert alle Server der Farm mit dem Inhalt des neuen Pakets. Enthält Ihr Update beispielsweise neue Dateien (DLLs, ASPX-Seiten, XSLT-Dateien und so weiter), kopiert der Upgradeprozess sie auf alle Server innerhalb der Farm. Und wenn Ihr Upgrade einige Elemente entfernt, die Sie nicht mehr brauchen, löscht der Upgradeprozess sie von allen Servern.

SharePoint Foundation 2010 stellt auch neue Elemente für das Featuremanifest zur Verfügung, mit denen Sie benutzerdefinierte Features über die Versionsverwaltung und deklarative Upgradeaktionen aktualisieren können. Zu diesem Zweck gibt es neue Typen und Member im Serverobjektmodell, die Sie beim Abfragen von Features in unterschiedlichen Gültigkeitsbereichen (*SPWebService*, *SPWebApplication*, *SPContentDatabase*, *SPSite*) und beim Auslesen ihrer aktuellen Version verwenden. Listing 8.6 zeigt, wie Sie eine Websitesammlung nach allen Features abfragen, die aktualisiert werden müssen.

Listing 8.6 Abfragen von Features, die aktualisiert werden müssen, mit den neuen Typen aus SharePoint Foundation 2010

```
using(SPSite site = new SPSite("http://devbook.sp2010.local/")) {

    Boolean needsUpgrade = true;
    SPFeatureQueryResultCollection featuresToUpgrade =
        site.QueryFeatures(SPFeatureScope.Site, needsUpgrade);

    Boolean force = true;
    foreach (SPFeature feature in featuresToUpgrade) {
        feature.Upgrade(force);
    }
}
```

Die Methode *QueryFeatures* der Klasse *SPSite* sucht nach Features, die aktualisiert werden müssen, und die Methode *Upgrade* jeder *SPFeature*-Instanz führt das eigentliche Upgrade durch. Sehen wir uns nun an, was während des Upgrades eines Features im Einzelnen passiert.

Jedes Feature hat in seinem Manifest ein Attribut für die Versionsnummer, daher können Sie ein Upgrade durchführen, indem Sie einfach die Versionsnummer erhöhen. Das erledigen Sie zum Beispiel in der Eigenschaftstabelle des Designers, wenn Sie eine neue *.wsp*-Datei bereitstellen, indem Sie *Stsadm.exe* mit dem Befehl *upgradesolution* aufrufen. Ab SharePoint 2010 enthält das Featuremanifest einen Abschnitt, in dem Sie Upgradeaktionen deklarieren können, die während des Upgradeprozesses ausgeführt werden. Diese Upgradeaktionen sind im Konfigurationselement *UpgradeActions* definiert (siehe Listing 8.1 weiter oben in diesem Kapitel). Hier definieren Sie benutzerdefinierte Aktionen, die beim Upgrade eines Features ausgeführt werden. Im Element *AddContentTypeField* definieren Sie bei Bedarf ein Feld (zum Beispiel eine Websitespalte), das automatisch zu einem Inhaltstyp hinzugefügt wird. Die Änderung wird letztlich an abgeleitete Inhaltstypen und Listen weitergegeben. Sie können auch Elementmanifeste angeben, die während des Upgrades angewendet werden. Dazu verwenden Sie das Tag *ApplyElementManifests* mit seinen untergeordneten Elementen *ElementFile* und *ElementManifest*. Im Element *ElementManifest* haben Sie die Möglichkeit, neue Inhalte wie Listendefinitionen, Websitespalten, Inhaltstypen, Listeninstanzen oder benutzerdefinierte Seiten zu erstellen. Mit dem Element *MapFile* können Sie eine Zuordnung zwischen alten und neuen Dateien festlegen. Und wenn Sie während des Upgradevorgangs Code ausführen müssen, können Sie das Tag *CustomUpgradeAction* verwenden. Es verweist auf eine Upgradeaktion, die in einem Featureempfänger definiert ist. Über Featureempfänger erfahren Sie im nächsten Abschnitt mehr.

Gelegentlich ist es nötig, ein Versionsupgrade in verschiedenen Umgebungen einzuspielen, die unterschiedliche Versionen desselben Features benötigen. Nehmen wir an, Sie haben ein neues Feature mit der Version 2.0.0.0, das Sie auf den Farmen zweier Kunden, Farm1 und Farm2, aktualisieren wollen. Farm1 verwendet momentan die Version 1.0.0.0 Ihres Features, Farm2 die Version 1.5.0.0. In einem solchen Fall sollten Sie ein neues Paket mit zwei Pfaden definieren, um Ihr Feature erstens von Version 1.0.0.0 auf Version 2.0.0.0 und zweitens von Version 1.5.0.0 auf Version 2.0.0.0 zu aktualisieren.

Glücklicherweise unterstützt das neue Featuremanifestschema die Deklaration von Versionsbereichen im Element *VersionRange*, einem untergeordneten Element von *UpgradeActions*. Sie können damit zwei unterschiedliche Upgradepfade für die bisher eingesetzten Versionen definieren, die Sie aktualisieren wollen. Listing 8.7 zeigt ein Beispiel für ein Featuremanifest, das diese Anforderung erfüllt.

Listing 8.7 Ein Featuremanifest, das unterschiedliche Upgradepfade für unterschiedliche Versionen unterstützt

```
<Feature xmlns="http://schemas.microsoft.com/sharepoint/" Version="1.0.0.0"
Title="$Resources:FeatureTitle" Description="$Resources:FeatureDescription" Id="c46c270e-e722-4aa0-82ba-
b66c8dd61f4e" Scope="Site">
  <UpgradeActions>
    <VersionRange BeginVersion="0.0.0.0" EndVersion="1.5.0.0">
      <MapFile FromPath="Old.aspx" ToPath="New.aspx" />
    </VersionRange>
    <VersionRange BeginVersion="1.5.0.0" EndVersion="2.0.0.0">
      <MapFile FromPath="New.aspx" ToPath="Latest.aspx" />
    </VersionRange>
  </UpgradeActions>
  <ElementManifests>
    <ElementManifest Location="SampleWebPart\Elements.xml" />
    <ElementFile Location="SampleWebPart\SampleWebPart.webpart" />
    <ElementFile Location="Resources\Resources.resx" />
    <ElementFile Location="Resources\Resources.it-IT.resx" />
  </ElementManifests>
</Feature>
```

Das Element *VersionRange* hat zwei Attribute, *BeginVersion* und *EndVersion*. In *BeginVersion* geben Sie die niedrigste Version an, ab der dieser Upgradepfad verwendet wird, und in *EndVersion* die erste Version, ab der dieser Upgradepfad nicht mehr verwendet wird. Der erste *VersionRange*-Eintrag in Listing 8.6 gilt somit für Features, deren Version größer oder gleich 0.0.0.0 und kleiner als 1.5.0.0 ist, und der zweite *VersionRange*-Eintrag gilt für Features mit einer Version größer oder gleich 1.5.0.0 und kleiner als 2.0.0.0. In diesem Beispiel verknüpft das Feature einfach eine alte *.aspx*-Datei mit einer neuen. Natürlich können Sie beim Upgrade eines Features beliebige Operationen ausführen, weil Sie die Möglichkeit haben, über einen Featureempfänger eigenen SharePoint-Code aufzurufen.

WEITERE INFORMATIONEN Einzelheiten über das Aktualisieren von Features finden Sie in MSDN Online unter *http://msdn.microsoft.com/de-de/library/aa544511.aspx*.

Featureempfänger

Ein Featureempfänger (feature receiver) ist eine Klasse, die Code ausführt, sobald bestimmte Lebenszyklusereignisse auftreten. Üblicherweise greift er auf das SharePoint-Serverobjektmodell zu. Jeder Featureempfänger ist nach der Architektur der Ereignisempfänger von SharePoint aufgebaut, die in Kapitel 12 dieses Buchs beschrieben wird. Ein Featureempfänger kann folgende Ereignisse abfangen:

- **Aktivierung eines Features** Tritt auf, sobald ein Feature aktiviert wurde.
- **Deaktivierung eines Features** Tritt auf, wenn ein Feature deaktiviert wird.
- **Installation eines Features** Tritt auf, sobald ein Feature installiert wurde.
- **Deinstallation eines Features** Tritt auf, wenn ein Feature deinstalliert wird.
- **Upgrade eines Features** Tritt auf, wenn ein Feature aktualisiert wird.

Um einen eigenen Featureempfänger zu implementieren, müssen Sie eine neue Klasse von der abstrakten Basisklasse *SPFeatureReceiver* ableiten, die im Namespace *Microsoft.SharePoint* definiert ist. Listing 8.8 zeigt die Deklaration der abstrakten Klasse *SPFeatureReceiver*.

Listing 8.8 Deklaration der abstrakten Basisklasse *SPFeatureReceiver*

```
public abstract class SPFeatureReceiver {
    public SPFeatureReceiver();

    public virtual void FeatureActivated(SPFeatureReceiverProperties properties);
    public virtual void FeatureDeactivating(SPFeatureReceiverProperties properties);
    public virtual void FeatureInstalled(SPFeatureReceiverProperties properties);
    public virtual void FeatureUninstalling(SPFeatureReceiverProperties properties);
    public virtual void FeatureUpgrading(SPFeatureReceiverProperties properties,
  string upgradeActionName, IDictionary<string, string> parameters);
  }
```

Jede der virtuellen Methoden hat einen Parameter vom Typ *SPFeatureReceiverProperties*, über den Sie Informationen über das Zielfeature, seine Definition und die aktuelle Website erhalten. Listing 8.9 zeigt die Deklaration der Klasse *SPFeatureReceiverProperties*.

Listing 8.9 Deklaration der Klasse *SPFeatureReceiverProperties*

```
public sealed class SPFeatureReceiverProperties : IDisposable {

    public SPFeatureDefinition Definition { get; internal set; }
    public SPFeature Feature { get; }
    public SPSite UserCodeSite { get; }
}
```

Mithilfe der Eigenschaften dieser Klasse können Sie praktisch beliebige Operationen ausführen, indem Sie Code für Aufgaben implementieren, die über die Standardelemente von Features nicht verfügbar sind.

HINWEIS Die Klasse *SPFeatureReceiverProperties* implementiert zwar die Schnittstelle *IDisposable*, Sie sollten sie aber nicht direkt freigeben. Der Infrastrukturcode von SharePoint Foundation gibt Instanzen dieses Typs automatisch frei.

Sie erstellen einen Featureempfänger, indem Sie die Empfängerklasse implementieren, ihre Assembly erstellen, sie in den GAC legen und die Attribute *ReceiverAssembly* sowie *ReceiverClass* in einer Featuremanifest-XML-Datei deklarieren. Listing 8.10 zeigt, wie ein Featuremanifest mit einer Empfängerdeklaration aussieht.

Listing 8.10 Das Manifest eines Features mit einem benutzerdefinierten Featureempfänger

```
<Feature xmlns="http://schemas.microsoft.com/sharepoint/" Version="1.0.0.0"
Title="DevLeap Sample Web Part"
Description="Dieses Feature stellt ein Beispielwebpart bereit."
Id="c46c270e-e722-4aa0-82ba-b66c8dd61f4e"
ReceiverAssembly="DevLeap.SP2010.SampleFeature, Version=1.0.0.0,
   Culture=neutral, PublicKeyToken=b001133e0647953d"
ReceiverClass="DevLeap.SP2010.SampleFeature.SampleWebPartEventReceiver"
Scope="Site">
  <ElementManifests>
    <ElementManifest Location="SampleWebPart\Elements.xml" />
    <ElementFile Location="SampleWebPart\SampleWebPart.webpart" />
  </ElementManifests>
</Feature>
```

HINWEIS Die Werte der Attribute *ReceiverAssembly* und *ReceiverClass* in Listing 8.10 müssen jeweils in einer einzigen Codezeile definiert werden.

Listing 8.11 zeigt ein Beispiel für einen Featureempfänger, der eine Listeninstanz anlegt, wenn das Feature aktiviert wird, und diese Instanz wieder löscht, sobald das Feature deaktiviert wird.

Listing 8.11 Ein Featureempfänger, der die Ereignisse *FeatureActivated* und *FeatureDeactivating* verarbeitet

```
public class SampleWebPartEventReceiver : SPFeatureReceiver {

    public override void FeatureActivated(SPFeatureReceiverProperties properties) {
        // Übergeordnetes Objekt des Features abrufen.
        // Das aktuelle Feature hat den Gültigkeitsbereich Site, daher sollte
        // das übergeordnete Objekt eine Websitesammlung sein.
        SPSite site = properties.Feature.Parent as SPSite;

        if (site != null) {
            SPWeb web = site.RootWeb;

            // Prüfen, ob die Liste schon vorhanden ist.
            try {
                SPList targetList = web.Lists["Sample List"];
            }
            catch (ArgumentException) {
                // Liste ist noch nicht vorhanden, daher muss sie erstellt werden.
                Guid listId = web.Lists.Add("Sample List",
                    "Sample List for SampleWebPart", SPListTemplateType.Events);
                SPList list = web.Lists[listId];
                list.OnQuickLaunch = true;
                list.Update();
            }
        }
    }

    public override void FeatureDeactivating(SPFeatureReceiverProperties properties) {
        // Übergeordnetes Objekt des Features abrufen.
        // Das aktuelle Feature hat den Gültigkeitsbereich Site, daher sollte
        // das übergeordnete Objekt eine Websitesammlung sein.
        SPSite site = properties.Feature.Parent as SPSite;

        if (site != null) {
            SPWeb web = site.RootWeb;

            // Prüfen, ob die Liste schon vorhanden ist.
            try {
                SPList list = web.Lists["Sample List"];
                list.Delete();
            }
            catch (ArgumentException) {
                // Liste ist nicht vorhanden, daher muss sie nicht gelöscht werden.
            }
        }
    }
}
```

Wie in Listing 8.11 zu sehen, sollten Sie auf den Kontext Ihres Features über die Eigenschaft *Feature. Parent* des *SPFeatureReceiverProperties*-Parameters zugreifen. Abhängig vom Gültigkeitsbereich Ihres Features kann die Eigenschaft *Parent* die gesamte Farm (*SPFarm*), eine einzelne Webanwendung (*SPWeb-Application*), eine Websitesammlung (*SPSite*) oder eine einzelne Website (*SPWeb*) liefern. Sie müssen selbst ermitteln, welchen Gültigkeitsbereich Ihr Feature hat, und feststellen, welchen Typ das von *Parent* zurückgegebene Objekt hat. In Listing 8.11 ist das Feature auf der Ebene der Websitesammlung definiert, daher wird der Typ *SPSite* benutzt. Wenn Sie einen Featureempfänger implementieren, der während der Aktivierung neue Inhalte erstellt, empfiehlt es sich, diesen Inhalt bei der Deaktivierung wieder zu löschen. Es gibt aber auch Fälle, in denen es sinnvoll ist, Daten nach Deaktivierung eines Features zu behalten, damit die Endbenutzer keine wichtigen Daten verlieren. Und wenn Ihr Feature während der Lebensdauer Ihrer Lösungen mehrmals aktiviert und wieder deaktiviert wird, kann es vorkommen, dass Sie das Feature auf einer Website aktivieren, in der bereits die Inhalte vorhanden sind, die vom Ereignis *FeatureActivated* erstellt werden. Um Probleme in diesem Bereich zu verhindern, prüft der Code in Listing 8.11, ob bereits eine Instanz der Liste vorhanden ist, bevor er sie neu anlegt.

Microsoft Visual Studio 2010 stellt einen Befehl zur Verfügung, um schnell einen Featureempfänger zu erstellen. Klicken Sie dazu im Projektmappen-Explorer mit der rechten Maustaste auf ein Element des Ordners *Features* in Ihrem SharePoint-Projekt und wählen Sie im Kontextmenü den Befehl *Ereignisempfänger hinzufügen*. Daraufhin wird das gesamte Codegerüst automatisch erstellt. Sie brauchen nur noch den Code für die Methoden des Empfängers einzufügen. Abbildung 8.3 zeigt das Kontextmenü eines Features im Projektmappen-Explorer.

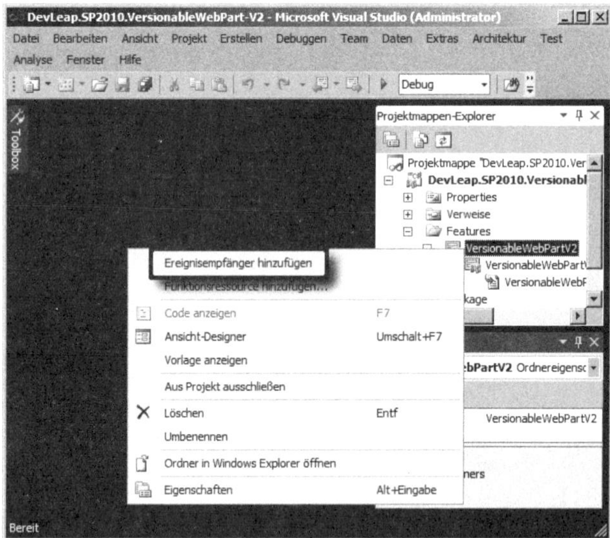

Abbildung 8.3 Der Befehl *Ereignisempfänger hinzufügen* im Kontextmenü eines Features in Microsoft Visual Studio 2010

WICHTIG Achten Sie beim Implementieren von Featureempfängern darauf, robusten Ausnahmebehandlungscode zu schreiben. Eine unbehandelte Ausnahme könnte Ihre Lösung instabil machen und die Bereitstellung oder Deinstallation Ihres Features verhindern.

Verarbeiten des Ereignisses *FeatureUpgrading*

Das Ereignis *FeatureUpgrading* eines Featureempfängers ist so wichtig, dass es einen eigenen Abschnitt verdient. Dies ist ein neues Ereignis, das in SharePoint 2010 eingeführt wurde, um das Upgrade von Features zu steuern. Das Ereignis ist immer dann nützlich, wenn Sie beim Upgrade eines Features eigenen Code ausführen müssen. Wenn Sie die Methode *FeatureUpgrading* überschreiben, bekommen Sie darin wie bei allen anderen Methoden der Featureempfänger eine Instanz des Typs *SPFeatureReceiverProperties* als Argument übergeben. Zusätzlich hat sie den Parameter *upgradeActionName* vom Typ *String* und den Parameter *parameters* vom Typ *IDictionary<String, String>*. Die Argumentwerte für diese Parameter können Sie in der Featuremanifestdatei im *UpgradeActions*-Abschnitt angeben (siehe Listing 8.7 weiter oben in diesem Kapitel). Das folgende Beispiel zeigt, wie Sie diese Methode nutzen.

Nehmen wir an, Sie haben in Ihrer Umgebung Version 1.0.0.0 des Features *SampleWebPart* bereitgestellt. Später wollen Sie es auf Version 2.0.0.0 aktualisieren. Diese neue Version Ihres Webparts muss (im Programmcode) die Konfiguration einer Listeninstanz verändern, die Sie im Ereignis *FeatureActivated* aus Listing 8.11 angelegt haben. Ihre Upgrademethode ändert dabei den *OnQuickLaunch*-Status der Liste *Sample List* und konfiguriert die Eigenschaft *ContentTypesEnabled*. Listing 8.12 zeigt das Featuremanifest mit der Konfiguration der benutzerdefinierten Upgradeaktion.

Listing 8.12 Featuremanifestdatei mit der Konfiguration der benutzerdefinierten Upgradeaktion

```
<Feature xmlns="http://schemas.microsoft.com/sharepoint/" Version="2.0.0.0" Title="DevLeap Sample Web
Part"
Description="Dieses Feature stellt ein Beispielwebpart bereit."
Id="c46c270e-e722-4aa0-82ba-b66c8dd61f4e" ReceiverAssembly="DevLeap.SP2010.SampleFeature,
Version=1.0.0.0, Culture=neutral, PublicKeyToken=b001133e0647953d"
ReceiverClass="DevLeap.SP2010.SampleFeature.Features.SampleWebPart.SampleWebPartEventReceiver"
Scope="Site">
  <UpgradeActions>
    <CustomUpgradeAction Name="UpgradeSampleList">
      <Parameters>
        <Parameter Name="ShowOnQuickLaunch">False</Parameter>
        <Parameter Name="EnableContentTypes">True</Parameter>
      </Parameters>
    </CustomUpgradeAction>
  </UpgradeActions>
  <ElementManifests>
    <ElementManifest Location="SampleWebPart\Elements.xml" />
    <ElementFile Location="SampleWebPart\SampleWebPart.webpart" />
  </ElementManifests>
</Feature>
```

HINWEIS Die Werte der Attribute *ReceiverAssembly* und *ReceiverClass* in Listing 8.12 müssen jeweils in einer einzigen Codezeile definiert werden.

Die Upgradeaktion wird mit dem Attribut *Name* und mehreren *Parameter*-Elementen definiert. Listing 8.13 zeigt die Implementierung der Methode *FeatureUpgrading*, in der diese Upgradeaktion ausgeführt wird.

Listing 8.13 Die Methode *FeatureUpgrading* führt die benutzerdefinierte Upgradeaktion aus

```
public override void FeatureUpgrading(SPFeatureReceiverProperties properties,
    string upgradeActionName,
    System.Collections.Generic.IDictionary<string, string> parameters) {

    // Übergeordnetes Objekt des Features abrufen.
    // Das aktuelle Feature hat den Gültigkeitsbereich Site, daher sollte
    // das übergeordnete Objekt eine Websitesammlung sein.
    SPSite site = properties.Feature.Parent as SPSite;

    if (site != null) {
        // Typ der Upgradeaktion prüfen.
        if (upgradeActionName == "UpgradeSampleList") {
            // Eigenschaften extrahieren und konvertieren.
            Boolean showOnQuickLaunch =
                Boolean.Parse(parameters["ShowOnQuickLaunch"]);
            Boolean enableContentTypes =
                Boolean.Parse(parameters["EnableContentTypes"]);

            SPWeb web = site.RootWeb;

            // Prüfen, ob die Liste schon vorhanden ist.
            try {
                SPList list = web.Lists["Sample List"];
                list.OnQuickLaunch = showOnQuickLaunch;
                list.ContentTypesEnabled = enableContentTypes;
                list.Update();
            }
            catch (ArgumentException) {
                // Liste ist nicht vorhanden, daher kann sie nicht aktualisiert werden.
            }
        }
    }
}
```

Beim Aufruf bekommt die Methode den Wert des Attributs *Name* aus dem *CustomUpgradeAction*-Element im Parameter *upgradeActionName* übergeben sowie die *Parameter*-Elemente im Wörterbuch *parameters*. Mithilfe der Daten aus diesen Parametern kann der Upgradecode seine Aufgaben zur Bearbeitung des Features erledigen.

Zusammenfassung

In diesem Kapitel haben Sie erfahren, was Features und Lösungen sind und wie Sie mit ihrer Hilfe eigenen Code ausführen lassen. Insbesondere haben Sie gesehen, wie Sie Features in *.wsp*-Dateien verpacken und sie bereitstellen, und wie Sie Features mithilfe der neuen Fähigkeiten aus SharePoint 2010 aktualisieren. In späteren Kapiteln erfahren Sie mehr zur Implementierung einiger Features, die beim Entwickeln und Anpassen von SharePoint-Lösungen wichtig sind.

Kapitel 9

Erweitern der Benutzeroberfläche

In diesem Kapitel:

Dieses Kapitel beschreibt, wie Sie die Benutzeroberfläche von Microsoft SharePoint 2010 erweitern. Es konzentriert sich darauf, wie Sie Menüs, Menübänder, Steuerelemente und Seiten anpassen. Außerdem erfahren Sie, wie Sie mit dem neuen Dialogframework arbeiten. Dieses Kapitel ist wichtig, wenn Sie in der Lage sein wollen, Ihren Benutzern oder Kunden eine angepasste Benutzeroberfläche zur Verfügung zu stellen, die sich einerseits am Standardverhalten von SharePoint orientiert, aber andererseits die Anforderungen von Intranet- und Extranetlösungen sowie im Internet veröffentlichten Websites erfüllt.

Benutzerdefinierte Aktionen

Der erste Bereich, den Sie anpassen können, sind benutzerdefinierte Aktionen in der Standardbenutzeroberfläche von SharePoint. Benutzerdefinierte Aktionen (custom actions) sind Features, die das Standardverhalten der folgenden Elemente erweitern oder ändern: Menüelemente, Linkmenüs von administrativen Seiten und Menübänder. Das Menüband ist so wichtig, dass es einen eigenen Abschnitt in diesem Kapitel bekommt (siehe »Menübänder« weiter unten), alle anderen benutzerdefinierten Aktionen werden gleich im Anschluss behandelt. Wie Sie aus Kapitel 8, »SharePoint-Features und -Lösungen«, wissen, stehen Elemente für folgende Typen benutzerdefinierter Aktionen zur Verfügung:

- ***CustomAction*** Erstellt eine benutzerdefinierte Aktion, die ein neues Steuerelement in einer Menübandleiste, ein neues Menüelement in einem Standardmenü oder einen neuen Link auf einer Einstellungsseite definiert.
- ***CustomActionGroup*** Erstellt eine Gruppe benutzerdefinierter Aktionen, die die Benutzerfreundlichkeit verbessern.
- ***HideCustomAction*** Verbirgt eine vorhandene benutzerdefinierte Aktion, die von einer anderen benutzerdefinierten Aktion erstellt oder von SharePoint standardmäßig implementiert wird.

Auf den folgenden Seiten sehen wir uns diese Elemente genauer an.

Das Element *CustomAction*

Um ein *CustomAction*-Element zu definieren, müssen Sie es in das XML-Featureelementmanifest einfügen, wie in Listing 9.1 gezeigt.

Listing 9.1 Elementhierarchie für *CustomAction*

```
<CustomAction
  RequiredAdmin = "Delegated | Farm | Machine"
  ControlAssembly = "Text"
  ControlClass = "Text"
  ControlSrc = "Text"
  Description = "Text"
  FeatureId = "Text"
  GroupId = "Text"
  Id = "Text"
  ImageUrl = "Text"
  Location = "Text"
  RegistrationId = "Text"
  RegistrationType = "Text"
  RequireSiteAdministrator = "TRUE" | "FALSE"
  Rights = "Text"
```

```
  RootWebOnly = "TRUE" | "FALSE"
  ScriptSrc = "Text"
  ScriptBlock = "Text"
  Sequence = "Integer"
  ShowInLists = "TRUE" | "FALSE"
  ShowInReadOnlyContentTypes = "TRUE" | "FALSE"
  ShowInSealedContentTypes = "TRUE" | "FALSE"
  Title = "Text"
  UIVersion = "Integer">
    <UrlAction />
    <CommandUIExtension />
</CustomAction>
```

Das Element *CustomAction* umfasst mehrere Attribute und optional einige untergeordnete Elemente. Tabelle 9.1 beschreibt die verfügbaren Attribute.

Tabelle 9.1 Im Element *CustomAction* unterstützte Attribute

Attributname	Beschreibung
RequiredAdmin	Optionales Textattribut. Legt fest, welche Rechte erforderlich sind, um die benutzerdefinierte Aktion auszuführen. Mögliche Werte sind *Delegated*, *Farm* und *Machine*.
ControlAssembly	Optionales Textattribut. Gibt den vollständigen Namen der Assembly an, in der das Steuerelement zum Darstellen der benutzerdefinierten Aktion mit serverseitigem Code implementiert ist.
ControlClass	Gibt eine Klasse an, die ein Steuerelement zum Darstellen der benutzerdefinierten Aktion mit serverseitigem Code implementiert.
ControlSrc	Optionales Textattribut mit der relativen URL einer *.ascx*-Datei, die die Quelle der benutzerdefinierten Aktion angibt.
Description	Optionales Textattribut, in dem Sie eine ausführliche Beschreibung der Aktion eintragen können.
FeatureId	Optionales Textattribut. Gibt die ID des Features an, das mit der benutzerdefinierten Aktion verknüpft ist.
GroupId	Optionales Textattribut, das die Gruppe angibt, in der die benutzerdefinierte Aktion enthalten ist. Eine vollständige Referenz aller verfügbaren Gruppen und Orte finden Sie in MSDN Online unter *http://msdn.microsoft.com/de-de/library/bb802730.aspx*.
Id	Optionales Textattribut, das die ID der benutzerdefinierten Aktion angibt. Dies kann eine GUID oder eine Zeichenfolge sein, die die benutzerdefinierte Aktion eindeutig identifiziert.
ImageUrl	Die relative URL eines Symbols, das die benutzerdefinierte Aktion darstellt.
Location	Der Ort der benutzerdefinierten Aktion. Dieser Wert kann aus der vordefinierten Liste der Orte oder aus einem benutzerdefinierten Satz möglicher Orte entnommen werden.
RegistrationId	Optionales Textattribut. Es gibt die ID der Zielliste, des Inhaltstyps oder des Dateityps an, mit dem die benutzerdefinierte Aktion verknüpft wird.
RegistrationType	Optionales Textattribut, das den Typ der Registrierung angibt, für die diese Aktion gilt. *RegistrationType* wird zusammen mit dem Attribut *RegistrationId* ausgewertet. Mögliche Werte sind *None*, *List*, *ContentType*, *ProgId* oder *FileType*.
RequireSiteAdministrator	Optionales *Boolean*-Attribut, das angibt, ob die Aktion allen Benutzern oder nur Websiteadministratoren angezeigt wird. ▶

Attributname	Beschreibung
Rights	Optionales Textattribut. Es gibt an, welche Rechte mindestens notwendig sind, um die benutzerdefinierte Aktion anzuzeigen. Ist hier nichts angegeben, ist die Aktion für alle sichtbar. Sie können ein oder mehrere Rechte (durch Kommas getrennt) angeben. Die Rechte müssen aus der Liste der verfügbaren Rechte stammen, die in den Standardbasisberechtigungen von SharePoint definiert sind. Mögliche Werte sind *ViewListItems, ManageAlerts, ManageLists* und so weiter. Eine vollständige Referenz aller verfügbaren Basisberechtigungen in SharePoint finden Sie im Dokument »SPBasePermissions Enumeration« auf MSDN Online unter *http://msdn.microsoft.com/en-us/library/microsoft.sharepoint.spbasepermissions.aspx*.
RootWebOnly	Optionales *Boolean*-Attribut, das nur in Sandkastenlösungen gültig ist. Es steuert, ob die Aktion nur in Stammwebsites verfügbar ist.
ScriptSrc	Optionales Textattribut mit der relativen URL eines Skripts, das heruntergeladen und ausgeführt werden soll. *ScriptSrc* wird nur ausgewertet, wenn das Attribut *Location* den Wert *ScriptLink* hat. Es ist sehr nützlich, wenn Sie auf externe JavaScript-Quelldateien verweisen wollen, um spezielle Verhaltensweisen zu implementieren.
ScriptBlock	Optionales Textattribut. Es enthält ECMAScript-Quellcode, der ausgeführt werden soll. *ScriptBlock* wird nur ausgewertet, wenn das Attribut *Location* den Wert *ScriptLink* hat.
Sequence	Optionales *Integer*-Attribut, das die Position der benutzerdefinierten Aktion innerhalb seiner Gruppe festlegt.
ShowInLists	Obsoletes optionales *Boolean*-Attribut. Es gibt an, ob die Aktion auf der Seite zum Verwalten von Inhaltstypen angezeigt wird.
ShowInReadOnly-ContentTypes	Optionales *Boolean*-Attribut. Es legt fest, ob die Aktion nur auf Seiten zum Verwalten schreibgeschützter Inhaltstypen angezeigt wird.
ShowInSealed-ContentTypes	Optionales *Boolean*-Attribut, das festlegt, ob die Aktion nur auf Seiten zum Verwalten versiegelter Inhaltstypen angezeigt wird.
Title	Erforderliches Textattribut mit dem Titel der Aktion. Der Inhalt von *Title* wird in der Benutzeroberfläche angezeigt, um die Aktion für den Endbenutzer aufzulisten.
UIVersion	Optionaler *Integer*-Wert. Er gibt an, in welcher Version der Benutzeroberfläche die Aktion angezeigt wird.

Außerdem kann ein *CustomAction*-Tag einige untergeordnete Elemente enthalten:

- ***UrlAction*** Gibt die Ziel-URL an, die aufgerufen wird, wenn der Endbenutzer die benutzerdefinierte Aktion anklickt.
- ***CommandUIExtension*** Definiert eine komplexe Benutzeroberflächenerweiterung, meist ein Menüband. Dieses Thema wird im nächsten Abschnitt, »Menübänder«, genauer behandelt.

Am häufigsten werden die Attribute *Id, Title, Location* (legt fest, wo die Aktion erscheint) und *RegistrationType* in Kombination mit *RegistrationId* verwendet. Soll Ihre Aktion beispielsweise angezeigt werden, wenn der Endbenutzer das Kontextmenü eines Dokuments öffnet (auch als »Edit Control Block«-Menü oder kurz ECB-Menü bezeichnet), definieren Sie eine benutzerdefinierte Aktion für die Dokumentbibliotheken einer Website. Listing 9.2 zeigt, wie das aussehen kann.

Listing 9.2 Eine benutzerdefinierte Aktion für das ECB-Menü der Elemente in einer Dokumentbibliothek

```
<CustomAction
  Location="EditControlBlock"
  RegistrationType="List"
  RegistrationId="101"
  Id="DevLeap.CustomActions.DemoECB.SampleAction"
  Title="Sample Action"
  ImageUrl="/_layouts/images/DevLeap.SP2010.UIExtensions/SampleIcon.gif"
  Description="Sample custom action.">
  <UrlAction Url="javascript:window.alert('You clicked the Sample Action!');"/>
</CustomAction>
```

Das Attribut *Location* legt fest, dass die Aktion im ECB-Menü angezeigt wird. Das Attribut *RegistrationType* gibt eine bestimmte Liste an, und *RegistrationId* definiert explizit den Listentyp (101 = Dokumentbibliothek). Beachten Sie das untergeordnete Element *UrlAction*; es legt die Ziel-URL fest, die aufgerufen wird, wenn der Endbenutzer das Menüelement anklickt. In diesem ersten Beispiel zeigt die benutzerdefinierte Aktion einfach eine Meldung an. In Abbildung 9.1 sehen Sie, wie die Aktion im Webbrowser aussieht.

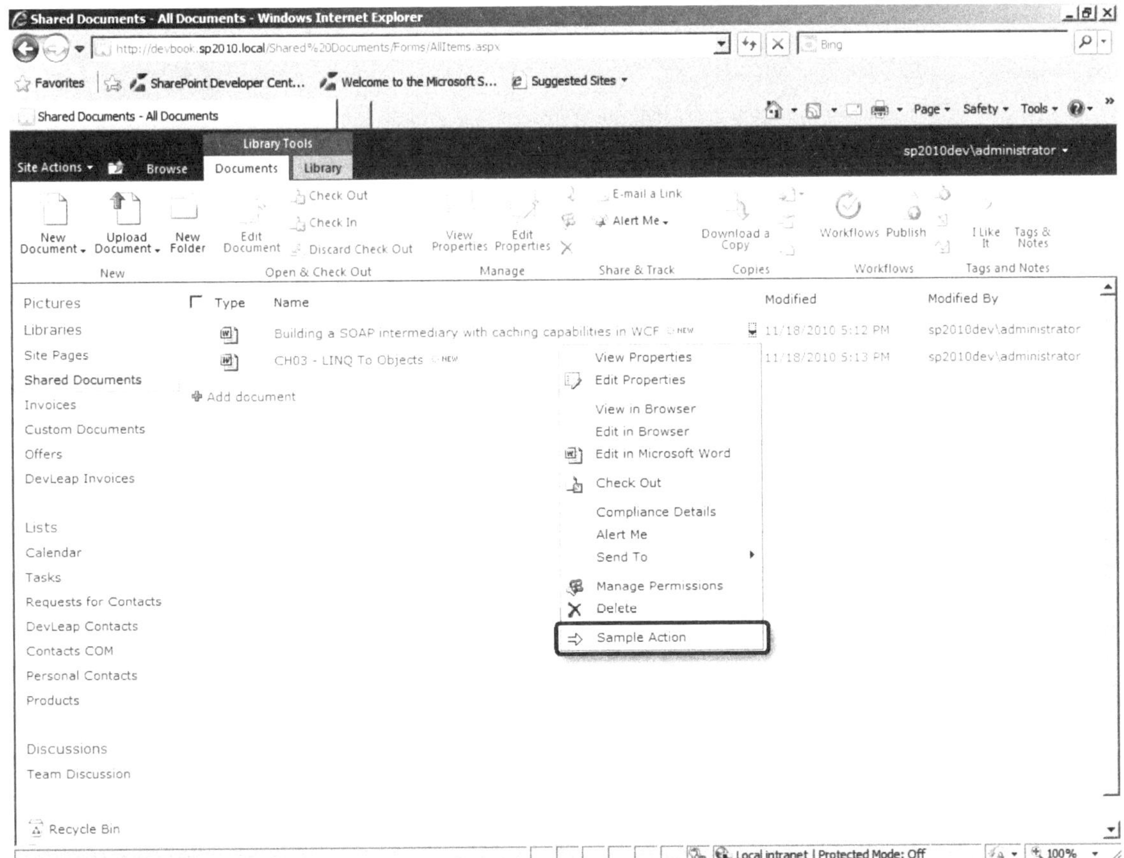

Abbildung 9.1 Eine benutzerdefinierte Aktion im ECB eines Dokumentelements

Oft müssen Sie eine benutzerdefinierte Aktion definieren, die nicht für eine Liste, sondern einen bestimmten Inhaltstyp gilt, unabhängig davon, in welcher Liste er enthalten ist. Nehmen wir an, Sie haben einen benutzerdefinierten Inhaltstyp, der ein Rechnungsdokument definiert (es soll *DevLeapInvoice* heißen). Dieser Inhaltstyp muss eine eindeutige ID haben, in diesem Beispiel lautet sie 0x0101008D841C AC0C7F474288965287B30061DC.

HINWEIS In Kapitel 10, »Bereitstellen von Daten«, erfahren Sie, wie Sie vom Programmcode aus Websitespalten, Inhaltstypen und Listendefinitionen hinzufügen. Sie lernen dort auch, was eine Inhaltstyp-ID ist und wie sie festgelegt wird. Für dieses Kapitel reicht es zu wissen, dass eine Inhaltstyp-ID eine eindeutige ID ist, mit der Sie einen bestimmten Inhaltstyp identifizieren.

Der Inhaltstyp *DevLeapInvoice* hat einige Metadatenfelder, die die Rechnungsnummer, eine Beschreibung und den Status angeben. Für den Status stehen die vordefinierten Werte *Draft* (Entwurf), *Approved* (genehmigt), *Sent* (abgesendet) und *Archived* (archiviert) zur Auswahl. Abbildung 9.2 zeigt das Bearbeitungsformular für ein solches Dokument.

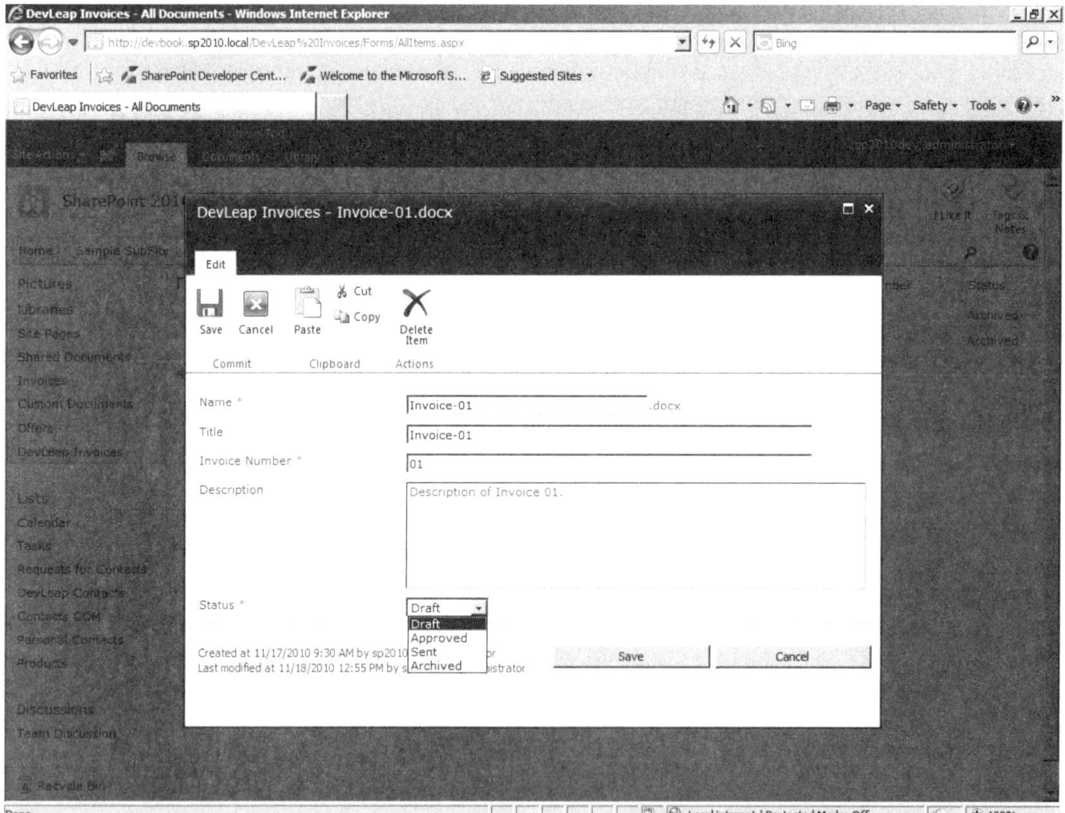

Abbildung 9.2 Das Bearbeitungsformular einer *DevLeapInvoice*-Elementinstanz

Listing 9.3 zeigt eine benutzerdefinierte Aktion, wiederum für das ECB-Menü, die nur im ECB-Menü von Elementen mit dem Inhaltstyp *DevLeapInvoice* erscheint. Der Benutzer archiviert mit dieser Aktion eine einzelne Rechnung, indem er ihr Feld *Status* auf den Wert *Archived* setzt.

Listing 9.3 Eine benutzerdefinierte Aktion für das ECB-Menü von Elementen, die den Inhaltstyp *DevLeapInvoice* haben

```
<CustomAction
  Location="EditControlBlock"
  RegistrationType="ContentType"
  RegistrationId="0x0101008d841cac0c7f474288965287b30061dc"
  Id="DevLeap.CustomActions.Invoices.Archive"
  Title="Archive Invoice"
  Rights="ViewListItems,EditListItems"
  ImageUrl="/_layouts/images/DevLeap.SP2010.UIExtensions/IconArchive.gif"
  Description="Approve this Invoice.">
  <UrlAction Url="~site/_layouts/DevLeap.SP2010.UIExtensions/
    DevLeapInvoiceChangeStatus.aspx?ItemId={ItemId}&amp;ListId={ListId}&amp;
                                    Status=Archived" />
</CustomAction>
```

Die einzigen wesentlichen Unterschiede zwischen Listing 9.3 und Listing 9.2 sind das Attribut *RegistrationType*, das diesmal den Inhaltstyp (*ContentType*) angibt, und *RegistrationId*, das statt der ID einer Listenvorlage die ID des gewünschten Inhaltstyps angibt. Außerdem führt das Codebeispiel in Listing 9.3 das Attribut *Rights* ein. Es legt fest, dass nur Benutzer, denen die Berechtigungen *ViewListItems* und *EditListItems* zugewiesen sind, Rechnungen archivieren dürfen.

Das untergeordnete Element *UrlAction* in Listing 9.3 gibt die URL einer Anwendungsseite an, keinen JavaScript-Befehl wie in Listing 9.2. Im Abschnitt »Anwendungsseiten« weiter unten in diesem Kapitel erfahren Sie, wie Sie eigene Anwendungsseiten bereitstellen. Vorerst können Sie die Seite selbst ignorieren und sich auf das Attribut *Url* des *UrlAction*-Elements konzentrieren. Dieses Attribut kann auf eine beliebige URL verweisen und Token enthalten, die beim Rendern der Seite von der Umgebung ersetzt werden. Folgende Token stehen zur Auswahl:

- ***~site*** Ein Link relativ zur Website (*SPWeb*).
- ***~sitecollection*** Ein Link relativ zur Websitesammlung (*SPSite*).
- ***{ItemId}*** Eine Integer-ID, die das Element innerhalb einer Liste identifiziert.
- ***{ItemUrl}*** Die URL des aktuellen Elements. Nur für Dokumente in Bibliotheken erlaubt.
- ***{ListId}*** ID (GUID) der Liste, mit der die Aktion momentan arbeitet.
- ***{SiteUrl}*** URL der Website (*SPWeb*).
- ***{RecurrenceId}*** Index des verwendeten Elements, wenn mehrere Instanzen des Elements vorhanden sind.

Außerdem können Sie einen beliebigen gültigen JavaScript-Codeblock verwenden.

In Listing 9.3 verwendet das Attribut *Url* die Token *{ItemId}* und *{ListId}*, weil die Aktion für das ECB-Menü eines einzelnen Elements gelten soll. Daher übergibt es die Element-ID und die Listen-ID als *QueryString*-Argumente an die Zielseite.

Benutzerdefinierte Aktionen können Sie nicht nur im ECB-Menü verwenden. Es stehen viele andere Orte zur Verfügung. Tabelle 9.2 listet die nützlichsten auf.

WEITERE INFORMATIONEN Eine vollständige Liste aller verfügbaren Orte finden Sie im Dokument »Benutzerdefinierte Standardaktionsspeicherorte und IDs« auf MSDN Online unter *http://msdn.microsoft.com/de-de/library/bb802730.aspx*.

Tabelle 9.2 Die wichtigsten Orte zum Definieren benutzerdefinierter Aktionen

Ort	Gruppen-ID	Beschreibung
DisplayFormToolbar	Nicht anwendbar	Die Symbolleiste des Anzeigeformulars von Listen.
EditControlBlock	Nicht anwendbar	Das ECB-Menü eines Elements.
EditFormToolbar	Nicht anwendbar	Die Symbolleiste des Bearbeitungsformulars von Listen.
Microsoft.SharePoint. SiteSettings	*Customization*	Abschnitt *Aussehen und Verhalten* auf der Seite *Websiteeinstellungen*.
	Galleries	Abschnitt *Galerien* auf der Seite *Websiteeinstellungen*.
	SiteAdministration	Abschnitt *Websiteverwaltung* auf der Seite *Websiteeinstellungen*.
	SiteCollectionAdmin	Abschnitt *Websitesammlungsverwaltung* auf der Seite *Websiteeinstellungen*.
	UsersAndPermissions	Abschnitt *Benutzer und Berechtigungen* auf der Seite *Websiteeinstellungen*.
Microsoft.SharePoint. StandardMenu	*ActionsMenu*	*Aktionen*-Menü in Listen- und Dokumentbibliotheksansichten.
	ActionsMenuForSurvey	Menü *Websiteaktionen* für Umfragen.
	NewMenu	*Neu*-Menü in Listen- und Dokumentbibliothekansichten.
	SettingsMenu	*Einstellungen*-Menü in Listen- und Dokumentbibliothekansichten.
	SettingsMenuForSurvey	Websiteeinstellungslinks für Umfragen.
	SiteActions	Menü *Websiteaktionen*.
	UploadMenu	*Upload*-Menü in Dokumentbibliotheksansichten.
	ViewSelectorMenu	Ansichtsauswahlmenü zum Ändern der Ansicht. Wird auf der Menübandregisterkarte zum Bearbeiten von Listen angezeigt.
NewFormToolbar	Nicht anwendbar	Die Symbolleiste für neue Formulare in Listen.
ViewToolbar	Nicht anwendbar	Die Symbolleiste in Listenansichten.

Microsoft dokumentiert auch die *Id*-Werte vieler früher definierter Aktionen, mit denen Sie die Standardmenüelemente durch eigene Elemente überschreiben können.

Das Element *CustomActionGroup*

Ein weiteres nützliches Element, um benutzerdefinierte Aktionen zu definieren, ist *CustomActionGroup*. Mit solchen Elementen definieren Sie Gruppen von Aktionen. Meist verwenden Sie es, wenn Sie Abschnitte in Konfigurationsseiten anpassen, zum Beispiel auf der Seite *Websiteeinstellungen* oder den Seiten der Zentraladministration. Sie können nicht nur Benutzeroberflächenelemente für Endbenutzer erweitern und überschreiben, sondern auch administrative Seiten. Listing 9.4 zeigt den Aufbau des Elements *CustomActionGroup*.

Listing 9.4 Aufbau des Elements *CustomActionGroup*

```
<CustomActionGroup
  Description = "Text"
  Id = "Text"
  Location = "Text"
  Sequence = "Integer"
  Title = "Text">
</CustomActionGroup>
```

Das Element *CustomActionGroup* enthält vor allem Beschreibungsattribute für die Gruppe, die es definiert. Es hat keine untergeordneten Elemente, weil es einzig dazu dient, eine neue Gruppe zu definieren, auf die andere benutzerdefinierte Aktionen dann verweisen. Tabelle 9.3 beschreibt die verfügbaren Attribute.

Tabelle 9.3 Vom Element *CustomActionGroup* unterstützte Attribute

Attributname	Beschreibung
Description	Optionales Textattribut mit einer ausführlichen Beschreibung der Aktionsgruppe.
Id	Erforderliches Textattribut, das die ID der Aktionsgruppe angibt. Dies kann eine GUID oder Zeichenfolge sein, die die Aktionsgruppe eindeutig identifiziert.
Location	Erforderliches Textattribut. Gibt den Ort der Aktionsgruppe an. Der Wert von *Location* kann aus einer vordefinierten Liste mit Orten oder einem benutzerdefinierten Satz von Orten entnommen werden.
Sequence	Optionaler *Integer*-Wert, der die Position der Aktionsgruppe innerhalb mehrerer Gruppen festlegt.
Title	Erforderliches Textattribut mit dem Titel der Aktionsgruppe. *Title* wird benutzt, um die Aktionsgruppe in der Benutzeroberfläche für den Endbenutzer anzuzeigen.

Listing 9.5 demonstriert, wie Sie mit dem Element *CustomActionGroup* einen neuen Abschnitt in die administrative Seite *Websiteeinstellungen* einfügen. Beachten Sie, dass das *CustomAction*-Element im Attribut *Location* den Wert *Microsoft.SharePoint.SiteSettings* und im Attribut *GroupId* den Wert aus dem Attribut *Id* der Aktionsgruppe angibt.

Listing 9.5 Ein *CustomActionGroup*-Element, das die administrative Seite *Websiteeinstellungen* erweitert

```
<CustomActionGroup
  Location="Microsoft.SharePoint.SiteSettings"
  Id="DevLeap.CustomActions.Invoices.Settings"
  Description="View Invoices Settings"
  Title="Invoices Management"
  ImageUrl="/_layouts/images/DevLeap.SP2010.UIExtensions/DevLeap-Icon-48x48.png" />

<CustomAction
  Location="Microsoft.SharePoint.SiteSettings"
  GroupId="DevLeap.CustomActions.Invoices.Settings"
  Id="DevLeap.CustomActions.Invoices.SampleSettings"
  Title="Invoices Sample Settings Page"
  Description="Go to a custom page for managing Invoices' settings.">
  <UrlAction Url="~site/_layouts/DevLeap.SP2010.UIExtensions/InvoicesSettings.aspx" />
</CustomAction>
```

Abbildung 9.3 zeigt diese erweiterte Version der administrativen Seite *Websiteeinstellungen*.

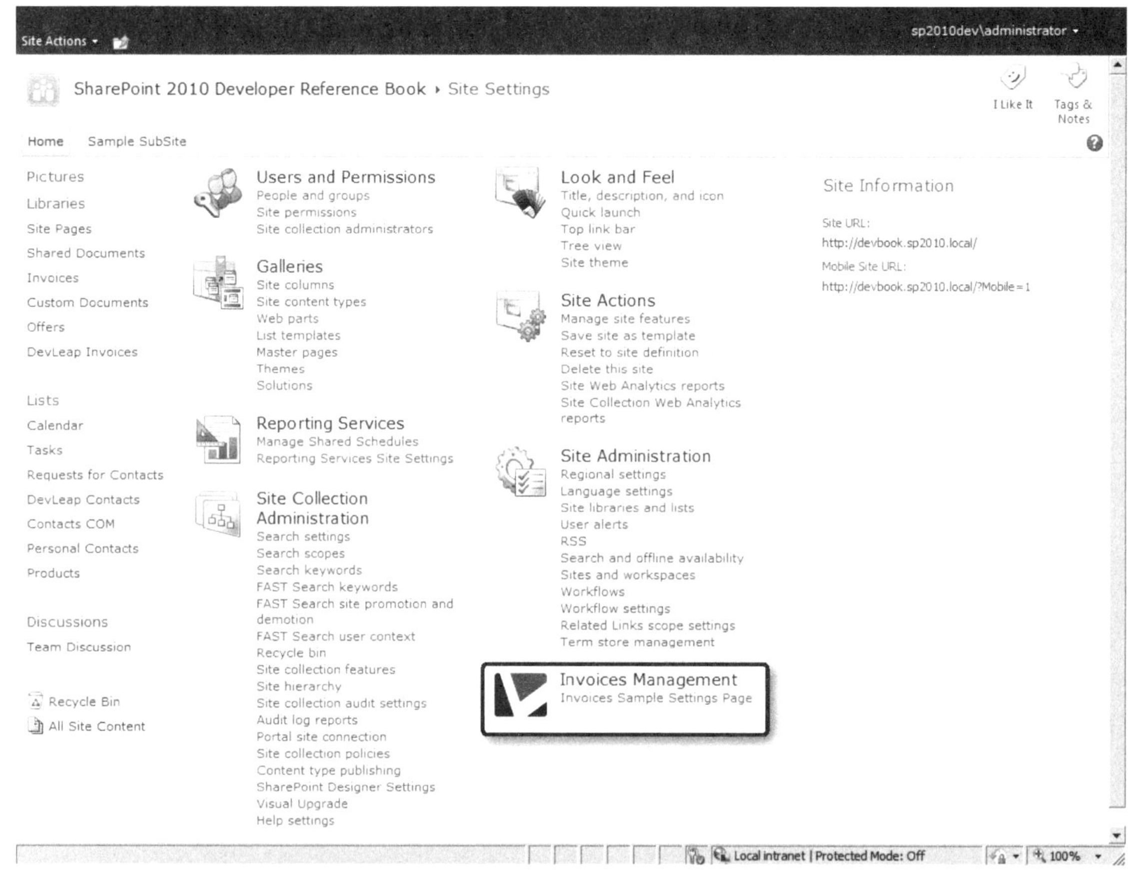

Abbildung 9.3 Angepasste Version der administrativen Seite *Websiteeinstellungen*

Das Element *HideCustomAction*

Als letztes Element steht *HideCustomAction* zur Verfügung, um Benutzeroberflächenaktionen anzupassen. Mit diesem Element verbergen Sie vorhandene Aktionen. Das funktioniert sowohl bei Standard- und nativen Aktionen als auch benutzerdefinierten Aktionen, die Sie oder jemand anders definiert hat. Allerdings können nicht alle nativen Aktionen verborgen werden. Listing 9.6 zeigt den Aufbau des Elements *HideCustomAction*.

Listing 9.6 Aufbau des Elements *HideCustomAction*

```
<HideCustomAction
  GroupId = "Text"
  HideActionId = "Text"
  Id = "Text"
  Location = "Text">
</HideCustomAction>
```

Dieses Element enthält einfach Informationen über die Aktion, die verborgen werden soll. Tabelle 9.4 beschreibt die verfügbaren Attribute.

Tabelle 9.4 Vom Element *HideCustomAction* unterstützte Attribute

Attributname	Beschreibung
GroupId	Optionales Textattribut. Es gibt an, zu welcher Gruppe die Aktion gehört, die verborgen werden soll.
HideActionId	Optionales Textattribut mit der ID der Aktion, die verborgen werden soll.
Id	Optionales Textattribut mit der ID dieser Aktion zum Verbergen einer anderen Aktion.
Location	Optionales Textattribut mit dem Ort der Aktion, die verborgen werden soll.

Listing 9.7 zeigt ein Beispiel für ein *HideCustomAction*-Element, mit dem das Element *Websitedesign* in der Gruppe *Aussehen und Verhalten* auf der Seite *Websiteeinstellungen* verborgen wird.

Listing 9.7 Ein *HideCustomAction*-Element zum Verbergen des Elements *Websitedesign*

```
<HideCustomAction
  Id="DevLeap.CustomActions.HideThemeFromSettings"
  Location="Microsoft.SharePoint.SiteSettings"
  GroupId="Customization"
  HideActionId="Theme" />
```

Die Attribute *Location*, *GroupId* und *HideActionId* in Listing 9.7 verweisen auf die Aktion *Websitedesign*. Abbildung 9.4 zeigt das Ergebnis dieser Aktion; links die ursprüngliche Seite und rechts die Seite, nachdem die Aktion angewendet wurde.

Abbildung 9.4 Die Gruppe *Aussehen und Verhalten* (*Look and Feel*) vor (links) und nach (rechts) der benutzerdefinierten Aktion

Benutzerdefinierte Aktionen auf Serverseite

Sie können benutzerdefinierte Aktionen erstellen, die ihren Inhalt nicht über XML-Code definieren, sondern dynamisch mithilfe von serverseitigem Code. Sie definieren solche Aktionen, indem Sie innerhalb eines Featureelementmanifests ein *CustomAction*-Element deklarieren und darin Werte für die Attribute *ControlAssembly* und *ControlClass* angeben. Diese Attribute verweisen auf die Assembly und den vollständigen Typnamen einer Klasse, die von der Basisklasse *System.Web.UI.WebControls.WebControl* abgeleitet ist und in der Überschreibung der Methode *CreateChildControls* die gewünschten Steuerelemente anlegt. Listing 9.8 zeigt ein Beispiel, wie Sie eine benutzerdefinierte Aktion mithilfe von *ControlClass* definieren.

Listing 9.8 *CustomAction*-Element mit einem Verweis auf eine Klasse, die im *ControlClass*-Element angegeben wird

```
<CustomAction
  Location="Microsoft.SharePoint.StandardMenu"
  GroupId="SiteActions"
  ControlAssembly="DevLeap.SP2010.UIExtensions, Version=1.0.0.0,
    Culture=neutral, PublicKeyToken=3b7c6076bf78362f"
  ControlClass="DevLeap.SP2010.UIExtensions.SwitchToMobileMode"
  Id="DevLeap.CustomActions.SwitchToMobileMode">
</CustomAction>
```

HINWEIS Die Werte der Attribute *ControlAssembly* und *ControlClass* in Listing 9.8 müssen jeweils in einer einzigen Codezeile definiert werden.

Die Aktion ändert das Menü *Websiteaktionen* und fügt einen Befehl ein, mit dem der Benutzer die Website in einen Darstellungsmodus für mobile Geräte umschalten kann. Natürlich können Sie diese Aktion auch einfügen, ohne eine eigene Klasse zu programmieren. Dieses Beispiel soll Ihnen einen Eindruck verschaffen, was mit dieser Technik möglich ist.

Listing 9.9 zeigt die Beispielimplementierung der in *ControlClass* angegebenen Klasse, die intern das Menüelement generiert.

Listing 9.9 Die im Attribut *ControlClass* der benutzerdefinierten Aktion aus Listing 9.8 angegebene Klasse

```
public class SwitchToMobileMode : System.Web.UI.WebControls.WebControl {
    protected override void CreateChildControls() {
        SPWeb web = SPControl.GetContextWeb(HttpContext.Current);

        MenuItemTemplate switchToMobile = new MenuItemTemplate();
        // "In Modus für mobile Geräte umschalten"
        switchToMobile.Text = "Switch to mobile mode";
        // "Schaltet die Anzeige der aktuellen Website in den Modus für
        //  mobile Geräte um"
        switchToMobile.Description =
          "Switches the current site rendering mode to mobile";
        switchToMobile.ImageUrl =
          "/_layouts/images/DevLeap.SP2010.UIExtensions/Mobile32x32.png";
        switchToMobile.ClientOnClickNavigateUrl =
          String.Format("{0}?Mobile=1", web.Url);

        this.Controls.Add(switchToMobile);
    }
}
```

Der Code in Listing 9.9 legt eine Instanz der Klasse *MenuItemTemplate* an, die für ein einzelnes Menüelement steht. Anschließend konfiguriert er Eigenschaften wie *Text*, *Description* und *ImageUrl*, die für die Darstellung wichtig sind. Die wichtigen Eigenschaften steuern aber das Verhalten des Menüelements innerhalb der Benutzeroberfläche. Wenn Sie lediglich eine URL aufrufen wollen, sobald der Endbenutzer den Menübefehl anklickt, können Sie die Eigenschaft *ClientOnClickNavigateUrl* verwenden. Stattdessen können Sie auch in die Eigenschaft *ClientOnClickScript* einen ECMAScript-Codeblock eintragen, der ausgeführt wird, sobald der Benutzer den Menüpunkt anklickt. Und schließlich steht die Eigenschaft *ClientOnClickUsingPostBackEvent* zur Verfügung, mit der Sie die Steuerelement-ID und die Argumente für ein POST-Ereignis angeben. In diesem Fall sollten Sie das POST-Ereignis selbst verarbeiten, indem Sie beispielsweise die Schnittstelle *System.Web.UI.IPostBackEventHandler* in der Steuerelementklasse implementieren. Bei Bedarf können Sie auch die Eigenschaft *ClientOnClickPostBackConfirmation* konfigurieren, um dem Endbenutzer eine Bestätigungsmeldung anzuzeigen, unmittelbar bevor das POST-Ereignis behandelt wird. Abbildung 9.5 zeigt, wie das Menü aussieht, nachdem der Eintrag aus Listing 9.9 hinzugefügt wurde.

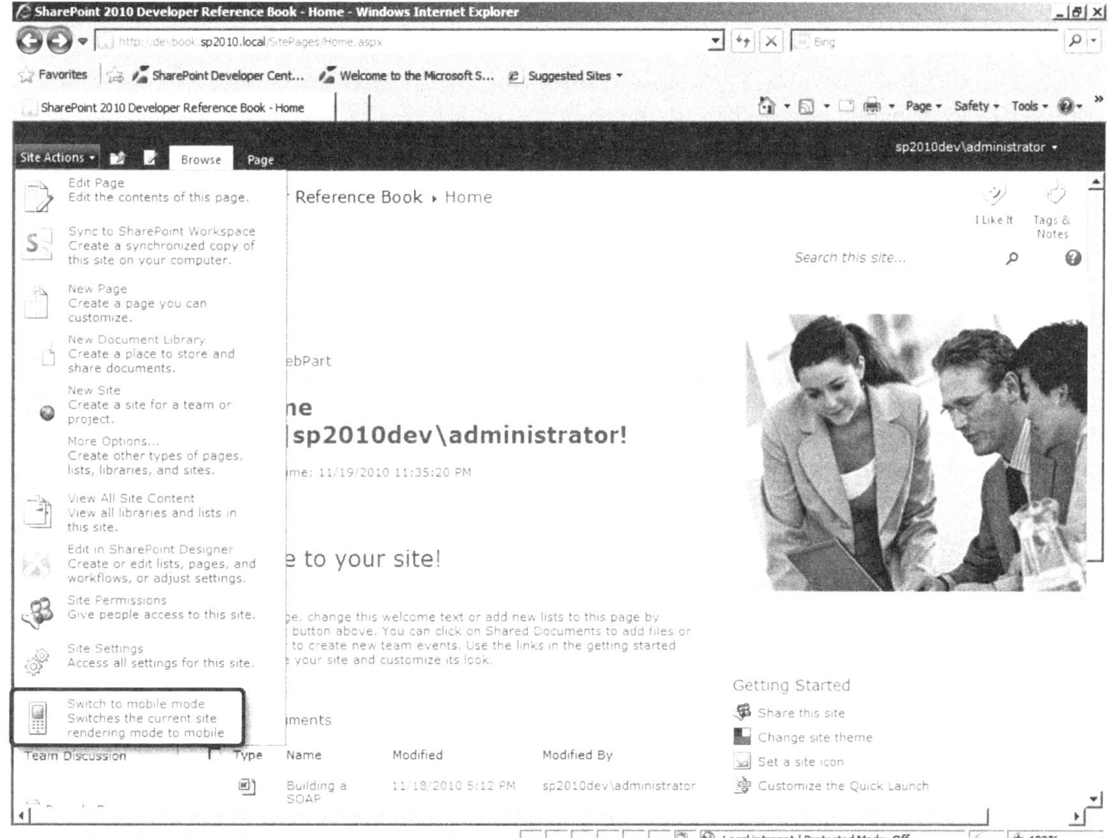

Abbildung 9.5 Eine benutzerdefinierte Aktion verändert die Benutzeroberfläche mithilfe von *MenuItemTemplate* auf Serverseite

SubMenuTemplate ist ein anderer Menütyp, von dem Sie in Ihrem Code eine Instanz anlegen können. Ein solches Objekt steht für das übergeordnete Objekt in einer Menühierarchie.

Unabhängig davon, welche Art von Menüelementen Sie in Ihrer Klassenimplementierung definieren, müssen Sie die Klasse als *SafeControl* für SharePoint markieren. Details über *SafeControl*-Elemente finden Sie am Ende von Kapitel 7, »Fortgeschrittene Webparts«.

HINWEIS Wenn Sie in Microsoft Visual Studio 2010 arbeiten, werden Webparts in der Manifestdatei der Lösung automatisch als *SafeControl*-Elemente konfiguriert. Die Klasse aus Listing 9.9 wird aber wie jede andere Steuerelementklasse, die kein Webpart ist, nicht automatisch als *SafeControl* registriert. Um in Visual Studio 2010 zu erzwingen, dass die Klasse als *SafeControl* registriert wird, können Sie den Feature-Designer irgendeines Featureelements in Ihrem Paket öffnen, zum Beispiel des Elements, das die benutzerdefinierten Aktionen definiert. In der Eigenschaftstabelle dieses Elements finden Sie die Eigenschaft *Einträge für sicheres Steuerelement*, eine Auflistung, mit der Sie einen oder mehrere *SafeControl*-Einträge konfigurieren können.

Menübänder

Das Menüband (ribbon) ist ein neues Feature in SharePoint 2010, das sofort ins Auge springt. Wenn eine webbasierte Lösung von Menübändern Gebrauch macht, erleichtert das die Einarbeitung für alle Benutzer, die diese Elemente schon von den Office-Clients her kennen.

SharePoint 2010 stellt einen nativen Satz von Menübändern bereit, aber jeder Entwickler kann *Custom-Action*-Elemente definieren, um eigene Befehle, Gruppen und Registerkarten zu einem Menüband hinzuzufügen. In diesem Abschnitt erfahren Sie, wie das geht.

Menübandbefehl

Menübandbefehle (ribbon commands) sind die erste Art von Menübandelement, die Sie definieren können. Sie stehen für ein einzelnes Element, das in eine bereits vorhandene Registerkarte oder Gruppe eines Menübands eingefügt wird. Nehmen wir etwa das Codebeispiel aus Listing 9.3 weiter oben in diesem Kapitel. Das Ziel der benutzerdefinierten Aktion bestand darin, eine einzelne Rechnung zu archivieren, indem ihr Feld *Status* auf den Wert *Archived* gesetzt wurde. Da der Benutzer natürlich mehrere Elemente in einer Liste gleichzeitig auswählen kann, wäre es schön, ihm die Möglichkeit zu geben, mehrere Rechnungen auf einmal zu archivieren. Das in Listing 9.3 erweiterte ECB-Menü gilt nur für ein einzelnes Element. Ein Menübandbefehl kann dagegen auf mehrere Elemente gleichzeitig angewendet werden, was die Benutzerfreundlichkeit deutlich verbessert.

Beginnen wir mit einem simplen Beispiel. Listing 9.10 definiert ein Menüband, das eine Meldung anzeigt, sobald es angeklickt wird.

Listing 9.10 Ein Beispielmenüband, das eine Meldung anzeigt, wenn der Benutzer es anklickt

```
<CustomAction
  RegistrationType="ContentType"
  RegistrationId="0x0101008D841CAC0C7F474288965287B30061DC"
  Id="DevLeap.CustomActions.Invoices.SampleRibbonCommand"
  Location="CommandUI.Ribbon.ListView">
  <CommandUIExtension>
    <CommandUIDefinitions>
      <CommandUIDefinition Location="Ribbon.Documents.Manage.Controls._children">
        <Button Id="SampleRibbonCommand"
                Alt="Shows an alert."
                Description="Shows an alert, just to make an example."
                Sequence="25"
```

```
                Command="ShowSampleAlert"
Image16by16="/_layouts/images/DevLeap.SP2010.UIExtensions/Baloon_16x16.png"
Image32by32="/_layouts/images/DevLeap.SP2010.UIExtensions/Baloon_32x32.png"
                LabelText="Show Alert"
                TemplateAlias="o1" />
      </CommandUIDefinition>
    </CommandUIDefinitions>
    <CommandUIHandlers>
      <CommandUIHandler Command="ShowSampleAlert"
                        CommandAction="javascript:
                        window.alert('This an alert from the ribbon');" />
    </CommandUIHandlers>
  </CommandUIExtension>
</CustomAction>
```

Das *CustomAction*-Element sieht fast genauso aus wie im letzten Abschnitt, aber das Attribut *Location* verweist auf den Ort *CommandUI.Ribbon.ListView*, der für das Menübandmenü einer Listenansicht steht. Die Aktion verweist außerdem auf den Inhaltstyp *DevLeapInvoice*, der mit seiner Inhaltstyp-ID angegeben ist (wie in der benutzerdefinierten ECB-Aktion weiter oben). Der Menübandbefehl erscheint also nur, wenn der Benutzer mit *DevLeapInvoice*-Elementen arbeitet. Statt eines untergeordneten *UrlAction*-Elements gibt es diesmal ein *CommandUIExtension*-Element, das ein Menübandelement definiert. Genauer gesagt definiert es mehrere *CommandUIDefinition*-Elemente, die in ein übergeordnetes *CommandUIDefinitions*-Element eingebettet sind, zusammen mit einem oder mehreren *CommandUIHandler*-Elementen, die in einem übergeordneten *CommandUIHandlers*-Tag liegen. Ein *CommandUIDefinition*-Element definiert das Verhalten des Befehls in seinem Attribut *Location*. In diesem Codebeispiel hat es den Wert *Ribbon.Documents.Manage.Controls._children*, was festlegt, dass seine untergeordneten Elemente in die Gruppe *Manage* der Registerkarte *Documents* der Menübandleiste eingebettet werden. In Listing 9.10 wird der Befehl als *Button*-Element mit einem Titel, einer Beschreibung und einigen 16 × 16 und 32 × 32 Pixel großen Bildern definiert. Außerdem ist das *Button*-Element mit dem Attribut *Sequence* versehen, das den Wert 25 hat. Das bedeutet, dass es zwischen der zweiten und dritten Schaltfläche der veränderten Menübandgruppe (*Verwalten*) angezeigt wird. Bei Standard- und nativen Schaltflächen hat das Attribut *Sequence* einen Wert, der ein Vielfaches von 10 ist. Somit hat die erste Schaltfläche den *Sequence*-Wert 10, die zweite den Wert 20 und so weiter.

Ein anderes interessantes Attribut von *Button* ist *TemplateAlias*. Es legt das Darstellungsverhalten des Steuerelements fest. Verfügbare native Vorlagen sind *o1*, die das 32 × 32-Pixel-Bild der Schaltfläche anzeigt, und *o2* für das 16 × 16-Pixel-Bild. Sie können aber auch eigene Vorlagen definieren. Das Element *CommandUIHandler* legt außerdem fest, welcher Code ausgeführt wird, wenn der Benutzer die Befehle anklickt. In Listing 9.10 ruft das Attribut *CommandAction* des *CommandUIHandler*-Elements clientseitig den ECMAScript-Befehl *window.alert* auf. Um das *Button*-Steuerelement mit seinem Handler zu verknüpfen, wird im Attribut *Command* ein Wert angegeben, der dem im Attribut *Command* des *CommandUIHandler*-Element entspricht. Abbildung 9.6 zeigt den Code aus Listing 9.10 in Aktion.

Das Element *CommandUIDefinition* kann zahlreiche untergeordnete Elemente aufnehmen. Tabelle 9.5 listet alle unterstützten Elemente kurz auf. Eine vollständige Beschreibung finden Sie in der Produktdokumentation auf MSDN Online (*http://msdn.microsoft.com/de-de/library/ff458373.aspx*).

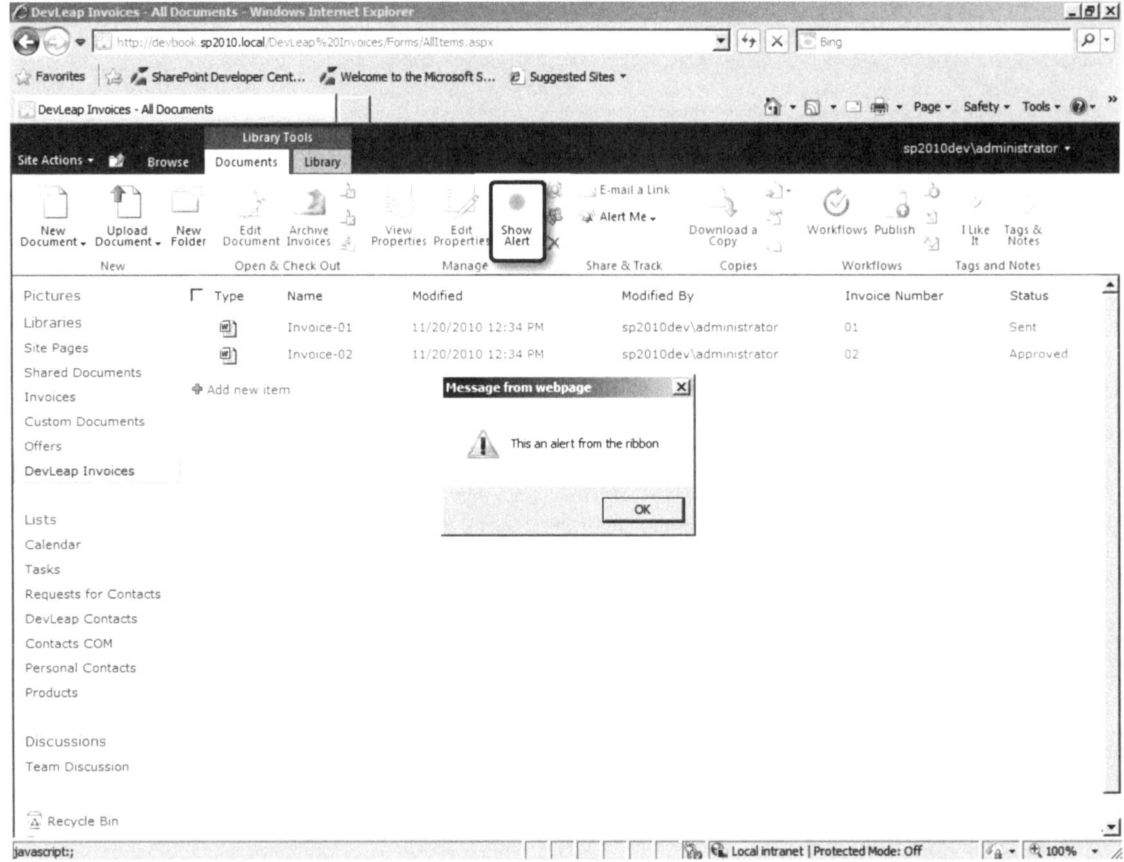

Abbildung 9.6 Der benutzerdefinierte Menübandbefehl zeigt eine Meldung an

Tabelle 9.5 Untergeordnete Elemente von *CommandUIDefinition*

Element	Beschreibung
Button	Eine Befehlsschaltfläche. Die wichtigsten Attribute sind *Alt* für alternativen Text; *Command* mit dem Befehl, der beim Anklicken ausgeführt wird; *Description* und *LabelText* für die Benutzeroberfläche; die verschiedenen Attribute für die 16 × 16 und 32 × 32 Pixel großen Bilder, bei Bedarf aus einer Bildleiste extrahiert; *TemplateAlias* und *Sequence* mit der Position der Schaltfläche in der übergeordneten Gruppe; und die verschiedenen Attribute für Tooltiptext und -bilder.
CheckBox	Ein Kontrollkästchen. *CheckBox* hat ebenfalls das Attribut *Command*, das festlegt, welcher Code ausgeführt wird, wenn der Benutzer das Steuerelement anklickt. Außerdem gibt es Layoutattribute für Beschreibung, Bilder und so weiter.
ComboBox	Ein Kombinationsfeld. *ComboBox* unterstützt die Attribute *AutoComplete* für automatische Textvervollständigung, *Command* zum Festlegen des Codes, der beim Anklicken ausgeführt wird, und Befehle, die beim Öffnen, Schließen und als Voransicht ausgeführt werden.
ColorPicker	Ein Steuerelement zum Auswählen einer Farbe.
ContextualGroup	Eine Gruppe von Registerkarten, die zusammen angezeigt werden. In *ContextualGroup* können Sie mit dem Attribut *Color* festlegen, welche Farbe verwendet wird, um die Gruppe anzuzeigen. ►

Element	Beschreibung
ContextualTabs	Enthält Gruppen mit Registerkarten, die bei Bedarf angezeigt werden. *ContextualTabs* ist der Container für *ContextualGroup*-Elemente.
Controls	Enthält Elemente, die Steuerelemente definieren. *Controls* kann Elemente der Typen *Button*, *CheckBox*, *ComboBox*, *DropDown*, *FlyoutAnchor*, *GalleryButton*, *Label*, *MRUSplitButton*, *Spinner*, *SplitButton*, *TextBox* und *ToggleButton* enthalten.
DropDown	Ein Steuerelement, mit dem der Benutzer einen Eintrag in einer Dropdownliste auswählt. Unterstützt praktisch dieselben Attribute wie *ComboBox*.
FlyoutAnchor	Der Ankerpunkt für ein Fly-Out-Menü. Unterstützt Attribute wie *Command* zum Festlegen des Codes, der beim Anklicken ausgeführt wird, verschiedene Attribute zum Auswählen von Bildern und Tooltips sowie Befehle, mit denen das Menü dynamisch gefüllt wird.
Gallery	Eine Galerie. Unterstützt Attribute für die Abmessung der untergeordneten Elemente. Ein *Gallery*-Steuerelement besteht aus mehreren untergeordneten *GalleryButton*-Elementen.
GalleryButton	Eine Galerieschaltfläche. Sie ähneln Standardschaltflächen, ihre Abmessungen können aber nach den Anweisungen des übergeordneten *Gallery*-Steuerelements festgelegt werden. Außerdem unterstützen sie das Attribut *InnerHTML* mit dem HTML-Markup, das das Aussehen der Schaltfläche steuert.
GroupTemplate	Legt das Skalierungsverhalten für Steuerelemente in einem *Group*-Element fest. *GroupTemplate* kann untergeordnete *Layout*-Elemente hosten. Das Attribut *ClassName* legt das CSS fest, das auf die Gruppe angewendet wird.
Group	Eine Gruppe mit Steuerelementen. Unterstützt Attribute für die Beschriftung, die verschiedenen Bilder und *Command* zum Festlegen des Codes, der beim Anklicken ausgeführt wird.
Groups	Definiert die Gruppen aus Steuerelementen auf einer Registerkarte. Dieses Element enthält nur untergeordnete *Group*-Elemente.
InsertTable	Ein Menüsteuerelement zum Einfügen einer Tabelle, die eine variable Zahl von Zellen enthält. Das Attribut *Command* legt fest, welcher Code ausgeführt wird, wenn die Tabelle eingefügt werden muss. Die Attribute *CommandPreview* und *CommandRevert* steuern die Vorschau beziehungsweise die Rücknahme des Befehls.
Label	Ein Beschriftungssteuerelement. *Label* unterstützt das Attribut *ForId*, mit dem die ID des Zielsteuerelements für das *Label*-Element festgelegt wird, einige andere Attribute zum Auswählen der Bilder und *LabelText* für den Beschriftungstext.
MRUSplitButton	Ein Steuerelement, das eine Schaltfläche mit einem Dropdownmenü kombiniert, um eine Liste der zuletzt benutzten Elemente anzuzeigen. Es hat Attribute, die festlegen, welcher Code ausgeführt wird, um die Liste zu füllen. Andere Attribute steuern das Verhalten, wenn der Benutzer eine Vorschau oder Rücknahme der Auswahl anzeigen lässt oder ein Element auswählt.
MaxSize	Legt die maximale Größe für eine Gruppe von Steuerelementen fest. *MaxSize* hat das Attribut *Size*, das die maximal erlaubte Größe für die Gruppe der Steuerelemente festlegt.
Menu	Ein Menüsteuerelement. *Menu* unterstützt nur das Attribut *MaxWidth*.
MenuSection	Ein Abschnitt in einem Menü. *MenuSection* kann untergeordnete Elemente der Typen *Controls* und *Gallery* aufnehmen. Es unterstützt das Attribut *DisplayMode*, das die Größeneinstellung der Elemente steuert. Das Attribut *Scrollable* legt fest, ob der Menüabschnitt verschoben werden kann.
QAT	Eine Symbolleiste für den schnellen Zugriff. *QAT* unterstützt einige Attribute zum Auswählen von Bildern und CSS-Klassen. Es hostet ein untergeordnetes *Controls*-Element.
Ribbon	Enthält Elemente, aus denen sich die Benutzeroberfläche eines Menübands zusammensetzt. *Ribbon* ist der Container für untergeordnete *Tabs*- und *ContextualTabs*-Elemente. Es unterstützt zahlreiche Darstellungsattribute.
Scale	Steuert, wie die Größe einer Gruppe von Steuerelementen auf einer Registerkarte eingestellt wird. *Scale* ist ein untergeordnetes Element von *Scaling*, es unterstützt die Attribute *Size* und *PopupSize*. ▶

Element	Beschreibung
Scaling	Steuert die Skalierung einer Registerkarte. *Scaling* enthält untergeordnete Elemente der Typen *MaxSize* und *Scale*.
Spinner	Ein Drehfeld. *Spinner* kann ein untergeordnetes *Unit*-Element enthalten. Es unterstützt einige Darstellungsattribute und *Command* zum Festlegen des Codes, der beim Anklicken ausgeführt wird.
SplitButton	Ein Steuerelement, das eine Schaltfläche mit einem Dropdownmenü kombiniert. *SplitButton* kann ein untergeordnetes *Menu*-Element enthalten. Es unterstützt zahlreiche Attribute für Bilder, Tooltips und Befehle des Dropdownmenüs.
Tab	Eine Registerkarte. *Tab* definiert, welche *CssClass* zum Anzeigen der Registerkarte verwendet wird. *Title* legt den Titel fest, der in der Registerkarte angezeigt wird. Es ist ein Container für untergeordnete *Scaling*- und *Groups*-Elemente.
Tabs	Enthält Elemente, die Registerkartensteuerelemente definieren. *Tabs* kann untergeordnete *Tab*-Elemente aufnehmen.
TextBox	Ein Textfeld. *TextBox* unterstützt Attribute, die das Aussehen des Steuerelements steuern. Das Attribut *Command* legt fest, welcher Code beim Anklicken ausgeführt wird. Und *MaxLength* begrenzt die Textlänge.
ToggleButton	Eine Schaltfläche, mit der zwischen verschiedenen Zuständen umgeschaltet wird. *ToggleButton* unterstützt Attribute zum Steuern des Aussehens. Das Attribut *Command* legt fest, welcher Code beim Anklicken ausgeführt wird.

Das Ziel für unser Beispiel besteht darin, ein Menüband zu erstellen, mit dem der Benutzer mehrere Elemente, die den Inhaltstyp *DevLeapInvoice* haben, gleichzeitig archivieren kann. Listing 9.11 zeigt den Quellcode für ein solches Menüband.

Listing 9.11 Quellcode für ein Menüband, das mehrere Elemente mit dem Inhaltstyp *DevLeapInvoice* gleichzeitig archiviert

```
<CustomAction
  RegistrationType="ContentType"
  RegistrationId="0x0101008D841CAC0C7F474288965287B30061DC"
  Id="DevLeap.CustomActions.Invoices.ArchiveRibbon"
  Location="CommandUI.Ribbon.ListView">
  <CommandUIExtension>
    <CommandUIDefinitions>
      <CommandUIDefinition
        Location="Ribbon.Documents.EditCheckout.Controls._children">
        <Button Id="InvoiceArchiveRibbonButton"
                Alt="Changes the status of the Invoice to Archived."
                Description="Change the status of the Invoice to Archived."
                Sequence="25"
                Command="ChangeInvoiceStatusToArchived"
                Image16by16= "/_layouts/images/DevLeap.SP2010.UIExtensions/IconArchive_16x16.gif"
                Image32by32= "/_layouts/images/DevLeap.SP2010.UIExtensions/IconArchive_32x32.gif"
                LabelText="Archive Invoices"
                TemplateAlias="o1" />
      </CommandUIDefinition>
    </CommandUIDefinitions>
    <CommandUIHandlers>
      <CommandUIHandler Command="ChangeInvoiceStatusToArchived"
                        EnabledScript="javascript:
```

```
    function checkInvoicesSelected() {
      // Zahl der ausgewählten Elemente prüfen.
      var items =
        SP.ListOperation.Selection.getSelectedItems();
      return (items.length >= 1);
    }
    checkInvoicesSelected();"
CommandAction="javascript:
    // Gemeinsame Variablen
    var ctx;
    var itemsToArchive;
    var notifyId = '';

    // Funktion zum Archivieren der gewählten Elemente.
    function archiveInvoices() {

      // Benutzer über die Operation informieren.
      this.notifyId =
        SP.UI.Notify.addNotification(
          'Archiving items ...', true);

      // Aktuellen ClientContext abrufen.
      this.ctx = new SP.ClientContext.get_current();

      // Aktuelle Web-Instanz abrufen.
      var web = this.ctx.get_web();

      // Ausgewählte Liste abrufen.
      var listId =
        SP.ListOperation.Selection.getSelectedList();
      var sourceList = web.get_lists().getById(listId);

      // Ausgewählte Elemente abrufen und archivieren.
      var items =
        SP.ListOperation.Selection.getSelectedItems(
          this.ctx);

      var item;
      this.itemsToArchive = new Array(items.length);
      for(var i in items) {
        item = items[i];

        // Jedes ausgewählte Element abrufen.
        var listItem = sourceList.getItemById(item.id);
        this.itemsToArchive.push(listItem);
        this.ctx.load(listItem);
      }
```

```
          // Elemente aus SharePoint laden.
          this.ctx.executeQueryAsync(
            Function.createDelegate(this, onQuerySucceeded),
            Function.createDelegate(this, onQueryFailed));
        }

        // Dieser Delegat wird aufgerufen, sobald die
        // Serveroperation erfolgreich abgeschlossen ist.
        function onQuerySucceeded(sender, args) {
          // Jedes Element als archiviert markieren.
          var item = null;
          do {
            item = this.itemsToArchive.pop();
            if (item != null) {
              item.set_item('DevLeapInvoiceStatus', 'Archived');
              item.update();
            }
          } while (item != null);

          // Elemente in SharePoint aktualisieren.
          this.ctx.executeQueryAsync(
          Function.createDelegate(this, onUpdateSucceeded),
          Function.createDelegate(this, onQueryFailed));
        }

        // Dieser Delegat wird aufgerufen, sobald die
        // Serveroperation erfolgreich abgeschlossen ist.
        function onUpdateSucceeded(sender, args) {
          SP.UI.Notify.removeNotification(this.notifyId);
          SP.UI.ModalDialog.RefreshPage(SP.UI.DialogResult.OK);
        }

        // Dieser Delegat wird aufgerufen, wenn die
        // Serveroperation mit Fehlern abgebrochen wurde.
        function onQueryFailed(sender, args) {
          alert('The requested operation failed: ' +
            args.toString());
        }
        archiveInvoices();" />
    </CommandUIHandlers>
  </CommandUIExtension>
</CustomAction>
```

Listing 9.11 ist zwar nicht gerade kurz, aber recht simpel. Der Code bedient sich des ECMAScript-Clientobjektmodells, das in Kapitel 5, »Clientseitige Technologien«, vorgestellt wurde. Dazu definiert das Attribut *CommandAction* des *CommandUIHandler*-Elements den Code, der ausgeführt wird. Er erstellt eine *ClientContext*-Instanz, ruft mithilfe der Klasse *SP.ListOperation.Selection* die ausgewählten Elemente ab und aktualisiert sie, nachdem ihr *Status*-Feld auf den Wert *Archived* gesetzt wurde. Dabei ruft er die asynchrone Operation über die Methode *executeQueryAsync* von *ClientContext* auf.

Das Menüband ist tatsächlich vollständig in XML und ECMAScript definiert, ohne jeglichen serverseitigen Code. Es arbeitet daher asynchron im Webbrowser, ohne Postbacks zum Server. Nur am Ende des Aktualisierungsprozesses ist ein einziger Postback nötig, um die Liste der Elemente zu aktualisieren und die angewendeten Änderungen sichtbar zu machen. Sie sehen den Aufruf der Methode *SP.UI.ModalDialog.RefreshPage* in der Methode *onUpdateSucceeded*. Sie können den ECMAScript-Code auch in eine externe *.js*-Datei schreiben und darauf in einer benutzerdefinierten Aktion verweisen, bei der Sie dem Attribut *Location* den Wert *ScriptLink* zuweisen.

Der Code im Attribut *EnabledScript* des *CommandUIHandler*-Elements wird auf der Clientseite aufgerufen. Das Attribut enthält ebenfalls einen ECMAScript-Block, der ermittelt, ob der Menübandbefehl aktiviert oder deaktiviert werden muss. Intern prüft das Skript, wie viele Elemente ausgewählt sind, und gibt nur dann *TRUE* zurück, wenn mindestens eine Rechnung ausgewählt ist, was aus dem Ergebnis der Methode *SP.ListOperation.Selection.getSelectedItems* hervorgeht. Wie im Beispielcode zu sehen, liefert die Methode *SP.ListOperation.Selection.getSelectedItems* nur die IDs der ausgewählten Elemente, nicht die gesamten Elemente.

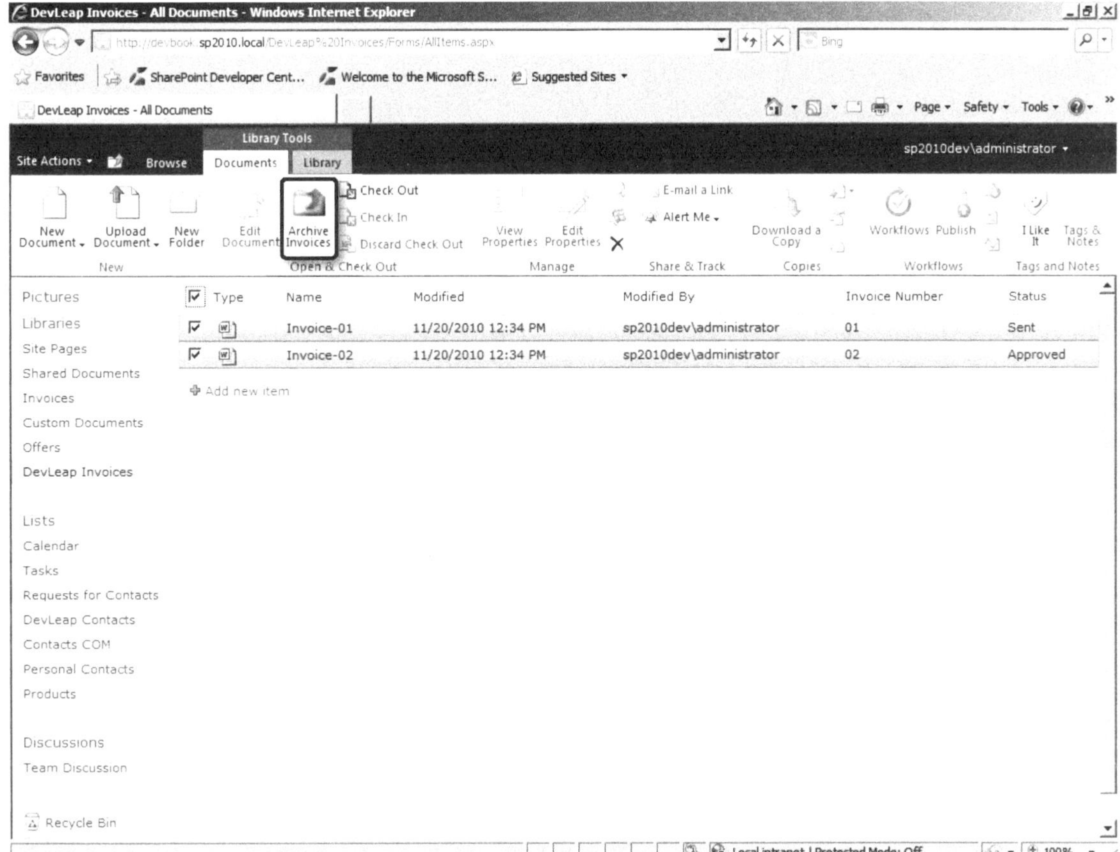

Abbildung 9.7 Ein benutzerdefinierter Menübandbefehl zum Archivieren mehrerer Rechnungen auf einmal

Als letztes Attribut des Beispiels sehen wir uns das Attribut *Location* an. Das *CommandUIDefinition*-Element gibt damit an, wo das neue Menüband liegen soll. In diesem Beispiel befindet sich das Menüband in der Gruppe *Öffnen und auschecken* auf der Registerkarte *Dokumente*; dieser Ort wird mit *Ribbon.*

Documents.EditCheckout.Controls angegeben. Die Position des neuen Befehls wird somit als *Ribbon.Documents.EditCheckout.Controls._children* angegeben, damit die Umgebung das Element innerhalb der Gruppe *Öffnen und auschecken* anzeigt.

HINWEIS Die vollständige Liste der Orte finden Sie im Dokument »Anpassen von Standardobjekten im Menüband der Serverkomponente« auf MSDN Online unter *http://msdn.microsoft.com/de-de/library/ee537543.aspx*.

Der Beispielcode aus Listing 9.11 nutzt auch den neuen Infobereich von SharePoint 2010, zu dem Sie im Abschnitt »Statusleiste und Infobereich« weiter unten in diesem Kapitel mehr erfahren. Abbildung 9.7 zeigt den Menübandbefehl in der Benutzeroberfläche.

Im Attribut *CommandAction* können Sie Platzhalter (Token) verwenden, die von der Umgebung ersetzt werden, bevor das Skript ausgeführt wird. Es stehen folgende Token zur Verfügung:

- ***{ItemId}*** ID (*GUID*) aus der Listenansicht
- ***{ItemUrl}*** Webrelative URL des Listenelements (*Url*)
- ***{RecurrenceId}*** ID eines mehrfach auftauchenden Elements (*RecurrenceID*)
- ***{SiteUrl}*** Vollqualifizierte URL der Website (*Url*)
- ***{ListId}*** ID (*GUID*) der Liste (*ID*)
- ***{ListUrlDir}*** Serverrelative URL der Website mit dem Ordner der Liste
- ***{Source}*** Vollqualifizierte Anforderungs-URL
- ***{SelectedListId}*** ID (*GUID*) der Liste, die momentan in einer Listenansicht ausgewählt ist
- ***{SelectedItemId}*** ID des Elements, das momentan in der Listenansicht ausgewählt ist

Sehen wir uns schließlich noch an, wie Sie eine benutzerdefinierte Registerkarte in einem Menüband anlegen. Wenn Sie mehrere Befehle für Ihre eigenen Inhalte haben, empfiehlt es sich, eine eigene Menübandregisterkarte dafür anzulegen, statt eine vorhandene zu erweitern. Um eine neue Registerkarte für Menübänder zu definieren, verwenden Sie die Elemente *Tab*, *Scaling*, *Groups* und *Group*. Listing 9.12 demonstriert, wie eine benutzerdefinierte Registerkarte deklariert wird. Sie erscheint nur, wenn Elemente mit dem Inhaltstyp *DevLeapInvoice* angezeigt werden. Die Registerkarte enthält drei Schaltflächen, die hier einfach eine Begrüßungsmeldung anzeigen.

Listing 9.12 Eine benutzerdefinierte Registerkarte für Menübänder, die für Elemente mit dem Inhaltstyp *DevLeapInvoice* angezeigt wird

```
<CustomAction
  RegistrationType="ContentType"
  RegistrationId="0x0101008D841CAC0C7F474288965287B30061DC"
  Id="DevLeap.CustomActions.Invoices.Tab"
  Location="CommandUI.Ribbon.ListView">
  <CommandUIExtension>
    <CommandUIDefinitions>
      <CommandUIDefinition
        Location="Ribbon.Tabs._children">
        <Tab
          Id="DevLeap.CustomActions.Invoices.Tab.One"
          Title="Invoices"
          Description="This tab holds custom commands for Invoices."
          Sequence="1000">
```

```
<Scaling
  Id="DevLeap.CustomActions.Invoices.Tab.One.Scaling">
  <MaxSize
    Id="DevLeap.CustomActions.Invoices.Tab.One.Scaling.MaxSize"
    GroupId="DevLeap.CustomActions.Invoices.Tab.One.GroupOne"
    Size="OneLargeTwoSmall"/>
  <Scale
    Id="DevLeap.CustomActions.Invoices.Tab.One.Scaling.Scale"
    GroupId="DevLeap.CustomActions.Invoices.Tab.One.GroupOne"
    Size="OneLargeTwoSmall" />
</Scaling>
<Groups Id="DevLeap.CustomActions.Invoices.Tab.Groups">
  <Group
    Id="DevLeap.CustomActions.Invoices.Tab.One.GroupOne"
    Description="This is the first group."
    Title="First Group"
    Sequence="52"
    Template="DevLeap.CustomActions.Invoices.RibbonTemplate">
    <Controls Id="Ribbon.CustomTabExample.CustomGroupExample.Controls">
      <Button
        Id="DevLeap.CustomActions.Invoices.Tab.One.ButtonOne"
        Command="ButtonOneCommand"
        Sequence="10"
        Description="First sample command."
        Image32by32="/_layouts/$Resources:core,Language;/images/formatmap32x32.png"
        Image32by32Left="-160"
        Image32by32Top="-256"
        LabelText="First sample command!"
        TemplateAlias="customOne"/>
      <Button
        Id="DevLeap.CustomActions.Invoices.Tab.One.ButtonTwo"
        Command="ButtonTwoCommand"
        Sequence="20"
        Description="Second sample command."
        Image16by16="/_layouts/$Resources:core,Language;/images/formatmap16x16.png"
        Image16by16Left="-144"
        Image16by16Top="-32"
        LabelText="Second sample command!"
        TemplateAlias="customTwo"/>
      <Button
        Id="DevLeap.CustomActions.Invoices.Tab.One.ButtonThree"
        Command="ButtonThreeCommand"
        Sequence="30"
        Description="Third sample command."
        Image16by16=
          "/_layouts/$Resources:core,Language;/images/formatmap16x16.png"
        Image16by16Left="-96"
        Image16by16Top="-128"
        LabelText="Third sample command!"
        TemplateAlias="customThree"/>
    </Controls>
```

```
          </Group>
        </Groups>
      </Tab>
    </CommandUIDefinition>
    <CommandUIDefinition Location="Ribbon.Templates._children">
      <GroupTemplate Id="DevLeap.CustomActions.Invoices.RibbonTemplate">
        <Layout
          Title="OneLargeTwoSmall"
          LayoutTitle="OneLargeTwoSmall">
          <Section Alignment="Top" Type="OneRow">
            <Row>
              <ControlRef DisplayMode="Large" TemplateAlias="customOne" />
            </Row>
          </Section>
          <Section Alignment="Top" Type="TwoRow">
            <Row>
              <ControlRef DisplayMode="Small" TemplateAlias="customTwo" />
            </Row>
            <Row>
              <ControlRef DisplayMode="Small" TemplateAlias="customThree" />
            </Row>
          </Section>
        </Layout>
      </GroupTemplate>
    </CommandUIDefinition>
  </CommandUIDefinitions>
  <CommandUIHandlers>
    <CommandUIHandler
      Command="ButtonOneCommand"
      CommandAction="javascript:window.alert('You pressed CommandOne!');" />
    <CommandUIHandler
      Command="ButtonTwoCommand"
      CommandAction="javascript:window.alert('You pressed CommandTwo!');" />
    <CommandUIHandler
      Command="ButtonThreeCommand"
      CommandAction="javascript:window.alert('You pressed CommandThree!');" />
  </CommandUIHandlers>
</CommandUIExtension>
</CustomAction>
```

Zuerst legt der Code in Listing 9.12 eine neue Menübandregisterkarte an, die den *Location*-Wert *Ribbon.Tabs._children* angibt und mit *Title* die Beschriftung »Invoices« (Rechnungen) anzeigt. Einige *Scaling*-Daten legen fest, wie sich das Menüband verhält, wenn sich die Größe des Fensters ändert. Sie müssen für jede Menübandgruppe ein *MaxSize*-Element definieren und das Darstellungsverhalten bei der Maximalgröße festlegen. Außerdem müssen Sie für jede Menübandgruppe mindestens ein *Scale*-Element einfügen, das steuert, wie der Inhalt der Gruppe skaliert wird. Die Elemente *MaxSize* und *Scale* haben beide ein *Size*-Attribut, dessen Wert auf das Attribut *Title* der *Layout*-Elemente verweist, die im *CommandUIDefinition*-Element mit dem *Location*-Wert *Ribbon.Templates._children* definiert sind. In diesem Beispiel beschreibt der Layouttitel *OneLargeTwoSmall* einen ersten Abschnitt (*Section*) mit einer Zeile und einen zweiten Abschnitt mit zwei Zeilen. Die *Row*-Elemente, die in den *Section*-Elementen definiert werden, deklarieren ein *TemplateAlias*, auf das die *Button*-Elemente verweisen. Wichtig ist auch der Wert des Attributs *Location* in den zwei *CommandUIDefinition*-Elementen.

Interessant ist auch, wie die Bilder der Schaltflächen definiert werden. Aus Leistungsgründen verwendet SharePoint 2010 Bilder, die mehrere Symbole enthalten. Das jeweils gewünschte Bild wird mithilfe von CSS-Zuschnitt (cropping) angezeigt. In diesem Beispiel werden die zwei Bilddateien *formatmap16x16.png* und *formatmap32x32.png* verwendet, die zahlreiche Symbole für Schaltflächen von Menübändern und Menüs enthalten, jeweils mit einer Größe von 16 × 16 beziehungsweise 32 × 32 Pixeln.

Wenn Sie ein bestimmtes Bild anzeigen wollen, müssen Sie auf das richtige Bild im Attribut *Image16by16* oder *Image32by32* verweisen, je nachdem, welche Größe das gewünschte Bild haben soll. Dann geben Sie mit den Attributen *Image16by16Top* und *Image16by16Left* beziehungsweise *Image32by32Top* und *Image-32by32Left* die Position der linken oberen Ecke des Bilds an, bei der der Zuschnitt einsetzt. Das Offset müssen Sie in diesen Attributen als negativen Wert angeben. In Listing 9.12 enthalten die Bilder-URLs auch einen Verweis auf den passenden Kulturcode, der durch Abfrage der Kernressourcenzeichenfolgen ermittelt wird. Abbildung 9.8 zeigt, wie die Steuerelemente aus Listing 9.12 im Webbrowser aussehen.

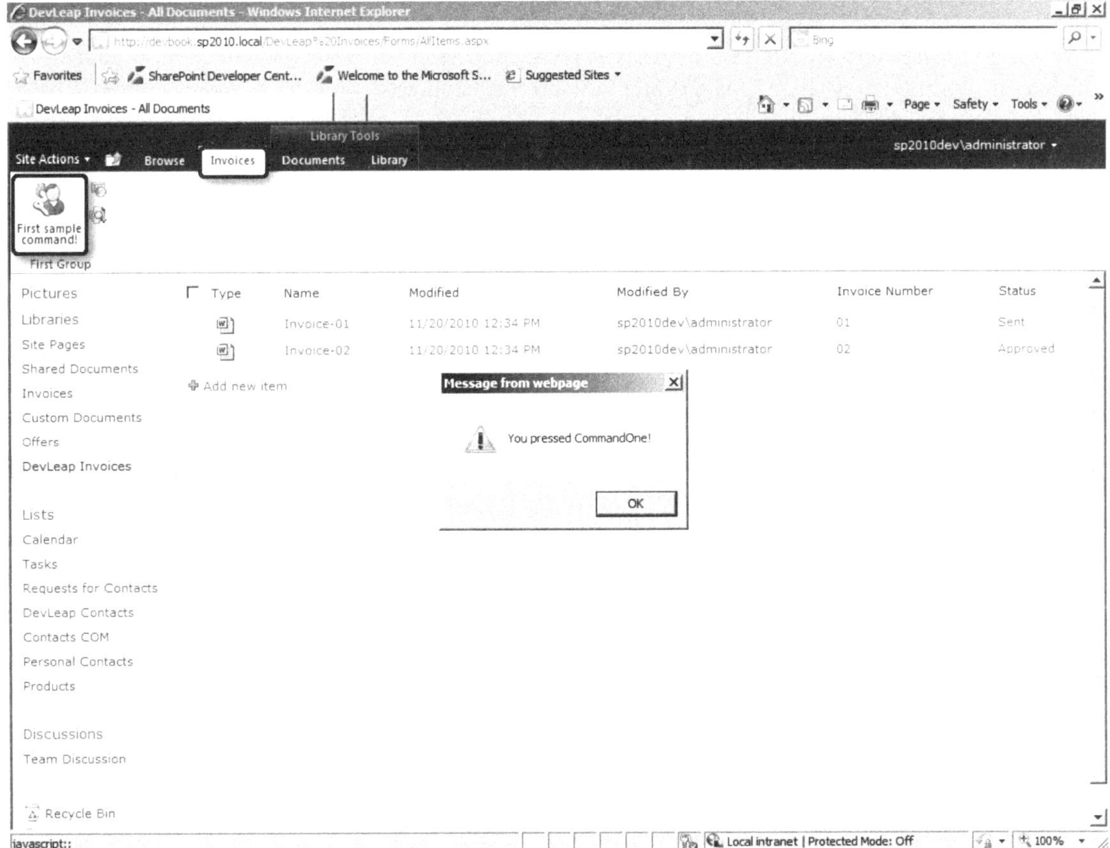

Abbildung 9.8 Die benutzerdefinierte Registerkarte im Menüband wird für Elemente mit dem Inhaltstyp *DevLeapInvoice* angezeigt

Delegierungssteuerelemente

Seit der Version 2007 können Sie in SharePoint native Seiten und Masterseiten erweitern, ohne sie direkt ändern zu müssen. Wenn Sie sich eine der Standardmasterseiten wie *v4.master* oder *default.master* ansehen, stellen Sie fest, dass darin viele Instanzen eines Serversteuerelements mit dem Namen *<SharePoint: DelegateControl />* eingebettet sind. Dieses Steuerelement dient als Platzhalter, das mithilfe des Attributs *ControlId* eindeutig innerhalb der Seite oder der Masterseite identifiziert werden kann. Es wird später, während die Seite gerendert wird, durch das gewünschte ASP.NET-Serversteuerelement ersetzt, das über ein *Control*-Feature konfiguriert werden kann.

Betrachten Sie als Beispiel das kleine Suchfeld in der rechten oberen Ecke jeder Homepage im SharePoint-Standardlayout (mit den Masterseiten *v4.master* oder *default.master*). Dieses Suchfeld wird über ein Delegierungssteuerelement (delegate control, auch als Stellvertreter-Steuerelement bezeichnet) gerendert. Es ist auf der Masterseite *v4.master* folgendermaßen definiert:

```
<SharePoint:DelegateControl runat="server" ControlId="SmallSearchInputBox" Version="4"/>
```

In der Standardeinstellung wird dieses Delegierungssteuerelement durch das native Steuerelement ersetzt, das in der Klasse *Microsoft.SharePoint.Portal.WebControls.SearchBoxEx* aus der Assembly *Microsoft.Office.Server.Search.dll* definiert ist. Wenn Sie dieses Standardsteuerelement ersetzen möchten, brauchen Sie lediglich ein Feature zu erstellen, das ein Manifest für ein benutzerdefiniertes Element enthält. Listing 9.13 zeigt ein Beispiel.

Listing 9.13 Ein Featureelement, das das Standarddelegierungssteuerelement *SmallSearchInputBox* ersetzt

```
<?xml version="1.0" encoding="utf-8"?>
<Elements xmlns="http://schemas.microsoft.com/sharepoint/">
  <Control Id="SmallSearchInputBox"
    Sequence="10"
    ControlAssembly="DevLeap.SP2010.UIExtensions, Version=1.0.0.0, Culture=neutral,
       PublicKeyToken=3b7c6076bf78362f"
    ControlClass="DevLeap.SP2010.UIExtensions.CustomSmallSearchInputBox" />
</Elements>
```

HINWEIS Die Werte der Attribute *ControlAssembly* und *ControlClass* in Listing 9.13 müssen jeweils in einer einzigen Codezeile definiert werden.

Das Featureelement *Control* in Listing 9.13 gibt an, dass die Klasse, deren Name im Attribut *ControlClass* festgelegt ist und die in der Assembly aus dem Attribut *ControlAssembly* liegt, immer dann verwendet wird, wenn das *DelegateControl*-Steuerelement auf ein Steuerelement mit dem *ControlId*-Wert *SmallSearchInputBox* verweist. Außerdem legt das Attribut *Sequence* den Vorrang fest für den Fall, dass beim Ersetzen eines Delegierungssteuerelements Konflikte auftreten. Das Steuerelement mit dem kleinsten *Sequence*-Wert wird als Quelle für das *DelegateControl* verwendet. Die in Listing 9.13 angegebene Klasse *CustomSmallSearchInputBox* ist ein benutzerdefiniertes Websteuerelement, das vom Standardsteuerelement *SearchBoxEx* abgeleitet ist. In der Deklaration eines *Control*-Elements können Sie statt auf eine kompilierte Klasse auch auf ein *.ascx*-Steuerelement verweisen. Tragen Sie dazu einfach einen Wert in das Attribut *ControlSrc* ein, wie in Listing 9.14 gezeigt.

HINWEIS Wenn Sie eine benutzerdefinierte Steuerelementklasse als Basis für eine *DelegateControl*-Instanz einsetzen wollen, müssen Sie die Steuerelementklasse in der SharePoint-Zielwebsite als *SafeControl* konfigurieren.

Listing 9.14 Ein Featureelement, das das Standarddelegierungssteuerelement *SmallSearchInputBox* durch ein benutzerdefiniertes *.ascx*-Steuerelement ersetzt

```
<?xml version="1.0" encoding="utf-8"?>
<Elements xmlns="http://schemas.microsoft.com/sharepoint/">
  <Control Id="SmallSearchInputBox"
    Sequence="10"
    ControlSrc="/_controltemplates/CustomSmallSearchInputBox.ascx" />
</Elements>
```

Schließlich können Sie auch ein *Control*-Element nutzen, um die Konfiguration eines vorhandenen, auch nativen Steuerelements auf einfache Weise anzupassen. Das Element *Control* bettet beliebig viele untergeordnete *Property*-Elemente ein, mit denen Sie die Eigenschaften des Zieldelegierungssteuerelements einstellen. Listing 9.15 zeigt zum Beispiel, wie Sie das native *SearchBoxEx*-Steuerelement so konfigurieren, dass es ein Dropdownmenü zum Auswählen des Suchbereichs anzeigt und im Textfeld, das die Breite von 200 Pixeln hat, eine Standardanweisung (»Geben Sie hier Ihre Suche ein ...«) anzeigt.

Listing 9.15 Ein Featureelement, das das Standarddelegierungssteuerelement *SmallSearchInputBox* ersetzt

```
<?xml version="1.0" encoding="utf-8"?>
<Elements xmlns="http://schemas.microsoft.com/sharepoint/">
  <Control Id="SmallSearchInputBox"
    Sequence="5"
    ControlClass="Microsoft.SharePoint.Portal.WebControls.SearchBoxEx"
    ControlAssembly="Microsoft.Office.Server.Search, Version=14.0.0.0, Culture=neutral,
        PublicKeyToken=71e9bce111e9429c">
    <Property Name="FrameType">None</Property>
    <Property Name="DropDownMode">ShowDD</Property>
    <Property Name="TextBoxWidth">200</Property>
    <Property Name="ShowAdvancedSearch">false</Property>
    <Property Name="QueryPromptString">Geben Sie hier Ihre Suche ein ...</Property>
    <Property Name="SearchBoxTableClass">search-box</Property>
  </Control>
</Elements>
```

HINWEIS Die Werte der Attribute *ControlAssembly* und *ControlClass* in Listing 9.15 müssen jeweils in einer einzigen Codezeile definiert werden.

Abbildung 9.9 zeigt die Homepage einer Teamwebsite, auf der das native Steuerelement *SmallSearchInputBox* wie in Listing 9.15 angepasst wurde.

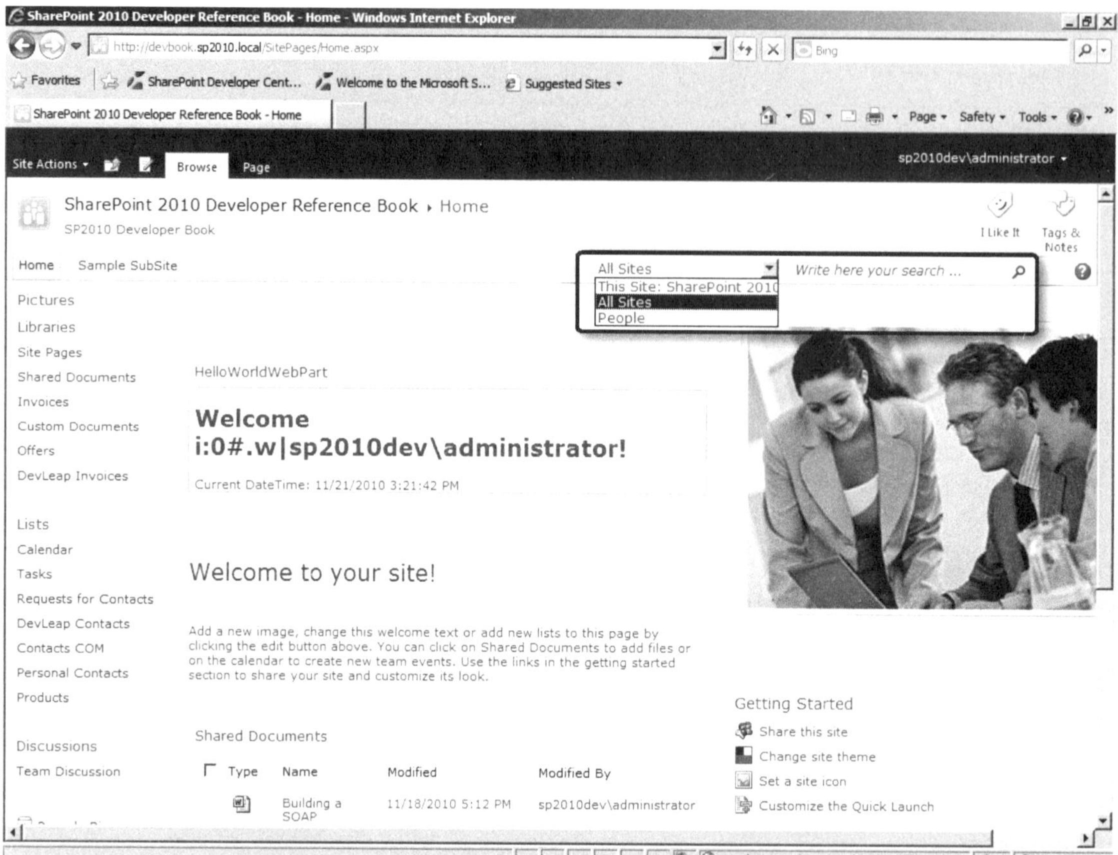

Abbildung 9.9 Ein angepasstes *SmallSearchInputBox*-Steuerelement

WICHTIG Das *Control*-Element kann für die Gültigkeitsbereiche *Farm*, *WebApplication*, *Site* oder *Web* gelten. Daher können Sie damit die Benutzeroberfläche auf jeder gewünschten Ebene anpassen. Wollen Sie beispielsweise das *SmallSearchInputBox*-Standardsteuerelement in allen Websites aller Webanwendungen der gesamten Farm ersetzen, brauchen Sie das Feature lediglich für den Gültigkeitsbereich *Farm* zu definieren.

Tabelle 9.6 listet die nützlichsten Werte für *ControlId* auf, die in den Standardmasterseiten von SharePoint 2010 verwendet werden.

Tabelle 9.6 Wichtige *ControlId*-Werte in SharePoint 2010

ControlId	Beschreibung
AdditionalPageHead	Definiert zusätzliche Header für die Seite. *AdditionalPageHead* unterstützt die Deklaration mehrerer Delegierungssteuerelemente, die in den HTML-Header der Seite geladen werden. Sie können damit benutzerdefinierte Metatags, Header und Skripts in die Masterseite Ihrer Website einbetten.
GlobalNavigation	Ein Steuerelement, das oben auf der Seite angezeigt wird, wenn Sie die Masterseite *v4.master* verwenden. Sie können die Website damit um eine globale Navigationsleiste erweitern.
SmallSearchInputBox	Ein kleines Suchfeld.
TopNavigationDataSource	Eine benutzerdefinierte Datenquelle für die obere Navigationsleiste.
PublishingConsole	Eine benutzerdefinierte Veröffentlichungskonsole, das heißt ein Steuerelement, das die Symbolleiste für die Seitenbearbeitung zeichnet.
QuickLaunchDataSource	Eine benutzerdefinierte Datenquelle für die Schnellstartleiste.
TreeViewAndDataSource	Eine benutzerdefinierte Datenquelle für die Strukturansicht der Website.

Benutzerdefinierter Inhalt

Einige Codelistings in den letzten Abschnitten haben auf benutzerdefinierte Bilder und Seiten verwiesen, die zusammen mit dem Feature, das sie benutzt, in der Farm bereitgestellt wurden. In diesem Abschnitt erfahren Sie, wie Sie solche benutzerdefinierten Inhalte mithilfe von Features bereitstellen.

Bilder und allgemeine Inhalte

Die erste Art von Inhalt, die Sie häufiger bereitstellen müssen, sind Bilder. In der Standardeinstellung speichert SharePoint Bilder im Ordner *<SharePoint14_Root>\TEMPLATE\IMAGES* und macht sie über das virtuelle Verzeichnis *_layouts/images/* verfügbar.

HINWEIS Die Bezeichnung *<SharePoint14_Root>* ist der SharePoint-Stammordner, normalerweise *C:\Program Files\Common Files\Microsoft Shared\Web Server Extensions\14.*

In Visual Studio 2010 können Sie eigene Bilder im richtigen Ordner bereitstellen, indem Sie mit der rechten Maustaste auf das Projekt klicken und im Kontextmenü den Befehl *Hinzufügen/Zugeordneter SharePoint-Ordner "Bilder"* wählen (Abbildung 9.10). Anschließend enthält Ihr Projekt einen Ordner namens *Images*. Wenn Sie eine Bilddatei in diesen Ordner legen, wird sie automatisch im SharePoint-Bilderordner bereitgestellt. Um die Dateien in den SharePoint-Ordnern besser zu organisieren, erstellt Visual Studio 2010 automatisch einen Unterordner mit dem Namen des aktuellen Projekts und speichert die Bilder dort. Wenn Ihr Projekt also *MyCustomProject* heißt und Sie die Bilddatei *MyImage.jpg* hinzufügen, wird dieses Bild mit dem Pfadnamen *<SharePoint14_Root>\TEMPLATE\IMAGES\MyCustomProject\MyImage.jpg* bereitgestellt und ist über den relativen URI *./_layouts/images/MyCustomProject/MyImage.jpg* zugänglich.

Wenn Sie andere allgemeine Inhaltstypen bereitstellen wollen, zum Beispiel *.ascx*-Steuerelemente, *.css*-Dateien, *.js*-Dateien und so weiter, können Sie im Kontextmenü des Projekts den Befehl *Hinzufügen/Zugeordneter SharePoint-Ordner* auswählen. Daraufhin öffnet sich ein Dialogfeld (Abbildung 9.11), in dem Sie den gewünschten Ordner unterhalb des Pfads *<SharePoint14_Root>* auswählen.

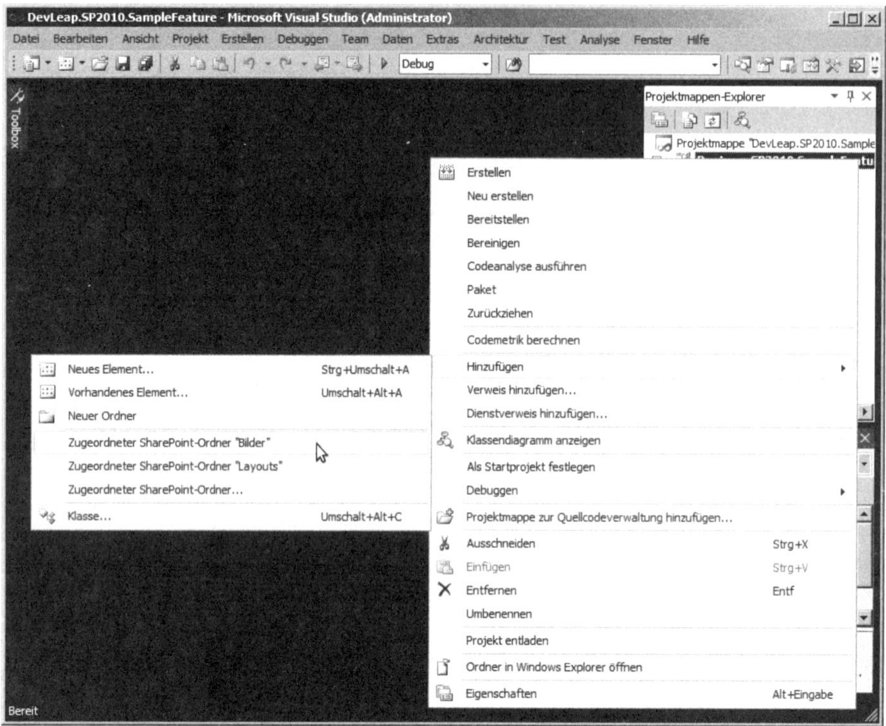

Abbildung 9.10 Der Menübefehl zum Hinzufügen des Bilderordners *<SharePoint14_Root>\TEMPLATE\IMAGES*

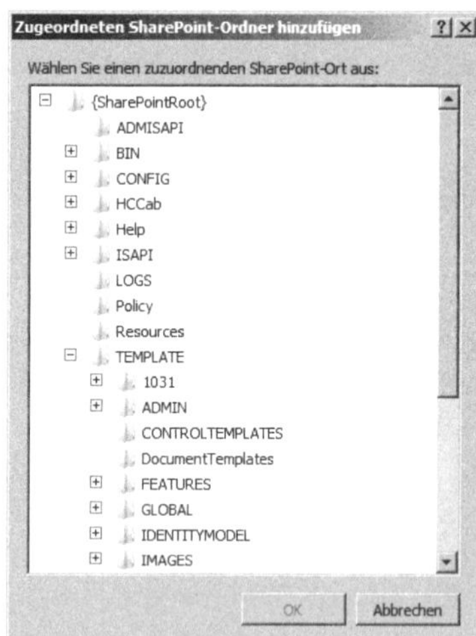

Abbildung 9.11 Auswählen eines zugeordneten SharePoint-Ordners

Anwendungsseiten

Anwendungsseiten (application pages) sind *.aspx*-Dateien, die bereitgestellt werden, um Seiten für alle Websites einer Farm verfügbar zu machen. Sie liegen im Ordner *<SharePoint14_Root>\TEMPLATE\LAYOUTS*. SharePoint macht sie über das virtuelle Verzeichnis *_layouts* verfügbar. Diese Seiten werden meist erstellt, um die Benutzeroberfläche für Administrationsaufgaben zu liefern oder benutzerdefinierte Anwendungsseiten zu implementieren, die in benutzerdefinierten Lösungen genutzt werden. In Teil V, »Entwickeln von Workflows«, dieses Buchs setzen Sie solche Seiten beispielsweise ein, um eigene Benutzeroberflächen für Ihre Workflows zur Verfügung zu stellen. In Listing 9.3 verweist ein *UrlAction*-Element auf die Seite *DevLeapInvoiceChangeStatus.aspx*, eine benutzerdefinierte Anwendungsseite.

In Visual Studio 2010 erstellen Sie solche Seiten, indem Sie ein neues Element vom Typ *Anwendungsseite* zum Projekt hinzufügen. Das neue Element ist dann eine *.aspx*-Datei. Sofern noch kein Ordner namens *Layouts* vorhanden ist, wird er zum Projekt hinzugefügt. In diesem Ordner wird ein Unterordner angelegt, der denselben Namen wie Ihr Projekt trägt. Die neue *.aspx*-Datei wird in diesen Unterordner gelegt. Die *.aspx*-Datei definiert eine ASP.NET-Standardseite, die Sie mithilfe von ASP.NET-Standardsteuerelementen und benutzerdefinierten SharePoint-Steuerelementen oder eigenen Steuerelementen anpassen können. In der Standardeinstellung ist der Seite die Masterseite *~masterurl/default.master* zugewiesen, aber Sie können das nach Belieben ändern. Das Attribut *CodeBehind* der Seite verweist auf eine Codedatei, indem sie eine ASP.NET-Seite angibt, die von der Klasse *LayoutsPageBase* aus dem Namespace *Microsoft.SharePoint.WebControls* abgeleitet ist. Diese Basisklasse legt das gemeinsame Standardverhalten für alle Anwendungsseiten fest. Die Basisklasse *LayoutsPageBase* stellt einige nützliche Eigenschaften zur Verfügung, mit denen Sie direkt auf die *SPWeb*- und *SPSite*-Instanzen des aktuellen Kontextes zugreifen können.

Wenn Sie sich noch einmal das Beispiel aus Listing 9.3 ansehen, stellen Sie fest, dass die im Element *UrlAction* angegebene Anwendungsseite in der Lage ist, das Feld *Status* eines einzelnen Elements mit dem Inhaltstyp *DevLeapInvoice* zu ändern, indem sie *ListId*, *ItemId* und *Status* aus dem *QueryString* einliest. Listing 9.16 zeigt den Quellcode für die CodeBehind-Seite.

Listing 9.16 Die CodeBehind-Seite von *DevLeapInvoiceChangeStatus.aspx*, auf die in Listing 9.3 verwiesen wurde

```
using System;
using Microsoft.SharePoint;
using Microsoft.SharePoint.WebControls;
using System.Web;
using Microsoft.SharePoint.Utilities;

namespace DevLeap.SP2010.UIExtensions.Layouts.DevLeap.SP2010.UIExtensions {
    public partial class DevLeapInvoiceChangeStatus : LayoutsPageBase {
        protected void Page_Load(object sender, EventArgs e) {

            String itemId = this.Request.QueryString["ItemId"];
            String listId = this.Request.QueryString["ListId"];
            String status = this.Request.QueryString["Status"];

            if (!String.IsNullOrEmpty(itemId) &&
                !String.IsNullOrEmpty(listId) &&
                !String.IsNullOrEmpty(status)) {
                SPWeb web = this.Web;
```

```
            try {
              try {
                SPList list =
                  web.Lists[new Guid(this.Request.QueryString["ListId"])];
                SPListItem item =
                  list.GetItemById(
                    Int32.Parse(this.Request.QueryString["ItemId"]));

                web.AllowUnsafeUpdates = true;
                item[FieldsIds.DevLeapInvoiceStatus_ID] = status;
                item.Update();
                SPUtility.Redirect(
                  list.DefaultViewUrl,
                  SPRedirectFlags.Default,
                  HttpContext.Current);
              }
              finally {
                web.AllowUnsafeUpdates = false;
              }
            }
            catch (ArgumentException) {
              // "Ungültige Listen- oder Element-ID!"
              throw new ApplicationException("Invalid List or Item ID!");
            }
          }
        }
      }
    }
```

Der *.aspx*-Code der Seite *DevLeapInvoiceChangeStatus.aspx* ist nicht sonderlich interessant, weil er leer ist. Eine benutzerdefinierte Anwendungsseite sollte aber nur die Inhaltsregionen definieren und die Inhaltsplatzhalter füllen, die in der Masterseite der Zielwebsite definiert sind.

WICHTIG Anwendungsseiten können nicht vom Endbenutzer angepasst werden, weil sie im Dateisystem abgelegt sind. Wie Sie benutzerdefinierte Seiten erhalten, die auch angepasst werden können, ist im nächsten Abschnitt erklärt.

Inhaltsseiten, Webpartseiten und Galerien

Manchmal müssen Sie Seiten bereitstellen, die nicht in allen Websites Ihrer Farm benötigt werden und deshalb nicht freigegeben werden müssen. Stattdessen stellen Sie einfach eine benutzerdefinierte Seite oder Webpartseite in einer einzelnen Zielwebsite bereit. Diese Seite kann bei Bedarf eine Anpassung durch den Endbenutzer oder mithilfe von Microsoft SharePoint Designer 2010 erlauben.

Um dieses Ziel zu erreichen, können Sie das Featureelement *Module* verwenden. Es ermöglicht es, ein Element in der Inhaltsdatenbank einer Zielwebsite bereitzustellen. Listing 9.17 zeigt den Aufbau des *Module*-Elements mit seinen untergeordneten Elementen.

Listing 9.17 Aufbau des Featureelements *Module* mit seinen untergeordneten Elementen

```
<Module
  HyperlinkBaseUrl = string
  IncludeFolders = "Text"
  List = "Integer"
  Name = "Text"
  Path = "Text"
  RootWebOnly = "TRUE" | "FALSE"
  SetupPath = "Text"
  Url = "Text">
  <File
    DocumentTemplateForList = string
    DoGUIDFixUp = "TRUE" | "FALSE"
    IgnoreIfAlreadyExists = "TRUE" | "FALSE"
    Level = Draft
    Name = string
    NavBarHome = "TRUE" | "FALSE"
    Path = string
    Type = "Ghostable" | "GhostableInLibrary"
    Url = string>
      <AllUsersWebPart />
      <BinarySerializedWebPart />
      <NavBarPage />
      <Property />
      <View />
      <WebPartConnection />
  </File>
</Module>
```

Der Code in Listing 9.17 umfasst einige wenige Attribute, während der größte Teil von dem untergeordneten *File*-Element belegt wird. Tabelle 9.7 erklärt die wichtigsten Attribute des Elements *Module*.

Tabelle 9.7 Wichtige Attribute des Elements *Module*

Attribut	Beschreibung
HyperlinkBaseUrl	Optionales Textattribut. Es gibt eine absolute URL an, die als Basis-URL für Hyperlinks verwendet wird.
List	Optionales *Integer*-Attribut, das den Typ der Zielliste angibt. Die möglichen Werte sind in der Datei *onet.xml* der Websitevorlage definiert (mehr dazu in Kapitel 14, »Websitevorlagen«).
Name	Erforderliches Textattribut, das den Namen des Moduls angibt.
Path	Optionales Textattribut, das den Pfad der Dateien relativ zum Featureordner *<SharePoint14_Root>\TEMPLATE\FEATURES\<Featurename>* angibt.
RootWebOnly	Erforderliches *Boolean*-Attribut, das angibt, ob die Dateien nur in der obersten Website der aktuellen Websitesammlung installiert werden.
SetupPath	Optionales Textattribut. Es gibt den Pfad eines Ordners unter *<SharePoint14_Root>\TEMPLATE\FEATURES\<Featurename>* an, in dem eine Datei liegt, die in das Modul aufgenommen werden soll.
Url	Optionales Textattribut. Es gibt den virtuellen Pfad des Ordners an, in dem die bereitgestellten Dateien liegen. Ist *Path* nicht angegeben, wird der Wert von *Url* benutzt. Wenn Sie einen Ordner angeben, der nicht vorhanden ist, wird er bei der Aktivierung des Features angelegt.

Tabelle 9.8 beschreibt die Attribute des Elements *File*.

Tabelle 9.8 Attribute des Elements *File*

Attribut	Beschreibung
IgnoreIfAlreadyExists	Optionales *Boolean*-Attribut, das angibt, ob ein bereits vorhandenes Element überschrieben werden soll (*true*) oder nicht (*false*).
Name	Optionales Textattribut, das den virtuellen Pfad für die Datei in der Zielwebsite angibt.
NavBarHome	Optionales *Boolean*-Attribut. Es legt fest, ob der aktuelle Inhalt, sofern es sich um eine Seite handelt, als Home-Link in der oberen Navigationsleiste verwendet werden soll. Meist wird diese Möglichkeit beim Erstellen benutzerdefinierter Websitevorlagen genutzt. Einzelheiten finden Sie in Kapitel 14, »Websitevorlagen«.
Path	Optionales Textattribut, das den Pfad der Datei relativ zum Featureordner *<SharePoint14_Root>\TEMPLATE\FEATURES\<Featurename>* angibt.
Type	Optionales Textattribut. Es legt fest, ob die Datei in einer Dokumentbibliothek (*GhostableInLibrary*) oder außerhalb einer Dokumentbibliothek (*Ghostable*) gespeichert wird.
Url	Erforderliches Textattribut, das den virtuellen Pfad der Datei in der Zielwebsite angibt. Wenn das Attribut *Name* angegeben ist, wird sein Wert als virtueller Pfad verwendet. Andernfalls wird der Wert von *Url* dafür verwendet.

Listing 9.18 zeigt, wie Sie mit *Module* ein Bild in der Websiteobjektbibliothek einer SharePoint-Website bereitstellen.

Listing 9.18 Bereitstellen eines Bilds in der Websiteobjektbibliothek einer SharePoint-Website mithilfe von *Module*

```
<?xml version="1.0" encoding="utf-8"?>
<Elements xmlns="http://schemas.microsoft.com/sharepoint/">
  <Module Name="SiteAssetsImage" Url="SiteAssets">
    <File IgnoreIfAlreadyExists="True"
          Path="SiteAssetsImage\SP2010-Developer-Reference.png"
          Url="SP2010-Developer-Reference.png"
          Type="GhostableInLibrary" />
  </Module>
</Elements>
```

Sie können *Module* auch einsetzen, um eine Inhaltsseite bereitzustellen, die auch Webparts enthalten darf. Wenn Sie lediglich eine *.aspx*-Inhaltsseite bereitstellen wollen, können Sie eine Elementmanifestdatei wie die aus Listing 9.19 verwenden.

Listing 9.19 Ein *Module*-Feature zum Bereitstellen einer Inhaltsseite in einer SharePoint-Website

```
<?xml version="1.0" encoding="utf-8"?>
<Elements xmlns="http://schemas.microsoft.com/sharepoint/">
  <Module Name="SampleContentPage">
    <File IgnoreIfAlreadyExists="True"
          Path="SampleContentPage\SampleContentPage.aspx"
          Url="SampleContentPage.aspx" />
  </Module>
</Elements>
```

Der Code in Listing 9.19 stellt eine Seite mit der URL *SampleContentPage.aspx* unter dem Stamm der Zielwebsite bereit, wobei der Seiteninhalt aus einer Datei gelesen wird, die im Featureordner unter dem relativen Pfad *SampleContentPage\SampleContentPage.aspx* gespeichert ist. Listing 9.20 zeigt den Quellcode dieser Seite.

Listing 9.20 Der Quellcode der Seite *SampleContentPage.aspx*, die in Listing 9.19 bereitgestellt wird

```
<%@ Page language="C#" MasterPageFile="~masterurl/default.master" %>

<!-- "Dies ist der Titel von SampleContentPage" -->
<asp:Content ID="Content1" ContentPlaceHolderId="PlaceHolderPageTitle" runat="server">
    This is the SampleContentPage Title
</asp:Content>

<!-- "Dies ist der Titel von SampleContentPage in der Titelzeile" -->
<asp:Content ID="Content2" ContentPlaceHolderId="PlaceHolderPageTitleInTitleArea" runat="server">
    This is the SampleContentPage Title in Title Area
</asp:Content>

<!-- "Dies ist die Beschreibung von SampleContentPage" -->
<asp:Content ID="Content7" ContentPlaceHolderId="PlaceHolderPageDescription" runat="server">
    This is the description of the SampleContentPage
</asp:Content>

<!-- "Dies ist der Body von SampleContentPage" -->
<asp:Content ID="Content12" ContentPlaceHolderId="PlaceHolderMain" runat="server">
    This is the main body of the SampleContentPage
</asp:Content>
```

Das Element *File* unterstützt einige untergeordnete Elemente, die speziell dazu dienen, Webparts in eine Webpartseite einzubetten. Sehen Sie sich die *.aspx*-Seite aus Listing 9.21 an. Diese Seite enthält ein *WebPartZone*-Steuerelement mit der ID *MainWebPartZone*, das in der Inhaltsregion *PlaceHolderMain* liegt.

Listing 9.21 Eine Webpartseite, die über ein *Module*-Feature bereitgestellt wird

```
<%@ Page language="C#" MasterPageFile="~masterurl/default.master"
Inherits="Microsoft.SharePoint.WebPartPages.WebPartPage,
Microsoft.SharePoint,Version=14.0.0.0,Culture=neutral,PublicKeyToken=71e9bce111e9429c" %>
<%@ Register Tagprefix="SharePoint" Namespace="Microsoft.SharePoint.WebControls"
Assembly="Microsoft.SharePoint, Version=14.0.0.0, Culture=neutral,
PublicKeyToken=71e9bce111e9429c" %>
<%@ Register Tagprefix="Utilities" Namespace="Microsoft.SharePoint.Utilities"
Assembly="Microsoft.SharePoint, Version=14.0.0.0, Culture=neutral,
PublicKeyToken=71e9bce111e9429c" %>
<%@ Register Tagprefix="WebPartPages" Namespace="Microsoft.SharePoint.WebPartPages"
Assembly="Microsoft.SharePoint, Version=14.0.0.0, Culture=neutral,
PublicKeyToken=71e9bce111e9429c" %>
<%@ Import Namespace="Microsoft.SharePoint" %>
<%@ Assembly Name="Microsoft.Web.CommandUI, Version=14.0.0.0, Culture=neutral,
PublicKeyToken=71e9bce111e9429c" %>
```

```
<asp:Content ID="Content1" ContentPlaceHolderId="PlaceHolderPageTitle" runat="server">
  <SharePoint:ListItemProperty ID="ListItemProperty1" Property="BaseName"
    maxlength="40" runat="server"/>
</asp:Content>

<asp:Content ID="Content12" ContentPlaceHolderId="PlaceHolderMain" runat="server">
  <table cellpadding="4" cellspacing="0" border="0" width="100%">
    <tr>
      <td id="_invisibleIfEmpty" name="_invisibleIfEmpty" valign="top" width="100%">
        <WebPartPages:WebPartZone runat="server" Title="loc:FullPage"
          ID="MainWebPartZone" FrameType="TitleBarOnly" />
      </td>
    </tr>
  </table>
</asp:Content>
```

HINWEIS Die *@Register*-Direktiven am Anfang von Listing 9.21 müssen das Attribut *Assembly* in einer einzigen Zeile definieren.

Das *Module*-Element in Listing 9.22 stellt automatisch die Seite aus Listing 9.21 in den Bibliothekswebsiteseiten bereit und fügt zwei Webparts in der *WebPartZone*-Region mit der ID *MainWebPartZone* hinzu. Dabei spielen die untergeordneten *AllUsersWebPart*-Elemente innerhalb des *File*-Elements eine wichtige Rolle. Das erste definiert eine Instanz des SharePoint-Standardsteuerelements *ImageWebPart*. Das zweite untergeordnete Element verweist auf das Webpart *HelloWorldWebPart*, das am Anfang von Kapitel 6, »Grundlagen von Webparts«, vorgestellt wurde.

Listing 9.22 Das Featureelementmanifest zum Bereitstellen einer Webpartseite mit einigen Webparts

```
<?xml version="1.0" encoding="utf-8"?>
<Elements xmlns="http://schemas.microsoft.com/sharepoint/">
  <Module Name="SampleWebPartPage" Url="SitePages">
    <File IgnoreIfAlreadyExists="True"
          Path="SampleWebPartPage\SampleWebPartPage.aspx"
          Url="SampleWebPartPage.aspx"
          Type="GhostableInLibrary">
      <AllUsersWebPart WebPartZoneID="MainWebPartZone" WebPartOrder="1">
        <![CDATA[
          <WebPart xmlns="http://schemas.microsoft.com/WebPart/v2"
            xmlns:iwp="http://schemas.microsoft.com/WebPart/v2/Image">
              <Assembly>Microsoft.SharePoint, Version=12.0.0.0, Culture=neutral,
                  PublicKeyToken=71e9bce111e9429c</Assembly>
              <TypeName>Microsoft.SharePoint.WebPartPages.ImageWebPart</TypeName>
              <FrameType>None</FrameType>
              <Title>$Resources:wp_SiteImage;</Title>
              <iwp:ImageLink>/_layouts/images/homepageSamplePhoto.jpg</iwp:ImageLink>
              <iwp:AlternativeText>Home Page Sample Photo</iwp:AlternativeText>
          </WebPart>
        ]]>
```

```
      </AllUsersWebPart>
      <AllUsersWebPart WebPartZoneID="MainWebPartZone" WebPartOrder="2">
        <![CDATA[
          <webParts>
            <webPart xmlns="http://schemas.microsoft.com/WebPart/v3">
              <metaData>
                <type name="DevLeap.SP2010.WebParts.HelloWorldWebPart.HelloWorldWebPart,
DevLeap.SP2010.WebParts, Version=1.0.0.0, Culture=neutral, PublicKeyToken=cba640f292988abf" />
                <importErrorMessage>Cannot import this Web Part.</importErrorMessage>
              </metaData>
              <data>
                <properties>
                  <property name="Title" type="string">Hello World Web Part</property>
                </properties>
              </data>
            </webPart>
          </webParts>
        ]]>
      </AllUsersWebPart>
    </File>
  </Module>
</Elements>
```

Die zwei Webparts werden in diesem Fall auf unterschiedliche Weise deklariert. Das erste ist ein klassisches Webpart, das die herkömmliche *.dwp*-Bereitstellung von Webparts aus Microsoft SharePoint 2003 unterstützt, während das zweite die Syntax der neuen *.webpart*-Bereitstellungsdateien nutzt.

Das Element *File* unterstützt noch einige weitere untergeordnete Elemente. Zum Beispiel gibt es das untergeordnete Element *View*, mit dem Sie eine *ListView*-Instanz in der Zielwebpartseite anlegen können. Außerdem steht das Element *WebPartConnection* zur Verfügung, um Webparts direkt während des Bereitstellungsprozesses zu verbinden.

Statusleiste und Infobereich

Statusleiste (status bar) und Infobereich (notification area) sind zwei neue Features, die in SharePoint 2010 eingeführt wurden. Beide basieren auf ECMAScript-Code und etwas zusätzlichem Markup in den Standardmasterseiten. Sie können diese Tools ganz einfach innerhalb Ihrer Seiten und Ihres Codes implementieren, indem Sie auf Klassen zurückgreifen, die das ECMAScript-Clientobjektmodell zur Verfügung stellt.

Die Klasse *SP.UI.Notify* verwaltet den Infobereich und die Klasse *SP.UI.Status* die Statusleiste. Tabelle 9.9 beschreibt die Methoden der Klasse *SP.UI.Notify*.

Tabelle 9.9 Methoden der Klasse *SP.UI.Notify*

Methode	Beschreibung
addNotification	Fügt eine Benachrichtigung zum Infobereich hinzu. Parameter sind der Text der Benachrichtigung und ein *Boolean*-Parameter, der steuert, ob die Benachrichtigung auf der Seite bleibt, bis sie explizit gelöscht wird. *addNotification* gibt eine ID zurück, die die Benachrichtigung identifiziert.
removeNotification	Löscht eine Benachrichtigung aus dem Infobereich. Übergeben Sie beim Aufruf die ID der Benachrichtigung, die gelöscht werden soll.

Der folgende Aufruf fügt eine Benachrichtigung zum Infobereich hinzu:

```
var notifyId = SP.UI.Notify.addNotification("This is a Notification!", true);
```

Und so entfernen Sie diese Benachrichtigung wieder:

```
SP.UI.Notify.removeNotification(notifyId);
```

Tabelle 9.10 beschreibt die Methoden der Klasse *SP.UI.Status*.

Tabelle 9.10 Methoden der Klasse *SP.UI.Status*

Methode	Beschreibung
addStatus	Fügt eine Statusmeldung zur Statusleiste hinzu. Gibt eine ID zurück, die die Statusmeldung identifiziert.
appendStatus	Hängt Text an eine vorhandene Statusmeldung in der Statusleiste an.
removeAllStatus	Löscht alle Statusmeldungen aus der Statusleiste und verbirgt die Statusleiste.
removeStatus	Löscht eine Statusmeldung aus der Statusleiste. Sie übergeben der Methode die ID der Statusmeldung, die gelöscht werden soll.
setStatusPriColor	Legt die Farbe der Statusleiste fest.
updateStatus	Aktualisiert eine Statusmeldung. Sie übergeben der Methode die ID der Statusmeldung, die aktualisiert werden soll.

So fügen Sie eine Statusmeldung in roter Farbe zur Statusleiste hinzu:

```
var statusId = SP.UI.Status.addStatus("Critical Status!");
SP.UI.Status.setStatusPriColor(statusId, 'red');
```

Und so löschen Sie diese Statusmeldung wieder:

```
SP.UI.Status.removeStatus(statusId);
```

Sie können diese Klassen und Methoden immer verwenden, wenn Sie dem Endbenutzer über die Standardbenachrichtigungstools von SharePoint 2010 etwas mitteilen wollen. Zum Beispiel nutzt der Code in Listing 9.11 (weiter oben in diesem Kapitel) den Infobereich, um den Endbenutzer darüber zu informieren, dass Rechnungen archiviert wurden. Und in Listing 9.23 gibt es eine Menübandregisterkarte mit vier Befehlen, die jeweils eine Benachrichtigungsmeldung beziehungsweise eine Statusmeldung anzeigen oder verbergen.

Listing 9.23 Eine Menübandregisterkarte, die mit den Klassen *SP.UI.Notify* und *SP.UI.Status* arbeitet

```
<?xml version="1.0" encoding="utf-8"?>
<Elements xmlns="http://schemas.microsoft.com/sharepoint/">
  <CustomAction
    RegistrationType="ContentType"
    RegistrationId="0x0101008D841CAC0C7F474288965287B30061DC"
```

```
    Id="DevLeap.CustomActions.Invoices.Notifications"
    Location="CommandUI.Ribbon.ListView">
    <CommandUIExtension>
      <CommandUIDefinitions>
        <CommandUIDefinition
          Location="Ribbon.Tabs._children">
          <Tab
            Id="DevLeap.CustomActions.Invoices.NotificationsTab"
            Title="Notification &amp; Status"
            Description="This tab holds commands for Status and Notifications."
            Sequence="1000">
            <Scaling
              Id="DevLeap.CustomActions.Invoices.NotificationsTab.Scaling">
              <MaxSize
Id="DevLeap.CustomActions.Invoices.NotificationsTab.One.Scaling.MaxSize"
                GroupId="DevLeap.CustomActions.Invoices.NotificationsTab.GroupOne"
                Size="TwoLarge"/>
              <MaxSize
Id="DevLeap.CustomActions.Invoices.NotificationsTab.Two.Scaling.MaxSize"
                GroupId="DevLeap.CustomActions.Invoices.NotificationsTab.GroupTwo"
                Size="TwoLarge"/>
              <Scale
Id="DevLeap.CustomActions.Invoices.NotificationsTab.One.Scaling.Scale"
                GroupId="DevLeap.CustomActions.Invoices.NotificationsTab.GroupOne"
                Size="TwoLarge" />
              <Scale
Id="DevLeap.CustomActions.Invoices.NotificationsTab.Two.Scaling.Scale"
                GroupId="DevLeap.CustomActions.Invoices.NotificationsTab.GroupTwo"
                Size="TwoLarge" />
            </Scaling>
            <Groups Id="DevLeap.CustomActions.Invoices.NotificationsTab.Groups">
              <Group
                Id="DevLeap.CustomActions.Invoices.NotificationsTab.GroupOne"
                Description="This is the Notification Area group."
                Title="Notification"
                Sequence="10"
Template="DevLeap.CustomActions.Invoices.RibbonTemplate.Notification">
                <Controls
Id="DevLeap.CustomActions.Invoices.NotificationsTab.GroupOne.Controls">
                  <Button
Id="DevLeap.CustomActions.Invoices.NotificationsTab.GroupOne.ShowNotification"
                    Command="ShowNotificationCommand"
                    Sequence="10"
                    Description="Show Notification command."
Image16by16="/_layouts/images/DevLeap.SP2010.UIExtensions/Baloon_16x16.png"
Image32by32="/_layouts/images/DevLeap.SP2010.UIExtensions/Baloon_32x32.png"
                    LabelText="Show Notification"
                    TemplateAlias="customOne"/>
                  <Button
Id="DevLeap.CustomActions.Invoices.NotificationsTab.GroupOne.HideNotification"
                    Command="HideNotificationCommand"
```

```
                    Sequence="20"
                    Description="Hide Notification command."
Image16by16="/_layouts/images/DevLeap.SP2010.UIExtensions/Baloon_16x16.png"
Image32by32="/_layouts/images/DevLeap.SP2010.UIExtensions/Baloon_32x32.png"
                    LabelText="Hide Notification"
                    TemplateAlias="customTwo"/>
                </Controls>
              </Group>
              <Group
                Id="DevLeap.CustomActions.Invoices.NotificationsTab.GroupTwo"
                Description="This is the Status Area group."
                Title="Status"
                Sequence="20"
                Template="DevLeap.CustomActions.Invoices.RibbonTemplate.Status">
                <Controls Id="DevLeap.CustomActions.Invoices.NotificationsTab.GroupTwo.Controls">
                  <Button
Id="DevLeap.CustomActions.Invoices.NotificationsTab.GroupTwo.ShowStatus"
                    Command="ShowStatusCommand"
                    Sequence="30"
                    Description="Show Status command."
Image16by16="/_layouts/images/DevLeap.SP2010.UIExtensions/Baloon_16x16.png"
Image32by32="/_layouts/images/DevLeap.SP2010.UIExtensions/Baloon_32x32.png"
                    LabelText="Show Status"
                    TemplateAlias="customThree"/>
                  <Button
Id="DevLeap.CustomActions.Invoices.NotificationsTab.GroupTwo.HideStatus"
                    Command="HideStatusCommand"
                    Sequence="40"
                    Description="Hide status command."
Image16by16="/_layouts/images/DevLeap.SP2010.UIExtensions/Baloon_16x16.png"
Image32by32="/_layouts/images/DevLeap.SP2010.UIExtensions/Baloon_32x32.png"
                    LabelText="Hide Status"
                    TemplateAlias="customFour"/>
                </Controls>
              </Group>
            </Groups>
          </Tab>
        </CommandUIDefinition>
        <CommandUIDefinition Location="Ribbon.Templates._children">
          <GroupTemplate Id="DevLeap.CustomActions.Invoices.RibbonTemplate.Notification">
            <Layout
              Title="TwoLarge"
              LayoutTitle="TwoLarge">
              <Section Alignment="Top" Type="OneRow">
                <Row>
                  <ControlRef DisplayMode="Large" TemplateAlias="customOne" />
                  <ControlRef DisplayMode="Large" TemplateAlias="customTwo" />
                </Row>
              </Section>
            </Layout>
          </GroupTemplate>
```

```
        </CommandUIDefinition>
        <CommandUIDefinition Location="Ribbon.Templates._children">
          <GroupTemplate Id="DevLeap.CustomActions.Invoices.RibbonTemplate.Status">
            <Layout
              Title="TwoLarge"
              LayoutTitle="TwoLarge">
              <Section Alignment="Top" Type="OneRow">
                <Row>
                  <ControlRef DisplayMode="Large" TemplateAlias="customThree" />
                  <ControlRef DisplayMode="Large" TemplateAlias="customFour" />
                </Row>
              </Section>
            </Layout>
          </GroupTemplate>
        </CommandUIDefinition>
      </CommandUIDefinitions>
      <CommandUIHandlers>
        <CommandUIHandler
          Command="ShowNotificationCommand"
          CommandAction="javascript:
            this.notifyId = SP.UI.Notify.addNotification(
              'Notification message ...', true);" />
        <CommandUIHandler
          Command="HideNotificationCommand"
          CommandAction="javascript:
            SP.UI.Notify.removeNotification(this.notifyId);" />
        <CommandUIHandler
          Command="ShowStatusCommand"
          CommandAction="javascript:
            this.statusId = SP.UI.Status.addStatus('Status message ...');
            SP.UI.Status.setStatusPriColor(this.statusId, 'red');" />
        <CommandUIHandler
          Command="HideStatusCommand"
          CommandAction="javascript:
            SP.UI.Status.removeStatus(this.statusId);" />
      </CommandUIHandlers>
    </CommandUIExtension>
  </CustomAction>
  <CustomAction
      Location="ScriptLink"
      Id="DevLeap.CustomActions.Invoices.NotificationsTab"
      ScriptBlock="
        var notifyId = '';
        var statusId = '';
      "
      />
</Elements>
```

Sehen Sie sich noch einmal das letzte *CustomAction*-Element an, dessen *Location*-Attribut den Wert *ScriptLink* hat. Es weist die SharePoint-Umgebung an, den im Attribut *ScriptBlock* angegebenen Skriptcode in die Seite aufzunehmen. Wie in Tabelle 9.1 erwähnt, können Sie auch auf eine externe Skriptdatei verweisen, indem Sie statt des Attributs *ScriptBlock* das Attribut *ScriptSrc* verwenden.

Dialogframework

Die letzte Möglichkeit zum Erweitern der Benutzeroberfläche, die wir in diesem Kapitel behandeln, ist das neue Dialogframework von SharePoint 2010. Es wird über die neue Klasse *SP.UI.ModalDialog* des ECMAScript-Clientobjektmodells bereitgestellt. Mit dieser Klasse können Sie Seiten innerhalb von modalen Dialogfenstern anzeigen und Daten zwischen dem Dialogfenster und dem Hauptfenster austauschen. Tabelle 9.11 führt die wichtigsten Methoden der Klasse *SP.UI.ModalDialog* auf.

Tabelle 9.11 Wichtige Methoden der Klasse *SP.UI.ModalDialog*

Methode	Beschreibung
close	Schließt das aktuelle Dialogfenster und gibt einen Ergebniswert vom Typ *SP.UI.DialogResult* zurück. Für das *SP.UI.DialogResult*-Ergebnis stehen folgende Werte zur Auswahl: *invalid*, *cancel* oder *OK*.
commonModalDialogClose	Schließt einen modalen Dialog und gibt einen Ergebniswert vom Typ *SP.UI.DialogResult* sowie einen Rückgabewert vom Typ *Object* zurück. Für das *SP.UI.DialogResult*-Ergebnis stehen folgende Werte zur Auswahl: *invalid*, *cancel* und *OK*.
commonModalDialogOpen	Öffnet einen modalen Dialog und übergibt Eingabeargumente, zum Beispiel die URL des Inhalts, der im Dialog angezeigt wird, einige Optionen vom Typ *SP.UI.DialogOptions*, eine Rückruffunktion vom Typ *SP.UI.DialogCallback* und zusätzliche Argumente vom Typ *Object*.
OpenPopUpPage	Öffnet eine Popupdialogseite. Die Eingabeparameter liefern Informationen wie die URL des Inhalts, der in der Popupseite angezeigt wird, eine Rückruffunktion vom Typ *SP.UI.DialogCallback* sowie Breite und Höhe des Popupfensters.
RefreshPage	Lädt die aktuelle Seite neu, um sie zu aktualisieren.
showModalDialog	Zeigt einen modalen Dialog an. Der Eingabeparameter hat den Typ *SP.UI.DialogOptions*.
ShowPopupDialog	Zeigt einen Popupdialog an. Die übergebene URL gibt an, welcher Inhalt im Popupdialog angezeigt wird.
showWaitScreenSize	Zeigt einen Wartebildschirm an. Die Eingabeparameter legen unter anderem den Titel (*title*) des Fensters fest, die angezeigte Nachricht (*message*), den Delegaten einer Rückruffunktion (*callbackFunc*) sowie Breite (*width*) und Höhe (*height*) des Fensters.
showWaitScreenWithNoClose	Wie *showWaitScreenSize*, aber ohne eine *Schließen*-Schaltfläche in der rechten oberen Ecke des Fensters. Ein solches Fenster muss vom Code aus geschlossen werden.

Sehen wir uns an, wie diese Methoden genutzt werden. Nehmen wir an, Sie wollen die Liste der Rechnungen erweitern, indem Sie einen weiteren Menübandbefehl hinzufügen, der ein Popupfenster öffnet, in dem der Benutzer den Status eines Elements ändert. Neben der Definition des Menübandbefehls, mit der Sie inzwischen vertraut sein sollten, zeigt der Skriptcode in Listing 9.24 vor allem die Anwendungsseite zum Verwalten des Rechnungsstatus.

Listing 9.24 Skriptcode zum Anzeigen eines modalen Dialogs, in dem der Benutzer den Status einer Rechnung ändert

```
// Funktion zum Öffnen des Dialogs.
function openChangeStatusDialog() {

  var ctx = SP.ClientContext.get_current();
  var selectedItem = SP.ListOperation.Selection.getSelectedItems(ctx)[0];

  var options = SP.UI.$create_DialogOptions();
  options.url = '/_layouts/DevLeap.SP2010.UIExtensions/' +
  'DevLeapInvoiceChangeStatusDialog.aspx' + '?ListId=' +
  SP.ListOperation.Selection.getSelectedList() +
  '&amp;ItemId=' + selectedItem.id;
  options.autoSize = true;
  options.dialogReturnValueCallback = Function.createDelegate(null, dialogCloseCallback);
  this.dialog = SP.UI.ModalDialog.showModalDialog(options);
}

// Funktion zum Verarbeiten des Schließen-Rückrufs.
function dialogCloseCallback(result, returnValue) {
  if (result == SP.UI.DialogResult.OK) {
    // "Sie haben auf OK geklickt! Ihr gewählter Status:"
    window.alert('You clicked OK! And selected a status of: ' + returnValue);
  }
  if (result == SP.UI.DialogResult.cancel) {
    // "Sie haben auf Abbrechen geklickt!"
    window.alert('You clicked Cancel!');
  }
  SP.UI.ModalDialog.RefreshPage(result);
}
```

Wie Sie in Listing 9.24 sehen, legt die Funktion *openChangeStatusDialog* eine Variable vom Typ *SP.UI.DialogOptions* an und übergibt sie als Argument an die Methode *SP.UI.ModalDialog.showModalDialog*. Die Klasse *SP.UI.DialogOptions* hat etliche Member, die nützlich sind, um ein Dialogfenster zu erstellen:

- ***url*** Die URL der Ressource, die im Dialogfenster geladen wird.
- ***html*** Mit diesem Member können Sie HTML-Inhalt einfügen, der im Dialogfenster angezeigt wird (sofern Sie keine URL angeben wollen). Der Inhalt muss als DOM-Hierarchie aus Knoten bereitgestellt werden, nicht als einfacher Textwert.
- ***title*** Der Titel des Dialogfensters.
- ***args*** Optionale Argumente, die Sie an das Dialogfenster übergeben.
- ***width*** Die Breite des Dialogfensters.
- ***height*** Die Höhe des Dialogfensters.
- ***x*** Die X-Koordinate der linken oberen Ecke des Dialogfensters.
- ***y*** Die Y-Koordinate der linken oberen Ecke des Dialogfensters.
- ***autoSize*** Ein boolescher Wert, der steuert, ob das Dialogframework Größenänderungen des Dialogfensters automatisch ausführt, indem es den Inhalt auswertet.
- ***allowMaximize*** Ein boolescher Wert, der festlegt, ob das Dialogfenster maximiert werden kann.

- ***showMaximized*** Ein boolescher Wert, der steuert, ob das Dialogfenster maximiert geöffnet wird.
- ***showClose*** Ein boolescher Wert, der festlegt, ob eine *Schließen*-Schaltfläche angezeigt wird.
- ***dialogReturnValueCallback*** Der Delegat für eine Rückruffunktion, die aufgerufen wird, sobald der Dialog geschlossen wird.

Die Rückruffunktion hat den Parameter *result*, mit dem sie feststellen kann, ob der Endbenutzer die *Abbrechen-* oder die *OK*-Schaltfläche gedrückt hat, um den Dialog zu schließen. Außerdem hat sie den Parameter *returnValue*, in dem Sie Informationen übertragen können, die das Dialogfenster an das Hauptfenster zurückgibt. Der Code in Listing 9.25 gibt die Ziel-URL für das Dialogfenster an, wobei *ListId* und *ItemId* der aktuellen Liste und das ausgewählte Element in die URL eingearbeitet werden. Diese Daten werden über das Clientobjektmodell ermittelt. Abbildung 9.12 zeigt das geöffnete Dialogfenster.

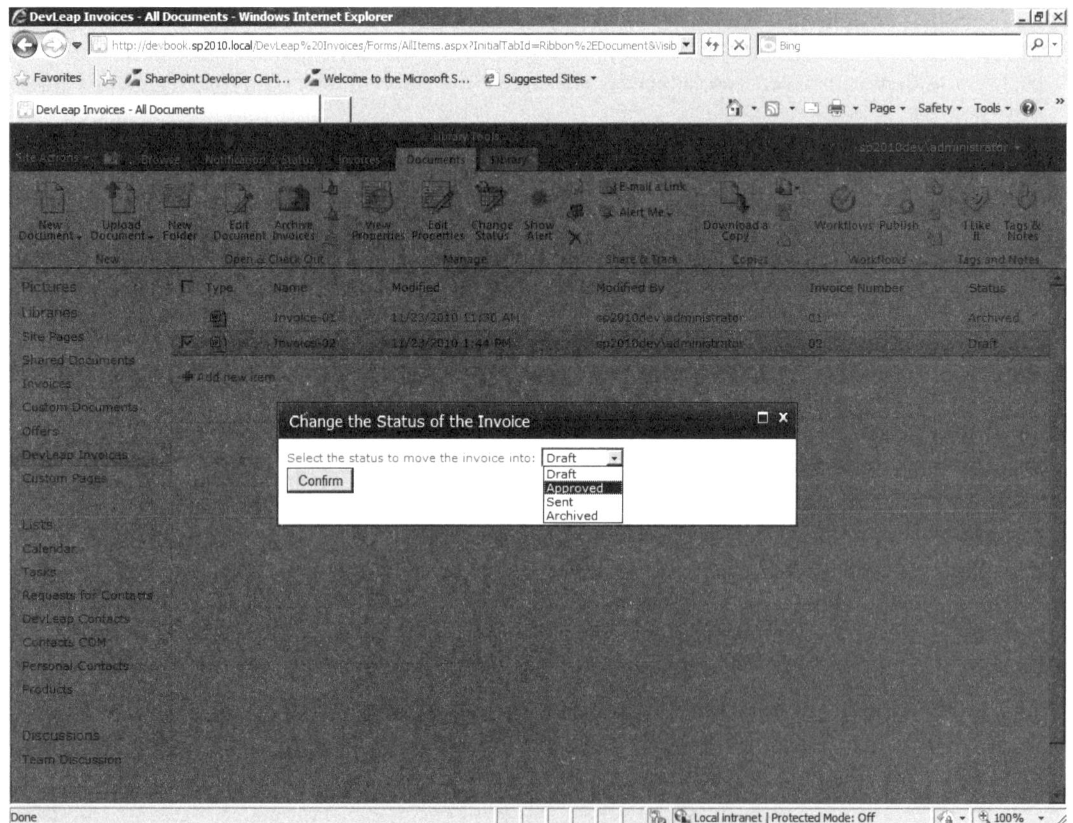

Abbildung 9.12 Das Dialogfenster zum Ändern des *Status*-Felds einer Rechnung

Die Zielseite finden Sie in den Quellcodebeispielen, sie wird hier aber nicht genauer erklärt, weil es eine normale Anwendungsseite ist, ähnlich wie die Beispiele in Listing 9.16 aus dem Abschnitt »Anwendungsseiten« weiter oben in diesem Kapitel. Einen besonders interessanten Codeausschnitt der Seite *DevLeap-InvoiceChangeStatusDialog.aspx* zeigt Listing 9.25. Dies ist die Seite, die im Dialog angezeigt wird. Der Code in diesem Ausschnitt schließt den Dialog selbst, was der übergeordneten Seite eine Rückmeldung liefert.

Listing 9.25 Der Skriptcode zum Anzeigen eines modalen Dialogs, der den Status einer Rechnung ändert

```
// Wenn wir in einem Popupdialog sind, müssen wir ihn schließen.
if ((SPContext.Current != null) && SPContext.Current.IsPopUI) {
    this.Context.Response.Write("<script type='text/
javascript'>window.frameElement.commonModalDialogClose(1, '" + statusDropDown.SelectedValue + "');</
script>");
    this.Context.Response.Flush();
    this.Context.Response.End();
}
```

Die aktuelle *SPContext*-Instanz stellt die Eigenschaft *IsPopUI* bereit, mit der Sie herausfinden, ob die aktuelle Seite in einem Popupdialog geladen wurde. In diesem Fall schreibt die Seite einen kurzen JavaScript-Codeblock in das ASP.NET-*Response*-Objekt. Dieser Code schließt den Dialog, gibt den Status *SP.UI.DialogResult.OK* (= 1) zurück und liefert den Wert, den der Endbenutzer für das Feld *Status* ausgewählt hat.

Zusammenfassung

In diesem Kapitel haben Sie viel darüber erfahren, wie Sie die native SharePoint-Benutzeroberfläche anpassen und erweitern. Insbesondere haben Sie gesehen, wie Sie Features vom Typ *CustomAction*, *CustomActionGroup* und *HideCustomAction* erstellen. Sie haben gelernt, wie Sie benutzerdefinierte Menübandbefehle und Registerkarten erstellen, indem Sie auf das neue Menübandmodell von SharePoint 2010 zurückgreifen. Außerdem haben Sie erfahren, wie Sie mithilfe des ECMAScript-Clientobjektmodells die Logik Ihrer Befehle implementieren. Sie haben gesehen, welche Möglichkeiten die Klasse *DelegateControl* bietet, um die Umgebung anzupassen. Sie haben erfahren, wie Sie Inhalte mithilfe von *Module*-Features bereitstellen, um Bilder, eigene Inhaltsseiten und Anwendungsseiten sowie Webpartseiten und Elemente in Galerien zur Verfügung zu stellen. Und schließlich haben Sie gesehen, wie Sie die Benutzerfreundlichkeit verbessern, indem Sie den Infobereich, die Statusleiste und das Dialogframework nutzen.

Kapitel 10

Bereitstellen von Daten

In diesem Kapitel:

In den bisherigen Kapiteln haben Sie einen Eindruck davon bekommen, wie viele SharePoint-Lösungen Elementlisten einsetzen, die Daten wie Kontakte oder Dateien enthalten. Eine wesentliche Aufgabe bei der Entwicklung einer SharePoint-Lösung besteht darin, Datenstrukturen für diese Elementlisten zur Verfügung zu stellen. Immer wenn Sie eine wiederverwendbare und gut wartbare Lösung entwickeln, die in vielen unterschiedlichen Websitesammlungen bei vielen unterschiedlichen Kunden eingesetzt wird, sollten Sie die verwendeten Datenstrukturen formal definieren. Entwerfen Sie die Datenstrukturen nicht einfach wie ein Endbenutzer, indem Sie sie über einen Webbrowser in der grafischen Entwurfsoberfläche von SharePoint zusammenstellen.

HINWEIS In diesem Buch bedeutet der Begriff »Datenstruktur« die formelle Definition von Listendefinitionen, Inhaltstypen und Websitespalten. Solche formellen Definitionen helfen sicherzustellen, dass die Daten über alle Listen und Websites hinweg konsistent sind.

Dieses Kapitel stellt Regeln für benutzerdefinierte Listen vor und beschreibt die Tools, die Microsoft SharePoint 2010 für solche Aufgaben zur Verfügung stellt. Als Beispiel sehen Sie, wie eine Kontaktliste auf Basis von zwei Inhaltstypen (Kunde und Lieferant) definiert wird. Sie stellt eigene Formulare zur Verfügung und kann über spezielle Listenansichten durchsucht werden.

Websitespalten

Der erste und wichtigste Schritt beim Bereitstellen einer eigenen Datenstruktur besteht darin, Websitespalten zu definieren. Eine Websitespalte (site column) beschreibt ein wiederverwendbares Datentypmodell, das Sie in vielen unterschiedlichen Inhaltstypen und Listendefinitionen mehrerer SharePoint-Websites einsetzen können.

Sicherlich haben Sie bei Ihrer Arbeit mit SharePoint schon viele Websitespalten im Webbrowser definiert, dazu verwenden Sie den entsprechenden Abschnitt auf der Seite *Websiteeinstellungen*. Es ist aber auch möglich, eine Websitespalte mithilfe eines Featureelements zu definieren.

WEITERE INFORMATIONEN Kapitel 8, »SharePoint-Features und -Lösungen«, enthält ausführliche Informationen über Features und Featureelemente.

Listing 10.1 zeigt eine ganz einfache Websitespaltendefinition für eine *Text*-Spalte, die den Firmennamen (company name) des Beispielkontakts angibt.

Listing 10.1 Eine simple Websitespalte, die in einem Featureelement definiert wird

```
<?xml version="1.0" encoding="utf-8"?>
<Elements xmlns="http://schemas.microsoft.com/sharepoint/">
  <Field
    ID="{A8F24550-55CD-4d34-A015-811954C6CE24}"
    Name="DevLeapCompanyName"
    StaticName="DevLeapCompanyName"
    DisplayName="Company Name"
    Type="Text"
    Group="DevLeap Columns" />
</Elements>
```

Neben dem *Elements*-Tag (beschrieben in Kapitel 8) ist hier vor allem die Spaltendefinition im *Field*-Element interessant. Das wichtigste Attribut in diesem Element ist *ID*. Es gibt eine GUID an, die die Websitespalte eindeutig identifiziert. Anhand dieser ID verweisen Sie später in allen Lösungen auf diese konkrete Websitespalte.

Die Definition in Listing 10.1 legt mit dem Attribut *Name* fest, dass die Spalte für den Firmennamen intern den Namen *DevLeapCompanyName* hat. *Name* ist ein erforderliches Attribut, und wie das Attribut *ID* sollte es eindeutig sein, weil Sie damit ebenfalls in Ihrem Code auf die Spalte verweisen können. Dieses Beispiel stellt den Firmennamen *DevLeap* als Präfix voran, um sicherzustellen, dass der Wert in *Name* eindeutig ist. Der Wert des Attributs *Name* darf direkt keine Leerzeichen oder Sonderzeichen enthalten, nur Zahlen (0-9) und Buchstaben (a-z, A-Z), alle anderen Zeichen müssen in die entsprechende Hexadezimaldarstellung konvertiert werden. Wollen Sie einem Feld beispielsweise den Namen »Meine Firma« zuweisen, müssen Sie ihn als *Meine_x0020_Firma* angeben. Und soll ein Feld »Ertrag %« heißen, müssen Sie den Namen als *Ertrag_x0020__x0025_* angeben. Schließlich müssen Sie noch beachten, dass das Attribut *Name* höchstens 32 Zeichen lang sein darf.

Die Websitespaltendefinition aus dem letzten Beispiel definiert auch das optionale Attribut *StaticName*. Dies ist eine weitere Methode, den internen Namen festzulegen. Und schließlich definiert die Websitespaltendefinition das Attribut *DisplayName* für das Feld. Diesen Wert bekommen die Benutzer als Titel in ihrem Browser angezeigt. Beim Attribut *DisplayName* können Sie die Sprachunterstützung von .NET ausnutzen, indem Sie seinen Wert als Verweis auf eine Ressourcenzeichenfolge (*$Resources:<Assemblyname>,<Ressourcenname>;*) statt als expliziten Wert eintragen. Beim Ausführen wird der Titel dann automatisch in der verwendeten Sprache angezeigt.

Warum brauchen Sie drei Attribute, um den Feldnamen zu definieren?

Vielleicht fragen Sie sich, warum es drei Attribute gibt, um drei unterschiedliche Namen für dasselbe Feld zu definieren. Das XML-Schema, das wir verwenden, kann wie in unserem Fall von einem Entwickler benutzt werden, aber SharePoint benutzt es auch selbst intern, um eine Websitespalte darzustellen. Wenn Sie eine Spalte über die Webbrowseroberfläche definieren, leitet SharePoint ihren internen Namen (zum Beispiel *Name* und *StaticName*) automatisch aus dem Namen ab, den Sie angeben (dieser Name, den Sie angeben, wird der *DisplayName*). Dabei konvertiert es alle Zeichen, die keine Zahlen oder Buchstaben sind, in das Hexadezimalformat und begrenzt die Zeichenfolge für das Attribut *Name* auf 32 Zeichen. Der Wert des Attributs *StaticName* behält seine volle Länge. Gibt es bereits eine Websitespalte mit demselben *Name*-Wert, hängt SharePoint eine Zahl an den Namen an, die ab 0 hochgezählt wird.

Wenn Sie später den *DisplayName*-Wert des Felds ändern, lässt SharePoint die Attribute *StaticName* und *Name* unverändert. Somit bekommt Ihre Websitespalte drei unterschiedliche Werte für die drei Attribute: den Anzeigenamen in *DisplayName*, den *StaticName*, der einfach der ursprüngliche *DisplayName* mit Konvertierung der Sonderzeichen in das Hexadezimalformat ist, und *Name*, bei dem zusätzlich zur Hexadezimalkonvertierung die Länge auf 32 Zeichen beschränkt wird.

Schließlich können Sie noch im SharePoint-Serverobjektmodell (Einzelheiten dazu finden Sie in Kapitel 3, »Serverobjektmodell«) den *StaticName* ändern, aber nicht den internen Wert von *Name*. Wenn Sie Websitespalten über ein Featureelement definieren, ist es daher sinnvoll, *Name* und *StaticName* denselben Wert zuzuweisen, andere als alphanumerische Zeichen zu vermeiden und einen aussagekräftigen Text in das Attribut *DisplayName* einzutragen.

Das Attribut *Type* ist in Websitespaltendefinitionen erforderlich. Es legt fest, welcher Datentyp dem Feld zugewiesen ist. Für den Wert des Attributs *Type* stehen mehrere vordefinierte SharePoint-Feldtypen zur Auswahl (siehe Tabelle 10.1), Sie können aber auch einen benutzerdefinierten Feldtyp angeben, den Sie definiert und bereitgestellt haben (siehe Kapitel 11, »Entwickeln benutzerdefinierter Felder«). Tabelle 10.1 listet die wichtigsten Feldtypen auf, die von SharePoint zur Verfügung gestellt werden.

WEITERE INFORMATIONEN Eine vollständige Liste aller Feldtypen finden Sie in der Produktreferenz unter *http://msdn.microsoft.com/de-de/library/ms437580(office.14).aspx.*

Tabelle 10.1 Wichtige vordefinierte Feldtypen

Feldtypname	Beschreibung
Boolean	Ein boolescher Wert (*TRUE* oder *FALSE*), der als *bit* in SQL Server gespeichert wird. Der Zugriff erfolgt als *SPFieldBoolean*-Objekt über das Objektmodell.
Choice	Ermöglicht dem Benutzer, einen einzelnen Wert aus einer vordefinierten Liste auszuwählen. Das XML-Schema von *Field* muss die Werte deklarieren (Einzelheiten finden Sie in Listing 10.2 weiter unten in diesem Kapitel). Der Wert ist in SQL Server als *nvarchar* gespeichert. Der Zugriff erfolgt als *SPFieldChoice*-Objekt über das Objektmodell.
MultiChoice	Ermöglicht dem Benutzer, mehrere Werte aus einer vordefinierten Liste auszuwählen. Das XML-Schema in *Field* muss die Werte deklarieren. Der Wert ist in SQL Server als *ntext* gespeichert. Der Zugriff erfolgt als *SPFieldMultiChoice*-Objekt über das Objektmodell.
Currency	Gibt einen Geldbetrag an. *Currency* ist über das Attribut *LCID* an ein bestimmtes Gebietsschema gebunden. Es kann mit den Attributen *Min*, *Max* und *Decimals* Einschränkungen festlegen. Der Wert ist in SQL Server als *float* gespeichert. Der Zugriff erfolgt als *SPFieldCurrency*-Objekt über das Objektmodell.
DateTime	Speichert einen Datums- und Uhrzeitwert. *DateTime* ist in SQL Server als *datetime* gespeichert. Der Zugriff erfolgt als *SPFieldDateTime*-Objekt über das Objektmodell.
Lookup und *LookupMulti*	Diese Feldtypen verhalten sich ähnlich wie *Choice* und *MultiChoice*, die Werte, die zur Auswahl stehen, werden aber einer anderen Elementliste entnommen, die sich in derselben Website befindet. Diese Feldtypen sind in SQL Server als *int*-Elemente gespeichert. Der Zugriff erfolgt als *SPFieldLookup*-Objekt über das Objektmodell.
Note	Speichert mehrere Textzeilen. *Note* ist in SQL Server als *ntext* gespeichert. Der Zugriff erfolgt als *SPFieldMultiLineText*-Objekt über das Objektmodell.
Number	Eine Gleitkommazahl. *Number* kann mit den Attributen *Decimals*, *Div*, *Max*, *Min*, *Mult* und *Percentage* eingeschränkt werden. Der Wert ist in SQL Server als *float* gespeichert. Der Zugriff erfolgt als *SPFieldNumber*-Objekt über das Objektmodell.
Text	Enthält eine einzelne Textzeile mit konfigurierbarer Höchstlänge (Attribut *MaxLength*). *Text* ist in SQL Server als *nvarchar* gespeichert. Der Zugriff erfolgt als *SPFieldText*-Objekt über das Objektmodell.
URL	Eine URL mit einem bestimmten *LinkType* (*Hyperlink* oder *Image*). *URL* ist in SQL Server als *nvarchar* gespeichert. Der Zugriff erfolgt als *SPFieldUrl*-Objekt über das Objektmodell.
User und *UserMulti*	Diese Feldtypen bieten eine Auswahlmöglichkeit für einen einzelnen oder mehrere Benutzer. Die Werte sind in SQL Server als *int*-Elemente gespeichert. Der Zugriff erfolgt als *SPFieldUser*-Objekt über das Objektmodell.

Das letzte Attribut ist *Group*. Es definiert eine Gruppenmitgliedschaft, die es einfacher macht, benutzerdefinierte Felder über die administrative Oberfläche des Webbrowsers zu finden. *Group* ist ein optionales Attribut, aber ich empfehle, es immer zu definieren, wenn Sie eine Websitespalte erstellen. Auf diese Weise haben Sie die Möglichkeit, Ihre Spalten in selbst definierten Gruppen zu organisieren.

Tabelle 10.2 zeigt einige weitere interessante Attribute, die Sie verwenden können, wenn Sie benutzerdefinierte Websitespalten erstellen.

Tabelle 10.2 Wichtige *Boolean*-Attribute im Element *Field*

Attribut	Beschreibung
Hidden	Das Attribut *Hidden* kann den Wert *TRUE* oder *FALSE* haben. Ist der Wert *TRUE*, wird das Feld in der Benutzeroberfläche vollständig verborgen, ein Zugriff ist nur über Code mit dem Objektmodell möglich.
ReadOnly	Das Attribut *ReadOnly* kann den Wert *TRUE* oder *FALSE* haben. Ist der Wert *TRUE*, wird das Feld nicht in Hinzufügen- und Bearbeiten-Formularen angezeigt, kann aber in Ansichten erscheinen. Der Zugriff über das Objektmodell bleibt möglich.
Required	Das Attribut *Required* kann den Wert *TRUE* oder *FALSE* haben. Es gibt an, ob das Feld erforderlich ist.
RichText	Das Attribut *RichText* kann den Wert *TRUE* oder *FALSE* haben. Es legt fest, ob ein Textfeld RTF-Inhalt (Rich Text Format) aufnimmt.
ShowInDisplayForm	Das Attribut *ShowInDisplayForm* kann den Wert *TRUE* oder *FALSE* haben. Ist der Wert *FALSE*, erscheint das Feld nicht im Anzeigeformular des Elements, das dieses Feld enthält.
ShowInEditForm	Das Attribut *ShowInEditForm* kann den Wert *TRUE* oder *FALSE* haben. Ist der Wert *FALSE*, wird das Feld nicht im Bearbeitungsformular des Elements angezeigt, das dieses Feld enthält.
ShowInNewForm	Das Attribut *ShowInNewForm* kann den Wert *TRUE* oder *FALSE* haben. Ist der Wert *FALSE*, wird das Feld nicht im Formular zum Hinzufügen des Elements angezeigt, das dieses Feld enthält.

HINWEIS Sie können zwar auch viele andere Attribute verwenden, wenn Sie ein Websitespaltenschema definieren, dieses Buch verfolgt aber nicht das Ziel, eine umfassende Referenz zu liefern. Stattdessen sollen Sie hier genau die Informationen finden, die ausreichen, um die Funktionsweise von SharePoint zu verstehen und seine Möglichkeiten auszuschöpfen.

Listing 10.2 zeigt eine komplexere Websitespaltendefinition, die ein *MultiChoice*-Feld enthält, in dem der Benutzer das Land (country) des Kontakts auswählen kann.

Listing 10.2 Eine *MultiChoice*-Websitespalte, die in einem Featureelement definiert wird

```
<?xml version="1.0" encoding="utf-8"?>
<Elements xmlns="http://schemas.microsoft.com/sharepoint/">
  <Field
    ID="{149BF9A1-5BBB-468d-AA35-91ACEB054E3B}"
    Name="DevLeapCountry"
    StaticName="DevLeapCountry"
    DisplayName="Country"
    Type="Choice"
    Group="DevLeap Columns"
    Sortable="TRUE">
      <Default>Italy</Default>
      <CHOICES>
        <CHOICE>Italy</CHOICE>
        <CHOICE>USA</CHOICE>
        <CHOICE>Germany</CHOICE>
        <CHOICE>France</CHOICE>
      </CHOICES>
  </Field>
</Elements>
```

Dieses Beispiel zeigt, wie Sie mehrere Auswahlmöglichkeiten für ein *Choice*-Feld definieren. Die Liste legt auch ein Standardelement (unter *Default*) fest.

Wenn Sie eine Websitespalte definieren, haben Sie die Möglichkeit, eine Gültigkeitsregel für ihren Inhalt festzulegen. Dazu fügen Sie einfach ein *Validation*-Element als untergeordnetes Element in *Field* ein. Das *Validation*-Element kann das Attribut *Message* haben, das festlegt, welche Fehlermeldung der Endbenutzer angezeigt bekommt, falls die Überprüfung fehlschlägt. Außerdem gibt es das Attribut *Script*, in dem Sie die JavaScript-Regel formulieren, die die Überprüfung ausführt. Stattdessen können Sie eine Regel auch mithilfe der Formelsyntax von SharePoint definieren, indem Sie die Regel in das *Validation*-Element schreiben.

WEITERE INFORMATIONEN Mehr Einzelheiten zu berechneten Feldern und Formeln in SharePoint finden Sie in MSDN unter *http://msdn.microsoft.com/de-de/library/bb862071(office.14).aspx*.

Inhaltstypen

Ein Schema für Inhaltstypen definiert ein Modell für einen komplexen SharePoint-Datentyp. Es basiert auf Websitespaltenverweisen in Kombination mit optionalen Informationen zu Formularen, Renderingvorlagen, einer bestimmten Dokumentvorlage (nur bei Dokumentelementen) und XML-Konfiguration.

Kapitel 2, »Datenbasis«, beschreibt, wie SharePoint Inhaltstypen mithilfe einer hierarchischen Struktur definiert. Den Stamm bildet der Inhaltstyp *System*, darunter folgt ein einzelner untergeordneter Typ namens *Item*. SharePoint wendet ein Vererbungssystem an (ähnlich wie bei der Klassenvererbung in der objektorientierten Programmierung), um alle Inhaltstypen zu definieren, die von *Item* abgeleitet werden. Abbildung 10.1 zeigt einen Auszug aus der hierarchischen Vererbungsstruktur für native Inhaltstypen.

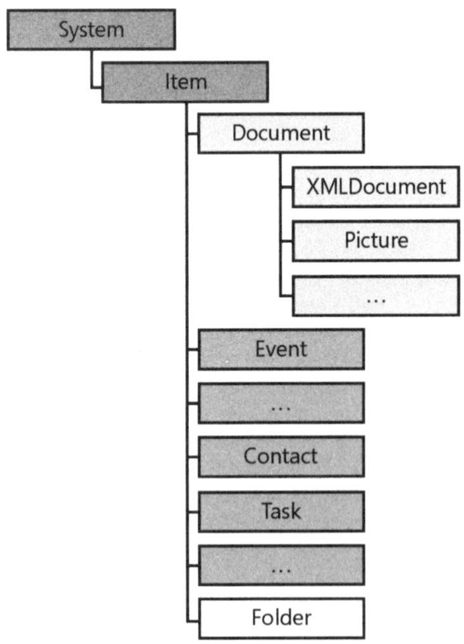

Abbildung 10.1 Vererbungshierarchie der Inhaltstypen in SharePoint

Aufgrund dieses Verhaltens müssen Sie beim Bereitstellen von Inhaltstypen auch Vererbungsinformationen für jeden neuen Inhaltstyp festlegen, den Sie deklarieren. Details zu diesem Thema enthält der Abschnitt, »Inhaltstyp-IDs« weiter unten in diesem Kapitel.

Listing 10.3 zeigt ein Beispiel mit dem Inhaltstyp für Kontakte. Seine Definition verweist auf mehrere Websitespalten.

Listing 10.3 Ein einfacher Inhaltstyp, der zusammen mit seinen Websitespalten in einem Featureelement definiert wird

```
<?xml version="1.0" encoding="utf-8"?>
<Elements xmlns="http://schemas.microsoft.com/sharepoint/">
  <!-- Vom Inhaltstyp verwendete Websitespalten -->
  <Field
    ID="{C7792AD6-F2F3-4f2d-A7E5-75D5A8206FD9}"
    Name="DevLeapContactID"
    StaticName="DevLeapContactID"
    DisplayName="Contact ID"
    Type="Text"
    Group="DevLeap Columns"
    Sortable="TRUE" />
  <Field
    ID="{A8F24550-55CD-4d34-A015-811954C6CE24}"
    Name="DevLeapCompanyName"
    StaticName="DevLeapCompanyName"
    DisplayName="Company Name"
    Type="Text"
    Group="DevLeap Columns"
    Sortable="TRUE" />
  <Field
    ID="{149BF9A1-5BBB-468d-AA35-91ACEB054E3B}"
    Name="DevLeapCountry"
    StaticName="DevLeapCountry"
    DisplayName="Country"
    Type="Choice"
    Group="DevLeap Columns"
    Sortable="TRUE">
      <Default>Italy</Default>
      <CHOICES>
        <CHOICE>Italy</CHOICE>
        <CHOICE>USA</CHOICE>
        <CHOICE>Germany</CHOICE>
        <CHOICE>France</CHOICE>
      </CHOICES>
  </Field>
  <!-- Übergeordneter ContentType: Item (0x01) -->
  <ContentType ID="0x0100a60f69c4b1304fbda6c4b4a25939979f"
               Name="DevLeapContact"
               Group="DevLeap Content Types"
               Description="Base Contact of DevLeap"
               Inherits="TRUE"
               Version="0">
```

```
    <FieldRefs>
      <FieldRef
        ID="{fa564e0f-0c70-4ab9-b863-0177e6ddd247}"
        Name="Title"
        DisplayName="Full name" />
      <FieldRef
        ID="{C7792AD6-F2F3-4f2d-A7E5-75D5A8206FD9}"
        Name="DevLeapContactID"
        DisplayName="Contact ID"
        Required="TRUE" />
      <FieldRef
        ID="{A8F24550-55CD-4d34-A015-811954C6CE24}"
        Name="DevLeapCompanyName"
        DisplayName="Company Name" />
      <FieldRef
        ID="{149BF9A1-5BBB-468d-AA35-91ACEB054E3B}"
        Name="DevLeapCountry"
        DisplayName="Country" />
    </FieldRefs>
  </ContentType>
</Elements>
```

Dieser Inhaltstyp enthält ein *ContentType*-Element, das Informationen wie Name (*Name*), Gruppe (*Group*) und Beschreibung (*Description*) festlegt. Außerdem enthält das *ContentType*-Element das Attribut *Version*, mit dem die Version verwaltet wird; es wird von Microsoft aber immer noch als für künftige Aufgaben reserviert bezeichnet. Das wichtigste Attribut ist *ID*. Es legt die eindeutige Kennung für diesen Inhaltstyp innerhalb der Websitesammlung fest, in der er definiert wird. Im *ContentType*-Element eingebettet ist ein *FieldRefs*-Element, das seinerseits mehrere *FieldRef*- oder *RemoveFieldRef*-Elemente enthält. Jedes Element in dieser Liste verweist auf eine bestimmte Websitespalte, die in diesem Inhaltstyp hinzugefügt oder entfernt werden soll. Vielleicht ist Ihnen aufgefallen, dass dieses Beispiel auf alle Websitespalten verweist, die weiter oben in der Featureelementdatei definiert wurden. Es ist sogar üblich, die benutzten Websitespalten innerhalb derselben Featureelementdatei zu definieren, und zwar unmittelbar vor dem Inhaltstyp, der auf sie verweist.

Listing 10.3 verweist auch auf eine Websitespalte mit dem Namen *Title* und dem *ID*-Wert *{fa564e0f-0c70-4ab9-b863-0177e6ddd247}*. Das ist die native SharePoint-Websitespalte, die den Feldtitel für jedes SharePoint-Element festlegt. In diesem Beispiel ändern wir den Wert in *DisplayName* von *Title*, der nach wie vor als interner Name erhalten bleibt, auf *Full Name* (vollständiger Name), der als Name für diesen Inhaltstyp angezeigt wird. In der Standardeinstellung benutzt SharePoint den *Title*-Wert eines Felds auch, um das ECB-Menü anzuzeigen, mit dem Sie ein Listenelement in der Benutzeroberfläche anzeigen, bearbeiten und verwalten können.

Inhaltstyp-IDs

Das Attribut *ID* eines Inhaltstyps ist keine simple GUID, wie in der Definition einer Websitespalte, sondern ein komplexer Wert, der die hierarchische Vererbung des Typs beschreibt. Jede Inhaltstyp-ID setzt sich aus der *ID* des übergeordneten Inhaltstyps und einem Hexadezimalwert zusammen, der den aktuellen Inhaltstyp eindeutig identifiziert. Eine Inhaltstyp-ID definiert quasi den Stammbaum. Diese Logik ist rekursiv. Sie nimmt ihren Anfang beim Inhaltstyp *System* und setzt sich den ganzen Baum hindurch bis zum aktuellen Inhaltstyp fort. Tabelle 10.3 zeigt einen Auszug aus der Hierarchie der SharePoint-Inhaltstyp-IDs.

Tabelle 10.3 Ausschnitt aus der Hierarchie der SharePoint-Inhaltstyp-IDs

Inhaltstyp	ID
System	0x
Item	0x01
Document	0x0101
XmlDocument	0x010101
Picture	0x010102
Event	0x0102
...	
Contact	0x0106
Task	0x0108
...	
Folder	0x0120

Wie Sie in Tabelle 10.3 sehen, bildet *System* den Stamm der Inhaltstypen. *System* ist ein spezieller, verborgener Inhaltstyp mit dem *ID*-Wert *0x*. Der Inhaltstyp *Item* ist der einzige Typ, der *System* unmittelbar untergeordnet ist. Er hat den *ID*-Wert *0x01* (*ID*-Wert von *System + 01*). Der Inhaltstyp *Document* ist *Item* untergeordnet, er hat den *ID*-Wert *0x0101* (*ID* von *Item + 01*), während sein Bruder *Event* den *ID*-Wert *0x0102* hat (*ID* von *Item + 02*).

Allgemein ausgedrückt lautet die Regel für Inhaltstyp-IDs, dass Sie eine ID mit zwei unterschiedlichen Techniken berechnen können:

- Inhaltstyp-ID des übergeordneten Typs + zwei Hexadezimalziffern (darf nicht »00« sein)
- Inhaltstyp-ID des übergeordneten Typs + »00« + hexadezimale GUID

Microsoft wendet im Allgemeinen das erste Verfahren an, um Inhaltstyp-IDs festzulegen. Externe Entwickler gehen meist nach der zweiten Regel vor, um benutzerdefinierte Inhaltstyp-IDs zu definieren. Wenn Sie eine eigene Hierarchie aus Inhaltstypen definieren wollen, sollten Sie folgendermaßen vorgehen:

1. Wählen Sie den Basisinhaltstyp aus, von dem Sie alle anderen ableiten wollen.
2. Hängen Sie *00* ans Ende der Inhaltstyp-ID dieses Basistyps an.
3. Hängen Sie an die *00* eine hexadezimale GUID an.
4. Hängen Sie jeweils zwei Hexadezimalwerte an, um untergeordnete Typen Ihres Inhaltstyps zu definieren.

Sehen wir uns ein Beispiel an. Sie wollen einen Inhaltstyp definieren, der vom Basistyp *Document* abgeleitet ist. Sie beginnen mit *0x0101*, dem *ID*-Wert von *Document*, hängen *00* an und fügen schließlich eine hexadezimale GUID hinzu. Die fertige *ID* lautet dann beispielsweise *0x010100BDD3EC87EA65463A B9FAA5337907A3ED*.

Wenn Sie nun von Ihrem Inhaltstyp weitere Inhaltstypen ableiten wollen, hängen Sie für jeden untergeordneten Inhaltstyp *01*, *02* und so weiter an. Das sieht zum Beispiel so aus:

- **Basis-ID** 0x010100BDD3EC87EA65463AB9FAA5337907A3ED
- **Untergeordneter Typ 1** 0x010100BDD3EC87EA65463AB9FAA5337907A3ED01
- **Untergeordneter Typ 2** 0x010100BDD3EC87EA65463AB9FAA5337907A3ED02

WEITERE INFORMATIONEN Inhaltstyp-IDs dürfen höchstens 512 Byte lang sein. Weil jeweils zwei Hexadezimalziffern einem Byte entsprechen, darf die Inhaltstyp-ID höchstens 1024 Zeichen lang sein.

Sehen wir uns das noch einmal am Beispiel mit dem Inhaltstyp für einen Kontakt an. Zuerst müssen Sie auswählen, welchen Inhaltstyp Sie als Basis verwenden wollen. Nehmen wir an, dass Sie den allgemeinen Basistyp *Item* als übergeordneten Inhaltstyp verwenden wollen. Die Inhaltstyp-ID Ihres Typs beginnt also mit *0x01*, gefolgt von *00* und dann einer hexadezimalen GUID. Das Ergebnis ist dasselbe wie die ID, die in Listing 10.3 hervorgehoben ist:

```
ID="0x0100a60f69c4b1304fbda6c4b4a25939979f"
```

Das Ziel besteht bei diesem Beispiel darin, eine Liste zu definieren, die auf mehreren Inhaltstypen (*Customer* und *Supplier*) aufsetzt, die von diesem Basisinhaltstyp für Kontakte abgeleitet sind. Listing 10.4 zeigt die Definitionen für die Inhaltstypen *Customer* (Kunde) und *Supplier* (Lieferant).

Listing 10.4 Definitionen der Inhaltstypen *Customer* und *Supplier*

```
<?xml version="1.0" encoding="utf-8"?>
<Elements xmlns="http://schemas.microsoft.com/sharepoint/">
  <Field
      ID="{AC689935-8E8B-485e-A45E-FF5A338DD92F}"
      Name="DevLeapCustomerLevel"
      StaticName="DevLeapCustomerLevel"
      DisplayName="Customer Level"
      Type="Choice"
      Group="DevLeap Columns">
    <Default>Level C</Default>
    <CHOICES>
      <CHOICE>Level A</CHOICE>
      <CHOICE>Level B</CHOICE>
      <CHOICE>Level C</CHOICE>
    </CHOICES>
  </Field>
  <Field
      ID="{A73DE518-B9B9-4e8d-9D94-6099B4603997}"
      Name="DevLeapSupplierAccount"
      StaticName="DevLeapSupplierAccount"
      DisplayName="Supplier Account"
      Type="User"
      Group="DevLeap Columns"
      Sortable="TRUE" />
```

```
<ContentType ID="0x0100a60f69c4b1304fbda6c4b4a25939979f01"
             Name="DevLeapCustomer"
             Group="DevLeap Content Types"
             Description="Customer of DevLeap"
             Version="0">
  <FieldRefs>
    <FieldRef
        ID="{AC689935-8E8B-485e-A45E-FF5A338DD92F}"
        Name="DevLeapCustomerLevel"
        Required="TRUE" />
  </FieldRefs>
</ContentType>
<ContentType ID="0x0100a60f69c4b1304fbda6c4b4a25939979f02"
             Name="DevLeapSupplier"
             Group="DevLeap Content Types"
             Description="Supplier of DevLeap"
             Version="0">
  <FieldRefs>
    <FieldRef
        ID="{A73DE518-B9B9-4e8d-9D94-6099B4603997}"
        Name="DevLeapSupplierAccount"
        Required="TRUE" />
  </FieldRefs>
</ContentType>
</Elements>
```

Beide Inhaltstypen bauen auf dem Inhaltstyp *Contact* auf, und jeder fügt eine bestimmte Websitespalte hinzu. Der Inhaltstyp *Customer* fügt ein erforderliches Feld hinzu, das die Priorität des Kunden (*Customer Level* mit den Stufen A, B oder C) für jede *Customer*-Instanz festlegt. Und der Inhaltstyp *Supplier* fügt ein Feld hinzu, das auf ein lokales Konto (*Account*) verweist. Ein SharePoint-Benutzer kann sich dieses Konto ansehen.

Abbildung 10.2 zeigt einen Ausschnitt aus der Seite *Websiteinhaltstypen* in einer Websitesammlung, in der diese drei Inhaltstypen mit dem Code aus Listing 10.4 bereitgestellt wurden. In der Abbildung können Sie die Vererbungshierarchie für die Inhaltstypen deutlich erkennen.

Site Content Type	Parent
DevLeap Content Types	
DevLeapContact	Item
DevLeapCustomer	DevLeapContact
DevLeapSupplier	DevLeapContact

Abbildung 10.2 Die Seite *Websiteinhaltstypen* einer Websitesammlung, in der die benutzerdefinierten Inhaltstypen bereitgestellt wurden

Schließlich sollten Sie noch wissen, dass Microsoft Visual Studio 2010 die Inhaltstyp-IDs automatisch berechnet, wenn Sie einen neuen Inhaltstyp zu einem SharePoint-Projekt hinzufügen.

Details zu Inhaltstypen

Es gibt noch einige andere Attribute, die Sie angeben können, wenn Sie eigene Inhaltstypen definieren. Eines ist das Attribut *ReadOnly*, das den Inhaltstyp schreibgeschützt macht, wenn es auf den Wert *TRUE* gesetzt wird. Ein anderes ist das Attribut *Sealed*. Es versiegelt einen Inhaltstyp, sodass nur ein Websitesammlungsadministrator die Versiegelung über das Objektmodell wieder aufheben kann, damit der Typ bearbeitet werden kann. Als letztes Attribut will ich *Hidden* erwähnen. Es macht einen Inhaltstyp unsichtbar, sodass die Endbenutzer keine neuen Elemente dieses Typs in Listenansichten erstellen können. Es ist aber nach wie vor möglich, über Code auf die Inhaltstypen zuzugreifen. Wenn Sie einen Inhaltstyp völlig unsichtbar machen wollen, also nicht nur für Endbenutzer, sondern auch für Websitesammlungsadministratoren, können Sie den Typ zu einer Spezialgruppe namens *_Hidden* hinzufügen.

Sie können einen Inhaltstyp nicht nur über die Attribute von *ContentType*-Elementen konfigurieren, sondern auch, indem Sie einige untergeordnete Elemente einfügen. Eines davon ist *FieldRefs*, das Sie bereits weiter oben in diesem Kapitel gesehen haben. Ein anderes nützliches Element ist *XmlDocuments*, mit dem Sie beliebige XML-Konfigurationen definieren, die auf den Inhaltstyp angewendet werden. SharePoint nutzt dieses Element selbst, um benutzerdefinierte Steuerelemente und Seiten für den Inhaltstyp zu deklarieren. Listing 10.5 zeigt, wie Sie dieses Element einsetzen.

Listing 10.5 Verwenden des Elements *XmlDocuments* in der Definition eines Inhaltstyps

```
<?xml version="1.0" encoding="utf-8"?>
<Elements xmlns="http://schemas.microsoft.com/sharepoint/">
  <ContentType ID="0x0100a60f69c4b1304fbda6c4b4a25939979f01"
               Name="DevLeapCustomer"
               Group="DevLeap Content Types"
               Description="Customer of DevLeap"
               Inherits="TRUE"
               Version="0">
    <FieldRefs>
      <FieldRef
        ID="{AC689935-8E8B-485e-A45E-FF5A338DD92F}"
        Name="DevLeapCustomerLevel"
        Required="TRUE" />
    </FieldRefs>
    <XmlDocuments>
      <XmlDocument NamespaceURI=
       "http://schemas.microsoft.com/sharepoint/v3/contenttype/forms">
        <FormTemplates xmlns=
          "http://schemas.microsoft.com/sharepoint/v3/contenttype/forms">
          <Display>DevLeapCustomerDisplay</Display>
          <Edit>DevLeapCustomerEdit</Edit>
          <New>DevLeapCustomerNew</New>
        </FormTemplates>
      </XmlDocument>
    </XmlDocuments>
  </ContentType>
</Elements>
```

Wie Listing 10.5 zeigt, ist das *XmlDocuments*-Element lediglich ein Container für ein oder mehrere *XmlDocument*-Elemente. Jedes *XmlDocument*-Element kann das Attribut *NamespaceURI* definieren, das den Gültigkeitsbereich der darin definierten Konfiguration festlegt. Listing 10.5 deklariert eine Konfiguration für ASCX-Steuerelemente, mit denen Formulare zum Anzeigen, Bearbeiten und Hinzufügen von Instanzen des aktuellen Inhaltstyps dargestellt werden. Die ASCX-Steuerelemente, auf die hier verwiesen wird, sollten im SharePoint-Spezialordner *CONTROLTEMPLATES* bereitgestellt werden. Der Inhalt jedes *XmlDocument*-Elements leitet sich aus der angegebenen *NamespaceURI* ab. Es muss lediglich die Anforderung erfüllt sein, dass der XML-Inhalt fehlerfrei nach seinem deklarierten XML-Schema formuliert ist.

Weil Sie auf jedes *XmlDocument*-Element, das Sie bei der Bereitstellung von Inhaltstypen definieren, später über das Objektmodell zugreifen können, bietet das Modell eine sehr flexible Umgebung.

Inhaltstypen für Dokumente

Die vom Basisinhaltstyp *Document* (ID: *0x0101*) abgeleiteten Inhaltstypen sind Sonderfälle, die wir uns etwas sorgfältiger ansehen müssen. Jedes Dokument hat zahlreiche spezielle Konfigurationen, die es verarbeiten muss. Zum Beispiel haben Sie im Abschnitt »Inhaltstypen« von Kapitel 1 erfahren, dass ein Dokument eine Dokumentvorlage und/oder einen Dokumentinformationsbereich haben kann.

Listing 10.6 zeigt die Definition eines Dokumentinhaltstyps, der ein Modell für ein Rechnungsdokument (*Invoice*) deklariert.

Listing 10.6 Der Inhaltstyp *Invoice* ist vom Inhaltstyp *Document* abgeleitet

```
<?xml version="1.0" encoding="utf-8"?>
<Elements xmlns="http://schemas.microsoft.com/sharepoint/">
  <!-- Übergeordneter ContentType: Document (0x0101) -->
  <ContentType ID="0x010100a5fd8267a91945df9f3884d9eaa4f12f"
               Name="DevLeapInvoice"
               Group="DevLeap Content Types"
               Description="Invoice of DevLeap"
               Inherits="TRUE"
               Version="0">
    <FieldRefs>
      <!-- Hier stehen die Feldverweise -->
    </FieldRefs>
    <DocumentTemplate TargetName="/_layouts/DevLeapInvoiceTemplate.dotx" />
  </ContentType>
</Elements>
```

Der *Document*-Abschnitt innerhalb der *ID* ist hervorgehoben, weil er verrät, dass das Verhalten des SharePoint-Basistyps geerbt wurde. Das Element *DocumentTemplate* (ebenfalls hervorgehoben) hat ein *TargetName*-Attribut, das die URL (absolut für die Websitesammlung) des Vorlagenelements angibt, das für jede neue *Invoice*-Instanz verwendet wird. Listing 10.7 zeigt, wie Sie einen Dokumentinformationsbereich für einen *Document*-Inhaltstyp definieren. Dabei wird vorausgesetzt, dass Sie den Bereich bereits entworfen und bereitgestellt haben.

Das Beispiel gibt die absolute URL des Dokumentinformationsbereichs im Element *xsnLocation* an. Außerdem deaktiviert es die Zwischenspeicherung im Microsoft Office-Client, indem es das *cached*-Element auf *FALSE* setzt. Und schließlich definiert es mit *openByDefault*, wie das Dokument sich relativ zu diesem neuen Bereich verhalten soll. Das Element *openByDefault* ist auf *TRUE* gesetzt, das bedeutet, dass der Bereich als Standardeinstellung offen sein sollte. Das Element *xsnScope* ist erforderlich, Microsoft reserviert es aber für den internen Gebrauch.

Listing 10.7 Der vom Inhaltstyp *Document* abgeleitete Inhaltstyp *Invoice* mit einem benutzerdefinierten Dokumentinformationsbereich

```
<?xml version="1.0" encoding="utf-8"?>
<Elements xmlns="http://schemas.microsoft.com/sharepoint/">
  <!-- Übergeordneter ContentType: Document (0x0101) -->
  <ContentType ID="0x010100a5fd8267a91945df9f3884d9eaa4f12f"
               Name="DevLeapInvoice"
               Group="DevLeap Content Types"
               Description="Invoice of DevLeap"
               Inherits="TRUE"
               Version="0">
    <FieldRefs>
      <!-- Hier stehen die Feldverweise -->
    </FieldRefs>
    <XmlDocuments>
      <XmlDocument NamespaceURI=
        "http://schemas.microsoft.com/office/2006/metadata/customXsn">
        <xsnLocation>http://URL/customXsn.xsn</xsnLocation>
        <cached>False</cached>
        <openByDefault>True</openByDefault>
        <xsnScope>http://URL/documentLibrary</xsnScope>
      </XmlDocument>
    </XmlDocuments>
  </ContentType>
</Elements>
```

Listendefinitionen

Nachdem wir jetzt unsere Inhaltstypen definiert haben, können wir sie in einer echten Kontaktliste einsetzen, die Kunden und Lieferanten umfasst. Wenn Sie benutzerdefinierte Inhaltstypen erstellen, definieren Sie im Allgemeinen auch gleich Listendefinitionen, die diese Inhaltstypen nutzen. Eine Listendefinition ist nichts anderes als eine formelle Darstellung des Datenmodells für eine Liste. Diese Definition liegt als XML-Schema vor, und Sie erstellen mit seiner Hilfe Instanzen der Elemente, die auf diesem Modell aufbauen.

In SharePoint 2010 setzt sich eine Listendefinition aus zwei Dateien zusammen: *Schema.xml* definiert die Datenstruktur und Konfiguration des Listendefinitionsmodells, und eine Featureelementdatei beschreibt das *ListTemplate*, das die Informationen für die Bereitstellung des Listendefinitionsmodell definiert.

Listenschemadatei

Die Listenschemadatei ist ein XML-Dokument, das alle Metadaten für die Datenstruktur der Liste beschreibt. Die wichtigsten Bereiche in der *Schema.xml*-Datei für eine Listendefinition sind:

- **Inhaltstypen (*ContentTypes*)** Dieser Abschnitt definiert die Inhaltstypen, die innerhalb der Listendefinition verfügbar sind.
- **Felder (*Fields*)** Deklariert die Websitespalten auf Listenebene. Dies ist die Gesamtheit aller Websitespalten, auf die in allen Inhaltstypen verwiesen wird, die mit der Listendefinition verknüpft sind.
- **Ansichten (*Views*)** Dieser Abschnitt definiert die Ansichten, die dem Endbenutzer für die Navigation durch Elemente der Listenvorlageninstanzen zur Verfügung stehen.
- **Formulare (*Forms*)** Dieser Abschnitt deklariert die ASPX-Seiten, die dem Endbenutzer zur Verfügung gestellt werden, um Elemente einer Listeninstanz dieser Listendefinition hinzuzufügen, anzuzeigen und zu bearbeiten.
- **Überprüfung (*Validation*)** Dieser Abschnitt definiert die Gültigkeitsregeln für Listenelemente.
- **Symbolleiste (*Toolbar*)** Deklariert den Typ der Symbolleiste, die in der Browseroberfläche bereitgestellt werden muss.

Neben den Elementen dieser Liste umfasst das vollständige XML-Schema noch einige weitere Elemente. Listing 10.8 zeigt einen Ausschnitt aus einer *Schema.xml*-Datei, die eine Listendefinition beschreibt. Sie enthält alle beschriebenen Abschnitte.

Listing 10.8 Ausschnitt aus einer Listendefinitionsschemadatei

```
<?xml version="1.0" encoding="utf-8"?>
<List xmlns:ows="Microsoft SharePoint"
    Title="DevLeapContacts"
    FolderCreation="FALSE"
    Direction="$Resources:Direction;"
    Url="Lists/DevLeapContacts"
    BaseType="0"
    EnableContentTypes="TRUE"
    xmlns="http://schemas.microsoft.com/sharepoint/">
    <MetaData>
        <ContentTypes>
        <!-- Hier stehen die Verweise auf die Inhaltstypen. -->
        </ContentTypes>
        <Fields>
        <!-- Deklaration der Websitespalten auf Listenebene -->
        </Fields>
        <Views>
        <!-- Definition der Ansichten -->
        </Views>
        <Forms>
        <!-- Formulare zum Hinzufügen, Anzeigen, Bearbeiten von Elementen -->
        </Forms>
        <Validation>
        <!-- Deklaration der Überprüfungsregeln für Listenelemente -->
        </ Validation >
        <Toolbar />
        <!-- Definition, welche Symbolleiste in der Webbrowser-UI verwendet wird -->
    </MetaData>
</List>
```

Das Element *List*

Das Element *List* bildet den Stamm der Schemadatei. Es deklariert einige grundlegende Attribute für die Listendefinition. Das Attribut *Title* legt den Namen der Listendefinition fest. Das Attribut *BaseType* definiert den Typ der Basisliste, auf dem die aktuelle Listendefinition aufbaut. In der globalen SharePoint-Datei *Onet.xml* (mehr dazu in Kapitel 14, »Websitevorlagen«) gibt es das Element *BaseTypes*, in dem alle erlaubten Integerwerte für das Attribut *BaseType* definiert sind.

HINWEIS Die globale *Onet.xml*-Datei liegt im Ordner *<SharePoint14_Root>\TEMPLATE\GLOBAL\XML*.

Für *BaseType* stehen folgende Werte zur Auswahl:

- **0** Allgemeine/benutzerdefinierte Liste
- **1** Dokumentbibliothek
- **2** Nicht verwendet, unter Umständen reserviert für künftige Zwecke
- **3** Diskussionsforum (verworfen, verwenden Sie stattdessen 0)
- **4** Abstimmung oder Umfrage
- **5** Problemliste

Listing 10.8 setzt *BaseType* auf den Wert *0*, weil wir eine allgemeine oder benutzerdefinierte Listendefinition erstellen. Das Attribut *Url* ist optional, es gibt den Pfad zum Stammverzeichnis mit ASPX-Dateien an, die in der Listendefinition verwendet werden. Auch das Attribut *FolderCreation* ist optional, es gibt SharePoint an, ob es den Befehl *Neuer Ordner* in der Symbolleiste der Liste anzeigen (*TRUE*) soll oder nicht (*FALSE*). Und schließlich das Attribut *Direction*. Es ist optional und legt die Leserichtung fest: *RTL* (von rechts nach links) oder *LTR* (von links nach rechts). In Listing 10.3 wird der Wert für *Direction* aus einer Ressourcenzeichenfolge gelesen, sodass sich die Liste an die aktuellen Regionseinstellungen der Websitesammlung anpasst. Damit die Benutzer von den verfügbaren Inhaltstypen erfahren (*Contact*, *Customer* und *Supplier*), wenn sie neue Elemente anlegen, müssen wir die Inhaltstypen in der Listendefinition explizit aktivieren. Dazu setzen wir das Attribut *EnableContentTypes* auf den Wert *TRUE*. Es stehen noch viele weitere Attribute für das Element *List* zur Verfügung, Tabelle 10.4 führt die wichtigsten auf.

WEITERE INFORMATIONEN Eine vollständige Referenz aller verfügbaren Attribute für das Element *List* finden Sie in der offiziellen Produktdokumentation auf MSDN unter *http://msdn.microsoft.com/de-de/library/ms415091(office.14).aspx*.

Tabelle 10.4 Wichtige Attribute für das Element *List* einer *Schema.xml*-Listendefinitionsdatei

Attribut	Beschreibung
DisableAttachments	Optionaler *Boolean*-Wert, der festlegt, ob Anhänge in der Liste deaktiviert werden.
EnableMinorVersions	Optionaler *Boolean*-Wert. Er steuert die Versionsverwaltung mit Haupt- und Nebenversion der Elemente.
ModeratedList	Optionaler *Boolean*-Wert, der die Inhaltsgenehmigung für eingefügte Elemente aktiviert.
PrivateList	Optionaler *Boolean*-Wert. Er legt fest, ob die Liste privat ist.
VersioningEnabled	Optionaler *Boolean*-Wert, der die Versionsverwaltung in der Liste aktiviert. Diesen Wert können Sie beim Erstellen einer Listeninstanz ändern.

Das Element *MetaData*

Das wichtigste untergeordnete Element von *List* ist *MetaData*. Es umschließt alle anderen Elemente in der *Schema.xml*-Datei.

Einer der wichtigsten untergeordneten Knoten von *MetaData* ist das Element *ContentTypes*. Es deklariert die gesamte Liste der Inhaltstypen, auf die in der aktuellen Listendefinition verwiesen wird. Listing 10.9 enthält ein *ContentTypes*-Element für die Beispielliste mit Kontakten.

Listing 10.9 Der *ContentTypes*-Abschnitt innerhalb des *MetaData*-Elements

```
<ContentTypes>
  <ContentType
    ID="0x0100a60f69c4b1304fbda6c4b4a25939979f"
    Name="DevLeapContact"
    Group="DevLeap Content Types"
    Description="Base Contact of DevLeap"
    Inherits="TRUE" Version="0" Hidden="TRUE">
    <FieldRefs>
      <FieldRef ID="{fa564e0f-0c70-4ab9-b863-0177e6ddd247}"
                Name="Title" DisplayName="Full name" Required="TRUE" />
      <FieldRef ID="{C7792AD6-F2F3-4f2d-A7E5-75D5A8206FD9}"
                Name="DevLeapContactID" DisplayName="Contact ID"
                Required="TRUE" />
      <FieldRef ID="{A8F24550-55CD-4d34-A015-811954C6CE24}"
                Name="DevLeapCompanyName" DisplayName="Company Name" />
      <FieldRef ID="{149BF9A1-5BBB-468d-AA35-91ACEB054E3B}"
                Name="DevLeapCountry" DisplayName="Country" />
    </FieldRefs>
  </ContentType>
  <ContentType
    ID="0x0100a60f69c4b1304fbda6c4b4a25939979f01"
    Name="DevLeapCustomer"
    Group="DevLeap Content Types"
    Description="Customer of DevLeap"
    Inherits="TRUE" Version="0">
    <FieldRefs>
      <FieldRef ID="{AC689935-8E8B-485e-A45E-FF5A338DD92F}"
                Name="DevLeapCustomerLevel" Required="TRUE" />
    </FieldRefs>
    <XmlDocuments>
      <XmlDocument NamespaceURI=
        "http://schemas.microsoft.com/sharepoint/v3/contenttype/forms">
        <FormTemplates xmlns=
          "http://schemas.microsoft.com/sharepoint/v3/contenttype/forms">
          <Display>DevLeapCustomerDisplay</Display>
          <Edit>DevLeapCustomerEdit</Edit>
          <New>DevLeapCustomerNew</New>
        </FormTemplates>
      </XmlDocument>
    </XmlDocuments>
  </ContentType>
```

```
  <ContentType
    ID="0x0100a60f69c4b1304fbda6c4b4a25939979f02"
    Name="DevLeapSupplier"
    Group="DevLeap Content Types"
    Description="Supplier of DevLeap"
    Inherits="TRUE" Version="0">
    <FieldRefs>
      <FieldRef ID="{A73DE518-B9B9-4e8d-9D94-6099B4603997}"
               Name="DevLeapSupplierAccount" Required="TRUE" />
    </FieldRefs>
  </ContentType>
</ContentTypes>
```

Listing 10.9 definiert noch einmal alle Inhaltstypen, die bereits im vorherigen Abschnitt definiert wurden. Dabei werden dieselben IDs verwendet, um diese Versionen mit den ursprünglichen Definitionen zu verknüpfen. Bestimmt fragen Sie sich, warum wir die ganzen Definitionen wiederholen, statt einfach darauf zu verweisen, indem wir beispielsweise ihre IDs angeben. Der Grund ist einfach: Während der Lebensdauer eines Inhaltstyps könnte sich seine Struktur verändern. Um jeglichen Datenverlust zu verhindern, kopiert SharePoint Inhaltstypdefinitionen innerhalb der Listendefinitionen, die sie verwenden. So bleiben Datenmodelle und Dateninstanzen sogar dann erhalten, wenn jemand sie später ändert. Stellen Sie sich vor, was passieren könnte, wenn Sie einen einfachen Inhaltstyp nicht kopieren, sondern nur darauf verweisen: Sie stellen den Inhaltstyp *Customer* bereit und verwenden ihn in einer benutzerdefinierten Liste. Einige Monate später, nachdem Sie Tausende von Kunden in Ihrer Liste eingetragen haben, löschen Sie eine Spalte aus dem Inhaltstyp. Oder viel schlimmer: Sie löschen den gesamten Inhaltstyp! Weil Sie eine vollständige Kopie der Inhaltstypdefinition haben, ist SharePoint in der Lage, Ihre Daten weiterhin zu verwalten, sogar wenn sich der ursprüngliche Inhaltstyp ändert oder gelöscht wird.

Es gibt aber auch einen Nachteil: Wenn Sie eine Änderung an einem Ihrer bereitgestellten Inhaltstypen vornehmen und wollen, dass diese Änderung auf alle Instanzen in einer Websitesammlung angewendet wird, müssen Sie die Aktualisierung explizit erzwingen, entweder auf der administrativen Seite für den Inhaltstyp, mit Code über das Objektmodell oder von Hand, indem Sie alle Verweise in allen bereitgestellten XML-Dateien aktualisieren, also auch in den *Schema.xml*-Dateien für Listendefinitionen.

Listing 10.9 definiert alle drei Inhaltstypen (*Contact*, *Customer* und *Supplier*) und verbirgt den Basistyp *Contact*. Das zwingt Benutzer, entweder *Customer*- oder *Supplier*-Instanzen anzulegen.

Ein anderes untergeordnetes Element von *MetaData* ist das Element *Fields*. Es definiert die Spalten auf Listenebene, die Metadaten von Elementinstanzen speichern. Diese Spalten auf Listenebene ähneln den Websitespalten, die wir im ersten Abschnitt dieses Kapitels definiert haben. Wiederum werden ihre Definitionen kopiert und nicht einfach durch Verweise eingefügt. Die Gründe sind dieselben: damit während der Lebensdauer der Websitespalten Änderungen an den Modellen vorgenommen werden können, ohne dass Datenverlust auftritt. Der Abschnitt *Fields* der Listendefinition enthält alle Spalten, die von Inhaltstypen benutzt werden, die in derselben *Schema.xml*-Datei deklariert sind. Listing 10.10 zeigt das *Fields*-Element, das für die Kontaktliste deklariert wird.

Listing 10.10 Der *Fields*-Abschnitt im *MetaData*-Element für die Beispiellistendefinition

```
<Fields>
  <Field ID="{c7792ad6-f2f3-4f2d-a7e5-75d5a8206fd9}"
         Name="DevLeapContactID"
         StaticName="DevLeapContactID"
         DisplayName="Contact ID"
         Type="Text"
         Group="DevLeap Columns"
         Sortable="TRUE" />
  <Field ID="{a8f24550-55cd-4d34-a015-811954c6ce24}"
         Name="DevLeapCompanyName"
         StaticName="DevLeapCompanyName"
         DisplayName="Company Name"
         Type="Text"
         Group="DevLeap Columns"
         Sortable="TRUE" />
  <Field ID="{149bf9a1-5bbb-468d-aa35-91aceb054e3b}"
         Name="DevLeapCountry"
         StaticName="DevLeapCountry"
         DisplayName="Country"
         Type="Choice"
         Group="DevLeap Columns"
         Sortable="TRUE">
  <Default>Italy</Default>
  <CHOICES>
    <CHOICE>Italy</CHOICE>
    <CHOICE>USA</CHOICE>
    <CHOICE>Germany</CHOICE>
    <CHOICE>France</CHOICE>
  </CHOICES>
  </Field>
  <Field ID="{ac689935-8e8b-485e-a45e-ff5a338dd92f}"
         Name="DevLeapCustomerLevel"
         StaticName="DevLeapCustomerLevel"
         DisplayName="Customer Level"
         Type="Choice"
         Group="DevLeap Columns">
    <Default>Level C</Default>
    <CHOICES>
      <CHOICE>Level A</CHOICE>
      <CHOICE>Level B</CHOICE>
      <CHOICE>Level C</CHOICE>
    </CHOICES>
  </Field>
  <Field ID="{a73de518-b9b9-4e8d-9d94-6099b4603997}"
         Name="DevLeapSupplierAccount"
         StaticName="DevLeapSupplierAccount"
         DisplayName="Supplier Account"
         Type="User"
         Group="DevLeap Columns"
         Sortable="TRUE" />
</Fields>
```

Genau wie der *ContentTypes*-Abschnitt ist auch der *Fields*-Abschnitt lediglich ein Container für Kopien der bereits vorher definierten Websitespalten. Beachten Sie, dass die *ID*-Werte der Websitespalten dieselben sind wie bei den globalen Websitespalten. Auf diese Weise werden die globalen Websitespalten mit den lokalen Spalten auf Listenebene verknüpft.

Abbildung 10.3 zeigt, wie die Seite *Listeneinstellungen* einer Liste, die auf der benutzerdefinierten *Contacts*-Listendefinition aufbaut, in einem Webbrowser aussieht. Wie Sie sehen, sind alle drei Inhaltstypen und alle Spalten auf Listenebene vorhanden.

Content Types

This list is configured to allow multiple content types. Use content types to specify the information you want to display about an item, in addition t(workflows, or other behavior. The following content types are currently available in this list:

Content Type	Visible on New Button	Default Content Type
DevLeapCustomer	✔	✔
DevLeapSupplier	✔	
DevLeapContact		

Add from existing site content types

Change new button order and default content type

Columns

A column stores information about each item in the list. Because this list allows multiple content types, some column settings, such as whether inf required or optional for a column, are now specified by the content type of the item. The following columns are currently available in this list:

Column (click to edit)	Type	Used in
Company Name	Single line of text	DevLeapCustomer, DevLeapSupplier, DevLeapContact
Contact ID	Single line of text	DevLeapCustomer, DevLeapSupplier, DevLeapContact
Country	Choice	DevLeapCustomer, DevLeapSupplier, DevLeapContact
Customer Level	Choice	DevLeapCustomer
Supplier Account	Person or Group	DevLeapSupplier
Title	Single line of text	DevLeapCustomer, DevLeapSupplier, DevLeapContact
Created By	Person or Group	
Modified By	Person or Group	

Create column

Add from existing site columns

Indexed columns

Abbildung 10.3 Die Seite *Listeneinstellungen* einer Listeninstanz, die auf der benutzerdefinierten *Contacts*-Listendefinition aufbaut

Unmittelbar nach dem *Fields*-Abschnitt folgt das Element *Views*, ebenfalls ein untergeordnetes Element von *MetaData*. Dieser Abschnitt ist wichtig, weil wir hier die Ansichten für Daten definieren, die den Endbenutzern im Webbrowser zur Verfügung stehen.

Jedes *View*-Element, das in *Views* eingebettet ist, definiert eine Datenansicht, indem es einige Konfigurationsattribute angibt. Tabelle 10.5 beschreibt die wichtigsten dieser Attribute.

WEITERE INFORMATIONEN Eine vollständige Liste aller verfügbaren *View*-Attribute finden Sie in der offiziellen Dokumentation auf MSDN unter *http://msdn.microsoft.com/de-de/library/ms438338(office.14).aspx.*

Tabelle 10.5 Wichtige Attribute für das Element *View* einer *Schema.xml*-Listendefinitionsdatei

Attribut	Beschreibung
Type	Der Typ der Ansicht. Mögliche Werte für *Type* sind *HTML*, *Chart* und *Pivot*.
BaseViewID	Ein *Integer*-Wert, der die ID der Ansicht festlegt. *BaseViewID* muss innerhalb einer *Schema.xml*-Datei eindeutig sein.
Url	Die öffentliche URL, mit der im Browser auf die Ansicht zugegriffen wird.
DisplayName	Der Name der Ansicht im Webbrowser.
DefaultView	Ein *Boolean*-Wert, der festlegt, ob die Ansicht die Standardansicht für die aktuelle Liste ist.
MobileView	Ein *Boolean*-Wert, der festlegt, ob die aktuelle Ansicht auch für mobile Geräte verfügbar gemacht wird.
MobileDefaultView	Ein *Boolean*-Wert, der festlegt, ob die Ansicht, wenn sie für mobilen Zugriff aktiviert ist, die Standardansicht für mobile Geräte ist.
SetupPath	Der websiterelative Pfad zur ASPX-Datei für das aktuelle Ansichtsmodell. Mit diesem Attribut können Sie eine benutzerdefinierte Seite für die aktuelle Ansicht bereitstellen.
WebPartZoneID	Eine Zeichenfolge, die die ID der Webpartzone innerhalb der ASPX-Webpartseite angibt, in der die aktuelle Ansicht geladen wird .

Einige andere Konfigurationen können Sie im Element *View* mithilfe untergeordneter Elemente vornehmen. Listing 10.11 zeigt die Standardansichtdefinition für die Liste mit Kontakten.

Listing 10.11 Standard-*View*-Definition für die Beispielliste

```
<View BaseViewID="1" Type="HTML"
      WebPartZoneID="Main"
      DisplayName="$Resources:core,objectiv_schema_mwsidcamlidC24;"
      DefaultView="TRUE" MobileView="TRUE"
      MobileDefaultView="TRUE"
      SetupPath="pages\viewpage.aspx"
      ImageUrl="/_layouts/images/generic.png"
      Url="AllItems.aspx">
  <Toolbar Type="Standard" />
  <RowLimit Paged="TRUE">30</RowLimit>
  <ViewFields>
    <FieldRef Name="Attachments">
    </FieldRef>
    <FieldRef Name="LinkTitle">
    </FieldRef>
  </ViewFields>
  <Query>
    <OrderBy>
      <FieldRef Name="ID">
      </FieldRef>
    </OrderBy>
  </Query>
  <XslLink>main.xsl</XslLink>
</View>
```

Listing 10.11 deklariert *BaseViewID* mit dem Wert *1* und legt fest, dass diese Ansicht nicht nur für herkömmliche Webbrowser, sondern auch für mobile Geräte (*MobileDefaultView*) die Standardansicht (*DefaultView*) ist. Die URL für den Zugriff auf die Ansicht ist *AllItems.aspx*, und die Seite basiert auf der *SetupPath*-Datei *pages\viewpage.aspx*, die die Webpartzone mit dem *ID*-Wert *Main* ausfüllt.

Die untergeordneten Elemente des *View*-Tags in Listing 10.11 weisen SharePoint an, den Wert *Standard* für *Toolbar* zu verwenden. Die Zahl der zurückgegebenen Zeilen (*RowLimit*) begrenzen wir auf *30*, wodurch eine seitenweise Ausgabe möglich ist.

HINWEIS Sofern nicht anders angegeben, ist der Standardwert für *RowLimit* der Wert *50*.

Auf diese Konfigurationselemente folgen in Listing 10.11 einige andere Elemente, die steuern, welche Daten angezeigt werden und mit welcher Abfrage (*Query*) die Daten gefiltert und sortiert werden. Außerdem werden *ViewFields*-Elemente für die Anzeige festgelegt und einige optionale Gruppierungsregeln ergänzt.

Das *Query*-Element ist nichts anderes als eine CAML-Abfrage. Sie steuert, welche Werte aus der Quellliste abgerufen werden, wie sie sortiert werden und welche davon in der aktuellen Ansicht angezeigt werden. Zum Beispiel fragt Listing 10.11 alle Elemente in der Liste ab und sortiert sie nach dem Wert ihrer *ID*-Felder.

HINWEIS CAML steht für »Collaborative Application Markup Language«. Es ist eine XML-basierte Abfragesprache, die nützlich ist, um SharePoint-Daten zu filtern, zu sortieren und zu gruppieren. Die CAML-Sprachreferenz finden Sie auf MSDN unter *http://msdn.microsoft.com/de-de/library/ms467521(office.14).aspx*.

Das *ViewFields*-Element innerhalb von *View* gibt an, welche Felder in der fertigen Ansicht angezeigt werden. Dabei wird in einem *FieldRef*-Element anhand ihrer internen Namen auf die Felder verwiesen.

Das letzte untergeordnete Element in diesem *View*-Element ist *XslLink*. Ab SharePoint 2010 können Ansichten mit XSLT-Transformationen gerendert werden. Das *XslLink*-Element gibt den Pfad zur XSLT-Datei an, mit der die Ansicht gerendert wird. Dieser XSLT-Dateipfad ist relativ zum Ordner *<SharePoint-14_Root>\TEMPLATE\LAYOUTS\XSL*.

HINWEIS Die Bezeichnung *<SharePoint14_Root>* ist der SharePoint-Stammordner, normalerweise *C:\Program Files\Common Files\Microsoft Shared\Web Server Extensions\14*.

Statt einen expliziten XSLT-Dateipfad anzugeben, können Sie auch in einem *Xsl*-Element die XSLT-Transformation innerhalb der *Schema.xml*-Datei eintragen. Weil Sie die XSLT-Transformation aber in vielen Fällen wiederverwenden wollen, ist es sinnvoller, sie in einer externen Datei zu definieren.

Das *Forms*-Element ist der nächste wichtige Konfigurationsabschnitt für die Listendefinition. Listing 10.12 zeigt ein Beispiel.

Listing 10.12 Der *Forms*-Konfigurationsabschnitt für eine Listendefinition

```
<Forms>
  <Form Type="DisplayForm"
  Url="DispForm.aspx" SetupPath="pages\form.aspx" WebPartZoneID="Main" />
  <Form Type="EditForm"
  Url="EditForm.aspx" SetupPath="pages\form.aspx" WebPartZoneID="Main" />
  <Form Type="NewForm"
  Url="NewForm.aspx" SetupPath="pages\form.aspx" WebPartZoneID="Main" />
</Forms>
```

Das Element *Forms* enthält mehrere *Form*-Elemente, in denen festgelegt wird, welche Formulare dem Endbenutzer zur Verfügung stehen. Jedes *Form*-Element muss das Attribut *Type* haben, für das folgende Werte zur Auswahl stehen:

- ***DisplayForm*** Das Formular zum Anzeigen eines Listenelements
- ***EditForm*** Das Formular zum Bearbeiten eines vorhandenen Listenelements
- ***NewForm*** Das Formular zum Hinzufügen eines neuen Listenelements

Für jedes Formular muss im Attribut *Url* angegeben werden, wo es liegt. Optional können Sie mit *SetupPath* den Pfad angeben, von dem das ASPX-Seitenmodell geladen wird. Und das optionale Attribut *WebPartZoneID* gibt die *ID* der Webpartzone an, in die das Renderingsteuerelement des Formulars geladen wird. Statt des Attributs *SetupPath* können Sie auch das Attribut *Path* verwenden, das einen Dateisystempfad für eine Vorlagendatei relativ zum Ordner *_layouts* angibt, und das Attribut *Template*, das den Namen der verwendeten Vorlage enthält. Sie können die Vorlagen für Body, Schaltflächen, Öffnen- und Schließen-Abschnitt all dieser Formulare auch in CAML-Syntax definieren. Dazu verwenden Sie die folgenden untergeordneten Knoten des *Form*-Elements: *ListFormBody*, *ListFormButtons*, *ListFormClosing* und *ListFormOpening*.

Als letzten Konfigurationsabschnitt sehen wir uns das Element *Validation* an. Dies ist ein neues Element, das erst in SharePoint 2010 eingeführt wurde. Sie definieren damit Gültigkeitsregeln, die auf jedes Element der Liste angewendet werden können. Listing 10.13 zeigt, wie Sie eine Gültigkeitsregel zusammen mit einer Fehlermeldung definieren, die Endbenutzer darüber informiert, dass die Überprüfung fehlgeschlagen ist.

Listing 10.13 Eine Gültigkeitsregel für die Elemente von *Contacts*-Listen

```
<!-- "Bitte prüfen Sie Ihre Eingaben, etwas ist falsch!" -->
<Validation Message="Please check your data, there is something wrong!">
      =Title<>"Blank"
</Validation>
```

Die Gültigkeitsregel erzwingt, dass Elemente ein *Title*-Feld haben, dessen Wert nicht *Blank* (leer) lautet. Abbildung 10.4 zeigt den Validierungsfehler in einem Webbrowser.

Beachten Sie, dass Gültigkeitsregeln auf Listenebene nur bei Feldern einwandfrei funktionieren, die für alle Inhaltstypen der Liste freigegeben sind. Falls Sie eine Regel für ein Feld erzwingen, das nicht in allen Inhaltstypen der Liste definiert ist, löst Ihre Regel immer einen Fehler aus, wenn sie auf die falschen Inhaltstypen angewendet wird. Wenn Sie zum Beispiel auf Listenebene eine Regel für das Feld *DevLeapCustomerLevel* des Inhaltstyps *Customer* definieren, können Sie keine *Supplier*-Instanzen hinzufügen oder ändern, weil das Feld *DevLeapCustomer* im Inhaltstyp *Supplier* nicht vorhanden ist. In solchen Fällen sollten Sie die Gültigkeitsregel stattdessen auf Ebene der Websitespalte definieren.

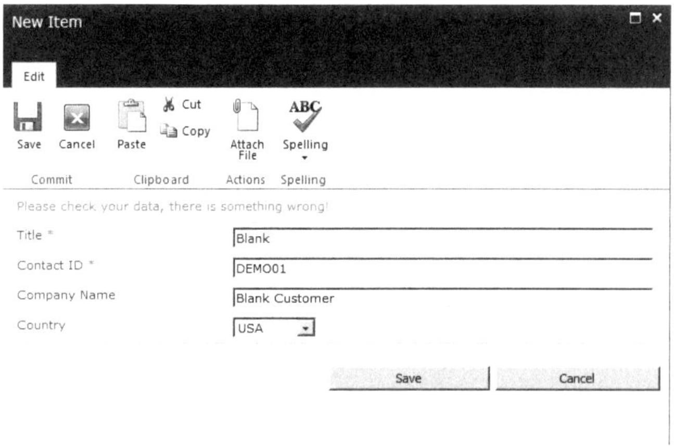

Abbildung 10.4 Das Formular zum Anlegen eines neuen Elements zeigt einen Überprüfungsfehler an

Definieren einer benutzerdefinierten Ansicht

Wenn Sie benutzerdefinierte Listen definieren, ist es üblich, auch einige zugehörige Ansichten zu definieren, mit denen Sie die Geschäftsregeln Ihres Datenmodells abbilden. Das Beispielmodell könnte beispielsweise eine Ansicht haben, die nur Kunden anzeigt, und eine zweite, die nur Lieferanten anzeigt. In diesem Abschnitt definieren wir nur die Ansicht für Kunden, die zweite Ansicht sähe fast identisch aus.

Zuerst definieren wir ein neues *View*-Element unter dem Element *Views* der *Schema.xml*-Datei. Die neue Ansicht hat eine eindeutige *BaseViewID*, in diesem Beispiel ist es der Wert *2*. Der Anzeigename (im Attribut *DisplayName)* lautet »All Customers« (alle Kunden), *Type* ist *HTML* und *Url* verweist auf *AllCustomers.aspx*. Alle anderen Attributwerte des *View*-Elements sind trivial. Listing 10.14 zeigt die vollständige Definition dieser Ansicht.

Listing 10.14 Definition einer Ansicht für die benutzerdefinierte Liste *Contacts*

```
<View BaseViewID="2" Type="HTML"
      WebPartZoneID="Main"
      DisplayName="All Customers"
      DefaultView="FALSE" MobileView="TRUE"
      MobileDefaultView="FALSE"
      SetupPath="pages\viewpage.aspx"
      ImageUrl="/_layouts/images/generic.png"
      Url="AllCustomers.aspx">
  <Toolbar Type="FreeForm" />
  <XslLink>Contacts_Main.xsl</XslLink>
  <RowLimit Paged="TRUE">20</RowLimit>
  <ViewFields>
    <FieldRef Name="Attachments">
    </FieldRef>
    <FieldRef Name="LinkTitle">
    </FieldRef>
```

```
      <FieldRef Name="DevLeapContactID">
      </FieldRef>
      <FieldRef Name="DevLeapCompanyName">
      </FieldRef>
      <FieldRef Name="DevLeapCountry">
      </FieldRef>
      <FieldRef Name="DevLeapCustomerLevel">
      </FieldRef>
    </ViewFields>
    <Query>
      <Where>
        <Eq>
          <FieldRef Name="ContentType" />
          <Value Type="Text">DevLeapCustomer</Value>
        </Eq>
      </Where>
      <OrderBy>
        <FieldRef Name="ID">
        </FieldRef>
      </OrderBy>
    </Query>
  </View>
```

Der Code definiert im Element *Query* eine Abfrage, die nur Elemente mit dem *ContentType*-Wert *DevLeapCustomer* filtert und das Ergebnis nach der Element-*ID* sortiert. Der Code verweist auf alle Felder des Inhaltstyps *Customer* und definiert mehrere *FieldRef*-Elemente innerhalb des *ViewFields*-Elements. Schließlich wird der XSLT-Code zum Rendern der Ansicht angegeben. SharePoint sucht nach dieser XSLT-Datei, *Contacts_Main.xsl*, im Ordner *<SharePoint14_Root>\TEMPLATE\LAYOUTS\XSL*. Die Datei wird mit den Lösungsbereitstellungstools von Microsoft Visual Studio 2010 in diesen Ordner kopiert. (Einzelheiten dazu finden Sie in Kapitel 8, »SharePoint-Features und -Lösungen«, und in Kapitel 9, »Erweitern der Benutzeroberfläche«.)

Die XSLT-Datei, auf die Sie in der *View*-Definition verweisen, ist eine übliche XSLT-Transformation, die während der Laufzeit viele Argumente von SharePoint übergeben bekommt. In diesem XSLT-Code können Sie beispielsweise auf die Variable *XmlDefinition* zugreifen, die Ihnen die XML-Definition der aktuellen *View*-Instanz liefert. Um XSLT-Code für eine benutzerdefinierte Ansicht zu definieren, müssen Sie eine XSLT-Vorlage bereitstellen, die mit der *BaseViewID* der zugehörigen Ansicht übereinstimmt. Beim *Contacts*-Beispiel ist die folgende Vorlage definiert:

```
<xsl:template match="View[@BaseViewID='2']" mode="full">
  <!-- Hier steht unsere XSLT-Transformation. -->
</xsl:template>
```

Der XSLT-Code hat auch einen Parameter namens *Rows*, der alle Elemente enthält, die gerendert werden sollen. In Listing 10.15 sehen Sie einen Ausschnitt aus dem XML-Code des Parameters *Rows*. Sie können ihn einfach mithilfe einer XSLT-Vorlage lesen, die den Quellinhalt mit einem *<xsl:copy-of />*-Element kopiert.

Wie in Listing 10.15 zu sehen, enthält der Parameter *Rows* jede Zeile zusammen mit ihren Datenspalten, angegeben als Attribute eines *Row*-Elements. Um den Inhalt der Zeilen auszugeben, brauchen Sie lediglich die Werte dieser Attribute zu ermitteln und in das grafische Layout zu verpacken, das Sie rendern müssen. Eine Einführung in XSLT würde den Rahmen dieses Buchs sprengen. Es ist aber gut zu wissen, dass SharePoint 2010 Ihnen neue Möglichkeiten eröffnet, weil Sie die Darstellung von Listenansichten völlig frei anpassen können. Ihre Lösungen sind daher in der Lage, frei konfigurierte Vorlagelayouts zu unterstützen, sogar in komplexen Web-Content-Management-Lösungen.

Listing 10.15 Der Inhalt des Parameters *Rows* aus dem XSLT-Code zum Rendern einer Listenansicht

```
<Rows>
  <Row ID="1" PermMask="0x7fffffffffffffff" Attachments="0"
  Title="Customer 01" FileLeafRef="1_.000" FileLeafRef.Name="1_"
  FileLeafRef.Suffix="000" FSObjType="0"
  Created_x0020_Date="1;#2010-02-13 16:24:12" Created_x0020_Date.ifnew="1"
  FileRef="/sites/SP2010DevRef/Lists/Test/1_.000"
  FileRef.urlencode="%2Fsites%2FSP2010DevRef%2FLists%2FTest%2F1%5F%2E000"
  FileRef.urlencodeasurl="/sites/SP2010DevRef/Lists/Test/1_.000"
  File_x0020_Type=""
  HTML_x0020_File_x0020_Type.File_x0020_Type.mapall="icgen.gif||"
  HTML_x0020_File_x0020_Type.File_x0020_Type.mapcon=""
  HTML_x0020_File_x0020_Type.File_x0020_Type.mapico="icgen.gif"
ContentTypeId="0x0100A60F69C4B1304FBDA6C4B4A25939979F010044C1B948A829E64CBD49ED3F42A868C7"
DevLeapContactID="C01" DevLeapCompanyName="Company 01"
  DevLeapCountry="Italy" DevLeapCustomerLevel="Level C"
  ContentType="DevLeapCustomer"></Row>
  <!-Es folgen viele weitere Zeilen, eine für jedes angezeigte Listenelement -->
</Rows>
```

Die *ListTemplate*-Definitionsdatei

Die *ListTemplate*-Definitionsdatei ist die Featureelementdatei, die alle Bereitstellungseigenschaften deklariert, die zum Bereitstellen der Listendefinition benötigt werden. Sie muss zusammen mit der *Schema.xml*-Datei, die weiter oben in diesem Kapitel beschrieben wurde, in einem Feature bereitgestellt werden. Listing 10.16 zeigt die *ListTemplate*-Definition für die Beispielliste *Contacts*.

Listing 10.16 Das *ListTemplate*-Featureelement für die Definition der Beispielliste *Contacts*

```
<?xml version="1.0" encoding="utf-8"?>
<Elements xmlns="http://schemas.microsoft.com/sharepoint/">
    <ListTemplate
        Name="DevLeapContacts"
        Type="10001"
        BaseType="0"
        OnQuickLaunch="TRUE"
        SecurityBits="11"
        Sequence="410"
        DisplayName="DevLeap Contacts"
        Description="A list of Contact for DevLeap"
        Image="/_layouts/images/dlcon.png"/>
</Elements>
```

Das Attribut *Type* ist das wichtigste Attribut innerhalb des *ListTemplate*-Elements. *Type* enthält einen Integerwert, der auf Ebene der Websitesammlung eindeutig sein muss. Das Codebeispiel verwendet den Wert 10001, um einen Konflikt mit den Werten der vordefinierten Listenvorlagen zu vermeiden. Im Allgemeinen sollten Sie einen großen Integerwert verwenden, um Konflikte mit SharePoint zu vermeiden. Weil der Wert dieses Attributs eindeutig ist, können Sie Benutzeroberflächenerweiterungen definieren, die für alle Listen mit diesem *Type*-Wert zur Verfügung stehen. Die anderen Attribute sind einfach zu verstehen. Das Attribut *BaseType* gibt den Basistyp für die aktuelle Listendefinition an. Das Attribut *Name* legt den internen Namen der Liste fest, und *DisplayName* ist der Text, den Endbenutzer zusammen mit der Beschreibung aus *Description* und dem Bild aus *Image* angezeigt bekommen. Sie können die Werte dieser Attribute aus externen Ressourcenzeichenfolgen laden, um Listendefinitionen in mehrsprachigen Umgebungen bereitzustellen. Der *Boolean*-Attributwert *OnQuickLaunch* steuert, ob SharePoint Instanzen der Liste in der Schnellstartleiste anzeigt. Wenn Sie in einem Feature auch eine Listeninstanz bereitstellen, kann dieser Wert vom verwendeten *ListInstance*-Element überschrieben werden. Das Attribut *Sequence* legt die Position der Listenvorlage in der Seite fest, wenn neue Listeninstanzen erstellt werden.

Und schließlich definiert das Attribut *SecurityBits* das Sicherheitsverhalten der Liste. Dies ist eine zweistellige Zeichenfolge, in der die erste Ziffer steuert, ob Benutzer alle Elemente lesen dürfen (*1*) oder nur ihre eigenen Elemente (*2*). Die zweite Ziffer gibt die Zugriffsberechtigungen für die Bearbeitung an, es stehen folgende Möglichkeiten zur Auswahl: Benutzer können alle Elemente bearbeiten (1), Benutzer dürfen nur ihre eigenen Elemente bearbeiten (*2*) oder Benutzer dürfen keine Elemente bearbeiten (*4*). Der Wert *22* im Attribut *SecurityBits* bedeutet zum Beispiel, dass Benutzer nur ihre eigenen Elemente sehen und bearbeiten können, während der Standardwert *11* bedeutet, dass die Benutzer alle Elemente in der Liste ansehen und ändern dürfen.

Es stehen noch einige andere Attribute für das Element *ListTemplate* zur Verfügung, die wichtigsten und nützlichsten haben Sie aber schon kennengelernt.

WEITERE INFORMATIONEN Eine vollständige Liste aller Attribute für das Element *ListTemplate* finden Sie in der offiziellen Produktdokumentation auf MSDN unter *http://msdn.microsoft.com/de-de/library/ms462947(office.14).aspx*.

Zusammenfassung

In diesem Kapitel haben Sie erfahren, wie Sie XML-Dateien definieren, mit denen Sie SharePoint-Datenmodelle und -strukturen bereitstellen. Insbesondere haben Sie gesehen, wie Sie mithilfe von Featureelementdateien Websitespalten, Inhaltstypen und Listendefinitionen bereitstellen. Diese Dateien ermöglichen es Ihnen in Kombination mit benutzerdefinierten Feldern, Seiten und Benutzeroberflächenerweiterungen, für alle Ihre Kunden vollständig individuelle Websitedefinitionen zu erstellen (siehe Kapitel 14, »Websitevorlagen«). Dank dieser Features können Sie Ihre Lösungen effizient entwickeln und einheitlich warten. Alle XML-Dateien, die Sie in diesem Kapitel kennengelernt haben, können Sie auch in Visual Studio 2010 definieren, wo einige nützliche Tools und Assistenten zur Verfügung stehen, die automatisch XML-Code generieren und die Dateien in einer Zielwebsitesammlung bereitstellen.

Kapitel 11

Entwickeln benutzerdefinierter Felder

In diesem Kapitel:

Einer der nützlichsten Erweiterbarkeitsbereiche in Microsoft SharePoint 2010 ist die Möglichkeit, benutzerdefinierte Felder zu erstellen und dadurch die nativen Datentypen zu ergänzen, um neue Spalten für Listenelemente zu definieren.

In Kapitel 10, »Bereitstellen von Daten«, haben Sie erfahren, wie Sie eine SharePoint-Lösung bereitstellen und dabei Inhaltstypen und Listendefinitionen nutzen. Sie haben auch gelernt, wie Sie Websitespalten definieren, die auf nativen SharePoint-Spaltentypen wie *Text*, *Number*, *Choice* oder *Lookup* aufbauen. Hinter den Kulissen aller SharePoint-Feldtypen befindet sich eine .NET-Klasse, die von der Basisklasse *SPField* aus dem SharePoint-Serverobjektmodell abgeleitet ist. Zum Beispiel verweist eine Websitespalte vom Typ *Text* auf die Klasse *SPFieldText*, während eine Websitespalte vom Typ *Lookup* auf die Klasse *SPFieldLookup* verweist. Sie sind nicht auf vorhandene Feldtypen beschränkt. So wie Microsoft im nativen SharePoint-Klassenframework können auch Sie eigene Feldtypen definieren, die auf dasselbe Objektmodell zurückgreifen.

In diesem Kapitel erfahren Sie, wie Sie solche benutzerdefinierten Feldtypen entwickeln und in Websitespalten, Inhaltstypen und Listendefinitionen darauf verweisen.

Tabelle 11.1 Wichtige Feldtypen in SharePoint 2010

Feldtyp	Beschreibung
SPField	Die Basisklasse für alle anderen Feldtypen.
SPFieldAttachments	Ein Dateianhang.
SPFieldBoolean	Ein *Boolean*-Wert (*TRUE* oder *FALSE*).
SPFieldCalculated	Ein Feld, das mit einer Formel berechnet wird.
SPFieldChoice	Ein Feld, in dem der Benutzer einen einzelnen Wert aus einer vordefinierten Liste auswählen kann.
SPFieldComputed	Ein berechnetes Feld, das auf dem Wert eines anderen Felds basiert.
SPFieldCrossProjectLink	Eine Verknüpfung zwischen einem Ereignis und einer zugehörigen Besprechungsarbeitsbereichswebsite.
SPFieldCurrency	Ein Geldbetrag.
SPFieldDateTime	Ein Datum- und Uhrzeitwert.
SPFieldFile	Ein Feld, das eine Datei enthält.
SPFieldGuid	Ein Feld, das eine GUID enthält.
SPFieldLookup	Verhält sich ähnlich wie *Choice* und *MultiChoice*. Die Werte, aus denen der Benutzer auswählen kann, stammen aber aus einer anderen Elementliste innerhalb derselben Website.
SPFieldMultiChoice	In diesem Feld können Benutzer mehrere Werte aus einer vordefinierten Liste auswählen.
SPFieldMultiColumn	Die abstrakte Basisklasse für Feldtypen mit mehreren Werten/Spalten.
SPFieldMultiLineText	Speichert mehrere Textzeilen.
SPFieldNumber	Enthält eine Gleitkommazahl.
SPFieldPageSeparator	Ein Seitenumbruch in einer Umfrage.
SPFieldRecurrence	Ein Wiederholungsmuster in einem Kalender.
SPFieldText	Eine einzelne Textzeile.
SPFieldUrl	Eine URL mit einem bestimmten *LinkType* (*Hyperlink* oder *Image*).
SPFieldUser	Ein Feld zum Auswählen eines einzelnen oder mehrere Benutzer.

Grundlagen von Feldtypen

Ein benutzerdefinierter Feldtyp besteht aus .NET-Klassen und optional einigen Hilfsdateien. Wichtigste Klasse, die jeder Feldtyp braucht, ist der Feldtyp selbst, der entweder von *SPField* oder einer Klasse abgeleitet ist, die selbst von *SPField* abgeleitet wurde. Sie können entweder einen völlig neuen Feldtyp definieren, der von der ganz grundlegenden Klasse *SPField* abgeleitet ist, oder einen bereits vorhandenen Feldtyp anpassen, indem Sie seine Definitionsklasse als Basisklasse verwenden und lediglich einige Aspekte ihres Verhaltens ändern. Tabelle 11.1 zeigt einige der wichtigsten Feldtypen, die SharePoint 2010 in seinem nativen Klassenframework zur Verfügung stellt.

Das native Klassenframework von SharePoint 2010 enthält noch weitere Feldtypen, die von den Feldtypen in Tabelle 11.1 abgeleitet sind. Zum Beispiel ist der Typ *SPFieldUser*, mit dem Sie nach einer Benutzerinstanz suchen können, vom Typ *SPFieldLookup* abgeleitet.

Jedes benutzerdefinierte Feld besteht aus mehreren Klassen, von denen einige optional sind. Diese Klassen sind:

- **Feldtyp** Die Hauptklasse, die den Feldtyp definiert. Diese Klasse ist erforderlich.
- **Feldrendersteuerelement** Dieses Steuerelement rendert das Feld in einem Browser. Es verhält sich ähnlich wie ein gewöhnliches ASP.NET-Serversteuerelement. Diese Klasse ist optional, wird aber oft gebraucht.
- **Feldrendersteuerelement für mobile Geräte** Dieses Steuerelement rendert das Feld auf mobilen Geräten. Es ist optional.
- **Feldwerttyp** Legt fest, welche Klasse den Wert jeder Instanz des benutzerdefinierten Feldtyps speichert, zum Beispiel das Feldrendersteuerelement. Diese Klasse ist zwar nicht erforderlich, aber sehr nützlich. Sie wird meist verwendet.
- **Feldeditortyp oder -steuerelement** Legt fest, mit welchem Steuerelement fortgeschrittene Benutzer Instanzen des benutzerdefinierten Feldtyps konfigurieren können. Diese Klasse ist optional.

Um ein benutzerdefiniertes Feld bereitzustellen, erstellen Sie eine neue Klassenbibliothek, die einige oder alle diese Klassen umfasst, und stellen sie im Global Assembly Cache (GAC) aller SharePoint-Server in der Farm bereit. Sie können dafür eine SharePoint-Lösung einsetzen.

WEITERE INFORMATIONEN Details zum Bereitstellen von SharePoint-Lösungen finden Sie in Kapitel 8, »SharePoint-Features und -Lösungen«.

Sie müssen in einer XML-Definitionsdatei, die im Ordner *<SharePoint14_Root>\TEMPLATE\XML* liegt, auf alle Feldtypen verweisen. Außerdem muss der Name der Datei nach dem Muster *FLDTYPES_*.xml* gebildet werden, wobei der Stern (*) durch den eindeutigen Namen des jeweiligen Feldtyps oder einer Gruppe von Feldtypen, die sich dieselbe XML-Definitionsdatei teilen, ersetzt wird. Und schließlich gibt es oft noch einige ASP.NET-ASCX-Steuerelemente und XSLT-Dateien, die steuern, wie das Feld in einem Browser dargestellt wird. Ausführliche Informationen über das Rendering von Feldern enthält der Abschnitt »Feldrendersteuerelement« weiter unten in diesem Kapitel.

Die Klasse *SPField*

Listing 11.1 zeigt die wichtigsten öffentlichen und geschützten Member der Klasse *SPField*.

Listing 11.1 Wichtige öffentliche und geschützte Member der Klasse *SPField*

```
public class SPField {
    // Eigenschaften zum Definieren der Namen für das Feld
    public string InternalName { get; }
    public string StaticName { get; set; }
    public string Title { get; set; }

    // Methoden zum Verarbeiten des Feldwerts
    public virtual object GetFieldValue(string value);
    public virtual string GetFieldValueAsHtml(object value);
    public virtual string GetFieldValueAsText(object value);
    public virtual string GetFieldValueForEdit(object value);
    public virtual string GetValidatedString(object value);
    public virtual void ParseAndSetValue(SPListItem item, string value);

    // Eigenschaften zum Definieren der zugehörigen Rendersteuerelemente
    public virtual BaseFieldControl FieldRenderingControl { get; }
    public virtual SPMobileBaseFieldControl FieldRenderingMobileControl { get; }
    public virtual Type FieldValueType { get; }

    // Methoden zum Verarbeiten von Konfigurationseigenschaften
    public object GetCustomProperty(string propertyName);
    public void SetCustomProperty(string propertyName, object propertyValue);

    // Ereignishandler zum Verfolgen und Verwalten von
    // Aufgaben zum Hinzufügen/Löschen/Ändern von Feldern
    public virtual void OnAddingToContentType(SPContentType contentType);
    public virtual void OnAdded(SPAddFieldOptions op);
    public virtual void OnDeleting();
    public virtual void OnDeletingFromContentType(SPContentType contentType);
    public virtual void OnUpdated();

    // Methoden zum Verfolgen und Verwalten von
    // Aufgaben zum Hinzufügen/Löschen/Ändern von Feldern
    public virtual void Update();
    public void Update(bool pushChangesToLists);

    // Eigenschaften zum Definieren des Verhaltens des Felds in der Benutzeroberfläche
    public bool? ShowInDisplayForm { get; set; }
    public bool? ShowInEditForm { get; set; }
    public bool? ShowInListSettings { get; set; }
    public bool? ShowInNewForm { get; set; }
    public bool? ShowInViewForms { get; set; }
    public bool ShowInVersionHistory { get; set; }
```

```
    // Eigenschaften für das Verhalten des Felds
    public bool Required { get; set; }
    public bool EnforceUniqueValues { get; set; }
    public bool ReadOnlyField { get; set; }
    public virtual bool NoCrawl { get; set; }
}
```

Die Klasse *SPField* stellt zahlreiche Eigenschaften und Methoden zur Verfügung, die Funktionen und Verhalten des Felds steuern. Zum Beispiel konfigurieren die Eigenschaften *InternalName, StaticName* und *Title* Feldinstanzen in Listen und Inhaltstypen. Eine andere Gruppe von Methoden, *GetFieldValue, GetFieldValueAsHtml, GetFieldValueAsText, GetFieldValueForEdit* und *GetValidatedString*, liest Werte einer bestimmten Feldinstanz aus. Das Gegenstück, die Methode *ParseAndSetValue* ändert den Wert einer bestimmten Feldinstanz.

Drei schreibgeschützte Eigenschaften geben die .NET-Typen an, mit denen das Feld verknüpft ist. Die Eigenschaft *FieldValueType* gibt den Typ des Werts zurück, der in einer bestimmten Feldinstanz gespeichert ist. Die Eigenschaften *FieldRenderingControl* und *FieldRenderingMobileControl* liefern die Typen der ASP.NET-Steuerelemente, die das Feld in einem Webbrowser beziehungsweise auf einem mobilen Gerät darstellen.

Ein Feld hat oft mehrere Konfigurationseigenschaften, die der Endbenutzer über die Benutzeroberfläche konfigurieren kann. Sie werden über die Methoden *GetCustomProperty* und *SetCustomProperty* verwaltet. Zu diesem Thema erfahren Sie im nächsten Abschnitt mehr.

Sie können die virtuellen Methoden *OnAddingToContentType* und *OnAdded* überschreiben, um darauf zu reagieren, dass das Feld zu einem bestimmten Inhaltstyp hinzugefügt wird beziehungsweise zu einer Listendefinition hinzugefügt wurde. Und wenn Sie *OnDeletingFromContentType* oder *OnDeleting* überschreiben, erfahren Sie, wann das Feld aus einem bestimmten Inhaltstyp beziehungsweise einer Listendefinition gelöscht wird. Schließlich können Sie auch noch die virtuelle Methode *OnUpdated* überschreiben, um auf eine Feldänderung zu reagieren, die durchgeführt wird, wenn die Methode *Update* ausgeführt wird. Diese virtuellen Methoden sind besonders nützlich, wenn Sie die Konfigurationseditoren für Felder verwalten. Solche Editoren werden in den Beispielen am Ende dieses Kapitels beschrieben.

Jedes Feld hat mehrere öffentliche Eigenschaften, mit denen Sie steuern, wie das Feld in den verschiedenen SharePoint-Elementformularen angezeigt wird. Beispielsweise legt die Eigenschaft *ShowInDisplayForm* fest, ob das Feld im *DisplayForm*-Formular eines Elements angezeigt wird. Genauso gibt es Eigenschaften für die Formulare *EditForm* (*ShowInEditForm*), *AddNewForm* (*ShowInNewForm*) und *ViewForm* (*ShowInViewForms*). Weitere Eigenschaften steuern, ob das Feld in der Listeneinstellungsseite (*ShowInListSettings*) und im Versionsverlauf des Elements (*ShowInVersionHistory*) angezeigt wird, sofern in der Liste, in der sich das Feld momentan befindet, der Versionsverlauf aktiviert ist.

Schließlich gibt es noch einige Eigenschaften, die festlegen, ob das Feld Eindeutigkeitseinschränkungen definiert (*EnforceUniqueValues*), ob das Feld erforderlich ist (*Required*), ob es schreibgeschützt ist (*ReadOnlyField*) oder ob es nicht vom Suchmaschinencrawler indiziert werden soll (*NoCrawl*).

Immer wenn Sie ein benutzerdefiniertes Feld definieren, sollten Sie einige dieser Methoden und Eigenschaften überschreiben, um das geänderte Verhalten für das Feld zu implementieren, das Sie bereitstellen wollen.

Entwickeln benutzerdefinierter Feldtypen

In diesem Abschnitt erfahren Sie, wie Sie zwei Feldtypen entwickeln, die nützlich sind, um Anforderungen von Kunden zu erfüllen.

Ein einfacher Feldtyp für E-Mail

Zuerst entwickeln Sie einen simplen Feldtyp, der seinen Inhalt anhand eines regulären Ausdrucks überprüft. SharePoint 2010 stellt Gültigkeitsregeln auf Feldebene zur Verfügung (dazu erfahren Sie mehr in Kapitel 10), sie beherrschen aber keine regulären Ausdrücke.

Beginnen Sie damit, dass Sie in Microsoft Visual Studio 2010 ein leeres SharePoint-Projekt anlegen. Wählen Sie die Option, es als Farmlösung bereitzustellen, weil die Ausgabe eines solchen Projekts im GAC freigegeben werden muss. Fügen Sie eine neue Klasse zum Projekt hinzu, in der Sie den Feldtyp implementieren.

Um eine solche Klasse zu entwickeln, könnten Sie ganz unten beginnen und sie vom Typ *SPField* ableiten. In diesem Fall besteht das Ziel aber darin, Textwerte entgegenzunehmen und sie anhand eines regulären Ausdrucks zu überprüfen, daher ist es bequemer, wenn Sie das neue Feld vom vorhandenen Feldtyp *SPFieldText* ableiten und lediglich sein Überprüfungsverhalten ändern.

Listing 11.2 zeigt die Hauptklasse *RegExTextField* für das benutzerdefinierte Feld.

Listing 11.2 Die Hauptklasse für das benutzerdefinierte Feld

```
using System;
using System.Collections.Generic;
using System.Text;
using Microsoft.SharePoint;
using System.Text.RegularExpressions;

namespace DevLeap.SP2010.CustomFields {
    public class RegExTextField : Microsoft.SharePoint.SPFieldText {
        public RegExTextField(SPFieldCollection fields, String fieldName)
            : base(fields, fieldName) {
            this.Init();
        }
        public RegExTextField(SPFieldCollection fields, String typeName,
        String displayName) : base(fields, typeName, displayName) {
           this.Init();
        }
        private void Init(){
            Object regularExpressionValue =
            GetCustomProperty("RegularExpression");
            if (regularExpressionValue != null)
                this.RegularExpression = regularExpressionValue.ToString();
            else
                this.RegularExpression = String.Empty;

            Object errorMessageValue = GetCustomProperty("ErrorMessage");
            if (errorMessageValue != null)
                this.ErrorMessage = errorMessageValue.ToString();
```

```
            else
                this.ErrorMessage = String.Empty;
        }

        private String _regularExpression;
        public String RegularExpression {
        get { return (this._regularExpression); }
        set { this._regularExpression = value; }
        }

        private String _errorMessage;
        public String ErrorMessage {
            get { return (this._errorMessage); }
            set { this._errorMessage = value; }
        }

        public override string GetValidatedString(Object value)
        {
            if (value == null)
                return String.Empty;

            String textValue = value.ToString();
            Regex regex = new Regex(this.RegularExpression,
            RegexOptions.IgnoreCase);

            if (!regex.IsMatch(textValue)) {
                throw new SPFieldValidationException(this.ErrorMessage);
            }
            else {
                return textValue;
            }
        }
    }
}
```

Die Konstruktoren für das Feld in Listing 11.2 rufen einfach die Konstruktoren der Basisklasse auf, damit die Feldumgebung richtig initialisiert wird, und rufen dann die private Methode *Init* auf. Die Parameter der Konstruktoren sind weitgehend selbsterklärend: Der erste Parameter verweist auf die Auflistung der Felder, die auf derselben Ebene wie das aktuelle Feld definiert sind, auf diese Weise können Sie bei Berechnungen auf die anderen Felder zugreifen. Die anderen Parameter liefern den Namen (*fieldName*), den Typ (*typeName*) und den Anzeigenamen (*displayName*) des Felds.

Die überschriebene Methode *GetValidatedString* erhält den Feldwert als Eingabeparameter vom Typ *Object* und gibt eine Variable vom Typ *String* zurück. Der Rest der Methode legt eine *Regex*-Instanz an, füllt sie mit einem regulären Ausdruck und prüft dann den Eingabewert anhand dieser Regel. Stimmt der Wert mit dem regulären Ausdruck überein, gibt die Methode den *ToString*-Wert der Eingabevariablen zurück. Andernfalls löst sie eine *SPFieldValidationException*-Ausnahme mit einer Fehlermeldung aus, die auf den Überprüfungsfehler hinweist. Die Klasse *SPFieldValidationException* ist speziell für Feldüberprüfungsfehler vorgesehen und stellt eine Standardbenutzeroberfläche für solche Fehler bereit.

HINWEIS Das .NET Framework enthält auch eine abstrakte Basisklasse namens *ValidationRule*, mit der Sie Gültigkeitsregeln definieren und prüfen können, ob die Benutzereingabe gültig ist. Bei Bedarf können Sie eine Klasse wie *RegExValidationRule* von *ValidationRule* ableiten und in der Methode *GetValidatedString* nutzen. Damit das Beispiel aber nicht zu kompliziert wird, greift es in der Überprüfungsmethode des Feldtyps direkt auf die *Regex*-Instanz zu.

Damit das benutzerdefinierte Feld sinnvoll eingesetzt werden kann, brauchen Sie eine Möglichkeit, um den regulären Ausdruck zu konfigurieren, mit dem der Feldwert überprüft wird. Sie brauchen auch eine individuelle Fehlermeldung, die dem Endbenutzer angezeigt wird, wenn der Inhalt des Felds nicht der Regel entspricht. Sie können Websitedesignern und Administratoren diese Einstellungen als Konfigurationsparameter verfügbar machen, die sie im Feldkonfigurationsabschnitt der Browseroberfläche bearbeiten (Abbildung 11.1).

Die Methode *Init* hat im Programmcode Zugriff auf die Werte, die für das Feld konfiguriert wurden. Sie wird von den Konstruktoren aufgerufen, wie Sie bereits gesehen haben. Die Methode *Init* ruft die Methode *GetCustomProperty* der Basisklasse *SPField* auf, um auf die Konfigurationseigenschaften zuzugreifen. Dazu gibt sie in diesem Fall die Namen der Eigenschaften an: *RegularExpression* und *ErrorMessage*. Damit der Code besser lesbar ist, gibt es außerdem zwei Klasseneigenschaften, in denen die Konfigurationseigenschaften gespeichert werden.

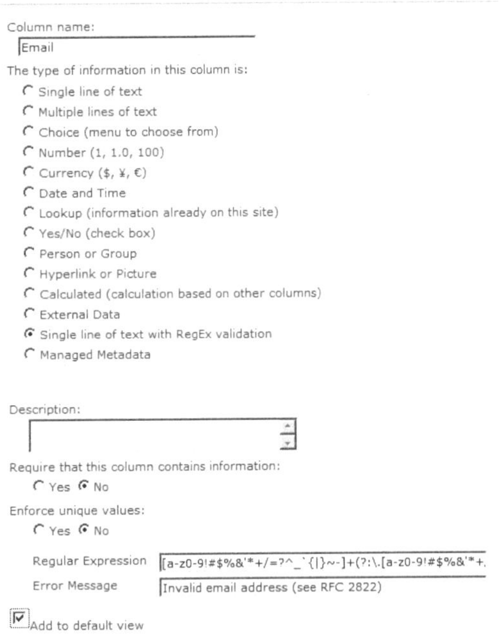

Abbildung 11.1 Konfigurationsabschnitt für das benutzerdefinierte Feld in der Browseroberfläche

Vielleicht fragen Sie sich, woher SharePoint weiß, wie es Konfigurationseinstellungen für diese Eigenschaften in der Browseroberfläche anzeigen soll. Das erfährt SharePoint aus einer XML-Definitionsdatei, die Sie zusammen mit der Klassenbibliothek ausliefern, in der das benutzerdefinierte Feld definiert ist.

Um diese Definitionsdatei bereitzustellen, fügen Sie einen zugeordneten SharePoint-Ordner zu Ihrem aktuellen Projekt hinzu, den Sie mit dem Ordner *<SharePoint14_Root>\TEMPLATE\XML* verknüpfen. Der Name der bereitgestellten Datei muss nach dem Muster *FLDTYPES_*.xml* aufgebaut sein, wobei der Stern (*) durch den eindeutigen Namen Ihres Felds oder Ihrer Feldgruppe ersetzt wird.

HINWEIS Zu jeder Felddefinition, ganz egal woher sie stammt, gibt es eine zugehörige *FLDTYPES_*.xml*-Datei im Ordner *<SharePoint14_Root>\TEMPLATE\XML*. Daher sollten Ihre Dateinamen den Namen Ihres Unternehmens enthalten, damit sie von den Lösungen anderer Anbieter zu unterscheiden sind.

Listing 11.3 zeigt die XML-Definitionsdatei für das benutzerdefinierte Feld in unserem Beispiel.

Listing 11.3 XML-Definitionsdatei für ein benutzerdefiniertes Feld (*fldtypes_DevLeapRegExField.xml*)

```
<?xml version="1.0" encoding="utf-8" ?>
<FieldTypes>
    <FieldType>
        <Field Name="TypeName">DevLeapRegExField</Field>
        <Field Name="TypeDisplayName">Single line of text with
                RegEx validation</Field>
        <Field Name="ParentType">Text</Field>
        <Field Name="UserCreatable">TRUE</Field>
        <Field Name="FieldTypeClass">DevLeap.SP2010.CustomFields.RegExTextField,
            DevLeap.SP2010.CustomFields, Version=1.0.0.0, Culture=neutral,
            PublicKeyToken=bc0e225f606933d3</Field>
        <Field Name="Sortable">TRUE</Field>
        <Field Name="Filterable">TRUE</Field>
        <Field Name="AllowBaseTypeRendering">TRUE</Field>
        <PropertySchema>
            <Fields>
                <Field Name="RegularExpression"
                       DisplayName="Regular Expression"
                       MaxLength="255"
                       DisplaySize="50"
                       Type="Text">
                    <Default></Default>
                </Field>
                <Field Name="ErrorMessage"
                       DisplayName="Error Message"
                       MaxLength="255"
                       DisplaySize="50"
                       Type="Text">
                    <Default></Default>
                </Field>
            </Fields>
        </PropertySchema>
    </FieldType>
</FieldTypes>
```

Listing 11.3 definiert ein *FieldType*-Element, das mehrere *Field*-Elemente mit dem Attribut *Name* umfasst. Einer der wichtigsten *Field*-Einträge ist *TypeName*, er legt den internen Namen fest, mit dem SharePoint in Inhaltstypen, Listenspalten, CAML-Abfragen und so weiter auf diesen Feldtyp verweist. Der Name muss eindeutig sein, daher sollten Sie den Namen Ihres Unternehmens oder Ihrer Organisation (beziehungsweise eine Abkürzung) hinzufügen. Auch der *ParentType*-Eintrag ist sehr wichtig, weil er die Vererbungskette für das Feld definiert. In diesem Beispiel ist *DevLeapRegExField* vom Feldtyp *Text* (*SPFieldText*) abgeleitet. Einzelheiten dazu finden Sie in den Tabellen 10.1 und 11.1. Der *FieldTypeClass*-Eintrag gibt den vollqualifizierten Namen des .NET-Typs an, dem dieser Feldtyp zugeordnet ist.

Der *AllowBaseTypeRendering*-Eintrag weist SharePoint an, dieses Feld nach dem Muster seines übergeordneten Feldtyps (*SPFieldText*) zu rendern.

Sie können noch einige andere Konfigurationsfelder in der XML-Definitionsdatei definieren, aber sie sind für dieses Beispiel nicht relevant. Wir kommen später noch einmal darauf zurück.

WEITERE INFORMATIONEN Eine vollständige Liste aller verfügbaren Konfigurationselemente für *Field* finden Sie in der offiziellen Produktdokumentation auf MSDN unter *http://msdn.microsoft.com/de-de/library/aa544201(office.14).aspx.*

Das Element *PropertySchema* definiert in der XML-Definitionsdatei die Konfigurationsparameter, die SharePoint in der Browseroberfläche verfügbar macht (siehe Abbildung 11.1 weiter oben in diesem Kapitel). Sie können die Werte mit der Basisklassenmethode *GetCustomProperty* auslesen. Jede Konfigurationseigenschaft ist als *Field*-Element in der Auflistung *Fields* definiert, und jedes *Field*-Element hat mehrere Attribute, die seinen Namen, Anzeigenamen und sein Verhalten steuern. Beispielsweise können Sie in der Methode *Init* schreiben:

```
GetCustomProperty("RegularExpression")
```

Dieser Aufruf verweist auf den Wert des Felds *RegularExpression*, das im *PropertySchema* der *FLDTYPES_*.xml*-Datei definiert ist. Über dieses Thema erfahren Sie gegen Ende dieses Kapitels mehr. Abbildung 11.2 zeigt, wie das Feld in der Benutzeroberfläche aussieht, wenn der Benutzer einen ungültigen Wert eingegeben hat.

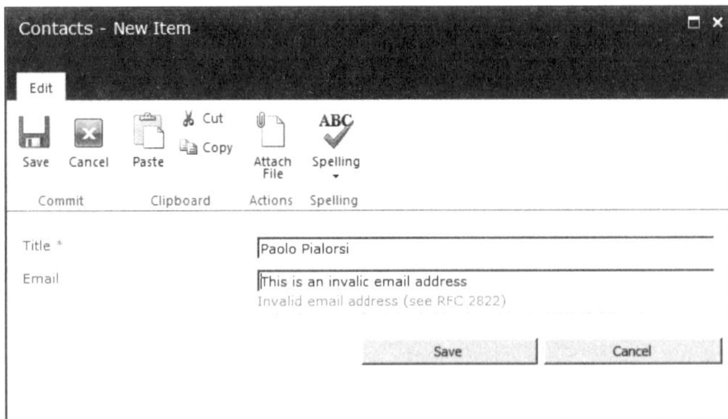

Abbildung 11.2 Das benutzerdefinierte Feld meldet einen Überprüfungsfehler

Ein mehrspaltiger Feldtyp

Viele benutzerdefinierte Felder speichern nicht nur einen einzigen Wert, sondern eine ganze Gruppe. In Europa wird beispielsweise der IBAN-Code (International Bank Account Number) verwendet, um ein bestimmtes Bankkonto eindeutig zu identifizieren. Dieser Code setzt sich aus mehreren Bestandteilen zusammen, er ist folgendermaßen aufgebaut:

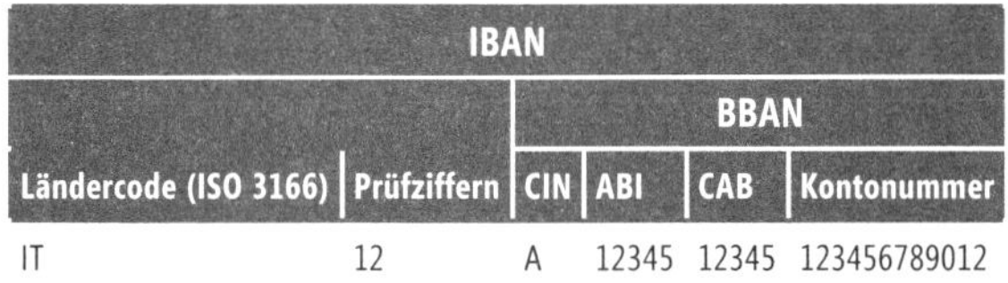

IBAN					
		BBAN			
Ländercode (ISO 3166)	Prüfziffern	CIN	ABI	CAB	Kontonummer
IT	12	A	12345	12345	123456789012

Nehmen wir an, Sie wollen in SharePoint 2010 für einige Kontakte, sowohl Kunden als auch Lieferanten, eine IBAN speichern. Sie könnten eine vollständige IBAN als Zeichenfolge speichern. Es ist allerdings sinnvoller, die Einzelteile der IBAN getrennt zu speichern, weil das mehr Informationen liefert und die Verwendung erleichtert. Sie beschließen also, jeden IBAN-Abschnitt getrennt zu speichern: Ländercode, Prüfziffern, CIN, ABI, CAB und Kontonummer.

Um ein benutzerdefiniertes Feld für einen IBAN-Code zu definieren, deklarieren Sie zuerst den Werttyp, der den zusammengesetzten Code speichert. Listing 11.3 zeigt den Aufbau eines solchen Typs.

Listing 11.3 Der Werttyp für *IBANFieldValue*

```
namespace DevLeap.SP2010.CustomFields {
    public class IBANFieldValue : SPFieldMultiColumnValue {
        private const Int32 columnsCount = 6;
        public IBANFieldValue()
           : base(columnsCount) { }

        public IBANFieldValue(string value)
            : base(value) { }

        public String CountryCode  {
            get { return (this[0]); }
            set { this[0] = value; }
        }
        public String CheckDigit  {
            get { return (this[1]); }
            set { this[1] = value; }
        }
        public String CIN {
            get { return (this[2]); }
            set { this[2] = value; }
        }
        public String ABI {
            get { return (this[3]); }
            set { this[3] = value; }
        }
```

```
        public String CAB {
            get { return (this[4]); }
            set { this[4] = value; }
        }
        public String AccountNumber {
            get { return (this[5]); }
            set { this[5] = value; }
        }
    }
}
```

Die Klasse *IBANFieldValue* erbt ihr Verhalten und ihre Konfiguration von der SharePoint-Basisklasse *SPFieldMultiColumnValue*. Die Klasse zerlegt die Elemente eines IBAN-Codes in kleinere Teile und greift dann auf die Fähigkeiten der Basisklasse *SPFieldMultiColumnValue* zurück, um sie zu speichern. Die Basisklasse bekommt die Gesamtzahl der Elemente in ihrem Konstruktor mitgeteilt. Der Konstruktor für *IBANFieldValue* ruft einfach den Basisklassenkonstruktor auf und übergibt ihm die statische Variable *columnsCount* vom Typ *Int32*. Intern speichert *SPFieldMultiColumnValue* die Werte der einzelnen Teile als private Member vom Typ *List<String>*, in der Inhaltsdatenbank werden die Werte als *ntext*-Spalte abgelegt.

Neben dem Feldwert müssen Sie auch den Feldtyp selbst definieren (Listing 11.4).

Listing 11.4 Typdefinition des benutzerdefinierten Felds *IBANField*

```
namespace DevLeap.SP2010.CustomFields {
    public class IBANField : SPFieldMultiColumn {
        public IBANField(SPFieldCollection fields, String fieldName)
            : base(fields, fieldName) { }

        public IBANField(SPFieldCollection fields, String typeName,
        String displayName) : base(fields, typeName, displayName) { }

        public override Type FieldValueType {
            get { return (typeof(IBANFieldValue)); }
        }

        public override object PreviewValueTyped {
            get {
                IBANFieldValue previewValue = new IBANFieldValue(
                                ";#IT;#12;#A;#12345;#12345;#123456789012;#");
                return(previewValue);
            }
        }

        public override BaseFieldControl FieldRenderingControl {
            get {
                BaseFieldControl renderingControl =
                  new IBANFieldControl ();
```

```
                renderingControl.FieldName = this.InternalName;
                return renderingControl;
            }
        }

        public override object GetFieldValue(string value) {
            if (!String.IsNullOrEmpty(value))
                return (new IBANFieldValue(value));
            else
                return (null);
        }

        public override string GetFieldValueAsText(object value) {
            IBANFieldValue typedValue;
            if (value == null) {
                return string.Empty;
            }
            if (value is IBANFieldValue) {
                typedValue = (IBANFieldValue)value;
            }
            else {
                if (!(value is string)) {
                    throw new ArgumentException();
                }
                typedValue = new IBANFieldValue(
            ((string)value).Replace(" ", ";#"));
            }
            return (String.Format("{0} {1} {2} {3} {4} {5}",
                typedValue.CountryCode, typedValue.CheckDigit,
                typedValue.CIN, typedValue.ABI, typedValue.CAB,
                typedValue.AccountNumber ));
        }
    }
}
```

Die Klasse verwendet eine Basisklasse vom Typ *SPFieldMultiColumn*, deshalb weiß SharePoint, dass dieses Feld mehrere Werte in einem mehrspaltigen Layout speichert.

Die Klasse überschreibt die schreibgeschützte Eigenschaft *FieldValueType*. Die Eigenschaft gibt den vorher definierten Typ *IBANFieldValue* zurück, wodurch SharePoint den Typ des Werts erfährt, der in jeder Feldinstanz gespeichert ist.

Auch die schreibgeschützte Eigenschaft *FieldRenderingControl* wird überschrieben. Sie gibt eine Instanz des benutzerdefinierten Feldrendersteuerelements zurück, das Sie noch definieren müssen. Wie das geht, erfahren Sie gleich im nächsten Abschnitt.

Schließlich gibt es noch die schreibgeschützte Eigenschaft *PreviewValueTyped*, die einen Vorschauwert als Beispiel für den Inhalt des Felds liefert.

Die letzten Member in diesem Listing sind zwei Methoden, die auf den Wert der Feldinstanzen zugreifen. Die Methode *GetFieldValue* gibt den Wert der aktuellen Feldinstanz als typisiertes Objekt zurück, das dem Typ in der Eigenschaft *FieldValueType* entspricht. Und die Methode *GetFieldValueAsText* formatiert den Wert einer Feldinstanz als einfache Zeichenfolge und gibt sie zurück. SharePoint ruft diese Methode auf, wenn es eine Elementliste anzeigt. Daher ist sie nützlich, um das Layout einer Datenliste anzupassen.

Feldrendersteuerelement

Das Feldrendersteuerelement (field rendering control) ist ein ASP.NET-Serversteuerelement, das die Benutzeroberfläche eines benutzerdefinierten SharePoint-Felds in unterschiedlichen Situationen zeichnet. Wichtige Darstellungsvarianten sind das Anzeigen eines Felds, das Bearbeiten eines Felds und das Hinzufügen eines neuen Felds. Microsoft hat eine Namenskonvention vorgeschlagen, nach der Sie ein Feldrendersteuerelement nach dem Muster *<Feldname>FieldControl* benennen sollten. Das Feldrendersteuerelement für *IBANField* ist also die Klasse *IBANFieldControl*.

Abbildung 11.3 zeigt, wie die Klasse *IBANFieldControl* ein Element anzeigt.

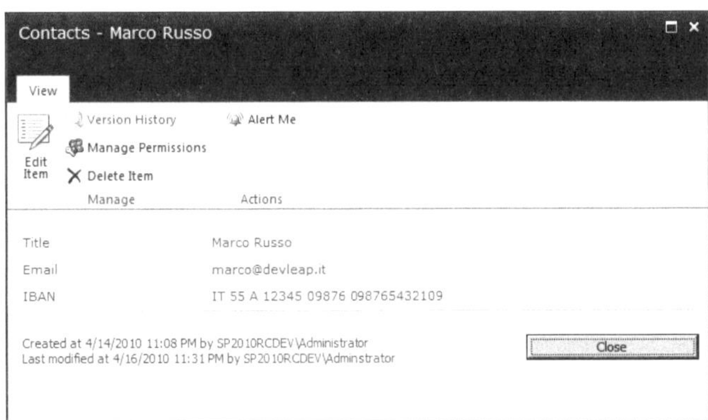

Abbildung 11.3 Das benutzerdefinierte Feld im Anzeigemodus

In Abbildung 11.4 sehen Sie, wie SharePoint das *IBANField*-Feld im Modus Bearbeiten/Neu anzeigt.

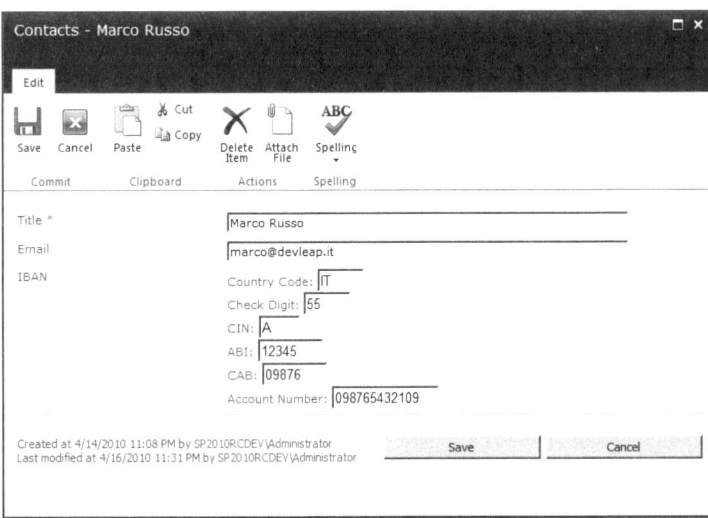

Abbildung 11.4 Das benutzerdefinierte Feld im Bearbeitungs-/Hinzufügen-Modus

Sie steuern die Darstellung aus den Abbildungen 11.3 und 11.4 in der Klasse *IBANFieldControl* (Listing 11.5).

Listing 11.5 Die Klasse *IBANFieldControl* implementiert das Feldrendersteuerelement

```
namespace DevLeap.SP2010.CustomFields {
    public class IBANFieldControl: BaseFieldControl {
        private InputFormTextBox countryCode;
        private InputFormTextBox checkDigit;
        private InputFormTextBox CIN;
        private InputFormTextBox ABI;
        private InputFormTextBox CAB;
        private InputFormTextBox accountNumber;

        protected override void CreateChildControls() {
            base.CreateChildControls();

            if ((this.ControlMode == SPControlMode.Edit) ||
            (this.ControlMode == SPControlMode.New)) {
                this.countryCode = new InputFormTextBox();
                this.countryCode.Columns = 2;
                this.countryCode.MaxLength = 2;
                // "Ländercode:"
                this.Controls.Add(new LiteralControl("Country Code: "));
                this.Controls.Add(this.countryCode);

                this.checkDigit = new InputFormTextBox();
                this.checkDigit.Columns = 2;
                this.checkDigit.MaxLength = 2;
                // "Prüfziffer:"
                this.Controls.Add(new LiteralControl("<br />Check Digit: "));
                this.Controls.Add(this.checkDigit);

                this.CIN = new InputFormTextBox();
                this.CIN.Columns = 1;
                this.CIN.MaxLength = 1;
                this.Controls.Add(new LiteralControl("<br />CIN: "));
                this.Controls.Add(this.CIN);

                this.ABI = new InputFormTextBox();
                this.ABI.Columns = 5;
                this.ABI.MaxLength = 5;
                this.Controls.Add(new LiteralControl("<br />ABI: "));
                this.Controls.Add(this.ABI);

                this.CAB = new InputFormTextBox();
                this.CAB.Columns = 5;
                this.CAB.MaxLength = 5;
                this.Controls.Add(new LiteralControl("<br />CAB: "));
                this.Controls.Add(this.CAB);
```

```
                this.accountNumber = new InputFormTextBox();
                this.accountNumber.Columns = 12;
                this.accountNumber.MaxLength = 12;
                // "Kontonummer:"
                this.Controls.Add(new LiteralControl("<br />Account Number: "));
                this.Controls.Add(this.accountNumber);
            }
        }

        public override object Value {
            get {
                return new IBANFieldValue {
                    CountryCode = this.countryCode.Text,
                    CheckDigit = this.checkDigit.Text,
                    CIN = this.CIN.Text,
                    ABI = this.ABI.Text,
                    CAB = this.CAB.Text,
                    AccountNumber = this.accountNumber.Text,
                };
            }
            set {
                IBANFieldValue typedValue =value as IBANFieldValue;

                if (typedValue != null) {
                    if (this.countryCode != null)
                        this.countryCode.Text = typedValue.CountryCode;
                    if (this.checkDigit != null)
                        this.checkDigit.Text = typedValue.CheckDigit;
                    if (this.CIN != null)
                        this.CIN.Text = typedValue.CIN;
                    if (this.ABI != null)
                        this.ABI.Text = typedValue.ABI;
                    if (this.CAB != null)
                        this.CAB.Text = typedValue.CAB;
                    if (this.accountNumber != null)
                        this.accountNumber.Text = typedValue.AccountNumber;
                }
            }
        }
    }
}
```

Sowohl die Klasse für das Feld als auch die für das Feldrendersteuerelement baut auf einer Klassenhierarchie auf. Sie können durchaus *BaseFieldControl* als Basisklasse verwenden, um ein benutzerdefiniertes Feldrendersteuerelement zu definieren. Allerdings können Sie bereits vorhandene Renderfunktionen weiternutzen, indem Sie Ihre Klasse von der Klasse *TextField* (um ein Feld vom Typ *SPFieldText* zu rendern) oder *DateTimeField* (für ein Feld vom Typ *SPFieldDateTime*) ableiten. Abhängig von Ihren Anforderungen können Sie beliebige Feldtypen als Basisklasse verwenden.

Die Basisklasse *BaseFieldControl* stellt die Eigenschaft *Field* zur Verfügung, in der ein Verweis auf die gerenderte Feldinstanz gespeichert ist. Intern verwaltet sie den gesamten Code, der für die Darstellung eines Felds in den Anzeige- und Bearbeiten-/Hinzufügen-Formularen gebraucht wird.

In Listing 11.5 ist die benutzerdefinierte Klasse direkt von der Basisklasse *BaseFieldControl* abgeleitet. Wie jedes ASP.NET-Serversteuerelement definiert sie die Hierarchie ihrer untergeordneten Steuerelemente in der Methode *CreateChildControls*. Der einzige Unterschied hier ist, dass das Feld sein Verhalten abhängig vom Darstellungsmodus (Anzeigen, Bearbeiten, Hinzufügen) ändert. Wenn die Methode *CreateChildControls* das Feld im Bearbeiten-/Hinzufügen-Modus rendert, erstellt sie eine Steuerelementehierarchie, die aus Beschriftungs- und Textfeldern besteht, in denen die Werte ein- und ausgegeben werden. Im Anzeigemodus braucht das Steuerelement dagegen überhaupt keine Steuerelementhierarchie explizit zu definieren (sofern Sie kein besonderes Verhalten implementieren wollen), weil die Standardimplementierung der Basisklasse *BaseFieldControl* den Textwert der aktuellen Feldinstanz anzeigt.

Die Eigenschaft *Value* definiert *get*- und *set*-Operationen, die ein typisiertes *IBANFieldValue*-Objekt zurückgeben (*get*) beziehungsweise die *IBANFieldValue*-Instanz lesen, um die ASP.NET-Steuerelemente in der Benutzeroberfläche zu füllen (*set*).

Die Klasse *BaseFieldControl* implementiert die Schnittstelle *System.Web.UI.IValidator*, die einen Hook für die ASP.NET-Infrastruktur zur Formularüberprüfung bereitstellt. Sie können die Methode *Validate* überschreiben, um eigene Gültigkeitsregeln zu formulieren. Immer wenn ein Benutzer das Feld im Bearbeiten-/Hinzufügen-Modus verwendet, ruft die ASP.NET-Überprüfungsinfrastruktur die Überprüfungslogik des Feldrendersteuerelements auf, sodass Sie den Feldinhalt flexibel überprüfen können.

Und schließlich sollte erwähnt werden, dass Sie völlig freie Hand haben, wenn Sie Steuerelemente selbst rendern wollen, um eine benutzerfreundliche Oberfläche zu implementieren. Zum Beispiel können Sie Code für die Verwendung mit AJAX-Steuerelementen bereitstellen, um eine flüssige Bedienung zu ermöglichen. Wie komplex Sie das Rendersteuerelement gestalten, ist völlig Ihnen überlassen.

Feldrendervorlagen

Der letzte Abschnitt hat gezeigt, wie Sie die Benutzeroberfläche der Rendersteuerelemente implementieren, indem Sie innerhalb der Methode *CreateChildControls* eine ASP.NET-Steuerelementehierarchie zusammenstellen. Es ist zwar durchaus möglich, ein Rendersteuerelement auf diese Weise zu implementieren, aber Sie sollten wissen, dass die Basisklasse *BaseFieldControl* intern von der SharePoint-Klasse *TemplateBasedControl* abgeleitet ist, die einen Verweis auf *ITemplate*-Instanzen speichert. Jede dieser Vorlagen ist nichts anderes als ein Hook in einen Abschnitt eines ASCX-Steuerelements, das im Ordner *<SharePoint14_Root>\TEMPLATE\CONTROLTEMPLATES* bereitgestellt wurde. Sie können in diesem Ordner beliebig viele ASCX-Dateien bereitstellen und nutzen. Jede besteht aus mehreren *RenderingTemplate*-Steuerelementinstanzen, die jeweils eine eindeutige *ID* haben. Listing 11.6 zeigt einen Ausschnitt aus der Rendervorlage für den Typ *IBANField*.

Listing 11.6 Eine ASCX-Datei mit Rendervorlagen für den Typ *IBANField*

```
<SharePoint:RenderingTemplate id="DevLeapIBANFieldDisplay" runat="server">
    <Template>
        <nobr><asp:label id="IBANValue" runat="server" /></nobr>
    </Template>
</SharePoint:RenderingTemplate>
```

```
<SharePoint:RenderingTemplate id="DevLeapIBANFieldEditAdd" runat="server">
    <Template>
        <table>
            <tr>
                <td>Country Code:</td>
                <td><SharePoint:InputFormTextBox id="countryCode" Columns="2"
                    runat="server" /></td>
            </tr>
            <tr>
                <td>Check Digit:</td>
                <td><SharePoint:InputFormTextBox id="checkDigit" Columns="2"
                    runat="server" /></td>
            </tr>
            <tr>
                <td>CIN:</td>
                <td><SharePoint:InputFormTextBox id="CIN" Columns="1"
                    runat="server" /></td>
            </tr>
            <tr>
                <td>ABI:</td>
                <td><SharePoint:InputFormTextBox id="ABI" Columns="5"
                    runat="server" /></td>
            </tr>
            <tr>
                <td>CAB:</td>
                <td><SharePoint:InputFormTextBox id="CAB" Columns="5"
                    runat="server" /></td>
            </tr>
            <tr>
                <td>Account Number:</td>
                <td><SharePoint:InputFormTextBox id="AccountNumber"
                    Columns="12" runat="server" /></td>
            </tr>
        </table>
    </Template>
</SharePoint:RenderingTemplate>
```

Der Code in Listing 11.6 definiert zwei unterschiedliche Vorlagen. Die erste hat den *ID*-Wert *DevLeapIBANFieldDisplay*, sie ist die Vorlage zum Rendern des Felds im Anzeigemodus. Dafür wird ein ASP.NET-*Label*-Steuerelement verwendet. Die zweite Vorlage, mit dem *ID*-Wert *DevLeapIBANFieldEditAdd*, ist für das Rendering des Felds im Bearbeiten-/Hinzufügen-Modus zuständig. Sie verwendet mehrere SharePoint-*InputFormTextBox*-Steuerelemente.

Um diese Vorlagen zu benutzen, müssen Sie im Code des Feldrendersteuerelements auf ihre IDs verweisen. Um beispielsweise auf die Vorlage für den Anzeigemodus zu verweisen, überschreiben Sie die Eigenschaft *DisplayTemplateName*. Und für die Vorlage des Bearbeiten-/Hinzufügen-Modus überschreiben Sie *DefaultTemplateName*. Listing 11.7 zeigt eine überarbeitete Version von *IBANFieldControl*, die vorlagenbasiertes Rendering unterstützt.

Listing 11.7 Neue Version der Klasse *IBANFieldControl*, die vorlagenbasiertes Rendering unterstützt

```
namespace DevLeap.SP2010.CustomFields {
    public class IBANFieldControl: BaseFieldControl {

        private InputFormTextBox countryCode;
        private InputFormTextBox checkDigit;
        private InputFormTextBox CIN;
        private InputFormTextBox ABI;
        private InputFormTextBox CAB;
        private InputFormTextBox accountNumber;
        private Label IBANValue;

        public IBANFieldRenderingControl() : base() {
            this.DisplayTemplateName = "DevLeapIBANFieldDisplay";
        }

        protected override void CreateChildControls() {
            base.CreateChildControls();
            if ((this.ControlMode == SPControlMode.Edit) ||
            (this.ControlMode == SPControlMode.New)) {
                this.countryCode =
                  (InputFormTextBox)TemplateContainer.FindControl("countryCode");
                this.checkDigit =
                  (InputFormTextBox)TemplateContainer.FindControl("checkDigit");
                this.CIN = (InputFormTextBox)TemplateContainer.FindControl("CIN");
                this.ABI = (InputFormTextBox)TemplateContainer.FindControl("ABI");
                this.CAB = (InputFormTextBox)TemplateContainer.FindControl("CAB");
                this.accountNumber = (InputFormTextBox)
                  TemplateContainer.FindControl("accountNumber");
            }
            else {
                this.IBANValue = (Label)TemplateContainer.FindControl("IBANValue");
            }
        }

        protected override void RenderFieldForDisplay(HtmlTextWriter output) {
            this.EnsureChildControls();
            if (this.IBANValue != null)
                this.IBANValue.Text = this.Field.GetFieldValueAsText(
                  this.ListItemFieldValue).Replace(" ", "-");
            base.RenderFieldForDisplay(output);
        }

        protected override string DefaultTemplateName {
            get {
                return "DevLeapIBANFieldEditAdd";
            }
        }
```

```
        public override object Value {
            get {
                return new IBANFieldValue {
                    CountryCode = this.countryCode.Text,
                    CheckDigit = this.checkDigit.Text,
                    CIN = this.CIN.Text,
                    ABI = this.ABI.Text,
                    CAB = this.CAB.Text,
                    AccountNumber = this.accountNumber.Text,
                };
            }
            set {
                IBANFieldValue typedValue = value as IBANFieldValue;

                if (typedValue != null) {
                    if (this.countryCode != null)
                        this.countryCode.Text = typedValue.CountryCode;
                    if (this.checkDigit != null)
                        this.checkDigit.Text = typedValue.CheckDigit;
                    if (this.CIN != null)
                        this.CIN.Text = typedValue.CIN;
                    if (this.ABI != null)
                        this.ABI.Text = typedValue.ABI;
                    if (this.CAB != null)
                        this.CAB.Text = typedValue.CAB;
                    if (this.accountNumber != null)
                        this.accountNumber.Text = typedValue.AccountNumber;
                }
            }
        }
    }
}
```

Es gibt einige wesentliche Unterschiede zwischen dem ursprünglichen Code aus Listing 11.5, in dem das Rendering ausschließlich vom Programmcode gesteuert wird, und der neuen Version in Listing 11.7, die mit Vorlagen arbeitet. Erstens definiert die neue Codeversion einen Konstruktor, der die Eigenschaft *DisplayTemplateName* so konfiguriert, dass sie dem entsprechenden *RenderingTemplate*-Steuerelement in der ASCX-Datei zugeordnet wird. Die Methode *CreateChildControls* legt keine Steuerelementinstanzen mehr an. Stattdessen ruft sie die Methode *FindControl* von *TemplateContainer* auf, einem Verweis auf die aktuelle Rendervorlage. Natürlich funktioniert dieser Code nur dann einwandfrei, wenn die Rendervorlage auf den Code im Rendersteuerelement abgestimmt ist. Andernfalls gibt die Methode *FindControl* einen *null*-Verweis zurück. Und schließlich passt die neue Version die Methode *RenderFieldForDisplay* so an, dass sie die Vorlagensteuerelemente mit Werten initialisiert, die aus der Feldinstanz stammen.

Abbildung 11.5 zeigt, wie das Formular bei Verwendung der neuen Rendervorlage aussieht.

Vergessen Sie aber nicht, dass Feldrendervorlagen nur für Anzeige-, Hinzufügen- und Bearbeiten-Formulare gelten. Sie haben keinen Einfluss auf die Darstellung der Listenansicht.

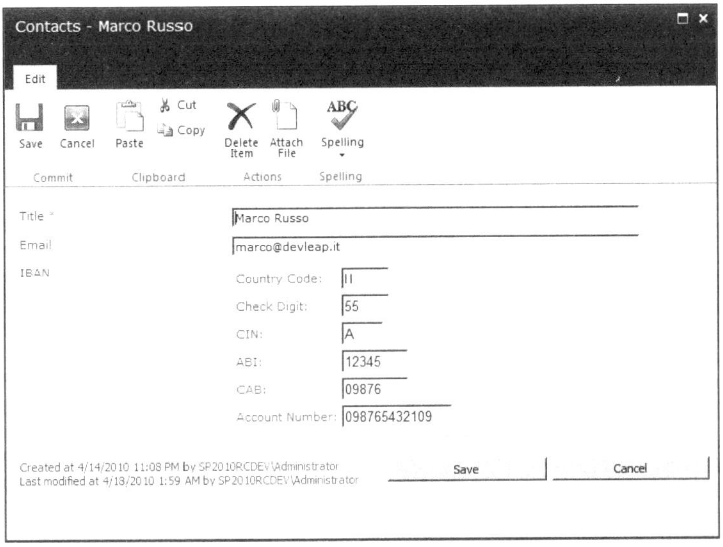

Abbildung 11.5 Das neue Layout der Feldrendervorlage für *IBANField*

Feldrendering mit CAML

Manchmal müssen Sie das Feldverhalten nur deshalb anpassen, um den Inhalt anzuzeigen – ohne echte Interaktion mit dem Endbenutzer und ohne jegliche Geschäftslogik, Gültigkeitsregeln und so weiter. Das ist oft nötig, um schreibgeschützte Inhalte im Anzeigemodus und in Listenansichten darzustellen. Damit Sie dieses Verhalten implementieren können, ohne viel Code programmieren zu müssen, stellt SharePoint mehrere *Rendermuster* (rendering patterns) zur Verfügung, die Sie in XML-Feldtypdefinitionsdateien definieren (der *FLDTYPES_*.xml*-Datei). Dabei verwenden Sie eine spezielle XML-Syntax, die CAML (Collaborative Application Markup Language). Diese Technik steht zur Verfügung, um die Abwärtskompatibilität zu SharePoint-Vorgängerversionen sicherzustellen. Sinnvoller ist es allerdings, wenn Sie Felder mit XSLT rendern (mehr dazu im nächsten Abschnitt).

HINWEIS CAML ist eine XML-basierte Abfragesprache, mit der Sie Filter-, Sortier- und Gruppierungsoperationen für SharePoint-Daten definieren. Die Sprachreferenz für CAML finden Sie auf MSDN unter *http://msdn.microsoft.com/de-de/library/ms467521(office.14).aspx*.

Tabelle 11.2 listet alle Rendermuster auf, die SharePoint 2010 zur Verfügung stellt.

Listing 11.8 enthält eine neue Version der Definitionsdatei *fldtypes_DevLeapIBANField.xml*, die ein Rendermuster zum Anzeigen von *IBANField*-Instanzen definiert. Beachten Sie in diesem Listing 11.8 auch das Feld *CAMLRendering* (hervorgehoben). Dies ist ein neues Element in SharePoint 2010. Hat es den Wert *TRUE*, zeigt SharePoint das Feld mit den CAML-Rendermustern an, die in der Datei definiert sind. Dieses Beispiel definiert ein *DisplayPattern*, das einfach den aktuellen Feldwert auswertet: Ist der Wert *null* oder leer, passiert nichts; hat das Feld einen anderen Wert, wird der IBAN-Code angezeigt, wobei seine Hauptelemente durch »harte« HTML-Leerzeichen voneinander getrennt werden.

Tabelle 11.2 In SharePoint 2010 verfügbare Rendermuster für Felder

Rendermuster	Beschreibung
HeaderPattern	Definiert die Spaltenkopfdarstellung auf Listenansichtsseiten.
DisplayPattern	Definiert die Felddarstellung für Anzeigeformulare (Listenelement) und Listenansichtsseiten.
EditPattern	Definiert die Felddarstellung für das Bearbeiten-Formular (Listenelement).
NewPattern	Definiert die Felddarstellung für das Hinzufügen-Formular (Listenelement).
PreviewDisplayPattern	Definiert eine Vorschau für das Aussehen des Felds im Anzeigemodus, wie sie in Tools wie Microsoft Office SharePoint Designer 2010 angezeigt wird.
PreviewEditPattern	Definiert eine Vorschau für das Aussehen des Felds im Bearbeiten-Modus, wie sie in Tools wie Microsoft Office SharePoint Designer 2010 angezeigt wird.
PreviewNewPattern	Definiert eine Vorschau für das Aussehen des Felds im Hinzufügen-Modus, wie sie in Tools wie Microsoft Office SharePoint Designer 2010 angezeigt wird.

HINWEIS Das Rendermuster *DisplayPattern* wird sowohl zum Anzeigen von Elementseiten als auch von Listenansichtsseiten verwendet. Wenn Sie ein Feldrendersteuerelement verwenden, können Sie ein Rendermuster für die Elementanzeigeseite bereitstellen, indem Sie die Methode *RenderFieldForDisplay* der Basisklasse *BaseFieldControl* überschreiben. Die Listenansichtseite greift beim Anzeigen des Felds aber trotzdem auf *DisplayPattern* zurück, weil Feldsteuerelemente und -vorlagen nur für das Rendering von Formularen benutzt werden.

Listing 11.8 Eine neue Version der Definitionsdatei *fldtypes_DevLeapIBANField.xml*

```
<?xml version="1.0" encoding="utf-8" ?>
<FieldTypes>
  <FieldType>
    <Field Name="TypeName">DevLeapIBANField</Field>
    <Field Name="TypeDisplayName">International Bank Account Number</Field>
    <Field Name="ParentType">MultiColumn</Field>
    <Field Name="UserCreatable">TRUE</Field>
    <Field Name="FieldTypeClass">DevLeap.SP2010.CustomFields.IBANField,
DevLeap.SP2010.CustomFields, Version=1.0.0.0, Culture=neutral,
PublicKeyToken=86505f09458f0c4c</Field>
    <Field Name="Sortable">TRUE</Field>
    <Field Name="Filterable">TRUE</Field>
    <Field Name="AllowBaseTypeRendering">FALSE</Field>
    <Field Name="CAMLRendering">TRUE</Field>
    <RenderPattern Name="DisplayPattern">
      <Switch>
        <Expr>
          <Column/>
        </Expr>
        <Case Value="">
        </Case>
        <Default>
          <Column SubColumnNumber="0" HTMLEncode="TRUE"/>
          <HTML><![CDATA[ ]]></HTML>
          <Column SubColumnNumber="1" HTMLEncode="TRUE"/>
```

```
            <HTML><![CDATA[ ]]></HTML>
            <Column SubColumnNumber="2" HTMLEncode="TRUE"/>
            <HTML><![CDATA[ ]]></HTML>
            <Column SubColumnNumber="3" HTMLEncode="TRUE"/>
            <HTML><![CDATA[ ]]></HTML>
            <Column SubColumnNumber="4" HTMLEncode="TRUE"/>
            <HTML><![CDATA[ ]]></HTML>
            <Column SubColumnNumber="5" HTMLEncode="TRUE"/>
          </Default>
        </Switch>
      </RenderPattern>
    </FieldType>
  </FieldTypes>
```

Welche CAML-Elemente Sie in *RenderPattern* verwenden können, ist in der Liste für das View-Schema festgelegt.

WEITERE INFORMATIONEN Eine vollständige Referenz aller CAML-Elemente, die im View-Schema definiert sind, finden Sie unter *http://msdn.microsoft.com/de-de/library/ms439798(office.14).aspx*.

Eine Einführung in die CAML-Syntax würde den Rahmen dieses Kapitels und des gesamten Buchs sprengen, nicht nur weil eine umfassende Beschreibung von CAML ein eigenes Buch füllen würde, sondern auch weil SharePoint 2010 interessante Alternativen zu CAML-Rendermuster bietet.

HINWEIS Immer wenn zu einem Feld kein *RenderPattern* in seiner Feldtypdefinitionsdatei (der *FLDTYPES_*.xml*-Datei) definiert ist, erbt es das *RenderPattern* aus der Konfiguration des Basisklassenfelds.

Feldrendering mit XSLT

Eine interessante neue Fähigkeit, die mit SharePoint Foundation 2010 eingeführt wurde, ist die Unterstützung für XSLT in Listenansichten und Feldrendermustern. Ab SharePoint 2010 wird jedes Feld standardmäßig mithilfe von XSLT gerendert. Nur wenn eine explizite Deklaration (*CAMLRendering = TRUE*) benutzt wird, rendert SharePoint das Feld mithilfe eines CAML-*RenderPattern*.

Im Pfad *<SharePoint14_Root>\TEMPLATE\LAYOUT\XSL* finden Sie einige XSLT-Dateien, deren Namen nach dem Muster *fldtypes_*.xsl* aufgebaut sind. Sie definieren Feldrendermuster mithilfe von XSLT-Code.

Das Renderingmodul von SharePoint liest alle Dateien ein, deren Namen dem Muster *fldtypes_*.xsl* entsprechen, führt alle darin definierten XSLT-Vorlagen zusammen und benutzt diese Vorlagen, um Felder in der Browseroberfläche zu rendern.

HINWEIS Sie stellen eine *fldtypes_*.xsl*-Datei bereit, indem Sie in Ihrem Microsoft Visual Studio 2010-Projekt einen zugeordneten SharePoint-Ordner hinzufügen und Ihre XSL-Datei in diesen Ordner legen. Die Bereitstellungsfunktionen, die Microsoft Visual Studio 2010 für SharePoint 2010 zur Verfügung stellt, erledigen dann alles für Sie.

Mithilfe dieser neuen Funktion können Sie XSLT-Code für ein bestimmtes Feld definieren. Diese Lösung ist geradezu simpel: Jedes XSLT-Vorlagenelement gibt das Feld, für das es zuständig ist, über seinen Namen, seine ID oder eine andere Eigenschaft an, die das Feld eindeutig identifiziert. Welche Feldeigenschaften gerendert werden sollen, geben Sie als XML-Attribute in einem XML-Element namens *FieldRef* an. Zum Beispiel definiert Listing 11.9 eine XSLT-Vorlage für *IBANField*.

Listing 11.9 Eine XSLT-Datei zum Rendern eines Felds

```
<?xml version="1.0" encoding="utf-8" ?>
<xsl:stylesheet version="1.0" xmlns:xsl="http://www.w3.org/1999/XSL/Transform">

  <xsl:template match="FieldRef[@Name='DevLeapIBANField']" mode="Note_body">

    Value: <xsl:value-of select="translate(., ';#', ' ')"
        disable-output-escaping="yes" />

  </xsl:template>

</xsl:stylesheet>
```

Die XSLT-Vorlage aus Listing 11.9 sucht alle Feldverweise (*FieldRef*-Element), die zu einem Feld mit dem Namen (*@Name*-Attribut) *DevLeapIBANField* passen, dem Namen des benutzerdefinierten Felds. Dann rendert sie den Wert des Felds mithilfe des *<xsl:value-of />*-Konstrukts, wobei sie den Wert des aktuellen Knotens ausliest, der durch den Punkt (».«) angegeben ist. Mit dem Attribut *mode*, das auf das XSLT-Vorlagenelement angewendet wird, kann SharePoint die passenden Vorlagen aufspüren, indem es die Beziehung mit dem SharePoint-Basisfeldtyp auswertet. Der Beispieltyp *IBANField* ist von *SPFieldMulti-Column* abgeleitet und erbt dabei das Feld *Note*. Daher definiert die XSLT-Vorlage einen Modus mit dem Wert *Note_body*, um SharePoint anzuweisen, dass sie den Body eines Felds namens *DevLeapIBANField* rendern will, der den Typ *Note* hat (oder dessen Typ von *Note* abgeleitet ist). Es stehen viele andere Modi für XSLT-Renderingvorlagen zur Verfügung. Tabelle 11.3 listet die wichtigsten Moduswerte auf, die von dem XSLT-Vorlagenmodul in SharePoint nativ unterstützt werden.

Tabelle 11.3 Wichtige Moduswerte für XSLT-Vorlagen in SharePoint

Moduswert	Zugeordnete Elemente
DateTime_body	Ein *DateTime*-Feldwert.
Computed_body	Ein *Computed*-Feldwert.
Attachments_body	Ein Feld für Anhänge.
User_body	Ein Benutzer aus einem *SPFieldUser*-Feld.
Note_body	Der Inhalt eines *Note*-Felds.
Text_body	Der Inhalt eines *Text*-Felds.
Number_body	Der Inhalt eines *Number*- oder *Currency*-Felds.
Lookup_body	Der Inhalt eines *Lookup*-Felds.
URL_body	Ein *Url*-Feld.
CrossProjectLink_body	Ein Feld, das ein Ereignis mit der zugehörigen Besprechungsarbeitsbereichswebsite verknüpft.
Recurrence_body	Ein *Recurrence*-Feld in einer Besprechung.
AllDayEvent_body	Ein Feld für ein ganztägiges Ereignis in einer Besprechung.
CAMLRendering_body	Alle Felder, die im herkömmlichen CAML-Stil gerendert werden.

Sie können in Ihren XSLT-Layouts noch weitere Moduswerte und Zuordnungsregeln für XSLT-Vorlagen in Ihren XSLT-Layouts verwenden, eine vollständige Beschreibung würde aber den Rahmen dieses Kapitels sprengen.

Mobile Geräte

SharePoint 2010 unterstützt die Möglichkeit, Felder auf mobilen Geräten anders darzustellen. Dazu überschreiben Sie in Ihrer Felddefinitionsklasse die Eigenschaft *FieldRenderingMobileControl* der Basisklasse *SPField*, genauso wie im letzten Abschnitt die Eigenschaft *FieldRenderingControl*. Listing 11.10 zeigt, wie Sie die Klasse *IBANField* so ändern, dass sie Rendering für mobile Geräte unterstützt.

Listing 11.10 Ausschnitt aus der Klasse *IBANField* mit der Definition von *FieldRenderingMobileControl*

```
namespace DevLeap.SP2010.CustomFields {
    public class IBANField : SPFieldMultiColumn {

        // Weiteren Code ausgeblendet

        public override SPMobileBaseFieldControl FieldRenderingMobileControl {
            get {
                return(new IBANMobileFieldControl());
            }
        }

        // Weiteren Code ausgeblendet

    }
}
```

Die überschriebene Version in diesem Ausschnitt gibt einfach eine Instanz eines benutzerdefinierten Typs zurück (dessen Aufbau gleich im nächsten Listing beschrieben wird). Dieser Typ ist das Gegenstück zum Standardfeldrendersteuerelement, ist aber auf mobile Geräte spezialisiert statt auf die Standardbrowser herkömmlicher Computer. Listing 11.11 enthält die Implementierung von *IBANMobileFieldControl*.

Listing 11.11 Quellcode der Klasse *IBANMobileFieldControl*

```
using System;
using System.Collections.Generic;
using System.Linq;
using System.Text;
using Microsoft.SharePoint.MobileControls;
using Microsoft.SharePoint.Utilities;
using Mobile = System.Web.UI.MobileControls;

namespace DevLeap.SP2010.CustomFields {
    public class IBANMobileFieldControl: SPMobileBaseFieldControl {
        private Mobile.TextBox countryCode;
        private Mobile.TextBox checkDigit;
        private Mobile.TextBox CIN;
```

```
        private Mobile.TextBox ABI;
        private Mobile.TextBox CAB;
        private Mobile.TextBox accountNumber;

        protected override Mobile.MobileControl CreateControlForDisplay() {
            return (this.CreateControlAsLabel());
        }

        protected override Mobile.MobileControl CreateControlForEdit() {
            Mobile.MobileControl control = null;
            if (this.Item != null) {
                control = this.CreateControlForNew();
            }
            return control;
        }

        protected override Mobile.MobileControl CreateControlForNew() {
            if (this.ReadOnly) {
                return (this.CreateControlForDisplay());
            }
            else {
                return (this.CreateUIControls());
            }
        }

        protected override Mobile.MobileControl CreateControlAsLabel() {
            Mobile.MobileControl result = this.CreateControlForView();
            result.BreakAfter = this.BreakAfter;
            return(result);
        }
        protected override Mobile.MobileControl CreateControlForView() {
            this.LabelControl.Text =
               this.Field.GetFieldValueAsText(
               this.ItemFieldValue).Replace(" ", "-");
            return this.LabelControl;
        }
        public override object Value {
            get {
                return new IBANFieldValue {
                    CountryCode = this.countryCode.Text,
                    CheckDigit = this.checkDigit.Text,
                    CIN = this.CIN.Text,
                    ABI = this.ABI.Text,
                    CAB = this.CAB.Text,
                    AccountNumber = this.accountNumber.Text,
                };
            }
        }
    }
}
```

Es gibt mehrere Unterschiede. Erstens ist die Klasse von der Basisklasse *SPMobileBaseFieldControl* abgeleitet, deren virtuelle Methoden Sie überschreiben, um das Verhalten der Rendersteuerelemente für mobile Geräte festzulegen. Diese Methoden sind:

- ***CreateControlForDisplay*** Definiert das Renderverhalten für das Feld im Anzeigemodus (schreibgeschützt). Meist ruft diese Methode einfach *CreateControlAsLabel* auf.
- ***CreateControlForView*** Definiert die Ausgabe für das Feld, wenn es in einer Listenansicht angezeigt wird. Diese Methode ruft üblicherweise *CreateControlAsLabel* auf.
- ***CreateControlAsLabel*** Rendert das Feld im schreibgeschützten Modus mit einem vordefinierten *Label*-Steuerelement, das den Wert des Felds als Text anzeigt.
- ***CreateControlForNew*** Definiert das Renderverhalten für das Feld in einem Formular zum Anlegen eines neuen Elements.
- ***CreateControlForEdit*** Definiert das Renderverhalten für das Feld in einem Bearbeitungsformular. Diese Methode teilt sich ihre Implementierung oft mit *CreateControlForNew*.

Die drei Methoden zum Anzeigen des Felds teilen sich fast die gesamte Implementierung, die in *CreateControlAsLabel* vollständig zu sehen ist, aber die beiden restlichen Methoden rufen eine private Implementierung (*CreateUIControls*) auf, die in Listing 11.12 gezeigt wird.

Listing 11.12 Die Methode *CreateUIControls* der Klasse *IBANMobileFieldControl*

```
private Mobile.MobileControl CreateUIControls() {

    Mobile.Panel panel = new Mobile.Panel();

    Mobile.LiteralText literalText = new Mobile.LiteralText();
    literalText.BreakAfter = true;
    panel.Controls.Add(literalText);

    Mobile.Label countryCodeLabel = new Mobile.Label();
    countryCodeLabel.Text = "Country Code:";  // "Ländercode:"
    panel.Controls.Add(countryCodeLabel);
    this.countryCode = new Mobile.TextBox();
    this.countryCode.MaxLength = 2;
    this.countryCode.BreakAfter = true;
    panel.Controls.Add(this.countryCode);

    Mobile.Label checkDigitLabel = new Mobile.Label();
    checkDigitLabel.Text = "Check Digit:";  // "Prüfziffer:"
    panel.Controls.Add(checkDigitLabel);
    this.checkDigit = new Mobile.TextBox();
    this.checkDigit.MaxLength = 2;
    this.checkDigit.BreakAfter = true;
    panel.Controls.Add(this.checkDigit);

    Mobile.Label CINLabel = new Mobile.Label();
    CINLabel.Text = "CIN:";
    panel.Controls.Add(CINLabel);
```

```
    this.CIN = new Mobile.TextBox();
    this.CIN.MaxLength = 1;
    this.CIN.BreakAfter = true;
    panel.Controls.Add(this.CIN);

    Mobile.Label ABILabel = new Mobile.Label();
    ABILabel.Text = "ABI:";
    panel.Controls.Add(ABILabel);
    this.ABI = new Mobile.TextBox();
    this.ABI.MaxLength = 5;
    this.ABI.BreakAfter = true;
    panel.Controls.Add(this.ABI);

    Mobile.Label CABLabel = new Mobile.Label();
    CABLabel.Text = "CAB:";
    panel.Controls.Add(CABLabel);
    this.CAB = new Mobile.TextBox();
    this.CAB.MaxLength = 5;
    this.CAB.BreakAfter = true;
    panel.Controls.Add(this.CAB);

    Mobile.Label AccountNumberLabel = new Mobile.Label();
    AccountNumberLabel.Text = "Account Number:";  // "Kontonummer:"
    panel.Controls.Add(AccountNumberLabel);
    this.accountNumber = new Mobile.TextBox();
    this.accountNumber.MaxLength = 12;
    this.accountNumber.BreakAfter = true;
    panel.Controls.Add(this.accountNumber);

    this.Controls.Add(panel);

    IBANFieldValue typedValue = this.ItemFieldValue as IBANFieldValue;
    if (typedValue != null) {
        if (this.countryCode != null)
            this.countryCode.Text = typedValue.CountryCode;
        if (this.checkDigit != null)
            this.checkDigit.Text = typedValue.CheckDigit;
        if (this.CIN != null)
            this.CIN.Text = typedValue.CIN;
        if (this.ABI != null)
            this.ABI.Text = typedValue.ABI;
        if (this.CAB != null)
            this.CAB.Text = typedValue.CAB;
        if (this.accountNumber != null)
            this.accountNumber.Text = typedValue.AccountNumber;
    }
    return (panel);
}
```

Diese Methode legt Steuerelemente für die Darstellung auf mobilen Geräten an. Dazu greift sie auf Steuerelemente aus dem Namespace *System.Web.UI.MobileControls* zurück, daher müssen Sie in Ihrer Lösung auf die Assembly *System.Web.Mobile.dll* verweisen. Wo Sie bei einem herkömmlichen Rendersteuerelement Instanzen der Steuerelemente *System.Web.UI.WebControls.TextBox* oder *Microsoft.SharePoint.WebControls.InputFormTextBox* anlegen, erstellen Sie in einem Steuerelement für mobile Geräte Instanzen von *System.Web.UI.MobileControls.TextBox*. Zum Bearbeiten des Felds ruft die Methode den aktuellen Wert aus der Eigenschaft *ItemFieldValue* ab, die von der Basisklasse geerbt wurde. Abbildung 11.6 zeigt, wie das Rendersteuerelement für mobile Geräte in der Listenansicht und im Bearbeitungsmodus aussieht.

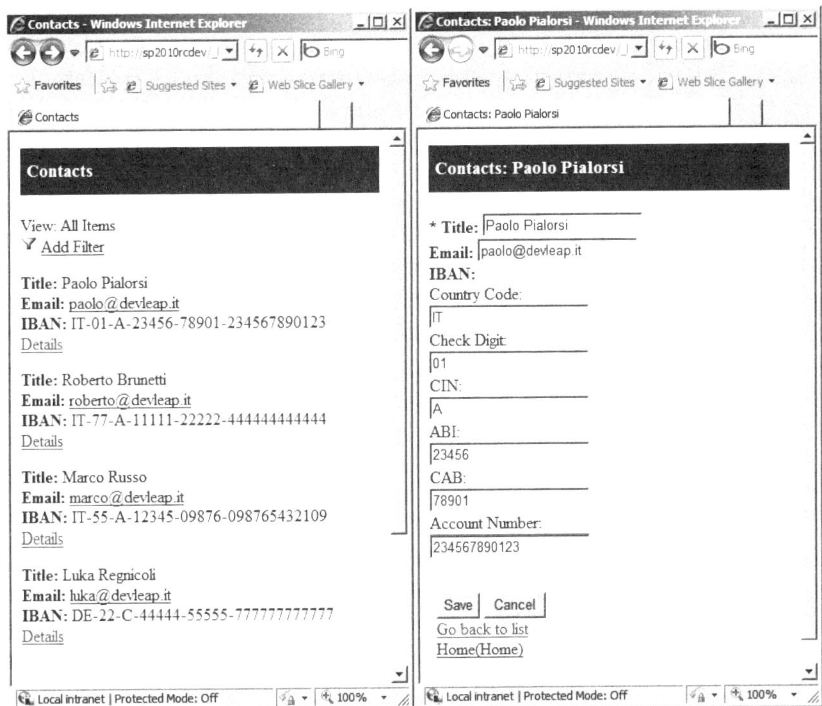

Abbildung 11.6 Rendersteuerelement für mobile Geräte in der Listenansicht und im Bearbeitungsmodus

Feldrendervorlagen für mobile Geräte

Genauso wie Feldrendersteuerelemente für gewöhnliche Computer können auch Rendersteuerelemente für mobile Geräte ASCX-Vorlagen nutzen. Auch bei solchen Steuerelementen müssen Sie ein ASCX-Steuerelement definieren und im Ordner *<SharePoint14_Root>\TEMPLATE\CONTROLTEMPLATES* bereitstellen. Es muss eine *RenderingTemplate*-Steuerelementinstanz definieren, die für den Feldtyp mit einer bestimmten Steuerelement-ID zuständig ist. Sie definieren die ID, indem Sie mehrere Werte so zusammensetzen, dass SharePoint das gerenderte Feld eindeutig identifizieren kann. Diese ID ist so aufgebaut:

MobileCustomListField_<ListentypID>_<Feldtyp>_<Feld>

Die ID ist in vier Teile (IDs) untergliedert. Die erste ID hat immer den Wert *MobileCustomListField*, sie teilt SharePoint 2010 mit, dass diese Vorlage für ein Listenfeld vorgesehen ist, das auf einem mobilen Gerät gerendert wird. Die zweite ID (*ListentypID*) gibt den Listentyp an, der den Feldtyp benutzt. Dies kann entweder der Name einer der nativen Listenvorlagendefinitionen sein, die in SharePoint Foundation zur Verfügung stehen (siehe den folgenden Kasten), oder die numerische ID der Listenvorlage, die Sie bearbeiten.

WEITERE INFORMATIONEN Eine vollständige Liste der verfügbaren Werte für diese Listenvorlagendefinitionen finden Sie in der Produktdokumentation unter *http://msdn.microsoft.com/en-us/library/microsoft.sharepoint.splisttemplatetype(office.14).aspx.*

Die numerische ID ist besonders dann nützlich, wenn Sie mit benutzerdefinierten Feldern arbeiten, die in benutzerdefinierten Listen bereitgestellt wurden. Solche Listen haben keinen offiziellen Listenvorlagennamen in der Standardenumeration von SharePoint. Die ID bietet die einzige Möglichkeit, auf solche Felder zu verweisen. Die dritte ID (*Feldtyp*) verweist auf den gerenderten Feldtyp. Dies kann entweder einer der nativen Feldtypen (zum Beispiel *Text*, *DateTime*, *Number* und so weiter) sein oder der Name, der für den benutzerdefinierten Feldtyp in seiner XML-Definitionsdatei (*FLDTYPES_*.xml*) angegeben ist. Die vierte und letzte ID ist der interne Name des Felds in der aktuellen Listeninstanz. Nachdem Sie diesen Absatz gelesen haben, sind Sie vielleicht der Meinung, dass es nicht so einfach ist, eine Rendervorlage für mobile Geräte zu definieren, wenn diese Vorlage für eine Feldinstanz zuständig ist, die mit der Browseroberfläche entworfen wurde. Natürlich ist es machbar, aber diese Methode wurde in erster Linie für Entwickler bereitgestellt, die benutzerdefinierte Felder, Inhaltstypen und Listendefinitionen mit den Tools und Techniken definieren, die in Kapitel 10 und diesem Kapitel vorgestellt wurden.

Listing 11.13 zeigt als konkretes Beispiel eine Rendervorlage für mobile Geräte.

Listing 11.13 Rendervorlage für mobile Geräte für den Feldtyp *IBANField*

```
<%@ Register TagPrefix="GroupBoardMobile"
Namespace="Microsoft.SharePoint.Applications.GroupBoard.MobileControls"
Assembly="Microsoft.SharePoint,Version=14.0.0.0, Culture=neutral,
PublicKeyToken=71e9bce111e9429c" %>
<%@ Assembly Name="Microsoft.SharePoint, Version=14.0.0.0, Culture=neutral,
PublicKeyToken=71e9bce111e9429c" %>
<%@ Register TagPrefix="mobile" Namespace="System.Web.UI.MobileControls"
Assembly="System.Web.Mobile, Version=1.0.3300.0, Culture=neutral,
PublicKeyToken=b03f5f7f11d50a3a" %>
<%@ Register TagPrefix="SharePoint" Namespace="Microsoft.SharePoint.WebControls"
Assembly="Microsoft.SharePoint, Version=14.0.0.0, Culture=neutral,
PublicKeyToken=71e9bce111e9429c" %>
<%@ Register TagPrefix="DevLeap" Namespace="DevLeap.SP2010.CustomFields"
Assembly="DevLeap.SP2010.CustomFields, Version=1.0.0.0, Culture=neutral,
PublicKeyToken=86505f09458f0c4c" %>

<SharePoint:RenderingTemplate
    id="MobileCustomListField_GenericList_DevLeapIBANField_IBAN" runat="server">
  <Template>
   <table>
    <tr>
     <td colspan="2">
      <mobile:Panel RunAt="Server" Alignment="Center" EnableViewState="False">
       <mobile:DeviceSpecific RunAt="Server">
```

```
        <Choice Filter="IsMicrosoftMobileExplorer">
         <!--"Wir sind im Microsoft Mobile Internet Explorer"-->
         <ContentTemplate>
         We are in Microsoft Mobile Internet Explorer
         </ContentTemplate>
        </Choice>
        <Choice Filter="IsHtml32">
         <!--"Wir haben Unterstützung für HTML 3.2"-->
         <ContentTemplate>
         We have support for HTML 3.2
         </ContentTemplate>
        </Choice>
        <Choice Filter="IsXhtmlMp">
         <!--"Wir haben Unterstützung für XHTML Mobile Profile"-->
         <ContentTemplate>
         We have support for XHTML Mobile Profile
         </ContentTemplate>
        </Choice>
        <Choice>
         <ContentTemplate>
         Everything else
         </ContentTemplate>
        </Choice>
       </mobile:DeviceSpecific>
      </mobile:Panel>
     </td>
    </tr>
    <tr>
     <td>
      <DevLeap:IBANMobileFieldControl id="IBANFieldControl" runat="server" />
     </td>
    </tr>
   </table>
  </Template>
 </SharePoint:RenderingTemplate>
```

In Listing 11.13 hat die ID für *RenderingTemplate* den Wert *MobileCustomListField_GenericList_DevLeap-IBANField_IBAN*. Dieser Wert legt fest, dass die Vorlage auf alle *IBANField*-Instanzen angewendet wird, deren interner Name *IBAN* ist und die in irgendeiner benutzerdefinierten SharePoint-Elementliste (*GenericList = 100*) definiert wurden.

Intern benutzt die *RenderingTemplate*-Definition einige spezielle Steuerelemente für mobile Geräte, um die verfügbare Clientplattform zu ermitteln (*<mobile:DeviceSpecific />*). Anhand dieser Information rendert sie das ursprüngliche Rendersteuerelement für mobile Geräte. In den meisten Fällen reicht es aus, wenn Sie Ihre Anpassungen in dieser Vorlage so definieren, dass die Ausgabe auf den mobilen Geräten sinnvoll dargestellt wird.

HINWEIS Wenn Sie sich für dieses Thema interessieren, sollten Sie sich die nativen Rendervorlagen für mobile Geräte ansehen, die SharePoint selbst zur Verfügung stellt. Sie finden diese Vorlagen in der Datei *MobileDefaultTemplates.ascx* des Ordners *<SharePoint14_Root>\TEMPLATE\CONTROLTEMPLATES*.

Editor für benutzerdefinierte Felder

Bisher haben Sie erfahren, wie Sie einen benutzerdefinierten Feldtyp entwickeln, wobei wir uns vor allem auf die Darstellung in der Benutzeroberfläche des Endbenutzers konzentriert haben. Es gibt aber einen anderen interessanten Bereich, für den Sie ein eigenes Rendermuster definieren können: den Feldeditorabschnitt. Immer wenn Sie in einer Listendefinition eine neue Spalteninstanz anlegen oder eine neue Websitespalte mit einem benutzerdefinierten Feldtyp definieren, können Sie dabei einige Informationen über die Feldinstanz konfigurieren. Sie tragen diese Informationen in der XML-Felddefinitionsdatei ein, indem Sie den *PropertySchema*-Abschnitt der *FLDTYPES_*.xml*-Datei erweitern, wie bereits weiter oben in diesem Kapitel beschrieben. Stattdessen können Sie diese Konfigurationsinformationen auch mit einem speziellen Editorsteuerelement definieren.

Der *PropertySchema*-Abschnitt bedient sich der CAML-Syntax, um die Konfigurationseigenschaften zu definieren. Daher funktioniert diese Methode nur bei kleineren Lösungen und für simple Eigenschaften wie Beispieltext, Zahlen, Kontrollkästchen und so weiter, die keinerlei Geschäftslogik oder Gültigkeitsregeln benötigen. Müssen Sie dagegen einen flexiblen Feldeditor zur Verfügung stellen, in dem die Benutzer eine neue Instanz Ihres Felds konfigurieren können, sollten Sie ein dediziertes ASCX-Steuerelement deklarieren.

Es gibt etliche Gründe, diesen Weg zu wählen. Zum Beispiel müssen Sie manchmal eine Gültigkeitsregel auf die Konfigurationswerte anwenden, die der Benutzer eingibt. Oder Sie müssen einige Steuerelemente in der Editoroberfläche an Daten binden. In solchen Fällen programmieren Sie .NET-Code, um externe Datenquellen abzurufen.

Um ein Feldeditorsteuerelement zu entwickeln, müssen Sie eine Feldeditorklasse und ein ASCX-Feldeditorsteuerelement definieren. Die Klasse dient als Code-Behind-Datei für das ASCX-Steuerelement. Sie müssen die SharePoint-Schnittstelle *IFieldEditor* implementieren und Ihre Klasse von der ASP.NET-Basisklasse *UserControl* oder einer davon abgeleiteten Klasse ableiten. Microsoft empfiehlt als Namenskonvention für diesen Steuerelementtyp, dass Sie die Feldeditorklasse nach dem Muster *<Feldname>FieldEditor* und die ASCX-Steuerelementdatei nach dem Muster *<Feldname>FieldEditor.ascx* benennen. Wenn Sie dieser Konvention folgen, heißt das Feldeditorsteuerelement für *IBANField* also *IBANFieldEditor*, und die ASCX-Datei ist *IBANFieldEditor.ascx*. Die fertige ASCX-Datei stellen Sie im bekannten Ordner *<SharePoint14_Root>\TEMPLATE\CONTROLTEMPLATES* bereit. Dafür können Sie beispielsweise die zugeordneten SharePoint-Ordner in Visual Studio 2010 einsetzen.

Nehmen wir für unser Beispiel an, *IBANField* braucht einen benutzerdefinierten Editor. Darin befindet sich eine SharePoint-Liste, in der die Benutzer eine vertrauenswürdige Bank anhand ihrer ABI- und CAB-Codes auswählen können. Dazu wird die ursprüngliche *IBANField*-Klasse durch eine neue Eigenschaft namens *BankListID* erweitert, in der die ID der Zielliste vertrauenswürdiger Banken gespeichert ist. Der Beispielcode definiert diese Liste als Listendefinition, die auf einem benutzerdefinierten Inhaltstyp basiert. Dieses Kapitel beschäftigt sich allerdings nicht weiter mit diesem Teil der Lösung, weil es sich auf den Feldeditor konzentriert.

Abbildung 11.7 zeigt, wie sich der benutzerdefinierte Editor, den Sie auf den folgenden Seiten entwickeln, in der Benutzeroberfläche präsentiert. Beachten Sie die Eigenschaft, mit der die Benutzer eine Bank aus einer vordefinierten Liste auswählen können.

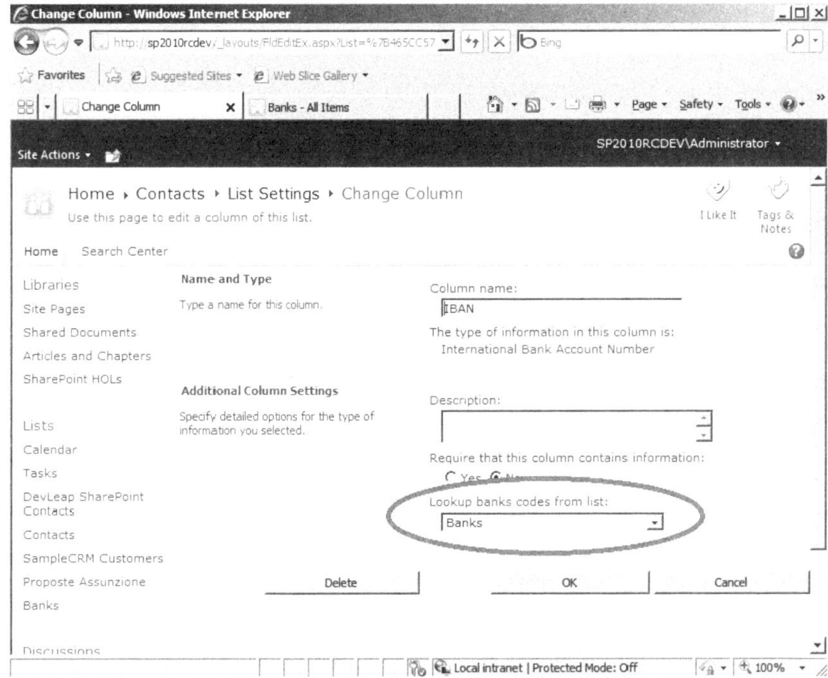

Abbildung 11.7 Die Benutzeroberfläche des Feldeditors für den Typ *IBANField*

Zuerst sehen wir uns den Code für das ASCX-Editorsteuerelement an (Listing 11.14).

Listing 11.14 Der Quellcode für das ASCX-Steuerelement *IBANFieldEditor.ascx*

```
<%@ Control Language="C#" AutoEventWireup="true"
Inherits="DevLeap.SP2010.CustomFields.IBANFieldEditor, DevLeap.SP2010.CustomFields,
  Version=1.0.0.0, Culture=neutral, PublicKeyToken=86505f09458f0c4c" %>
<%@ Assembly Name="$SharePoint.Project.AssemblyFullName$" %>
<%@ Assembly Name="Microsoft.Web.CommandUI, Version=14.0.0.0, Culture=neutral,
   PublicKeyToken=71e9bce111e9429c" %>
<%@ Import Namespace="Microsoft.SharePoint" %>
<%@ Register Tagprefix="SharePoint" Namespace="Microsoft.SharePoint.WebControls"
   Assembly="Microsoft.SharePoint, Version=14.0.0.0, Culture=neutral,
   PublicKeyToken=71e9bce111e9429c" %>
<%@ Register Tagprefix="Utilities" Namespace="Microsoft.SharePoint.Utilities"
   Assembly="Microsoft.SharePoint, Version=14.0.0.0, Culture=neutral,
   PublicKeyToken=71e9bce111e9429c" %>
<%@ Register Tagprefix="asp" Namespace="System.Web.UI"
   Assembly="System.Web.Extensions, Version=3.5.0.0, Culture=neutral,
   PublicKeyToken=31bf3856ad364e35" %>
<%@ Register Tagprefix="WebPartPages" Namespace="Microsoft.SharePoint.WebPartPages"
   Assembly="Microsoft.SharePoint, Version=14.0.0.0, Culture=neutral,
   PublicKeyToken=71e9bce111e9429c" %>
<%@ Register TagPrefix="wssuc" TagName="InputFormControl"
   src="~/_controltemplates/InputFormControl.ascx" %>
```

```
<wssuc:InputFormControl LabelText="Lookup banks codes from list:" runat="server">
    <Template_Control>
        <asp:DropDownList id="banksLookupList" runat="server" />
    </Template_Control>
</wssuc:InputFormControl>
```

Dies ist ein ganz einfaches ASCX-Steuerelement, das lediglich mehrere Steuerelemente und Klassen aus der SharePoint-Infrastruktur registriert. Im ASCX-Markup besteht das Steuerelement aus einem *InputFormControl*-SharePoint-Steuerelement, das eine Vorlage auf Basis von *DropDownList* aufnimmt. Diese Vorlage ruft Listen in der aktuellen Website ab. Das Steuerelement definiert ein *InputFormControl*-Steuerelement als Stamm der Markuphierarchie, weil Sie den Feldeditor im Hauptkonfigurationsabschnitt des Felds einfügen wollen. Soll der Editor dagegen in einem separaten Abschnitt erscheinen, hätten Sie stattdessen ein *InputFormSection*-Steuerelement als Stammelement verwendet.

Die gesamte Geschäftslogik für dieses Steuerelement befindet sich in der Klasse *IBANFieldEditor*, von der das Steuerelement abgeleitet ist. Diese Klasse implementiert die Schnittstelle *IFieldEditor*. Listing 11.15 zeigt die Deklaration dieser Schnittstelle.

Listing 11.15 Die Schnittstelle *IFieldEditor* aus dem SharePoint-Framework

```
public interface IFieldEditor {
    void InitializeWithField(SPField field);
    void OnSaveChange(SPField field, bool isNewField);
    bool DisplayAsNewSection { get; }
}
```

SharePoint ruft die erste Methode (*InitializeWithField*) auf, um die Steuerelemente des Editorsteuerelements zu konfigurieren. Dabei wird die Konfiguration aus der zugehörigen Feldinstanz ausgelesen. Die zweite Methode (*OnSaveChange*) wird jedes Mal aufgerufen, wenn der Benutzer die Konfiguration des benutzerdefinierten Felds speichert. Außerdem gibt es die Eigenschaft *DisplayAsNewSection*, die festlegt, ob das SharePoint-Renderingmodul den Editor als neuen Konfigurationsabschnitt auf der normalen Feldkonfigurationsseite anzeigt oder innerhalb des nativen Konfigurationsabschnitts. Listing 11.16 zeigt den vollständigen Quellcode für die Klasse *IBANFieldEditor*.

Listing 11.16 Der vollständige Quellcode der Klasse *IBANFieldEditor*

```
public class IBANFieldEditor: UserControl, IFieldEditor {
    private IBANField _IBANField;
    protected DropDownList banksLookupList;

    public bool DisplayAsNewSection {
        get { return(false); }
    }

    public void InitializeWithField(Microsoft.SharePoint.SPField field) {
        this._IBANField = field as IBANField;

        if (!Page.IsPostBack) {
            BindLookupList();
```

```
            if ((this._IBANField != null) &&
            (this._IBANField.BanksListID != Guid.Empty)) {
                var item = this.banksLookupList.Items.FindByValue(
                   this._IBANField.BanksListID.ToString());
                if (item != null) {
                    this.banksLookupList.ClearSelection();
                    item.Selected = true;
                }
            }
        }
    }

    public void OnSaveChange(Microsoft.SharePoint.SPField field, bool isNewField) {
        IBANField targetField = field as IBANField;
        if (targetField != null) {
            targetField.BanksListID = new Guid(this.banksLookupList.SelectedValue);
        }
    }

    private void BindLookupList() {
        SPWeb web = SPContext.Current.Web;

        foreach (SPList list in web.Lists) {
            this.banksLookupList.Items.Add(new ListItem(
               list.Title, list.ID.ToString()));
        }
    }
}
```

Die Methode *InitializeWithField* in diesem Code nimmt einfach die aktuelle Feldinstanz, sofern eine vorhanden ist, und konfiguriert sie so, wie das ausgewählte Element in der Nachschlageliste vorgibt.

HINWEIS Das »sofern eine vorhanden ist« steht im vorherigen Satz, weil der Feldeditor den Wert *null* übergeben bekommt, wenn Sie eine neue Feldinstanz anlegen. Das Feld ist zu diesem Zeitpunkt nämlich noch gar nicht vorhanden.

Außerdem ruft die Initialisierungsmethode die private Methode *BindLookupList* auf, die alle verfügbaren Listen der aktuellen Website in die *DropDownList*-Instanz lädt.

Die Methode *OnSaveChange* ist das Gegenstück zu *InitializeWithField*, sie speichert die ausgewählte Konfiguration einfach in der Feldinstanz.

Persistenz für benutzerdefinierte Eigenschaften

Das Editorsteuerelement selbst ist lediglich ein Benutzeroberflächenelement, das auf einem Feldtyp basiert. Der Feldtyp ist letztlich dafür verantwortlich, die Konfiguration zu speichern.

Wenn Sie ein neues Feld hinzufügen, erhält das Feldeditorsteuerelement sogar ein Feldobjekt, das noch nicht mit der Listendefinition verknüpft ist, die es später aufnimmt. Das Feld wird zur *Fields*-Auflistung der Liste hinzugefügt, unmittelbar nachdem das Editorsteuerelement aufgerufen wurde.

Wie beim Aktualisieren der Feldkonfiguration ist die Speicheroperation im Programmcode des Feldtyps definiert.

Sie müssen die Feldkonfiguration mithilfe virtueller Methoden speichern, die *SPField* zur Verfügung stellt. Sie wurden bereits am Anfang dieses Kapitels kurz erwähnt. Wie Sie sich vielleicht erinnern, stellt die Klasse *SPField* mehrere virtuelle Methoden zur Verfügung, die das Hinzufügen eines Felds (*OnAdded*), das Aktualisieren der Feldkonfiguration (*OnUpdated*) und das Löschen eines Felds (*OnDeleting*) verarbeiten. An dieser Stelle implementieren Sie den Code, um benutzerdefinierte Eigenschaften dauerhaft (persistent) zu speichern.

Jedes Feld in SharePoint speichert seine Konfiguration im XML-Format. Und jede Feldinstanz kann ihre eigene Konfiguration einlesen, indem sie einfach den Wert der Eigenschaft *SchemaXml* liest, die vom Typ *String* ist. Um benutzerdefinierte Eigenschaften zu speichern, schreiben Sie einfach einen Abschnitt dieser *SchemaXml*-Knoten. Und Sie lesen die Konfiguration, indem Sie die XML-Knoten aus der Eigenschaft *SchemaXml* lesen. Hinter den Kulissen liest und schreibt SharePoint den XML-Inhalt in der Inhaltsdatenbank der aktuellen Website. Listing 11.17 zeigt ein Beispiel für XML-Knoten, die die Konfiguration einer *IBANField*-Instanz beschreiben.

Listing 11.17 XML-Knoten, die die Konfiguration einer *IBANField*-Instanz beschreiben

```
<Field Type="DevLeapIBANField" DisplayName="IBAN" Required="FALSE"
   ID="{e004c98c-6cb3-4344-ac69-a75b25530bbe}"
   SourceID="{465cc570-4357-4273-913e-16dbb45058fe}" StaticName="IBAN"
   Name="IBAN" ColName="ntext2" RowOrdinal="0" Group="" Version="1748"
   BanksListID="e0b85f6f-8dd8-4e52-8814-f2a6808707e3" AddFieldOption="Default">
  <Customization>
    <ArrayOfProperty>
      <Property>
        <Name>BanksListID</Name>
      </Property>
    </ArrayOfProperty>
  </Customization>
</Field>
```

Dieser XML-Ausschnitt enthält ein Attribut namens *BanksListID* und Knoten mit Elementen, die festlegen, dass dieses Attribut eine benutzerdefinierte Eigenschaft des Felds ist. Die Werte komplexer Konfigurationseigenschaften können Sie im *Customization*-Abschnitt des XML-Codes ablegen, mit einem *Value*-Element für jede benutzerdefinierte Eigenschaft. Dann schreiben Sie etwas Code, um die *SchemaXml*-Knoten zu lesen und zu schreiben. Listing 11.18 zeigt einen Ausschnitt aus dem Code der Klasse *IBANField*, der die Persistenz der benutzerdefinierten Eigenschaften unterstützt.

Listing 11.18 Ausschnitt aus dem Code der Klasse *IBANField*, der die Persistenz ihrer benutzerdefinierten Eigenschaften verwaltet

```
private Guid _banksListID;

public Guid BanksListID {
    get {
        if (this._banksListID == Guid.Empty) {
            String currentBanksListIDPropertyValue = this.GetProperty("BanksListID");
```

```
            if (!String.IsNullOrEmpty(currentBanksListIDPropertyValue))
                this._banksListID = new Guid(currentBanksListIDPropertyValue);
        }
        return (this._banksListID);
    }
    set {
        this._banksListID = value;
        SetPropertyOnThread("BanksListID", this._banksListID);
    }
}

private void SetPropertyOnThread(string propertyName, Object value) {
    Thread.SetData(Thread.GetNamedDataSlot(propertyName), value);
}

private TProperty GetPropertyFromThread<TProperty>(string propertyName) {
    return (TProperty)Thread.GetData(Thread.GetNamedDataSlot(propertyName));
}

private void CleanThreadLocalStorage() {
    Thread.FreeNamedDataSlot("BanksListID");
}

private bool savingSchemaXml;

public override void OnAdded(SPAddFieldOptions op) {
    if (!this.savingSchemaXml) {
        this.savingSchemaXml = true;
        base.SchemaXml = this.CreateOrUpdateFieldSchemaXml(op);
        this.CleanThreadLocalStorage();
    }
}

public override void OnUpdated() {
    SPAddFieldOptions op = SPAddFieldOptions.Default;

    String addFieldOptionPropertyValue = this.GetProperty("AddFieldOption");
    if (!String.IsNullOrEmpty(addFieldOptionPropertyValue)) {
        op = (SPAddFieldOptions)Enum.Parse(typeof(SPAddFieldOptions),
           this.GetProperty("AddFieldOption"), true);
    }
    if (!this.savingSchemaXml) {
        this.savingSchemaXml = true;
        base.SchemaXml = this.CreateOrUpdateFieldSchemaXml(op);
        this.CleanThreadLocalStorage();
    }
}
```

```
public override void OnDeleting() {
    base.OnDeleting();
}

private string CreateOrUpdateFieldSchemaXml(SPAddFieldOptions op) {
    XElement schemaXmlElement = XElement.Parse(this.SchemaXml);
    schemaXmlElement.SetAttributeValue("BanksListID",
        this.GetPropertyFromThread<Guid>("BanksListID"));
    schemaXmlElement.SetAttributeValue("AddFieldOption", op.ToString());

    return (schemaXmlElement.ToString());
}
```

Der Code definiert eine benutzerdefinierte Eigenschaft namens *BanksListID*, in der die ID (vom Typ *Guid*) der momentan verwendeten Nachschlageliste gespeichert ist (sofern eine ausgewählt ist). Die *get/set*-Eigenschaftsmethoden lesen beziehungsweise schreiben ein privates Feld. Die *set*-Methode speichert den Eigenschaftswert außerdem in einem Datenslot des momentan laufenden Threads. Das liegt daran, dass SharePoint intern zwei unterschiedliche Instanzen des Felds anlegt: eine, während es das Feld konfiguriert, und eine andere, wenn es die konfigurierte Instanz zur *Fields*-Auflistung der Zielliste hinzufügt.

Es gibt viele unterschiedliche Techniken, um solche Konfigurationsinformationen in mehreren unterschiedlichen Objektinstanzen gemeinsam zu nutzen. In ASP.NET können Sie beispielsweise das Sitzungsobjekt oder etwas Ähnliches verwenden. Wenn Sie den Speicher des aktuellen Threads einsetzen, ist aber garantiert, dass die Daten über die gesamte Lebensdauer des aktuellen Threads erhalten bleiben, unabhängig davon, auf welcher Plattform der Code ausgeführt wird (ASP.NET, Windows Forms, WPF und so weiter). Wenn Sie sich die interne Implementierung der nativen Editorsteuerelemente von SharePoint ansehen, stellen Sie fest, dass Microsoft ebenfalls den lokalen Threadspeicher für diese Aufgabe nutzt.

Jedes Mal, wenn ein Benutzer das Feld konfiguriert, ruft die SharePoint-Infrastruktur die Methoden *OnAdded* oder *OnUpdate* auf, je nachdem, welche Aktion der Benutzer ausführt. In diesen Methoden schreiben oder aktualisieren Sie den Inhalt der *SchemaXml*-Eigenschaft, indem Sie die private Methode *CreateOrUpdateFieldSchemaXml* aufrufen. Diese Methode verwendet LINQ to XML, um die Konfigurationseigenschaften im *SchemaXml*-Inhalt zu speichern. Wie Sie in Listing 11.18 sehen, liest diese Methode zuerst den bereits vorhandenen *SchemaXml*-Wert. Dann ändert sie die Werte der benutzerdefinierten Attribute und gibt den fertigen XML-Code an den Aufrufer zurück.

Listing 11.19 zeigt schließlich noch die Implementierung der Methode *Validate* aus der Klasse *IBANFieldControl*. Hier wird anhand von ABI/CAB in der Nachschlageliste nach der konfigurierten Bank gesucht.

Listing 11.19 Implementierung der Methode *Validate* aus *IBANFieldControl*

```
public override void Validate() {
    IBANField currentField = this.Field as IBANField;
    if (currentField != null) {
        SPWeb web = SPContext.Current.Web;

        try {
            SPList lookupList = web.Lists[currentField.BanksListID];
```

```
            SPQuery query = new SPQuery();
            query.Query = String.Format(
                "<Where><And><Eq><FieldRef Name=\"DevLeapBankABI\" />" +
                "<Value Type=\"Number\">{0}</Value></Eq><Eq>" +
                "<FieldRef Name=\"DevLeapBankCAB\" />" +
                "<Value Type=\"Number\">{1}</Value></Eq></And></Where></Query>",
                this.ABI.Text, this.CAB.Text);
            SPListItemCollection items = lookupList.GetItems(query);

            if (items.Count == 0) {
                this.IsValid = false;
                // "Ungültige ABI/CAB-Werte"
                this.ErrorMessage = "Invalid ABI/CAB values";
            }
        }
        catch (IndexOutOfRangeException) {
            this.IsValid = false;
            // "Ungültige Listen-ID zum Nachschlagen der Banken"
            this.ErrorMessage = "Invalid Banks lookup list ID";
        }
    }
}
```

Die Implementierung dieser Überprüfungsmethode ist trivial. Sie sucht mithilfe der Klasse *SPQuery* aus dem SharePoint-Serverobjektmodell (siehe Kapitel 3, »Serverobjektmodell«) in der Nachschlageliste (*SPList*) nach einem Element (*SPListItem*), das die vom Benutzer eingegebenen ABI/CAB-Werte hat. Ist die Bank nicht vorhanden, löst das Feldsteuerelement einen Überprüfungsfehler aus.

Zusammenfassung

In diesem Kapitel haben Sie gesehen, wie Sie benutzerdefinierte Feldtypen erstellen, die das native Datenmodell von SharePoint erweitern. Sie haben erfahren, wie Sie simple Textfelder und komplexere Felder erstellen, die mehrere Werte speichern. Außerdem wurden die Tools und Techniken vorgestellt, die in SharePoint zur Verfügung stehen, um das Feldrendering in Standardbrowsern und auf mobilen Geräten anzupassen. Und schließlich haben Sie erfahren, wie Sie für fortgeschrittene Lösungen eigene Feldeditoren entwickeln.

Kapitel 12

Ereignisempfänger

In diesem Kapitel:

SharePoint-Anwendungen müssen häufig Ereignisse oder Benutzeraktionen abfangen, um bestimmte Codeteile auszuführen. Wenn diese Ereignisse oder Benutzeraktionen im Rahmen von komplexeren Geschäftsabläufen stattfinden, müssen Sie wahrscheinlich passende benutzerdefinierte Workflows entwickeln (siehe Teil V, »Entwickeln von Workflows«). Allerdings gibt es viele Situationen, in denen die Verwendung eines Workflows zu viel Aufwand wäre. In solchen Fällen reicht meistens ein kleines Codestück aus, das sich schnell ausführen lässt. Stellen Sie sich zum Beispiel ein Ereignis vor, das nach dem Auschecken eines Dokuments durch einen Benutzer ausgelöst werden soll. Für diese Situation können Sie einen benutzerdefinierten Ereignisempfänger definieren, der nach dem Auschecken den gewünschten Code ausführt.

Für solche Situationen bietet Microsoft SharePoint 2010 ein Standardverfahren zur Entwicklung von *Ereignisempfängern* (event receivers), bei dem von Standardbasisklassen neue Klassen abgeleitet und die entsprechenden Bibliotheken in der Zielumgebung registriert werden.

Ereignisempfängerarten

Ereignisempfänger sind benutzerdefinierte Klassen, die von einer für die betreffenden Ereignisse vorgesehenen Basisklasse abgeleitet werden. Es gibt Ereignisempfänger für einzelne SharePoint-Elemente (*SPListItem*), die von der Basisklasse *SPItemEventReceiver* abgeleitet werden. Es gibt Ereignisempfänger für die Bearbeitung von Ereignissen in Listeninstanzen, die von *SPListEventReceiver* abgeleitet werden. Außerdem gibt es Empfänger, die Websiteereignisse bearbeiten und von *SPWebEventReceiver* abgeleitet werden, sowie Empfänger für Workflowereignisse, die von *SPWorkflowEventReceiver* abgeleitet werden. Es gibt Empfänger (*SPEmailEventReceiver*), die aktiv werden, wenn eine E-Mail-aktivierte Dokumentbibliothek eine E-Mail-Nachricht erhält. Schließlich gibt es auch noch Empfänger für die Featurebereitstellung, die von der bereits im Abschnitt »Featureempfänger« des Kapitels 8, »SharePoint-Features und -Lösungen«, besprochenen Basisklasse *SPFeatureReceiver* abgeleitet werden.

Diese Empfängerbasisklassen werden mit Ausnahme der Klassen *SPEmailEventReceiver* und *SPFeatureReceiver* von einer gemeinsamen Basisklasse namens *SPEventReceiverBase* abgeleitet, die eine einfache Infrastruktur für die Verwaltung von Ereignissen bereitstellt. Diese Klassen enthalten virtuelle Methoden, die zur Implementierung von Ereignisempfängern überschrieben werden können.

Eine wichtige Eigenschaft der SharePoint-Ereignisempfänger ist die Verfügbarkeit von »Vorher«- und »Nachher«-Ereignissen. Vorher-Ereignisse (before events) treten auf, unmittelbar nachdem das betrachtete Hauptereignis aufgetreten ist, aber bevor SharePoint Daten in die SharePoint-Inhaltsdatenbank überträgt. Solche Ereignisse eignen sich zum Beispiel für benutzerdefinierte Überprüfungen, für die Überprüfung von Regeln oder für den Abbruch des Vorgangs. Nachher-Ereignisse (after events) treten auf, nachdem SharePoint die Daten in die SharePoint-Inhaltsdatenbank übertragen hat. Diese Nachher-Ereignishandler können den laufenden Vorgang zwar nicht abbrechen, werden aber nur nach bestimmten Aktionen ausgeführt. Diese beiden Ereigniskategorien werden auch als *synchrone* (vorher) und *asynchrone* (nachher) Ereignisse bezeichnet.

Wichtig ist außerdem, dass Vorher-Ereignisse im selben Prozess und auf demselben Thread laufen, auf dem der aktuelle Vorgang ausgeführt wird, während Nachher-Ereignisse standardmäßig auf einem Hintergrundthread ausgeführt werden. Allerdings können Sie auch eine synchrone Ausführung eines Nachher-Ereignisses erzwingen. Das bedeutet, dass auch das Nachher-Ereignis im selben Prozess und auf demselben Thread wie der aktuelle Vorgang ausgeführt wird. Dieses Thema wird im Abschnitt »Ereignissynchronisation« weiter unten in diesem Kapitel besprochen.

Ereignisempfänger auf Elementebene

Die Ereignisse, die mit *SPListItem*-Instanzen zu tun haben, werden in Klassen definiert, die von *SPItemEventReceiver* abgeleitet werden. Tabelle 12.1 beschreibt die Ereignisse (virtuelle Methoden), die in dieser Basisklasse zur Verfügung stehen.

Tabelle 12.1 Ereignismethoden der Basisklasse *SPItemEventReceiver*

Ereignis	Beschreibung
ItemAdded	Tritt nach dem Hinzufügen eines Elements zu einer Liste auf.
ItemAdding	Tritt auf, bevor ein Element zu einer Liste hinzugefügt wird.
ItemAttachmentAdded	Tritt auf, nachdem eine Anlage zu einem Listenelement hinzugefügt wurde.
ItemAttachmentAdding	Tritt auf, bevor eine Anlage zu einem Listenelement hinzugefügt wird.
ItemAttachmentDeleted	Tritt auf, nachdem eine Anlage von einem Listenelement entfernt wurde.
ItemAttachmentDeleting	Tritt auf, bevor eine Anlage eines Listenelements entfernt wird.
ItemCheckedIn	Tritt auf, nachdem ein Element in eine Liste eingecheckt wurde.
ItemCheckedOut	Tritt auf, nachdem ein Element aus einer Liste ausgecheckt wurde.
ItemCheckingIn	Tritt auf, bevor ein Element in eine Liste eingecheckt wird.
ItemCheckingOut	Tritt auf, bevor ein Element aus einer Liste ausgecheckt wird.
ItemDeleted	Tritt auf, nachdem ein Element aus einer Liste gelöscht wurde.
ItemDeleting	Tritt auf, bevor ein Element aus einer Liste gelöscht wird.
ItemFileConverted	Tritt auf, nachdem eine Datei von den Dokumentkonvertierungsdiensten konvertiert wurde.
ItemFileMoved	Tritt auf, nachdem ein Element verschoben wurde.
ItemFileMoving	Tritt auf, bevor ein Element verschoben wird.
ItemUncheckedOut	Tritt auf, nachdem das Auschecken eines Elements aus einer Liste aufgehoben wurde.
ItemUncheckingOut	Tritt auf, bevor das Auschecken eines Elements aus einer Liste aufgehoben wird.
ItemUpdated	Tritt auf, nachdem ein Element einer Liste aktualisiert wurde.
ItemUpdating	Tritt auf, bevor ein Element einer Liste aktualisiert wird.
ContextEvent	Das Element hat ein Kontextereignis erhalten.

Listing 12.1 zeigt ein Beispiel für einen Ereignisempfänger, der aufgerufen wird, wenn der Benutzer ein Ereignis ändert (vorher) oder wenn ein Element hinzugefügt worden ist (nachher). Dieser Ereignisempfänger ist für eine Standardkontaktliste einer SharePoint-Teamwebsite vorgesehen. Im Wesentlichen überprüft der Code mit einem regulären Ausdruck aus der Konfiguration des Ereignisempfängers das *Email*-Feld des aktuellen *SPListItem*-Objekts, wenn sich ein Element ändert. Dann sendet der Code eine Benachrichtigungs-E-Mail an den registrierten Kontakt, nachdem der Kontakt hinzugefügt wurde.

Im weiteren Verlauf dieses Kapitels wird noch beschrieben, wie Sie für eine Ereignisempfängerinstanz eine benutzerdefinierte Konfiguration bereitstellen. Hier verwenden wir einfach eine statische Hilfsklasse, die wir in diesem Beispiel als gegeben hinnehmen.

Listing 12.1 Ein Ereignisempfänger für das Vorher-Ereignis *ItemUpdating* und das Nachher-Ereignis *ItemAdded*

```
namespace DevLeap.SP2010.EventReceivers {

    public class ContactItemEventReceiver : SPItemEventReceiver {

        public override void ItemUpdating(SPItemEventProperties properties) {
            // Rufe die Konfiguration der aktuellen EventReceiver-Instanz ab.
            ContactItemEventReceiverConfiguration configuration =
             XmlSerializationUtility.
                    Deserialize<ContactItemEventReceiverConfiguration>(
                            properties.ReceiverData);

            // Sofern wir die Konfiguration haben ...
            if ((configuration != null) &&
                (configuration.validation != null)) {

            // Bereite einen Regex zur Überprüfung des E-Mail-Felds des Kontakts vor.
            Regex regex = new Regex(configuration.validation.emailRegEx,
                    RegexOptions.IgnoreCase);

            String newEmail = (String)properties.AfterProperties["Email"];

            // Überprüfe das E-Mail-Feld.
            if (!regex.IsMatch(newEmail)) {
                    // Falls es ungültig ist, brich den aktuellen Vorgang ab.
                    properties.Cancel = true;
                    properties.ErrorMessage = "Ungültiger Email-Wert!";
                }
            }
        }

        public override void ItemAdded(SPItemEventProperties properties) {
            // Rufe die Konfiguration der aktuellen EventReceiver-Instanz ab.
            ContactItemEventReceiverConfiguration configuration =
             XmlSerializationUtility.
                    Deserialize<ContactItemEventReceiverConfiguration>(
                            properties.ReceiverData);
            // Sofern wir die Konfiguration haben ...
            if ((configuration != null) &&
                (configuration.smtp != null)) {
                // Sende eine E-Mail, um den Zielkontakt zu informieren.
                SmtpClient smtp = new SmtpClient();
                smtp.Send(configuration.smtp.from,
                    (String)properties.AfterProperties["Email"],
                    configuration.smtp.subject,
                    configuration.smtp.body);
            }
        }
    }
}
```

Um diesen Ereignisempfänger zu erstellen, können Sie selbst von *SPItemEventReceiver* eine benutzerdefinierte Klasse ableiten und den dazugehörigen Code entwickeln, oder Sie beginnen mit der SharePoint 2010-Projektvorlage *Ereignisempfänger* ein neues Visual Studio 2010-Projekt. Diese Projektvorlage öffnet einen Assistenten, in dem Sie den Projekttyp (Farm- oder Sandkastenlösung) genauer festlegen, die gewünschte SharePoint-Website angeben und den Typ des Ereignisempfängers auswählen. Abbildung 12.1 zeigt ein Beispiel für die Liste *Kontakte* und die zu behandelnden Ereignisse *Ein Element wird aktualisiert* und *Ein Element wurde hinzugefügt.*

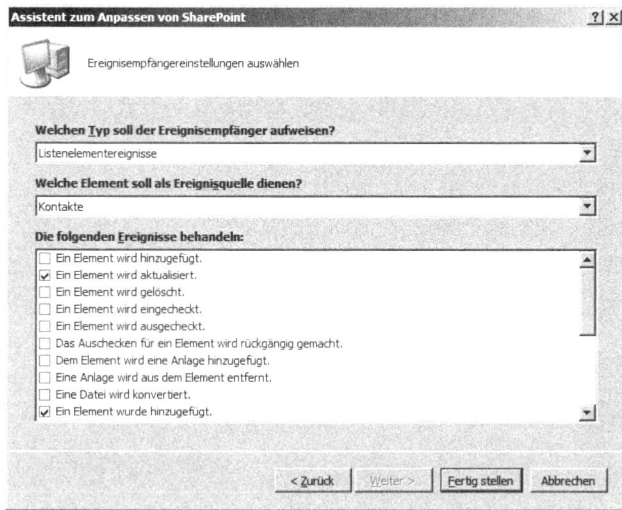

Abbildung 12.1 Der Visual Studio 2010-Assistent für die Erstellung benutzerdefinierter Ereignisempfänger

Der entscheidende Punkt ist in diesem Beispiel, wie auch in jedem anderen Ereignisempfänger auf Elementebene, der Parameter des Typs *SPItemEventProperties* der Ereignismethoden. Diese Klasse ist von der Klasse *SPEventPropertiesBase* abgeleitet. Sie versorgt die Ereignisempfängerinstanz mit nützlichen Informationen über das Ereignis, das Quellelement, die Eigenschaften des Listenelements vor und nach der Operation, die *SPWeb*- und *SPSite*-Objekte, in denen das Ereignis aufgetreten ist, und die benutzerdefinierte Konfiguration der Empfängerinstanz. Tabelle 12.2 beschreibt die wichtigsten Member der Basisklasse.

Die Klasse *SPItemEventProperties* ist für die Implementierung der Logik eines benutzerdefinierten Ereignisempfängers wichtig, weil sie die Verbindung zum Kontext des Ereignisses ist. Bei der Verwendung dieser Klasse dürfen Sie nicht vergessen, dass die Klasse *IDisposable* implementiert. Wenn Sie also in den Ereignismethoden *SPWeb*- oder *SPSite*-Instanzen verwenden, müssen Sie diese Instanzen selbst entsorgen, um unverwaltete Objekte freizugeben.

Tabelle 12.2 Die wichtigsten Member der Klasse *SPEventPropertiesBase*

Membername	Beschreibung
EventType	Beschreibt mit einem Wert des Aufzählungstyps *SPEventReceiverType* die Art des Ereignisses.
EventUserToken	Entspricht dem Token des aktuellen Benutzers (*SPUserToken*) zum Zeitpunkt des Ereignisses.
OriginatingUserToken	Entspricht dem Benutzertoken (*SPUserToken*) des Benutzers, von dem die Anfrage stammt.
Cancel	Eine *Boolean*-Eigenschaft, mit der Sie den aktuellen Vorgang in Vorher-Methoden abbrechen können.
ErrorMessage	Die Fehlermeldung, die beim Abbruch des Vorgangs für den Benutzer angezeigt wird.
Status	Definiert den Status (*SPEventReceiverStatus*) des aktuellen Ereignisses. Er kann folgende Werte annehmen: *Continue*, um die Bearbeitung fortzusetzen, *CancelNoError*, um das Ereignis ohne Fehlermeldung abzubrechen, *CancelWithError*, um das Ereignis abzubrechen und eine Fehlermeldung anzuzeigen, und *CancelWithRedirectUrl*, um das Ereignis abzubrechen und den Benutzer an eine bestimmte URL weiterzuleiten.
RedirectUrl	Definiert die URL, an die der Benutzer weitergeleitet werden soll, wenn *Status* den Wert *CancelWithRedirectUrl* hat.
SiteId	Gibt die Kennung der *SPSite* zurück, zu der die Ereignisquelle gehört.
ReceiverData	Gibt eine Zeichenfolge mit der Konfiguration der aktuellen Ereignisempfängerinstanz zurück.

Tabelle 12.3 beschreibt die Member der Klasse *SPItemEventProperties*.

Tabelle 12.3 Die wichtigsten Member der Klasse *SPItemEventProperties*

Membername	Beschreibung
InvalidateListItem	Markiert das Listenelement, das die Quelle des Ereignisses ist, als ungültig (setzt die entsprechende Variable auf *NULL*).
InvalidateWeb	Markiert das Listenelement, die Liste und die Website, die die Ereignisquelle darstellen, als ungültig (setzt die entsprechenden Variablen auf *NULL*). Intern entsorgt diese Methode auch die mit dem Ereignis verknüpfte *SPWeb*-Instanz, sofern es solch eine Instanz gibt.
OpenSite	Gibt eine Instanz der *SPSite* zurück, die der aktuellen Ereignisquelle entspricht. Dabei wird die Identität des Benutzers zum Zeitpunkt des Ereignisses verwendet, sofern vorhanden. Andernfalls wird die Identität des aktuellen Benutzers verwendet.
OpenWeb	Gibt eine Instanz der *SPWeb*-Instanz zurück, die der aktuellen Ereignisquelle entspricht. Dabei wird die Identität des Benutzers zum Zeitpunkt des Ereignisses verwendet, sofern vorhanden. Andernfalls wird die Identität des aktuellen Benutzers verwendet.
Dispose	Entsorgt die aktuellen *SPSite*- und *SPWeb*-Instanzen. Ruft intern die Methode *InvalidateWeb* auf.
CurrentUserId	Gibt die Kennung des Benutzers zurück, der das Ereignis ausgelöst hat.
UserDisplayName	Gibt den Anzeigenamen des Benutzers zurück, der das Ereignis ausgelöst hat.
UserLoginName	Gibt den Anmeldenamen des Benutzers zurück, der das Ereignis ausgelöst hat.
AfterProperties	Gibt eine Hash-Tabelle mit Wertepaaren (*String/Object*) zurück, mit denen die Eigenschaften (Spalten) des Quelllistenelements nach dem Eintreten des Ereignisses beschrieben werden.
AfterUrl	Gibt die URL des Quelllistenelements nach dem Eintreten des Ereignisses zurück. Bei Umbenennungen oder Verschiebungen von Dateien ist dies der neue Dateiname.
BeforeProperties	Gibt eine Hash-Tabelle mit Wertepaaren (*String/Object*) zurück, mit denen die Eigenschaften (Spalten) des Quelllistenelements vor dem Eintreten des Ereignisses beschrieben werden. ▶

Membername	Beschreibung
BeforeUrl	Gibt die URL des Quelllistenelements vor dem Eintreten des Ereignisses zurück. Bei Umbenennungen oder Verschiebungen von Dateien ist dies der alte Dateiname.
List	Gibt einen Verweis auf die *SPList* zurück, die das Ereignisquelllistenelement enthält.
ListId	Gibt die Kennung der Liste zurück, die das Ereignisquelllistenelement enthält.
ListItem	Gibt einen Verweis auf das *SPListItem*-Element zurück, das die Ereignisquelle ist.
ListItemId	Gibt die Kennung des Ereignisquellelements zurück.
ListTitle	Gibt den Titel der Liste zurück, die das Ereignisquelllistenelement enthält.
Web	Gibt einen Verweis auf die *SPWeb*-Instanz zurück, die das Ereignisquellelement enthält.
WebUrl	Gibt die absolute URL der *SPWeb*-Instanz zurück, die das Ereignisquellelement enthält.
RelativeWebUrl	Gibt die auf den Server bezogene URL der *SPWeb*-Instanz zurück, die das Ereignisquellelement enthält.
Zone	Gibt die Zone der Website zurück, die das Ereignisquelllistenelement enthält.
Versionless	Ermöglicht die Bearbeitung des Ereignisses ohne Änderung der Versionsnummer des aktuellen Quelllistenelements.

Ereignisempfänger auf Listenebene

Eine weitere Gruppe von nützlichen Ereignissen hat mit Listen zu tun. SharePoint bietet eine Basisklasse namens *SPListEventReceiver*, mit der Sie Änderungen an den Feldern einer vorhandenen Liste sowie das Löschen oder Hinzufügen von Listeninstanzen abfangen können. Tabelle 12.4 beschreibt die Ereignismethoden der Klasse *SPListEventReceiver*.

Tabelle 12.4 Die Ereignismethoden der Basisklasse *SPListEventReceiver*

Ereignisname	Beschreibung
FieldAdded	Tritt auf, nachdem ein Feld zu einer Listendefinition hinzugefügt wurde.
FieldAdding	Tritt auf, bevor ein Feld zu einer Listendefinition hinzugefügt wird.
FieldDeleted	Tritt auf, nachdem ein Feld aus einer Listendefinition entfernt wurde.
FieldDeleting	Tritt auf, bevor ein Feld aus einer Listendefinition entfernt wird.
FieldUpdated	Tritt auf, nachdem ein Feld in einer Listendefinition aktualisiert wurde.
FieldUpdating	Tritt auf, bevor ein Feld in einer Listendefinition aktualisiert wird.
ListAdded	Tritt auf, nachdem eine neue Liste zu einer *SPWeb*-Instanz hinzugefügt wurde.
ListAdding	Tritt auf, bevor eine neue Liste zu einer *SPWeb*-Instanz hinzugefügt wird.
ListDeleted	Tritt auf, nachdem eine Liste aus einer *SPWeb*-Instanz gelöscht wurde.
ListDeleting	Tritt auf, bevor eine Liste aus einer *SPWeb*-Instanz gelöscht wird.

Wie die Ereignismethoden für die Elementebene haben auch die Ereignismethoden für die Listenebene nur einen Parameter, der von *SPEventPropertiesBase* abgeleitet wird und den Kontext beschreibt, in dem das Ereignis stattfinden wird (Vorher-Ereignisse) oder stattgefunden hat (Nachher-Ereignisse). Bei Ereignissen der Listenebene hat der Parameter den Typ *SPListEventProperties*. Tabelle 12.5 beschreibt seine Member.

Tabelle 12.5 Die wichtigsten Member der Klasse *SPListEventProperties*

Membername	Beschreibung
InvalidateList	Markiert die Liste und/oder das Feld, das die Ereignisquelle ist, als ungültig (setzt die entsprechende Variable auf *NULL*).
InvalidateWeb	Markiert die Liste, das Feld und die Website, die die Ereignisquelle darstellen, als ungültig (setzt die entsprechenden Variablen auf *NULL*). Intern entsorgt diese Methode auch die mit dem Ereignis verknüpfte *SPWeb*-Instanz, sofern es solch eine Instanz gibt.
Dispose	Entsorgt die aktuellen *SPSite*- und *SPWeb*-Instanzen. Intern ruft diese Methode auch die Methode *InvalidateWeb* auf.
FeatureId	Gibt die GUID des SharePoint-Features zurück, das die Listeninstanz erstellt hat (bei *ListAdding*- und *ListAdded*-Ereignissen).
Field	Gibt das Feld an, das die Quelle des aktuellen Ereignisses ist.
FieldName	Gibt den Namen des Felds an, das die Quelle des aktuellen Ereignisses ist.
FieldXml	Gibt die XML-Definition des Felds an, das die Quelle des aktuellen Ereignisses ist.
List	Gibt einen Verweis auf die *SPList*-Instanz zurück, die die Quelle des Ereignisses ist.
ListId	Gibt die Kennung der *SPList*-Instanz zurück, die die Quelle des Ereignisses ist.
ListTitle	Gibt den Titel der *SPList*-Instanz zurück, die die Quelle des Ereignisses ist.
TemplateId	Gibt die Kennung der Listenvorlage zurück, die mit der Listeninstanz verknüpft ist, die die Quelle des Ereignisses ist.
UserDisplayName	Gibt den Anzeigenamen des Benutzers zurück, der das Ereignis ausgelöst hat.
UserLoginName	Gibt den Anmeldenamen des Benutzers zurück, der das Ereignis ausgelöst hat.
Web	Gibt einen Verweis auf die *SPWeb*-Instanz zurück, die die Ereignisquellliste enthält.
WebId	Gibt die GUID der *SPWeb*-Instanz zurück, die die Ereignisquellliste enthält.
WebUrl	Gibt die absolute URL der *SPWeb*-Instanz zurück, die die Ereignisquellliste enthält.

Listing 12.2 zeigt ein Beispiel für einen Ereignisempfänger auf Listenebene, der Änderungen an der Listendefinition abfängt und den Vorgang abbricht, wenn es sich um eine bestimmte benutzerdefinierte Liste handelt, die von einer WSP-Lösung bereitgestellt wurde.

Listing 12.2 Ein Ereignisempfänger auf Listenebene, der Feldereignisse abfängt

```
namespace DevLeap.SP2010.EventReceivers {

    public class ContactsListEventReceiver : SPListEventReceiver {
       public override void FieldAdding(SPListEventProperties properties) {
          // Überprüfe, ob es sich um unsere benutzerdefinierte Listenvorlage handelt.
          if (properties.TemplateId == 10001) {
              properties.Cancel = true;
              properties.ErrorMessage =
              "Sie können diese Listendefinition nicht im Webbrowser ändern";
          }
          base.FieldAdding(properties);
       }
```

```
        public override void FieldDeleting(SPListEventProperties properties) {
            // Fast derselbe Code wie in FieldAdding
        }

        public override void FieldUpdating(SPListEventProperties properties) {
            // Fast derselbe Code wie in FieldAdding
        }
    }
```

Beachten Sie aber, dass bei Vorgängen in Inhaltstypen keine Feldereignisse auftreten. Wenn Sie beispielsweise zu einer Listendefinition direkt ein neues Feld hinzufügen, treten die Ereignisse *FieldAdding* und *FieldAdded* auf. Wenn Sie einen Inhaltstyp zu einer Listendefinition hinzufügen, treten die Feldereignisse nicht auf, selbst dann nicht, wenn der Inhaltstyp die Registrierung neuer Felder erfordert.

HINWEIS Listenereignisempfänger eignen sich dafür, um Benutzeraktionen an Listendefinitionen abzufangen, die Einhaltung von Überprüfungsregeln und Richtlinien durchzusetzen und zu verhindern, dass die Website eine chaotische Struktur entwickelt. Sie können zum Beispiel für jede Liste, die im Webbrowser erstellt wird, die Einhaltung der Namenskonvention überprüfen oder einheitliche Überprüfungsregeln vorgeben. Benutzer können dann zwar Listen und Inhalte erstellen, aber ihre Aktionen werden überprüft und durch die Regeln eingeschränkt, die in den Ereignisempfängern der Listen definiert wurden.

Ereignisempfänger auf Websiteebene

Auf der Websiteebene können Sie Ereignisse verwenden, die vor und nach der Löschung von Websitesammlungen oder bei der Erstellung, Bereitstellung, Verschiebung oder Löschung von Websites auftreten. Um solche Ereignisse abzufangen, leiten Sie von *SPWebEventReceiver* eine benutzerdefinierte Klasse ab. Tabelle 12.6 beschreibt die auf Websiteebene verfügbaren Ereignisse.

Tabelle 12.6 Die Ereignismethoden der Basisklasse *SPWebEventReceiver*

Ereignisname	Beschreibung
SiteDeleted	Tritt nach dem Löschen einer Websitesammlung auf.
SiteDeleting	Tritt vor dem Löschen einer Websitesammlung auf.
WebAdding	Tritt auf, bevor eine *SPWeb*-Instanz zu einer Websitesammlung hinzugefügt wird.
WebDeleted	Tritt auf, nachdem eine *SPWeb*-Instanz aus einer Websitesammlung entfernt wurde.
WebDeleting	Tritt auf, bevor eine *SPWeb*-Instanz aus einer Websitesammlung entfernt wird.
WebMoved	Tritt auf, nachdem eine *SPWeb*-Instanz umbenannt oder an einen anderen Ort verschoben wurde.
WebMoving	Tritt auf, bevor eine *SPWeb*-Instanz umbenannt oder an einen anderen Ort verschoben wird.
WebProvisioned	Tritt auf, nachdem eine *SPWeb*-Instanz in einer Websitesammlung bereitgestellt wurde.

Ereignisempfänger auf Websiteebene eignen sich in ähnlicher Weise wie Ereignisempfänger auf Listenebene zur Durchsetzung von benutzerdefinierten Richtlinien, zur Überprüfung von benutzerdefinierten Layoutvorlagen und zur Überprüfung von Namenskonventionen. Häufig werden Ereignisempfänger auf Websiteebene auch verwendet, um die Löschung von bestimmten Websites oder Websitesammlungen zu verhindern, selbst wenn der Benutzer über die Berechtigung verfügt, Inhalte und Websites bereitzustellen und wieder zu entfernen. Der einzige Parameter der Ereignisempfängermethoden auf Websiteebene ist vom Typ *SPWebEventProperties* und bietet Zugriff auf die Kontextwebsite und ihre URLs. Tabelle 12.7 beschreibt die öffentlichen Member der Klasse *SPWebEventProperties*.

Tabelle 12.7 Die wichtigsten Member der Klasse *SPWebEventProperties*

Membername	Beschreibung
InvalidateWeb	Markiert die Website, die die Ereignisquelle ist, als ungültig (setzt die entsprechenden Variablen auf *NULL*). Intern entsorgt diese Methode auch die *SPWeb*-Instanz, in der das Ereignis aufgetreten ist, sofern es eine solche Instanz gibt.
Dispose	Entsorgt die aktuellen *SPSite*- und *SPWeb*-Instanzen. Ruft intern die Methode *InvalidateWeb* auf.
FullUrl	Gibt die absolute URL der Quellwebsite zurück, in der das Ereignis eingetreten ist.
NewServerRelativeUrl	Liefert die URL der Website nach ihrer Verschiebung.
ParentWebId	Gibt die GUID der übergeordneten Website zurück.
ServerRelativeUrl	Liefert die URL der Website vor ihrer Verschiebung.
UserDisplayName	Gibt den Anzeigenamen des Benutzers zurück, der das Ereignis ausgelöst hat.
UserLoginName	Gibt den Anmeldenamen des Benutzers zurück, der das Ereignis ausgelöst hat.
Web	Gibt einen Verweis auf die *SPWeb*-Instanz zurück, in der das Ereignis aufgetreten ist.
WebId	Gibt die GUID der *SPWeb*-Instanz zurück, in der das Ereignis aufgetreten ist.

Nicht alle der in Tabelle 12.7 aufgeführten Member sind immer verfügbar. Die Eigenschaft *Web* ist zum Beispiel in *WebDeleted*- oder *SiteDeleted*-Ereignissen nicht verfügbar. Wenn Sie trotzdem auf die Eigenschaft zugreifen, führt dies zu einer Ausnahme des Typs *FileNotFoundException*. In vergleichbarer Weise haben Sie in einer *WebAdding*-Ereignismethode keinen Zugriff auf die aktuelle Webinstanz. Dafür müssen Sie warten, bis das Ereignis *WebProvisioned* eintritt.

Workflowereignisempfänger

SharePoint bietet Workflowereignisempfänger, mit denen Sie Ereignisse abfangen können, die im Zusammenhang mit laufenden Workflows auftreten. Sie können zum Beispiel das Ereignis *WorkflowCompleted* verwenden, um eine benutzerdefinierte Aktion auszuführen, sobald eine Workflowinstanz ihre Arbeit abgeschlossen hat. Tabelle 12.8 beschreibt die verfügbaren Ereignismethoden, die von der Basisklasse *SPWorkflowEventReceiver* bereitgestellt werden.

Tabelle 12.8 Die Ereignismethoden der Basisklasse *SPWorkflowEventReceiver*

Ereignisname	Beschreibung
WorkflowCompleted	Tritt nach dem Abschluss einer Workflowinstanz auf.
WorkflowPostponed	Tritt nach dem Aufschieben einer Workflowinstanz auf.
WorkflowStarted	Tritt nach dem Start einer Workflowinstanz auf.
WorkflowStarting	Tritt vor dem Start einer Workflowinstanz auf.

Alle virtuellen Methoden aus Tabelle 12.8 haben einen Parameter des Typs *SPWorkflowEventProperties*, der Zugang zum Ereigniskontext bietet. Tabelle 12.9 beschreibt die wichtigsten Member der Klasse *SPWorkflowEventProperties*.

Tabelle 12.9 Die wichtigsten Member der Klasse *SPWorkflowEventProperties*

Membername	Beschreibung
ActivationProperties	Enthält die Eigenschaften der neuen Workflowinstanz, beispielsweise ihre Initialisierungsdaten. Weitere Informationen über Workflowinstanzen finden Sie in Teil V, »Entwickeln von Workflows«.
AssociationData	Enthält die Zuordnungsdaten des Workflows.
CompletionType	Enthält Informationen über das Ergebnis des Workflows. Nach dem Abschluss eines Workflows können Sie die Eigenschaft *CompletionType* in der Ereignismethode *WorkflowCompleted* auslesen. Die Eigenschaft kann einen der folgenden Werte annehmen: ■ *Completed* ■ *Errored* ■ *ExternallyTerminated* ■ *FailedOnStart* ■ *InternallyTerminated* ■ *NotApplicable*
ErrorException	Gibt die aktuelle *Exception*-Instanz zurück, sofern vorhanden.
InitiationData	Enthält die Workflow-Initialisierungsdaten.
InstanceId	Enthält die Instanzkennung.
PostponedEvent	Gibt an, ob der Workflow vor *Load* oder vor *Start* aufgeschoben wurde.
RelativeWebUrl	Gibt die relative URL der *SPWeb*-Instanz zurück, in der die Quelle liegt.
TerminatedByUserId	Die *UserID* des Benutzers, der den Workflow beendet hat, sofern der Workflow bereits beendet wurde.
WebUrl	Gibt die URL der *SPWeb*-Instanz zurück, in der die Quelle liegt.

E-Mail-Ereignisempfänger

Die E-Mail-Ereignisempfänger unterstützen E-Mail-aktivierte Listeninstanzen und ermöglichen das Abfangen von Ereignissen, wenn eine Liste E-Mails erhält. Die Ereignisempfänger werden von *SPEmailEventReceiver* abgeleitet und überschreiben die virtuelle Methode *EmailReceived*. Listing 12.3 zeigt ein Beispiel.

Listing 12.3 Ein Beispiel für einen E-Mail-Ereignisempfänger

```
namespace DevLeap.SP2010.EventReceivers {
    public class EmailEventReceiver : SPEmailEventReceiver {
        private List<String> validSenders;

        static EmailEventReceiver() {
            // Code weggelassen ...
        }

        public override void EmailReceived(SPList list,
            SPEmailMessage emailMessage, String receiverData) {
```

```
            if (!validSenders.Contains(emailMessage.Sender))
                throw new Exception("Ungueltiger E-Mail-Absender");

            base.EmailReceived(list, emailMessage, receiverData);
        }
    }
}
```

Die Methodensignatur in Listing 12.3 unterscheidet sich von den bisherigen Ereignisempfängern und hat als Parameter einen Verweis auf die aktuelle Zielliste (*SPList*), die E-Mail-Nachricht in einer Variablen des Typs *SPEmailMessage* und Konfigurationsparameter als *String*. Der Code überprüft nur, ob der Absender der E-Mail in der Liste der vertrauenswürdigen Absender geführt wird. Eine weitere nützliche Anwendung könnte das Löschen von Anhängen aus der eingegangenen E-Mail sein. Tatsächlich bietet die Klasse *SPEmailMessage* eine Sammlung namens *Attachments*, die sich so konfigurieren lässt, dass alle *SPEmailAttachment*-Instanzen mitsamt ihren Inhalten extrahiert werden. Der Inhalt ist über die Eigenschaft *ContentStream* zugänglich.

Vermeiden von Ereignisschleifen

Wenn Sie einen benutzerdefinierten Ereignisempfänger implementieren, in dem Sie zum Beispiel das Listenelement ändern, von dem das Ereignis ausgelöst wurde, sollten Sie zuerst die weitere Meldung von Ereignissen abschalten, damit sich keine unerwünschten Schleifen ergeben. Wenn Sie nämlich in einem Ereignisempfänger ein Element ändern, beispielsweise in der Methode *ItemUpdated*, wird dasselbe Ereignis erneut ausgelöst und Sie haben ungewollt eine Schleife programmiert. Damit sich die Meldung von Ereignissen abschalten lässt, erben alle Ereignisempfänger von der bereits besprochenen Basisklasse *SPEventReceiverBase* eine *Boolean*-Eigenschaft namens *EventFiringEnabled*. Die Einstellung *false* deaktiviert weitere Ereignismeldungen für das aktuelle Ereignis und ermöglicht es Ihnen, das aktuelle Element zu ändern, ohne dasselbe Ereignis erneut auszulösen. Es empfiehlt sich, dieses Flag am Anfang des Ereignisempfängercodes routinemäßig auf *false* zu stellen und am Ende wieder auf *true*.

Bereitstellen und Binden von Ereignisempfängern

Ereignisempfänger lassen sich auf verschiedene Arten bereitstellen. Sie können zum Beispiel ein SharePoint-Feature verwenden, das den Ereignisempfänger via WSP-Bereitstellung installiert. Listing 12.4 zeigt ein Featureelement, das einen Ereignisempfänger für eine Liste installiert.

Listing 12.4 Eine Featureelementdatei für die Bereitstellung eines benutzerdefinierten Ereignisempfängers auf Elementebene

```
<?xml version="1.0" encoding="utf-8"?>
<Elements xmlns="http://schemas.microsoft.com/sharepoint/">
  <Receivers ListTemplateId="105">
      <Receiver>
        <Name>EventReceiver1ItemUpdating</Name>
        <Type>ItemUpdating</Type>
        <Assembly>$SharePoint.Project.AssemblyFullName$</Assembly>
```

```
      <Class>DevLeap.SP2010.EventReceivers.EventReceiver1.EventReceiver1</Class>
        <Data>Benutzerdefinierte Konfiguration</Data>
        <SequenceNumber>10000</SequenceNumber>
      </Receiver>
      <Receiver>
        <Name>EventReceiver1ItemAdded</Name>
        <Type>ItemAdded</Type>
        <Assembly>$SharePoint.Project.AssemblyFullName$</Assembly>
      <Class>DevLeap.SP2010.EventReceivers.EventReceiver1.EventReceiver1</Class>
        <SequenceNumber>10000</SequenceNumber>
      </Receiver>
  </Receivers>
</Elements>
```

Im *Data*-Tag des *Receiver*-Elements können Sie einen Konfigurationstext festlegen, der dem Ereignisempfänger nach seinem Aufruf in der Eigenschaft *ReceiverData* der Basisklasse *SPEventPropertiesBase* zur Verfügung steht. Gewöhnlich geben Sie in diesem Konfigurationselement eine benutzerdefinierte XML-Knotenmenge an, damit Sie den Inhalt im Ereignisempfängercode deserialisieren können. Vergessen Sie aber nicht, dass der Inhalt des *Data*-Elements in seiner Länge auf 255 Zeichen beschränkt ist.

Die zweite Bereitstellungsmethode basiert auf benutzerdefiniertem Code. Diese Methode kann sich als nützlich erweisen, wenn Sie Ihren Empfänger mit benutzerdefinierten Parametern bereitstellen möchten und daher die Veröffentlichung mit einem Bereitstellungspaket oder ein benutzerdefiniertes Bereitstellungstool vorziehen, das den Empfänger mit etwas benutzerdefiniertem .NET-Code für das vorgesehene Ziel konfiguriert, sei es eine Liste, eine Website oder etwas anderes. Listing 12.5 zeigt ein Beispiel für diese Bereitstellungsmethode.

Listing 12.5 Ein benutzerdefinierter Ereignisempfänger auf Elementebene, der mit Code bereitgestellt wird

```
using (SPSite site = new SPSite("http://sp2010dev/")) {
    using (SPWeb web = site.OpenWeb())  {

        ContactItemEventReceiverConfiguration config = new
           ContactItemEventReceiverConfiguration();
        // Codeteile weggelassen ...
        SPList list = web.Lists["Contacts"]; // Kontakte
        var newReceiver = list.EventReceivers.Add();
        Assembly asm =
           Assembly.LoadFrom(@"..\..\DevLeap.SP2010.EventReceivers.dll");
        newReceiver.Assembly = asm.FullName;
        newReceiver.Class = asm.GetType(
          "DevLeap.SP2010.EventReceivers.ContactItemEventReceiver").FullName;
        newReceiver.Name = "Contact Receiver";
        newReceiver.Type = SPEventReceiverType.ItemUpdating;
        newReceiver.SequenceNumber = 100;
        newReceiver.Data = XmlSerializationUtility.Serialize
          <ContactItemEventReceiverConfiguration>(config);
        newReceiver.Update();
    }
}
```

Eine der wichtigsten Innovationen von SharePoint 2010 ist die Möglichkeit, Ereignisempfänger nicht nur auf der Ebene der Website bereitzustellen, sondern auch auf der Ebene der Websitesammlung. Tatsächlich lassen sich *alle* Ereignisempfänger mit Ausnahme von *SPEmailEventReceiver* auf der Ebene der Websitesammlung bereitstellen und können daher in allen Websites aus der Websitesammlung verwendet werden. Beispielsweise können Sie mit einem einzigen Bereitstellungsschritt auf der Ebene der Websitesammlung einen Listenebenen-Ereignisempfänger bereitstellen, der die Bereitstellung von Listen und benutzerdefinierten Feldern überprüft.

Eine weitere interessante Bereitstellungsfunktion, die mit SharePoint 2010 eingeführt wurde, ist die Möglichkeit, einen Ereignisempfänger mit seiner Eigenschaft *ListTemplateId* an eine Listenvorlage zu binden. Dann lässt sich dieser Ereignisempfänger für alle Listeninstanzen verwenden, die auf dieser *ListTemplateId* basieren.

Ereignissynchronisation

Alle Vorher-Ereignisse werden in SharePoint synchron im selben Prozess und auf demselben Thread wie die aktuelle Benutzeranfrage ausgeführt, während Nachher-Ereignisse asynchron auf einem Hintergrundthread und potenziell in einem anderen Prozess als die aktuelle Benutzeranfrage ausgeführt werden.

Allerdings können sich Situationen ergeben, in denen eine Nachher-Ereignismethode wie *ItemUpdated* so ausgeführt werden soll, als handele es sich um eine synchrone Ereignismethode. Um dies zu unterstützen, bietet SharePoint eine Bereitstellungskonfigurationseigenschaft, mit der sich die *Synchronisation* der Ereignisempfänger angeben lässt. Die Eigenschaft kann einen der folgenden Werte annehmen:

- ***Default*** Vorher-Ereignisse sind synchron, Nachher-Ereignisse sind asynchron.
- ***Synchronous*** Das aktuelle Ereignis wird synchron ausgeführt.
- ***Asynchronous*** Das aktuelle Ereignis wird asynchron ausgeführt.

Den gewünschten Wert können Sie in der XML-Datei des Featureelements einstellen, wie in Listing 12.6 gezeigt.

Listing 12.6 Diese Featureelementdatei legt die synchrone Ausführung einer Nachher-Ereignismethode auf Elementebene fest

```
<?xml version="1.0" encoding="utf-8"?>
<Elements xmlns="http://schemas.microsoft.com/sharepoint/">
  <Receivers ListTemplateId="105">
      <Receiver>
        <Name>EventReceiver1ItemAdded</Name>
        <Type>ItemAdded</Type>
        <Assembly>$SharePoint.Project.AssemblyFullName$</Assembly>
<Class>DevLeap.SP2010.EventReceivers.EventReceiver1.EventReceiver1</Class>
        <SequenceNumber>10000</SequenceNumber>
        <Synchronization>Synchronous</Synchronization>
      </Receiver>
  </Receivers>
</Elements>
```

Die Eigenschaft *Synchronization* lässt sich auch im Code einstellen (Listing 12.7).

Listing 12.7 Dieses Codefragment stellt einen benutzerdefinierten Nachher-Ereignisempfänger mit synchroner Ausführung bereit

```
using (SPSite site = new SPSite("http://sp2010dev/")) {
    using (SPWeb web = site.OpenWeb()) {

        ContactItemEventReceiverConfiguration config = new
           ContactItemEventReceiverConfiguration();

        // Codeteile weggelassen ...
        SPList list = web.Lists["Contacts"]; // Kontakte
        var newReceiver = list.EventReceivers.Add();

        Assembly asm = Assembly.LoadFrom(
           @"..\..\DevLeap.SP2010.EventReceivers.dll");
        newReceiver.Assembly = asm.FullName;
        newReceiver.Class = asm.GetType(
           "DevLeap.SP2010.EventReceivers.ContactItemEventReceiver")
           .FullName;
        newReceiver.Name = "Contact Receiver";
        newReceiver.Type = SPEventReceiverType.ItemUpdated;
        newReceiver.SequenceNumber = 110;
        newReceiver.Data = XmlSerializationUtility.Serialize
           <ContactItemEventReceiverConfiguration>(config);
        newReceiver.Synchronization =
           SPEventReceiverSynchronization.Synchronous;
        newReceiver.Update();
    }
}
```

Sie haben die Wahl, das Ereignis und das dazugehörige Synchronisationsmodell mit einem Feature oder mit benutzerdefiniertem Code zu definieren.

Ereignissicherheit

Standardmäßig werden alle Ereignisse in SharePoint im Kontext des Benutzers bearbeitet, der das Ereignis ausgelöst hat. Ändert Bob zum Beispiel ein Listenelement, wird die Ereignismethode *ItemUpdating* im Kontext von Bob ausgeführt. Allerdings können sich auch Situationen ergeben, in denen der Code unter dem Systemkonto ausgeführt werden muss, beispielsweise in benutzerdefinierten SharePoint-Workflows. Für solche Fälle verfügt SharePoint über die Klasse *SPSecurity*, die einige Sicherheitsmethoden bietet, einschließlich der berühmten Methode *RunWithElevatedPrivileges*, mit der Sie einen SharePoint-Prozess mit der Identität des Systemkontos ausführen können. Falls Ihr Empfänger aber einen weiteren Ereignisempfänger aktiviert, wird auch dieser Code mit den Rechten des Systemkontos ausgeführt. Das ist aus Sicherheitsgründen keine gute Idee. Um solche Probleme zu vermeiden, können Sie die neue Eigenschaft *OriginatingUserToken* verwenden, die in jedem Ereignisempfänger durch die Basisklasse *SPEventPropertiesBase* verfügbar ist. Mit diesem Token können Sie eine neue und unabhängige Instanz von *SPSite* und/oder *SPWeb* erstellen, die mit der Identität des Benutzers ausgeführt wird. Listing 12.8 zeigt ein Beispiel für Code, der auf diese Weise mit der Identität des Benutzers ausgeführt wird, der das Ereignis ausgelöst hat.

Listing 12.8 *OriginatingUserToken* ermöglicht die Ausführung von Code mit der Identität des Benutzers

```
public override void ItemUpdated(SPItemEventProperties properties) {
    using (SPSite site = new SPSite(properties.SiteId,
            properties.OriginatingUserToken)) {
        using (SPWeb web = site.OpenWeb(properties.RelativeWebUrl)) {
            // Etwas im Kontext des Benutzers tun.
        }
    }
    base.ItemUpdated(properties);
}
```

Zusammenfassung

In diesem Kapitel haben Sie gesehen, wie man benutzerdefinierte Ereignisempfänger entwickelt, mit denen sich Ereignisse abfangen lassen, die bei der Arbeit mit Listenelementen, Listen, Websites und Workflows auftreten. Vergessen Sie nicht, dass Sie diese Ereignisempfänger nur für kurze und schnelle Aktivitäten verwenden sollten, und nicht für Aufgaben, mit denen geschäftliche Abläufe gesteuert werden. Tatsächlich kann die Ausführung eines Ereignisempfängers unerwartet beendet werden, beispielsweise bei der automatischen Wiederverwendung des Anwendungspools einer *SPSite*. Dabei verlieren Sie alle eingefügten Daten und den Ereigniszustand. Wenn Sie Geschäftsabläufe implementieren müssen, die durch Ereignisse aktiviert werden, sollten Sie stattdessen SharePoint-Workflows verwenden und den entsprechenden Teil V lesen, »Entwickeln von Workflows«.

Kapitel 13

Dokumentverwaltung

In diesem Kapitel:

Dieses Kapitel beschreibt einige Aspekte der Dokumentverwaltung. Im ersten Teil liegt der Schwerpunkt auf einigen neuen Funktionen, die mit Microsoft SharePoint 2010 eingeführt wurden, wie Dokumentenmappen und Dokument-ID. Anschließend werden die neuen Word Automation Services (Word-Automatisierungsdienste) besprochen, die in Microsoft SharePoint Server 2010 verfügbar sind.

HINWEIS Die in diesem Kapitel behandelten Funktionen sind nur in den Standard- und Enterprise-Editionen von SharePoint Server 2010 verfügbar. Wenn Sie mit Microsoft SharePoint Foundation 2010 arbeiten oder Ihre Lösung auf SharePoint Foundation bereitstellen möchten, können Sie diese Funktionen nicht verwenden.

Dokumentenmappen

Dokumentenmappen (document sets) gehören zu den Verbesserungen, die SharePoint 2010 für die Verwaltung von Dokumenten bietet. Häufig möchten Benutzer in SharePoint-Dokumentbibliotheken nicht nur einzelne Dokumente, sondern mehrere Dokumente speichern, die demselben Benutzer gehören oder im selben Projekt oder Arbeitsauftrag liegen. Eine Dokumentenmappe ist ein spezieller Inhaltstyp, der mehrere Dokumente im selben Container speichern kann. Allerdings handelt es sich nicht einfach um einen Ordner. Wie ein Ordner kann eine Dokumentenmappe zwar ebenfalls eigene Metadaten haben, aber sie verfügt auch über eine eigene Benutzeroberfläche mit einer eigenen *Willkommen*-Seite, eine Versionsverwaltung der gesamten Mappe und spezielle Workflows. Außerdem lassen sich die Metadaten zwischen der Dokumentenmappe und den darin enthaltenen Elementen synchronisieren.

Stellen Sie sich zum Beispiel einen typischen Arbeitsauftrag für ein Produkt vor. Ihnen liegen die üblichen Unterlagen über den Arbeitsauftrag vor, wie der Kostenvoranschlag mit allen Spezifikationen des Produkts, den Sie dem Kunden geschickt haben, der Auftrag des Kunden, die Spezifikationen aller Auftragsposten, ein Zeitplan, die angestrebten Ergebnisse der Qualitätsprüfungen, die Testergebnisse und die Lieferdokumente. Wahrscheinlich liegen Ihnen noch viele andere Dokumente vor, aber hier geht es ja nur um ein Beispiel. Der Arbeitsauftrag selbst trägt wahrscheinlich eine Verwaltungsnummer und nennt das geschätzte Lieferdatum, den Kunden und so weiter. Wahrscheinlich richten Sie einen passenden Workflowprozess ein, um den ganzen Ablauf zu überwachen und zu verwalten. Eine Dokumentenmappe kann wie ein herkömmlicher Ordner die ganzen Informationen in einem einzigen SharePoint-Element zusammenfassen, wobei sich das Erscheinungsbild und die verfügbaren Funktionen aber mit Code festlegen lassen.

Abbildung 13.1 zeigt die Standardbegrüßungsseite einer Standarddokumentenmappe, die in diesem Beispiel bereits einige Dokumente enthält. Beachten Sie im Menüband die Registerkartengruppe *Dokumentenmappe* mit der Registerkarte *Verwalten*.

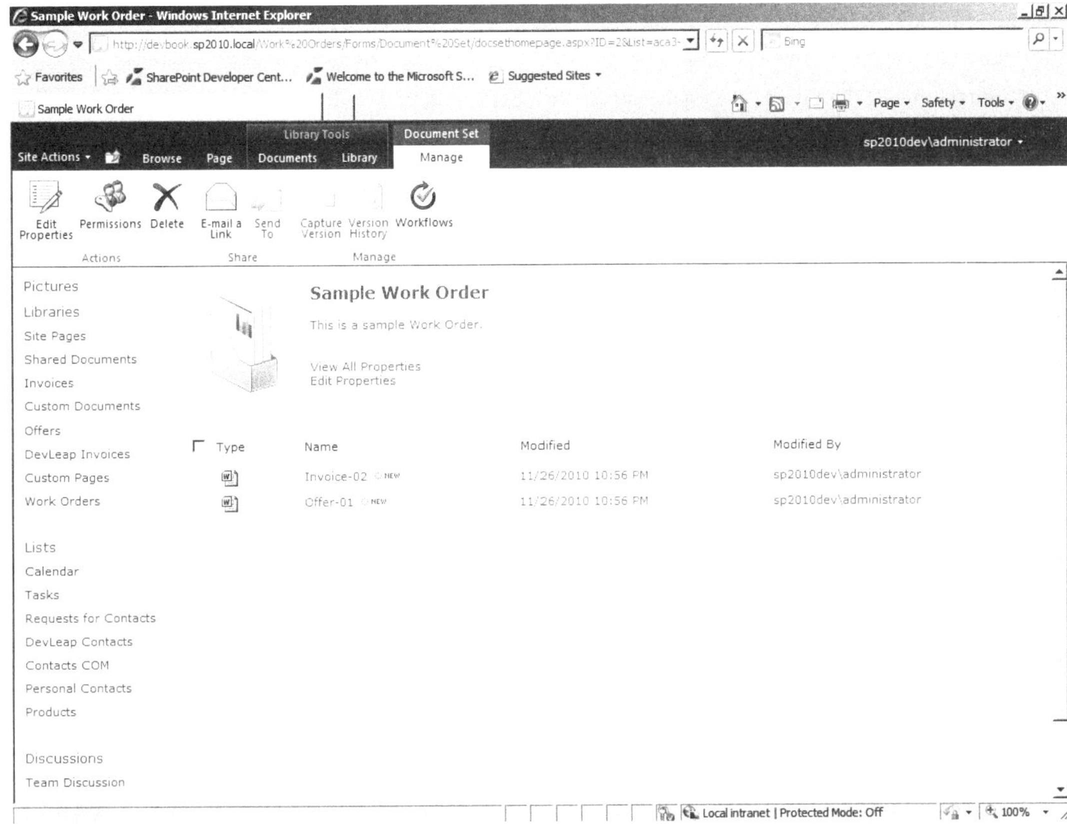

Abbildung 13.1 Die Standardbegrüßungsseite einer Beispieldokumentenmappe

Unter der Haube ist eine Dokumentenmappe ein spezieller Inhaltstyp, in dessen Vererbungshierarchie der Inhaltstyp *Ordner* (ID 0x0120) zu finden ist. Diesen Inhaltstyp können Sie praktisch wie jeden anderen Standardinhaltstyp erweitern. Die Basis-ID des Inhaltstyps *Dokumentenmappe* ist 0x0120D520, da sie vom Inhaltstyp *Dokumentsammlungsordner* (ID 0x0120D5) abgeleitet ist.

HINWEIS Weitere Informationen über Inhaltstyp-IDs finden Sie im Abschnitt »Inhaltstyp-IDs« von Kapitel 10, »Bereitstellen von Daten«.

Wenn Sie auf Ihren Websites Dokumentenmappen verwenden möchten, müssen Sie zuerst das entsprechende Feature auf der Verwaltungsseite *Websitesammlungsfeatures* aktivieren. Anschließend können Sie den Inhaltstyp *Dokumentenmappe* zu einer vorhandenen Bibliothek hinzufügen oder einen eigenen Inhaltstyp erstellen, der vom Inhaltstyp *Dokumentenmappe* abgeleitet wird.

Aus der Sicht eines SharePoint-Designers lässt sich eine Dokumentenmappe im Webbrowser oder mit SharePoint Designer 2010 erstellen. Um eine neue Dokumentenmappe zu entwerfen, brauchen Sie nur auf die Seite *Websiteinhaltstypen* zu wechseln und vom Inhaltstyp *Dokumentenmappe*, der in der Gruppe *Inhaltstypen der Dokumentenmappe* verfügbar ist, einen neuen Inhaltstyp abzuleiten.

Aus der Sicht eines Entwicklers lässt sich eine Dokumentenmappe in Microsoft Visual Studio 2010 erstellen, indem man vom Basisinhaltstyp *DocumentSet* einen neuen Inhaltstyp ableitet.

Unabhängig von der Methode, mit der Sie eine Dokumentenmappe erstellen, können Sie folgende Bereiche anpassen:

- **Metadatenschema** Definiert die Metadatenfelder, mit denen die Stammdokumentenmappe beschrieben wird.
- **Workflowzuordnungen (Assoziationen)** Verknüpfen Workflowdefinitionen mit der Dokumentenmappe.
- **Liste der zulässigen untergeordneten Inhaltstypen** Definiert die Inhaltstypen der Elemente, die zur Dokumentenmappe hinzugefügt werden können.
- **Mit den Elementen in der Dokumentenmappe synchronisierbare Elemente** Legt fest, welche Metadatenfelder der Stammdokumentenmappe auf die in der Mappe enthaltenen Dokumente repliziert werden.
- **Standardinhalt der Dokumentenmappe** Legt einen vordefinierten Satz von Dokumenten fest, die in jede neue Instanz der Dokumentenmappe aufgenommen werden.
- ***Neu*-Seite** Die Seite, die der Benutzer sieht, wenn er eine neue Instanz der Dokumentenmappe erstellt. Die Seite kann angepasst werden.
- ***Willkommen*-Seite** Die Seite, die der Benutzer sieht, wenn er eine Dokumentenmappe anzeigt oder bearbeitet. Es handelt sich um eine Webpartseite, die ebenfalls anpassbar ist.

Bereitstellen von Dokumentenmappen

Wenn Sie die Dokumentenmappe im Webbrowser konfigurieren, steht Ihnen für diese Einstellungen eine spezielle Seite zur Verfügung, die über die Konfigurationsseite jedes Inhaltstyps zugänglich ist, der von der Dokumentenmappe abgeleitet wird. Wenn Sie mit Visual Studio 2010 arbeiten, können Sie ein benutzerdefiniertes XML-Element für die Bereitstellung der Dokumentenmappe definieren (siehe Kapitel 10, »Bereitstellen von Daten«).

Listing 13.1 zeigt einen XML-Codeausschnitt, der in Visual Studio 2010 eine »Arbeitsauftrag-Dokumentenmappe« als benutzerdefinierten Inhaltstyp erstellt, der die Funktionen zur automatischen Bereitstellung verwendet.

Listing 13.1 Ein Dokumentenmappen-Inhaltstyp, der in einer XML-Bereitstellungsdatei definiert wird

```
<?xml version="1.0" encoding="utf-8"?>
<Elements xmlns="http://schemas.microsoft.com/sharepoint/">
  <!-- Websitespalten, die vom Inhaltstyp verwendet werden -->
  <Field
    ID="{EA8DC9E7-0EA8-4F5C-961D-4CCFBC6C8407}"
    Name="DevLeapWorkOrderID"
    StaticName="DevLeapWorkOrderID"
    DisplayName="Work Order ID"
    Type="Text"
    Group="DevLeap-Spalten"
    Sortable="TRUE" />
  <Field
    ID="{D54685EC-C28E-46F7-9200-63F182162A66}"
    Name="DevLeapCustomerName"
    StaticName="DevLeapCustomerName"
    DisplayName="Customer Name"
```

```
    Type="Text"
    Group="DevLeap-Spalten"
    Sortable="TRUE" />
  <Field
    ID="{3AD0914C-410B-42C6-8C38-8CCDA18CC9D3}"
    Name="DevLeapWorkOrderStatus"
    StaticName="DevLeapWorkOrderStatus"
    DisplayName="Status"
    Type="Choice"
    Group="DevLeap-Spalten"
    Sortable="TRUE">
    <Default>Created</Default>
    <CHOICES>
      <CHOICE>Created</CHOICE>
      <CHOICE>In Progress</CHOICE>
      <CHOICE>Completed</CHOICE>
    </CHOICES>
  </Field>
  <!-- Übergeordneter ContentType: DocumentSet (0x0120D520) -->
  <ContentType ID="0x0120D52000d18b61fc3fae4ef7a089a8586bbbaa13"
              Name="DevLeapWorkOrderDocumentSet"
              Group="DevLeap Content Types"
              Description="Inhaltstyp zur Beschreibung eines Arbeitsablaufs."
              Inherits="False"
              Version="2"
              ProgId="SharePoint.DocumentSet">
    <Folder TargetName="_cts/DevLeapWorkOrderDocumentSet" />
    <FieldRefs>
      <FieldRef
        ID="{EA8DC9E7-0EA8-4F5C-961D-4CCFBC6C8407}"
        Name="DevLeapWorkOrderID" />
      <FieldRef
        ID="{D54685EC-C28E-46F7-9200-63F182162A66}"
        Name="DevLeapCustomerName" />
      <FieldRef
        ID="{3AD0914C-410B-42C6-8C38-8CCDA18CC9D3}"
        Name="DevLeapWorkOrderStatus" />
    </FieldRefs>
    <XmlDocuments>
      <XmlDocument NamespaceURI="http://schemas.microsoft.com/sharepoint/events">
        <spe:Receivers xmlns:spe="http://schemas.microsoft.com/sharepoint/events">
          <Receiver>
            <Name>DocumentSet ItemUpdated</Name>
            <Synchronization>Synchronous</Synchronization>
            <Type>10002</Type>
            <SequenceNumber>100</SequenceNumber>
            <Assembly>Microsoft.Office.DocumentManagement, Version=14.0.0.0,
              Culture=neutral, PublicKeyToken=71e9bce111e9429c</Assembly>
            <Class>
             Microsoft.Office.DocumentManagement.DocumentSets.DocumentSetEventReceiver
            </Class>
```

```
      <Data></Data>
      <Filter></Filter>
    </Receiver>
    <Receiver>
      <Name>DocumentSet ItemAdded</Name>
      <Synchronization>Synchronous</Synchronization>
      <Type>10001</Type>
      <SequenceNumber>100</SequenceNumber>
      <Assembly>Microsoft.Office.DocumentManagement, Version=14.0.0.0,
        Culture=neutral, PublicKeyToken=71e9bce111e9429c</Assembly>
      <Class>
        Microsoft.Office.DocumentManagement.DocumentSets. DocumentSetItemsEventReceiver
      </Class>
      <Data></Data>
      <Filter></Filter>
    </Receiver>
  </spe:Receivers>
</XmlDocument>
<XmlDocument NamespaceURI=
  "http://schemas.microsoft.com/office/documentsets/allowedcontenttypes">
  <act:AllowedContentTypes xmlns:act=
    "http://schemas.microsoft.com/office/documentsets/allowedcontenttypes"
    LastModified="11/26/2010 22:49:18">
    <!-- Dokument -->
    <AllowedContentType id="0x0101" />
    <!-- Bild -->
    <AllowedContentType id="0x010102" />
    <!-- DevLeapRechnung -->
    <AllowedContentType id="0x0101008D841CAC0C7F474288965287B30061DC" />
  </act:AllowedContentTypes>
</XmlDocument>
<XmlDocument NamespaceURI=
  "http://schemas.microsoft.com/office/documentsets/sharedfields">
  <sf:SharedFields xmlns:sf=
    "http://schemas.microsoft.com/office/documentsets/sharedfields"
    LastModified="11/26/2010 22:49:18">
    <!-- Arbeitsablauf-ID-->
    <SharedField id="EA8DC9E7-0EA8-4F5C-961D-4CCFBC6C8407" />
    <!-- Status -->
    <SharedField id="3AD0914C-410B-42C6-8C38-8CCDA18CC9D3" />
  </sf:SharedFields>
</XmlDocument>
<XmlDocument NamespaceURI=
  "http://schemas.microsoft.com/office/documentsets/defaultdocuments">
  <dd:DefaultDocuments xmlns:dd=
    "http://schemas.microsoft.com/office/documentsets/defaultdocuments"
    LastModified="11/26/2010 22:49:18" AddSetName="True">
    <DefaultDocument name="Invoice-01.docx" idContentType="0x0101" />
    <DefaultDocument name="Offer-01.docx" idContentType="0x0101" />
  </dd:DefaultDocuments>
</XmlDocument>
```

```
        <XmlDocument NamespaceURI=
          "http://schemas.microsoft.com/office/documentsets/welcomepagefields">
          <wpf:WelcomePageFields xmlns:wpf=
            "http://schemas.microsoft.com/office/documentsets/welcomepagefields"
            LastModified="11/26/2010 22:49:18">
            <WelcomePageField id="EA8DC9E7-0EA8-4F5C-961D-4CCFBC6C8407" />
            <WelcomePageField id="3AD0914C-410B-42C6-8C38-8CCDA18CC9D3" />
          </wpf:WelcomePageFields>
        </XmlDocument>
        <XmlDocument NamespaceURI=
          "http://schemas.microsoft.com/sharepoint/v3/contenttype/forms">
          <FormTemplates xmlns=
            "http://schemas.microsoft.com/sharepoint/v3/contenttype/forms">
            <Display>DocSetDisplayForm</Display>
            <Edit>ListForm</Edit>
            <New>DocSetDisplayForm</New>
          </FormTemplates>
        </XmlDocument>
        <XmlDocument NamespaceURI=
          "http://schemas.microsoft.com/sharepoint/v3/contenttype/forms/url">
          <FormUrls xmlns=
            "http://schemas.microsoft.com/sharepoint/v3/contenttype/forms/url">
            <New>_layouts/NewDocSet.aspx</New>
          </FormUrls>
        </XmlDocument>
      </XmlDocuments>
    </ContentType>
  </Elements>
```

Die Inhaltstypdefinition in Listing 13.1 ist weitgehend mit der entsprechenden Definition aus Kapitel 10 identisch. Allerdings muss das Attribut *Inherits* des Elements *ContentType* den Wert *False* erhalten, um die Vererbung vom Basisinhaltstyp *DocumentSet* aufzuheben und der neuen benutzerdefinierten Dokumentenmappe eine eigene Konfiguration, ein eigenes Verhalten und ein eigenes Erscheinungsbild zu geben. Ein weiterer wichtiger Aspekt des Beispielinhaltstyps ist das Attribut *ProgId*, das den Wert *SharePoint.DocumentSet* erhält, um Elementen, die auf diesem neuen Inhaltstyp basieren, das Erscheinungsbild und Verhalten einer Dokumentenmappe zu geben. Dann gibt es ein untergeordnetes Element *Folder*, das den Stammordner für den Inhalt des aktuellen Inhaltstyps festlegt. Dieser Ordner bildet eine URL unter dem Ordner *_cts* ab, einem verborgenen Ressourcenordner für SharePoint, der dafür vorgesehen ist, Inhaltstypmodelle, Vorlagen und Elemente aufzunehmen. Für jeden Inhaltstyp wird in diesem Ordner ein separater Unterordner angelegt. Im aktuellen Beispiel heißt dieser Ordner *_cts/DevLeapWorkOrderDocumentSet*.

Der große Unterschied zu einem herkömmlichen Inhaltstyp ist die lange Liste der *XmlDocument*-Elemente im Erweiterungsabschnitt *XmlDocuments* der Inhaltstypdefinition. Tabelle 13.1 beschreibt die unterstützten Erweiterungselemente.

Tabelle 13.1 Erweiterungselemente, die in Dateien verwendet werden können, mit denen Dokumentenmappen bereitgestellt werden

Element und Namespace	Beschreibung
WelcomePageView *http://schemas.microsoft.com/office/documentsets/welcomepageview*	Legt die Datenansicht fest, die auf der Begrüßungsseite gezeigt wird.
Receivers *http://schemas.microsoft.com/sharepoint/events*	Gibt einen oder mehrere Ereignisempfänger an. Eine Dokumentenmappe, die einige ihrer Metadatenfelder auf ihre untergeordneten Elemente repliziert, verfügt standardmäßig über mehrere Empfänger (*ItemUpdated* und *ItemAdded*).
AllowedContentTypes *http://schemas.microsoft.com/office/documentsets/allowedcontenttypes*	Legt die zulässigen Inhaltstypen fest. *AllowedContentTypes* gibt die ID jedes zulässigen Inhaltstyps an.
SharedFields *http://schemas.microsoft.com/office/documentsets/sharedfields*	Gibt die Metadatenfelder an, die auf die untergeordneten Elemente repliziert werden. Die Felder werden in Form ihrer Websitespalten-ID angegeben.
DefaultDocuments *http://schemas.microsoft.com/office/documentsets/defaultdocuments*	Legt fest, welche Standarddokumente in jede Instanz der Dokumentenmappe aufgenommen werden sollen. Die Dokumente müssen auf der aktuellen Website unter dem Ordner *_cts/<Inhaltstypname>* bereitgestellt werden.
WelcomePageFields *http://schemas.microsoft.com/office/documentsets/welcomepagefields*	Legt fest, welche Metadatenfelder der Dokumentenmappe auf der Begrüßungsseite angezeigt werden.
FormTemplates *http://schemas.microsoft.com/sharepoint/v3/contenttype/forms*	Legt die Formularvorlagen fest, die bei der Anzeige, Auflistung und Bearbeitung von Elementen für den aktuellen Inhaltstyp verwendet werden sollen.
FormUrls *http://schemas.microsoft.com/sharepoint/v3/contenttype/forms/url*	Legt die Formular-URLs fest, die für die Anzeige sowie das Hinzufügen und Aktualisieren von Elementen des aktuellen Inhaltstyps verwendet werden sollen.

Die Dokumentenmappe *DevLeapWorkOrderDocumentSet*, die vom Beispielprogramm dieses Kapitels erstellt wird, definiert drei Metadatenfelder (*DevLeapWorkOrderID*, *DevLeapCustomerName*, *DevLeapWorkOrderStatus*) und stellt einige Standarddokumente sowie eine Begrüßungsseite bereit. Zur Bereitstellung der Standarddokumente und der benutzerdefinierten Begrüßungsseite verwendet das Programm ein *Module*-Feature, das Sie bereits in Kapitel 9, »Erweitern der Benutzeroberfläche«, kennengelernt haben. Listing 13.2 zeigt den Quellcode des *Module*-Features.

Listing 13.2 Zur Bereitstellung der Standarddokumente und der benutzerdefinierten Begrüßungsseite für die benutzerdefinierte Dokumentenmappe aus Listing 13.1 wird ein *Module*-Elementfeature verwendet

```
<?xml version="1.0" encoding="utf-8"?>
<Elements xmlns="http://schemas.microsoft.com/sharepoint/">
  <Module Name="DefaultDocuments" Url="_cts/DevLeapWorkOrderDocumentSet">
    <File Path="DefaultDocuments\Invoice-01.docx" Url="Invoice-01.docx" />
    <File Path="DefaultDocuments\Offer-01.docx" Url="Offer-01.docx" />
    <File Path="DefaultDocuments\docsethomepage.aspx" Url="docsethomepage.aspx">
      <AllUsersWebPart WebPartZoneID="WebPartZone_TopLeft" WebPartOrder="1">
        <![CDATA[
          <WebPart xmlns="http://schemas.microsoft.com/WebPart/v2"
```

```
          xmlns:iwp="http://schemas.microsoft.com/WebPart/v2/Image">
            <Assembly>Microsoft.SharePoint, Version=14.0.0.0, Culture=neutral,
              PublicKeyToken=71e9bce111e9429c</Assembly>
            <TypeName>Microsoft.SharePoint.WebPartPages.ImageWebPart</TypeName>
            <FrameType>None</FrameType>
            <Title>$Resources:wp_SiteImage;</Title>
<iwp:ImageLink>/_layouts/images/docset_welcomepage_big.png</iwp:ImageLink>
            <iwp:AlternativeText>Work Order Document Set</iwp:AlternativeText>
        </WebPart>
      ]]>
    </AllUsersWebPart>
    <AllUsersWebPart WebPartZoneID="WebPartZone_Top" WebPartOrder="2">
      <![CDATA[
        <WebPart xmlns:xsi="http://www.w3.org/2001/XMLSchema-instance"
          xmlns:xsd="http://www.w3.org/2001/XMLSchema"
          xmlns="http://schemas.microsoft.com/WebPart/v2">
            <Assembly>Microsoft.Office.DocumentManagement, Version=14.0.0.0, Culture=neutral,
PublicKeyToken=71e9bce111e9429c</Assembly>
<TypeName>Microsoft.Office.Server.WebControls.DocumentSetPropertiesWebPart</TypeName>
            <Title>Document Set Properties</Title>
            <FrameType>Default</FrameType>
            <Description>Zeigt die Eigenschaften der Dokumentenmappe an.</Description>
            <IsIncluded>true</IsIncluded>
        </WebPart>
      ]]>
    </AllUsersWebPart>
    <AllUsersWebPart WebPartZoneID="WebPartZone_CenterMain" WebPartOrder="2">
      <![CDATA[
        <WebPart xmlns:xsi="http://www.w3.org/2001/XMLSchema-instance"
          xmlns:xsd="http://www.w3.org/2001/XMLSchema"
          xmlns="http://schemas.microsoft.com/WebPart/v2">
            <Assembly>Microsoft.Office.DocumentManagement, Version=14.0.0.0,
              Culture=neutral, PublicKeyToken=71e9bce111e9429c</Assembly>
<TypeName>Microsoft.Office.Server.WebControls.DocumentSetContentsWebPart</TypeName>
            <Title>Document Set Contents</Title>
            <FrameType>Default</FrameType>
            <Description>Zeigt den Inhalt der Dokumentenmappe an.</Description>
            <IsIncluded>true</IsIncluded>
        </WebPart>
      ]]>
    </AllUsersWebPart>
  </File>
 </Module>
</Elements>
```

Die Begrüßungsseite ist eine Webpartseite, und das *Module*-Element konfiguriert die Webparts auf dieser Seite mit untergeordneten *AllUsersWebPart*-Elementen. Der Einfachheit halber wurde die Begrüßungsseite in diesem Beispiel nach dem Vorbild der Standardbegrüßungsseite definiert. Allerdings können Sie mit denselben Tools und Methoden auch Begrüßungsseiten erstellen, die ganz anders aufgebaut sind. Abbildung 13.2 zeigt eine Begrüßungsseite, die mit Listing 13.1 erstellt wurde.

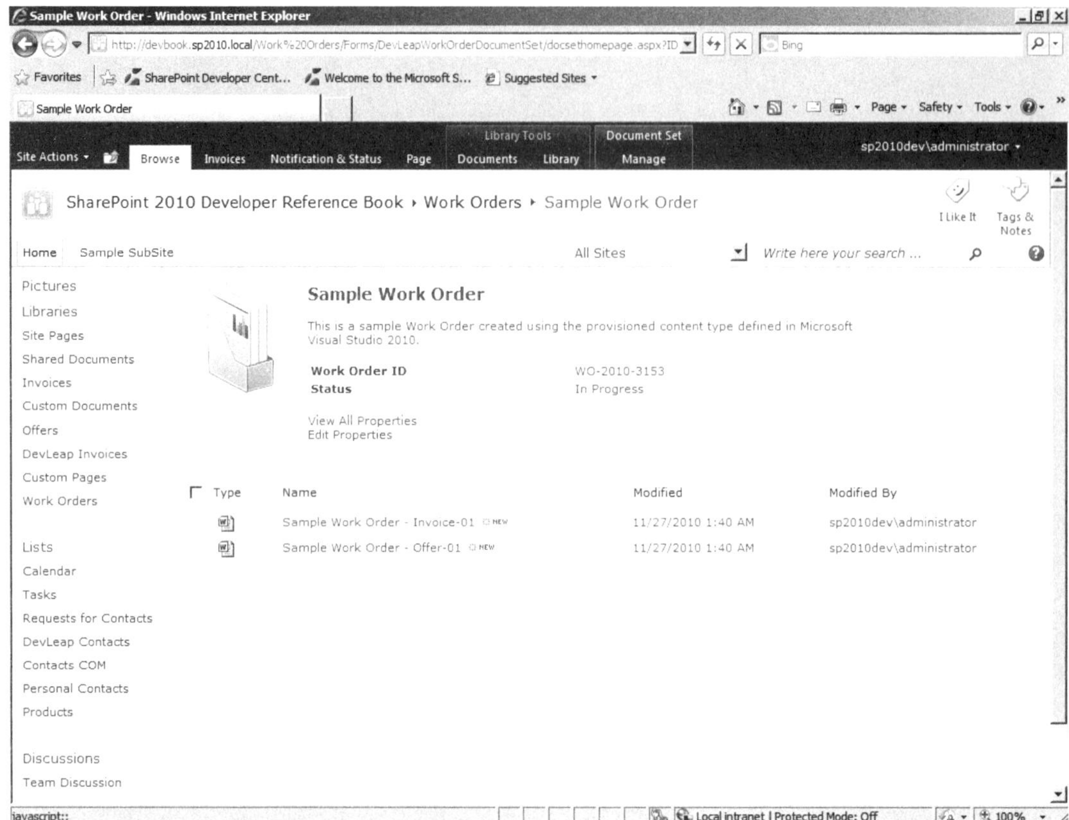

Abbildung 13.2 Diese Begrüßungsseite einer benutzerdefinierten Dokumentenmappe wurde mit Visual Studio definiert und erstellt

Bearbeiten von Dokumentenmappen mit Programmcode

Dokumentenmappen können auch mit Programmcode erstellt und verwaltet werden. Wenn Sie zum Beispiel eine Bibliothek verwalten möchten, die Dokumentenmappen enthält, können Sie einen Verweis auf jeden Ordner (Dokumentenmappe) der Bibliothek abrufen und mit der Klasse *DocumentSet* verwenden, die im Namespace *Microsoft.Office.DocumentManagement.DocumentSets* definiert ist und im Serverobjektmodell eine Dokumentenmappe darstellt. Tabelle 13.2 beschreibt die wichtigsten Member der Klasse *DocumentSet*.

Tabelle 13.2 Die wichtigsten Member der Klasse *DocumentSet*

Membername	Beschreibung
Create	Erstellt in einem vorhandenen Ordner (*SPFolder*) eine *DocumentSet*-Instanz.
Export	Exportiert das aktuelle *DocumentSet* in eine (ZIP-komprimierte) Paketdatei.
GetDocumentSet	Eine statische Methode, die von einem *SPFolder*-Objekt ein *DocumentSet*-Objekt abruft.
Import	Eine statische Methode, die ein *DocumentSet* aus einem Paket importiert, das zuvor mit der Methode *Export* exportiert wurde.
Provision	Stellt eine *DocumentSet*-Instanz bereit und fügt die Standarddokumente zur Dokumentenmappe hinzu.
SendToOfficialFile	Sendet eine *DocumentSet*-Instanz an ein Dokumentenarchiv. Das ist in Großunternehmen von Nutzen.

Sie können diese Klasse in Ihrem eigenen Code verwenden. Listing 13.3 zeigt ein Beispiel, mit dem Sie den gesamten Inhalt einer Dokumentenmappe als komprimierte ZIP-Datei exportieren können.

Listing 13.3 Exportieren einer Dokumentenmappe in eine ZIP-Datei

```
using (SPSite site = new SPSite("http://devbook.sp2010.local/")) {
    using (SPWeb web = site.OpenWeb()) {
        SPList library = web.Lists["Work Orders"];

        // Suche nach Elementen des Typs DocumentSet.
        foreach (SPListItem item in library.Items) {
            // Falls die ContentTypeId des Elements von einem DocumentSet
            // abgeleitet wird ...
            if (DocumentSetTemplate.Id.IsParentOf(item.ContentTypeId)) {
                // Rufe einen Verweis auf eine DocumentSet-Instanz ab.
                DocumentSet ds = DocumentSet.GetDocumentSet(item.Folder);
                // Exportiere das Element als ZIP-Datei.
                Byte[] package = ds.Export();

                using (FileStream fs = new FileStream(ds.Item.Title + ".zip",
                  FileMode.CreateNew, FileAccess.Write, FileShare.None)) {
                    using(BinaryWriter bw = new BinaryWriter(fs)) {
                        bw.Write(package);
                        bw.Flush();
                    }
                }
            }
        }
    }
}
```

Im Namespace *Microsoft.Office.DocumentManagement.DocumentSets* gibt es auch einige andere Klassen zur Verwaltung von Dokumentenmappenvorlagen, zulässigen Inhaltstypen, Standarddokumentsammlungen, gemeinsam verwendeten Feldern, Feldern von Begrüßungsseiten und zur Versionsverwaltung von Dokumentenmappen. Wie üblich können im Programmcode praktisch dieselben Bereitstellungen wie im Webbrowser oder per XML erfolgen.

Dokument-ID

Ein weiteres neues Feature von SharePoint 2010 ist die Dokument-ID. Dabei handelt es sich um einen ID-Generator auf Anbieterbasis, der für die in Bibliotheken enthaltenen Dokumente eindeutige Kennungen generiert, damit die Dokumente unabhängig von ihrem aktuellen Speicherort abgerufen werden können. In älteren SharePoint-Versionen zog der Zugriff auf Inhalte mit einer eindeutigen URL Probleme nach sich, weil sich die URL eines Elements auf ihre Containerbibliothek bezieht. Verschiebt man ein Dokument von einem Ordner in einen anderen, ändert sich die URL und alle bisher erstellten Verweise auf das Dokument werden ungültig. Dank der Dokument-ID können Sie nun Dokumente nach Belieben verschieben. Solange die Dokumente in derselben Websitesammlung verbleiben, behalten sie eine eindeutige URL, die *statische URL* genannt wird und den Browser auf die aktuelle URL des Dokuments umleitet.

Dahinter steht der *Dokument-ID-Dienst*, der auf der Ebene der Websitesammlung verfügbar ist und vor seiner Verwendung aktiviert werden muss. Dadurch werden die Dokumentinhaltstypen um einige Infrastrukturspalten und um ein statisches URL-Feld für jedes Dokument erweitert. Beachten Sie, dass der Dokument-ID-Dienst nur für Dokumente verfügbar ist. Für andere Arten von Listenelementen generiert er keine IDs.

Für das Dokument-ID-Feature gibt es auch eine Verwaltungsseite, die auf der Seite *Websiteeinstellungen* in der Gruppe *Websitesammlungsverwaltung* zugänglich ist (Abbildung 13.3).

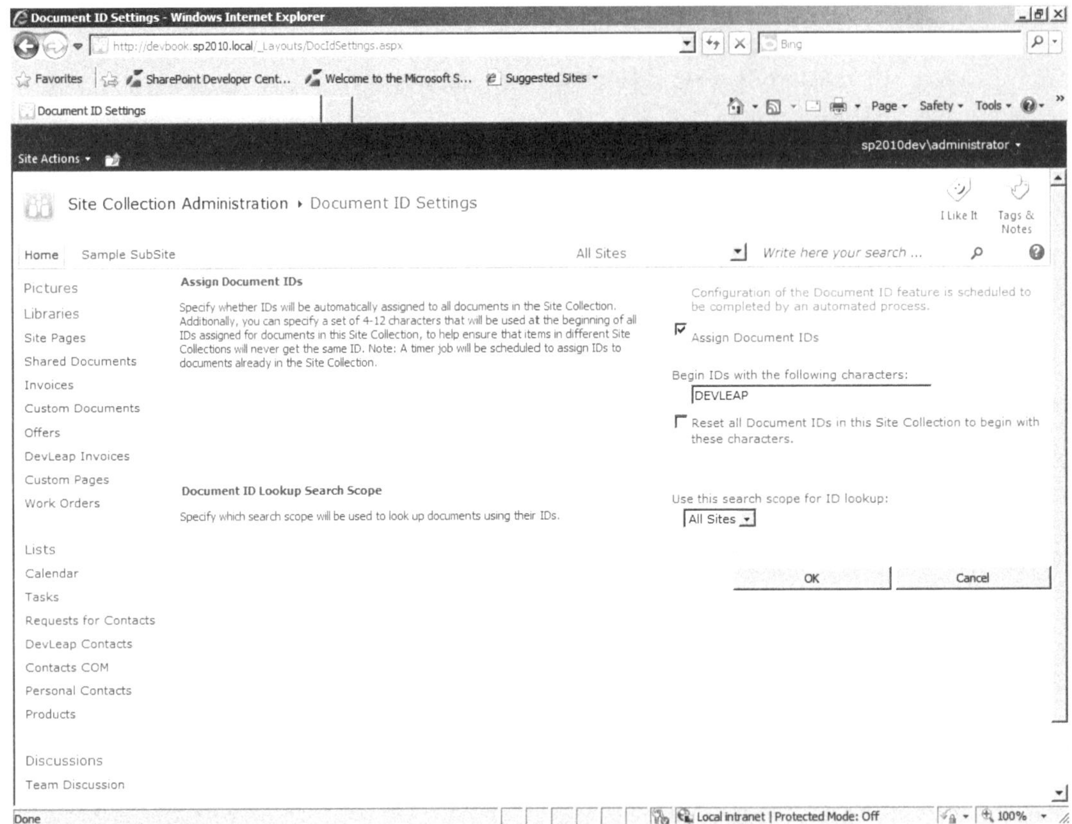

Abbildung 13.3 Die Verwaltungsseite des Dokument-ID-Features

Sie können die Verwaltungsseite verwenden, um ein Präfix festzulegen, das für jede generierte Dokument-ID verwendet wird, und um bereits zugewiesene IDs zurückzusetzen, damit auch für diese Elemente eine ID mit dem festgelegten Präfix verwendet wird.

Beachten Sie in Abbildung 13.3 den Hinweis oben auf der Seite. Er lautet: »Die Konfiguration des Features 'Dokument-ID' wird durch einen automatisierten Vorgang abgeschlossen«. Das Dokument-ID-Modul verwendet für seine Arbeit einen Zeitgeber. Standardmäßig führt der Zeitgeber seine Aufträge einmal täglich durch. Es gibt einen Auftrag mit dem Titel *Auftrag zum Aktivieren/Deaktivieren der Dokument-ID*, der täglich um 21 Uhr 30 ausgeführt wird und im Falle einer Konfigurationsänderung die Änderungen an den Inhaltstypen an alle Websites weiterleitet. Außerdem gibt es noch einen anderen Auftrag mit dem Titel *Auftrag zum Zuweisen der Dokument-ID*, der allen Elementen aus der Websitesammlung

Dokument-IDs zuweist. Wenn Sie die Aktivierung des Dokument-ID-Features beschleunigen möchten, können Sie diese Aufträge in der SharePoint 2010-Zentraladministration manuell starten.

Wenn Sie das Feature aktivieren, werden die Inhaltstypen *Dokument* und *Dokumentenmappe* um einige neue Websitespalten für folgende Felder erweitert: *DocID*, *Static URL* und *PersistID*. Die Websitespalte *DocID* speichert die eindeutige ID für das aktuelle Dokument. Die Spalte *Static URL* speichert die eindeutige URL für den speicherortunabhängigen Zugriff auf das Element. Bei *PersistID* handelt es sich um eine verborgene Spalte, die festlegt, ob der aktuelle *DocID*-Wert neu generiert werden muss, wenn das aktuelle Dokument an einen anderen Speicherort verschoben wird.

HINWEIS Wenn Sie das Dokument-ID-Feature in einer Websitesammlung wieder deaktivieren, behalten die Dokumente die zusätzlichen Spalten, die von der Infrastruktur des Dokument-ID-Features verwendet werden. Allerdings lässt sich die statische URL nicht mehr verwenden. Versucht jemand, mit der statischen URL auf ein Dokument zuzugreifen, führt dies zu einer Fehlermeldung.

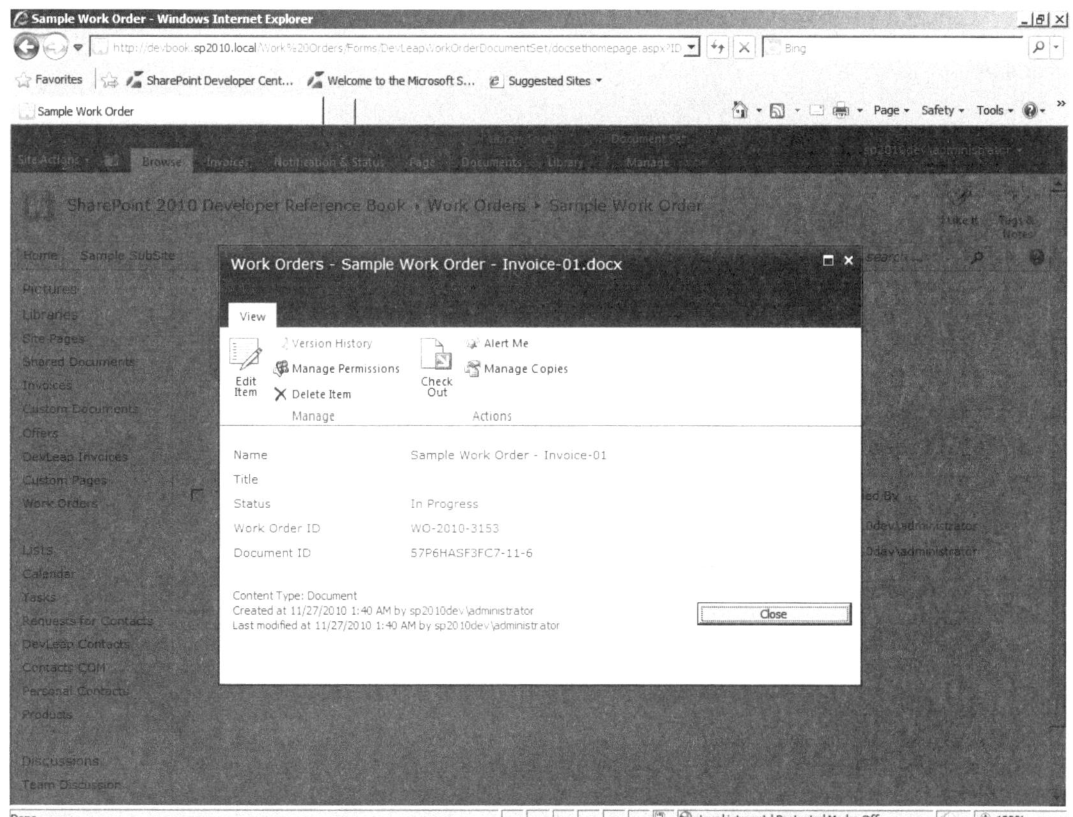

Abbildung 13.4 Die Eigenschaften eines Dokuments, dem eine Dokument-ID zugewiesen wurde

Wenn Sie in einer Websitesammlung mit aktiviertem Dokument-ID-Feature ein neues Dokument erstellen oder hochladen, vergibt das Dokument-ID-Modul in einem synchronen Ereignisempfänger (dem Ereignis *ItemAdded*) eine eindeutige ID an das Dokument. Falls Sie das Dokument innerhalb derselben Websitesammlung in eine andere Bibliothek verschieben, ändert sich die ID nicht. Wenn Sie ein Dokument kopieren, erhält die Kopie eine eigene ID. Abbildung 13.4 zeigt die Eigenschaften eines Dokuments, dem eine Dokument-ID zugewiesen wurde.

WEITERE INFORMATIONEN In Kapitel 12, »Ereignisempfänger«, erfahren Sie mehr über Ereignisempfänger.

In Abbildung 13.4 wird das Dokument-ID-Feld als Hyperlink dargestellt. Wenn Sie es anklicken, wird der Browser auf folgende URL umgeleitet:

```
http://<Ihre Website-URL>/_layouts/DocIdRedir.aspx?ID=<Dokument-ID-Wert>
```

Die Seite *DocIdRedir.aspx* ermittelt anhand der angegebenen ID den aktuellen Speicherort der Datei, sofern die ID tatsächlich eine Datei bezeichnet, und leitet den Browser dann auf die entsprechende URL um. Beim Abruf eines Dokuments anhand seiner Dokument-ID sucht SharePoint standardmäßig zuerst mit der Suchmaschine nach einem Dokument mit dem Dokument-ID-Wert. Findet es kein passendes Dokument, ruft es eine interne Suchfunktion des aktuellen Dokument-ID-Anbieters auf. Sie können die ID auch verwenden, um Dokumente mit den Methoden *FindUrlById* und *FindUrlsById* der Klasse *DocumentId* abzurufen, die im Namespace *Microsoft.Office.DocumentManagement* des Server-Objektmodells verfügbar sind.

Benutzerdefinierte Dokument-ID-Anbieter

Das Dokument-ID-Modul basiert auf einem Anbietermodell. Sie können Ihre eigenen Anbieter (providers) erstellen, indem Sie von der abstrakten Basisklasse *DocumentIdProvider* aus dem Namespace *Microsoft.Office.DocumentManagement* eine Klasse ableiten. Listing 13.4 zeigt die Definition der abstrakten Basisklasse *DocumentIdProvider*.

Listing 13.4 Die Definition der abstrakten Basisklasse *DocumentIdProvider*

```
namespace Microsoft.Office.DocumentManagement {

    public abstract class DocumentIdProvider {

        protected DocumentIdProvider();

        public abstract bool DoCustomSearchBeforeDefaultSearch { get; }

        public abstract string GenerateDocumentId(SPListItem listItem);

        public abstract string[] GetDocumentUrlsById(SPSite site, string documentId);

        public abstract string GetSampleDocumentIdText(SPSite site);
    }
}
```

Die abstrakten Methoden und Eigenschaften sind:

- ***DoCustomSearchBeforeDefaultSearch*** Legt fest, ob die Suche des Dokument-ID-Moduls zuerst mit der Suchmaschine oder zuerst im Anbieter erfolgt. Standardmäßig wird zuerst mit der Suchmaschine gesucht.
- ***GenerateDocumentId*** Erstellt eine eindeutige Dokument-ID für das angegebene *SPListItem*-Objekt.

- ***GetDocumentUrlsById*** Implementiert eine benutzerdefinierte Suchmethode und gibt ein Array mit URLs zurück, die auf Dokumente mit dem angegebenen Dokument-ID-Wert verweisen.
- ***GetSampleDocumentIdText*** Generiert zu Dokumentationszwecken eine Beispiel-Dokument-ID. Der zurückgegebene Wert wird zum Beispiel anfänglich im Dokument-ID-Suchwebpart angezeigt.

Listing 13.5 zeigt die Implementierung eines benutzerdefinierten Dokument-ID-Anbieters.

Listing 13.5 Ein Beispiel für einen benutzerdefinierten Dokument-ID-Anbieter

```
using System;
using System.Collections.Generic;
using System.Linq;
using System.Text;
using Microsoft.Office.DocumentManagement;
using Microsoft.SharePoint;

namespace DevLeap.SP2010.SampleDocumentIDProvider {
    public class GuidDocumentIdProvider : DocumentIdProvider {
        public override bool DoCustomSearchBeforeDefaultSearch {
            get { return(false); }
        }

        public override string GenerateDocumentId(
          Microsoft.SharePoint.SPListItem listItem) {
            return(String.Format("ID{0}", Guid.NewGuid().ToString("N")));
        }
        public override string[] GetDocumentUrlsById(
          Microsoft.SharePoint.SPSite site, string documentId) {
            List<String> urls = new List<string>();

            foreach (SPWeb web in site.AllWebs) {
                using (web) {
                    foreach (SPList list in web.Lists) {
                        SPDocumentLibrary library = list as SPDocumentLibrary;
                        if (library != null) {
                          foreach (SPListItem item in list.Items) {
                              try {
                                  if ((String)item["Document ID"] == documentId) {
                                      urls.Add(String.Format("{0}/{1}", web.Url, item.Url));
                                  }
                              }
                              catch (ArgumentException) {
                                  // Ungültige Felder
                              }
                          }
                        }
                    }
                }
            }
            return (urls.ToArray());
        }
```

```
        public override string GetSampleDocumentIdText(
          Microsoft.SharePoint.SPSite site) {
            return (String.Format("ID{0}", Guid.NewGuid().ToString("N")));
        }
    }
}
```

Beachten Sie, dass die Methode *GetDocumentUrlsById* sehr ineffizient ist, weil sie alle Dokumente aus allen Bibliotheken der gesamten Websitesammlung untersucht. Als kurzes Beispiel ist sie allerdings sehr nützlich. Um eine Klasse wie in Listing 13.5 zu implementieren, müssen Sie ein Klassenbibliotheksprojekt erstellen, das für .NET Framework 3.5 mit *x64* oder *Any CPU* vorgesehen ist, und der Klassenbibliothek einen starken Namen geben, damit sie im GAC (Global Assembly Cache) bereitgestellt werden kann. Außerdem müssen Sie einen Verweis auf die Assembly *Microsoft.Office.DocumentManagement* angeben.

WICHTIG Ein benutzerdefinierter Dokument-ID-Anbieter sollte eindeutige Dokument-ID-Werte liefern, die auch für Menschen lesbar und verständlich sind, denn ein Benutzer sollte in der Lage sein, diese Werte in der Adressleiste des Webbrowsers einzugeben.

Nach der Implementierung eines benutzerdefinierten Dokument-ID-Anbieters müssen Sie ihn registrieren, damit er als Standardanbieter verwendet wird. Das folgende Beispiel zeigt die Syntax für die Registrierung eines benutzerdefinierten Dokument-ID-Anbieters unter Verwendung von Windows PowerShell:

```
$site = Get-SPSite http://<Ihre Website-URL>/
[System.Reflection.Assembly]::LoadWithPartialName("Microsoft.Office.DocumentManagement")
$assembly = [System.Reflection.Assembly]::Load("DevLeap.SP2010.SampleDocumentIDProvider, Version=1.0.0.0,
Culture=neutral, PublicKeyToken=ceede85c5f9eff7e");
$type = $assembly.GetType("DevLeap.SP2010.SampleDocumentIDProvider.GuidDocumentIdProvider");
$provider =  [System.Activator]::CreateInstance($type);
[Microsoft.Office.DocumentManagement.DocumentId]::SetProvider($site, $provider);
```

Sie müssen die Assembly und den Typ laden, der Ihren benutzerdefinierten Dokument-ID-Anbieter repräsentiert. Anschließend erstellen Sie eine Instanz des Anbieters und übergeben sie an die Methode *DocumentId.SetProvider*, wobei die Klasse *DocumentId* im Namespace *Microsoft.Office.DocumentManagement* definiert wird. Als Alternative bietet es sich an, die Assembly mit einem WSP-Paket im GAC bereitzustellen und den Anbieter in einem Featureempfänger zu konfigurieren.

WICHTIG Der Standarddokument-ID-Anbieter von SharePoint wurde in der Klasse *Microsoft.Office.DocumentManagement.Internal.OobProvider* implementiert. Wenn Sie Ihre Websitesammlung wieder auf den Standardanbieter umstellen möchten, können Sie die Methode *DocumentId.SetDefaultProvider* aufrufen. Der Aufruf kann in einem Windows PowerShell-Skript oder in Programmcode erfolgen.

Dateikonvertierungsdienste

Seit Microsoft Office SharePoint Server 2007 gibt es in SharePoint Dokumentkonvertierungsdienste, die Entwickler und Websitebauer bei automatischen Dateikonvertierungen unterstützen. Sie können zum Beispiel eine DOC- oder DOCX-Datei von Word in einer Dokumentbibliothek bereitstellen und mit einem Dokumentkonverter eine HTML-Seite für die Veröffentlichung im Web generieren. Vielleicht verwenden Sie externe Software, die eine XML-Datei mit einer Liste der Produkte Ihrer Firma erstellt. Dann können Sie einen Dokumentkonverter verwenden, um diesen XML-Code mit benutzerdefiniertem XSLT in eine veröffentlichte HTML-Seite umzuformen. Die Liste der Beispiele kann sehr lang werden, da sich das Dokumentkonvertierungsmodul von SharePoint erweitern lässt. Sie können Ihre eigenen Dokumentkonverter entwickeln, in der Farm bereitstellen und zur Konvertierung von Dokumenten verwenden.

HINWEIS Die Implementierung eines benutzerdefinierten Dokumentkonverters ist keine alltägliche Aufgabe und geht über den Rahmen dieses Buchs hinaus. Wenn Sie sich für die Entwicklung von Dokumentkonvertern interessieren, finden Sie im Dokument »Dokumentkonverterframework (Beispiel)« auf MSDN Online unter *http://msdn.microsoft.com/de-de/library/bb897921.aspx* weitere Informationen. Wenn Sie sich nur einen Überblick über das Dokumentkonvertierungsmodul verschaffen möchten, finden Sie im Dokument »Übersicht über Dokumentkonverterdienste« auf MSDN Online unter *http://msdn.microsoft.com/de-de/library/aa979484.aspx* weitere Informationen.

Für die Verwaltung und Konvertierung von Microsoft Word-Dokumenten wurde in SharePoint 2010 ein neues Modul namens Word Automation Services eingeführt, das Thema des folgenden Abschnitts ist.

Word Automation Services

Die Word Automation Services können für die Verwaltung und Automatisierung von unbeaufsichtigten serverseitigen Konvertierungen verwendet werden. Der Dienst kann mit allen wichtigen Dateiformaten arbeiten, die von Microsoft Word unterstützt werden, und Dokumente in jedem von Word unterstützten Ausgabeformat ausgeben. Sie können die Word Automation Services zum Beispiel verwenden, um ein *.doc*- oder *.docx*-Dokument in eine *.xps*- oder *.pdf*-Datei zu konvertieren. Die folgende Liste zeigt die unterstützten Eingabeformate:

- Open XML File Format-Dokumente (*.docx*, *.docm*, *.dotx*, *.dotm*)
- Word 97- bis -2003-Dokumente (*.doc*, *.dot*)
- Rich Text Format-Dateien (*.rtf*)
- Webseiten (*.htm*, *.html*, *.mht*, *.mhtml*)
- Word 2003 XML-Dokumente (*.xml*)

Die unterstützten Ausgabeformate sind:

- Open XML File Format-Dokumente (*.docx*, *.docm*, *.dotx*, *.dotm*)
- Word 97- bis -2003-Dokumente (*.doc*, *.dot*)
- Rich Text Format-Dateien (*.rtf*)
- Webseiten (*.htm*, *.html*, *.mht*, *.mhtml*)
- Word 2003 XML-Dokumente (*.xml*)
- Portable Document Format (*.pdf*)
- Open XML Paper Specification (*.xps*)

Der Dienst kann auf einem oder mehreren SharePoint-Servern einer Farm installiert werden und lässt sich in der SharePoint-Zentraladministration konfigurieren. Abbildung 13.5 zeigt die Konfigurationsseite des Dienstes.

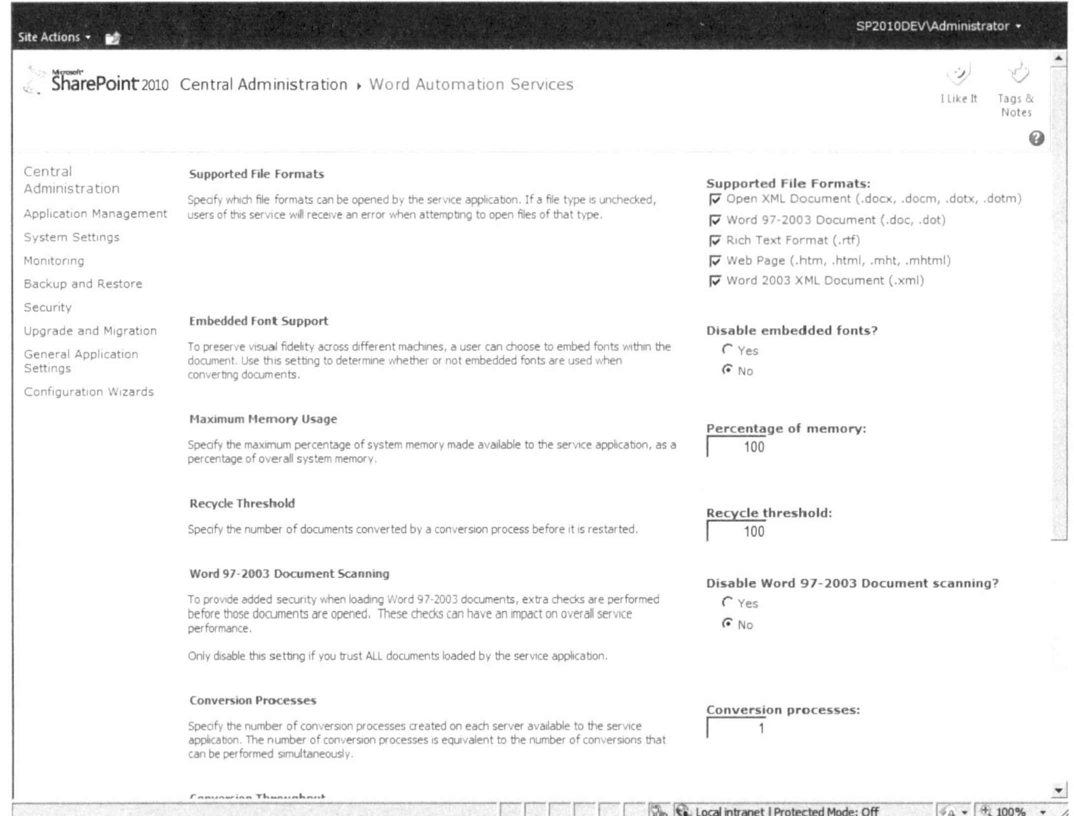

Abbildung 13.5 Die Konfigurationsseite für die Word Automation Services in der SharePoint-Zentraladministration

Auf der Konfigurationsseite können Sie folgende Parameter festlegen:

- **Unterstützte Dateiformate** Legt fest, welche Dateiformate konvertiert werden können.
- **Unterstützung für eingebettete Schriftarten** Damit die Wiedergabetreue auf verschiedenen Computern erhalten bleibt, können Schriftarten bei der Konvertierung in Dokumente eingebettet werden.
- **Maximale Arbeitsspeicherauslastung** Legt fest, wie viel Prozent des Arbeitsspeichers für Konvertierungen zur Verfügung stehen.
- **Schwellenwert für die Wiederverwendung** Gibt an, wie viele Dokumente von einem Konvertierungsprozess konvertiert werden können, bevor er neu gestartet wird.
- **Prüfung von Word 97-2003-Dokumenten** Deaktiviert die zusätzlichen Überprüfungen, die beim Öffnen von Word 97- bis -2003-Dokumenten durchgeführt werden.
- **Konvertierungsprozesse** Gibt die Zahl der Prozesse an, die auf einem einzelnen Server aus der Farm gleichzeitig für Konvertierungen verfügbar sind. Geben Sie hier keinen Wert an, der größer ist als die Anzahl der Prozessoren minus eins des kleinsten Servers aus der Farm, auf dem Konvertierungen durchgeführt werden. Wenn der kleinste Server, auf dem die Word Automation Services

ausgeführt werden, beispielsweise über vier Prozessoren verfügt, geben Sie für diesen Parameter den Wert 3 an.

- **Konvertierungsdurchsatz** Gibt an, wie viele Konvertierungen in jeder Konvertierungsgruppe gestartet werden und mit welcher Häufigkeit Konvertierungsgruppen gestartet werden.
- **Auftragsüberwachung** Legt den Zeitraum fest, nach dem Konvertierungen überwacht und gegebenenfalls neu gestartet werden.
- **Maximale Anzahl von Konvertierungsversuchen** Legt die maximale Anzahl von Wiederholungen fest, nach denen eine fehlgeschlagene Konvertierung endgültig als Fehlschlag eingestuft wird.

Der interessante Aspekt an den Word Automation Services ist, dass der Dienst nur durch Programmcode zugänglich ist. Er wird über ein Serverobjektmodell verfügbar gemacht, das Sie in Ihrem eigenen Code verwenden können. Ein Benutzer kann den Dienst aber nicht direkt verwenden, solange Sie ihn nicht in benutzerdefinierten Menübändern, Seiten, Webparts und so weiter mit dem entsprechenden Code versorgen.

Listing 13.6 konvertiert mit dem Serverobjektmodell der Word Automation Services ein Dokument von *.doc* nach *.xps*. Die Konvertierung erfolgt mit der Identität des aktuellen Benutzers.

Listing 13.6 Ein Dokument wird mit den Word Automation Services von *.doc* nach *.xps* konvertiert

```
String siteUrl = "http://devbook.sp2010.local/";
String wordAutomationServiceName = "Word Automation Services";

using (SPSite site = new SPSite(siteUrl)) {
    using (SPWeb web = site.OpenWeb()) {
        // "Freigegebene%20Dokumente/Quelle.doc"
        SPFile sourceFile = web.GetFile("Shared%20Documents/Source.doc");

        ConversionJob job = new ConversionJob(wordAutomationServiceName);
        job.UserToken = site.UserToken;
        job.Settings.UpdateFields = true;
        job.Settings.OutputFormat = SaveFormat.XPS;

        String sourceUrl = web.Url + "/" + sourceFile.Url;
        String destinationUrl = web.Url + "/" +
          sourceFile.Url.Replace(".doc", ".xps");

        job.AddFile(sourceUrl, destinationUrl);
        job.Start();
    }
}
```

Listing 13.6 ruft mit der Methode *GetFile* der Klasse *SPWeb* einen Verweis auf das Quelldokument ab. Dann erstellt es eine neue Instanz der Klasse *ConversionJob*, die von den Word Automation Services bereitgestellt wird und in der Assembly *Microsoft.Office.Word.Server* verfügbar ist. Um einen Verweis auf diese Assembly zu einem Visual Studio 2010-Projekt hinzuzufügen, wählen Sie im Fenster *Verweis hinzufügen* den Eintrag *Microsoft Office 2010 Component* (Abbildung 13.6).

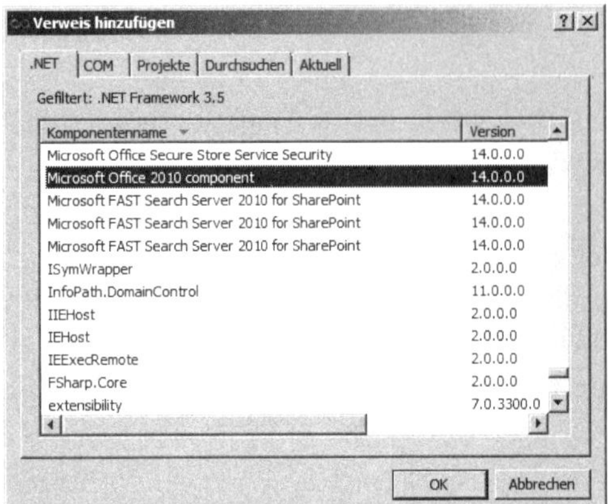

Abbildung 13.6 Das Fenster *Verweis hinzufügen* von Visual Studio mit ausgewählter Word Automation Services-Assembly

HINWEIS Wie bei allen anderen .NET-Anwendungen, die mit dem Serverobjektmodell von SharePoint 2010 arbeiten, müssen Sie auch für die Verwendung der Word Automation Services ein Visual Studio 2010-Projekt für .NET 3.5 und *x64* oder *Any CPU* erstellen.

Die Klasse *ConversionJob* definiert ein Konvertierungsauftragselement, das sich konfigurieren und dann mit einem Zeitgeber ausführen lässt. Tabelle 13.3 beschreibt die Member der Klasse *ConversionJob*.

Tabelle 13.3 Die wichtigsten Member der Klasse *ConversionJob*

Membername	Beschreibung
AddFile	Fügt eine Datei zum Konvertierungsauftrag hinzu und legt den Namen der Ausgabedatei fest.
AddFolder	Fügt alle Dateien aus einem Eingabeordner (*SPFolder*) zum Konvertierungsauftrag hinzu, gegebenenfalls rekursiv, und legt den Namen des Ausgabeordners (*SPFolder*) fest.
AddLibrary	Fügt alle Dateien aus einer Dokumentbibliothek (*SPList*) zum Konvertierungsauftrag hinzu und legt den Namen der Ausgabe-Dokumentbibliothek (*SPList*) fest.
Cancel	Bricht den aktuellen Konvertierungsauftrag ab.
CancelJob	Statische Methode zum Abbruch eines Konvertierungsauftrags anhand seiner *JobId*.
Start	Startet einen Konvertierungsauftrag.
Canceled	Schreibgeschützte Eigenschaft, die angibt, ob der aktuelle Konvertierungsauftrag abgebrochen wurde.
JobId	Schreibgeschützte Eigenschaft mit der eindeutigen Kennung des aktuellen Konvertierungsauftrags.
Name	Legt einen Anzeigenamen für den Konvertierungsauftrag fest oder gibt ihn an.
Settings	Gibt mit einem komplexen Typ namens *ConversionJobSettings* die Einstellungen für den Konvertierungsauftrag an. Mit dieser Eigenschaft lassen sich viele Einstellungen vornehmen. Die interessantesten sind: ■ Wird das konvertierte Dokument mit einer Miniaturansicht abgespeichert? ■ Der Kompatibilitätsmodus (Word 2003, Word 2007, Word 2010) für ein ausgegebenes Open XML-Dokument ■ Die Sprache, mit der die Word Automation Service sprachabhängige Mehrdeutigkeiten auflösen ■ Werden Systemschriftarten in die Ausgabedatei eingebettet? ■ Werden Schriftarten in die Ausgabedatei eingebettet? ■ Das Ausgabeformat für die konvertierte Datei ▶

Membername	Beschreibung
	■ Das Verhalten bei der Speicherung der konvertierten Datei (anhängen, überschreiben und so weiter) ■ Wie werden Überarbeitungen im Ausgabedokument angezeigt (endgültige Version, endgültige Version mit Kennzeichnungen, Original, Original mit Kennzeichnungen)? ■ Werden Felder im Dokument aktualisiert oder nicht?
Started	Eine schreibgeschützte Eigenschaft, die angibt, ob der aktuelle Konvertierungsauftrag gestartet wurde.
UserToken	Gibt die Identität des Benutzers (*SPUserToken*) an, mit der die Konvertierung erfolgt, oder legt sie fest.

Ein weiterer nützlicher Typ aus der Word Automation Services-Bibliothek ist die Klasse *ConversionJobStatus*, mit der Sie die Ausführung eines Konvertierungsauftrags überwachen können. Sie enthält einige statische Methoden, mit denen sich die Zustände der laufenden Aufträge überprüfen lassen. Sie können auch den Konstruktor dieser Klasse mit einer *JobId* aufrufen, um einen bestimmten Konvertierungsauftrag zu überwachen. Listing 13.7 zeigt, wie sich der Status eines bestimmten Konvertierungsauftrags überwachen lässt.

Listing 13.7 So überwachen Sie den Status eines Konvertierungsauftrags

```
static void MonitorJob(Guid jobId) {
    ConversionJobStatus job = new ConversionJobStatus(
        "Word Automation Services", // Name der Dienstinstanz
        jobId, // Die JobId des zu überwachenden Auftrags
        null); // Guid des Abonnements, falls es mehrere Server gibt

    Console.WriteLine("Job name: {0}", job.Name);
    Console.WriteLine("Total job activities:\t\t{0}", job.Count);
    Console.WriteLine("Job activities succeeded:\t\t{0}", job.Succeeded);
    Console.WriteLine("Job activities failed:\t\t{0}", job.Failed);
    Console.WriteLine("Job activities in progress:\t\t{0}", job.InProgress);
    Console.WriteLine("Job activities canceled:\t\t{0}", job.Canceled);
    Console.WriteLine("Job activities not started:\t\t{0}", job.NotStarted);
}
```

Mit der Klasse *ConversionJobStatus* können Sie eine benutzerdefinierte Seite erstellen, auf der die Zustände aller laufenden Konvertierungsaufträge angezeigt werden.

Zusammenfassung

In diesem Kapitel haben Sie erfahren, wie man größere Dokumentmengen mit Dokumentenmappen verwaltet. Sie haben gelernt, wie man Dokumentenmappen sowie Dokumentenmappen-Inhaltstypen erstellt und die Mappen mit benutzerdefinierten Features und Paketen bereitstellt. Außerdem haben Sie sich mit dem Dokument-ID-Feature vertraut gemacht und gesehen, wie Sie es in Ihren eigenen Lösungen einsetzen und einen eigenen Dokument-ID-Anbieter definieren können. Schließlich haben Sie noch erfahren, wie man auf einem Server mit den Word Automation Services Dokumente konvertieren und die Konvertierungsaufträge mit dem Serverobjektmodell der Word Automation Services überwachen kann.

Kapitel 14

Websitevorlagen

In diesem Kapitel:

In den bisherigen Kapiteln dieses Teils haben Sie gesehen, wie sich SharePoint mit Features auf unterschiedliche Arten erweitern lässt. Um die Voraussetzungen für ein Projekt zu schaffen, reicht es in vielen Fällen aus, wenn Sie Ihre Kunden mit den entsprechenden Featurepaketen versorgen und diese selektiv aktivieren. Allerdings gibt es auch Situationen, in denen es besser ist, anhand einer Vorlage eine vollständige Website zu erstellen. SharePoint bietet von Haus aus eine Reihe von Websitemodellen an, die für die meisten üblichen Szenarien ausreichen. Zu diesen Websitevorlagen zählen: *Leere Website*, *Teamwebsite*, *Dokumentarbeitsbereich*, *Besprechungsarbeitsbereich* und so weiter. In vielen Fällen sind diese Websites aber zu allgemein gehalten. Dann müssen Sie eigene Websitedefinitionen (site definitions) oder Websitevorlagen (site templates) erstellen.

Stellen Sie sich zum Beispiel vor, Sie möchten eine Extranet-Websitesammlung erstellen, die eine Reihe von Websites enthält. Jede dieser Websites stellt das private Extranet eines Kunden dar. Wahrscheinlich haben diese Kundenwebsites viele gemeinsame Inhalte und Features, beispielsweise eine Bibliothek für Bestellungen, eine Bibliothek für Rechnungen, einen Diskussionsbereich und andere Dinge. Es wäre nicht sinnvoll, jede dieser Websites mit einer der integrierten allgemeinen Vorlagen aufzubauen und nachträglich immer wieder dieselben Inhalte mit Features hinzuzufügen. Es ist besser, ein neues Websitemodell zu entwickeln, das die Struktur der Extranet-Website eines Kunden vorgibt, und die gewünschten Websites nach diesem Modell zu erstellen.

SharePoint 2010 bietet für die Definition von Websitemodellen mehrere Wege an. Sie können zum Beispiel eine Websitedefinition erstellen. Damit ist ein Websitemodell gemeint, das auf jedem Frontendserver im Dateisystem gespeichert wird, und zwar im Ordner *<SharePoint14_Root>\TEMPLATE\SiteTemplates*. Sie können auch mit Microsoft Visual Studio 2010 eine Websitevorlage erstellen oder eine bereits vorhandene Website als Vorlage abspeichern, indem Sie auf der Seite *Websiteeinstellungen* in der Gruppe *Websiteaktionen* den Link *Website als Vorlage speichern* wählen. Eine Websitevorlage kann auch aus SharePoint Designer 2010 als WSP-Paket exportiert werden.

HINWEIS In Microsoft Office SharePoint Server 2007 wurde eine Websitevorlage als STP-Datei gespeichert. Dieses Format wird nicht mehr unterstützt.

In diesem Kapitel erfahren Sie, wie Sie diese Websitemodelle mit Visual Studio 2010 erstellen, bereitstellen und verwalten.

Integrierte Websitedefinitionen

Verschaffen Sie sich zuerst einen Überblick darüber, welche Websitedefinitionen von Haus aus in SharePoint 2010 verfügbar sind. Zur Erstellung eines benutzerdefinierten Websitemodells können Sie mit einem der vorhandenen Modelle beginnen und es erweitern. Um mit dem richtigen Modell zu beginnen, müssen Sie wissen, was die vorhandenen Modelle leisten. Wie bereits erwähnt, werden die integrierten Websitedefinitionen auf den Servern im Ordner *<SharePoint14_Root>\TEMPLATE\SiteTemplates* gespeichert. Darin finden Sie für jede Basiswebsitedefinition oder Websitedefinitionsgruppe einen Unterordner. Wenn Sie eine neue Websitesammlung oder in einer vorhandenen Websitesammlung eine neue Website erstellen, zeigt SharePoint eine Liste der verfügbaren Websitevorlagen an, aus denen Sie das Modell auswählen können, das sich für die neue Website eignet. Abbildung 14.1 zeigt das Standarddialogfeld für die Auswahl einer Websitevorlage.

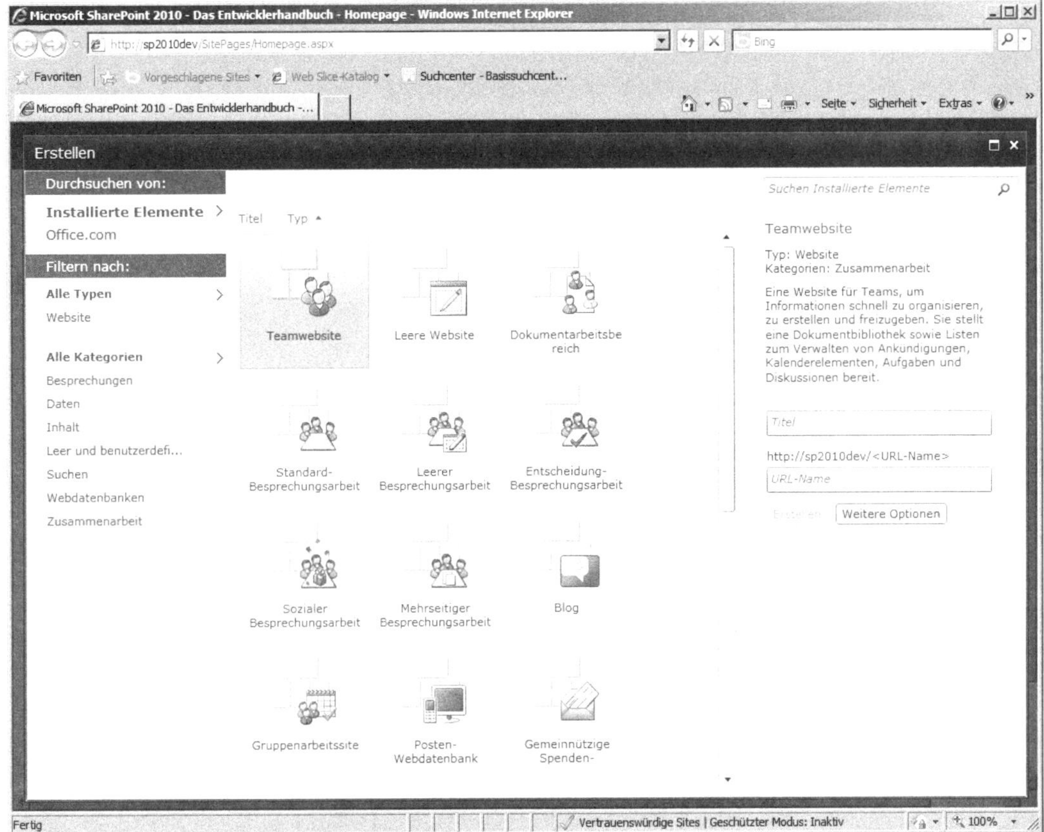

Abbildung 14.1 So präsentiert sich das Standarddialogfeld für die Auswahl einer Websitevorlage, wenn das Silverlight-Plug-In installiert wurde

Um die Liste der verfügbaren Modelle zu erstellen, liest SharePoint hinter der Bühne alle Dateien mit Namen wie *Webtemp*.xml* aus dem Ordner *<SharePoint14_Root>\TEMPLATE\<IdCulture>\XML* ein, wobei *<IdCulture>* die für das Websitedialogfenster aktuell gewählte Sprache angibt. 1033 steht beispielsweise für Englisch, 1040 für Italienisch und so weiter. Die *Webtemp*.xml*-Dateien beschreiben ein oder mehrere Websitemodelle mit Namen, Konfiguration und Ordner. Listing 14.1 zeigt einen Auszug der wichtigsten Standarddatei *Webtemp.xml* für die deutsche Version von SharePoint.

Listing 14.1 Auszug aus der Standarddatei *Webtemp.xml* für die deutsche Version von SharePoint

```
<?xml version="1.0" encoding="utf-8"?>
<!-- _lcid="1031" _version="14.0.4762" _dal="1" -->
<!-- _LocalBinding -->
<Templates xmlns:ows="Microsoft SharePoint">
 <Template Name="GLOBAL" SetupPath="global" ID="0">
    <Configuration ID="0" Title="Globale Vorlage" Hidden="TRUE" ImageUrl="" Description="Diese Vorlage
wird zum Initialisieren einer neuen Website verwendet." >   </Configuration>
 </Template>
 <Template Name="STS" ID="1">
    <Configuration ID="0" Title="Teamwebsite" Hidden="FALSE" ImageUrl="/_layouts/images/stts.png"
```

```
Description="Eine Website für Teams, um Informationen schnell zu organisieren, zu erstellen und
freizugeben. Sie stellt eine Dokumentbibliothek sowie Listen zum Verwalten von Ankündigungen,
Kalenderelementen, Aufgaben und Diskussionen bereit." DisplayCategory="Zusammenarbeit" >   </
Configuration>
    <Configuration ID="1" Title="Leere Website" Hidden="FALSE" ImageUrl="/_layouts/images/stbs.png"
Description="Eine leere Website, die Sie an Ihre Anforderungen anpassen können."
DisplayCategory="Zusammenarbeit" AllowGlobalFeatureAssociations="False" >   </Configuration>

    <!-- Codeteile weggelassen ... -->
  </Template>

  <!-- Codeteile weggelassen ... -->
</Templates>
```

Die Datei enthält eine Liste mit *Template*-Elementen, die jeweils mit einem *Name*-Attribut und gegebenenfalls mit einem optionalen *SetupPath*-Attribut versehen sind. Jedes *Template*-Element ist das übergeordnete Element von einem oder mehreren *Configuration*-Elementen, die benutzerdefinierte Konfigurationen für die betreffenden Vorlagen angeben. Die *STS*-Vorlage ist zum Beispiel in den drei verschiedenen Konfigurationen *STS#0*, *STS#1* und *STS#2* verfügbar. Die bereits beschriebene Syntax *{TemplateName}#{Konfigurations-ID}* ist in SharePoint üblich. Tabelle 14.1 beschreibt die wichtigsten verfügbaren Websitedefinitionen mit ihren Konfigurationen.

Tabelle 14.1 Die wichtigsten integrierten Websitedefinitionen von SharePoint 2010

Titel	Basisdefinition	Konfiguration	Beschreibung
Teamwebsite	*STS*	0	Eine Website für Teams, um Informationen schnell zu organisieren, zu erstellen und freizugeben.
Leere Website	*STS*	1	Eine leere Website, die Sie an Ihre Anforderungen anpassen können.
Dokumentarbeitsbereich	*STS*	2	Eine Website, mit deren Hilfe Arbeitskollegen zusammen an einem Dokument arbeiten können.
Standard-Besprechungsarbeitsbereich	*MPS*	0	Eine Website zur Planung, Organisation und Aufzeichnung der Ergebnisse einer Besprechung.
Leerer Besprechungsarbeitsbereich	*MPS*	1	Eine leere Besprechungswebsite, die Sie an Ihre Anforderungen anpassen können.
Entscheidung-Besprechungsarbeitsbereich	*MPS*	2	Eine Besprechungswebsite zur Nachverfolgung des Status oder zum Treffen von Entscheidungen.
Sozialer Besprechungsarbeitsbereich	*MPS*	3	Eine Website zum Planen von sozialen Zusammenkünften.
Mehrseitiger Besprechungsarbeitsbereich	*MPS*	4	Eine Website zur Planung, Organisation und Aufzeichnung der Ergebnisse einer Besprechung.

▶

Titel	Basisdefinition	Konfiguration	Beschreibung
Zentrale Verwaltungssite	*CENTRALADMIN*	0	Eine Website zur Zentraladministration. Die Vorlage wird nicht angezeigt.
Blog	*BLOG*	0	Definiert eine Blogwebsite.
Gruppenarbeitssite	*SGS*	0	Diese Vorlage stellt eine Groupwarelösung zur Verfügung, mit der Teams Informationen schnell und einfach erstellen, organisieren und gemeinsam verwenden können.
Posten-Webdatenbank	*ACCSRV*	1	Erstellt eine Postendatenbank, um Posten zu verfolgen, einschließlich der Postendetails und der Besitzer.
Gemeinnützige Spenden-Webdatenbank	*ACCSRV*	3	Erstellt eine Datenbank zum Nachverfolgen von Informationen über Spendensammlungen, einschließlich der von Mitwirkenden geleisteten Spenden, kampagnenbezogener Ereignisse und ausstehender Aufgaben.
Kontakte-Webdatenbank	*ACCSRV*	4	Erstellt eine Kontaktdatenbank, um Informationen über Personen zu verwalten, mit denen Ihr Team zusammenarbeitet, zum Beispiel Kunden und Partner.
Probleme-Webdatenbank	*ACCSRV*	6	Erstellt eine Problemdatenbank zur Verwaltung von Problemen.
Projekte-Webdatenbank	*ACCSRV*	5	Erstellt eine Projektüberwachungsdatenbank, um mehrere Projekte zu überwachen und verschiedenen Personen Aufgaben zuzuweisen.
Dokumentcenter	*BDR*	0	Eine Website für die zentrale Verwaltung von Dokumenten in Ihrem Unternehmen.
Datenarchiv	*OFFILE*	1	Eine Website für die Datensatzverwaltung.
PowerPoint-Übertragungswebsite	*PowerPointBroadcast*	0	Wird für PowerPoint-Übertragungen verwendet.
Business Intelligence Center	*BICenterSite*	0	Eine Business Intelligence Center-Website.
Personalisierungswebsite	*SPSMSITE*	0	Eine Website zum Übermitteln personalisierter Ansichten, Daten und Navigation von dieser Websitesammlung in *Meine Website*.
Veröffentlichungswebsite	*CMSPUBLISHING*	0	Eine leere Website zum Erweitern Ihrer Website und zum schnellen Veröffentlichen von Webseiten.
Veröffentlichungssite mit Workflow	*BLANKINTERNET*	2	Eine Website für die Veröffentlichung von Webseiten nach einem Zeitplan mithilfe von Genehmigungsworkflows.
Veröffentlichungsportal	*BLANKINTERNETCONTAINER*	0	Eine Startwebsitehierarchie für eine im Internet veröffentlichte Website oder ein großes Intranetportal.
Unternehmenswiki	*ENTERWIKI*	0	Eine Website zum Veröffentlichen von Wissen, an dem Sie das gesamte Unternehmen teilhaben lassen möchten.
Unternehmenssuchcenter	*SRCHCEN*	0	Eine Website zum Suchen.
Basissuchcenter	*SRCHCENTERLITE*	0	Eine Website für die Suche.
FAST Search-Center	*SRCHCENTERFAST*	0	Eine Website für FAST-Suchen.
Visio-Prozessrepository	*vispr*	0	Eine Website, auf der Teams Visio-Prozessdiagramme schnell anzeigen, freigeben und speichern können.

Die Verfügbarkeit einiger Websitedefinitionen hängt von der SharePoint 2010-Lizenz ab. Die Website *PowerPointBroadcast* setzt zum Beispiel voraus, dass Sie Office Web Applications lizenziert und installiert haben. Standardmäßig werden noch einige weitere Websitedefinitionen installiert, allerdings verborgen und nur aus Gründen der Abwärtskompatibilität. Wenn Sie eine Websiteinstanz mit Programmcode erstellen, können Sie die Websitedefinition mit der Syntax *{TemplateName}#{Konfigurations-ID}* angeben. *STS#0* bedeutet zum Beispiel *Teamwebsite*, *BLOG#0* eine Blogwebsite und so weiter.

Die *Webtemp*.xml*-Dateien sind einfach nur Verzeichnisse der Websitevorlagen und ihrer Konfigurationen. Die eigentliche Konfiguration steht in einer anderen XML-Datei namens *Onet.xml*, die jeweils im *Xml*-Unterordner der Websitedefinition zu finden ist. Betrachten Sie zum Beispiel die Gruppe der Vorlagen, die unter der Websitedefinition *STS* zu finden sind. Die entsprechende *Onet.xml*-Datei deklariert einige Standardkonfigurationselemente, wie die bereitzustellenden Dokumentvorlagen, Listenvorlagen, Navigationsleistengruppen, benutzerdefinierte Seiten und Webpartseiten. Dann definiert sie einige *Configuration*-Elemente, wobei jedes dieser Elemente einer bestimmten Konfiguration für die *STS*-Vorlage entspricht. Listing 14.2 zeigt einen Ausschnitt der Datei *Onet.xml* für die *STS*-Vorlage mit der Definition der Konfiguration von *STS#0*.

Listing 14.2 Die Datei *Onet.xml* für die *STS*-Standardwebsitevorlage mit der Definition von *STS#0*

```
<Configuration ID="0" Name="Default" MasterUrl="_catalogs/masterpage/v4.master">
  <Lists>
    <List FeatureId="00BFEA71-E717-4E80-AA17-D0C71B360101" Type="101"
      Title="$Resources:core,shareddocuments_Title;"
      Url="$Resources:core,shareddocuments_Folder;"
      QuickLaunchUrl="$Resources:core,shareddocuments_Folder;/Forms/AllItems.aspx" />
    <List FeatureId="00BFEA71-6A49-43FA-B535-D15C05500108" Type="108"
      Title="$Resources:core,discussions_Title;"
      Url="$Resources:core,lists_Folder;/$Resources:core,discussions_Folder;"
      QuickLaunchUrl="$Resources:core,lists_Folder;/$Resources:core,discussions_Folder;
      /AllItems.aspx" EmailAlias="$Resources:core,discussions_EmailAlias;" />
    <!-- Codeteile weggelassen -->
  </Lists>
  <Modules>
    <Module Name="Default" />
  </Modules>
  <SiteFeatures>
    <!-- BasicWebParts Feature -->
    <Feature ID="00BFEA71-1C5E-4A24-B310-BA51C3EB7A57" />
    <!-- Three-state Workflow Feature -->
    <Feature ID="FDE5D850-671E-4143-950A-87B473922DC7" />
  </SiteFeatures>
  <WebFeatures>
    <!-- TeamCollab Feature -->
    <Feature ID="00BFEA71-4EA5-48D4-A4AD-7EA5C011ABE5" />
    <!-- MobilityRedirect -->
    <Feature ID="F41CC668-37E5-4743-B4A8-74D1DB3FD8A4" />
    <!-- WikiPageHomePage Feature -->
    <Feature ID="00BFEA71-D8FE-4FEC-8DAD-01C19A6E4053" />
  </WebFeatures>
</Configuration>
```

Die Konfiguration deklariert die Listeninstanzen, die auf der Zielwebsite erstellt werden, die bereitgestellten Module (die Seiten, die erstellt werden) sowie die Features, die auf der Ebene der Website und der Websitesammlung aktiviert werden. Berücksichtigen Sie außerdem, dass alle Websitedefinitionen von einer globalen Standarddefinition namens *GLOBAL* abgeleitet werden, die im Ordner *<SharePoint14_Root>\TEMPLATE\GLOBAL* zu finden ist. In der Datei *Onet.xml* aus dem Unterordner *XML* dieses Ordners werden alle Standardlistenvorlagen und Listentypen definiert, die in anderen Websitedefinitionen verwendet werden.

Websitedefinitionen

Wenn Sie Ihre eigenen Websitedefinitionen erstellen möchten, können Sie mit dem Material beginnen, das Sie im vorigen Abschnitt kennengelernt haben. Um manuell eine benutzerdefinierte Websitedefinition zu erstellen, könnten Sie einen vorhandenen Ordner kopieren und die Datei *Onet.xml* so ändern, dass die Listendefinitionen für die gewünschten Listeninstanzen ausgewählt, die gewünschten Module bereitgestellt und die erforderlichen Features aktiviert werden. Dann sollten Sie eine benutzerdefinierte *Webtemp*.xml* erstellen und in den passenden Ordner kopieren, nämlich nach *<SharePoint14_Root>\TEMPLATE\<IdCulture>\XML*. Im nächsten Wiederverwendungszyklus des Anwendungspools der Zielwebanwendung oder nach der Rücksetzung der gesamten IIS-Umgebung mit IISRESET können Sie die neue Websitedefinition verwenden.

Kopieren Sie zum Beispiel den Ordner *<SharePoint14_Root>\TEMPLATE\SiteTemplates\Blog* und nennen Sie die Kopie *MyBlog*. Öffnen Sie dann im Unterordner *XML* von *MyBlog* die Datei *Onet.xml* und ändern Sie den Abschnitt *Configuration* nach Bedarf. Nehmen wir an, Sie möchten eine Liste *Freigegebene Dokumente* hinzufügen, die es in einer Standard-Blogwebsite nicht gibt. Um das zu erreichen, brauchen Sie in der Datei *Onet.xml* nur ein *List*-Element zum *Lists*-Element des *Configuration*-Tags hinzuzufügen. Das *List*-Element sieht so aus:

```
<List FeatureId="00BFEA71-E717-4E80-AA17-D0C71B360101" Type="101" Title="$Resources:core,shareddocuments_
Title;" Url="$Resources:core,shareddocuments_Folder;" QuickLaunchUrl="$Resources:core,shareddocuments_
Folder;/Forms/AllItems.aspx" />
```

Die Werte für die Attribute *FeatureId* und *Type* entsprechen denen der Standarddefinition der Dokumentbibliothek, die im Feature *DocumentLibrary* deklariert wird und im Ordner *<SharePoint14_Root>\TEMPLATE\FEATURES\DocumentLibrary* zu finden ist.

Damit die Websitevorlage für die Erstellung neuer Websiteinstanzen zur Verfügung steht, müssen Sie eine passende *Webtemp*.xml*-Datei definieren, beispielsweise mit dem Namen *WebtempMyBlog.xml*, und in den Ordner *<SharePoint14_Root>\TEMPLATE\<IdCulture>\XML* kopieren. Listing 14.3 zeigt den Quellcode solch einer Datei.

Beachten Sie den ID-Wert 10001, der in der *Template*-Definition angegeben wird. In benutzerdefinierten Websitevorlagen sollten Sie für das *ID*-Attribut einen Wert ab 10000 verwenden, um nicht versehentlich IDs von integrierten Vorlagen zu überschreiben.

Das ist auch schon alles. Sie haben gerade eine Websitevorlage namens *MyBlog#0* erstellt. Um sie zu verwenden, müssen Sie für den Anwendungspool der Zielwebanwendung, in der Sie mit der neuen Vorlage eine neue Website erstellen möchten, einen neuen Wiederverwendungszyklus einleiten. Sie können auch den Befehl IISRESET verwenden, um IIS zurückzusetzen, damit die Vorlage in allen Webanwendungen verfügbar wird. Die Wiederverwendung des Anwendungspools oder das Rücksetzen des IIS-Prozesses sind erforderlich, weil SharePoint die Websitevorlagen nur beim Hochfahren lädt und sie dann aus Leistungsgründen zwischenspeichert. Abbildung 14.2 zeigt die neue Websitevorlage in der Liste der verfügbaren Vorlagen.

Listing 14.3 Der Quellcode der benutzerdefinierten Datei *WebtempMyBlog.xml* für die benutzerdefinierte Websitedefinition *MyBlog*

```
<?xml version="1.0" encoding="utf-8"?>
<!-- _lcid="1033" _version="14.0.4762" _dal="1" -->
<!-- _LocalBinding -->
<Templates xmlns:ows="Microsoft SharePoint">
 <Template Name="MYBLOG" ID="10001">
    <Configuration ID="0" Title="Mein Blog" Hidden="FALSE" ImageUrl="/_layouts/images/stbg.png"
Description="Eine Website, mit der eine Person oder ein Team Ideen, Beobachtungen und Kompetenzen
bereitstellen kann, zu denen Besucher der Website Kommentare abgeben können. Diese Website enthält auch
eine Liste mit freigegebenen Dokumenten." DisplayCategory="DevLeap" SupportsMultilingualUI="FALSE" >
    </Configuration>
 </Template>
</Templates>
```

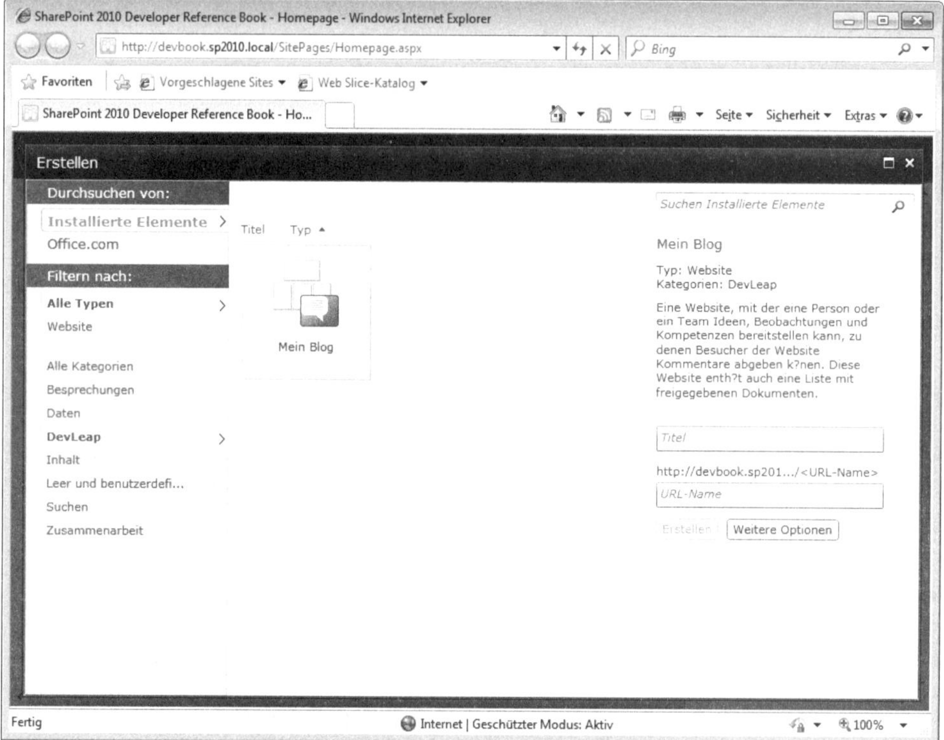

Abbildung 14.2 Der Standarddialog für die Auswahl einer Websitevorlage zeigt die neue benutzerdefinierte Vorlage; damit dieser Standarddialog erscheint, muss das Silverlight Plug-In installiert sein

Nach dem Rücksetzen der IIS sollten Sie mit der Websitevorlage *Mein Blog* eine neue Website erstellen können. Abbildung 14.3 zeigt die Homepage einer Website, die mit dieser Vorlage erstellt wurde. Oben auf der Seite ist die Bibliothek *Freigegebene Dokumente* zu sehen.

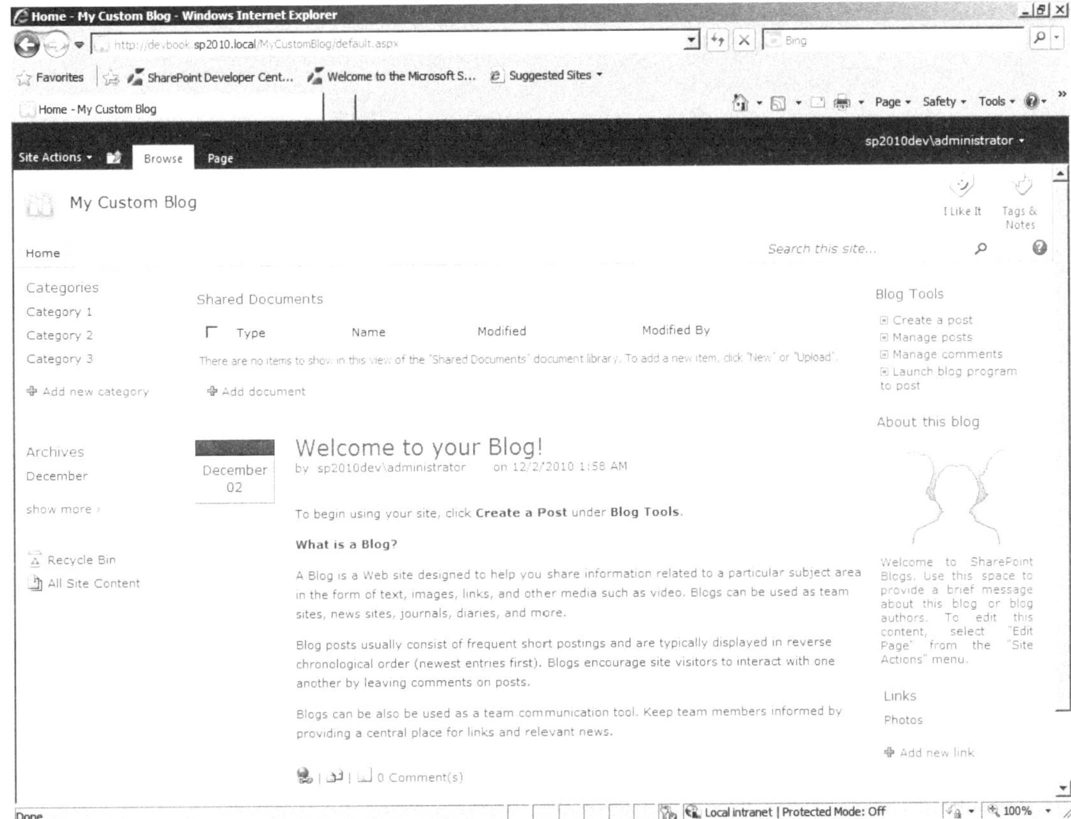

Abbildung 14.3 Die Homepage der Website, die mit der benutzerdefinierten Websitedefinition *Mein Blog* erstellt wurde

Damit die Dokumentbibliothek auf der Homepage angezeigt wird, muss zu dem *Module*-Element, das in der Datei *Onet.xml* Ihrer Websitedefinition die Seite *default.aspx* bereitstellt, noch ein *View*-Element hinzugefügt werden. Darüber erfahren Sie im nächsten Abschnitt mehr.

Websitedefinitionen mit Visual Studio

Was Sie gerade getan haben, funktioniert und wird unterstützt. Allerdings ist diese Methode mit einigem Aufwand verbunden, wenn es viele Server in Ihrer Farm gibt, weil Sie die Dateien und Ordner auf jeden Server kopieren müssen, auf dem Sie Ihre benutzerdefinierte Websitedefinition verwenden möchten. Außerdem wurden für das Beispiel *Mein Blog* Features verwendet, die bereits in der Farm verfügbar sind. Vermutlich müssen Sie gelegentlich eine benutzerdefinierte Websitevorlage erstellen, um benutzerdefinierte Features und benutzerdefinierte Inhalte verwenden zu können, die Sie zusammen mit Ihrer Websitedefinition bereitstellen. Abbildung 14.4 zeigt das Fenster *Neues Projekt* von Visual Studio 2010 mit der ausgewählten Projektvorlage *Sitedefinition*.

Visual Studio 2010 bietet eine Projektvorlage für die Erstellung von WSP-Paketen an, mit denen sich die Bereitstellung von benutzerdefinierten Websitedefinitionen einschließlich benutzerdefinierter Inhalte und Features automatisieren lässt. Zur Erstellung einer Websitedefinition starten Sie Visual Studio 2010 und legen ein neues Projekt des Typs *Sitedefinition* an.

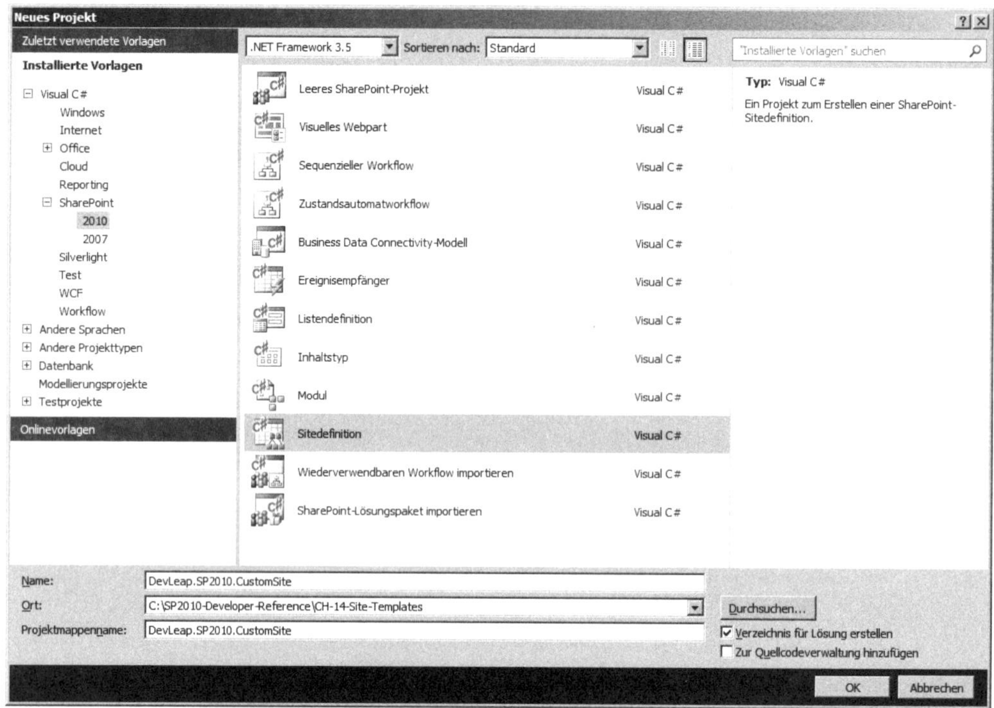

Abbildung 14.4 Das Fenster *Neues Projekt* von Visual Studio 2010 mit der ausgewählten Projektvorlage *Sitedefinition*

WEITERE INFORMATIONEN Weitere Informationen über die Erstellung einer benutzerdefinierten Websitedefinition mit Visual Studio 2010 finden Sie im Dokument »Gewusst wie: Erstellen einer benutzerdefinierten Websitedefinition und -konfiguration« auf MSDN Online unter *http://msdn.microsoft.com/de-de/library/ms454677.aspx.*

WICHTIG Jedes Mal, wenn Sie in Visual Studio ein Projekt definieren, erstellt es eine Assembly und stellt die Assembly bereit. Gewöhnlich handelt es sich bei einer Websitedefinition aber um eine codelose Lösung, sofern Sie keinen benutzerdefinierten Code schreiben, um beispielsweise Features zu unterstützen oder einen Featureempfänger zu implementieren. Wenn Sie keinen benutzerdefinierten Code hinzufügen, können Sie die Assembly aus dem Bereitstellungsvorgang ausschließen, damit in der Farm keine leere Assembly bereitgestellt wird. Um eine Assembly vom Bereitstellungsvorgang auszuschließen, stellen Sie die Eigenschaft *Assembly in Paket einschließen* im Eigenschaftenfenster von Visual Studio für das aktuelle Projekt auf *False*.

Nach der Auswahl der Projektvorlage fordert der *Assistent zum Anpassen von SharePoint* Sie zur Angabe der Zielwebsite und der Bereitstellungsart (Sandkastenlösung oder Farmlösung) auf. Für eine Websitedefinition ist nur eine Bereitstellung als Farmlösung möglich, weil die Websitedefinition auf den Servern der Farm im Dateisystem gespeichert werden muss. Daher ist keine Bereitstellung als Sandkastenlösung möglich. Das Vorlagenprojekt umfasst nur die Dateien, die in einer Websitedefinition vorhanden sein müssen: eine *Onet.xml*-Datei, eine *Webtemp*.xml*-Datei und eine *default.aspx*-Homepage. Nun fügen Sie noch die gewünschten Features hinzu, wie Sie es in früheren Kapiteln getan haben, verpacken die Lösung und stellen sie bereit.

Nehmen Sie zum Beispiel an, Sie möchten eine neue Websitedefinition für die Verwaltung von Arbeitsprojekten bereitstellen, die eine benutzerdefinierte Listendefinition auf der Basis eines neuen Inhaltstyps enthält, der ein Projektelement beschreibt, sowie eine entsprechende Listeninstanz für die Projekte. Außerdem soll es ein Webpart geben, das den Inhalt dieser Projektliste auf der Homepage (*Default.aspx*) der Website anzeigt.

Zuerst müssen Sie die Datei *Webtemp*.xml* bearbeiten und für das *Template*-Element einen Namen und eine ID festlegen. Außerdem fehlen noch die Werte für die Attribute *Title*, *Description* und *DisplayCategory* des *Configuration*-Elements. Listing 14.4 zeigt die Datei *Webtemp*.xml* für das Projektwebsitebeispiel.

Listing 14.4 Die *Webtemp*.xml*-Datei für das Projektwebsitebeispiel

```
<?xml version="1.0" encoding="utf-8"?>
<Templates xmlns:ows="Microsoft SharePoint">
  <Template Name="DLPROJECTS" ID="10002">
    <Configuration ID="0" Title="DevLeap Projects" Hidden="FALSE"
        ImageUrl="/_layouts/images/CPVW.gif"
        Description="Eine benutzerdefinierte Website zur Projektverwaltung."
        DisplayCategory="DevLeap">
    </Configuration>
  </Template>
</Templates>
```

In Listing 14.4 lautet der Name der Vorlage *DLPROJECTS* und die ID hat den Wert *10002*. Die Konfigurations-ID ist *0*. Das bedeutet, dass es sich um die erste Konfiguration handelt. Wenn Sie diese Websitedefinitionskonfiguration in Programmcode verwenden möchten, müssen Sie den Namen *DLPROJECTS#0* verwenden.

Da die Vorlage den Namen *DLPROJECTS* erhalten hat, sollten Sie auch den Bereitstellungsort für die Dateien *Onet.xml*, *Default.aspx* und alle anderen Dateien der Websitedefinition auf den Zielordner *SiteTemplates\DLPROJECTS* umstellen. Weil die Datei *Onet.xml* im Unterordner *XML* der Websitedefinition bereitgestellt werden muss, sollten Sie als Bereitstellungsort *SiteTemplates\DLPROJECTS\Xml* verwenden. Für die Umstellung wählen Sie die betreffenden Dateien im Projektmappen-Explorer der Reihe nach aus und passen im Eigenschaftenfenster jeweils den Wert der Eigenschaft *Bereitstellungsort* an.

Nach der Überarbeitung der *Webtemp*.xml*-Datei sollten Sie mit der Datei *Onet.xml* fortfahren. Dabei handelt es sich um die Hauptschemadatei für die benutzerdefinierte Websitedefinition. Definieren Sie die Projektliste in der Datei *Onet.xml* mit einem *ListTemplate*-Element und einem *List*-Instanzelement. Beachten Sie, dass Sie die in der Datei *Onet.xml* angegebenen Daten während der gesamten Lebensdauer der Website weder erweitern noch ändern können. Daten, die in einer Websitedefinition bereitgestellt werden, können nicht aktualisiert werden. Wollen Sie die Daten trotzdem aktualisieren, müssen Sie selbst den entsprechenden Programmcode schreiben. Sie könnten den Inhaltstyp, die Listendefinition und die Listeninstanz für die Projektdaten stattdessen mit Featureelementen definieren, die während der Lebensdauer der Website aktualisiert und geändert werden können. (Zu diesem Thema finden Sie in Kapitel 10, »Bereitstellen von Daten«, weitere Informationen.) Wenn Sie Features verwenden, können Sie außerdem Featureaktivierungsdirektiven zur Datei *Onet.xml* hinzufügen. Nehmen Sie zum Beispiel an, Sie verfügen über ein Feature, das auf der Basis einer benutzerdefinierten Listendefinition und eines benutzerdefinierten Inhaltstyps eine neue Listeninstanz für die Projekte bereitstellt. Listing 14.5 zeigt ein Beispiel, die Bereitstellung der Projektliste mit der Datei *Onet.xml*, wobei ein benutzerdefiniertes Feature und eine benutzerdefinierte Seite *Default.aspx* verwendet werden.

Listing 14.5 Die Datei *Onet.xml* für das Projektwebsitebeispiel

```
<?xml version="1.0" encoding="utf-8"?>
<Project Title="DevLeap.SP2010.CustomSite" Revision="2" ListDir=""
         xmlns:ows="Microsoft SharePoint"
         xmlns="http://schemas.microsoft.com/sharepoint/">
  <NavBars>
  </NavBars>
  <Configurations>
    <Configuration ID="0" Name="DEFPROJECTS">
      <Lists>
      </Lists>
      <SiteFeatures>
      </SiteFeatures>
      <WebFeatures>
        <Feature ID="13957dde-9510-4216-8e15-9b769ff73bcd" />
      </WebFeatures>
      <Modules>
        <Module Name="DefaultWithProjects" />
      </Modules>
    </Configuration>
  </Configurations>
  <Modules>
    <Module Name="DefaultWithProjects" Url="" Path="">
      <File Url="default.aspx" IgnoreIfAlreadyExists="TRUE">
        <View List="Lists/Projects" BaseViewID="1"
         WebPartZoneID="CentralZone" WebPartOrder="1">
          <![CDATA[
            <webParts>
              <webPart xmlns="http://schemas.microsoft.com/WebPart/v3">
                <metaData>
                  <type name="Microsoft.SharePoint.WebPartPages.XsltListViewWebPart,
                      Microsoft.SharePoint,Version=14.0.0.0,Culture=neutral,
                      PublicKeyToken=71e9bce111e9429c" />
                  <importErrorMessage>Kann dieses Webpart nicht importieren.
                  </importErrorMessage>
                </metaData>
                <data>
                  <properties>
                    <property name="AllowConnect" type="bool">True</property>
                    <property name="ChromeType" type="chrometype">None</property>
                    <property name="AllowClose" type="bool">False</property>
                  </properties>
                </data>
              </webPart>
            </webParts>
          ]]>
        </View>
      </File>
    </Module>
  </Modules>
  <ServerEmailFooter>Email from DevLeap Projects Site</ServerEmailFooter>
</Project>
```

Der erste wichtige Aspekt der Datei *Onet.xml* ist das *Configuration*-Element, das dem gleichnamigen Element aus der Datei *Webtemp*.xml* entspricht. Damit der Inhalt verwendet wird, der von unserem benutzerdefinierten Bereitstellungsfeature definiert wird, müssen Sie im *WebFeatures*-Element ein *Feature*-Element angeben. Das Feature, das die Instanz der Projektliste zusammen mit Websitespalten, Inhaltstypen und Listendefinitionen bereitstellt, ist auf der Ebene der Websitesammlung verfügbar. Außerdem gibt es ein *Module*-Element für die Konfiguration, mit dem eines der verfügbaren *Module*-Elemente aus dem *Modules*-Abschnitt der *Onet.xml*-Datei angegeben wird.

Die Syntax des hier verwendeten *Module*-Elements ähnelt der Syntax des in Kapitel 9 im Abschnitt »Inhaltsseiten, Webpartseiten und Galerien« besprochenen Elements. Das *Module*-Element, das die Seite *Default.aspx* bereitstellt, deklariert auch ein *View*-Element, das für die Anzeige der Projektliste mit dem Pfad *Lists/Projects* ein Webpart des Typs *XsltListViewWebPart* in die Webpartzone mit der ID *CentralZone* einbindet, die im Quellcode der Seite *Default.aspx* definiert wird. Listing 14.6 zeigt den Quellcode der Seite *Default.aspx*, die mit der benutzerdefinierten Websitedefinition bereitgestellt wird.

Listing 14.6 Der Quellcode der Seite *Default.aspx*, die mit der benutzerdefinierten Websitedefinition bereitgestellt wird

```
<%@ Page language="C#" MasterPageFile="~masterurl/default.master"
Inherits="Microsoft.SharePoint.WebPartPages.WebPartPage,Microsoft.SharePoint,Version=14.0.0.0,Culture=ne
utral,PublicKeyToken=71e9bce111e9429c" %>
<%@ Register Tagprefix="SharePoint" Namespace="Microsoft.SharePoint.WebControls"
  Assembly="Microsoft.SharePoint, Version=14.0.0.0, Culture=neutral,
  PublicKeyToken=71e9bce111e9429c" %>
<%@ Register Tagprefix="Utilities" Namespace="Microsoft.SharePoint.Utilities"
  Assembly="Microsoft.SharePoint, Version=14.0.0.0, Culture=neutral,
  PublicKeyToken=71e9bce111e9429c" %>
<%@ Register Tagprefix="asp" Namespace="System.Web.UI" Assembly="System.Web.Extensions, Version=3.5.0.0,
Culture=neutral, PublicKeyToken=31bf3856ad364e35" %>
<%@ Register Tagprefix="WebPartPages" Namespace="Microsoft.SharePoint.WebPartPages"
  Assembly="Microsoft.SharePoint, Version=14.0.0.0, Culture=neutral,
  PublicKeyToken=71e9bce111e9429c" %>
<%@ Import Namespace="Microsoft.SharePoint" %>
<%@ Import Namespace="Microsoft.SharePoint.ApplicationPages" %>
<%@ Assembly Name="Microsoft.Web.CommandUI, Version=14.0.0.0, Culture=neutral,
  PublicKeyToken=71e9bce111e9429c" %>

<asp:Content ContentPlaceHolderId="PlaceHolderPageTitle" runat="server">
  <SharePoint:ProjectProperty Property="Title" runat="server"/>
</asp:Content>

<asp:Content ID="ContentMain" ContentPlaceHolderId="PlaceHolderMain" runat="server">
  <table id="MSO_ContentTable" MsoPnlId="layout" cellpadding="4" cellspacing="0" border="0"
width="100%">
    <tr>
      <td>
        <table cellpadding="0" cellspacing="0" style="width:100%;padding:
          5px 10px 10px 10px;">
        <tr>
          <td valign="top">
```

```
              <WebPartPages:WebPartZone runat="server" FrameType="TitleBarOnly"
                ID="CentralZone" Title="loc:CentralZone"
                AllowPersonalization="false" />
            </td>
          </tr>
        </table>
      </td>
    </tr>
  </table>
</asp:Content>
```

Zur Bereitstellung der Websitedefinition können Sie in Visual Studio einfach den Befehl *Bereitstellen* wählen. Allerdings schlage ich vor, vor der Bereitstellung der Websitedefinition die Bereitstellungskonfiguration im Eigenschaftsdialogfeld des Projekts auf der Eigenschaftsseite *SharePoint* von *Default* auf *No Activation* zu ändern (Abbildung 14.5). Dadurch wird die Aktivierung der Features auf der Bereitstellungswebsite vermieden.

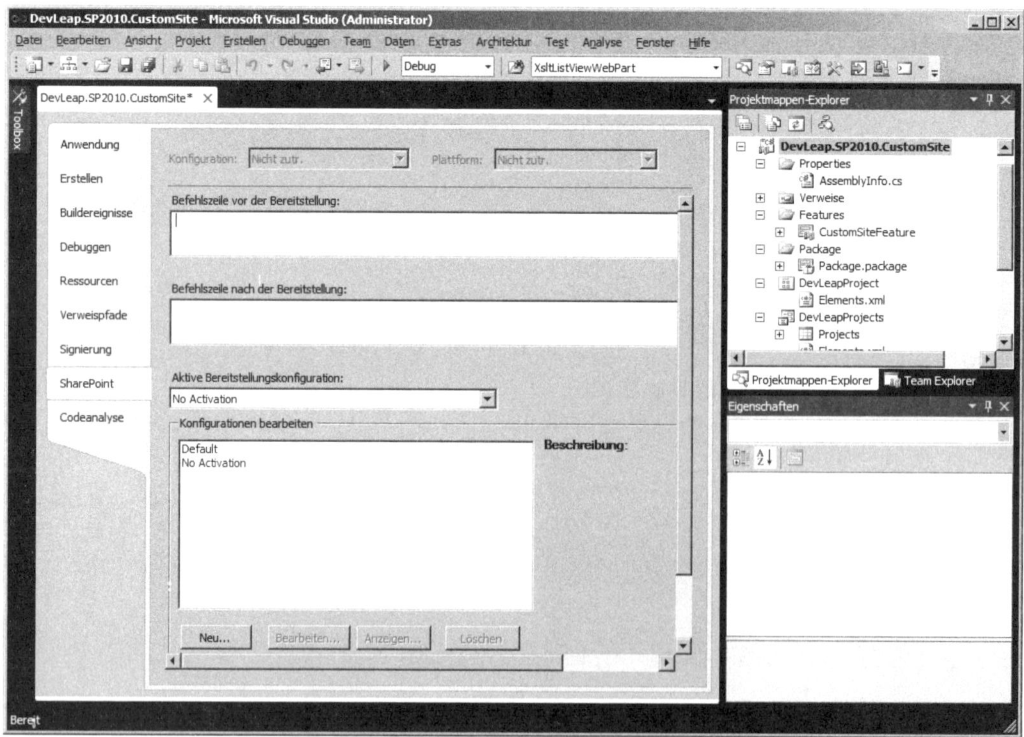

Abbildung 14.5 Das Eigenschaftsdialogfeld des Beispielprojekts für Websitedefinitionen

Nach der Bereitstellung der Websitedefinition finden Sie den dazugehörigen Ordner im Ordner *<SharePoint14_Root>\TEMPLATE\SiteTemplates* und können mit der benutzerdefinierten Websitevorlage neue Websiteinstanzen erstellen. Abbildung 14.6 zeigt die neue Websitedefinition in der Liste der verfügbaren Websitedefinitionen, während Abbildung 14.7 die Homepage einer Projektwebsite zeigt, die mit der neuen Websitedefinition erstellt wurde.

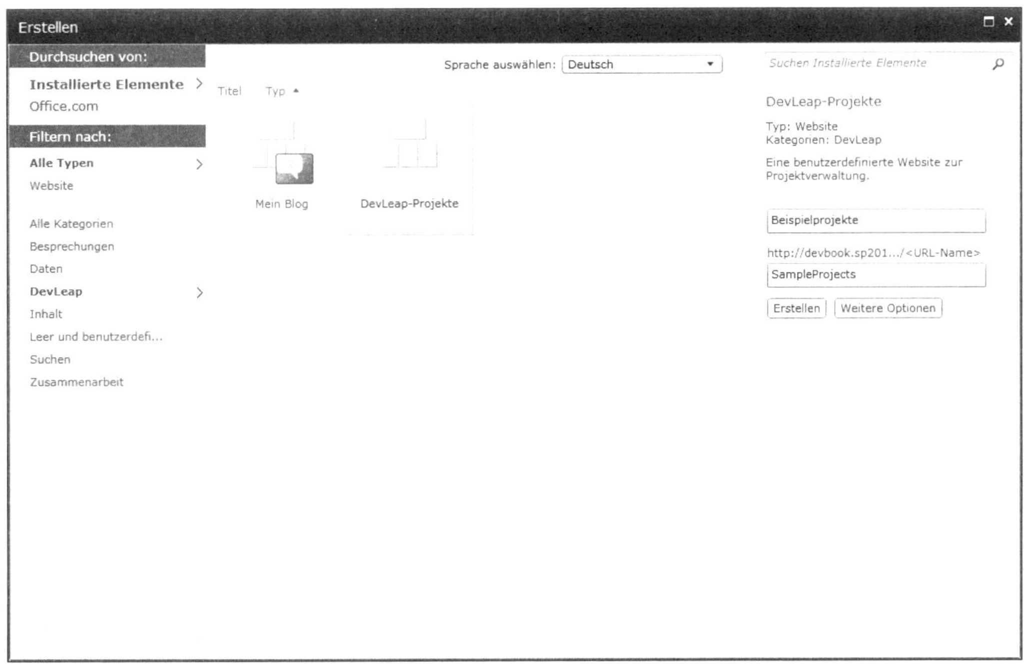

Abbildung 14.6 Die Beispielwebsitedefinition ist als Modell zur Erstellung einer neuen Websiteinstanz verfügbar

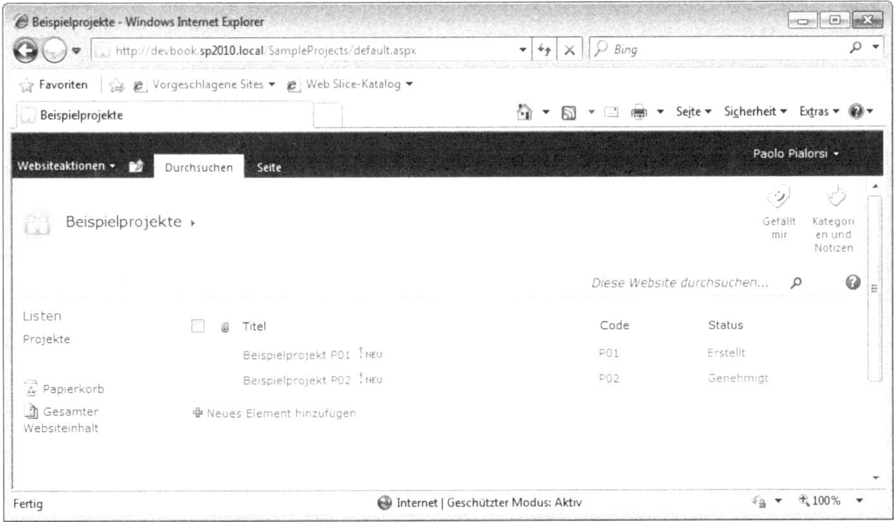

Abbildung 14.7 Die Homepage einer Projektwebsite, die mit der neuen Beispieldefinition erstellt wurde

Benutzerdefinierte Websitevorlagen

Wenn Sie in der Benutzeroberfläche von SharePoint eine neue Website erstellen, werden Sie zur Auswahl des gewünschten Modells aufgefordert, wie in Abbildung 14.6. Die Liste der verfügbaren Websitemodelle enthält Websitedefinitionen und Websitevorlagen. Erstere wurden im vorigen Abschnitt besprochen, letztere werden uns in diesem Abschnitt beschäftigen.

Um eine benutzerdefinierte Websitevorlage zu erstellen, wird die Definition einer vorhandenen Websiteinstanz mit oder ohne Inhalt der Website exportiert und als Sandkastenlösung in der Inhaltsdatenbank gespeichert. Sie können die Definition einer vorhandenen Website mit SharePoint Designer 2010 exportieren oder den Webbrowser verwenden, indem Sie die Verknüpfung *Website als Vorlage speichern* anklicken, die Sie in der Gruppe *Websiteaktionen* der Seite *Websiteeinstellungen* der betreffenden Website finden.

Unabhängig davon, wie Sie die Websitevorlage speichern, erhalten Sie ein WSP-Paket mit einem Featureelement, das in SharePoint 2010 speziell für die Bereitstellung von benutzerdefinierten Websitevorlagen eingeführt wurde. Das entsprechende Element ist *WebTemplate*. Wenn Sie sich dieses Element genauer ansehen möchten, können Sie eine vorhandene Websiteinstanz als Vorlage speichern, die entstandene WSP-Datei im Dateisystem speichern und dann in eine CAB-Datei umbenennen. Anschließend können Sie das Elementmanifest extrahieren, in dem das *WebTemplate*-Feature deklariert wird. Listing 14.7 zeigt die Struktur des *WebTemplate*-Elements.

Listing 14.7 Die Struktur des *WebTemplate*-Elements

```
<WebTemplate
  AdjustHijriDays = "Integer"
  AlternateCssUrl = "Text"
  AlternateHeader = "Text"
  BaseTemplateID = "Integer"
  BaseTemplateName = "Text"
  BaseConfigurationID = "Integer"
  CalendarType = "Integer"
  Collation = "Integer"
  ContainsDefaultLists = "TRUE" | "FALSE"
  CustomizedCssFiles = "Text"
  CustomJSUrl = "Text"
  Description = "Text"
  ExcludeFromOfflineClient = "TRUE" | "FALSE"
  Locale = "Integer"
  Name = "Text"
  ParserEnabled = "TRUE" | "FALSE"
  PortalName = "Text"
  PortalUrl = "Text"
  PresenceEnabled = "TRUE" | "FALSE"
  ProductVersion = "Integer"
  QuickLaunchEnabled = "TRUE" | "FALSE"
  Subweb = "TRUE" | "FALSE"
  SyndicationEnabled = "TRUE" | "FALSE"
  Time24 = "TRUE" | "FALSE"
  TimeZone = "Integer"
  Title = "Text"
  TreeViewEnabled = "Text"
  UIVersionConfigurationEnabled = "TRUE" | "FALSE">
</WebTemplate>
```

Zum *WebTemplate*-Element gehören viele Attribute. Sie werden in Tabelle 14.2 beschrieben.

Tabelle 14.2 Die im *WebTemplate*-Element anwendbaren Attribute

Attributname	Beschreibung
AdjustHijriDays	Optionales *Integer*-Attribut, das die Anzahl der Tage angibt, um die der aktuelle Monat in (islamischen) Hijri-Kalendern, die auf der Zielwebsite verwendet werden, verkürzt oder verlängert werden soll.
AlternateCssUrl	Optionales *Text*-Attribut, das die URL für ein alternatives CSS (Cascading Style Sheet) angibt.
AlternateHeader	Optionales *Text*-Attribut, das den Namen einer ASPX-Seite angibt. *AlternateHeader* definiert eine alternative Kopfzeile für bereitgestellte Seiten. Sie sollte im Ordner *<SharePoint14_Root>\TEMPLATE\LAYOUTS* verfügbar sein.
BaseTemplateID	Erforderliches *Integer*-Attribut, das die ID der übergeordneten Websitedefinition angibt. *BaseTemplateID* enthält den Wert des *ID*-Attributs des *Template*-Elements aus der *Webtemp*.xml*-Datei der übergeordneten Websitedefinition.
BaseTemplateName	Erforderliches *Text*-Attribut, das den Namen der übergeordneten Websitedefinition angibt. *BaseTemplateName* enthält den Wert des *Name*-Attributs des *Template*-Elements aus der *Webtemp*.xml*-Datei der übergeordneten Websitedefinition.
BaseConfigurationID	Erforderliches *Integer*-Attribut, das die ID der Konfiguration der übergeordneten Websitedefinition angibt. *BaseConfigurationID* enthält den Wert des *ID*-Attributs des *Configuration*-Elements aus der *Webtemp*.xml*-Datei der übergeordneten Websitedefinition.
CalendarType	Optionales *Integer*-Attribut, das festlegt, welche Art von Kalendern auf der Zielwebsite erstellt wird.
Collation	Optionales *Integer*-Attribut, das festlegt, welches Sortiersystem auf der Zielwebsite verwendet wird.
ContainsDefaultLists	Optionales *Boolean*-Attribut, das angibt, ob die übergeordneten Websitedefinition Listen enthält, die in der globalen *Onet.xml*-Datei definiert sind.
CustomizedCssFiles	Optionales *Text*-Attribut, das benutzerdefinierte CSS-Dateien (Cascading Style Sheet) angibt.
CustomJSUrl	Optionales *Text*-Attribut, das eine benutzerdefinierte JavaScript-Datei angibt. Diese Datei liegt im Ordner *<SharePoint14_Root>\TEMPLATE\LAYOUTS* und wird auf der Zielwebsite ausgeführt.
Description	Optionales *Text*-Attribut mit einer Beschreibung der Websitevorlage.
ExcludeFromOffline-Client	Optionales *Boolean*-Attribut, das angibt, ob die aus der Vorlage erstellte Website während der Offlinesynchronisierung vom Client heruntergeladen werden muss.
Locale	Optionales *Integer*-Attribut, das die Gebietsschema-ID der Zielwebsite angibt.
Name	Erforderliches *Text*-Attribut mit dem internen Namen der Websitevorlage.
ParserEnabled	Optionales *Boolean*-Attribut, das angibt, ob die Spaltenwerte in Dokumentbibliotheken automatisch zu Dokumenten hinzugefügt werden, die auf der Zielwebsite einer Bibliothek hinzugefügt werden.
PortalName	Optionales *Text*-Attribut, das den Namen der Portalwebsite angibt, der die Zielwebsite zugeordnet ist.
PortalUrl	Optionales *Text*-Attribut, das die URL der Portalwebsite angibt, der die Zielwebsite zugeordnet ist.
PresenceEnabled	Optionales *Boolean*-Attribut, das festlegt, ob auf der Zielwebsite Onlineanwesenheitsinformationen für Benutzer angezeigt werden.
ProductVersion	Optionales *Integer*-Attribut, das angibt, mit welcher Version von SharePoint Foundation die Websitevorlage erstellt wurde.
QuickLaunchEnabled	Optionales *Boolean*-Attribut, das angibt, ob auf der Zielwebsite ein Schnellstartbereich vorhanden ist.
Subweb	Optionales *Boolean*-Attribut, das angibt, ob die Websitevorlage anhand der Stammwebsite oder einer untergeordneten Website einer Websitesammlung erstellt wurde.
SyndicationEnabled	Optionales *Boolean*-Attribut, das festlegt, ob auf der Zielwebsite RSS (Really Simple Syndication) aktiviert wird. ▶

Attributname	Beschreibung
Time24	Optionales *Boolean*-Attribut, das angibt, ob Stunden auf der Zielwebsite im 24-Stunden-Format dargestellt werden.
TimeZone	Optionales *Integer*-Attribut, das die Standardzeitzone der Zielwebsite angibt.
Title	Optionales *Text*-Attribut mit dem Titel der Websitevorlage.
TreeViewEnabled	Optionales *Text*-Attribut, das angibt, ob die Strukturdarstellung im linken Navigationsbereich aktiviert wird. Zulässig sind die Textwerte *TRUE* oder *FALSE*.
UIVersion-ConfigurationEnabled	Optionales *Boolean*-Attribut, das angibt, ob Benutzer die Oberflächenversion der Zielwebsite ändern können.

Listing 14.8 zeigt ein Beispiel für eine *WebTemplate*-Instanz. Sie entstand bei der Speicherung der Projektwebsite, die im vorigen Abschnitt als Beispiel gedient hat, als Websitevorlage.

Listing 14.8 Das *WebTemplate*-Feature wurde bei der Speicherung der Projekte-Beispielwebsite als Websitevorlage erstellt

```
<Elements xmlns="http://schemas.microsoft.com/sharepoint/">
  <WebTemplate AdjustHijriDays="0"
               AlternateCssUrl=""
               AlternateHeader=""
               BaseTemplateID="10002"
               BaseTemplateName="DLPROJECTS"
               BaseConfigurationID="0"
               CalendarType="1"
               Collation="25"
               ContainsDefaultLists="TRUE"
               CustomizedCssFiles=""
               CustomJSUrl=""
               ExcludeFromOfflineClient="FALSE"
               Locale="1033"
               Name="SampleProjects"
               ParserEnabled="TRUE"
               PortalName=""
               PortalUrl=""
               PresenceEnabled="TRUE"
               ProductVersion="4"
               QuickLaunchEnabled="TRUE"
               Subweb="TRUE"
               SyndicationEnabled="TRUE"
               Time24="FALSE"
               TimeZone="4"
               Title="SampleProjects"
               TreeViewEnabled="FALSE"
               UIVersionConfigurationEnabled="FALSE" />
</Elements>
```

Beachten Sie in Listing 14.8, wie die übergeordnete Websitedefinition in *WebTemplate* angegeben wird (*10002, DLPROJECTS#0*). Tatsächlich geben alle drei Attribute *BaseTemplateID*, *BaseTemplateName* und *BaseConfigurationID* die Websitedefinition an, die im vorigen Abschnitt erstellt wurde. Aus diesem Grund unterstützt Microsoft nicht das Ändern oder Entfernen von Websitedefinitionen, die bereits zur Erstellung von Websites verwendet wurden. Wird eine Websitedefinition geändert oder entfernt, funktionieren Elemente wie das *WebTemplate*-Element aus Listing 14.8 nicht mehr.

Die einfachste Methode, um mit Visual Studio ein *WebTemplate*-Feature zu erstellen, beginnt mit dem Aufbau einer Website im Webbrowser. Anschließend können Sie die Website als Vorlage speichern und die resultierende WSP-Paketdatei aus dem Lösungskatalog der Websitesammlung exportieren. Jetzt brauchen Sie die WSP-Datei nur noch in Visual Studio zu importieren. Zuerst erstellen Sie in Visual Studio 2010 ein neues Projekt des Typs *SharePoint-Lösungspaket importieren*. Im *Assistenten zum Anpassen von SharePoint*, den Visual Studio dabei startet, können Sie eine Sandkastenlösung wählen, weil das *WebTemplate*-Feature von Microsoft speziell für die Bereitstellung von Websitevorlagen durch Sandkastenlösungen implementiert wurde. Im nächsten Schritt geben Sie an, welche WSP-Datei importiert werden soll. Dann analysiert der Assistent die WSP-Datei und erstellt eine Liste der zu importierenden Elemente. Sofern Sie nicht bestimmte Inhalte aus der Websitevorlage ausschließen möchten, sollten Sie die vorgeschlagene Liste übernehmen. Wenn Sie auf die Schaltfläche *Fertig stellen* des Assistenten klicken, erstellt der Assistent ein neues Visual Studio-Projekt mit einem SharePoint-Paket voller Features und Elemente, die der Struktur der Originalwebsite entsprechen, aus der die Websitevorlage erstellt wurde.

Zur Anpassung des Websitevorlagenprojekts können Sie die importierte *Onet.xml*-Datei öffnen und überarbeiten. Abbildung 14.8 zeigt eine importierte Websitevorlage, die in Visual Studio bearbeitet wird.

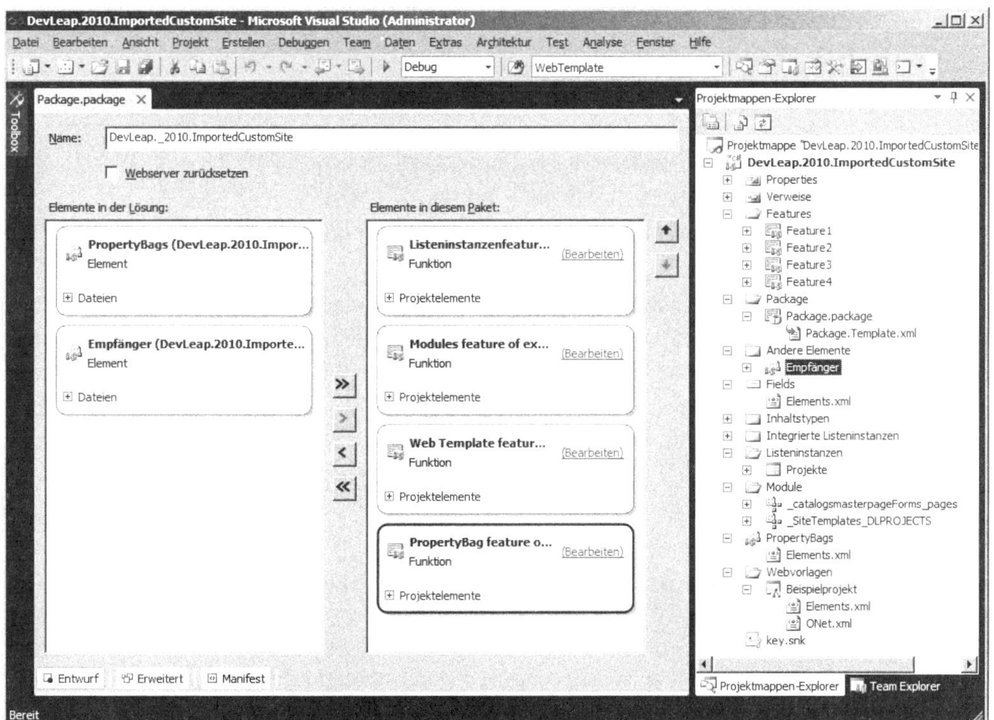

Abbildung 14.8 In Visual Studio lassen sich Projekte zur Anpassung von automatisch generierten WSP-Dateien erstellen

Es gibt viele Features und Elemente, die von der Anwendung nicht gebraucht werden. Die einzigen wichtigen Elemente sind die Projektliste und die benutzerdefinierte Homepage. Natürlich könnten Sie die Websitevorlage auch von Anfang an selbst aufbauen, wobei Sie eine Projektstruktur wie in Abbildung 14.8 nachbilden und zu den entsprechenden Ordnern manuell Elemente hinzufügen. Allerdings ist es wesentlich einfacher, mit einer WSP-Datei zu beginnen und sie nach Bedarf in Visual Studio anzupassen.

Websitedefinitionen und Websitevorlagen

Die Erstellung einer Websitedefinition oder einer Websitevorlage ist eine komplexe Aufgabe, die eher selten durchgeführt wird. Im Allgemeinen sollten Sie zur Bereitstellung von benutzerdefinierten Datenstrukturen und Inhalten Features und Lösungen erstellen. Features und Lösungen sind flexibler, modular, leichter zu warten als Websitedefinitionen oder Websitevorlagen und zudem am leichtesten zu definieren.

Falls Sie sich für die Erstellung eines neuen Websitemodells entscheiden, haben Sie die Wahl zwischen einer Websitedefinition und einer Websitevorlage. In dieser Situation sollten Sie folgende Aspekte berücksichtigen:

- Die Bereitstellung einer Websitevorlage erfordert nur die Berechtigung zum Hochladen der WSP-Datei in den Lösungskatalog der Zielwebsitesammlung. Eine Websitedefinition erfordert den Zugang zu den Dateisystemen der Server aus der Farm. In diesem Sinn ist eine Websitevorlage tatsächlich eine Sandkastenlösung.
- Eine Websitedefinition kann nicht in einer Cloud-Umgebung (SharePoint Online oder Office 365) bereitgestellt werden, während eine Websitevorlage in der Cloud bereitgestellt und verwendet werden kann.
- Von einer Websitevorlage können neue Versionen erstellt werden, ohne bereits vorhandene Websiteinstanzen zu beeinträchtigen, die mit einer älteren Version erstellt wurden.
- Wenn Sie die Seiten ändern, die in einer Websitevorlage definiert werden, werden diese Änderungen nur in neuen Websites wirksam. Die Änderung des Layouts von Seiten, die durch eine Websitedefinition bereitgestellt werden, wirken sich dagegen auch auf bereits erstellte Websites aus.
- In einer Websitevorlage kann man praktisch alles tun, was auch in einer Websitedefinition möglich ist.
- Die einzigen Elemente, die sich nur in einer Websitedefinition definieren lassen, sind Dokumentvorlagen ohne einen bestimmten Inhaltstyp, benutzerdefinierte E-Mail-Fußzeilen und benutzerdefinierte Komponenten für die Bearbeitung von Dateien oder Sicherheitsaspekten.

Daher kann ich nur empfehlen, Websitevorlagen den Vorzug zu geben und nur dann Websitedefinitionen zu verwenden, wenn man sie wirklich braucht.

Zusammenfassung

In diesem Kapitel haben Sie erfahren, was eine Websitedefinition ist und wie man sie manuell und in Visual Studio erstellt. Außerdem haben Sie erfahren, was eine Websitevorlage ist und wie man sie in Visual Studio definiert. Schließlich wurden Ihnen noch einige wichtige Aspekte präsentiert, die bei der Erstellung einer Websitedefinition oder einer Websitevorlage berücksichtigt werden sollten.

Kapitel 15

Entwickeln von Dienstanwendungen

In diesem Kapitel:

Dienstanwendungen (service applications) sind zweifellos die leistungsfähigsten und interessantesten neuen Features von Microsoft SharePoint 2010. In diesem Kapitel erfahren Sie, wie Dienstanwendungen funktionieren und wie Sie selbst eine Dienstanwendung entwickeln. Der Inhalt dieses Kapitels ist nicht trivial und Sie sollten die erforderliche Zeit nur investieren, wenn Sie tatsächlich die Architektur der Dienstanwendungen verstehen und eine eigene Dienstanwendung entwickeln müssen. Verwenden Sie andernfalls ein Lesezeichen und arbeiten Sie dieses Kapitel später durch, wenn die Umstände es erfordern.

Die Architektur der Dienstanwendungen

Dienstanwendungen sind eine Weiterentwicklung der Infrastruktur der Anbieter für gemeinsame Dienste (Shared Services Provider, SSP) von SharePoint 2007. Eine Dienstanwendung ist ein Dienst für die mittlere Schicht und kann von mehreren Webanwendungsinstanzen aus derselben Farm oder sogar von mehreren Farmen gemeinsam verwendet werden. Eine Dienstanwendung erweitert die SharePoint-Infrastruktur um neue Funktionen, wobei sie das leicht skalierbare, wartbare und erweiterbare Grundgerüst von SharePoint ausnutzt. Bei einer Dienstanwendung kann es sich zum Beispiel um einen Dienst handeln, mit dem sich Geschäftsdaten austauschen, komplexe Berechnungen durchführen oder langwierige Prozesse verwalten lassen.

Alle integrierten Dienste von SharePoint 2010 wurden als Dienstanwendungen implementiert. Der Suchdienst ist zum Beispiel eine Dienstanwendung, die von mehreren Webanwendungen und mehreren Farmen gemeinsam verwendet werden kann. Die Business Connectivity Services, mit denen Sie in der SharePoint-Benutzeroberfläche Daten von anderen Anbietern verwenden und verwalten können, sind eine weitere Dienstanwendung. Mit dem Benutzerprofildienst können Sie Benutzerprofile, persönliche Anpassungen und eigene Websites verwalten. Diese Liste kann ziemlich lang werden, denn die gesamte Architektur von SharePoint 2010 basiert auf Dienstanwendungen.

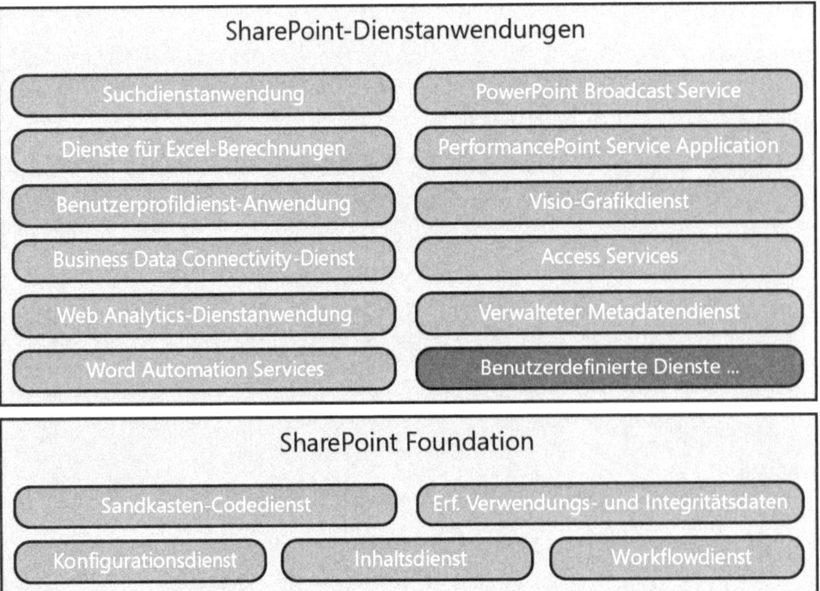

Abbildung 15.1 Die schematische Darstellung der Architektur von SharePoint 2010 auf der Basis der verschiedenen integrierten Dienstanwendungen

Abbildung 15.1 stellt die Architektur von SharePoint 2010, die auf zahlreichen integrierten Dienstanwendungen beruht, schematisch dar.

Abbildung 15.1 zeigt auch, dass die Architektur von Haus aus in der Lage ist, Dienstanwendungen von anderen Herstellern aufzunehmen. In diesem Kapitel entwickeln Sie eine Dienstanwendung, die vollständig in die Umgebung eingebunden wird. Abbildung 15.2 stellt die Architektur einer einzelnen Dienstanwendung schematisch dar.

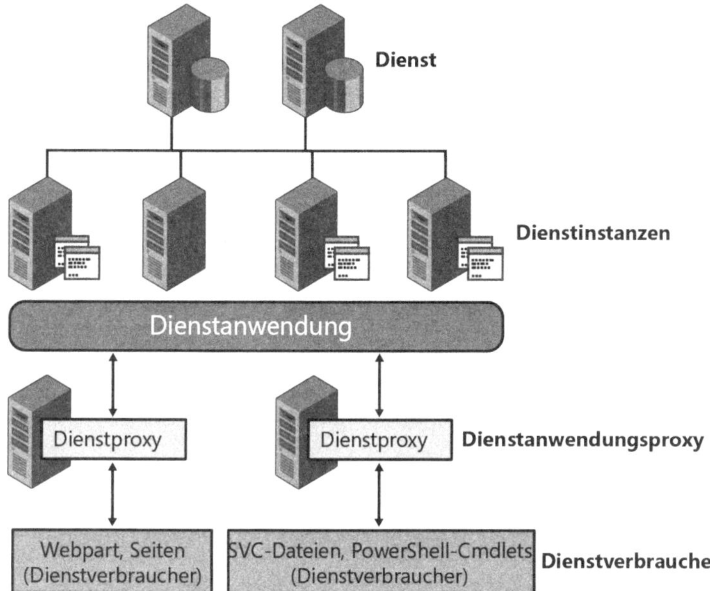

Abbildung 15.2 Die Architektur einer einzelnen Dienstanwendung

Jede Dienstanwendung besteht aus mehreren Elementen, die erforderlich sind, um die Ansprüche an die Skalierbarkeit, Erweiterbarkeit und Wartbarkeit der Dienstanwendungsarchitektur zu erfüllen. Eine Dienstanwendung setzt sich aus folgenden Elementen zusammen:

- **Dienst** Das ist der eigentliche Dienst mit seinem eigenen Modul, seinem eigenen Datenspeicher und der eigenen Infrastruktur. Er kann auf einem bestimmten Server aus der Farm untergebracht oder von einem anderen Anbieter bereitgestellt werden. Es könnte sich zum Beispiel um einen externen Ressourcenplanungsdienst oder um eine Softwarekomponente handeln, die in der Farm installiert wird.
- **Dienstinstanz** Stellt eine einzelne Instanz des Dienstes dar, die auf einem Server aus der Farm ausgeführt wird. Von einem Dienst kann es mehrere Instanzen geben, die auf mehreren Anwendungsservern ausgeführt werden. Die Dienstanwendungsarchitektur gibt Ihnen die Möglichkeit, Dienste in einer skalierbaren Multiserverkonfiguration bereitzustellen, wobei auch für den Lastenausgleich unter den Servern gesorgt werden kann.
- **Dienstanwendung** Das ist eine logische Schicht, mit der die Backendinfrastruktur in der Farm verfügbar gemacht wird. Wenn Sie eine Dienstanwendung einsetzen, brauchen Sie sich als Benutzer keine Gedanken darüber zu machen, wo und wie sie bereitgestellt wird. Sie brauchen sich nicht um die Zahl und Installationsorte der Dienstinstanzen zu kümmern. Sie verwenden einfach die Dienstanwendung als logischen Dienst oder als abstraktes Konzept für den Dienst.

- **Dienstanwendungsproxy** Das ist der Proxy, der den Zugriff auf die Dienstanwendung virtualisiert. Gewöhnlich wird er auf Frontendservern der Farm verwendet und ermöglicht einen transparenten Zugriff auf die Dienstanwendung, unabhängig von ihrem Installationsort.
- **Dienstverbraucher** Das ist eine Seite, ein Webpart oder eine andere Komponente, die auf einem Server aus der Farm ausgeführt wird und eine Dienstanwendung über ihren Proxy verwendet.

Diese Architektur ermöglicht eine skalierbare und erweiterbare Umgebung, in der die Verbraucher (consumer) von Dienstanwendungen nicht wissen, wo sich die Dienste befinden oder wie sie funktionieren. Stattdessen wenden sie sich an einen Proxy, der die Kommunikation mit einer der konfigurierten Dienstinstanzen übernimmt. Außerdem ermöglicht diese Architektur die Verwendung von Diensten, die von Remotefarmen angeboten werden. Sie ist also nicht auf Dienstanwendungen aus der eigenen Farm beschränkt. Durch das transparente Proxymodell können sich Dienstanwendungen auch auf anderen Farmen befinden. Kritische Dienste können von mehreren Farmen gemeinsam verwendet werden. Sie können auch eine Dienstanwendung auf Ihrer Farm veröffentlichen und für andere Farmen verfügbar machen. Die Kommunikationsinfrastruktur in der Basis der Dienstanwendungsarchitektur ist von Haus aus sicher und zuverlässig. Sie stützt sich auf das WCF-Kommunikationsframework (Windows Communication Foundation) von .NET Framework 3.5.

Abbildung 15.3 zeigt schematisch ein Beispiel für die gemeinsame Verwendung eines Dienstes in mehreren Farmen.

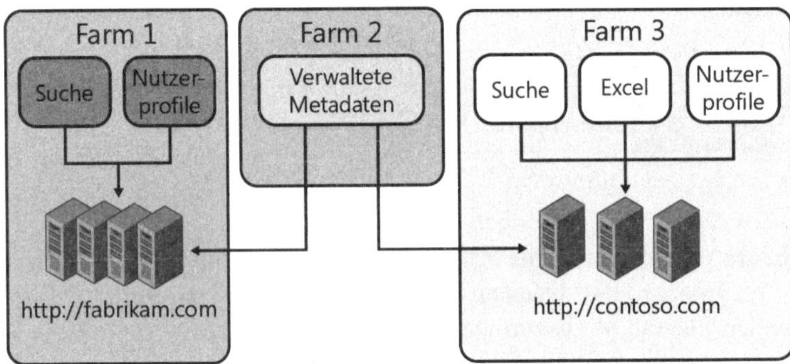

Abbildung 15.3 Eine Dienstanwendung kann von mehreren Farmen gemeinsam verwendet werden

Standardmäßig installiert und konfiguriert SharePoint 2010 einige Dienstanwendungen, die für die ganze Umgebung und alle anderen Dienstanwendungen wichtig sind. Dabei handelt es sich um folgende Dienste:

- **Anwendungserkennung und Anwendung des Lastenausgleichsdiensts** Verwenden Sie diese Dienstanwendung, um Dienstanwendungen zu verwalten, Dienstinstanzen zu ermitteln und einen Lastausgleich zwischen mehreren Dienstinstanzen zu konfigurieren. Dieser Dienst ist ein unverzichtbarer Basisdienst. Ohne ihn würde die Dienstanwendungsarchitektur nicht funktionieren.
- **Sicherheitstokendienst-Anwendung** Diese Dienstanwendung überwacht alle Authentifizierungsvorgänge. Sie verwendet WCF, um die Kommunikation zwischen Frontendservern und den Anwendungsservern mit den Dienstinstanzen zu sichern, um Authentifizierungen durchzuführen und um Identitäten weiterzugeben. Über Sicherheitsaspekte wie diese erfahren Sie mehr in Kapitel 22, »Forderungsbasierte Authentifizierung und Identitätsverbunde«.

Zur Verwaltung der Dienstanwendungsumgebung können Sie die SharePoint-Zentraladministration verwenden. Wählen Sie in der Gruppe *Anwendungsverwaltung* die Verknüpfung *Dienstanwendungen verwalten*. Dann erscheint eine Seite mit einer Liste aller Dienste, die in der Farm installiert wurden. Auf dieser Seite können Sie nicht nur vorhandene Dienste verwalten, sondern auch neue Dienste installieren oder eine Verbindung mit einem Dienst herstellen, der von einer anderen Farm angeboten wird.

Beachten Sie, dass weder die *Anwendungserkennung und Anwendung des Lastenausgleichsdiensts* noch die *Sicherheitstokendienst-Anwendung* in der SharePoint-Zentraladministration verwaltet werden können.

Dienstanwendungsframework

Dienstanwendungen sind erweiterbar und Sie können eigene Dienste entwickeln und bereitstellen, die sich nahtlos in die Umgebung einfügen. Es gibt eine Klassenbibliothek, von der Sie eigene Klassen ableiten können, um Dienstanwendungen zu entwickeln. Diese Klassenbibliothek ist das Dienstanwendungsframework (service application framework).

Mit den Tools aus dem Dienstanwendungsframework können Sie sich auf die wesentliche Logik Ihres Dienstes konzentrieren, weil die Typen und Tools für die Standardfunktionen einer Dienstanwendung bereits vorgefertigt sind. Zum Beispiel muss jede Dienstanwendung gewöhnlich einen Dienst durch eine IIS-Webanwendung (Internet Information Services, Internetinformationsdienste) veröffentlichen. Häufig ist eine spezielle Datenbank zur Speicherung von Zustandsinformationen und Daten erforderlich, ein Modul zum Sichern und Wiederherstellen (wird häufig gebraucht), die Integration in die SharePoint-Zentraladministration (erforderlich) und die Verwaltbarkeit mit Windows PowerShell. Diese Aufgaben lassen sich mit den Tools aus dem Dienstanwendungsframework lösen.

Erstellen einer Dienstanwendung

Eine benutzerdefinierte Dienstanwendung setzt sich aus vielen Komponenten zusammen, die Sie alle implementieren müssen, um Ihren Kunden eine solide und professionelle Dienstanwendung zu bieten. Die wichtigsten Komponenten einer Dienstanwendung sind:

- Das Dienstmodul (service engine). Es lässt sich gewöhnlich als ein WCF-Dienst implementieren. Aus der Sicht des Dienstanwendungsframeworks ist es allerdings nicht zwingend erforderlich, WCF zu verwenden. Wenn Sie nicht WCF als Kommunikationsgrundlage Ihrer Dienstanwendung verwenden, verlieren Sie wahrscheinlich die Möglichkeit zur Integration mit der sicheren Kommunikationsumgebung, die von WCF angeboten und von SharePoint 2010 unterstützt wird.
- Die Dienstdatenbank (service database). Sie ist nicht zwingend erforderlich. Wird sie doch gebraucht, dient sie gewöhnlich zur Speicherung von Daten, die der Dienst für seine Arbeit verwendet. Die Datenbank wird gewöhnlich in der SQL Server-Datenbankinstanz gespeichert, die von der gesamten SharePoint-Farm verwendet wird.
- Eine Gruppe von benutzerdefinierten Berechtigungen für die Konfiguration der Sicherheitsaspekte und der Autorisierung für die Dienstanwendung.
- Einige Verwaltungsseiten für die Bereitstellung, Wartung und Veröffentlichung der Dienstanwendung.
- Einige Verwaltungsskripts für die Windows PowerShell-Verwaltungskonsole.
- Eine Proxybibliothek für den Zugriff auf die Dienstanwendung.
- Einige Verwaltungsseiten für die Registrierung und die Nutzung einer Dienstanwendung, die von einer anderen Farm bereitgestellt wird.
- Eine Seite, ein Webpart oder eine Komponente, die in den Websites verwendet wird, in denen die Dienstanwendung verwendet werden soll.

In den folgenden Abschnitten erfahren Sie, wie jede dieser Komponenten mit Microsoft Visual Studio 2010 und dem Dienstanwendungsframework implementiert wird. Zum besseren Verständnis der in diesem Kapitel vorgestellten Konzepte sollten Sie wissen, was WCF ist und wie es funktioniert. Wenn Sie sich nicht mit WCF auskennen, ist es vielleicht besser, die folgenden Abschnitte zu überspringen.

Benutzerdefinierte Protokolldienstanwendungen

Bei der Dienstanwendung, um deren Entwicklung es in den folgenden Abschnitten geht, handelt es sich um eine »Protokolldienstanwendung«. Sie implementiert die Logik, die für die Integration eines externen Protokollmoduls in SharePoint 2010 erforderlich ist. Vielleicht möchten Sie diese Beispieldienstanwendung vielleicht in einem benutzerdefinierten Dokument-ID-Anbieter verwenden. (Weitere Informationen über Dokument-ID-Anbieter erhalten Sie in Kapitel 13, »Dokumentverwaltung«.)

Bevor wir uns dem Code der benutzerdefinierten Dienstanwendung zuwenden, sollten wir uns genauer mit dem Ziel beschäftigen, das erreicht werden soll, damit Sie eine klarere Vorstellung von dem zu entwickelnden Programm erhalten. Abbildung 15.4 zeigt die Seite der SharePoint-Zentraladministration für die Verwaltung und Konfiguration von Dienstanwendungen.

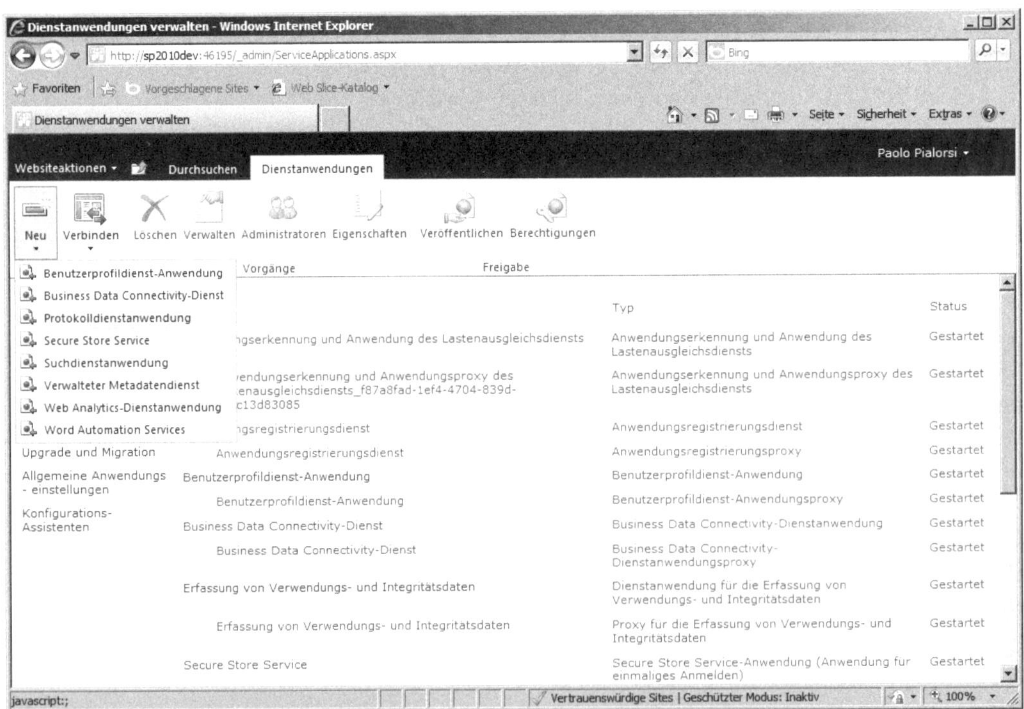

Abbildung 15.4 Die Verwaltungsseite für Dienstanwendungen der SharePoint-Zentraladministration

Klicken Sie im Menüband auf *Neu* und wählen Sie aus der Liste der verfügbaren Dienstanwendungen die Option *Protokolldienstanwendung* aus. Abbildung 15.5 zeigt die Verwaltungsseite zur Konfiguration einer neuen Dienstinstanz.

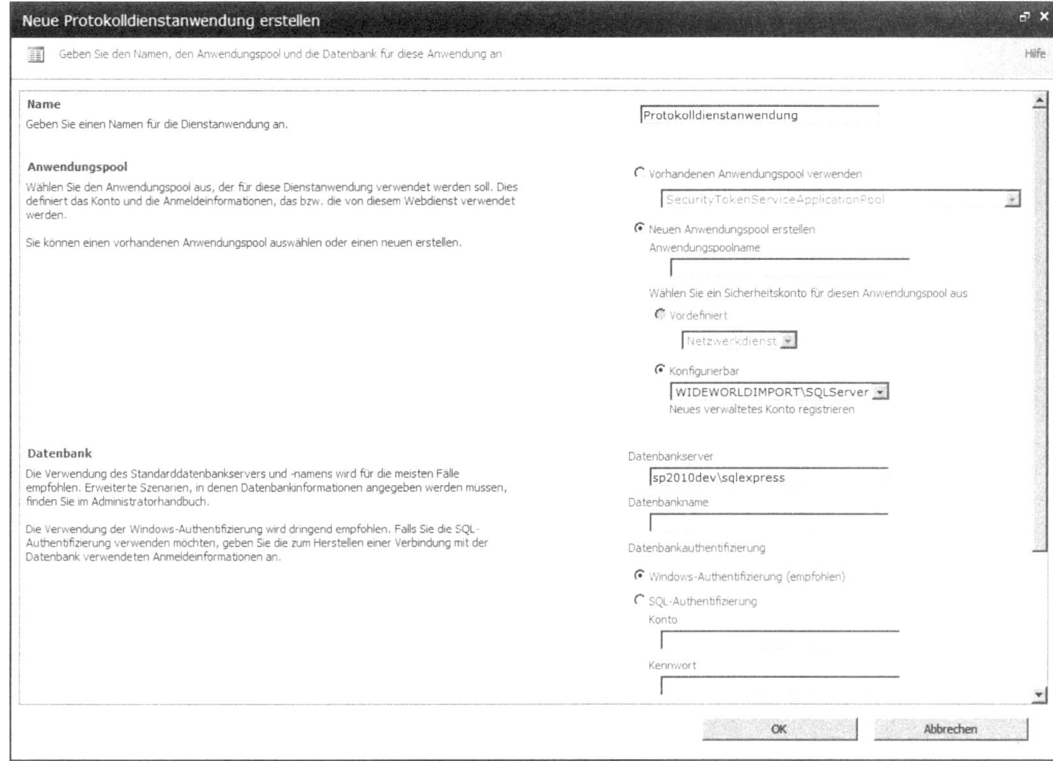

Abbildung 15.5 Die Verwaltungsseite für die benutzerdefinierte Dienstanwendung, verfügbar in der SharePoint-Zentraladministration

In den folgenden Abschnitten erfahren Sie, wie solch eine Seite definiert wird. Die Seite verlangt die Eingabe einiger Konfigurationsparameter für die Bereitstellung und Veröffentlichung der Dienstanwendungsinstanz, wie es auch auf vielen anderen Konfigurationsseiten für Dienstanwendungen üblich ist. Die Parameter sind:

- **Name** Der Name der Dienstanwendung in der Farm. Er ist frei wählbar, muss aber eindeutig sein.
- **Anwendungspool** Legt fest, wo die Instanz der Dienstanwendung erstellt wird. Wie Sie bereits erfahren haben, ist eine Dienstanwendung gewöhnlich ein WCF-Dienst. Daher läuft sie in einem virtuellen Verzeichnis von IIS unter einem bestimmten Anwendungspool. In diesem Feld müssen Sie angeben, welcher Anwendungspool verwendet werden soll. Bei Bedarf können Sie auch einen neuen Anwendungspool erstellen.
- **Datenbank** In diesem Abschnitt wird der Name des Datenbankservers und der Name der Datenbank angegeben, in denen Daten der Dienstanwendung gespeichert werden. Hier können Sie auch den Authentifizierungsmodus und die Anmeldeinformationen angeben, die für die Anmeldung an der SQL Server-Datenbank verwendet werden sollen. Für hochverfügbare Dienstanwendungen können Sie bei Bedarf auch einen Failoverdatenbankserver angeben.
- **Zu Standardproxyliste hinzufügen** Legt fest, ob die Dienstanwendung zur Liste der Standarddienste hinzugefügt wird, die in jeder Webanwendung verfügbar sind.

Nach dem Klick auf die Schaltfläche *OK* erscheint die Protokolldienstanwendung in der Liste der konfigurierten Dienste. Um den Dienst zu verwenden, müssen Sie ihn allerdings auf einem Server der Farm starten. Dazu können Sie die Verknüpfung *Dienste auf dem Server verwalten* verwenden, die Sie auf der Seite *Anwendungsverwaltung* der SharePoint-Zentraladministration finden. Damit gelangen Sie auf die Seite *Dienste auf dem Server: <Servername>* (Abbildung 15.6), auf der Sie eine Liste aller Dienstanwendungen finden, die auf dem ausgewählten Server verfügbar sind. Sie können den gewünschten Server auswählen und den Dienst auf einem oder mehreren Servern starten.

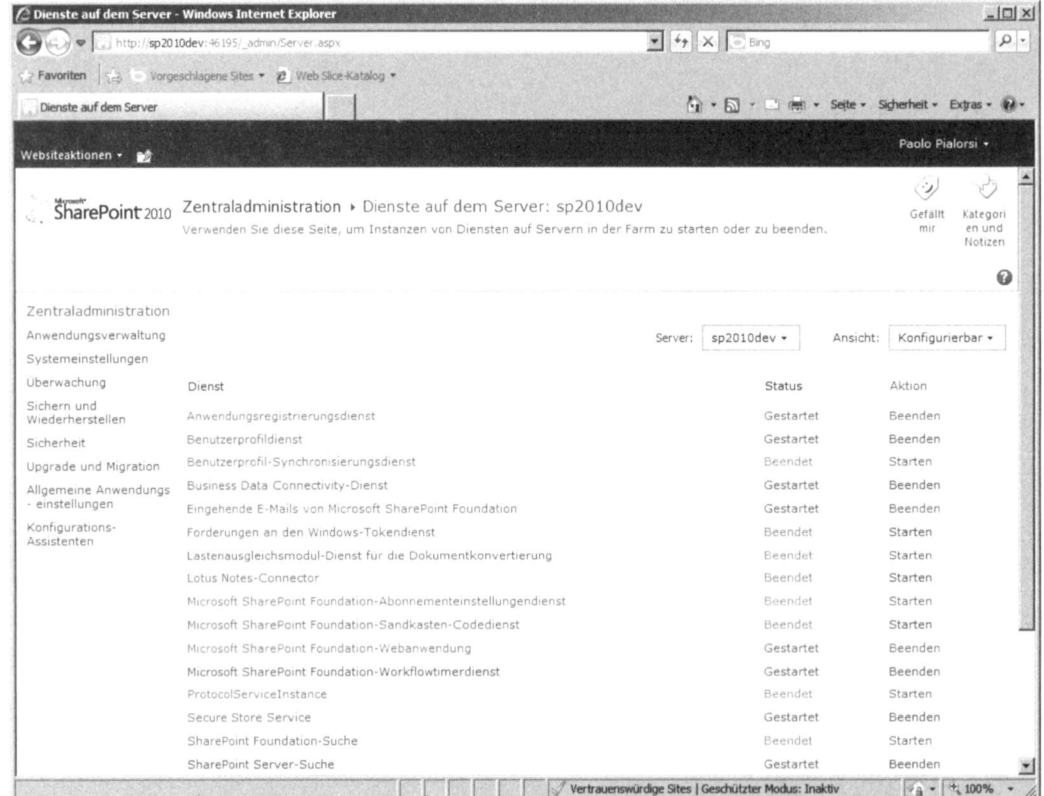

Abbildung 15.6 Die Seite *Dienste auf dem Server: <Servername>* in der SharePoint-Zentraladministration

Nach der Aktivierung einer Dienstinstanz auf einem bestimmten Server beginnt die *Anwendungserkennung und Anwendung des Lastenausgleichsdiensts* mit der Ankündigung der Verfügbarkeit dieser Dienstinstanz auf dem betreffenden Server und Sie können den Dienst verwenden. Nehmen Sie für die Zwecke dieses Kapitels an, dass es sich bei dem Verbraucher um ein Webpart auf einem Frontendserver handelt.

Aufbau der Projektmappe

Zur Entwicklung der Dienstanwendung müssen Sie in Visual Studio 2010 eine neue Projektmappe definieren. Sie sollten mindestens vier Projekte erstellen, wie in der folgenden Liste beschrieben:

- **Die Dienstanwendung** Dieses Projekt definiert den Dienst, die Dienstanwendung und alle Verwaltungsseiten und Skripts. Es basiert auf einem Projekt des Typs *Leeres SharePoint-Projekt*.

- **Die Dienstverträge** Wenn Sie die Dienstanwendung als einen WCF-Dienst implementieren, müssen Sie die Kommunikationsverträge isolieren, um sie für die Dienstanwendung und den Dienstanwendungsproxy verwenden zu können. Dieses Projekt basiert auf einem Projekt des Typs *Klassenbibliothek* für .NET Framework 3.5 und die Plattformen *x64* oder *Any CPU.*
- **Der Dienstanwendungsproxy** Dieses Projekt umfasst den Code für den Aufruf des Dienstes über den Dienstanwendungsproxy. Es basiert auf einem leeren SharePoint-Projekt.
- **Der Dienstverbraucher** Dieses Projekt enthält Steuerelemente des Verbrauchers, wie Webparts, Webpartseiten und so weiter. Es basiert auf einem leeren SharePoint-Projekt.

Alle diese Projekte werden auf der Basis eines leeren SharePoint 2010-Projekts erstellt, mit Ausnahme der Dienstverträge. Abbildung 15.7 zeigt den Aufbau der Projektmappe in Visual Studio 2010.

Abbildung 15.7 Der Aufbau der Projektmappe für die Protokolldienstanwendung in Visual Studio 2010

Dienstanwendung

Das erste Codestück ist der WCF-Protokolldienst selbst. Er enthält die eigentliche Anwendungslogik. Alle anderen Codestücke sind für die Einbindung in die SharePoint-Umgebung für Dienstanwendungen erforderlich. Listing 15.1 zeigt die Definition des WCF-Dienstvertrags für den Protokolldienst (*ProtocolService*).

Listing 15.1 Der WCF-Dienstvertrag für den Protokolldienst

```
namespace DevLeap.SP2010.ProtocolServiceAppContracts {
  [ServiceContract(
    Namespace = "http://schemas.devleap.com/services/ProtocolService")]
  public interface IProtocolService {

    [OperationContract]
    String GenerateProtocolNumber(String contentUri);
  }
}
```

Das ist ein Standard-WCF-Dienstvertrag ohne jegliche Sonderfälle oder Besonderheiten. Der Dienst erwartet einen Dokument-URI (Uniform Resource Identifier) als Eingangsargument des Typs *String* und gibt eine Protokollnummer zurück, ebenfalls als *String*. Später lernen Sie noch die konkrete Dienstimplementierung auf der Basis dieses Dienstvertrags kennen.

Die erste Klasse, die im Dienstanwendungsprojekt implementiert wird, ist der Dienst aus der Perspektive von SharePoint. In der Beispiellösung entspricht er der Klasse *ProtocolService*. Diese Klasse wird von der abstrakten Basisklasse *SPIisWebService* abgeleitet, die in Listing 15.2 zu sehen ist und die selbst von der allgemeineren Klasse *SPService* abgeleitet wird.

Listing 15.2 Die abstrakte Basisklasse *SPIisWebService*

```
[Guid("F36F7F8B-5E93-4F79-8E08-29FDEC543E3A")]
public abstract class SPIisWebService : SPService {
  protected SPIisWebService();
  protected SPIisWebService(SPFarm farm);
  public override void Update();
}
```

Zur Unterstützung des Verwaltungsmoduls von SharePoint sollte jede Dienstanwendung die Schnittstelle *IServiceAdministration* implementieren. Listing 15.3 zeigt und definiert die Methoden für die Erstellung und Verwaltung einer Dienstanwendungsinstanz.

Listing 15.3 Die Schnittstelle *IServiceAdministration* zur Verwaltung einer Dienstanwendung

```
public interface IServiceAdministration {
  SPServiceApplication CreateApplication(string name, Type serviceApplicationType,
SPServiceProvisioningContext provisioningContext);
  SPServiceApplicationProxy CreateProxy(string name, SPServiceApplication serviceApplication,
SPServiceProvisioningContext provisioningContext);
  SPPersistedTypeDescription GetApplicationTypeDescription(Type serviceApplicationType);
  Type[] GetApplicationTypes();
  SPAdministrationLink GetCreateApplicationLink(Type serviceApplicationType);
  SPCreateApplicationOptions GetCreateApplicationOptions(Type serviceApplicationType);
}
```

Die Schnittstelle *IServiceAdministration* definiert zum Beispiel Methoden für die Erstellung der Anwendung und des Anwendungsproxys. Listing 15.4 zeigt einen Auszug aus der Klasse *ProtocolService* der Protokolldienstanwendung, in der die Methode *CreateApplication* der Schnittstelle *IServiceAdministration* implementiert wird.

Listing 15.4 Ein Auszug aus der Implementierung der Schnittstelle *IServiceAdministration* in der Klasse *ProtocolService*

```
public SPServiceApplication CreateApplication(string name, Type serviceApplicationType,
SPServiceProvisioningContext provisioningContext) {
  if (provisioningContext == null)
    throw new ArgumentNullException("provisioningContext");
  if (serviceApplicationType != typeof(ProtocolServiceApplication))
    throw new NotSupportedException(
       "Ungueltiger Dienstanwendungstyp, erwartet wurde ProtocolService");

  ProtocolServiceApplication application =
    this.Farm.GetObject(
      name,
      this.Id,
      serviceApplicationType) as ProtocolServiceApplication;

  if (application == null) {
    SPDatabaseParameters databaseParameters =
      SPDatabaseParameters.CreateParameters(
        name,
        SPDatabaseParameterOptions.GenerateUniqueName);

    application = ProtocolServiceApplication.Create(
      name,
      this,
      provisioningContext.IisWebServiceApplicationPool,
      databaseParameters);
  }
  return (application);
}
```

Die Methode überprüft die Farm auf das Vorhandensein eines Dienstes, der denselben Namen wie der zu erstellende Dienst hat. Gibt es noch keinen Dienst dieses Namens, wird der neue Dienst erstellt. Zur Erstellung eines Dienstes gehört auch, bei Bedarf die dazugehörige Dienstdatenbank zu erstellen. Eine Klasse, in der die Schnittstelle *IServiceAdministration* implementiert wird, muss zudem einige Eigenschaften und Methoden aufweisen, die Beschreibungen des Dienstes liefern, um die Verwaltungsoberfläche von SharePoint mit den erforderlichen Informationen zu versorgen. Beachten Sie die Methode *GetCreateApplicationLink*. Sie gibt die URL einer benutzerdefinierten Verwaltungsseite zurück, die Administratoren bei der Erstellung der Dienstanwendung verwenden können. Diese Seite ist in Abbildung 15.5 zu sehen und muss für die Dienstanwendung definiert und bereitgestellt werden (dazu später mehr). Sehen Sie sich auch die Methode *GetApplicationTypeDescription* an, die eine Beschreibung des Dienstes zurückgibt. Listing 15.5 zeigt die beiden Methoden *GetCreateApplicationLink* und *GetApplicationTypeDescription*.

Listing 15.5 Die Implementierungen der Methoden *GetCreateApplicationLink* und *GetApplicationTypeDescription* in der Klasse *ProtocolService*

```
public SPPersistedTypeDescription GetApplicationTypeDescription(Type serviceApplicationType) {
    if (serviceApplicationType != typeof(ProtocolServiceApplication))
        throw new NotSupportedException(
            "Ungueltiger Dienstanwendungstyp, erwartet wurde ProtocolService");

    return new SPPersistedTypeDescription("Protokolldienstanwendung",
        "Ein benutzerdefinierter Protokolldienst");
}

public override SPAdministrationLink GetCreateApplicationLink(
    Type serviceApplicationType) {
    return new SPAdministrationLink(
        "/_admin/ProtocolService/ProtocolServiceCreate.aspx");
}
```

Dienstanwendungsdatenbank

Zur Erstellung der Datenbank können Sie eine Klasse des Typs *SPDatabaseParameters* verwenden. Beachten Sie in Listing 15.4 insbesondere die Methode *SPDatabaseParameters.CreateParameters*, mit der eine Konfiguration für die Erstellung der Datenbank vorbereitet und die Datenbank mit einem eindeutigen Namen versehen wird. Um die Datenbank effektiv zu erstellen, müssen Sie von der Basisklasse *SPDatabase* eine spezielle Klasse ableiten. Die Klasse *SPDatabase* enthält den Standardcode für die Verwaltung einer Dienstdatenbank unter Microsoft SQL Server, beispielsweise den Code zum Sichern und Wiederherstellen der Datenbank. Der Beispielcode dieses Abschnitts definiert eine Klasse namens *ProtocolServiceDatabase*, in der die Methoden *Provision* und *Unprovision* der Basisklasse überschrieben werden (Listing 15.6).

Listing 15.6 Die Klasse *ProtocolServiceDatabase* stellt die Dienstdatenbank für den Protokolldienst dar

```
using System;
using System.Collections.Generic;
using System.Linq;
using System.Text;
using Microsoft.SharePoint.Administration;
using Microsoft.SharePoint.Utilities;
using System.Security.Principal;

namespace DevLeap.SP2010.ProtocolServiceApp {
  [System.Runtime.InteropServices.Guid("139CA8FC-0AAA-4599-AC86-21E9D62A3BD7")]
  internal sealed class ProtocolServiceDatabase: SPDatabase {
    #region Constructors
    public ProtocolServiceDatabase()
      : base() { }
    internal ProtocolServiceDatabase(SPDatabaseParameters parameters)
      : base (parameters) {
      this.Status = SPObjectStatus.Disabled;
    }
    #endregion
```

```
    #region SPDatabase
    public override void Provision() {
      if (this.Status == SPObjectStatus.Online)
        return;

      this.Status = SPObjectStatus.Provisioning;
      this.Update();

      Dictionary<String, Boolean> options = new Dictionary<string, bool>(1);
      options.Add(SqlDatabaseOption[(int)DatabaseOptions.AutoClose], false);

      SPDatabase.Provision(
        this.DatabaseConnectionString,
      SPUtility.GetGenericSetupPath(@"Template\SQL\ProtocolServiceApplication.sql"),
      options);

      this.Status = SPObjectStatus.Online;
      this.Update();
    }

    public override void Unprovision() {
      base.Unprovision();
    }
    #endregion

    #region Internal methods
    internal void GrantApplicationPoolAccess(SecurityIdentifier processSecurityIdentifier) {
      this.GrantAccess(processSecurityIdentifier, "db_owner");
    }
    #endregion
  }
}
```

Einer der interessantesten Abschnitte von Listing 15.6 ist der Aufruf der Methode *Provision* der Basisklasse. Sie wird unter Angabe eines SQL-Skripts für die Erstellung der Datenbank aufgerufen. Der zweite interessante Abschnitt ist die Methode *GrantApplicationPoolAccess*, die dem Anwendungspoolbenutzer die Berechtigungen für den Zugriff auf die SQL Server-Datenbankinstanz gibt. Der SQL-Code zur Erstellung der Datenbank ist trivial. Allerdings wird er im selben Projekt wie die Dienstanwendung definiert und im Ordner *<SharePoint14_Root>\TEMPLATE\SQL* bereitgestellt, in dem alle benutzerdefinierten und alle Infrastruktur-SQL-Skripts gespeichert werden. In Listing 15.6 ermittelt der Code den Installationspfad von SharePoint (der Ordner *<SharePoint14_Root>*) mit der Methode *GetGenericSetupPath* der Hilfsklasse *SPUtility*.

Dienst

Zur Erstellung der Dienstanwendung mit der neu erstellten Datenbank enthält das Codebeispiel eine öffentliche statische Methode namens *Create*. Sie gehört zur Klasse *ProtocolServiceApplication*, die den eigentlichen Dienst darstellt, der den WCF-Dienstvertrag implementiert. Diese Klasse wird von der abstrakten Basisklasse *SPIisWebServiceApplication* abgeleitet. Diese Infrastrukturklasse wiederum wird von der allgemeineren Klasse *SPServiceApplication* abgeleitet, die für solche Dienstanwendungen vorgesehen ist, die nicht auf einem Webdienst basieren.

Die *Create*-Methode der Klasse *ProtocolServiceApplication* ist interessant, weil sie auch die Protokollbindungen für die WCF-Einbindung des Dienstes registriert. Listing 15.7 zeigt die Implementierung der Methode *ProtocolServiceApplication.Create.*

Listing 15.7 Die Methode *ProtocolServiceApplication.Create*

```
public static ProtocolServiceApplication Create(string name, ProtocolService service,
SPIisWebServiceApplicationPool applicationPool, SPDatabaseParameters databaseParameters) {

  // Parameter überprüfen
  if (name == null)
    throw new ArgumentNullException("name");
  if (service == null)
    throw new ArgumentNullException("service");
  if (applicationPool == null)
    throw new ArgumentNullException("applicationPool");
  if (databaseParameters == null)
    throw new ArgumentNullException("databaseParameters");

  // Datenbank registrieren
  ProtocolServiceDatabase database =
    new ProtocolServiceDatabase(databaseParameters);
  database.Update();

  // Dienstanwendung erstellen
  ProtocolServiceApplication serviceApplication = new ProtocolServiceApplication(
    name,
    service,
    applicationPool,
    database);
  serviceApplication.Update();

  // Endpunkte registrieren
  serviceApplication.AddServiceEndpoint("http", SPIisWebServiceBindingType.Http);
  serviceApplication.AddServiceEndpoint("https", SPIisWebServiceBindingType.Https, "secure");

  return (serviceApplication);
}
```

Beachten Sie die letzten Codezeilen der Methode, mit denen ein *Http*-Endpunkt und ein *Https*-Endpunkt registriert werden. Sie könnten auch einen *NetTcp*-, einen *NetPipe* oder einen beliebigen anderen Endpunkt-Listener registrieren, den Sie brauchen.

Außerdem implementiert die Klasse *ProtocolServiceApplication* den WCF-Dienstvertrag. Die interne Implementierung des Dienstvertrags ist zwar trivial und für die Beschreibung der Entwicklung von benutzerdefinierten Dienstanwendungen nicht weiter wichtig, aber der Vollständigkeit halber zeigt Listing 15.8 die Beispielimplementierung des Dienstvertrags.

Listing 15.8 Die konkrete Implementierung des Dienstes

```
[OperationBehavior(Impersonation = ImpersonationOption.Allowed)]
public string GenerateProtocolNumber(string contentUri) {

    DemandAccess(ProtocolServiceAccessRights.Request);

    return (String.Format("{0}-{1}",
        Guid.NewGuid(),
        contentUri));
}
```

Der interessante Aspekt ist der Aufruf der Methode *DemandAccess* am Anfang der Methode *GenerateProtocolNumber*. Dabei handelt es sich um eine Methode der Basisklasse *SPIisWebServiceApplication*, die ein Argument des Typs *SPIisWebServiceApplicationRights* erwartet, mit dem eine Dienstberechtigung angegeben wird.

Jede Dienstanwendung kann ihre eigenen Rechte und Berechtigungen definieren und für die Endbenutzer des Dienstes konfigurierbar machen, wobei die schreibgeschützte Eigenschaft *AccessRights* außer Kraft gesetzt wird. Außerdem gibt es eine schreibgeschützte Eigenschaft *AdministrationAccessRights*, mit der sich Berechtigungen für Administratoren definieren lassen. Die Beispieldienstanwendung dieses Kapitels deklariert unter dem Namen *ProtocolServiceAccessRights* benutzerdefinierte Endbenutzerzugriffsberechtigungen (Listing 15.9). Das Beispiel definiert das Recht *Request*, um eine Protokollnummer vom Protokolldienst anzufordern. Wegen des *DemandAccess*-Methodenaufrufs aus Listing 15.8 können nur Benutzer, die über dieses spezielle Recht verfügen, Protokollnummern anfordern.

Listing 15.9 Die Klasse *ProtocolServiceAccessRights*

```
internal static class ProtocolServiceAccessRights {
  public const SPIisWebServiceApplicationRights Request =
    (SPIisWebServiceApplicationRights)0x1;
}
```

Sie können so viele Rechte definieren, wie Sie möchten, und ihr Vorhandensein dann in der Dienstanwendung durch den Aufruf der *DemandAccess*-Methode überprüfen. Die SharePoint-Verwaltungsumgebung unterstützt Sie zum Beispiel in der SharePoint-Zentraladministration bei der Konfiguration und Zuweisung von Rechten an Benutzer. Abbildung 15.8 zeigt das Verwaltungsdialogfeld der SharePoint-Zentraladministration für die Konfiguration von Benutzerzugriffsberechtigungen. Beachten Sie das benutzerdefinierte Zugriffsrecht *Request*.

In der Basisklasse *SPIisWebServiceApplication* gibt es einige andere Methoden und Eigenschaften, mit denen Sie Verknüpfungen zu ASPX-Seiten für die Verwaltung des Dienstes angeben können, eine Verknüpfung mit dem Dienstendpunkt, Methoden für die Bereitstellung und das Zurückziehen des Dienstes und so weiter. Damit dieses Kapitel nicht zu lang wird, werden diese Methoden hier nicht alle besprochen. Allerdings finden Sie deren vollständige Implementierungen in den Codebeispielen für dieses Kapitel. Listing 15.10 zeigt die Implementierung einiger dieser Methoden und Eigenschaften.

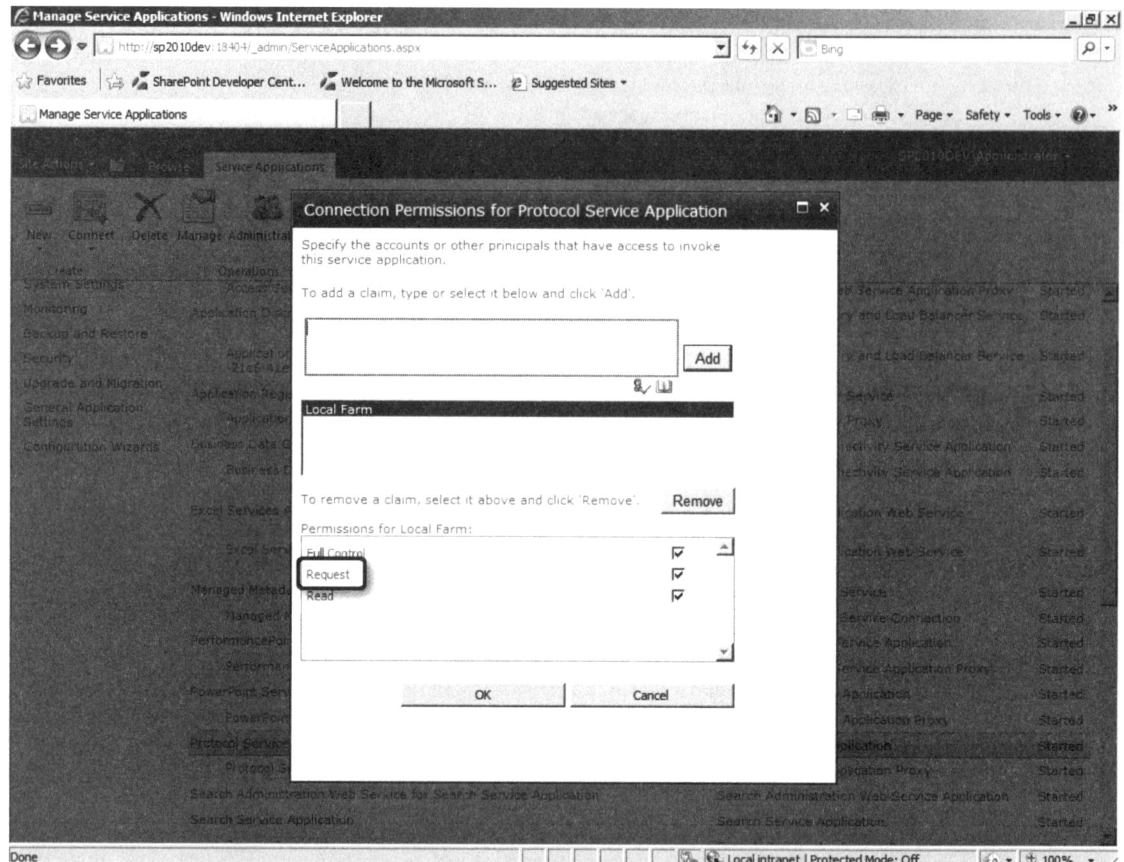

Abbildung 15.8 Das Verwaltungsdialogfeld für die Konfiguration von Benutzerzugriffsrechten für die Beispieldienstanwendung

Listing 15.10 Auszug aus der Klasse *ProtocolServiceApplication*

```
protected override string DefaultEndpointName {
  get { return ("http"); }
}
public override string TypeName {
  get { return ("Protokolldienstanwendung"); }
}

protected override string InstallPath {
  get { return Path.GetFullPath(
    SPUtility.GetGenericSetupPath(@"WebServices\ProtocolService")); }
}

protected override string VirtualPath {
  get {
    return "ProtocolService.svc";
  }
}
```

```
public override Guid ApplicationClassId {
  get { return (new Guid("C7E904DA-9DF0-4038-9806-025EEA58C437")); }
}

public override Version ApplicationVersion {
  get { return (new Version("1.0.0.0")); }
}

public override void Provision() {
  base.Status = SPObjectStatus.Provisioning;
  this.Update();

  this._database.Provision();
  base.Provision();
}

public override void Unprovision(bool deleteData) {
  base.Status = SPObjectStatus.Unprovisioning;
  this.Update();

  base.Unprovision(deleteData);
  if (deleteData && (this._database != null)) {
    this._database.Unprovision();
  }

  base.Status = SPObjectStatus.Disabled;
  this.Update();
}

public override SPAdministrationLink ManageLink {
  get {
    return new SPAdministrationLink(
      String.Format("/_admin/ProtocolService/ProtocolServiceManage.aspx?appid=",
        this.Id));
    }
}

public override SPAdministrationLink PropertiesLink {
  get {
    return new SPAdministrationLink(
      String.Format("/_admin/ProtocolService/ProtocolServiceProperties.aspx?appid=",
        this.Id));
    }
}

protected override SPNamedCentralAdministrationRights[] AdministrationAccessRights {
  get {
    return base.AdministrationAccessRights;
  }
}
```

```
protected override SPNamedIisWebServiceApplicationRights[] AccessRights {
  get {
    return new SPNamedIisWebServiceApplicationRights[] {
      SPNamedIisWebServiceApplicationRights.FullControl,
        new SPNamedIisWebServiceApplicationRights("Request",
          ProtocolServiceAccessRights.Request),
            SPNamedIisWebServiceApplicationRights.Read,
    };
  }
}
```

In Listing 15.10 sind die Eigenschaften *ApplicationClassId* und *ApplicationVersion* sehr wichtig, weil sie im Dienstanwendungsproxy für die eindeutige Identifizierung der Zieldienstanwendung verwendet werden.

Auch die Eigenschaften *InstallPath* und *VirtualPath* verdienen spezielle Beachtung. Diese Eigenschaften legen fest, wo der WCF-Dienst in der Zielfarm bereitgestellt wird. Der WCF-Dienst braucht eine SVC-Datei, um die veröffentlichten Endpunkte einbinden zu können. Diese Eigenschaften geben an, wie die SVC-Datei heißt und wo sie in den Dateisystemen der Server zu finden ist, bezogen auf den Ordner *<SharePoint14_Root>*. Standardmäßig muss jeder integrierte oder benutzerdefinierte Dienst in SharePoint 2010 im Ordner *<SharePoint14_Root>\WebServices* bereitgestellt werden, wobei jeder Dienst oder jede Dienstgruppe ihren eigenen Unterordner erhält. Die Protokolldienstanwendung stellt zum Beispiel im Ordner *<SharePoint14_Root>\WebServices\ProtocolService* eine Datei namens *ProtocolService.svc* und eine spezielle *web.config*-Datei bereit. Um die SVC-Datei im passenden Ordner bereitzustellen, können Sie auch in Visual Studio 2010 die Funktion zum Hinzufügen von zugeordneten Ordnern verwenden. Weitere Einzelheiten finden Sie in Abbildung 15.7. Sie zeigt, welche zugeordneten SharePoint-Ordner in der Projektmappe verwendet werden. Listing 15.11 zeigt den Inhalt der *web.config*-Datei, die zusammen mit der Datei *ProtocolService.svc* bereitgestellt wird.

Listing 15.11 Die *web.config*-Datei für die Dienstdatei *ProtocolService.svc*

```
<?xml version="1.0" encoding="utf-8" ?>
<configuration>
  <system.serviceModel>
    <services>
      <service name="DevLeap.SP2010.ProtocolServiceApp.ProtocolServiceApplication"
             behaviorConfiguration="ProtocolServiceBehavior" >
        <endpoint
            address=""
            binding="customBinding"
            bindingConfiguration="ProtocolServiceHttpBinding"
            behaviorConfiguration="EndpointBehavior"
            contract="DevLeap.SP2010.ProtocolServiceAppContracts.IProtocolService"/>
        <endpoint
            address="secure"
            binding="customBinding"
            bindingConfiguration="ProtocolServiceHttpsBinding"
            behaviorConfiguration="EndpointBehavior"
            contract="DevLeap.SP2010.ProtocolServiceAppContracts.IProtocolService"/>
      </service>
    </services>
```

```
    <bindings>
      <customBinding>
        <binding name="ProtocolServiceHttpsBinding" maxBufferPoolSize="1073741824"
          maxReceivedMessageSize="1073741824" sendTimeout="1:00:00">
          <security authenticationMode="IssuedTokenOverTransport" />
          <textMessageEncoding>
            <readerQuotas
              maxStringContentLength="1073741824"
              maxArrayLength="1073741824"
              maxBytesPerRead="1073741824" />
          </textMessageEncoding>
          <httpsTransport
            maxBufferPoolSize="1073741824"
            maxReceivedMessageSize="1073741824"
            useDefaultWebProxy="false"
            transferMode="Streamed"
            authenticationScheme="Anonymous"/>
        </binding>
        <binding name="ProtocolServiceHttpBinding" maxBufferPoolSize="1073741824"
          maxReceivedMessageSize="1073741824" sendTimeout="1:00:00">
          <security authenticationMode="IssuedTokenOverTransport"
            allowInsecureTransport="true"/>
          <textMessageEncoding>
            <readerQuotas
              maxStringContentLength="1073741824"
              maxArrayLength="1073741824"
              maxBytesPerRead="1073741824" />
          </textMessageEncoding>
          <httpTransport
            maxBufferPoolSize="1073741824"
            maxReceivedMessageSize="1073741824"
            useDefaultWebProxy="false"
            transferMode="Streamed"
            authenticationScheme="Anonymous"/>
        </binding>
      </customBinding>
    </bindings>
    <behaviors>
      <serviceBehaviors>
        <behavior name="ProtocolServiceBehavior" >
          <serviceMetadata httpGetEnabled="true" />
        </behavior>
      </serviceBehaviors>
      <endpointBehaviors>
        <behavior name="EndpointBehavior">
          <dispatcherSynchronization maxPendingReceives="10" />
        </behavior>
      </endpointBehaviors>
    </behaviors>
  </system.serviceModel>
```

```
    <system.web>
      <httpRuntime maxRequestLength="204800"/>
    </system.web>
    <system.webServer>
      <security>
        <authentication>
          <anonymousAuthentication enabled="true" />
          <windowsAuthentication enabled="false" />
        </authentication>
      </security>
    </system.webServer>
  </configuration>
```

Beachten Sie in Listing 15.11, dass die beiden Bindungen *http* und *https*, die für die entsprechenden Endpunkte registriert wurden, eine benutzerdefinierte Bindungsdefinition verwenden. Dies müssen sie auch tun. Der Dienstendpunkt auf HTTP-Basis verwendet zum Beispiel ein neues Sicherheitsmodell, das mit WCF 3.5 Service Pack 1 eingeführt wurde und für SharePoint 2010 erforderlich ist. Es erlaubt die Verwendung eines unsicheren Transports. (Beachten Sie das Attribut *allowInsecureTransport* in der benutzerdefinierten Bindung namens *ProtocolServiceHttpBinding*). Außerdem verwenden beide benutzerdefinierten Bindungen einen Sicherheitsauthentifizierungsmodus des Typs *IssuedTokenOverTransport*, der zur Unterstützung des forderungsbasierten Authentifizierungs- und Autorisierungsmodells von Nutzen ist, das SharePoint 2010 von Haus aus verwendet. Schließlich weisen beide Dienstendpunkte in der Kommunikationsumgebung dasselbe Endpunktverhalten auf, nämlich *dispatcherSynchronization*. Dieses Verhalten ermöglicht es einem Dienst, Antworten asynchron zu versenden und dabei aus Leistungsgründen mehrere Ausführungspfade (Threads) zu verwenden.

Außerdem verwendet die Beispieldienstanwendung benutzerdefinierte Implementierungen der beiden Klassen *ServiceHost* und *ServiceHostFactory*. Diese benutzerdefinierten Typen werden zur Unterstützung des forderungsbasierten Authentifizierungsmodells definiert.

Dienstinstanz

Aus der schematischen Darstellung der Dienstanwendungsarchitektur geht hervor, dass eine oder mehrere Dienstinstanzen angelegt werden müssen, damit der Dienst verwendet werden kann. Also müssen Sie eine Dienstinstanzklasse implementieren. Das ist eine sehr simple Klasse, die einfach nur die Dienstanwendung beschreibt, damit sie in der SharePoint-Zentraladministration oder mit einem anderen Verwaltungstool wie Windows PowerShell konfigurierbar wird. Listing 15.12 zeigt die Klasse *ProtocolServiceInstance* des Beispieldienstes. Beachten Sie, dass die Klasse von der abstrakten Basisklasse *SPIisWebServiceInstance* abgeleitet wird.

Listing 15.12 Die Definition der Klasse *ProtocolServiceInstance*

```
namespace DevLeap.SP2010.ProtocolServiceApp {
  [System.Runtime.InteropServices.Guid("4FD10153-8B94-48d3-ACB1-46EA2F1F9DED")]
  public class ProtocolServiceInstance : SPIisWebServiceInstance {

    #region Constructors
    public ProtocolServiceInstance()
      : base() { }
```

```
    internal ProtocolServiceInstance(SPServer server, ProtocolService service)
      : base(server, service) { }

    internal ProtocolServiceInstance(string name, SPServer server,
      ProtocolService service)
      : base(server, service) {
        this.Name = name;
    }
    #endregion

    #region SPIisWebServiceInstance
    public override string DisplayName {
      get { return (this.GetType().Name); }
    }

    public override string TypeName {
      get { return(this.GetType().Name); }
    }
    #endregion
  }
}
```

Verwaltungsseiten

Der letzte Schritt zur Erstellung der Dienstseite der Beispielanwendung ist die Implementierung der Verwaltungsseiten zur Erstellung und Verwaltung der Dienstanwendung. Dabei handelt es sich um die üblichen Verwaltungsseiten, deren Definition und Bereitstellung bereits in Kapitel 9, »Erweitern der Benutzeroberfläche«, beschrieben wurde. Der einzige interessante Punkt ist der Quellcode für die Diensterstellungsseite. Listing 15.13 zeigt einen Auszug aus dem ASPX-Code dieser Seite.

Listing 15.13 Der ASPX-Quellcode der Diensterstellungsseite *ProtocolServiceCreate.aspx*

```
<wssuc:InputFormSection
  Title="Name"
  Description="Geben Sie einen Namen für die Dienstanwendung an."
  runat="server">
    <Template_InputFormControls>
      <wssuc:InputFormControl LabelText="" LabelAssociatedControlID="m_asAppName" runat="server">
        <Template_control>
          <wssawc:InputFormTextBox title="Name" class="ms-input"
            ID="m_asAppName" Columns="35" Runat="server" MaxLength=256 />
          <wssawc:InputFormRequiredFieldValidator ID="m_asAppNameValidator"
            ControlToValidate="m_asAppName"
            ErrorMessage="Geben Sie einen Namen fuer die Dienstanwendung an."
            width='300px' Runat="server"/>
          <wssawc:InputFormCustomValidator ID="m_uniqueNameValidator"
            ControlToValidate="m_asAppName"
            OnServerValidate="ValidateUniqueName"
            runat="server" />
      </Template_control>
```

```
    </wssuc:InputFormControl>
  </Template_InputFormControls>
</wssuc:InputFormSection>

<wssuc:IisWebServiceApplicationPoolSection
    id="m_applicationPoolSection" runat="server" />

<wssuc:ContentDatabaseSection
   id="ProtocolServiceAppDBSection" title="Databank"
   IncludeSearchServer="false" IncludeFailoverDatabaseServer="true"
   runat="server"/>

<wssuc:InputFormSection
  Title="Zu Standardproxyliste hinzufügen"
  Description="Durch diese Einstellung wird die Dienstanwendung standardmäßig für alle Webanwendungen
der Farm verfügbar. Aktivieren Sie diese Einstellung nicht, wenn Sie manuell festlegen möchten, welche
Webanwendungen diese Dienstanwendung verwenden dürfen."
  runat="server">
    <Template_InputFormControls>
      <wssuc:InputFormControl LabelText=""
        LabelAssociatedControlID="m_default" runat="server">
        <Template_control>
          <asp:CheckBox ID="m_default" Runat="server"
            Checked="True"
  Title="Den Proxy dieser Dienstanwendung zur Standardproxyliste der Farm hinzufügen."
  Text="Den Proxy dieser Dienstanwendung zur Standardproxyliste der Farm hinzufügen." />
        </Template_control>
      </wssuc:InputFormControl>
    </Template_InputFormControls>
</wssuc:InputFormSection>

<SharePoint:FormDigest id="formDigest" runat=server/>
```

Dieses Beispiel verwendet einige benutzerdefinierte Steuerelemente aus dem Standardordner für SharePoint-Steuerelementvorlagen (*<SharePoint14_Root>\TEMPLATE\CONTROLTEMPLATES*). Die Steuerelemente *IisWebServiceApplicationPoolSection* und *ContentDatabaseSection* erleichtern es zum Beispiel den Administratoren einzugeben, welcher Anwendungspool für die Dienstanwendung verwendet werden soll, wo die Inhaltsdatenbank zu finden ist und welchen Namen sie trägt. Das Steuerelement *FormDigest* wird aus Sicherheitsgründen verwendet. Weitere Informationen über dieses Steuerelement finden Sie in Kapitel 3, »Serverobjektmodell«, in den Abschnitten unter »*AllowUnsafeUpdates* und *FormDigest*«. Das Steuerelement *InputFormSection* schließlich bietet ein Standardlayout für den Eingabeabschnitt eines Webformulars. Der Code für die ASPX-Seite kümmert sich einfach um den Klick auf die *OK*-Schaltfläche und erstellt mit dem Serverobjektmodell von SharePoint Server eine neue Protokolldienstanwendung. Dabei verwendet er die Klassen und Methoden zur Bereitstellung der Dienstanwendung, die in den vorigen Abschnitten beschrieben wurden. Im Beispielcode für dieses Kapitel können Sie sich den Code genauer ansehen.

Bereitstellen der Dienstanwendung

Es gibt kein Feature für die automatische Bereitstellung einer Dienstanwendung. Stattdessen führen Sie die Bereitstellung mit einem benutzerdefinierten Featureempfänger durch. Listing 15.14 zeigt den Quellcode des benutzerdefinierten Featureempfängers, den Sie für die Bereitstellung der Protokolldienstanwendung implementieren müssen.

WEITERE INFORMATIONEN Wenn Sie mehr über die Erstellung eines benutzerdefinierten Featureempfängers erfahren möchten, lesen Sie Kapitel 8, »SharePoint-Features und -Lösungen«.

Listing 15.14 Der Code des Featureempfängers für die Bereitstellung der Protokolldienstanwendung

```
namespace DevLeap.SP2010.ProtocolServiceApp.Features.ProtocolServiceApp {
  [Guid("9cba5093-a97b-40e3-8a4e-b2272ad0a86a")]
  public class ProtocolServiceAppEventReceiver : SPFeatureReceiver {
    public override void FeatureActivated(SPFeatureReceiverProperties properties) {
      SPFarm farm = SPFarm.Local;
      SPServer server = SPServer.Local;

      ProtocolService service = ProtocolService.CurrentInstance;

      if (service == null) {
        service = new ProtocolService(farm);
        service.Update();
      }
      ProtocolServiceInstance serviceInstance =
        server.ServiceInstances.GetValue<ProtocolServiceInstance>();

      if (serviceInstance == null) {
        serviceInstance = new ProtocolServiceInstance(server, service);
        serviceInstance.Update(true);
      }
    }

    public override void FeatureDeactivating(
      SPFeatureReceiverProperties properties) {
      SPFarm farm = SPFarm.Local;
      SPServer server = SPServer.Local;
      ProtocolService service = ProtocolService.CurrentInstance;
      if (service != null) {
        ProtocolServiceInstance serviceInstance =
          server.ServiceInstances.GetValue<ProtocolServiceInstance>();
        if (serviceInstance != null) {
          server.ServiceInstances.Remove(serviceInstance.Id);
        }
        farm.Services.Remove(service.Id);
      }
    }
  }
}
```

Der Featureempfänger implementiert die Methoden für die Aktivierung und Deaktivierung des Features. Während der Featureaktivierung erstellt der Beispielcode eine neue *ProtocolService*-Instanz für die aktuelle Farm und verknüpft sie mit einem *ProtocolServiceInstance*-Objekt. Zur Deaktivierung des Features entfernt der Ereignisempfänger die Dienstinstanz und den Dienst von der Farm.

Nachdem Sie auf einem Server eine Dienstinstanz bereitgestellt, konfiguriert und aktiviert haben, werden Sie auf dem Datenbankserver der Farm die Datenbank für die benutzerdefinierte Dienstanwendung vorfinden, und der IIS-Manager weist ein neues virtuelles Verzeichnis auf. Dieses neue Verzeichnis trägt eine GUID als Namen und wird auf der Website namens *SharePoint Web Services* veröffentlicht, die auf den Anwendungsservern zu finden ist, auf denen eine Dienstinstanz läuft. Abbildung 15.9 zeigt das virtuelle Verzeichnis, das SharePoint für die Protokolldienstinstanz konfiguriert hat.

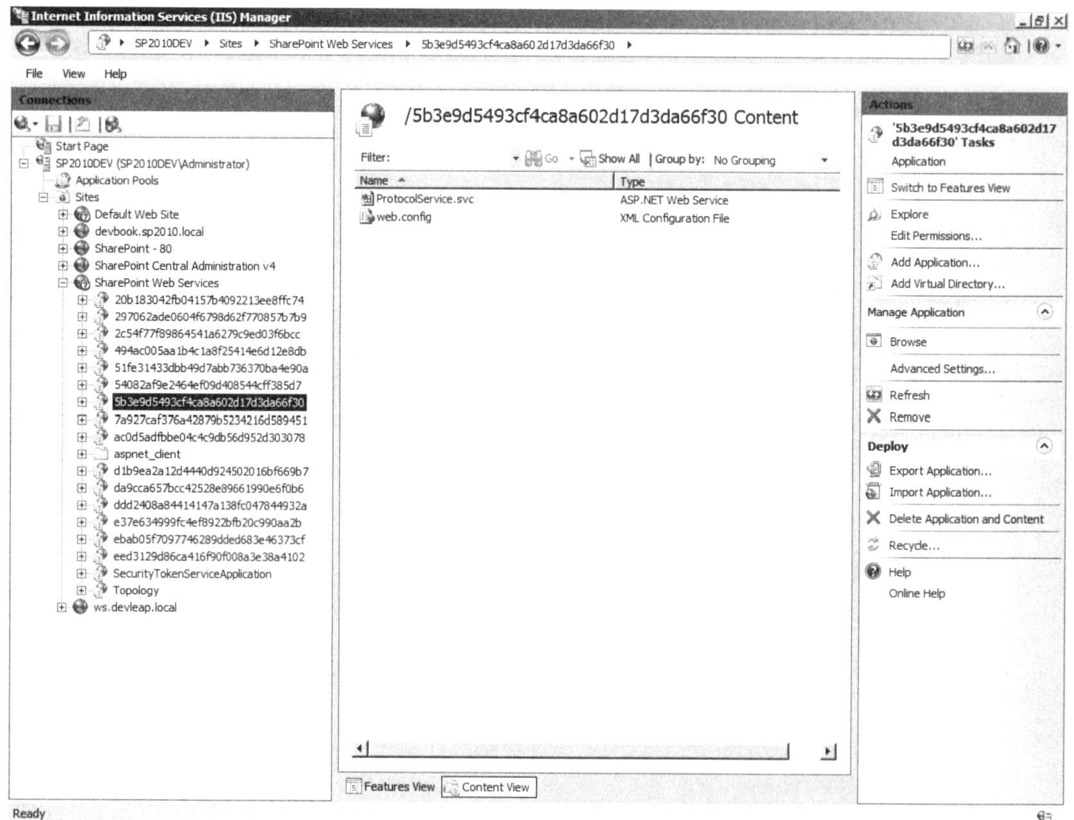

Abbildung 15.9 Dieses virtuelle Verzeichnis hat SharePoint automatisch für die Protokolldienstinstanz konfiguriert

Dienstanwendungsproxy

Der Dienstanwendungsproxy ist einfacher als der Dienst und weist einige benutzerdefinierte Klassen auf. Die erste Klasse ist *ProtocolServiceClient*. Dabei handelt es sich um eine Hilfsklasse, die die Verwendung des Protokolldienstes aus der Sicht eines Clients vereinfacht. Sie speichert einen Verweis auf den aktuellen Dienstkontext und enthält zudem eine Methode namens *GenerateProtocolNumber*, die den Aufruf der Dienstmethode erleichtert und eine einfache und benutzerfreundliche Schnittstelle bietet. Listing 15.15 zeigt die Definition der Klasse *ProtocolServiceClient*.

Listing 15.15 Die Definition der Klasse *ProtocolServiceClient*

```
public sealed class ProtocolServiceClient {

  private SPServiceContext _serviceContext;

  public ProtocolServiceClient(SPServiceContext serviceContext) {
    if (serviceContext == null)
      throw new ArgumentNullException("serviceContext");
    this._serviceContext = serviceContext;
  }

  public String GenerateProtocolNumber(String contentUri, ExecuteOptions options) {
    String result = String.Empty;

    ProtocolServiceApplicationProxy.Invoke(_serviceContext,
      proxy => result = proxy.GenerateProtocolNumber(contentUri, options));
    return (result);
  }
}
```

Die Methode *GenerateProtocolNumber* verwendet intern eine Instanz der Klasse *ProtocolServiceApplicationProxy*. Dabei handelt es sich um die zweite benutzerdefinierte Klasse, die auf der Verbraucherseite der Dienstanwendung definiert wird. Diese Klasse wird von der abstrakten Basisklasse *SPIisWebServiceApplicationProxy* abgeleitet, die unter Verwendung der Dienstanwendungsarchitektur und -infrastruktur für die proxyseitige WCF-Einbindung sorgt, damit der WCF-Remotedienst aufgerufen werden kann. In der Implementierung dieser Klasse liegt auch der Code zur Erstellung des *ChannelFactory*-Objekts für den Aufruf des Dienstes und der Code, der mit dem Dienst *Anwendungserkennung und Anwendung des Lastenausgleichsdiensts* ermittelt, wo sich der Dienst befindet und welche Instanz aufzurufen ist. Dazu wird das konfigurierte Lastenausgleichsprotokoll verwendet, das standardmäßig als eine von der Klasse *SPServiceLoadBalancer* abgeleitete Klasse implementiert wird. Wie üblich können Sie selbst eine Klasse von dieser Klasse ableiten und die interne Lastenausgleichslogik überschreiben, oder Sie verwenden den Standardlastenausgleich von SharePoint, der in der Klasse *SPRoundRobinServiceLoadBalancer* implementiert wird. Wie der Name andeutet, führt die Klasse *SPRoundRobinServiceLoadBalancer* einen Lastenausgleich durch, indem sie Anfragen einfach reihum an die verfügbaren Instanzen verteilt (Round-Robin-Schema). Die Implementierung der Klasse *ProtocolServiceApplicationProxy* ist nicht trivial und erfordert eine gründliche Kenntnis von WCF. Daher wird sie hier nicht gezeigt. Sie finden die Klasse aber im Beispielcode für dieses Kapitel.

Die dritte und letzte Klasse, die auf der Proxyseite zu implementieren ist, ist *ProtocolServiceProxy*. Sie wird von der Klasse *SPIisWebServiceProxy* abgeleitet und implementiert die Schnittstelle *IServiceProxyAdministration*. Diese Basisklasse enthält die Basislogik des Proxys, während die Schnittstelle Methoden und Eigenschaften für die Verwaltung des Proxys bietet. Ähnlich wie jeder Dienst kann der Proxy mit den Verwaltungsprogrammen von SharePoint definiert werden.

Im Beispiel für dieses Kapitel wird der Proxy automatisch erstellt, wenn ein Dienst erstellt wird. Allerdings können sich Situationen ergeben, in denen Sie vielleicht nur die Proxyschicht erstellen und verwalten möchten, zum Beispiel weil die Dienstschicht von einer externen Farm angeboten wird und Sie sich nur um die Verbraucherseite der Diensttopologie zu kümmern brauchen.

Der interessanteste Teil des Codes aus der Klasse *ProtocolServiceProxy* ist die Typdeklaration (Listing 15.16).

Listing 15.16 Die Deklaration der Klasse *ProtocolServiceProxy*

```
namespace DevLeap.SP2010.ProtocolServiceAppProxy {
  [System.Runtime.InteropServices.Guid("0DDA776A-932B-45d0-8330-70C022CFEEAF")]
  [SupportedServiceApplication("C7E904DA-9DF0-4038-9806-025EEA58C437",
    "1.0.0.0", typeof(ProtocolServiceApplicationProxy))]
  public sealed class ProtocolServiceProxy :
    SPIisWebServiceProxy, IServiceProxyAdministration {

    // Hier folgt die Implementierung (der Einfachheit halber weggelassen)

  }
}
```

Die Klasse *ProtocolServiceProxy* wurde mit einem *SupportedServiceApplication*-Attribut dekoriert, das zusätzliche Angaben für den Dienstanwendungsproxy enthält. Es besagt, dass dieser Proxy nur für eine Dienstanwendung gilt, deren *ApplicationClassId* und deren *ApplicationVersion* mit den entsprechenden Werten aus Listing 15.10 übereinstimmen.

Der letzte Punkt, der auf der Proxyseite noch erledigt werden muss, ist die Deklaration der Konfiguration des Dienstclients. In Listing 15.11 haben Sie gesehen, dass der Dienst auf der Dienstseite eine benutzerdefinierte *web.config*-Datei benötigt, um die Bindungen und das Verhalten der Kommunikationsinfrastruktur des Dienstes zu deklarieren. Auf der Verbraucherseite brauchen Sie eine entsprechende Konfiguration.

SharePoint 2010 sieht zur Speicherung der Konfigurationsdateien für den Aufruf von Remotediensten einen speziellen Ordner vor. Dieser Ordner ist *<SharePoint14_Root>\WebClients* und das Dienstanwendungsproxyprojekt stellt in diesem Ordner eine *Client.config*-Datei bereit. Listing 15.17 zeigt den Inhalt dieser Datei.

Listing 15.17 Die *Client.config*-Datei für den Protokolldienstproxy

```
<?xml version="1.0" encoding="utf-8" ?>
<configuration>
  <system.serviceModel>
    <client>
      <endpoint
        name="http"
        contract="DevLeap.SP2010.ProtocolServiceAppContracts.IProtocolService"
        binding="customBinding" bindingConfiguration="ProtocolServiceHttpBinding" />
      <endpoint
        name="https"
        contract="DevLeap.SP2010.ProtocolServiceAppContracts.IProtocolService"
        binding="customBinding" bindingConfiguration="ProtocolServiceHttpsBinding"/>
    </client>
    <bindings>
      <customBinding>
```

```
      <binding name="ProtocolServiceHttpsBinding" maxBufferPoolSize="1073741824"
        maxReceivedMessageSize="1073741824" sendTimeout="1:00:00">
        <security authenticationMode="IssuedTokenOverTransport" />
        <textMessageEncoding>
          <readerQuotas
            maxStringContentLength="1073741824"
            maxArrayLength="1073741824"
            maxBytesPerRead="1073741824" />
        </textMessageEncoding>
        <httpsTransport
          maxBufferPoolSize="1073741824"
          maxReceivedMessageSize="1073741824"
          useDefaultWebProxy="false"
          transferMode="Streamed"
          authenticationScheme="Anonymous"/>
      </binding>
      <binding name="ProtocolServiceHttpBinding" maxBufferPoolSize="1073741824"
        maxReceivedMessageSize="1073741824" sendTimeout="1:00:00">
        <security authenticationMode="IssuedTokenOverTransport"
          allowInsecureTransport="true"/>
        <textMessageEncoding>
          <readerQuotas
            maxStringContentLength="1073741824"
            maxArrayLength="1073741824"
            maxBytesPerRead="1073741824" />
        </textMessageEncoding>
        <httpTransport
          maxBufferPoolSize="1073741824"
          maxReceivedMessageSize="1073741824"
          useDefaultWebProxy="false"
          transferMode="Streamed"
          authenticationScheme="Anonymous"/>
      </binding>
    </customBinding>
  </bindings>
 </system.serviceModel>
</configuration>
```

Beachten Sie die beiden hervorgehobenen *security*-Elemente. Sie legen fest, dass die WCF-Bindungen für den aktuellen Dienst eine Authentifizierungsmethode auf der Basis eines ausgestellten Tokens verwenden. Die erste Bindung ist für einen geschützten HTTPS-Transport vorgesehen, die zweite für einen HTTP-Transport im Klartext, den man für die interne Kommunikation innerhalb einer Farm verwenden könnte, um die Kommunikationsvorgänge durch die fehlende Verschlüsselung auf der Transportebene zu beschleunigen.

Die Dienstclientendpunkte verwenden dieselbe Konfiguration, die auch auf der Serverseite verwendet wird. Bleibt noch festzuhalten, dass die Clientendpunkte kein Endpunktadressenattribut verwenden. Das ist durchaus korrekt, denn es ist Sache des Lastenausgleichs, die korrekte Adresse zu ermitteln, an die Nachrichten weiterzuleiten sind.

Verbraucher der Dienstanwendung

Der Dienstverbraucher ist im Beispielcode dieses Kapitels ein sehr einfaches Webpart, das die Methode *GenerateProtocolNumber* der Klasse *ProtocolServiceClient* aufruft. Selbstverständlich können auch andere Verbraucher die Dienstanwendung verwenden, beispielsweise eine Seite, ein Workflow, ein Ereignisempfänger und so weiter. Listing 15.18 zeigt einen Auszug aus der Implementierung des Beispielwebparts.

Listing 15.18 Implementierung eines Webparts, das die Protokolldienstanwendung verwendet

```
void getProtocolNumber_Click(object sender, EventArgs e) {
  ProtocolServiceClient psc = new ProtocolServiceClient(SPServiceContext.Current);
  this.result.Text = psc.GenerateProtocolNumber(
    this.contentUri.Text, ExecuteOptions.None);
}
```

Im Vergleich mit dem Aufwand, den ein Entwickler bei der Implementierung der Dienstanwendung treiben muss, ist der Verbrauchercode sehr einfach. Wer den Verbraucher implementiert, braucht sich nicht um die Komplexität der Abläufe hinter der Bühne zu kümmern.

Bereitstellen des Dienstanwendungsproxys

Der Dienstanwendungsproxy wird ebenfalls mit einem benutzerdefinierten Featureempfänger bereitgestellt. Listing 15.19 zeigt die Aktivierungs- und Deaktivierungsereignisse dieses Featureempfängers.

Listing 15.19 Der Featureempfänger zur Bereitstellung des benutzerdefinierten Dienstanwendungsproxys

```
public override void FeatureActivated(SPFeatureReceiverProperties properties) {
  SPFarm farm = SPFarm.Local;
  SPServer server = SPServer.Local;

  ProtocolServiceProxy serviceProxy =
    farm.ServiceProxies.GetValue<ProtocolServiceProxy>();

  if (serviceProxy == null) {
    serviceProxy = new ProtocolServiceProxy(farm);
    serviceProxy.Update(true);
  }
}

public override void FeatureDeactivating(SPFeatureReceiverProperties properties) {
  SPFarm farm = SPFarm.Local;
  SPServer server = SPServer.Local;

  ProtocolServiceProxy serviceProxy =
    farm.ServiceProxies.GetValue<ProtocolServiceProxy>();

  if (serviceProxy != null) {
      farm.ServiceProxies.Remove(serviceProxy.Id);
    }
}
```

Der Code zur Aktivierung des Features registriert den Dienstanwendungsproxy in der Farm, während der Code zur Deaktivierung des Features einfach die Registrierung des Proxys entfernt.

WICHTIG Zur Implementierung einer vollständigen und professionellen Lösung sollten Sie Ihre Kunden mit CmdLet-Skripts zur Installation, Deinstallation, Aktivierung und Deaktivierung der Dienstanwendung und des Dienstanwendungsproxys mit Windows PowerShell versorgen. Intern sollten diese CmdLet-Skripts die Typen verwenden, die in diesem Kapitel definiert wurden. Im Beispielcode für dieses Kapitel finden Sie eine Beispielimplementierung eines CmdLet-Skripts.

Abschließende Überlegungen

Wie Sie gesehen haben, ist die Implementierung einer Dienstanwendung keine triviale Aufgabe. Sie sollten nur dann eine Dienstanwendung implementieren, wenn Sie wirklich eine brauchen. Andernfalls wäre der Aufwand einfach zu groß, insbesondere im Vergleich mit anderen, einfacheren Lösungen. Eine Dienstanwendung sollte in folgenden Situationen implementiert werden:

- Wenn mehrere Webanwendungen oder mehrere SharePoint-Farmen die Geschäftslogik und/oder Daten gemeinsam verwenden sollen.
- Wenn Sie langwierige Aktivitäten oder Aufgaben implementieren müssen, die auf dem Backend ausgeführt werden können, auf mehreren Sites überwacht und verwaltet werden sollen und vielleicht auf Remoteprozesse zurückgreifen.
- Wenn Sie eine skalierbare und verwaltbare Infrastruktur brauchen, die auf einer vorhandenen Architektur aufbaut.
- Wenn Sie für die Delegierung und Autorisierung von Benutzern eine Authentifizierung auf der Basis von Ansprüchen verwenden müssen.

Umgekehrt sollten Sie in folgenden Situationen keine Dienstanwendung implementieren:

- Wenn Sie dieselben Daten in derselben Webanwendung auf mehreren Websites oder Websitesammlungen verwenden müssen.
- Wenn Sie nicht mit Datenquellen oder Komponenten arbeiten müssen, die außerhalb der betreffenden Webanwendung liegen.
- Wenn Sie eine einfache Logik implementieren müssen, die mit der Benutzeroberfläche des Endbenutzers zusammenarbeiten soll.
- Wenn Sie das Ziel auch durch die Implementierung eines Workflows, eines Webparts oder eines benutzerdefinierten Ereignisempfängers erreichen können.

Zum Abschluss möchte ich noch einmal darauf hinweisen, dass eine Dienstanwendung als WCF-Dienst implementiert werden kann, und ich empfehle, WCF als Kommunikationsinfrastruktur zu verwenden. Allerdings ist es nicht zwingend erforderlich, WCF zu verwenden. Sie können die Kommunikation der Dienstanwendung auch mit jedem anderen Protokoll und jeder anderen Kommunikationsinfrastruktur aufbauen, die Sie verwenden möchten. Wenn Sie aber kein WCF verwenden, verlieren Sie wahrscheinlich die Möglichkeit, die SharePoint-Funktionen zur forderungsbasierten Authentifizierung und Autorisierung zu verwenden.

Zusammenfassung

In diesem Kapitel haben Sie erfahren, was eine Dienstanwendung ist. Sie haben die Architektur der Dienstanwendungen und des Dienstanwendungsframeworks kennengelernt. Dann haben Sie sich anhand eines Beispiels Schritt für Schritt in die Erstellung einer Dienstanwendung eingearbeitet.

Teil V

Entwickeln von Workflows

In diesem Teil:

Kapitel 16

Die Architektur von SharePoint-Workflows

In diesem Kapitel:

Dies ist das erste Kapitel des Abschnitts »Entwickeln von Workflows«, der das integrierte Workflow-Modul (workflow engine) von Microsoft SharePoint 2010 beschreibt: Windows Workflow Foundation. In diesem Kapitel lernen Sie die Architektur von Windows Workflow Foundation 3.5 kennen, das in SharePoint 2010 verwendet wird. Die nächsten Kapitel beschreiben die Entwicklung von benutzerdefinierten Workflows mit Microsoft SharePoint Designer 2010 und Microsoft Visual Studio 2010.

Übersicht über Workflow Foundation

Microsoft Windows Workflow Foundation (auch kurz WF genannt) ist die erste freigegebene Version des Workflow-Moduls, die von Microsoft seit .NET Framework 3.0 angekündigt wurde. Die Grundidee für WF ist, .NET-Entwicklern ein Workflow-Modul zur Verfügung zu stellen, das es ihnen erleichtert, ihre eigenen Softwarelösungen mit Workflow-Fähigkeiten zu versehen. WF ist, um genau zu sein, kein Workflow-Modul, das von Benutzern ohne weitere Vorbereitungen verwendet werden kann, und es ist kein Anwendungsserver für spezielle Workflow-Lösungen. Es handelt sich vielmehr um ein Grundgerüst für die Erstellung von benutzerdefinierten Workflow-fähigen Lösungen.

HINWEIS Die aktuelle Version von Workflow Foundation (auch bekannt als WF4) wird mit Microsoft .NET Framework 4.0 ausgeliefert. Es handelt sich um ein völlig neues Modul, das absolut nicht zu den Vorgängerversionen von WF (WF 3.0/WF 3.5 oder WF 3.*x*) kompatibel ist. Allerdings verwendet SharePoint 2010 immer noch die Vorgängerversion des Workflow-Moduls. Daher wird in diesem Kapitel nicht die neuste WF-Version beschrieben.

WEITERE INFORMATIONEN Eine umfassende Beschreibung von Windows Workflow Foundation 3.*x* finden Sie im Buch *Microsoft Windows Workflow Foundation Step by Step* von Kenn Scribner (Microsoft Press 2007, ISBN 978-0-7356-2335-4).

Sie können WF verwenden, wenn Sie einen Algorithmus nach einem Workflow-Paradigma implementieren möchten oder wenn Sie Ihren Kunden die Möglichkeit bieten möchten, einen Teil der Geschäftslogik Ihrer Software beispielsweise mit Flussdiagrammen zu entwerfen und anzupassen.

Workflow Foundation-Architektur

Aus architektonischer Sicht besteht ein WF-Workflow aus einer Reihe von Elementen, die Aktivitäten genannt werden. Eine Aktivität ist die kleinste Grundeinheit eines Workflows, die Sie ausführen können. Auch der Workflow selbst ist eine Aktivität. Unabhängig von der Zahl der Aktivitäten, aus denen sich Ihre Workflowdefinition zusammensetzt, wird aus dem Workflow früher oder später eine .NET-Klasse. Tatsächlich behandelt WF Workflows als Typen, und Workflowinstanzen sind Instanzen dieser Typen.

Die Ausführung einer Aktivität, die ebenfalls die Ausführung eines Workflows bedeutet, setzt die Bereitstellung eines Workflow-Moduls voraus, das wiederum auf einer Reihe von Laufzeitdiensten basiert. Das Workflow-Modul muss in einer speziellen Workflow-Hosting-Anwendung bereitgestellt werden, für deren Implementierung Sie selbst zuständig sind. Allerdings werden das Workflow-Laufzeitmodul und einige Standard- und benutzerdefinierte Laufzeitdienste bereits von der WF-Infrastruktur bereitgestellt. Abbildung 16.1 zeigt eine vereinfachte schematische Darstellung von WF 3.*x*.

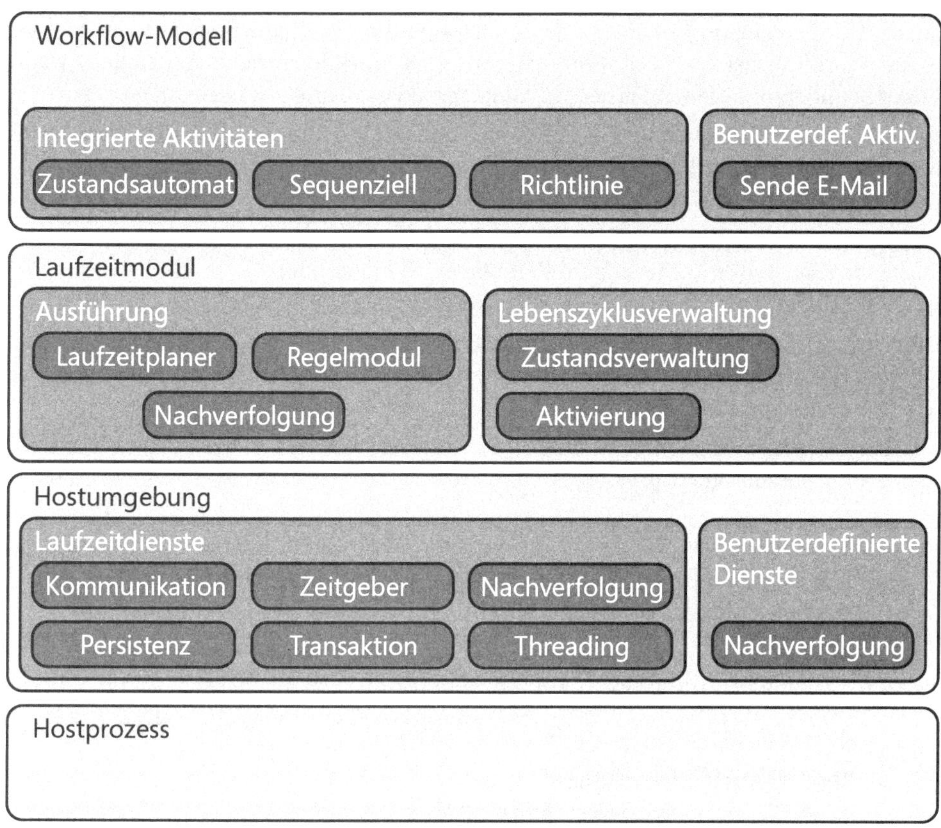

Abbildung 16.1 Eine schematische Darstellung der Architektur von Workflow Foundation in .NET 3.0 und 3.5

Ein Laufzeitdienst ist ein Dienst, der das Laufzeit-Modul bei der Verwaltung und Ausführung von Workflowinstanzen unterstützt. Wenn Sie zum Beispiel einen benutzerdefinierten Workflow erstellen und in einer Ihrer Anwendungen ausführen, müssen Sie die Workflowdefinition in den Arbeitsspeicher laden. Dafür ist ein Ladelaufzeitdienst zuständig. Wenn Ihr Workflow einen langwierigen Prozess definiert, ist es sehr wahrscheinlich, dass sich die Workflowinstanzen über längere Zeiträume im Leerlauf befinden. Dann könnten Sie diese Instanzen auf einem dauerhaften Speichermedium speichern (einem »Persistenzspeicher«), statt sie im Arbeitsspeicher zu lassen. Dafür können Sie einen Speicherlaufzeitdienst verwenden. Die wichtigsten integrierten Laufzeitdienste von WF 3.*x* sind:

- **Lader** Dieser Dienst lädt eine Workflowdefinition, um einen neuen Workflowtyp zu erstellen. In WF 3.x kann der integrierte Ladedienst einen Workflow aus einer Klassenbibliothek oder aus einer XAML-Datei laden.
- **Laufzeitplaner (Scheduler)** Dieser Dienst legt Threads (Ausführungspfade) für die Ausführung von Workflowinstanzen an und verwaltet sie. Standardmäßig führt der Laufzeitplaner jede Workflowinstanz nur auf einem einzigen Thread aus. Außerdem ist die Gesamtzahl aller Threads, die in der Laufzeitschicht für die Ausführung von Workflowinstanzen zur Verfügung stehen, sehr niedrig. Auf einem Computer, der nur über einen einzigen Prozessorkern verfügt, sind es fünf Threads. Auf einem Computer mit mehreren Prozessorkernen gibt es für jeden Kern vier (= 5 * 0.8) Threads.

- **Persistenz (dauerhafte Speicherung)** Dieser Dienst verwaltet die dauerhafte Speicherung und das erneute Laden von Workflowinstanzen. Gewöhnlich wird eine Workflowinstanz gespeichert, wenn sie sich im Leerlauf befindet, und sie wird erneut geladen, sobald es wieder etwas zu tun gibt.
- **Überwachung** Dieser Dienst überwacht die Ereignisse und Nachrichten, die bei der Arbeit mit einer Workflowinstanz auftreten. Er kann zur Überwachung der Ausführung von Workflows und zur Analyse bereits durchgeführter Vorgänge verwendet werden.
- **CommitWorkBatch** Dieser Dienst verwaltet die dauerhafte Speicherung von Informationen und des aktuellen Zustands einer Workflowinstanz im Rahmen einer Transaktion.
- **Kommunikation** Dieser Dienst unterstützt die Kommunikation zwischen einer Workflowinstanz und der Hostumgebung. Muss beispielsweise eine Interaktion zwischen einer Workflowinstanz und dem Benutzer stattfinden, wird die Workflowinstanz wahrscheinlich die Benutzeroberfläche verwenden und der Workflow muss auf Ereignisse warten, die in der Benutzeroberfläche auftreten.

Wenn das Verhalten dieser Dienste Ihre Anforderungen nicht erfüllt, können Sie eigene Dienste implementieren, mit denen Sie die Standarddienste ersetzen.

WICHTIG Die WF-Architektur ist zwar sehr offen und erweiterbar, aber in der Kombination von WF und SharePoint 2010 können Sie nicht jeden Laufzeitdienst anpassen. Einige Laufzeitdienste wurden bereits von Microsoft für SharePoint 2010 angepasst und können daher nicht mehr geändert werden.

Die Aktivitäten, die von Haus aus von WF geboten werden, sind für die gebräuchlichsten und nützlichsten Aufgaben vorgesehen. Tabelle 16.1 beschreibt die wichtigsten Aktivitäten, die WF in .NET 3.5 bietet.

Tabelle 16.1 Die wichtigsten integrierten Aktivitäten von WF in .NET 3.5

Name der Aktivität	Beschreibung
CallExternalMethod	Eine Aktivität, mit der Sie eine Methode in einer registrierten externen Klasse aufrufen können. *CallExternalMethod* wird für die Kommunikation zwischen der Workflowinstanz und dem Host verwendet.
Code	Definiert benutzerdefinierten Code. Der Code wird in einer .NET-Sprache geschrieben und in der Klasse, die den Workflow definiert, als Ereignishandler kompiliert.
Compensate	Eine Aktivität, die langwierige Transaktionen unterstützt. *Compensate* ermöglicht die Kompensierung einer Aktivität, die bereits ausgeführt und abgeschlossen wurde, falls sich im Rahmen einer langwierigen Transaktion später herausstellt, dass ein Fehler aufgetreten ist.
CompensatableSequence	Ein Container für andere Aktivitäten, die der Reihe nach ausgeführt werden und durch eine *Compensate*-Aktivitätsinstanz kompensiert werden können.
ConditionedActivityGroup	Eine komplexe Aktivität zur Definition eines iterativen und auf Beschränkungen basierenden Blocks bedingter Aktivitäten (wie *While*). Bei jedem iterativen Schritt überprüft die *ConditionedActivityGroup*-Aktivität (CAG) die Bedingungen für jede enthaltene Aktivität und führt nur die Aktivitäten aus, deren Bedingung *True* ergibt. Die Iteration wird wiederholt, bis eine *UntilCondition*-Eigenschaft der CAG *True* wird oder alle Bedingungen der untergeordneten Aktivitäten *False* ergeben.
Delay	Führt eine zeitliche Verzögerung in die Ausführung des Workflows ein. Während der Workflow die vorgesehene Zeitspanne wartet, ist er untätig und kann aus dem Arbeitsspeicher ausgelagert werden.
EventDriven	Enthält eine Aktivität, die ausgeführt wird, wenn ein bestimmtes Ereignis eintritt.
EventHandlingScope	Legt den Bereich von untergeordneten Aktivitäten bezogen auf ein bestimmtes Ereignis fest.
FaultHandler	Bearbeitet einen Fehler (eine Ausnahme). ►

Name der Aktivität	Beschreibung
HandleExternalEvent	Ermöglicht die Bearbeitung eines Ereignisses, das von einer registrierten externen Klasse ausgelöst wird. *HandleExternalEvent* wird für die Kommunikation zwischen dem Host und der Workflowinstanz verwendet.
IfElse	Definiert einen *If-Else*-Standardblock, mit dem Sie die Schritte im Workflow von Bedingungen abhängig machen können.
InvokeWebService	Ruft einen externen SOAP-Dienst auf. Verwendet intern die Webdienste von ASP.NET. (Ich empfehle, stattdessen die Aktivitäten *SendActivity* und *ReceiveActivity* zu verwenden, die auf WCF basieren und mit .NET 3.5 eingeführt wurden.)
InvokeWorkflow	Führt eine andere Workflowinstanz aus. *InvokeWorkflow* führt die andere Instanz asynchron aus und Sie haben keine Kontrolle über die andere Instanz.
Listen	Definiert eine Reihe von Aktivitäten, die auf Ereignisse warten (event listeners). Der Workflow wartet darauf, dass eines der Ereignisse eintritt, bevor seine Ausführung fortgesetzt wird.
Parallel	Deklariert Verzweigungen der Aktivitäten, die auf logischer Ebene gleichzeitig verarbeitet werden.
Policy	Eine komplexe Aktivität, mit der Sie Regeln definieren können, die bewertet und bei Bedarf erneut bewertet werden, bis ein stabiler Zustand oder eine Abbruchbedingung eintritt.
Replicator	Führt eine Aktivität für eine gegebene Gruppe von Eingabeelementen aus. *Replicator* kann beispielsweise dieselbe Genehmigungsaufgabe an eine Gruppe von Prüfern weiterleiten.
Sequence	Führt mehrere Aktivitäten in einer bestimmten Reihenfolge aus.
Suspend	Setzt die Ausführung der aktuellen Workflowinstanz aus.
SynchronizationScope	Beschreibt einen Abschnitt eines Workflows, der kontrollierten Zugang zu gemeinsamen Variablen braucht.
Terminate	Beendet die aktuelle Workflowinstanz.
Throw	Meldet eine Ausnahme.
TransactionScope	Beschreibt einen Abschnitt eines Workflows, der Aktivitäten im Rahmen einer Transaktion ausführt.
Compensatable-TransactionScope	Beschreibt einen Abschnitt eines Workflows, der Aktivitäten im Rahmen einer Transaktion ausführt. Falls sich bei einer länger andauernden Transaktion später Fehler ergeben, können die Änderungen durch eine *Compensate*-Aktivität kompensiert werden.
WebServiceInput	Ermöglicht die Annahme von externen Daten mit einer .ASMX-Webdienstschnittstelle (ASP.NET).
WebServiceOutput	Sendet mit einer .ASMX-Webdienstschnittstelle (ASP.NET) Antwortdaten nach außen.
WebServiceFault	Sendet mit einer .ASMX-Webdienstschnittstelle (ASP.NET) eine SOAP-Fehlerantwort nach außen.
While	Führt eine untergeordnete Aktivität iterativ aus, solange die festgelegte Bedingung *True* ergibt.
ReceiveActivity	Empfängt Daten, wobei ein WCF-Kanal und ein bestimmter Dienstvertrag verwendet werden. *ReceiveActivity* wurde mit .NET 3.5 eingeführt.
SendActivity	Sendet Daten, wobei ein WCF-Kanal und ein bestimmter Dienstvertrag verwendet werden. *SendActivity* wurde mit .NET 3.5 eingeführt.

Vielleicht ist Ihnen aufgefallen, dass es keine domänenspezifischen Aktivitäten gibt. Es bleibt also Ihnen überlassen, für Ihre Software eine vollständige Analyse der Voraussetzungen durchzuführen und die domänenspezifischen Aktivitäten zu definieren, die für Ihr Szenario erforderlich sind. Es gibt zum Beispiel keine Aktivitäten zur Verwaltung von Daten oder SQL-Datenbanken. Es gibt keine Aktivitäten für den Versand von E-Mails oder zum Speichern von Dateien. Das sind alles domänenspezifische Aufgaben. Eine praxisbezogene Workflow-Lösung enthält daher ein oder mehrere Workflowdefinitionen und eine Reihe von benutzerdefinierten Aktivitäten, die gewöhnlich in gemeinsam verwendeten Aktivitätsbibliotheken implementiert werden.

Workflowtypen

Eine Workflowdefinition kann mit XAML-Code (Extensible Application Markup Language) oder mit einer herkömmlichen .NET-Klasse erstellt werden. Microsoft Visual Studio 2010 unterstützt beide Methoden. Unabhängig von der gewählten Sprache (XAML, C#, VB.NET und so weiter) lässt sich jede Workflowinstanz als sequenzieller Workflow (sequential workflow) oder als Zustandsautomatworkflow (state machine workflow) definieren.

Ein sequenzieller Workflow definiert die Vorgänge, wie der Name andeutet, in chronologischer Reihenfolge, mit einem expliziten Anfang und einem expliziten Ende. Ein sequenzieller Workflow kann in seiner Definition nicht zurückspringen. Er kann sich nur vorwärts bewegen, von der Anfangsaktivität zur Endaktivität. Ein sequenzieller Workflow ist eine gute Wahl für Szenarien, in denen keine Benutzereingaben erforderlich sind oder in denen Sie die Benutzer Schritt für Schritt durch einen Vorgang führen müssen. Intern handelt es sich bei einem sequenziellen Workflow um eine Klasse, die von der Basisklasse *SequentialWorkflowActivity* abgeleitet wird.

Im Gegensatz dazu stellt ein Zustandsautomatworkflow einen Zustandsautomaten dar, der seine verschiedenen Zustände als Folge der bereits durchgeführten Aufgaben erreicht. Die möglichen Zustände können während des Entwurfs definiert werden. Außerdem gibt es noch Regeln für den Wechsel von einem Zustand in einen anderen. Jedes Mal, wenn ein Zustandsautomatworkflow in einen bestimmten Zustand wechselt, kann er eine benutzerdefinierte Schrittfolge ausführen, bevor er in den nächsten Zustand übergeht. Jeder Zustandsautomatworkflow hat zwangsläufig einen Anfangszustand, aber der Endzustand ist optional. Ein Zustandsautomatworkflow ohne Endzustand läuft unendlich. Intern ist ein Zustandsautomatworkflow eine Klasse, die von der Basisklasse *StateMachineWorkflowActivity* abgeleitet wird.

Mit einem sequenziellen Workflow können Sie theoretisch jeden Zustandsautomatworkflow definieren. Allerdings ist es keineswegs trivial, einen sequenziellen Workflow dazu zu bringen, dass er sich wie ein komplexerer Zustandsautomatworkflow verhält. Aus praktischer Sicht ist ein sequenzieller Workflow der ideale Kandidat für die Entwicklung von Workflows für datenintensive Aktivitäten, für Arbeiten, die der Computer ohne Benutzerinteraktion ausführt, für Konvertierungen und so weiter. Ein Zustandsautomat ist dagegen der ideale Kandidat für die Entwicklung von Genehmigungsworkflows für Dokumente, von Workflows für Genehmigungen, die in mehreren Schritten erfolgen, von Workflows für die Auftragsbearbeitung und so weiter.

Die Architektur von WF 3.x lässt die Definition von zusätzlichen Workflowmodellen zu, indem Sie einfach die vorhandenen Typen verwenden und eigene benutzerdefinierte Basisklassen und Designer erstellen.

WEITERE INFORMATIONEN Auf *http://www.codeplex.com* finden Sie Beispiele für benutzerdefinierte Designer und Workflowmodelle, mit denen sich zum Beispiel die Reihenfolge, in der Seiten angezeigt werden, wie in einem klassischen Assistenten definieren lässt.

Workflowdefinition

Zur Definition eines Workflows erstellen Sie ein neues Workflowprojekt, beispielsweise ein Workflowbibliotheksprojekt, und entwerfen die Workflowdefinition dann mit dem *Workflow-Designer* von Visual Studio.

WICHTIG Wenn Sie in Visual Studio 2010 Workflows für WF 3.5 entwickeln, müssen Sie explizit .NET Framework 3.5 als Zielframework einstellen, bevor Sie das Projekt erstellen. Die Standardeinstellung von Visual Studio 2010 führt sonst zur Erstellung von WF4-Workflows, die nicht von SharePoint 2010 unterstützt werden.

Vielleicht interessiert es Sie, dass Sie den Workflow-Designer von Visual Studio auch in Ihren eigenen Anwendungen verwenden können. Daher können Sie Ihren Endbenutzern die Möglichkeit geben, Workflowdefinitionen in der Benutzeroberfläche Ihrer Anwendung zu entwerfen und anzupassen, ohne dass dafür eine Visual Studio-Lizenz erforderlich wäre. Abbildung 16.2 zeigt den Workflow-Designer beim Entwurf einer sequenziellen Workflowdefinition.

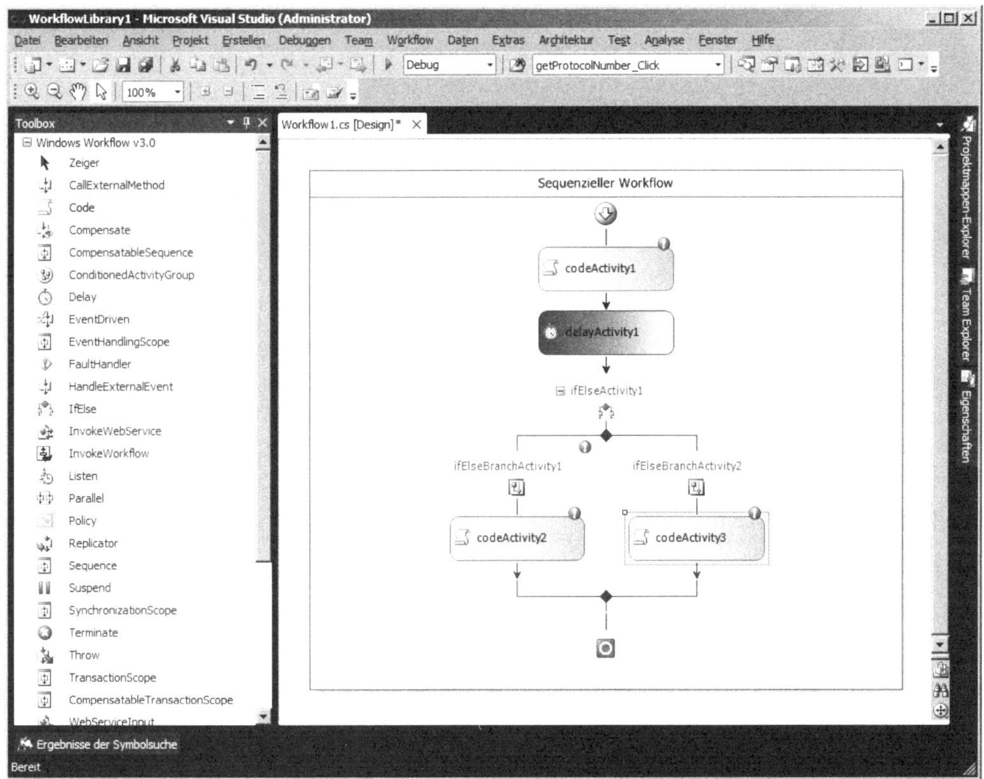

Abbildung 16.2 Der Workflow-Designer zeigt einen sequenziellen Beispielworkflow

Der Beispielworkflow aus Abbildung 16.2 besteht aus einer *Code*-Aktivität, gefolgt von einem *Delay* und einer *IfElse*-Aktivität. In beiden Zweigen der *IfElse*-Aktivität gibt es jeweils eine *Code*-Aktivität. Abbildung 16.3 zeigt den Designer mit einem Zustandsautomatworkflow für einen sehr einfachen Genehmigungsworkflow.

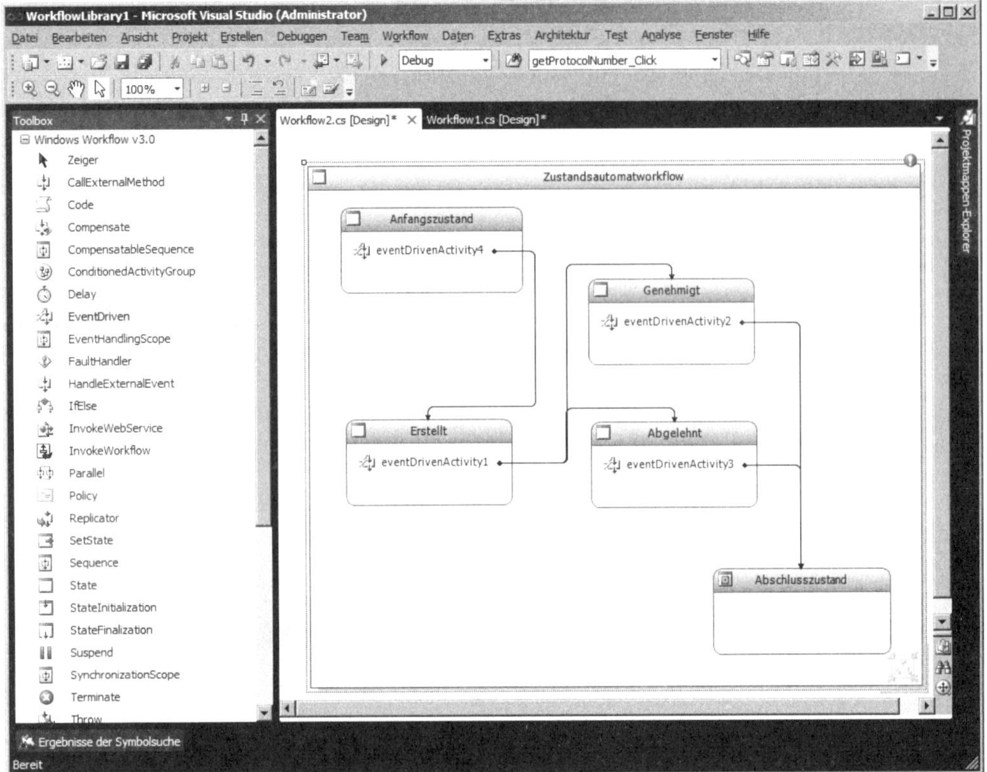

Abbildung 16.3 Der Workflow-Designer zeigt einen einfachen Zustandsautomatworkflow

Sie sehen fünf Zustände. Der erste heißt in diesem Beispiel *Anfangszustand*, der letzte *Abschlusszustand*. Um vom Anfang zum Ende zu gelangen, wechselt der Workflow nach dem Start in den Zustand *Erstellt* und kann dann in den Zustand *Genehmigt* oder in den Zustand *Abgelehnt* wechseln. Von diesen beiden Zuständen aus ist nur noch ein Wechsel in den Zustand *Abschlusszustand* möglich.

Benutzerdefinierte Aktivitäten

Die Beispielworkflows in den Abbildungen 16.2 und 16.3 basieren auf integrierten Standardaktivitäten. Wie bereits erwähnt, erfordert eine Workflowlösung in der Praxis aber meistens die Definition einer Bibliothek mit benutzerdefinierten und domänenspezifischen Aktivitäten.

Benutzerdefinierte Aktivitäten sind einfach nur Klassen, die letztlich von einer Basisklasse namens *Activity* aus dem Namespace *System.Workflow.ComponentModel* abgeleitet werden. Daher kann eine Aktivität praktisch in derselben Weise wie jeder andere .NET-Typ definiert werden. Listing 16.1 zeigt einen Auszug aus der Definition der Basisklasse *Activity*.

Listing 16.1 Auszug aus der Definition der Basisklasse *Activity*

```
public class Activity : DependencyObject {
  protected internal virtual ActivityExecutionStatus Cancel(
    ActivityExecutionContext executionContext);

  protected internal virtual ActivityExecutionStatus Execute(
    ActivityExecutionContext executionContext);

  protected internal virtual ActivityExecutionStatus HandleFault(
    ActivityExecutionContext executionContext, Exception exception);

  protected internal virtual void Initialize(IServiceProvider provider);

  protected internal virtual void Uninitialize(IServiceProvider provider);

  // Restlichen Code der Einfachheit halber weggelassen ...
}
```

Die wichtigste Methode der Klasse *Activity* ist *Execute*. Sie wird aufgerufen, wenn eine Aktivitätsinstanz aufgerufen und ausgeführt werden soll. In dieser Methode sollten Sie die interne Logik Ihrer benutzerdefinierten Aktivität definieren. Es gibt auch noch einige andere nützliche virtuelle Methoden, beispielsweise die Methode *HandleFault*, mit der sich alle Arten von unerwarteten Fehlern bearbeiten lassen. Es gibt die Methoden *Initialize* und *Uninitialize* zur Verwaltung von Initialisierungs- und Deinitialisierungsaufgaben beim Laden und Speichern einer Workflowinstanz. Außerdem gibt es noch eine virtuelle Methode namens *Cancel*, die für den Abbruch der aktuellen Aktivität zuständig ist.

Jede Aktivität arbeitet intern selbst wie ein Zustandsautomat. Abbildung 16.4 beschreibt die verfügbaren Zustände.

Nach ihrer Erstellung befindet sich eine Aktivität im Zustand *Initialized* (initialisiert). Der einzige Zustand, in den sie nach der Initialisierung übergehen kann, ist *Executing* (wird ausgeführt). Dabei führt die Aktivität die Methode *Execute* aus oder arbeitet unter Verwendung eines Hintergrunddienstes asynchron.

Tritt während der Ausführung der Aktivität ein Fehler auf, wechselt sie in den Zustand *Faulting* (ein Fehler ist aufgetreten). Wird die Ausführung einer Aktivität abgebrochen, wechselt die Aktivität in den Zustand *Canceling* (wird abgebrochen). Kann die Aktivität ihre Arbeit ohne Fehler oder Abbruch beenden, wechselt sie in den Zustand *Closed* (geschlossen). Das ist für eine nicht kompensierende Standardaktivität gewöhnlich der letzte Zustand. Auch im Fall eines Fehlers oder Abbruchs wechselt die Aktivität schließlich in den Zustand *Closed*.

Allerdings können sich Situationen ergeben, in denen eine Aktivität, die eine Kompensierung durchführen kann, wegen einer Kompensierungsanforderung von einer externen *Compensate*-Aktivität vom Zustand *Closed* in den Zustand *Compensating* (Kompensierung wird durchgeführt) wechselt. In diesem Fall kann die Aktivität die Kompensierung im Zustand *Compensating* durchführen und wieder in den Zustand *Closed* wechseln, oder es tritt während der Kompensierung ein Fehler auf. In diesem Fall wechselt die Aktivität in den Zustand *Faulting*, um die Fehlerbearbeitung durchzuführen, und wechselt anschließend in den Zustand *Closed*. Eine Kompensierung kann nur einmal erfolgen. Eine kompensationsfähige Aktivität, die bereits eine Kompensierung durchgeführt hat und sich im Zustand *Closed* befindet, hat endgültig das Ende ihres Lebenszyklus erreicht. Listing 16.2 zeigt ein Beispiel für eine benutzerdefinierte Aktivität, die der Einfachheit halber nur eine kleine Meldung auf der Konsole ausgibt.

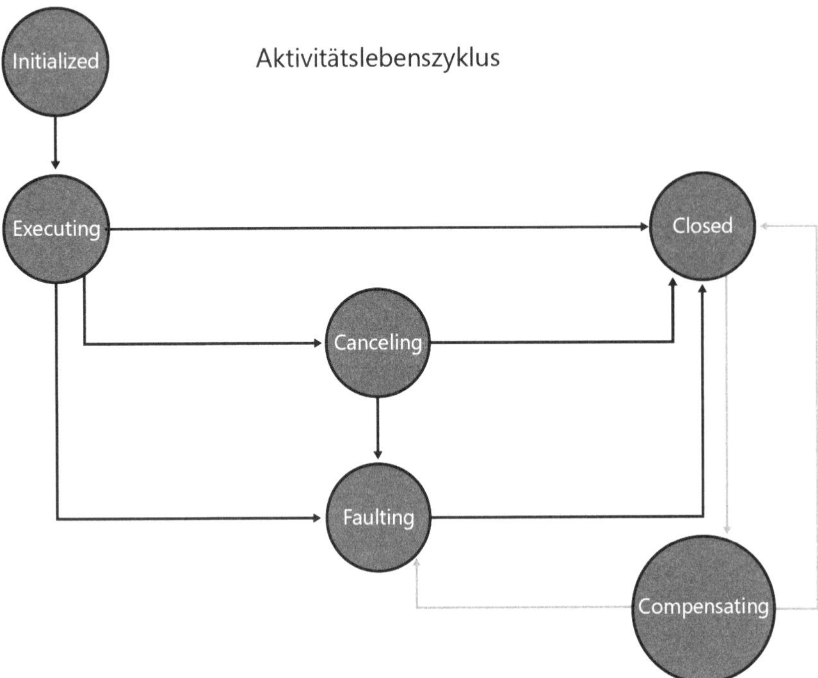

Abbildung 16.4 Das Zustandsdiagramm einer Aktivität bei der Ausführung eines Workflows

Listing 16.2 Eine einfache benutzerdefinierte Beispielaktivität

```
public class ConsoleWriterActivity: Activity {

  public String Message { get; set; }

  protected override ActivityExecutionStatus Execute(
    ActivityExecutionContext executionContext) {

        Console.WriteLine(this.Message);
        return (ActivityExecutionStatus.Closed);
    }
}
```

Die Methode *Execute* hat einen Parameter des Typs *ActivityExecutionContext*, der den Ausführungskontext der aktuellen Aktivität darstellt und als Eintrittspunkt für die Kommunikation mit dem Workflow-Laufzeitmodul und dem Workflow-Host dient, sowie für die Interaktion mit untergeordneten Aktivitäten, falls es sich bei Ihrer benutzerdefinierten Aktivität um einen Container für andere Aktivitäten handelt.

In Kapitel 20, »Workflows für Fortgeschrittene«, erfahren Sie mehr über die Erstellung von benutzerdefinierten Aktivitäten.

HINWEIS Sie können benutzerdefinierte Aktivitäten auch mit einem grafischen Designer definieren und vorhandene Aktivitäten zusammenfassen. Allerdings ist dies einfach nur eine grafische Benutzeroberfläche und nicht die beste Lösung zur Entwicklung von professionellen Aktivitätsbibliotheken.

Workflow-Ausführungsmodell

Wie im vorigen Abschnitt beschrieben, verhält sich eine einzelne Aktivität wie ein Zustandsautomat, der nach Bedarf den Zustand wechselt und seinen Lebenszyklus im Zustand *Closed* beendet. Außerdem ist jeder Workflow eine Aktivität. Tatsächlich werden der sequenzielle Workflow (*SequentialWorkflowActivity*) und der Zustandsautomatworkflow (*StateMachineWorkflowActivity*) von Klassen abgeleitet, die beide auf die Basisklasse *Activity* zurückzuführen sind. Daher arbeitet jeder Workflow intern wie ein Zustandsautomat.

Wenn das Workflow-Laufzeitmodul von WF 3.*x* einen Workflow lädt und ausführt, lädt es intern die Workflowdefinition, überprüft standardmäßig das Definitionsschema und setzt dann mit dem konfigurierten Laufzeitplanungsdienst (scheduler service) die Ausführung der Workflowinstanz an. Sobald der Laufzeitplanungsdienst über die Ressourcen für die Ausführung der Workflowinstanz verfügt (es ist also mindestens ein Thread frei), wird die Methode *Execute* der Workflowaktivitätsinstanz aufgerufen. Eine Containeraktivität bereitet in ihrer *Execute*-Methode gewöhnlich die Ausführung ihrer untergeordneten Aktivitäten vor. Der Standardplanungsdienst für Workflows führt jeden Workflow auf einem einzigen Thread aus, wodurch Probleme vermieden werden, die durch die gleichzeitige Ausführung mehrerer enthaltener Aktivitäten entstehen könnten, und führt die einzelnen Aktivitäten der Reihe nach aus. Folgt Aktivität B unmittelbar auf Aktivität A, führt der Laufzeitplanungsdienst B erst aus, wenn sich A im Zustand *Closed* befindet. Wenn sich alle Aktivitäten des Workflows im Zustand *Closed* befinden, einschließlich der Workflowaktivität selbst, wird die Workflowinstanz als beendet (completed) angesehen. Tritt während der Ausführung der Workflowinstanz ein Fehler auf oder wird eine *Terminate*-Aktivität ausgeführt, stuft der Laufzeitplanungsdienst die Instanz als »mit Fehler beendet« (completed with fault) oder »terminiert« (terminated) ein.

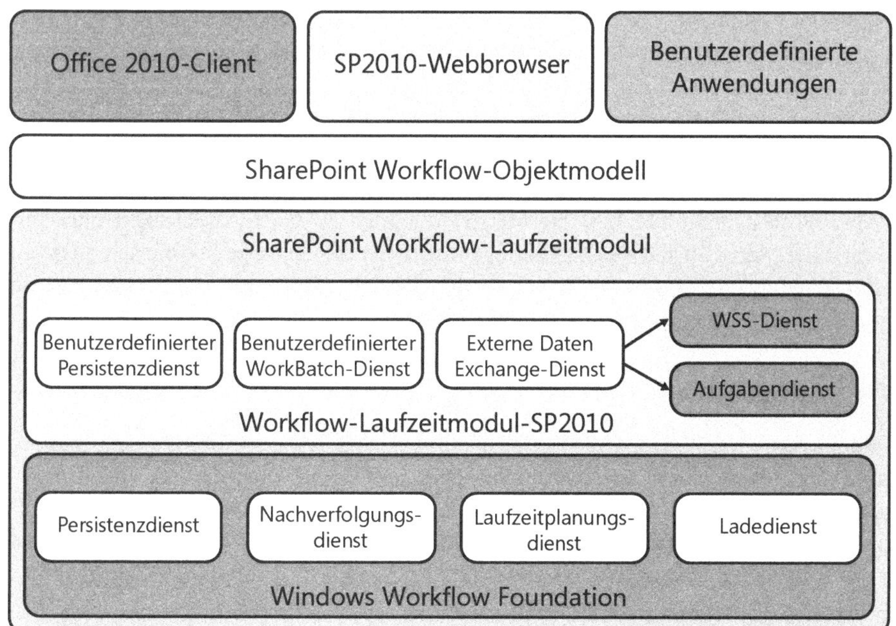

Abbildung 16.5 Eine schematische Darstellung der Architektur von Workflow Foundation 3.*x* mit SharePoint 2010 als Host

Workflows in SharePoint

Aus der Sicht von SharePoint 2010 ist ein Workflow genau das, was Sie im vorigen Abschnitt gesehen haben. SharePoint 2010 ist einfach nur ein weiterer Hostprozess, der Workflowinstanzen für SharePoint-Inhalte aufnimmt und eine Reihe von benutzerdefinierten Aktivitäten verwendet, die explizit für SharePoint-Inhalte und SharePoint-Funktionen entwickelt wurden. Außerdem hat das SharePoint 2010-Team einige Laufzeitdienste von WF angepasst, damit sie sich besser in SharePoint einfügen. Wie Abbildung 16.5 darstellt, basiert die WF-Architektur in SharePoint 2010 auf einigen angepassten Laufzeitdiensten, die das Standardverhalten von WF ändern.

Es gibt einen benutzerdefinierten Persistenzdienst (persistence service), der den Status jeder Workflowinstanz in der Inhaltsdatenbank der SharePoint-Websitesammlung speichert, in der der Workflow ausgeführt wird. Es gibt einen benutzerdefinierten WorkBatch-Dienst, der die Verwaltung von Transaktionen und die Speicherung von Zuständen unterstützt. Es gibt einen speziellen Kommunikationsdienst, der für die Verwaltung der Kommunikation und der Ereignisse zuständig ist, die mit SharePoint und den SharePoint-Aufgaben zu tun haben. Tatsächlich kommuniziert ein Workflow in SharePoint durch Aufgaben (tasks) mit der Hostumgebung und dem Endbenutzer.

Auf dieser angepassten Laufzeitschicht gibt es eine Reihe von SharePoint-spezifischen Aktivitäten, die zur Unterstützung der üblichen Aufgaben definiert wurden, die bei der Arbeit mit SharePoint-Inhalten zu erledigen sind. Es gibt zum Beispiel Aktivitäten für das Ein- und Auschecken eines Dokuments, zum Erstellen einer Aufgabe, zum Senden einer E-Mail-Benachrichtigung und so weiter. Im Abschnitt »Benutzerdefinierte SharePoint 2010-Aktivitäten« weiter unten in diesem Kapitel finden Sie eine Liste der benutzerdefinierten SharePoint-Aktivitäten.

SharePoint bietet auch ein spezielles Objektmodell zur Verwaltung, Ausführung und Überwachung von Workflowinstanzen. Dieses Objektmodell wurde in das Standardserverobjektmodell von SharePoint integriert. Beispielsweise verfügt jedes Objekt des Typs *SPListItem* über eine *Workflows*-Eigenschaft, mit der Sie alle Workflowinstanzen auflisten können, die für das betreffende Listenelement ausgeführt werden. Kapitel 20 zeigt im Abschnitt »Workflowverwaltung mit Programmcode« einige Beispiele für die Verwendung der Workflowklassen.

An der Spitze der SharePoint-Workflowarchitektur stehen die Verbraucher. Dabei kann es sich zum Beispiel um einen Standardwebbrowser handeln, um die Microsoft Office 2010-Clientplattform oder um benutzerdefinierte Software, die Sie selbst entwickelt haben. Dabei wird das Serverobjektmodell oder ein spezieller ASMX-Webdienst namens *Workflow.asmx* verwendet, der den Start und die Steuerung von Workflows durch Remotesoftware oder von einem Remotestandort aus ermöglicht.

Workflowziele und Zuordnungen

In SharePoint 2010 kann eine Workflowdefinition drei verschiedenen Zielen zugeordnet werden:

- **Liste oder Bibliothek** Eine Liste oder Bibliothek kann über eine oder mehrere ihr zugeordnete Workflowdefinitionen verfügen. Die Workflowdefinition ist für jedes Element der Liste oder Bibliothek verfügbar und wird je nach der Aktivierungskonfiguration, die Sie vornehmen, manuell oder bei der Erstellung oder Aktualisierung eines Elements ausgeführt.
- **Inhaltstyp** Einem Inhaltstyp können eine oder mehrere Workflowdefinitionen zugeordnet werden. Die Workflows werden für jedes Element mit diesem Inhaltstyp ausgeführt, unabhängig davon, zu welcher Liste das Element gehört oder in welchem Ordner es gespeichert ist.

- **Website** Ein Websiteworkflow ist einfach ein Workflow, der nicht mit einem bestimmten Element verknüpft ist, sondern auf der Ebene der gesamten Websitesammlung arbeitet (in diesem Sinn handelt es sich genauer um ein Websitesammlungsworkflow). Er kann beispielsweise für geplante Wartungsaufgaben verwendet werden. Das ist ein neues Feature von SharePoint 2010.

Wenn Sie einen Workflow entwerfen und ihn mit einem der drei möglichen Ziele verknüpfen wollen, müssen Sie einen Namen für diese Workflowzuordnung deklarieren, die Liste der Aufgaben festlegen, die für die Kommunikation verwendet werden soll, und eine Verlaufsliste für die Protokollierung und Nachverfolgung angeben. Abbildung 16.6 stellt die Zuordnungen, die von SharePoint 2010 unterstützt werden, schematisch dar.

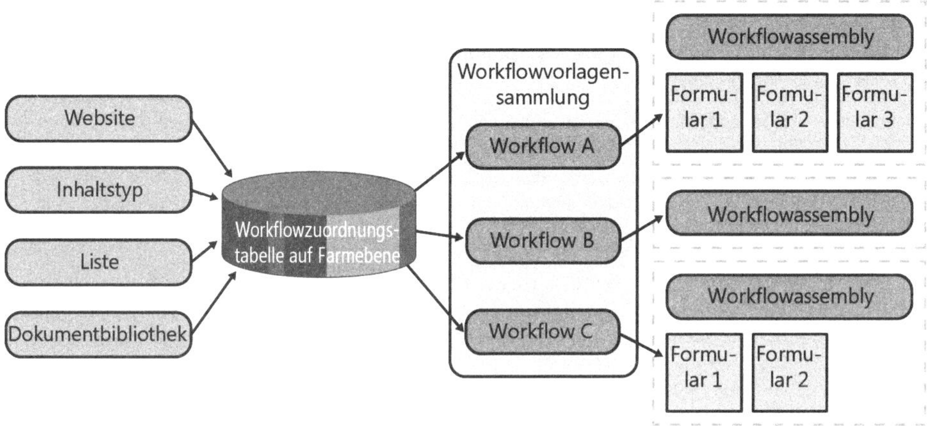

Abbildung 16.6 Die verschiedenen Zuordnungsarten, die SharePoint 2010 für Workflows unterstützt

Ein Workflow, der einer Liste, einer Bibliothek oder einem Inhaltstyp zugeordnet wurde, kann vom Endbenutzer manuell oder bei der Erstellung oder Änderung eines Elements automatisch gestartet werden. Einem Element können mehrere Workflowinstanzen oder verschiedene Workflowdefinitionen zugeordnet werden, die gleichzeitig ausgeführt werden. Allerdings kann es für eine bestimmte Workflowdefinition immer nur eine Workflowinstanz geben.

Eine Workflowdefinition besteht aus einer XML-Definitionsdatei, dem eigentlichen Workflow, der Assembly, die für die korrekte Ausführung des Workflows erforderlich ist, und den Formularen, mit denen Endbenutzer und Administratoren in der Benutzeroberfläche mit dem Workflow arbeiten können. Je nach der Version, mit der Sie arbeiten, können Sie benutzerdefinierte Formulare als ASP.NET-ASPX-Seiten erstellen (SharePoint Foundation 2010) oder auch InfoPath-Formulare verwenden (SharePoint Server 2010).

SharePoint unterstützt sequenzielle Workflows und Zustandsautomatworkflows. Unabhängig von der Art des Workflows, den Sie definieren, verwendet SharePoint 2010 intern einen benutzerdefinierten Laufzeitplaner (Scheduler), der die Workflows im Frontendprozess ausführt und Frontend-Threads verwendet, wenn eine Eingabe durch den Endbenutzer erforderlich ist. Für einen Workflow, der sich im Leerlauf befand und deswegen gespeichert wurde, verwendet SharePoint 2010, sofern kein Eingreifen eines Benutzers erforderlich ist, für die weitere Ausführung des wieder geladenen Workflows einen externen Prozess, der dem Dienst *OWSTIMER.EXE* gehört. Dabei handelt es sich um den Prozess des Windows-Dienstes *SharePoint 2010 Timer.*

Benutzerdefinierte SharePoint 2010-Aktivitäten

Wie bereits erwähnt, ist SharePoint 2010 ein domänenspezifischer Kontext für Workflows von WF 3.5. Daher gibt es benutzerdefinierte Aktivitäten und Dienste, die Sie bei der Entwicklung von Workflows für SharePoint 2010 unterstützen. Tabelle 16.2 beschreibt die benutzerdefinierten Aktivitäten, die in SharePoint-Workflows verfügbar sind. Diese Aktivitäten werden in einer Assembly namens *Microsoft.SharePoint.WorkflowActions* definiert, die im Ordner *<SharePoint14_Root>\ISAPI* verfügbar ist. Viele dieser Aktivitäten verwenden benutzerdefinierte Laufzeitdienste, die von der Laufzeitschicht von SharePoint 2010 registriert wurden.

Tabelle 16.2 Die benutzerdefinierten Aktivitäten für WF 3.5 in SharePoint 2010

Name der Aktivität	Beschreibung
ApplyActivation	Aktualisiert den anfänglichen Workflowstatus.
CompleteTask	Kennzeichnet eine Aufgabe als beendet und legt ein optionales Ergebnis für die Aufgabe fest.
CreateTask	Erstellt eine neue Aufgabe und ordnet sie zu.
CreateTaskWithContentType	Erstellt unter Verwendung eines benutzerdefinierten Inhaltstyps eine neue Aufgabe und ordnet sie zu.
DeleteTask	Löscht eine Aufgabe.
EnableWorkflowModification	Ermöglicht Workflowänderungen. Als Folge der Ausführung dieser Aktivität autorisiert die Benutzeroberfläche von SharePoint Benutzer zur Änderung der Konfiguration des laufenden Workflows. Die Workflowinstanz wird durch die Ereignisaktivität *OnWorkflowModified* über jede vorgenommene Änderung informiert.
InitializeWorkflow	Ermöglicht den Aufruf einer Initialisierungsmethode im lokalen Dienst des Workflow-Moduls.
LogToHistoryListActivity	Trägt ein Ereignis in die für den aktuellen Workflow konfigurierte Verlaufsliste ein.
OnTaskChanged	Bearbeitet ein Ereignis, das der SharePoint-Hostprozess meldet, wenn sich eine bestimmte Aufgabe ändert.
OnTaskCreated	Bearbeitet ein Ereignis, das der SharePoint-Hostprozess meldet, wenn eine Aufgabe erstellt wird.
OnTaskDeleted	Bearbeitet ein Ereignis, das der SharePoint-Hostprozess meldet, wenn eine bestimmte Aufgabe gelöscht wird.
OnWorkflowActivated	Bearbeitet ein Ereignis, das der SharePoint-Hostprozess meldet, wenn die Workflowinstanz aktiviert wird. Das ist immer die erste Aktivität eines SharePoint-Workflows. Durch diese Aktivität können Sie einen Verweis auf den Ausführungskontext der aktuellen Workflowinstanz erhalten. *OnWorkflowActivated* wird in Kapitel 18, »Workflows mit Visual Studio 2010«, näher besprochen.
OnWorkflowItemChanged	Bearbeitet ein Ereignis, das der SharePoint-Hostprozess meldet, wenn sich das Element ändert, dem der Workflow zugeordnet wurde.
OnWorkflowItemDeleted	Bearbeitet ein Ereignis, das der SharePoint-Hostprozess meldet, wenn das Element, dem der Workflow zugeordnet wurde, gelöscht wird.
OnWorkflowModified	Bearbeitet ein Ereignis, das der SharePoint-Hostprozess meldet, wenn die Konfiguration der aktuellen Workflowinstanz geändert wird. *OnWorkflowModified* arbeitet mit der Aktivität *EnableWorkflowModification* zusammen.
RollbackTask	Macht eine Workflowaufgabe so weit rückgängig, bis der letzte akzeptierte Zustand erreicht ist.
SendEmail	Sendet mit dem E-Mail-Modul von SharePoint eine E-Mail.
SetState	Legt den Zustand der aktuellen Workflowinstanz fest. *SetState* verwendet eine Eigenschaft namens *State*, die in SharePoint definiert wurde und bei der Überwachung des Lebenszyklus eines Workflows von Nutzen ist.
UpdateAllTasks	Aktualisiert alle unvollständigen Aufgaben, die mit der aktuellen Workflowinstanz verknüpft sind. ►

Name der Aktivität	Beschreibung
UpdateTask	Aktualisiert einige Eigenschaften einer bestimmten Aufgabe, die mit der aktuellen Workflowinstanz verknüpft ist.
CheckInItemActivity	Checkt ein Dokument in seine Dokumentbibliothek ein.
CheckOutItem-Activity	Checkt ein Dokument aus seiner Dokumentbibliothek aus.
CopyItemActivity	Kopiert ein Element von einer Liste in eine andere.
CreateItemActivity	Erstellt in der angegebenen Zielliste ein neues Element.
DeleteItemActivity	Löscht ein Element aus der angegebenen Liste.
UpdateItemActivity	Aktualisiert die Eigenschaften eines Elements in der angegebenen Liste.

Obwohl die Liste der benutzerdefinierten Aktivitäten nicht kurz ist und es Aktivitäten gibt, die Sie bei vielen Standardaufgaben unterstützen, könnte die Liste durchaus länger sein. Häufig müssen zum Beispiel die Berechtigungen für ein bestimmtes Element festgelegt oder geändert werden. Dafür gibt es keine benutzerdefinierte Aktivität. In vielen Workflows müssen Sie ein Dokument konvertieren, beispielsweise mit den Word-Konvertierungsdiensten, die in Kapitel 13, »Dokumentverwaltung«, beschrieben werden. Auch dafür gibt es keine vorgefertigte Aktivität. Daher werden Sie wahrscheinlich selbst einige benutzerdefinierte Aktivitäten entwickeln müssen, die sich in vielen Projekten und Lösungen wiederverwenden lassen.

Zusammenfassung

In diesem Kapitel haben Sie erfahren, was Windows Workflow Foundation ist, und eine kurze Übersicht über die Architektur erhalten. Dann haben Sie gesehen, wie SharePoint 2010 und WF 3.*x* zusammenarbeiten, und erfahren, welchen Zielen sich Workflows in SharePoint zuordnen lassen. In den nächsten Kapiteln werden Sie sehen, wie sich Workflows mit SharePoint 2010 und WF 3.*x* entwickeln lassen.

Kapitel 17

Workflows mit SharePoint Designer 2010

In diesem Kapitel:

In diesem Kapitel erfahren Sie, wie der Microsoft SharePoint Designer 2010 Sie bei der Entwicklung von Workflows unterstützt und welche Funktionen er für den Entwurf von Workflows bietet. Als Beispiel dient ein einfacher Workflow für eine Bestellungsgenehmigung.

VORSICHT Die Dateien und Workflowdefinitionen aus dem Beispielcode für dieses Kapitel sind nur dafür vorgesehen, dass Sie die Dateien in einem Texteditor überprüfen können. Wenn Sie die in diesem Kapitel beschriebenen Workflows testen möchten, sollten Sie sie selbst erstellen, wie im Kapitel beschrieben, statt die Codebeispiele in eine vorhandene SharePoint-Umgebung zu importieren.

SharePoint Designer 2010-Workflows

Der SharePoint Designer 2010 ist ein kostenloses Tool, das nicht nur von Websiteerstellern oder -designern, sondern auch von Entwicklern verwendet werden kann. Tatsächlich bietet SharePoint Designer 2010 viele Funktionen und Features, die auch für Entwickler von Nutzen sind. Aus der Sicht eines Entwicklers sind zweifellos die Workflowentwicklung und die Definition der Business Connectivity Services-Modelle (siehe auch Kapitel 25, »Business Connectivity Services«) am wichtigsten.

Mit SharePoint Designer 2010 können Sie drei Arten von Workflows erstellen:

- **Listenworkflow** Diese Workflows sind für bestimmte Listeninstanzen vorgesehen. Sie können nicht wiederverwendet werden und gelten für alle Elemente der betreffenden Liste.
- **Wiederverwendbarer Workflow** Diese Workflows können mit vielen Listen oder Inhaltstypen verknüpft werden. Werden sie mit einer Liste verknüpft, gelten sie für jedes Element der Liste. Wenn sie mit einem Inhaltstyp verknüpft werden, gelten sie unabhängig von der Containerliste für jede Instanz dieses Inhaltstyps.
- **Websiteworkflow** Diese Workflows werden einer Website zugeordnet und können auf der *Workflows*-Seite der Website gestartet werden, die über die Verknüpfung *Website-Workflows* auf der Seite *Gesamter Websiteinhalt* zugänglich ist. Sie laufen ohne ein bestimmtes Ziellistenelement.

Unabhängig von der Art der Workflows, die Sie definieren möchten, werden Sie für den Entwurf wahrscheinlich den SharePoint Designer 2010 verwenden. In diesem Abschnitt erfahren Sie mehr darüber.

Workflow-Designer

Wenn Sie mit SharePoint Designer 2010 eine Workflowdefinition erstellen, erscheint ein neuer Designer, mit dem Sie Workflows als geordnete Reihenfolge von Schritten definieren. Unter der Haube erstellt der Designer einen sequenziellen Workflow. Jeder Schritt kann aus Bedingungen bestehen, die zu überprüfen sind, und aus Aktionen, die ausgeführt werden sollen. Sie können Schritte, Bedingungen und Aktionen mit der »Zeigen-und-Klicken«-Methode definieren oder deren Namen von Hand eingeben. Natürlich stehen Ihnen dabei auch IntelliSense und die automatische Vervollständigung durch den Designer zur Verfügung. Abbildung 17.1 zeigt die neue Benutzeroberfläche des Workflow-Designers von SharePoint Designer 2010.

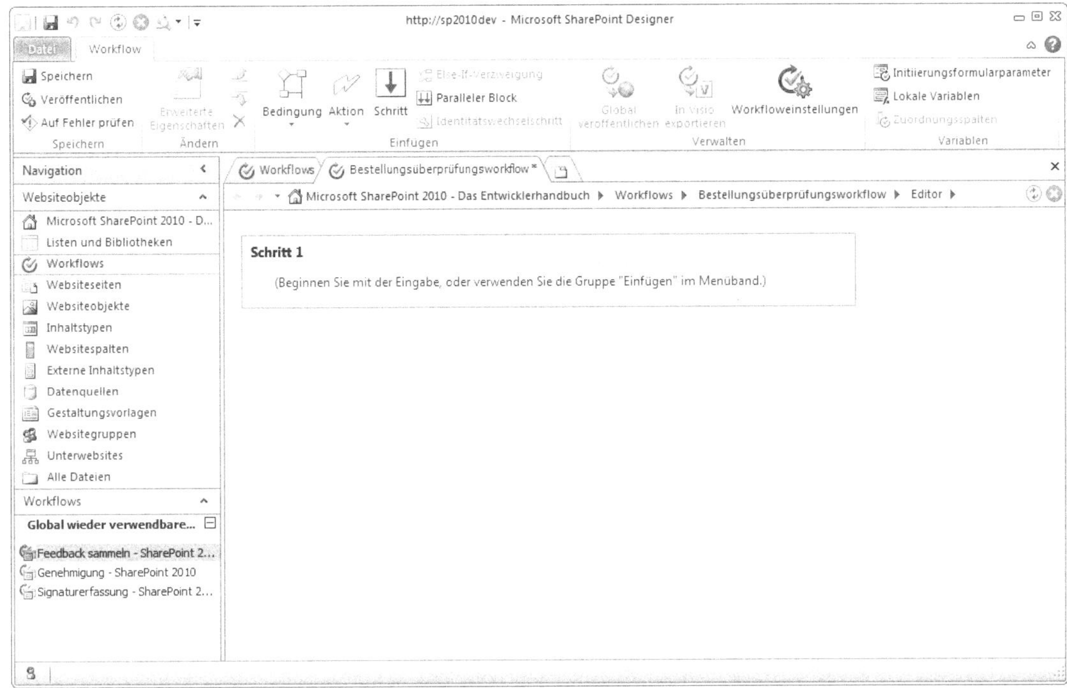

Abbildung 17.1 Die neue Benutzeroberfläche des Workflow-Designers aus SharePoint Designer 2010

Sehen Sie sich das Menüband im oberen Bereich des Fensters an (Abbildung 17.1). Darin finden Sie einige sehr interessante Befehle, die ich nun beschreiben möchte:

- **Speichern** Speichert die aktuelle Workflowdefinition. Für Endbenutzer ist der Workflow allerdings erst nach seiner Veröffentlichung verfügbar.
- **Veröffentlichen** Speichert und veröffentlicht die aktuelle Workflowdefinition.
- **Auf Fehler prüfen** Überprüft die Workflowstruktur auf Fehler.
- **Erweiterte Eigenschaften** Ermöglicht die erweiterte Anzeige und Bearbeitung der Eigenschaften von Aktionen.
- **Nach oben** Bewegt das ausgewählte Element im Workflowdefinitionsschema nach oben.
- **Nach unten** Bewegt das ausgewählte Element im Workflowdefinitionsschema nach unten.
- **Löschen** Löscht das ausgewählte Element.
- **Bedingung** Fügt eine Bedingung ein. Bedingungen gehören zu den Grundbausteinen eines Workflows. Es gibt Bedingungen, mit denen der Wert eines Felds des angegebenen Elements überprüft wird, oder zum Beispiel der Wert einer Variablen, und so weiter.
- **Aktion** Fügt eine Aktion ein. Aktionen gehören ebenfalls zu den Grundbausteinen eines Workflows.
- **Schritt** Fügt einen neuen Schritt in den Workflow ein.
- **Else-If-Verzweigung** Fügt zu einer bereits bestehenden *If*-Verzweigung eine *Else-If*-Verzweigung hinzu.
- **Paralleler Block** Fügt einen Block mit Aktionen ein, um Aktionen gleichzeitig auszuführen.

- **Identitätswechselschritt** Erstellt einen Schritt, dessen Aktionen mit der Identität des letzten Benutzers ausgeführt werden, der den Workflow bearbeitet hat.
- **Global veröffentlichen** Veröffentlicht einen wiederverwendbaren Workflow in der Stammwebsite einer Websitesammlung und macht ihn dadurch für die gesamte Websitesammlung verfügbar.
- **In Visio exportieren** Exportiert den aktuellen Workflow nach Microsoft Visio 2010.
- **Workfloweinstellungen** Ändert einige Konfigurationsparameter für die aktuelle Workflowdefinition.
- **Initiierungsformularparameter** Legt die Parameter fest, die für Endbenutzer angezeigt werden, wenn sie den Workflow manuell starten.
- **Lokale Variablen** Deklariert Variablen, deren Gültigkeit sich auf die aktuelle Workflowdefinition beschränkt.
- **Zuordnungsspalten** Definiert eine oder mehrere Spalten, die an Elemente angefügt werden, für die der aktuelle Workflow vorgesehen ist. Diese Spalten können als Container für Metadaten dienen, die irgendwo in dem Projekt gebraucht werden, an dem Sie arbeiten.

Außerdem wurde mit SharePoint 2010 und SharePoint Designer 2010 die Möglichkeit eingeführt, Workflows aus Visio 2010 zu importieren oder nach Visio zu exportieren. Sie können Ihre Workflows also mit Visio entwerfen und dann mit einem bestimmten Befehl von SharePoint Designer 2010 nach SharePoint importieren. Umgekehrt können Sie den Workflow auch in SharePoint Designer 2010 entwerfen und das Schema dann zu Dokumentationszwecken nach Visio exportieren. Dieses Thema wird im Abschnitt »Visio 2010-Integration« weiter unten in diesem Kapitel ausführlicher besprochen.

Bedingungen und Aktionen

Die Kernbestandteile von Designer 2010-Workflows sind die Bedingungen und Aktionen, die im Workflow-Designer verfügbar sind. In SharePoint Designer 2010 gibt es zwar bereits ein umfangreiches Angebot an Aktionen und Bedingungen, aber wenn Sie noch mehr brauchen, können Sie benutzerdefinierte Elemente hinzufügen, die Sie in Microsoft Visual Studio 2010 entwickelt haben. Wie man das macht, erfahren Sie in Kapitel 20, »Workflows für Fortgeschrittene«. Außerdem unterstützen Bedingungen und Aktionen einige SharePoint 2010-spezifische Eigenschaften und Methoden und werden standardmäßig in eine sequenzielle Workflowdefinition eingefügt. Abbildung 17.2 zeigt die Bedingungen, die SharePoint Designer 2010 von Haus aus in einem Auswahlmenü anbietet.

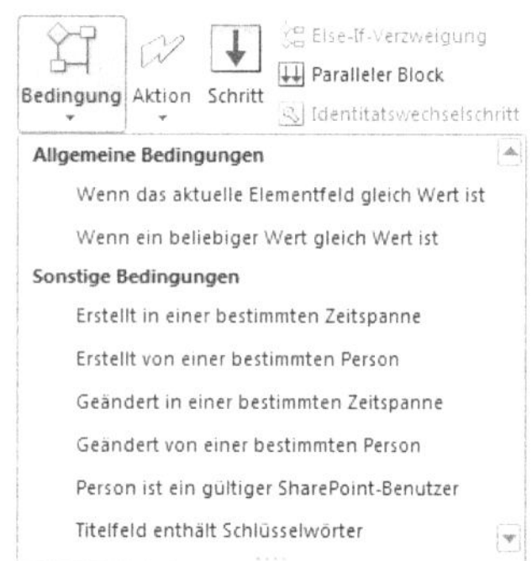

Abbildung 17.2 Das SharePoint Designer 2010-Menü zum Einfügen integrierter Bedingungen

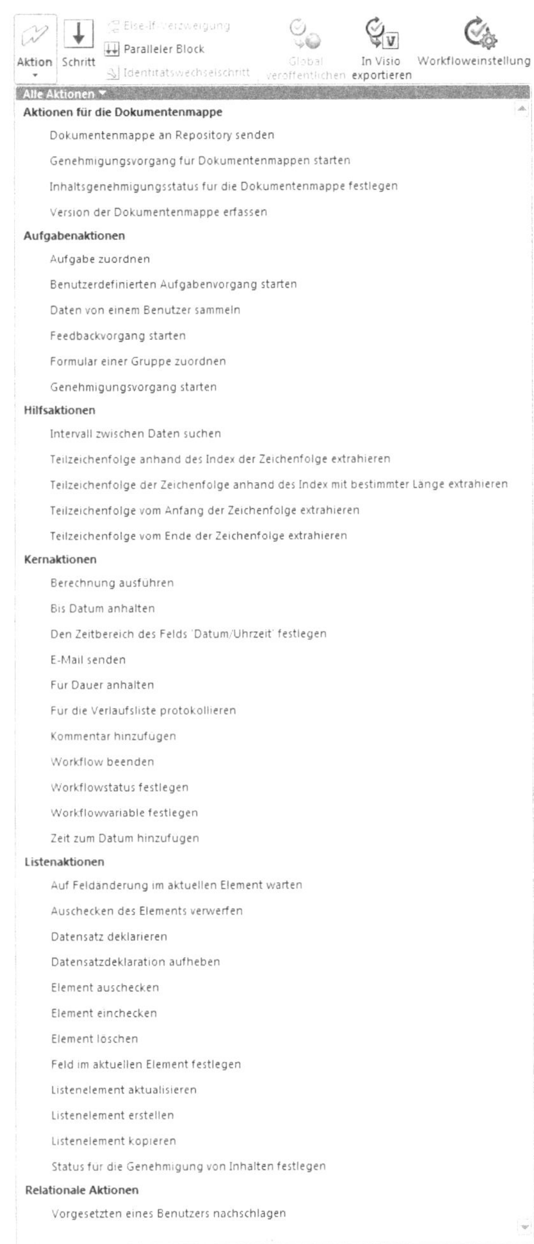

Abbildung 17.3 Das SharePoint Designer 2010-Menü zum Einfügen der integrierten Aktionen

Bedingungen werden zur Definition einer Verzweigung verwendet, oder wenn auf dem Ausführungspfad des Workflows eine Entscheidung getroffen werden muss. Es gibt zum Beispiel Bedingungen, mit denen sich die Werte von Feldern oder Informationen über den Benutzer überprüfen lassen, der das aktuelle Element erstellt oder geändert hat. Tabelle 17.1 beschreibt die integrierten Bedingungen.

Tabelle 17.1 Die integrierten Bedingungen, die SharePoint Designer 2010 bietet

Titel der Bedingung	Beschreibung
Wenn ein beliebiger Wert gleich Wert ist	Vergleicht einen Wert eines Elements, das im aktuellen Kontext verfügbar ist, mit dem Wert eines anderen Elements. Bei den Elementen aus dem Kontext kann es sich um das aktuelle Element handeln, für das der Workflow ausgeführt wird, um einen beliebigen Parameter oder eine Variable des aktuellen Workflows oder um eine beliebige Liste, die auf der aktuellen Website verfügbar ist.
Wenn das aktuelle Elementfeld gleich Wert ist	Vergleicht den Wert eines Feldes des aktuellen Elements mit dem eines anderen Elements aus dem aktuellen Kontext.
Erstellt von einer bestimmten Person	Überprüft, ob das aktuelle Element von einer bestimmten Person erstellt wurde.
Erstellt in einer bestimmten Zeitspanne	Überprüft, ob das aktuelle Element in einem bestimmen Zeitraum erstellt wurde.
Geändert von einer bestimmten Person	Überprüft, ob das aktuelle Element von einer bestimmten Person geändert wurde.
Geändert in einer bestimmten Zeitspanne	Überprüft, ob das aktuelle Element in einem bestimmten Zeitraum geändert wurde.
Person ist ein gültiger SharePoint-Benutzer	Überprüft, ob es sich bei einer bestimmten Person um einen zugelassenen SharePoint-Benutzer handelt.
Titelfeld enthält Schlüsselwörter	Überprüft, ob das *Title*-Feld des aktuellen Elements bestimmte Schlüsselwörter enthält.

Die anderen Komponenten, aus denen sich Schritte zusammensetzen, sind Aktionen. Sie werden für die Ausführung von Befehlen verwendet oder sie warten im Workflow auf das Eintreten von bestimmten Ereignissen. Es gibt zum Beispiel Aktionen für das Versenden einer E-Mail, für das Zuweisen von Aufgaben, für das Warten auf ein Feldänderungsereignis und so weiter. Tabelle 17.2 beschreibt die integrierten Aktionen. Abbildung 17.3 zeigt die integrierten Aktionen im Auswahlmenü von SharePoint Designer 2010.

Tabelle 17.2 Die integrierten Aktionen von SharePoint Designer 2010

Titel der Aktion	Beschreibung
Kommentar hinzufügen	Fügt einen Kommentar zur aktuellen Workflowdefinition hinzu. *Kommentar hinzufügen* ist für die Leute von Nutzen, die den Workflow entwickeln, nicht für die Endbenutzer.
Zeit zum Datum hinzufügen	Fügt die angegebene Anzahl von Minuten, Stunden, Tagen, Monaten oder Jahren zu einem Datum hinzu.
Berechnung ausführen	Führt eine Berechnung durch.
Für die Verlaufsliste protokollieren	Protokolliert eine Nachricht in der Verlaufsliste, die mit dem aktuellen Workflow verknüpft ist.
Für Dauer anhalten	Hält den aktuellen Workflow für die angegebene Zeitspanne an.
Bis Datum anhalten	Hält den aktuellen Workflow bis zum angegebenen Datum an.
E-Mail senden	Sendet eine E-Mail-Benachrichtigung. Sie können Angaben für die Felder *An*, *Cc* und *Betreff* machen und den eigentlichen Nachrichtentext festlegen. Betreff und Nachrichtentext können mit einer Kombination von festem Text und Kontextvariablen dynamisch definiert werden. ▶

Titel der Aktion	Beschreibung
Den Zeitbereich des Felds 'Datum/Uhrzeit' festlegen	Ändert den Teil eines Datum/Uhrzeit-Felds, der die Zeit angibt.
Workflowstatus festlegen	Legt den Status des Workflows fest. Die Standardwerte des Statusfelds sind: *Abgebrochen*, *Genehmigt* und *Abgelehnt*. Allerdings können Sie für einen bestimmten Workflow bei Bedarf auch benutzerdefinierte Statuswerte erstellen.
Workflowvariable festlegen	Legt den Wert einer Variablen fest, die im Kontext des Workflows definiert wurde.
Workflow beenden	Beendet den aktuellen Workflow und protokolliert den Vorgang mit einer Nachricht.
Version der Dokumentenmappe erfassen	Speichert eine Version einer Dokumentenmappe, wenn der Workflow für eine Dokumentenmappe ausgeführt wird. Diese Aktion ist nur in Microsoft SharePoint Server 2010 verfügbar.
Dokumentenmappe an Repository senden	Sendet die aktuelle Dokumentenmappe, sofern der Workflow für eine Dokumentenmappe ausgeführt wird, mit einem erläuternden Text an eine Zieladresse. Diese Aktion ist nur in Microsoft SharePoint Server 2010 verfügbar.
Inhaltsgenehmigungsstatus für die Dokumentenmappe festlegen	Legt den Inhaltsgenehmigungsstatus für eine Dokumentenmappe fest, wenn der Workflow für eine Dokumentenmappe ausgeführt wird. Diese Aktion ist nur in Microsoft SharePoint Server 2010 verfügbar.
Genehmigungsvorgang für Dokumentenmappen starten	Leitet den Genehmigungsvorgang für eine Dokumentenmappe ein, wenn der Workflow für eine Dokumentenmappe ausgeführt wird. Diese Aktion ist nur in Microsoft SharePoint Server 2010 verfügbar.
Element einchecken	Checkt ein Element in seine Dokumentbibliothek ein.
Element auschecken	Checkt ein Element aus seiner Dokumentbibliothek aus.
Listenelement kopieren	Kopiert ein Listenelement von einer Quellliste in eine Zielliste.
Listenelement erstellen	Erstellt in einer Zielliste ein neues Listenelement und weist den Feldern Werte zu.
Datensatz deklarieren	Deklariert ein Element als Datensatz, sofern Sie in einer Datensatzverwaltungslösung arbeiten. Diese Aktion ist nur in Microsoft SharePoint Server 2010 verfügbar.
Element löschen	Löscht ein Element aus einer Liste und gibt dabei Auswahlkriterien für das Element an.
Auschecken des Elements verwerfen	Verwirft das Auschecken eines Elements aus seiner Dokumentbibliothek.
Status für die Genehmigung von Inhalten festlegen	Legt den Inhaltsgenehmigungsstatus für ein Element fest, das eine Inhaltsgenehmigung durchläuft.
Feld im aktuellen Element festlegen	Legt den Wert eines Felds des aktuellen Elements fest.
Datensatzdeklaration aufheben	Hebt die Deklaration eines Elements als Datensatz auf, sofern Sie in einer Datensatzverwaltungslösung arbeiten. Diese Aktion ist nur in Microsoft SharePoint Server 2010 verfügbar.
Listenelement aktualisieren	Aktualisiert ein Listenelement, und gibt dabei Kriterien zur Auswahl des Elements sowie Werte für die zu aktualisierenden Felder an.
Auf Feldänderung im aktuellen Element warten	Setzt die Ausführung des Workflows aus und wartet darauf, dass sich ein Feld des aktuellen Elements ändert.
Vorgesetzten eines Benutzers nachschlagen	Schlägt den Manager eines Benutzers nach, liest dabei das Organisationsdiagramm, sofern es definiert ist. Diese Aktion ist nur in Microsoft SharePoint Server 2010 verfügbar.
Formular einer Gruppe zuordnen	Weist einer Gruppe von Benutzern ein Formular zu.
Aufgabe zuordnen	Weist einem oder mehreren Benutzern oder Benutzergruppen eine Aufgabe zu. ▶

Titel der Aktion	Beschreibung
Daten von einem Benutzer sammeln	Sammelt Daten von einem Zielbenutzer, verwendet dafür eine benutzerdefinierte ASPX-Seite, die für den Benutzer angezeigt wird.
Genehmigungsvorgang starten	Startet den Genehmigungsvorgang für ein Element, das einen Genehmigungsvorgang durchläuft. Diese Aktion ist nur in Microsoft SharePoint Server 2010 verfügbar.
Benutzerdefinierten Aufgabenvorgang starten	Erstellt einen Aufgabenvorgang und weist ihn den vorgesehenen Benutzern zu. Diese Aktion ist nur in Microsoft SharePoint Server 2010 verfügbar.
Feedbackvorgang starten	Startet einen Feedbackvorgang und weist ihn den vorgesehenen Benutzern zu. Diese Aktion ist nur in Microsoft SharePoint Server 2010 verfügbar.
Teilzeichenfolge vom Ende der Zeichenfolge extrahieren	Extrahiert eine Teilzeichenfolge vom Ende der angegebenen Eingabezeichenfolge.
Teilzeichenfolge anhand des Index der Zeichenfolge extrahieren	Extrahiert ab der angegebenen Position eine Teilzeichenfolge aus der angegebenen Eingabezeichenfolge.
Teilzeichenfolge vom Anfang der Zeichenfolge extrahieren	Extrahiert vom Anfang der angegebenen Eingabezeichenfolge eine Teilzeichenfolge.
Teilzeichenfolge der Zeichenfolge anhand des Index mit bestimmter Länge extrahieren	Extrahiert ab der angegebenen Position eine Teilzeichenfolge mit der angegebenen Länge aus der angegebenen Eingabezeichenfolge.
Intervall zwischen Daten suchen	Bestimmt die Zeitspanne zwischen zwei angegebenen Datumswerten in Minuten, Stunden oder Tagen.

Wie Sie sehen, hat SharePoint Designer 2010 deutlich mehr integrierte Aktivitäten als das im vorigen Kapitel beschriebene WF 3.x zu bieten. Und in Kapitel 20 erfahren Sie, wie Sie die Umgebung durch weitere Aktionen und Bedingungen erweitern.

Bestandteile eines veröffentlichten Workflows

Nachdem Sie in SharePoint Designer 2010 einen Workflow definiert haben, müssen Sie ihn speichern und veröffentlichen, damit er für Endbenutzer verfügbar wird. Unter der Haube speichert SharePoint 2010 eine Reihe von Dateien in einem virtuellen Pfad namens *Workflows* unter dem Stammverzeichnis der aktuellen Website und isoliert die Workflowdefinitionen jeweils durch automatisch erstellte Ordner voneinander. Eine Workflowdefinition setzt sich aus folgenden Dateien zusammen:

- ***<Workflowname>.xoml*** Diese XOML-Datei (eine XML-Datei) enthält die Workflowdefinition. Die Aktivitäten des Workflows werden in dieser Datei deklariert.
- ***<Workflowname>.xoml.rules*** Dies ist eine weitere XOML-Datei. Sie definiert die Regeln, sofern vorhanden, die in Bedingungen verwendet werden. Bei einer Regel kann es sich zum Beispiel um die formale Repräsentation von A > B handeln, wobei A ein Feld des aktuellen Elements sein soll und B eine lokale Variable des Workflows sein kann.
- ***<Workflowname>.xoml.wfconfig.xml*** Das ist eine XML-Konfigurationsdatei, die Deklarationen der Initiierungsvariablen, der Interaktionsformulare und aller benutzerdefinierter Inhaltstypen enthält, die vom Workflow verwendet werden.
- Einige ASPX- oder XSN-Dateien, die Seiten für die verschiedenen Formulare des aktuellen Workflows definieren.

- ***<Workflowname>_v<N>.vdw*** Optional kann es eine Workflowdefinitionsdatei für die Anzeige des Workflows in Visio 2010 und im Browser geben, wobei die Visio Services verwendet werden. Der Dateiname enthält die Versionsnummer (*_v<N>*) des Workflows, um die Versionsverwaltung zu unterstützen.

Diese Art von Workflows sind leicht zu definieren, bereitzustellen und zu warten, da es keine kompilierten oder referenzierten Assemblies gibt und die beschriebenen Dateien in der Inhaltsdatenbank der aktuellen Websitesammlung gespeichert werden. Bei einem Sicherungs- und Wiederherstellungsvorgang werden auch diese Workflowdefinitionen berücksichtigt.

Entwerfen von Workflows

In diesem Abschnitt erfahren Sie, wie sich mit SharePoint Designer 2010 ein einfacher Workflow definieren lässt. In diesem Beispiel verwenden Sie eine benutzerdefinierte Liste, die Bestellungen enthält. Jede Bestellung verfügt über folgende benutzerdefinierte Felder:

- ***Title*** Das Standardfeld für einen Anzeigenamen der Elemente in SharePoint.
- ***OrderID*** Eine Websitespalte zur Speicherung der Nummer der Bestellung. Es handelt sich um ein alphanumerisches Feld.
- ***OrderEuroAmount*** Der Betrag, auf den sich die Bestellung beläuft, in einer Währung Ihrer Wahl. In diesem Beispiel ist es der Euro.
- ***OrderDeliveryDate*** Der voraussichtliche Liefertermin für die aktuelle Bestellung.

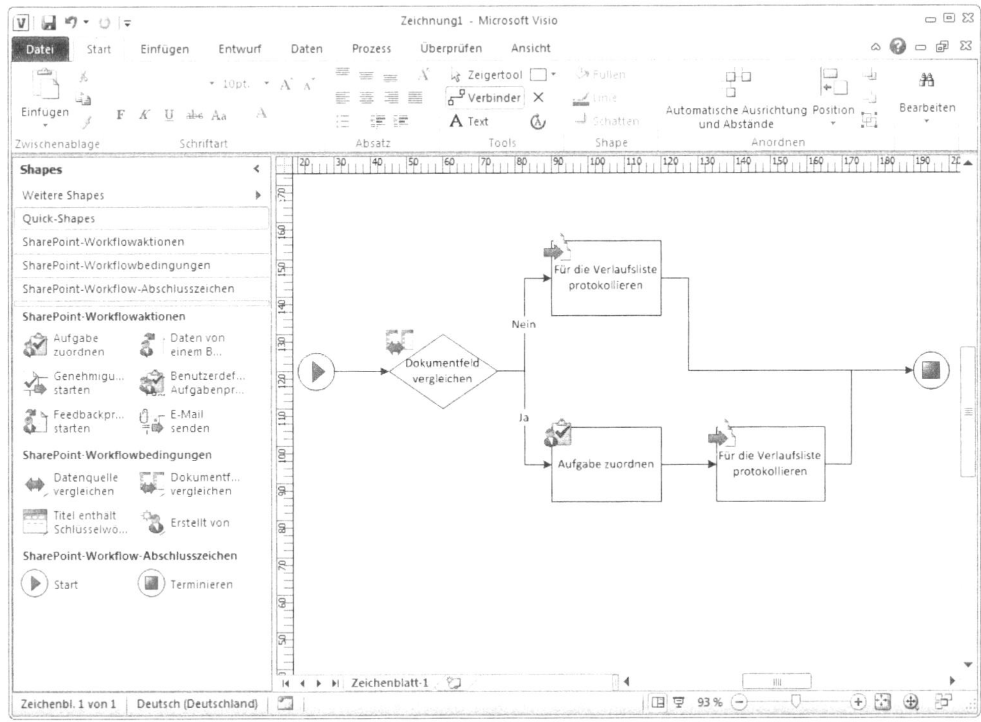

Abbildung 17.4 Das Visio-Diagramm des zu erstellenden Bestellungsüberprüfungsworkflows

Stellen Sie sich vor, Sie verwenden zur Überprüfung der Bestellungen einen Workflow namens »Bestellungsüberprüfungsworkflow« (order validation workflow). Der Workflow soll Bestellungen anhand des Werts im Feld *OrderEuroAmount* überprüfen. Abbildung 17.4 zeigt das Visio-Diagramm des Zielworkflows. Wie solch ein Diagramm erstellt wird, wird im Abschnitt »Visio 2010-Integration« weiter unten in diesem Kapitel beschrieben.

Zuerst vergleicht der Workflow das *OrderEuroAmount*-Feld mit einem vorgegebenen oberen Grenzwert. Übersteigt der Wert des Felds *OrderEuroAmount* diese obere Grenze, erfordert die Bestellung eine explizite Genehmigung. Daher weist der Workflow einem Prüfer eine entsprechende Aufgabe zu und protokolliert die anstehende Genehmigungsanforderung in der Verlaufsliste des Workflows. Andernfalls protokolliert er, dass die Bestellung automatisch genehmigt wurde.

Definieren eines Workflows

Bei der Implementierung solch eines Workflows müssen Sie zuerst entscheiden, ob es sich um einen wiederverwendbaren Workflow oder um einen Workflow handelt, der an eine Liste gebunden ist, damit Sie von Anfang an den richtigen Workflowtyp wählen. Dann müssen Sie einige Parameter definieren: einen für den oberen Grenzwert und einen weiteren für die E-Mail an den Prüfer, sofern eine Genehmigung erforderlich ist.

Diese Eigenschaften sollten beim Start des Workflows festgelegt werden, weil sie für die korrekte Ausführung entscheidend sind. Um die Initiierungsformularparameter zu definieren, klicken Sie im Menüband auf den entsprechenden Menübefehl. (Bei Bedarf finden Sie im Abschnitt »Workflow-Designer« eine Beschreibung der verfügbaren Menübefehle). Abbildung 17.5 zeigt das Dialogfeld zur Definition solcher Parameter.

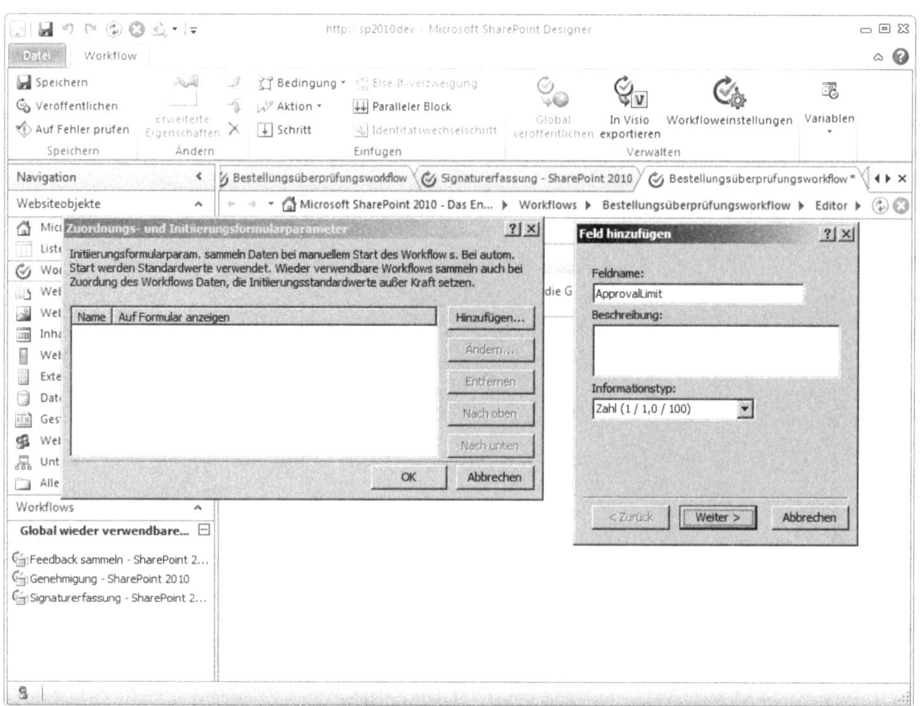

Abbildung 17.5 Das Dialogfeld zur Definition benutzerdefinierter Initiierungsformularparameter

Im Beispielworkflow dieses Kapitels wurden folgende Parameter definiert:

- ***ApprovalLimit*** Eine Variable des Typs *Zahl* mit dem Standardwert 0 (null). Der Feldinhalt muss größer als 0 (null) sein.
- ***ApproverEmail*** Eine Variable des Typs *Eine Textzeile.*

Nachdem Sie die Initialisierungsparameter definiert haben, können Sie den Workflow entwerfen. Abbildung 17.6 zeigt die fertige Workflowdefinition.

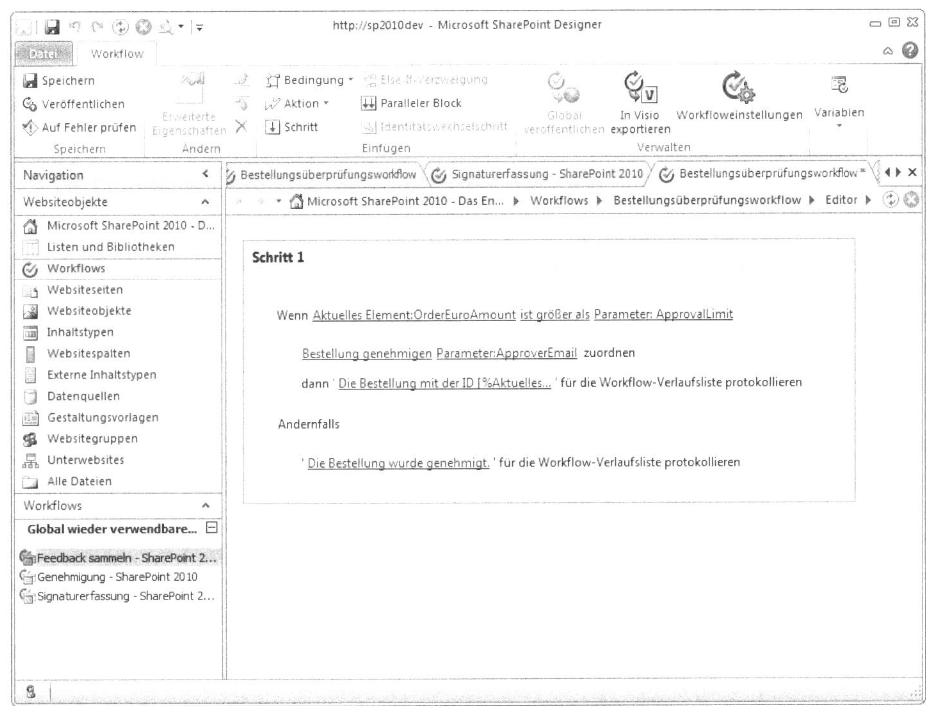

Abbildung 17.6 Die Workflowdefinition für den Bestellungsüberprüfungsworkflow

Der Designer verwendet Text, um genau festzulegen, was der Workflow tut. Es ist genau derselbe Workflow, der im Visio-Diagramm aus Abbildung 17.4 dargestellt wird. Vielleicht ist Ihnen der Aufbau des Designers und die Ausdruckskraft der Workflowbeschreibung in Textform bereits aufgefallen. Der Workflow lässt sich beinahe wie eine Beschreibung in einer natürlichen Sprache lesen. In der ersten Zeile stellt der Text »Wenn Aktuelles Element:OrderEuroAmount ist größer als Parameter: ApprovalLimit« die Vergleichsbedingung dar, wobei eine Bedingung des Typs »*Wenn ein beliebiger Wert gleich Wert ist*« verwendet wird. Abbildung 17.7 zeigt, wie der rechte Teil des Vergleichs definiert wird. Dabei wird der Währungswert herausgesucht, der mit dem Feld *OrderEuroAmount* verglichen werden soll.

Sie können das Nachschlagedialogfeld verwenden, um Werte aus dem aktuellen Element nachzuschlagen, für das der Workflow ausgeführt wird, oder aus den Workflowparametern und -variablen, oder aus einer beliebigen Liste der aktuellen Website.

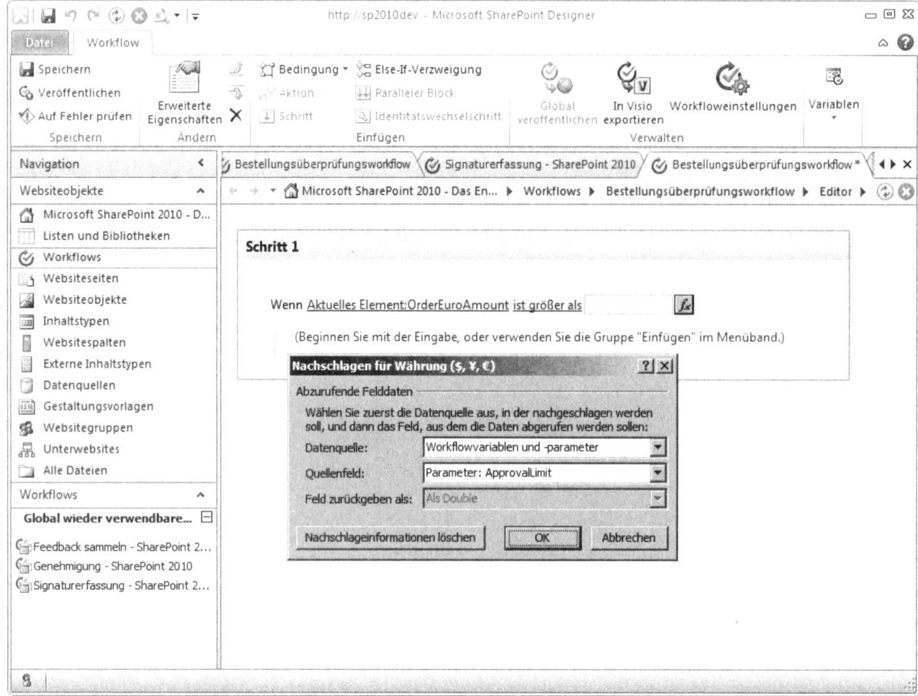

Abbildung 17.7 Das Nachschlagedialogfeld von SharePoint Designer 2010 zur Definition eines Werts in einer Vergleichsbedingung

Die beiden Zeilen, die ausgeführt werden, wenn die Bedingung in der ersten Zeile wahr ist, sind Aktionen. Die erste Aktion ist vom Typ *Aufgabe zuordnen* und verwendet den Parameter *ApproverEmail* als Zielbenutzer für die Aufgabenzuweisung. Die zweite Aktion ist vom Typ *Für die Verlaufsliste protokollieren* und legt den Text der Protokollnachricht mit einer Mischung von festem Text und Kontextwerten dynamisch fest. Der Nachrichtentext wird folgendermaßen definiert:

```
Die Bestellung mit der ID [%Aktuelles Element:OrderID%] wurde zur Genehmigung an
[%Parameter:ApproverEmail%] weitergeleitet, weil das Feld OrderEuroAmount den Wert
[%Parameter:ApprovalLimit%] überschreitet.
```

Die Werte zwischen den Zeichengruppen *[% und %]* sind Kontextwerte. Ist keine explizite Genehmigung für die Bestellung erforderlich, wird eine andere Aktion des Typs *Für die Verlaufsliste protokollieren* aufgerufen, die den Standardtext »Die Bestellung wurde genehmigt« protokolliert.

Workfloweinstellungen

Wenn Sie im Menüband auf die Schaltfläche *Workfloweinstellungen* klicken, können Sie die Einstellungsseite für den aktuellen Beispielworkflow sehen. Abbildung 17.8 zeigt die Seite für das Workflowbeispiel »Bestellungsüberprüfungsworkflow«.

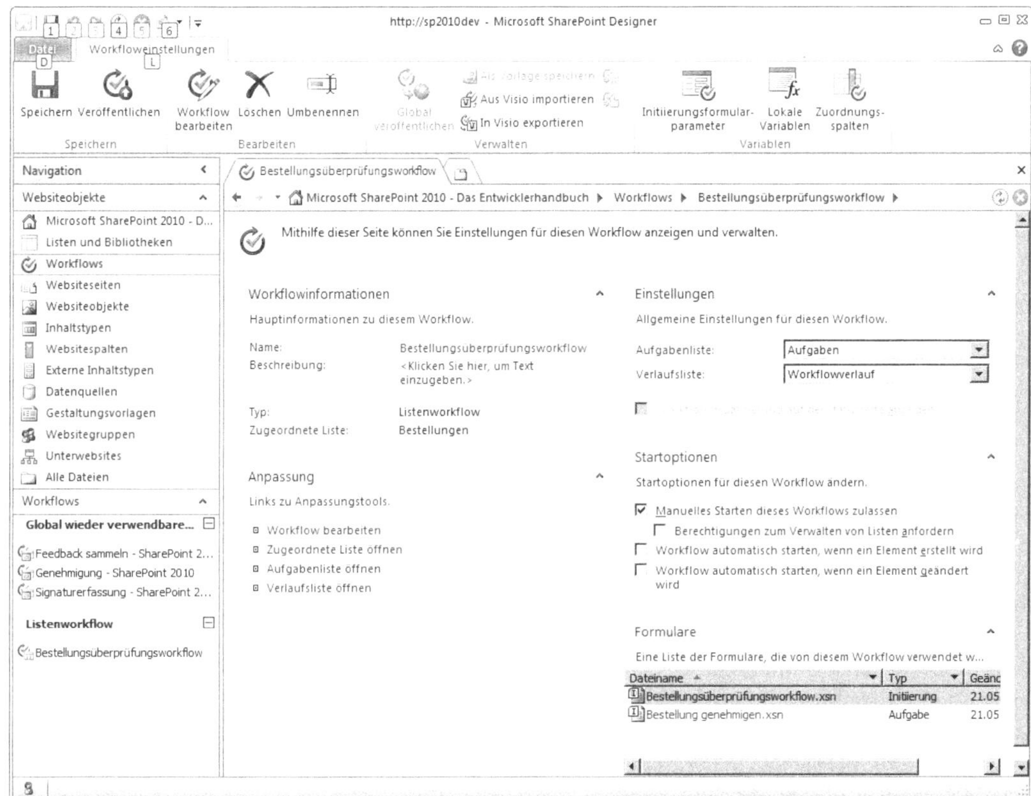

Abbildung 17.8 Die Seite *Workfloweinstellungen* für das Workflowbeispiel »Bestellungsüberprüfungsworkflow«

Diese Seite weist mehrere Abschnitte auf:

- **Workflowinformationen** Hier können Sie einen Namen und eine Beschreibung für die aktuelle Workflowdefinition festlegen.
- **Anpassung** Die Verknüpfungen dieses Abschnitts können Sie zur Bearbeitung der Workflowdefinition verwenden, oder um die zugeordnete Liste, die zugeordnete Aufgabenliste oder die zugeordnete Verlaufsliste zu öffnen.
- **Einstellungen** In diesem Abschnitt können Sie die Aufgabenliste und die Verlaufsliste der Workflowdefinition auswählen. Sie können auch festlegen, ob auf der Seite *Workflowstatus* der Workflowinstanzen ein Visio-Diagramm des Workflowstatus erscheint. Darüber erfahren Sie mehr im Abschnitt »Visio 2010-Integration« dieses Kapitels.
- **Startoptionen** Hier werden die Startoptionen für den aktuellen Workflow definiert. Sie können zum Beispiel festlegen, ob sich der Workflow manuell starten lässt, gegebenenfalls nur durch Benut-

zer, die über die Berechtigung zum Verwalten der Zielliste verfügen. Sie können auch entscheiden, ob der Workflow für neu erstellte oder für geänderte Elemente automatisch gestartet wird.

- **Formulare** Verwenden Sie diese Ansicht zur Anzeige und Bearbeitung der InfoPath-Formulare oder der ASPX-Seiten des Workflows und seiner Aufgaben.

Im Menüband finden Sie Befehle für die Bearbeitung und Veröffentlichung des Workflows, für den Export nach Visio und den Import aus Visio sowie für die Definition von Parametern, Variablen und Zuordnungsspalten. Außerdem können Sie einen wiederverwendbaren Workflow mit einer Liste oder einem Inhaltstyp verknüpfen.

Verwenden des Workflows

Nachdem Sie eine Workflowdefinition entworfen, gespeichert und veröffentlicht haben, können Ihre Endbenutzer ihn verwenden. Wenn der Workflow für den manuellen Start konfiguriert ist, kann er aus dem Kontextmenü (auch Edit Control Block oder ECB genannt) eines Elements der Zielliste heraus ausgeführt werden, einfach durch die Wahl des Menüpunkts *Workflows* (Abbildung 17.9). Sie können den Workflow auch im Menüband starten.

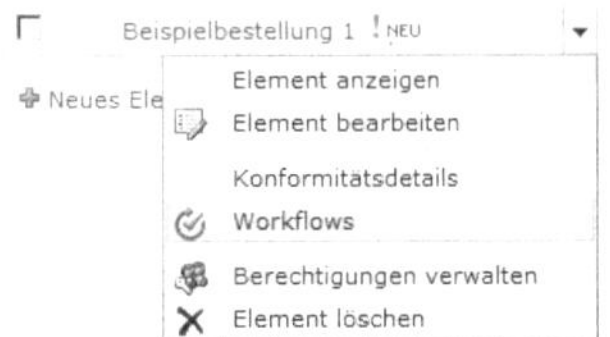

Abbildung 17.9 Das ECB-Menü mit ausgewähltem Menüpunkt *Workflows*

Dieser Menüpunkt führt den Benutzer direkt zu der Seite, auf der sich die Workflows für das aktuelle Element verwalten lassen (Abbildung 17.10).

Auf dieser Verwaltungsseite können Sie eine neue Workflowinstanz starten und den Status der laufenden Workflows sowie die Verlaufsliste der abgeschlossenen Workflows überwachen, die bisher für das aktuelle Listenelement ausgeführt wurden.

Wenn Sie den zu startenden Workflow anklicken, überprüft das SharePoint Workflow-Modul, ob der ausgewählte Workflow Initiierungsparameter braucht. Ist dies der Fall, zeigt SharePoint die dazugehörige Initiierungsseite an und fordert den Benutzer zur Eingabe der Werte auf. Im aktuellen Beispiel entspricht diese Seite dem InfoPath-Formular *Bestellungsüberprüfungsworkflow.xsn*, das auf der Seite *Workfloweinstellungen* in der unteren rechten Ecke zu sehen ist (siehe Abbildung 17.8). Mit dem Formular wird der Endbenutzer zur Eingabe eines Werts für jeden Initiierungsparameter aufgefordert, der beim Entwurf des Workflows festgelegt wurde. Abbildung 17.11 zeigt das Formular für das Beispiel »Bestellungsüberprüfungsworkflow«.

Nach dem Klick auf *Starten* beginnt der Workflow mit seiner Arbeit und Ihr Endbenutzer hat die Gelegenheit, den Status des Workflows auf der Infrastrukturseite *Workflowstatus* zu überprüfen (siehe auch Abbildung 17.12 im nächsten Abschnitt).

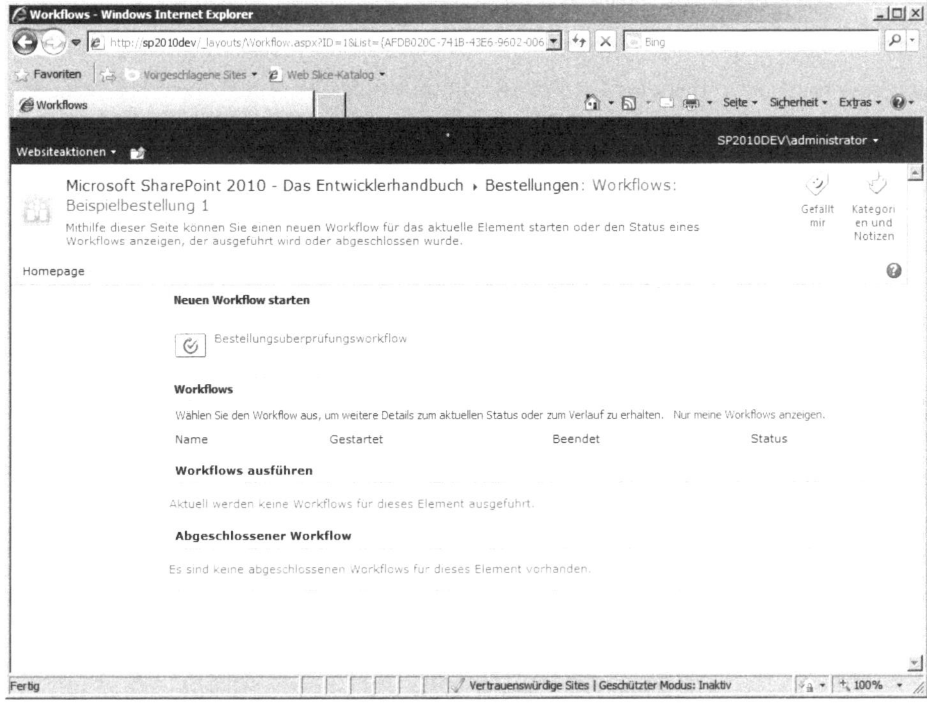

Abbildung 17.10 Die Workflowverwaltungsseite für die Beispielbestellung

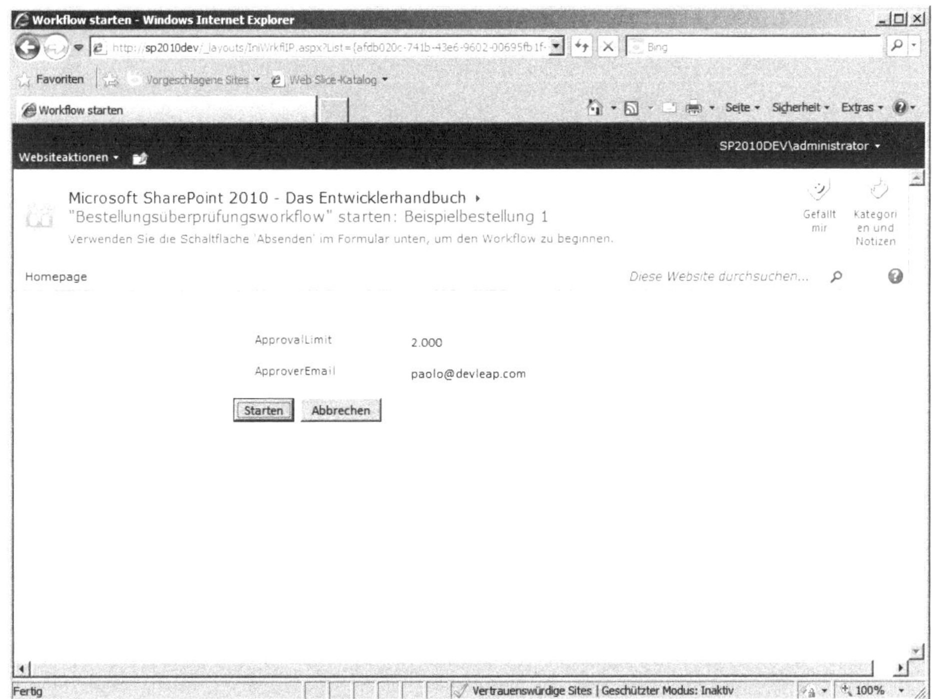

Abbildung 17.11 Das Workflowinitiierungsformular für den Bestellungsüberprüfungsworkflow

Visio 2010-Integration

Dieser Abschnitt setzt voraus, dass Sie über eine Enterprise Edition von SharePoint Server 2010 verfügen. Wenn Sie mit Microsoft SharePoint Foundation 2010 oder SharePoint Server 2010 Standard Edition arbeiten, können Sie die Beispiele nicht am laufenden System nachvollziehen.

Seit der Einführung von SharePoint 2010 gibt es eine sehr enge Zusammenarbeit zwischen Visio 2010 und SharePoint. Sie können Visio-Diagramme verwenden, um Teile von Seiten dynamisch anzuzeigen, wobei die Daten aus einer externen und vertrauenswürdigen Datenquelle stammen können, und Sie können Visio als Workflow-Designer verwenden. Außerdem unterstützt SharePoint die Anzeige des Workflow-Status in einem dynamischen Visio-Diagramm. Abbildung 17.12 zeigt, wie der Workflow-Status aussieht, wenn er in einem Visio-Diagramm angezeigt wird.

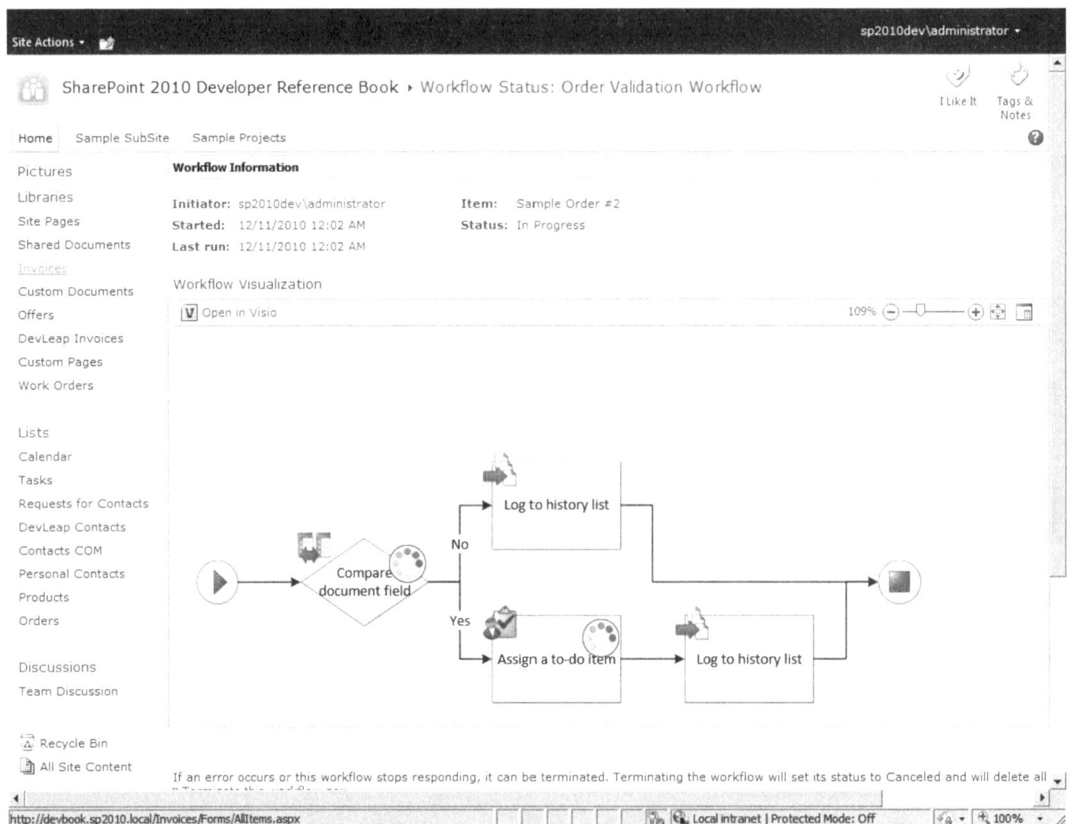

Abbildung 17.12 Die Seite *Workflowstatus* für den Bestellungsüberprüfungsworkflow mit einem Visio-Diagramm

Das Visio-Diagramm ist interaktiv und stützt sich auf ein Silverlight-Steuerelement, um die Darstellung zu verschieben oder die Größe der Darstellung zu ändern. Wenn der Clientbrowser kein Silverlight unterstützt, wird das Statusdiagramm als statisches PNG-Bild ausgegeben.

Wenn Sie auf der Clientseite Microsoft Visio 2010 Premium Edition zur Verfügung haben, können Sie es zum Entwurf von Workflows oder zum Import von vorhandenen Workflowdefinitionen verwenden, die mit SharePoint Designer 2010 erstellt wurden. Wenn Sie Visio zur Erstellung eines neuen Workflows verwenden, sollten Sie eine Vorlage des Typs *Microsoft SharePoint-Workflow* verwenden, die in der Vorlagenkategorie *Flussdiagramm* verfügbar ist. Abbildung 17.13 zeigt das Menü, mit dem ein Workflow erstellt wird.

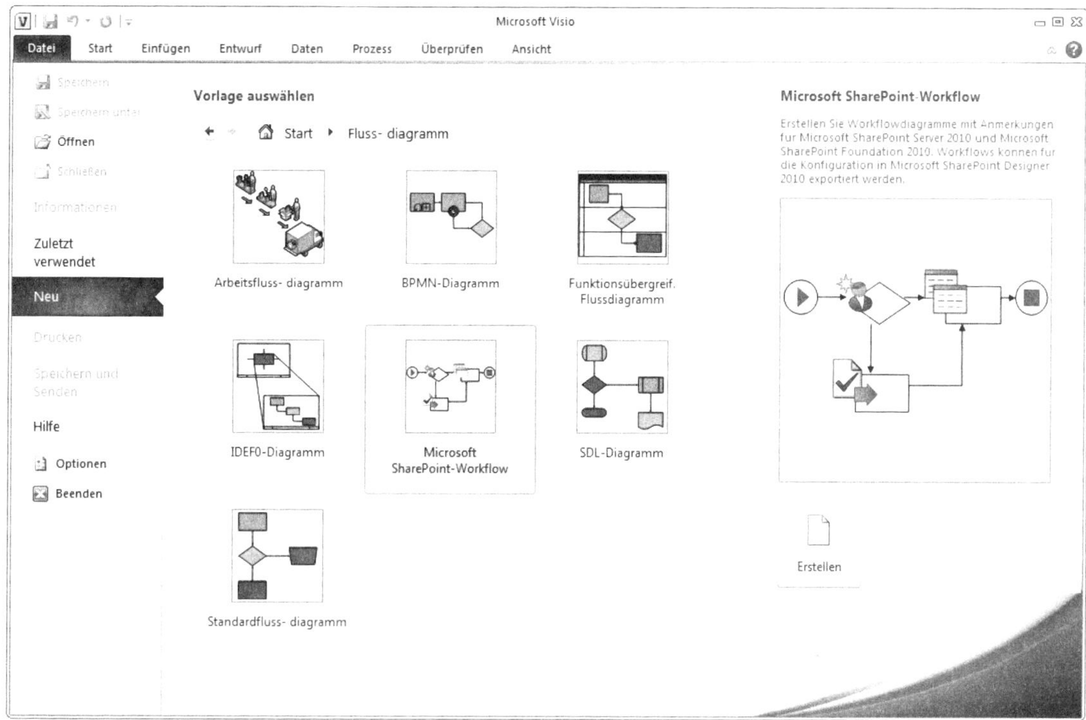

Abbildung 17.13 Das Menü *Neu* von Visio 2010 bei der Erstellung eines neuen SharePoint-Workflows

Im Visio-Designer können Sie den Workflow mit Shapes definieren, die speziell für Workflows vorgesehen sind. Für Workflows gibt es drei Gruppen von Shapes:

- **SharePoint-Workflowaktionen** Diese Shapes entsprechen den integrierten Aktionen, die in SharePoint Designer 2010 verfügbar sind.
- **SharePoint-Workflowbedingungen** Diese Shapes entsprechen den integrierten Bedingungen, die in SharePoint Designer 2010 verfügbar sind.
- **SharePoint-Workflow-Abschlusszeichen** In dieser Gruppe sind nur die beiden Shapes *Start* und *Terminieren* verfügbar, die dem ersten und dem letzten Schritt in einem sequenziellen Workflow entsprechen, den Sie im SharePoint Designer 2010 definieren können.

In der bereits einige Seiten früher gezeigten Abbildung 17.4 können Sie sich einen Eindruck davon verschaffen, wie sich der Workflow-Designer von Visio präsentiert.

Vergessen Sie nicht, dass Sie im Visio-Designer keine Eigenschaften einstellen und keine Details für die Shapes festlegen können. Sie können die Shapes nur verbinden, die Verbindungen beschriften und für jedes einzelne Shape eine Beschreibung festlegen. Nachdem Sie also in Visio einen Workflow entworfen haben, müssen Sie ihn mit dem entsprechenden Exportbefehl aus dem Menüband exportieren und die resultierende Datei in SharePoint Designer 2010 importieren, wo Sie seine Eigenschaften konfigurieren können. Der Befehl *Exportieren* erzeugt eine Datei mit der Erweiterung *.vwi*, hinter der sich eine ZIP-Datei verbirgt, die eine oder mehrere der Dateien enthält, die gewöhnlich in der SharePoint-Website unter dem Ordner *Workflows* veröffentlicht werden. Diese Datei eignet sich als Eingabe für den Menübefehl *Aus Visio importieren* von SharePoint Designer 2010.

Zusammenfassung

In diesem Kapitel haben Sie sich einen Eindruck davon verschaffen können, was SharePoint Designer 2010 im Bereich der Workflowentwicklung leistet. Als Beispiel haben wir einen einfachen Workflow verwendet, der mit den Tools von SharePoint Designer 2010 entwickelt wurde. Schließlich haben Sie noch gesehen, wie man mit Visio 2010 Workflows entwickelt und den Status von laufenden Workflows im Webbrowser überwachen kann.

Kapitel 18

Workflows mit Visual Studio 2010

In diesem Kapitel:

Dieses Kapitel beschreibt die Entwicklung von Workflows mit Microsoft Visual Studio 2010. Der Schwerpunkt liegt auf der Entwicklung eines Genehmigungsworkflows für Dokumente mit den Standardtools von Visual Studio 2010. Der Inhalt dieses Kapitels orientiert sich an der Architektur, die in Kapitel 16, »Die Architektur von SharePoint-Workflows«, beschrieben wird und deren Kenntnis in diesem Kapitel vorausgesetzt wird.

Workflowmodellierung

Seit der Version 2008 unterstützt Visual Studio die Entwicklung von Workflows für Microsoft SharePoint. Die Entwicklungsumgebung bietet in der Vorlagengruppe *SharePoint* zwei Projektvorlagen für sequenzielle Workflows und Zustandsautomatworkflows. Beide Projektvorlagen sind für die Entwicklung von Workflowdefinitionen konfiguriert und bieten auch die Möglichkeit zur Bereitstellung.

Stellen Sie sich vor, Sie möchten mit Visual Studio einen sequenziellen Genehmigungsworkflow für Dokumente entwickeln. Die Aufgabe solch eines Workflows könnte zum Beispiel sein, Angebote zu genehmigen oder abzulehnen, bevor sie an die Kunden gesendet werden. In diesem Kapitel hängt das Ergebnis des Workflows vom Inhalt des Dokuments ab, wobei davon ausgegangen wird, dass der Prüfer jedes Dokument liest, das er genehmigen soll. In Kapitel 19, »Workflowformulare«, lernen Sie die Erstellung von parametrisierten Workflows kennen, deren Ergebnis von der Gesamtsumme eines Angebots abhängt, die mit einer angegebenen oberen Grenze verglichen wird.

Erstellen eines Workflowprojekts

Zuerst erstellen Sie ein neues SharePoint-Workflowprojekt. Wenn Sie ein neues Projekt dieser Art erstellen, fordert die Umgebung Sie auf, zu Testzwecken die URL einer Debugwebsite anzugeben. Allerdings müssen Sie sich nicht zwischen einer Farmlösung und einer Sandkastenlösung entscheiden, weil ein Workflowprojekt standardmäßig als Farmlösung bereitgestellt wird. Zudem erfordern Workflowprojekte die Installation von Assemblys im Global Assembly Cache (GAC).

HINWEIS Wenn Sie ein umfassenderes Projekt als einen einzelnen Workflow planen, können Sie mit der Vorlage *Leeres SharePoint-Projekt* beginnen, dann ein oder mehrere Workflowelemente hinzufügen und sie mit allen anderen SharePoint-Elementen ergänzen, die Sie für die fertige Lösung brauchen. Vergessen Sie aber nicht, dass das Projekt als Farmlösung konfiguriert werden muss, nicht als Sandkastenlösung.

Im nächsten Schritt geben Sie dem Workflow einen Namen und legen ein Ziel fest. Dafür haben Sie die Wahl zwischen einem *Listenworkflow* und einem *Siteworkflow*. Wie Sie bereits gesehen haben, arbeitet ein Listenworkflow mit einem bestimmten Element einer Liste oder mit einem bestimmten Inhaltstyp, während ein (Web)siteworkflow für die gesamte Website arbeitet, ohne Ziellistenelement.

Abbildung 18.1 zeigt den zweiten Schritt des *Assistenten zum Anpassen von SharePoint* bei der Erstellung einer neuen Workflowdefinition in Visual Studio 2010.

Wenn Sie versuchen, für eine leere Website oder für eine Website, die nicht mindestens über eine Zielliste, eine Aufgabenliste und eine Verlaufsliste verfügt, ein neues Workflowprojekt zu erstellen, meldet der Assistent eine Ausnahme (Abbildung 18.2) und Sie können nicht fortfahren.

Wenn Sie einen Namen und ein Ziel für den Workflow angegeben haben, fordert der Anpassungsassistent Sie zur Auswahl der Listen auf, die für die Fehlersuche verwendet werden sollen (Abbildung 18.3). Dazu gehören die Verlaufsliste, die Aufgabenliste und, sofern Sie einen Listenworkflow ausgewählt haben, auch die Angabe der Zielliste. Andernfalls wird die Zielliste ausgelassen. Diese Angaben dienen, wie gesagt, nur Testzwecken. Sie können Ihren Workflow manuell mit vielen anderen Listen verknüpfen.

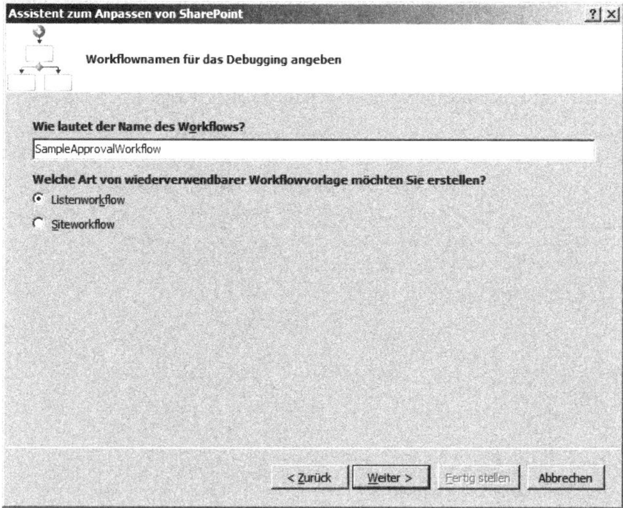

Abbildung 18.1 Der zweite Schritt bei der Erstellung eines neuen Workflows in Visual Studio 2010

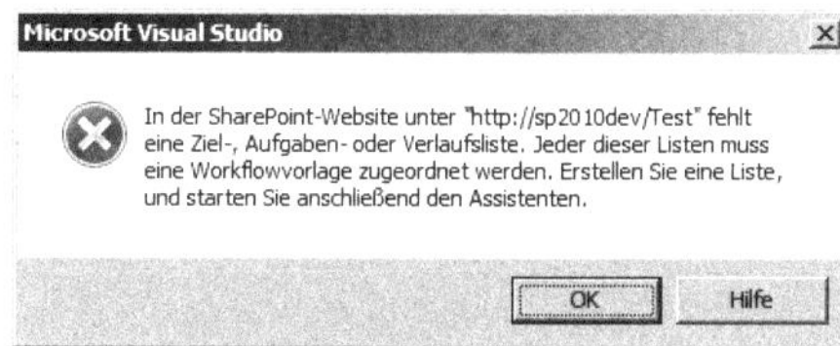

Abbildung 18.2 Visual Studio 2010 weist darauf hin, dass sich die Zielwebsite nicht für die Erstellung eines Workflows eignet

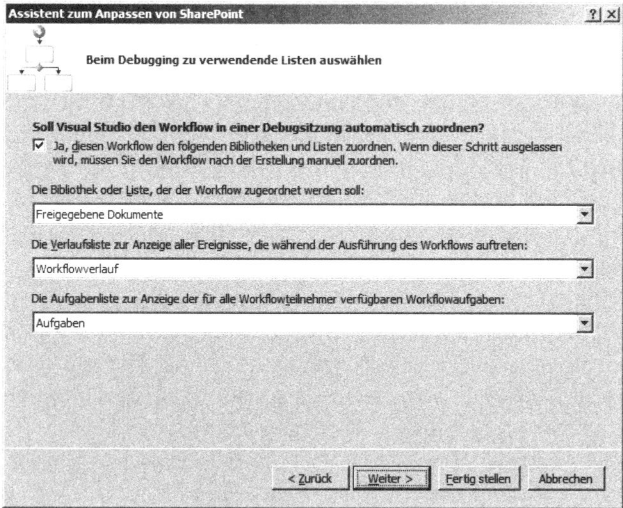

Abbildung 18.3 Schritt drei bei der Erstellung eines neuen Workflows in Visual Studio 2010

Abbildung 18.3 zeigt, dass Sie auch die Möglichkeit haben, die Zuordnung des Workflows zu irgendwelchen Listen zu überspringen. Wählen Sie diese Option, wenn Sie die Zuordnungen für die Tests und die Fehlersuche manuell durchführen möchten.

Im letzten Schritt legen Sie fest, wann der Workflow gestartet wird (Abbildung 18.4). Sie haben die Wahl, ob er bei der Erstellung oder Änderung eines Elements automatisch aufgerufen wird oder ob er manuell gestartet wird. Auch diese Einstellungen dienen nur Testzwecken, sind also nicht endgültig.

HINWEIS Wenn Sie später einige Einstellungen ändern möchten, die Sie bei der Erstellung des Projekts vorgenommen haben, klicken Sie das Workflowelement im Projekt mit der rechten Maustaste an und klicken dann im Kontextmenü auf *Workflowdebugeinstellungen*. Dadurch werden die Schritte, durch die Sie der Assistent geführt hat, noch einmal durchlaufen.

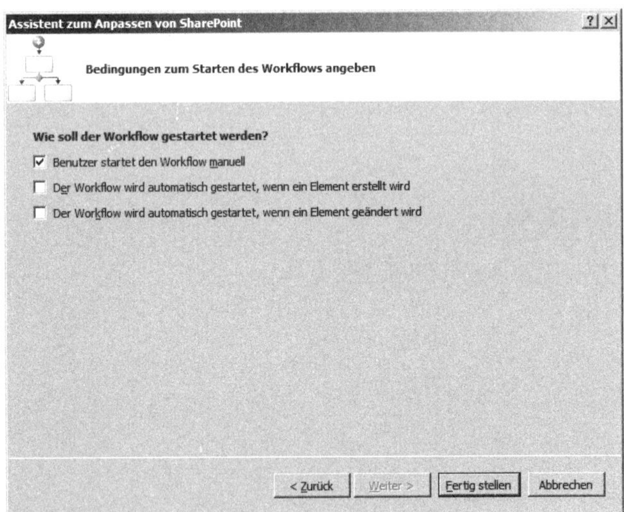

Abbildung 18.4 Der vierte und letzte Schritt bei der Erstellung eines neuen Workflows in Visual Studio 2010

Nach dem Abschluss des Assistenten haben Sie ein Visual Studio 2010-Projekt, das bereits einige Dateien enthält und auf den weiteren Ausbau wartet. Die Projektvorlage erstellt ein Projekt mit einem Workflowelement namens *Workflow1*, einem Feature für die Bereitstellung und einigen nützlichen Verweisen auf andere Workflow-Infrastrukturassemblys. Außerdem enthält das Projekt Verweise auf die Familie der *System.Workflow.**-Assemblys und auf die Assembly *Microsoft.SharePoint.WorkflowActions*, in der die benutzerdefinierten Workflowaktivitäten für SharePoint liegen.

An diesem Punkt enthält das Workflowelement nur eine Startaktivität des Typs *OnWorkflowActivated*. Abbildung 18.5 zeigt die Anfangsumgebung nach der Erstellung des neuen Workflowprojekts.

HINWEIS Standardmäßig lautet der Name des Workflowelements, das die Projektvorlage erstellt, *Workflow1*. Wenn Sie einen anderen Namen vorziehen, können Sie das Element mit Visual Studio und seinen Fähigkeiten zur Umgestaltung (refactoring) umbenennen. Wenn Sie die Umgestaltung verwenden, sollten Sie auch die Ersetzung von Zeichenfolgen aktivieren. Außerdem müssen Sie die Datei *Elements.xml* des Elements manuell überarbeiten. Wenn Sie also einen Workflow umbenennen möchten, sollten Sie dies möglichst am Anfang der Entwicklung tun. Eine Umbenennung am Ende der Workflowentwicklung ist wegen der vielen Vorkommen des Workflownamens im Code und in Zeichenfolgen fehleranfällig und schwierig. Stattdessen wäre es besser, mit der Vorlage *Leeres SharePoint-Projekt* zu beginnen und dann ein Workflowelement mit dem gewünschten Namen hinzuzufügen.

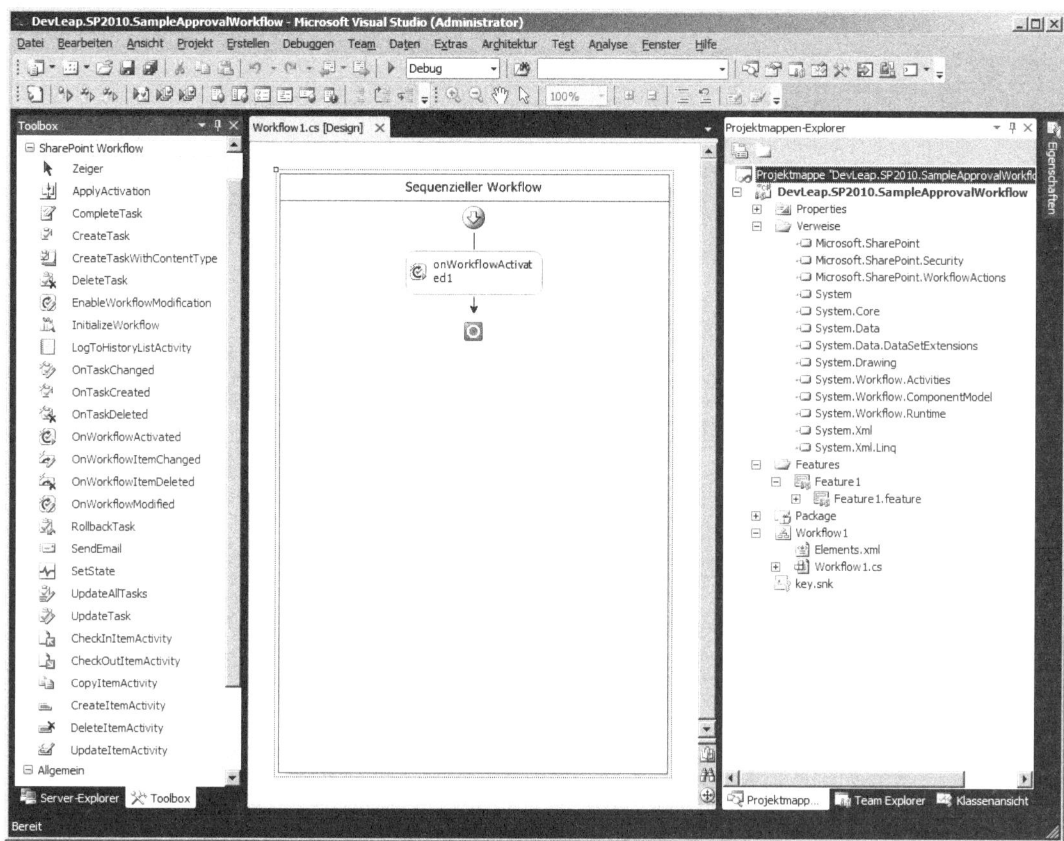

Abbildung 18.5 Die Anfangsumgebung von Visual Studio 2010 für ein neues Workflowprojekt

Aufbau eines Workflows

Jeder Workflow, der für SharePoint vorgesehen ist, muss als Startaktivität die Aktivität *OnWorkflowActivated* verwenden (das ist erforderlich). Diese Aktivität stellt einige Infrastruktur- und Kontextinformationen für den Workflow bereit. Durch diese Aktivität haben Sie zum Beispiel Zugriff auf eine Eigenschaft namens *WorkflowProperties* vom Typ *SPWorkflowActivationProperties*, die Ihnen einige nützliche Informationen über den aktuellen Kontext des Workflows bietet. Tabelle 18.1 beschreibt die wichtigsten Member des Typs *SPWorkflowActivationProperties*.

Zur Bearbeitung klicken Sie die Aktivität im Designer mit einem Doppelklick an. Der Designer zeigt den Code des Workflows an und Sie haben die Gelegenheit, den Code des Ereignishandlers für das Ereignis *Invoked* zu schreiben, das eintritt, wenn die Aktivität *OnWorkflowActivated* aufgerufen wird. Dort können Sie auf die Eigenschaft *WorkflowProperties* zugreifen und benutzerdefinierten Code ausführen. Sie können beispielsweise die Informationen, die in der Eigenschaft *WorkflowProperties* verfügbar sind, in einigen lokalen Variablen speichern. Davon wird im weiteren Verlauf dieses Kapitels noch die Rede sein.

Tabelle 18.1 Die wichtigsten Member des Typs *SPWorkflowActivationProperties*

Membername	Beschreibung
AssociationData	Ein *String*, der Konfigurationsdaten enthält, die bei der Zuordnung eines Workflows zu seinem Ziel definiert werden können. Um Ihren Workflow mit Zuordnungsdaten zu versorgen, brauchen Sie benutzerdefinierte Formulare. Solche Formulare werden in Kapitel 19 besprochen.
Context	Dieses Objekt stellt das Zielobjekt dar, mit dem die Workflowinstanz arbeitet. Sie können es in den Typ des Workflowziels konvertieren.
HistoryList	Ein *SPList*-Objekt, das der Verlaufsliste des Workflows entspricht.
HistoryListId	Die GUID der Verlaufsliste des Workflows.
HistoryListUrl	Ein *String* mit der URL der Verlaufsliste des Workflows.
InitiationData	Ein *String* mit Konfigurationsdaten, die beim Start an die aktuelle Workflowinstanz übergeben werden. Um Ihren Workflow mit Initiierungsdaten zu versorgen, brauchen Sie benutzerdefinierte Formulare. Solche Formulare werden in Kapitel 19 besprochen.
Item	Ein *SPListItem*-Objekt, das dem Listenelement entspricht, für das der Workflow arbeitet.
ItemId	Die Kennung (*Int32)* des Listenelements, für das der Workflow arbeitet.
ItemUrl	Ein *String* mit der URL des Listenelements, für das der Workflow arbeitet.
List	Dieses *SPList*-Objekt entspricht der Liste, zu der das Element gehört, für das der Workflow arbeitet.
ListId	Die GUID der Liste, die das Element enthält, für das der Workflow arbeitet.
ListUrl	Ein *String* mit der URL der Liste, die das Element enthält, für das der Workflow arbeitet.
Originator	Ein *String* mit dem Benutzernamen des Benutzers, der die Workflowinstanz initiiert hat.
OriginatorEmail	Ein *String* mit der E-Mail-Adresse des Benutzers, der die Workflowinstanz initiiert hat.
OriginatorUser	Ein *SPUser*-Objekt für den Benutzer, der die Workflowinstanz initiiert hat.
Site	Ein *SPSite*-Objekt für die Websitesammlung, in der die Workflowinstanz liegt.
SiteId	Die GUID der Websitesammlung, in der die Workflowinstanz liegt.
SiteUrl	Ein *String* mit der URL der Websitesammlung, in der die Workflowinstanz liegt.
TaskList	Ein *SPList*-Objekt für die Aufgabenliste des Workflows.
TaskListId	Die GUID der Aufgabenliste des Workflows.
TaskListUrl	Ein *String* mit der URL der Aufgabenliste des Workflows.
TemplateName	Ein *String* mit dem Namen der Workflowzuordnung (workflow association), aus der die Workflowinstanz erstellt wurde.
Web	Ein *SPWeb*-Objekt für die Website, in der die Workflowinstanz liegt.
WebId	Die GUID der Website, in der die Workflowinstanz liegt.
WebUrl	Ein *String* mit der URL der Website, in der die Workflowinstanz liegt.
Workflow	Ein *SPWorkflow*-Objekt, das der Workflowinstanz entspricht.
WorkflowId	Die GUID der Workflowinstanz.

Bevor Sie fortfahren, wird es Zeit für eine kurze Beschreibung des Beispielworkflows dieses Kapitels. Stellen Sie sich vor, Sie möchten einem Benutzer der Website eine Genehmigungsaufgabe zuweisen. Dabei wollen Sie das Inhaltsgenehmigungsmodul von SharePoint verwenden, um das Element zu genehmigen oder abzulehnen. Dazu können Sie eine entsprechend konfigurierte Instanz der Aktivität *CreateTask* zu

Ihrer Workflowdefinition hinzufügen und dann mit einer Instanz der Aktivität *OnWorkflowItemChanged* darauf warten, dass sich das aktuelle Element ändert. Nachdem das aktuelle Element geändert wurde, können Sie überprüfen, ob es sich bei der Änderung um eine Genehmigung, eine Ablehnung oder einen anderen Vorgang handelt, und das Ergebnis als Kommentar in die Verlaufsliste eintragen. Abbildung 18.6 zeigt den Aufbau dieser Workflowdefinition.

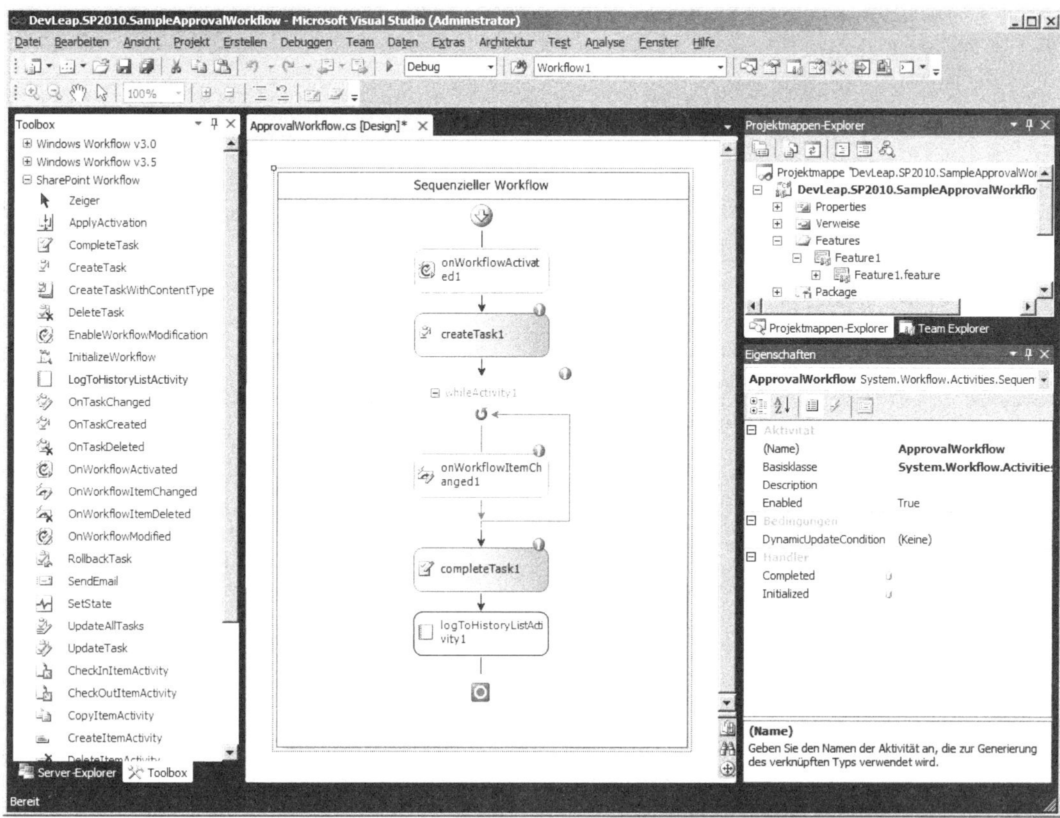

Abbildung 18.6 Der Aufbau des Beispielworkflows dieses Kapitels

Der Workflow verfügt über die Aktivität *createTask1*, gefolgt von einer *While*-Aktivität, die so lange ausgeführt wird, bis das Ereignis *onWorkflowItemChanged1* eintritt. Sobald das geschieht, schließt der Workflow die anstehende Aufgabe mit der Aktivität *completeTask1* ab und protokolliert das Ergebnis mit der Aktivität *logToHistoryListActivity1*. Um das Verhalten von SharePoint-Workflows besser zu verstehen, sollten Sie sich die Zeit nehmen, jede Aktivität im Workflow zu untersuchen. Beachten Sie in Abbildung 18.6, dass für viele Aktivitäten, die im Designer hinzugefügt wurden, ein fehlerhafter Zustand angezeigt wird. Der Workflow-Designer überprüft die Aktivitäten beim Einfügen in den Workflow, und die meisten SharePoint-Workflowaktivitäten setzen einige Bedingungen voraus, die für eine korrekte Konfiguration erfüllt sein müssen. Zu den fehlerhaften Zuständen ist es deswegen gekommen, weil die Aktivitäten noch nicht konfiguriert wurden. Damit zum Beispiel die Aktivität *createTask1* korrekt arbeitet, müssen Sie folgende Member konfigurieren:

- Eine Eigenschaft namens *CorrelationToken*, die im weiteren Verlauf dieses Kapitels noch besprochen wird.

- Eine Eigenschaft namens *TaskId*. Dabei handelt es sich um eine GUID, die im Code des Workflows als eindeutiger Wert erstellt werden muss.
- Eine Eigenschaft namens *TaskProperties*, in der die Eigenschaften der zu erstellenden Aufgabe gespeichert sind.

Den Membern *TaskId* und *TaskProperties* können im Designer explizite Werte zugewiesen werden, oder sie können an Variablen eines Workflows gebunden werden. Letzteres ist gewöhnlich am nützlichsten. Um ein Member einer Aktivität an eine Variable eines Workflows zu binden, können Sie den Workflow-Designer verwenden.

Wählen Sie zum Beispiel die Aktivität *createTask1* und sehen Sie sich im Fenster *Eigenschaften* die Eigenschaften an. Sie werden feststellen, dass neben den Namen einiger Eigenschaften ein gelber Zylinder angezeigt wird. Diese Eigenschaften werden Abhängigkeitseigenschaften genannt. In Kapitel 20, »Workflows für Fortgeschrittene«, erfahren Sie, wie man solche Eigenschaften erstellt. Abbildung 18.7 zeigt das Fenster *Eigenschaften* für die Aktivität *createTask1*.

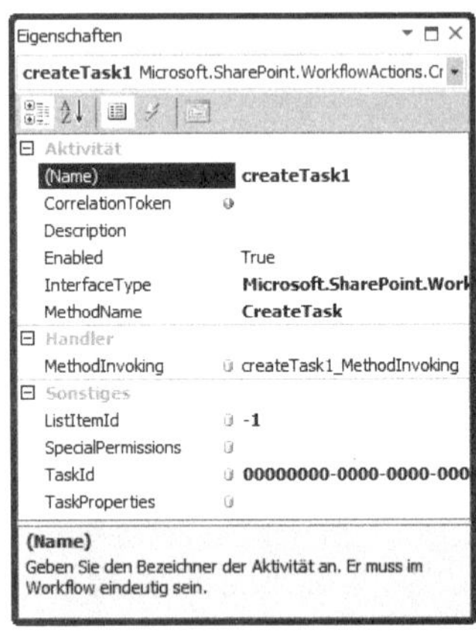

Abbildung 18.7 Das Fenster *Eigenschaften* für die Aktivität *createTask1*

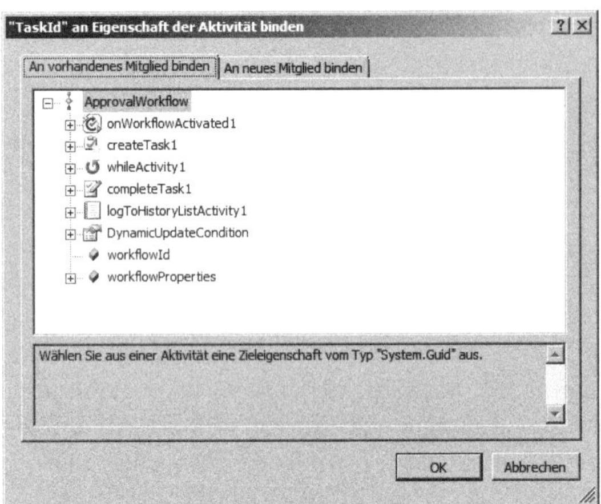

Abbildung 18.8 Mit dem Dialogfeld *'TaskId' an Eigenschaft der Aktivität binden* können Sie die Eigenschaft *TaskId* an die Aktivität *createTask1* binden

Klicken Sie doppelt auf den gelben Zylinder neben *TaskId*, um das Dialogfeld *'TaskId' an Eigenschaft der Aktivität binden* zu öffnen. Darin wählen Sie die Datenquelle aus, die einen Wert für die Eigenschaft liefern soll (Abbildung 18.8).

Sie können jede vorhandene Eigenschaft auswählen, deren Datentyp zu der Eigenschaft passt, die Sie konfigurieren. In diesem Beispiel können Sie jede Eigenschaft oder jedes Feld mit dem Datentyp *Guid* auswählen. Wenn Sie kein passendes Member finden, können Sie ein neues erstellen. Dazu klicken Sie auf die Registerkarte *An neues Mitglied binden*. Sie müssen den Namen und den Typ (Feld oder Eigenschaft) des neuen Members angeben, das erstellt werden soll. Unter der Haube erstellt der Designer den passenden Code für Sie, wobei er ein Member deklariert, das den Wert aufnimmt. Nehmen wir an, Sie wählen eine Eigenschaft namens *ApprovalTaskId*. Tun Sie dasselbe für das Member *TaskProperties*, wobei Sie eine neue datengebundene Eigenschaft namens *ApprovalTaskProperties* erstellen. Nun ist die Aktivität *createTask1* korrekt konfiguriert. Wenn Sie die Aktivität im Designer doppelt anklicken, werden Sie in den Code für eine Ereignismethode namens *createTask1_MethodInvoking* geführt, die sich zur Konfiguration von Eigenschaften und Feldern unmittelbar vor der Erstellung der Aufgabe eignet.

HINWEIS Die Aktivität *CreateTask* ruft den Workflowhost auf, beispielsweise SharePoint, um eine neue Aufgabe zu erstellen. Wie jede Standardaktivität, die von der Workflowinstanz aus den Host aufruft, wird die Aktivität im Designer hellblau dargestellt. Im Allgemeinen können Sie hellblaue Aktivitäten, die mit dem Host kommunizieren, doppelt anklicken und dann den Code schreiben, der beim Aufruf des Hosts (Methodenaufruf) ausgeführt werden soll.

Im nächsten Schritt müssen Sie nun die *While*-Aktivität konfigurieren, wobei Sie eine Bedingung für die Schleife festlegen. In Workflow Foundation kann eine Bedingung auf mehrere Arten festgelegt werden:

- **Codebedingung** Damit ist eine Bedingung gemeint, die im Programmcode formuliert wird. Sie müssen eine Ereignismethode implementieren, die einen Parameter des Typs *ConditionalEventArgs* hat und eine *Boolean*-Eigenschaft namens *Result* definiert, die bei jedem Schleifendurchlauf der *While*-Aktivität überprüft wird und entscheidet, ob es einen weiteren Schleifendurchlauf gibt oder nicht.
- **Deklarative Regelbedingung** Dabei handelt es sich um einen Ausdruck, der im Designer definiert wird und es ermöglicht, ohne zusätzlichen Programmcode eine Bedingung zu formulieren. Jede Workflowdefinition kann über einen Satz von deklarativen Regelbedingungen verfügen, die alle in derselben *.xoml.rules*-Datei gespeichert werden.

Unabhängig davon, welchen Bedingungstyp Sie wählen, müssen Sie darauf warten, dass sich das aktuelle Element ändert, bevor Sie den Genehmigungsstatus überprüfen und entscheiden, ob die Schleife wiederholt wird oder nicht. Zu diesem Zweck gibt es die Aktivität *onWorkflowItemChanged1*, bei der es sich um eine ereignisgesteuerte Aktivität handelt, die einfach nur die erforderliche Eigenschaft *CorrelationToken* aufweisen muss und dann ein Ereignis meldet, wenn sich das Element ändert, für das der Workflow arbeitet. Das Ereignis kann in einem entsprechenden Ereignishandler durch Programmcode bearbeitet werden.

HINWEIS Die Aktivität *OnWorkflowItemChanged* erhält vom Workflowhost, beispielsweise von SharePoint, eine asynchrone Ereignismeldung. Wie jede Standardaktivität, die zur Bearbeitung von Ereignissen verwendet wird, die vom Host an die Workflowinstanz gemeldet werden, wird die Aktivität im Designer hellgrün dargestellt. Im Allgemeinen können Sie hellgrüne Aktivitäten, die mit dem Host kommunizieren, doppelt anklicken und dann den Code schreiben, der ausgeführt werden soll, wenn das Ereignis vom Host gemeldet wird (die Methode wird aufgerufen).

Listing 18.1 zeigt den Initialisierungscode des Workflows für die Aktivitäten.

Listing 18.1 Auszug aus dem Code des Beispielworkflows

```
public sealed partial class ApprovalWorkflow : SequentialWorkflowActivity {
  public ApprovalWorkflow() {
    InitializeComponent();
  }

  public Guid workflowId = default(System.Guid);
  public SPWorkflowActivationProperties workflowProperties =
    new SPWorkflowActivationProperties();

  private void onWorkflowActivated_Invoked(object sender, ExternalDataEventArgs e) {
    // Hier können Sie gegebenenfalls den Initialisierungscode schreiben.
  }

  // Code für die Member ApprovalTaskId und ApprovalTaskProperties der
  // Übersichtlichkeit halber weggelassen.

  private void createApprovalTask_MethodInvoking(object sender, EventArgs e) {
    // Weise der Genehmigungsaufgabe eine eindeutige ID zu.
    this.ApprovalTaskId = Guid.NewGuid();

    // Konfiguriere die Eigenschaften der Genehmigungsaufgabe.
    this.ApprovalTaskProperties = new SPWorkflowTaskProperties();
    this.ApprovalTaskProperties.AssignedTo = "SP2010DEV\\DemoUser";
    this.ApprovalTaskProperties.Description = "Genehmigen Sie bitte dieses Angebot.";
    this.ApprovalTaskProperties.DueDate = DateTime.Now.AddDays(10);
    this.ApprovalTaskProperties.SendEmailNotification = true;
    this.ApprovalTaskProperties.Title = "Genehmigen Sie bitte dieses Angebot.";
  }

  private void waitForOutcome(object sender, ConditionalEventArgs e) {
    // Diese Methode wird in jeder Schleife der While-Aktivität aufgerufen.
    e.Result = repeatWhile;
  }

  public Boolean repeatWhile = true;
  public String currentModerationStatusText;

  private void onOfferItemChanged_Invoked(object sender, ExternalDataEventArgs e) {
    this.currentModerationStatusText =
        SPFieldModStat.TextFieldValueFromValue(
        this.workflowProperties.Item[FieldsIds.ModerationStatusFieldId]);

    if ((this.currentModerationStatusText == "Genehmigt") ||
      (this.currentModerationStatusText == "Abgelehnt")) {
      this.repeatWhile = false;
    }
```

```
    else {
      this.repeatWhile = false;
    }
  }
}
```

Listing 18.1 deutet an, wie die Methode *OnWorkflowActivated_Invoked* auf der Basis der Member *AssociationData* und *InitiationData* der Eigenschaft *WorkflowProperties* den erforderlichen Initialisierungscode ausführen könnte. In diesem ersten Workflowbeispiel wurde der Initialisierungscode aber der Einfachheit halber weggelassen. Dann gibt es die Methode *createApprovalTask_MethodInvoking*, die die Eigenschaften *ApprovalTaskId* und *ApprovalTaskProperties* initialisiert. Da dieses erste Beispiel noch nicht über ein Konfigurationsformular verfügt, gibt der Code einfach statisch einen Benutzer an, dem die Aufgabe zugewiesen wird, sowie ein Fälligkeitsdatum. Wenn Sie diesen Workflow in einer Testumgebung bereitstellen möchten, müssen Sie diese Werte entsprechend ändern oder konfigurierbar machen. In Kapitel 19, »Workflowformulare«, erfahren Sie, wie man konfigurierbare Werte verwendet. Die letzte Methode *onOfferItemChanged_Invoked* wird immer dann aufgerufen, wenn sich das aktuelle Element ändert. Der Code dieser Methode liest den Wert des Genehmigungsstatusfelds aus. Lautet er »Genehmigt« oder »Abgelehnt« (in einer englischen Version entsprechend »Approved« oder »Rejected«), beendet er die Schleifendurchläufe der *While*-Aktivität, indem er die Membervariable *repeatWhile* auf *false* setzt. Die Methode *waitForOutcome*, die als Codebedingung der *While*-Aktivität festgelegt wurde, gibt einen *Result*-Wert zurück, der dem Wert der Membervariablen *repeatWhile* entspricht.

Um den Workflowentwurf zu vervollständigen, müssen Sie noch die Aktivität *completeTask1* so konfigurieren, dass sie die Genehmigungsaufgabe abschließt, und dann die Aktivität *logToHistoryListActivity1* so einrichten, dass sie den gewünschten Eintrag in der Verlaufsliste vornimmt. Die Aktivität *completeTask1* ermöglicht die Konfiguration folgender Eigenschaften:

- ***CorrelationToken*** Diese Eigenschaft wird später noch ausführlicher besprochen. Allerdings muss sie demselben Wert entsprechen, der der Aktivität zugewiesen wurde, von der die Aufgabe erstellt wurde, die diese Aktivität abschließt.
- ***TaskId*** Die GUID der abzuschließenden Aufgabe. Im aktuellen Beispiel ist dies der Wert von *ApprovalTaskId*.
- ***TaskOutcome*** Dies ist eine optionale Eigenschaft, die verwendet werden kann, um einen bestimmten Ergebnistext in das *Outcome*-Feld der Aufgabe zu schreiben.

Die Aktivität *logToHistoryListActivity1* ermöglicht die Konfiguration folgender Eigenschaften:

- ***EventId*** Gibt den Ereignistyp an, den Sie protokollieren möchten. Die Eigenschaft kann zum Beispiel Werte wie *WorkflowComment*, *WorkflowError*, *WorkflowStarted*, *WorkflowCompleted* und so weiter annehmen.
- ***HistoryDescription*** Der Text, der im Verlaufslisteneintrag geschrieben wird.
- ***HistoryOutcome*** Eine Beschreibung des Ergebnisses des aktuellen Ereignisses.
- ***OtherData*** Dient zur Speicherung zusätzlicher Daten und Informationen über das aktuelle Ereignis.
- ***UserId*** Die numerische Kennung des Benutzers, der das Ereignis ausgelöst hat.

Abbildung 18.9 zeigt den Designer mit dem Beispielworkflow in seinem endgültigen Zustand. Die Aktivitäten wurden umbenannt, um ihre Aufgaben besser zu beschreiben.

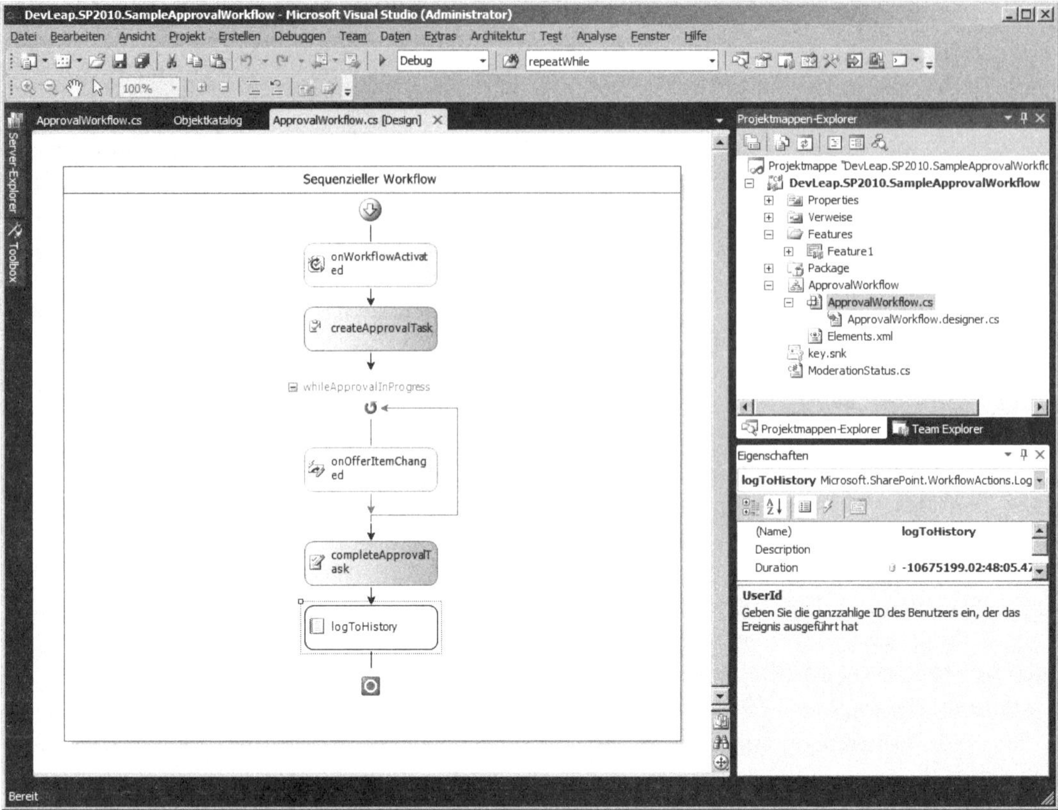

Abbildung 18.9 Der Designer zeigt den fertigen Beispielworkflow

Der Workflow, den Sie gerade gesehen haben, ist zwar rudimentär, aber er demonstriert Ihnen die Grundelemente eines Workflows für SharePoint:

- Die Startaktivität des Typs *OnWorkflowActivated*.
- Die Verwendung und Abfolge von SharePoint-Aktivitäten.
- Die Korrelationstoken (sie werden im nächsten Abschnitt beschrieben).
- Der benutzerdefinierte Code hinter jeder Aktivität.

Natürlich erfordert ein Workflow, der in Visual Studio 2010 entwickelt wird, oft eine Reihe von benutzerdefinierten Aktivitäten, um mit externen Systemen arbeiten zu können, beispielsweise mit einem ERP-System (Enterprise Resource Planning) oder mit einem SOAP-Dienst eines anderen Herstellers. Häufig reichen die Standardaktivitäten, die für SharePoint angeboten werden, nicht aus und Sie müssen eigene benutzerdefinierte Aktivitäten entwickeln, die speziell für die Verwendung in einem SharePoint-Workflow ausgelegt sind. Dieses Thema wird in Kapitel 20 vertieft.

Eine praxisgerechte Workflowlösung verwendet zudem für die Interaktion mit dem Endbenutzer passende benutzerdefinierte Formulare, wie sie in Kapitel 19 besprochen werden.

Bereitstellen von Workflows

Nach der Entwicklung eines Workflows brauchen Sie nur im Menü *Erstellen* von Visual Studio 2010 den Menüpunkt *Projektmappe bereitstellen* zu wählen, um den Workflow in Ihrer Entwicklungsumgebung bereitzustellen und zu testen. Bei der Bereitstellung wird eine WSP-Datei erstellt, das Feature aktiviert und der Workflow mit der Zielliste verknüpft, die Sie bei der anfänglichen Konfiguration des Projekts ausgewählt haben. Wenn Sie soweit sind, Ihren Workflow auf der Website eines Kunden bereitzustellen, müssen Sie ihn allerdings mit der WSP-Datei manuell installieren. Für die endgültige Bereitstellung sollten Sie die Projektmappenkonfiguration auf *Release* umstellen. Dann können Sie im Menü *Erstellen* mit dem Menüpunkt *Paket* die lieferfertige WSP-Datei generieren, die im Ordner *bin\Release* des aktuellen Workflowprojekts gespeichert wird. Mit dieser WSP-Datei sind Sie bereit, den Workflow zu installieren, ihn in einer oder mehreren Webanwendungen bereitzustellen und das entsprechende Feature auf den Websites zu aktivieren, auf denen der Workflow verwendet werden soll.

Intern verwendet das Feature zur Bereitstellung eines Workflows ein *Workflow*-Featureelement mit einer Struktur wie in Listing 18.2.

Listing 18.2 Der Aufbau eines *Workflow*-Featureelements

```
<Workflow
  Title="Text"
  Name="Text"
  CodeBesideAssembly="Text"
  CodeBesideClass="Text"
  Description="Text"
  Id="Text"
  EngineClass="Text"
  EngineAssembly="Text"
  AssociationUrl="Text"
  InstantiationUrl="Text"
  ModificationUrl="Text"
  StatusUrl="Text"
  TaskListContentTypeId="Text" >
  <AssociationData />
  <MetaData />
  <Categories />
</Workflow>
```

Das *Workflow*-Element unterstützt einige Attribute und drei untergeordnete Elemente. Tabelle 18.2 beschreibt die verfügbaren Attribute.

Das untergeordnete Element *AssociationData* ermöglicht die Definition von benutzerdefinierten Zuordnungsdaten, die bei der Zuordnung des Workflows zum Ziel an den Workflow übergeben werden. Das untergeordnete Element *MetaData* enthält zusätzliche benutzerdefinierte XML-Metadaten für die Definition von benutzerdefinierten Formularen, benutzerdefinierten Statuswerten, benutzerdefinierten Statusseiten und so weiter. Mit dem untergeordneten Element *AssociationCategories* des *MetaData*-Elements können Sie zum Beispiel die Zielzuordnungen für Ihren benutzerdefinierten Workflow definieren. Das Element *Categories* schließlich wurde von Microsoft für zukünftige Zwecke reserviert. Listing 18.3 zeigt ein Beispiel für ein *Workflow*-Featureelement für die Bereitstellung eines Workflows, der nur für Listen vorgesehen ist.

Tabelle 18.2 Die wichtigsten Attribute des *Workflow*-Featureelements

Attribut	Beschreibung
Title	Optionales *Text*-Attribut, das den Titel des Workflows angibt.
Name	Erforderliches *Text*-Attribut, das den Namen des Workflows festlegt. Dieser Name dient zur Angabe des Workflows in der Benutzeroberfläche von SharePoint.
CodeBeside-Assembly	Erforderliches *Text*-Attribut, das den starken Namen der Assembly festlegt, in der die Workflowdefinition enthalten ist. Standardmäßig verwendet Visual Studio 2010 das Symbol *$assemblyname$*, das bei der Bereitstellung durch den passenden Assemblynamen ersetzt wird.
CodeBesideClass	Erforderliches *Text*-Attribut, das den vollständigen Namen des Typs definiert, der die Workflowdefinition enthält.
Description	Optionales *Text*-Attribut, das den Workflow beschreibt.
Id	Ein erforderliches *Text*-Attribut, das eine eindeutige Kennung (GUID) für die Workflowdefinition enthält.
EngineClass	Von Microsoft für zukünftige Zwecke reserviert.
EngineAssembly	Von Microsoft für zukünftige Zwecke reserviert.
AssociationUrl	Optionales *Text*-Attribut, das die URL eines benutzerdefinierten Zuordnungsformulars definiert. In Kapitel 19 erfahren Sie mehr über benutzerdefinierte Formulare.
InstantiationUrl	Optionales *Text*-Attribut, das die URL eines benutzerdefinierten Initiierungsformulars definiert. In Kapitel 19 erfahren Sie mehr über benutzerdefinierte Formulare.
ModificationUrl	Optionales *Text*-Attribut, das die URL eines benutzerdefinierten Änderungsformulars definiert. In Kapitel 19 erfahren Sie mehr über benutzerdefinierte Formulare.
StatusUrl	Veraltetes *Text*-Attribut. Vermeiden Sie die Verwendung von *StatusUrl*.
TaskListContent-TypeId	Optionales *Text*-Attribut, das die ID des benutzerdefinierten Inhaltstyps angibt, der der Aufgabenliste des Workflows zugewiesen wurde.

Listing 18.3 Ein *Workflow*-Featureelement zur Bereitstellung eines Workflows für Listen

```
<?xml version="1.0" encoding="utf-8" ?>
<Elements xmlns="http://schemas.microsoft.com/sharepoint/">
  <Workflow
     Name="SampleApprovalWorkflow"
     Description="My SharePoint Workflow"
     Id="faad7421-538f-475b-85ec-7488c628c486"
     CodeBesideClass="DevLeap.SP2010.SampleApprovalWorkflow.ApprovalWorkflow"
     CodeBesideAssembly="DevLeap.SP2010.SampleApprovalWorkflow, Version=1.0.0.0, Culture=neutral,
PublicKeyToken=9719971a17e963bb">
    <Categories/>
    <MetaData>
      <AssociationCategories>List</AssociationCategories>
      <StatusPageUrl>_layouts/WrkStat.aspx</StatusPageUrl>
    </MetaData>
  </Workflow>
</Elements>
```

HINWEIS Der Wert von *CodeBesideAssembly* sollte in Ihrem XML-Code in einer einzigen Zeile stehen. Die Zeile wurde hier nur aus drucktechnischen Gründen aufgeteilt.

Zuordnen von Workflows

Für die Zuordnung des Workflows zu einer Zielliste müssen Sie in der Verwaltungsoberfläche von SharePoint einige manuelle Arbeiten durchführen. Zuerst wechseln Sie auf die Einstellungsseite der Zielliste und wählen in der Gruppe *Berechtigungen und Verwaltung* die Verknüpfung *Workfloweinstellungen*. (Sie können auch im Menüband in der Gruppe *Einstellungen* auf die Schaltfläche *Workfloweinstellungen* klicken). Wenn Ihrer Liste noch keine Workflows zugeordnet wurden, erscheint die Seite *Workflow hinzufügen*. Verfügt die Liste bereits über eine oder mehrere Workflowzuordnungen, erscheint eine Seite für die Verwaltung dieser Zuordnungen. Auf ihr lassen sich auch neue Zuordnungen erstellen. Abbildung 18.10 zeigt die Seite *Workflow hinzufügen*.

Wenn die Verwaltung für Inhaltstypen aktiviert ist, können Sie auswählen, ob der Workflow für alle oder nur für einen bestimmten Inhaltstyp verfügbar sein soll. Dann wählen Sie den Workflow aus, der mit der aktuellen Liste verknüpft werden soll. Außerdem gibt es zwei Abschnitte für die Auswahl der Aufgabenliste und der Verlaufsliste, die für den Workflow verwendet werden sollen. Sie können vorhandene Listen auswählen oder SharePoint beauftragen, neue Listeninstanzen zu erstellen. Schließlich legen Sie noch die Startoptionen fest, wie bei den Workflows, die in SharePoint Designer 2010 definiert wurden. Sie können Benutzern, die über die Berechtigung zum Bearbeiten eines Listenelements verfügen, den manuellen Start des Workflows erlauben. Bei Bedarf können Sie den manuellen Start auf Benutzer beschränken, die über die Berechtigung zum Verwalten der aktuellen Liste verfügen. Außerdem können Sie festlegen, ob der Workflow automatisch gestartet werden soll, wenn ein neues Element erstellt oder ein vorhandenes geändert wird.

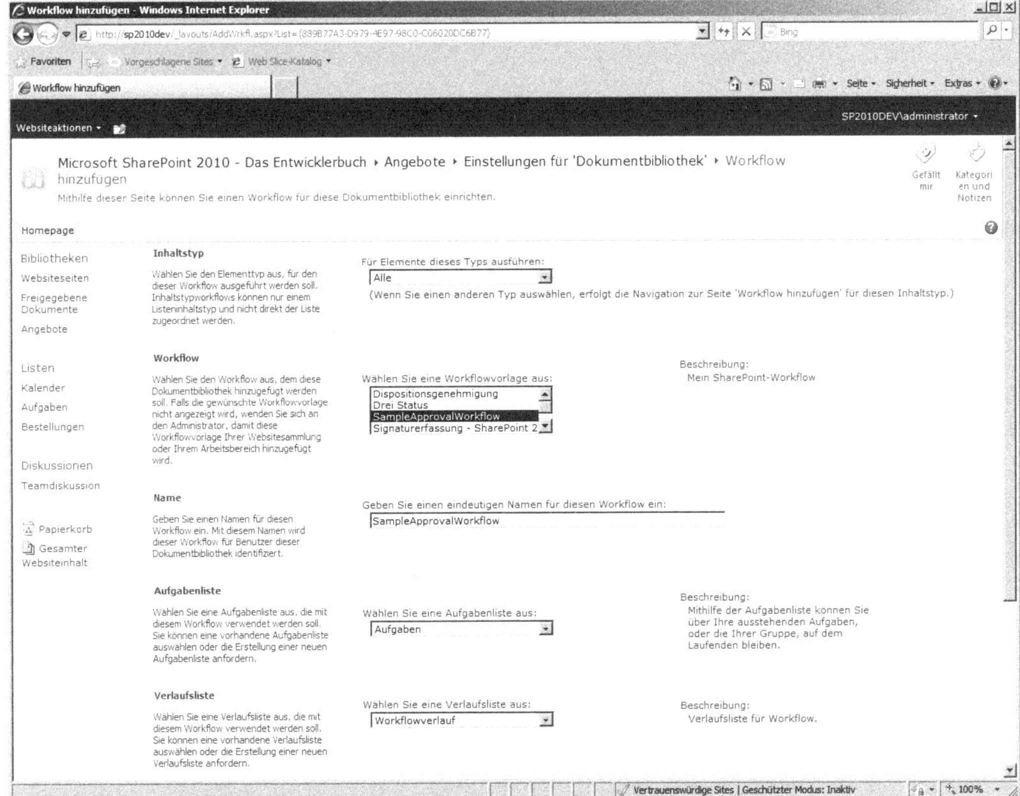

Abbildung 18.10 Die Seite *Workflow hinzufügen* für eine Bibliothek

Wenn Sie auf die Schaltfläche *OK* klicken, erscheint entweder die benutzerdefinierte Zuordnungsseite, sofern es eine gibt, oder die Zuordnung des Workflows wird direkt durchgeführt und Sie können Ihren Workflow verwenden.

Nach der Zuordnung einer Workflowinstanz zu einer Zielliste können Sie wieder auf die Seite *Workfloweinstellungen* wechseln und die Zuordnung verwalten, indem Sie den Workflow aus der Liste der verfügbaren Workflows auswählen.

Verwalten von Workflowversionen

Die Seite *Workfloweinstellungen* gibt Ihnen die Möglichkeit, eine vorhandene Workflowzuordnung zu entfernen. Das ist eine interessante Aufgabe, denn wenn Sie eine Zuordnung entfernen, müssen Sie entscheiden, was mit den laufenden Instanzen des Workflows geschehen soll. Abbildung 18.11 zeigt die Seite *Workflows entfernen*, die erscheint, wenn Sie eine Zuordnung entfernen.

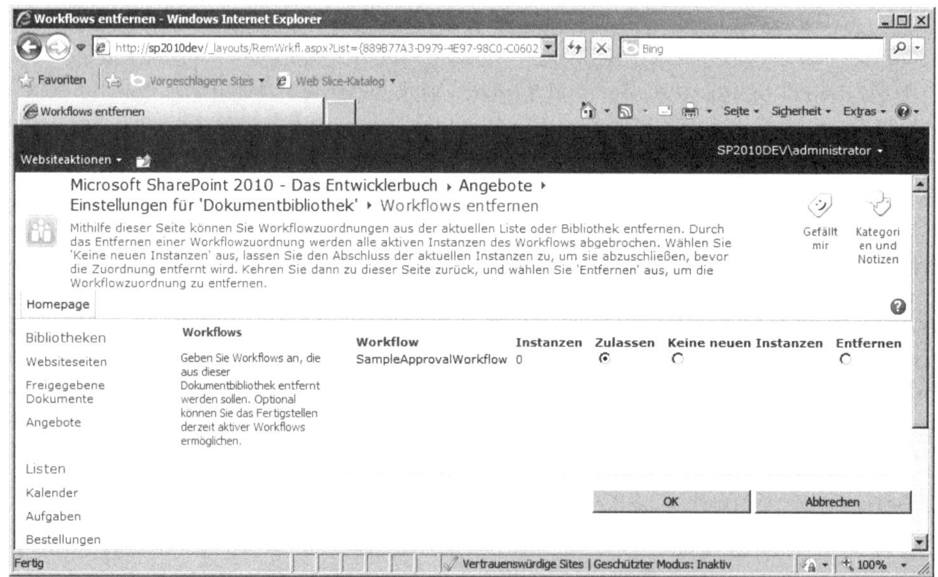

Abbildung 18.11 Die Seite *Workflows entfernen* für eine Bibliothek

Sie haben durch die Wahl der Option *Entfernen* die Möglichkeit, das Löschen der Zuordnung zu erzwingen, wodurch alle laufenden Instanzen abgebrochen werden. Andernfalls können Sie die Option *Keine neuen Instanzen* wählen. Sie bewirkt, dass die laufenden Instanzen ihre Arbeit fortführen, aber keine neuen Instanzen des Workflows erstellt werden. Diese Optionen sind sehr nützlich, wenn Sie den Workflow aktualisieren. Wie erwähnt, wird eine im Leerlauf befindliche Workflowinstanz in die Inhaltsdatenbank der aktuellen Websitesammlung ausgelagert und bei Bedarf wieder in den Arbeitsspeicher geladen, um die Arbeit fortzusetzen, sobald der zuständige Benutzer eine Änderung durchführt oder eine vorgegebene Wartezeit verstrichen ist.

Wenn dies geschieht, ist nicht garantiert, dass in der aktuellen Umgebung immer noch dieselbe Workflowversion verfügbar ist. Es könnte zum Beispiel eine neue Version geben, die sich gegebenenfalls stärker von der Originalversion unterscheidet, mit der die Workflowinstanz ursprünglich erstellt wurde.

Wenn Sie sich für das Entfernen der Workflowzuordnung entscheiden, ohne den Abschluss der laufenden Instanzen abzuwarten, beendet das Workflow-Modul von SharePoint die laufenden Instanzen sofort.

Auf diese Weise werden Probleme vermieden, die sich aus unterschiedlichen Workflowversionen ergeben können. Natürlich verlieren Sie dabei auch alle Daten oder Zustandsdaten über die laufenden Workflowinstanzen.

Wenn Sie dagegen nur die Erstellung neuer Instanzen des Workflows verhindern und die laufenden Instanzen beibehalten, können Sie den Abschluss dieser Instanzen abwarten. Sobald es keine laufenden Instanzen mehr gibt, können Sie die Zuordnung von der Zielliste entfernen. In der Zwischenzeit können Sie eine neue Version des Workflows zuordnen und sie für andere Elemente der Zielliste verwenden. Natürlich müssen Sie in diesem Fall mit einem neuen Paket eine neue Version bereitstellen, statt den vorhandenen Workflow zu aktualisieren.

Korrelationstoken

Das in Abbildung 18.9 gezeigte Workflowbeispiel verfügt über eine Eigenschaft namens *CorrelationToken*, die in der *OnWorkflowActivated*-Aktivitätsinstanz definiert wird. Auch die beiden Aktivitäten *createApprovalTask* und *completeApprovalTask* verfügen über eine *CorrelationToken*-Eigenschaft. Außerdem wurde der Beispielworkflow so konfiguriert, dass er in den *CorrelationToken*-Eigenschaften der beiden aufgabenbezogenen Aktivitäten zwar denselben Wert verwendet, aber mit einer anderen gebundenen Variablen, als für das Korrelationstoken der *OnWorkflowActivated*-Aktivitätsinstanz verwendet wird. Wahrscheinlich stellen Sie sich nun die Frage, was genau ein Korrelationstoken ist.

Sie können sich ein Korrelationstoken als eindeutige Kennung vorstellen, die Aktivitäten im Workflow untereinander und mit der Hostumgebung in Beziehung setzt. Wenn die Hostumgebung eine Ereignismeldung erhält, die für eine bestimmte Workflowinstanz vorgesehen ist, wird diese Instanz durch ihre Workflowinstanz-ID und im Fall eines Workflows für SharePoint auch durch ein workflowspezifisches Korrelationstoken identifiziert. Die Hostumgebung ermittelt anhand der Instanz-ID und des Korrelationstokens, für welche Workflowinstanz die Ereignismeldung bestimmt ist. Dazu sucht sie im Arbeitsspeicher oder den ausgelagerten Instanzen nach einer Instanz, die über die betreffende Instanz-ID verfügt und das Korrelationstoken verwendet.

Wenn Sie einen neuen SharePoint-Workflow definieren, wird in der *OnWorkflowActivated*-Aktivitätsinstanz ein Korrelationstoken definiert. Sie sollten diese Korrelationstokenvariable für jede Aktivität verwenden, die auf der Ebene des Workflows arbeitet. Wenn es Aktivitäten gibt, deren Gültigkeitsbereich sich nicht auf den gesamten Workflow erstreckt und die im selben Kontext arbeiten müssen, wie zum Beispiel Aktivitäten zur Verwaltung einer bestimmten Aufgabe (*CreateTask*, *UpdateTask*, *CompleteTask*, *OnTaskChanged* und so weiter), sollten Sie ein Korrelationstoken definieren, das speziell für diese Aktivitäten vorgesehen ist.

Stellen Sie sich zum Beispiel eine Workflowdefinition für die Genehmigung von Dokumenten vor, die gleichzeitig mehreren Prüfern vorgelegt werden. Es gibt also mindestens zwei Prüfer, denen dieselbe Aufgabe zugewiesen wird. Wenn die Hostumgebung des Workflows (beispielsweise SharePoint) die Zielworkflowinstanz darüber informieren muss, dass eine dieser beiden Aufgaben abgeschlossen wurde, identifiziert sie die Zielworkflowinstanz anhand der Workflowinstanz-ID. Allerdings reicht diese Instanz-ID nicht aus, um die Workflowinstanz darüber zu informieren, welche Aufgabe abgeschlossen wurde oder welche *OnTaskChanged*-Aktivität verwendet werden soll, um den Workflow zu aktivieren. Die Verwendung eines Korrelationstokens setzt alle Aktivitäten, die mit einer bestimmten Aufgabe zu tun haben, in Beziehung zueinander und unterstützt die Laufzeitschicht und die Workflowinstanz bei der eindeutigen Identifizierung der Zielaufgabe innerhalb des Workflows und der entsprechenden Zielaktivität für das Ereignis. Deswegen braucht jede Aufgabe im Workflow ein eigenes Korrelationstoken, das sie gemeinsam mit allen Aktivitäten verwendet, die mit der speziellen Aufgabe zu tun haben.

Websiteworkflows

Gelegentlich müssen Sie wahrscheinlich einen Workflow für eine Aufgabe entwickeln, die auf der Ebene der Website ausgeführt wird, um beispielsweise in jedem Element einer Liste ein bestimmtes Feld zu ändern oder in bestimmten Elementen aus beliebigen Listen einer Website ein Feld zu aktualisieren, und so weiter. In älteren SharePoint-Versionen ließ sich dies erreichen, indem man eine benutzerdefinierte Hilfsliste mit irgendwelchen passenden Einträgen erstellte, dieser Liste einen Workflow zuordnete und eines dieser Elemente durch Workflowinstanzen bearbeiten ließ, aber die Änderungen ignorierte. Mit SharePoint 2010 wurde das Konzept der Websiteworkflows (site-level workflows) eingeführt, um diesen Bedarf zu decken.

Ein Websiteworkflow ist weitgehend dasselbe wie ein Elementworkflow (item-level workflow), aber er braucht für seine Arbeit kein zugeordnetes Listenelement. Da Websiteworkflows nicht über ein zugeordnetes Listenelement verfügen, müssen Sie solche Workflows manuell starten. Dazu gehen Sie auf die Seite *Gesamter Websiteinhalt* und wählen die Verknüpfung *Website-Workflows*. Eine Liste der verfügbaren Workflows erscheint und Sie können praktisch dieselben Arbeiten durchführen wie auf der entsprechenden Verwaltungsseite für Elementworkflows. Beispielsweise können Sie einen Workflow starten, Initiierungswerte angeben (sofern es ein Initiierungsformular gibt), die Ausführung überwachen und die Verlaufsliste einsehen.

Eine letzte Sache noch: Beim Entwurf eines Websiteworkflows gibt es keinen Verweis auf das aktuelle Zielelement, weil es keine Zielliste gibt. Daher muss Ihr Code selbst herausfinden, in welchem Kontext er ausgeführt wird, wobei er das SharePoint-Serverobjektmodell und vielleicht auch einige *CodeActivity*-Instanzen verwendet.

Zusammenfassung

In diesem Kapitel haben Sie gesehen, wie man mit Visual Studio 2010 eine benutzerdefinierte Workflowdefinition entwickelt. Sie haben den Grundaufbau einer Workflowdefinition kennengelernt, die Grundaktivitäten, die für SharePoint zur Verfügung stehen, sowie die Bereitstellung und Aspekte der Versionsverwaltung einer Workflowdefinition. Außerdem haben Sie erfahren, was Korrelationstoken sind und wie sie im Workflow verwendet werden. Schließlich haben Sie sich noch kurz mit Websiteworkflows beschäftigt.

Kapitel 19

Workflowformulare

In diesem Kapitel:

In Kapitel 18, »Workflows mit Visual Studio 2010«, wurden die Grundlagen für die Entwicklung eines einfachen Workflows besprochen – so einfach, dass er kaum die Anforderungen für eine realistische Benutzereingabe erfüllt. In diesem Kapitel erfahren Sie, wie benutzerdefinierte ASPX-Formulare erstellt werden, damit Endbenutzer auf praxisbezogene Weise mit Ihren Workflows arbeiten können.

WICHTIG Benutzerdefinierte Workflowformulare lassen sich als ASPX-Seiten oder mit Microsoft InfoPath 2010 erstellen, wobei auf der Serverseite Microsoft InfoPath Services verwendet werden. Die InfoPath-Methode setzt allerdings Microsoft SharePoint Server 2010 voraus. Wenn Sie benutzerdefinierte Formulare als ASPX-Seiten erstellen, können Sie dieselbe Workflowlösung auf Microsoft SharePoint Foundation 2010 und Microsoft SharePoint Server 2010 verwenden. Daher werden in diesem Kapitel nur ASPX-Formulare besprochen.

Verwaltungsformulare

Die erste Gruppe von Formularen, die Sie zur Erweiterung der Benutzeroberfläche eines Workflows definieren können, umfasst die Zuordnungs-, Initiierungs- und Änderungsformulare. Sie sind sich in Aufbau und Definition sehr ähnlich. In diesen Formularen legen Sie beim Start der Workflowinstanzen zusätzliche Konfigurations- und Initialisierungswerte fest. Allerdings ist das Zuordnungsformular (association form) gewöhnlich nur für Administratoren vorgesehen und wird bei der Zuordnung einer Workflowdefinition zu einer Liste, einem Inhaltstyp oder einer Website verwendet. Das Initiierungsformular (initiation form) ist für Endbenutzer vorgesehen und wird beim manuellen Start eines Workflows angezeigt. Wird eine Workflowzuordnung für einen automatischen Start konfiguriert, erfolgt kein Aufruf des Initiierungsformulars und die Workflowinstanz erhält nur Zuordnungsdaten. Deswegen ermöglicht ein Initiierungsformular gewöhnlich die Konfiguration einer Teilmenge der Parameter, die im Zuordnungsformular verfügbar sind. Das Initiierungsformular dient also zur Anpassung des Verhaltens einer bestimmten Workflowinstanz, die manuell gestartet wird, während das Zuordnungsformular die Standardkonfigurationsparameter für den automatischen Start festlegt. Das Änderungsformular (modification form) schließlich ist von Nutzen, wenn Sie die Konfiguration einer bereits laufenden Workflowinstanz ändern müssen.

Nehmen Sie zum Beispiel an, Sie müssen den Genehmigungsworkflow für Angebote aus Kapitel 18 erweitern und verbessern. Sie könnten zum Beispiel einen benutzerdefinierten Inhaltstyp einführen, um ein Konzept für Angebote zu modellieren. Listing 19.1 zeigt einen Beispielinhaltstyp namens *DevLeapOffer*. Weitere Informationen über die Erstellung und Bereitstellung von benutzerdefinierten Inhaltstypen finden Sie in Kapitel 10, »Bereitstellen von Daten«. Vergessen Sie aber nicht, dass es für die Erstellung von Workflowformularen nicht erforderlich ist, einen benutzerdefinierten Inhaltstyp einzuführen. Der Beispielcode für dieses Kapitel definiert den Inhaltstyp *DevLeapOffer* nur der Vollständigkeit halber und aus Rücksicht auf die Empfehlungen für SharePoint 2010.

Listing 19.1 Der XML-Code für die Bereitstellung des benutzerdefinierten Inhaltstyps *DevLeapOffer*

```
<?xml version="1.0" encoding="utf-8"?>
<Elements xmlns="http://schemas.microsoft.com/sharepoint/">
  <!-- Websitespalten, die vom Inhaltstyp verwendet werden -->
  <Field ID="{43A5D26C-8924-44A5-80F5-E24131838E90}"
    Name="DevLeapOfferCode" StaticName="DevLeapOfferCode" DisplayName="Angebotscode"
    Type="Text" Group="DevLeap Columns" Sortable="TRUE" />
```

```
  <Field ID="{54C4A2FF-D9F4-495F-B18B-AFB32A58F78A}"
    Name="DevLeapOfferEuroAmount" StaticName="DevLeapOfferEuroAmount"
    DisplayName="Euro-Betrag" Type="Currency" LCID="1040"
    Group="DevLeap Columns" Sortable="TRUE" />
  <Field ID="{12DAC41E-3E7C-4A1B-83FB-557E8120305D}"
    Name="DevLeapOfferStatus" StaticName="DevLeapOfferStatus"
    DisplayName="Status" Type="Choice" Group="DevLeap Columns"
    Sortable="TRUE">
    <Default>Eingefügt</Default>
    <CHOICES>
      <CHOICE>Eingefügt</CHOICE>
      <CHOICE>Genehmigt</CHOICE>
      <CHOICE>Abgelehnt</CHOICE>
    </CHOICES>
  </Field>
  <!-- Übergeordneter ContentType: Document (0x0101) -->
  <ContentType ID="0x0101001c5496fe0188439099e8a0b19007fb27"
               Name="DevLeapOffer"
               Group="DevLeap Content Types"
               Description="DevLeap-Inhaltstyp für Angebote"
               Inherits="TRUE"
               Version="0">
    <FieldRefs>
      <FieldRef ID="{43A5D26C-8924-44A5-80F5-E24131838E90}"
        Name="DevLeapOfferCode" Required="TRUE" />
      <FieldRef ID="{54C4A2FF-D9F4-495F-B18B-AFB32A58F78A}"
        Name="DevLeapOfferEuroAmount" Required="TRUE" />
      <FieldRef ID="{12DAC41E-3E7C-4A1B-83FB-557E8120305D}"
        Name="DevLeapOfferStatus" ShowInEditForm="False" ShowInNewForm="False" />
    </FieldRefs>
  </ContentType>
</Elements>
```

In diesem Code wird jedes Angebot durch ein *DevLeapOfferEuroAmount*-Feld charakterisiert, das einen Wert des Typs *Currency* enthält. Zum Vergleich sollten Sie sich noch einmal den Genehmigungsworkflow für Angebote ansehen, den Sie in Kapitel 18 definiert haben. Er wurde so entworfen, dass er Angebote, deren Betrag unter einer einstellbaren Obergrenze liegt, automatisch genehmigt. Jedes Angebot, dessen Betrag diesen Wert übersteigt, muss explizit von einem Manager genehmigt werden und erfordert die Zuweisung einer Genehmigungsaufgabe an den »Angebotmanager«. Abbildung 19.1 zeigt den Aufbau des benutzerdefinierten Genehmigungsworkflows für Angebote, der in diesem Kapitel besprochen wird.

Abbildung 19.2 zeigt vorab das Ziel dieses Abschnitts, nämlich das Zuordnungsformular. Wie erwähnt, wird es für den Administrator angezeigt, der den Workflow mit seiner Zielliste oder dem vorgesehenen Inhaltstyp verknüpft.

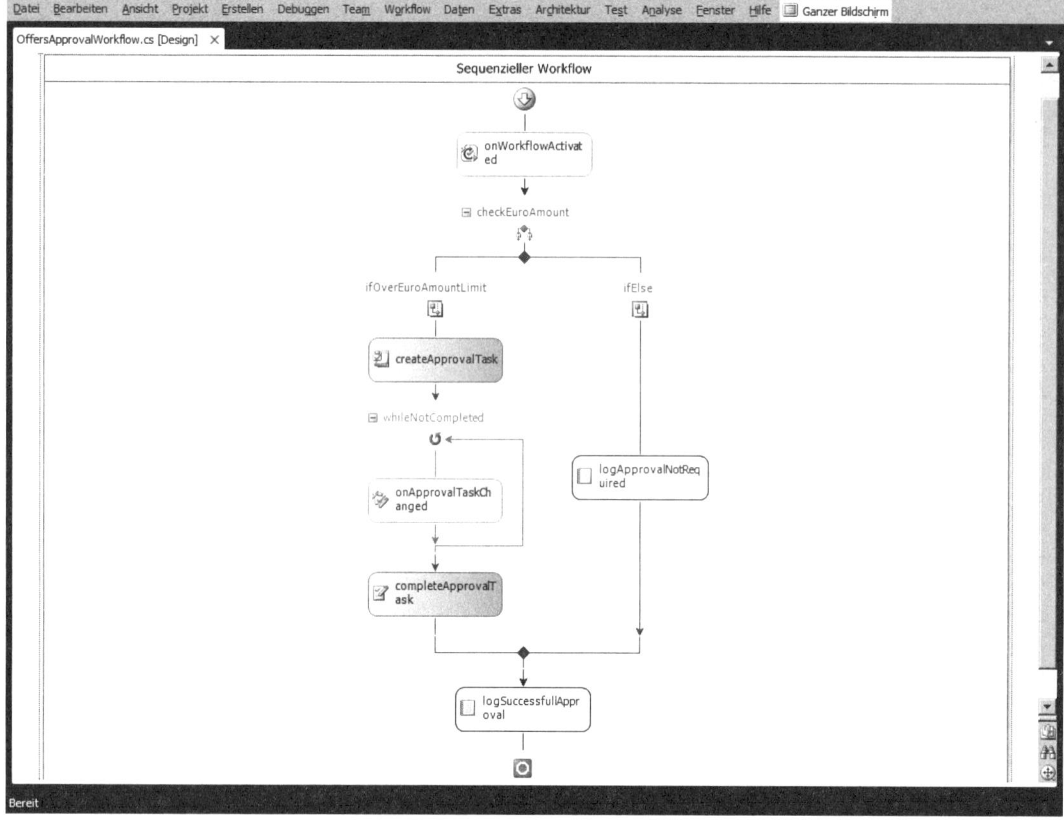

Abbildung 19.1 Der Aufbau des benutzerdefinierten Genehmigungsworkflows für Angebote

Das Formular ist eine gewöhnliche ASP.NET-Seite, wird aber als Anwendungsseite von SharePoint bereitgestellt. In Kapitel 9, »Erweitern der Benutzeroberfläche«, haben Sie bereits gesehen, wie eine Anwendungsseite entwickelt und bereitgestellt wird. Daher wird dieses Thema hier nicht mehr ausführlich behandelt. Es ist aber wichtig, die zugrundeliegende Infrastruktur für diese Seite zu verstehen.

Sie können diese Seite in Microsoft Visual Studio 2010 erstellen. Dazu klicken Sie ein Workflowelement im Projektmappen-Explorer mit der rechten Maustaste an (in einem SharePoint-Projekt natürlich) und wählen dann *Workflowzuordnungsformular*. Dadurch wird das Grundgerüst einer Zuordnungsseite in das Projekt eingefügt. Anschließend steht Ihnen eine ASPX-Seite zur Verfügung, die bereits einigen nützlichen Code enthält. Diese Seite wird im *Layouts*-Ordner von SharePoint bereitgestellt und verhält sich wie eine gewöhnliche Anwendungsseite. Listing 19.2 zeigt die Codevorlage der ASPX-Seite.

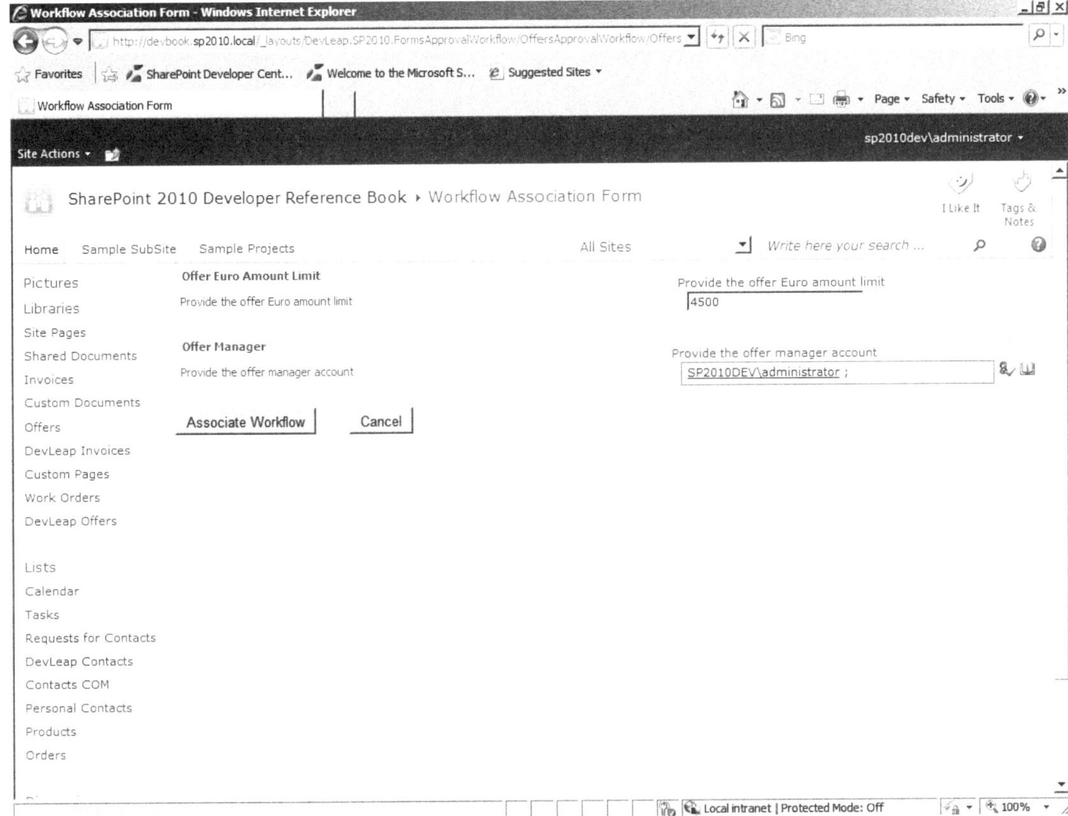

Abbildung 19.2 Das Zuordnungsformular des Beispielworkflows

Listing 19.2 Die Codevorlage der ASPX-Seite für ein Zuordnungsformular

```
<%@ Assembly Name="$SharePoint.Project.AssemblyFullName$" %>
<%@ Assembly Name="Microsoft.Web.CommandUI, Version=14.0.0.0, Culture=neutral,
PublicKeyToken=71e9bce111e9429c" %>
<%@ Import Namespace="Microsoft.SharePoint" %>
<%@ Import Namespace="Microsoft.SharePoint.ApplicationPages" %>
<%@ Register Tagprefix="SharePoint" Namespace="Microsoft.SharePoint.WebControls"
Assembly="Microsoft.SharePoint, Version=14.0.0.0, Culture=neutral,
  PublicKeyToken=71e9bce111e9429c" %>
<%@ Register Tagprefix="Utilities" Namespace="Microsoft.SharePoint.Utilities"
Assembly="Microsoft.SharePoint, Version=14.0.0.0, Culture=neutral,
  PublicKeyToken=71e9bce111e9429c" %>
<%@ Register Tagprefix="asp" Namespace="System.Web.UI"
  Assembly="System.Web.Extensions, Version=3.5.0.0, Culture=neutral,
  PublicKeyToken=31bf3856ad364e35" %>
<%@ Page Language="C#"
    DynamicMasterPageFile="~masterurl/default.master"
    AutoEventWireup="true"
 Inherits="DevLeap.SP2010.FormsApprovalWorkflow.OffersApprovalAssociationForm"
    CodeBehind="OffersApprovalAssociationForm.aspx.cs" %>
```

```
<asp:Content ID="Main" ContentPlaceHolderID="PlaceHolderMain" runat="server">
    <asp:Button ID="AssociateWorkflow" runat="server"
      OnClick="AssociateWorkflow_Click" Text="Workflow zuordnen" />
          
    <asp:Button ID="Cancel" runat="server" Text="Abbrechen" OnClick="Cancel_Click" />
</asp:Content>

<asp:Content ID="PageTitle" ContentPlaceHolderID="PlaceHolderPageTitle" runat="server">
    Workflowzuordnungsformular
</asp:Content>

<asp:Content ID="PageTitleInTitleArea" runat="server"
  ContentPlaceHolderID="PlaceHolderPageTitleInTitleArea">
    Workflowzuordnungsformular
</asp:Content>
```

Das ist eine Standard-ASPX-Seite für SharePoint mit einem Inhaltsplatzhalter für den Hauptinhaltsbereich (*PlaceHolderMain*) der Hauptseite und einigen anderen Inhaltsplatzhaltern. Bei der Erweiterung des Inhalts einer Seite sollten Sie sorgfältig darauf achten, dass Sie die Darstellung und Präsentation der Steuerelemente so durchführen, wie sie in SharePoint 2010 üblich ist. Zur besseren Darstellung von Inhalt und Feldern sollten Sie die integrierten Steuerelemente verwenden, die im Ordner *<SharePoint14_Root>\TEMPLATE\CONTROLTEMPLATES* verfügbar sind. Stellen Sie sich zum Beispiel vor, Sie möchten die Obergrenze für das Feld *DevLeapOfferEuroAmount* konfigurieren und außerdem festlegen, welcher Benutzer das Angebot als Angebotmanager genehmigen soll. Dafür brauchen Sie ein benutzerdefiniertes Zuordnungsformular. Listing 19.3 stellt die Inhaltsregion *PlaceHolderMain* dar, die dieses Formular ermöglicht.

Listing 19.3 Der Inhaltsbereich *PlaceHolderMain* für ein benutzerdefiniertes Zuordnungsformular

```
<asp:Content ID="Main" ContentPlaceHolderID="PlaceHolderMain" runat="server">
  <table border="0" cellspacing="0" cellpadding="0" class="ms-propertysheet">

    <wssuc:InputFormSection runat="server" Title="Euro-Höchstbetrag für Angebote"
    Description="Geben Sie den Euro-Höchstbetrag an.">
      <Template_InputFormControls>
        <tr valign="top">
          <td class="ms-authoringcontrols" width="10"> </td>
          <td class="ms-authoringcontrols" colspan="4">
            Geben Sie den Euro-Höchstbetrag an<br/>
            <table border="0" cellspacing="1">
              <tr>
                <td> </td>
                <td class="ms-authoringcontrols">
                  <input size="25" class="ms-input" type="Text"
                  name="OfferEuroAmountLimit" ID="OfferEuroAmountLimit"
                  runat="server" maxlength="15" />
                </td>
              </tr>
            </table>
```

```
          </td>
        </tr>
      </Template_InputFormControls>
    </wssuc:InputFormSection>

    <wssuc:InputFormSection runat="server" Title="Angebotmanager"
      Description="Geben Sie das Konto des Angebotmanagers an.">
      <Template_InputFormControls>
        <tr valign="top">
          <td class="ms-authoringcontrols" width="10">& nbsp;</td>
          <td class="ms-authoringcontrols" colspan="4">
            Geben Sie das Konto des Angebotmanagers an<br/>
            <table border="0" cellspacing="1">
              <tr>
                <td> </td>
                <td class="ms-authoringcontrols">
                  <SharePoint:PeopleEditor ID="OfferManager" runat="server"
                  width="350px" AllowEmpty="false" MultiSelect="false"
                  SelectionSet="User" />
                </td>
              </tr>
            </table>
          </td>
        </tr>
      </Template_InputFormControls>
    </wssuc:InputFormSection>
  </table>

  <asp:Button ID="AssociateWorkflow" runat="server"
    OnClick="AssociateWorkflow_Click" Text="Associate Workflow" />
          
  <asp:Button ID="Cancel" runat="server" Text="Cancel" OnClick="Cancel_Click" />
</asp:Content>
```

Diese Seite verwendet für die Eingabe des oberen Grenzwerts im Feld *DevLeapOfferEuroAmount* ein herkömmliches HTML-Eingabesteuerelement des Typs *Text*. Außerdem verwendet es ein *PeopleEditor*-Steuerelement von SharePoint, um die Auswahl des Angebotmanagers zu ermöglichen. Das Textfeld und das *PeopleEditor*-Steuerelement werden beide von einem *InputFormSection*-Steuerelement eingefasst. Die beiden Steuerelemente *PeopleEditor* und *InputFormSection* sind keine ASP.NET-Standardsteuerelemente, sondern gehören zur SharePoint-Umgebung, wie bereits in Kapitel 15, »Entwickeln von Dienstanwendungen«, besprochen.

Zu der Zuordnungsseite gehört eine Code-Behind-Klasse, die von der Basisklasse *Microsoft.SharePoint.WebControls.LayoutsPageBase* abgeleitet wird, einer der Standardbasisklassen für benutzerdefinierte SharePoint-Seiten. Listing 19.4 zeigt den Code der Code-Behind-Klasse, der durch die Vorlage generiert wurde.

Listing 19.4 Der C#-Code hinter dem Zuordnungsformular

```
public partial class OffersApprovalAssociationForm : LayoutsPageBase {
  // Deklaration der privaten Felder der Einfachheit halber weggelassen.

  protected void Page_Load(object sender, EventArgs e) {
    InitializeParams();
  }

  private void PopulateFormFields(SPWorkflowAssociation existingAssociation) {
        // Optional hier Code einfügen, um die Formularfelder vorab zu füllen.
  }

  // Diese Methode wird aufgerufen, wenn der Benutzer auf die
  // Schaltfläche zum Zuordnen des Workflows klickt.
  private string GetAssociationData() {
    // TODO: Zeichenfolge zurückgeben, die die Zuordnungsdaten enthält, die an den
    // Workflow übergeben werden. Diese weist in der Regel das XML-Format auf.
    return string.Empty;
  }

  protected void AssociateWorkflow_Click(object sender, EventArgs e) {
    // Optional hier Code einfügen, um vor dem Zuordnen des Workflows
    // zusätzliche Schritte auszuführen.
    try {
      CreateTaskList();
      CreateHistoryList();
      HandleAssociateWorkflow();
      SPUtility.Redirect("WrkSetng.aspx", SPRedirectFlags.RelativeToLayoutsPage,
        HttpContext.Current, Page.ClientQueryString);
    }
    catch (Exception ex) {
      SPUtility.TransferToErrorPage(String.Format(
        CultureInfo.CurrentCulture, workflowAssociationFailed, ex.Message));
    }
  }

  protected void Cancel_Click(object sender, EventArgs e) {
    SPUtility.Redirect("WrkSetng.aspx", SPRedirectFlags.RelativeToLayoutsPage,
      HttpContext.Current, Page.ClientQueryString);
  }

  // Codeteile weggelassen.
}
```

Der größte Teil des Codes in der Code-Behind-Datei dient zur Einbindung und wird in der Regel nicht geändert. Die einzigen interessanten Punkte sind die Methode *PopulateFormFields*, in der Sie die Formularfelder mit Standardwerten oder vorgeschlagenen Werten versorgen können, und die Methode *GetAssociationData*, die Kernmethode dieser Klasse.

Wenn ein Benutzer eine Workflowdefinition einem Ziel zuordnet und ein Zuordnungsformular vorhanden ist, wird die Methode *GetAssociationData* aufgerufen, um die vom Benutzer eingegebenen Werte auszulesen. Das Ergebnis dieser Methode wird der Eigenschaft *AssociationData* der Workflowzuordnung zugewiesen. Immer dann, wenn eine Workflowinstanz für diese Zuordnung erstellt wird, übergibt SharePoint den Wert der Eigenschaft *AssociationData* über die Eigenschaft *WorkflowProperties* der Aktivität *OnWorkflowActivated* an die Workflowinstanz.

Da es sich bei den Zuordnungsdaten einfach nur um einen *String* handelt, werden die Daten gewöhnlich als *String*-Darstellung einer XML-Datenstruktur formatiert und verwendet. Sie können Ihre Workflowzuordnungskonfiguration zum Beispiel als XML-Schema formulieren wie in Listing 19.5.

Listing 19.5 Das XML-Schema einer hypothetischen Konfiguration für eine Zuordnungsseite

```
<?xml version="1.0" encoding="utf-8"?>
<xsd:schema id="AssociationDataConfiguration"
    targetNamespace="http://schemas.devleap.com/AssociationDataConfiguration"
    elementFormDefault="qualified"
    xmlns="http://schemas.devleap.com/AssociationDataConfiguration"
    xmlns:xsd="http://www.w3.org/2001/XMLSchema">
  <xsd:element name="AssociationDataConfiguration">
    <xsd:complexType>
      <xsd:sequence>
        <xsd:element name="OfferEuroAmountLimit" type="xsd:decimal" />
        <xsd:element name="OfferManager" type="xsd:string" />
      </xsd:sequence>
    </xsd:complexType>
  </xsd:element>
</xsd:schema>
```

In diesem Schema werden zwei Elemente definiert, um die Werte der Parameter *OfferEuroAmountLimit* und *OfferManager* aufzunehmen.

Nun können Sie mit Tools wie *Xsd.exe* oder *Svcutil.exe* (beide im Microsoft .NET Framework-SDK verfügbar) aus dieser XML-Datenstruktur eine .NET-Klasse generieren. Die folgende Zeile ist ein Beispiel für den Aufruf des Befehlszeilentools *Xsd.exe*:

```
xsd -c AssociationDataConfiguration.xsd /n:DevLeap.SP2010.FormsApprovalWorkflow
```

Wenn Sie eine Instanz der generierten Klasse *AssociationDataConfiguration* serialisieren, erzeugt der Serialisierer den erwarteten XML-Code. Wenn Ihnen der XML-Code bereits vorliegt, können Sie durch eine Deserialisierung der Daten mit dieser Struktur eine Klasseninstanz erstellen. Daher brauchen Sie in Ihrer *GetAssociationData*-Methode einfach nur eine Instanz des serialisierbaren Typs zu erstellen, den Sie aus dem XSD-Code von Listing 19.5 erstellt haben, die Instanz zu konfigurieren und sie dann mit dem passenden Serialisierer zu serialisieren. Das Ergebnis des Serialisierungsvorgangs wird als *String* an die SharePoint-Workflowumgebung zurückgegeben und während der Ausführung des Workflows deserialisiert, um wieder eine Instanz der Klasse *AssociationDataConfiguration* zu erstellen. Listing 19.6 zeigt die Definition der Klasse *AssociationDataConfiguration.*

Listing 19.7 zeigt eine Implementierung der Methode *GetAssociationData*, wobei ein Serialisierer des Typs *XmlSerializer* verwendet wird.

Diese Implementierung ruft aus den ASP.NET-Serversteuerelementen der Seite ausgewählte Werte ab.

Listing 19.6 Die Definition der Klasse *AssociationDataConfiguration*

```
[System.CodeDom.Compiler.GeneratedCodeAttribute("xsd", "4.0.30319.1")]
[System.SerializableAttribute()]
[System.Diagnostics.DebuggerStepThroughAttribute()]
[System.ComponentModel.DesignerCategoryAttribute("code")]
[System.Xml.Serialization.XmlTypeAttribute(AnonymousType=true,
  Namespace="http://schemas.devleap.com/AssociationDataConfiguration")]
[System.Xml.Serialization.XmlRootAttribute(
Namespace="http://schemas.devleap.com/AssociationDataConfiguration", IsNullable=false)]
public partial class AssociationDataConfiguration {

    private decimal offerEuroAmountLimitField;
    private string offerManagerField;

    public decimal OfferEuroAmountLimit {
        get { return this.offerEuroAmountLimitField; }
        set { this.offerEuroAmountLimitField = value; }
    }

    public string OfferManager {
        get { return this.offerManagerField; }
        set { this.offerManagerField = value; }
    }
}
```

Listing 19.7 Der Code der Beispielmethode *GetAssociationData*

```
  // Diese Methode wird aufgerufen, wenn der Benutzer auf die
  // Schaltfläche zum Zuordnen des Workflows klickt.
private string GetAssociationData() {
  // Definiere eine Instanz des serialisierbaren Typs, der die Zuordnungsdaten enthält.
  AssociationDataConfiguration associationData = new AssociationDataConfiguration();

  // Lege den Wert für das Feld OfferEuroAmountLimit fest.
  associationData.OfferEuroAmountLimit =
    Decimal.Parse(this.OfferEuroAmountLimit.Value);

  // Überprüfe den Inhalt des PeopleEditor-Steuerelements,
  // um die Liste Entities zu aktualisieren.
  this.OfferManager.Validate();
  // Falls jemand ausgewählt wurde ...
  if (this.OfferManager.Entities.Count > 0) {
    // Übertrage den aktuell ausgewählten Wert in das Feld OfferManager.
    associationData.OfferManager =
      ((PickerEntity)this.OfferManager.Entities[0]).Description;
  }
  // Gib die Zuordnungsdaten serialisiert als XML-String zurück.
  return WorkflowUtility.SerializeData(associationData);
}
```

Initiierungsformular

Nach der Implementierung eines Zuordnungsformulars brauchen Sie wahrscheinlich auch noch ein Initiierungsformular, sofern die Endbenutzer beim Start der Workflowinstanz einige Werte angeben sollen. Ein Initiierungsformular kann auch verwendet werden, um die Werte zu ändern, die bei der Zuordnung des Workflows festgelegt wurden. Ein Initiierungsformular ist fast dasselbe wie ein Zuordnungsformular mit der Ausnahme, dass es beim Start einer einzelnen Workflowinstanz angezeigt wird.

In Visual Studio gibt es wie für Zuordnungsformulare eine passende Elementvorlage. Um sie zu erreichen, klicken Sie ein Workflowelement im Projektmappen-Explorer mit der rechten Maustaste an und wählen dann *Workflowinitiierungsformular*. Nachdem Sie dieses Element hinzugefügt haben, erscheint eine ASPX-Seite mit dem Grundgerüst des Initiierungsformulars. Diese Seite ist der aus Listing 19.2 weiter oben in diesem Kapitel sehr ähnlich. In diesem ASPX-Code müssen Sie die ASP.NET-Serversteuerelemente für die Anzeige der Benutzeroberfläche des Formulars definieren. Der Code hinter dieser Seite unterscheidet sich etwas vom Code des Zuordnungsformulars. Das liegt daran, dass ein Initiierungsformular über eine Option verfügt, mit der die Werte, die in den Steuerelementen angezeigt werden sollen, aus der aktuellen Workflowzuordnungsdefinition geladen und an die SharePoint-Umgebung zurückgegeben werden, sobald der Endbenutzer die Workflowinstanz startet. Listing 19.8 zeigt den generierten Code hinter einem Initiierungsformular.

Listing 19.8 Der C#-Code hinter einem Initiierungsformular

```
public partial class OffersApprovalInitiationForm : LayoutsPageBase {
  protected void Page_Load(object sender, EventArgs e) {
    InitializeParams();
    // Optional hier Code einfügen, um die Formularfelder vorab zu füllen.
  }
  // Diese Methode wird aufgerufen, wenn der Benutzer auf die Schaltfläche
  // zum Starten des Workflows klickt.
  private string GetInitiationData() {
    // TODO: Zeichenfolge zurückgeben, die die Initiierungsdaten enthält, die an den
    // Workflow übergeben werden. Diese weist in der Regel das XML-Format auf.
    return string.Empty;
  }
  protected void StartWorkflow_Click(object sender, EventArgs e) {
    // Optional hier Code einfügen, um vor dem Starten des Workflows
    // zusätzliche Schritte auszuführen.
    try {
      HandleStartWorkflow();
    }
    catch (Exception) {
      SPUtility.TransferToErrorPage(
        SPHttpUtility.UrlKeyValueEncode("Fehler beim Starten des Workflows."));
    }
  }
  protected void Cancel_Click(object sender, EventArgs e) {
    SPUtility.Redirect("Workflow.aspx", SPRedirectFlags.RelativeToLayoutsPage,
      HttpContext.Current, Page.ClientQueryString);
  }
  // Codeteile weggelassen.
}
```

Die Basisklasse ist immer noch die Klasse *Microsoft.SharePoint.WebControls.LayoutsPageBase*. Allerdings ist es hier die Methode *GetInitiationData*, die implementiert werden muss. Sie verhält sich genau wie die Methode *GetAssociationData* des Zuordnungsformulars.

Listing 19.9 zeigt eine Beispielimplementierung dieser Methode für eine Initiierungsformularseite, die für den Genehmigungsworkflow für Angebote vorgesehen ist.

Listing 19.9 Implementierung der Methode *GetInitiationData*

```
// Diese Methode wird aufgerufen, wenn der Benutzer auf die Schaltfläche
// zum Starten des Workflows klickt.
private string GetInitiationData() {
  // Definiere eine Instanz des serialisierbaren Typs, der die Initiierungsdaten
  // aufnimmt.
  InitiationDataConfiguration initiationData = new InitiationDataConfiguration();

  // Überprüfe den Inhalt des PeopleEditor-Steuerelements,
  // um die Liste Entities zu aktualisieren.
  this.OfferManager.Validate();

  // Falls jemand ausgewählt wurde ...
  if (this.OfferManager.Entities.Count > 0) {
    // Übertrage den aktuell ausgewählten Wert in das Feld OfferManager.
    initiationData.OfferManager =
      ((PickerEntity)this.OfferManager.Entities[0]).Description;
  }

  // Lege den Wert für das Feld ApprovalRequestNotes fest.
  initiationData.ApprovalRequestNotes = this.ApprovalRequestNotes.Text;

  // Gib die Initialisierungsdaten serialisiert als XML-String zurück.
  return WorkflowUtility.SerializeData(initiationData);
}
```

Bei Bedarf können Sie auch die Methode *Page_Load* anpassen, um für alle Serversteuerelemente Werte vorzugeben, wobei Sie auch die Zuordnungsdaten des Workflows verwenden können, um ausgewählte Werte zu ermitteln. Das ist besonders dann von Nutzen, wenn Ihr Initiierungsformular den Endbenutzer zur Eingabe von Werten auffordert, die bereits bei der Zuordnung des Workflows festgelegt wurden, aber vom Endbenutzer geändert werden können. Listing 19.10 zeigt eine Beispielimplementierung der Methode *Page_Load*, die in dieser Weise arbeitet.

Listing 19.10 Eine angepasste *Page_Load*-Methode

```
protected void Page_Load(object sender, EventArgs e) {
  InitializeParams();

  // Optional hier Code einfügen, um die Formularfelder vorab zu füllen.
  if (!this.IsPostBack) {
    this.associationGuid = Request.Params["TemplateID"];
```

```
      // Aktuelle Zuordnungsdatenkonfiguration abrufen.
      if ((association != null) && !String.IsNullOrEmpty(association.AssociationData))
      {
        SPWorkflowAssociation association =
          this.workflowList.WorkflowAssociations[new Guid(this.associationGuid)];
        AssociationDataConfiguration associationData =
          WorkflowUtility.DeserializeData<AssociationDataConfiguration>(
          association.AssociationData);

        // Den aktuellen Wert für das PeopleEditor-Steuerelement festlegen.
        this.OfferManager.CommaSeparatedAccounts = associationData.OfferManager;
        // Diesen Wert überprüfen.
        this.OfferManager.Validate();
      }
    }
  }
```

Änderungsformular

Wenn eine Workflowinstanz bereits läuft und Sie die Konfiguration der Instanz nachträglich ändern möchten, brauchen Sie ein Änderungsformular. Beim Start einer neuen Instanz des Genehmigungsworkflows für Angebote geben Sie zum Beispiel den Benutzernamen eines Angebotmanagers an. Befindet sich der ausgewählte Angebotmanager aber im Urlaub, können Sie ein Änderungsformular verwenden, um ein anderes Benutzerkonto für den Angebotmanager auszuwählen, ohne wegen solcher vorübergehender Umstände die aktuelle Workflowinstanz beenden und eine neue starten zu müssen. Um dieses Szenario zu berücksichtigen, müssen Sie Änderungen des Workflows ermöglichen. Dazu verwenden Sie die Aktivität *EnableWorkflowModification* und geben eine *ModificationID* an, die den Änderungskontext identifiziert, sowie eine *ContextData*-Eigenschaft, die für benutzerdefinierte Kontextinformationen steht, die Sie an das Änderungsformular übergeben möchten. Anschließend müssen Sie warten, bis die Änderungen abgeschlossen sind. Dazu verwenden Sie eine *OnWorkflowModified*-Aktivität und lesen die neue Konfiguration der Workflowinstanz aus der Eigenschaft *ContextData* als *String* aus. Wenn in einem Workflow Änderungen aktiviert sind und unterstützt werden sollen, brauchen Sie ein Änderungsformular, das aber von Visual Studio 2010 nicht als Seitenvorlage angeboten wird. Allerdings gleicht ein Änderungsformular weitgehend einem Initiierungsformular.

Aufgabenformulare

Aufgabenformulare sind die interessantesten und nützlichsten Formulare, die Sie für einen Workflow erstellen können. Durch Aufgaben können Sie benutzerdefinierte Formulare für die Interaktion mit den verschiedenen Benutzern einer Workflowinstanz erstellen. Wie Sie bereits in Kapitel 16, »Die Architektur von SharePoint-Workflows«, gesehen haben, interagiert ein Workflow durch eine Aufgabenliste mit den Endbenutzern. Jedes Mal, wenn ein Workflow seine Benutzer befragen muss, weist er ihnen eine Aufgabe zu. Sobald der Benutzer dann diese Aufgabe bearbeitet oder abschließt, meldet der *TaskService*-Laufzeitdienst – intern entspricht er der Klasse *SPWinOETaskService* – ein Ereignis an die Workflowinstanz.

Workflowaufgaben

Seit SharePoint 2007 gibt es einen integrierten Inhaltstyp namens *Workflowaufgabe* (*Workflow Task*) mit der ID 0x010801, der aber verborgen und für benutzerdefinierte Entwicklungen reserviert ist. Allerdings bietet die Workflowaufgabe eine Standardbenutzeroberfläche und einige Standardfelder, wie *Vorgänger*, *Priorität*, *Status*, *% abgeschlossen* (*Predecessors*, *Priority*, *Status*, *%Complete*) und so weiter. In einer professionellen Workflowlösung müssen Sie wahrscheinlich eine Benutzeroberfläche mit benutzerdefinierten Feldern erstellen. Mit SharePoint können Sie benutzerdefinierte Inhaltstypen mit speziellen Feldern und Verwaltungsformularen bereitstellen. Daher können Sie die Definition von benutzerdefinierten Workflowaufgaben in Betracht ziehen, die Sie vom Basisinhaltstyp *Workflowaufgabe* ableiten. Listing 19.10 zeigt den XML-Code für die Bereitstellung einer benutzerdefinierten Workflowaufgabe, die den Genehmigungsworkflow für Angebote unterstützt.

Listing 19.10 XML-Code für die Bereitstellung eines benutzerdefinierten *OfferApprovalTask*-Inhaltstyps

```
<?xml version="1.0" encoding="utf-8"?>
<Elements xmlns="http://schemas.microsoft.com/sharepoint/">

  <!-- Websitespalten, die vom Inhaltstyp verwendet werden -->
  <Field ID="{4675B905-38E1-4277-BD13-D13FEADCC87F}"
    Name="DevLeapApprovalTaskNotes" StaticName="DevLeapApprovalTaskNotes"
    DisplayName="Notizen zur Genehmigungsaufgabe" Type="Note"
    RichText="FALSE" Group="DevLeap Columns" Sortable="TRUE" />
  <Field ID="{841410DE-EFEB-49B3-8A8E-0D006FFCE879}"
    Name="DevLeapApprovalTaskOutcome" StaticName="DevLeapApprovalTaskOutcome"
    DisplayName="Ergebnis der Prüfung" Type="Choice"
    Group="DevLeap Columns" Sortable="TRUE">
    <Default>Ausstehende Genehmigung</Default>
    <CHOICES>
      <CHOICE>Ausstehende Genehmigung</CHOICE>
      <CHOICE>Genehmigt</CHOICE>
      <CHOICE>Abgelehnt</CHOICE>
    </CHOICES>
  </Field>

  <!-- Übergeordneter ContentType: Workflow Task (0x010801) -->
  <ContentType ID="0x010801001ee27bf9c4974b87b1e0f25fa677d6f8"
               Name="OfferApprovalTask" Group="DevLeap Content Types"
               Description="Angebotsgenehmigungsaufgaben-Inhaltstyp"
               Inherits="FALSE" Version="0">
    <FieldRefs>
      <FieldRef ID="{4675B905-38E1-4277-BD13-D13FEADCC87F}"
        Name="DevLeapApprovalTaskNotes" />
      <FieldRef ID="{841410DE-EFEB-49B3-8A8E-0D006FFCE879}"
        Name="DevLeapApprovalTaskOutcome" />
    </FieldRefs>
    <XmlDocuments>
      <XmlDocument
        NamespaceURI="http://schemas.microsoft.com/sharepoint/v3/contenttype/forms/url">
```

```
        <FormUrls
          xmlns="http://schemas.microsoft.com/sharepoint/v3/contenttype/forms/url">
<Display>_layouts/FormsApprovalWorkflow/OfferApprovalTaskForm.aspx</Display>
<Edit>_layouts/FormsApprovalWorkflow/OfferApprovalTaskForm.aspx</Edit>
        </FormUrls>
      </XmlDocument>
    </XmlDocuments>
  </ContentType>

</Elements>
```

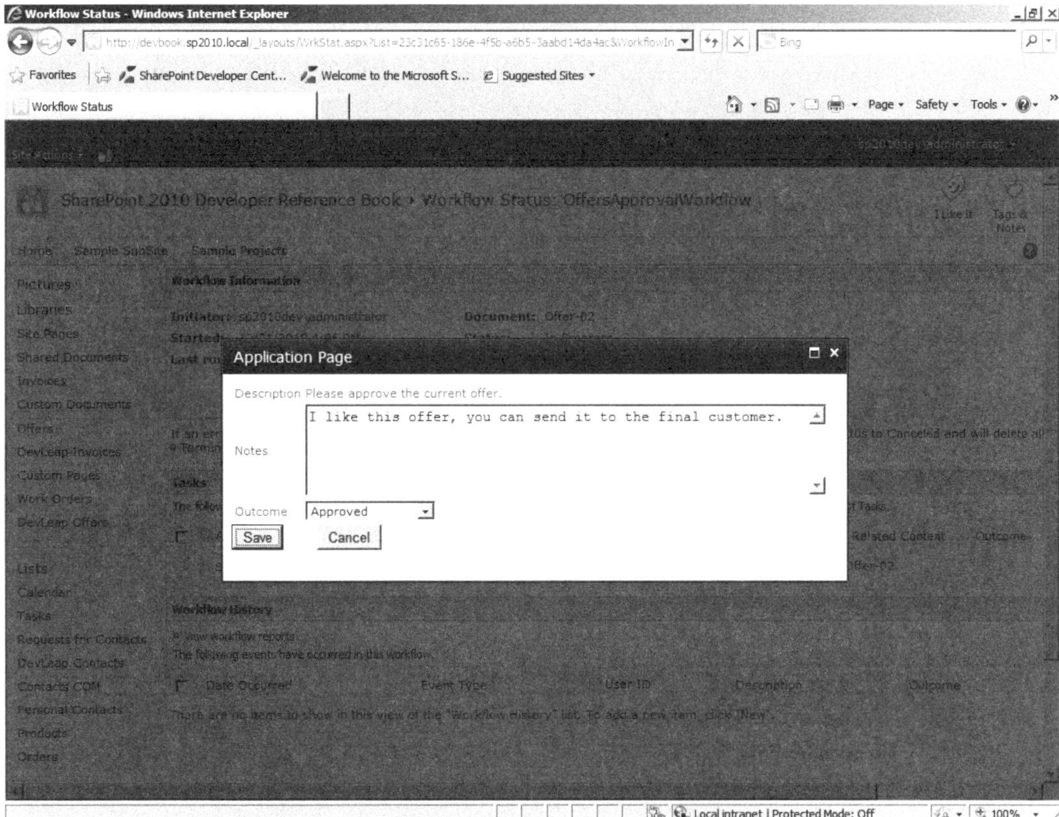

Abbildung 19.3 Das benutzerdefinierte Bearbeitungsformular für den Inhaltstyp *OfferApprovalTask*

Vielleicht ist Ihnen als Erstes aufgefallen, dass der Inhaltstyp vom Standardinhaltstyp *Workflowaufgabe* (ID 0x010801) abgeleitet wird. Außerdem gibt es ein *Inherits*-Attribut mit dem Wert *FALSE*. Es ist erforderlich, damit Sie für die benutzerdefinierte Aufgabe eine benutzerdefinierte Benutzeroberfläche erstellen können. Wenn Sie eine neue Inhaltstypdefinition hinzufügen, deklariert Visual Studio 2010 das *Inherits*-Attribut mit dem Wert *TRUE*. Diese Konfiguration deaktiviert die Ausgabe von benutzerdefinierten Formularen für den Inhaltstyp. Außerdem hat der Inhaltstyp einige Felder, nämlich eines für das Ergebnis der Prüfung und ein weiteres für Notizen über die Prüfung. Schließlich deklariert der Inhaltstyp noch einen benutzerdefinierten *XmlDocuments*-Abschnitt, der ganz allgemein zur Definition von benutzerdefinierten XML-Konfigurationselementen verwendet werden kann. Im Fall eines Inhaltstyps mit benutzerdefinierten Formularen können Sie mit einem *FormUrls*-Element die URLs der angepassten Formulare für die Anzeige Ihres Inhaltstyps angeben. Das Attribut *NamespaceURI* des *XmlDocument*-Elements ist erforderlich, um SharePoint darüber zu informieren, welches Zielschema innerhalb von *XmlDocument* definiert wird. Dann definiert das *Display*-Element die URL des Anzeigeformulars und das *Edit*-Element die URL des Bearbeitungsformulars. Außerdem können Sie ein *New*-Element definieren, mit dem Sie die URL eines Formulars für das Hinzufügen von Elementen angeben.

WEITERE INFORMATIONEN Weitere Informationen über benutzerdefinierte Formulare für Inhaltstypen finden Sie im Dokument »Übersicht über das FormUrls-Schema« unter *http://msdn.microsoft.com/de-de/library/ms473210.aspx.*

In Listing 19.10 verwendet der benutzerdefinierte Inhaltstyp für die Anzeige der Bearbeitungs- und Anzeigeformulare dieselbe URL. Außerdem definiert der Beispielcode kein *Neu*-Formular, weil die Workflowaufgabe immer vom Workflow erstellt wird, nie von einem Endbenutzer in der Weboberfläche. Diese URL verweist auf eine Anwendungsseite, die Sie selbst definieren müssen. Leider gibt es in Visual Studio keine integrierte Projektelementvorlage für benutzerdefinierte Aufgabenformulare. Allerdings werden Sie im Web viele Vorlagen finden. Andernfalls erstellen Sie eine Standardanwendungsseite und implementieren den erforderlichen Verbindungscode selbst. Dazu definieren Sie eine benutzerdefinierte Klasse, die von der Standardbasisklasse *LayoutsPageBase* abgeleitet wird, und fügen den Verbindungscode in diese Klasse ein. Abbildung 19.3 zeigt die benutzerdefinierte Benutzeroberfläche für den Inhaltstyp *OfferApprovalTask* aus Listing 19.10.

Listing 19.11 zeigt den ASPX-Code der Inhaltsregion *PlaceHolderMain* desselben Bearbeitungsformulars.

Listing 19.11 Der ASPX-Code der *PlaceHolderMain*-Region des benutzerdefinierten *OfferApprovalTask*-Formulars

```
<table>
  <tr>
    <td>Beschreibung</td>
    <td><asp:Label ID="DevLeapApprovalTaskDescription" runat="server" /></td>
  </tr>
  <tr>
    <td>Notizen</td>
    <td><asp:TextBox ID="DevLeapApprovalTaskNotes" TextMode="MultiLine"
      Columns="60" Rows="5" runat="server" /></td>
  </tr>
  <tr>
    <td>Ergebnis</td>
    <td>
      <asp:DropDownList ID="DevLeapApprovalTaskOutcome" runat="server">
        <asp:ListItem Value="Ausstehende Genehmigung" Text="Ausstehende Genehmigung" />
        <asp:ListItem Value="Genehmigt" Text="Genehmigt" />
        <asp:ListItem Value="Abgelehnt" Text="Abgelehnt" />
      </asp:DropDownList>
    </td>
  </tr>
</table>
```

```
<asp:Button ID="SaveApprovalTask" runat="server"
  OnClick="SaveApprovalTask_Click" Text="Speichern" />
        
<asp:Button ID="Cancel" runat="server" Text="Abbrechen" OnClick="Cancel_Click" />
```

Der ASPX-Code in Listing 19.11 ist sehr einfach und weist keine Besonderheiten auf. Er definiert einige ASP.NET-Serversteuerelemente für die Interaktion mit dem Endbenutzer und die Anzeige der Schnittstelle, die in Abbildung 19.3 zu sehen ist. Der Code hinter der benutzerdefinierten Formularseite verdient allerdings mehr Aufmerksamkeit. Listing 19.12 zeigt diesen Code.

Listing 19.12 Der Code hinter dem benutzerdefinierten Formular *OfferApprovalTask*

```
public partial class OfferApprovalTaskForm : LayoutsPageBase {

  protected SPList targetTasksList;
  SPListItem targetTask;
  protected SPWorkflow workflowInstance;
  protected SPWorkflowModification workflowModification;

  protected void Page_Load(object sender, EventArgs e) {
    // Ermittle die aktuelle Aufgabenliste und das Aufgabenelement.
    targetTasksList = Web.Lists[new Guid(Request.Params["List"])];
    targetTask = targetTasksList.GetItemById(int.Parse(Request.Params["ID"]));

    if (!this.Page.IsPostBack) {
      // Versorge die Felder des Formulars mit Werten.
      this.DevLeapApprovalTaskDescription.Text =
        targetTask[FieldsIds.DevLeapApprovalTaskDescription_Id] != null ?
        targetTask[FieldsIds.DevLeapApprovalTaskDescription_Id].ToString() :
        String.Empty;
      this.DevLeapApprovalTaskNotes.Text =
        targetTask[FieldsIds.DevLeapApprovalTaskNotes_Id] != null ?
        targetTask[FieldsIds.DevLeapApprovalTaskNotes_Id].ToString() : String.Empty;

      ListItem outcomeToSelect = this.DevLeapApprovalTaskOutcome.Items.FindByValue(
        targetTask[FieldsIds.DevLeapApprovalTaskOutcome_Id].ToString());

      if (outcomeToSelect != null) {
        this.DevLeapApprovalTaskOutcome.ClearSelection();
        outcomeToSelect.Selected = true;
      }
    }
  }

  protected void UpdateTaskFromControls(SPListItem targetTask,
  System.Collections.Hashtable taskProperties) {
    // Aktualisiere Aufgabenelementfelder.
    taskProperties[FieldsIds.DevLeapApprovalTaskStatus_Id] = "Abgeschlossen";
```

```
    taskProperties[FieldsIds.DevLeapApprovalTaskNotes_Id] =
      this.DevLeapApprovalTaskNotes.Text;
    taskProperties[FieldsIds.DevLeapApprovalTaskOutcome_Id] =
      this.DevLeapApprovalTaskOutcome.SelectedValue;
  }

  #region Infrastrukturcode

  protected void SaveApprovalTask_Click(object sender, EventArgs e) {
    try {
      Hashtable taskProperties = new Hashtable();
      UpdateTaskFromControls(targetTask, taskProperties);
      SPWorkflowTask.AlterTask(targetTask, taskProperties, false);
    }
    catch (Exception exception) {
      SPUtility.Redirect("Error.aspx", SPRedirectFlags.RelativeToLayoutsPage,
        HttpContext.Current,
        "ErrorText=" + SPHttpUtility.UrlKeyValueEncode(exception.Message));
    }
    ClosePopup();
  }

  protected void Cancel_Click(object sender, EventArgs e) {
    ClosePopup();
  }

  private void ClosePopup() {
    this.Response.Clear();
    this.Response.Write("<html><body>Schließen...<script type='text/javascript'>" +
      "window.frameElement.commitPopup();</script></body></html>");
    this.Response.Flush();
    this.Response.End();
  }

  #endregion
}
```

Die Implementierung der Methode *Page_Load* ist trivial. Sie initialisiert einfach die Steuerelemente des Formulars und ruft mit einigen *querystring*-Parametern, die automatisch von SharePoint bereitgestellt werden, Verweise auf die aktuelle Aufgabenliste (*List*) und das aktuelle Element (*ID*) ab. Die Methode *UpdateTaskFromControls* konfiguriert die Aufgabenfelder, indem sie ein *Hashtable*-Objekt mit den Werten aus den Steuerelementen des Formulars initialisiert. Die Ereignishandlermethode *SaveApprovalTask_Click* ist interessanter, weil sie die Methode *SPWorkflowTask.AlterTask* aufruft, die Infrastrukturcode aus dem SharePoint-Serverobjektmodell verwendet, um Aktualisierungen der Workflowaufgaben durchzuführen. Als Argumente erwartet diese Methode das Zielaufgabenelement, eine *Hashtable* mit den Feldwerten und ein *Boolean*-Argument, das darüber entscheidet, ob die Aktualisierung synchron (*true*) oder im Hintergrund (*false*) erfolgt. Auch die Implementierung der Methode *ClosePopup* ist interessant, weil sie etwas JavaScript-Code in den Browser injiziert, der das aktuelle Popup-Fenster schließt.

Bereitstellen der Formulare

Um die benutzerdefinierten Verwaltungsformulare bereitzustellen, müssen Sie in dem *Workflow*-Featureelement, das Ihren benutzerdefinierten Workflow bereitstellt, die entsprechenden Attribute konfigurieren. In Kapitel 18 haben Sie die Attribute *AssociationUrl* und *InstantiationUrl* des *Workflow*-Elements kennengelernt. Listing 19.13 zeigt das Featureelement, das den in diesem Kapitel beschriebenen Workflow zusammen mit seinen Verwaltungsformularen bereitstellt.

HINWEIS In Listing 19.13 müssen alle XML-Attribute, die Typen, Namespaces, vollständige Assemblynamen und so weiter verwenden, jeweils auf einer einzigen Zeile geschrieben werden. Der Umbruch der Zeilen erfolgte in diesem Listing nur aus drucktechnischen Gründen.

Listing 19.13 Das *Workflow*-Featureelement zur Bereitstellung des Beispielgenehmigungsworkflows für Angebote

```
<?xml version="1.0" encoding="utf-8" ?>
<Elements xmlns="http://schemas.microsoft.com/sharepoint/">
  <Workflow
     Name="OffersApprovalWorkflow"
     Description="Genehmigungsworkflow für Angebote"
     Id="21574cc5-97d2-4929-8679-f430c39544a2"
CodeBesideClass="DevLeap.SP2010.FormsApprovalWorkflow.OffersApprovalWorkflow.OffersApprovalWorkflow"
     CodeBesideAssembly="DevLeap.SP2010.FormsApprovalWorkflow, Version=1.0.0.0, Culture=neutral,
PublicKeyToken=442facc71ca68eec"
AssociationUrl="_layouts/DevLeap.SP2010.FormsApprovalWorkflow/OffersApprovalWorkflow/
OffersApprovalAssociationForm.aspx"
InstantiationUrl="_layouts/DevLeap.SP2010.FormsApprovalWorkflow/OffersApprovalWorkflow/
OffersApprovalInitiationForm.aspx">
    <Categories/>
    <MetaData>
      <AssociationCategories>General</AssociationCategories>
      <StatusPageUrl>_layouts/WrkStat.aspx</StatusPageUrl>
    </MetaData>
  </Workflow>
</Elements>
```

Wie Sie sehen, gilt die Workflowdefinition für Listen und für Inhaltstypen, denn das Element *AssociationCategories* gibt den Wert *General* (*Alle*) an. Außerdem definiert das *Workflow*-Featureelement die URLs für die benutzerdefinierten Zuordnungs- und Initiierungsformulare.

WEITERE INFORMATIONEN Weitere Informationen über die zulässigen Werte des *AssociationCategories*-Elements finden Sie im Dokument »AssociationCategories-Element (Workflow)« unter *http://msdn.microsoft.com/de-de/library/aa543430.aspx*.

Um eine benutzerdefinierte Workflowaufgabe bereitzustellen, brauchen Sie nur die üblichen Tools für die Bereitstellung beliebiger benutzerdefinierter Inhalte zu verwenden. Außerdem müssen Sie Ihren benutzerdefinierten Workflowaufgabeninhaltstyp zur Zielaufgabenliste hinzufügen, die Sie verwenden, wenn Sie den Workflow seiner Zielliste, seinem Inhaltstyp oder seiner Website zuordnen. Um diese Aufgaben zu automatisieren, können Sie ein benutzerdefiniertes Bereitstellungsfeature definieren, das den Inhaltstyp bereitstellt und mit einem *ContentTypeBinding*-Featureelement an eine Zielaufgabenliste bindet. Falls der Workflowaufgabeninhaltstyp, den Sie erstellt haben, der einzige ist, der von der Workflowdefinition verwendet wird, können Sie auch das Attribut *TaskListContentTypeId* verwenden (siehe Tabelle 18.2).

Zusammenfassung

In diesem Kapitel haben Sie erfahren, wie benutzerdefinierte Workflowformulare für die Verwaltung von Workflowinstanzen und von benutzerdefinierten Workflowaufgaben erstellt werden. Außerdem haben Sie gesehen, wie benutzerdefinierte ASPX-Formulare definiert werden. Damit können Sie Ihre Lösungen auf SharePoint Foundation 2010 und auf SharePoint Server 2010 bereitstellen.

Kapitel 20

Workflows für Fortgeschrittene

In diesem Kapitel:

Dieses letzte Kapitel des Abschnitts »Entwickeln von Workflows« behandelt einige Themen für Fortgeschrittene und einige neue Features, die mit Microsoft SharePoint 2010 eingeführt wurden. Es ist nicht unbedingt nötig, dieses Kapitel zu lesen, insbesondere dann nicht, wenn Sie das erste Mal mit SharePoint-Workflows arbeiten. Bevor Sie dieses Kapitel lesen, sollten Sie einige Erfahrung mit den Standardworkflows gesammelt haben.

Benutzerdefinierte Aktionen und Bedingungen

Einer der wichtigsten Bereiche für jede Workflowlösung – nicht nur für SharePoint-Lösungen – ist die Entwicklung von benutzerdefinierten Aktivitäten. In Kapitel 16, »Die Architektur von SharePoint-Workflows«, haben Sie gesehen, wie man benutzerdefinierte Aktivitäten durch die Definition einer Klasse erstellt, die von der Basisklasse *System.Workflow.ComponentModel.Activity* abgeleitet ist. Je nach Ihrer Implementierung werden sich Ihre benutzerdefinierten Aktivitäten unterschiedlich verhalten. Um eine benutzerdefinierte Aktivität beispielsweise in Microsoft SharePoint Designer 2010 verfügbar zu machen, müssen Sie einige spezielle Vorbereitungen treffen. In diesem Abschnitt erfahren Sie, wie man benutzerdefinierte Aktivitäten entwickelt, die sich gleichermaßen für SharePoint Designer 2010 und Microsoft Visual Studio 2010 eignen.

HINWEIS Vergessen Sie nicht, dass ein Workflow im Wesentlichen eine Aktivität ist. Viele der Informationen aus diesem Kapitel gelten daher auch für Workflows.

Abhängigkeitseigenschaften

Das erste zu behandelnde Thema sind die Abhängigkeitseigenschaften. Wie Sie aus den vorigen Kapiteln wissen, gibt es Aktivitäten mit Eigenschaften, die sich in der Benutzeroberfläche des Designers binden lassen. In Kapitel 18, »Workflows mit Visual Studio 2010«, zeigt Abbildung 18.7 diese Eigenschaften mit einem kleinen gelben Zylinder. Diese Eigenschaften werden auch Abhängigkeitseigenschaften (dependency properties) genannt, sie werden im Code alle auf dieselbe Weise deklariert. Eine Abhängigkeitseigenschaft ist eine Eigenschaft, die einen gemeinsamen Speicher für den Zustand des Workflows verwendet. Sie basiert auf dem Typ *DependencyObject* aus dem Namespace *System.Workflow.ComponentModel*, der intern eine Art von Hash-Tabelle ist, die alle Werte der in einem Typ definierten Abhängigkeitseigenschaften speichert. Wenn Sie eine benutzerdefinierte Aktivität speichern und eine im Designer bindbare Eigenschaft bereitstellen möchten, müssen Sie diese Eigenschaft als Abhängigkeitseigenschaft definieren. Abhängigkeitseigenschaften einer Aktivitätsinstanz können an Instanzdaten des aktuellen Workflows gebunden und zur Laufzeit ausgewertet werden. Unter der Haube speichert das Workflowpersistenzmodul ein zentrales *DependencyObject* und optimiert auf diese Weise die Speicherung. Abhängigkeitseigenschaften können auf drei Arten definiert werden:

- **Standardeigenschaften (standard properties)** Instanzeigenschaften, die einen gemeinsamen Speicher verwenden, der durch ein zentrales *DependencyObject* bereitgestellt wird.
- **Metadateneigenschaften (metadata properties)** Instanzeigenschaften, die sich zur Laufzeit nicht ändern und beim Entwurf mit einem Literalwert versehen werden können.
- **Angefügte Eigenschaften (attached properties)** Instanzeigenschaften, die im Zieltyp nicht definiert sind, aber durch einen übergeordneten Typ an den Zieltyp angefügt werden können.

Dieses Kapitel beschränkt sich auf Standardabhängigkeitseigenschaften. Listing 20.1 zeigt, wie man eine Abhängigkeitseigenschaft mit dem Namen *Username* und dem Typ *String* definiert.

Listing 20.1 Definieren einer Beispielabhängigkeitseigenschaft

```
public class AssignUserToGroup: Activity {

   public static DependencyProperty UserNameProperty =
     DependencyProperty.Register("UserName", typeof(String),
     typeof(AssignUserToGroup));

   [System.ComponentModel.Description("UserName")]
   [System.ComponentModel.Category("Custom Properties")]
   [System.ComponentModel.Browsable(true)]
   [System.ComponentModel.DesignerSerializationVisibility(
   System.ComponentModel.DesignerSerializationVisibility.Visible)]
   public String UserName {
     get {
        return ((String)(base.GetValue(AssignUserToGroup.UserNameProperty)));
     }
     set {
        base.SetValue(AssignUserToGroup.UserNameProperty, value);
     }
   }
}
```

Dieser Code deklariert eine öffentliche statische Eigenschaft namens *UserNameProperty* mit dem Typ *DependencyProperty*. Der Name entstand durch das Anhängen von »Property« an den Namen der Eigenschaft (in diesem Beispiel *UserName*). Dann muss die statische Eigenschaft mit der statischen Factorymethode *Register* des Typs *DependencyProperty* initialisiert werden. Diese Methode wurde überladen. Die in Listing 20.1 verwendete Version deklariert den tatsächlichen Namen der Zieleigenschaft (*UserName*), den Typ der Zieleigenschaft (*String*) und den Typ der Containeraktivität (in Listing 20.1 *AssignUserToGroup)*.

Natürlich gibt es tatsächlich eine *UserName*-Eigenschaft des Typs *String*. Diese Eigenschaft verwendet in ihrer Implementierung der Methoden *get* und *set* Methoden der Basisklasse *Activity*, um den Wert der aktuellen Eigenschaft durch die statische Abhängigkeitseigenschaft *UserNameProperty* auszulesen oder zu ändern. Die Methoden *SetValue* und *GetValue* der Basisklasse sind durch die Klasse *DependencyObject* verfügbar, der Basisklasse von der Klasse *Activity*.

Die Syntax in Listing 20.1 ist nicht sehr entwicklerfreundlich. Allerdings bietet Visual Studio 2010 ein Codestückchen namens »wdp« (workflow dependency property, Workflowabhängigkeitseigenschaft), mit dem sich eine neue Abhängigkeitseigenschaft automatisch definieren lässt.

Wenn Sie eine Abhängigkeitseigenschaft an andere Instanzdaten binden, können Sie eine der folgenden Datenquellen verwenden:

- Ein Feld
- Eine Eigenschaft
- Eine andere Abhängigkeitseigenschaft
- Eine Methode

Intern speichert der Workflow-Designer eine *ActivityBind*-Instanz in der Abhängigkeitseigenschaft. Dabei handelt es sich um ein Objekt, das den Namen der Datenquelle und den Pfad zu einem Member der Datenquelle speichert.

Benutzerdefinierte Aktionen für SharePoint Designer 2010

Die Sammlung der Aktionen, die in SharePoint Designer 2010 verfügbar sind, ist erweiterbar und Sie können auch eigene benutzerdefinierte Workflowaktivitäten schreiben und als benutzerdefinierte Aktionen in SharePoint Designer 2010 verfügbar machen. Eine der Hauptvoraussetzungen für eine benutzerdefinierte Aktivität für SharePoint Designer 2010 ist, dass alle Eigenschaften als Abhängigkeitseigenschaften definiert werden. Dadurch lassen sie sich in der Benutzeroberfläche des Workflow-Designers konfigurieren.

Angenommen, Sie müssen eine benutzerdefinierte Aktivität erstellen, die einen Benutzer einer bestimmten Gruppe zuweist. Wenn es den Benutzer noch nicht auf der aktuellen Website gibt, muss er außerdem erstellt werden. Zuerst müssen Sie ein Assemblyprojekt mit starkem Namen erstellen, bei dem es sich auch um ein »*Leeres SharePoint-Projekt*« handeln kann, und Verweise auf einige Infrastrukturassemblys wie *Microsoft.SharePoint.dll* und *Microsoft.SharePoint.WorkflowActions.dll* hinzufügen, die beide im Ordner *<SharePoint14_Root>\ISAPI* zu finden sind.

Dann können Sie, wie Sie aus Kapitel 16 wissen, eine benutzerdefinierte Aktivität implementieren, und zwar als Klasse, die von der Basisklasse *Activity* abgeleitet wird. Der wichtigste Teil jeder benutzerdefinierten Aktivität ist die Implementierung der Methode *Execute*. Wenn die benutzerdefinierte Aktivität dafür vorgesehen ist, einen Benutzer einer bestimmten Gruppe zuzuordnen, verwendet die Methode *Execute* das SharePoint-Serverobjektmodell, um den Benutzer zu registrieren und der Zielgruppe zuzuweisen. Der Benutzername und die Zielgruppe werden als Abhängigkeitseigenschaften der benutzerdefinierten Aktivität implementiert. Listing 20.2 zeigt den Code dieser Aktivität.

Listing 20.2 Der Code einer benutzerdefinierten Aktivität für die Zuweisung eines Benutzers zu einer Gruppe

```
public class AssignUserToGroup : Activity {
  public static DependencyProperty UserNameProperty =
    DependencyProperty.Register("UserName", typeof(String),
    typeof(AssignUserToGroup));

  [System.ComponentModel.Description("UserName")]
  [System.ComponentModel.Category("Custom Properties")]
  [System.ComponentModel.Browsable(true)]
  [System.ComponentModel.DesignerSerializationVisibility(
    System.ComponentModel.DesignerSerializationVisibility.Visible)]
  public String UserName {
    get {
      return ((String)(base.GetValue(AssignUserToGroup.UserNameProperty)));
    }
    set {
      base.SetValue(AssignUserToGroup.UserNameProperty, value);
    }
  }

  public static DependencyProperty GroupProperty =
    DependencyProperty.Register("Group", typeof(String),
    typeof(AssignUserToGroup));
```

```
[System.ComponentModel.Description("Group")]
[System.ComponentModel.Category("Custom Properties")]
[System.ComponentModel.Browsable(true)]
[System.ComponentModel.DesignerSerializationVisibility(
  System.ComponentModel.DesignerSerializationVisibility.Visible)]
public String Group {
  get {
    return ((String)(base.GetValue(AssignUserToGroup.GroupProperty)));
  }
  set {
    base.SetValue(AssignUserToGroup.GroupProperty, value);
  }
}

public static DependencyProperty __ContextProperty =
  DependencyProperty.Register("__Context", typeof(WorkflowContext),
  typeof(AssignUserToGroup));

[System.ComponentModel.Description("__Context")]
[System.ComponentModel.Category("__Context Category")]
[System.ComponentModel.Browsable(true)]
[System.ComponentModel.DesignerSerializationVisibility(
  System.ComponentModel.DesignerSerializationVisibility.Visible)]
public WorkflowContext __Context {
  get {
  return ((WorkflowContext)(base.GetValue(AssignUserToGroup.__ContextProperty)));
  }
  set {
    base.SetValue(AssignUserToGroup.__ContextProperty, value);
  }
}

protected override ActivityExecutionStatus Execute(
  ActivityExecutionContext executionContext) {
  // Führe den Code mit erhöhten Rechten aus.
  SPSecurity.RunWithElevatedPrivileges(
    delegate() {
      // Erstelle einen Verweis auf die aktuelle Websitesammlung.
      using (SPSite site = new SPSite(this.__Context.Site.ID)) {
        // Öffnet die aktuelle Website.
        using (SPWeb web = site.OpenWeb(this.__Context.Web.ID)) {
          // Sorge dafür, dass der Benutzer vorhanden ist.
          SPUser user = web.EnsureUser(this.UserName);
          // Füge ihn zur Zielgruppe hinzu.
          web.Groups[this.Group].AddUser(user);
        }
      }
    });
  return (ActivityExecutionStatus.Closed);
}
}
```

In Listing 20.2 gibt es zwei Abhängigkeitseigenschaften des Typs *String* für den Benutzernamen und die Gruppe. Außerdem gibt es eine weitere Abhängigkeitseigenschaft namens *__Context* mit einem konventionellen Namen. SharePoint Designer 2010 weist dieser Eigenschaft automatisch eine Instanz des Typs *Microsoft.SharePoint.WorkflowActions.WorkflowContext* zu. Die Klasse *WorkflowContext* stellt den Kontext des aktuellen Workflows dar und liefert Ihnen Informationen über die aktuelle Websitesammlung, Website, Liste und Workflowinstanz sowie über das aktuelle Element. Die Methode *Execute* verwendet den Kontext, um sich Verweise auf die aktuelle Websitesammlung und die aktuelle Website zu beschaffen, um zu überprüfen, ob der Zielbenutzer existiert, und um ihn der Zielgruppe zuzuweisen. Zur Ausführung ihres Codes führt die Methode *Execute* einen Identitätswechsel durch und verwendet ein Konto mit höheren Rechten, um sicherzustellen, dass sie über die erforderlichen Berechtigungen für die Erstellung eines Benutzers und die Zuweisung an eine Gruppe verfügt. Zum Abschluss gibt die Methode *Execute* den Wert *ActivityExecutionStatus.Closed* zurück, um zu signalisieren, dass sie ihre Arbeit getan hat.

HINWEIS Die Abhängigkeitseigenschaft *__Context* des Typs *WorkflowContext* ist nicht erforderlich, wenn Sie vorhaben, ihre selbstentwickelten benutzerdefinierten Aktivitäten nur in Workflows zu verwenden, die in Visual Studio entwickelt werden.

Eine benutzerdefinierte Aktion wie die, die Sie gerade definiert haben, kann auf SharePoint bereitgestellt werden, indem man die Assembly, die über einen starken Namen verfügen muss, in den Global Assembly Cache (GAC) kopiert und eine entsprechende XML-Manifestdatei erstellt. Dazu können Sie ein passendes SharePoint 2010-Projekt definieren. Das Manifest ist eine sprachenabhängige Datei mit der Dateinamenserweiterung *.actions*. Sie muss im Ordner *<SharePoint14_Root>\TEMPLATE\<Locale-ID>\Workflow* bereitgestellt werden, wobei *<Locale-ID>* die Gebietskennung für die Sprache ist, die Sie unterstützen möchten.

WEITERE INFORMATIONEN Eine vollständige Liste aller verfügbaren Gebietskennungen finden Sie unter *http://msdn.microsoft.com/en-us/goglobal/bb964664* im Dokument »Locale IDs assigned by Microsoft«.

Soll Ihr Workflow beispielsweise in den USA verwendet werden, verwenden Sie die Gebietskennung 1033 und stellen die *.actions*-Datei im Ordner *<SharePoint14_Root>\TEMPLATE\1033\Workflow* bereit. Wollen Sie außerdem Italienisch als Sprache anbieten (Gebietskennung 1040), müssen Sie eine weitere *.actions*-Datei im Ordner *<SharePoint14_Root>\TEMPLATE\1040\Workflow* bereitstellen. Jede sprachabhängige Datei enthält Textnachrichten, die in die entsprechende Sprache übersetzt wurden. Listing 20.3 zeigt eine *.actions*-Beispieldatei für die Beispielaktion *AssignUserToGroup* und den Sprachraum *en-US*.

Listing 20.3 Die *.actions*-Datei für die Bereitstellung der Aktion *AssignUserToGroup*

```
<?xml version="1.0" encoding="utf-8"?>
<WorkflowInfo Language="en-us">
  <Actions Sequential="then" Parallel="and">
    <Action Name="Assign User to Group"
      ClassName="DevLeap.SP2010.Activities.AssignUserToGroup"
      Assembly="DevLeap.SP2010.Activities, Version=1.0.0.0, Culture=neutral,
        PublicKeyToken=5fac8a683d6301bf"
      Category="DevLeap Actions"
      AppliesTo="all">
```

```
      <RuleDesigner Sentence="Assign %1 to %2">
        <FieldBind Field="UserName" Text="user" Id="1" DesignerType="TextBox" />
        <FieldBind Field="Group" Text="group" Id="2" DesignerType="Person" />
      </RuleDesigner>
      <Parameters>
        <Parameter Name="__Context"
           Type="Microsoft.SharePoint.WorkflowActions.WorkflowContext,
           Microsoft.SharePoint.WorkflowActions"
           Direction="In" DesignerType="Hide" />
        <Parameter Name="UserName" Type="System.String, mscorlib" Direction="In" />
        <Parameter Name="Group" Type="System.String, mscorlib" Direction="In" />
      </Parameters>
    </Action>
  </Actions>
</WorkflowInfo>
```

HINWEIS Der *Assembly*-Attributwert und das *Type*-Attribut des Tags *<Parameter>* aus Listing 20.3 müssen jeweils in eine einzige Codezeile geschrieben werden. Die Zeilen wurden in diesem Listing nur aus drucktechnischen Gründen umbrochen.

In der Datei gibt es ein *WorkflowInfo*-Dokumentelement mit einem *Language*-Attribut, um die Zielkultur anzugeben. Dann wird ein *Actions*-Element definiert, das sich aus einem oder mehreren *Action*-Elementen zusammensetzt. Jedes *Action*-Element definiert die wichtigsten Informationen über die benutzerdefinierte Aktion, die Sie bereitstellen. Es sind zum Beispiel Attribute vorhanden, mit denen der Name, der Klassenname und die Assembly der benutzerdefinierten Aktivität angegeben werden. Außerdem gibt es ein *AppliesTo*-Attribut, mit dem das Ziel der benutzerdefinierten Aktivität angegeben wird. Gültige Werte für das *AppliesTo*-Attribut sind *list*, *doclib* und *all*, wodurch Listen, Dokumentbibliotheken oder alles als Ziele angegeben werden. In jedem *Action*-Element gibt es ein *RuleDesigner*-Element, mit dem festgelegt wird, wie sich die Aktion im Workflow-Designer von SharePoint Designer 2010 verhält. Schließlich gibt es noch ein *Parameters*-Element, das die Parameter der Benutzeroberfläche an die Abhängigkeitseigenschaften der benutzerdefinierten Aktion bindet. Wie üblich müssen alle XML-Attribute, in denen Assemblys, Namespaces und so weiter angegeben werden, jeweils auf einer einzigen Zeile geschrieben werden.

In der Aktion *AssignUserToGroup* definiert das *RuleDesigner*-Element ein *Sentence*-Attribut mit dem Wert »*Assign %1 to %2*«, der im Workflow-Designer angezeigt wird. Das Symbol *%1* entspricht dem *FieldBind*-Element mit der ID 1, in diesem Fall also dem Feld *Username*. Das Symbol *%2* entspricht dem *FieldBind*-Element mit der ID 2, also dem Feld *Group*. Die Werte der *Text*-Attribute der *FieldBind*-Elemente werden in der Workflow-Designer-Oberfläche als Platzhalter für die beiden Felder angezeigt. Das Attribut *DesignerType* legt fest, wie ein Feld angezeigt wird. Der *DesignerType*-Wert *TextBox* führt zur Anzeige eines Texteingabefelds, während der Wert *Person* die Anzeige eines Steuerelements zur Auswahl von Personen oder Gruppen bewirkt. Tabelle 20.1 beschreibt die Werte für das Attribut *DesignerType*, die standardmäßig in SharePoint 2010 zulässig sind.

Tabelle 20.1 Werte für das Attribut *DesignerType*

Wert	Beschreibung
Boolean	Ein *Boolean*-Feld mit den Optionen *True* und *False* als Dropdownliste.
ChooseDoclibItem	Ein Steuerelement zur Auswahl eines Dokuments aus einer Dokumentbibliothek.
ChooseListItem	Ein Steuerelement zur Auswahl eines Elements aus einer Liste.
CreateListItem	Ein erweitertes Steuerelement zur Beschreibung eines zu erstellenden Listenelements.
Date	Ein Steuerelement zur Auswahl von Datum und Uhrzeit.
Dropdown	Eine Dropdownliste mit Optionen.
Email	Ein erweitertes Steuerelement zur Erstellung von E-Mails.
FieldNames	Ein Steuerelement für eine Dropdownliste, in der alle Felder ausgewählt werden können, die in der aktuellen Zielliste oder Dokumentbibliothek verfügbar sind.
Float	Ein Eingabefeld für Gleitkommawerte.
Hyperlink	Ein Hyperlinkfeld mit einer Linkgenerator-Benutzeroberfläche.
Integer	Ein Eingabefeld für ganze Zahlen.
ListNames	Eine Dropdownliste mit den Namen aller Listen und Dokumentbibliotheken der aktuellen Website.
Operator	Eine Dropdownliste mit Operatoren, die für die Auswertung der beiden Seiten eines Vorgangs zur Verfügung stehen.
ParameterNames	Eine Dropdownliste mit den lokalen Variablen der aktuellen Workflowdefinition.
Person	Ein erweitertes Steuerelement für die Auswahl von Personen oder Gruppen.
SinglePerson	Ein erweitertes Steuerelement zur Auswahl einer einzelnen Person oder Gruppe.
StringBuilder	Ein eingebetteter Texteditor.
Survey	Ein erweitertes Steuerelement zur Erstellung eines Aufgabenelements.
TextBox	Ein Texteingabefeld.
TextArea	Ein mehrzeiliges Texteingabefeld.
UpdateListItem	Ein erweitertes Steuerelement für die Aktualisierung eines Listenelements.
WritableFieldNames	Eine Dropdownliste mit den Feldern, die in der aktuellen Liste oder Dokumentbibliothek bearbeitet werden können.

Wenn der SharePoint Designer 2010 mit dem Entwurf einer Workflowdefinition beginnt, ruft er vom SharePoint-Zielserver eine Liste mit allen verfügbaren *.actions*-Dateien ab und lädt die dazugehörigen Definitionen, damit die entsprechenden Aktionen im Designer verfügbar sind.

Abbildung 20.1 zeigt, wie der Workflow-Designer von SharePoint Designer 2010 die Aktion *AssignUserToGroup* anzeigt und die Eingabe der Zielgruppe erwartet.

Schließlich müssen Sie Ihre benutzerdefinierte Aktivität noch autorisieren, damit sie vom SharePoint Workflow-Modul geladen und ausgeführt wird. Aus Sicherheitsgründen lädt SharePoint nur autorisierte Aktionen. Um Ihre Aktion zu autorisieren, müssen Sie die *web.config*-Datei der Webanwendung, in der Sie die neue benutzerdefinierte Aktivität verwenden möchten, durch ein *authorizedType*-Element ergänzen. Verwenden Sie folgenden Pfad:

```
configuration/System.Workflow.ComponentModel.WorkflowCompiler/authorizedTypes
```

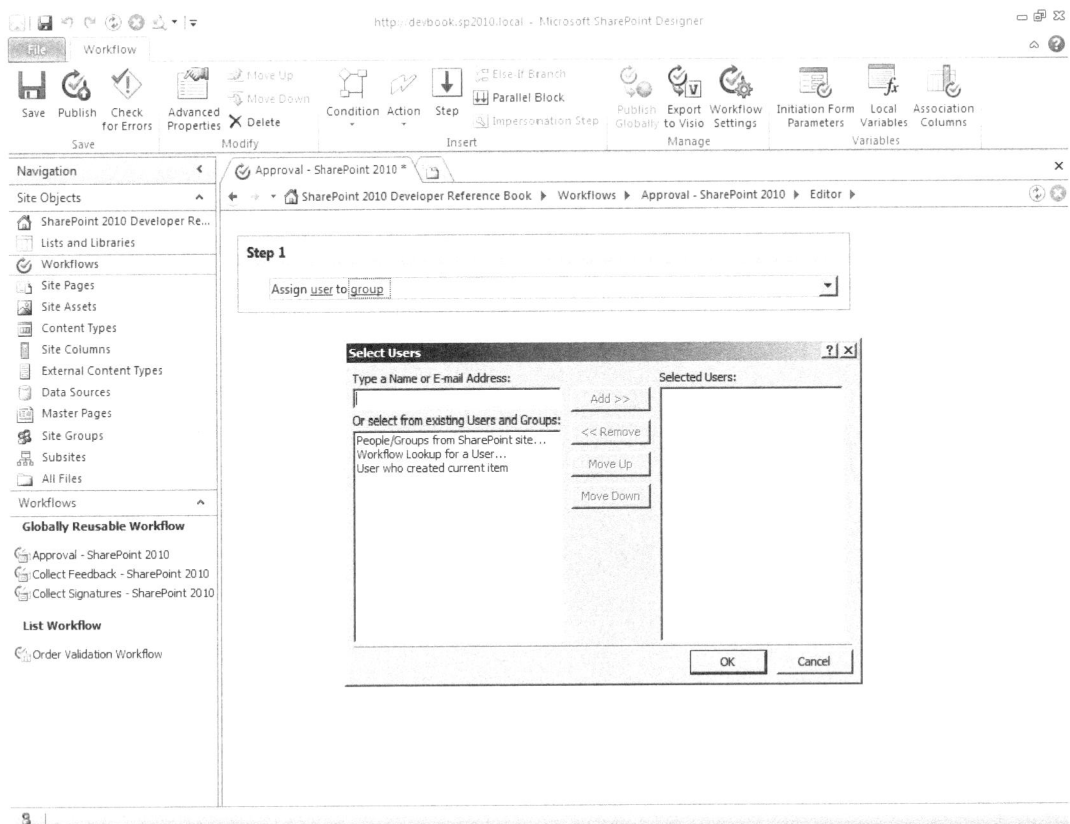

Abbildung 20.1 Der Workflow-Designer von SharePoint Designer 2010 verwendet die benutzerdefinierte Aktivität *AssignUserToGroup*

Das *authorizedType*-Element für die Beispielaktion *AssignUserToGroup* lautet:

```
<authorizedType Assembly="DevLeap.SP2010.Activities, Version=1.0.0.0, Culture=neutral,
  PublicKeyToken=5fac8a683d6301bf" Namespace="DevLeap.SP2010.Activities"
  TypeName="*" Authorized="True" />
```

Im Abschnitt »Bereitstellen von Workflowdiensten« werden Sie sehen, wie man die Änderung der Datei *web.config* mit einem benutzerdefinierten Feature automatisieren kann.

Benutzerdefinierte Bedingungen für SharePoint Designer 2010

Ein weiterer Bereich, in dem der Workflow-Designer von SharePoint Designer 2010 erweiterbar ist, betrifft die Entwicklung von benutzerdefinierten Bedingungen. Eine benutzerdefinierte Bedingung (custom condition) ist einfach eine logische Bedingung, die es einem Workflow nur dann erlaubt, eine bestimmte Aktion durchzuführen, wenn die Bedingung wahr (*true*) ist. Zur Implementierung einer benutzerdefinierten Bedingung müssen Sie ein neues Projekt für die Erstellung einer Assembly mit starkem Namen erstellen. Anschließend fügen Sie wie bei der Entwicklung von benutzerdefinierten Aktionen Verweise auf *Microsoft.SharePoint.dll* und *Microsoft.SharePoint.WorkflowActions.dll* hinzu. Als Alternative können Sie auch mit der Vorlage *Leeres SharePoint-Projekt* beginnen und einfach einen Verweis auf *Microsoft.SharePoint.WorkflowActions.dll* hinzufügen. Um benutzerdefinierte Bedingungen zu implementieren, brauchen Sie nur in einer öffentlichen Klasse eine oder mehrere statische Methoden zu definieren. Jede statische Methode entspricht einer Bedingung. Aber sie muss einige Voraussetzungen erfüllen, damit sie sich in SharePoint Designer 2010 korrekt verwenden lässt. Listing 20.4 zeigt als Beispiel eine benutzerdefinierte Bedingung, die die Dateinamenserweiterung des aktuellen Dokuments überprüft. Diese Bedingung lässt sich nur für Dokumentbibliotheken anwenden.

Listing 20.4 Eine benutzerdefinierte Bedingung zur Überprüfung der Dateinamenserweiterung des aktuellen Dokuments

```
public class DevLeapConditions {
  public static Boolean FileNameExtension(WorkflowContext context,
    String listId, Int32 itemId, String extension) {

    // Ermittle die aktuelle Website.
    using (SPWeb web = context.Web) {
      // Ermittle die aktuelle Listeninstanz.
      SPList list = web.Lists[Helper.GetListGuid(context, listId)];

      // Rufe das einzelne Element ab.
      SPListItem item = list.GetItemById(itemId);

      // Überprüfe die Dateinamenserweiterung.
      if (item.File != null && item.File.Name.ToUpper().EndsWith(extension))
        return (true);
      else
        return (false);
    }
  }
}
```

Die statische Methode gibt ein *Boolean*-Ergebnis zurück. Sie hat drei Parameter, deren Positionen vorgegeben sind, nämlich den aktuellen Workflowkontext, die Listenkennung und die Kennung des Elements in der Zielliste. Nach diesen Parametern können Sie noch weitere Parameter definieren, die sich an die drei Parameter anschließen. In Listing 20.4 wird zum Beispiel der Parameter *extension* eingeführt, damit sich die Dateinamenserweiterung überprüfen lässt. Die restliche Implementierung der Methode ist trivial. Um eine benutzerdefinierte Aktion bereitzustellen, müssen Sie einige spezielle Elemente zu derselben *.actions*-Datei hinzufügen, die Sie bereits im vorigen Abschnitt gesehen haben. Listing 20.5 zeigt eine *.actions*-Datei für die Bereitstellung der Beispielbedingung.

Listing 20.5 Eine *.actions*-Datei zur Bereitstellung der benutzerdefinierten Beispielbedingung

```
<?xml version="1.0" encoding="utf-8"?>
<WorkflowInfo Language="en-us">
  <Condition Name="Dateinamenserweiterung eines bestimmten Typs"
    FunctionName="FileNameExtension"
    ClassName="DevLeap.SP2010.Activities.DevLeapConditions"
    Assembly="DevLeap.SP2010.Activities, Version=1.0.0.0, Culture=neutral,
PublicKeyToken=5fac8a683d6301bf"
    AppliesTo="doclib"
    UsesCurrentItem="true">
    <RuleDesigner Sentence="Das aktuelle Dokument hat die Erweiterung %1">
```

```
      <FieldBind Id="1" Field="_1_" Text="Dateinamenserweiterung" DesignerType="Dropdown">
        <Option Name=".DOCX" Value=".DOCX" />
        <Option Name=".DOC" Value=".DOC" />
        <Option Name=".XPS" Value=".XPS" />
        <Option Name=".XLSX" Value=".XLSX" />
        <Option Name=".XLS" Value=".XLS" />
        <Option Name=".PDF" Value=".PDF" />
      </FieldBind>
    </RuleDesigner>
    <Parameters>
      <Parameter Name="_1_" Type="System.String, mscorlib" Direction="In" />
    </Parameters>
  </Condition>
</WorkflowInfo>
```

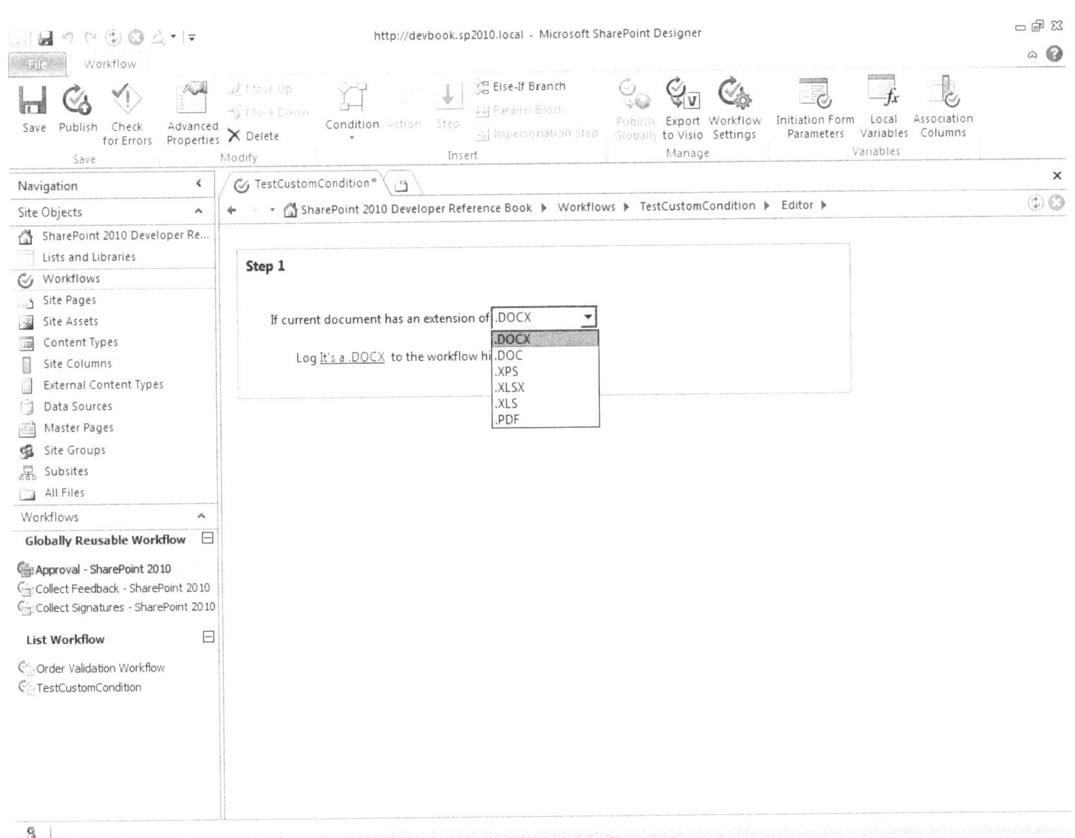

Abbildung 20.2 Die benutzerdefinierte Beispielbedingung in der Benutzeroberfläche von SharePoint Designer 2010

Wie bei jeder benutzerdefinierten Aktion ist auch für benutzerdefinierte Bedingungen ein *RuleDesigner*-Element erforderlich, dessen untergeordnete Elemente das Verhalten der Parameter der Bedingung in der Benutzeroberfläche definieren. Außerdem gibt es einen *Parameters*-Abschnitt, der die Felder des Designers mit den Argumenten der Methode verknüpft, die die Bedingung implementiert. Beachten Sie, dass der Wert des *Field*-Attributs des *FieldBind*-Elements aus dem *RuleDesigner*-Abschnitt derselbe Wert ist, den auch das *Name*-Attribut des *Parameter*-Elements hat. In diesem Beispiel hat das *FieldBind*-Element ein *DesignerType*-Attribut mit dem Wert *Dropdown*. Daher gibt es unter *FieldBind* eine Liste mit *Option*-Elementen, die alle Dateinamenserweiterungen festlegt, die überprüft werden sollen.

Abbildung 20.2 zeigt die neue Bedingung in einem Workflow, der in SharePoint Designer 2010 entworfen wurde.

Workflowereignisempfänger

In Kapitel 12, »Ereignisempfänger«, haben Sie bereits erfahren, dass man in SharePoint 2010 nun auch für Workflows benutzerdefinierte Ereignisempfänger entwickeln kann. In diesem Abschnitt wird dieses Thema mit einem kleinen Beispiel für einen Workflowereignisempfänger vertieft.

Ein Workflowereignisempfänger ist eine benutzerdefinierte Klasse, die von der Basisklasse *SPWorkflowEventReceiver* abgeleitet wird und eine oder mehrere virtuelle Methoden dieser Basisklasse überschreibt. Tabelle 12.8 hat Ihnen diese Methoden bereits vorgestellt:

- ***WorkflowStarting*** Tritt beim Start einer Workflowinstanz auf.
- ***WorkflowStarted*** Tritt nach dem Start einer Workflowinstanz auf.
- ***WorkflowPostponed*** Tritt nach dem Aufschieben einer Workflowinstanz auf.
- ***WorkflowCompleted*** Tritt nach dem Abschluss einer Workflowinstanz auf.

Diese Methoden haben alle einen Parameter des Typs *SPWorkflowEventProperties*, der Informationen über den aktuellen Workflow, seinen Kontext und so weiter liefert. Listing 20.6 zeigt ein kleines Beispiel für einen Ereignisempfänger, der ein paar Codezeilen ausführt, wenn ein Workflow für ein Element einer Dokumentbibliothek gestartet wird.

Listing 20.6 Ein Workflowereignisempfänger

```
public class DevLeapOffersWFReceiver : SPWorkflowEventReceiver {
  public override void WorkflowStarting(SPWorkflowEventProperties properties) {
    if (properties.ActivationProperties != null) {
      SPUtility.SendEmail(properties.ActivationProperties.Web,
        false, false,
        properties.ActivationProperties.Site.Owner.Email,
        "Workflow Starting",
        String.Format("Es wird ein Workflow für Element {0} gestartet.",
          properties.ActivationProperties.Item.Title), false);
    }
  }
}
```

Die Instanz der Klasse *SPWorkflowEventProperties* bietet mit ihrer Eigenschaft *ActivationProperties* einen Eintrittspunkt für den aktuellen Aktivierungskontext. Dadurch haben Sie zum Beispiel Zugang zu Objekten für das aktuelle Listenelement, die aktuelle Liste, die aktuelle Website, die aktuelle Websitesammlung, die Verlaufsliste und die Aufgabenliste.

WICHTIG Die Eigenschaft *ActivationProperties* ist nur im *WorkflowStarting*-Ereignis verfügbar. Wenn Sie in derselben Ereignisempfängerklasse mehrere Workflowereignisse abfangen, sollten Sie berücksichtigen, dass jedes Ereignis von einer separaten Ereignisempfängerinstanz bearbeitet wird. Sie können keine Daten oder Aktivierungseigenschaften durch Instanzvariablen unter den Ereignisempfängern austauschen, weil jedes Ereignis seine eigene Instanz hat.

In Listing 20.6 verwendet der Code einen Verweis auf das aktuelle Listenelement, um dem Besitzer der Website eine E-Mail mit der Information zu senden, dass für ein bestimmtes Element eine neue Workflowinstanz gestartet wird.

Einen Workflowereignisempfänger kann man sich als ein Hilfsmittel vorstellen, um zusätzlichen Code für den Workflow bereitzustellen. Er kann zum Beispiel verwendet werden, um externe Systeme über den Status eines Workflows zu informieren, ohne die Workflowinstanz explizit an das externe System zu binden.

Workflowdienste

Es gibt Situationen, in denen Sie einen Workflow definieren müssen, der mit einem externen System interagiert, beispielsweise mit Branchenanwendungen, einem ERP (Enterprise Resource Planning), einem CRM (Customer Relationship Management) und so weiter. In solchen Fällen können Sie keinen benutzerdefinierten Workflowereignisempfänger verwenden, denn er kann nur vor oder nach dem Start eines Workflows sowie beim Aufschieben und beim Abschluss eines Workflows ausgeführt werden. Stellen Sie sich zum Beispiel eine überarbeitete Version des Genehmigungsworkflows für Angebote vor, der in den Kapiteln 18 und 19 verwendet wurde. Nach der Genehmigung des Angebots müssen Sie es an ein externes CRM senden, um einen Referenzcode für das Angebot zu erhalten. Allerdings erfordert die Erstellung des Referenzcodes gewöhnlich eine manuelle Bearbeitung Ihrer Sendung. Daraus ergibt sich eine nicht vorhersagbare Zeitverzögerung zwischen dem Senden des Angebots an das CRM und dem Eintreffen des Codes.

In solchen Fällen können Sie für die Interaktion mit dem CRM benutzerdefinierte Aktivitäten erstellen. Allerdings handelt es sich bei dem CRM um ein externes System. Auch wenn der Aufruf dieses Dienstes durch eine benutzerdefinierte Aktivität nicht sonderlich komplex ist, wäre es besser, einen Infrastrukturdienst zu verwenden, der die Kommunikation zwischen dem Workflow und dem CRM entkoppelt. Außerdem sollte man das Workflow-Modul nicht damit belasten, auf den Angebotscode vom externen CRM zu warten. Das ist eine typische Situation, in der sich die Workflowinstanz im Leerlauf befindet, während sie auf das externe CRM wartet. Daher sollte sie auf den Backend-Persistenzspeicher ausgelagert und später, wenn CRM-Code verfügbar ist, wieder in den Arbeitsspeicher eingelesen werden.

Um diese Anforderung zu erfüllen, könnten Sie für die Kommunikation mit dem externen CRM einen SOAP-Dienst einsetzen und die Aktivitäten *SendActivity* und *ReceiveActivity* verwenden, die seit .NET 3.5 in Workflow Foundation verfügbar sind. Allerdings gehen diese Aktivitäten davon aus, dass Ihr externes System über einen SOAP-Dienst erreichbar ist.

Beginnend mit SharePoint 2010 können Sie nun benutzerdefinierte Workflowdienste entwickeln, die es Ihren Workflows ermöglichen, die Infrastruktur von Workflow Foundation 3.*x* für den externen Datenaustausch zu verwenden, um mit den externen Systemen zu kommunizieren. Die Infrastruktur für den externen Datenaustausch verwendet die Aktivitäten *CallExternalMethod* und *HandleExternalEvent* (eingeführt in Tabelle 16.1). *CallExternalMethod* ruft eine Methode des Workflowhosts auf und wartet synchron auf die Ausführung. *HandleExternalEvent* wartet auf ein Ereignis, das vom Workflowhost gemeldet wird. Zu Beginn der Wartezeit wird die Workflowinstanz automatisch in den Leerlaufzustand versetzt und auf den Persistenzspeicher ausgelagert. Seit Version 2007 kann ein in SharePoint verwendeter Workflow standardmäßig Ereignisse bearbeiten, die mit dem aktuellen Workflowelement oder der Aufgabenliste zu tun haben, die in der aktuellen Workflowzuordnung verwendet wird. Beginnend mit SharePoint 2010 können Sie nun benutzerdefinierte Infrastrukturdienste entwickeln, die Sie in die Laufzeitschicht von SharePoint 2010 einbinden und auf diese Weise für Ihre Workflows verfügbar machen. Abbildung 20.3 zeigt den Genehmigungsworkflow für Angebote nach der Erweiterung um die CRM-Integration.

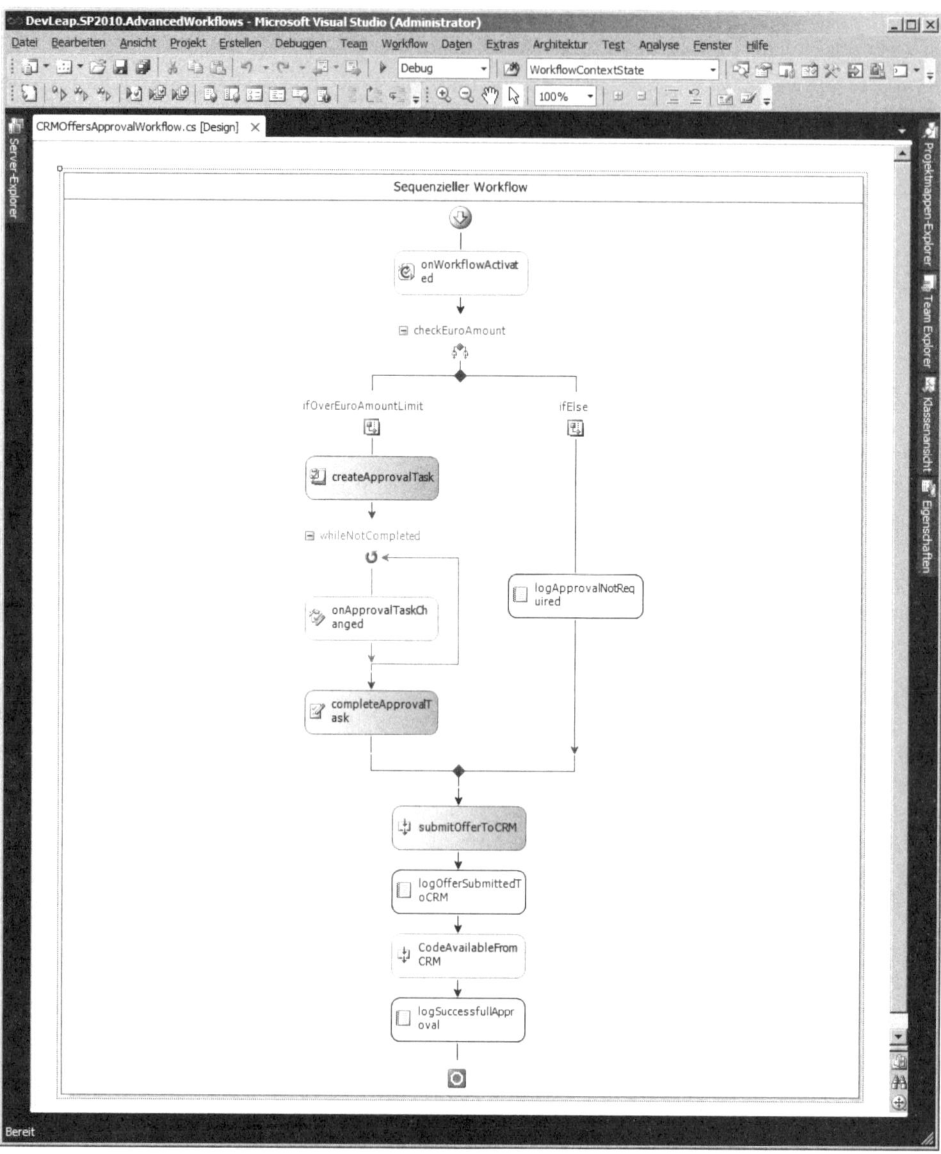

Abbildung 20.3 Der Genehmigungsworkflow für Angebote, erweitert um die CRM-Integration

Beachten Sie in Abbildung 20.3, dass es im letzten Teil des Workflows eine Aktivität gibt, die das externe CRM aufruft und das genehmigte Angebot übermittelt. Dann folgt eine Aktivität, die auf ein Ereignis wartet, nämlich auf die Verfügbarkeit des Angebotscodes, der vom CRM generiert wird. Auf den folgenden Seiten werden Sie sehen, wie man dieses Szenario implementiert.

Implementieren des Dienstes

Bei der Entwicklung eines benutzerdefinierten SharePoint-Workflowdienstes definieren Sie zuerst eine benutzerdefinierte Klasse, die vom Basistyp *SPWorkflowExternalDataExchangeService* aus dem Namespace *Microsoft.SharePoint.Workflow* der Assembly *Microsoft.SharePoint.dll* abgeleitet wird. Die Dienstklasse muss auch eine benutzerdefinierte Kommunikationsschnittstelle implementieren, zur Entkopplung der Verbindung zwischen dem Workflow-Hostcomputer und dem externen System. Listing 20.7 zeigt, wie die CRM-Kommunikationsschnittstelle definiert ist.

Listing 20.7 Die CRM-Kommunikationsschnittstelle für einen benutzerdefinierten SharePoint-Workflowdienst

```
[ExternalDataExchange]
public interface ICRMService {
    void SubmitOffer(Offer item);
    event EventHandler<CRMCodeEventArgs> CRMCodeAvailable;
}

[Serializable]
public class Offer {
    public String SharePointCode { get; set; }
    public Decimal EuroAmount { get; set; }
}

[Serializable]
public class CRMCodeEventArgs : ExternalDataEventArgs {
    public CRMCodeEventArgs(Guid instanceId)
        : base(instanceId) { }

    public String CRMCode { get; set; }
}
```

Die Schnittstelle *ICRMService* definiert eine Methode *SubmitOffer*, die von der Workflowinstanz aufgerufen wird, um das genehmigte Angebot an das externe CRM zu übermitteln. Außerdem definiert die Schnittstelle ein Ereignis *CRMCodeAvailable*, das vom externen CRM gemeldet wird, sobald der Angebotscode verfügbar ist. Die Methode *SubmitOffer* hat einen Parameter des Typs *Offer*, der einem Datengebilde oder einer »Entität« entspricht, die der CRM in diesem hypothetischen Beispiel auslesen und verstehen kann. Außerdem wurde die Schnittstelle *ICRMService* mit dem Attribut *ExternalDataExchange* gekennzeichnet, das aus dem Namespace *System.Workflow.Activities* stammt und Teil der Workflow Foundation-Standardinfrastruktur ist. Dieses Attribut teilt dem Workflow-Modul mit, dass die Schnittstelle für den Datenaustausch mit einem externen System verwendet werden kann. Ohne dieses Attribut wäre die Schnittstelle für den externen Datenaustausch des Workflows nutzlos. Die Entitätsklasse *Offer* muss als *Serializable* gekennzeichnet werden, damit die Argumente für den externen Datenaustausch im Falle einer Auslagerung des Workflows auf den Persistenzspeicher ebenfalls gespeichert werden. Das Persistenzmodul verwendet standardmäßig den Serialisierungsmechanismus der Laufzeitschicht, um den Workflowzustand zu speichern.

Das Ereignis *CRMCodeAvailable* hat einen speziellen Parameter vom Typ *CRMCodeEventArgs*, der von der Basisklasse *ExternalDataEventArgs* abgeleitet und als *Serializable* gekennzeichnet wird. Das *Serializable*-Attribut ist erforderlich, weil sich der Zustand des Workflows serialisieren lassen muss. Die Ableitung von der im Namespace *System.Workflow.Activities* definierten Basisklasse *ExternalDataEventArgs* wird von der Workflow Foundation-Standardinfrastruktur gefordert. Die Klasse *ExternalDataEventArgs* enthält einige Eigenschaften und Konstruktoren, die das externe Kommunikationsmodul unterstützen. Beispielsweise akzeptieren die Konstruktoren der Klasse *ExternalDataEventArgs* ein Argument des Typs *Guid*, das als Kennung für die Workflowinstanz dient, der die Ereignismeldung zugestellt werden soll (anders gesagt: deren Ereignismethode aufgerufen werden soll).

Nachdem Sie die Kommunikationsschnittstelle mit allen Methoden und Ereignissen definiert haben, die für die Kommunikation mit Ihrem externen System erforderlich sind, können Sie die Schnittstelle im Workflowdienst implementieren. Listing 20.8 zeigt ein Beispiel für die Implementierung eines benutzerdefinierten CRM-Dienstes.

Listing 20.8 Implementierung eines benutzerdefinierten CRM-Dienstes

```
class WorkflowContextState {
    public SPWeb Web { get; set; }
    public Guid InstanceId { get; set; }
}

public class CRMService : SPWorkflowExternalDataExchangeService, ICRMService {
    public void SubmitOffer(Offer item) {
        // Simuliere ein externes CRM-System.
        ThreadPool.QueueUserWorkItem(delegate(Object state) {
            WorkflowContextState workflowState = state as WorkflowContextState;

            if (workflowState != null) {
                // Simuliere eine Arbeitslast mit zufälliger Größe.
                Random rnd = new Random();
                Thread.Sleep(TimeSpan.FromSeconds(rnd.Next(1, 60)));

                RaiseEvent(
                    workflowState.Web,
                    workflowState.InstanceId,
                    typeof(ICRMService),
                    "CRMCodeAvailable",
                    new Object[] { String.Format("CRM_CODE_{0:0000}",
                      rnd.Next(1, 1000)) });
            }
        }, new WorkflowContextState {
            Web = this.CurrentWorkflow.ParentWeb,
            InstanceId = WorkflowEnvironment.WorkflowInstanceId
        });
    }

  public event EventHandler<CRMCodeEventArgs> CRMCodeAvailable;
```

```
    public override void CallEventHandler(Type eventType, string eventName,
        object[] eventData, SPWorkflow workflow, string identity,
        System.Workflow.Runtime.IPendingWork workHandler, object workItem) {
        // Bereite die benutzerdefinierte ExternalDataEventArgs-Instanz vor.
        CRMCodeEventArgs args = new CRMCodeEventArgs(workflow.InstanceId) {
            WorkHandler = workHandler,
            WorkItem = workItem,
            Identity = identity,
            // Rufe das Ergebnis vom Object[] eventData ab.
            CRMCode = eventData[0].ToString(),
        };
        this.OnOfferApprovalOutcomeAvailable(args);
    }

    protected virtual void OnOfferApprovalOutcomeAvailable(CRMCodeEventArgs args) {
        if (this.CRMCodeAvailable != null) {
            // Übergib null als Ereignisquelle, um bei der Speicherung des
            // Workflows Serialisierungsprobleme zu vermeiden.
            this.CRMCodeAvailable(null, args);
        }
    }

    public override void CreateSubscription(
      System.Workflow.Activities.MessageEventSubscription subscription) {
        throw new NotImplementedException();
    }

    public override void DeleteSubscription(Guid subscriptionId) {
        throw new NotImplementedException();
    }
}
```

Die Implementierung der Methode *SubmitOffer* verwendet die .NET-Standardklasse *ThreadPool*, um eine Verzögerung der Anfragenbearbeitung zu simulieren, indem die Ausführung eines Hintergrundthreads in eine Warteschlange gestellt wird. Im Hintergrundthread wartet der Code eine zufällig gewählte Zeitspanne ab, um eine gewisse Auslastung des CRM-Systems und die Arbeit des zuständigen Sachbearbeiters zu simulieren, und meldet dann das Ereignis *CRMCodeAvailable*. Um dieses Ereignis zu melden, verwendet der Code die überladene statische Methode *RaiseEvent* der Klasse *SPWorkflowExternalDataExchangeService*. Eine der verfügbaren Versionen hat folgende Parameter:

- Eine *SPWeb*-Instanz, die der aktuellen Website entspricht.
- Eine *Int32*-Variable, die der aktuellen Benutzer-ID entspricht. Es gibt auch eine überladene Version ohne diesen Parameter.
- Eine *Guid*, bei der es sich um die Instanzkennung des Zielworkflows für das zu meldende Ereignis handelt.
- Der Typ *(Type)* des zu meldenden Ereignisses. Er entspricht dem Typ der Kommunikationsschnittstelle. Im aktuellen Beispiel handelt es sich um *typeof(ICRMService)*.
- Ein *String* mit dem Namen des zu meldenden Ereignisses. Es muss sich um ein Ereignis handeln, das von dem Typ veröffentlicht wurde, der im vorigen Parameter angegeben wurde.

- Ein Array mit Objekten (*Object*), das alle benutzerdefinierten Daten aufnimmt, die an den Code übergeben werden sollen, der das Ereignis meldet. Hier können Sie alle Ergebnisse unterbringen, die an die Workflowinstanz zurückgegeben werden sollen.
- Ein Aufzählungswert des Typs *SPWorkflowRunOptions*, mit dem festgelegt wird, in welcher Weise die Ereignismethode aufgerufen wird. Die zulässigen Werte sind *Asynchronous*, *Synchronous* und *SynchronousAllowPostpone*.

WICHTIG Die Methode *RaiseEvent* ist statisch und öffentlich. Daher lässt sie sich auch außerhalb der Implementierung des Workflowdienstes aufrufen. Sie können zum Beispiel ein benutzerdefiniertes Webpart oder eine Anwendungsseite entwickeln, in deren Code Sie die Methode *RaiseEvent* aufrufen. Auf diese Weise können Sie in SharePoint eine Kommunikationsschnittstelle bereitstellen, die auch für Endbenutzer zugänglich ist, die nicht über eine Workflowaufgabe verfügen. Außerdem können Sie einen WCF-Dienst (Windows Communication Foundation) entwickeln, der außerhalb von SharePoint zugänglich ist, und in der Implementierung des Dienstes die Methode *RaiseEvent* aufrufen. Dieses letzte Szenario würde es einem externen System ermöglichen, mit SharePoint zu kommunizieren und mit den laufenden Workflowinstanzen zu interagieren.

Beachten Sie, dass die Beispielimplementierung der Methode *SubmitOffer* eine private Variable des Typs *WorkflowContextState* an den Hintergrundthread übergibt. Diese Variable wurde definiert, um Informationen über den aktuellen Workflowkontext aufzunehmen. Genauer gesagt, sie wird für die Übergabe der aktuellen *SPWeb*-Instanz und der aktuellen Workflowinstanz-ID an den Hintergrundthread verwendet.

Wenn die Methode *RaiseEvent* das erwartete Ereignis meldet, wird die Methode *CallEventHandler* aufgerufen. Diese Methode überschreibt eine abstrakte Methode der Basisklasse *SPWorkflowExternalDataExchangeService* und verfügt über eine Reihe von Parametern, die vor dem Aufruf der eigentlichen Zielmethode zur Konfiguration einer Instanz der benutzerdefinierten Klasse *ExternalDataEventArgs* verwendet werden. Zuerst muss die Methode *CallEventHandler* herausfinden, welches Ereignis gemeldet werden soll. Dazu kann sie den Parameter *EventName* verwenden. Im aktuellen Beispiel handelt es sich bei dem zu meldenden Ereignis immer um *CRMCodeAvailable*. Dann stellt die Methode *CallEventHandler* eine entsprechende *ExternalDataEventArgs*-Instanz zusammen, bei der es sich im aktuellen Beispiel um eine Variable des Typs *CRMCodeEventArgs* handelt. Beachten Sie die Zuweisung an die Variable *CRMCode*, wobei der Inhalt des *Object*-Arrays *eventData* ausgelesen wird. Die Basisklasse *SPWorkflowExternalDataExchangeService* verfügt auch über einige abstrakte Methoden wie *CreateSubscription* und *DeleteSubscription*, die überschrieben werden müssen. Sie werden in der Workflow Foundation-Standardinfrastruktur durch die abstrakte Basisklasse *WorkflowSubscriptionService* bereitgestellt. Diese Methoden dienen zur Überwachung der Verwaltung von Ereignisabonnements und können daher zur Erstellung oder Löschung von Ereignisabonnements verwendet werden oder zur Speicherung von Kontextinformationen in einem Persistenzspeicher, der für externe Systeme zugänglich ist.

Im aktuellen Beispiel werden die Methoden nicht verwendet. Der Beispielcode meldet daher nur die Ausnahme *NotImplementedException*, falls sie aufgerufen werden. Der integrierte Workflow-Laufzeitdienst, der die Kommunikation mit den Workflowaufgaben überwacht (entsprechend der Klasse *SPWinOETaskService*), verwendet diese Methoden zur Überwachung von Ereignissen, die mit den Aufgaben einer Workflowinstanz zu tun haben. Die Methode *CreateSubscription* in *SPWinOETaskService* definiert einen Ereignisempfänger (siehe Kapitel 12) des Typs *SPWinOEItemEventReceiver*, bei dem es sich um eine interne Klasse von SharePoint handelt, und wartet, dass in den Aufgaben des aktuellen Workflows die passenden Ereignisse auftreten. Die Methode *DeleteSubscription* der Klasse *SPWinOETaskService* löscht dagegen die Ereignisempfänger, die von der Methode *CreateSubscription* definiert wurden.

Bereitstellen von Workflowdiensten

Zur Bereitstellung eines Workflowdienstes müssen Sie eine Assembly mit einem starken Namen erstellen, damit sich die Assembly im GAC installieren lässt. Dann konfigurieren Sie den Workflowdienst in der Datei *web.config* der Webanwendung, in der Sie den Dienst verwenden möchten. Listing 20.9 zeigt die XML-Konfiguration zur Aktivierung eines Workflowdienstes.

HINWEIS Die Elemente im folgenden Code müssen jeweils auf einer einzigen Zeile geschrieben werden. Der Code in diesem Listing wurde nur aus drucktechnischen Gründen umbrochen.

Listing 20.9 Die XML-Konfiguration zur Aktivierung eines Workflowdienstes

```
<WorkflowServices>
  <WorkflowService Assembly="Microsoft.SharePoint, Version=14.0.0.0, Culture=neutral,
PublicKeyToken=71e9bce111e9429c"
Class="Microsoft.SharePoint.Workflow.SPWinOEWSSService"></WorkflowService>
  <WorkflowService Assembly="Microsoft.SharePoint, Version=14.0.0.0, Culture=neutral,
PublicKeyToken=71e9bce111e9429c" Class="Microsoft.SharePoint.Workflow.SPWinOETaskService"></
WorkflowService>
  <WorkflowService Assembly="DevLeap.SP2010.ExternalCRMService, Version=1.0.0.0, Culture=neutral,
PublicKeyToken=665aaca1c91d20cb" Class="DevLeap.SP2010.ExternalCRMService.CRMService"></WorkflowService>
</WorkflowServices>
```

Der hervorgehobene Code zeigt das *WorkflowService*-Element für den aktuellen Beispielworkflowdienst *CRMService*. Die beiden anderen Einträge beschreiben die beiden Standarddienste *SPWinOEWSSService* und *SPWinOETaskService*, die in jeder SharePoint 2010-Umgebung vorhanden sind. Die Konfiguration muss in der *web.config*-Datei unter folgendem XPath definiert werden:

```
configuration/SharePoint/WorkflowServices
```

Wenn Sie Ihren Kunden die automatische Bereitstellung des benutzerdefinierten Workflowdienstes ermöglichen möchten, können Sie mit der Projektvorlage *Leeres SharePoint-Projekt* ein neues Projekt erstellen. Dann sorgen Sie für die Bereitstellung der Assembly im GAC, wobei Sie die WSP-Ausgabedatei im Paket-Designer von Visual Studio 2010 konfigurieren. Schließlich können Sie noch einen Featureempfänger mit dem Gültigkeitsbereich *WebApplication* definieren, der die *web.config*-Datei automatisch konfiguriert. Das SharePoint-Serverobjektmodell bietet speziell für die automatische Konfiguration des Inhalts der *web.config*-Datei eine Klasse namens *SPWebConfigModification* an. Listing 20.10 zeigt diesen Featureempfänger.

Listing 20.10 Ein Featureempfänger, der mit der Klasse *SPWebConfigModification* einen benutzerdefinierten Workflowdienst in der Datei *web.config* konfiguriert oder entfernt

```
public class CRMServiceFeatureEventReceiver : SPFeatureReceiver {
  public override void FeatureActivated(SPFeatureReceiverProperties properties) {
    // Das übergeordnete Element dieses Featureempfängers ist ein SPWebApplication.
    SPWebApplication webApplication = properties.Feature.Parent as
      SPWebApplication;
```

```
    if (webApplication != null) {
      // Definiere die Änderungen in der web.config.
      SPWebConfigModification modification =
        new SPWebConfigModification() {
         Name = "CRMWorkflowService",
         Path = "configuration/SharePoint/WorkflowServices",
         Owner = "DevLeap",
         Sequence = 0,
         Type =
           SPWebConfigModification.SPWebConfigModificationType.EnsureChildNode,
           Value = "<WorkflowService
           Assembly=\"DevLeap.SP2010.ExternalCRMService,
           Version=1.0.0.0, Culture=neutral, PublicKeyToken=665aaca1c91d20cb\"
           Class=\"DevLeap.SP2010.ExternalCRMService.CRMService\">
           </WorkflowService>"
      };

      // Wende die Änderungen auf die web.config der aktuellen SPWebApplication an.
      webApplication.WebConfigModifications.Add(modification);
      webApplication.Update();
      webApplication.WebService.ApplyWebConfigModifications();
    }
  }

  public override void FeatureDeactivating(
     SPFeatureReceiverProperties properties) {
    // Das übergeordnete Element dieses Featureempfängers ist ein SPWebApplication.
    SPWebApplication webApplication = properties.Feature.Parent
        as SPWebApplication;

    if (webApplication != null) {
      // Suche den zu entfernenden Eintrag.
      var modification =
        (from m in webApplication.WebConfigModifications
         where m.Name == "CRMWorkflowService"
         select m).FirstOrDefault();

      // Sofern es einen Eintrag gibt ...
      if (modification != null) {
        // Entferne den Eintrag aus der web.config der aktuellen SPWebApplication.
        webApplication.WebConfigModifications.Remove(modification);
        webApplication.Update();
        webApplication.WebService.ApplyWebConfigModifications();
      }
    }
  }
}
```

Listing 20.10 zeigt, wie Sie eine Instanz der Klasse *SPWebConfigModification* erstellen, den XPath-Pfad (*Path*) der zu erstellenden oder zu aktualisierenden Konfiguration angeben, einen Wert (*Value)* für den zu konfigurierenden Knoten definieren und mit einem *SPWebConfigModificationType*-Wert den Typ (*Type*) der Konfiguration deklarieren. Außerdem können Sie einen Namen (*Name*), eine Sequenznummer (*Sequence*) und einen Besitzer (*Owner*) für die Konfiguration festlegen. Der Name ist von Nutzen, weil Sie ihn später verwenden können, um die Konfiguration abzurufen oder gegebenenfalls zu entfernen. Tatsächlich lässt sich die *SPWebConfigModification*-Instanz zur Auflistungseigenschaft *WebConfigModifications* des aktuellen *SPWebApplication*-Objekts hinzufügen oder aus ihr entfernen. Da Sie vermutlich mehrere Frontendserver in Ihrer Farm haben, müssen Sie die Methode *ApplyWebConfigModifications* aufrufen, damit die Konfigurationsänderungen auf allen Frontendservern der Farm erfolgen.

Kommunikationsaktivitäten

Nun haben Sie in Ihrer Umgebung einen benutzerdefinierten Workflowdienst konfiguriert und können ihn in Ihrer Workflowdefinition verwenden. Wie Sie bereits gesehen haben, kann ein externer Datenaustauschdienst in einer *CallExternalMethod*-Aktivität verwendet werden, falls Sie eine Methode des Dienstes aufrufen möchten, oder in einer *HandleExternalEvent*-Aktivität, wenn Sie es vorziehen, auf ein Ereignis zu warten, das der externe Dienst meldet. Allerdings erfordern diese beiden integrierten Workflow Foundation-Aktivitäten eine manuelle und nicht unbeträchtliche Konfiguration, um die Kommunikationsschnittstelle, die Methoden- oder Ereignisnamen, die Argumente und so weiter festzulegen. Zur Arbeitserleichterung bietet das .NET 3.*x*-SDK ein Befehlszeilentool namens *WCA.exe*. Dieses Tool, das gewöhnlich im Ordner *C:\Program Files(x86)\Microsoft SDKs\Windows\v7.0A\Bin* zu finden ist, kann den Code der Kommunikationsschnittstelle für den externen Datenaustausch einer vorkonfigurierten benutzerdefinierten Aktivität automatisch generieren. Die folgende Zeile zeigt, wie das Tool für den Beispielworkflowdienst dieses Kapitels aufgerufen wird:

```
WCA.exe DevLeap.SP2010.ExternalCRMService.dll
```

Das Tool erwartet den Pfad einer .NET-Assembly und deklariert eine oder mehrere Schnittstellen, die mit dem Attribut *ExternalDataExchangeAttribute* gekennzeichnet sind. Standardmäßig erstellt das Tool im aktuellen Ordner einige *.cs*-Dateien (oder *.vb*, wenn Sie das Befehlszeilenargument */language:VB* angeben) und deklariert für jede Methode oder jedes Ereignis, das von den Zielschnittstellen veröffentlicht wird, eine Aktivität. In diesem Beispiel generiert WCA eine Datei namens *ICRMService.Invokes.cs* mit der Deklaration der Aktivitäten für den Aufruf des Dienstes sowie eine Datei namens *ICRMService.Sinks.cs* mit der Deklaration der Aktivitäten für die Bearbeitung von externen Ereignissen, die vom Dienst gemeldet werden. Der Kürze halber wird dieser automatisch generierte Code aber nicht ausführlich in diesem Kapitel besprochen. Wie Sie sich vorstellen können, gibt es für die Methode *SubmitOffer* eine entsprechende Aktivität *SubmitOffer*, die von der Standardaktivität *CallExternalMethodActivity* abgeleitet ist. In vergleichbarer Weise gibt es für das Ereignis *CRMCodeAvailable* eine entsprechende Aktivität *CRMCodeAvailable*, die von der Standardaktivität *HandleExternalEventActivity* abgeleitet ist.

Abbildung 20.3 zeigt diese Aktivitäten im Kontext des Designers. Der interessante Aspekt dieser Dateien ist, dass die Aktivitäten einige Abhängigkeitseigenschaften für den Workflow bereitstellen, um ihre Ein- und Ausgabeparameter im Kontext des Workflow-Designers zu binden. Die Aktivität *SubmitOffer* verfügt beispielsweise über eine Abhängigkeitseigenschaft des Typs *Offer*, die einen Verweis auf das Angebot aufnehmen kann, das an das CRM übermittelt werden soll. Entsprechend verfügt die Aktivität *CRMCodeAvailable* über eine Abhängigkeitseigenschaft des Typs *CRMCode* für die Übermittlung des CRM-Codes an die Workflowinstanz.

Workflowverwaltung mit Programmcode

Ein weiteres Thema für Fortgeschrittene ist die Verwaltung und Benutzung von Workflows durch Programmcode. Dazu können Sie auf einem SharePoint-Server das Serverobjektmodell verwenden oder unter Verwendung eines SOAP-Dienstes, der auf jedem SharePoint-Frontendserver veröffentlicht wird, auf einem Remoterechner arbeiten. In Kapitel 19 haben Sie das Workflow-Serverobjektmodell bereits für die Entwicklung von benutzerdefinierten Zuordnungs-, Initiierungs- und Änderungsformularen verwendet.

Workflow-Serverobjektmodell

Das Serverobjektmodell von SharePoint bietet einige Klassen für die Verwaltung von Workflowinstanzen, Definitionen, Aufgaben und so weiter. Listing 20.11 zeigt ein Beispiel dafür, wie sich eine Workflowinstanz durch Programmcode starten lässt.

Listing 20.11 Hier wird die Klasse *SPWorkflowManager* verwendet, um für jedes Element aus einer Bibliothek eine Workflowinstanz zu starten

```
// Erstelle Objekte für die Zielwebsitesammlung und die Zielwebsite.
using (SPSite site = new SPSite("http://devbook.sp2010.local/")) {
  using (SPWeb web = site.OpenWeb()) {
    // Rufe einen Verweis auf die Zielbibliothek ab.
    SPList listOffers = web.Lists["DevLeap CRM Offers"];

    // Rufe einen Verweis auf die zu verwendende Workflowzuordnung ab.
    var wfAssociation =
         (from SPWorkflowAssociation wfa in listOffers.WorkflowAssociations
            where wfa.Name == "CRMOffersApprovalWorkflow"
            select wfa).FirstOrDefault();

    // Sofern vorhanden
    if (wfAssociation != null) {
        // Bereite Initiierungsdaten vor.
        CRMInitiationDataConfiguration initData =
            new CRMInitiationDataConfiguration {
                OfferManager = "SP2010DEV\\Administrator",
                ApprovalRequestNotes = "Genehmigen Sie bitte dieses Angebot.",
            };

        String initDataText =
        WorkflowUtility.SerializeData<CRMInitiationDataConfiguration>(initData);

        // Starte den Workflow für jedes Element aus der Liste,
        // sofern er noch nicht für das Element läuft.
        foreach (SPListItem item in listOffers.Items) {
            var workflowAlreadyRunning =
                (from SPWorkflow wf in item.Workflows
                    where wf.AssociationId == wfAssociation.Id
                    && wf.InternalState == SPWorkflowState.Running
                    select wf).Count();
```

```
            if (workflowAlreadyRunning == 0) {
                // Starte eine neue Workflowinstanz.
                SPWorkflow wf = site.WorkflowManager.StartWorkflow(
                item, wfAssociation, initDataText);
                Guid wfInstanceId = wf.InstanceId;

                Console.WriteLine("Instanz {0} für Element {1} gestartet",
                    wfInstanceId, item.Title);
            }
        }
    }
  }
}
```

Das Codebeispiel startet für jedes Element der Zielbibliothek eine Workflowinstanz, sofern für das betreffende Element noch keine Workflowinstanz ausgeführt wird. Beachten Sie, wie die Methode *StartWorkflow* der Klasse *SPWorkflowManager*, mit der sich Workflowinstanzen steuern lassen, für den Start von neuen Workflowinstanzen verwendet wird. Mit der Klasse *SPWorkflowManager* lassen sich auch alle Workflowinstanzen abrufen, die für ein bestimmtes Listenelement ausgeführt werden. Listing 20.12 zeigt ein entsprechendes Beispiel.

Listing 20.12 Erstellen einer Liste der Workflowinstanzen, die für ein bestimmtes Listenelement ausgeführt werden

```
// Erstelle Objekte für die Zielwebsitesammlung und die Zielwebsite.
using (SPSite site = new SPSite("http://devbook.sp2010.local/")) {
  using (SPWeb web = site.OpenWeb()) {
    // Rufe einen Verweis auf die Zielbibliothek ab.
    SPList listOffers = web.Lists["DevLeap CRM Offers"];
    SPListItem item = listOffers.Items[0];

    SPWorkflowCollection runningWorkflows =
        site.WorkflowManager.GetItemActiveWorkflows(
        item);

    Console.WriteLine("Es werden {0} Workflowinstanzen für Element {1} ausgeführt.",
        runningWorkflows.Count, item.Title);
  }
}
```

Außerdem können Sie die Klasse *SPWorkflowManager* verwenden, um zu ermitteln, welche Aufgaben für eine Workflowinstanz ausstehen, unter Umständen gefiltert nach dem Zustand oder dem zuständigen Benutzer. Listing 20.13 zeigt, wie sich die ausstehenden Aufgaben für eine bestimmte Workflowinstanz abrufen lassen.

Listing 20.13 Aufstellen einer Liste mit den ausstehenden Aufgaben einer laufenden Workflowinstanz

```
// Erstelle Objekte für die Zielwebsitesammlung und die Zielwebsite.
using (SPSite site = new SPSite("http://devbook.sp2010.local/")) {
  using (SPWeb web = site.OpenWeb()) {

    // Rufe einen Verweis auf die Zielbibliothek ab.
    SPList listOffers = web.Lists["DevLeap CRM Offers"];
    SPListItem item = listOffers.Items[0];

    // Rufe einen Verweis auf die laufenden Workflowinstanzen ab.
    SPWorkflowCollection runningWorkflows =
        site.WorkflowManager.GetItemActiveWorkflows(
        item);

    // Rufe die erste laufende Instanz ab.
    SPWorkflow runningInstance = runningWorkflows[0];

    // Definiere einen Filter, um nur ausstehende Aufgaben abzurufen.
    SPWorkflowFilter filter = new SPWorkflowFilter(
        SPWorkflowState.Running, SPWorkflowState.None,
        SPWorkflowAssignedToFilter.None);

    // Rufe die ausstehenden Aufgaben ab.
    SPWorkflowTaskCollection pendingTasks =
        site.WorkflowManager.GetWorkflowTasks(
        item, runningInstance.InstanceId, filter);

    Console.WriteLine("Es gibt {0} ausstehende Aufgaben für " +
        "Element {1} und Workflowinstanz {2}",
        pendingTasks.Count, item.Title, runningInstance.InstanceId);
  }
}
```

Der Abruf von ausstehenden Aufgaben kann nützlich sein, wenn Sie solche Aufgaben per Programmcode verwalten oder abschließen müssen. Sie können die Klasse *SPWorkflowTask* und ihre Methode *AlterTask* verwenden, um das Aufgabenelement zu aktualisieren. Ein Beispiel für die Verwendung der Methode *AlterTask* haben Sie bereits in einem benutzerdefinierten Aufgabenformular in Kapitel 19 gesehen. Listing 20.14 zeigt, wie man im Programmcode eine Aufgabe aus einer Instanz eines Genehmigungsworkflows für Angebote abschließen kann.

Listing 20.14 Abschließen einer ausstehenden Aufgabe aus einer laufenden Workflowinstanz

```
// Erstelle Objekte für die Zielwebsitesammlung und die Zielwebsite.
using (SPSite site = new SPSite("http://devbook.sp2010.local/")) {
  using (SPWeb web = site.OpenWeb()) {

    // Rufe einen Verweis auf die Zielbibliothek ab.
    SPList listOffers = web.Lists["DevLeap CRM Offers"];
    SPListItem item = listOffers.Items[0];
```

```
        // Rufe einen Verweis auf die laufenden Workflowinstanzen ab.
        SPWorkflowCollection runningWorkflows =
            site.WorkflowManager.GetItemActiveWorkflows(item);

        // Rufe die erste laufende Instanz ab.
        SPWorkflow runningInstance = runningWorkflows[0];

        // Definiere einen Filter, um nur ausstehende Aufgaben abzurufen.
        SPWorkflowFilter filter = new SPWorkflowFilter(
            SPWorkflowState.Running, SPWorkflowState.None,
            SPWorkflowAssignedToFilter.None);

        // Rufe die ausstehenden Aufgaben ab.
        SPWorkflowTaskCollection pendingTasks =
            site.WorkflowManager.GetWorkflowTasks(
            item, runningInstance.InstanceId, filter);

        if (pendingTasks.Count == 1) {
            // Rufe die Zielaufgabe ab, sofern es eine gibt.
            SPWorkflowTask targetTask = pendingTasks[0];

            // Schließe die Aufgabe ab - Übersetzung der Texte z.B.:
            // "Abgeschlossen", "Automatisch genehmigt!", "Genehmigt"
            Hashtable taskProperties = new Hashtable();
            taskProperties[FieldsIds.DevLeapCRMApprovalTaskStatus_Id] = "Completed";
            taskProperties[FieldsIds.DevLeapCRMApprovalTaskNotes_Id] =
              "Automatically approved!";
            taskProperties[FieldsIds.DevLeapCRMApprovalTaskOutcome_Id] = "Approved";

            SPWorkflowTask.AlterTask(targetTask, taskProperties, true);

            Console.WriteLine("Ausstehende Aufgabe automatisch abgeschlossen!");
        }
    }
}
```

Es gibt viele andere Klassen und Methoden, mit denen Sie per Programmcode mit Ihren Workflows arbeiten können. Allerdings sind die bisher gezeigten die nützlichsten oder am häufigsten verwendeten Klassen und Methoden.

Workflow-Webdienst

Das Serverobjektmodell ist sehr nützlich, wenn Ihr Code auf einem SharePoint-Server ausgeführt wird. Allerdings gibt es auch Situationen, in denen eine Remoteverwaltung der Workflows sinnvoll ist. Für solche Fälle bietet SharePoint einen SOAP-Dienst an, der die Remotebearbeitung von Workflows auf einem Smartclient oder einem passenden Remotesystem ermöglicht. Der Dienst ist unter folgender URL verfügbar:

```
http://<Website-URL>/_vti_bin/workflow.asmx
```

Dieser Dienst ermöglicht eine kleine Menge an Vorgängen, die in Tabelle 20.2 beschrieben sind.

Tabelle 20.2 Die Liste der Vorgänge, die der *Workflow.asmx*-Dienst anbietet

Vorgang	Beschreibung
AlterToDo	Aktualisiert die Eigenschaften einer bestimmten Workflowaufgabe für ein gegebenes SharePoint-Element.
ClaimReleaseTask	Fordert eine bestimmte Workflowaufgabe für ein gegebenes SharePoint-Element oder gibt sie frei.
GetTemplatesForItem	Ruft die Liste der Workflowvorlagen ab, die für ein gegebenes SharePoint-Element verfügbar sind.
GetToDosForItem	Ruft die Liste der laufenden Aufgaben für ein gegebenes SharePoint-Element ab, die dem aktuellen Benutzer oder einer Gruppe zugewiesen wurde, die für die Workflowaufgabe zuständig ist.
GetWorkflowDataForItem	Ruft die Workflowdaten für ein gegebenes SharePoint-Element und für den aktuellen Benutzer oder die Gruppe ab, die für die Workflowaufgabe zuständig ist.
GetWorkflowTaskData	Ruft die Daten einer Aufgabe anhand der Listen-ID und der Element-ID ab.
StartWorkflow	Startet eine neue Workflowinstanz für ein gegebenes SharePoint-Element.

Intern verwenden diese Vorgänge das SharePoint-Serverobjektmodell und die Klassen und Methoden, die Sie gerade im vorigen Abschnitt gesehen haben. Daher können Sie *Workflow.asmx* verwenden, um eine Workflowinstanz von einer Remotewebsite zu starten und zu verwalten. Listing 20.15 zeigt den Code, mit dem man eine Liste der verfügbaren Workflowvorlagen für das aktuelle Element abrufen kann, um eine neue Instanz des Genehmigungsworkflows für Angebote zu starten.

WICHTIG Der SOAP-Dienst *Workflow.asmx* ist nur in SharePoint Server verfügbar. Wenn Sie mit SharePoint Foundation 2010 arbeiten, können Sie die in diesem Abschnitt beschriebenen Features nicht verwenden.

Listing 20.15 Starten einer neuen Workflowinstanz mit dem SOAP-Workflowdienst

```
// Konfiguriere den Dienstproxy.
WorkflowService.Workflow wfSoapService =
    new WorkflowService.Workflow();
wfSoapService.Credentials = System.Net.CredentialCache.DefaultCredentials;

// Konfiguriere die URL des Zielelements.
String itemUrl = "http://devbook.sp2010.local/DevLeap%20CRM%20Offers/Offer-01.docx";

// Rufe die Workflowvorlagen ab, die dem Zielelement zugeordnet wurden.
XmlNode templates = wfSoapService.GetTemplatesForItem(itemUrl);

// Rufe die templateId des Workflows ab, der gestartet werden soll.
XmlNamespaceManager ns = new XmlNamespaceManager(templates.OwnerDocument.NameTable);
ns.AddNamespace("wf", "http://schemas.microsoft.com/sharepoint/soap/workflow/");
XmlNode templateIdNode = templates.SelectSingleNode("//wf:WorkflowTemplate[@Name =
'CRMOffersApprovalWorkflow']/wf:WorkflowTemplateIdSet/@TemplateId", ns);
Guid templateId = new Guid(templateIdNode.Value);

XmlDocument initiationData = new XmlDocument();
initiationData.LoadXml("<?xml version=\"1.0\" encoding=\"utf-16\"?>
  <CRMInitiationDataConfiguration
    xmlns:xsi=\"http://www.w3.org/2001/XMLSchema-instance\"
    xmlns:xsd=\"http://www.w3.org/2001/XMLSchema\"
```

```
    xmlns=\"http://schemas.devleap.com/CRMInitiationDataConfiguration\">
    <OfferManager>SP2010DEV\\Administrator</OfferManager>
    <ApprovalRequestNotes>Bitte genehmigen Sie dieses Angebot.
    </ApprovalRequestNotes></CRMInitiationDataConfiguration>");

XmlNode startResult = wfSoapService.StartWorkflow(
  itemUrl, templateId, initiationData);
```

HINWEIS Die lange XML-Zeile aus Listing 20.15 muss im Code auf einer einzigen Zeile stehen. Sie wurde nur aus drucktechnischen Gründen umbrochen.

Beachten Sie, dass die Vorgänge *GetTemplatesForItem* und *StartWorkflow* ein Argument des Typs *String* mit der URL des Zielelements erwarten. Außerdem braucht der Vorgang *StartWorkflow* die Kennung (GUID) der zu startenden Workflowvorlage und ein *XmlNode*-Objekt mit der XML-Serialisierung der Initiierungsdaten. Die Vorlagenkennung kann mit XPath aus dem *XmlNode*-Objekt ausgelesen werden, das sich aus dem Aufruf des Vorgangs *GetTemplatesForItem* ergibt.

Nachdem Sie eine Workflowinstanz gestartet haben, können Sie den Status des Workflows für das aktuelle Element mit dem Vorgang *GetWorkflowDataForItem* abrufen. Hier ist die Syntax:

```
XmlNode wfDataForItem = wfSoapService.GetWorkflowDataForItem(itemUrl);
```

Das Ergebnis dieses Vorgangs ist ein *XmlNode*-Objekt mit der Struktur, die in Listing 20.16 gezeigt wird.

Listing 20.16 Die Struktur des XML-Codes, der vom Vorgang *GetWorkflowDataForItem* zurückgegeben wird

```
<WorkflowData xmlns="http://schemas.microsoft.com/sharepoint/soap/workflow/">
  <ToDoData>
  </ToDoData>
  <TemplateData>
    <Web Title="SharePoint 2010 - Das Entwicklerbuch"
      Url="http://devbook.sp2010.local" />
    <List Title="DevLeap CRM Offers"
      Url="http://devbook.sp2010.local/DevLeap CRM Offers" />
    <WorkflowTemplates>
      <WorkflowTemplate Name="CRMOffersApprovalWorkflow"
        Description="Mein SharePoint-Workflow"
InstantiationUrl="http://devbook.sp2010.local/_layouts/DevLeap.SP2010.CRMOffersApproval/
CRMOffersApprovalWorkflow/CRMOffersApprovalInitiationForm.aspx?List=66e774b2-3c5b-4acb-b333-
699860c5772b&amp;ID=1&amp;TemplateID={4ceea64b-cdcf-4450-b066-ea610a41d832}&amp;Web={49245065-f375-4be0-
be4f-d6a8c757d275}">
        <WorkflowTemplateIdSet TemplateId="4ceea64b-cdcf-4450-b066-ea610a41d832"
          BaseId="d3a2dc00-6c59-40c1-9c74-e7053009be96" />
        <AssociationData>
          <string>
            &lt;?xml version="1.0" encoding="utf-16"?&gt;
            &lt;CRMAssociationDataConfiguration
            xmlns:xsi="http://www.w3.org/2001/XMLSchema-instance"
            xmlns:xsd="http://www.w3.org/2001/XMLSchema"
            xmlns="http://schemas.devleap.com/CRMAssociationDataConfiguration"&gt;
            &lt;OfferEuroAmountLimit&gt;4500&lt;/OfferEuroAmountLimit&gt;
```

```
          &lt;OfferManager&gt;SP2010DEV\administrator&lt;/OfferManager&gt;
          &lt;/CRMAssociationDataConfiguration&gt;
        </string>
      </AssociationData>
      <Metadata />
    </WorkflowTemplate>
  </WorkflowTemplates>
</TemplateData>
<ActiveWorkflowsData>
  <Workflows>
    <Workflow StatusPageUrl="http://devbook.sp2010.local/_layouts/
WrkStat.aspx?List=%7B66E774B2%2D3C5B%2D4ACB%2DB333%2D699860C5772B%7D&amp;WorkflowInstanceID=%7B56e0fff6%
2D6a8d%2D4c83%2Dadf5%2D012096c522b5%7D" Id="56e0fff6-6a8d-4c83-adf5-012096c522b5" TemplateId="4ceea64b-
cdcf-4450-b066-ea610a41d832"
ListId="66e774b2-3c5b-4acb-b333-699860c5772b"
SiteId="a6219f45-d457-48ee-afc6-4a1de6ca5ef0"
WebId="49245065-f375-4be0-be4f-d6a8c757d275" ItemId="1"
ItemGUID="26252f8b-ad4d-414c-b651-74153132f9dd"
TaskListId="50c9bdc6-bd15-4167-9514-5e6e873a3908" AdminTaskListId="" Author="1" Modified="20101227
10:08:25" Created="20101227 10:08:25" StatusVersion="0" Status1="2" Status2="" Status3="" Status4=""
Status5="" Status6="" Status7="" Status8="" Status9="" Status10="" TextStatus1="" TextStatus2=""
TextStatus3="" TextStatus4="" TextStatus5="" Modifications="" ActivityDetails="System.Byte[]"
InstanceData="" InstanceDataSize="0" InternalState="2" ProcessingId="" />
  </Workflows>
</ActiveWorkflowsData>
<DefaultWorkflows>
</DefaultWorkflows>
</WorkflowData>
```

HINWEIS Das Attribut *StatusPageUrl* aus dem vorigen Listing muss in Ihrem Code auf einer einzigen Zeile stehen. Es wurde hier nur aus drucktechnischen Gründen umbrochen.

Beachten Sie, dass der XML-Code den Zugang zur Website und Liste des SharePoint-Elements ermöglicht und Informationen über verfügbare Workflowvorlagen und über aktive Workflows enthält. Er enthält beispielsweise die URLs für den Zugriff auf die Seite *Workflowstatus* und jede laufende Aufgabe. Wenn Sie nur an der aktuellen laufenden Aufgabe interessiert sind, können Sie folgende Syntax verwenden:

```
XmlNode toDosForItem = wfSoapService.GetToDosForItem(itemUrl);
```

Das Ergebnis des Vorgangs ist ein weiteres *XmlNode*-Objekt, aufgebaut wie in Listing 20.17.

Listing 20.17 Der Vorgang *GetToDosForItem* hat diesen XML-Code zurückgegeben

```
<ToDoData xmlns="http://schemas.microsoft.com/sharepoint/soap/workflow/">
  <xml xmlns:s="uuid:BDC6E3F0-6DA3-11d1-A2A3-00AA00C14882"
    xmlns:dt="uuid:
    C2F41010-65B3-11d1-A29F-00AA00C14882"
    xmlns:rs="urn:schemas-microsoft-com:rowset"
    xmlns:z="#RowsetSchema">
```

```
    <rs:data ItemCount="1">
      <z:row xmlns:z="#RowsetSchema"
       ows_ContentTypeId=
"0x010801005964A1099DCA407C960D1CADECF6CB4B00E6B8C0A0BD176146931B5B8D1BB377D4"
       ows_Title="Bitte genehmigen Sie dieses Angebot-01"
       ows_Predecessors="" ows_Priority="(2) Normal"
       ows_Status="Not Started" ows_AssignedTo="3;#SP2010DEV\Administrator"
       ows_Body="Bitte genehmigen Sie dieses Angebot" ows_StartDate="2010-12-27 11:08:25"
       ows_DueDate="2011-01-06T10:08:25+00:00"
       ows_WorkflowLink=
        "http://devbook.sp2010.local/DevLeap CRM Offers/Offer-01.docx, Offer-01"
       ows_WorkflowName="CRMOffersApprovalWorkflow" ows_TaskType="0"
       ows_HasCustomEmailBody="0" ows_SendEmailNotification="1" ows_Completed="0"
       ows_WorkflowListId="{66E774B2-3C5B-4ACB-B333-699860C5772B}"
       ows_WorkflowItemId="1" ows_GUID="{F6174F06-943E-4ACB-A20F-00245A5742DD}"
       ows_WorkflowInstanceID="{56E0FFF6-6A8D-4C83-ADF5-012096C522B5}"
       ows_DevLeapCRMApprovalTaskOutcome="Pending Approval" ows_ID="29"
       ows_ContentType="CRMOfferApprovalTask" ows_Modified="2010-12-27 11:08:25"
       ows_Created="2010-12-27 11:08:25" ows_Author="1;#sp2010dev\administrator"
       ows_Editor="1073741823;#System Account" ows_owshiddenversion="1"
       ows_WorkflowVersion="1" ows__UIVersion="512" ows__UIVersionString="1.0"
       ows_Attachments="0" ows__ModerationStatus="0"
       ows_LinkTitleNoMenu="Bitte genehmigen Sie dieses Angebot-01"
       ows_LinkTitle="Bitte genehmigen Sie dieses Angebot-01"
       ows_LinkTitle2="Bitte genehmigen Sie Angebot Offer-01"
       ows_SelectTitle="29" ows_Order="2900.00000000000"
       ows_FileRef="29;#Lists/Tasks/29_.000"
       ows_FileDirRef="29;#Lists/Tasks"
       ows_Last_x0020_Modified="29;#2010-12-27 11:08:25"
       ows_Created_x0020_Date="29;#2010-12-27 11:08:25"
       ows_FSObjType="29;#0" ows_SortBehavior="29;#0"
       ows_PermMask="0x7fffffffffffffff" ows_FileLeafRef="29;#29_.000"
       ows_UniqueId="29;#{BE263F50-B1E8-4E72-94DB-EE0AA4BD2B8C}"
       ows_ProgId="29;#" ows_ScopeId="29;#{4556BF50-FDF2-432B-803A-7AA6E4A0033C}"
       ows__EditMenuTableStart="29_.000" ows__EditMenuTableStart2="29"
       ows__EditMenuTableEnd="29" ows_LinkFilenameNoMenu="29_.000"
       ows_LinkFilename="29_.000" ows_LinkFilename2="29_.000"
       ows_ServerUrl="/Lists/Tasks/29_.000"
       ows_EncodedAbsUrl="http://devbook.sp2010.local/Lists/Tasks/29_.000"
       ows_BaseName="29_"
       ows_MetaInfo="29;#WorkflowCreationPath:SW|4ceea64b-cdcf-4450-b066-ea610a41d832;&#xD;&#xA;"
       ows__Level="1" ows__IsCurrentVersion="1" ows_ItemChildCount="29;#0"
       ows_FolderChildCount="29;#0"
       ows_TaskListId="50c9bdc6-bd15-4167-9514-5e6e873a3908"
       ows_EditFormURL="http://devbook.sp2010.local/_layouts/DevLeap.SP2010.
         CRMOffersApproval/CRMOfferApprovalTaskForm.aspx?ID=29&amp;
         List=50c9bdc6-bd15-4167-9514-5e6e873a3908"
       ows_WorkflowFormURL="" ows_FormData="" />
    </rs:data>
  </xml>
</ToDoData>
```

Die Struktur ist ein Rowset mit einem *z:row*-Element für jede Aufgabe. Mit den passenden XPath-Regeln können Sie Informationen über jede Aufgabe auslesen. Der hervorgehobene Code zeigt einige der wichtigsten Attribute wie *ows_Status*, *ows_AssignedTo*, *ows_DueDate*, *ows_WorkflowInstanceId*, *ows_EditFormURL*, *ows_ID* und *ows_TaskListID*, und benutzerdefinierte Felder. Wenn Sie die Aufgabe von einer Remotewebsite abschließen möchten, können Sie auf folgende Weise den Vorgang *AlterToDo* aufrufen:

```
XmlNode alterToDoResult = wfSoapService.AlterToDo(itemUrl, taskItemID, taskListID, taskData);
```

Das Argument *itemUrl* ist die vollständige URL des Zielelements. Die Argumente *taskItemID* und *taskListID* können aus dem in Listing 20.17 gezeigten XML-Code ausgelesen werden, als Werte der Attribute *ows_ID* und *ows_TaskListID*. Das vierte Argument schließlich ist ein *XmlNode* mit XML-Daten, die den aktualisierten Inhalt der Aufgabe darstellen.

Listing 20.18 zeigt den Code für den Abschluss und die Genehmigung der Genehmigungsaufgabe einer Workflowinstanz für die Genehmigung von Angeboten.

Listing 20.18 Eine Aufgabe wird mit dem Vorgang *AlterToDo* abgeschlossen und genehmigt

```
XmlDocument taskData = new XmlDocument();
taskData.LoadXml("<fields/>");
taskData.DocumentElement.AppendChild(
  taskData.CreateElement("DevLeapCRMApprovalTaskNotes"));
taskData.DocumentElement.LastChild.InnerText =
  "Aufgabe von einem Remote-Smartclient genehmigt!";
taskData.DocumentElement.AppendChild(
  taskData.CreateElement("DevLeapCRMApprovalTaskOutcome"));
taskData.DocumentElement.LastChild.InnerText = "Approved";  // "Genehmigt"
taskData.DocumentElement.AppendChild(taskData.CreateElement("Status"));
taskData.DocumentElement.LastChild.InnerText = "Completed"; // "Abgeschlossen"
XmlNode alterToDoResult = wfSoapService.AlterToDo(itemUrl, taskItemID, taskListID, taskData);
```

Der XML-Wert der Variablen *taskData* hat einen Aufbau wie in Listing 20.19.

Listing 20.19 Eine Aufgabe wird mit dem Vorgang *AlterToDo* abgeschlossen und genehmigt

```
<fields>
  <DevLeapCRMApprovalTaskNotes>Aufgabe von einem Remote-Smartclient genehmigt!
  </DevLeapCRMApprovalTaskNotes>
  <DevLeapCRMApprovalTaskOutcome>Approved</DevLeapCRMApprovalTaskOutcome>
  <Status>Completed</Status>
</fields>
```

Das XML-Dokument hat ein Stammelement mit einem Namen, den Sie frei wählen können. Dann sollten Sie für jedes Feld, das Sie aktualisieren möchten, ein untergeordnetes Element definieren, wobei Sie als Elementnamen jeweils den Namen des Zielfelds verwenden. Im Prinzip handelt es sich um eine XML-Serialisierung einer Hash-Tabelle mit Feldern.

SPTimer-Dienst und Workflows

Als letzter wichtiger Aspekt sei noch erwähnt, dass SharePoint Workflowinstanzen in einem von zwei verschiedenen Prozessen ausführen kann. Der erste und gebräuchlichste ist der Prozess *W3WP.EXE* auf dem aktuellen Frontendwebserver. Wenn Sie mit einem Browser eine Workflowinstanz starten oder eine Workflowaufgabe im Browser bearbeiten, oder wenn Ihre letzte Aktion, um es allgemeiner zu formulieren, eine Benutzereingabe im Browser war, wird die Workflowinstanz im Frontendprozess des Frontendservers ausgeführt, der die letzte Anfrage bearbeitet hat. Wird die Ausführung eines Workflows dagegen nach einer Pause fortgesetzt oder ein Ereignis bearbeitet, das von einem externen System gemeldet wird, wird die Workflowinstanz im Kontext des SPTimer-Dienstes von SharePoint ausgeführt. Der SPTimer-Dienst entspricht dem Prozess *OWSTIMER.EXE*. Es handelt sich um einen Dienst des Betriebssystems, der auf jedem SharePoint-Server installiert und aktiviert wird. Es ist wichtig, dieses Verhalten zu berücksichtigen, wenn eine Workflowdefinition für ihre Ausführung auf eine bestimmte Hostumgebung angewiesen ist. Dazu sollte man auch wissen, dass sich die Ausführungsumgebung duplizieren lässt. Wenn Ihr Dienst zum Beispiel in der *web.config* der Webanwendung einen benutzerdefinierten Konfigurationsabschnitt verwendet, müssen Sie diese Konfiguration auch in der Konfigurationsdatei *<SharePoint14_Root>\BIN\OWSTIMER.EXE.config* des *OWSTIMER.EXE*-Prozesses wiederholen.

HINWEIS Beginnend mit SharePoint 2010 können Sie auch einen bevorzugten Server für die Ausführung des SPTimer-Dienstes angeben.

Zusammenfassung

In diesem Kapitel haben Sie erfahren, wie man eine benutzerdefinierte Workflowaktivität definiert, die sich auch im SharePoint Designer 2010 verwenden lässt, und benutzerdefinierte Aktionen und Bedingungen entwickelt. Dann haben Sie sich mit der Entwicklung eines benutzerdefinierten Workflowereignisempfängers und eines benutzerdefinierten Workflowdienstes beschäftigt. Außerdem haben Sie gesehen, wie man Workflows per Programmcode verwaltet, entweder direkt auf einem SharePoint-Server mit dem Serverobjektmodell oder unter Verwendung eines SOAP-Dienstes, der allerdings nur in SharePoint Server-Editionen verfügbar ist. Zum Abschluss wurden Sie noch kurz darauf hingewiesen, in welchen beiden Prozessen SharePoint-Workflows ausgeführt werden.

Teil VI

Sicherheitsinfrastruktur

In diesem Teil:

Kapitel 21

Authentifizierungs- und Autorisierungsinfrastruktur

In diesem Kapitel:

Dieses erste Kapitel des Abschnitts »Sicherheitsinfrastruktur« beschreibt die wichtigsten Aspekte der Autorisierung und Authentifizierung in Microsoft SharePoint 2010. Sie erfahren, wie die herkömmliche Authentifizierung und die Authentifizierung auf der Basis von Forderungen funktionieren. Außerdem erfahren Sie, wie SharePoint die Benutzer nach der Authentifizierung autorisiert.

Authentifizierungsinfrastruktur

SharePoint 2010 unterstützt mehrere Authentifizierungsmethoden, die in der SharePoint-Zentraladministration für eine Webanwendung oder eine Zone konfiguriert werden können.

HINWEIS Eine SharePoint-Zone bietet die Möglichkeit, dieselbe Webanwendung mit mehreren Endpunkten (URLs) zu veröffentlichen. Verfügbar seit Version 2007, hat dieses Feature den Sinn, eine gemeinsame Anwendungskonfiguration und eine gemeinsame Inhaltsdatenbank auf mehreren IIS-Websites zu verwenden, deren *web.config*-Dateien andernfalls mit entsprechenden Angaben über Authentifizierung, Autorisierung und Sicherheit im Allgemeinen konfiguriert werden müssten.

Folgende Authentifizierungsmethoden werden unterstützt:

- **Windows-Authentifizierung** Verwendet die Windows-Infrastruktur und unterstützt die Authentifizierungsarten Anonym, NTML, Kerberos, Standard und Digest. Die X.509-Zertifikatauthentifizierung wird nicht unterstützt, sofern Sie die Zertifikatzuordnungsregeln eines Benutzers nicht manuell in den Internetinformationsdiensten konfigurieren.
- **Authentifizierung auf Formularbasis (Forms-Based Authentication, FBA)** Verwendet für die Eingabe des Benutzernamens und Kennworts ein HTML-Formular, das einen Mitgliedschaftsanbieter im Backend abfragt. Standardmäßig gibt es Anbieter für LDAP und SQL Server. Allerdings können Sie auch eigene benutzerdefinierte Anbieter entwickeln. FBA basiert auf der Standardformularauthentifizierung von Microsoft ASP.NET, das auch eine wichtige Grundlage für SharePoint ist.
- **SAML-Authentifizierung auf Tokenbasis** Verwendet einen externen Identitätsanbieter, der SAML 1.1 und das passive WS-Verbundprofil (WS-Federation Passive Requestor Profile) unterstützt. Zur SAML-Authentifizierung auf Tokenbasis gehören die Active Directory-Verbunddienste v. 2.0 (AD FS 2.0), LDAP oder benutzerdefinierte Identitätsanbieter von anderen Herstellern.

Wenn Sie eine neue Webanwendung erstellen, haben Sie die Wahl zwischen einem klassischen (classic authentication) und einem forderungsbasierten Authentifizierungsmodus (claims-based authentication). Je nach Ihrer Entscheidung können Sie eine oder mehrere der drei Authentifizierungsmethoden verwenden.

Der klassische Modus unterstützt nur die Windows-Authentifizierung, während der forderungsbasierte Modus alle drei verfügbaren Authentifizierungsmethoden unterstützt.

Wenn Sie eine vorhandene SharePoint-Lösung auf das neuste SharePoint 2010 umstellen, sollten Sie sorgfältig überprüfen, welcher Authentifizierungsmodus am besten geeignet ist. Bei der Erstellung einer neuen Webanwendung für SharePoint 2010 sollten Sie immer die forderungsbasierte Methode wählen, weil sie eine Obermenge der klassischen Methode ist. Abbildung 21.1 zeigt das Dialogfeld *Neue Webanwendung erstellen*, in dem Sie den Authentifizierungsmodus auswählen.

Die folgenden Abschnitte beschreiben die wichtigsten Unterschiede zwischen diesen beiden Methoden.

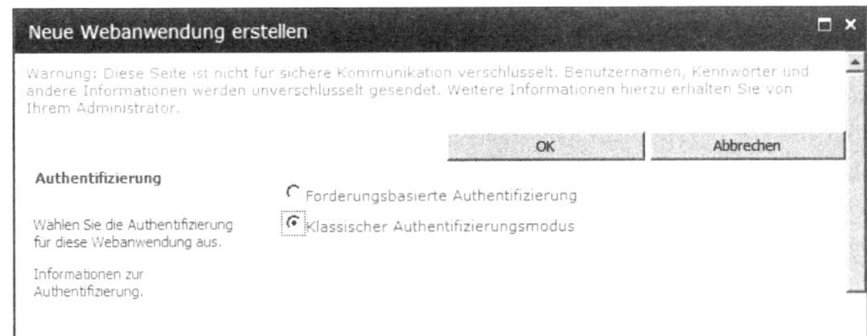

Abbildung 21.1 Das Dialogfeld *Neue Webanwendung erstellen*, in dem Sie einen Authentifizierungsmodus auswählen

Klassischer Authentifizierungsmodus

Der klassische Modus authentifiziert Benutzer mit einer Windows-Authentifizierung, bei einer Bereitstellung mit einem einzigen Server gewöhnlich anhand der lokalen Benutzerdatenbank, in einer umfangreicheren Farmbereitstellung in einer Windows-Domäne mit Active Directory. Das Benutzerkonto wird wie ein Active Directory-Domänendienstkonto behandelt und ermöglicht die Abfrage der Identität und des Prinzipalnamens des aktuellen Benutzers als *WindowsIdentity*- und *WindowsPrincipal*-Instanzen. Dieser Authentifizierungsmodus unterstützt alle verfügbaren Windows-Authentifizierungsmethoden: NTLM, Kerberos, Anonym, Standard und Digest.

Dieser Modus unterstützt von Haus aus eine integrierte Authentifizierung mit NTLM oder Kerberos. Daher wird ein Benutzer einer SharePoint-Website, die mit diesem Authentifizierungsmodus konfiguriert wurde, nicht nach seinen Anmeldeinformationen gefragt und kann mit den Anmeldeinformationen, die für den Internet Explorer-Prozess verwendet werden, auf die Website zugreifen. Falls die Identität des Benutzers nicht auf der SharePoint-Website registriert ist, wird der Benutzer im Browser zur Eingabe seiner Anmeldeinformationen aufgefordert.

Eine integrierte NTLM-Authentifizierung ist zwar leichter zu konfigurieren – es ist nur eine Sache von wenigen Mausklicks –, aber nicht so leistungsfähig. Zum Beispiel erlaubt die integrierte NTLM-Authentifizierung keine Delegierungsszenarien mit mehreren Stufen, wenn ein Frontendserver mit der Identität des Benutzers, der das Frontend aufgerufen hat, auf Ressourcen zugreifen muss, die auf einem Backendserver liegen. Leider ist NTLM in diesem Szenario unbrauchbar, weil es intern auf einem Hashwert des Benutzerkennworts basiert und der Frontendserver nicht über das Kennwort des Benutzers verfügt.

Die integrierte Kerberos-Authentifizierung verwendet dagegen eine Infrastruktur, die nicht auf dem Kennwort des Benutzers basiert, sondern auf »Tickets« (*Ticket* im Sinne von »Eintrittskarten«). Natürlich muss sich der Endbenutzer bei der Anmeldung bei einem Domänencontroller authentifizieren, aber anschließend braucht er für die Verwendung der Netzwerkressourcen nicht mehr sein Kennwort einzugeben. Er braucht nur Tickets, die von einem KDC (Kerberos Distribution Center) ausgestellt werden. Außerdem kann der Frontendserver für den Endbenutzer ein Ticket von einem KDC anfordern. Daher ist der Frontendserver in der Lage, die Identität des Benutzers an den Backendserver zu übermitteln. Natürlich ist die Konfiguration von Kerberos etwas aufwendiger und erfordert meist die Unterstützung eines Systemadministrators.

Forderungsbasierte Authentifizierung

Der forderungsbasierte Authentifizierungsmodus wurde mit SharePoint 2010 eingeführt. Er stützt sich auf das Konzept der Forderungsidentität, wobei die Identität eines Benutzers als Token (ein Symbol oder Zeichen) dargestellt wird, das sich aus Forderungen (oder Ansprüchen) zusammensetzt. Eine Forderung ist eine Aussage des Ausstellers über ein Thema, die wegen der Vertrauensbeziehung zwischen dem Leser und dem Aussteller vom Leser als wahr eingestuft wird. Die Aussage kann sich auf jede Art von Information beziehen, beispielsweise auf den Namen, die Identität, eine Rollenmitgliedschaft, eine Benutzereinstellung oder irgendetwas anderes. Forderungen werden von einem Forderungsanbieter ausgestellt und in einem Sicherheitstoken verpackt, das von einem Sicherheitstokendienst (auch Identitätsanbieter genannt) ausgestellt wurde. Das Ziel des Sicherheitstokens ist ein Dienstanbieter, bei dem es sich zum Beispiel um eine Website, einen Webdienst oder etwas anderes handeln kann. Die vom Sicherheitstoken beschriebene Größe wird in englischsprachigen Texten als *Subject* bezeichnet. Dabei kann es sich um einen Benutzer, einen Server, einen Dienst oder etwas anderes handeln, das eine eigene Identität hat.

Jede Forderung (oder Anspruch) besteht aus einem *ClaimType*, bei dem es sich gewöhnlich um einen URI handelt, der den Typ der Forderung eindeutig bezeichnet, einem *ClaimValue*, der den Inhalt der Forderung aufnimmt, und einem *ClaimValueType*, der den Datentyp des *ClaimValue* definiert. Eine Forderung kann auch noch durch weitere Informationen ergänzt werden, beispielsweise durch den Aussteller (*Issuer*) und den beschriebenen Gegenstand beziehungsweise die beschriebene Person (*Subject*).

Die Beschreibung einer Person oder eines Geräts als eine Reihe von Forderungen (eine Menge mit wahren Informationen) ermöglicht die Unterstützung jeder Art von Authentifizierungsmechanismus. Daher können Sie im forderungsbasierten Modus immer noch die Windows-Authentifizierung verwenden. Aber Sie können auch FBA oder einen vertrauenswürdigen Identitätsanbieter eines anderen Herstellers verwenden.

Wenn Sie mit der Windows-Authentifizierung arbeiten, werden Windows-Identitäten unter dem forderungsbasierten Authentifizierungsmodus automatisch in eine Reihe von Forderungen umgeformt, die den aktuellen Benutzer repräsentieren. Die integrierte Authentifizierung können Sie trotzdem noch verwenden. Außerdem ist ein Windows-Benutzer, der im klassischen Modus authentifiziert wird, praktisch derselbe Windows-Benutzer, der auf Forderungsbasis authentifiziert wird, denn intern sind die Benutzeridentitäten dieselben. Im Backend verwendet SharePoint 2010 für die Kommunikation mit den Frontendservern und den Servern (aus derselben Farm) mit den Dienstanwendungen immer forderungsbasierte Identitäten, unabhängig vom Modus, der auf den Frontends gewählt wurde.

In Ihrem Code sind die Identitäten des aktuellen Benutzers und Prinzipalinformationen Instanzen der Typen *ClaimsIdentity* und *ClaimsPrincipal*, verfügbar in der Assembly *Microsoft.IdentityModel*, die mit Windows Identity Foundation 1.0 (WIF) veröffentlicht wurde.

WEITERE INFORMATIONEN Weitere Informationen über Windows Identity Foundation 1.0 finden Sie in dem Buch *Programming Windows Identity Foundation* von Vittorio Bertocci (Microsoft Press 2010, ISBN 978-0-7356-2718-5).

Arten von forderungsbasierter Authentifizierung

Aus Kompatibilitätsgründen gibt es zwar einen klassischen Authentifizierungsmodus, aber in neuen Installationen von SharePoint 2010 sollten Sie immer den forderungsbasierten Modus wählen. In diesem Abschnitt werden Sie sehen, wie dieser Modus die verschiedenen Authentifizierungsmethoden unterstützt, wobei Ihre Aufmerksamkeit insbesondere auf die Windows-Authentifizierung und FBA gelenkt wird. In Kapitel 22, »Forderungsbasierte Authentifizierung und Identitätsverbunde«, erfahren Sie mehr über vertrauenswürdige Identitätsanbieter.

Ein wichtiger Aspekt des neuen forderungsbasierten Modus ist, dass Sie in derselben Zone mehrere Authentifizierungsmethoden aktivieren können. In den Vorgängerversionen von SharePoint mussten Sie für jede verwendete Authentifizierungsmethode eine separate Zone einrichten. Nun können Sie sich beschränken auf eine einzige Zone für den Zugriff auf Ihre Website und auf eine einzige URL, aber Ihre Benutzer haben bei der Eingabe ihrer Anmeldeinformationen die Wahl zwischen mehreren Authentifizierungsmethoden.

Wenn Sie den forderungsbasierten Modus mit einer einzigen Authentifizierungsmethode konfigurieren, authentifiziert SharePoint die Endbenutzer direkt mit dieser einen Methode. Konfigurieren Sie aber mehrere Authentifizierungsmethoden, werden Ihre Benutzer auf einer speziellen Seite aufgefordert, die gewünschte Authentifizierungsmethode auszuwählen. Abbildung 20.2 zeigt die Seite zur Auswahl der Authentifizierungsmethode, konfiguriert für die Windows-Authentifizierung und FBA.

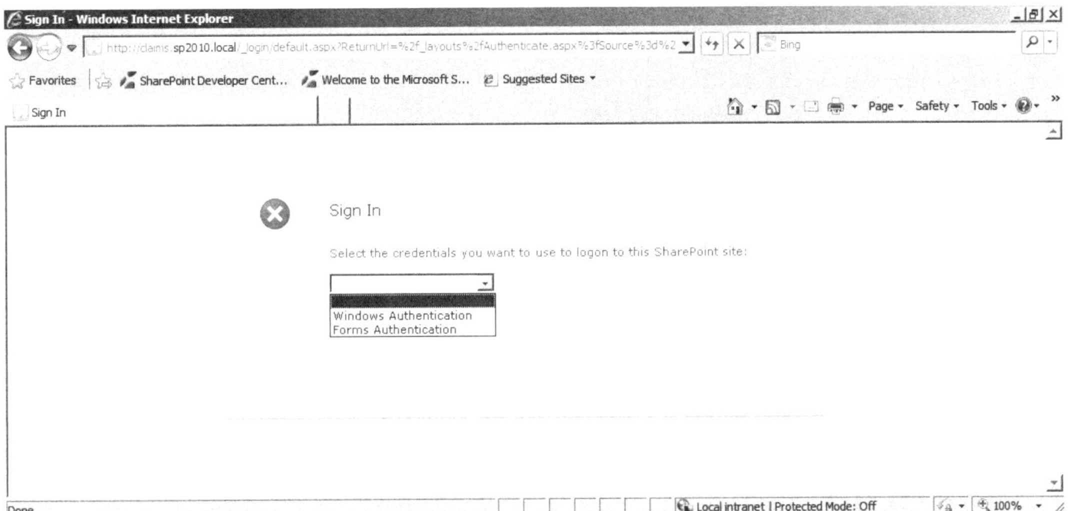

Abbildung 21.2 Die Anmeldeseite, auf der Endbenutzer eine Authentifizierungsmethode auswählen, wenn für dieselbe Zone mehrere Authentifizierungsmethoden konfiguriert sind

Unter der Haube normalisiert das Authentifizierungsmodul von SharePoint alle Benutzeridentitäten zu *SPUser*-Instanzen und konvertiert dabei jede Identität in eine Forderungsmenge. Bei der Normalisierung der Benutzeridentitäten wird eine integrierte Dienstanwendung von SharePoint aufgerufen, die Sicherheitstokendienst genannt wird. Abbildung 21.3 zeigt schematisch, wie die Identitätsnormalisierung in SharePoint 2010 abläuft.

Windows-Authentifizierung

Wie bereits besprochen, ist dieser Modus, was seine Leistungsfähigkeit anbetrifft, fast dasselbe wie der klassische Modus. Unter der Haube wird die Benutzeridentität allerdings in eine Reihe von Forderungen übersetzt. Wenn Sie ein benutzerdefiniertes Steuerelement oder ein Webpart für die Anzeige einer Benutzeridentität entwickeln, werden Sie feststellen, dass die Identität des aktuellen Benutzers als *ClaimsIdentity* verwaltet wird.

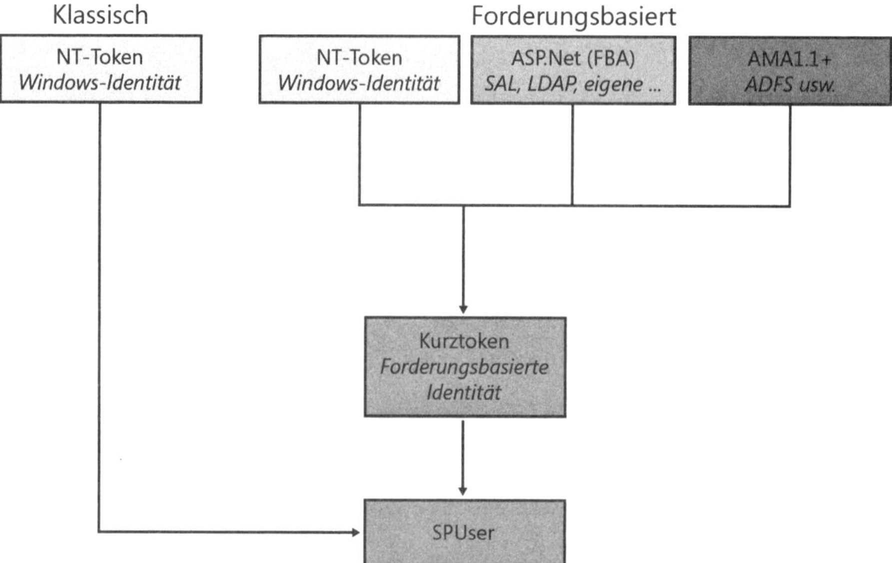

Abbildung 21.3 Eine schematische Darstellung der Identitätsnormalisierung in SharePoint 2010

Die folgende Liste beschreibt die Forderungen, aus denen sich die Benutzeridentität standardmäßig zusammensetzt:

- ***http://schemas.xmlsoap.org/ws/2005/05/identity/claims/nameidentifier*** Eine Forderung mit einem Wert des Typs *String*, die den Benutzernamen definiert.
- ***http://schemas.microsoft.com/ws/2008/06/identity/claims/primarysid*** Eine Forderung mit einem Wert des Typs *String*, die die Sicherheitskennung (Security Identifier, SID) des Benutzers beschreibt.
- ***http://schemas.microsoft.com/ws/2008/06/identity/claims/primarygroupsid*** Eine Forderung mit einem Wert des Typs *String*, die die primäre Gruppen-SID des Benutzers beschreibt.
- ***http://schemas.microsoft.com/sharepoint/2009/08/claims/userlogonname*** Eine Forderung mit einem Wert des Typs *String*, die den Anmeldenamen des Benutzers angibt.
- ***http://schemas.microsoft.com/sharepoint/2009/08/claims/userid*** Eine Forderung mit einem Wert des Typs *String*, die die Benutzer-ID des aktuellen Benutzers angibt. Für die Windows-Authentifizierung nimmt sie den Wert »*0#.w|<Benutzername>*« an, wobei die Zeichenfolge »*0#.w|*« ein Vorspann und *<Benutzername>* der Benutzername des Benutzers ist. Das »*w*« steht für Windows-Authentifizierung.
- ***http://schemas.xmlsoap.org/ws/2005/05/identity/claims/name*** Eine Forderung mit einem Wert des Typs *String*, die den Namen des Benutzers mit einer Syntax festlegt, wie in der vorigen Forderung beschrieben (*userid*).
- ***http://schemas.microsoft.com/sharepoint/2009/08/claims/identityprovider*** Eine Forderung mit einem Wert des Typs *String*, die den Namen des Identitätsanbieters angibt. Für die Windows-Authentifizierung nimmt sie den Wert *Windows* an. Dies ist eine SharePoint-spezifische Forderung.
- ***http://sharepoint.microsoft.com/claims/2009/08/isauthenticated*** Eine Forderung mit einem Wert des Typs *String* und einem inneren Wert von *True* oder *False*, mit dem angegeben wird, ob der aktuelle Benutzer authentifiziert ist oder nicht. Dies ist eine SharePoint-spezifische Forderung.

- ***http://schemas.microsoft.com/sharepoint/2009/08/claims/farmid*** Eine Forderung mit einem Wert des Typs *String*, die die Kennung der aktuellen SharePoint-Farm angibt. Dies ist eine SharePoint-spezifische Forderung.
- ***http://sharepoint.microsoft.com/claims/2009/08/tokenreference*** Eine Forderung mit einem Wert des Typs *String*, die einen Verweis auf das Benutzertoken definiert. Dies ist eine SharePoint-spezifische Forderung.
- ***http://schemas.microsoft.com/ws/2008/06/identity/claims/groupsid*** Eine Forderung mit einem Wert des Typs *String*, die die SID einer Gruppe angibt, zu der der aktuelle Benutzer gehört. Im selben *ClaimsIdentity*-Objekt kann es viele Forderungen dieses Typs geben, je nach der Anzahl der Gruppen, zu denen der aktuelle Benutzer gehört.
- ***http://schemas.microsoft.com/ws/2008/06/identity/claims/authenticationmethod*** Eine Forderung mit einem Wert des Typs *String*, die die konfigurierte Authentifizierungsmethode definiert. Wird die Windows-Authentifizierung verwendet, nimmt sie den Wert *http://schemas.microsoft.com/ws/2008/06/identity/authenticationmethod/windows* an.
- ***http://schemas.microsoft.com/ws/2008/06/identity/claims/authenticationinstant*** Eine Forderung mit einem Wert des Typs *DateTime*, der Datum und Uhrzeit der Ausstellung des Tokens angibt.

Um die Werte der Forderungen auszulesen, können Sie Code wie in Listing 21.1 verwenden.

Listing 21.1 Auslesen der Forderungen aus dem Identitätsobjekt des aktuellen Benutzers

```
ClaimsIdentity ci = this.Page.User.Identity as ClaimsIdentity;
if (ci != null) {
    this.Controls.Add(new LiteralControl("<h2>Claims</h2>"));
    foreach (Claim c in ci.Claims) {
        this.Controls.Add(new LiteralControl(
            String.Format(
              "<div>ClaimType: {0} - ClaimValue: {1} - ClaimValueType: {2}</div>",
              c.ClaimType, c.Value, c.ValueType)));
    }
}
```

In diesem Beispiel reicht es aus, die Identität des Benutzers (*this.Page.User.Identity*) in den Typ *ClaimsIdentity* aus dem Namespace *Microsoft.IdentityModel* zu konvertieren. Ist die Typkonvertierung erfolgreich, können Sie anschließend die Eigenschaft *Claims* auflisten und die einzelnen *Claim*-Instanzen auslesen.

Authentifizierung auf Formularbasis

Wenn Sie eine Authentifizierung auf Formularbasis (Forms-Based Authentication, FBA) konfigurieren, können Sie Ihre Benutzer mit einer externen Benutzerdatenbank authentifizieren, beispielsweise mit einer LDAP- oder einer Microsoft SQL Server-Datenbank, die mit dem Standard-SQL-Mitgliedschaftsanbieter von ASP.NET erstellt wird. Natürlich können Sie auch eigene benutzerdefinierte Mitgliedschaftsanbieter entwickeln, in denen Sie beliebige Speicher für Benutzerdaten verwenden. Im folgenden Abschnitt dieses Kapitels werden Sie noch sehen, wie man SharePoint 2010 so konfiguriert, dass es FBA mit dem Standard-SQL-Mitgliedschaftsanbieter unterstützt. Die folgende Liste beschreibt die Standardmenge an Forderungen, aus denen sich die Identität eines Benutzers bei der Verwendung von FBA zusammensetzt.

- ***http://schemas.xmlsoap.org/ws/2005/05/identity/claims/nameidentifier*** Dasselbe wie bei der Windows-Authentifizierung.
- ***http://schemas.microsoft.com/ws/2008/06/identity/claims/role*** Eine Forderung mit einem Wert des Typs *String*, die den Namen der Rolle angibt, zu der der aktuelle Benutzer gehört. Im selben *ClaimsIdentity*-Objekt kann es viele Forderungen dieses Typs geben, je nach der Zahl der Rollen, zu denen der aktuelle Benutzer gehört.
- ***http://schemas.microsoft.com/sharepoint/2009/08/claims/userlogonname*** Dasselbe wie bei der Windows-Authentifizierung.
- ***http://schemas.microsoft.com/sharepoint/2009/08/claims/userid*** Eine Forderung mit einem Wert des Typs *String*, die die Benutzer-ID des aktuellen Benutzers angibt. Für FBA nimmt sie den Wert »*0#.f|<Mitgliedschaftsanbieter>|<Benutzername>*« an. Darin ist die Zeichenfolge »*0#.f|*« ein Vorspann, *<Mitgliedschaftsanbieter>* ist der Name des konfigurierten Mitgliedschaftsanbieters und *<Benutzername>* ist der Benutzername des Benutzers. Das »*f*« steht für FBA.
- ***http://schemas.xmlsoap.org/ws/2005/05/identity/claims/name*** Eine Forderung mit einem Wert des Typs *String*, die den Namen des Benutzers mit einer Syntax angibt, wie in der vorigen Forderung beschrieben (*userid*).
- ***http://schemas.microsoft.com/sharepoint/2009/08/claims/identityprovider*** Eine Forderung mit einem Wert des Typs *String*, die den Namen des Identitätsanbieters angibt. Für FBA nimmt sie den Wert *forms:<Mitgliedschaftsanbieter>* an, wobei *<Mitgliedschaftsanbieter>* der Name des konfigurierten Mitgliedschaftsanbieters ist. Dies ist eine SharePoint-spezifische Forderung.
- ***http://sharepoint.microsoft.com/claims/2009/08/isauthenticated*** Eine Forderung mit einem Wert des Typs *String* und einem inneren Wert von *True* oder *False*, mit dem angegeben wird, ob der aktuelle Benutzer authentifiziert ist oder nicht. Dies ist eine SharePoint-spezifische Forderung.
- ***http://schemas.microsoft.com/sharepoint/2009/08/claims/farmid*** Eine Forderung mit einem Wert des Typs *String*, die die Kennung der aktuellen SharePoint-Farm angibt. Dies ist eine SharePoint-spezifische Forderung.
- ***http://sharepoint.microsoft.com/claims/2009/08/tokenreference*** Eine Forderung mit einem Wert des Typs *String*, die einen Verweis auf das Benutzertoken definiert. Dies ist eine SharePoint-spezifische Forderung.

Konfigurieren von FBA mit einem SQL-Mitgliedschaftsanbieter

In diesem Abschnitt erfahren Sie, wie man eine SharePoint 2010-Webanwendung mit einer SQL Server-Datenbank für die Authentifizierung auf Formularbasis (Forms-Based Authentication, FBA) konfiguriert.

Konfigurieren der SQL Server-Datenbank

Zur Konfiguration von SharePoint für FBA mit einem SQL-Mitgliedschaftsanbieter müssen Sie zuerst eine SQL Server-Datenbank erstellen, die Ihre Umgebung unterstützt. Dafür können Sie das ASP.NET-Tool *aspnet_regsql.exe* verwenden, das in den Unterordnern des Ordners *Microsoft .NET/Framework* zu finden ist. Sie können *aspnet_regsql.exe* in einer Visual Studio-Eingabeaufforderung aufrufen und eine SQL Server-Datenbank erstellen lassen. Das Tool ist wie ein Assistent aufgebaut (Abbildung 21.4) und verfügt über folgende Dialogseiten:

- **Willkommensseite** Auf der Seite *Willkommen beim ASP.NET-Setup-Assistenten für SQL Server* können Sie nicht viel mehr tun, als auf die Schaltfläche *Weiter* zu klicken.
- **Setupoption auswählen** In diesem Schritt entscheiden Sie, ob Sie eine neue Datenbank konfigurieren oder eine vorhandene entfernen möchten. Wählen Sie die Option *SQL Server für Anwendungsdienste konfigurieren.*
- **Server und Datenbank auswählen** Hier können Sie die SQL Server-Instanz angeben, in der die Datenbank erstellt wird, und die Authentifizierungsmethode festlegen, die für die Kommunikation mit dem Server verwendet wird. Außerdem legen Sie hier den Namen der zu erstellenden Datenbank fest.
- **Einstellungen bestätigen** Diese Seite zeigt eine sehr einfache Zusammenfassung der Einstellungen, die Sie im Assistenten vorgenommen haben.

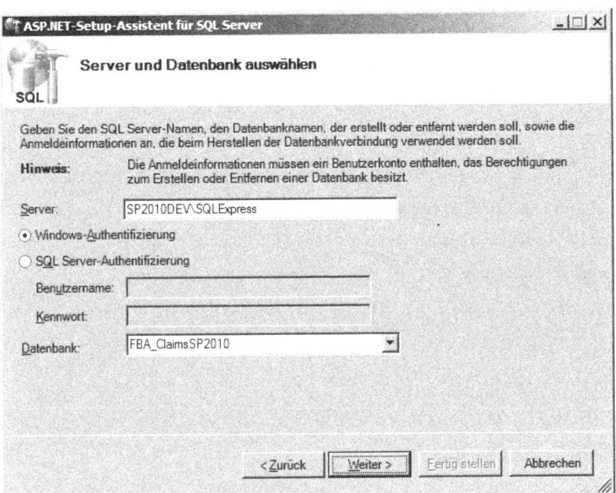

Abbildung 21.4 Der Schritt *Server und Datenbank auswählen* des *ASP.NET-Setup-Assistenten für SQL Server*

HINWEIS Eine Beschreibung dieser Datenbank geht über den Rahmen dieses Buchs hinaus, allerdings finden Sie im Internet viele Artikel und Blogs über dieses Thema.

Nach der Erstellung der Datenbank müssen Sie einige Benutzer und Gruppen konfigurieren, die sich in SharePoint verwenden lassen. Zu diesem Zweck – und der Einfachheit halber – können Sie in Visual Studio ein neues »*Leere ASP.NET-Webanwendung*«-Projekt erstellen.

WICHTIG Vergessen Sie nicht, dass SharePoint 2010 auf Microsoft .NET Framework 3.5 basiert. Daher muss die Website für dieselbe Version von .NET Framework erstellt werden, um Probleme mit unterschiedlichen Assembly-Versionen zu vermeiden.

Zur Konfiguration der Website gehen Sie auf *Website/ASP.NET-Konfiguration*, um das *ASP.NET-Websiteverwaltungs-Tool* zu starten. Dabei handelt es sich um ein wichtiges Tool, das jeder ASP.NET-Entwickler kennen sollte. In diesem Tool können Sie den *Sicherheits-Setup-Assistenten* starten, um Ihre Website für FBA und die Verwendung der zuvor erstellten SQL-Datenbank zu konfigurieren. Wenn Sie möchten, können Sie die *web.config* manuell konfigurieren. Anschließend sieht die *web.config* der Beispielwebsite so aus, wie es der XML-Auszug in Listing 21.2 zeigt.

WEITERE INFORMATIONEN Wenn Sie sich nicht mit dem Websiteverwaltungstool auskennen, finden Sie unter *http://msdn.microsoft.com/de-de/library/yy40ytx0.aspx* im Dokument »Übersicht über das Websiteverwaltungs-Tool« weitere Informationen.

Listing 21.2 Die *web.config* der Beispielwebsite für die Konfiguration von FBA in Visual Studio

```
<configuration>
  <connectionStrings>
    <add name="FBASP2010" connectionString="server=SP2010DEV\SQLEXPRESS;database=FBA_
ClaimsSP2010;integrated security=SSPI;"/>
  </connectionStrings>

  <system.web>
    <membership defaultProvider="FBASQLMembershipProvider">
      <providers>
        <add connectionStringName="FBASP2010" applicationName="/"
             passwordAttemptWindow="5" enablePasswordRetrieval="false"
             enablePasswordReset="false" requiresQuestionAndAnswer="true"
             requiresUniqueEmail="true" passwordFormat="Hashed"
             name="FBASQLMembershipProvider"
             type="System.Web.Security.SqlMembershipProvider, System.Web, Version=2.0.3600.0,
Culture=neutral, PublicKeyToken=b03f5f7f11d50a3a" />
      </providers>
    </membership>
    <roleManager enabled="true" defaultProvider="FBASQLRoleManager">
      <providers>
        <add connectionStringName="FBASP2010" applicationName="/"
             name="FBASQLRoleManager"
             type="System.Web.Security.SqlRoleProvider, System.Web, Version=2.0.3600.0, Culture=neutral,
PublicKeyToken=b03f5f7f11d50a3a" />
      </providers>
    </roleManager>

    <authentication mode="Forms" />
    <authorization>
      <deny users="?"/>
    </authorization>

    <!-- Restliche Konfigurationsdaten der Kürze halber weggelassen -->

  </system.web>
</configuration>
```

HINWEIS Die *type*-Attributwerte im vorigen Listing müssen jeweils auf einer einzigen Zeile stehen. Die Zeilen wurden hier nur aus drucktechnischen Gründen umbrochen.

Diese *Configuration*-Elemente sind bei der Konfiguration von SharePoint 2010 für FBA nützlich. Wenn Sie im *Sicherheits-Setup-Assistenten* arbeiten, können Sie zu Testzwecken auch einige Benutzer und Gruppen konfigurieren. Für den Beispielcode dieses Kapitels wurden folgende Rollen erstellt:

- *Admins*
- *Managers*
- *Users*

Außerdem wurden folgende Benutzer erstellt:

- *SampleAdmin01*
- *SampleManager01*
- *SampleUser01*

Wie die Namen bereits andeuten, hat jeder Benutzer auch die dazugehörige Rolle. Sie sollten einige Beispielseiten für die An- und Abmeldung schreiben, mit denen Sie Ihre Authentifizierungsinfrastruktur testen.

Konfigurieren der *web.config*-Dateien von SharePoint

Nachdem Sie nun über eine funktionierende Konfiguration für Ihre Website verfügen, können Sie die Konfiguration auf SharePoint anwenden. Zuerst müssen Sie die *web.config*-Datei der Webanwendung heraussuchen, die Sie für FBA konfigurieren möchten. Der Stammordner einer Webanwendung liegt standardmäßig auf jedem Frontendserver im Ordner *C:\inetpub\wwwroot\wss\VirtualDirectories.*

HINWEIS Der Einfachheit halber können Sie in der SharePoint-Zentraladministration eine neue Webanwendung erstellen, die Sie für den forderungsbasierten Authentifizierungsmodus verwenden, und dann mit den folgenden Schritten fortfahren.

Nun müssen Sie das Element *connectionStrings/add*, das Ihre SQL-Server-Mitgliederdatenbank definiert, in das Element *connectionStrings* der Ziel-*web.config* kopieren. Falls der Abschnitt *connectionStrings* fehlt, müssen Sie ihn neu erstellen. Fügen Sie ihn wie folgt nach dem Element *configSections* der *web.config* ein:

```
<connectionStrings>
   <add name="FBASP2010" connectionString="server=SP2010DEV;database=FBA_ClaimsSP2010;integrated
security=SSPI;"/>
 </connectionStrings>
```

Dann suchen Sie im Abschnitt *system.web* der Ziel-*web.config* die Abschnitte *Membership* und *RoleManager* heraus. Kopieren Sie nur die Konfiguration des Anbieters dorthin, ohne die Standardanbieter zu ändern, die bereits von SharePoint konfiguriert wurden. Das Ergebnis sieht so aus:

```
<membership defaultProvider="i">
  <providers>
    <add name="i" type="Microsoft.SharePoint.Administration.Claims.SPClaimsAuthMembershipProvider,
Microsoft.SharePoint, Version=14.0.0.0, Culture=neutral,
  PublicKeyToken=71e9bce111e9429c" />
    <add connectionStringName="FBASP2010" applicationName="/"
         passwordAttemptWindow="5" enablePasswordRetrieval="false"
         enablePasswordReset="false" requiresQuestionAndAnswer="true"
         requiresUniqueEmail="true" passwordFormat="Hashed"
         name="FBASQLMembershipProvider"
```

```
          type="System.Web.Security.SqlMembershipProvider, System.Web, Version=2.0.3600.0, Culture=neutral,
PublicKeyToken=b03f5f7f11d50a3a" />
  </providers>
</membership>
<roleManager defaultProvider="c" enabled="true" cacheRolesInCookie="false">
  <providers>
    <add name="c" type="Microsoft.SharePoint.Administration.Claims.SPClaimsAuthRoleProvider,
Microsoft.SharePoint, Version=14.0.0.0, Culture=neutral, PublicKeyToken=71e9bce111e9429c" />
    <add connectionStringName="FBASP2010" applicationName="/"
          name="FBASQLRoleManager"
          type="System.Web.Security.SqlRoleProvider, System.Web, Version=2.0.3600.0, Culture=neutral,
PublicKeyToken=b03f5f7f11d50a3a" />
  </providers>
</roleManager>
```

HINWEIS Die *type*-Attributwerte im vorigen Listing müssen in Ihrem Code jeweils auf einer einzigen Zeile stehen. Sie wurden hier nur aus drucktechnischen Gründen umbrochen.

Im vorigen Beispiel zeigt der hervorgehobene Code, dass SharePoint 2010 bereits über einen Standardmitgliedschaftsanbieter namens »i« und einen Standardrollenanbieter namens »c« verfügt. Das sind die Anbieter für die Verwaltung der forderungsbasierten Infrastruktur. Nachdem Sie die *web.config* der Zielwebsite konfiguriert haben, müssen Sie auch die *web.config* der SharePoint-Zentraladministration in derselben Weise konfigurieren, ebenso die *web.config* der internen Sicherheitstokendienst-Anwendung von SharePoint. Die Webanwendung *SharePoint-Zentraladministration* muss konfiguriert werden, damit Sie auf den Verwaltungsseiten auch Benutzer verwalten können, die in der FBA-Datenbank definiert sind. Die entsprechende *web.config* finden Sie auf jedem Frontendserver in einem Ordner, der im Pfad *C:\inetpub\wwwroot\wss\VirtualDirectories* liegt. Die Sicherheitstokendienst-Anwendung braucht Zugang zur FBA-Datenbank, um für die Identitätsnormalisierung Forderungen und Informationen über die authentifizierten Benutzer abrufen zu können. Die Sicherheitstokendienst-Anwendung von SharePoint und ihre *web.config* finden Sie im Ordner *<SharePoint14_Root>\WebServices\SecurityToken*.

Konfigurieren der SQL Server-Berechtigungen

Um die Authentifizierungsinfrastruktur verwenden zu können, die Sie gerade konfiguriert haben, brauchen die Anwendungspools von SharePoint Zugriff auf die SQL Server-Datenbank, die Sie für FBA konfiguriert haben. Daher müssen Sie die Berechtigungen der Datenbank entsprechend konfigurieren. Das ist zwar einfach, aber wichtig. Aktivieren Sie die Windows-Identitäten, die für folgende Anwendungspools konfiguriert sind:

- Anwendungspool der SharePoint-Zentraladministration
- Anwendungspool des Sicherheitstokendienstes
- Anwendungspool der Zielwebsite

Diese Anwendungspools müssen Mitglieder folgender Datenbankrollen sein:

- *aspnet_Membership_FullAccess*
- *aspnet_Roles_FullAccess*

Konfigurieren von SharePoint

Sie sind beinahe fertig. Nun brauchen Sie nur noch in der SharePoint-Zentraladministration die FBA-Anbieter zu konfigurieren. Um die Liste der verfügbaren Webanwendungen zu öffnen, klicken Sie auf *Anwendungsverwaltung* und dann auf *Webanwendungen verwalten*. Wählen Sie das FBA-Ziel aus und klicken Sie dann im Menüband auf den Befehl *Authentifizierungsanbieter*. In dem Fenster, das dann erscheint, klicken Sie auf den Hyperlink *Standard*. Die Seite *Authentifizierung bearbeiten* öffnet sich.

Wählen Sie das Kontrollkästchen *Formularbasierte Authentifizierung aktivieren (FBA)* und geben Sie dann die Namen des Mitgliedschaftsanbieters und des Rollenanbieters an, die verwendet werden sollen. Abbildung 21.5 zeigt das Konfigurationsdialogfeld mit einigen Angaben für das aktuelle Beispielszenario.

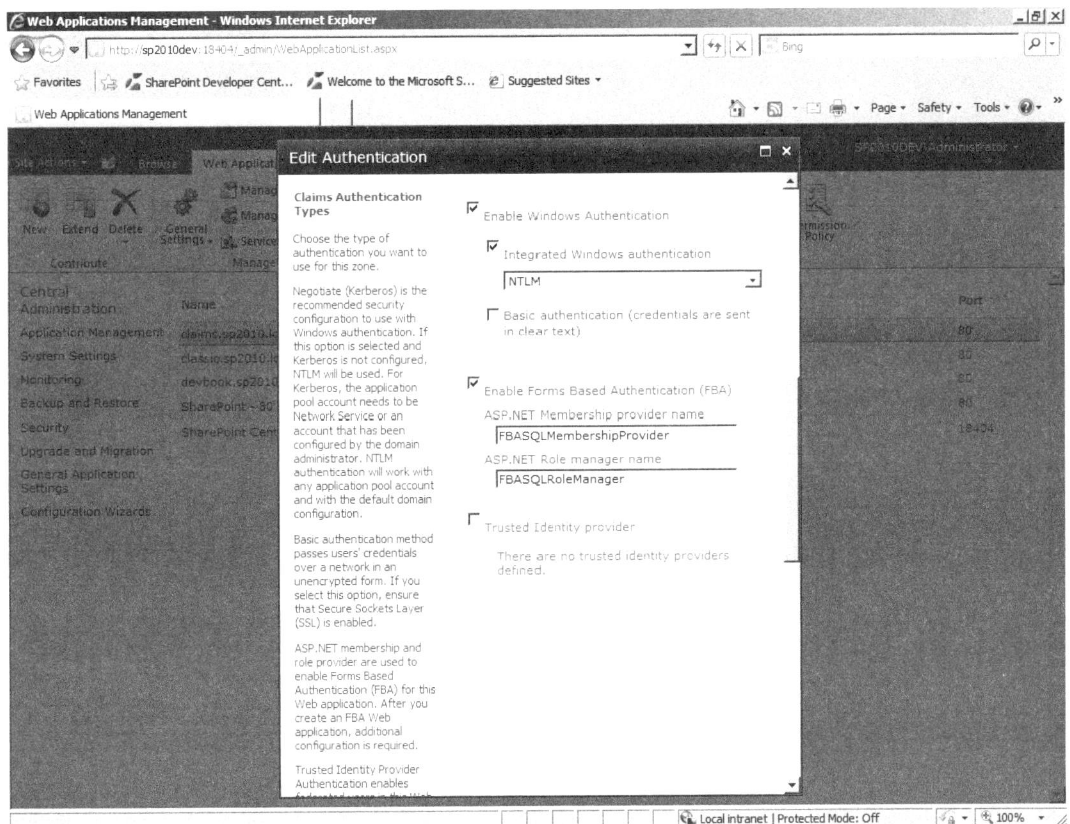

Abbildung 21.5 Die Seite *Authentifizierung bearbeiten* der SharePoint-Zentraladministration

Aktivieren von FBA-Benutzern oder Rollen

Der letzte Schritt bei der Konfiguration von FBA ist es, einige Benutzer oder Rollen für den Zugriff auf die Websitesammlungen zu aktivieren, die in Ihrer Zielwebanwendung definiert sind. Das können Sie entweder in der SharePoint-Zentraladministration oder auf der Seite *Benutzer und Gruppen* der Zielwebsite tun.

Wenn Sie nun nach Benutzern oder Rollen suchen, können Sie Windows- und FBA-Benutzer im selben Fenster sehen. Wie Abbildung 21.6 zeigt, sind alle Benutzer aus der Sicht von SharePoint 2010 forderungsbasierte Identitäten, unabhängig vom verwendeten Authentifizierungsanbieter. Wie Sie sehen, hat die

Suche nach *Users* zu einem Ergebnis aus dem Speicher *Role: Forms Auth* und drei weiteren Ergebnissen aus dem Speicher *Security Group: All Users* geführt.

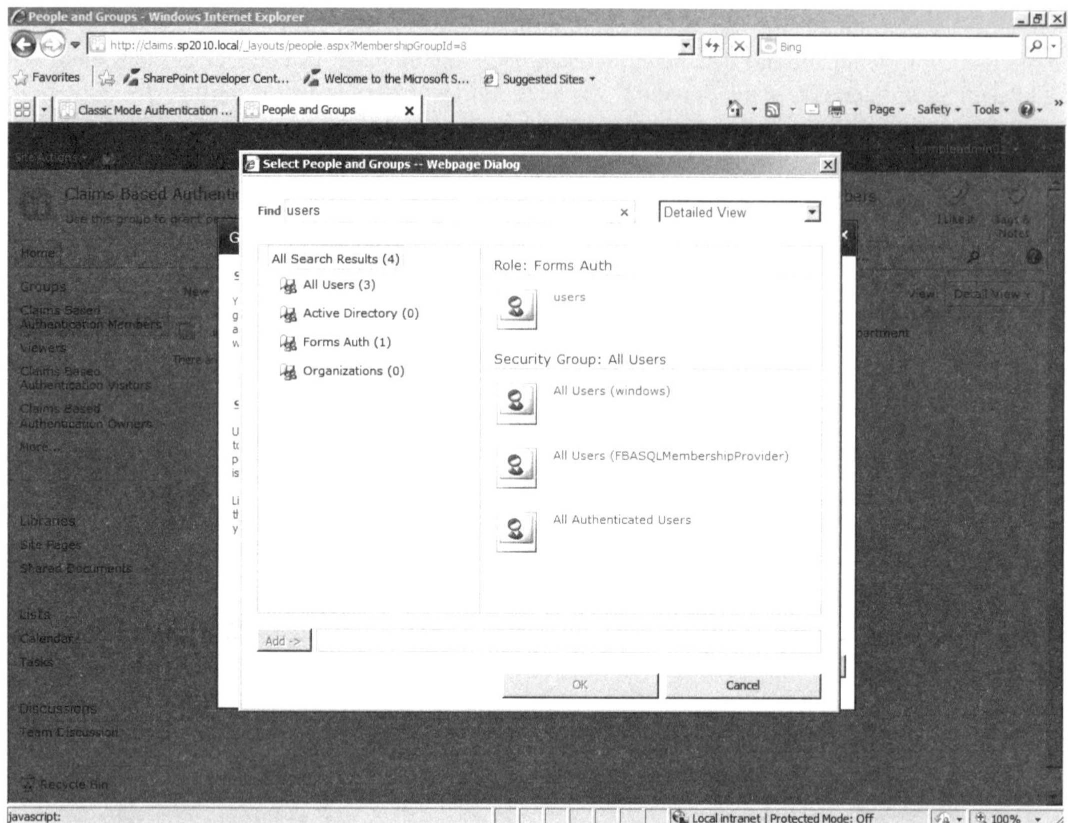

Abbildung 21.6 Das Dialogfeld *Select People and Groups* (*Benutzer und Gruppen auswählen*) mit mehreren konfigurierten Authentifizierungsanbietern

Autorisierungsinfrastruktur

Unabhängig davon, welchen Authentifizierungsmodus und welche Authentifizierungsmethode Sie wählen, wird die Autorisierung in SharePoint immer auf die gleiche Weise durchgeführt. Das erleichtert den SharePoint-Administratoren das Leben ungemein, weil sie sich nicht um die Frontend-Authentifizierungsumgebung zu kümmern brauchen.

Die Autorisierung erfolgt in SharePoint auf der Basis von Berechtigungsstufen. Dabei handelt es sich um die formale Definition von mehreren Einzelberechtigungen, die zu einer Berechtigungsmenge mit einem eigenen Namen zusammengefasst werden. Berechtigungsstufen können Benutzern (*SPUser*) oder Gruppen (*SPGroup*) zugewiesen werden. Berechtigungen sind die Grundbausteine der Autorisierung. In SharePoint wurden viele Berechtigungen definiert. Tabelle 21.1 ist eine vollständige Liste der Berechtigungen, wie sie in der Verwaltungsoberfläche von SharePoint definiert sind. Beachten Sie, dass diese Berechtigungen nicht angepasst oder erweitert werden können. Allerdings ist es unwahrscheinlich, dass Sie Berechtigungen anpassen müssen, weil die vorhandenen Berechtigungen einen großen Bereich von Anforderungen abdecken.

Tabelle 21.1 Die Liste der Berechtigungen in SharePoint 2010

Berechtigung	Beschreibung
Listen verwalten	Listen erstellen oder löschen, Spalten einer Liste erstellen oder löschen und öffentliche Ansichten einer Liste hinzufügen oder löschen.
Auschecken außer Kraft setzen	Ein an einen anderen Benutzer ausgechecktes Dokument einchecken oder verwerfen.
Elemente hinzufügen	Zu Listen Elemente hinzufügen und zu Dokumentbibliotheken Dokumente hinzufügen.
Elemente bearbeiten	Elemente in Listen oder Dokumente in Dokumentbibliotheken bearbeiten und Webpartseiten in Dokumentbibliotheken anpassen.
Elemente löschen	Elemente aus einer Liste und Dokumente aus einer Dokumentbibliothek löschen.
Elemente anzeigen	Elemente in Listen und Dokumente in Dokumentbibliotheken anzeigen.
Elemente genehmigen	Nebenversion eines Listenelements oder Dokuments genehmigen.
Elemente öffnen	Die Quelle von Dokumenten mit serverseitigem Dateihandler anzeigen.
Versionen anzeigen	Ältere Versionen eines Listenelements oder Dokuments anzeigen.
Versionen löschen	Ältere Versionen eines Listenelements oder Dokuments löschen.
Benachrichtigungen erstellen	Benachrichtigungen erstellen.
Anwendungsseiten anzeigen	Formulare, Ansichten und Anwendungsseiten anzeigen und Listen auflisten.
Berechtigungen verwalten	Berechtigungsstufen für die Website erstellen oder ändern und Benutzern und Gruppen Berechtigungen zuweisen.
Web Analytics-Daten anzeigen	Berichte über Websiteverwendung anzeigen.
Unterwebsites erstellen	Unterwebsites wie Teamwebsites, Besprechungsarbeitsbereich-Websites und Dokumentarbeitsbereich-Websites erstellen.
Website verwalten	Erteilt das Recht, alle Verwaltungsaufgaben für die Website wahrzunehmen sowie Inhalt zu verwalten.
Seiten hinzufügen und anpassen	HTML- oder Webpartseiten hinzufügen, ändern oder löschen und die Website in einem mit Microsoft SharePoint Foundation kompatiblen Editor bearbeiten.
Designs und Rahmen anwenden	Design oder Rahmen auf die ganze Website anwenden.
Stylesheets anwenden	Stylesheet (CSS-Datei) auf Website anwenden.
Gruppen erstellen	Eine Gruppe von Benutzern erstellen, die überall in der Websitesammlung verwendet werden kann.
Verzeichnisse durchsuchen	Dateien und Ordner in einer Website auflisten, die SharePoint Designer- und Web DAV-Schnittstellen verwenden.
Self-Service Site Creation verwenden	Website mit Self-Service Site Creation erstellen.
Seiten anzeigen	Seiten einer Website anzeigen.
Berechtigungen auflisten	Berechtigungen für die Website, die Liste, den Ordner, das Dokument oder das Listenelement auflisten.
Benutzerinformationen durchsuchen	Informationen über Websitebenutzer anzeigen.
Benachrichtigungen verwalten	Benachrichtigungen für alle Benutzer der Website verwalten.
Remoteschnittstellen verwenden	SOAP-, Web DAV-, SharePoint Designer-Schnittstellen oder das Clientobjektmodell zum Zugreifen auf die Website verwenden. ▶

Berechtigung	Beschreibung
Clientintegrationsfeatures verwenden	Features zum Starten von Clientanwendungen verwenden. Ohne diese Berechtigung müssen Benutzer lokal an Dokumenten arbeiten und die Änderungen hochladen.
Öffnen	Ermöglicht Benutzern das Öffnen einer Website, einer Liste oder eines Ordners und das Zugreifen auf im Container enthaltene Elemente.
Persönliche Benutzerinformationen bearbeiten	Benutzern das Ändern ihrer eigenen Benutzerinformationen ermöglichen, z.B. Hinzufügen eines Bildes.
Persönliche Ansichten verwalten	Persönliche Ansichten von Listen erstellen, ändern und löschen.
Persönliche Webparts hinzufügen/entfernen	Persönliche Webparts einer Webpartseite hinzufügen oder von dort entfernen.
Persönliche Webparts aktualisieren	Webparts aktualisieren, um personalisierte Informationen anzuzeigen.

Eine Berechtigungsstufe setzt sich aus einer Auswahl der Berechtigungen zusammen, die in Tabelle 21.1 beschrieben sind. SharePoint 2010 definiert standardmäßig einige Berechtigungsstufen, die in der folgenden Liste beschrieben werden.

- **Nur anzeigen** Seiten, Listenelemente und Dokumente anzeigen. Dokumenttypen mit serverseitigen Dateihandlern können im Browser angezeigt, aber nicht heruntergeladen werden.
- **Beschränkter Zugriff** Anzeigen bestimmter Listen, Dokumentbibliotheken, Listenelementen, Ordnern oder Dokumenten, für die eine Berechtigung besteht.
- **Lesen** Seiten und Listenelemente anzeigen und Dokumente herunterladen.
- **Mitwirken** Listenelemente und Dokumente anzeigen, hinzufügen, aktualisieren und löschen.
- **Entwerfen** Anzeigen, hinzufügen, aktualisieren, löschen, genehmigen und anpassen.
- **Vollzugriff** Vollzugriff

In Kapitel 2, »Datenbasis«, wurde bereits beschrieben, dass eine frisch installierte SharePoint-Website vier Benutzergruppen enthält: Anzeigende Benutzer, Besucher der Website, Mitglieder der Website und Besitzer der Website.

Zur Konfiguration der Berechtigungsstufen wechseln Sie auf die Seite *Berechtigungen*, die Sie im Menü *Websiteaktionen* durch die Wahl des Menüpunkts *Websiteberechtigungen* erreichen. Klicken Sie im Menüband auf den Befehl *Berechtigungsstufen*, um die Seite *Berechtigungsstufen* anzuzeigen, auf der Sie neue Berechtigungsstufen erstellen können.

Um neue Gruppen zu erstellen und zu konfigurieren, wählen Sie auf der Seite *Websiteeinstellungen* in der Gruppe *Benutzer und Berechtigungen* die Verknüpfung *Benutzer und Gruppen*.

Wenn Sie den anonymen Zugriff auf eine Website aktivieren, können Sie auch Berechtigungen für anonyme Benutzer festlegen. Abbildung 21.7 zeigt, dass ein anonymer Benutzer Zugriff auf *Nichts* haben kann (kein Zugriff), auf *Listen und Bibliotheken*, für die der anonyme Zugriff explizit zugelassen wurde, oder auf die *Gesamte Website*. Bedenken Sie, dass einem anonymen Benutzer keine Forderungen (oder Ansprüche) zugewiesen wurden, obwohl er im Fall des forderungsbasierten Authentifizierungsmodus durch ein *ClaimsIdentity*-Objekt und ein *ClaimsPrincipal*-Objekt repräsentiert wird.

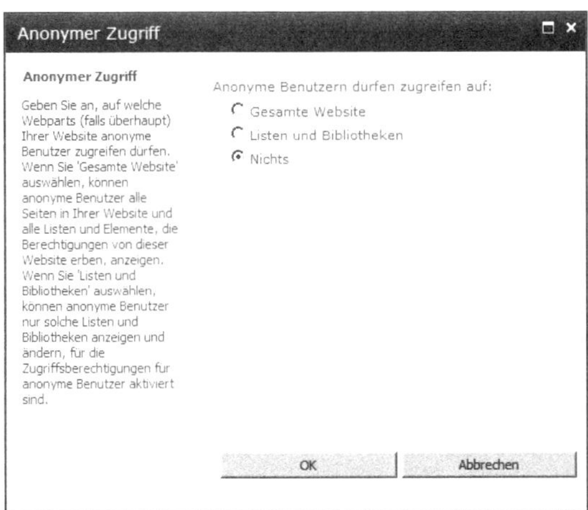

Abbildung 21.7 Das Dialogfeld *Anonymer Zugriff* zur Konfiguration der Berechtigungen bei anonymen Zugriffen

HINWEIS Der anonyme Zugriff lässt sich in der SharePoint-Zentraladministration im Dialogfeld *Authentifizierung bearbeiten* aktivieren, das über das Dialogfeld *Authentifizierungsanbieter* zugänglich ist. Dieses Dialogfeld haben Sie in diesem Kapitel bereits zur Konfiguration des Authentifizierungsanbieters für eine Webanwendung verwendet.

Nachdem Sie Berechtigungsstufen definiert und den Benutzern und Gruppen zugewiesen haben, können Sie auch die Standardberechtigungen auf der Ebene einer Liste oder Bibliothek oder auf der Ebene eines einzelnen Elements außer Kraft setzen. Da Webseiten auch Elemente sind, wie auch Dokumente oder allgemeine Listenelemente, können Sie auch die Berechtigungen auf der Ebene einer einzelnen Seite konfigurieren.

Zusammenfassung

In diesem Kapitel haben Sie erfahren, wie SharePoint 2010 Benutzer authentifiziert und autorisiert. Wie Sie gesehen haben, gibt es zwei Authentifizierungsmodi: klassisch und forderungsbasiert. Sie können unter drei Authentifizierungsmethoden wählen: Windows-Authentifizierung, Authentifizierung auf Formularbasis und vertrauenswürdige Identitätsanbieter (trusted identity provider). Außerdem haben Sie gesehen, wie man den forderungsbasierten Modus und die Authentifizierung auf Formularbasis konfiguriert, um Benutzer mit den Daten aus einer SQL Server-Datenbank zu authentifizieren. Schließlich haben Sie noch erfahren, wie SharePoint Autorisierungen und Berechtigungen verwaltet.

Kapitel 22

Forderungsbasierte Authentifizierung und Identitätsverbunde

In diesem Kapitel:

In diesem Kapitel sehen Sie sich die forderungsbasierte Authentifizierung genauer an. Sie beginnen mit einer allgemeinen Übersicht, wobei der Schwerpunkt auf Web- und HTTP-Szenarien liegt. Dann werden Sie sehen, wie Sie mit der Windows Identity Foundation (dem offiziellen Microsoft-Framework für forderungsbasierte Authentifizierung) einen eigenen kleinen Sicherheitstokendienst implementieren. Schließlich registrieren Sie diesen Sicherheitstokendienst noch in Microsoft SharePoint 2010, damit Sie auf mehreren SharePoint-Websites und sogar auf Websites von anderen Herstellern eine gemeinsame Infrastruktur verwenden können, die eine einmalige Anmeldung (Single Sign-On, SSO) unterstützt.

Forderungsbasierte Authentifizierung und WS-Verbund

Die heutigen Softwarelösungen erfordern immer eine Authentifizierung und Autorisierung des Benutzers. Häufig implementiert aber jede Anwendung ihre eigene Authentifizierungsmethode und Benutzer sind gezwungen, sich viele verschiedene Anmeldeinformationen zu merken und zu verwalten. Stellen Sie sich einen typischen Arbeitstag vor. Wenn Sie Ihren Computer einschalten, melden Sie sich bei Ihrem Domänennetzwerk an. Anschließend melden Sie sich bei Facebook an, wie es viele Leute morgens als Erstes tun, und verwenden dafür die speziellen Anmeldeinformationen für Facebook. Dann wechseln Sie auf *www.live.com*, wo Sie sich mit Ihren Windows Live ID-Anmeldeinformationen anmelden. Als Nächstes, falls Sie noch mit Ihrem Homebankingsystem arbeiten müssen, geben Sie wieder spezielle Anmeldeinformationen für dieses System an, und so weiter. Die Liste der Beispiele kann recht lang werden.

Das Problem ist offensichtlich: Sie und jeder andere Computerbenutzer müssen sich in der heutigen digitalen Welt viel zu viele Anmeldeinformationen merken und verwalten und auch noch für deren Sicherheit sorgen. Es wäre eine große Verbesserung, Anwendungen und Softwarelösungen von ihrer Authentifizierungsumgebung zu entkoppeln, um gemeinsame Anmeldeinformationen zu verwenden und auf diese Weise die häufige Eingabe von Authentifizierungsinformationen zu vermeiden. In einer idealen digitalen Welt sollte nur eine einzige Authentifizierung erforderlich sein, und zwar zu Beginn der Arbeit am Computer, am besten mit einer weltweit funktionierenden Infrastruktur für eine einmalige Anmeldung.

Stellen Sie sich nun die Situation für Cloud-Angebote vor. Häufig werden einige Dienste an Ort und Stelle bereitgestellt, wie Domänencontroller, Dateiserver, ERP und so weiter. Andere werden in Form von Onlinediensten verwendet, wie Microsoft Office 365 (Office, Exchange Online, SharePoint Online, Lync Online) und Microsoft CRM Online, und einige Dienste werden auf der Windows Azure-Plattform bereitgestellt. Natürlich müssen sich Benutzer aus der Domäne Ihres internen Netzwerks am internen Netzwerk und online authentifizieren und Sie sollten dafür sorgen, dass die Zahl der Anmeldeinformationen pro Benutzer nicht ins Uferlose wächst. In einer idealen Welt sollte Ihr internes Netzwerk einen Verbund mit den Onlinediensten eingehen, damit eine einmalige Anmeldung der Benutzer ausreicht. Dabei wird eine Verbundvertrauensstellung zwischen dem Netzwerk vor Ort und den Onlinediensten in der Cloud verwendet.

Aus der Sicht eines Entwicklers ist es ebenfalls schwierig, für jede einzelne Softwarelösung, die er entwickelt, die Authentifizierungs- und Autorisierungslogik zu implementieren. Es wäre besser, eine externe Authentifizierungsinfrastruktur zu verwenden, sich auf die Implementierung der Geschäftslogik zu konzentrieren und einfach nur eine Standardautorisierungsumgebung zu verwenden.

Viele Softwarelösungen authentifizieren ihre Benutzer nur deswegen, weil sie die Identität des Benutzers für die Steuerung des Zugriffs auf Ressourcen und Funktionen verwenden. Allerdings brauchen sie die Anmeldeinformationen eines Benutzers nicht wirklich zu erfassen und zu verwalten. Aus der Sicht der Autorisierung reicht es aus, so viel Informationen über die Benutzer zu erfassen, dass sie sich Gruppen zuordnen lassen und dass sich der Zugang zu Ressourcen anhand ihrer Eigenschaften steuern lässt.

Solche Ideen brachten den Softwaremarkt vor einigen Jahren dazu, mit der Arbeit an einer Authentifizierungsinfrastruktur zu beginnen, die sich auslagern lässt und jeden Benutzer als digitale Größe identifiziert. Kapitel 21, »Authentifizierungs- und Autorisierungsinfrastruktur«, beschreibt eine digitale Identität als eine gewisse Menge an Forderungen oder Ansprüchen (claims). Wie bereits beschrieben, ist eine Forderung in diesem Sinne eine Aussage, die vom Aussteller über das betreffende Objekt gemacht wird und vom Leser wegen der Vertrauensstellung zwischen dem Leser und dem Aussteller als wahr eingestuft wird. Ein externer Authentifizierungsanbieter wird gewöhnlich als Identitätsanbieter (Identity Provider, IP) bezeichnet. Er veröffentlicht meistens einen Sicherheitstokendienst (Security Token Service, STS). Die Anwendung oder Softwarelösung, die eine externe Authentifizierung verwendet, wird Dienstanbieter (Service Provider, SP) oder vertrauende Seite (Relying Party, RP) genannt. Der Verbraucher, der den SP für die Authentifizierung mit dem IP verwendet, wird in der englischsprachigen Literatur Subject und im Folgenden der Einfachheit halber Subjekt genannt. Abbildung 22.1 stellt ein sehr vereinfachtes Schema einer typischen Authentifizierungsarchitektur für eine Softwarelösung dar, die eine externe Authentifizierung verwendet.

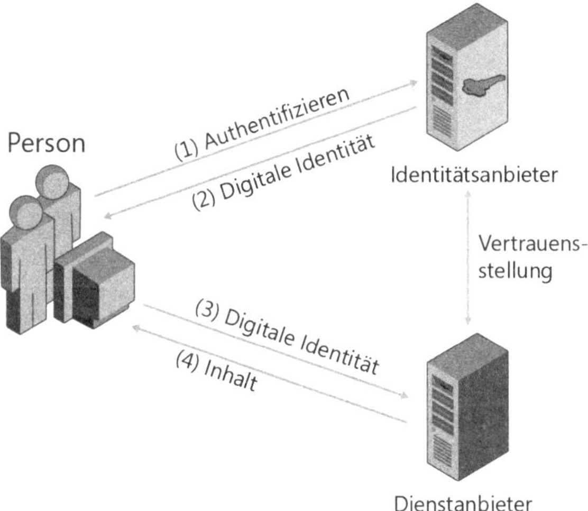

Abbildung 22.1 Ein vereinfachtes Schema der Architektur eines Systems mit externer Authentifizierung

Aus technischer Sicht stehen hinter diesen Konzepten Spezifikationen wie WS-Sicherheit (WS-Security) und WS-Trust. Ziel dieser Spezifikationen ist es, die Implementierung eines Authentifizierungs- und Autorisierungssystems auf Tokenbasis zu ermöglichen, wobei die Token von externen Anbietern ausgestellt werden können.

Im Dezember 2006 definierte eine internationale Arbeitsgruppe, zu der Vertreter von vielen Herstellern gehörten, eine Spezifikation namens Web Services Federation Language 1.1 (WS-Federation oder WS-Verbund), die »Mechanismen definiert, mit denen unterschiedliche Sicherheitsbereiche einen Verbund aufbauen, damit der autorisierte Zugriff auf Ressourcen, die in einem Sicherheitsbereich verwaltet werden, für Sicherheitsprinzipale ermöglicht wird, deren Identitäten in anderen Bereichen verwaltet werden.« (Zitat aus der WS-Federation 1.1-Spezifikation.)

HINWEIS Unter *http://specs.xmlsoap.org/ws/2006/12/federation/WS-federation.pdf* können Sie ein Dokument mit der vollständigen Spezifikation von WS-Verbund herunterladen.

Aus praktischer Sicht definiert der WS-Verbund Erweiterungen für die WS-Sicherheit- und WS-Trust-Spezifikationen, die den Austausch von Autorisierungs- und Authentifizierungsansprüchen zwischen Verbundpartnern, die Zuordnung der Identitäten (identities brokering) und den Schutz der Ansprüche bei ihrer Übertragung zwischen den Partnern unterstützen. Eine der interessantesten Aspekte eines WS-Verbunds ist die Möglichkeit, Verbundtechniken bereitzustellen, die sich via WS-Security und WS-Trust in der SOAP-Kommunikation wie auch in Webbrowserumgebungen verwenden lassen. Das SOAP-Szenario wird häufig »aktiver Anforderer« (active requestor) genannt, während das Webbrowserszenario als »passiver Anforderer« (passive requestor) bezeichnet wird.

Was SharePoint und Web/HTTP anbetrifft, ist es das Passiver-Anforderer-Szenario, auf das Sie sich konzentrieren sollten.

HINWEIS Das Aktiver-Anforderer-Szenario (SOAP-orientiert) wird in SharePoint 2010 für die Kommunikationsinfrastruktur der Dienstanwendungen verwendet. Allerdings geht es über den Rahmen dieses Buchs hinaus, alle WS-Verbundszenarien zu beschreiben.

Abbildung 22.2 zeigt ein Schrittdiagramm für die Vorgänge im Passiver-Anforderer-Szenario.

Passiver Anforderer bei WS-Verbund

Anfordernder Browser
Anfordernder IP/STS
WS-Ressource
1. Auf Ressource zugreifen
2. Authentifizierung anfordern
3. Authentifizierung anfordern
4. Authentifizierung
5. Authentifizierung ausstellen
6. Authentifizierung ausstellen
7. Ressource zurückgeben

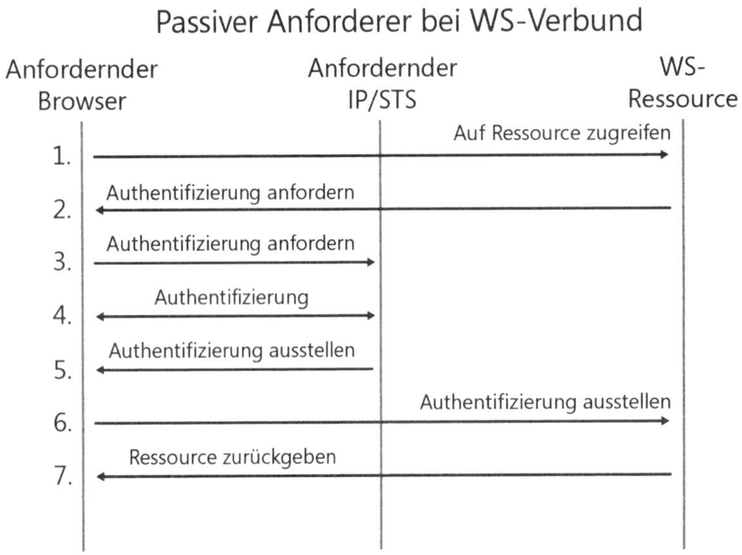

Abbildung 22.2 Vorgänge im Passiver-Anforderer-Szenario

Abbildung 22.2 zeigt für das Passiver-Anforderer-Szenario folgende Schritte:

- Der Webbrowser (Subjekt) fordert vom Webserver (SP) eine Ressource an.
- Der SP sendet eine Authentifizierungsanforderung zurück und leitet den Browser an den STS des IP um.
- Der IP/STS authentifiziert den Endbenutzer.
- Wenn die Anmeldeinformationen gültig sind, erhält er ein ausgestelltes Token zurück.
- Der Browser sendet das ausgestellte Token (mit automatischem HTTP-POST) an den SP.

- Der SP erhält das ausgestellte Token und überprüft es anhand der Liste der vertrauenswürdigen IPs. Wurde das Token von einem vertrauenswürdigen IP ausgestellt, kennzeichnet er den Endbenutzer als authentifiziert und dann auch als autorisiert.
- Wenn der vom IP/STS überprüfte Benutzer als gültiger Benutzer eingestuft wird, akzeptiert der SP die Anfrage und gibt die ursprünglich angeforderte Ressource zurück.

Die Bezeichnung »Passiv« bezieht sich darauf, dass der Webbrowser nicht selbst aktiv wird, sondern automatisch auf den IP/STS umgeleitet wird und das Token anschließend automatisch an den SP weiterleitet. In diesem Sinne bleibt der Browser während der Authentifizierung passiv.

Wenn Sie denselben IP/STS für mehrere Websites verwenden, kann der Endbenutzer nach seiner Authentifizierung durch den IP/STS für alle zum Verbund gehörenden Websites ausgestellte Token erhalten, ohne noch einmal authentifiziert zu werden. Das ist ein Szenario mit einmaliger Anmeldung (Single Sign-On, SSO).

Das Frontend leitet Sie, wenn Sie sich mit dem forderungsbasierten Authentifizierungsmodus bei SharePoint 2010 anmelden, nicht zur Authentifizierung an einen externen IP/STS um. Stattdessen kommuniziert es mit dem internen IP/STS von SharePoint, wobei SOAP als Kommunikationsprotokoll dient.

Wenn Sie ein komplettes WS-Verbundszenario einrichten möchten, müssen Sie einen externen IP mit den Informationen über seinen STS registrieren. Dann können Sie sich bei Lösungen von anderen Anbietern authentifizieren und einen passiven Anforderer konkret verwenden.

Implementieren eines STS mit Windows Identity Foundation

Windows Identity Foundation (WIF) ist ein Framework von Microsoft, das .NET-Entwickler bei der Entwicklung von forderungsbasierten Lösungen unterstützt. Mit WIF können Sie eigene Forderungsverbraucherlösungen (SP oder RP) und Forderungsanbieterlösungen (IP/STS) entwickeln. WIF ist für .NET 3.5 und .NET 4.0 verfügbar, Sie müssen es herunterladen und als Add-On in Ihrer Entwicklungsumgebung installieren. Wenn Sie nur einen Smartclient entwickeln möchten, der einen forderungsbasierten Dienst benutzt, brauchen Sie nicht zwangsläufig auch WIF, denn die Standardimplementierung des Clientstapels von WCF wird ausreichen.

HINWEIS Wenn Sie WIF verwenden möchten, ohne benutzerdefinierte Lösungen zu entwickeln, können Sie einfach das WIF-Laufzeitmodul herunterladen, das unter *http://www.microsoft.com/downloads/de-de/details.aspx?displaylang=de&FamilyID=eb9c345f-e830-40b8-a5fe-ae7a864c4d76* verfügbar ist. Wollen Sie aber benutzerdefinierte Lösungen entwickeln, sollten Sie das WIF-SDK herunterladen, das Sie unter *http://www.microsoft.com/downloads/en/details.aspx?FamilyID=c148b2df-c7af-46bb-9162-2c9422208504* finden. Damit der Beispielcode für dieses Kapitel funktioniert, müssen Sie das WIF-SDK installieren.

Im nächsten Abschnitt verwenden Sie WIF für die Implementierung einer Forderungsanbieterlösung, die sich zur Implementierung eines webbasierten Szenarios des Typs »passiver Anforderer« verwenden lässt und sich für die Realisierung einer einmaligen Anmeldung (Single Sign-On) für mehrere Websites eignet, unabhängig davon, ob diese nun mit SharePoint implementiert wurden oder nicht.

Erstellen eines Sicherheitstokendienstes

Stellen Sie sich vor, dass Ihre Firma für Anmeldeinformationen einen gemeinsamen Speicher auf der Basis der Standard-ASP.NET-Mitgliedschaftsanbieterinfrastruktur zur Authentifizierung von Benutzern verwendet und diese Anmeldinformationen für eine SharePoint-Website und für eine herkömmliche ASP.NET-Website verwenden möchte. Zuerst müssen Sie in Microsoft Visual Studio 2010 ein neues Projekt anlegen. Wenn Sie das WIF-SDK installiert haben, stehen Ihnen einige Projektvorlagen für die WIF-Entwicklung zur Verfügung. Zur Implementierung eines neuen STS können Sie mit einem neuen Websiteprojekt des Typs *ASP.NET Security Token Service Web Site* beginnen. Abbildung 22.3 zeigt, wie die neue IP/STS-Website im *New Web Site*-Assistenten erstellt wird.

WICHTIG Falls Sie das WIF-SDK für .NET 4.0 installiert haben, müssen Sie in Microsoft Visual Studio 2010 für die benutzerdefinierte STS-Website das Zielframework .NET 4.0 auswählen. (Zum Zeitpunkt der Übersetzung dieses Buchs war das WIF-SDK für .NET 4.0 noch nicht in einer lokalisierten Version verfügbar).

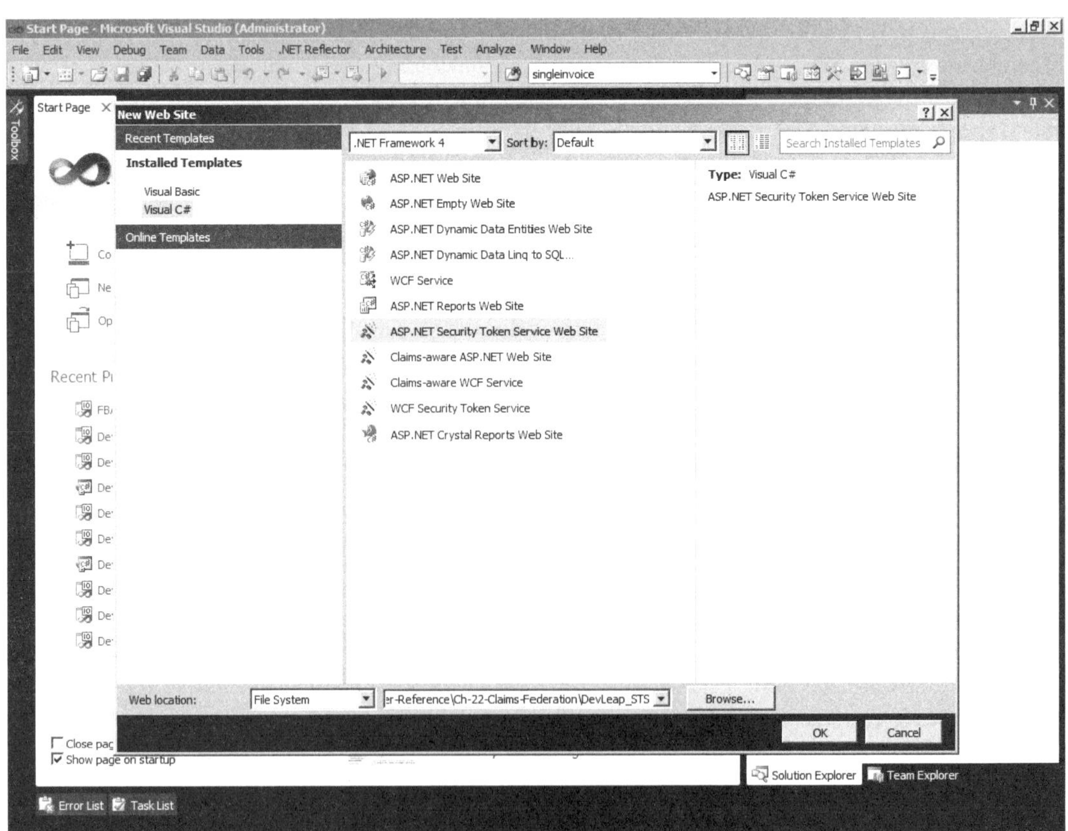

Abbildung 22.3 Im *New Web Site*-Assistenten wird eine neue IP/STS-Website erstellt

Die Projektvorlage bereitet ein neues Websiteprojekt vor, das einige ASPX-Seiten, den erforderlichen STS-Verbindungscode und einen Ordner *FederationMetadata* enthält. Abbildung 22.4 zeigt den Aufbau des Projekts.

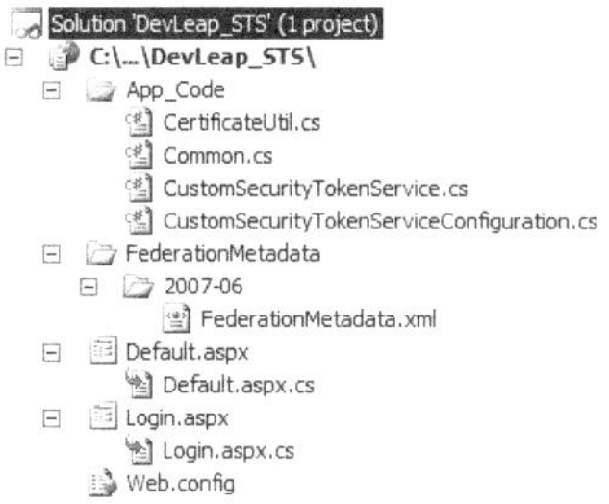

Solution 'DevLeap_STS' (1 project)
C:\...\DevLeap_STS\
App_Code
CertificateUtil.cs
Common.cs
CustomSecurityTokenService.cs
CustomSecurityTokenServiceConfiguration.cs
FederationMetadata
2007-06
FederationMetadata.xml
Default.aspx
Default.aspx.cs
Login.aspx
Login.aspx.cs
Web.config

Abbildung 22.4 Der Aufbau des Projekts für die neue STS-Website auf der Basis der Websitevorlage *ASP.NET Security Token Service Web Site*

In der Abbildung können Sie sehen, dass es sich bei den Seiten *Default.aspx* und *Login.aspx* um ASP.NET-Standardseiten mit einem Frontend-ASPX-Teil und einer Code-Behind-Datei handelt. Die Datei *Default.aspx* könnte man so verwenden, wie sie ist. Sie implementiert einfach den Eintrittspunkt für die An- und Abmeldelogik des STS. Die Seite *Login.aspx* implementiert den Anmeldecode. Diese Seite müssen Sie ändern, ebenso die *web.config*-Datei der Website, damit Sie die Authentifizierungsmethode implementieren können, die Sie anbieten möchten. Für den Beispielcode dieses Kapitels wurde die *web.config* so konfiguriert, dass sie eine Authentifizierung auf Formularbasis (FBA) mit derselben ASP.NET-Mitgliederdatenbank verwendet, die Sie bereits aus Kapitel 21 kennen. Die Seite *Login.aspx* enthält einfach die Benutzeroberfläche für die Anmeldung der Endbenutzer und verwendet dafür ein *Login*-Steuerelement von ASP.NET.

Der Ordner *App_Code* enthält etwas Infrastrukturcode, der die eigentliche Geschäftslogik des STS bildet und dabei einige integrierte Typen aus dem WIF implementiert oder überschreibt. Die wichtigste Klasse wird in der Codedatei *CustomSecurityTokenService.cs* definiert. Diese Datei implementiert den Kern des STS-Moduls, der von der abstrakten Basisklasse *SecurityTokenService* aus dem von der Assembly *Microsoft.IdentityModel.dll* bereitgestellten Namespace *Microsoft.IdentityModel.SecurityTokenService* abgeleitet wird.

Listing 22.1 Die Klasse *CustomSecurityTokenService* wurde so geändert, dass sie nur einigen abhängigen Teilnehmern vertraut

```
public class CustomSecurityTokenService : SecurityTokenService {
    // TODO: Stelle enableAppliesToValidation auf true, damit nur die im Array
    // PassiveRedirectBasedClaimsAwareWebApps angegebenen RP-URLs ein Token
    // von diesem STS erhalten.
    static bool enableAppliesToValidation = true;

    // TODO: Füge weitere URLs von vertrauenswürdigen abhängigen Teilnehmern hinzu,
    // die von diesem STS Token erhalten sollen.
    static readonly string[] PassiveRedirectBasedClaimsAwareWebApps = {
        "http://claims.sp2010.local/_trust/default.aspx",
        "http://ws.devleap.local/DevLeapSite/" };

    // Codeteile weggelassen ... ...
}
```

Die wichtigsten Bereiche für die Anpassung der STS-Implementierung liegen in dieser Klasse. Zuerst müssen Sie festlegen, ob der STS Anfragen von allen Benutzern beantwortet oder nur Forderungsbeschreibungen an abhängige Teilnehmer ausgibt, die als vertrauenswürdig eingestuft wurden. Im letzteren Fall müssen Sie die Datei *CustomSecurityTokenService.cs* öffnen und der statischen *Boolean*-Variablen *enableAppliesToValidation* den Wert *true* zuweisen. Außerdem müssen Sie eine Liste der als vertrauenswürdig eingestuften abhängigen Teilnehmer aufstellen. Standardmäßig verwendet der STS dafür eine andere statische Variable, die ebenfalls in der Klasse *CustomSecurityTokenService* definiert wird. Sie heißt *PassiveRedirectBasedClaimsAwareWebApps* und ist ein *String*-Array, wobei jeder *String* die URL eines vertrauenswürdigen abhängigen Teilnehmers ist. Listing 22.1 zeigt die geänderte Klasse, die nun einigen Teilnehmern vertraut.

Eine benutzerdefinierte Implementierung der Klasse *SecurityTokenService* kann eine Reihe von abstrakten Methoden überschreiben. Allerdings gibt es zwei Methoden, die für die Implementierung eines realen STS am wichtigsten sind:

- ***GetScope*** Diese Methode gibt die Konfiguration für die Ausstellung von Token zurück. Hier können Sie zum Beispiel ermitteln, ob die resultierenden Token verschlüsselt und/oder signiert werden. Wenn sie verschlüsselt oder signiert werden, können Sie das digitale Zertifikat auswählen, das verwendet werden soll.
- ***GetOutputClaimsIdentity*** Diese Methode gibt die Forderungen zurück, die für den abhängigen Teilnehmer im Sicherheitstoken angegeben werden. Das Ergebnis dieser Methode ist eine Variable, die die Schnittstelle *IClaimsIdentity* implementiert, die im Laufzeitmodul von WIF verfügbar ist.

Im STS-Beispielcode für dieses Kapitel wurde die Methode *GetOutputClaimsIdentity* so überschrieben, dass sie folgende Forderungen (oder Ansprüche) zurückgibt:

- ***http://schemas.xmlsoap.org/ws/2005/05/identity/claims/name*** Definiert den Namen des Subjekts.
- ***http://schemas.xmlsoap.org/ws/2005/05/identity/claims/emailaddress*** Definiert die E-Mail-Adresse des Subjekts.
- ***http://schemas.devleap.com/Claims/Username*** Definiert den Benutzernamen des Subjekts.
- ***http://schemas.microsoft.com/ws/2008/06/identity/claims/role*** Definiert eine Rolle, zu der das Subjekt gehört. Falls ein Subjekt zu mehreren Rollen gehört, gibt es mehrere Instanzen dieser Forderung, eine für jede Rolle.

Listing 22.2 zeigt die Implementierung der Methode *GetOutputClaimsIdentity*.

Listing 22.2 Eine benutzerdefinierte Implementierung von *GetOutputClaimsIdentity*

```
protected override IClaimsIdentity GetOutputClaimsIdentity(IClaimsPrincipal principal,
RequestSecurityToken request, Scope scope) {
    if (null == principal) {
        throw new ArgumentNullException("Prinzipal");
    }

    ClaimsIdentity outputIdentity = new ClaimsIdentity();

    // Stelle benutzerdefinierte Forderungen (Ansprüche) aus.

    // Rufe den aktuellen MembershipUser und seine Rollen ab.
    MembershipUser currentUser = Membership.GetUser();
    String[] roles = Roles.GetRolesForUser();
```

```
        // Gib die Forderungen aus.
        outputIdentity.Claims.Add(new Claim(
            System.IdentityModel.Claims.ClaimTypes.Name, principal.Identity.Name));
        outputIdentity.Claims.Add(new Claim(
            System.IdentityModel.Claims.ClaimTypes.Email, currentUser.Email));
        outputIdentity.Claims.Add(new Claim(
            "http://schemas.devleap.com/Claims/Username", currentUser.UserName));

        foreach (var role in roles) {
            outputIdentity.Claims.Add(new Claim(ClaimTypes.Role, role));
        }
        return outputIdentity;
    }
```

In diesem Codebeispiel gibt die Methode *GetOutputClaimsIdentity* Forderungen auf der Basis der aktuellen *MembershipUser*-Instanz sowie ihrer Rollen aus. Jede ausgegebene Forderung hat einen Typ, der einem vorhandenen Forderungstyp wie *Name* oder *EMail* entspricht, oder einem benutzerdefinierten Typ wie *Username*.

Der Ordner *FederationMetadata* veröffentlicht eine XML-Datei (*FederationMetadata.xml*), die das Manifest des IP/STS ist. Intern definiert die Datei die Endpunkte, die vom STS veröffentlicht werden, sowie die vom Forderungsanbieter angebotenen Forderungen. Die Standardprojektvorlage berücksichtigt folgende Forderungen:

- ***http://schemas.xmlsoap.org/ws/2005/05/identity/claims/name*** Definiert den Namen des authentifizierten Subjekts.
- ***http://schemas.microsoft.com/ws/2008/06/identity/claims/role*** Definiert die Rolle des authentifizierten Subjekts.

Im aktuellen Beispiel wurden die Forderungen angepasst und Sie müssen den Inhalt der Datei *FederationMetadata.xml* an die benutzerdefinierte Implementierung der Klasse *CustomSecurityTokenService* anpassen. Allerdings ist die Datei *FederationMetadata.xml* digital signiert und lässt sich nicht manuell ändern. Stattdessen sollten Sie die Datei mit den entsprechenden Infrastrukturklassen von WIF ändern oder generieren.

HINWEIS Sie können auch ein Tool namens »Federation Metadata Generator« verwenden, das von Thinktecture entwickelt wurde und kostenlos unter *http://static.thinktecture.com/christianweyer/FederationMetadataGenerator_1.0.zip* heruntergeladen werden kann. Probieren Sie auch das Projekt »STS Starter Kit« aus, das ebenfalls von Thinktecture entwickelt wurde und unter *http://startersts.codeplex.com/* herunterladbar ist. Im Beispiel dieses Abschnitts arbeiten Sie mit den .NET-Standardtools, mit Ausnahme der Datei *FederationMetadata.xml*, die der Einfachheit halber mit dem Tool »Federation Metadata Generator« erstellt wird.

Bleibt noch die Datei *web.config* des automatisch erstellten STS-Projekts. Für eine STS-Website definiert die *web.config*-Datei einige *appSettings*-Elemente, die mit der internen STS-Implementierung zu tun haben. Listing 22.3 zeigt einen Auszug aus der *web.config*-Datei des aktuellen Beispiels.

Listing 22.3 Die *web.config*-Datei des aktuellen Beispiel-STS

```
<appSettings>
  <add key="IssuerName" value="PassiveSigninSTS"/>
  <add key="SigningCertificateName" value="CN=STSTestCert"/>
  <add key="EncryptingCertificateName" value=""/>
</appSettings>
```

In diesem Listing gibt es einen Ausstellernamen (*IssuerName*), der in diesem Fall einfach eine Beschreibung des aktuellen STS ist. Dann gibt es eine Einstellung namens *SigningCertificateName*, die den Antragstellernamen des Zertifikats angibt, mit dem die vom STS ausgestellten Sicherheitstoken digital signiert werden. Schließlich gibt es noch eine Einstellung namens *EncryptingCertificateName*, die den Antragstellernamen des Zertifikats angibt, das zur Verschlüsselung der Sicherheitstoken verwendet wird. In realen Lösungen sind dies gültige und voneinander verschiedene Zertifikate. Das Signaturzertifikat identifiziert den Aussteller des Tokens, während für jeden abhängigen Teilnehmer ein anderes Verschlüsselungszertifikat verwendet werden sollte.

Standardmäßig verwendet WIF ein automatisch erstelltes Signaturzertifikat namens »*STSTestCert*«. Dieses Zertifikat wird auch automatisch zum Zertifikatspeicher des Computers hinzugefügt. Außerdem bleibt die Verschlüsselungseinstellung leer, damit keine Verschlüsselung stattfindet. In einer Produktivumgebung sollten Sie aber die Verwendung von *STSTestCert* vermeiden und die ausgestellten Token verschlüsseln.

WICHTIG Sorgen Sie dafür, dass die Benutzeridentität des IIS-Anwendungspools, in dem Ihr STS-Code läuft, über die entsprechenden Zugriffsrechte auf den privaten (geheimen) Schlüssel des Signaturzertifikats verfügt.

Je nach der Art der Authentifizierungsmethode, die Sie verwenden möchten, kann die *web.config*-Datei auch noch Angaben zur Authentifizierungsmethode enthalten. Im aktuellen Beispiel implementiert der STS eine Authentifizierung mit FBA und ASP.NET-Mitgliedschaft. Daher gibt es in der *web.config*-Datei die in Listing 22.4 gezeigten Abschnitte.

Listing 22.4 Die Abschnitte der *web.config*-Datei mit der Konfiguration der Authentifizierung

```
<system.web>
  <membership defaultProvider="FBASQLMembershipProvider">
    <providers>
      <add connectionStringName="FBASP2010" applicationName="/"
           passwordAttemptWindow="5" enablePasswordRetrieval="false"
           enablePasswordReset="false" requiresQuestionAndAnswer="true"
           requiresUniqueEmail="true" passwordFormat="Hashed"
           name="FBASQLMembershipProvider"
           type="System.Web.Security.SqlMembershipProvider, System.Web, Version=2.0.3600.0,
Culture=neutral, PublicKeyToken=b03f5f7f11d50a3a" />
    </providers>
  </membership>
  <roleManager enabled="true" defaultProvider="FBASQLRoleManager">
```

```
    <providers>
      <add connectionStringName="FBASP2010" applicationName="/"
            name="FBASQLRoleManager"
            type="System.Web.Security.SqlRoleProvider, System.Web, Version=2.0.3600.0, Culture=neutral,
PublicKeyToken=b03f5f7f11d50a3a" />
    </providers>
  </roleManager>
  <!-- FBA -->
  <authentication mode="Forms">
    <forms loginUrl="Login.aspx" protection="All" timeout="30" name=".ASPXAUTH" path="/"
requireSSL="false" slidingExpiration="true" defaultUrl="default.aspx" cookieless="UseDeviceProfile"
enableCrossAppRedirects="false" />
  </authentication>

  <!-- Keine anonymen Benutzer. -->
  <authorization>
    <deny users="?" />
  </authorization>

  <!-- Restliche Konfigurationsdaten der Kürze halber weggelassen -->

</system.web>
```

HINWEIS Die *type*-Attributwerte im vorigen Listing müssen in Ihrem Code jeweils auf derselben Zeile stehen. Sie wurden hier nur aus drucktechnischen Gründen umbrochen.

In der *web.config*-Datei gibt es einen benutzerdefinierten *location*-Abschnitt, mit dem von außen freier Zugriff auf die Datei *FederationMetadata.xml* ermöglicht wird.

Erstellen eines vertrauenden Teilnehmers

Zum Test des IP/STS, den Sie gerade implementiert haben, können Sie ein neues Websiteprojekt des Typs »*Claims-aware ASP.NET Web Site*« zur aktuellen Lösung hinzufügen. Dabei handelt es sich um ein gewöhnliches ASP.NET-Websiteprojekt, das zusätzlich einige Verweise auf Bibliotheken und *HttpModule*-Instanzen aus der Infrastruktur von WIF enthält. Um die Website so zu konfigurieren, dass sie als Verbraucher der Forderungen oder Ansprüche auftritt, die vom benutzerdefinierten IP/STS erstellt werden, können Sie die Menüerweiterung *STS-Verweis hinzufügen* für Visual Studio 2010 aus dem WIF-SDK verwenden (Abbildung 22.5).

Diese Menüerweiterung öffnet einen Assistenten, der von Ihnen wissen möchte, welcher IP verwendet werden soll. Der Assistent präsentiert der Reihe nach folgende Seiten:

- **Willkommen** Auf dieser Seite können Sie die *web.config* aussuchen, die für die Unterstützung eines externen STS verwendet wird. Gewöhnlich ist dies der Pfad zur *web.config*-Datei des aktuellen Webprojekts. Außerdem müssen Sie die URL der aktuellen Website angeben. Sie wird beim Aufruf als Parameter für den Ziel-STS verwendet.

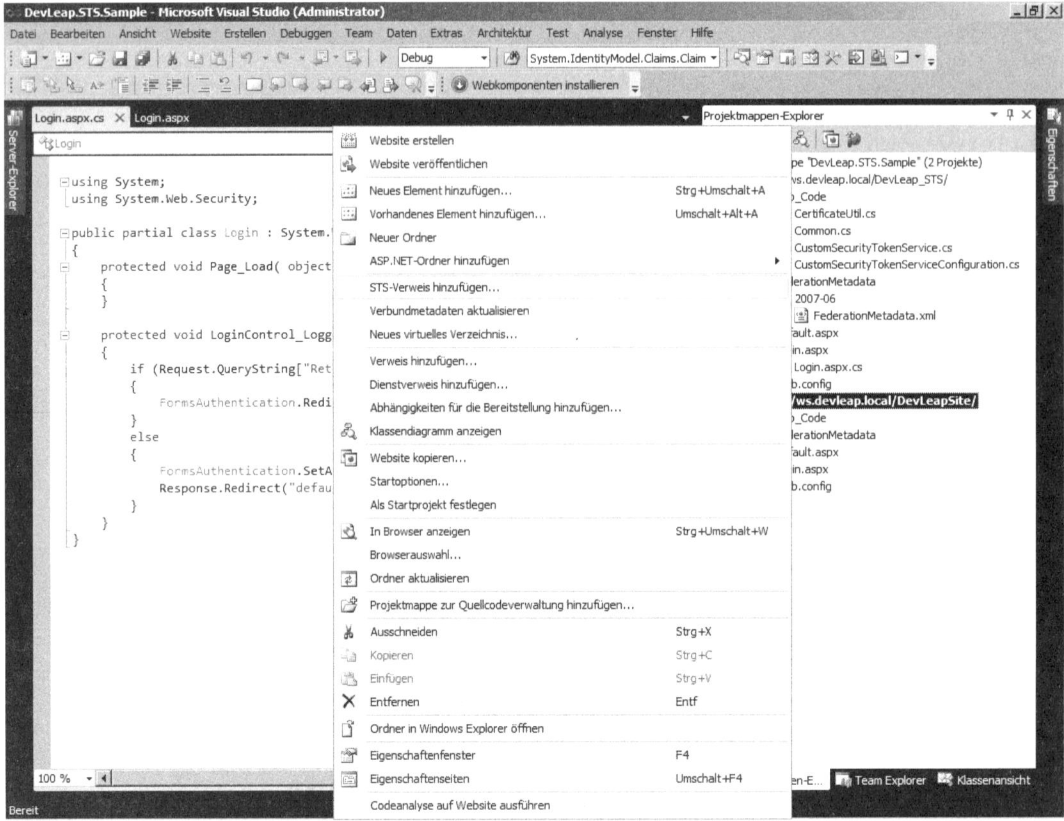

Abbildung 22.5 Die Menüerweiterung zum Hinzufügen eines STS-Verweises zu einem ASP.NET-Websiteprojekt

- **Security Token Service (Sicherheitstokendienst)** Hier können Sie gegebenenfalls bereits konfigurierte STS deaktivieren, einen neuen STS registrieren, einschließlich der Erstellung eines dazugehörigen Projekts, oder Sie können einen vorhandenen STS registrieren, wobei Sie die URL seiner *FederationMetadata.xml* angeben.
- **Sicherheitstokenverschlüsselung** In diesem Schritt können Sie festlegen, ob der STS verschlüsselte oder unverschlüsselte Token ausstellt. Soll er verschlüsselte Token ausstellen, müssen Sie das digitale Zertifikat angeben, das zur Verschlüsselung verwendet werden soll.
- **Angebotene Ansprüche** Diese Seite fasst die Ansprüche (oder Forderungen) zusammen, die der Remote-STS ins Token einträgt.
- **Zusammenfassung** Auf dieser letzten Seite werden die Einstellungen zusammengefasst. Hier können Sie auch einen Zeitgeberauftrag konfigurieren, der den Verweis auf den STS regelmäßig aktualisiert.

Nach dem Abschluss des Assistenten ist Ihre ASP.NET-Website zur Authentifizierung von Benutzern mit dem benutzerdefinierten IP/STS bereit. Wenn Sie F5 drücken oder auf der Website auf die Seite *Default.aspx* wechseln, werden Sie auf die STS-Anmeldeseite umgeleitet. Dort können Sie Ihre Anmeldeinformationen eingeben und erhalten, sofern die Informationen gültig sind, ein Sicherheitstoken zurück, in dem alle in Listing 22.2 genannten Ansprüche verzeichnet sind. Abbildung 22.6 zeigt die Anmeldeseite für den STS.

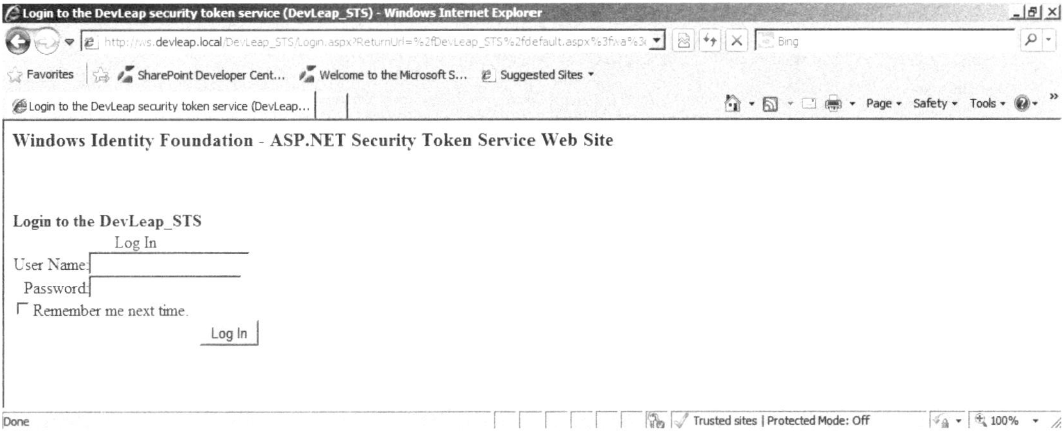

Abbildung 22.6 Die Anmeldeseite der benutzerdefinierten IP/STS-Website

Sehen Sie sich die *web.config*-Datei genauer an, nachdem sie vom *Assistenten für das Hinzufügen eines STS-Verweises* geändert wurde. Sie hat jetzt einen neuen Konfigurationsabschnitt namens *Microsoft.IdentityModel* für die WIF-Infrastruktur. Die ASP.NET-Standardauthentifizierungsmethode wurde auf *None* eingestellt, weil Authentifizierungsereignisse von einem *HttpModule* von WIF abgefangen werden. Es heißt *WSFederationAuthenticationModule* und liegt im Namespace *Microsoft.IdentityModel.Web*. Außerdem wurden zwei weitere Module registriert, die den Klassen *SessionAuthenticationModule* und *ClaimsPrincipalHttpModule* entsprechen. Erstere vermeidet die Wiederholung der Authentifizierung beim STS für jede Anfrage, wobei sie das Sicherheitstoken der Sitzung in einem Cookie speichert, der für die aktuelle Webanwendung sicher und lokal gespeichert wird. Letztere wurde für den Fall definiert, dass Ihre Website keinen externen STS zur Authentifizierung zur Verfügung hat und Sie trotzdem eine Authentifizierung und Autorisierung mit Forderungen (oder Ansprüchen) verwenden möchten.

Listing 22.5 zeigt den Abschnitt *Microsoft.IdentityModel* der XML-Konfigurationsdatei.

Listing 22.5 Ein Auszug aus der *web.config*-Datei mit dem Abschnitt *Microsoft.IdentityModel*

```
<microsoft.identityModel>
  <service>
    <audienceUris>
      <add value="http://ws.devleap.local/DevLeapSite/" />
    </audienceUris>
    <federatedAuthentication>
      <wsFederation passiveRedirectEnabled="true"
        issuer="http://ws.devleap.local/DevLeap_STS/"
        realm="http://ws.devleap.local/DevLeapSite/" requireHttps="false" />
      <cookieHandler requireSsl="false" />
    </federatedAuthentication>
    <applicationService>
      <claimTypeRequired>
        <claimType
          type="http://schemas.xmlsoap.org/ws/2005/05/identity/claims/name"
          optional="true" />
        <claimType
          type="http://schemas.xmlsoap.org/ws/2005/05/identity/claims/emailaddress"
          optional="true" />
```

```
        <claimType
          type="http://schemas.devleap.com/Claims/Username" optional="true" />
        <claimType
          type="http://schemas.microsoft.com/ws/2008/06/identity/claims/role"
          optional="true" />
      </claimTypeRequired>
    </applicationService>
    <issuerNameRegistry type="Microsoft.IdentityModel.Tokens.ConfigurationBasedIssuerNameRegistry,
Microsoft.IdentityModel, Version=3.5.0.0, Culture=neutral, PublicKeyToken=31bf3856ad364e35">
      <trustedIssuers>
        <add thumbprint="E9BDE461E8774F4D7EA4D393ED4DA2DC7536CEAE"
          name="http://ws.devleap.local/DevLeap_STS/" />
      </trustedIssuers>
    </issuerNameRegistry>
  </service>
</microsoft.identityModel>
```

Die wichtigsten Teile sind in diesem Listing hervorgehoben und werden in der folgenden Liste beschrieben:

- Das Element *audienceURIs* enthält die URLs der abhängigen Teilnehmer (Relying Party, RP).
- Das Element *federatedAuthentication* definiert die Konfigurationsdetails für das WS-Verbundprotokoll. Hier können Sie beispielsweise das Profil »Passiver Anforderer« aktivieren, den URI des Tokenausstellers angeben und den Bereich (*realm*) des vertrauenden Teilnehmers festlegen. Der STS ermittelt anhand der Bereichsangabe, ob die aktuelle Website (RP) autorisiert ist, Token anzufordern.
- Das Element *claimTypesRequired* enthält eine Liste der Ansprüche, die vom IP/STS angegeben werden müssen, um Informationen über einen authentifizierten Benutzer zu erhalten.
- Das Element *trustedIssuers* enthält eine Liste der vertrauenswürdigen Aussteller. Das sind die Tokenaussteller, denen die aktuelle Website vertraut. Jeder vertrauenswürdige Aussteller wird durch den Fingerabdruck seines Zertifikats identifiziert. Es ist wichtig, diesen Wert beim Wechsel von der Entwicklungsumgebung, in der ein Testzertifikat verwendet wird, in die Produktivumgebung, in der ein echtes Zertifikat zum Einsatz kommt, zu aktualisieren.

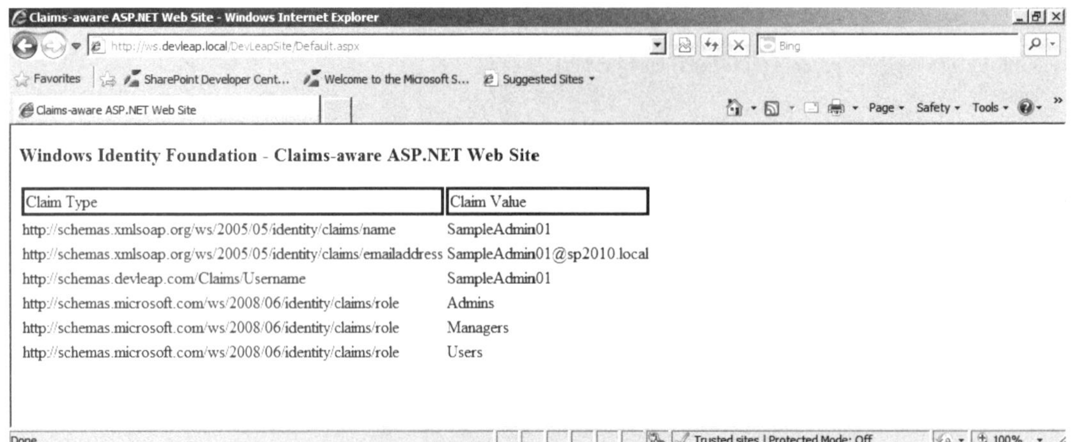

Abbildung 22.7 Die Homepage der Testwebsite nach der Authentifizierung eines Benutzers mit benutzerdefinierten Ansprüchen

Wenn Sie versuchen, sich mit dem gerade konfigurierten IP/STS auf der Beispielwebsite anzumelden, werden Sie sehen, dass die Seite *Default.aspx* der Website, die mit der Projektvorlage *Claims-aware ASP.NET Web Site* erstellt wurde, alle Forderungen oder Ansprüche des aktuellen Benutzers auflistet. Abbildung 22.7 zeigt eine Beispielhomepage der Testwebsite nach der Authentifizierung eines Testbenutzers mit Administratorrechten.

Vertrauenswürdige Identitätsanbieter für SharePoint

Wie Sie bereits in Kapitel 21 gesehen haben, verwendet SharePoint 2010 WIF und die WS-Verbundspezifikation als Grundlage für Authentifizierungsanbieter. Daher lässt sich der IP/STS, den Sie im vorigen Abschnitt implementiert haben, in SharePoint 2010 als vertrauenswürdiger Identitätsanbieter registrieren. Dazu sind mehrere Konfigurationsschritte erforderlich.

Dem IP/STS vertrauen

Zuerst müssen Sie dem Identitätsanbieter aus der Sicht von SharePoint vertrauen. Daher müssen Sie das IP/STS-Zertifikat extrahieren und unter SharePoint in der Liste der vertrauenswürdigen Aussteller registrieren. Wenn Sie einen STS verwenden, der von einem IP eines anderen Herstellers angeboten wird, können Sie den öffentlichen Schlüssel des Zertifikats aus der Datei *FederationMetadata.xml* auslesen. Verwenden Sie den folgenden XPath-Knoten:

```
EntityDescriptor/RoleDescriptor/KeyDescriptor/KeyInfo/X509Data/X509Certificate
```

Den Inhalt dieses XML-Knotens können Sie einfach in eine Textdatei kopieren, die Sie mit der Dateinamenserweiterung *.cer* abspeichern.

Arbeiten Sie dagegen mit einem STS, der auf demselben Computer läuft, auf dem auch SharePoint betrieben wird, können Sie die *.cer*-Zertifikatdatei aus dem lokalen Zertifikatspeicher des Computers exportieren. Wenn Sie den STS mit WIF implementiert haben, sollten Sie nicht vergessen, dass WIF standardmäßig ein selbstausgestelltes *STSTestCert*-Zertifikat verwendet. Abbildung 22.8 zeigt einen Screenshot des Zertifikatmanagers, in dem das Zertifikat *STSTestCert* zu sehen ist. Sie können dieses Zertifikat mit dem Zertifikatmanager exportieren.

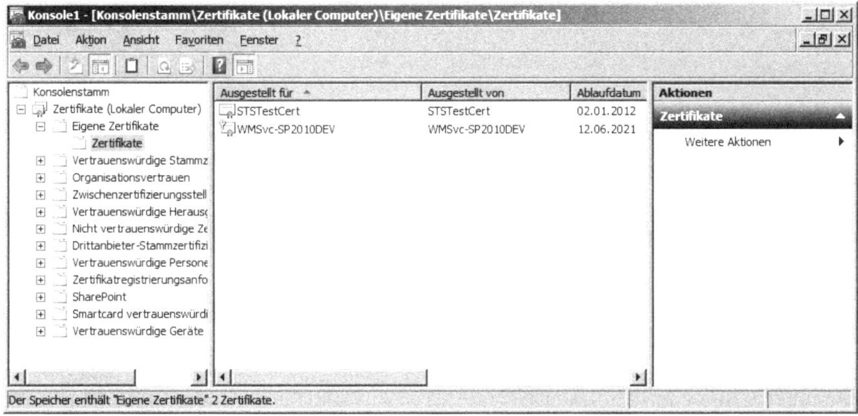

Abbildung 22.8 Der Zertifikatmanager zeigt das automatisch von WIF erstellte Zertifikat *STSTestCert*

Sobald Sie die *.cer*-Datei haben, können Sie sie mit einem Windows PowerShell-Skript oder in der SharePoint-Zentraladministration in den privaten SharePoint 2010-Zertifikatspeicher importieren. Die folgenden Zeilen zeigen ein entsprechendes Windows Powershell-Skript:

```
$cert = New-Object System.Security.Cryptography.X509Certificates.X509Certificate2("STSTestCert.cer")
New-SPTrustedRootAuthority -Name "DevLeap custom STS certificate" -Certificate $cert
```

Wie diese Zeilen zeigen, reicht es aus, unter Angabe des *.cer*-Pfads eine Instanz der Klasse *X509Certificate2* abzurufen und sie mit dem SharePoint 2010-spezifischen Cmdlet *New-SPTrustedRootAuthority* zu laden.

Wenn Sie die SharePoint-Zentraladministration vorziehen, wechseln Sie auf die Seite *Sicherheit*, wählen *Vertrauensstellung verwalten*, klicken in der Gruppe *Verwalten* auf die Schaltfläche *Neu* und geben dann auf der Seite *Vertrauensstellung einrichten* unter *Allgemeine Einstellung* einen Namen für das Zertifikat und unter *Stammzertifikat für Vertrauensstellung* den Pfadnamen der *.cer*-Datei ein (Abbildung 22.9).

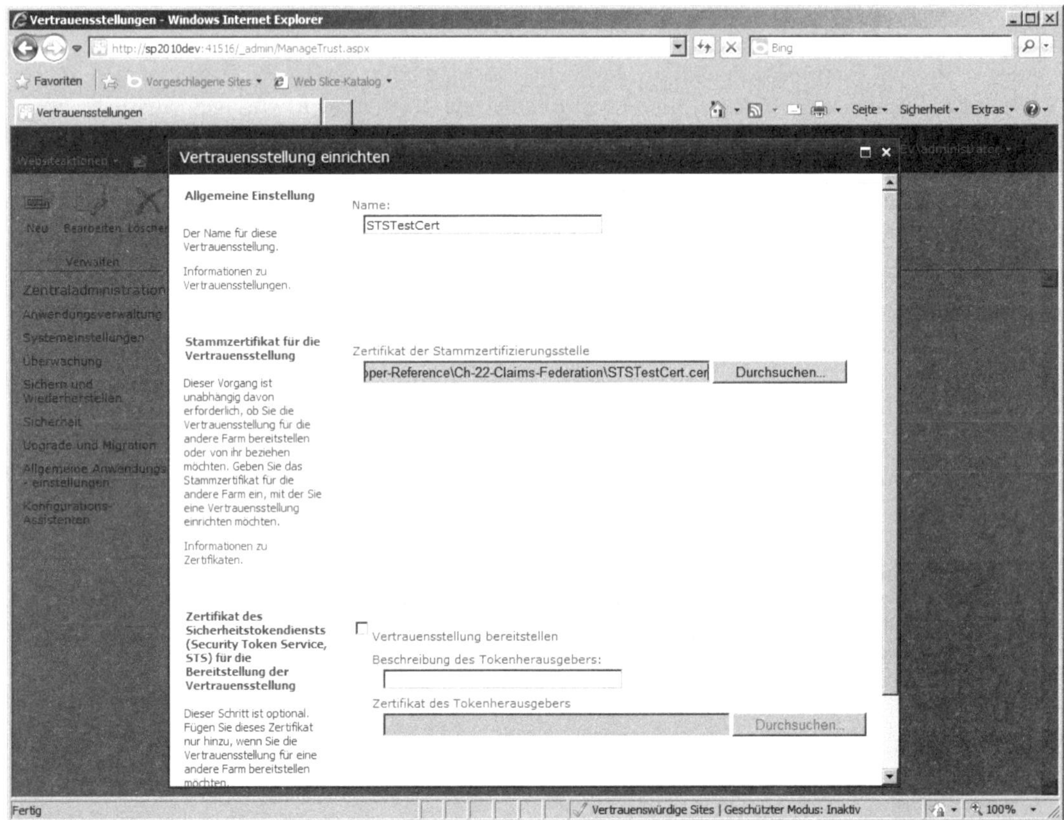

Abbildung 22.9 Die Seite *Vertrauensstellung einrichten* für die Registrierung einer neuen Vertrauensstellung

Registrieren des Identitätsanbieters und Zuordnen der Ansprüche

Nun sind Sie bereit, den benutzerdefinierten IP in SharePoint 2010 zu registrieren. Zuerst müssen Sie die Forderungen oder Ansprüche definieren, die Sie verwalten möchten, und sie dann Forderungen zuordnen, die auf der SharePoint-Seite verfügbar sind. Tatsächlich können Sie jedes Mal, wenn Sie ein Subjekt mit einem externen IP authentifizieren, die Forderungen, die der STS ins Sicherheitstoken eingetragen hat, mit Forderungen auf der SharePoint-Seite verknüpfen. Der benutzerdefinierte IP/STS, den Sie implementiert haben, gibt beispielsweise einen Anspruch des Typs *http://schemas.devleap.com/Claims/Username* zurück, der aus der Sicht von *DevLeap_STS* den Benutzernamen des aktuellen Benutzers darstellt. In SharePoint haben Sie die Gelegenheit, diesen Anspruch mit einem anderen Anspruchstyp zu verknüpfen, oder sie lassen ihn so, wie er ist. Die forderungsbasierte Authentifizierungsinfrastruktur von SharePoint übersetzt die Ansprüche bei der Benutzerauthentifizierung für Sie.

WICHTIG Die Möglichkeit zur Zuordnung von Ansprüchen und Forderungen ist nützlich und wichtig, weil für dieselbe Webanwendung beispielsweise mehrere IPs registriert sein können. Durch die Übersetzung der Ansprüche von einem Typ in einen anderen kann SharePoint die Ansprüche während der Authentifizierung normalisieren. Außerdem können Sie benutzerdefinierte Forderungsanbieter implementieren, die von der Klasse *SPClaimProvider* abgeleitet werden, um die Forderungen eines aktuellen Prinzipals während der Authentifizierungsphase zu verstärken. Allerdings geht dieses Thema über den Rahmen dieses Kapitels hinaus und wird hier deshalb nicht besprochen. Falls Sie an diesem Thema interessiert sind, finden Sie auf MSDN Online im Dokument »Claims Walkthrough: Writing Claims Providers for SharePoint 2010« unter *http://msdn.microsoft.com/en-us/library/ff699494.aspx* weitere Informationen.

Die Registrierung der Anspruchs- und Forderungszuordnungen ist in Windows PowerShell mit einigen Befehlen erledigt. Die folgenden Zeilen ordnen zum Beispiel die Forderungen zu, die der benutzerdefinierte *DevLeap_STS* ausstellt:

```
$map1 = New-SPClaimTypeMapping -IncomingClaimType "http://schemas.devleap.com/Claims/Username"
-IncomingClaimTypeDisplayName "UserName"
-SameAsIncoming
$map2 = New-SPClaimTypeMapping -IncomingClaimType "http://schemas.xmlsoap.org/ws/2005/05/identity/claims/
emailaddress" -IncomingClaimTypeDisplayName "Email" -LocalClaimType "http://schemas.xmlsoap.org/claims/
EmailAddress"
$map3 = New-SPClaimTypeMapping -IncomingClaimType "http://schemas.microsoft.com/ws/2008/06/identity/claims/
role" -IncomingClaimTypeDisplayName "Role" –SameAsIncoming
```

Der Anspruch *username* wird im vorigen Codeauszug so übernommen, wie er kommt (siehe das Argument *SameAsIncoming*), ebenso alle Rollenansprüche. Allerdings wird der Anspruch, der die E-Mail-Adresse des authentifizierten Subjekts beschreibt, von einem Anspruch des Typs *http://schemas.xmlsoap.org/ws/2005/05/identity/claims/emailaddress* in einen Anspruch des Typs *http://schemas.xmlsoap.org/claims/EmailAddress* übersetzt.

Der letzte Schritt zur Registrierung eines externen IPs ist die Erstellung eines neuen Eintrags für den Identitätsanbieter in der Liste der verfügbaren Anbieter. Auch dafür können Sie ein Windows PowerShell-Skript verwenden, wie der folgende Codeauszug zeigt:

```
$realm = "http://claims.sp2010.local/_trust/default.aspx"
$signinurl = "http://ws.devleap.local/DevLeap_STS/default.aspx"
New-SPTrustedIdentityTokenIssuer -Name "DevLeap STS" -Description "DevLeap custom STS"
-Realm $realm -ImportTrustCertificate $cert -ClaimsMappings $map1,$map2,$map3
-SignInUrl $signinurl -IdentifierClaim $map1.InputClaimType
```

Das vorige Skript definiert eine Variable *$realm*, die den Bereich der Forderungsverbraucher-Website beschreibt. Die URL (*/_trust/default.aspx*, bezogen auf die SharePoint-Zielwebsite) entspricht einer Seite, die automatisch zum Stammordner Ihrer SharePoint-Webanwendung hinzugefügt wird, wenn Sie einen vertrauenswürdigen Identitätsanbieter als Authentifizierungstechnik aktivieren. Die Seite ist fast leer, was den üblichen ASP.NET-Code anbetrifft, und erbt ihr Verhalten von der Klasse *TrustedProviderSignInPage*, die im Namespace *Microsoft.SharePoint.IdentityModel.Pages* definiert ist. Diese Klasse stellt eine Anmeldeseite dar und leitet den Browser des Benutzers einfach nur auf die IP/STS-Anmeldeseite um.

Eine weitere Variable namens *$signinurl* aus dem Skript enthält die URL der Anmeldeseite des IP/STS. Schließlich registriert das Skript durch den Aufruf des Cmdlets *New-SPTrustedIdentityTokenIssuer* noch eine neue *SPTrustedIdentityTokenIssuer*-Instanz. Zu den Argumenten dieses Cmdlet-Aufrufs gehören im vorigen Beispiel ein Name (*Name*) und eine Beschreibung (*Description*) für den neuen Identitätsanbieter, der Bereich (*Realm*) der SharePoint-Zielwebsite, das X.509-Zertifikat des IP/STS (*ImportTrustCertificate*) und die Anmelde-URL (*SignInUrl*), die Anspruchs- oder Forderungszuordnungen (*ClaimMappings*) und die Art des Anspruchs, der als Identifizierungsanspruch (*IdentifierClaim*) für das authentifizierte Objekt verwendet wird.

Konfigurieren der Zielwebanwendung

Um die Konfiguration abzuschließen, müssen Sie den neuen Identitätsanbieter zur Liste der Authentifizierungsanbieter für die Zielwebanwendung hinzufügen. Klicken Sie in der SharePoint-Zentraladministration unter *Anwendungsverwaltung* auf *Webanwendungen verwalten*. Darauf erscheint die Seite *Webanwendungsverwaltung*, die eine Liste der verfügbaren Webanwendungen anzeigt. Wählen Sie die Webanwendung aus, für die Sie IP/STS als Authentifizierungsmethode aktivieren möchten. Klicken Sie dann im Menüband auf den Befehl *Authentifizierungsanbieter*. Klicken Sie in dem Dialogfeld, das dann erscheint, auf die Verknüpfung *Standard*. Das Dialogfeld *Authentifizierung bearbeiten* öffnet sich (Abbildung 22.10). Hier können Sie den neuen Identitätsanbieter auswählen.

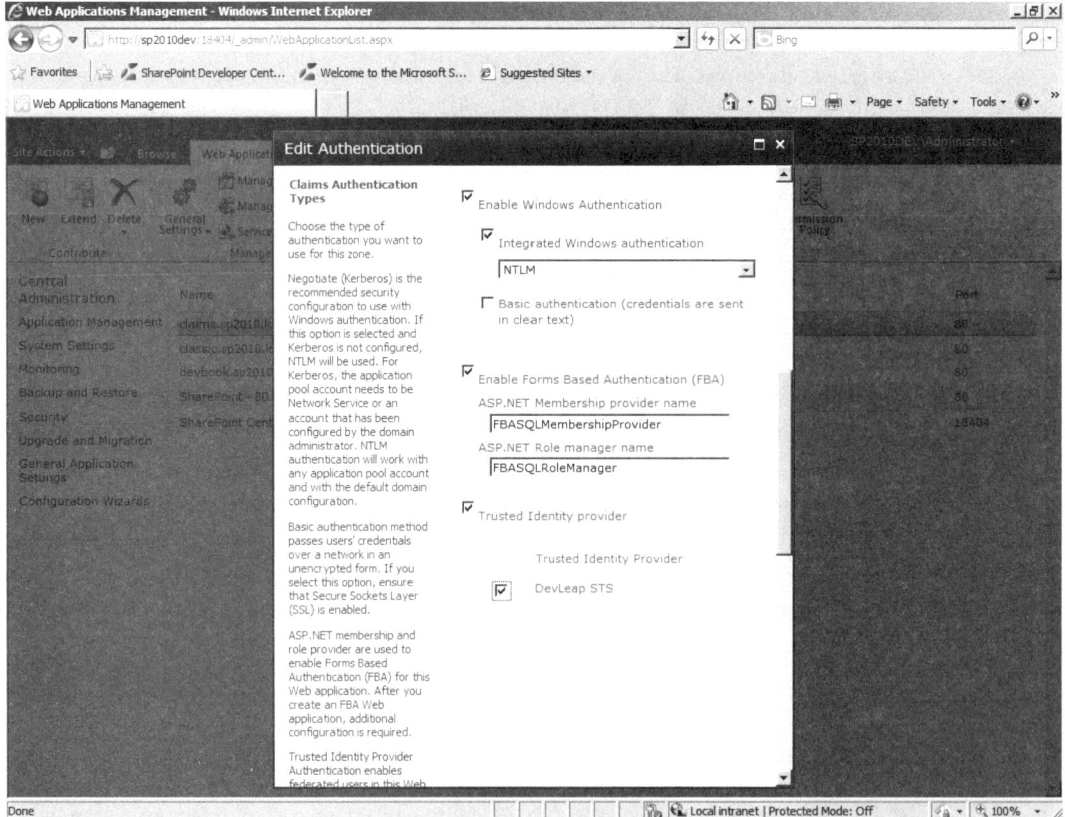

Abbildung 22.10 Die Seite *Authentifizierung bearbeiten* (*Edit Authentication*) der SharePoint-Zentraladministration

Das war's! Nun können Sie Ihre Benutzer mit dem benutzerdefinierten IP/STS authentifizieren. Abbildung 22.11 zeigt die Authentifizierungsoptionen, unter denen die Endbenutzer, die sich authentifizieren möchten, wählen können.

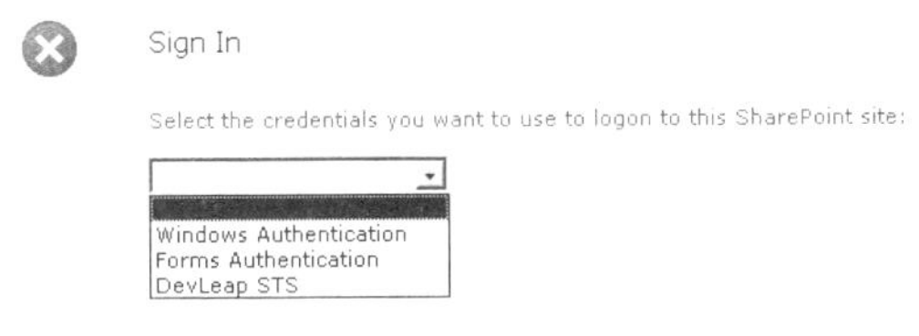

Abbildung 22.11 Die Authentifizierungsoptionen, unter denen die Endbenutzer, die sich authentifizieren möchten, wählen können

Beachten Sie die dritte Option *DevLeap STS*, die den Benutzer auf die Anmeldeseite des IP/STS umleitet. Wenn Sie den Identitätsanbieter als einzigen Authentifizierungsanbieter konfigurieren, werden Ihre Benutzer natürlich automatisch auf den IP/STS umgeleitet, ohne vorher die Authentifizierungsmethode auswählen zu müssen.

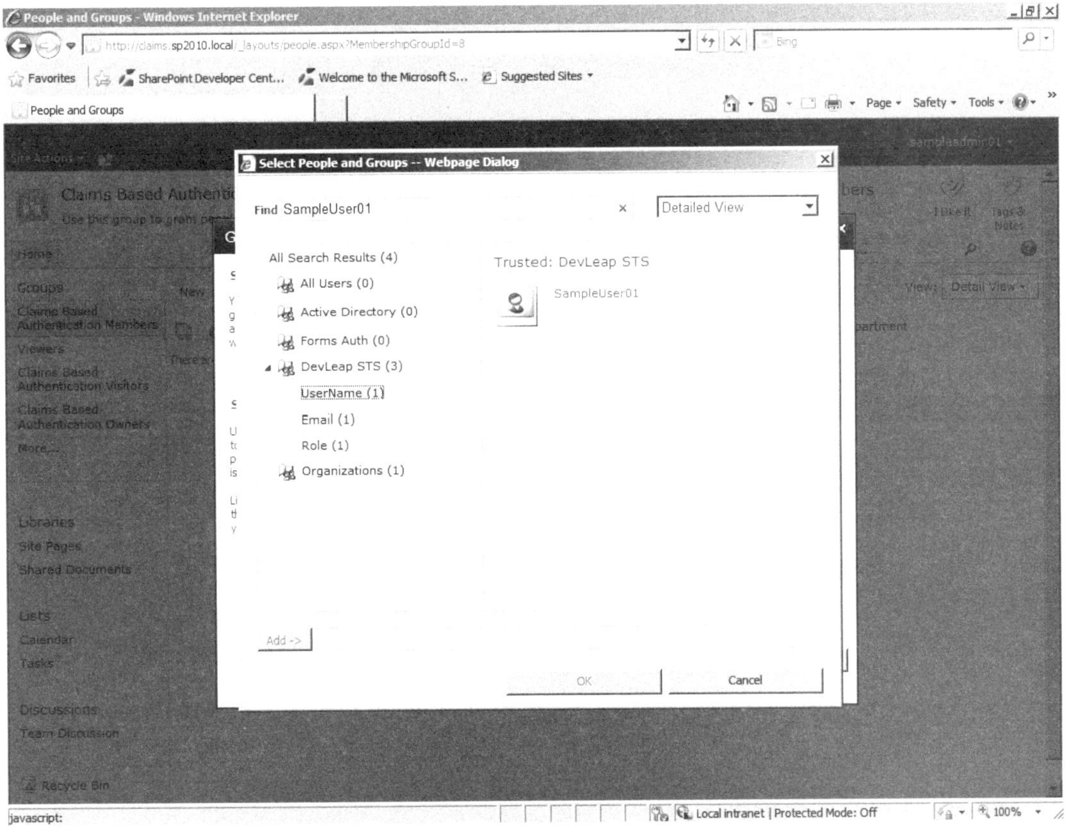

Abbildung 22.12 Das Dialogfeld *Benutzer und Gruppen auswählen* (*Select People and Groups*)

Nun können Sie auch Benutzer, die vom IP authentifiziert werden, als SharePoint-Benutzer konfigurieren und ihnen spezielle Berechtigungen zuweisen. Abbildung 22.12 zeigt das Dialogfeld *Benutzer und Gruppen auswählen* (*Select People and Groups*) mit dem Ergebnis der Suche nach einem Benutzer, der mit dem aktuell konfigurierten IP authentifiziert wurde.

Wenn Sie versuchen, auf die Beispielwebsite zu gehen, die Sie im Abschnitt »Erstellen eines vertrauenden Teilnehmers« dieses Kapitels erstellt haben, werden Sie feststellen, dass Sie automatisch authentifiziert werden und Zugriff auf die Website erhalten. Wenn das der Fall ist, funktioniert die einmalige Anmeldung (single sign-on).

Zusammenfassung

In diesem Kapitel haben Sie erfahren, was eine forderungsbasierte Umgebung ist, was ein WS-Verbund ist (zumindest aus allgemeiner Sicht), und wie man mit WIF einen STS für einen benutzerdefinierten Identitätsanbieter entwickelt. Sie haben auch gesehen, wie man in SharePoint einen mit WIF erstellten STS registriert, um SharePoint-Benutzer mit einem externen und vertrauenswürdigen IP zu authentifizieren.

Kapitel 23

Codezugriffssicherheit und Sandkastenlösungen

In diesem Kapitel:

Seit der ersten Version von Microsoft .NET ist die Codezugriffssicherheit (Code Access Security, CAS) die Grundlage der Sicherheit. Da Microsoft SharePoint 2010 auf Microsoft .NET aufbaut, nutzt es auch dessen Funktionen zur Codezugriffssicherheit. In diesem Kapitel erfahren Sie zuerst, wie die Codezugriffssicherheit in .NET funktioniert, dann in Microsoft ASP.NET-Anwendungen und schließlich in SharePoint-Lösungen. Außerdem werden Sie sehen, wie die Codezugriffssicherheit verwendet wurde, um ein neues und beeindruckendes Feature von SharePoint 2010 zu implementieren: Sandkastenlösungen. Sie erfahren, was Sandkastenlösungen sind, über welche Berechtigungen der Code im Sandkasten verfügt und wie Lösungsvalidierer und voll vertrauenswürdige Proxies für Sandkästen definiert werden.

Codezugriffssicherheit

Die Codezugriffssicherheit (CAS) ist ein Kernstück von .NET und steuert in der .NET-CLR die Ausführung des Codes. Wenn Sie eine .NET-Assembly laden, um den darin enthaltenen Code auszuführen, fordert die CLR das CAS-Modul auf zu überprüfen, ob die Assembly überhaupt über die Berechtigung verfügt, ihren Code ausführen zu lassen. Unter der Haube ruft die .NET-CLR-Umgebung beim Laden einer .NET-Assembly alle Informationen ab, die über die .NET-Assembly verfügbar sind: Autor, Herausgeber, die Internetzone, aus der der Code stammt, und so weiter. Diese Informationen bilden zusammen den »Beweis« (evidence), und auf der Grundlage dieses Beweises legt die .NET-CLR die entsprechenden Ausführungsberechtigungen fest. Gleichzeitig stellt die .NET-CLR den Berechtigungssatz (*PermissionSet*) zusammen, der der Zielassembly zugewiesen wird und die Ausführung des Codes, den Zugriff auf Ressourcen, den Zugriff im Netzwerk oder auch nur das Laden des Codes erlaubt oder verhindert.

WICHTIG Eine vollständige Beschreibung der Codezugriffssicherheit geht über den Rahmen dieses Buchs hinaus. Wenn Sie an diesem Thema interessiert sind, finden Sie im Buch *.NET Security* von Jason Bock, Peter Stromquist, Tom Fischer und Nathan Smith (APress 2002, ISBN 978-1-5905-9053-9) weitere Informationen. Berücksichtigen Sie dabei, dass Microsoft in .NET 4.0 das Verhalten der Codezugriffssicherheit geändert hat. Daher sollten Sie auch den Artikel »Exploring the .NET Framework 4 Security Model« lesen, der unter *http://msdn.microsoft.com/en-us/magazine/ee677170.aspx* verfügbar ist. Vergessen Sie außerdem nicht, dass sich die Beispiele und Themen dieses Kapitels auf .NET Framework 3.5 beziehen, weil SharePoint auf .NET Framework 3.5 basiert.

Wie der Name andeutet, ist *PermissionSet* eine Sammlung von Berechtigungen, wobei jede Berechtigung durch eine .NET-Klasse dargestellt wird. Tabelle 23.1 listet den Basissatz der Berechtigungen auf, die in NET verfügbar sind, sowie hervorgehoben einige Berechtigungen, die nur unter SharePoint gelten.

.NET-Berechtigungen sind erweiterbar. Das ist ein Vorteil, denn Sie können eigene .NET-Klassen entwickeln, die benutzerdefinierte Berechtigungen darstellen, und diese bei der Definition eines Berechtigungssatzes verwenden. Ein Berechtigungssatz kann Codegruppen zugewiesen werden. Damit sind Gruppen von Assemblys gemeint, für die gemeinsame benutzerdefinierte Beweise (evidences) gelten. Oder er kann Code zugewiesen werden, der von einem .NET-Prozess ausgeführt wird.

Tabelle 23.1 Einige der wichtigste Berechtigungen, die in .NET und SharePoint verfügbar sind

Berechtigung	Beschreibung
AspNetHostingPermission	Steuert die Zugriffsberechtigungen in Umgebungen, die von ASP.NET gehostet werden. Die Klasse definiert ein *Level*-Attribut, das folgende Werte annehmen kann: *None, Minimal, Low, Medium, High* und *Unrestricted.*
ConfigurationPermission	Definiert eine Berechtigung, die Methoden oder Klassen den Zugriff auf Konfigurationsdateien erlaubt.
DnsPermission	Definiert eine Berechtigung, die Methoden oder Klassen den Zugriff auf DNS-Server im Netzwerk erlaubt.
EnvironmentPermission	Definiert eine Berechtigung, die den Zugriff auf System- und Benutzerumgebungsvariablen steuert.
FileIOPermission	Definiert eine Berechtigung, die den Zugriff auf Ordner und Dateien des Dateisystems steuert.
IsolatedStorageFilePermission	Gibt das Recht für die Verwendung eines privaten virtuellen Dateisystems und das Kontingent an.
PrintingPermission	Definiert eine Berechtigung für den Zugriff auf Drucker.
ReflectionPermission	Steuert den Zugriff auf die Reflektions-APIs.
RegistryPermission	Definiert eine Berechtigung für den Zugriff auf die Systemregistrierung.
SecurityPermission	Definiert Berechtigungen, die auf Code angewendet werden. *SecurityPermission* verwendet eine Reihe von *Flags* im gleichnamigen Attribut, das eine Kombination folgender Werte annehmen kann: *NoFlags, Assertion, UnmanagedCode, SkipVerification, Execution, ControlThread, ControlEvidence, ControlPolicy, SerializationFormatter, ControlDomainPolicy, ControlPrincipal, ControlAppDomain, RemotingConfiguration, Infrastructure, BindingRedirects* und *AllFlags.*
SharePointPermission	Definiert eine benutzerdefinierte Berechtigung, die den Zugriff auf SharePoint durch Code steuert.
SmtpPermission	Definiert eine Berechtigung, die Methoden oder Klassen den Zugriff auf SMTP-Server aus dem Netzwerk erlaubt.
SocketPermission	Definiert eine Berechtigung, die Methoden oder Klassen die Verwaltung von Sockets im Netzwerk erlaubt.
SqlClientPermission	Definiert eine Berechtigung, die Methoden oder Klassen den Zugriff auf SQL-Server im Netzwerk erlaubt.
UIPermission	Steuert den Zugriff auf die Benutzeroberfläche und die Zwischenablage.
WebPartPermission	Definiert eine benutzerdefinierte Berechtigung, die den Zugriff auf Webpartressourcen steuert.
WebPermission	Definiert eine Berechtigung, die Methoden oder Klassen den Zugriff auf HTTP-Ressourcen und -Server im Netzwerk erlaubt.

Teilweise vertrauenswürdiger ASP.NET-Code

Seit ASP.NET 1.1 lässt sich ASP.NET-Code in einer Sandkastenumgebung (sandboxed environment) ausführen. Das gibt Ihnen die Möglichkeit, eine Richtlinienstufe für die Ausführung des Codes festzulegen. Standardmäßig verfügt jede ASP.NET-Lösung über eine Richtlinieneinstellung des Typs *Full Trust.* Das bedeutet, dass die Webanwendung alles tun kann, was die Sicherheitsrichtlinien von Windows zulassen. Allerdings ist es je nach der Art der Anwendung möglich und sinnvoll, die Vertrauensstufe herunterzusetzen. Eine Anwendung sollte nur die Berechtigungen erhalten, die sie tatsächlich braucht. ASP.NET bietet zu diesem Zweck einige vordefinierte Richtlinien, wie *Minimal Trust, Low Trust, Medium Trust* und *High Trust.* Jede Richtlinie definiert eine bestimmte Auswahl an Berechtigungen. Sie sollten für jede Anwendung eine Richtlinie wählen, die der Anwendung nur die erforderlichen Berechtigungen gewährt.

Warum sollte man zum Beispiel einer Anwendung, die gar nicht auf das Dateisystem des Hostservers zugreift, die Berechtigung für den Zugriff auf das Dateisystem geben? Eine Webanwendung, die über mehr Rechte verfügt, als sie tatsächlich braucht, ist nur ein bequemer Einstiegspunkt für einen Hacker.

In der *web.config*-Datei können Sie die Vertrauensstufe für eine Webanwendung einstellen. Listing 23.1 zeigt einen Auszug aus der *web.config*-Datei für eine Webanwendung, die unter .NET 3.5 läuft und für die Vertrauensstufe *Minimal Trust* konfiguriert wurde.

Listing 23.1 Auszug aus einer *web.config*-Datei für eine Webanwendung, die mit der Vertrauensstufe *Minimal Trust* konfiguriert wurde

```
<?xml version="1.0" encoding="utf-8" ?>
<configuration>
  <system.web>

    <!-- Restliche Konfiguration der Übersichtlichkeit halber weggelassen. -->

    <trust level="Minimal" originUrl="" />

    <!-- Restliche Konfiguration der Übersichtlichkeit halber weggelassen. -->

  </system.web>
</configuration>
```

Wenn Sie auf einem 64-Bit-Computer mit .NET 3.5 arbeiten (wie SharePoint 2010), werden die Vertrauensstufen in speziellen XML-Dateien definiert, die unter *%windir%\Microsoft.NET\Framework64\<Version>\Config* zu finden sind. (Die Standard-Trust-Dateien werden in dem *Config*-Ordner installiert, der die *Aspnet_isapi.dll*-Datei enthält. In der für die Übersetzung dieses Buchs verwendeten Referenzinstallation gab es zwei Dateisätze, einen unter dem Pfad, der entsteht, wenn man für *<Version>* den Ordner *v2.0.50727* angibt, den anderen unter *v4.0.30319*). Die Referenzdateien sind:

- ***web_hightrust.config*** Definiert die Vertrauensstufe *High Trust*. Verwenden Sie den Wert *High* für das *Level*-Attribut.
- ***web_mediumtrust.config*** Definiert die Vertrauensstufe *Medium Trust*. Verwenden Sie den Wert *Medium* für das *Level*-Attribut.
- ***web_lowtrust.config*** Definiert die Vertrauensstufe *Low Trust*. Verwenden Sie den Wert *Low* für das *Level*-Attribut.
- ***web_minimaltrust.config*** Definiert die Vertrauensstufe *Minimal Trust*. Verwenden Sie den Wert *Minimal* für das *Level*-Attribut.

Für die Stufe *Full Trust* gibt es keine spezielle Richtliniendatei, weil es sich um eine integrierte Richtlinienstufe des Systems handelt. Wenn Sie einer bestimmten Klasse oder Bibliothek umfangreichere Rechte geben müssen, sollten Sie nicht die Berechtigungen für die gesamte Webanwendung anheben. Bei Bedarf können Sie eine benutzerdefinierte Richtlinienstufe definieren. Dazu kopieren Sie eine passende XML-Richtliniendatei und fügen einen Berechtigungssatz hinzu, der nur für Ihren Code gilt. Im folgenden Abschnitt erfahren Sie genauer, wie Sie für Ihre SharePoint-Lösung eine passende Richtlinie definieren.

Wenn Sie in einer Webanwendung eine benutzerdefinierte Vertrauensstufe konfigurieren möchten, müssen Sie die entsprechende Richtliniendatei in der *web.config*-Datei registrieren und angeben. Listing 23.2 zeigt einen Auszug aus einer *web.config*, in der eine benutzerdefinierte Richtlinie für eine Webanwendung registriert wird.

Listing 23.2 Eine benutzerdefinierte Richtlinienstufe wird in der *web.config*-Datei registriert

```
<?xml version="1.0" encoding="utf-8" ?>
<configuration>
  <system.web>
    <securityPolicy>
      <trustLevel name="CustomLevel" policyFile="custom_policy.config" />
    </securityPolicy>
    <trust level="CustomLevel" originUrl="" />

    <!-- Restliche Konfiguration der Übersichtlichkeit halber weggelassen. -->

  </system.web>
</configuration>
```

In Listing 23.3 sehen Sie ein Beispiel für eine Richtliniendatei.

Listing 23.3 Der Inhalt einer Richtliniendatei (*web_minimaltrust.config* von .NET 3.5)

```
<configuration>
  <mscorlib>
    <security>
      <policy>
        <PolicyLevel version="1">
          <SecurityClasses>
            <SecurityClass Name="AllMembershipCondition"
             Description="System.Security.Policy.AllMembershipCondition,
               mscorlib, Version=2.0.0.0, Culture=neutral,
               PublicKeyToken=b77a5c561934e089"/>
            <SecurityClass Name="AspNetHostingPermission"
              Description="System.Web.AspNetHostingPermission, System,
              Version=2.0.0.0, Culture=neutral,
              PublicKeyToken=b77a5c561934e089"/>

            <!-- XML-Codeteile weggelassen ... -->

            <SecurityClass Name="SecurityPermission"
              Description="System.Security.Permissions.SecurityPermission,
              mscorlib, Version=2.0.0.0, Culture=neutral,
              PublicKeyToken=b77a5c561934e089"/>

            <!-- XML-Codeteile weggelassen ... -->

          </SecurityClasses>
          <NamedPermissionSets>
            <PermissionSet class="NamedPermissionSet" version="1"
               Unrestricted="true" Name="FullTrust"
               Description="Allows full access to all resources" />
            <PermissionSet class="NamedPermissionSet" version="1"
               Name="Nothing"
               Description="Denies all resources, including the right to execute" />
```

```
            <PermissionSet class="NamedPermissionSet" version="1" Name="ASP.Net">
              <IPermission class="AspNetHostingPermission" version="1"
                Level="Minimal" />
              <IPermission class="SecurityPermission" version="1"
                Flags="Execution" />
            </PermissionSet>
          </NamedPermissionSets>
          <CodeGroup class="FirstMatchCodeGroup" version="1"
            PermissionSetName="Nothing">
            <IMembershipCondition class="AllMembershipCondition" version="1" />
            <CodeGroup class="UnionCodeGroup" version="1"
              PermissionSetName="ASP.Net">
              <IMembershipCondition class="UrlMembershipCondition" version="1"
                Url="$AppDirUrl$/*" />
            </CodeGroup>
            <CodeGroup class="UnionCodeGroup" version="1"
              PermissionSetName="ASP.Net">
              <IMembershipCondition class="UrlMembershipCondition" version="1"
                Url="$CodeGen$/*" />
            </CodeGroup>
            <CodeGroup class="UnionCodeGroup" version="1"
              PermissionSetName="Nothing">

              <!-- XML-Codeteile weggelassen ... -->

            </CodeGroup>
          </CodeGroup>
        </PolicyLevel>
      </policy>
    </security>
  </mscorlib>
</configuration>
```

HINWEIS Die Werte der *Description*-Attribute müssen im obigen Code jeweils auf einer einzigen Zeile stehen. Die Zeilen wurden hier nur aus drucktechnischen Gründen umbrochen.

Am Anfang der Datei erfolgt die Deklaration der Berechtigungsklassen, die in der Richtliniendatei verwendet werden. Jedes Berechtigungselement entspricht einem *SecurityClass*-Element. Dann folgen einige *PermissionSet*-Elemente, mit denen Gruppen von Berechtigungen deklariert werden. Jede Berechtigung wird durch ein *IPermission*-Element definiert. Die *PermissionSet*-Instanzen werden den gewünschten *CodeGroup*-Elementen zugewiesen, die nach den *PermissionSet*-Elementen definiert werden. Jede *CodeGroup* gibt ihre Mitglieder an, indem sie Elemente des Typs *IMembershipCondition* deklariert.

SharePoint und Codezugriffssicherheit

Die Architektur von SharePoint folgt dem Grundsatz, dass ein System standardmäßig sicher sein muss (*secure by default*). Daher wird eine sehr restriktive Grundsicherheitslinie namens *WSS_Minimal* verwendet, eine Anpassung der Vertrauensstufe *Minimal Trust*. Außerdem gibt es eine Richtlinienstufe namens *WSS_Medium* für den Fall, dass Sie die Einschränkungen lockern möchten. Falls Sie diese Richtlinienstufen genauer untersuchen möchten, finden Sie die entsprechenden Dateien *wss_mediumtrust.config* und *wss_minimaltrust.config*, die in der *web.config* einer SharePoint-Webanwendung angegeben werden, im Ordner *<SharePoint14_Root>\CONFIG*.

Tabelle 23.2 vergleicht die beiden Richtlinienstufen. Berechtigungen, die in Tabelle 23.2 nicht aufgeführt werden, gelten auf beiden Richtlinienstufen als nicht erteilt.

Tabelle 23.2 Vergleich der beiden Richtlinienstufen *WSS_Minimal* und *WSS_Medium* (Quelle: SharePoint 2010 SDK)

Berechtigung	WSS_Medium	WSS_Minimal
AspNetHostingPermission	*Medium*	*Minimal*
DnsPermission	*Unrestricted*	*None*
EnvironmentPermission	Lesen: *TEMP, TMP, OS, USERNAME, COMPUTERNAME*	*None*
FileIOPermission	*Read, Write, Append, PathDiscovery*: Anwendungsverzeichnis	*None*
IsolatedStoragePermission	*AssemblyIsolationByUser*, unbeschränkte Benutzerkontingente	*None*
PrintingPermission	Standarddruck	*None*
SecurityPermission	*Execution, Assertion, ControlPrincipal, ControlThread, RemotingConfiguration*	*Execution*
SharePointPermission	*ObjectModel = true*	*None*
SqlClientPermission	*AllowBlankPassword = false*	*None*
WebPartPermission	*Connections = true*	*Connections = true*
WebPermission	Mit Ursprungshost verbinden (sofern konfiguriert)	*None*

Tabelle 23.2 können Sie zum Beispiel entnehmen, dass eine SharePoint-Webanwendung mit der Standardrichtlinienstufe *WSS_Minimal* keinen .NET-Code aufnehmen kann, der auf eine SQL Server-Datenbank zugreift (*SqlClientPermission = None*). Außerdem kann eine .NET-Klasse, die in einer SharePoint-Website bereitgestellt wird, wegen der Einstellung für *SharePointPermission* in der Richtlinie *WSS_Minimal* standardmäßig nicht auf das SharePoint-Serverobjektmodell zugreifen. Bei der Bereitstellung von Lösungen auf Farmebene werden diese Einschränkungen aber nicht wirksam. Standardmäßig werden die Assemblys einer Lösung, die auf Farmebene installiert wird, im Global Assembly Cache (GAC) bereitgestellt, und .NET-Assemblys, die im GAC bereitgestellt werden, erhalten automatisch den Berechtigungssatz *Full Trust*.

WICHTIG Es gibt viele SharePoint-Entwickler, die ihre Lösungen einfach auf Farmebene bereitstellen, weil sie sich dann vermeintlich keine Gedanken mehr über die Sicherheitseinstellungen zu machen brauchen. Zu empfehlen ist dies nicht, denn dadurch setzen sie ihre Websites und ihre Kunden einem vermeidbaren Sicherheitsrisiko aus. Sie sollten benutzerdefiniertem Code unter SharePoint niemals *Full Trust*-Berechtigungen geben, nur um sich die Arbeit zu erleichtern. Im Gegenteil. Weisen Sie jeder Assembly genau die Berechtigungen zu, die sie braucht. Nicht mehr, nicht weniger. Im Verlauf dieses Kapitels werden Sie noch sehen, wie man Sandkastenlösungen entwickelt. Diese Möglichkeit wurde mit SharePoint 2010 eingeführt, damit Sie es leichter vermeiden können, dass benutzerdefinierte Assemblys *Full Trust*-Berechtigungen behalten, nur weil sie im GAC installiert wurden. Wenn Sie Lösungen für Microsoft Office 365 entwickeln, können Sie diese Lösungen außerdem nicht mehr auf Farmebene bereitstellen, sondern nur als Sandkastenlösungen.

Die Wahrheit liegt oft genug in der Mitte, und es ist nicht richtig, alles im GAC zu installieren, nur um die Konfiguration zu vereinfachen. Wenn Sie allerdings versuchen, ein Webpart wie das in Listing 23.4 gezeigte mit einem benutzerdefinierten WSP-Paket, das für eine einzelne Webanwendung ausgelegt ist, auf der Ebene der Webanwendung zu installieren, beispielsweise im Ordner */bin* der Zielwebanwendung, lösen Sie eine Ausnahme des Typs *System.Security.SecurityException* mit folgender Fehlermeldung aus:

```
Fehler bei der Anforderung des Berechtigungstyps 'Microsoft.SharePoint.Security.SharePointPermission,
   Microsoft.SharePoint.Security, Version=14.0.0.0, Culture=neutral, PublicKeyToken=71e9bce111e9429c'.
```

Diese Ausnahme ergibt sich aus der versuchten Verwendung des Serverobjektmodells (die hervorgehobenen Zeilen).

Listing 23.4 Dieses Webpart braucht eine benutzerdefinierte Berechtigungsstufe

```
public class ShowWelcome : WebPart {
    protected override void CreateChildControls() {
        SPWeb web = SPControl.GetContextWeb(HttpContext.Current);

        LiteralControl literal = new LiteralControl(
            String.Format("Willkommen {0}", web.CurrentUser.Name));
        this.Controls.Add(literal);
    }
}
```

Zur Lösung dieses Problems können Sie eine Sandkastenlösung erstellen, wie es im Verlauf dieses Kapitels noch beschrieben wird. Andererseits könnten Sie auch die Vertrauensstufe für die gesamte Webanwendung anheben, was eher eine schlechte Lösung wäre, oder Sie definieren für Ihre Assembly eine benutzerdefinierte Richtlinienstufe und stellen sie durch eine WSP-SharePoint-Lösung bereit. In Kapitel 8, »SharePoint-Features und -Lösungen«, wird beschrieben, was eine WSP ist und wie benutzerdefinierte Entwicklungen mit Features und Lösungen bereitgestellt werden. Listing 8.5 zeigt, dass ein *Solution*-Element in einem Manifest ein untergeordnetes Element des Typs *CodeAccessSecurity* haben kann, das benutzerdefinierte Codezugriffs-Sicherheitsrichtlinien angibt. Nun ist es an der Zeit, die Deklaration dieses Elements genauer zu untersuchen. Das *CodeAccessSecurity*-Element kann ein oder mehrere *PolicyItem*-Elemente enthalten, die intern eine Teilmenge einer Sicherheitsrichtlinie deklarieren. Listing 23.5 zeigt ein benutzerdefiniertes *Solution*-Element mit einem untergeordneten *CodeAccessSecurity*-Element.

Listing 23.5 Ein WSP-Manifest mit einer benutzerdefinierten Sicherheitsrichtlinienbereitstellung

```
<Solution xmlns="http://schemas.microsoft.com/sharepoint/" SolutionId="399bfa99-73b8-42cd-a096-
f879ef125ffb" SharePointProductVersion="14.0">
  <CodeAccessSecurity>
    <PolicyItem>
      <PermissionSet
        class="NamedPermissionSet" version="1" Name="CustomPolicyWebPart">
        <IPermission class="AspNetHostingPermission" version="1" Level="Medium" />
        <IPermission class="SecurityPermission" version="1"
          Flags="Execution, ControlPrincipal" />
        <IPermission class="Microsoft.SharePoint.Security.SharePointPermission,
          Microsoft.SharePoint.Security, Version=14.0.0.0, Culture=neutral,
          PublicKeyToken=71e9bce111e9429c" version="1" ObjectModel="True" />
      </PermissionSet>
      <Assemblies>
        <Assembly Name="DevLeap.SP2010.CustomPolicyWebPart"
```

```
          PublicKeyBlob="002400000480000094000000060200000024000052534131000
            04000001000100e3fc0594d6d003a10368fbca704d93fe3d2ca67777e985369c
            8503924bc0b70f54e02be59b2cb133139880b2356fd67016d9a4a2c99c416e32c
            49bafe766deb05ae9d2fea2a81096ca496b1a594c8430ca37a93a0fa0e31cec21
            8f8beb1c6db1a109dec860fda78ad5f864674cf1fc4babf4f5fce7cfc5dcb6766
            70c714c68ea" Version="1.0.0.0" />
        </Assemblies>
      </PolicyItem>
    </CodeAccessSecurity>
    <Assemblies>
      <Assembly Location="DevLeap.SP2010.CustomPolicyWebPart.dll"
        DeploymentTarget="WebApplication">
        <SafeControls>
          <SafeControl Assembly="DevLeap.SP2010.CustomPolicyWebPart, Version=1.0.0.0,
            Culture=neutral, PublicKeyToken=e11ce962f93bfe29"
            Namespace="DevLeap.SP2010.CustomPolicyWebPart.ShowWelcome" TypeName="*" />
        </SafeControls>
      </Assembly>
    </Assemblies>
    <FeatureManifests>
      <FeatureManifest
        Location="DevLeap.SP2010.CustomPolicyWebPart_DeployShowWelcome\Feature.xml" />
    </FeatureManifests>
  </Solution>
```

HINWEIS Die langen Werte der Attribute *class*, *PublicKeyBlob* und *Assembly* aus dem vorigen Listing müssen in Ihrem Code jeweils auf einer einzigen Zeile stehen. Die Zeilen wurden hier nur aus drucktechnischen Gründen umbrochen.

Wie der Quellcode zeigt, definiert das *PolicyItem*-Element in diesem Beispiel ein *PermissionSet*-Element, das für eine oder mehrere Assemblys vorgesehen ist, die im Element *Assemblies* definiert werden. Das *PermissionSet*-Element ähnelt dem aus Listing 23.3. Ein *Assembly*-Element beschreibt eine .NET-Assembly mit ihrem Namen, ihrer Version und dem Blob mit ihrem öffentlichen Schlüssel. Dieser Blob lässt sich mit dem Befehlszeilentool *SN.EXE* abrufen, das mit folgender Syntax aufgerufen wird:

```
SN.EXE –Tp <AssemblyDatei.dll>
```

Die folgenden Zeilen zeigen das Ergebnis dieses Befehls:

```
Microsoft (R) .NET Framework-Dienstprogramm für starke Namen, Version 4.0.30319.1
Copyright (c) Microsoft Corporation. Alle Rechte vorbehalten.

Öffentlicher Schlüssel:
0024000004800000940000000602000000240000525341310004000001000100e3fc0594d6d003
a10368fbca704d93fe3d2ca67777e985369c8503924bc0b70f54e02be59b2cb133139880b2356f
d67016d9a4a2c99c416e32c49bafe766deb05ae9d2fea2a81096ca496b1a594c8430ca37a93a0f
a0e31cec218f8beb1c6db1a109dec860fda78ad5f864674cf1fc4babf4f5fce7cfc5dcb676670c
714c68ea

Öffentliches Schlüsseltoken: e11ce962f93bfe29
```

Der Blob mit dem öffentlichen Schlüssel ist darin hervorgehoben. Sorgen Sie dafür, dass der Blob auf einer einzigen Zeile steht, und fügen Sie das Ergebnis in das *PublicKeyBlob*-Attribut des *Assembly*-Elements ein.

HINWEIS Diese Methode, eine benutzerdefinierte Richtlinie durch ein *Solution*-Manifest zu deklarieren, wird häufig verwendet, um benutzerdefinierte Webparts bereitzustellen, die sich nicht als Sandkastenlösung installieren lassen, aber auch nicht im GAC installiert werden sollen.

Wenn Sie eine Lösung mit einem benutzerdefinierten Richtlinienelement bereitstellen, informiert SharePoint Sie darüber, dass die Lösung eine CAS-Richtlinie enthält (Abbildung 23.1). Sie müssen der Anwendung dieser Richtlinie explizit zustimmen, um nicht unbeabsichtigt die Sicherheit der Umgebung zu gefährden. Selbst wenn Sie zur Bereitstellung das Befehlszeilentool *Stsadm.exe* verwenden, müssen Sie den Parameter *allowCasPolicies* angeben. Wenn Sie es nicht tun, sperrt SharePoint die Bereitstellung aus Sicherheitsgründen. Und wenn Sie mit Windows PowerShell arbeiten, müssen Sie das Cmdlet *Install-SPSolution* mit dem Parameter *CASPolicies* aufrufen.

HINWEIS Leider gibt es in der RTM-Version von Visual Studio 2010 das bekannte Problem, dass die Bereitstellung des Pakets fehlschlägt, wenn man eine benutzerdefinierte Richtlinie verwendet. Allerdings beschreibt ein KnowledgeBase-Artikel unter *http://support.microsoft.com/kb/2022463*, wie sich dieses Problem lösen lässt. Wenn Sie das Problem umgehen möchten, können Sie das Paket auch manuell bereitstellen.

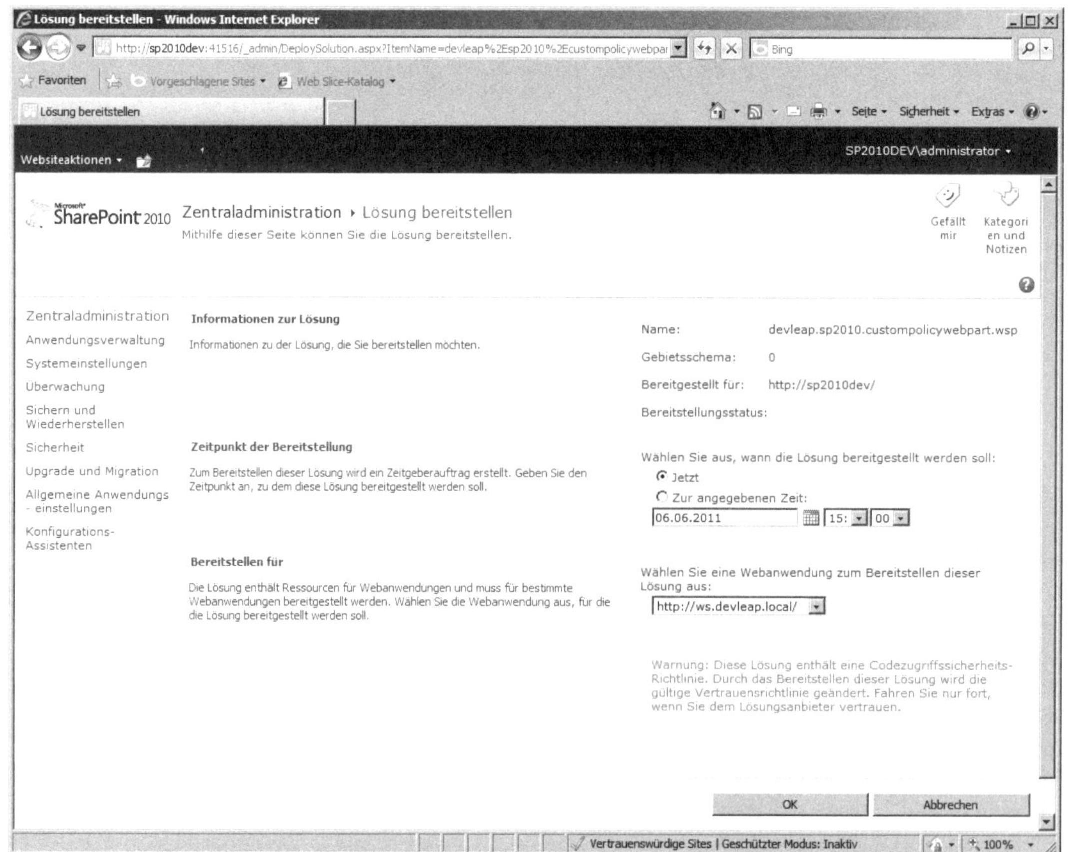

Abbildung 23.1 Die SharePoint-Zentraladministration informiert Sie, wenn eine WSP eine benutzerdefinierte Codezugriffssicherheitsrichtlinie enthält

Nach der Bereitstellung Ihrer WSP auf einer Zielwebsite werden Sie sehen, dass die Assembly in den Ordner */bin* des Stammverzeichnisses der Webanwendung kopiert wurde, zu der die Zielwebsite gehört. Außerdem wurde eine Sicherungskopie der *web.config*-Datei erstellt und die Datei wurde geändert. Die neue Version der Datei definiert ein neues *trustLevel*-Element, das eine benutzerdefinierte Sicherheitskonfigurationsdatei deklariert. Das *trust*-Element schließlich hat ein *Level*-Attribut mit dem Wert *WSS_Custom*. Wenn Sie in derselben Webanwendung mehrere Lösungen bereitstellen, die alle über eine benutzerdefinierte CAS-Richtlinienkonfiguration verfügen, fasst das Bereitstellungsmodul von SharePoint die Richtlinien zu einer einzigen benutzerdefinierten Datei zusammen.

Listing 23.6 zeigt die geänderte *web.config*-Datei, die nun die neue Richtlinie anwendet.

Listing 23.6 Die *web.config*-Datei wurde geändert und wendet die neue Richtlinie an

```
<?xml version="1.0" encoding="UTF-8" standalone="yes"?>
<configuration>

  <!-- Restliche Konfiguration der Übersichtlichkeit halber weggelassen.  -->

  <system.web>
    <securityPolicy>
      <trustLevel name="WSS_Medium" policyFile="C:\Program Files\Common Files\Microsoft Shared\Web
Server Extensions\14\config\wss_mediumtrust.config" />
      <trustLevel name="WSS_Minimal" policyFile="C:\Program Files\Common Files\Microsoft Shared\Web
Server Extensions\14\config\wss_minimaltrust.config" />
      <trustLevel name="WSS_Custom" policyFile="C:\Program Files\Common Files\Microsoft Shared\Web
Server Extensions\14\config\wss_custom_wss_minimaltrust.config" />
    </securityPolicy>

    <!-- Restliche Konfiguration der Übersichtlichkeit halber weggelassen.  -->

    <trust level="WSS_Custom" originUrl="" />

    <!-- Restliche Konfiguration der Übersichtlichkeit halber weggelassen.  -->

  </system.web>

  <!-- Restliche Konfiguration der Übersichtlichkeit halber weggelassen.  -->

</configuration>
```

HINWEIS Das Attribut *policyFile* aus dem vorigen Listing muss in Ihrem Code auf einer einzigen Zeile stehen. Die Zeilen wurden hier nur aus drucktechnischen Gründen umbrochen.

Übersicht über Sandkastenlösungen

Wie die erste Hälfte dieses Kapitels zeigt, ist die Bereitstellung einer SharePoint-Lösung mit den passenden Sicherheitsberechtigungen nicht immer einfach. Außerdem ist eine GAC-Bereitstellung unter Sicherheitsaspekten häufig nicht die beste Wahl und bedeutet zudem einen Eingriff in die Zielfarm. Eine WSP mit einer benutzerdefinierten Richtlinie ist zwar sicherer, bedeutet aber immer noch einen Eingriff, denn Sie müssen Dateien ins Zieldateisystem kopieren und die *web.config*-Datei der Zielwebanwendungen ändern. Im Bereich des Cloud-Computing und online gehosteter Dienste sollten Sie sich nicht auf Bereitstellungsmechanismen verlassen, die derart tief in die Zielfarm eingreifen.

Als Lösung dieses Problems führt Microsoft SharePoint Foundation 2010 das Konzept der Sandkastenlösungen ein. Sandkastenlösungen (sandboxed solutions) sind WSP-Lösungen, die von autorisierten Benutzern auf der Ebene der Websitesammlung hochgeladen und bereitgestellt werden können und in einem eingeschränkten, sicheren Kontext ausgeführt werden. Alle Sandkastenlösungen werden in einem speziellen Lösungskatalog gespeichert, der wiederum in der Inhaltsdatenbank der aktuellen Websitesammlung gespeichert und daher von den Richtlinien zum Sichern und Wiederherstellen berücksichtigt wird.

Programmcode, der in einer Sandkastenlösung ausgeführt wird, kann nur eine beschränkte Teilmenge der verfügbaren Typen und Namespaces des SharePoint-Serverobjektmodells verwenden. Sinn dieser Beschränkung ist es zu vermeiden, dass Benutzer trojanische Pferde bereitstellen.

Sandkastenlösungen können von Farmadministratoren überwacht und überprüft werden, die beispielsweise Daten über die Speicherbelegung, Prozessorbelastung, Aufrufzahlen, Datenbankabfragen und so weiter einsehen können. Wenn eine Sandkastenlösung, die von einem Benutzer bereitgestellt wird, zu viele Ressourcen beansprucht, kann ein Administrator die Lösung deaktivieren und auf diese Weise eine übermäßige Belastung der Umgebung vermeiden.

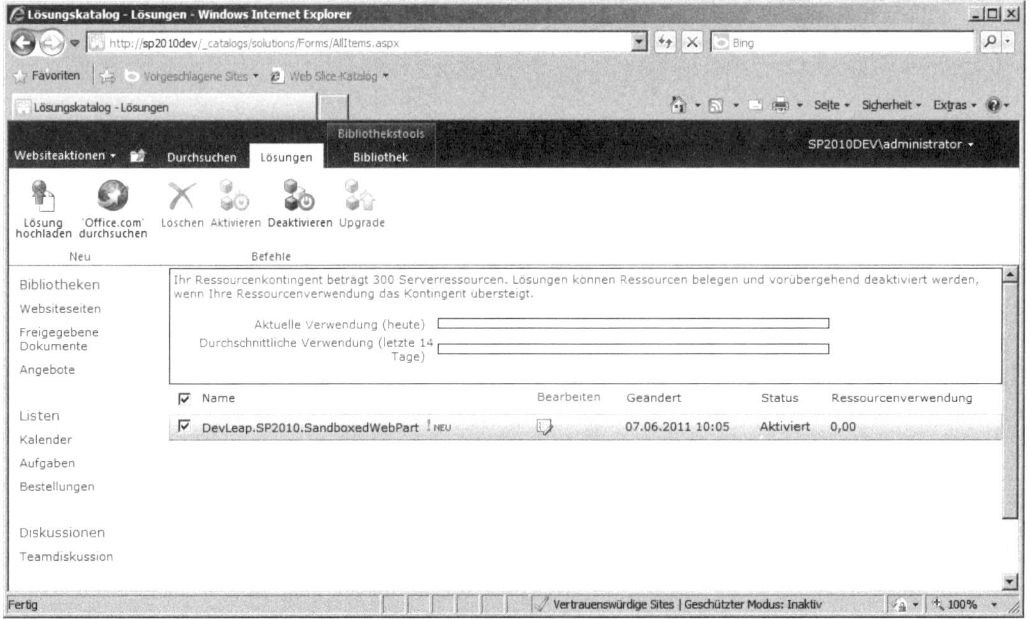

Abbildung 23.2 Die Benutzeroberfläche des Lösungskatalogs

Abbildung 23.2 zeigt die Benutzeroberfläche des Lösungskatalogs. Das ist eine Seite für die Verwaltung der Sandkastenlösungen der aktuellen Websitesammlung. Sie erreichen diese Seite über die Seite *Websiteeinstellungen* der aktuellen Websitesammlung.

Architektur der Sandkastenlösungen

Eine Sandkastenlösung ist ein WSP-Paket, das im Lösungskatalog auf der Ebene der Websitesammlung bereitgestellt wird. Der Bereitstellungsvorgang setzt sich aus mehreren Schritten zusammen:

- **Hochladen** Das Paket wird in den Lösungskatalog hochgeladen.
- **Aktivieren** Eine zuvor hochgeladene Lösung wird aktiviert. Während der Aktivierung wird die Lösung überprüft und alle enthaltenen Features für die Ebene der Websitesammlung werden aktiviert.

Nachdem Sie eine Lösung aktiviert haben, können Sie folgende Verwaltungsschritte durchführen:

- **Deaktivieren** Eine aktive Lösung wird deaktiviert. Das kann von einem autorisierten Benutzer manuell durchgeführt werden oder automatisch erfolgen, falls die Lösung zu viele Ressourcen beansprucht.
- **Löschen** Das WSP-Paket wird aus dem Lösungskatalog gelöscht.
- **Upgrade** Eine Aktualisierung erfolgt, wenn Sie ein WSP-Paket in den Lösungskatalog hochladen, das über dieselbe Lösungskennung wie eine bereits vorhandene Lösung verfügt, aber einen anderen Hashcode (einen anderen Dateiinhalt) hat. In dieser Phase werden auch alle Feature-Aktualisierungsaktionen ausgeführt. Weitere Informationen zu diesem Thema finden Sie in Kapitel 8.

Eine Sandkastenlösung wird in einer speziellen .NET-Anwendungsdomäne ausgeführt, die in einem speziellen und isolierten Prozess mit einem eingeschränkten Satz an Berechtigungen ausgeführt wird. Wenn ein Frontendserver eine Anfrage erhält, die an eine Sandkastenlösung gerichtet ist, verwendet er ein Execution-Manager-Modul, das die Anfrage an den *SharePoint User Code Service* (*SPUCHostService.exe*) weiterleitet. Der *User Code Service* leitet die Anfrage an die Zielanwendungsdomäne weiter, die in einem speziellen Prozess namens *SPUCWorkerProcess.exe* ausgeführt wird. Da jede Sandkastenlösung in einer eingeschränkten Umgebung ausgeführt wird, wird jede an die SharePoint-API gerichtete Anfrage an einen dritten Prozess namens *SPUCWorkerProcessProxy.exe* gerichtet, der für den Aufruf von SharePoint zuständig ist. Sie finden diese Programme und ihre Konfigurationsdateien im Ordner *<SharePoint-14_Root>\UserCode*.

Abbildung 23.3 zeigt ein Funktionsschema der Sandkastenlösungen in SharePoint 2010.

Schließlich können Sie die Farm noch so konfigurieren, dass Sandkastenlösungen entweder im Lokalmodus (local mode) oder im Remotemodus (remote mode) ausgeführt werden. Im Lokalmodus wird jede Sandkastenlösung auf dem Frontend ausgeführt, bei dem die Anfrage eingeht. Im Remotemodus werden alle Sandkastenlösungen auf Backend-Anwendungsservern ausgeführt, die speziell für die Ausführung von Sandkastenlösungen eingerichtet wurden. Für den Remotemodus steht zudem ein integriertes Lastausgleichsmodul zur Verfügung, das Anfragen immer an den Server weiterleitet, der am wenigsten ausgelastet ist, sofern mehrere Anwendungsserver zur Verfügung stehen.

WICHTIG Es ist wichtig, die Namen der Arbeitsprozesse zu kennen, in denen die Sandkastenlösungen ausgeführt werden, denn beim Debuggen müssen Sie eine Verbindung mit dem richtigen Prozess herstellen.

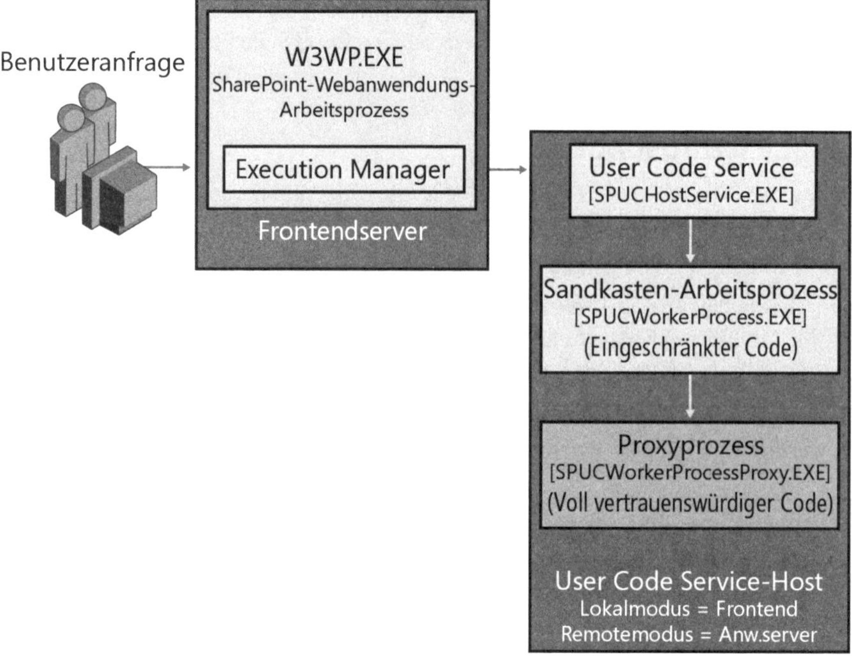

Abbildung 23.3 Ein Funktionsschema der Sandkastenlösungen

Standardmäßig wird jede Sandkastenlösung auf einer Vertrauensstufe namens *WSS_Sandbox* ausgeführt, die von einer CAS-Richtlinie definiert wird. Diese CAS-Richtliniendatei wird in der *web.config*-Datei einer SharePoint-Webanwendung aber nicht direkt angegeben. Stattdessen wird sie vom Prozess des Sandkastenlösungsmoduls eingebunden.

Listing 23.7 zeigt den Berechtigungssatz der entsprechenden Richtliniendatei.

Listing 23.7 Ein Auszug aus der Richtliniendatei, die den Richtliniensatz für die Vertrauensstufe *WSS_Sandbox* deklariert

```
<PermissionSet class="NamedPermissionSet" version="1"
        Name="SPSandBox">
    <IPermission class="AspNetHostingPermission"
            version="1" Level="Minimal" />
    <IPermission  class="SharePointPermission"
            version="1" ObjectModel="True" UnsafeSaveOnGet="True" />
    <IPermission  class="SecurityPermission"
            version="1" Flags="Execution" />
</PermissionSet>
```

Das Listing definiert folgende Berechtigungen:

- *SharePointPermission.ObjectModel*
- *SharePointPermission.UnsafeSaveOnGet*
- *SecurityPermission.Execution*
- *AspNetHostingPermissionLevel = Minimal*

Die CAS-Richtlinie für Sandkastenlösungen wird in der Datei *wss_usercode.config* definiert, die Sie im Ordner *<SharePoint14_Root>\CONFIG* finden. Das SharePoint-Serverobjektmodell ist aber nicht vollständig verfügbar. Sie haben nur auf eine Teilmenge der Namespaces und Typen Zugriff, die normalerweise zur Verfügung stehen.

HINWEIS Wenn Sie mit Ihren Sandkastenlösungen mehr tun müssen, können Sie auf einen externen Full-Trust-Proxy zurückgreifen. Dieses Thema wird im Verlauf dieses Kapitels noch besprochen.

WEITERE INFORMATIONEN Weitere Informationen über Namespaces und Typen, die in Sandkastenlösungen verfügbar sind, finden Sie im Dokument »In Sandkastenlösungen verfügbare Microsoft.SharePoint.dll-APIs« auf MSDN Online unter *http://msdn.microsoft.com/de-de/library/ee537860.aspx.*

Eine Sandkastenlösung kann standardmäßig folgende Features bereitstellen:

- Inhaltstypen/Felder
- Inhaltstypbindung (content type binding)
- Benutzerdefinierte Aktionen
- Deklarative Workflows
- Features
- Listendefinitionen
- Listeninstanzen
- Module/Dateien
- Navigation
- *Onet.xml*
- Ereignisempfänger (des Typs *SPItemEventReceiver*, *SPListEventReceiver*, *SPWebEventReceiver*)
- Webparts (keine visuellen Webparts)
- *WebTemplate*-Featureelemente

Folgende Features können Sie standardmäßig nicht bereitstellen:

- Anwendungsseiten
- Benutzerdefinierte Aktionsgruppen
- Features auf der Ebene der Farm
- *HideCustomAction*-Element
- Visuelle Webparts
- Features auf der Ebene der Webanwendung
- Workflows mit Code

Im Internet finden Sie einige benutzerdefinierte Projektvorlagen, mit denen Sie dieses Standardverhalten etwas ändern können. Auf Codeplex gibt es zum Beispiel eine »Visual Webpart«-Vorlage, die Sie verwenden können, um in Sandkastenlösungen visuelle Webparts bereitzustellen.

Überwachen der Lösungen

Während der Ausführung einer Sandkastenlösung sammelt die SharePoint-Umgebung folgende Daten:

- CPU-Ausführungszeit
- Speicherbelegung
- Datenbankabfragezeiten
- Unnormale Beendigungen
- Kritische Ausnahmen
- Unbehandelte Ausnahmen
- Datenmarshalling, Größe
- Prozessorzeit (in Prozent)
- Zahl der Prozesshandles
- Zahl der Prozessthreads
- Zahl der Datenbankabfragen
- Prozess-CPU-Zyklen
- Zahl der nicht antwortenden Prozesse

Alle gesammelten Daten werden in *Ressourcenpunkte* (resource points) umgerechnet, die als *Ressourcenmessgröße* (resource measure) für den Ressourcenverbrauch eines Pakets dienen. Ein Farmadministrator kann die maximale Zahl der Ressourcenpunkte festlegen, die eine Websitesammlung täglich verbrauchen darf. Überschreitet die Websitesammlung diesen Grenzwert, werden alle Sandkastenlösungen für den Rest des Tages offline genommen. Natürlich können Sie die entsprechenden Kontingentvorlagen konfigurieren oder sogar deaktivieren.

Außerdem verfügt jede einzelne Sandkastenlösung über eine *AbsoluteLimit*-Eigenschaft, mit der die maximale Anzahl an Ressourcenpunkten festgelegt wird, die für eine einzige Anfrage verbraucht werden dürfen. Überschreitet eine Sandkastenlösung während einer Anfrage diesen Grenzwert, wird der Arbeitsprozess, auf dem die Lösung ausgeführt wird, automatisch neu gestartet. Außerdem gibt es einen Grenzwert namens *WorkerProcessExecutionTimeout*, der innerhalb einer Anfrage überschritten werden könnte. Ähnlich wie bei der *AbsoluteLimit*-Eigenschaft wird der Arbeitsprozess erneut gestartet, wenn eine Sandkastenlösung diesen Grenzwert überschreitet. Diese Eigenschaften und Grenzwerte können von einem Farmadministrator mit Windows PowerShell konfiguriert und eingestellt werden.

Überprüfung der Lösungen

Als letzter Aspekt der Sandkastenlösungen sei hier das Thema der Überprüfung (Validierung) erwähnt. Bei Bedarf können Sie benutzerdefinierte Klassen zur Überprüfung von Lösungen entwickeln und installieren. Wie im vorigen Abschnitt bereits erwähnt, erfolgt eine Überprüfung, wenn Sie im Lösungskatalog eine neue Lösung aktivieren. Zuerst wird die Lösung überprüft, und dann jede Assembly, die von der Lösung bereitgestellt wird. Die Überprüfung kann auch mit benutzerdefinierter Logik erfolgen. Fällt die Überprüfung negativ aus, können Sie eine Fehlermeldung anzeigen und den Benutzer auf eine spezielle Fehlermeldungsseite umleiten. Im Abschnitt »Implementieren eines Lösungsvalidierers« weiter unten in diesem Kapitel erfahren Sie, wie man einen Lösungsvalidierer entwickelt.

Erstellen einer Sandkastenlösung

Um eine Sandkastenlösung zu erstellen, beginnen Sie mit einem neuen Projekt für SharePoint 2010. Im ersten Schritt des *Assistenten zum Anpassen von SharePoint* (Abbildung 23.4) wählen Sie die Bereitstellung als Sandkastenlösung, wie sie standardmäßig vorgeschlagen wird. Abbildung 23.5 zeigt das Eigenschaftsraster eines SharePoint 2010-Projekts mit der Zielbereitstellungseigenschaft.

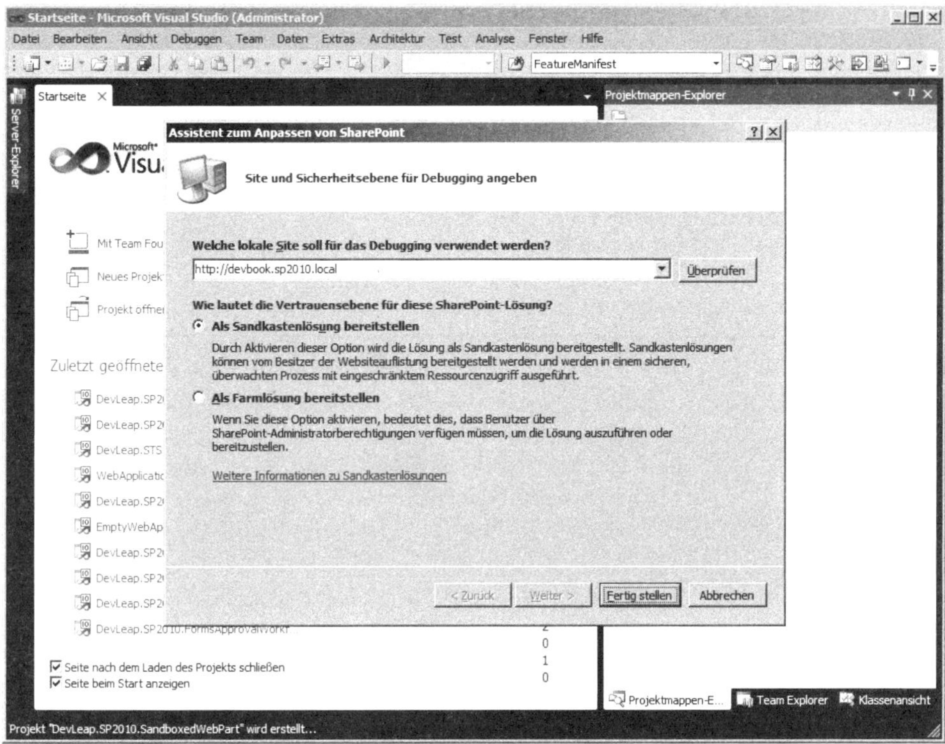

Abbildung 23.4 Auswählen des Bereitstellungstyps im *Assistenten zum Anpassen von SharePoint*

Später können Sie die Zielbereitstellungswahl noch in den Projekteigenschaften ändern.

Nachdem Sie das Sandkastenprojekt angelegt haben, erfolgt die Entwicklung praktisch genauso wie bei anderen Projekten. Allerdings sollten Sie berücksichtigen, dass Sie keinen Zugriff auf alle Klassen und Typen von SharePoint 2010 haben, weil der Kontext eingeschränkt ist.

Versuchen Sie zum Beispiel, eine Codezeile wie die folgende zu schreiben:

```
SPSecurity.RunWithElevatedPrivileges(...)
```

IntelliSense von Visual Studio wird die Hilfe verweigern, weil die Klasse *SPSecurity* eine höhere Vertrauensstufe verlangt. Natürlich wird sich der Code trotzdem kompilieren lassen, wenn Sie verbotene Typen verwenden. Wenn Sie den Code aber ausführen wollen, erhalten Sie eine Ausnahme des Typs *SPUserCodeSolutionExecutionFailedException*.

Listing 23.8 zeigt ein Webpart, das durch eine Sandkastenlösung bereitgestellt wird.

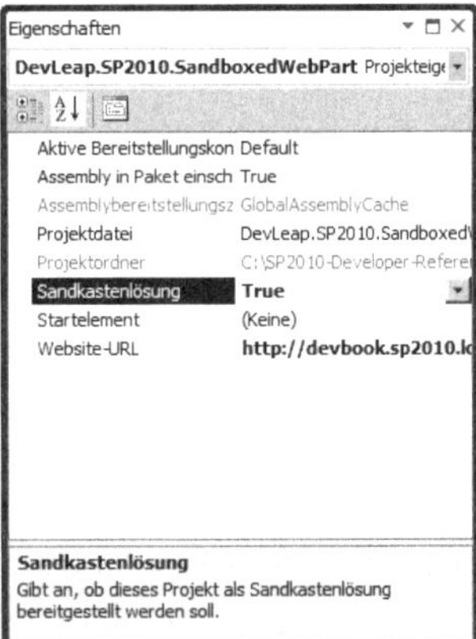

Abbildung 23.5 Die Eigenschaft entscheidet, ob es sich bei dem aktuellen SharePoint 2010-Projekt um eine Sandkastenlösung handelt

Listing 23.8 Ein als Sandkastenlösung bereitgestelltes Webpart

```
public class ListOfItems: WebPart {

    [WebBrowsable(true)]
    [Personalizable(PersonalizationScope.Shared)]
    [WebDescription("Titel der Quellliste")]
    [WebDisplayName("Source list")] // Quellliste
    [Category("Data Foundation")]
    public String SourceListTitle { get; set; }

    protected GridView grid;

    protected override void CreateChildControls() {
        if (!String.IsNullOrEmpty(this.SourceListTitle)) {
            SPWeb web = SPContext.Current.Web;
            SPList sourceList = web.Lists[this.SourceListTitle];

            this.grid = new GridView();
            this.Controls.Add(grid);
            List<String> listItemsTitles = new List<string>();
           foreach (SPListItem item in sourceList.Items) {
                listItemsTitles.Add(item.Title);
            }
            this.grid.DataSource = listItemsTitles;
            this.grid.DataBind();
        }
        else {
            this.Controls.Add(new LiteralControl("Konfigurieren Sie bitte dieses
                Webpart."));
        }
    }
}
```

Drücken Sie in Visual Studio auf F5, um Ihre Lösung automatisch im Lösungskatalog der Zielwebsite bereitzustellen. Anschließend können Sie das benutzerdefinierte Webpart verwenden.

Implementieren eines Lösungsvalidierers

Ein Lösungsvalidierer (solution validator) ist eine Klasse, die von der Basisklasse *SPSolutionValidator* aus dem Namensraum *Microsoft.SharePoint.UserCode* abgeleitet wird. Diese Klasse bietet folgende Methoden:

```
public virtual void ValidateAssembly(SPSolutionValidationProperties properties,
   SPSolutionFile assembly);
public virtual void ValidateSolution(SPSolutionValidationProperties properties);
```

Die erste muss überschrieben werden, um eine einzelne Assembly zu überprüfen, die von einer Lösung bereitgestellt wird. Sie hat einen Parameter des Typs *SPSolutionValidationProperties*, der Informationen über das Lösungspaket enthält, und einen Parameter des Typs *SPSolutionFile*, der die Assembly beschreibt. Die zweite Methode überprüft die ganze Lösung. Sie wird vor der Ausführung von *ValidateAssembly* aufgerufen und hat ebenfalls einen Parameter des Typs *SPSolutionValidationProperties*.

Wenn Sie einen benutzerdefinierten Lösungsvalidierer implementieren möchten, sollten Sie mit der Projektvorlage *Leeres SharePoint-Projekt* beginnen, damit Sie die Leistungsfähigkeit von Microsoft Visual Studio 2010 nutzen können. Zur Bereitstellung eines Lösungsvalidierers wählen Sie eine Farmlösung und fügen ein Feature für die Farmebene hinzu.

Listing 23.9 zeigt ein Beispiel für einen Lösungsvalidierer.

Listing 23.9 Ein Beispiellösungsvalidierer

```
[Guid("39C408AE-AE75-4FFC-BBC2-D420A0207981")]
public class DevLeapSolutionValidator : SPSolutionValidator {
    private const string validatorName = "DevLeap Solution Validator";

    public DevLeapSolutionValidator() { }

    public DevLeapSolutionValidator(SPUserCodeService userCodeService) :
        base(validatorName, userCodeService) {
        // Hier sollte ein Hashcode der Validiererlösung stehen.
        // Der Einfachheit halber wurde das aktuelle Jahr verwendet.
        this.Signature = 2011;
    }

    public override void ValidateAssembly(SPSolutionValidationProperties properties,
      SPSolutionFile assembly) {
        base.ValidateAssembly(properties, assembly);

        // Überprüfe, ob der Assemblyname "DevLeap" enthält.
        if (assembly.Location.Contains("DevLeap")) {
            // Stelle das Gültigkeitsflag auf false.
            properties.Valid = false;
            // Lege die Fehlermeldung fest.
            properties.ValidationErrorMessage = "Ungueltige Assemblydatei";
```

```
            // Leite den Benutzer auf eine Fehlermeldungsseite (Anwendungsseite) um.
            properties.ValidationErrorUrl = String.Format(
             "/_layouts/DevLeap.SP2010.SandboxValidator/InvalidAssembly.aspx?" +
             "package={0}&assembly={1}",
                properties.PackageFile.Location, assembly.Location);
        }
        else {
            // Stelle das Gültigkeitsflag auf true.
            properties.Valid = true;
        }
    }

    public override void ValidateSolution(
      SPSolutionValidationProperties properties) {
        base.ValidateSolution(properties);

        // Überprüfe, ob der Paketname "DevLeap" enthält.
        if (properties.PackageFile.Location.Contains("DevLeap")) {
            // Stelle das Gültigkeitsflag auf false.
            properties.Valid = false;
            // Lege die Fehlermeldung fest.
            properties.ValidationErrorMessage = "Ungueltiges Loesungspaket";
        }
        else {
            foreach (SPSolutionFile file in properties.Files) {
                // Sie können auch jede einzelne Datei der Lösung überprüfen.
            }
        }

        // Stelle das Gültigkeitsflag auf true.
        properties.Valid = true;
    }
}
```

Der Validierer selbst ist eine öffentliche Klasse, die Sie zum aktuellen Projekt hinzufügen müssen. Sie wird von der Basisklasse *SPSolutionValidator* abgeleitet. Jede Lösungsvalidiererklasse muss über ein *Guid*-Attribut mit einer eindeutigen GUID verfügen. Außerdem müssen Sie einen öffentlichen Konstruktor mit einem Parameter des Typs *SPUserCodeService* implementieren. Der Konstruktor ruft den Konstruktor der Basisklasse auf, wobei er den Namen des Validierers und das erhaltene *SPUserCodeService*-Argument übergibt. Intern initialisiert der Konstruktor die *Signature*-Eigenschaft der aktuellen Validiererinstanz. Der Wert sollte als Hashcode der aktuellen Version des Validierers berechnet werden und sich ändern, wenn sich der Validierer ändert. Zum Schluss zeigt Listing 23.9 noch die Implementierungen der beiden Methoden *ValidateSolution* und *ValidateAssembly*. Beachten Sie, dass beide Methoden ihre Ergebnisse bekannt geben, indem sie einer Eigenschaft namens *Valid* des *SPSolutionValidationProperties*-Parameters den Wert *true* oder *false* zuweisen. Der Standardwert der Eigenschaft *Valid* ist *false*.

Ein Lösungsvalidierer muss in der Umgebung registriert werden. Sie können ein Windows PowerShell-Skript oder ein benutzerdefiniertes Feature mit einem Featureempfänger verwenden, um den Lösungsvalidierer unter Verwendung des SharePoint-Serverobjektmodells zu registrieren. Listing 23.10 zeigt einen Featureempfänger, der den Beispielvalidierer aus Listing 23.9 registriert.

Listing 23.10 Ein Featureempfänger konfiguriert einen benutzerdefinierten Lösungsvalidierer

```
[Guid("19dfd704-461a-48ec-a7f4-0411354b56e6")]
public class SandboxValidatorFeatureEventReceiver : SPFeatureReceiver {
    public override void FeatureActivated(SPFeatureReceiverProperties properties) {
        SPUserCodeService userCodeService = SPUserCodeService.Local;
        if (userCodeService != null) {
          SPSolutionValidator validator =
            new DevLeapSolutionValidator(userCodeService);
          userCodeService.SolutionValidators.Add(validator);
        }
    }

    public override void FeatureDeactivating(
      SPFeatureReceiverProperties properties) {
        SPUserCodeService userCodeService = SPUserCodeService.Local;
        if (userCodeService != null) {
          SPSolutionValidator validator =
            new DevLeapSolutionValidator(userCodeService);
          userCodeService.SolutionValidators.Remove(validator.Id);
        }
    }
}
```

Abbildung 23.6 zeigt das Ergebnis der Überprüfung einer ungültigen Assembly. Zur Anzeige dieses Fehlers wird eine benutzerdefinierte Anwendungsseite verwendet, die Sie im Beispielcode für dieses Kapitel finden.

Full-Trust-Proxys

Wie Sie gesehen haben, kann eine Sandkastenlösung wegen der Sicherheitsrichtlinien standardmäßig nur eine eingeschränkte Menge an Operationen durchführen. Angenommen, Sie möchten ein benutzerdefiniertes Webpart entwickeln, das eine SQL Server-Datenbank abfragen und die gewünschten Datensätze als Liste anzeigen soll. Listing 23.7 zeigt, dass Sie in einer Sandkastenlösung nicht über die Berechtigung *SqlClientPermission* verfügen. Daher könnte man annehmen, eine Sandkastenlösung sei nicht die richtige Lösung.

Allerdings bietet die Architektur der Sandkastenlösungen die Möglichkeit, externe Full-Trust-Proxys zu verwenden, die von Farmadministratoren bereitgestellt und autorisiert werden. Auf diese Weise können Sie auch in Sandkastenlösungen Code verwenden, der die Vertrauensstufe *Full Trust* verlangt. Da Full-Trust-Proxys nur von Farmadministratoren installiert werden können, beeinträchtigen Sie nicht die Stabilität und Sicherheit der Umgebung. Außerdem können Sie umfangreiche Hilfsbibliotheken bereitstellen, die autorisierten Sandkastenlösungen zur Verfügung stehen und von Farmadministratoren überwacht werden.

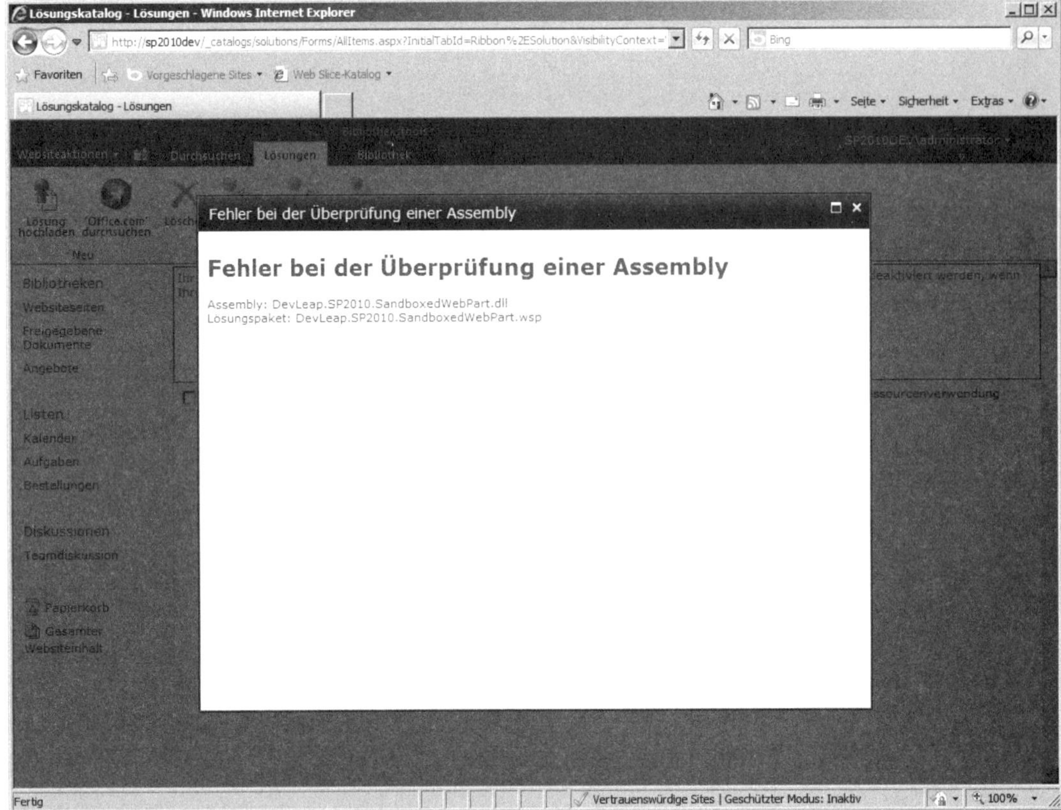

Abbildung 23.6 Die benutzerdefinierte Fehlerseite aus dem Beispielprojekt für einen Lösungsvalidierer

Implementieren eines Full-Trust-Proxys

Zur Entwicklung eines Full-Trust-Proxys erstellen Sie mit der Vorlage *Leeres SharePoint-Projekt* ein neues Projekt und konfigurieren es als Farmlösung. Die Assembly, die den Proxy enthält, muss mit dem Attribut *AllowPartiallyTrustedCallers* der .NET/CAS gekennzeichnet werden, weil sie im GAC bereitgestellt und von Sandkastenlösungen aufgerufen wird, die nur bedingt vertrauenswürdige Aufrufer sind. Dieses Attribut kann mit folgender Syntax in den *AssemblyInfo.cs*-Quellcode eingefügt werden:

```
[assembly:AllowPartiallyTrustedCallers]
```

Außerdem muss der Full-Trust-Proxy als öffentliche Klasse implementiert werden, die von der abstrakten Basisklasse *SPProxyOperation* aus dem Namespace *Microsoft.SharePoint.UserCode* abgeleitet wird. Listing 23.11 zeigt die Definition der Klasse *SPProxyOperation*.

Listing 23.11 Die Definition der Klasse *SPProxyOperation*

```
public abstract class SPProxyOperation {
    protected SPProxyOperation();
    public abstract object Execute(SPProxyOperationArgs args);
}
```

Hier sehen Sie eine abstrakte Methode namens *Execute*, die überschrieben werden muss, um die Ausführungslogik des benutzerdefinierten Full-Trust-Proxys zu implementieren. Die Methode *Execute* gibt ein Objekt des Typs *Object* zurück, mit dem Sie jede Art von Ergebnis verwalten können, und hat einen Parameter des Typs *SPProxyOperationArgs* oder eines anderen von *SPProxyOperationArgs* abgeleiteten Typs. Wenn Sie der Methode benutzerdefinierte Argumente übergeben möchten, sollten Sie eine benutzerdefinierte *SPProxyOperationArgs*-Klasse implementieren.

Wenn Sie zum Beispiel eine Sandkastenlösung entwickeln, die eine externe Datenbank abfragen muss, können Sie den Full-Trust-Proxy als eine Klasse implementieren, die die Zieldatenbank abfragt und als Argument die Verbindungszeichenfolge für den SQL-Zielserver erwartet. Listing 23.12 zeigt eine Beispielimplementierung eines Full-Trust-Proxys mit einer benutzerdefinierten *SPProxyOperationArgs*-Klasse.

Listing 23.12 Die benutzerdefinierte Implementierung eines Full-Trust-Proxys

```
[Serializable]
public class RetrieveNWindCustomersArgs : SPProxyOperationArgs {
    public String SqlConnectionString { get; set; }
}

public class RetrieveNWindCustomers : SPProxyOperation {
    public override object Execute(SPProxyOperationArgs args) {
        // Bereite eine Variable vor, die das Ergebnis aufnimmt.
        DataSet result = null;

        // Überprüfe, ob der Parameter args dem erwarteten Typ entspricht.
        RetrieveNWindCustomersArgs typedArgs = args as
           RetrieveNWindCustomersArgs;
        if (args != null) {
            // Sofern args den richtigen Typ aufweist ...
            using (SqlConnection cn =
              new SqlConnection(typedArgs.SqlConnectionString)) {
                using (SqlDataAdapter da =
                  new SqlDataAdapter("SELECT * FROM Customers", cn)) {
                    result = new DataSet();
                    da.Fill(result);
                }
            }
        }

        return result;
    }
}
```

Die Implementierung der benutzerdefinierten Klasse *SPProxyOperationArgs* ist mit dem Attribut *Serializable* gekennzeichnet und sollte nur serialisierbare Member enthalten. Der Full-Trust-Proxy und der Verbraucher im Sandkasten laufen in verschiedenen Prozessen, und das SharePoint-Modul serialisiert das Argument, um es vom Verbraucher an den Proxy zu übermitteln.

Wie die Methode *Execute* aufgebaut ist, bleibt Ihnen überlassen. Im aktuellen Beispiel fragt der Code einfach die Tabelle *Customers* der bekannten Northwind-Datenbank ab.

Registrieren des Full-Trust-Proxys

Nach der Implementierung des Proxys definieren Sie ein Feature mit einem Featureempfänger, der den Proxy mit etwas benutzerdefiniertem Code in der Farm registriert. Listing 23.13 zeigt den Code eines Featureempfängers, der den aktuellen Beispielproxy registriert oder dessen Registrierung aufhebt.

Listing 23.13 Der Code des Featureempfängers für die Registrierung des Beispielproxys

```
[Guid("5a1b6767-dc11-40e0-8785-0be2271b2bd1")]
public class FullTrustProxyFeatureEventReceiver : SPFeatureReceiver {
  public override void FeatureActivated(SPFeatureReceiverProperties properties) {
    // Rufe einen Verweis auf den UserCodeService ab.
    SPUserCodeService userCodeService = SPUserCodeService.Local;
    if (userCodeService != null) {
      // Definiere eine Variable zur Beschreibung des Proxys.
      SPProxyOperationType proxyOperation =
        new SPProxyOperationType(
          this.GetType().Assembly.FullName,
          typeof(RetrieveNWindCustomers).FullName);

      // Füge den Proxy zum UserCodeService hinzu.
      userCodeService.ProxyOperationTypes.Add(proxyOperation);

      // Speichere die Änderungen.
      userCodeService.Update();
    }
  }

  public override void FeatureDeactivating(
    SPFeatureReceiverProperties properties) {
    // Rufe einen Verweis auf den UserCodeService ab.
    SPUserCodeService userCodeService = SPUserCodeService.Local;

    if (userCodeService != null) {
      // Definiere eine Variable zur Beschreibung des Proxys.
      SPProxyOperationType proxyOperation =
        new SPProxyOperationType(
          this.GetType().Assembly.FullName,
          typeof(RetrieveNWindCustomers).FullName);

      // Entferne den Proxy aus dem UserCodeService.
      userCodeService.ProxyOperationTypes.Remove(proxyOperation);

      // Speichere die Änderungen.
      userCodeService.Update();
    }
  }
}
```

Listing 23.13 zeigt, dass *SPUserCodeService* eine Sammlung namens *ProxyOperationTypes* enthält, zu der Sie Instanzen der Klasse *SPProxyOperationType* hinzufügen können. Nach der Aktualisierung der Sammlung müssen Sie die Methode *Update* des *SPUserCodeService*-Objekts aufrufen, wie es bei vielen Klassen aus dem SharePoint-Serverobjektmodell üblich ist, um Änderungen in der Backenddatenbank zu speichern.

Verwenden des Full-Trust-Proxys

Um den Proxy in einer Sandkastenlösung zu verwenden, müssen Sie eine klassische Sandkastenlösung implementieren und den entsprechenden Code schreiben, der den Proxy über die integrierte SharePoint-Infrastruktur aufruft. Listing 23.14 zeigt ein benutzerdefiniertes Webpart, das den in Listing 23.12 implementierten Proxy verwendet.

Listing 23.14 Ein Webpart, das den Full-Trust-Proxy verwendet

```
public class ShowNWindCustomers : WebPart {
  protected GridView gridCustomers;

  [WebBrowsable(true)]
  [Personalizable(true)]
  public String SqlConnectionString { get; set; }

  protected override void CreateChildControls() {
    // Sofern das Webpart konfiguriert ist ...
    if (!String.IsNullOrEmpty(this.SqlConnectionString)) {
      // Bereite das Argument vor.
      RetrieveNWindCustomersArgs args =
        new RetrieveNWindCustomersArgs() {
          SqlConnectionString = this.SqlConnectionString,
        };

      // Rufe den Proxy auf.
      DataSet data = SPUtility.ExecuteRegisteredProxyOperation(
        typeof(RetrieveNWindCustomers).Assembly.FullName,
        typeof(RetrieveNWindCustomers).FullName,
        args) as DataSet;

      // Sofern das Ergebnis Daten enthält ...
      if (data != null) {
        this.gridCustomers = new GridView();
        this.Controls.Add(this.gridCustomers);

        this.gridCustomers.DataSource = data;
        this.gridCustomers.DataBind();
      }
      else {
        this.Controls.Add(new LiteralControl(
           "Ungültiges Ergebnis vom Remoteproxy."));
      }
    }
```

```
      else {
        this.Controls.Add(new LiteralControl(
          "Konfigurieren Sie bitte die SQL-Verbindungszeichenfolge."));
      }
    }
  }
```

Kern der Implementierung ist der Aufruf der Methode *ExecuteRegisteredProxyOperation* der Klasse *SPUtility*. Die Methode erwartet den vollständigen Namen der Assembly und den vollständigen Namen der Klasse, die den Full-Trust-Proxy implementiert, sowie das Argument für die aufzurufende Methode. Wie Listing 23.14 zeigt, handelt es sich dabei um eine Instanz der Klasse *RetrieveNWindCustomersArgs* aus Listing 23.12.

Sandkastenlösungen und Office 365

Zum neuen Office 365-Angebot von Microsoft gehört eine Online-Ausgabe von SharePoint 2010, mit der Sie eine SharePoint-Umgebung verwenden können, die als Dienst in der Cloud angeboten wird. Zur Erweiterung und Anpassung einer SharePoint 2010-Onlineumgebung können Sie folgende Methoden und Tools verwenden:

- Konfiguration mit dem Webbrowser
- Anpassung mit Microsoft SharePoint Designer 2010
- Entwicklung von benutzerdefiniertem Code, der in Sandkastenlösungen bereitgestellt wird

Abbildung 23.7 zeigt schematisch die Entwicklungsoptionen für SharePoint 2010 Online.

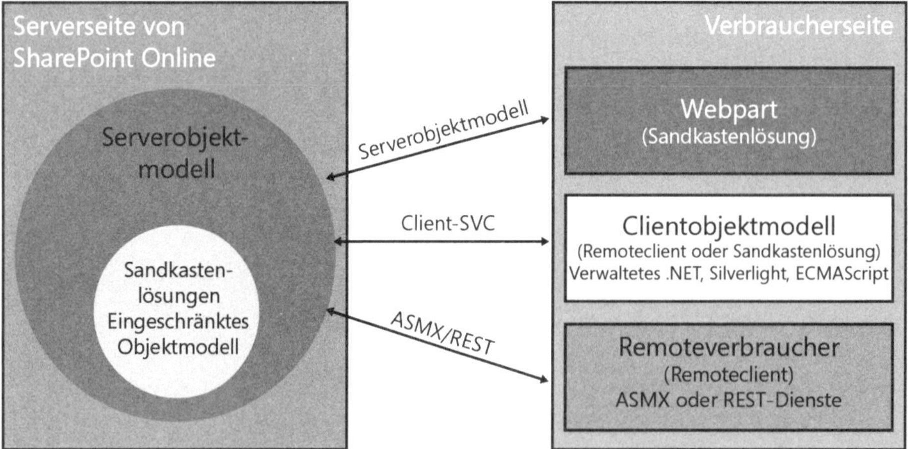

Abbildung 23.7 Eine schematische Darstellung der Entwicklungsoptionen für SharePoint 2010 Online

Es dürfte deutlich geworden sein, dass man sich gut mit Sandkastenlösungen auskennen muss, um der Zukunft von SharePoint und dem Cloudangebot von Microsoft gewachsen zu sein.

Zusammenfassung

In diesem Kapitel haben Sie erfahren, was Codezugriffssicherheit (Code Access Security, CAS) ist und wie SharePoint es zur Absicherung der Umgebung verwendet. Außerdem haben Sie erfahren, wie man Farmlösungen entwickelt, die im */bin*-Ordner einer Webanwendung bereitgestellt werden und eine benutzerdefinierte Sicherheitsrichtlinie verwenden. Zum Schluss haben Sie sich auf Sandkastenlösungen konzentriert, die bei der Entwicklung von benutzerdefinierten Lösungen Ihre erste Wahl sein sollten. Sie haben die Architektur der Sandkastenlösungen kennengelernt und gesehen, wie Sie eigene Sandkastenlösungen entwickeln, die Lösungen überprüfen und Full-Trust-Proxys für Sandkastenlösungen entwickeln.

Teil VII

Enterprisefeatures

In diesem Teil:

Kapitel 24

Programmieren des Suchmoduls

In diesem Kapitel:

Mit diesem Kapitel beginnt der letzte Abschnitt »Enterprisefeatures« dieses Buchs, in dem Themen behandelt werden, die eher für größere Unternehmen von Bedeutung sind. Zweifellos ist das Suchmodul seit den ersten Versionen von SharePoint eines der wichtigsten Features. Für Microsoft SharePoint 2010 wurde das Suchmodul verbessert, um eine der wichtigsten Anforderungen zu erfüllen, die von Kunden und Endbenutzern geäußert wird: jeder möchte alles und überall suchen können, und das im selben Suchcenter. Wenn Sie über Ihren eigenen Arbeitsalltag oder über die Arbeit nachdenken, die andere Benutzer an einem PC erledigen, werden Sie wahrscheinlich der Aussage zustimmen, dass die wichtigste und häufigste Arbeit die Suche ist. Der Erfolg der großen Internet-Suchmaschinen bestätigt dies.

In diesem Kapitel erfahren Sie, wie Sie das integrierte Suchmodul von SharePoint 2010 verwenden können, wobei das Thema aus der Sicht eines Entwicklers behandelt wird. Daher werden Sie hier keine Informationen darüber finden, wie man die Suchinfrastruktur von SharePoint konfiguriert, bereitstellt und wartet. Stattdessen erfahren Sie, wie man das Suchmodul anpasst und erweitert.

Übersicht für Entwickler über das Suchmodul

Das Suchmodul von SharePoint 2010 ist eine Dienstanwendung mit einer professionellen und skalierbaren Architektur, die sich auf viele Serverrollen und Dienste stützt, um Ihnen eine erstklassige Unternehmenslösung zu bieten.

Wenn Sie Microsoft SharePoint Server 2010 verwenden, kann das Suchmodul folgende Quellen für Inhalte indizieren:

- Microsoft SharePoint-Websites
- Dateifreigaben
- Internetwebsites
- Öffentliche Ordner von Microsoft Exchange
- Externe Datenbanken
- Externe Branchenlösungen

Abbildung 24.1 stellt die Architektur des Suchmoduls schematisch dar.

Um einen Index für diese Quellen zu erstellen, stützt sich das Suchmodul auf folgende Serverrollen:

- **Crawler** Das ist der Dienst, der Daten aus den konfigurierten Inhaltsquellen sammelt. Er verwendet Connectors. Damit sind Erweiterungen gemeint, die es erlauben, die externen Quellen zu lesen. Bei Bedarf können Sie selbst benutzerdefinierte Connectors erstellen. Sie können auch Connectors von anderen Herstellern zukaufen.
- **Indexerstellung** Dieser Dienst extrahiert Informationen aus den Daten, die der Crawler gesammelt hat, um die Effizienz zu verbessern. Um die Leistung zu verbessern, speichert er die Indexinformationen in Indexpartitionen ab.
- **Abfrageserver** Dieser Dienst nimmt Anfragen von Endbenutzern an, bearbeitet sie und sendet Ergebnisse zurück.
- **Suchcenter** Das ist die Standardbenutzeroberfläche von SharePoint für die Suche.

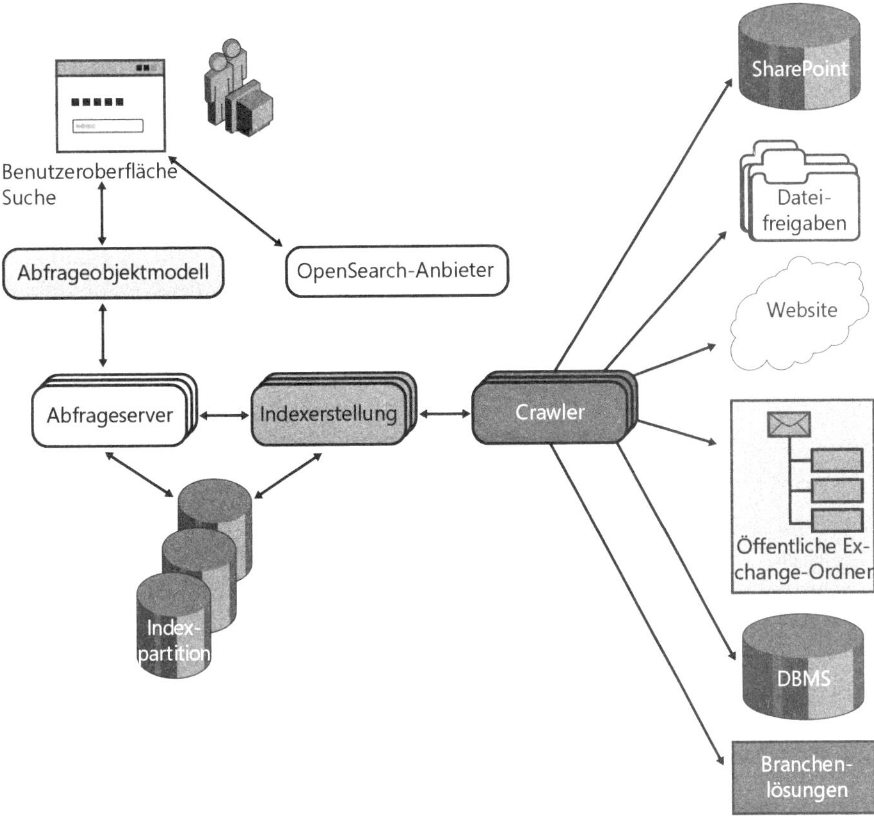

Abbildung 24.1 Die Architektur des Suchmoduls von SharePoint 2010

Wenn ein Endbenutzer in der Such-Standardbenutzeroberfläche nach Inhalten sucht, wird die Anfrage je nach den Rechten und Berechtigungen des Benutzers an einen Abfrageserver weitergegeben, der den Index nach den entsprechenden Daten durchsucht. Bevor das Suchmodul die Ergebnisse an den Endbenutzer übermittelt, kann es einen speziellen Filter aufrufen, der Sicherheitstrimmer (security trimmer) genannt wird und die Ergebnisse weiter filtern kann. Die Abfrageserver fragen eine indizierte Datenbank ab, die ihre Daten vom Indexdienst erhält. Der Indexdienst wiederum wertet zusammen mit dem Crawler die Inhaltsdatenbanken aus. Eine Abfrage wird also nicht in Echtzeit mit den Inhaltsdatenbanken durchgeführt, sondern mit einer Backenddatenbank, die zu den festgelegten Zeitpunkten aktualisiert und gewartet werden muss. Auf diese Weise wird die Leistung erhöht und die Skalierbarkeit verbessert, allerdings zu dem Preis, dass die Daten nicht auf dem allerneusten Stand sind. Wenn Sie Millionen von Einträgen und Terabytes an Inhalten indizieren und abfragen müssen, haben Sie keine andere Wahl, als eine Architektur dieser Art einzusetzen. Alle großen Suchmaschinen im Internet (Microsoft Bing, Google, Yahoo! und so weiter) arbeiten auf diese Weise.

WEITERE INFORMATIONEN Unter *http://msdn.microsoft.com/de-de/library/ee819930.aspx* finden Sie auf MSDN Online in dem Dokument »Schreiben eines benutzerdefinierten Security Trimmers für die SharePoint Server-Suche« weitere Informationen über die Entwicklung eines benutzerdefinierten Sicherheitstrimmers.

Seit Microsoft SharePoint 2010 können Endbenutzer, wenn sie das Suchmodul verwenden, Ergebnisse vom Suchabfragemodul und von externen Orten erhalten. Wie Sie im Abschnitt »Federation Framework« dieses Kapitels noch sehen werden, können externe Orte durch verschiedene Protokolle eine Suche zulassen, darunter auch das OpenSearch-Protokoll 1.0/1.1 (*http://www.opensearch.org/*). Die großen Suchmaschinen aus dem Internet implementieren das OpenSearch-Protokoll. Das ermöglicht es Ihnen, wie in der Einführung dieses Kapitels beschrieben, alles und überall zu suchen, von einem einzigen Suchzentrum aus – und das ist SharePoint!

WICHTIG Die OpenSearch-Unterstützung durch SharePoint ermöglicht eine Echtzeitabfrage von externen Anbietern. Berücksichtigen Sie aber, dass es geschehen kann, dass Daten gelegentlich nicht verfügbar sind oder sich nur langsam abrufen lassen, weil es vielleicht einen Stau im Netzwerk gibt oder der Anbieter überlastet ist. Zum Glück arbeiten die Webparts, die Abfragen im Anbieterverbund durchführen, von Haus aus asynchron mit AJAX und kümmern sich zudem um Verbindungsprobleme.

Als Entwickler können Sie das Suchmodul hauptsächlich in folgenden Bereichen erweitern:

- **Benutzeroberfläche für die Suche** Sie können die Ausgabe der Suchergebnisse ändern, indem Sie die XSLT-Vorlagen anpassen, die standardmäßig verwendet werden. Außerdem können Sie von vielen der integrierten Suchwebparts von SharePoint neue Webparts ableiten oder die Webparts anpassen.
- **OpenSearch** Sie können eigene OpenSearch-Anbieter entwickeln und externe Inhalte so einbinden, dass sie von SharePoint-Benutzern durchsucht werden können.
- **Abfrageobjektmodell (query object model) und Verbundsucheobjektmodell (federated search object model)** Sie können benutzerdefinierten Code schreiben oder Anwendungen entwickeln, die mit diesen Objektmodellen den Suchindex oder Orte aus dem Verbund durchsuchen.
- **Abfragewebdienst (query web service)** Sie können Anwendungen schreiben, die einen Suchwebdienst (*search.asmx*) verwenden, der mit SOAP die Abfrage des Suchindex von Remotewebsites ermöglicht.
- **Rangfolge** Wie viele Suchmodule auf Unternehmensebene verwendet SharePoint ein Rangfolgemodell zur Priorisierung und Sortierung von Suchergebnissen. Sie können das Standardrangfolgemodell für Suchergebnisse mit benutzerdefiniertem Code ändern. Allerdings wird dieses Thema nicht in diesem Buch vertieft.
- **Benutzerdefinierte Inhaltsquellen** Es gibt viele Erweiterungsmöglichkeiten, um externe Inhaltsquellen einzubinden und auszuwerten. Sie können zum Beispiel benutzerdefinierte Connectors, Protokollhandler, Inhaltsfilter und Sicherheitstrimmer entwickeln. Dieses Thema ist so umfangreich, dass es eigentlich ein eigenes Buch verdient. Daher werde ich es in diesem Kapitel nicht behandeln.

In den folgenden Übungen lernen Sie viele dieser Erweiterungsmöglichkeiten näher kennen.

Anpassen und Erweitern der Benutzeroberfläche

Der erste und meistgenutzte Bereich für die Erweiterung des Suchmoduls ist die Benutzeroberfläche. Falls Sie noch keine haben, müssen Sie zuerst eine neue Website des Typs »*Basissuchcenter*« oder »*Unternehmenssuchcenter*« erstellen, die Sie verwenden können, um diesen Abschnitt durchzuarbeiten. Es ist durchaus nicht ungewöhnlich, dass eine Suchwebsite von den Benutzern als Anfangspunkt für alle Suchen verwendet wird, die sie durchführen. Eine Suchcenter-Website bietet genau das, was sie brauchen, und verfügt über eine Homepage mit dem klassischen Sucheingabefeld. Nach dem Aufruf des Suchmoduls werden die Ergebnisse, sofern es welche gibt, auf einer speziellen Ergebnisseite angezeigt. Abbildung 24.2 zeigt eine typische Ergebnisseite.

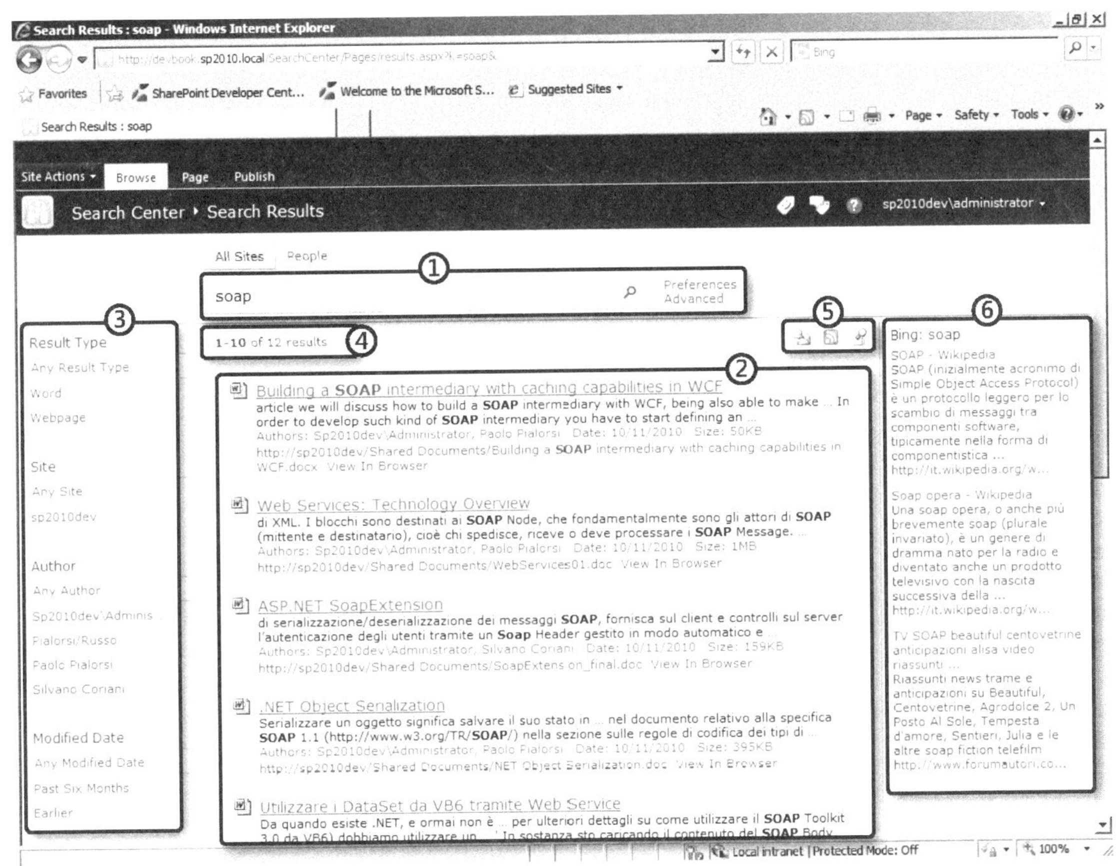

Abbildung 24.2 Eine typische Suchergebnisseite einer Suchcenter-Website

In Abbildung 24.2 sind die wichtigsten Bereiche gekennzeichnet und nummeriert, damit Sie die folgenden Beschreibungen leichter zuordnen können:

1. **Suchfeld (Search Box)** Das ist eines der Basiswebparts der integrierten Umgebung. Es zeigt ein Suchfeld an, das vom Endbenutzer für die Suche verwendet werden kann. Es lässt sich anpassen, um Suchbereiche anzuzeigen und Benutzer mit Vorschlägen für die Abfrage zu unterstützen.
2. **Kernergebnisse der Suche (Search Core Results)** Ein weiteres Basiswebpart für die Anzeige der Ergebnisse einer Suche. Es wird in diesem Abschnitt noch ausführlicher besprochen.
3. **Verfeinerungsbereich (Refinement Panel)** Ein neues Feature von SharePoint 2010, in dem Endbenutzer ihre Suche einschränken und die Ergebnisse mit den Metadaten der Ergebnisse filtern können. Sie können diesen Bereich zum Beispiel verwenden, um die Ergebnisse nach Inhaltstyp, Autor, Kategorie und so weiter zu filtern. Er wird mit einem Webpart angezeigt.
4. **Suchstatistik (Search Statistics)** Dieses Webpart gibt einige Zahlen zu den Ergebnissen der Suchabfrage an.

5. **Links für Suchaktionen (Search Action Links)** Dieses Webpart zeigt einige nützliche Verknüpfungen an, mit denen sich Benachrichtigungen oder Feeds über die aktuelle Suche abonnieren lassen. Außerdem gibt es einen Link, mit dem sich die Suche im Windows-Explorer durchführen lässt.
6. **Partnerergebnisse (Federated Results)** Das ist ein Webpart, das Suchergebnisse von einem externen Ort aus dem Verbund anzeigt.

Diese Abschnitte und Webparts lassen sich auf verschiedenen Ebenen anpassen. Sie können die Webparts nicht nur in Suchcenter-Websites, sondern in beliebigen Websites verwenden, beispielsweise auf Wiki- oder Webpartseiten. Um die Webparts verwenden zu können, brauchen Sie in der Zielwebsitesammlung nur das Feature *Search Server-Webparts* zu aktivieren.

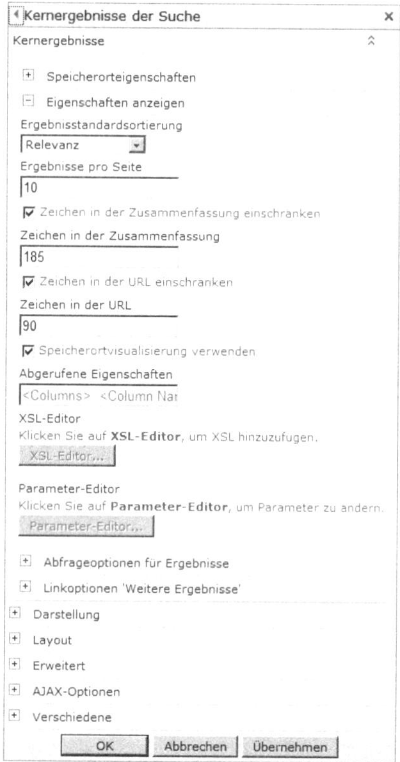

Abbildung 24.3 Der Editor des Webparts *Kernergebnisse der Suche*

Anpassen der Ausgabe mit XSLT

Wenn Sie nur die Darstellung der Suchseiten ändern möchten, können Sie auf die integrierten Funktionen von SharePoint zurückgreifen. Wollen Sie zum Beispiel die Ausgabe des Webparts *Kernergebnisse der Suche* ändern (Element 2 in Abbildung 24.2), sollten Sie wissen, dass die Ausgabe auf einer XSLT-Vorlage beruht. Wenn Sie sich etwas mit XSLT auskennen, können Sie zum Beispiel die Ausgabe von Microsoft SharePoint Designer 2010 anpassen, ohne eine einzige Zeile kompilierten Codes zu schreiben. Standardmäßig zeigt SharePoint 2010 Ergebnisse mit einer XSLT-Standardvorlage an, die mit der SharePoint-Zentraladministration an einem zentralen Ort definiert werden kann. Die Liste der Partnerspeicherorte können Sie über die Verwaltungsseite *Suchdienstanwendung* definieren und festlegen. Dort finden Sie auch eine Standardausgabevorlage für die Suchergebnisse von den verfügbaren Speicherorten. Die Ergebnisse von lokalen Suchen werden unter *Lokale Suchergebnisse* definiert.

Wenn Sie nur eine einzelne Ergebnisseite anpassen möchten, weil Sie vielleicht eine Internet-Veröffentlichungswebsite anzeigen und die Suchergebnisse dem Layout der öffentlichen Website anpassen möchten, können Sie den XSLT-Code, der von der einzelnen Ergebnisseite verwendet wird, entsprechend anpassen. Dazu müssen Sie die Suchergebnisseite bearbeiten und die Eigenschaften des Webparts *Kernergebnisse der Suche* (Search Core Results Web Part, SCRWP) anpassen. Abbildung 24.3 zeigt den Editorteil des SCRWP.

Wenn Sie das Kontrollkästchen *Speicherortvisualisierung verwenden* löschen, können Sie auf die Schaltfläche *XSL-Editor* klicken und den gewünschten XSLT-Code eingeben. Die XSLT-Transformation erhält eine ähnliche XML-Eingabe wie die in Listing 24.1.

Listing 24.1 Der XML-Eingabecode für das Webpart *Kernergebnisse der Suche*

```
<All_Results>
  <Result>
    <workid>1</workid>
    <rank>222</rank>
    <title>Titel des Dokuments oder der Webseite</title>
    <author>Autor des Dokuments oder der Webseite</author>
    <size>1025</size>
    <sitename>http://www.sample.com</sitename>
    <url>http://www.sample.com/folder/document.aspx</url>
    <imageurl>/_layouts/images/aspx16.gif</imageurl>
    <description>Dies stellt die Zusammenfassung des Dokuments oder der Webseite dar. Die 
Zusammenfassung wird aus dem ursprünglichen Dokument anhand von Übereinstimmungen mit Abfrageausdrücken 
generiert. In einigen Fällen stellt die Zusammenfassung eine vom Autor bereitgestellte Beschreibung 
dar.</description>
    <write>26. Dez 04</write>
  </Result>
</All_Results>
```

Wenn Sie sich den XML-Code genauer ansehen möchten, können Sie einfach eine XSLT-Transformation angeben, die den XML-Quellcode in die Ausgabe kopiert, wie im folgenden Beispiel:

```
<?xml version="1.0" encoding="utf-8"?>
<xsl:stylesheet version="1.0" xmlns:xsl="http://www.w3.org/1999/XSL/Transform">
  <xsl:template match="/">
    <xmp><xsl:copy-of select="*"/></xmp>
  </xsl:template>
</xsl:stylesheet>
```

Der XML-Code enthält für jedes Suchergebnis ein *Result*-Element und für jedes Feld oder jede Metadateneigenschaft ein untergeordnetes Element, dessen Name in Kleinbuchstaben angegeben wird. Daher lässt sich der Code relativ leicht mit benutzerdefiniertem XSLT ausgeben. Listing 24.2 zeigt eine XSLT-Beispieltransformation, die die Standardausgabe des SCRWP ändert.

Listing 24.2 Benutzerdefinierter XSLT-Code für die Anzeige der Suchergebnisse im Webpart *Kernergebnisse der Suche*

```
<?xml version="1.0" encoding="utf-8"?>
<xsl:stylesheet version="1.0" xmlns:xsl="http://www.w3.org/1999/XSL/Transform"
    xmlns:msxsl="urn:schemas-microsoft-com:xslt" exclude-result-prefixes="msxsl">

  <xsl:output method="xml" indent="yes"/>
  <xsl:param name="Keyword" />
  <xsl:param name="IsDesignMode">True</xsl:param>
  <xsl:param name="ShowMessage" />
  <xsl:param name="ResultsNotFound" />

  <xsl:template match="/All_Results">
    <xsl:if test="$IsDesignMode = 'False'">
      <xsl:choose>
        <xsl:when test="$ShowMessage = 'True'">
          <div>
            <xsl:value-of select="$ResultsNotFound" />
            <xsl:text disable-output-escaping="yes">&amp;nbsp;</xsl:text>
            <strong>
              <xsl:value-of select="$Keyword" />
            </strong>
          </div>
        </xsl:when>
        <xsl:otherwise>
          <div>
            <xsl:for-each select="Result">
              <div>
                <xsl:text
                  disable-output-escaping="yes">&amp;nbsp;&amp;nbsp;</xsl:text>
                <a href="{url}">
                  <img src="{imageurl}" border="0" />
                  <xsl:text
                    disable-output-escaping="yes">&amp;nbsp;&amp;nbsp;</xsl:text>
                 <xsl:value-of select="title" />
                </a>
              </div>
            </xsl:for-each>
          </div>
        </xsl:otherwise>
      </xsl:choose>
    </xsl:if>
    <xsl:if test="$IsDesignMode = 'True'">
      <div>Design mode ...</div>
    </xsl:if>
  </xsl:template>

</xsl:stylesheet>
```

Wie Listing 24.2 zeigt, übergibt das SCRWP einige XSLT-Parameter an den XSLT-Code. Im aktuellen Beispiel werden nur wenige Parameter verwendet (*Keyword*, *IsDesignMode*, *ShowMessage* und *ResultsNotFound*). Allerdings hat das SCRWP mehr als 50 Parameter zu bieten, die Ihnen bei der Gestaltung der Ausgabe helfen können. Wenn Sie eine vollständige Liste dieser Parameter brauchen, lesen Sie einfach den XSLT-Code, der standardmäßig konfiguriert wird. Abbildung 24.4 zeigt, wie der Webbrowser die Ergebnisse einer Suche mit dem XSLT-Code aus Listing 24.2 anzeigt.

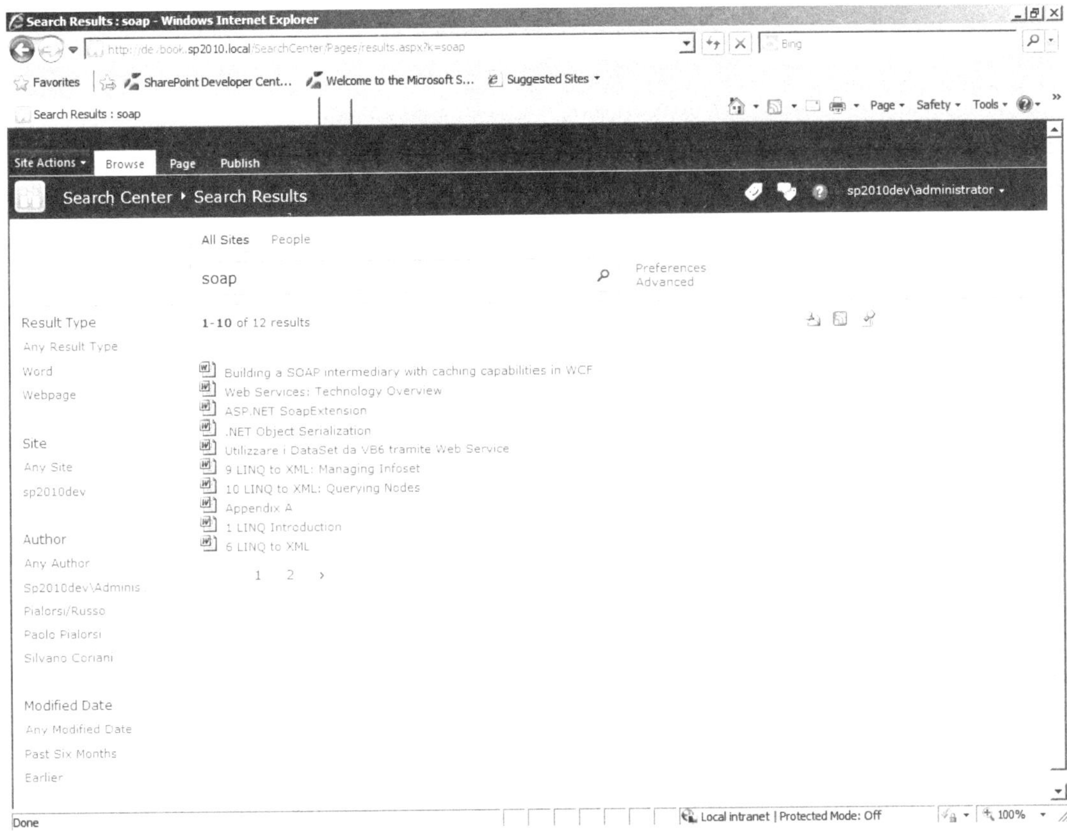

Abbildung 24.4 Die Ausgabe des Webparts *Kernergebnisse der Suche* mit angepasstem XSLT-Code

Wenn Sie die Metadatenspalten aus dem Suchergebnis ändern möchten, können Sie den Inhalt der Eigenschaft *Abgerufene Eigenschaften* ändern, die bereits in Abbildung 24.3 zu sehen war. Diese Eigenschaft listet einfach die abgerufenen Eigenschaften auf, wobei für jede Eigenschaft ein *Column*-Element verwendet wird. Listing 24.3 zeigt einen Auszug aus dem Standardinhalt dieser Eigenschaft.

Listing 24.3 Auszug aus dem Standardinhalt der Eigenschaft *Abgerufene Eigenschaften* des SCRWP

```
<Columns>
  <Column Name="WorkId"/>
  <Column Name="Rank"/>
  <Column Name="Title"/>
  <!-- XML-Code der Kürze halber weggelassen  -->
</Columns>
```

Sie können ein *Column*-Element hinzufügen, in dessen Eigenschaft *Name* Sie den Namen der Metadateneigenschaft oder des Felds hinzufügen, das Sie zu den Ergebnissen hinzufügen möchten, und die Eigenschaft dann mit einer benutzerdefinierten XSLT-Vorlage anzeigen. Um eine benutzerdefinierte Spalte hinzuzufügen, müssen Sie die Spalte außerdem in der Suchmodulkonfiguration definieren. Dazu verwenden Sie die SharePoint-Zentraladministration und gehen auf die Verwaltungsseite für Suchdienstanwendungen.

Entwickeln von benutzerdefinierten Webparts

Die Datenanzeige im Suchcenter basiert hauptsächlich auf den Infrastrukturwebparts, die zum Lieferumfang von SharePoint gehören. Vielleicht ergibt sich aber eine Situation, in der es sinnvoll ist, das Standardverhalten dieser integrierten Webparts zu ändern. Denken Sie beispielsweise an das Webpart *Kernergebnisse der Suche*. Wie Sie im vorigen Abschnitt bereits gesehen haben, verwendet dieses Webpart für die Datenanzeige XSLT. Der XSLT-Code sieht bereits eine lange Liste von Parametern vor. Stellen Sie sich nun vor, Sie möchten einige Parameter zu Ihrem eigenen benutzerdefinierten XSLT-Code hinzufügen.

Seit SharePoint 2010 ist dies nicht schwer. Tatsächlich sind viele der integrierten Suchwebparts von SharePoint 2010 so ausgelegt, dass sie vererbbar sind und sich mit geringem Aufwand anpassen lassen.

HINWEIS Vor SharePoint 2010 waren die Suchwebparts versiegelt (*sealed*). Wollte man sie ändern, musste man ein völlig neues Webpart entwickeln, auch wenn es nur um eine sehr kleine Änderung ging.

Listing 24.4 zeigt ein benutzerdefiniertes Webpart, das vom SCRWP abgeleitet wird und die Methode überschreibt, die für die Zusammenstellung der Argumente für den XSLT-Code zuständig ist. Die Methode fügt nun den Namen des aktuellen Benutzers als neues Argument hinzu.

Listing 24.4 Ein benutzerdefiniertes Webpart, das vom Webpart *Kernergebnisse der Suche* abgeleitet wird

```
public class CustomCoreResultsWebPart : CoreResultsWebPart {

  protected override void ModifyXsltArgumentList(
    Microsoft.SharePoint.WebPartPages.ArgumentClassWrapper argList) {

    // Rufe die Implementierung der Basisklasse auf.
    base.ModifyXsltArgumentList(argList);

    // Füge einen Parameter mit dem Namen des aktuellen Benutzers hinzu.
    String currentUserName = SPContext.Current.Web.CurrentUser.Name;
    argList.AddParameter("CurrentUserName", String.Empty, currentUserName);
  }
}
```

Die Basisklasse, von der die Ableitung erfolgt, ist *CoreResultsWebPart*. Sie enthält viele Methoden, die sich überschreiben lassen. Die nützlichsten sind:

- ***ConfigureDataSourceProperties*** Konfiguriert die Eigenschaften der Datenquelle. Sie können diese Methode zum Beispiel überschreiben, um die Suchabfrage zu ändern oder eine bestimmte Abfrage vorzugeben.

- ***CreateDataSource*** Erstellt die Datenquelle für das SCRWP. Dabei handelt es sich um eine Instanz der Klasse *CoreResultsDatasource* oder einer davon abgeleiteten Klasse. Intern verwendet *CreateDataSource* ein *CoreResultsDatasourceView*, das eine Ansicht der Ergebnisdaten bietet.
- ***ModifyXsltArgumentList*** Dient zur Anpassung der Argumente, die an den XSLT-Code übergeben werden. Seien Sie bei der Verwendung dieser Methode aber vorsichtig, denn sie ist offiziell für den internen Gebrauch reserviert.
- ***SetVisualization*** Konfiguriert den XSLT-Code für die Ausgabe der Ergebnisse.

Was das Suchmodul anbetrifft, gibt es mehr als 50 Webparts, von denen Sie neue Webparts ableiten können. Sie alle zu beschreiben geht über den Rahmen dieses Buchs hinaus. Allerdings sollte man wissen, dass alle Webparts, die auf Suchseiten Daten anzeigen, von einem einzigen *SharedQueryManager*-Objekt koordiniert werden. Dieses gemeinsam verwendete Objekt führt die Suchabfrage durch und gibt die Ergebnisse an die Webparts des Suchcenters zurück. Die wichtigste Eigenschaft des *SharedQueryManager*-Objekts ist die Eigenschaft *QueryManager* des Typs *Microsoft.Office.Server.Search.Query.QueryManager*, die das eigentliche Abfragemanagerobjekt enthält.

Ein *QueryManager*-Objekt ist eine Instanz einer Klasse, die von *List<LocationList>* abgeleitet wird. Indem Sie ihren Inhalt aufzählen, können Sie jeden von der aktuellen Seite durchsuchten Ort überprüfen, die vom Endbenutzer verwendete Abfrage auslesen sowie die Abfrageergebnisse und andere nützliche Informationen abrufen.

Listing 24.5 zeigt einen Codeauszug, in dem das *SharedQueryManager*-Objekt verwendet wird.

Listing 24.5 Ein benutzerdefiniertes Webpart, das *SharedQueryManager* verwendet

```
protected override void CreateChildControls() {
  base.CreateChildControls();

  // Rufe einen Verweis auf das aktuelle QueryManager-Objekt ab.
  QueryManager qm = SharedQueryManager.GetInstance(this.Page).QueryManager;
  // Rufe einen Verweis auf das erste LocationList-Objekt ab.
  LocationList locationList = qm[0];
  // Rufe einen Verweis auf den ersten Ort ab.
  Location location = locationList[0];
  // Erstelle ein XPathNavigator-Objekt für die Ergebnisse.
  XPathNavigator locationNavigator = location.Result.CreateNavigator();
  XPathNodeIterator results = locationNavigator.Select("All_Results/Result");

  // Für jedes Result-Element ...
  foreach (XPathNavigator result in results) {
    // Extrahiere den Titelknoten.
    this.Controls.Add(new LiteralControl(String.Format("<div>{0}</div>",
      result.SelectSingleNode("title"))));
  }
}
```

Das Beispiel wertet den ersten Suchort aus, der für die lokalen Suchergebnisse steht, und ruft aus der XML-Form der entsprechenden Suchergebnisse die *Result*-Elemente ab. Auch wenn Sie ein völlig neues Webpart entwickeln möchten, das nicht von einem vorhandenen abgeleitet wird, sollten Sie auf die Klasse *SharedQueryManager* zurückgreifen, um das Verhalten des neu entwickelten Codes mit der vorhandenen Infrastruktur zu koordinieren.

Federation Framework

Eines der wichtigsten Features des Suchmoduls von SharePoint 2010 ist das Federation Framework (Verbundframework). Es ermöglicht SharePoint, auch andere Orte zu durchsuchen. Dieses Feature wurde zwar mit der Infrastrukturaktualisierung (infrastructural update) bereits zur vorigen SharePoint-Version hinzugefügt, aber nun ist es standardmäßig in der SharePoint 2010 Server-Plattform verfügbar. Wenn ein Benutzer nun etwas im SharePoint-Index sucht, kann das Suchmodul gleichzeitig auch andere Orte durchsuchen, die sich in der SharePoint-Zentraladministration auf der Verwaltungsseite *Suchdienstanwendung* definieren lassen. Jeder Partnerspeicherort (federated location) definiert einen Suchort, der einen der folgenden Zielanbieter verwenden kann:

- **Suchindex dieses Servers** Sucht im Index des aktuellen Servers.
- **FAST-Index** Sucht mit einem FAST Search Server 2010 für den SharePoint-Suchort.
- **OpenSearch 1.0/1.1** Delegiert die Suche an ein anderes Suchmodul, das eine Anfrage mit einer REST-URL (Representational Stateful Transfer) annehmen und die Ergebnisse als strukturiertes XML zurückgeben kann (POX = Plain Old XML).

Abbildung 24.5 zeigt die Seite *Partnerspeicherorte verwalten.*

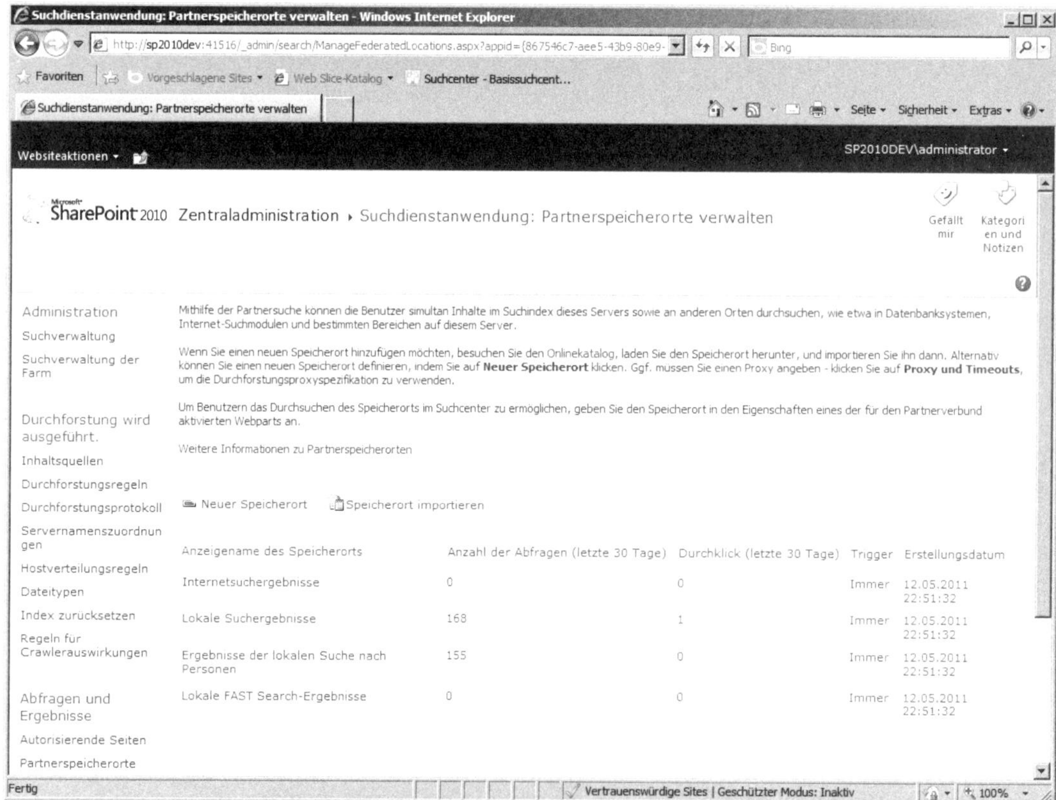

Abbildung 24.5 Die Seite *Partnerspeicherorte verwalten*

Um einen benutzerdefinierten Ort zu konfigurieren, müssen Sie die SharePoint-Zentraladministration öffnen und auf die Verwaltungsseite *Suchdienstanwendung* wechseln. Dort finden Sie in der Menügruppe *Abfragen und Ergebnisse* den Menüpunkt *Partnerspeicherorte*. Sie können einen neuen Ort definieren, indem Sie ein langes Definitionsformular ausfüllen oder eine Definitionsdatei mit der Namenserweiterung *.osdx* (Open Search Definition XML) importieren, die auf einem speziellen XML-Schema basiert. Dieser Abschnitt konzentriert sich auf die Verbundsuche mit einem OpenSearch-Anbieter.

WICHTIG Vergessen Sie nicht, dass die Abfrage von Suchorten bei den Verbundpartnern in Echtzeit erfolgt. Bei einer Abfrage mit dem Suchmodul von SharePoint wird dagegen ein Index durchsucht, der zuvor speziell für diesen Zweck erstellt wurde. Daher können die Suchzeiten sehr stark voneinander abweichen.

Wenn Sie die Verknüpfung *Neuer Speicherort* anklicken, erscheint ein langes Formular, das viele Konfigurationsparameter berücksichtigt. Die wichtigsten sind:

- **Name des Speicherorts** Ein eindeutiger Name, der den Speicherort bezeichnet. Er kann nach der Definition nicht mehr geändert werden und ist nur für Administratoren und Entwickler sichtbar.
- **Anzeigename** Dieser Name wird für Endbenutzer angezeigt, sofern die Anzeige des Orts in der Benutzeroberfläche der Endbenutzer (Webparts) aktiviert ist.
- **Beschreibung** Eine kurze Beschreibung des Orts.
- **Trigger** Legt fest, wann der Ort durchsucht werden soll. Sie können zum Beispiel festlegen, dass der Ort nur durchsucht wird, wenn die Suchabfrage des Endbenutzers mit einem bestimmten Präfix beginnt oder zu einem bestimmten Muster passt.
- **Speicherorttyp** Legt den Typ des Speicherorts fest. Zur Wahl stehen *Suchindex dieses Servers*, *FAST-Index* und *OpenSearch 1.0/1.1*.
- **Abfragevorlage** Definiert die Abfragevorlage, die für die Abfrage des Zielorts verwendet wird. Wenn Sie OpenSearch 1.0/1.1 verwenden, ist dies die URL der Suchseite. Soll als Suchmodul zum Beispiel Microsoft Bing verwendet werden, hat die Abfragevorlage folgenden Wert:

  http://www.bing.com/search?q={searchTerms}&format=rss

  Darin stellt *{searchTerms}* ein Symbol dar, das durch die Abfrage ersetzt wird, die der Endbenutzer formuliert. Wenn der Speicherort vom Typ *Suchindex dieses Servers* ist, enthält diese Eigenschaft die Suchabfrage, die auf dem Suchserver durchgeführt werden soll. Im Fall eines FAST-Index-Anbieters enthält dieses Feld die Such-URL, die an den FAST-Index übergeben werden muss.
- **Informationen anzeigen** Definiert den Standard-XSLT-Code, der für die Anzeige der Suchergebnisse verwendet werden soll.
- **Einschränkungs- und Anmeldeinformationen** Definiert die Anmeldeinformationen, die für die Kommunikation mit dem externen Suchort erforderlich sind. Sie können eine der folgenden Authentifizierungsmethoden auswählen:
  - Anonym (Standardeinstellung)
  - Standardauthentifizierung mit einem Benutzernamen und einem Benutzerkennwort, oder integriert mit den Anmeldeinformationen des aktuellen Benutzers
  - Digestauthentifizierung mit dem konfigurierten Benutzernamen oder Benutzerkennwort, oder integriert mit den Anmeldeinformationen des aktuellen Benutzers
  - NTLM mit der Identität des aktuellen Anwendungspools
  - NTLM mit dem konfigurierten Benutzernamen und Kennwort

- NTLM integriert mit den Anmeldeinformationen des aktuellen Benutzers
- Formularauthentifizierung mit dem konfigurierten Benutzernamen und Kennwort, oder jeder Endbenutzer gibt die Anmeldeinformationen ein
- Cookieauthentifizierung, abgerufen aus einer manuellen Authentifizierung, oder von jedem Endbenutzer angegeben

Die Konfiguration ist sicher nicht trivial, aber umfassend und ermöglicht die Unterstützung einer Vielzahl von Szenarien. Auf diese Weise können Sie das SharePoint-Suchmodul mit allen großen Suchmaschinen aus dem Internet (Microsoft Bing, Google, Yahoo! und so weiter) oder mit Dokumentverwaltungs-/Datenverwaltungsanwendungen verbinden, die einen über eine URL erreichbaren Abfragedienst anbieten.

Eine *.osdx*-Datei definiert praktisch dieselben Konfigurationsdaten, allerdings mit XML. Das bedeutet, dass Sie zum Beispiel in einer SharePoint-Umgebung die am häufigsten verwendeten Speicherorte eines Verbundes konfigurieren können. Anschließend können Sie alle Partnerspeicherorte als *.osdx*-Dateien exportieren und nach Bedarf auf anderen Servern importieren.

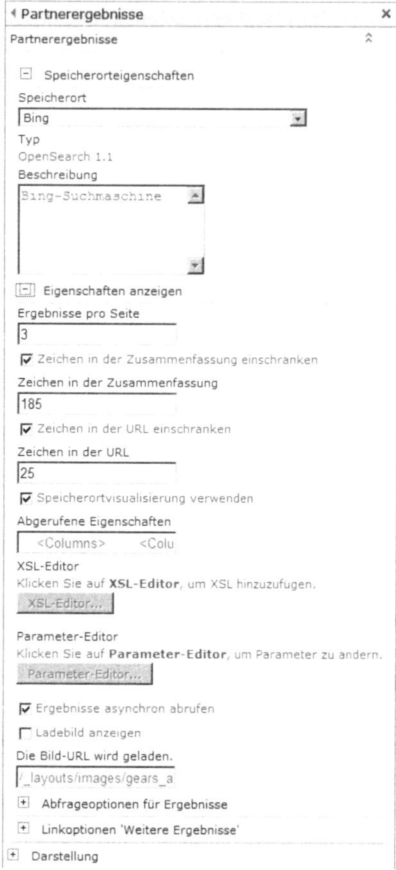

Abbildung 24.6 Der Editor-Teil des Webparts *Partnerergebnisse*

Nachdem Sie einen benutzerdefinierten Suchort manuell oder mit einer *.osdx*-Datei konfiguriert haben, können Sie ihn in der Suchcenter-Website konfigurieren. Dazu wechseln Sie auf die Seite, auf der die Suchergebnisse angezeigt werden, bearbeiten diese Seite und fügen ein neues Webpart des Typs *Partnerergebnisse* hinzu, das in der Gruppe *Suchen* der Webparts zur Verfügung steht. Nachdem Sie das Webpart hinzugefügt haben, können Sie dessen Eigenschaften festlegen.

Abbildung 24.6 zeigt den Editor-Teil des Webparts *Partnerergebnisse*. Beachten Sie die Eigenschaft *Speicherort*. Damit können Sie festlegen, welcher Speicherort aus dem Verbund durchsucht wird. Außerdem können Sie festlegen, ob das Webpart die Ergebnisse mit dem Standard-XSLT-Code oder mit einem speziellen Code anzeigen soll, den Sie bereitstellen. Ein *Partnerergebnisse*-Webpart arbeitet standardmäßig asynchron, damit der Benutzer nicht auf die Abfrageergebnisse warten muss. Dieses Verhalten können Sie ebenfalls ändern und eine synchrone Abfrage einstellen.

Implementieren eines benutzerdefinierten Verbundanbieters

Wie Sie im vorigen Abschnitt erfahren haben, lässt sich ein Datenspeicherort des Typs *OpenSearch* dazu verwenden, um jede Art von Suchdienst abzufragen, der über HTTP/HTTPS zugänglich ist. Dabei wird eine parametrische Such-URL verwendet und eine strukturierte XML-Antwort geliefert. Gewöhnlich handelt es sich bei der strukturierten XML-Antwort um einen RSS- oder Atom-Feed.

WICHTIG Um diesen Abschnitt und das Beispielprogramm zu verstehen, sollten Sie sich mit Windows Communication Foundation auskennen und wissen, wie damit webzentrische Dienste entwickelt werden.

Mit Windows Communication Foundation (WCF) können Sie seit der Version 3.5 von .NET Framework Dienste entwickeln, die keine herkömmlichen SOAP-Nachrichten verwenden, sondern benutzerdefinierten XML-Code. Außerdem können Sie WCF verwenden, um »webzentrische« Lösungen zu definieren. Damit sind Dienste gemeint, die mit externen Systemen kommunizieren können, wobei sie HTTP-Anfragen (REST) annehmen und für Ein- und Ausgabenachrichten XML unterstützen. Diese Art von Diensten eignet sich für die Entwicklung von Kommunikationsframeworks für AJAX- oder jQuery-Weblösungen und zur Veröffentlichung von benutzerdefinierten RSS/Atom-Feeds.

Solche Dienste können Sie auch zur Implementierung von benutzerdefinierten OpenSearch-Anbietern verwenden, um beliebige Datenarten im Backend zu durchsuchen. Sie können zum Beispiel einen benutzerdefinierten WCF-Dienst definieren, der REST-Anfragen annimmt, eine Backenddatenbank abfragt und RSS/Atom-Antworten versendet. Sie können in SharePoint einen Partner- oder Verbunddatenspeicherort definieren und den benutzerdefinierten WCF-Dienst damit als neuen Verbundspeicherort verfügbar machen. Listing 24.6 zeigt einen WCF-Dienstvertrag und einen WCF-Dienst, der das beschriebene Szenario implementiert.

Listing 24.6 Ein WCF-Vertrag und ein WCF-Dienst, der einen OpenSearch-Anbieter veröffentlicht

```
[ServiceKnownType(typeof(Rss20FeedFormatter))]
[ServiceKnownType(typeof(Atom10FeedFormatter))]
[ServiceContract(Namespace = "http://schemas.devleap.com/FeedService")]
public interface IDevLeapFeedService {
  [OperationContract]
  [WebGet(UriTemplate = "blog?q={searchTerm}&type={feedType}")]
  SyndicationFeedFormatter GetFeed(String searchTerm, String feedType);
}
```

```
[AspNetCompatibilityRequirements(
  RequirementsMode = AspNetCompatibilityRequirementsMode.Allowed)]
public class DevLeapFeedService : IDevLeapFeedService {
  public SyndicationFeedFormatter GetFeed(String searchTerm, String feedType) {
    // Bereite einen SyndicationFeed für die Ergebnisse vor.
    SyndicationFeed feed = new SyndicationFeed("DevLeap Sample Feed",
      String.Format("Alle Blogbeiträge von {0}!", searchTerm),
      new Uri("http://blogs.devleap.com/Feed/"));

    // Definiere einige allgemeine Informationen über den Feed.
    feed.Authors.Add(new SyndicationPerson("info@devleap.com"));
    feed.Categories.Add(new SyndicationCategory("Miscellanea"));
    feed.Description = new TextSyndicationContent("Sample feed for SP2010");

    // Fülle die Ergebnisliste.
    List<SyndicationItem> items = new List<SyndicationItem>();

    // Verwende Zufallsdaten.
    items.AddRange(
      from i in Enumerable.Range(1, 30)
      let id = Guid.NewGuid().ToString()
      select new SyndicationItem(
        String.Format("Titel {0}", i),
        new TextSyndicationContent("Text",
          TextSyndicationContentKind.Plaintext),
        new Uri("http://blogs.devleap.com/Feed/" + id),
        id, DateTimeOffset.Now));

    feed.Items = items;

    // Formatiere die Antworten als RSS oder Atom.
    if (feedType.ToLower() == "rss") {
      return new Rss20FeedFormatter(feed);
    }
    else if (feedType.ToLower() == "atom") {
      return new Atom10FeedFormatter(feed);
    }
    else {
      return null;
    }
  }
}
```

Listing 24.6 zeigt einen herkömmlichen WCF-Dienstvertrag, der zudem mit einigen *ServiceKnownType*-Attributen versehen wurde, die angeben, dass der Dienst RSS- und Atom-Antworten geben kann. Außerdem wurde der Vorgang *GetFeed* mit dem Attribut *WebGet* gekennzeichnet, wie es für den webzentrischen Lösungsansatz der WCF typisch ist. Die *WebGet*-Instanz, die auf den Vorgang *GetFeed* angewendet wird, weist WCF an, Anfragen mit einem URL-Muster wie dem folgenden anzunehmen:

```
/blog?q={searchTerm}&type={feedType}
```

Die Symbole *{searchTerm}* und *{feedType}* entsprechen den Argumenten des *GetFeed*-Vorgangs. Die Implementierung dieses Dienstbeispiels ist trivial und erstellt einfach eine Instanz der Klasse *SyndicationFeed*, die einen allgemeinen Feed definiert. Dann fügt sie eine Liste mit simulierten Elementen hinzu und gibt das Ergebnis formatiert zurück, wobei die Formatierung je nach dem Wert des Parameters *feedType* mit einem *Rss20FeedFormatter* oder einem *Atom10FeedFormatter* erfolgt. Wenn Sie den Dienst nun mit einer URL wie der folgenden aufrufen, gibt der Dienst eine Liste mit fiktiven RSS-Elementen zurück, die Treffer für den Abfragebegriff »SharePoint« darstellen:

```
http://server/FeedService/DevLeapFeedService.svc/blog?q=SharePoint&type=rss
```

Was die Konfiguration anbetrifft, müssen Sie den Dienst durch eine Webanwendung mit einer *web.config*-Datei wie in Listing 24.7 veröffentlichen.

Listing 24.7 Eine *web.config*-Beispieldatei für die Veröffentlichung eines OpenSearch-Anbieterdienstes

```
<?xml version="1.0"?>
<configuration>

  <system.serviceModel>
    <services>
      <service name="DevLeapFeedService">
        <endpoint address="" behaviorConfiguration="WebHttpBehavior"
          binding="webHttpBinding" contract="IDevLeapFeedService" />
      </service>
    </services>

    <behaviors>
      <endpointBehaviors>
        <behavior name="WebHttpBehavior">
          <webHttp/>
        </behavior>
      </endpointBehaviors>
    </behaviors>

  </system.serviceModel>

</configuration>
```

Abbildung 24.7 zeigt das Ergebnis einer Suche, bei der auch die Partnerergebnisse vom benutzerdefinierten WCF-Dienst angezeigt werden.

Die einzigen nennenswerten Konfigurationsparameter in Listing 24.7 sind die Bindung des Typs *webHttpBinding*, die für webzentrische Dienste erforderlich ist, und das Verhalten des Endpunkts, das als *behavior*-Element des Typs *webHttp* angegeben wird, um die Unterstützung für webzentrische Dienste zu aktivieren.

Sie können eine *.osdx*-Datei mit einer Beschreibung des Anbieters definieren oder ihn manuell konfigurieren. Unabhängig von der Art, in der Sie den Anbieter konfigurieren, können Sie ein *Partnerergebnisse*-Webpart zur Seite *Suchergebnisse* hinzufügen, das die Ergebnisse vom neuen Anbieter anzeigt, den Sie gerade definiert haben.

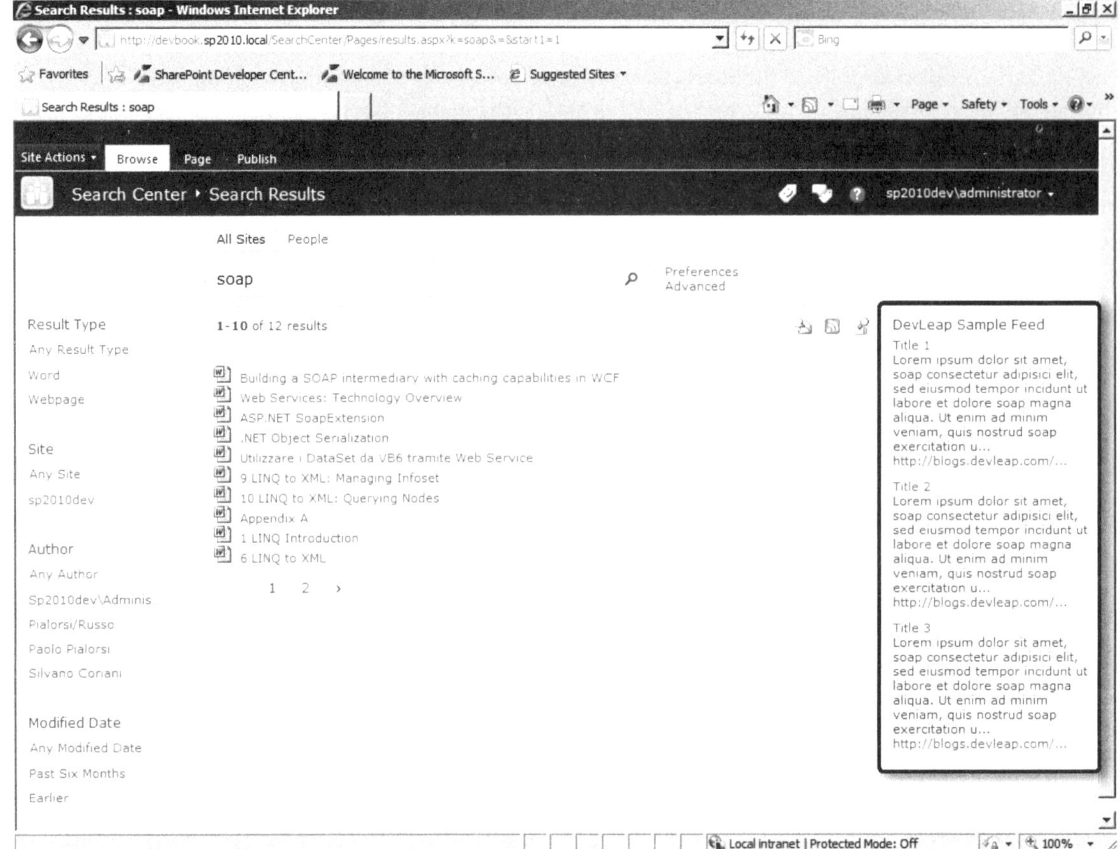

Abbildung 24.7 Die Seite *Suchergebnisse* mit den Partnerergebnissen von einem benutzerdefinierten WCF-Dienst

Verwenden des Suchmoduls im Programmcode

Seit SharePoint 2010 gibt es zwei verschiedene Gruppen von Klassen, mit denen Sie das Suchmodul im serverseitigen Code verwenden können:

- **Verbundsucheobjektmodell (federated search object model)** Verwenden Sie dieses Objektmodell, wenn Sie mehrere Orte abfragen und die Ergebnisse zusammenfassen möchten.
- **Abfrageobjektmodell (query object model)** Verwenden Sie dieses Objektmodell für Abfragen des SharePoint-Indexes und des FAST Search-Servers.

Die beiden Klassengruppen sind in denselben Assemblys enthalten:

- *Microsoft.SharePoint.dll*
- *Microsoft.Office.Server.dll*
- *Microsoft.Office.Server.Search.dll*

Wenn Sie Verweise auf diese Assemblys, die alle im Ordner *<SharePoint14_Root>\ISAPI* liegen, ins Projekt aufnehmen, können Sie das Suchmodul und andere Orte im Verbund abfragen.

Verbundsucheobjektmodell

Nun ist es an der Zeit, sich mit dem neuen Verbundsucheobjektmodell zu beschäftigen. Die beiden wichtigsten Typen, die Sie in diesem Zusammenhang verwenden, sind die Klasse *QueryManager*, der Sie in den bisherigen Abschnitten bereits begegnet sind, und die Klasse *SearchServiceApplicationProxy*, die den Dienstanwendungsproxy für die Suchdienstanwendung darstellt. Listing 24.8 zeigt die Definition der Klasse *QueryManager*.

WEITERE INFORMATIONEN Weitere Informationen darüber, was ein Dienstanwendungsproxy ist, finden Sie in Kapitel 15, »Entwickeln von Dienstanwendungen«.

Listing 24.8 Die Definition der Klasse *QueryManager*

```
public sealed class QueryManager : List<LocationList> {

   public QueryManager();

   public string DefaultFASTSearchSort { get; set; }
   public int Timeout { get; set; }
   public bool TrimDuplicates { get; set; }
   public string UserQuery { get; set; }

   public XmlDocument GetResults(LocationList locationList);
   public bool IsTriggered(LocationList locationList);
   public void SendRequest(LocationList locationList, int count);
}
```

Tabelle 24.1 beschreibt die wichtigsten Member der Klasse *QueryManager*.

Tabelle 24.1 Die wichtigsten Member der Klasse *QueryManager*

Membername	Beschreibung
Timeout	Eine Eigenschaft des Typs *Integer*, die die Ablaufzeit der Abfrage in Millisekunden angibt.
TrimDuplicates	Eine Eigenschaft des Typs *Boolean*, die es ermöglicht, Duplikate aus den Ergebnissen von Suchabfragen zu entfernen.
UserQuery	Eine Eigenschaft des Typs *String*, mit der sich die Abfrage verwalten lässt, die an die konfigurierten Verbundspeicherorte gesendet wird.
GetResults	Eine Methode für den Abruf der Suchergebnisse von den angegebenen Suchorten im Verbund. Das Ergebnis ist strukturierter XML-Code, der die Ergebnisse der einzelnen Orte zusammenfasst.
IsTriggered	Eine Methode, die einen *Boolean*-Wert zurückgibt und damit angibt, ob einer der angegebenen Partnerspeicherorte bei der aktuellen Abfrage durchsucht wird.
SendRequest	Eine Methode, mit der eine Suchabfrage an die angegebenen Partnerspeicherorte gesendet wird.

Tabelle 24.1 zeigt deutlich, dass die Liste der Partnerspeicherorte (die Speicherorte im Verbund) für die Suche im Verbund wichtig ist, weil sie ein Parameter jeder Methode ist. Um Zugang zur Liste der konfigurierten Partnerspeicherorte zu erhalten, brauchen Sie den Suchdienstanwendungsproxy. Die Klasse *SearchServiceApplicationProxy* bietet viele Methoden, mit denen sich Partnerspeicherorte per Programm-

code verwalten lassen. Außerdem gibt es eine Methode für den Abruf einer vollständigen Liste aller konfigurierten Orte. Der Code aus Listing 24.9 listet alle Orte auf, die für die angegebene Websitesammlung verfügbar sind.

Listing 24.9 Auflisten aller konfigurierten Suchspeicherorte im Verbund

```
static void BrowseLocations(String siteUrl) {
  using (SPSite site = new SPSite(siteUrl)) {
      Int64 lastupdate;
      Boolean useCrawlProxy;
      // Rufe einen Verweis auf den Suchdienstanwendungsproxy ab.
      SearchServiceApplicationProxy searchServiceProxy =
        (SearchServiceApplicationProxy)
        SearchServiceApplicationProxy.GetProxy(SPServiceContext.GetContext(site));

    // Rufe die konfigurierten Orte ab.
    LocationConfiguration[] locationConfigurations =
      searchServiceProxy.GetLocationConfigurations(
        out lastupdate, out useCrawlProxy);

    // Liste die Orte auf.
    foreach (LocationConfiguration lc in locationConfigurations) {
      Console.WriteLine("***************************************");
      Console.WriteLine("Ort: {0}", lc.InternalName);
      Console.WriteLine("Typ: {0}", lc.Type);
      Console.WriteLine("URL-Vorlage: {0}", lc.ConnectionUrlTemplate);
    }
  }
}
```

Die folgenden Zeilen sind ein Auszug aus der Liste, die der Code aus Listing 24.9 anzeigt:

```
***************************************
Ort: InternetSearchResults
Typ: OpenSearch
URL-Vorlage: http://search.live.com/results.aspx?q={searchTerms}&count={itemsPe
rPage}&first={startItem}&mkt={language}&format=rss&FORM=SHAREF
***************************************
Ort: InternetSearchSuggestions
Typ: OpenSearch
URL-Vorlage: http://search.live.com/QSOnly.aspx?q={searchTerms}&count={itemsPer
Page}&first={startItem}&mkt={language}&FORM=SHARES&format=rss
***************************************
Ort: LocalSearchIndex
Typ: LocalSharepoint
URL-Vorlage: {searchTerms}
...
```

Wenn Sie einen oder mehrere der verfügbaren Orte durchsuchen möchten, können Sie die Methode *GetResults* des *QueryManager*-Objekts aufrufen, nachdem Sie für jeden Zielort oder die ganze *QueryManager*-Instanz eine Eigenschaft namens *UserQuery* konfiguriert haben. Intern überprüft die Methode *Get-*

Results, ob es mindestens einen Ort gibt, der mit dem aktuellen *UserQuery*-Wert ein Ergebnis liefern kann, und sendet die Suchanfrage mit der Methode *QueryManager.SendRequest*.

Die von den verschiedenen Orten gelieferten Ergebnisse werden zu einer einzigen XML-Antwort zusammengefasst. Listing 24.10 zeigt ein Beispiel für die Suche in den konfigurierten Orten.

Listing 24.10 Durchsuchen aller konfigurierten Suchorte

```
static void SearchByFederation(String siteUrl, String searchTerms) {
  using (SPSite site = new SPSite(siteUrl)) {
    Int64 lastupdate;
    Boolean useCrawlProxy;
    // Rufe einen Verweis auf den Suchdienstanwendungsproxy ab.
    SearchServiceApplicationProxy searchServiceProxy =
      (SearchServiceApplicationProxy)
      SearchServiceApplicationProxy.GetProxy(SPServiceContext.GetContext(site));
    // Rufe die aktuell konfigurierten Suchorte ab.
    LocationConfiguration[] locationConfigurations =
      searchServiceProxy.GetLocationConfigurations(
        out lastupdate, out useCrawlProxy);

    LocationList locations = new LocationList();

    // Bereite die Orte für die Suche vor.
    foreach (LocationConfiguration lc in locationConfigurations) {
      locations.Add(new Location(lc.InternalName, searchServiceProxy));
    }

    // Erstelle eine QueryManager-Instanz.
    QueryManager manager = new QueryManager();
    manager.Add(locations);
    manager.UserQuery = searchTerms;

    // Suche an allen Orten.
    XmlDocument results = manager.GetResults(locations);
  }
}
```

Der ausgegebene XML-Code besteht aus einigen *channel*-Elementen, die von Orten des Typs *OpenSearch* stammen, und aus *Result*-Elementen, die von Orten des Typs *LocalSharepoint* stammen.

Abfrageobjektmodell

Als weitere Option steht Ihnen immer noch das alte Abfrageobjektmodell (query object model) von SharePoint zur Verfügung, das es auch schon in älteren Versionen des Produkts gab. Allerdings ermöglicht dieses Abfrageobjektmodell nur die Abfrage des SharePoint-Index. Damit können Sie keine anderen Speicherorte aus dem Verbund untersuchen. Die Grundidee des Abfrageobjektmodells ist es, eine abstrakte Basisklasse namens *Query* zu verwenden, die das abstrakte Konzept einer Abfrage definiert. Von dieser Klasse werden weitere Klassen für die verschiedenen Arten von Suchabfragen abgeleitet, die SharePoint unterstützt:

- **Abfrage mit Schlüsselwörtern (keyword query)** Eine Abfrage auf der Basis von Schlüsselwörtern, wie sie beispielsweise vom Endbenutzer ins Suchfeld einer Website eingegeben werden.
- **Volltext-SQL-Abfrage (full text SQL query)** Eine Abfrage mit einer speziellen, an SQL angelehnten Syntax, die für die Abfrage des Suchmodulindex definiert wurde.

Erstere wird durch die Klasse *KeywordQuery* implementiert, letztere durch die Klasse *FullTextSqlQuery*. Listing 24.11 zeigt ein Beispiel für die Suche mit der Klasse *KeywordQuery*.

Listing 24.11 Inhaltssuche mit der Klasse *KeywordQuery*

```
static void SearchByQueryObjectModelKeyword(String siteUrl, String searchTerms) {
  using (SPSite site = new SPSite(siteUrl)) {
    // Rufe einen Verweis auf den Suchdienstanwendungsproxy ab.
    SearchServiceApplicationProxy searchServiceProxy =
      (SearchServiceApplicationProxy)
      SearchServiceApplicationProxy.GetProxy(SPServiceContext.GetContext(site));
    KeywordQuery keywordQuery = new KeywordQuery(searchServiceProxy);

    // Definiere den Abfragetyp.
    keywordQuery.ResultTypes = ResultType.RelevantResults;
    keywordQuery.QueryText = searchTerms;

    // Führe die Abfrage durch.
    ResultTableCollection result = keywordQuery.Execute();

    // Liste die Ergebnisse auf, sofern vorhanden.
    if (result.Count > 0) {
      // Konvertiere die Ergebnisse in ein DataTable-Objekt.
      ResultTable relevantResults = result[ResultType.RelevantResults];
      DataTable resultsDataTable = new DataTable();
      resultsDataTable.Load(relevantResults, LoadOption.OverwriteChanges);
      Console.WriteLine("Zahl der Ergebnisse: {0}", resultsDataTable.Rows.Count);

      foreach (DataRow row in resultsDataTable.Rows) {
        Console.WriteLine(row["Title"]);  // Titel
      }
    }
  }
}
```

Wie der Beispielcode zeigt, bietet die Klasse *KeywordQuery* eine Methode namens *Execute*, die intern die Suchabfrage durchführt und eine Sammlung mit *ResultTable*-Elementen zurückgibt. Jede *ResultTable*-Instanz stellt eine einzelne Ergebnismenge dar. Die verfügbaren Ergebnismengenarten werden im Aufzählungstyp *ResultType* definiert, und Sie sollten durch die entsprechende Konfiguration der Eigenschaft *ResultTypes* des *KeywordQuery*-Objekts festlegen, welche Art von Ergebnissen Sie von der Suchabfrage erwarten.

Listing 24.12 führt praktisch dieselbe Abfrage durch, allerdings mit der Klasse *FullTextSqlQuery*.

Listing 24.12 Inhaltssuche mit der Klasse *FullTextSqlQuery*

```
static void SearchByQueryObjectModelSQL(String siteUrl, String searchTerms) {
  using (SPSite site = new SPSite(siteUrl)) {
    // Rufe einen Verweis auf den Suchdienstanwendungsproxy ab.
    SearchServiceApplicationProxy searchServiceProxy =
      (SearchServiceApplicationProxy)
      SearchServiceApplicationProxy.GetProxy(SPServiceContext.GetContext(site));
    FullTextSqlQuery sqlQuery = new FullTextSqlQuery(searchServiceProxy);

    // Definiere den Abfragetyp.
    sqlQuery.ResultTypes = ResultType.RelevantResults;
    sqlQuery.QueryText = String.Format(
      "SELECT Title, Path FROM Scope() WHERE FREETEXT('{0}')", searchTerms);

    // Führe die Abfrage durch.
    ResultTableCollection result = sqlQuery.Execute();

    // Liste die Ergebnisse auf, sofern vorhanden.
    if (result.Count > 0) {
      // Konvertiere die Ergebnisse in ein DataTable-Objekt.
      ResultTable relevantResults = result[ResultType.RelevantResults];
      DataTable resultsDataTable = new DataTable();
      resultsDataTable.Load(relevantResults, LoadOption.OverwriteChanges);
      Console.WriteLine("Zahl der Ergebnisse: {0}", resultsDataTable.Rows.Count);

      foreach (DataRow row in resultsDataTable.Rows) {
        Console.WriteLine(row["Title"]); // Titel
      }
    }
  }
}
```

Der Code ist fast derselbe wie in Listing 24.11. Die Unterschiede liegen in der Verwendung der Klasse *FullTextSqlQuery* und in der SQL-ähnlichen Abfrage, die der Eigenschaft *QueryText* zugewiesen wird.

WEITERE INFORMATIONEN Weitere Informationen über die SQL-Syntax für die Suche in SharePoint erhalten Sie unter *http://msdn.microsoft.com/de-de/library/ee558869.aspx* auf MSDN Online in dem Dokument »Referenz für die SQL-Syntax für die SharePoint-Suche«.

Abfragewebdienst

Die letzte Technik zur Suche nach Inhalten per Programmcode unter Verwendung des Suchmoduls ist der Abfragewebdienst (query web service). Das ist ein ASMX-Dienst, der nur in SharePoint Server 2010 verfügbar ist, also nicht in SharePoint Foundation 2010. Sie finden ihn auf einer SharePoint Server 2010-Installation unter der relativen URL */_vti_bin/search.asmx*. Wie ein von SharePoint veröffentlichter Webdienst verwendet wird, beschreibt Kapitel 5, »Clientseitige Technologien«. Dieser Abschnitt konzentriert sich darauf, was der Abfragewebdienst leistet.

Der Dienst *search.asmx* arbeitet intern mit dem Abfrageobjektmodell (query object model), und nicht mit dem Verbundsucheobjektmodell (federated search object model). Wenn Sie mit dem Dienst *search.asmx* arbeiten, können Sie daher nur den SharePoint-Index durchsuchen, und nicht die anderen Speicherorte im Verbund. Um mit diesem Dienst eine Suchabfrage durchzuführen, können Sie die Vorgänge *Query* oder *QueryEx* verwenden.

HINWEIS Es sind noch einige andere Vorgänge verfügbar, die hauptsächlich der besseren Unterstützung der Microsoft Office-Clientintegration dienen. Sie können auch diese Vorgänge verwenden, aber zur einfachen Abfrage des SharePoint-Indexes reichen die Vorgänge *Query* und *QueryEx* aus.

Query fragt den Index ab und gibt eine strukturierte XML-Antwort zurück. *QueryEx* fragt den Index ab und gibt ein *DataSet* von ADO.NET zurück, als XML serialisiert. Unabhängig von der Art des gewünschten Ergebnisses wird die Anfrage für beide Vorgänge als *XmlNode* formuliert, der ein XML-Dokument darstellt. Listing 24.13 zeigt ein Beispiel für die Syntax.

Listing 24.13 Eine XML-Nachricht für die Suche nach Inhalten mit dem *search.asmx*-Dienst

```
<?xml version="1.0" encoding="utf-8" ?>
<QueryPacket xmlns="urn:Microsoft.Search.Query">
  <Query>
    <SupportedFormats>
      <Format revision="1">urn:Microsoft.Search.Response.Document:Document</Format>
    </SupportedFormats>
    <Context>
      <QueryText language="en-US" type=""></QueryText>
    </Context>
  </Query>
</QueryPacket>
```

Der XML-Code stellt ein *QueryPacket*-Element dar, das ein untergeordnetes *Query*-Element enthält. Das *Query*-Element definiert im Element *Context/QueryText* die Abfrage, die ausgeführt werden soll, und im Element *SupportedFormats* die unterstützten und akzeptierten Ergebnistypen. Das Element *QueryText* hat ein *type*-Attribut, das folgende Werte annehmen kann:

- **STRING** Zur Ausführung einer Schlüsselwortabfrage.
- **MSSQLFT** Zur Ausführung einer Volltextsuche mit SQL-Syntax.
- **FQL** Zur Ausführung einer FQL-Abfrage (FAST Query Language). Gilt nur für FAST Search Server 2010 für SharePoint.

WEITERE INFORMATIONEN Eine vollständige Referenz des *Query*-Schemas finden Sie auf MSDN Online unter *http://msdn.microsoft.com/de-de/library/ms563775.aspx* im Dokument »Microsoft.Search.Query-Schema«.

Listing 24.14 zeigt eine XML-Nachricht, die man von einem Remote-Smartclient für den Vorgang *Query* an das Suchmodul senden kann, wobei eine Schlüsselwortabfrage durchgeführt und nach Dokumenten gesucht werden soll, die das Schlüsselwort »SOAP« enthalten.

Listing 24.14 Verwenden einer XML-Nachricht für die Suche mit *search.asmx* nach Dokumenten, die das Schlüsselwort »SOAP« enthalten

```
<?xml version="1.0" encoding="utf-8" ?>
<QueryPacket xmlns="urn:Microsoft.Search.Query">
  <Query>
    <SupportedFormats>
      <Format revision="1">urn:Microsoft.Search.Response.Document:Document</Format>
    </SupportedFormats>
    <Context>
      <QueryText language="en-US" type="STRING">SOAP</QueryText>
    </Context>
  </Query>
</QueryPacket>
```

In Listing 24.15 sehen Sie einen Auszug aus dem Code, der den Dienst *search.asmx* aufruft.

Listing 24.15 Aufruf des *search.asmx*-Dienstes

```
QueryService search = new QueryService();
search.Credentials = System.Net.CredentialCache.DefaultCredentials;
search.Url = targetUrl.Text + "/_vti_bin/search.asmx";

XElement queryXml = XElement.Load(@"..\..\QueryPacket.xml");
XNamespace nsRequest = "urn:Microsoft.Search.Query";
XNode queryTextNode = queryXml.Descendants(
  nsRequest + "QueryText").FirstOrDefault();

if (queryTextNode != null) {
  XElement queryTextElement = queryTextNode as XElement;
  queryTextElement.SetValue(searchBox.Text);
  queryTextElement.Attribute("type").Value = "STRING";

  String xmlResultsText = search.Query(queryXml.ToString());
  XNamespace nsResponse = "urn:Microsoft.Search.Response";
  XNamespace nsDocument = "urn:Microsoft.Search.Response.Document";
  XElement xmlResults = XElement.Parse(xmlResultsText);

  results.DataContext = from r in xmlResults.Descendants(nsDocument + "Title")
        select r;
}
```

Listing 24.15 erstellt eine Webdienstproxyinstanz, konfiguriert die Anmeldeinformationen und lädt eine vordefinierte Datei namens *QueryPacket.xml*. Anschließend konfiguriert der Code die Art der Abfrage und den Suchbegriff in der XML-Anfrage. Schließlich ruft der Code den Vorgang *Query* auf, um eine XML-Antwort zu erhalten. Die XML-Antwort enthält ein *ResponsePacket*-Element mit einem *Document*-Element für jedes Ergebnis, denn in der Anfrage geht es nur um Dokumente. Dann verwendet der Code einen LINQ-to-XML-Abfragebefehl (*Descendants*), um die *Title*-Elemente der Dokumente abzurufen. Listing 24.16 zeigt das XML-Ergebnis des *Query*-Vorgangs.

Listing 24.16 Ein Auszug aus dem XML-Ergebnis des *Query*-Vorgangs

```
<ResponsePacket xmlns="urn:Microsoft.Search.Response">
  <Response>
    <Range>
      <StartAt>1</StartAt>
      <Count>10</Count>
      <TotalAvailable>12</TotalAvailable>
      <Results>
        <Document relevance="72660210" xmlns="urn:Microsoft.Search.Response.Document">
          <Title>Building a SOAP intermediary with caching capabilities in WCF</Title>
          <Action>
            <LinkUrl size="51617" fileExt="docx">http://sp2010rcdev/Articles and Chapters/Building a
SOAP intermediary with caching capabilities in WCF.docx</LinkUrl>
          </Action>
          <Description />
          <Date>2010-02-26T11:15:03</Date>
        </Document>
        <Document relevance="66470133" xmlns="urn:Microsoft.Search.Response.Document">
          <Title>9 LINQ to XML: Managing Infoset</Title>
          <Action>
            <LinkUrl size="499712" fileExt="doc">http://sp2010rcdev/Articles and Chapters/CH09 - LINQ to
XML - Managing Infoset.doc</LinkUrl>
          </Action>
          <Description />
          <Date>1998-02-10T13:00:00</Date>
        </Document>

        <!-- XML-Code der Kürze halber weggelassen -->

      </Results>
    </Range>
    <Status>SUCCESS</Status>
  </Response>
</ResponsePacket>
```

Diese Abfragemethode ist von Nutzen, wenn Sie von einem externen Smartclient aus einen SharePoint-Index durchsuchen müssen und das Serverobjektmodell nicht verwenden können.

Zusammenfassung

In diesem Kapitel haben Sie aus der Sicht eines Entwicklers einen Überblick über die Architektur des Suchmoduls von SharePoint erhalten. Anschließend ging es um die Anpassung und Erweiterung der Benutzeroberfläche des SharePoint-Suchcenters und der Suchwebparts im Allgemeinen. Außerdem haben Sie gesehen, was eine Suche im Verbund (oder unter Partnern) ist und wie ein benutzerdefinierter Verbundanbieter auf der Basis von OpenSearch 1.0/1.1 entwickelt wird. Schließlich haben Sie noch erfahren, wie man Softwarelösungen entwickelt, die mit dem Verbundsucheobjektmodell (federated search object model), dem Abfrageobjektmodell (query object model) oder von einem Smartclient aus mit dem Abfragewebdienst (query web service) nach Inhalten suchen können.

Kapitel 25

Business Connectivity Services

In diesem Kapitel:

Die Business Connectivity Services sind wichtige Dienste von Microsoft SharePoint 2010. Sie bieten die Möglichkeit, Daten auf externen Systemen wie Branchenanwendungen (Line of Business, LOB), Webdiensten, Datenbanken oder anderen externen Quellen, die über einen passenden Connector verfügen, zu schreiben oder von ihnen zu lesen. In diesem Kapitel lernen Sie die Architektur des Dienstes und einige nützliche Fallstudien kennen.

Übersicht über die Business Connectivity Services

Die Business Connectivity Services (BCS), in Microsoft Office SharePoint Server 2007 noch Business Data Catalog genannt, ermöglichen mit einem CRUDQ-Lösungsansatz den Zugriff auf externe Daten (CRUDQ steht für Create, Read, Update, Delete und Query). Es handelt sich um eine Dienstanwendung, die zum Lieferumfang jeder SharePoint 2010-Ausgabe gehört, einschließlich Microsoft SharePoint Foundation 2010. Der Funktionsumfang kann aber von der SharePoint-Ausgabe abhängen, die Sie installieren. Abbildung 25.1 stellt die Architektur von BCS schematisch dar.

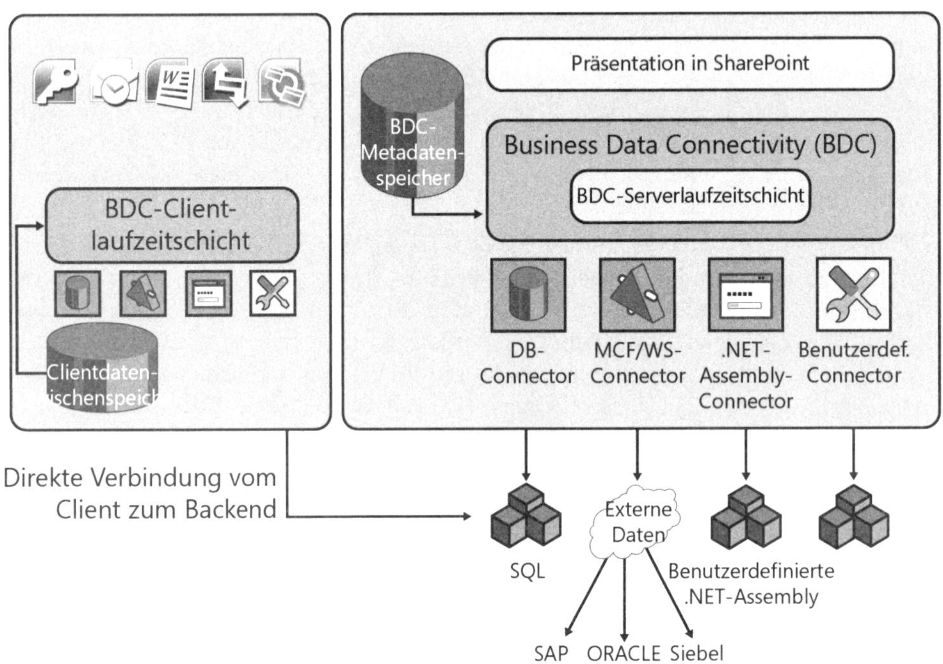

Abbildung 25.1 Die Architektur der Business Connectivity Services in SharePoint 2010

Der Dienst basiert auf einem Kernmodul namens Business Data Connectivity (BDC), das mit der BDC-Serverlaufzeitschicht Verbindungen zu verschiedenen Datenanbietern herstellt. Zu den unterstützten Datenanbietern gehören:

- **Datenbanken** Dabei kann es sich um eine beliebige Datenbank auf der Basis von Microsoft SQL Server, Oracle, OLE DB-Datenanbietern oder ODBC-Datenanbietern handeln.
- **Web/WCF-Dienste** Jeder SOAP-Webdienst oder jeder WCF-Dienst (Windows Communication Foundation).

- **Benutzerdefinierte .NET-Assemblys** Sie können eine benutzerdefinierte Windows .NET-Assembly verwenden, die sich für den Zugriff auf eine beliebige Backend-Datenquelle eignet.
- **Benutzerdefinierte Connectors** Sie können benutzerdefinierte Connectors für den Lese- und Schreibzugriff auf externe Datenquellen verwenden oder entwickeln.

WEITERE INFORMATIONEN Dieses Kapitel geht nicht auf die Entwicklung eines benutzerdefinierten Connectors ein. Wenn Sie an diesem Thema interessiert sind, lesen Sie das Dokument »Erstellen benutzerdefinierter Business Connectivity Services-Connectors mit SharePoint Server 2010«, das auf MSDN Online unter *http://msdn.microsoft.com/de-de/library/ff953161.aspx* verfügbar ist.

Unabhängig von der Art des verwendeten Datenanbieters speichert die BDC-Serverlaufzeitschicht die Konfiguration und den Aufbau der Datenquellen in einem speziellen Speicher, der BDC-Metadatenspeicher genannt wird und einer für diesen Zweck reservierten Datenbankdatei entspricht. SharePoint ist eine Präsentationsschicht für Daten, die mit BCS verwaltet werden. Jedem Element, das Sie in eine externe Datenquelle schreiben oder von ihr einlesen, wird ein externer Inhaltstyp (External Content Type, ECT) zugewiesen, und es kann in einer externen Liste verwendet werden. Zum Lieferumfang von SharePoint gehören einige Webparts für die Ausgabe, Filterung und Abfrage der Daten, die über BCS zugänglich sind. Außerdem wird eine externe Liste praktisch mit demselben Erscheinungsbild wie eine SharePoint-Standardliste angezeigt und verhält sich auch weitgehend so. Ein wichtiger Aspekt von BCS ist, dass sich externe Daten in SharePoint so anzeigen lassen, als wären es interne Daten. Endbenutzer können interne und externe Daten auf dieselbe Weise verwenden.

Wenn Sie mit SharePoint Server 2010 arbeiten, können Sie BCS-Daten (auch offline) in Clientanwendungen wie Microsoft Office 2010 verwenden. Dabei wird die BDC-Clientlaufzeitschicht verwendet, ein clientseitiges Modul, das von SharePoint automatisch auf jedem PC installiert werden kann, auf dem Office 2010 installiert ist. Die Möglichkeit, auf einem Client offline zu arbeiten, macht BCS insbesondere für Lösungen wie Smartclients und spezielle Büroanwendungen interessant, die nicht ständig mit dem Netzwerk verbunden sind. Sie können zum Beispiel einen Microsoft Outlook 2010-Client mit einer externen Liste verbinden, die von SharePoint und BCS veröffentlicht wird, und die Liste offline nehmen. Anschließend kann der Benutzer selbst dann mit den Daten arbeiten, wenn keine Verbindung mehr mit dem Netzwerk besteht. Die Offlinedaten werden auf dem Client-PC in einem lokalen Speicher abgelegt, der im Profilordner des aktuellen Benutzers liegt. Aus Sicherheitsgründen werden die Daten außerdem verschlüsselt. Ändert der Benutzer Daten, während er offline arbeitet, und geht anschließend wieder online, kann die BDC-Clientlaufzeitschicht die clientseitigen Daten mit den serverseitigen Onlinedaten synchronisieren.

WICHTIG Wenn Sie auf einem Client arbeiten, stellt die BDC-Clientlaufzeitschicht eine direkte Verbindung zum Datenspeicher her, ohne SharePoint 2010 als Zwischenstufe zu verwenden. Liegen die Daten zum Beispiel in einer Datenbank, die von einem DBMS verwaltet wird, greift der Client direkt auf diese Datenbank zu. Erfolgt der Datenzugriff über einen Web/WCF-Dienst, wendet sich der Client direkt an den HTTP-Server. Falls es zwischen dem Clientnetzwerk und dem Servernetzwerk Firewalls gibt, müssen Sie die entsprechenden TCP-Ports öffnen und die passenden Protokolle zulassen.

Standardmäßig sind der Clientzugriff und die Offline-Funktionen nur in Outlook 2010 und Microsoft SharePoint Workspace 2010 verfügbar. Allerdings wird auf den Clients nicht nur eine BDC-Laufzeitschicht, sondern auch ein Objektmodell zur Verfügung gestellt, das Sie in jeder .NET-Anwendung verwenden können. Das bedeutet, dass Sie benutzerdefinierten Code in Microsoft Word 2010, Microsoft Excel 2010 und so weiter schreiben können. Sie können auch in einem eigenen .NET-Smartclient Code entwickeln. Beachten Sie, dass jeder Benutzer über einen eigenen Zwischenspeicher für Offlinedaten verfügt. Daher können Offlinedaten von mehreren Clientanwendungen gemeinsam verwendet werden, was die Datenmenge in der Sitzung eines Benutzers verringert und Probleme vermeidet, die durch den gleichzeitigen Zugriff auf dieselben Daten entstehen.

Um eine externe Datenquelle mit BCS zu verwenden, müssen Sie die ECTs modellieren, die Sie verwenden möchten, und eine formale Definition der zu verwendenden Branchenlösung erstellen. Diese Informationen können als XML-Datei definiert werden, die nach einem entsprechenden BCS-spezifischen XML-Schema aufgebaut ist, oder mit Tools wie Microsoft SharePoint Designer 2010 oder Microsoft Visual Studio 2010. Welche der beiden Anwendungen besser geeignet ist, hängt von der Art des zu verwendenden Datenanbieters ab. SharePoint Designer 2010 eignet sich zum Beispiel sehr gut für die Modellierung von Lösungen, die mit SQL Server oder Web/WCF-Diensten arbeiten, während sich Visual Studio 2010 sehr gut für benutzerdefinierte .NET-Assemblys und benutzerdefinierte Connectors eignet. Für alle anderen Situationen eignet sich ein XML-Editor.

Zugreifen auf eine Datenbank

Es wird Zeit für die BCS-Praxis. Stellen Sie sich eine SQL Server-Datenbank vor, die einige hypothetische Einträge eines CRM-Systems enthält. Abbildung 25.2 zeigt den Aufbau der Zieldatenbank, die in diesem Kapitel als Beispiel dient. Es gibt eine Tabelle von Kunden (*Customers*), denen Bestellungen (*Orders*) zugeordnet werden, die wiederum aus einer oder mehreren Zeilen (*OrdersRows*) bestehen, in denen die bestellten Waren (*Products*) benannt werden.

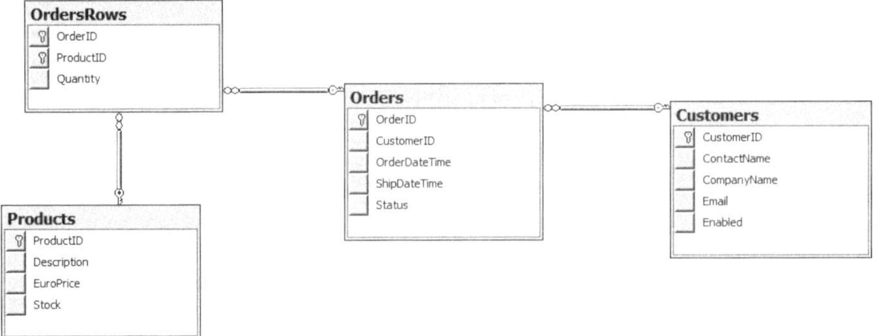

Abbildung 25.2 Das Schema der CRM-Beispieldatenbank, die Sie mit BCS verwalten

Wie bereits erwähnt, ist der SharePoint Designer 2010 das ideale Werkzeug für die Modellierung einer BCS-Verbindung. Starten Sie die Anwendung und öffnen Sie die gewünschte SharePoint-Website. Klicken Sie in der Schnellstartleiste auf der linken Seite des Programmfensters auf *Externe Inhaltstypen* (Abbildung 25.3).

Um einen neuen ECT zu erstellen, klicken Sie im Menüband in der Gruppe *Neu* auf *Externer Inhaltstyp*. Ein Fenster erscheint (Abbildung 25.4), in dem Sie einen Inhaltstyp *CRMCustomer* anlegen, der den Datensätzen der Tabelle *Customers* aus der Zieldatenbank entspricht.

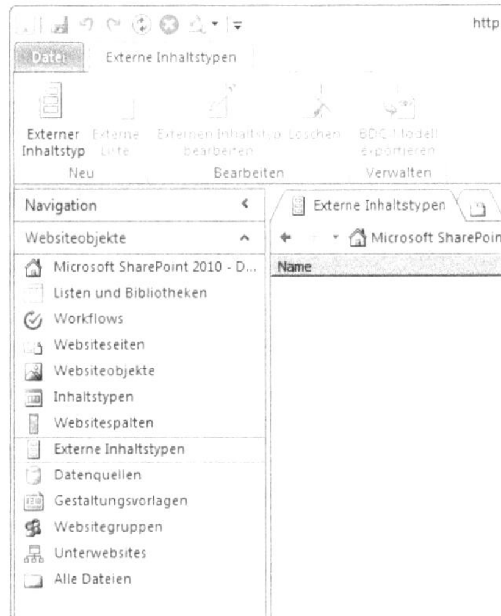

Abbildung 25.3 Die Schnellstartleiste von Microsoft SharePoint Designer 2010 enthält im Abschnitt *Websiteobjekte* auch den Menüpunkt *Externe Inhaltstypen*

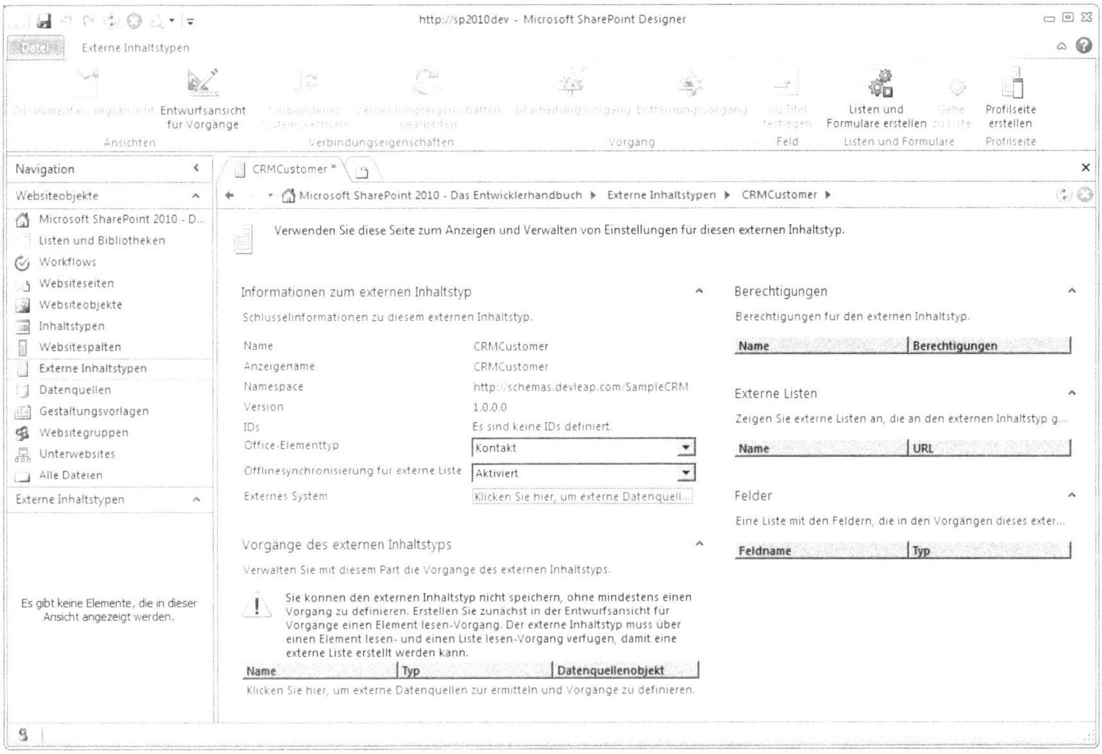

Abbildung 25.4 Das Fenster zur Erstellung eines neuen ECT

Sie müssen eine ganze Reihe von Informationen angeben:

- **Name** Der Name des ECTs.
- **Anzeigename** Der Name, der zur Anzeige des ECTs verwendet wird.
- **Namespace** Beschreibt einen Namespace. Dabei kann es sich um eine beliebige Bezeichnung handeln, die ECTs desselben Typs oder mit einer gemeinsamen Datenquelle zusammenfasst.
- **Version** Für die Versionsverwaltung.
- **IDs** Definiert (mit einem Assistenten), was Sie auf den folgenden Seiten sehen werden.
- **Office-Elementtyp** Definiert, wie der ECT in der UI des Office-Clients dargestellt wird. Zur Wahl stehen: *Allgemeine Liste*, *Termin*, *Kontakt*, *Aufgabe* und *Bereitstellung*. Für eine Kundentabelle kann zum Beispiel jeder Kundendatensatz auf einen Kontakt abgebildet werden.
- **Offlinesynchronisierung für externe Liste** Aktiviert oder deaktiviert die Offlinesynchronisierung.
- **Externes System** Eine Verknüpfung mit der konkreten Definition der externen Datenquelle. Das wird später noch besprochen.
- **Vorgänge des externen Inhaltstyps** Legt fest, welche Such- und Verwaltungsvorgänge für den aktuellen ECT zulässig sind.
- **Berechtigungen** Legt die Zugriffsberechtigungen für den aktuellen ECT fest.
- **Externe Listen** Zählt die externen Listen auf, wenn der aktuelle ECT verwendet wird.
- **Felder** Legt die Liste der Felder fest, die für den aktuellen ECT deklariert sind.

Um die konkrete Datenquellenkonfiguration zu definieren, klicken Sie neben *Externes System* auf die Verknüpfung *Klicken Sie hier, um externe Datenquellen zu ermitteln und Vorgänge zu definieren* oder im Menüband auf den Befehl *Entwurfsansicht für Vorgänge*.

Eine zweite Seite erscheint. Klicken Sie auf die Schaltfläche *Verbindung hinzufügen*, um eine neue Datenverbindung zu definieren. Sie können auch im Bereich *Datenquellen-Explorer* eine vorhandene Datenverbindung auswählen. Wenn Sie eine neue Verbindung hinzufügen, müssen Sie die Art der Datenquelle angeben, zu der eine Verbindung hergestellt werden soll. SharePoint Designer 2010 lässt Ihnen die Wahl zwischen drei Einstellungen:

- *.NET-Typ*
- *SQL Server*
- *WCF-Dienst*

Wenn Sie *SQL Server* wählen, erscheint ein Dialogfeld, in dem Sie die Verbindungsdaten angeben. Außerdem müssen Sie eine Authentifizierungsmethode festlegen. Allerdings geht dieses Thema über den Rahmen dieses Buchs hinaus. Übernehmen Sie der Einfachheit halber für das aktuelle Beispiel die Standardeinstellung *Verbindung mit der Identität des Benutzers herstellen*. Das entspricht einer *PassThrough*-Verbindung mit der Identität des Benutzers. Wenn die Webanwendung nicht für eine Authentifizierung mit den Windows-Anmeldeinformationen konfiguriert wurde, wird für das externe System das Konto *NT-AUTORITÄT\ANONYME ANMELDUNG* (NT Authority/Anonymous Logon) verwendet.

WEITERE INFORMATIONEN Unter *http://technet.microsoft.com/de-de/library/ee661743.aspx* finden Sie auf TechNet-Online in dem Dokument »Business Connectivity Services-Sicherheit (Übersicht) (SharePoint Server 2010)« weitere Informationen über die BCS-Authentifizierung und die Sicherheitsinfrastruktur.

Nach der Angabe der Verbindungsdaten wird eine Liste der Tabellen, Ansichten und gespeicherten Prozeduren angezeigt, die in der externen Datenbank verfügbar sind. Abbildung 25.5 zeigt das Fenster nach den bisher beschriebenen Schritten und dem Erweitern einiger Knoten.

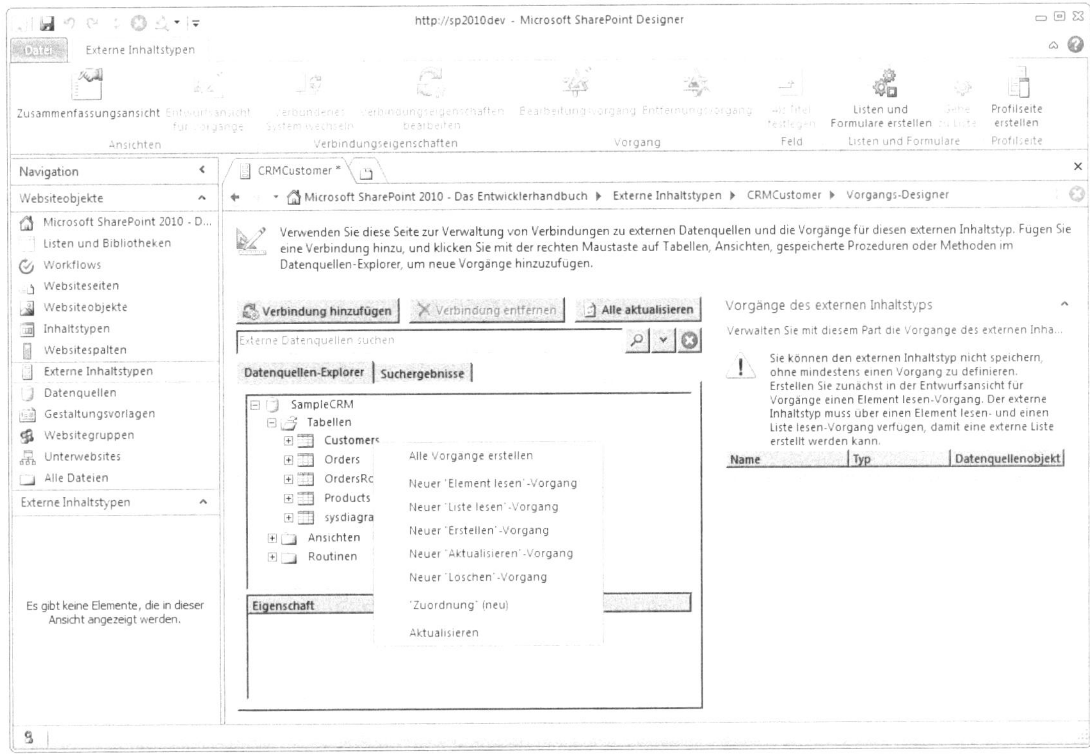

Abbildung 25.5 Das *Vorgangs-Designer*-Fenster für einen ECT

Klicken Sie ein Element (*Tabellen*, *Ansichten* oder *Routinen*) im Fenster des *Datenquellen-Explorers* mit der rechten Maustaste an. Es erscheint ein Kontextmenü, in dem Sie Vorgänge zur Datenverwaltung hinzufügen können. Jeder Vorgang entspricht einer Methode, die eine Interaktion mit der Datenquelle ermöglicht. In der Benutzeroberfläche von SharePoint Designer 2010 können Sie folgende Vorgänge definieren:

- **Element lesen** Entspricht der Methode zum Lesen eines einzelnen Elements/eines Datensatzes.
- **Liste lesen** Entspricht der Methode zum Lesen einer Liste mit Elementen/Datensätzen.
- **Erstellen** Erstellt ein neues Element/ einen neuen Datensatz.
- **Aktualisieren** Aktualisiert ein vorhandenes Element/einen vorhandenen Datensatz.
- **Löschen** Löscht ein vorhandenes Element/einen vorhandenen Datensatz.

Weiterhin gibt es den Befehl *Alle Vorgänge erstellen*, mit dem Sie alle Vorgänge mit der Unterstützung eines Assistenten in einem Schritt erstellen können. Außerdem gibt es den Befehl *"Zuordnung" (neu)*, mit dem Sie eine Relation zwischen zwei ECTs nach dem Master-Detail-Schema erstellen können. Dieses Thema wird im Abschnitt »Verknüpfen von Entitäten« behandelt.

Wenn Sie auf den Befehl *Alle Vorgänge erstellen* klicken, führt der Assistent Sie durch drei einfache Schritte:

- **Vorgangseigenschaften** Das ist eine Zusammenfassung dessen, was der Assistent tun wird.
- **Konfiguration von Parameter** Hier können Sie alle Felder des ECTs definieren, den Sie erstellen. Sie müssen ein *ID*-Feld definieren, aber wenn Sie eine SQL Server-Datenquelle verwenden, kann SharePoint Designer 2010 die Kennung gewöhnlich automatisch ermitteln, wobei er sich am primären Schlüssel der Tabelle orientiert. Setzt sich der primäre Schlüssel aus mehreren Spalten zusammen, werden alle diese Spalten im Ziel-ECT erforderliche Felder. Wenn Sie den ECT einem Office-Typ zuordnen, müssen einige Mindestvoraussetzungen erfüllt sein. Ein Kontakt von Office braucht beispielsweise eine *LastName*-Eigenschaft, und es ist erforderlich, ein Feld der Datenquelle mit dieser Eigenschaft zu verknüpfen. Dazu wählen Sie im Abschnitt *Eigenschaften* des Assistenten die *Office-Eigenschaft*. Anschließend können Sie alle Felder mit den entsprechenden Office-Eigenschaften verknüpfen. Sie können auch ein Feld definieren, das im Datenauswahlsteuerelement (data picker) und in Spalten des Typs *Externe Daten* verwendet wird, wenn in SharePoint nach Elementen gesucht wird.
- **Konfiguration von Filterparametern** Definieren Sie in diesem Schritt bei Bedarf für ausgewählte Elemente benutzerdefinierte Filter. Sie können verschiedene Arten von Filtern definieren, wie *Vergleich*, *Limit*, *Seitenzahl*, *Zeitstempel* und *Platzhalter*.

Abbildung 25.6 zeigt das Hauptfenster für die Verwaltung des ECTs, nachdem alle erstellten Vorgänge und alle Felder definiert wurden. Nun sind Sie beinahe so weit, die Liste der ECTs zu verwenden. Allerdings gibt es noch einige wichtige Aspekte, die Sie beachten müssen:

- Sie müssen Benutzer für die Verwendung des definierten ECTs autorisieren.
- Die Identität, die Sie je nach der von Ihnen gewählten Authentifizierungskonfiguration für den Zugriff auf die Datenquelle verwenden, muss über Zugriff auf die Datenquelle verfügen.

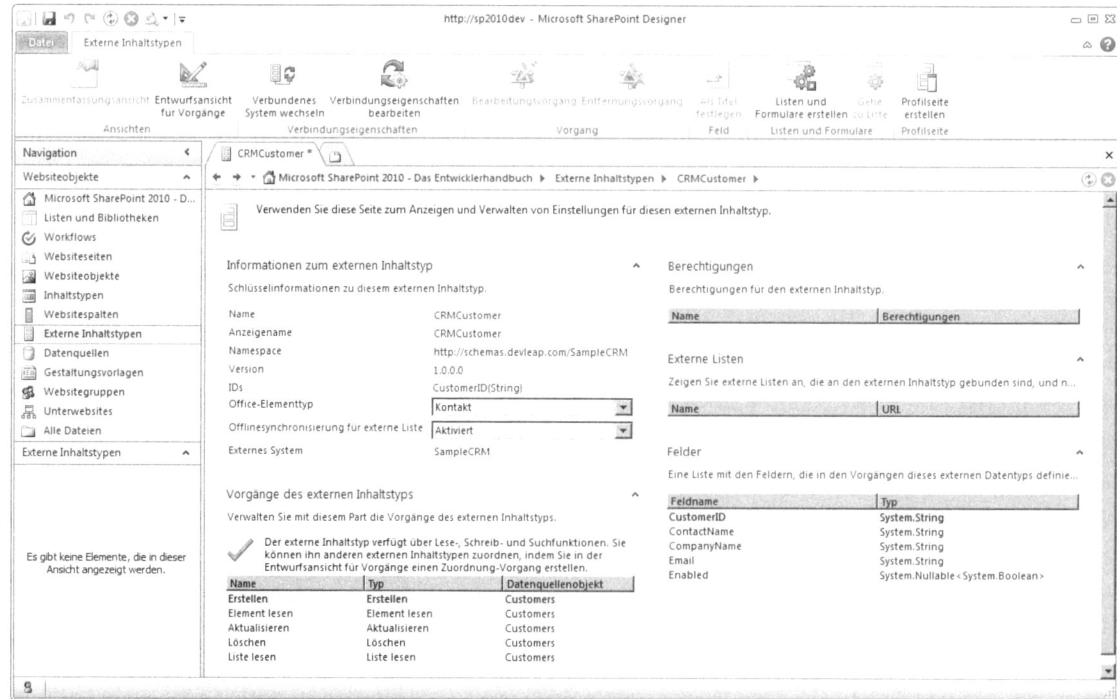

Abbildung 25.6 Das Fenster zur Erstellung des neuen ECTs, nachdem alle Einstellungen erfolgt sind

Speichern Sie den neu definierten ECT, indem Sie in der oberen linken Ecke auf die Schaltfläche *Speichern* klicken. Öffnen Sie dann die SharePoint-Zentraladministration und wechseln Sie auf die Verwaltungsseite der Business Data Connectivity-Dienstanwendung (Abbildung 25.7).

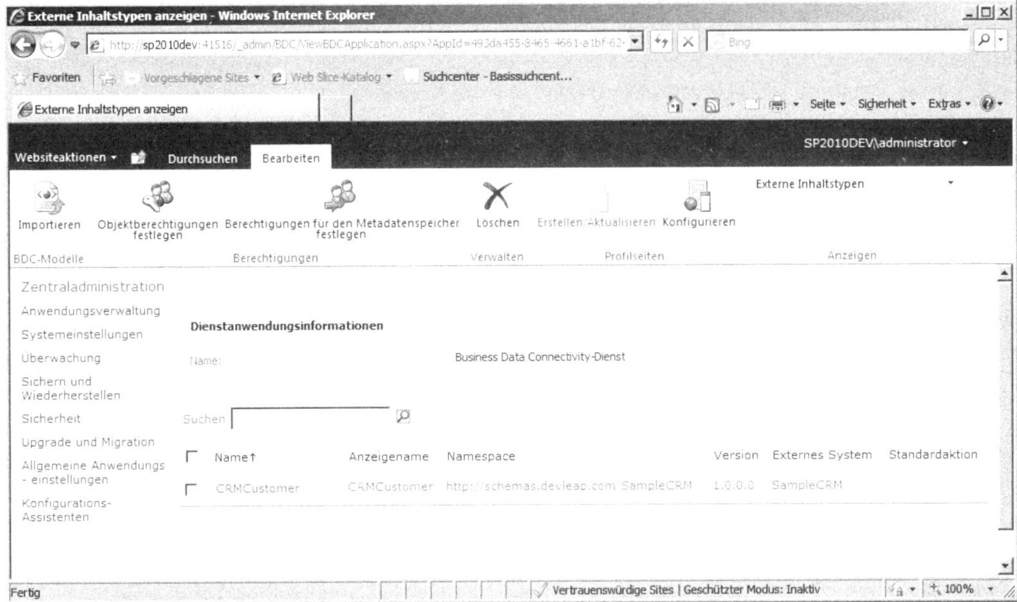

Abbildung 25.7 Die Seite für die Verwaltung des Business Data Connectivity-Dienstes in der SharePoint-Zentraladministration

Auf dieser Seite können Sie folgende Arbeiten durchführen:

- Verwalten der ECTs, der konfigurierten externen Systeme oder der BDC-Modelle, die Sie in der Farm definiert haben.
- Importieren eines externen Modells, das Sie in einer anderen Farm oder mit einem externen Tool definiert haben.
- Festlegen der Berechtigungen von Benutzern oder Gruppen für den gesamten Metadatenspeicher oder einer bestimmten Entität.
- Löschen eines zuvor definierten ECTs.
- Erstellen, Aktualisieren oder Konfigurieren der Profilseiten für einen vorhandenen ECT. Eine Profilseite ist eine Webpartseite für die Verwaltung des Inhalts eines bestimmten ECTs.

Wählen Sie das Kontrollkästchen *CRMCustomer* und klicken Sie dann im Menüband auf *Objektberechtigungen festlegen* oder auf *Berechtigungen für den Metadatenspeicher festlegen*. In dem Fenster, das dann erscheint, können Sie die Berechtigungen für einen bestimmten Benutzer oder eine Gruppe festlegen. Folgende Berechtigungen sind verfügbar:

- **Bearbeiten** Legt fest, ob der Benutzer die externen Systeme, ein einzelnes externes System, einen einzelnen ECT oder einen Vorgang bearbeiten darf.
- **Ausführen** Erlaubt dem Benutzer, einen Vorgang für einen ECT auszuführen.
- **In Clients auswählbar** Erlaubt dem Benutzer, eine Liste mit dem Ziel-ECT zu erstellen.
- **Berechtigungen festlegen** Der Benutzer darf Berechtigungen für das Zielelement festlegen.

Sie können diese Berechtigungen an abhängige Elemente weitergeben und auf diese Weise mit einem Vererbungsmodell für Berechtigungen arbeiten.

Die Voraussetzung für die Anzeige und Verwaltung von ECT-Daten sind die beiden Berechtigungen *In Clients auswählbar* und *Ausführen*.

WICHTIG Vergessen Sie nicht, dass mindestens ein Benutzer oder eine Gruppe über die Berechtigung *Berechtigungen festlegen* verfügen muss, damit keine Objekte entstehen, die nicht mehr zu verwalten sind.

Nun sind Sie so weit, eine externe Liste für die Verwaltung der Kunden (*Customers*) der Beispieldatenbank *SampleCRM* zu erstellen. Dafür können Sie SharePoint Designer 2010 oder den Webbrowser wählen. Verwenden Sie für diese Übung den Webbrowser. Wechseln Sie auf die Website, auf der Sie die Liste verfügbar machen möchten, und wählen Sie den Menüpunkt zur Erstellung einer neuen Listeninstanz. Wählen Sie die Vorlage *Externe Liste* und erstellen Sie die Liste. Anschließend werden Sie aufgefordert, die Standardeigenschaften einer neuen Liste anzugeben (Name und Anzeige in der Schnellstartleiste) sowie den Namen des ECTs. Wählen Sie den Ziel-ECT aus, und dann sind Sie schon fertig. Abbildung 25.8 zeigt das Ergebnis. Beachten Sie, dass der Benutzer mit dieser Liste genauso arbeiten kann, wie er es von den integrierten Listen von SharePoint her gewohnt ist.

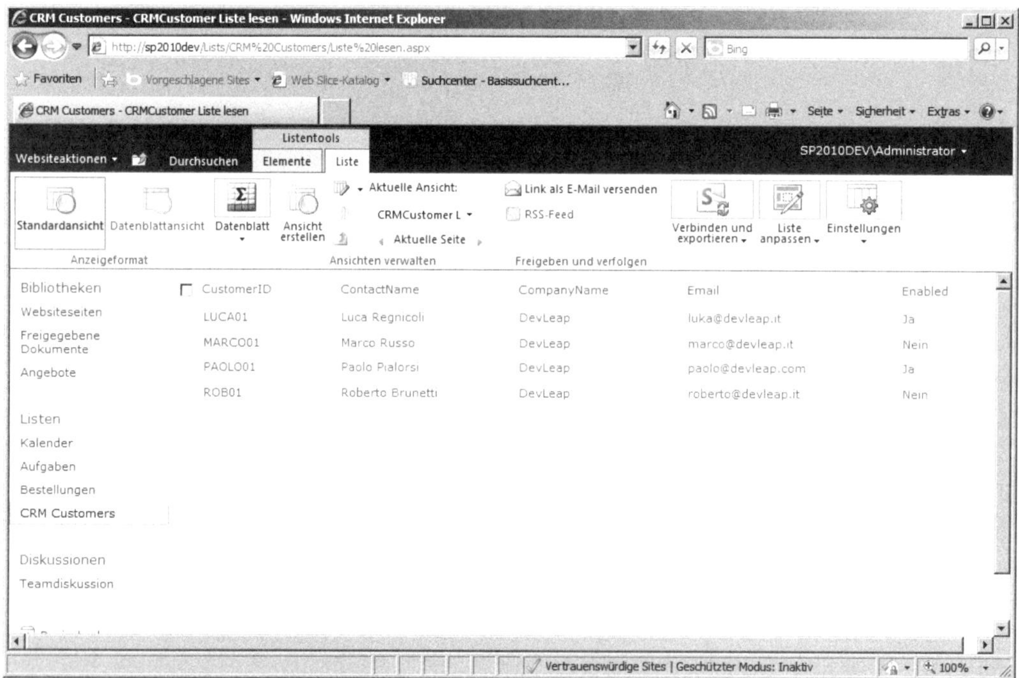

Abbildung 25.8 Anzeigen der Tabelle *Customers* über BCS in SharePoint 2010

HINWEIS Je nach dem Authentifizierungsmodell, das Sie bei der Erstellung der Datenquelle wählen, erhalten Sie vielleicht die Fehlermeldung *Der Zugriff wurde von Business Data Connectivity verweigert*. Ist dies der Fall, überprüfen Sie das Ablaufprotokoll von SharePoint, das standardmäßig im Ordner *<SharePoint14_Root>\LOGS* zu finden ist. Es sollte eine Ausnahme mit dem Schweregrad *High*, dem Wert *Business Connectivity Services* im Feld *Area* und einer Fehlermeldung enthalten, die besagt, dass BCS bei dem Versuch gescheitert ist, auf SQL Server zuzugreifen, weil der Zugriff verweigert wurde. In diesem Fall sollten Sie dem Benutzer, der versucht, auf die SQL Server-Datenbank zuzugreifen, die entsprechenden Berechtigungen geben. Bei der Standardauthentifizierungskonfiguration (*Verbindung mit der Identität des Benutzers herstellen*) wird die Datenbankverbindung mit der Identität des Benutzers des Anwendungspools hergestellt, bei der es sich in IIS7.x und SharePoint 2010 standardmäßig um *NT AUTHORITY\IUSR* handelt.

BDC-Modelldatei

Sie können das ECT-Modell exportieren, das Sie im vorigen Abschnitt mit SharePoint Designer 2010 oder über die Verwaltungsseite der Business Data Connectivity-Dienstanwendung erstellt haben. Beim Export der Definition des ECTs *Customer* wird eine XML-Datei mit der Namenserweiterung *.bdcm* (Business Data Connectivity Model) erstellt, die so ähnlich aussieht wie die in Listing 25.1.

Listing 25.1 Diese *.bdcm*-Datei definiert den ECT *Customer*, der anhand der Datenbank *SampleCRM* erstellt wurde

```
<?xml version="1.0" encoding="utf-16" standalone="yes"?>
<Model xmlns:xsi="http://www.w3.org/2001/XMLSchema-instance" xsi:schemaLocation="http://
schemas.microsoft.com/windows/2007/BusinessDataCatalog BDCMetadata.xsd" Name="CRMCustomer"
xmlns="http://schemas.microsoft.com/windows/2007/BusinessDataCatalog">
  <AccessControlList>
    <AccessControlEntry Principal="sp2010dev\administrator">
      <Right BdcRight="Execute" />
      <Right BdcRight="SetPermissions" />
      <Right BdcRight="SelectableInClients" />
    </AccessControlEntry>
  </AccessControlList>
  <LobSystems>
    <LobSystem Type="Database" Name="SampleCRM">
      <Properties>
        <Property Name="WildcardCharacter" Type="System.String">%</Property>
      </Properties>
      <AccessControlList>
        <!-- Codeteile weggelassen ... -->
      </AccessControlList>
      <Proxy />
      <LobSystemInstances>
        <LobSystemInstance Name="SampleCRM">
          <Properties>
            <!-- Hier stehen die Verbindungsinformationen für die Datenbank. -->
            <!-- Codeteile weggelassen ... -->
          </Properties>
        </LobSystemInstance>
      </LobSystemInstances>
```

```
    <Entities>
      <Entity Namespace="http://schemas.devleap.com/SampleCRM" Version="1.1.0.0"
EstimatedInstanceCount="10000" Name="CRMCustomer" DefaultDisplayName="CRMCustomer">
        <Properties>
          <Property Name="OutlookItemType" Type="System.String">Contact</Property>
        </Properties>
        <AccessControlList>
          <!-- Codeteile weggelassen ... -->
        </AccessControlList>
        <Identifiers>
          <Identifier TypeName="System.String" Name="CustomerID" />
        </Identifiers>
        <Methods>
          <Method Name="Create" DefaultDisplayName="CRMCustomer Create">
            <Properties>
              <Property Name="RdbCommandType" Type="System.Data.CommandType,
                System.Data, Version=2.0.0.0, Culture=neutral,
                PublicKeyToken=b77a5c561934e089">Text</Property>
              <Property Name="RdbCommandText" Type="System.String">INSERT INTO
[dbo].[Customers]([CustomerID] , [ContactName] , [CompanyName] , [Email] , [Enabled]) VALUES(@CustomerID
, @ContactName , @CompanyName , @Email , @Enabled) SELECT [CustomerID] FROM [dbo].[Customers] WHERE
[CustomerID] = @CustomerID</Property>
              <Property Name="BackEndObjectType" Type="System.String">SqlServerTable</Property>
              <Property Name="BackEndObject"
                Type="System.String">Customers</Property>
              <Property Name="Schema" Type="System.String">dbo</Property>
            </Properties>
            <AccessControlList>
              <!-- Codeteile weggelassen ... -->
            </AccessControlList>
            <Parameters>
              <Parameter Direction="In" Name="@CustomerID">
                <TypeDescriptor TypeName="System.String" CreatorField="true"
IdentifierName="CustomerID" Name="CustomerID">
                  <Properties>
                    <Property Name="Size" Type="System.Int32">10</Property>
                  </Properties>
                  <Interpretation>
                    <NormalizeString FromLOB="NormalizeToNull" ToLOB="NormalizeToEmptyString" />
                  </Interpretation>
                </TypeDescriptor>
              </Parameter>
              <!-- Codeteile weggelassen ... -->
            </Parameters>
            <MethodInstances>
              <MethodInstance Type="Creator" ReturnParameterName="Create"
                ReturnTypeDescriptorPath="Create[0]" Default="true"
                Name="Create" DefaultDisplayName="CRMCustomer Create">
                <AccessControlList>
                  <!-- Codeteile weggelassen ... -->
                </AccessControlList>
```

```
            </MethodInstance>
          </MethodInstances>
        </Method>
        <!-- Codeteile weggelassen ... -->
      </Methods>
    </Entity>
  </Entities>
 </LobSystem>
</LobSystems>
</Model>
```

Das wichtigste Element einer *.bdcm*-Datei ist das Tag *Model*. Es ist das Stammelement des Dokuments und enthält die gesamte Definition des BDC-Modells. *Model* verfügt über eine Zugriffsteuerungsliste (*AccessControlList*) und legt eine oder mehrere Branchensystemdefinitionen (*LobSystems*) fest. Ein *LobSystem*-Element definiert auf abstrakte Weise eine externe Datenquelle. Eine konkrete Datenquelle wird dagegen durch ein *LobSystemInstance* beschrieben. Jeder ECT in einem *LobSystem* wird durch ein *Entity*-Element beschrieben, das einen neuen ECT mit seinen Bezeichnern (*Identifiers*) und Methoden (*Methods*) deklariert. Ein einzelnes Modell definiert gewöhnlich mehrere Entitäten. Die Methoden werden mit einzelnen *Method*-Elementen definiert, während Instanzen der Methoden durch Elemente des Typs *MethodInstance* angegeben werden. Jedes *MethodInstance*-Element verfügt über ein *Type*-Attribut, das die Topologie der Methodeninstanz definiert. Tabelle 25.1 beschreibt die verfügbaren Werte für das *Type*-Attribut des *MethodInstance*-Elements.

Tabelle 25.1 Die verfügbaren Werte für das *Type*-Attribut des *MethodInstance*-Elements

Typ	Beschreibung
AccessChecker	Überprüft die Berechtigungen des aufrufenden Sicherheitsprinzipals für eine Sammlung von Entitäten.
AssociationNavigator	Ruft eine Liste der zugeordneten (assoziierten) Entitäten einer einzelnen Entität ab.
Associator	Ordnet eine Entitätsinstanz einer anderen zu.
BinarySecurityDescriptorAccessor	Ruft eine Bytefolge ab, mit der die Berechtigungen für einen Satz von Sicherheitsprinzipalen für eine bestimmte Entitätsinstanz definiert werden.
BulkAssociatedIdEnumerator	Ruft die Kennungen von Entitäten ab, die einander zugeordnet sind.
BulkAssociationNavigator	Ruft die Zielentitäten ab, die den angegebenen Entitäten zugeordnet sind.
BulkIdEnumerator	Unterstützt das Suchmodul von SharePoint bei inkrementellen Aktualisierungen. *BulkIdEnumerator* gibt Versionsinformationen für die Entitäten zurück, deren Kennungen an die Methode übergeben wurden.
BulkSpecificFinder	Ruft für die angegebene Menge von Kennungen die entsprechenden Entitäten ab.
ChangedIdEnumerator	Unterstützt das Suchmodul von SharePoint bei inkrementellen Aktualisierungen. *ChangedIdEnumerator* gibt die Kennungen der Entitäten zurück, die seit dem angegebenen Zeitpunkt geändert wurden.
Creator	Erstellt eine neue Instanz einer Entität.
DeletedIdEnumerator	Unterstützt das Suchmodul von SharePoint bei inkrementellen Aktualisierungen. *DeletedIdEnumerator* gibt die Kennungen der Entitäten zurück, die seit dem angegebenen Zeitpunkt gelöscht wurden. ▶
Deleter	Löscht eine Entitätsinstanz.

Typ	Beschreibung
Disassociator	Entfernt die Zuordnung zwischen zwei Entitätsinstanzen.
Finder	Ruft eine Liste mit Entitätsinstanzen ab. Die Filterbedingungen können in der *Method*-Definition festgelegt werden.
GenericInvoker	Ruft im Zielsystem eine angegebene Methode oder einen Vorgang auf.
IdEnumerator	Unterstützt das Suchmodul. *IdEnumerator* ruft die Werte der Identitätsangaben für eine Liste mit Entitäten ab.
Scalar	Ruft einen einzelnen skalaren Wert vom externen System ab.
SpecificFinder	Ruft anhand ihrer Kennung eine bestimmte Instanz einer Entität ab.
StreamAccessor	Gibt einen einzelnen Byte-Datenstrom von einer bestimmten Entitätsinstanz zurück. *StreamAccessor* kann verwendet werden, um Bilder, Videos, Anlagen und so weiter abzurufen, die mit einer bestimmten Entitätsinstanz verknüpft sind.
Updater	Aktualisiert eine Entitätsinstanz.

Wenn Sie ein BDC-Modell definieren, läuft dies darauf hinaus, dass Sie unabhängig von der Art des Datenanbieters, den Sie im Backend verwenden, eine Datei wie in Listing 25.1 definieren und Methoden wie die hier gezeigten verwenden. SharePoint Designer 2010 und Visual Studio 2010 unterstützen nur die am häufigsten verwendeten Methodeninstanztypen, während die anderen in einem XML-Editor zur Erstellung der *.bdcm*-Datei verwendet werden können.

Offlinefunktionen

Wenn Sie mit SharePoint Server 2010 arbeiten, können Sie die Offlinefunktionen von BCS verwenden. Suchen Sie eine externe Liste heraus, beispielsweise die Liste, die Sie im vorigen Abschnitt erstellt haben. Um Ihre Liste mit Microsoft Outlook 2010 zu verbinden und die Liste offline verfügbar zu machen, klicken Sie im Menüband auf *Verbindung mit Outlook herstellen* (Abbildung 25.9). Diese Möglichkeit steht zur Verfügung, weil Sie den ECT mit aktivierter *Office-Eigenschaft* definiert haben. Es öffnet sich ein temporäres Hinweisfenster mit der Nachricht »Externe Liste für die Synchronisierung mit Outlook wird vorbereitet«.

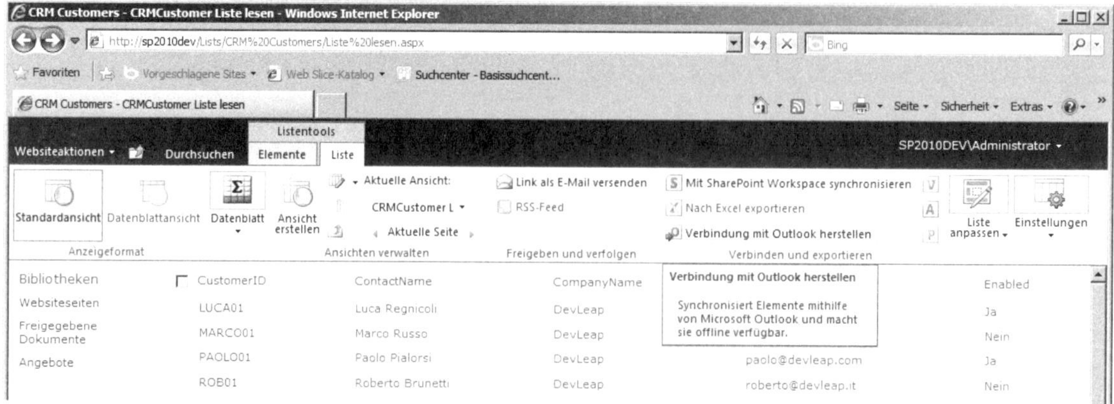

Abbildung 25.9 Das Menüband einer externen Liste mit angewähltem Befehl *Verbindung mit Outlook herstellen*

Anschließend öffnet sich ein Installationsfenster (Abbildung 25.10), in dem der Endbenutzer gefragt wird, ob er auf der Clientseite die BDC-Clientlaufzeitschicht installieren möchte, sofern dies noch nicht geschehen ist, und ob er das Modellschema für die Entität installieren möchte, die mit Outlook verbunden werden soll.

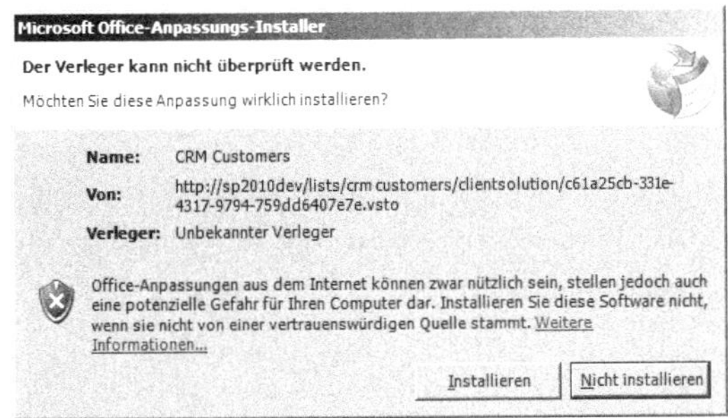

Abbildung 25.10 Dieses Dialogfeld erscheint bei der Installation des Clientmodells und der Einbindung des ECTs

Abbildung 25.11 zeigt, wie sich die Liste in Outlook 2010 präsentiert.

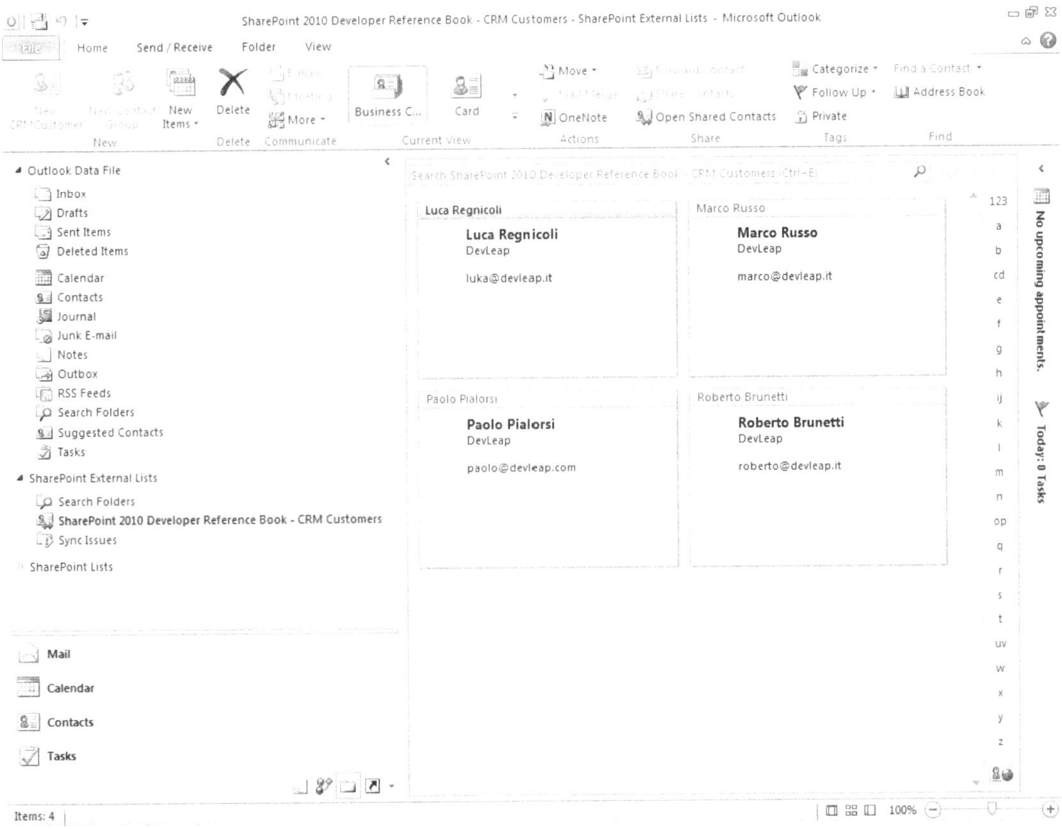

Abbildung 25.11 Diese Liste mit Kontakten ist in Outlook 2010 verfügbar und entspricht der Tabelle *Customers*

Nun können Sie die Daten entweder unter SharePoint 2010 in einem Webbrowser bearbeiten, mit Outlook 2010 oder wie gewohnt direkt in der Datenbank. Unabhängig von der Schnittstelle, die Sie für die Datenverwaltung verwenden, werden alle Ihre Änderungen früher (online) oder später (offline) mit der Backenddatenbank synchronisiert.

Sobald Sie eine Liste mit der Microsoft Office-Clientplattform verbinden, erstellt die Clientplattform im lokalen Profilpfad des Benutzers einen Ordner, in dem die Offlinedaten gespeichert werden. In diesem Fall handelt es sich um den Ordner *C:\Users\<IhrBenutzerName>\AppData\Local\Microsoft\BCS*. Beachten Sie, dass der Ordner in grüner Farbe dargestellt wird, weil er verschlüsselt ist.

Sie können genau dieselben Daten auch in Microsoft SharePoint Workspace 2010 verwenden. Dabei handelt es sich um eine neue Komponente von Office 2010, deren Zweck es ist, die Bearbeitung von SharePoint-Daten auf der Clientseite zu ermöglichen, und zwar auch offline.

Zugreifen auf einen WCF/SOAP-Dienst

Dass sich Daten, die in einer Datenbank gespeichert sind, in der Standardoberfläche von SharePoint 2010 mit CRUDQ-Unterstützung bearbeiten lassen, ist zweifellos interessant und wichtig. Allerdings gibt es viele Firmen, die ihre Datenbanken aus Datenschutz- und Sicherheitsgründen abriegeln und keinen direkten Zugriff von Clients und nicht einmal von Servern auf Daten zulassen. Für solche Situationen gibt es spezielle Lösungen, die auf der Datenbank aufsetzen und einen Datenzugriff ermöglichen, der durch Geschäftsregeln und Sicherheitsrichtlinien gefiltert wird. Häufig werden die Geschäftsregeln durch SOAP-Dienste veröffentlicht und oder zugänglich gemacht, manchmal werden sie mit WCF implementiert.

Die Business Connectivity Services unterstützen die Verbindung mit SOAP-Diensten über HTTP (Webdienste). Auch als WCF-Implementierungen können solche Anwendungen in SharePoint verfügbar gemacht werden. Ein SOAP-Dienst kann von BCS verwendet werden, wenn er die Menge an Operationen bietet, die für den Web/WCF-Connector von BCS erforderlich sind. Für eine Minimalimplementierung, die nur einen Lesezugriff auf Daten ermöglicht, brauchen Sie einen SOAP-Vorgang, der dem *Finder*-Methodentyp entspricht, und einen weiteren mit dem Typ *SpecificFinder*. Aus der Sicht von SOAP ist eine *Finder*-Methode ein Vorgang, der optional einige Filter verwendet und eine Sammlung von Entitäten liefert, während ein *SpecificFinder*-Vorgang eine Kennung erwartet und die entsprechende Entität zurückgibt. Jede zurückgegebene Entität muss über eine Eigenschaft verfügen, die ihre Identifizierung ermöglicht, und das Ergebnis eines *SpecificFinder*-Vorgangs muss eine Entität sein, die über dieselben Eigenschaften wie das Ergebnis des *Finder*-Vorgangs verfügt. Es kann keine *Finder*-Methode geben, die mehr Informationen als eine *SpecificFinder*-Methode liefert. Listing 25.2 zeigt einen WCF-Dienstvertrag, der diese Voraussetzungen erfüllt.

Listing 25.2 Ein WCF-Dienstvertrag für den Lesezugriff

```
[ServiceContract(Namespace = "http://schemas.devleap.com/CustomersService")]
public interface ICustomersService {
    [OperationContract]
    Customer GetCustomerById(String customerID);

    [OperationContract]
    Customers ListAllCustomers();
}
```

```
[DataContract(Name = "Customer", Namespace = "http://schemas.devleap.com/Customers")]
public class Customer {
    [DataMember(Name = "CustomerID", Order = 1)]
    public String CustomerID { get; set; }

    [DataMember(Name = "ContactName", Order = 1)]
    public String ContactName { get; set; }

    [DataMember(Name = "CompanyName", Order = 1)]
    public String CompanyName { get; set; }

    [DataMember(Name = "Country", Order = 1)]
    public String Country { get; set; }
}

[CollectionDataContract(ItemName = "Customer", Name = "Customers", Namespace = "http://
schemas.devleap.com/Customers")]
public class Customers : List<Customer> {
    public Customers() : base() { }
    public Customers(IEnumerable<Customer> collection) : base(collection) { }
}
```

Dieser Beispielvertrag verwendet die Entität *Customer* und eine Liste namens *Customers* mit diesen Entitäten. Diese Typen werden als mit dem *DataContract*-Serialisierungsmodul serialisierbar gekennzeichnet, das von WCF verwendet wird. Der Dienstvertrag nennt nur zwei Vorgänge: *GetCustomerById* und *ListAllCustomers*. Ersterer erwartet die Kundenkennung als Argument für den Parameter *customerID* und gibt eine einzelne *Customer*-Entität zurück. Letzterer hat der Einfachheit halber gar keine Parameter und gibt eine Liste der *Customer*-Instanzen zurück.

Wenn Sie ein vollständiges CRUDQ-Szenario unterstützen möchten, müssen Sie drei weitere Vorgänge für die entsprechenden Methodentypen *Creator*, *Updater* und *Deleter* veröffentlichen. Der *Creator*-Vorgang sollte die zu erstellende Entität als Eingangsparameter haben und die Kennung der erstellten Entität oder die gesamte Entität zurückgeben. Der *Updater*-Vorgang sollte die Entität und ihre Kennung als Parameter haben. Es ist nicht erforderlich, etwas an den Aufrufer zurückzugeben, aber es ist auch nicht verboten. Der *Deleter*-Vorgang sollte die Kennung der zu löschenden Entität als Parameter haben. Ein Rückgabewert ist nicht erforderlich. Listing 25.3 zeigt einen erweiterten WCF-Vertrag für das CRUDQ-Szenario.

Listing 25.3 Ein WCF-Dienstvertrag, der die CRUDQ-Anforderungen für WCF erfüllt

```
[ServiceContract(Namespace = "http://schemas.devleap.com/CustomersService")]
public interface ICustomersService {
    [OperationContract]
    Customer GetCustomerById(String customerID);

    [OperationContract]
    Customers ListAllCustomers();

    [OperationContract]
    Customer AddCustomer(Customer item);
```

```
    [OperationContract]
    Customer UpdateCustomer(Customer item);

    [OperationContract]
    Boolean DeleteCustomer(Customer item);
}
```

Der interne Code eines Dienstes, der diesen Vertrag implementiert, ist trivial und wird in diesem Kapitel nicht behandelt. In den Codebeispielen für dieses Kapitel finden Sie allerdings eine vollständige Beispielimplementierung.

Nachdem Sie einen Dienstvertrag definiert und einen Dienst implementiert haben, der die Voraussetzungen für die Kommunikation erfüllt, und ihn durch einen entsprechenden Endpunkt veröffentlichen, können Sie einen neuen ECT für die Entität registrieren, die der Dienst anbietet. Das passende Werkzeug für diese Aufgabe ist immer noch der SharePoint Designer 2010. Der erste Teil der Registrierung erfolgt wie bei der Registrierung einer externen Datenbank. Allerdings müssen Sie im Dialogfeld *Auswahl des externen Datenquellentyps*, wenn Sie eine neue Verbindung für das externe System hinter dem ECT hinzufügen, für die externe Datenquelle einen neuen *WCF-Dienst*-Datenquellentyp auswählen. Abbildung 25.12 zeigt das modale Dialogfeld für die Konfiguration einer Datenquelle des Typs WCF-Dienst.

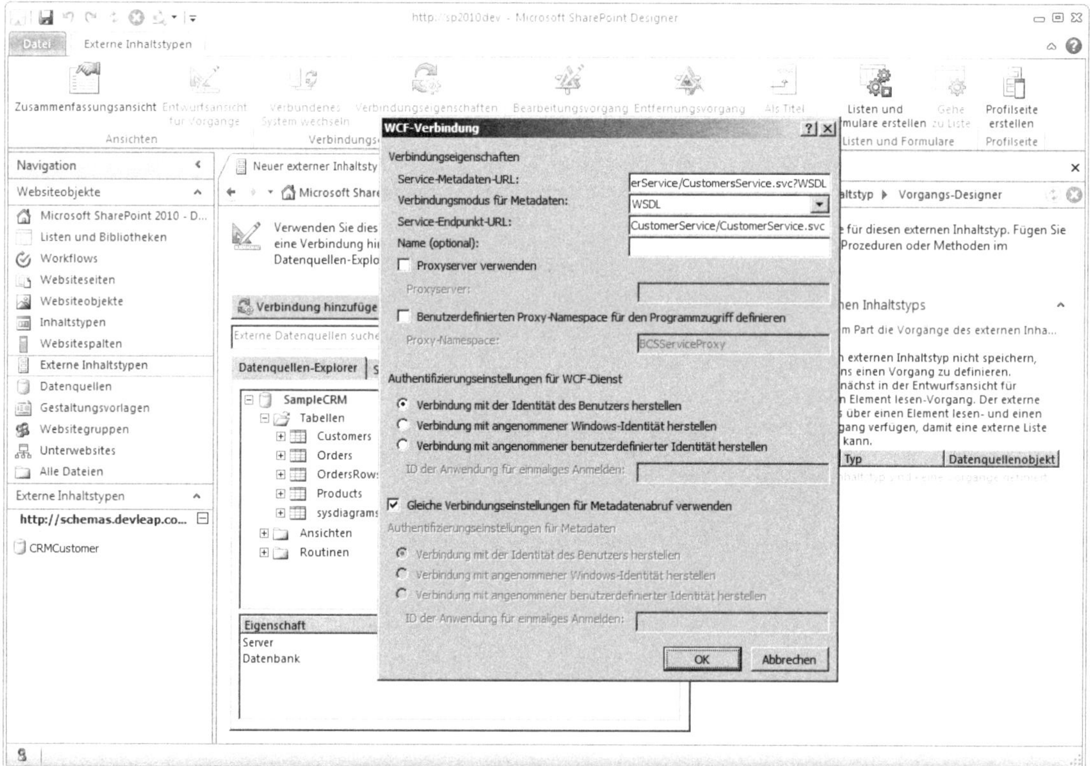

Abbildung 25.12 Das Dialogfeld *WCF-Verbindung* für die Registrierung einer externen Datenquelle für einen WCF-Dienst

Die folgende Liste beschreibt die zu konfigurierenden Daten:

- **Service-Metadaten-URL** Die URL des Endpunkts, der die Metadaten des Dienstes veröffentlicht.
- **Verbindungsmodus für Metadaten** Der Typ der Metadaten, die vom Dienst veröffentlicht werden. Die verfügbaren Einstellungen sind *WSDL* und *Metadatenaustausch*.
- **Service-Endpunkt-URL** Die URL des Endpunkts, der den Dienst veröffentlicht.
- **Name** Ein optionaler Name für den Dienst.
- **Proxyserver verwenden** Gibt einen HTTP-Proxy an, der den Kontakt mit dem Endpunkt des Dienstes herstellen soll.
- **Benutzerdefinierten Proxy-Namespace für den Programmzugriff definieren** Gibt einen Namespace für den automatisch generierten Proxycode an, in dem der Dienstproxy für Programmcode zugänglich ist.
- **Authentifizierungseinstellungen für WCF-Dienst** Gibt die Authentifizierungsmethode für die Kommunikation mit dem externen Dienst an.
- **Gleiche Verbindungseinstellungen für Metadatenabruf verwenden** Optional können Sie einen bestimmten Authentifizierungsmodus für den Abruf der Dienstmetadaten angeben.

Nachdem Sie die externe Datenquelle registriert haben, müssen Sie alle Vorgänge definieren, die unterstützt werden sollen.

HINWEIS Wenn Sie bei der Definition einer *WCF-Dienst*-Datenquelle als Dienst- oder Metadatenadresse *localhost* verwenden, erhalten Sie folgende Fehlermeldung: »Die URL sollte nicht zurück auf den lokalen Host verweisen«. In einer Farm, die mehrere Server umfasst, sollten Sie tatsächlich keine Loopback-URL wie *localhost* verwenden, weil nicht garantiert ist, dass Sie alle Server der Farm unter dieser URL erreichen. Daher müssen Sie Dienste immer mit qualifizierten Hostnamen veröffentlichen.

Wie bei der *SQL Server*-Datenquelle können Sie Vorgänge hinzufügen, indem Sie einen SOAP-Vorgang im Fenster des *Datenquellen-Explorers* mit der rechten Maustaste anklicken. Im Fall eines WCF-Dienstes werden dann alle verfügbaren SOAP-Vorgänge angezeigt (Abbildung 25.13).

Beachten Sie in Abbildung 25.13, dass das Menü keinen Befehl aufweist, mit dem sich alle Operationen in einem Arbeitsgang konfigurieren lassen. Das Einlesen der Metadaten des Dienstes reicht nicht aus, um alle Vorgänge automatisch generieren zu können. Sie müssen also Schritt für Schritt jeden einzelnen Vorgang separat konfigurieren. Sie sollten mit der Erstellung einer *Finder*-Methode beginnen, die dem Vorgang *Liste lesen* (*Read List*) entspricht. Dann definieren Sie eine *SpecificFinder*-Methode, die dem Vorgang *Element lesen* (*Read Item*) entspricht. Schließlich definieren Sie noch die Vorgänge *Erstellen*, *Aktualisieren* und *Löschen* (*Create*, *Update* und *Delete*), sofern Sie diese Vorgänge brauchen. Für jeden Vorgang können Sie über einen Assistenten Ein- und Ausgabeparameter festlegen.

Bei der Definition des Vorgangs *Liste lesen* müssen Sie im Schritt *Konfiguration von Rückgabeparameter* (*Return Parameter Configuration*) des Assistenten einen Bezeichner (*Identifier*) für die Entität angeben. Außerdem sollten Sie ein Feld festlegen, das bei der Entitätsauswahl angezeigt wird. Im aktuellen Beispiel sollten Sie die Eigenschaft *CustomerID* für jede *Customer*-Identität als *ID*-Feld festlegen und die Eigenschaft *ContactName* als Feld, das bei der Auswahl angezeigt wird. Abbildung 25.14 zeigt diesen Schritt des Assistenten.

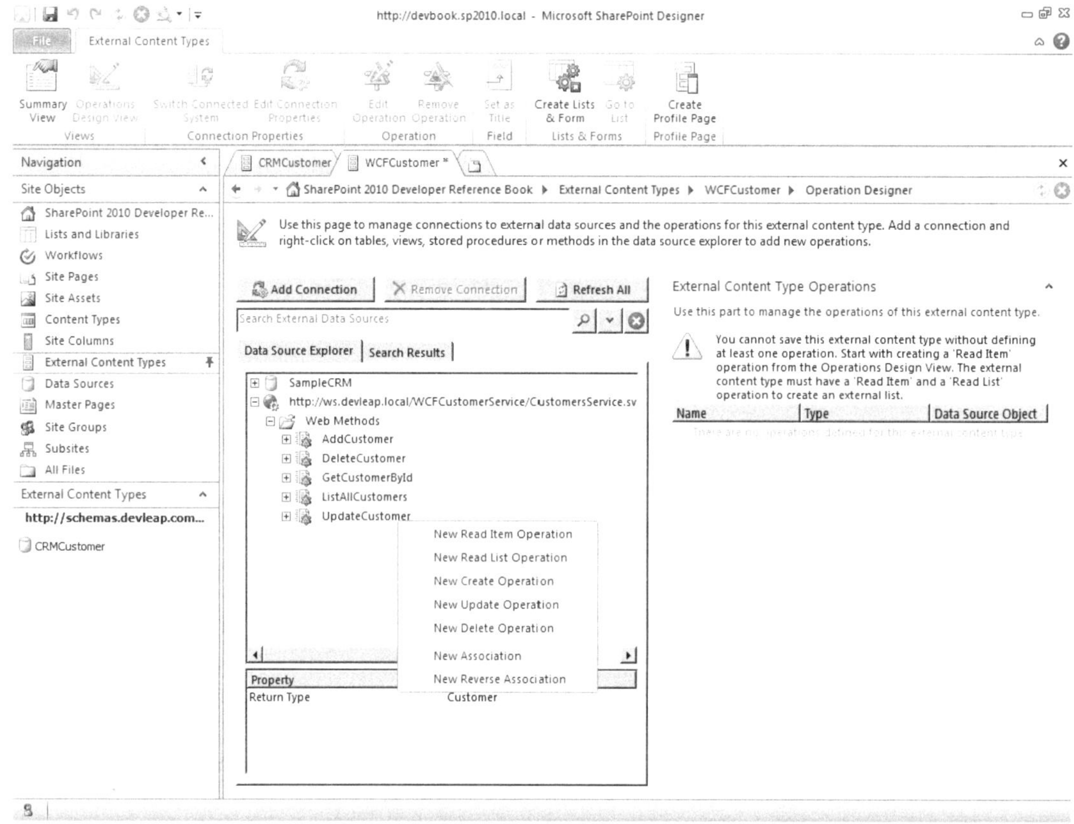

Abbildung 25.13 Das Fenster des *Datenquellen-Explorers* für die *WCF-Dienst*-Datenquelle des Beispiels

Bei der Definition des Vorgangs *Element lesen* müssen Sie im Schritt *Konfiguration von Eingabeparameter* (*Input Parameters Configuration*) des Assistenten die *ID*-Eigenschaft mit dem entsprechenden Parameter der Methode *SpecificFinder* verknüpfen. Im Schritt *Konfiguration von Rückgabeparameter* müssen Sie dann die Kennung der Entität in der Ausgabenachricht definieren und die Eigenschaft mit der entsprechenden Office-Eigenschaft verknüpfen, sofern Sie den ECT als *Office-Elementtyp* definiert haben.

Dieselben Überlegungen für den Bezeichner der Identität gelten auch für die Vorgänge *Erstellen*, *Aktualisieren* und *Löschen*.

Nachdem Sie den ECT konfiguriert haben, müssen Sie ihn speichern und können ihn anschließend in externen Listen und in Office-Clients verwenden.

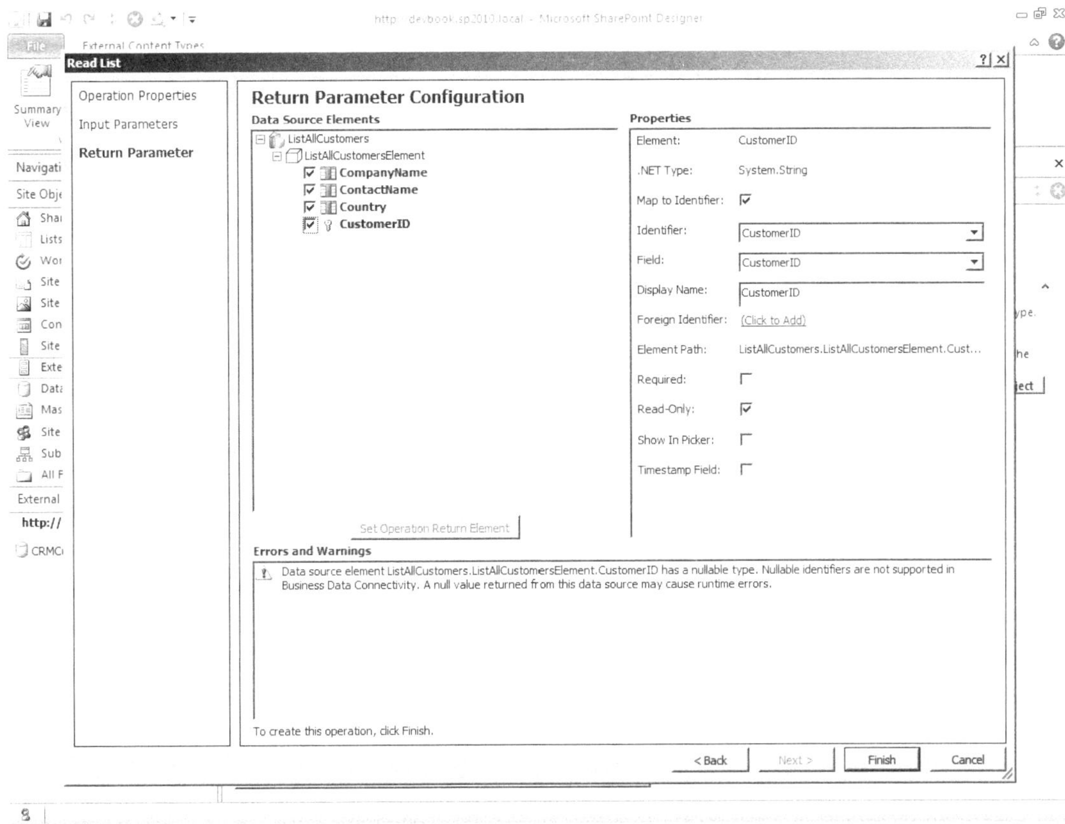

Abbildung 25.14 Der Schritt *Konfiguration von Rückgabeparameter* des Assistenten bei der Definition des Vorgangs *Liste lesen*

Benutzerdefiniertes .NET-Modell

Die dritte Alternative bei der Definition von BCS-Lösungen ist die Entwicklung eines benutzerdefinierten Modells in Visual Studio 2010. Das kann sich als sehr nützlich erweisen, wenn Sie eine externe Datenquelle verwenden müssen, die nicht durch eine Datenbankverbindung oder durch einen Webdienst zugänglich ist, oder wenn Sie Daten aus nicht homogenen Quellen zusammenführen müssen, beispielsweise unter Verwendung eines Proxys.

Ein benutzerdefiniertes Modell ist eine .NET-Assembly, die in Visual Studio 2010 kompiliert und mit einer Visual Studio-Vorlage des Typs *Business Data Connectivity-Modell* erstellt wird. Dieser Projekttyp ist notwendigerweise eine Full-Trust-Farmlösung, die ihre Assembly im Global Assembly Cache (GAC) bereitstellt. Das benutzerdefinierte Modell ist für jede Webanwendung zugänglich und kann innerhalb der Farm gemeinsam verwendet werden. In der .NET-Assembly können Sie beliebigen Code schreiben und jede Art von Bibliothek, Dienst oder Datenanbieter verwenden, um die Daten aus der Datenquelle auszulesen. Aus der Sicht von BCS können Sie in Visual Studio 2010 eine *.bdcm*-Datei definieren und einen Satz von Entitäten modellieren, die zu dem ECT passen, den Sie entwerfen wollen. Visual Studio 2010 bietet zur Unterstützung der Modelldefinition einen speziellen Business Data Connectivity-Modelldesigner und ein *BDC-Explorer*-Fenster. Abbildung 25.15 zeigt den Modelldesigner und den *BDC-Explorer*.

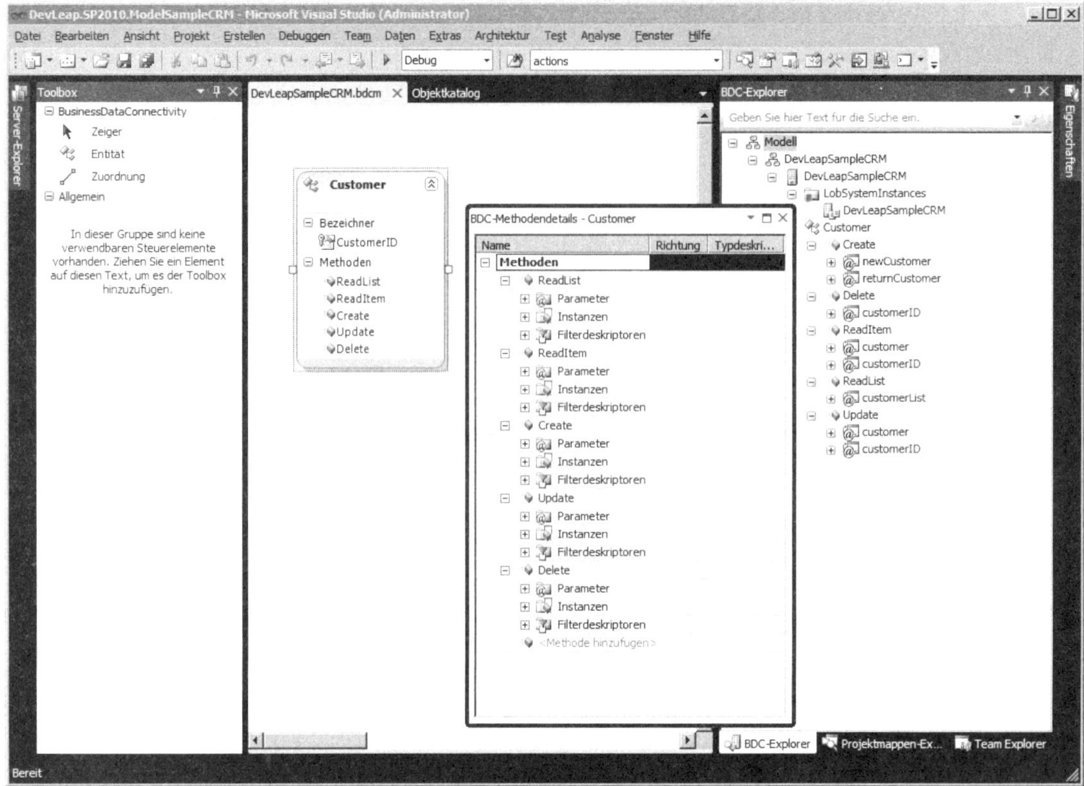

Abbildung 25.15 Der BCS-Modelldesigner von Microsoft Visual Studio 2010

Der Modelldesigner hat die Aufgabe, Sie beim Entwurf der Entitäten und Beziehungen (in BCS »associations« oder Zuordnungen genannt) zu unterstützen. Jede einzelne Entität setzt sich aus einer oder mehreren Bezeichnereigenschaften und einigen Methoden zusammen. Diese Methoden werden im Fenster *BDC-Methodendetails* durch ihre Parameter, Methodeninstanzen und Filterdeskriptoren definiert und konfiguriert. Im *BDC-Explorer* können Sie sich das Modell in der herkömmlichen Strukturdarstellung ansehen. Das Ergebnis der Modellierung ist eine *.bdcm*-Datei, die Sie in der SharePoint-Zentraladministration auf der Seite *Business Data Connectivity-Dienst* manuell importieren können, nachdem Sie die entsprechende Assembly-DLL im GAC bereitgestellt haben. Andererseits können Sie auch die automatische Bereitstellung verwenden, die von der Projektvorlage *Business Data Connectivity-Modell* vorgesehen ist und für den Import der Datei in den BCS-Metadatenkatalog einen Featureempfänger verwendet wird (definiert in der Klasse *ImportModelReceiver* aus dem Namespace *Microsoft.Office.SharePoint.ClientExtensions.Deployment*).

Wenn Sie ein Modell im grafischen Designer entwerfen, erstellt Visual Studio 2010 automatisch für jede Entität eine Codedatei namens *<Entität>Service.cs*, wobei *<Entität>* für den Namen der Entität steht, die von der Klassendatei modelliert wird. In dieser Datei erstellt Visual Studio 2010 statische Methoden, die den im Designer deklarierten Methodeninstanzen entsprechen. Außerdem können Sie den Designer verwenden, um für jede vorgesehene Methode die Methodeninstanzen und Parameter zu definieren sowie die Datentypen für Eingabe-, Ausgabe- und Rückgabeparameter.

Um die Modellierung in den Griff zu bekommen, sollten Sie zuerst für alle Entitäten, die durch das Modell verfügbar werden sollen, Klassen definieren. Dann sollten Sie die Entitäten im Modelldesigner modellieren und die Methoden konfigurieren, die verfügbar werden sollen. Berücksichtigen Sie dabei, dass Sie zumindest jeweils eine *Finder*- und eine *SpecificFinder*-Methode definieren sollten. Wenn Sie auch *Creator*-, *Updater*- und *Deleter*-Methoden bereitstellen möchten, können Sie auch dies tun. Im Beispielcode für dieses Kapitel finden Sie eine vollständige Lösung, die im nächsten Abschnitt beschrieben wird.

Entwickeln eines benutzerdefinierten Modells

In diesem Abschnitt entwickeln Sie Schritt für Schritt ein einfaches Modell, das eine Kundenliste aus der Beispieldatenbank *SampleCRM* ausliest, die Sie bereits im Abschnitt »Zugreifen auf eine Datenbank« dieses Kapitels kennengelernt haben. Allerdings verwenden Sie in diesem Beispiel LINQ to SQL, um die Kundendaten zu lesen.

WEITERE INFORMATIONEN LINQ to SQL ist ein Thema, das in diesem Buch nicht vertieft werden kann. Wenn Sie mehr darüber erfahren möchten, lesen Sie das Buch *Programming Microsoft LINQ in .NET 4.0* von Paolo Pialorsi und Marco Russo (Microsoft Press 2010, ISBN 978-0-7356-4057-3).

Zuerst erstellen Sie ein neues SharePoint 2010-Projekt des Typs *Business Data Connectivity-Modell*. Es erscheint eine Projektmappe mit einem vorkonfigurierten Modelldesigner, der ein Modell namens *BdcModel1* mit einer hypothetischen Entität *Entity1* beschreibt, zusammen mit den Klassendateien *Entity1.cs* und *Entity1Service.cs*. Entfernen Sie *Entity1* samt den dazugehörigen *.cs*-Dateien aus dem Modell.

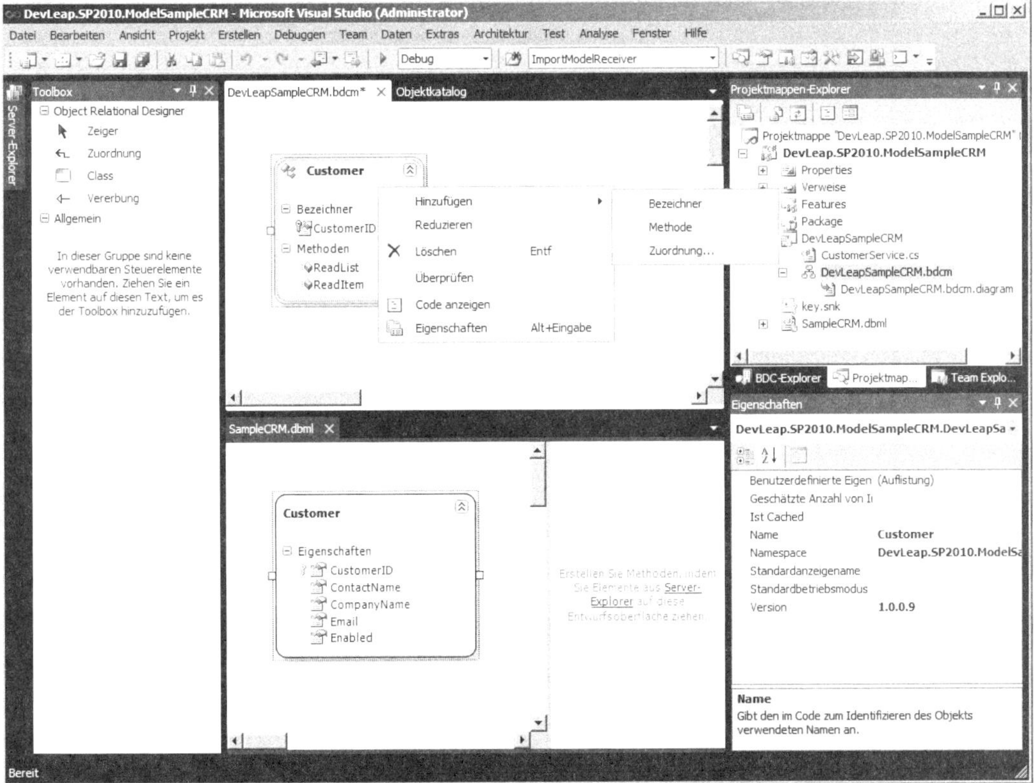

Abbildung 25.16 Die konfigurierten Entitäten des .NET-BCS-Beispielmodells

Fügen Sie ein LINQ-to-SQL-Modell zum Projekt hinzu und definieren Sie eine Verknüpfung mit der Tabelle *Customers* aus der Beispieldatenbank *SampleCRM*. Konfigurieren Sie die Felder des Typs *Customer* zur Unterstützung der »optimistischen Parallelität« (optimistic concurrency) ohne Überprüfung (*Überprüfung aktualisieren* = *Nie*). (Im Detail zu beschreiben, wie man diese Arbeiten durchführt, die mit LINQ to SQL zu tun haben, geht über den Rahmen dieses Kapitels hinaus).

Geben Sie nun dem BCS-Modell statt des Namens *BdcModel1* einen besser verständlichen Namen (im Beispielcode für dieses Kapitel wird der Name *DevLeapSampleCRM* verwendet). Außerdem sollten Sie die *.bdcm*-Datei für das aktuelle Modell entsprechend umbenennen. Fügen Sie eine neue Entität namens *Customer* zum Modell hinzu. Der Designer erstellt für Sie eine Datei namens *CustomerService.cs*. Fügen Sie einen neuen Bezeichner zur Entität *Customer* hinzu und fügen Sie auch die Methoden *ReadList* und *ReadItem* hinzu. Um einen Bezeichner oder eine Methode hinzuzufügen, können Sie die Entität einfach im Designer mit der rechten Maustaste anklicken und den entsprechenden Menübefehl wählen.

Abbildung 25.16 zeigt den Aufbau des Projekts und des Designers nach der Ausführung dieser Arbeiten.

Nun müssen Sie die beiden Methoden konfigurieren (Abbildung 25.17). Die Methode *ReadList* entspricht einer *Finder*-Methode, während die Methode *ReadItem* ein *SpecificFinder* ist.

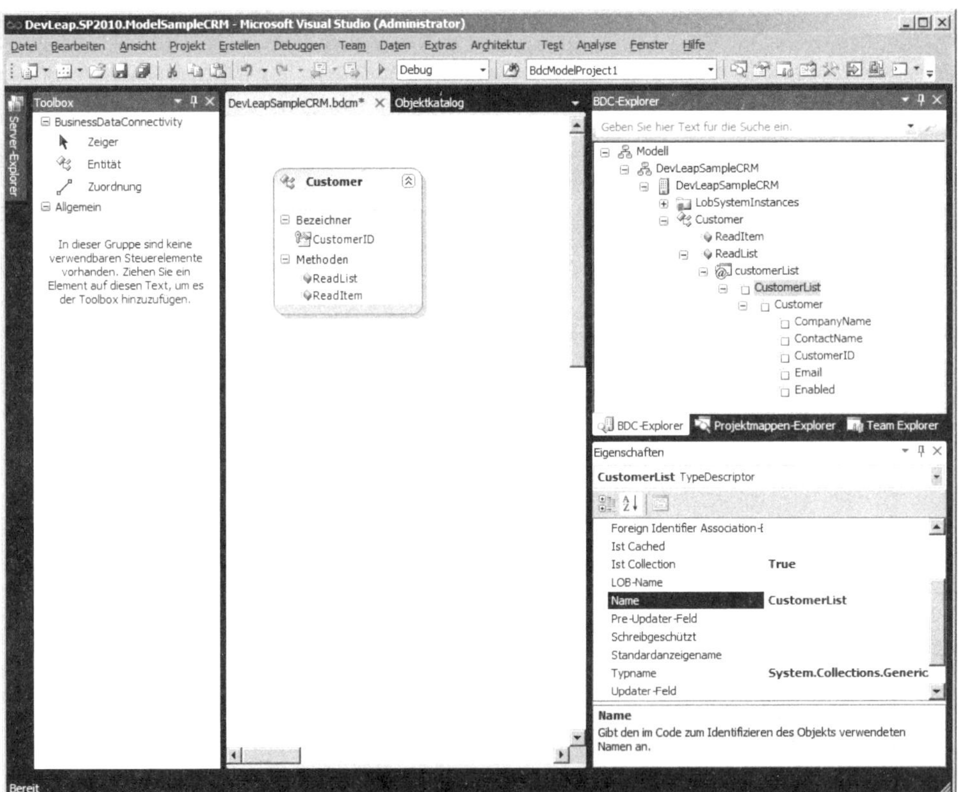

Abbildung 25.17 Der *BDC-Explorer* zeigt die konfigurierte *ReadList*-Methode

Beginnen Sie mit der Methode *ReadList*. Wählen Sie die Methode im Designer aus und öffnen Sie das Fenster *BDC-Methodendetails*. Es lässt sich im Menü über *Ansicht/Weitere Fenster/BDC-Methodendetails* öffnen und erscheint standardmäßig im unteren Bereich von Visual Studio. Um einen neuen Methodenparameter hinzuzufügen, klicken Sie in der Parameterliste der betreffenden Methode auf den Befehl *Parameter hinzufügen* und wählen dann *Parameter erstellen*. Geben Sie dem Parameter im Eigenschaftenfenster von Visual Studio einen Namen und legen Sie im Fenster *BDC-Methodendetails* die Parameterrichtung *Return* fest. Wählen Sie in der Spalte *Typdeskriptor* den Befehl *Bearbeiten* und geben Sie dann im Eigenschaftenraster Werte für die Eigenschaften *Name* und *Typname* ein. Im aktuellen Beispiel sollten Sie dem Parameter den Namen *customerList* geben, während der Typdeskriptor den Namen *CustomerList* und den Typnamen *System.Collections.Generic.IEnumerable`1[DevLeap.SP2010.ModelSampleCRM.Customer, DevLeap.SP2010.ModelSampleCRM]* erhält.

Zur Definition eines Typs *IEnumerable<T>* wählen Sie im Editor für die Eigenschaft *Typname* das Kontrollkästchen *Ist aufzählbar*. Im Kontext des aktuellen Beispiels stellt der Typ *DevLeap.SP2010.ModelSampleCRM.Customer* eine *Customer*-Entität von LINQ to SQL dar. Im Normalfall sollte es sich um den Typ der Entität handeln, der vom BCS-Modell verwendet wird. Überprüfen Sie auch, ob die Eigenschaft *Ist Collection* auf *True* eingestellt ist.

Klicken Sie dann im *BDC-Explorer*-Fenster mit der rechten Maustaste auf das Element *CustomerList* und wählen Sie *Typdeskriptor hinzufügen*. Durchsuchen Sie die Typen, die im aktuellen Projekt verfügbar sind, und konfigurieren Sie den Typdeskriptor dann mit dem Namen *Customer* und dem zugrundeliegenden Typnamen, der der Klasse entspricht, die von LINQ to SQL veröffentlicht wird. Konfigurieren Sie dann jede einzelne Eigenschaft des Typs *Customer*, indem Sie jeweils einen Typdeskriptor hinzufügen und dessen Namen und Typ so konfigurieren, wie es vom LINQ-to-SQL-Modell definiert wird.

Nun können Sie eine neue Instanz der Methode *ReadList* hinzufügen und die Instanz als *Finder*-Methode konfigurieren. Erweitern Sie im Fenster *BDC-Methodendetails* den Abschnitt *Instanzen* und klicken Sie auf *Methodeninstanz hinzufügen*. Wählen Sie dann den Befehl *Finder-Instanz erstellen*. Konfigurieren Sie eine Methodeninstanz, wie in Abbildung 25.18 gezeigt.

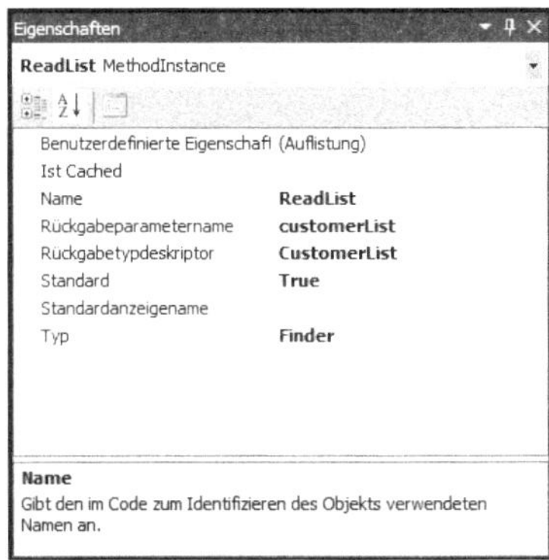

Abbildung 25.18 Das Eigenschaftenraster zeigt die Konfiguration für die Methodeninstanz *ReadList*

In der Definition von *ReadList* sehen Sie einen Rückgabeparameter namens *customerList* und den Typ *CustomerList*, wie sie im *BDC-Explorer* konfiguriert wurden. Außerdem sehen Sie eine Methodeninstanz des Typs *Finder*. Die Methodeninstanz wurde zudem als Standardmethode gekennzeichnet.

Wiederholen Sie dieselben Schritte für die Methode *ReadItem*. Allerdings hat diese Methode einen Parameter namens *customerID* mit der Parameterrichtung *In*. Außerdem hat die Methode einen Parameter namens *customer* mit der Parameterrichtung *Return*. Da ein einzelnes Element, das von der Methode *ReadItem* zurückgegeben wird, genau denselben Typdeskriptor wie ein einzelnes Element hat, das von der Methode *ReadList* zurückgegeben wird, können Sie die Typdeskriptordefinition im *BDC-Explorer* in die Zwischenablage kopieren und anschließend einfügen. Die Methodeninstanz der Methode *ReadItem* schließlich hat den Typ *SpecificFinder*.

Nun sind Sie so weit, den Modellcode zu implementieren. Wenn Sie die Datei *CustomerService.cs* öffnen, sehen Sie den Code, den der Designer für den Dienst definiert hat. Listing 25.4 zeigt den automatisch generierten Code.

Listing 25.4 Die automatisch generierte Datei *CustomerService.cs*

```
public partial class CustomerService {
    public static Customer ReadItem(string CustomerID) {
        throw new System.NotImplementedException();
    }

    public static IEnumerable<Customer> ReadList() {
        throw new System.NotImplementedException();
    }
}
```

Wenn Sie diese Methodenimplementierungen durch konkreten Code ersetzen, können Sie BCS mit schreibgeschützten Daten versorgen. Listing 25.5 zeigt eine konkrete Codeimplementierung.

Listing 25.5 Die erweiterte Datei *CustomerService.cs*

```
public partial class CustomerService {
    private static SampleCRMDataContext GetDataContext() {
        SampleCRMDataContext dc = new SampleCRMDataContext("sqlConnectionString");
        return dc;
    }

    public static Customer ReadItem(string CustomerID) {
        SampleCRMDataContext dc = GetDataContext();
        return (dc.Customers
            .FirstOrDefault(c => c.CustomerID == customerID));
    }

    public static IEnumerable<Customer> ReadList() {
        SampleCRMDataContext dc = GetDataContext();
        return (from c in dc.Customers
                select c);
    }
}
```

Abbildung 25.19 zeigt, welchen Zustand das Projekt inzwischen erreicht hat.

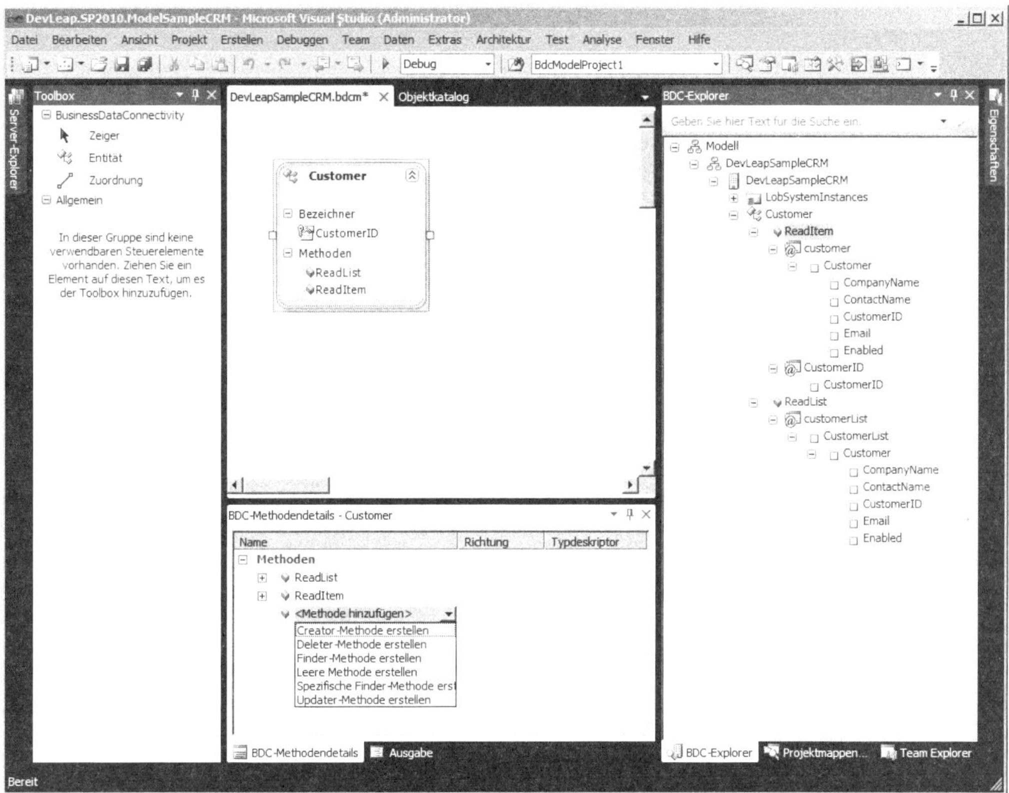

Abbildung 25.19 Der Aufbau des Projekts in einem Zustand, in dem es BCS mit schreibgeschützten Daten versorgen kann

Sie können auch die Methoden *Creator*, *Updater* und *Deleter* hinzufügen. Dazu klicken Sie im Fenster *BDC-Methodendetails* auf den Befehl *Methode hinzufügen* und wählen die gewünschte Methode aus (Abbildung 25.19). Die Methode *Creator* hat einen Parameter des Typs *Customer* und der Richtung *In* und gibt ein Ergebnis des Typs *Customer* mit der Richtung *Return* zurück. Die Methode *Updater* hat zumindest einen Parameter des Typs *Customer* mit der Richtung *In*, gibt aber nichts zurück. Die Methode *Deleter* hat einen Parameter des Typs *customerID* mit dem Richtungswert *In*, gibt aber ebenfalls nichts zurück.

Wenn Sie mit dem Entwurf des Modells fertig sind, können Sie es überprüfen, indem Sie mit der rechten Maustaste auf die Designeroberfläche klicken und den Befehl *Überprüfen* wählen. Ist Ihr Modell korrekt definiert, zeigt Visual Studio 2010 im *Ausgabe*-Fenster die Nachricht »Die Modellvalidierung wurde ohne Fehler abgeschlossen« an.

Auf den vorigen Seiten haben Sie die Methoden manuell definiert. Sinn dieser Übung war, die einzelnen Schritte zu verdeutlichen und Ihnen einen Eindruck davon zu vermitteln, was hinter der Bühne geschieht, wenn man in Visual Studio 2010 ein BCS-Modell entwirft. Wenn Sie einfach nur Ihre Entitäten im Designer entwerfen möchten, definieren Sie die Eigenschaften und den zugrundeliegenden Typ und wählen dann im Fenster *BDC-Methodendetails* die gewünschten Erstellungsbefehle aus dem Menü aus (siehe Abbildung 25.19). Der Designer konfiguriert dann alle Methoden, Parameter und Typdeskriptoren für Sie, wobei er ein Standardverhalten vorsieht. Sie brauchen nur die Struktur eines einzigen Elements zu konfigurieren, bevor Sie die anderen Methodendefinitionen hinzufügen. In diesem Beispiel handelt es sich um den Typdeskriptor *Customer*, der von der Methode *Finder* zurückgegeben wird. Dann kopiert der Designer automatisch denselben Typdeskriptor für alle Methoden. Listing 25.6 zeigt die abschließende Implementierung der Datei *CustomerService.cs*.

Listing 25.6 Die Datei *CustomerService.cs* mit der konkreten und vollständigen Codeimplementierung

```
public partial class CustomerService {
    private static SampleCRMDataContext GetDataContext() {
        SampleCRMDataContext dc = new SampleCRMDataContext("sqlConnectionString");
        return dc;
    }

    public static IEnumerable<Customer> ReadList() {
        SampleCRMDataContext dc = GetDataContext();
        return (from c in dc.Customers
                select c);
    }

    public static Customer ReadItem(string customerID) {
        SampleCRMDataContext dc = GetDataContext();

        return (dc.Customers
            .FirstOrDefault(c => c.CustomerID == customerID));
    }

    public static Customer Create(Customer newCustomer) {
        SampleCRMDataContext dc = GetDataContext();

        dc.Customers.InsertOnSubmit(newCustomer);
        dc.SubmitChanges();
        return (newCustomer);
    }

    public static void Update(Customer customer, string customerID) {
        SampleCRMDataContext dc = GetDataContext();

        dc.Customers.Attach(customer, true);
        dc.SubmitChanges();
    }

    public static void Delete(string customerID) {
        SampleCRMDataContext dc = GetDataContext();

        Customer customerToDelete = dc.Customers
            .FirstOrDefault(c => c.CustomerID == customerID);

        dc.Customers.DeleteOnSubmit(customerToDelete);
        dc.SubmitChanges();
    }
}
```

Verknüpfen von Entitäten

Unabhängig von der Art des Datenquellenanbieters, den Sie für den Entwurf Ihres ECTs ausgewählt haben, können Sie Zuordnungen zwischen Entitäten aus demselben Namespace oder Modell definieren. Wenn Sie zum Beispiel mit Entitäten arbeiten, die zueinander in einer bestimmten Beziehung stehen, können Sie eine Zuordnung definieren, die eine entsprechende Navigation in den Daten ermöglicht. Je nach dem Tool, mit dem Sie Ihre BCS-Modelle entwerfen, können Sie folgende Zuordnungen definieren:

- **Eins-zu-Viele-Vorwärts- und/oder Rückwärtszuordnungen mit einem Fremdschlüssel** Diese Zuordnungen modellieren die klassische 1:n-Relation. Ein typisches Beispiel für eine 1:n-Zuordnung ist ein Kunde mit seinen Bestellungen. Die Zuordnung basiert auf einem Fremdschlüssel und kann mit SharePoint Designer 2010 modelliert werden.
- **Viele-zu-Viele-Zuordnungen** Diese Zuordnungen entsprechen n:n-Relationen. Als Beispiel für eine n:n-Relation kann eine Zuordnung zwischen Kunden und ihren Interessensbereichen dienen. Ein Kunde kann viele Interessensbereiche haben und für jeden Interessensbereich kann es viele Kunden geben.
- **Selbstbezügliche Zuordnungen** Dabei handelt es sich um Zuordnungen, die sich auf dieselbe Entität beziehen. Als Beispiel kann eine Angestelltenliste dienen. Es besteht eine Relation zwischen einem Angestellten und seinem Vorgesetzten, der selbst wiederum ein Angestellter ist.
- **Mehrere verwandte externe Inhaltstypen** Diese Zuordnungen ermöglichen die Modellierung von Entitäten, die mit mehreren Entitäten verknüpft sind. Als Beispiel könnte eine Zuordnungstabelle dienen, in der jeder Datensatz mehrere Fremdschlüssel für unterschiedliche Tabellen enthält, beispielsweise Produktbeschreibungen in mehrsprachigen Umgebungen, wobei eine Beschreibung durch eine Produktkennung (*ProductID*) und einen Sprach- oder Kulturcode (*CultureCode*) identifiziert wird.

Nehmen Sie die Datenbank *SampleCRM* und den ECT *CRMCustomer* aus dem Abschnitt »Zugreifen auf eine Datenbank« dieses Kapitels als Beispiel. Fügen Sie einen weiteren ECT für die Tabelle *Orders* hinzu und nennen Sie ihn *CRMOrder*. Jede *Order*-Zeile ist mit einer bestimmten *Customer*-Zeile verknüpft und die Beziehung ist Eins-zu-Viele (1:n), wobei *CRMCustomer* die Quelle ist und die verknüpften *CRMOrder*-Instanzen die Ziele sind. In SharePoint Designer 2010 können Sie für den Ziel-ECT die *Entwurfsansicht für Vorgänge* wählen und dann das Menüelement *Zuordnung hinzufügen* wählen, um eine neue Zuordnung zu erstellen.

HINWEIS In SharePoint Designer 2010 müssen Sie bei der Definition einer Zuordnung immer mit der Zielentität beginnen, nicht mit der Quellentität.

Wenn Sie eine neue Zuordnung hinzufügen, öffnet sich ein Assistent, der Sie zur Auswahl des Quell-ECTs und der dazugehörigen Kennung auffordert (Abbildung 25.20).

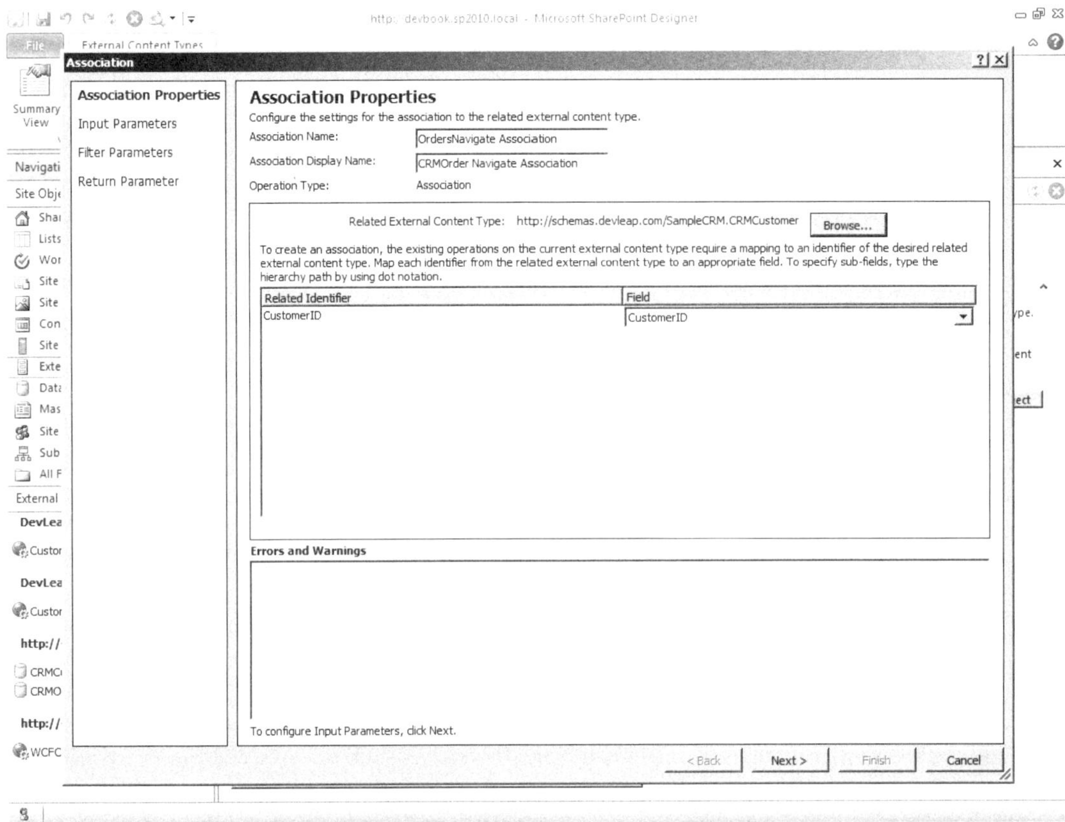

Abbildung 25.20 Der erste Schritt des Assistenten zur Erstellung einer Zuordnung zwischen zwei ECT-Entitäten

Dann müssen Sie die Parameter für die Zuordnung auswählen. Tatsächlich handelt es sich bei einer Zuordnung um eine besondere Art von *MethodInstance*-Definition, wie zum Beispiel auch die Typen *Associator*, *AssociationNavigator* und *BulkAssociationNavigator*, die Sie aus Tabelle 25.1 kennen. Außer Eingabeparametern können Sie auch Filterparameter festlegen. Der Rückgabetyp der Methode ist die zugeordnete Zielliste.

Zuordnungen können Sie beispielsweise auch mit den integrierten Geschäftsdaten-Webparts von SharePoint verwenden und Seiten erstellen, auf denen die Webparts *Geschäftsdatenliste* und *Geschäftsdaten-Beziehungsliste* verwendet werden. Diese Webparts sind allerdings nur in der Enterprise Edition von SharePoint Server 2010 verfügbar. Abbildung 25.21 zeigt die Ausgaben dieser Webparts, wenn sie so konfiguriert werden, dass sie *CRMCustomer* und die dazugehörigen *CRMOrder*-Instanzen ausgeben.

Wenn Sie andere Zuordnungen als 1:n auf der Basis eines Fremdschlüssels definieren müssen, können Sie einen Texteditor oder den BDC-Modelldesigner von Visual Studio 2010 oder einen Texteditor für die *.bdcm*-Datei verwenden.

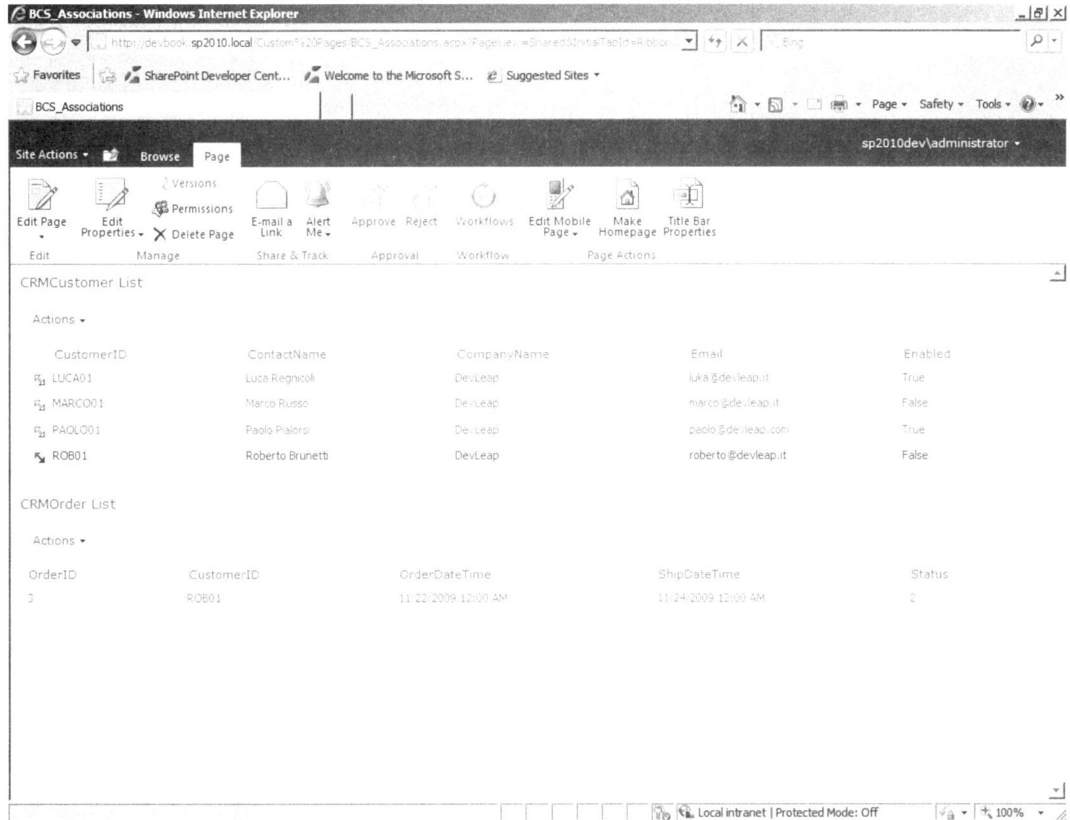

Abbildung 25.21 Eine Webpartseite mit den Webparts *Geschäftsdatenliste* und *Geschäftsdaten-Beziehungsliste*

Programmieren mit dem BCS-Objektmodell

Das letzte Thema dieses Kapitels ist die Verwendung des Metadatenspeichers und der ECTs durch Programmcode, wobei das BCS-Objektmodell verwendet wird. Wie viele andere Dienstanwendungen von SharePoint 2010 bieten auch die BCS ein Objektmodell, mit dem sich der Metadatenspeicher und ECTs verwalten und verwenden lassen. Dieser Abschnitt versucht gar nicht erst, Ihnen auf wenigen Seiten einen vollständigen Überblick über das Objektmodell zu geben. Stattdessen beschreibt er einige Beispiele, die geeignet sind, das Geschehen hinter der Bühne zu verstehen. Listing 25.7 zeigt einen Codeauszug, der demonstriert, wie man im Programmcode eine neue ECT-Instanz hinzufügt.

Listing 25.7 Mit dem BCS-Objektmodell wird eine neue ECT-Instanz hinzugefügt

```
using (SPSite site = new SPSite("http://devbook.sp2010.local/")) {
    // Rufe einen Verweis auf den BDC-Dienstanwendungsproxy ab.
    SPServiceContext serviceContext = SPServiceContext.GetContext(site);
    BdcServiceApplicationProxy bdcProxy =
        (BdcServiceApplicationProxy)serviceContext.GetDefaultProxy(
            typeof(BdcServiceApplicationProxy));
```

```
    DatabaseBackedMetadataCatalog model =
        bdcProxy.GetDatabaseBackedMetadataCatalog();

    IEntity entity = model.GetEntity(
        "http://schemas.devleap.com/WCFCustomerService", "WCFCustomer");
    ILobSystem ls = entity.GetLobSystem();
    ILobSystemInstance lsi = ls.GetLobSystemInstances()[
        "http://ws.devleap.local/WCFCustomerService/CustomersService.svc?WSDL"];

    IView creatorView = entity.GetCreatorView("AddCustomer");
    IFieldValueDictionary customerFields = creatorView.GetDefaultValues();

    customerFields["CustomerID"] = "DM001";
    customerFields["CompanyName"] = "DevLeap";
    customerFields["ContactName"] = "Paolo Pialorsi";
    customerFields["Country"] = "Italy";

    Identity identifierValues = entity.Create(customerFields, lsi);
}
```

Zuerst brauchen Sie einen Verweis auf die Dienstanwendungsproxyklasse, wobei es sich in diesem Fall um die Klasse *BdcServiceApplicationProxy* handelt. Wie Sie sehen, können Sie mit einer Variablen des Typs *DatabaseBackedMetadataCatalog* einen Verweis auf den Metadatenspeicher abrufen. Anschließend können Sie mit der Schnittstelle *IEntity* aus dem Namespace *Microsoft.BusinessData.MetadataModel* die Entitäten als Objekte abrufen. Sobald Sie über eine Entität verfügen, beispielsweise über die Definition eines ECTs, können Sie ein Objekt des Typs *IView* abrufen, das eine Ansicht für einen bestimmten Vorgang darstellt. Sie können Verweise auf viele der Methoden abrufen, die in diesem Modell verfügbar sind. Sobald Sie einen Verweis auf die Methode haben, die Sie verwenden möchten, können Sie die Methode mit der gewünschten LOB-Systeminstanz aufrufen, die Sie zuvor als Variable des Typs *ILobSystemInstance* angelegt haben.

Mit dem Code aus Listing 25.8 können Sie alle Kunden auflisten, die im Beispielcode verfügbar sind.

Listing 25.8 Abruf einer Liste der Kunden mit dem BCS-Objektmodell

```
using (SPSite site = new SPSite("http://devbook.sp2010.local/")) {
    // Rufe einen Verweis auf den BDC-Dienstanwendungsproxy ab.
    SPServiceContext serviceContext = SPServiceContext.GetContext(site);
    BdcServiceApplicationProxy bdcProxy =
        (BdcServiceApplicationProxy)serviceContext.GetDefaultProxy(
            typeof(BdcServiceApplicationProxy));

    DatabaseBackedMetadataCatalog model =
        bdcProxy.GetDatabaseBackedMetadataCatalog();

    IEntity entity = model.GetEntity(
        "http://schemas.devleap.com/WCFCustomerService", "WCFCustomer");
    ILobSystem ls = entity.GetLobSystem();
    ILobSystemInstance lsi = ls.GetLobSystemInstances()[
        "http://ws.devleap.local/WCFCustomerService/CustomersService.svc?WSDL"];
```

```
    // Liste alle Kunden auf.
    IMethodInstance method = entity.GetMethodInstance(
        "ListAllCustomers", MethodInstanceType.Finder);
    IEntityInstanceEnumerator ieie = entity.FindFiltered(method.GetFilters(), lsi);
    IView view = entity.GetFinderView(method.Name);
    while (ieie.MoveNext()) {
        foreach (IField field in view.Fields) {
            if (ieie.Current[field] != null) {
                Console.WriteLine("{0}: {1}",
                    field.Name, ieie.Current[field].ToString());
            }
        }
    }
}
```

Wie Sie gerade gesehen haben, können Sie jede Methodeninstanz aufrufen, die von einem beliebigen verwendbaren Datenquellenanbieter angeboten wird. Es gibt Situationen, in denen es sich als sehr nützlich erweisen kann, BCS-Modelle per Programmcode zu verwenden, beispielsweise bei Workflowaktivitäten, in benutzerdefinierten Skripts, in Webparts und so weiter.

Zusammenfassung

Dieses Kapitel hat Ihnen eine kurze Einführung in das Thema BCS gegeben und beschrieben, wie es auf Seiten des Servers und des Clients funktioniert. Anschließend haben Sie gesehen, wie die drei gebräuchlichsten Arten von Datenquellenanbietern konfiguriert werden: DBMS, WCF/SOAP-Dienste und das benutzerdefinierte .NET-Modell. Außerdem haben Sie einen kurzen Überblick über Zuordnungen und das BCS-Objektmodell erhalten. Nun verfügen Sie über die Grundbegriffe, die Sie brauchen, um in professionellen Lösungen mit BCS zu arbeiten.

Stichwortverzeichnis

C

D

E

F

J

K

N

O

T

W

X

Z

Der Autor

Paolo Pialorsi ist Consultant, Seminarleiter und Autor. Er hat sich auf die Entwicklung von verteilten Anwendungsarchitekturen und Microsoft SharePoint-Enterpriselösungen spezialisiert. Er ist Autor von *Programming Microsoft LINQ* sowie *Introducing Microsoft LINQ* (Microsoft Press) und hat in italienischer Sprache drei Bücher über XML und Web Services geschrieben. Paolo ist einer der Organisatoren der italienischen Ausgabe der Microsoft SharePoint Conference und ein beliebter Sprecher bei Konferenzen.